2020 전국 지방자치단체 2020. 3.

민·관 협업사무 운영 현황 III

민간자본사업보조,자체재원(402-01)

민간자본사업보조,이전재원(402-02)

민간위탁사업비(402-03)

공기관등에 대한 자본적 위탁사업비(403-02)

한국민간위탁경영연구소
Korea Contracting-out Management Institute

한국민간위탁경영연구소
Korea Contracting-out Management Institute

한국민간위탁경영연구소는 정부에서 운영하는 민간위탁 공공서비스의 효율성 향상을 위해 설립된 연구기관입니다. 민간위탁은 성과지향형 공공서비스제공 공급방식의 하나로써 더 나은 정부, 더 효율적인 정부로 가기 위한 제도입니다.

세상의 모든 사물은 세상의 변화를 수용해야 합니다. 민간위탁 사무 또한 운영 목적이나 사회적 가치변화를 수용해야하기 때문에 지속적으로 변화해 왔습니다. 현행 민간위탁 사무의 유형은 공익적 성격과 사익적성격의 사무가 혼재되어 스펙트럼이 다양합니다. 시대적 흐름과 환경변화에 맞는 민간위탁사무는 갈수록 커뮤니티거버넌스형(CG) 공공서비스 제공방식으로 변화되어 가고 있습니다.

이를 효율적으로 관리하기 위해서는 민간위탁의 본질을 이해해야 하는데, 대표적인 영문표기가 contracting out인 것처럼 구매계약 또는 외주계약으로 계약에 관한 전반적인 프로세스를 이해하고 계약관리능력이 필요한 제도라는 것을 이해해야 합니다. 민간위탁 과정은 먼저 민간위탁을 위한 추진계획을 수립한 후 지방의회의 심의를 거쳐 민간위탁 선정심의위원회의 선정과정을 통해 최종 민간위탁 사업자를 선정하게 됩니다. 이 과정에 민간위탁 업체선정을 위한 계약법검토, 조례제정 또는 개정, 적정 위탁비용 산정, 위탁 후 성과평가 결과 적용을 위한 지표개발 등 세부적이고 전문적인 연구결과를 통한 의사결정 자료가 필요하게 됩니다. 이러한 연구결과는 민간기업이 공공서비스를 제공할 때 지속적인 품질 개선을 유도함으로써 서비스경쟁력을 향상시키고, 지자체는 효율적인 예산운영을 통하여 과대 또는 과소예산으로 인한 사회적 비용을 감소시키며 재정운영의 건전성을 증대시키는 효과가 있습니다. 이와 같이 민간위탁만을 연구해온 저희 연구소는 다양한 연구를 통해 얻은 노하우를 바탕으로 좀 더 선진화된 민간위탁 의사결정 자료와 효율적인 운영방안을 제안하는 역할을 수행할 것입니다.

연구소장 배성기

주요연구분야

공공서비스디자인(Public Service Design)
민간위탁관리(Contracting Out Management)
사업타당성검토(Project Feasibility)
정부원가계산(Government Cost Accounting)
정부보조금정산(Government Grant Accounting)
공공서비스성과평가(Public Service Performance Evaluation)
사회적경제기업(Social Economy), 사회적가치평가(SROI)
조직 진단(Organizational Structure Design)
공공관리혁신(Public Management Innovation)
사회기반시설 자산관리(Infrastructure Asset Management)

연락처

전화 : 02 943 1941
팩스 : 02 943 1948
이메일 : kcomi@kcomi.re.kr
홈페이지: www.kcomi.re.kr

2020 전국 지방자치단체「민·관 협업사무 운영현황 Ⅰ」는 이렇게 발간되었습니다.

1. 조사개요

민·관 협업은 학계와 실무계를 불문하고 사회 각계각층이 이 주제의 중요성을 인식하고 처방적 대안 마련에 관심을 쏟고 있음에도 불구하고 민간위탁 케이스별 연구만이 주로 되어 왔습니다. 또한 사회적 현상을 기반으로 공공서비스의 유형을 공공서비스, 준공공서비스, 선택적 공공서비스 등으로의 구분하고 공익성의 정도에 따른 관리기법 및 예산운영 방법 등을 심도 있게 연구한 연구문헌이 부족한 상황입니다.

민·관 협업형 공공서비스는 국민들과의 최접점에서 공급되는 공공서비스로 지속적으로 성장하는 국민들의 공공서비스 수요를 반영하고 개선하기 위해서는 다양한 주제와 분야별로 지속적인 연구가 되어야 합니다. 하지만 이러한 연구를 하기 위한 기초적 통계자료가 없다는 것은 실로 놀라운 일이 아닐 수 없습니다.

따라서 본 조사는 전국 243개 지자체 전부를 대상으로 민·관 협업사무 현황을 분석하기 위해 지자체의 민간경상사업보조(307-02), 민간단체 법정운영비보조(307-03), 민간행사사업보조(307-04), 민간위탁금(307-05), 사회복지시설 법정운영비보조(307-10), 민간인위탁교육비(307-12), 공기관 등에 대한 경상적대행사업비(308-10), 민간자본사업보조 자체재원(402-01), 민간자본사업보조 이전재원(402-02), 민간위탁사업비(402-03), 공기관 등에 대한 자본적 위탁사업비(403-02) 예산을 조사한 후 해당사무별 업체선정방법, 개별조례 유무, 원가산정기준, 서비스(성과)평가 유무, 수탁기업 현황 등에 대한 정보공개요청을 통해 현황을 조사하였습니다.

본 조사를 통해 얻을 수 있었던 것은 동종의 민·관 협업사무라도 운영예산규모, 업체선정기준, 개별조례유무, 위탁비용 산정기준, 서비스(성과)평가 유무 등이 같지 않다는 것을 알 수 있었습니다. 이를 검증하기 위해서는 심도 있는 연구가 수행 되어야 하겠으나 이런 비교결과 조차도 유의미하다고 생각됩니다.

전국 지자체 민·관 협업사무 통계조사의 효용성은 첫째, 유사 민·관 협업사무의 운영예산 확인을 통한 예산운영의 적정성을 판단할 수 있는 기준자료, 둘째, 개별조례 유무 확인을 통한 제정 및 개정 용이, 셋째, 적정 비용 산정기준 확인, 넷째, 성과평가 기준 확인, 다섯째, 민간위탁기업명 확인을 통한 경쟁력 있는 기업선정 기초자료 확보 등과 같습니다.

상기와 같은 조사를 통해 궁극적으로 얻고자 한 것은 「건전한 긴장관계 유지」입니다. 전국 민·관 협업사무 운영현황을 통해 사무의 종류와 예산의 규모, 협업 수행 기업의 종류와 유형이 공개됨으로써 민·관 협업사무를 추진하는 입장에서는 선택의 폭이 넓어질 것이고, 서비스를 받는 국민의 입장에서는 서비스기업 간 경쟁시스템이 올바르게 갖추어져, 좀 더 체계적이며,

경제적이고, 만족할 만한 공공서비스가 제공 되어질 것입니다.

현 통계 조사의 한계점은 지자체에서 민간이전(307), 자치단체등이전(308), 민간자본이전(402), 자치단체자본이전(403) 예산으로 운영하는 사무를 총괄하여 나열하였으나 해당 사무의 예산 편성시 다른 예산항목 사업으로 편성하여 혼재되어 공개된 사무가 다수 존재합니다. 이는 향후 관리자 교육을 통해 민간위탁 사업의 정확한 이해를 기반으로 해당사무 운영 기본 조례 제·개정과 함께 해당 사무가 운영될 시에 해소가 될 것으로 판단됩니다.

본 현황분석은 한국민간위탁경영연구소의 네번째 전국단위 민·관 협업사무 운영현황 통계 조사를 한 것으로서 미흡한 부분이 다소 존재합니다. 하지만 전국 민·관 협업 서비스 발전을 위한 기초 연구자료로써 중요한 역할을 할 수 있을 것을 기대합니다. 도움을 주신 전국 민·관 협업사무 담당 공무원분들께 감사드립니다.

2. 조사기간 : 2020년 1월 15일 ~ 2020년 2월 29일

3. 조사결과

- 민간이전 분류별 통계

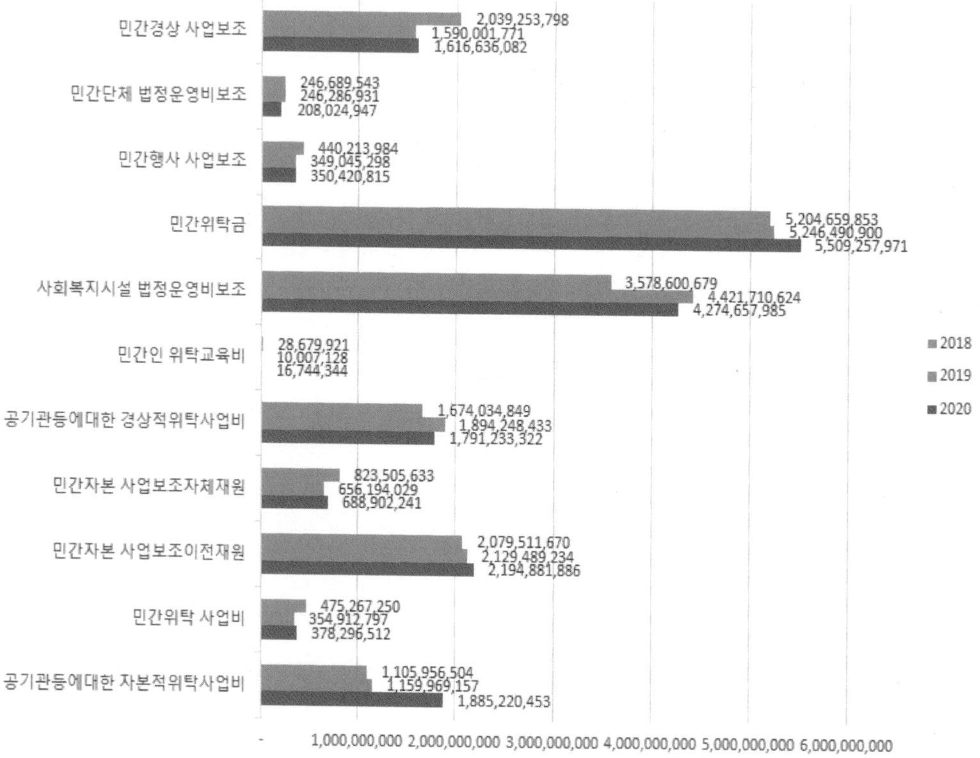

– 행정 단위별 통계

(단위: 천원)

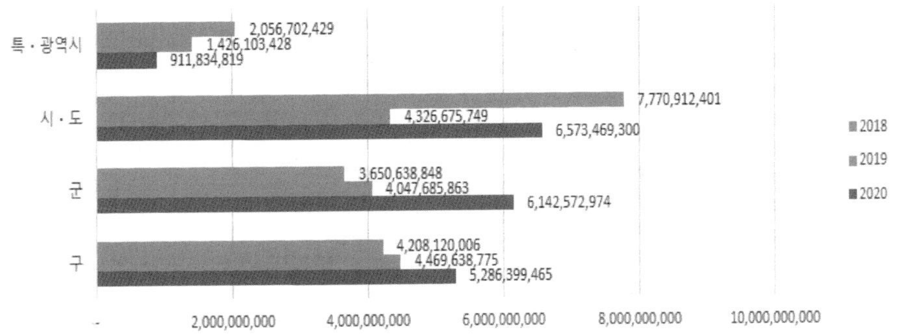

– 사업수별 통계

(단위: 건)

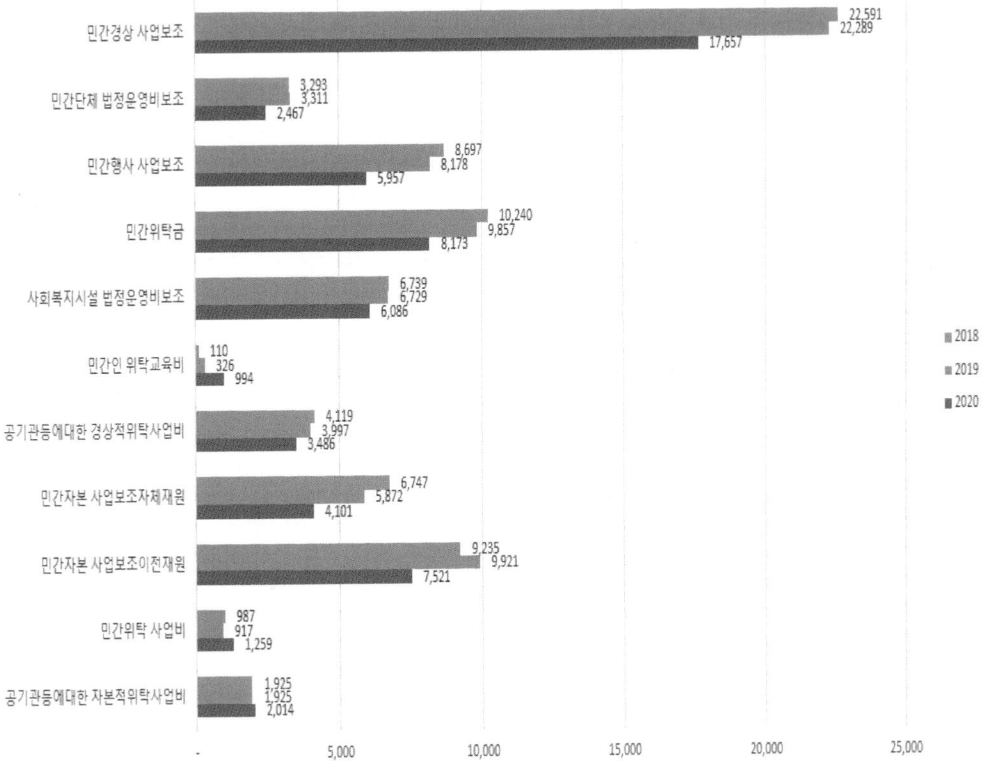

(1) 2020년 조사결과

(단위: 건, 천원)

행정단위	민간이전 (307)			
	민간경상 사업보조 (307-02)	민간단체 법정운영비보조 (307-03)	민간행사 사업보조 (307-04)	민간위탁금 (307-05)
합 계	1,616,636,082	208,024,947	350,420,815	5,509,257,971
특 · 광역시	147,751,858	20,023,917	20,264,073	204,621,653
시 · 도	566,326,091	87,764,750	142,463,820	1,977,110,714
군	690,432,574	71,550,163	161,817,814	1,485,782,191
구	212,125,559	28,686,117	25,875,108	1,841,743,413
사업수	17,657	2,467	5,957	8,173

(단위: 건, 천원)

행정단위	민간이전 (307)		자치단체등이전 (308)	민간자본이전 (402)
	사회복지시설 법정운영비보조 (307-10)	민간인 위탁교육비 (307-12)	공기관등에대한 경상적대행사업비 (308-10)	민간자본 사업보조자체재원 (402-01)
합 계	4,274,657,985	16,744,344	1,791,233,322	688,902,241
특 · 광역시	44,339,980	530,799	237,658,493	30,815,530
시 · 도	1,531,484,016	7,576,845	546,833,688	288,285,930
군	555,538,178	5,401,983	395,187,050	314,260,931
구	2,143,295,811	3,234,717	611,554,091	55,539,850
사업수	6,086	994	3,486	4,101

(단위: 건, 천원)

행정단위	민간자본이전 (402)		자치단체자본이전 (403)	합 계
	민간자본 사업보조이전재원 (402-02)	민간위탁 사업비 (402-03)	공기관등에대한 자본적위탁사업비 (403-02)	
합 계	2,194,881,886	378,296,512	1,885,220,453	18,914,276,558
특 · 광역시	69,287,703	10,762,713	125,778,100	911,834,819
시 · 도	843,765,184	107,435,970	474,422,292	6,573,469,300
군	1,094,447,420	141,111,165	1,227,043,505	6,142,572,974
구	187,381,579	118,986,664	57,976,556	5,286,399,465
사업수	7,521	1,259	2,014	59,715

(2) 2019년 조사결과

(단위: 건, 천원)

행정단위	민간이전 (307)			
	민간경상 사업보조 (307-02)	민간단체 법정운영비보조 (307-03)	민간행사 사업보조 (307-04)	민간위탁금 (307-05)
합 계	1,590,001,771	246,286,931	349,045,298	5,246,490,900
특 · 광역시	200,987,484	29,044,236	14,397,959	286,187,513
시 · 도	351,272,974	67,665,725	97,460,507	1,341,628,928
군	563,956,333	69,149,178	121,324,527	826,580,474
구	130,535,245	31,369,935	28,102,809	1,768,578,685
사업수	22,289	3,311	8,178	9,857

(단위: 건, 천원)

행정단위	민간이전 (307)		자치단체등이전 (308)	민간자본이전 (402)
	사회복지시설 법정운영비보조 (307-10)	민간인 위탁교육비 (307-12)	공기관등에대한 경상적대행사업비 (308-10)	민간자본 사업보조자체재원 (402-01)
합 계	4,421,710,624	10,007,128	1,894,248,433	656,194,029
특 · 광역시	63,197,108	191,040	438,457,494	11,014,400
시 · 도	1,348,024,711	2,022,809	301,352,165	132,381,740
군	436,425,803	5,187,906	228,079,782	312,919,783
구	1,937,737,446	2,104,751	343,520,952	19,908,941
사업수	6,729	326	3,997	5,872

(단위: 건, 천원)

행정단위	민간자본이전(402)		자치단체자본이전 (403)	합 계
	민간자본 사업보조이전재원 (402-02)	민간위탁 사업비 (402-03)	공기관등에대한 자본적위탁사업비 (403-02)	
합 계	2,129,489,234	354,912,797	1,159,969,157	22,387,273,909
특 · 광역시	271,503,247	10,158,000	100,964,947	1,682,873,842
시 · 도	400,590,375	87,427,863	196,847,952	5,347,214,131
군	831,276,291	131,903,918	520,881,868	4,623,371,043
구	120,391,111	34,291,714	53,097,186	6,432,856,274
사업수	9,921	917	1,925	84,487

(3) 2018년 조사결과

(단위: 건, 천원)

행정단위	민간이전 (307)			
	민간경상 사업보조 (307-02)	민간단체 법정운영비보조 (307-03)	민간행사 사업보조 (307-04)	민간위탁금 (307-05)
합 계	2,039,253,798	246,689,543	440,213,984	5,204,659,853
특 · 광역시	473,029,316	50,903,960	30,728,223	270,575,382
도	121,690,405	19,162,291	4,231,754	44,578,713
시	709,116,760	108,332,940	218,937,886	2,347,840,559
군	543,767,228	42,287,152	139,326,230	708,322,689
구	191,650,089	26,003,200	36,989,891	1,833,342,510
사업수	22,591	3,293	8,697	10,240

(단위: 건, 천원)

행정단위	민간이전 (307)		자치단체등이전 (308)	민간자본이전 (402)
	사회복지시설 법정운영비보조 (307-10)	민간인 위탁교육비 (307-12)	공기관등에대한 경상적위탁사업비 (308-10)	민간자본 사업보조자체재원 (402-01)
합 계	3,578,600,679	28,679,921	1,674,034,849	823,505,633
특 · 광역시	228,722,467	42,000	342,922,235	102,732,927
도	13,850,861	2,819,380	85,586,997	43,386,757
시	1,179,017,071	3,543,197	808,290,811	364,323,119
군	473,973,569	7,491,118	164,319,034	294,655,328
구	1,683,036,711	14,784,226	272,915,772	18,407,502
사업수	6,739	110	4,119	6,747

(단위: 건, 천원)

행정단위	민간자본이전(402)		자치단체자본이전 (403)	합 계
	민간자본 사업보조이전재원 (402-02)	민간위탁 사업비 (402-03)	공기관등에대한 자본적위탁사업비 (403-02)	
합 계	2,079,511,670	475,267,250	1,105,956,504	22,520,706,446
특 · 광역시	432,509,800	31,945,120	92,590,999	2,849,729,666
도	19,200,050	687,380	63,607,000	460,965,479
시	915,842,097	271,742,026	425,124,347	8,861,422,684
군	660,567,484	143,291,432	472,637,584	4,093,494,489
구	51,392,239	27,601,292	51,996,574	6,255,094,125
사업수	9,235	987	1,925	86,389

■ 민·관협업 예산비목 설명

1) 민간경상사업보조(307-02)란 민간이 행하는 사업에 대하여 자치단체가 이를 권장하기 위하여 교부하는 것으로 자본적 경비를 제외한 보조금을 말함
2) 민간단체 법정운영비보조(307-03)란 지방재정법 제17조 및 제32조의2제2항에 따라 운영비를 지원할 수 있는 단체 등에 지원하는 경비를 말함
3) 민간행사사업보조(307-04)란 민간이 주관 또는 주최하는 행사에 대하여 자본적 경비를 제외한 보조금을 말함
4) 민간위탁금(307-05)이란 국가 또는 지방자치단체가 법령 및 조례에 의하여 민간인에게 위탁관리시키는 사업 중 기금성격의 사업비로서 사업이 종료되거나 위탁이 폐지될 때에는 전액 국고 또는 지방비로 회수가 가능한 사업을 말함
5) 사회복지시설 법정운영비 보조(307-10)란 주민 복지를 위해 법령의 명시적 근거에 따라 사회복지시설에 대하여 운영비 지원 목적으로 편성하는 보조금을 말함
6) 민간인위탁교육비(307-12)란 법령 또는 조례 등에 따라 자치단체 사무를 위해 민간인을 위탁교육할 경우 위탁기관에 지급할 위탁교육비를 말함
7) 공기관등에 대한 경상적 대행사업비(308-10)란 광역사업 등 당해 자치단체가 시행하여야 할 자본형성적 사업 외의 경비를 공기관에 위임 또는 위탁, 대행하여 시행할 경우 부담하는 제반 경비, 지방자치단체조합(한국지역정보개발원 등)에 위탁하는 자본 형성적 사업 외 제반 경비를 말함
8) 민간자본사업보조(자체재원)(402-01)이란 민간의 자본형성을 위하여 민간이 추진하는 사업을 권장할 목적으로 민간에게 자치단체 자체 재원으로 직접 지급하는 보조금을 말함
9) 민간자본사업보조(이전재원)(402-02)이란 민간의 자본형성을 위하여 민간이 추진하는 사업을 권장할 목적으로 민간에게 국비 또는 시도비를 시도 및 시군구에서 지급하는 보조금
10) 민간위탁사업비(402-03)란 자치단체가 직접 추진하여야 할 사업으로서 법령의 규정에 의하여 민간에 위임 또는 위탁, 대행시키는 사업의 사업비, 국가 또는 지방자치단체의 위임사무에 수반하는 경비로서 지방자치단체 이외의 타에 지급하는 교부금을 말함
11) 공기관등에 대한 자본적 위탁사업비(403-02)란 광역사업 등 당해 자치단체가 시행하여야 할 자본 형성적 사업을 공기관에 위임 또는 위탁, 대행하여 시행할 경우 부담하는 제반경비를 말함

자료출처 : 행정안전부, 2018년도 지방자치단체 예산편성 운영기준 및 기금운용계획 수립기준(2017. 7.)

목 차

목 차

목 차

목 차

목 차

대전

울산

세종

경기

강원

충북

충남

목 차

목 차

목 차

목 차

전북

전남

경북

경남

제주

목 차

목 차

목 차

chapter

1

민간자본사업보조,자체재원 (402-01)

2020년 전국 지방자치단체 민간자본사업보조,자체재원(402-01) 운영 현황

순번	시군구	지출명 (사업명)	2020년예산 (단위:천원/1년간)	담당자 (공무원)	민간이전 분류 (지방자치단체 세출예산 집행기준에 의거)	민간이전지출 근거 (지방보조금 관리기준 참고)	입찰방식			운영예산 산정		성과평가 실시여부
				담당부서	1. 민간경상사업보조(1) 2. 민간단체 법정운영비보조(2) 3. 민간행사사업보조(3) 4. 민간위탁금(4) 5. 사회복지시설 법정운영비보조(5) 6. 민간인위탁교육비(6) 7. 공기관등에대한경상적대행사업비(7) 8. 민간자본사업보조,자체재원(8) 9. 민간자본사업보조,이전재원(9) 10. 민간위탁사업비(10) 11. 공기관등에 대한 자본적 대행사업비(11)	1. 법률에 규정 2. 국고보조 재원(국가지정) 3. 용도 지정 기부금 4. 조례에 직접규정 5. 지자체가 권장하는 사업을 하는 공공기관 6. 시,도 정책 및 재정사정 7. 기타 8. 해당없음	계약체결방법 (경쟁형태) 1. 일반경쟁 2. 제한경쟁 3. 지명경쟁 4. 수의계약 5. 법정위탁 6. 기타 ( ) 7. 해당없음	계약기간 1. 1년 2. 2년 3. 3년 4. 4년 5. 5년 6. 기타 ( )년 7. 단기계약 (1년미만) 8. 해당없음	낙찰자선정방법 1. 적격심사 2. 협상에의한계약 3. 최저가낙찰제 4. 규격가격분리 5. 2단계 경쟁입찰 6. 기타 ( ) 7. 해당없음	운영예산 산정 1. 내부산정 (지자체 자체 적으로 산정) 2. 외부산정 (외부전문기관 위탁 산정) 3. 내·외부 모두 산정 4. 산정 無 5. 해당없음	정산방법 1. 내부정산 (지자체 내부적으로 정산) 2. 외부정산 (외부전문기관 위탁 정산) 3. 내·외부 모두 산정 4. 정산 無 5. 해당없음	1. 실시 2. 미실시 3. 향후 추진 4. 해당없음
1	서울 광진구	새마을방역봉사대 지원	18,270	자치행정과	8	4	7	8	1	1	1	3
2	서울 광진구	작업환경 개선사업	35,000	지역경제과	8	4	7	7	7	3	1	3
3	서울 광진구	보훈단체 사무실 환경개선	5,000	복지정책과	8	1, 4	7	8	7	1	1	1
4	서울 광진구	장애인단체 사무실 환경개선	15,000	사회복지장애인과	8	1	7	8	7	1	1	3
5	서울 광진구	수어통역센터 운영	5,000	사회복지장애인과	8	5	7	8	7	5	5	4
6	서울 광진구	태양광 미니발전소 설치비 지원	125,000	환경과	8	7	7	8	7	5	1	3
7	서울 광진구	태양광 미니발전소 설치비 지원	125,000	환경과	8	7	7	8	7	5	1	3
8	서울 광진구	공동주택 지원사업	400	주택과	8	1, 4	7	8	7	5	5	4
9	서울 광진구	의료기관 결핵환자 관리지원사업	8,294	보건의료과	8	1, 2	7	8	7	5	5	4
10	서울 광진구	의료급여수급권자 일반검진	84,000	보건의료과	8	2	7	8	7	5	5	4
11	서울 광진구	의료급여수급권자 영유아 건강검진 지원	5,200	보건의료과	8	2	7	8	7	5	5	4
12	서울 광진구	산모신생아 건강관리지원	1,312,000	건강관리과	8	1, 2	5	8	7	5	5	4
13	서울 광진구	저소득층 기저귀조제분유 지원	391,150	건강관리과	8	1, 2	7	8	7	5	5	4
14	서울 광진구	청소년산모 임신출산 의료비 지원	2,400,000	건강관리과	8	1, 2	7	8	7	5	5	4
15	서울 도봉구	종합사회복지관 기능보강사업	385,705	복지정책과	8	6	7	8	7	5	1	4
16	서울 강서구	작은도서관 운영	108,000	교육청소년과	8	5	7	8	7	1	1	1
17	서울 강서구	보훈단체 지원	35,000	복지정책과	8	1	7	8	7	1	1	4
18	서울 강서구	공동주택관리 지원	400	주택과	8	4	7	8	7	3	1	1
19	서울 금천구	국가암검진사업	263,770	보건의료과	8	2	7	8	7	4	4	4
20	서울 금천구	공동주택관리 사업비 지원	60,000	주택과	8	4	7	8	7	1	1	4
21	서울 금천구	나라사랑 보훈단체 지원	35,000	복지정책과	8	1, 4	7	8	7	5	5	4
22	서울 금천구	구립하누리주간보호센터 기능보강	13,255	어르신장애인과	8	1	1	5	1	1	1	1
23	서울 영등포구	영등포구체육회 육성 지원	18,000	문화체육과	8	1	7	8	7	5	5	4
24	서울 영등포구	주택 행정 지원	370,000	주택과	8	1	7	8	7	5	5	4
25	서울 영등포구	방역소독 차량 구매	6,000	보건지원과	8	7	7	8	7	5	5	4
26	서울 동작구	나들가게 자체상품 활성화 지원	10,000	경제진흥과	8	7	7	8	7	5	5	4
27	서울 관악구	국공립어린이집 확충	30,000	여성가족과	8	1	7	8	7	1	1	4
28	서울 관악구	산모·신생아건강관리지원	976,000	지역보건과	8	2	7	8	7	5	5	4
29	서울 관악구	청소년산모 임신출산의료비지원	4,800	지역보건과	8	2	7	8	7	5	5	4
30	서울 관악구	표준모자보건수첩 제작	3,954	지역보건과	8	2	7	8	7	5	5	4
31	서울 관악구	저소득층 기저귀·조제분유지원	454,660	지역보건과	8	2	7	8	7	5	5	4
32	서울 동대문구	도서관조성 지원	160,000	문화관광과	8	7	7	8	7	1	1	3
33	서울 동대문구	차량구입 지원	32,000	복지정책과	8	4	7	8	7	5	5	4
34	서울 동대문구	보훈단체 냉난방기구입 지원	5,000	복지정책과	8	4	7	8	7	5	5	4
35	서울 동대문구	민간·가정 어린이집 환경개선	30,000	가정복지과	8	4	7	8	7	5	5	4
36	서울 동대문구	민간·가정 어린이집 물품구입 등	100,000	가정복지과	8	7	7	8	7	5	5	4
37	서울 동대문구	어린이VR 교육시스템 구축	10,000	아동청소년과	8	4	7	8	7	5	5	4
38	서울 동대문구	태양광미니발전소(베란다형) 설치 지원	85,000	맑은환경과	8	4	7	8	7	5	5	4
39	서울 동대문구	태양광미니발전소(주택,건물형) 설치 지원	15,000	맑은환경과	8	4	7	8	7	5	5	4
40	서울 동대문구	공동주택 관리 지원	500,000	주택과	8	4	7	8	7	5	5	4
41	서울 성동구	자율방역봉사대 방역차량 구매 지원	55,000	자치행정과	8	1	7	8	7	5	1	1
42	서울 성동구	생활체육 활성화 지원	13,000	문화체육과	8	1	7	8	7	1	1	4
43	서울 성동구	공동주택 지원	1,200,000	공동주택과	8	4	7	8	7	1	1	1
44	서울 성동구	에너지절약과 생산을 통한「원전하나 줄이기」	50,000	맑은환경과	8	4	7	8	7	5	5	4

순번	시군구	지출명 (사업명)	2020년예산 (단위:천원/1년간)	담당자 (공무원) 담당부서	민간이전 분류 (지방자치단체 세출예산 집행기준에 의거) 1. 민간경상사업보조(1) 2. 민간단체 법정운영비보조(2) 3. 민간행사사업보조(3) 4. 민간위탁금(4) 5. 사회복지시설 법정운영비보조(5) 6. 민간인위탁교육비(6) 7. 공기관등에대한경상적대행사업비(7) 8. 민간자본사업보조,자체재원(8) 9. 민간자본사업보조,이전재원(9) 10. 민간위탁사업비(10) 11. 공기관등에 대한 자본적 대행사업비(11)	민간이전지출 근거 (지방보조금 관리기준 참고) 1. 법률에 규정 2. 국고보조 재원(국가지정) 3. 용도 지정 기부금 4. 조례에 직접규정 5. 지자체가 권장하는 사업을 하는 공공기관 6. 시,도 정책 및 재정사정 7. 기타 8. 해당없음	입찰방식 계약체결방법 (경쟁형태) 1. 일반경쟁 2. 제한경쟁 3. 지명경쟁 4. 수의계약 5. 법정위탁 6. 기타 ( ) 7. 해당없음	계약기간 1. 1년 2. 2년 3. 3년 4. 4년 5. 5년 6. 기타 ( )년 7. 단기계약 (1년미만) 8. 해당없음	낙찰자선정방법 1. 적격심사 2. 협상에의한계약 3. 최저가낙찰제 4. 규격가격분리 5. 2단계 경쟁입찰 6. 기타 ( ) 7. 해당없음	운영예산 산정 운영예산 산정 1. 내부산정 (지자체 자체적으로 산정) 2. 외부산정 (외부전문기관위탁 산정) 3. 내·외부 모두 산정 4. 산정 無 5. 해당없음	정산방법 1. 내부정산 (지자체 내부적으로 정산) 2. 외부정산 (외부전문기관위탁 정산) 3. 내·외부 모두 산정 4. 정산 無 5. 해당없음	성과평가 실시여부 1. 실시 2. 미실시 3. 향후 추진 4. 해당없음
45	서울 종로구	바르게살기운동단체 지원	25,000	자치행정과	8	1	7	8	7	5	5	1
46	서울 양천구	종합사회복지관 기능보강 사업	263,118	복지정책과	8	1	7	8	7	5	5	4
47	서울 양천구	양천어르신종합복지관 시설관리	25,200	어르신장애인과	8	1	5	5	6	1	1	2
48	서울 양천구	노인회지회 지원	13,200	어르신장애인과	8	1	7	8	6	1	1	2
49	서울 양천구	어르신복지시설 기능보강사업	10,000	어르신장애인과	8	1	5	5	6	1	1	2
50	서울 양천구	장애인복지관 시설관리	9,966	어르신장애인과	8	1	5	5	6	1	1	2
51	서울 양천구	10cm 턱나눔으로 세상과 소통하기	100,000	어르신장애인과	8	1	7	8	6	1	1	2
52	서울 양천구	공동주택관리 지원사업	1,000,000	주택과	8	4	7	8	7	5	5	4
53	서울 양천구	공공시설 부설주차장 야간개방 사업	130,000	교통지도과	8	6	7	8	7	1	1	3
54	서울 서대문구	작업환경 개선	54,000	일자리경제과	8	6	7	8	7	5	5	4
55	서울 서대문구	보육기자재 지원	25,000	여성가족과	8	1	7	8	7	1	1	1
56	서울 서대문구	민간어린이집 연합회	4,000	여성가족과	8	1	7	8	7	1	1	1
57	서울 서대문구	기존건축물 화재안전성능 보강지원사업	32,000	건축과	8	1	7	8	7	5	1	1
58	서울 서대문구	노후 건축물 보조 및 융자금 지원	30,000	건축과	8	1	7	8	7	5	5	4
59	서울 서대문구	건축물 등 위험시설물의 안전조치 지원	48,000	건축과	8	1	7	8	7	5	5	4
60	서울 서대문구	베란다형 태양광 미니발전소 설치지원 사업	65,000	환경과	8	4	7	8	7	1	1	4
61	서울 서대문구	주택형 태양광 미니발전소(3kW) 설치 지원 사업	48,000	환경과	8	4	7	8	7	1	1	4
62	서울 강북구	공동주택 지원사업	218,272	주택과	8	1	7	8	7	1	1	4
63	서울 강북구	태양광 미니발전소 설치 보급 사업	56,000	환경과	8	4	7	8	7	5	5	4
64	서울 강북구	부설주차장 개방사업	30,000	주차관리과	8	6	7	8	7	5	5	4
65	서울 송파구	민간 공익활동 단체 지원	6,500	자치행정과	8	1	7	8	7	1	1	1
66	서울 송파구	민원처리제도 개선	5,500	민원여권과	8	5	5	1	6	1	1	4
67	서울 송파구	안전하고 쾌적한 주거환경 조성	800,000	주택과	8	4	7	8	7	5	5	4
68	서울 서초구	공동주택지원사업	1,000,000	주거개선과	8	4	7	8	7	5	5	4
69	서울 서초구	위생업소 영업장 시설개선 사업	30,000	위생과	8	4	7	8	7	1	1	3
70	부산광역시	원자력 산업 육성 지원	100,000	원자력안전과	8	8	7	8	7	5	5	4
71	부산광역시	원자력 산업 육성 지원	43,000	원자력안전과	8	8	7	8	7	5	5	4
72	부산광역시	주택지원	300,000	원자력안전과	8	8	7	8	7	5	5	4
73	부산광역시	노인복지관련 단체 지원	3,600,000	노인복지과	8	8	7	8	7	5	5	4
74	부산광역시	노인일자리사업	50,000	노인복지과	8	8	7	8	7	5	5	4
75	부산광역시	택시 재정 지원	675,000	택시운수과	8	8	7	8	7	5	5	4
76	부산광역시	전통시장 및 상점가 경영현대화	220,000	소상공인지원담당관	8	8	7	8	7	5	5	4
77	부산광역시	부산과학연구단지 육성사업	135,000	혁신경제과	8	8	7	8	7	5	5	4
78	부산광역시	부산특구 성과창출 및 확산촉진사업	700,000	혁신경제과	8	8	7	8	7	5	5	4
79	부산광역시	직업능력개발훈련	4,500	일자리창업과	8	8	7	8	7	5	5	4
80	부산광역시	직업능력개발훈련	400,000	일자리창업과	8	8	7	8	7	5	5	4
81	부산광역시	부산산업클러스터 산학관협의회 지원	59,500	첨단소재산업과	8	8	7	8	7	5	5	4
82	부산광역시	전자상거래지원센터 지원	90,000	첨단소재산업과	8	8	7	8	7	5	5	4
83	부산광역시	중소기업 기술혁신 사업 추진	81,000	첨단소재산업과	8	8	7	8	7	5	5	4
84	부산광역시	신발피혁연구사업 지원	1,000	첨단소재산업과	8	8	7	8	7	5	5	4
85	부산광역시	부산섬유패션 미래시장 창출 지원	30,000	첨단소재산업과	8	8	7	8	7	5	5	4
86	부산광역시	도심형 의류봉제지원센터 운영	420,000	첨단소재산업과	8	8	7	8	7	5	5	4
87	부산광역시	레이저 가공기술 고도화 지원	250,000	제조혁신기반과	8	8	7	8	7	5	5	4
88	부산광역시	부산 표면처리기술 고도화 지원	300,000	제조혁신기반과	8	8	7	8	7	5	5	4
89	부산광역시	뿌리산업 통합지원 체계구축 및 기술고도화	700,000	제조혁신기반과	8	8	7	8	7	5	5	4
90	부산광역시	중소기업 품질경영 진단 및 기술지도 지원	45,900	제조혁신기반과	8	8	7	8	7	5	5	4

순번	시군구	지출명 (사업명)	2020년예산 (단위:천원/1년간)	담당자 (공무원) 담당부서	민간이전 분류 (지방자치단체 세출예산 집행기준에 의거) 1. 민간경상사업보조(1) 2. 민간단체 법정운영비보조(2) 3. 민간행사사업보조(3) 4. 민간위탁금(4) 5. 사회복지시설 법정운영비보조(5) 6. 민간인위탁교육비(6) 7. 공기관등에대한경상적대행사업비(7) 8. 민간자본사업보조,자체재원(8) 9. 민간자본사업보조,이전재원(9) 10. 민간위탁사업비(10) 11. 공기관등에 대한 자본적 대행사업비(11)	민간이전지출 근거 (지방보조금 관리기준 참고) 1. 법률에 규정 2. 국고보조 재원(국가지정) 3. 용도 지정 기부금 4. 조례에 직접규정 5. 지자체가 권장하는 사업을 하는 공공기관 6. 시,도 정책 및 재정사정 7. 기타 8. 해당없음	입찰방식 계약체결방법 (경쟁형태) 1. 일반경쟁 2. 제한경쟁 3. 지명경쟁 4. 수의계약 5. 법정위탁 6. 기타 ( ) 7. 해당없음	입찰방식 계약기간 1. 1년 2. 2년 3. 3년 4. 4년 5. 5년 6. 기타 ( )년 7. 단기계약 (1년미만) 8. 해당없음	입찰방식 낙찰자선정방법 1. 적격심사 2. 협상에의한계약 3. 최저가낙찰제 4. 규격가격분리 5. 2단계 경쟁입찰 6. 기타 ( ) 7. 해당없음	운영예산 산정 운영예산 산정 1. 내부산정 (지자체 자체적으로 산정) 2. 외부산정 (외부전문기관위탁 산정) 3. 내·외부 모두 산정 4. 산정 無 5. 해당없음	운영예산 산정 정산방법 1. 내부정산 (지자체 내부적으로 정산) 2. 외부정산 (외부전문기관위탁 정산) 3. 내·외부 모두 산정 4. 정산 無 5. 해당없음	성과평가 실시여부 1. 실시 2. 미실시 3. 향후 추진 4. 해당없음
91	부산광역시	조선해양기자재 사업다각화 기술규격인증획득 지원	200,000	제조혁신기반과	8	8	7	8	7	5	5	4
92	부산광역시	IoT산업 활성화	300,000	스마트시티추진과	8	8	7	8	7	5	5	4
93	부산광역시	부산형 SW인재사관학교 운영	500,000	스마트시티추진과	8	8	7	8	7	5	5	4
94	부산광역시	축산업 기반 조성	40,000	농축산유통과	8	8	7	8	7	5	5	4
95	부산광역시	지역특화기술 개발·확산 개방형연구실 운영	20,000	대학협력단	8	8	7	8	7	5	5	4
96	부산광역시	지역 우수연구자 기업연계 R&BD 사업	500,000	대학협력단	8	8	7	8	7	5	5	4
97	부산광역시	대학 R&D 활성화	800,000	대학협력단	8	8	7	8	7	5	5	4
98	부산광역시	대학 R&D 활성화	50,000	대학협력단	8	8	7	8	7	5	5	4
99	부산광역시	항만물류 활성화 지원	10,000	해운항만과	8	8	7	8	7	5	5	4
100	부산광역시	식량축산 기술보급	68,000	농업기술센터	8	8	7	8	7	5	5	4
101	부산광역시	원예작물 기술보급	10,000	농업기술센터	8	8	7	8	7	5	5	4
102	부산광역시	원예작물 기술보급	64,800	농업기술센터	8	8	7	8	7	5	5	4
103	부산 중구	공동주택 관리 지원금	30,000	재생건축과	8	4	7	8	7	5	5	4
104	부산 중구	영주동 도시재생 주민공모사업	40,000	재생건축과	8	4	7	8	7	5	5	4
105	부산 동구	우편모아시스템 유지보수비	54,190	민원회계과	8	5	7	1	7	2	2	4
106	부산 동구	자치단체 표준기록관리시스템 통합 유지관리	34,011	민원회계과	8	5	7	1	7	2	2	4
107	부산 동구	아동청소년심리치유서비스 외 9개사업	605,300	복지지원과	8	1	7	7	1	1	1	3
108	부산 동구	장애인 의료비	187,747	복지지원과	8	1	7	8	1	1	1	3
109	부산 동구	공동주택관리지원	50,000	건축과	8	4	6	7	6	1	1	1
110	부산 부산진구	공동주택관리지원	100,000	건축과	8	1, 4	7	8	7	1	1	1
111	부산 동래구	지방세정보시스템 유지보수관리	64,301	세무1과	8	5	5	1	7	2	2	4
112	부산 동래구	슬레이트 처리사업	100,800	환경위생과	8	1	5	5	7	1	1	4
113	부산 동래구	공동주택관리지원사업	50,000	건축과	8	4	7	8	7	5	5	3
114	부산 남구	공동주택 관리 지원사업	50,000	건축과	8	1	7	8	7	1	1	1
115	부산 북구	공동주택관리지원	50,000	건축과	8	4	7	8	7	1	1	1
116	부산 북구	그린주차사업	32,000	교통행정과	8	4	7	8	7	1	1	1
117	부산 북구	부설주차장개방사업	60,000	교통행정과	8	4	7	8	7	1	1	1
118	부산 해운대구	공동주택 시설 개선비 지원	300,000	건축과	8	4	7	8	7	5	5	4
119	부산 사하구	지방재정관리시스템 유지보수	282,410	기획실	8	1	5	1	2	1	1	1
120	부산 사하구	지방재정관리시스템 하드웨어 및 소프트웨어 도입	771,000	기획실	8	1	7	8	7	1	1	4
121	부산 사하구	장애인 의료비 지원	207,995	복지사업과	8	1	7	8	7	5	3	2
122	부산 금정구	부설주차장 개방사업	40,000	교통행정과	8	4	6(개인 신청자)	3	6(개인 선정자)	1	1	4
123	부산 금정구	공동주택 시설 개선비 지원	100,000	건축과	8	1, 4	7	8	7	3	1	4
124	부산 강서구	온-나라시스템 유지관리	43,371	민원봉사과	8	1	5	8	7	5	5	4
125	부산 강서구	공통기반시스템 유지관리	78,868	민원봉사과	8	1	5	8	7	5	5	4
126	부산 강서구	재해복구시스템 유지관리	3,182,000	민원봉사과	8	1	5	8	7	5	5	4
127	부산 강서구	지방재정관리시스템(e-호조) 유지관리	21,758	민원봉사과	8	1	5	8	7	5	5	4
128	부산 강서구	지방행정통합정보시스템 상담센터 운영관리	64,600	민원봉사과	8	1	5	8	7	5	5	4
129	부산 강서구	우편모아시스템 유지관리	54,190	민원봉사과	8	1	5	8	7	5	5	4
130	부산 강서구	표준기록관리시스템 유지보수	54,011	민원봉사과	8	7	5	8	7	5	5	4
131	부산 강서구	지역사회서비스 투자사업	869,790	주민복지과	8	1	7	8	7	4	3	2
132	부산 강서구	지역드림스타트 통합사례관리 지원	800,000	주민복지과	8	2	7	8	7	5	3	1
133	부산 강서구	장애인의료비 지원	72,104	주민복지과	8	2	7	8	7	4	3	2
134	부산 강서구	경로당 환경개선사업	55,000	생활지원과	8	1	5	8	7	3	1	1
135	부산 강서구	어촌계 정보화장비 지원사업	13,240	해양수산과	8	1, 4	7	8	7	5	5	3
136	부산 강서구	숭어들망어업 현대화 지원사업	120,000	해양수산과	8	4	7	8	7	5	5	3

순번	시군구	지출명 (사업명)	2020년예산 (단위:천원/1년간)	담당자 (공무원) 담당부서	민간이전 분류 (지방자치단체 세출예산 집행기준에 의거) 1. 민간경상사업보조(1) 2. 민간단체 법정운영비보조(2) 3. 민간행사사업보조(3) 4. 민간위탁금(4) 5. 사회복지시설 법정운영비보조(5) 6. 민간인위탁교육비(6) 7. 공기관등에대한경상적대행사업비(7) 8. 민간자본사업보조,자체재원(8) 9. 민간자본사업보조,이전재원(9) 10. 민간위탁사업비(10) 11. 공기관등에 대한 자본적 대행사업비(11)	민간이전지출 근거 (지방보조금 관리기준 참고) 1. 법률에 규정 2. 국고보조 재원(국가지정) 3. 용도 지정 기부금 4. 조례에 직접규정 5. 지자체가 권장하는 사업을 하는 공공기관 6. 시,도 정책 및 재정사정 7. 기타 8. 해당없음	입찰방식 계약체결방법 (경쟁형태) 1. 일반경쟁 2. 제한경쟁 3. 지명경쟁 4. 수의계약 5. 법정위탁 6. 기타 ( ) 7. 해당없음	입찰방식 계약기간 1. 1년 2. 2년 3. 3년 4. 4년 5. 5년 6. 기타 ( )년 7. 단기계약 (1년미만) 8. 해당없음	입찰방식 낙찰자선정방법 1. 적격심사 2. 협상에의한계약 3. 최저가낙찰제 4. 규격가격분리 5. 2단계 경쟁입찰 6. 기타 ( ) 7. 해당없음	운영예산 산정 운영예산 산정 1. 내부산정 (지자체 자체적으로 산정) 2. 외부산정 (외부전문기관위탁 산정) 3. 내·외부 모두 산정 4. 산정 無 5. 해당없음	운영예산 산정 정산방법 1. 내부정산 (지자체 내부적으로 정산) 2. 외부정산 (외부전문기관위탁 정산) 3. 내·외부 모두 산정 4. 정산 無 5. 해당없음	성과평가 실시여부 1. 실시 2. 미실시 3. 향후 추진 4. 해당없음
137	부산 강서구	전통어업 어로장 제단 정비사업	28,000	해양수산과	8	4	7	8	7	5	5	3
138	부산 강서구	농업용 무인항공방제기 지원	15,300	농산과	8	4	7	8	7	1	1	1
139	부산 강서구	맞춤형 농기계 지원	150,000	농산과	8	4	7	8	7	1	1	1
140	부산 연제구	주택행정 활성화	60,000	건축과	8	1, 4	7	7	7	1	1	4
141	부산 수영구	청백-e(통합상시모니터링)시스템 유지보수	1,659,000	기획감사실	8	1	6	1	6	2	2	2
142	부산 수영구	청백-e(통합상시모니터링)시스템 운영지원	56,370	기획감사실	8	1	6	1	6	2	2	2
143	부산 수영구	지방재정관리시스템 유지보수 운영관리 분담금	21,180	기획감사실	8	1	5	1	7	2	2	2
144	부산 수영구	지방재정관리시스템 유지보수 HW/SW 신규도입	578,000	기획감사실	8	1	5	1	7	2	2	2
145	부산 수영구	지방인사정보시스템 유지관리	28,137	총무과	8	5	5	1	7	2	2	4
146	부산 수영구	지방세정보시스템 운영지원비	52,434	세무과	8	1	7	1	7	1	1	1
147	부산 수영구	차세대 지방세정보시스템 구축사업비	47,963	세무과	8	1	7	1	7	1	1	1
148	부산 수영구	세외수입 정보시스템 운영 및 유지관리비	21,389	세무과	8	1	7	1	7	1	1	1
149	부산 수영구	차세대 지방세외수입 정보시스템 구축사업비	58,444	세무과	8	1	7	1	7	1	1	1
150	부산 수영구	다함께 돌봄사업	100,000	복지정책과	8	2	7	8	7	5	5	4
151	부산 수영구	서민층 가스시설 개선	22,962	일자리경제과	8	7	7	8	7	5	1	4
152	부산 수영구	공동주택관리 지원사업	40,000	건축과	8	4	7	8	7	1	1	1
153	부산 사상구	사상공업지역 제조업 근로환경 개선사업비 지원	30,000	일자리경제과	8	4	7	8	7	5	5	4
154	부산 사상구	공동주택 시설개선비 지원	70,000	건축과	8	4	7	8	7	5	5	4
155	부산 기장군	장안좌동마을회관 및 경로당 건립	160,000	행정지원과	8	4	7	8	7	5	5	4
156	부산 기장군	경로당 시설 환경개선 사업비	650,000	행복나눔과	8	4	[illegible]	[illegible]	[illegible]	1	1	3
157	부산 기장군	가스안전 관리	10,000	일자리경제과	8	1, 4	7	8	7	5	5	3
158	부산 기장군	채소류 소형 저온저장고 설치	12,000	친환경농업과	8	1	7	8	7	5	5	3
159	부산 기장군	비닐하우스시설 설치	10,000	친환경농업과	8	1	7	8	7	1	1	3
160	부산 기장군	작목반 농기계 지원	75,000	친환경농업과	8	4	7	8	7	1	1	3
161	부산 기장군	농산물 간이직판장 설치 지원 사업	70,000	친환경농업과	8	4	7	8	7	5	5	3
162	부산 기장군	양봉작목반 장비 지원	20,000	친환경농업과	8	7	7	8	7	1	1	3
163	부산 기장군	소형어선 인양기 설치	50,000	해양수산과	8	1	7	8	7	1	1	3
164	부산 기장군	대변 수산물직매장 건립	585,000	해양수산과	8	1	7	8	7	5	1	3
165	부산 기장군	수소연료전지 기본지원	1,450,000	원전안전과	8	1	7	8	7	5	5	4
166	부산 기장군	수소연료전지 특별지원	39,000	원전안전과	8	1	7	8	7	5	5	4
167	부산 기장군	수소연료전지 특별지원	133,679	원전안전과	8	1	7	8	7	5	5	4
168	부산 기장군	태양광 특별지원	26,330	원전안전과	8	1	7	8	7	5	5	4
169	부산 기장군	태양광 특별지원	12,956	원전안전과	8	1	7	8	7	5	5	4
170	부산 기장군	농업기술보급	20,000	농업기술센터	8	7	7	8	7	5	1	3
171	부산 기장군	주민복지지원	58,300	기장읍	8	4	7	8	7	5	5	4
172	부산 기장군	주민 복지 지원	70,000	장안읍	8	4	6	7	7	1	1	3
173	부산 기장군	주민 복지 지원	75,000	정관읍	8	4	4	7	2	1	1	3
174	부산 기장군	주민복지지원	118,139	일광면	8	4	7	8	7	5	5	4
175	부산 기장군	주민복지 지원	50,000	철마면	8	4	7	8	7	5	5	4
176	대구 서구	지방재정관리시스템 유지보수	25,386	기획예산실	8	1	6	1	7	2	2	4
177	대구 서구	청백-e시스템 유지보수	8,894	기획예산실	8	1	5	1	7	5	5	1
178	대구 서구	장애인 의료비 지원	358,869	사회복지과	8	2	7	8	7	5	5	4
179	대구 서구	위생업소 시설개선지원	30,000	위생과	8	1, 4	7	8	7	5	5	4
180	대구 북구	공동주택 관리 지원사업	250,000	건축주택과	8	1	7	8	7	5	5	4
181	대구 북구	내 집 주차장 갖기 사업	4,000,000	교통과	8	1, 4	7	8	7	5	5	4
182	대구 수성구	문화예술시설 조성	100,000	정책추진단	8	4	7	8	7	5	5	4

순번	시군구	지출명 (사업명)	2020년예산 (단위:천원/1년간)	담당자 (공무원) 담당부서	민간이전 분류 (지방자치단체 세출예산 집행기준에 의거) 1. 민간경상사업보조(1) 2. 민간단체 법정운영비보조(2) 3. 민간행사사업보조(3) 4. 민간위탁금(4) 5. 사회복지시설 법정운영비보조(5) 6. 민간인위탁교육비(6) 7. 공기관등에대한경상적대행사업비(7) 8. 민간자본사업보조,자체재원(8) 9. 민간자본사업보조,이전재원(9) 10. 민간위탁사업비(10) 11. 공기관등에 대한 자본적 대행사업비(11)	민간이전지출 근거 (지방보조금 관리기준 참고) 1. 법률에 규정 2. 국고보조 재원(국가지정) 3. 용도 지정 기부금 4. 조례에 직접규정 5. 지자체가 권장하는 사업을 하는 공공기관 6. 시,도 정책 및 재정사정 7. 기타 8. 해당없음	입찰방식 계약체결방법 (경쟁형태) 1. 일반경쟁 2. 제한경쟁 3. 지명경쟁 4. 수의계약 5. 법정위탁 6. 기타 ( ) 7. 해당없음	입찰방식 계약기간 1. 1년 2. 2년 3. 3년 4. 4년 5. 5년 6. 기타 ( )년 7. 단기계약 (1년미만) 8. 해당없음	입찰방식 낙찰자선정방법 1. 적격심사 2. 협상에의한계약 3. 최저가낙찰제 4. 규격가격분리 5. 2단계 경쟁입찰 6. 기타 ( ) 7. 해당없음	운영예산 산정 운영예산 산정 1. 내부산정 (지자체 자체적으로 산정) 2. 외부산정 (외부전문기관위탁 산정) 3. 내·외부 모두 산정 4. 산정 無 5. 해당없음	운영예산 산정 정산방법 1. 내부정산 (지자체 내부적으로 정산) 2. 외부정산 (외부전문기관위탁 정산) 3. 내·외부 모두 산정 4. 정산 無 5. 해당없음	성과평가 실시여부 1. 실시 2. 미실시 3. 향후 추진 4. 해당없음
183	대구 수성구	상이군경회 사무실 보수	22,000	복지정책과	8	4	7	8	7	1	1	1
184	대구 수성구	장애인 의료비 지원	294,784	복지정책과	8	1	7	8	7	1	1	4
185	대구 수성구	나눔주차장 시설지원	15,000	교통과	8	1	7	8	7	5	5	4
186	대구 수성구	공동주택 관리문화 정착	400,000	건축과	8	4	7	8	7	5	5	4
187	대구 달성군	우편모아시스템 유지보수	5,609	정보통신과	8	5	5	1	7	2	2	4
188	대구 달성군	자치단체 공통기반 전산장비 유지보수	106,485	정보통신과	8	5	5	1	7	3	3	4
189	대구 달성군	온-나라 문서시스템 유지보수	30,641	정보통신과	8	5	5	1	7	3	3	4
190	대구 달성군	신재생에너지 융복합지원사업	26,320	일자리경제과	8	6	7	8	7	5	5	1
191	대구 달성군	향군회관 건물 보수 공사	30,000	복지정책과	8	1	7	8	7	5	5	4
192	대구 달성군	평가인증 어린이집 환경개선비 지원	30,000	복지정책과	8	1	7	8	7	2	1	1
193	대구 달성군	노인회지회, 분회 집기비품 구입	15,000	복지정책과	8	6	7	8	7	5	5	4
194	대구 달성군	달성군 해병전우회 구조용 고무보트 구입	5,500	안전방재과	8	4	7	8	7	5	5	4
195	대구 달성군	공동주택관리비용지원사업	1,000,000	건축과	8	4	7	8	7	1	1	1
196	대구 달성군	농촌빈집정비사업	45,000	건축과	8	4	7	8	7	1	1	1
197	대구 달성군	수도암 화장실 개축 및 주변정비	400,000	관광과	8	1	7	8	7	5	5	4
198	대구 달성군	과수원현대화관수시설보급	10,000	농촌지도과	8	1	7	8	7	1	1	1
199	대구 달성군	고품질벌꿀생산저장고보급	37,000	농촌지도과	8	1	7	8	7	1	1	1
200	대구 달성군	억대농업인육성지원사업	120,000	농촌지도과	8	1	7	8	7	1	1	1
201	대구 달성군	비닐하우스 측창개폐기 설치	67,000	농촌지도과	8	1	7	8	7	1	1	1
202	대구 달성군	십자화과 시설재배 병해충 예방	32,000	농촌지도과	8	1	7	8	7	1	1	1
203	대구 달성군	기능성 원예작물 생산지원	50,000	농촌지도과	8	1	7	8	7	1	1	1
204	대구 달성군	시설원예 고온기 안정생산 기술보급	52,000	농촌지도과	8	1	7	8	7	1	1	1
205	대구 달성군	시설원예 작업환경 개선 기술보급	40,000	농촌지도과	8	1	7	8	7	1	1	1
206	대구 달성군	양파생산 기계화 기술보급	30,000	농촌지도과	8	1	7	8	7	1	1	1
207	대구 달성군	친환경농업단체 시설토양 환경개선	150,000	농촌지도과	8	1	7	8	7	1	1	1
208	대구 달성군	원예작물 품질인증 농업인 육성	80,000	농촌지도과	8	1	7	8	7	1	1	1
209	대구 달성군	양념채소 친환경 품질향상	20,000	농촌지도과	8	1	7	8	7	1	1	1
210	대구 달성군	노지채소 토양개선 농자재지원	100,000	농촌지도과	8	1	7	8	7	1	1	1
211	대구 달성군	가뭄대책 관수시설 보급	53,000	농촌지도과	8	1	7	8	7	1	1	1
212	대구 달성군	시설채소 연작장해 해소	100,000	농촌지도과	8	1	7	8	7	5	5	4
213	대구 달성군	비료절감형 벼재배기술보급	10,000	농촌지도과	8	1	7	8	7	1	1	1
214	인천 중구	경로당 기능보강	40,000	어르신장애인과	8	5	7	8	7	1	1	1
215	인천 중구	농산물건조기지원사업	27,000	농수산과	8	1	7	8	7	5	5	4
216	인천 중구	소형농기계지원사업	37,800	농수산과	8	1	7	8	7	5	5	4
217	인천 중구	산지유통저온저장고 지원사업	49,140	농수산과	8	1	7	8	7	5	5	4
218	인천 중구	농업용 관정 개발공사	18,000	농수산과	8	1	7	8	7	5	5	4
219	인천 동구	신재생에너지 보급사업	10,000	일자리경제과	8	4	7	8	7	1	1	4
220	인천 연수구	공동주택관리 지원금	200,000	송도관리단	8	1	7	8	7	5	5	4
221	인천 연수구	신재생에너지 주택지원사업	100,000	경제지원과	8	6	7	8	7	5	5	4
222	인천 연수구	주방문화개선지원	50,000	위생과	8	4	7	8	7	1	1	1
223	인천 연수구	공동주택관리 지원금	700,000	건축과	8	1	1, 2, 4	1	1, 3, 6	1	1	1
224	인천 남동구	남동구체육회차량구입지원	28,000	체육진흥과	8	1	7	8	7	1	1	4
225	인천 남동구	표준지방세외수입정보시스템운영관리	33,113	세입징수과	8	1	6	1	6	1	1	1
226	인천 남동구	차세대지방세외수입정보시스템구축사업	89,758	세입징수과	8	1	6	1	6	1	1	1
227	인천 남동구	신재생에너지보급사업	50,000	생활경제과	8	4	7	8	7	5	5	4
228	인천 남동구	농업용관정지원사업	45,500	농축수산과	8	7	7	8	7	1	1	4

순번	시군구	지출명 (사업명)	2020년예산 (단위:천원/1년간)	담당자 (공무원) 담당부서	민간이전 분류 (지방자치단체 세출예산 집행기준에 의거) 1. 민간경상사업보조(1) 2. 민간단체 법정운영비보조(2) 3. 민간행사사업보조(3) 4. 민간위탁금(4) 5. 사회복지시설 법정운영비보조(5) 6. 민간인위탁교육비(6) 7. 공기관등에대한경상적대행사업비(7) 8. 민간자본사업보조,자체재원(8) 9. 민간자본사업보조,이전재원(9) 10. 민간위탁사업비(10) 11. 공기관등에 대한 자본적 대행사업비(11)	민간이전지출 근거 (지방보조금 관리기준 참고) 1. 법률에 규정 2. 국고보조 재원(국가지정) 3. 용도 지정 기부금 4. 조례에 직접규정 5. 지자체가 권장하는 사업을 하는 공공기관 6. 시,도 정책 및 재정사정 7. 기타 8. 해당없음	입찰방식 계약체결방법 (경쟁형태) 1. 일반경쟁 2. 제한경쟁 3. 지명경쟁 4. 수의계약 5. 법정위탁 6. 기타 ( ) 7. 해당없음	입찰방식 계약기간 1. 1년 2. 2년 3. 3년 4. 4년 5. 5년 6. 기타 ( )년 7. 단기계약 (1년미만) 8. 해당없음	입찰방식 낙찰자선정방법 1. 적격심사 2. 협상에의한계약 3. 최저가낙찰제 4. 규격가격분리 5. 2단계 경쟁입찰 6. 기타 ( ) 7. 해당없음	운영예산 산정 운영예산 산정 1. 내부산정 (지자체 자체 적으로 산정) 2. 외부산정 (외부전문기관 위탁 산정) 3. 내·외부 모두 산정 4. 산정 無 5. 해당없음	운영예산 산정 정산방법 1. 내부정산 (지자체 내부적 으로 정산) 2. 외부정산 (외부전문기관 위탁 정산) 3. 내·외부 모두 산정 4. 정산 無 5. 해당없음	성과평가 실시여부 1. 실시 2. 미실시 3. 향후 추진 4. 해당없음
229	인천 남동구	경로당 개보수지원	180,000	노인장애인과	8	4	7	8	7	5	1	1
230	인천 남동구	경로당 생활집기 지원	150,000	노인장애인과	8	4	7	8	7	5	1	1
231	인천 남동구	장애인의료비 지원	408,686	노인장애인과	8	1	5	8	7	1	1	2
232	인천 남동구	어린이집보육장비비	100,000	보육정책과	8	4	5	5	5	1	1	4
233	인천 남동구	주민공모사업		도시재생과	8	2	2	7	1	1	3	3
234	인천 남동구	주민공모사업		도시재생과	8	2	2	7	1	1	3	3
235	인천 남동구	주민공모사업		도시재생과	8	2	2	7	1	1	3	3
236	인천 남동구	주민공모사업		도시재생과	8	2	2	7	1	1	3	3
237	인천 남동구	주민공모사업		도시재생과	8	2	2	7	1	1	3	3
238	인천 남동구	주민공모사업		도시재생과	8	2	2	7	1	1	3	3
239	인천 남동구	주민공모사업	138,000	도시재생과	8	2	2	7	1	1	3	3
240	인천 남동구	주민공모사업		도시재생과	8	2	2	7	1	1	3	3
241	인천 남동구	주민공모사업		도시재생과	8	2	2	7	1	1	3	3
242	인천 남동구	주민공모사업		도시재생과	8	2	2	7	1	1	3	3
243	인천 남동구	주민공모사업		도시재생과	8	2	2	7	1	1	3	3
244	인천 남동구	주민공모사업		도시재생과	8	2	2	7	1	1	3	3
245	인천 남동구	주민공모사업		도시재생과	8	2	2	7	1	1	3	3
246	인천 남동구	공동주택지원사업비	610,000	공동주택과	8	1	6	6	6	1	1	1
247	인천 남동구	희귀질환자의료비지원	1,086,688	치매정신건강과	8	2	5	8	7	5	5	4
248	인천 남동구	치매치료관리예탁금	184,000	치매정신건강과	8	2	7	8	7	5	5	4
249	인천 부평구	공공형어린이집 환경개선비	4,000,000	보육지원과	8	1	7	8	7	1	1	4
250	인천 부평구	민간(가정)어린이집 환경개선비	70,000	보육지원과	8	4	7	8	7	1	1	1
251	인천 부평구	경로당(생활집기)기능보강	100,000	노인장애인과	8	4	7	8	7	5	5	4
252	인천 부평구	소공인 작업환경개선 지원 사업	90,000	경제지원과	8	4	7	7	5	5	4	4
253	인천 부평구	해외규격인증 획득 지원사업	10,500	경제지원과	8	4	7	8	7	1	1	1
254	인천 부평구	산업디자인개발 지원사업	50,000	경제지원과	8	4	7	8	7	1	1	1
255	인천 부평구	지식재산권 관련 분쟁 예방을 위한 컨설팅 지원사업	30,000	경제지원과	8	4	7	8	7	1	1	1
256	인천 부평구	산업재산권 출원 지원사업	40,000	경제지원과	8	4	7	8	7	1	1	1
257	인천 부평구	금형개발 지원사업	30,000	경제지원과	8	4	7	8	7	1	1	1
258	인천 부평구	스마트공장 보급 확산 지원사업	100,000	경제지원과	8	4	7	7	5	5	4	4
259	인천 부평구	미니태양광 보급사업	20,000	기후변화대응과	8	4	7	8	7	1	5	4
260	인천 부평구	신재생에너지 주택지원사업	10,000	기후변화대응과	8	4	7	8	7	1	5	4
261	인천 부평구	건축물 부설주차장 개방사업	54,000	주차지도과	8	4	7	8	7	1	1	1
262	인천 부평구	공동주택관리 지원사업	350,000	건축과	8	4	7	8	7	5	5	4
263	인천 부평구	도로명주소기본도 현행화 사업	4,006	토지정보과	8	1	5	1	7	2	2	2
264	인천 부평구	민간의료기관 환자관리사업	158,516	건강증진과	8	8	7	1	7	2	2	4
265	인천 계양구	예산편성 및 운영	28,241	기획예산실	8	1	5	1	7	5	2	4
266	인천 계양구	시설관리공단 운영 지원	3,973,000	기획예산실	8	4	7	8	7	1	1	4
267	인천 계양구	공공형어린이집 환경개선비 지원	11,000	여성보육과	8	1	7	8	7	1	1	1
268	인천 계양구	지역사회보장협의체 컴퓨터 구입	1,100,000	복지정책과	8	4	7	8	7	1	1	2
269	인천 계양구	공동주택관리지원사업	300,000	건축과	8	4	7	8	7	5	5	4
270	인천 계양구	도시가스 공급관 설치비 지원	70,240	지역경제과	8	4	7	7	7	3	3	2
271	인천 계양구	신재생에너지 보급사업	30,000	지역경제과	8	2	7	7	7	1	1	2
272	인천 계양구	계양문화회관 관리	331,924	문화체육관광과	8	7	7	1	7	1	1	2
273	인천 계양구	주거수선유지급여	732,741	주민복지과	8	2	5	1	7	3	3	4
274	인천 계양구	저소득 장애인 주택개조사업	106,400	주민복지과	8	5	7	1	7	3	3	4

순번	시군구	지출명 (사업명)	2020년예산 (단위:천원/1년간)	담당자 (공무원) 담당부서	민간이전 분류 (지방자치단체 세출예산 집행기준에 의거) 1. 민간경상사업보조(1) 2. 민간단체 법정운영비보조(2) 3. 민간행사사업보조(3) 4. 민간위탁금(4) 5. 사회복지시설 법정운영비보조(5) 6. 민간인위탁교육비(6) 7. 공기관등에대한경상적대행사업비(7) 8. 민간자본사업보조,자체재원(8) 9. 민간자본사업보조,이전재원(9) 10. 민간위탁사업비(10) 11. 공기관등에 대한 자본적 대행사업비(11)	민간이전지출 근거 (지방보조금 관리기준 참고) 1. 법률에 규정 2. 국고보조 재원(국가지정) 3. 용도 지정 기부금 4. 조례에 직접규정 5. 지자체가 권장하는 사업을 하는 공공기관 6. 시,도 정책 및 재정사정 7. 기타 8. 해당없음	입찰방식 계약체결방법 (경쟁형태) 1. 일반경쟁 2. 제한경쟁 3. 지명경쟁 4. 수의계약 5. 법정위탁 6. 기타 ( ) 7. 해당없음	입찰방식 계약기간 1. 1년 2. 2년 3. 3년 4. 4년 5. 5년 6. 기타 ( )년 7. 단기계약 (1년미만) 8. 해당없음	입찰방식 낙찰자선정방법 1. 적격심사 2. 협상에의한계약 3. 최저가낙찰제 4. 규격가격분리 5. 2단계 경쟁입찰 6. 기타 ( ) 7. 해당없음	운영예산 산정 운영예산 산정 1. 내부산정 (지자체 자체 적으로 산정) 2. 외부산정 (외부전문기관 위탁 산정) 3. 내·외부 모두 산정 4. 산정 無 5. 해당없음	운영예산 산정 정산방법 1. 내부정산 (지자체 내부적으로 정산) 2. 외부정산 (외부전문기관 위탁 정산) 3. 내·외부 모두 산정 4. 정산 無 5. 해당없음	성과평가 실시여부 1. 실시 2. 미실시 3. 향후 추진 4. 해당없음
275	인천 서구	소형농기계 지원사업	18,000	경제에너지과	8	6	7	8	7	1	1	4
276	인천 서구	미니태양광발전 지원사업	10,000	경제에너지과	8	4	7	8	7	5	5	4
277	인천 서구	신재생에너지 주택지원사업	10,000	경제에너지과	8	4	7	8	7	5	5	4
278	인천 서구	공공형어린이집환경개선비	10,000	가정보육과	8	4	7	8	7	1	1	1
279	인천 서구	어린이집기자재구입비	100,000	가정보육과	8	4	7	8	7	1	1	1
280	인천 서구	아이사랑꿈터기능보강	247,750	가정보육과	8	6	7	8	7	3	1	1
281	인천 서구	해병대전우회 자본사업보조	20,000	총무과	8	4	7	8	7	5	5	4
282	인천 서구	북스타트 사업	30,000	교육혁신과	8	5	5	3	7	2	2	3
283	인천 서구	검암도서관운영	571,920	교육혁신과	8	5	5	3	7	2	2	3
284	인천 서구	석남도서관운영	214,696	교육혁신과	8	5	5	3	7	2	2	3
285	인천 서구	검단도서관운영	235,522	교육혁신과	8	5	5	3	7	2	2	3
286	인천 서구	심곡도서관운영	248,017	교육혁신과	8	5	5	3	7	2	2	3
287	인천 서구	신석도서관운영	196,928	교육혁신과	8	5	5	3	7	2	2	3
288	인천 서구	작은도서관 운영활성화	63,265	교육혁신과	8	4	7	8	7	1	1	2
289	인천 서구	공동주택관리 지원사업	600,000	주택과	8	1	6	8	6	1	1	1
290	인천 강화군	어린이집 청정무상급식 지원	112,095	사회복지과	8	6	7	8	7	5	1	4
291	인천 강화군	어린이집 안전보험 가입 지원	3,834,000	사회복지과	8	6	7	8	7	5	1	4
292	인천 강화군	정부미지원 어린이집 조리원 인건비 지원	28,302	사회복지과	8	6	7	8	7	5	1	4
293	인천 강화군	도시가스 공급관 설치 지원	200,000	경제교통과	8	1	7	8	7	5	5	4
294	인천 강화군	일반음식점 입식테이블 및 돌솥지원사업	233,850	환경위생과	8	4	1	8	7	1	1	2
295	인천 강화군	줄서는 맛집 지정업소 시설개선비	50,000	환경위생과	8	4	1	8	7	1	1	2
296	인천 강화군	여성농업인 농작업 환경개선 지원사업	16,500	농촌진흥과	8	4	7	8	7	1	1	1
297	인천 강화군	속노랑고구마 바이러스 무병묘 시범	13,100	기술지원과	8	4	7	8	7	1	1	1
298	인천 강화군	원예작물 수정벌 지원사업	25,000	기술지원과	8	4	7	8	7	1	1	1
299	인천 강화군	접목묘 지원	360,000	기술지원과	8	4	7	8	7	1	1	1
300	인천 강화군	전정용 전동가위 지원사업	55,650	기술지원과	8	4	7	8	7	1	1	1
301	인천 옹진군	비닐하우스 시설설치 지원	112,000	농업정책실	8	1, 4	7	8	7	1	1	1
302	인천 옹진군	비닐하우스 비닐교체 지원	294,000	농업정책실	8	1, 4	7	8	7	1	1	1
303	인천 옹진군	비닐하우스 환풍,관수시설 지원사업	87,500	농업정책실	8	1, 4	7	8	7	1	1	1
304	인천 옹진군	해충포획기(병해충방제기)지원사업	2,100,000	농업정책실	8	1, 4	7	8	7	1	1	1
305	인천 옹진군	농기계 간이보관창고 시설 지원	36,400	농업정책실	8	1, 4	7	8	7	1	1	1
306	인천 옹진군	귀농인 농업기반 지원	10,000	농업정책실	8	1, 4	7	8	7	1	1	1
307	인천 옹진군	순환식 건조기 지원	25,620	농업정책실	8	1, 4	7	8	7	1	1	1
308	인천 옹진군	다목적 건조기 지원	77,350	농업정책실	8	1, 4	7	8	7	1	1	1
309	인천 옹진군	초소 집기 및 환경개선 비용 지원	50,000	행정안전과	8	4	7	7	7	1	1	1
310	인천 옹진군	초소 집기 및 환경개선 비용 지원	50,000	행정안전과	8	1	7	8	7	5	5	4
311	인천 옹진군	영흥 수산물 직판장 보수보강	52,000	수산과	8	1	4	7	7	1	1	3
312	인천 옹진군	체험어장 발권기 지원	20,000	수산과	8	5	4	7	2	3	3	3
313	인천 옹진군	낚시어선 안전설비 지원	140,000	수산과	8	7	7	1	7	5	1	4
314	인천 옹진군	주거환경개선사업	2,500,000	도서주거개선과	8	4	7	8	7	1	1	2
315	인천 옹진군	벼 포트육묘 전용이앙기 지원	37,100	농업기술센터	8	5	7	8	7	1	1	3
316	인천 옹진군	벼 생력재배 무인보트 시범	16,800	농업기술센터	8	6	7	8	7	1	1	3
317	인천 옹진군	벼 기계이앙 동시 측조시비 기술보급	19,950	농업기술센터	8	6	7	8	7	5	5	4
318	인천 옹진군	잡곡 생력재배기술 시범	17,804	농업기술센터	8	5	7	8	7	1	1	3
319	인천 옹진군	고추터널 및 개량지주지원사업	37,800	농업기술센터	8	5	7	8	7	1	1	3
320	인천 옹진군	원예용 육묘시설 지원사업	27,300	농업기술센터	8	5	7	8	7	1	1	3

순번	시군구	지출명 (사업명)	2020년예산 (단위:천원/1년간)	담당자 (공무원) 담당부서	민간이전 분류 (지방자치단체 세출예산 집행기준에 의거) 1. 민간경상사업보조(1) 2. 민간단체 법정운영비보조(2) 3. 민간행사사업보조(3) 4. 민간위탁금(4) 5. 사회복지시설 법정운영비보조(5) 6. 민간인위탁교육비(6) 7. 공기관등에대한경상적대행사업비(7) 8. 민간자본사업보조,자체재원(8) 9. 민간자본사업보조,이전재원(9) 10. 민간위탁사업비(10) 11. 공기관등에 대한 자본적 대행사업비(11)	민간이전지출 근거 (지방보조금 관리기준 참고) 1. 법률에 규정 2. 국고보조 재원(국가지정) 3. 용도 지정 기부금 4. 조례에 직접규정 5. 지자체가 권장하는 사업을 하는 공공기관 6. 시,도 정책 및 재정사정 7. 기타 8. 해당없음	입찰방식 계약체결방법 (경쟁형태) 1. 일반경쟁 2. 제한경쟁 3. 지명경쟁 4. 수의계약 5. 법정위탁 6. 기타 ( ) 7. 해당없음	입찰방식 계약기간 1. 1년 2. 2년 3. 3년 4. 4년 5. 5년 6. 기타 ( )년 7. 단기계약 (1년미만) 8. 해당없음	입찰방식 낙찰자선정방법 1. 적격심사 2. 협상에의한계약 3. 최저가낙찰제 4. 규격가격분리 5. 2단계 경쟁입찰 6. 기타 ( ) 7. 해당없음	운영예산 산정 운영예산 산정 1. 내부산정 (지자체 자체적으로 산정) 2. 외부산정 (외부전문기관위탁 산정) 3. 내·외부 모두 산정 4. 산정 無 5. 해당없음	운영예산 산정 정산방법 1. 내부정산 (지자체 내부적으로 정산) 2. 외부정산 (외부전문기관위탁 정산) 3. 내·외부 모두 산정 4. 정산 無 5. 해당없음	성과평가 실시여부 1. 실시 2. 미실시 3. 향후 추진 4. 해당없음
321	인천 옹진군	시설원예 환경개선 시범사업	40,250	농업기술센터	8	5	7	8	7	1	1	3
322	인천 옹진군	스마트팜기술보급확대시범	79,000	농업기술센터	8	5	7	8	7	1	1	3
323	인천 옹진군	바닷물활용 원예작물 품질개선 시범	26,180	농업기술센터	8	5	7	8	7	1	1	3
324	인천 옹진군	유용곤충사육 실용화 시범사업	84,000	농업기술센터	8	5	7	8	7	1	1	3
325	인천 옹진군	농작물 관수(무인방제)지원사업	56,000	농업기술센터	8	5	7	8	7	1	1	3
326	인천 옹진군	인삼하우스재배시범사업	21,000	농업기술센터	8	5	7	8	7	1	1	3
327	인천 옹진군	단호박재배사업	43,400	농업기술센터	8	5	7	8	7	1	1	3
328	광주 동구	유휴 공간 활용 소규모 재생 프로젝트	20,000	도시재생과	8	7	7	8	7	5	5	3
329	광주 동구	젠트리피케이션 방지를 위한 안심상가 조성	30,000	도시재생과	8	4	7	8	7	5	5	3
330	광주 동구	경로당 시설 관리	30,000	노인장애인복지과	8	4	7	8	7	1	1	3
331	광주 동구	장애인단체시설및비품구입	5,000	노인장애인복지과	8	1	7	8	7	1	1	4
332	광주 동구	저온저장시설 설치 지원	10,800	일자리경제과	8	1	7	8	7	5	5	4
333	광주 동구	공동주택 지원사업	2,490,000	건축과	8	4	1	7	6(공동주택측에서 선정)	5	1	4
334	광주 북구	마을공동체활성화지원사업	30,000	주민자치과	8	4	7	8	7	1	1	1
335	광주 북구	마을공동체활성화지원사업	30,000	주민자치과	8	4	7	8	7	1	1	1
336	대전광역시	문화관광형시장 육성사업	65,500	소상공인과	8	2	7	8	7	1	1	1
337	대전광역시	소상공인 경영개선자금 지원 대행수수료	114,000	소상공인과	8	4	7	8	7	1	1	1
338	대전광역시	소상공인 창업박람회	80,000	소상공인과	8	4	7	8	7	1	1	1
339	대전광역시	소공인 특화지원센터 운영	60,000	소상공인과	8	4	7	8	7	1	1	4
340	대전광역시	소상공인 경영개선 교육	25,000	소상공인과	8	4	7	8	7	1	1	1
341	대전광역시	소상공인 멘토하우스 운영 및 시설개선자금 지원	950,000	소상공인과	8	4	7	8	7	1	1	1
342	대전광역시	1인 영세 자영업자 인건비 지원	950,000	소상공인과	8	6	7	8	7	1	1	1
343	대전광역시	노란우산공제 정액장려금 지원	700,000	소상공인과	8	4	7	8	7	1	1	1
344	대전광역시	영세자영업자 고용보험료 지원	40,000	소상공인과	8	4	7	8	7	1	1	1
345	대전광역시	소상공인 경영개선자금 신용보증 수수료	627,000	소상공인과	8	6	7	8	7	1	1	1
346	대전광역시	공공체육시설 위탁운영	23,078	체육진흥과	8	1	5	8	7	1	1	1
347	대전광역시	말산업육성지원	20,000	체육진흥과	8	1	5	8	7	1	1	1
348	대전광역시	야외스케이트장 설치운영	650,000	체육진흥과	8	1	1	1	2	1	1	1
349	대전광역시	지방이전투자보조금	4,000,000	투자유치과	8	4	7	8	7	1	1	4
350	대전광역시	컨택센터 유치보조금	817,000	투자유치과	8	4	7	8	7	1	1	4
351	대전광역시	소형 햇빛발전소 발전지원사업	560,000	기반산업과	8	6	7	8	7	1	1	4
352	대전광역시	경로당광역지원센터 컴퓨터 구입	5,850	노인복지과	8	7	7	7	7	1	1	4
353	대전광역시	영구임대주택 공동전기요금 지원	60,000	주택정책과	8	4	5	8	7	3	3	4
354	대전광역시	영구임대주택 공동전기요금 지원	110,000	주택정책과	8	4	5	8	7	3	3	4
355	대전광역시	대전예술가의집 운영	1,424,000	문화예술정책과	8	5	7	5	7	1	1	1
356	대전광역시	대전문학관 운영	619,719	문화예술정책과	8	5	7	5	7	1	1	1
357	대전광역시	대전테미예술창작센터 운영	611,308	문화예술정책과	8	5	7	5	7	1	1	1
358	대전광역시	통합문화체육관광이용권	4,535	문화예술정책과	8	5	7	8	7	1	1	1
359	대전광역시	지역문화예술교육 기반구축	1,582,000	문화예술정책과	8	5	7	8	7	1	1	1
360	대전광역시	유아문화예술교육지원	200,000	문화예술정책과	8	5	7	8	7	1	1	1
361	대전광역시	문화예술교육사 인턴십	240,000	문화예술정책과	8	5	7	8	7	1	1	1
362	대전광역시	공연장상주단체 육성지원	580,000	문화예술정책과	8	5	7	8	7	1	1	1
363	대전광역시	원도심활성화 시민 공모사업	380,000	문화예술정책과	8	5	7	8	7	1	1	1
364	대전 동구	경로당 비품구입비 지원	50,000	복지정책과	8	4	7	7	7	1	1	2
365	대전 동구	국가암관리 민간지원	390,852	보건소	8	2	7	8	7	5	5	4
366	대전 동구	일반건강검진지원	100,984	보건소	8	2	7	8	7	5	5	4

순번	시군구	지출명 (사업명)	2020년예산 (단위:천원/1년간)	담당자 (공무원) 담당부서	민간이전 분류 (지방자치단체 세출예산 집행기준에 의거) 1. 민간경상사업보조(1) 2. 민간단체 법정운영비보조(2) 3. 민간행사사업보조(3) 4. 민간위탁금(4) 5. 사회복지시설 법정운영비보조(5) 6. 민간인위탁교육비(6) 7. 공기관등에대한경상적대행사업비(7) 8. 민간자본사업보조,자체재원(8) 9. 민간자본사업보조,이전재원(9) 10. 민간위탁사업비(10) 11. 공기관등에 대한 자본적 대행사업비(11)	민간이전지출 근거 (지방보조금 관리기준 참고) 1. 법률에 규정 2. 국고보조 재원(국가지정) 3. 용도 지정 기부금 4. 조례에 직접규정 5. 지자체가 권장하는 사업을 하는 공공기관 6. 시,도 정책 및 재정사정 7. 기타 8. 해당없음	입찰방식: 계약체결방법 (경쟁형태) 1. 일반경쟁 2. 제한경쟁 3. 지명경쟁 4. 수의계약 5. 법정위탁 6. 기타 ( ) 7. 해당없음	입찰방식: 계약기간 1. 1년 2. 2년 3. 3년 4. 4년 5. 5년 6. 기타 ( )년 7. 단기계약 (1년미만) 8. 해당없음	입찰방식: 낙찰자선정방법 1. 적격심사 2. 협상에의한계약 3. 최저가낙찰제 4. 규격가격분리 5. 2단계 경쟁입찰 6. 기타 ( ) 7. 해당없음	운영예산 산정: 운영예산 산정 1. 내부산정 (지자체 자체적으로 산정) 2. 외부산정 (외부전문기관 위탁 산정) 3. 내·외부 모두 산정 4. 산정 無 5. 해당없음	운영예산 산정: 정산방법 1. 내부정산 (지자체 내부적으로 정산) 2. 외부정산 (외부전문기관 위탁 정산) 3. 내·외부 모두 산정 4. 정산 無 5. 해당없음	성과평가 실시여부 1. 실시 2. 미실시 3. 향후 추진 4. 해당없음
367	대전 중구	경로당 기능보강	200,000	여성가족과	8	1	7	8	7	5	1	2
368	대전 중구	청소년문화의집 기능보강	23,000	여성가족과	8	1	7	8	7	5	5	4
369	대전 대덕구	경로당 및 구지회기능보강	110,000	사회복지과	8	1	7	8	7	1	1	4
370	대전 대덕구	장애인의료비지원	330,252	사회복지과	8	1	7	8	7	5	1	4
371	울산 중구	공동주택지원사업 자본보조	300,000	건축과	8	4	7	8	7	1	1	1
372	울산 중구	장기공공임대아파트 지원	30,000	건축과	8	4	7	8	7	1	1	1
373	울산 남구	사립 작은도서관 도서구입비 지원사업	20,000	평생교육과	8	4	7	8	7	1	1	4
374	울산 남구	공동주택지원사업	500,000	건축허가과	8	1, 4	7	8	7	5	1	4
375	울산 남구	노후간판 교체 지원사업	50,000	도시창조과	8	4	7	8	7	5	5	4
376	울산 동구	청백-e 시스템 유지보수 및 운영지원	6,497	기획예산실	8	1	5	1	7	2	1	2
377	울산 동구	지방재정관리시스템 유지보수	31,758	기획예산실	8	1	5	1	7	2	1	2
378	울산 동구	장애인의료비 지원	64,444	사회복지과	8	2	7	8	7	1	1	2
379	울산 동구	공동주택 공용시설 유지보수	500,000	건축주택과	8	1, 4	7	8	7	5	5	4
380	울산 북구	작은도서관 장서 확충 지원	34,000	도서관과	8	1, 4	7	8	7	1	1	1
381	울산 북구	친환경 농산물 생산단지 조성	80,000	농수산과	8	4	7	8	7	1	1	4
382	울산 북구	축산분뇨처리 장비 지원	15,000	농수산과	8	6	7	8	7	1	1	3
383	울산 북구	시설원예 및 고소득 과수생산 지원	30,000	농수산과	8	1	7	8	7	1	1	3
384	울산 북구	가정용 저녹스 보일러 지원사업	44,500	환경위생과	8	2	7	8	7	5	5	4
385	울산 북구	공동주택 공용시설 유지보수 지원금	500,000	건축주택과	8	1	4	1	7	5	5	4
386	울주 울주군	주민화합 및 군정참여 유도	6,650	총무과	8	4	7	8	7	1	1	1
387	울주 울주군	주민화합 및 군정참여 유도	6,650	총무과	8	4	7	8	7	1	1	1
388	울주 울주군	장애인주간보호시설 운영지원	15,000	노인장애인과	8	6	7	8	7	1	1	2
389	울주 울주군	어린이집 운영 활성화	50,000	여성가족과	8	7	7	8	7	1	1	4
390	울주 울주군	어린이집 운영 활성화	102,900	여성가족과	8	7	7	8	7	1	1	4
391	울주 울주군	지역아동센터 운영비 지원	17,000	여성가족과	8	5	7	8	7	1	1	4
392	울주 울주군	작은도서관 활성화	68,000	도서관과	8	1	7	8	7	1	1	1
393	울주 울주군	주민이 만들어가는 행복한 마을공동체 실현	300,000	일자리정책과	8	4	6(공모)	1	6(공모)	1	1	1
394	울주 울주군	수도작 및 과수농가 친환경약제 지원	450,000	농업정책과	8	6	7	8	7	1	1	1
395	울주 울주군	영농자재 지원사업	897,700	농업정책과	8	6	7	8	7	1	1	1
396	울주 울주군	영농자재 지원사업	240,800	농업정책과	8	6	7	8	7	1	1	1
397	울주 울주군	가뭄항구대책 대체농업활성화	240,000	농업정책과	8	1	7	8	7	1	1	1
398	울주 울주군	농업용 방제 드론 지원	37,500	농업정책과	8	1	7	8	7	1	1	4
399	울주 울주군	소득작물 생산 경쟁력 지원사업	120,000	농업정책과	8	6	7	8	7	5	1	4
400	울주 울주군	축산경영 안정 지원	60,000	축수산과	8	1	7	8	7	1	1	1
401	울주 울주군	축산경영 안정 지원	12,040	축수산과	8	1	7	8	7	1	1	1
402	울주 울주군	축산경영 안정 지원	57,600	축수산과	8	1	7	8	7	1	1	1
403	울주 울주군	축산업 경쟁력 강화	102,410	축수산과	8	1	7	8	7	1	1	1
404	울주 울주군	가축분뇨 자원화 지원사업	62,500	축수산과	8	1, 6	7	8	7	1	1	1
405	울주 울주군	가축분뇨 자원화 지원사업	235,837	축수산과	8	1, 6	7	8	7	1	1	1
406	울주 울주군	고품질 축산물 생산	14,000	축수산과	8	4	7	8	7	1	1	1
407	울주 울주군	가축질병 예방	15,750	축수산과	8	1	7	8	7	1	1	1
408	울주 울주군	가축질병 예방	11,200	축수산과	8	1	7	8	7	1	1	1
409	울주 울주군	해조류 포자 이앙기 보급 지원	5,000	축수산과	8	1	7	8	7	1	1	1
410	울주 울주군	유해야생동물 퇴치용품 보급사업	10,000	생태환경과	8	1	7	7	5	5	4	4
411	세종특별자치시	선도농업인 육성지원	19,600	지도기획과	8	4	7	8	7	5	5	4
412	세종특별자치시	선도적 농업리더 영농정착지원 시범사업	39,200	지도기획과	8	4	7	8	7	5	5	4

순번	시군구	지출명 (사업명)	2020년예산 (단위:천원/1년간)	담당자 (공무원) 담당부서	민간이전 분류 (지방자치단체 세출예산 집행기준에 의거) 1. 민간경상사업보조(1) 2. 민간단체 법정운영비보조(2) 3. 민간행사사업보조(3) 4. 민간위탁금(4) 5. 사회복지시설 법정운영비보조(5) 6. 민간인위탁교육비(6) 7. 공기관등에대한경상적대행사업비(7) 8. 민간자본사업보조,자체재원(8) 9. 민간자본사업보조,이전재원(9) 10. 민간위탁사업비(10) 11. 공기관등에 대한 자본적 대행사업비(11)	민간이전지출 근거 (지방보조금 관리기준 참고) 1. 법률에 규정 2. 국고보조 재원(국가지정) 3. 용도 지정 기부금 4. 조례에 직접규정 5. 지자체가 권장하는 사업을 하는 공공기관 6. 시,도 정책 및 재정사정 7. 기타 8. 해당없음	입찰방식 계약체결방법 (경쟁형태) 1. 일반경쟁 2. 제한경쟁 3. 지명경쟁 4. 수의계약 5. 법정위탁 6. 기타 ( ) 7. 해당없음	입찰방식 계약기간 1. 1년 2. 2년 3. 3년 4. 4년 5. 5년 6. 기타 ( )년 7. 단기계약 (1년미만) 8. 해당없음	입찰방식 낙찰자선정방법 1. 적격심사 2. 협상에의한계약 3. 최저가낙찰제 4. 규격가격분리 5. 2단계 경쟁입찰 6. 기타 ( ) 7. 해당없음	운영예산 산정 운영예산 산정 1. 내부산정 (지자체 자체적으로 산정) 2. 외부산정 (외부전문기관위탁 산정) 3. 내·외부 모두 산정 4. 산정 無 5. 해당없음	운영예산 산정 정산방법 1. 내부정산 (지자체 내부적으로 정산) 2. 외부정산 (외부전문기관위탁 정산) 3. 내·외부 모두 산정 4. 정산 無 5. 해당없음	성과평가 실시여부 1. 실시 2. 미실시 3. 향후 추진 4. 해당없음
413	세종특별자치시	농업연계 진로체험농장 육성시범	14,000	지도기획과	8	4	7	8	7	5	5	4
414	세종특별자치시	농작업 안전관리 실천 시범	21,000	지도기획과	8	4	7	8	7	5	5	4
415	세종특별자치시	고설육묘벤치 활용 딸기 육묘기술 보급 시범	14,000	기술보급과	8	4	7	8	7	5	5	4
416	세종특별자치시	딸기 우량묘 보급체계 개선시범	19,000	기술보급과	8	4	7	8	7	5	5	4
417	세종특별자치시	고설딸기 난방에너지 절감 기술 시범	14,000	기술보급과	8	4	7	8	7	5	5	4
418	세종특별자치시	고추 생산성 향상을 위한 종합기술 보급 시범	8,400	기술보급과	8	4	7	8	7	5	5	4
419	세종특별자치시	시설채소 병해충 예방관리 기술 시범	16,800	기술보급과	8	4	7	8	7	5	5	4
420	세종특별자치시	벼 생력재배 기술확산 시범	10,500	기술보급과	8	4	7	8	7	5	5	4
421	세종특별자치시	약용작물 고온기 피해절감 재배시범	8,400	기술보급과	8	4	7	8	7	5	5	4
422	세종특별자치시	과수 친환경 해충방제 시범	63,700	기술보급과	8	4	7	8	7	5	5	4
423	세종특별자치시	휴대용적화기 활용 복숭아 생력적화 시범	14,000	기술보급과	8	4	7	8	7	5	5	4
424	세종특별자치시	정원형 가족텃밭 시범	14,000	미래농업과	8	4	7	8	7	5	5	4
425	세종특별자치시	IoT 기반 번식우 관리 시범	6,160	미래농업과	8	4	7	8	7	5	5	4
426	세종특별자치시	농업미생물 활용 축사 냄새저감 시범	7,000	미래농업과	8	4	7	8	7	5	5	4
427	세종특별자치시	착유우 유두세척기 활용 시범	14,000	미래농업과	8	4	7	8	7	5	5	4
428	세종특별자치시	위축 포유자돈 산자수 향상 시범	16,800	미래농업과	8	4	7	8	7	5	5	4
429	세종특별자치시	예술동아리 교육지원 사업	100,000	문화예술과	8	2	7	8	7	5	1	4
430	세종특별자치시	지역문화예술교육 기반구축	297,000	문화예술과	8	2	7	8	7	5	1	4
431	세종특별자치시	유아문화예술교육지원 사업	100,000	문화예술과	8	2	7	8	7	5	1	4
432	세종특별자치시	청소년 문화도시기획단 운영	25,000	문화예술과	8	6	7	8	7	5	1	4
433	세종특별자치시	지역문화예술특성화	480,000	문화예술과	8	2	5	1	6	1	1	1
434	세종특별자치시	문화향유활동지원	222,000	문화예술과	8	4	5	1	6	1	1	1
435	세종특별자치시	공연장 상주단체 지원	300,000	문화예술과	8	2	5	1	6	1	1	1
436	세종특별자치시	지역아동센터 장비보강	13,000	아동청소년과	8	4	7	8	7	1	1	3
437	세종특별자치시	세종형 마을육아공동체 공간조성 지원사업	20,000	아동청소년과	8	4	7	8	7	1	1	3
438	세종특별자치시	민간가정어린이집 기능보강	126,500	여성가족과	8	4	7	8	7	1	1	4
439	세종특별자치시	농어촌어린이집 기능보강	12,000	여성가족과	8	4	7	8	7	1	1	4
440	세종특별자치시	취약지역 생활여건 개조사업	290,000	도시재생과	8	2	7	8	7	5	1	1
441	세종특별자치시	연기면 마을전시관 및 공동체 공간 조성	10,000	참여공동체과	8	4	7	8	7	5	5	4
442	세종특별자치시	공동체 활동공간 조성	20,000	참여공동체과	8	4	7	8	7	1	1	4
443	세종특별자치시	금남면 박산리 마을회관 보수사업	15,000	참여공동체과	8	4	7	8	7	5	5	4
444	세종특별자치시	금남면 봉암리 마을회관 보수사업	11,000	참여공동체과	8	4	7	8	7	5	5	4
445	세종특별자치시	금남면 영대1리 마을회관 보수사업	12,000	참여공동체과	8	4	7	8	7	5	5	4
446	세종특별자치시	부강면 갈산1리 마을회관 보수사업	12,000	참여공동체과	8	4	7	8	7	5	5	4
447	세종특별자치시	연기면 눌왕1리 마을회관 보수사업	22,000	참여공동체과	8	4	7	8	7	5	5	4
448	세종특별자치시	연동면 명학3리 마을회관 보수사업	20,000	참여공동체과	8	4	7	8	7	5	5	4
449	세종특별자치시	연동면 문주리 마을회관 보수사업	12,000	참여공동체과	8	4	7	8	7	5	5	4
450	세종특별자치시	연서면 성제1리 마을회관 보수사업	15,000	참여공동체과	8	4	7	8	7	5	5	4
451	세종특별자치시	연서면 쌍류리 월정마을회관 보수사업	11,000	참여공동체과	8	4	7	8	7	5	5	4
452	세종특별자치시	연서면 용암리 마을회관 보수사업	20,000	참여공동체과	8	4	7	8	7	5	5	4
453	세종특별자치시	장군면 태산리 마을회관 보수사업	16,000	참여공동체과	8	4	7	8	7	5	5	4
454	세종특별자치시	전의면 관정2리 마을회관 보수사업	15,000	참여공동체과	8	4	7	8	7	5	5	4
455	세종특별자치시	전의면 달전2리(윗부거실) 마을회관 보수사업	12,000	참여공동체과	8	4	7	8	7	5	5	4
456	세종특별자치시	전의면 신방2리 마을회관 보수사업	20,000	참여공동체과	8	4	7	8	7	5	5	4
457	세종특별자치시	조치원읍 침산2리 마을회관 보수사업	22,000	참여공동체과	8	4	7	8	7	5	5	4
458	세종특별자치시	금남면 달전리 경로당 보수사업	10,000	참여공동체과	8	4	7	8	7	5	5	4

순번	시군구	지출명 (사업명)	2020년예산 (단위:천원/1년간)	담당자 (공무원) 담당부서	민간이전 분류 (지방자치단체 세출예산 집행기준에 의거) 1. 민간경상사업보조(1) 2. 민간단체 법정운영비보조(2) 3. 민간행사사업보조(3) 4. 민간위탁금(4) 5. 사회복지시설 법정운영비보조(5) 6. 민간인위탁교육비(6) 7. 공기관등에대한경상적대행사업비(7) 8. 민간자본사업보조,자체재원(8) 9. 민간자본사업보조,이전재원(9) 10. 민간위탁사업비(10) 11. 공기관등에 대한 자본적 대행사업비(11)	민간이전지출 근거 (지방보조금 관리기준 참고) 1. 법률에 규정 2. 국고보조 재원(국가지정) 3. 용도 지정 기부금 4. 조례에 직접규정 5. 지자체가 권장하는 사업을 하는 공공기관 6. 시,도 정책 및 재정사정 7. 기타 8. 해당없음	입찰방식 계약체결방법 (경쟁형태) 1. 일반경쟁 2. 제한경쟁 3. 지명경쟁 4. 수의계약 5. 법정위탁 6. 기타 ( ) 7. 해당없음	입찰방식 계약기간 1. 1년 2. 2년 3. 3년 4. 4년 5. 5년 6. 기타 ( )년 7. 단기계약 (1년미만) 8. 해당없음	입찰방식 낙찰자선정방법 1. 적격심사 2. 협상에의한계약 3. 최저가낙찰제 4. 규격가격분리 5. 2단계 경쟁입찰 6. 기타 ( ) 7. 해당없음	운영예산 산정 운영예산 산정 1. 내부산정 (지자체 자체적으로 산정) 2. 외부산정 (외부전문기관위탁 산정) 3. 내·외부 모두 산정 4. 산정 無 5. 해당없음	운영예산 산정 정산방법 1. 내부정산 (지자체 내부적으로 정산) 2. 외부정산 (외부전문기관위탁 정산) 3. 내·외부 모두 산정 4. 정산 無 5. 해당없음	성과평가 실시여부 1. 실시 2. 미실시 3. 향후 추진 4. 해당없음
459	세종특별자치시	금남면 도암1리 경로당 보수사업	11,000	참여공동체과	8	4	7	8	7	5	5	4
460	세종특별자치시	금남면 도암2리 경로당 보수사업	10,000	참여공동체과	8	4	7	8	7	5	5	4
461	세종특별자치시	금남면 부용2리 경로당 보수사업	10,000	참여공동체과	8	4	7	8	7	5	5	4
462	세종특별자치시	금남면 영치리 경로당 보수사업	10,000	참여공동체과	8	4	7	8	7	5	5	4
463	세종특별자치시	금남면 용담2리 경로당 보수사업	11,000	참여공동체과	8	4	7	8	7	5	5	4
464	세종특별자치시	부강면 부강4리 경로당 보수사업	12,000	참여공동체과	8	4	7	8	7	5	5	4
465	세종특별자치시	연동면 내판1리 경로당 보수사업	12,000	참여공동체과	8	4	7	8	7	5	5	4
466	세종특별자치시	장군면 용암1리 경로당 보수사업	18,000	참여공동체과	8	4	7	8	7	5	5	4
467	세종특별자치시	장군면 용암2리 경로당 보수사업	15,000	참여공동체과	8	4	7	8	7	5	5	4
468	세종특별자치시	전의면 동교1리 경로당 보수사업	20,000	참여공동체과	8	4	7	8	7	5	5	4
469	세종특별자치시	전의면 분회 경로당 보수사업	20,000	참여공동체과	8	4	7	8	7	5	5	4
470	세종특별자치시	전의면 읍내4리 경로당 보수사업	13,000	참여공동체과	8	4	7	8	7	5	5	4
471	세종특별자치시	조치원읍 신안1리 경로당 보수사업	22,000	참여공동체과	8	4	7	8	7	5	5	4
472	세종특별자치시	입식테이블 설치	40,000	보건정책과	8	4	7	8	7	1	1	1
473	세종특별자치시	수도작 및 과수·원예농가 농기계 지원	200,000	농업축산과	8	7	7	8	7	1	1	1
474	세종특별자치시	친환경농업 시설·장비·영농자재	220,000	농업축산과	8	7	7	8	7	1	1	1
475	세종특별자치시	고품질쌀 저온창고 지원	35,000	농업축산과	8	7	7	8	7	5	5	4
476	세종특별자치시	내재해형 비닐하우스 시설	80,000	농업축산과	8	4	7	8	7	5	5	1
477	세종특별자치시	시설원예 재배환경개선	90,000	농업축산과	8	4	7	8	7	5	5	1
478	세종특별자치시	시설원예 수정벌	55,000	농업축산과	8	4	7	8	7	5	5	1
479	세종특별자치시	인삼생산 농자재	30,000	농업축산과	8	4	7	8	7	5	5	1
480	세종특별자치시	농업용 관정(중소형) 개발지원	150,000	농업축산과	8	4	7	8	7	5	5	1
481	세종특별자치시	원예전문생산단지(수출배) 육성지원	70,000	농업축산과	8	4	7	8	7	5	5	1
482	세종특별자치시	과실생산시설 현대화	75,000	농업축산과	8	4	7	8	7	5	5	1
483	세종특별자치시	양봉 기자재 지원	20,000	농업축산과	8	6	7	8	7	1	1	1
484	세종특별자치시	친환경 축사시설장비지원	70,000	농업축산과	8	6	7	8	7	1	1	1
485	세종특별자치시	깨끗한 축산농장 조성사업	35,000	농업축산과	8	6	7	8	7	1	1	1
486	세종특별자치시	공동자원화 악취저감시설 지원	75,000	농업축산과	8	2	7	8	7	1	1	1
487	세종특별자치시	내수면 양식시설 기자재 지원	6,000	농업축산과	8	6	7	8	7	1	1	1
488	세종특별자치시	신재생에너지 보급 주택지원사업	180,000	경제정책과	8	1	7	8	7	1	1	4
489	세종특별자치시	신재생에너지 햇살드림사업	100,000	경제정책과	8	4	7	8	7	5	5	4
490	세종특별자치시	경로당 활성화	99,780	노인장애인과	8	4	7	8	7	1	1	1
491	세종특별자치시	경로당 활성화	18,000	노인장애인과	8	4	7	8	7	1	1	1
492	세종특별자치시	농산물 공동선별 지원	30,000	로컬푸드과	8	4	7	8	7	5	5	4
493	세종특별자치시	농산물 제조가공 시설지원	105,000	로컬푸드과	8	4	7	8	7	5	5	1
494	경기 의정부시	신재생에너지 보급(주택지원) 사업	66,000	일자리경제과	8	4	7	8	7	5	5	4
495	경기 의정부시	송산배육성지원사업	60,000	도시농업과	8	1	7	8	7	4	1	4
496	경기 의정부시	양봉농가 기자재 지원사업	12,500	도시농업과	8	7	7	8	7	1	1	4
497	경기 의정부시	토마토농가 기자재 지원사업	15,500	도시농업과	8	7	7	8	7	1	1	4
498	경기 의정부시	친환경농업 육성 시범사업	28,325	도시농업과	8	7	7	8	7	1	1	4
499	경기 의정부시	공립어린이집 환경개선사업	60,000	보육과	8	6	7	8	7	1	1	4
500	경기 의정부시	공동주택지원사업	780,000	주택과	8	1, 4	7	8	7	1	1	1
501	경기 동두천시	성인장애인 학교 리모델링 지원	145,000	평생교육원	8	1	7	8	7	5	5	4
502	경기 동두천시	야학공기청정기 지원사업	5,000	평생교육원	8	1	7	8	7	5	5	4
503	경기 동두천시	성인문해교육 프로그램 물품 지원	5,500	평생교육원	8	1	7	8	7	5	5	4
504	경기 동두천시	민주평화통일자문회의 사무실 지원	5,400	자치행정과	8	1	7	8	7	1	1	4

순번	시군구	지출명 (사업명)	2020년예산 (단위:천원/1년간)	담당자 (공무원) 담당부서	민간이전 분류 (지방자치단체 세출예산 집행기준에 의거) 1. 민간경상사업보조(1) 2. 민간단체 법정운영비보조(2) 3. 민간행사사업보조(3) 4. 민간위탁금(4) 5. 사회복지시설 법정운영비보조(5) 6. 민간인위탁교육비(6) 7. 공기관등에대한경상적대행사업비(7) 8. 민간자본사업보조,자체재원(8) 9. 민간자본사업보조,이전재원(9) 10. 민간위탁사업비(10) 11. 공기관등에 대한 자본적 대행사업비(11)	민간이전지출 근거 (지방보조금 관리기준 참고) 1. 법률에 규정 2. 국고보조 재원(국가지정) 3. 용도 지정 기부금 4. 조례에 직접규정 5. 지자체가 권장하는 사업을 하는 공공기관 6. 시,도 정책 및 재정사정 7. 기타 8. 해당없음	입찰방식 계약체결방법 (경쟁형태) 1. 일반경쟁 2. 제한경쟁 3. 지명경쟁 4. 수의계약 5. 법정위탁 6. 기타 ( ) 7. 해당없음	입찰방식 계약기간 1. 1년 2. 2년 3. 3년 4. 4년 5. 5년 6. 기타 ( )년 7. 단기계약 (1년미만) 8. 해당없음	입찰방식 낙찰자선정방법 1. 적격심사 2. 협상에의한계약 3. 최저가낙찰제 4. 규격가격분리 5. 2단계 경쟁입찰 6. 기타 ( ) 7. 해당없음	운영예산 산정 운영예산 산정 1. 내부산정 (지자체 자체적으로 산정) 2. 외부산정 (외부전문기관위탁 산정) 3. 내·외부 모두 산정 4. 산정 無 5. 해당없음	운영예산 산정 정산방법 1. 내부정산 (지자체 내부적으로 정산) 2. 외부정산 (외부전문기관위탁 정산) 3. 내·외부 모두 산정 4. 정산 無 5. 해당없음	성과평가 실시여부 1. 실시 2. 미실시 3. 향후 추진 4. 해당없음
505	경기 동두천시	재향군인회관 리모델링지원	101,400	복지정책과	8	5	7	8	7	1	1	4
506	경기 동두천시	노후공동주택 유지관리 지원사업	56,000	건축과	8	4	7	8	7	1	1	1
507	경기 동두천시	공동주택관리 보조금 지원사업	29,000	건축과	8	4	7	8	7	1	1	1
508	경기 동두천시	농작물건조기 등 시범사업	14,000	농업축산위생과	8	4	7	8	7	1	1	4
509	경기 안산시	공적개발원조사업	300,000	신성장전략과	8	4	7	8	7	5	5	4
510	경기 안산시	노동단체 차량구매지원	32,000	일자리정책과	8	4	7	7	7	1	1	1
511	경기 안산시	청년 창업 인큐베이팅 사업운영비	1,450,000	일자리정책과	8	5	7	1	7	3	1	2
512	경기 안산시	청년창업 인큐베이팅 팹랩 위탁운영비	500,000	일자리정책과	8	5	7	1	7	3	1	3
513	경기 안산시	광복회 응급차량 구입	31,000	복지정책과	8	7	7	7	7	1	1	1
514	경기 안산시	명휘체육센터 기능보강	420,000	장애인복지과	8	1	7	8	7	1	1	1
515	경기 안산시	공동주택지원사업	300,000	주택과	8	1, 4	7	8	7	1	1	1
516	경기 안산시	공동주택 전자투표 소요비용	10,000	주택과	8	1, 4	7	8	7	1	1	4
517	경기 안산시	유해화학물질 안전시설 교체 개선 지원	140,000	환경정책과	8	4	7	8	7	5	5	4
518	경기 안산시	대학 내 산학연 협력단지 조성사업	250,000	산업진흥과	8	2	7	8	7	1	1	1
519	경기 안산시	우수공예품 개발비 지원	5,000	기업지원과	8	5	7	8	7	1	1	1
520	경기 안산시	해양쓰레기 선상집하장 설치	200,000	해양수산과	8	2	7	8	7	5	5	4
521	경기 안산시	김양식어장 경계부표 설치	45,500	해양수산과	8	2	7	8	7	5	5	4
522	경기 안산시	포도농가지원사업	678,800	농업정책과	8	6	7	8	7	1	1	1
523	경기 안산시	시설채소 포장재 지원사업	150,000	농업정책과	8	6	7	8	7	1	1	1
524	경기 안산시	저온저장시설지원	60,000	농업정책과	8	6	7	8	7	1	1	1
525	경기 안산시	원예작물 생산시설현대화사업	10,000	농업정책과	8	6	7	8	7	1	1	1
526	경기 안산시	농업용관리기 등 다목적농기계 지원	15,000	농업정책과	8	6	7	8	7	1	1	1
527	경기 안산시	화훼류 포장재 지원사업	19,000	농업정책과	8	6	7	8	7	1	1	1
528	경기 안산시	과수시설현대화 지원사업	50,000	농업정책과	8	6	7	8	7	1	1	1
529	경기 안산시	축사시설 현대화사업	54,000	농업정책과	8	6	7	8	7	1	1	1
530	경기 안산시	자율방범대 운영차량 구입 지원	26,000	상록 행정지원과	8	4	7	8	7	5	5	4
531	경기 안산시	자율방범대순찰차량지원	26,000	단원행정지원과	8	4	7	8	7	5	5	4
532	경기 안산시	농업기계화사업 추진	46,800	경제교통과	8	1	7	8	7	1	1	4
533	경기 고양시	소규모 공동주택 관리 업무 지원	100,000	건축디자인과	8	4	7	8	7	5	5	1
534	경기 고양시	피프틴 운영지원금	1,681,000	도로정책과	8	7	7	8	7	5	4	4
535	경기 고양시	고양의소대 활동차량 지원	40,000	시민안전과	8	4	7	8	6	1	1	3
536	경기 고양시	일산의소대 활동차량 지원	40,000	시민안전과	8	4	7	8	6	1	1	3
537	경기 고양시	공동주택관리 업무지원	1,200,000	주택과	8	1	7	8	7	5	5	4
538	경기 고양시	공동주택관리 업무지원	1,500,000	주택과	8	1	7	8	7	5	5	4
539	경기 고양시	가와지1호 품질 향상을 위한 원적외선 건조기보급	28,800	도시농업과	8	6	7	8	7	5	5	4
540	경기 고양시	고설육묘벤치를 활용한 촉성재배 딸기 육묘기술보급	40,000	도시농업과	8	6	7	8	7	5	5	4
541	경기 고양시	스마트팜 및 시설채소 환경개선 기술보급시범	30,000	도시농업과	8	6	7	8	7	5	5	4
542	경기 고양시	고양시체육회 사무용품 구입	16,000	체육정책과	8	1	7	8	7	1	1	1
543	경기 고양시	냉난방기 구입	3,500,000	체육정책과	8	1	7	8	7	1	1	1
544	경기 고양시	고양시장애인체육회 사무용품 구입	3,720,000	체육정책과	8	1	7	8	7	1	1	1
545	경기 고양시	장애인체육회 활동지원용 차량 구입	39,800	체육정책과	8	1	7	8	7	1	1	1
546	경기 고양시	사회복지관 친환경자동차 보급	363,944	복지정책과	8	6	7	8	7	5	5	4
547	경기 고양시	마을회관 지원 보조금	60,000	복지정책과	8	4	7	8	7	5	5	4
548	경기 고양시	종합사회복지관 보수공사 지원	130,000	복지정책과	8	4	7	8	7	1	1	1
549	경기 고양시	향동종합사회복지관 신규설치 지원	500,000	복지정책과	8	4	7	8	7	5	5	4
550	경기 고양시	에너지자립마을 조성사업	971,496	기후대기과	8	4	7	8	7	5	5	4

순번	시군구	지출명 (사업명)	2020년예산 (단위:천원/1년간)	담당자 (공무원) 담당부서	민간이전 분류 (지방자치단체 세출예산 집행기준에 의거) 1. 민간경상사업보조(1) 2. 민간단체 법정운영비보조(2) 3. 민간행사사업보조(3) 4. 민간위탁금(4) 5. 사회복지시설 법정운영비보조(5) 6. 민간인위탁교육비(6) 7. 공기관등에대한경상적대행사업비(7) 8. 민간자본사업보조,자체재원(8) 9. 민간자본사업보조,이전재원(9) 10. 민간위탁사업비(10) 11. 공기관등에 대한 자본적 대행사업비(11)	민간이전지출 근거 (지방보조금 관리기준 참고) 1. 법률에 규정 2. 국고보조 재원(국가지정) 3. 용도 지정 기부금 4. 조례에 직접규정 5. 지자체가 권장하는 사업을 하는 공공기관 6. 시,도 정책 및 재정사정 7. 기타 8. 해당없음	입찰방식 계약체결방법 (경쟁형태) 1. 일반경쟁 2. 제한경쟁 3. 지명경쟁 4. 수의계약 5. 법정위탁 6. 기타 ( ) 7. 해당없음	입찰방식 계약기간 1. 1년 2. 2년 3. 3년 4. 4년 5. 5년 6. 기타 ( )년 7. 단기계약 (1년미만) 8. 해당없음	입찰방식 낙찰자선정방법 1. 적격심사 2. 협상에의한계약 3. 최저가낙찰제 4. 규격가격분리 5. 2단계 경쟁입찰 6. 기타 ( ) 7. 해당없음	운영예산 산정 운영예산 산정 1. 내부산정 (지자체 자체적으로 산정) 2. 외부산정 (외부전문기관위탁 산정) 3. 내·외부 모두 산정 4. 산정 無 5. 해당없음	운영예산 산정 정산방법 1. 내부정산 (지자체 내부적으로 정산) 2. 외부정산 (외부전문기관위탁 정산) 3. 내·외부 모두 산정 4. 정산 無 5. 해당없음	성과평가 실시여부 1. 실시 2. 미실시 3. 향후 추진 4. 해당없음
551	경기 고양시	신재생에너지 주택지원사업	43,200	기후대기과	8	4	7	8	7	5	5	4
552	경기 고양시	퇴비생산시설 악취제어시스템 지원	30,000	농산유통과	8	1	7	8	7	1	1	2
553	경기 고양시	몽골「고양의 숲」유지관리	80,000	녹지과	8	7	7	8	7	1	1	1
554	경기 남양주시	경로당 기능보강사업	504,000	노인복지과	8	6	7	8	7	5	5	4
555	경기 남양주시	채소분야 명품 브랜드화 기반조성	94,000	농업기술과	8	1	7	8	7	5	5	4
556	경기 남양주시	과수화훼특작분야 명품 브랜드화 기반조성	51,600	농업기술과	8	1	7	8	7	5	5	4
557	경기 남양주시	남양주과수 이상기상 대응 안정생산 시범	48,000	농업기술과	8	1	7	8	7	5	5	4
558	경기 남양주시	고품질 딸기 생산을 위한 재배기술보급 시범	15,600	농업기술과	8	1	7	8	7	5	5	4
559	경기 남양주시	친환경 농업을 위한 클로렐라 신농법 기술보급	3,300,000	농업기술과	8	1	7	8	7	5	5	4
560	경기 남양주시	시설재배지킬레이트제 활용기술	2,200,000	농업기술과	8	1	7	8	7	5	5	4
561	경기 남양주시	겨울철 깻잎 비닐하우스 재배 시범	16,000	농업기술과	8	1	7	8	7	5	5	4
562	경기 남양주시	청정 농작업환경개선 시범	20,000	농업기술과	8	1	7	8	7	5	5	4
563	경기 남양주시	고품질 쌀생산 우량육묘, 브랜드 포장재 지원	18,000	농업기술과	8	1	7	8	7	5	5	4
564	경기 남양주시	고품질 쌀생산을 위한 친환경 건조시범	9,600	농업기술과	8	1	7	8	7	5	5	4
565	경기 남양주시	PLS 대응 소면적 작물 병해충 방제 시범	16,000	농업기술과	8	1	7	8	7	5	5	4
566	경기 남양주시	새로운 작물 도입을 위한 지역적응 및 상품화 시범	30,000	농업기술과	8	1	7	8	7	5	5	4
567	경기 남양주시	화훼 분화류 우수품종 보급	9,000	농업기술과	8	1	7	8	7	5	5	4
568	경기 남양주시	친환경농자재 지원	50,400	농업기술과	8	1	7	8	7	5	5	4
569	경기 남양주시	벼 못자리용 상토	35,000	농업기술과	8	1	7	8	7	5	5	4
570	경기 남양주시	여유농포장재 지원	30,000	농업기술과	8	1	7	8	7	5	5	4
571	경기 남양주시	유기질비료 공급	800,000	농업기술과	8	1	7	8	7	5	5	4
572	경기 남양주시	마을회관 지원	728,000	와부읍도시건축과	8	4	7	8	7	5	5	4
573	경기 남양주시	고로쇠 생산농가 자재지원	20,000	산림녹지과	8	6	7	8	7	5	5	4
574	경기 남양주시	한국노총(경기동북부지역지부) 대강당 집기구입	7,650	산업경제정책과	8	1	7	8	7	5	5	4
575	경기 남양주시	지역자율방재단 운영	22,480	안전기획관	8	4	7	8	7	5	5	4
576	경기 남양주시	자율방범대 지원	28,000	안전기획관	8	4	7	8	7	5	5	4
577	경기 남양주시	경기도 마을공동체 공모사업	40,000	자치분권과	8	6	7	8	7	1	2	4
578	경기 남양주시	마을회관(2통) 유지보수	2,300,000	평내동	8	4	7	8	7	5	5	4
579	경기 남양주시	공동주택 보수지원 사업	500,000	주택과	8	1, 4	7	8	7	5	5	4
580	경기 남양주시	공동주택 전자투표 지원 사업	7,000	주택과	8	4	7	8	7	5	5	4
581	경기 군포시	내집주차장갖기사업 설치비 지원	5,400	교통과	8	4	7	8	7	5	1	4
582	경기 군포시	아이사랑놀이터 개소물품 구입	30,000	여성가족과	8	6	7	8	7	5	5	4
583	경기 군포시	어린이집 환경개선	41,800	여성가족과	8	1	7	8	7	5	5	4
584	경기 용인시	장애인직업재활시설 장비보강	12,500	장애인복지과	8	4	7	8	7	1	1	1
585	경기 용인시	공공형어린이집 환경개선	20,000	아동보육과	8	4	7	8	7	1	1	3
586	경기 용인시	백옥쌀 GAP 생산단지 육성	248,000	기술지원과	8	4	7	8	7	5	5	4
587	경기 용인시	기후변화대응밭작물안정생산기술시범	4,800	기술지원과	8	4	7	8	7	5	5	4
588	경기 용인시	채소류 신기술 시범	78,000	기술지원과	8	4	7	8	7	5	5	4
589	경기 용인시	화훼과수류 신기술 시범	121,500	기술지원과	8	4	7	8	7	5	5	4
590	경기 용인시	발효사료 품질 향상 시범	12,000	기술지원과	8	4	7	8	7	5	5	4
591	경기 용인시	우량흑염소 도입을 통한 종축개량 시범	12,000	기술지원과	8	4	7	8	7	5	5	4
592	경기 용인시	농산물 마케팅 지원 시범	12,000	기술지원과	8	4	7	8	7	5	5	4
593	경기 용인시	농작업 생력화기계 지원사업	43,000	기술지원과	8	4	7	8	7	5	5	4
594	경기 용인시	청년 농업인 맞춤형 지원	18,000	자원육성과	8	4	7	8	7	5	5	4
595	경기 용인시	안전농산물 가공지원	12,000	자원육성과	8	4	7	8	7	5	5	4
596	경기 용인시	백옥쌀 GAP 생산단지 육성	248,000	기술지원과	8	4	7	8	7	5	5	4

순번	시군구	지출명 (사업명)	2020년예산 (단위:천원/1년간)	담당자 (공무원) 담당부서	민간이전 분류 (지방자치단체 세출예산 집행기준에 의거) 1. 민간경상사업보조(1) 2. 민간단체 법정운영비보조(2) 3. 민간행사사업보조(3) 4. 민간위탁금(4) 5. 사회복지시설 법정운영비보조(5) 6. 민간인위탁교육비(6) 7. 공기관등에대한경상적대행사업비(7) 8. 민간자본사업보조,자체재원(8) 9. 민간자본사업보조,이전재원(9) 10. 민간위탁사업비(10) 11. 공기관등에 대한 자본적 대행사업비(11)	민간이전지출 근거 (지방보조금 관리기준 참고) 1. 법률에 규정 2. 국고보조 재원(국가지정) 3. 용도 지정 기부금 4. 조례에 직접규정 5. 지자체가 권장하는 사업을 하는 공공기관 6. 시,도 정책 및 재정사정 7. 기타 8. 해당없음	입찰방식 계약체결방법 (경쟁형태) 1. 일반경쟁 2. 제한경쟁 3. 지명경쟁 4. 수의계약 5. 법정위탁 6. 기타 ( ) 7. 해당없음	입찰방식 계약기간 1. 1년 2. 2년 3. 3년 4. 4년 5. 5년 6. 기타 ( )년 7. 단기계약 (1년미만) 8. 해당없음	입찰방식 낙찰자선정방법 1. 적격심사 2. 협상에의한계약 3. 최저가낙찰제 4. 규격가격분리 5. 2단계 경쟁입찰 6. 기타 ( ) 7. 해당없음	운영예산 산정 운영예산 산정 1. 내부산정 (지자체 자체적으로 산정) 2. 외부산정 (외부전문기관 위탁 산정) 3. 내·외부 모두 산정 4. 산정 無 5. 해당없음	운영예산 산정 정산방법 1. 내부정산 (지자체 내부적으로 정산) 2. 외부정산 (외부전문기관 위탁 정산) 3. 내·외부 모두 산정 4. 정산 無 5. 해당없음	성과평가 실시여부 1. 실시 2. 미실시 3. 향후 추진 4. 해당없음
597	경기 용인시	기후변화대응밭작물안정생산기술시범	4,800	기술지원과	8	4	7	8	7	5	5	4
598	경기 용인시	채소류 신기술 시범	78,000	기술지원과	8	4	7	8	7	5	5	4
599	경기 용인시	화훼과수류 신기술 시범	121,500	기술지원과	8	4	7	8	7	5	5	4
600	경기 용인시	발효사료 품질 향상 시범	12,000	기술지원과	8	4	7	8	7	5	5	4
601	경기 용인시	우량흑염소 도입을 통한 종축개량 시범	12,000	기술지원과	8	4	7	8	7	5	5	4
602	경기 용인시	농산물 마케팅 지원 시범	12,000	기술지원과	8	4	7	8	7	5	5	4
603	경기 용인시	농작업 생력화기계 지원사업	43,000	기술지원과	8	4	7	8	7	5	5	4
604	경기 용인시	사립공공도서관 운영지원	20,000	도서관정책과	8	1	7	8	7	5	5	4
605	경기 파주시	생채보전형시설 조성 지원	50,000	관광과	8	6	7	7	7	5	5	4
606	경기 파주시	지역농업 활력화 맞춤사업	32,000	농업진흥과	8	1	7	8	7	1	1	4
607	경기 파주시	마을회관 유지관리	83,365	도시재생과	8	1, 4	7	8	7	5	5	4
608	경기 파주시	율곡생태길 걷기대회	25,000	문화예술과	8	5	7	8	7	1	1	1
609	경기 파주시	새마을협의회 차량	65,000	민원봉사과	8	1	7	8	7	1	1	1
610	경기 파주시	새마을회 사무국 차량	26,912	민원봉사과	8	1	7	8	7	1	1	1
611	경기 파주시	웰빙농산물 품질 향상 기술 보급	6,000	스마트농업과	8	6	7	8	7	5	5	4
612	경기 파주시	파주개성인삼 도난 방지 시스템 설치	20,000	스마트농업과	8	6	7	8	7	5	5	4
613	경기 파주시	친환경 파주개성인삼 재배단지 육성	64,000	스마트농업과	8	6	7	8	7	5	5	4
614	경기 파주시	고품질 파주 장단콩 생산 지원	100,000	스마트농업과	8	6	7	8	7	5	5	4
615	경기 파주시	아동복지시설 시설개선	5,000	여성가족과	8	1	7	8	7	1	1	4
616	경기 파주시	체육회 차량구입	40,000	체육과	8	1	7	8	7	1	1	3
617	경기 파주시	장애인체육 차량구입	25,000	체육과	8	4	7	8	7	1	1	3
618	경기 시흥시	여성친화기업 근무환경개선	50,000	일자리총괄과	8	1, 4	7	8	7	1	1	3
619	경기 시흥시	소규모 상권환경 개선사업	90,000	소상공인과	8	4	7	8	7	5	5	4
620	경기 시흥시	소규모 점포 시설개선 지원	90,000	소상공인과	8	4	7	8	7	5	5	4
621	경기 시흥시	이공분야 대학중점연구소 지원	20,000	기업지원과	8	2	7	3	7	1	1	1
622	경기 시흥시	중소기업근로환경 개선사업	250,000	기업지원과	8	4	7	8	7	1	1	1
623	경기 시흥시	공동주택 승강기 에너지효율 개선사업	40,000	기업지원과	8	4	7	8	7	5	5	4
624	경기 시흥시	자율방범대 기능보강	174,000	시민안전과	8	4	7	8	7	1	1	4
625	경기 시흥시	택시 운송질서 계도 차량 구입	45,000	대중교통과	8	5	7	8	7	1	1	1
626	경기 시흥시	공동주택 보조금 지원	600,000	주택과	8	6	7	8	7	5	5	4
627	경기 시흥시	농기계 구입비 지원	300,000	농업정책과	8	4	7	8	7	1	1	2
628	경기 시흥시	승마장 육성지원	25,000	축수산과	8	6	7	8	7	1	1	3
629	경기 시흥시	어구 구입 지원	45,000	축수산과	8	6	7	8	7	1	1	1
630	경기 시흥시	소득작목 경쟁력제고 시범사업	135,000	농업기술과	8	4	7	8	7	5	5	4
631	경기 시흥시	스마트팜 모델구축 및 기술보급 사업	20,000	농업기술과	8	4	7	8	7	5	5	4
632	경기 시흥시	잔디사업 진입농가 생산기반확충 지원	100,000	농업기술과	8	4	7	8	7	5	5	4
633	경기 시흥시	우렁이 양식 시설지원 사업	32,000	농업기술과	8	4	7	8	7	5	5	4
634	경기 시흥시	시흥쌀연구회 도정시설 현대화 사업	76,000	농업기술과	8	4	7	8	7	5	5	4
635	경기 시흥시	깨끗한 들판만들기 지원사업	30,000	농업기술과	8	4	7	8	7	5	5	4
636	경기 안성시	전략적 재원 배분	31,769	정책기획담당관	8	6	5	1	7	2	2	1
637	경기 안성시	청렴정책 추진	9,693	감사법무담당관	8	1	7	1	7	2	2	4
638	경기 안성시	문서관리실 운영	5,500	행정과	8	6	1	1	2	2	1	2
639	경기 안성시	장애인 의료비	164,516	사회복지과	8	1	7	8	7	5	1	4
640	경기 안성시	지방세정보시스템 운용	23,024	세무과	8	1	5	1	2	2	2	1
641	경기 안성시	지방세정보시스템 운용	33,983	세무과	8	1	5	1	2	2	2	1
642	경기 안성시	지방세정보시스템 운용	1,357,000	세무과	8	1	5	1	2	2	2	1

순번	시군구	지출명 (사업명)	2020년예산 (단위:천원/1년간)	담당자 (공무원) 담당부서	민간이전 분류 (지방자치단체 세출예산 집행기준에 의거) 1. 민간경상사업보조(1) 2. 민간단체 법정운영비보조(2) 3. 민간행사사업보조(3) 4. 민간위탁금(4) 5. 사회복지시설 법정운영비보조(5) 6. 민간인위탁교육비(6) 7. 공기관등에대한경상적대행사업비(7) 8. 민간자본사업보조,자체재원(8) 9. 민간자본사업보조,이전재원(9) 10. 민간위탁사업비(10) 11. 공기관등에 대한 자본적 대행사업비(11)	민간이전지출 근거 (지방보조금 관리기준 참고) 1. 법률에 규정 2. 국고보조 재원(국가지정) 3. 용도 지정 기부금 4. 조례에 직접규정 5. 지자체가 권장하는 사업을 하는 공공기관 6. 시,도 정책 및 재정사정 7. 기타 8. 해당없음	입찰방식: 계약체결방법 (경쟁형태) 1. 일반경쟁 2. 제한경쟁 3. 지명경쟁 4. 수의계약 5. 법정위탁 6. 기타 ( ) 7. 해당없음	입찰방식: 계약기간 1. 1년 2. 2년 3. 3년 4. 4년 5. 5년 6. 기타 ( )년 7. 단기계약 (1년미만) 8. 해당없음	입찰방식: 낙찰자선정방법 1. 적격심사 2. 협상에의한계약 3. 최저가낙찰제 4. 규격가격분리 5. 2단계 경쟁입찰 6. 기타 ( ) 7. 해당없음	운영예산 산정: 운영예산 산정 1. 내부산정 (지자체 자체 적으로 산정) 2. 외부산정 (외부전문기관 위탁 산정) 3. 내·외부 모두 산정 4. 산정 無 5. 해당없음	운영예산 산정: 정산방법 1. 내부정산 (지자체 내부적으로 정산) 2. 외부정산 (외부전문기관 위탁 정산) 3. 내·외부 모두 산정 4. 정산 無 5. 해당없음	성과평가 실시여부 1. 실시 2. 미실시 3. 향후 추진 4. 해당없음
643	경기 안성시	지방세정보시스템 운용	8,976	세무과	8	1	5	1	2	2	2	1
644	경기 안성시	지방세정보시스템 운용	133,878	세무과	8	1	5	1	2	2	2	1
645	경기 안성시	세외수입 부과관리	30,128	세무과	8	1	5	1	2	2	2	1
646	경기 안성시	세외수입 부과관리	77,232	세무과	8	1	5	1	2	2	2	1
647	경기 안성시	전산실 운영	96,072	정보통신과	8	1	5	1	7	2	2	4
648	경기 안성시	전산실 운영	20,659	정보통신과	8	1	5	1	7	2	2	4
649	경기 안성시	전산실 운영	8,287	정보통신과	8	1	5	1	7	2	2	4
650	경기 안성시	전산실 운영	6,460	정보통신과	8	1	5	1	7	2	2	4
651	경기 안성시	도로명주소 사업 추진	16,460	토지민원과	8	1	6(행안부일괄협약체결)	1	7	5	1	4
652	경기 안성시	도로명주소기본도 유지보수사업	11,880	토지민원과	8	1	4	1	7	5	1	4
653	경기 안성시	기업마케팅 지원	20,000	창조경제과	8	5	7	8	7	5	1	1
654	경기 안성시	기업마케팅 지원	124,000	창조경제과	8	5	7	8	7	5	1	1
655	경기 안성시	기업마케팅 지원	300,000	창조경제과	8	5	7	8	7	1	1	1
656	경기 안성시	기업마케팅 지원	152,500	창조경제과	8	5	7	8	7	5	1	1
657	경기 안성시	지역주도형 청년일자리사업	234,400	창조경제과	8	2	5	8	7	2	1	3
658	경기 안성시	지역정착형 청년일자리 사업	12,250	창조경제과	8	2	7	8	7	1	1	3
659	경기 안성시	문화관광 홍보	70,000	문화관광과	8	1	7	8	7	5	1	1
660	경기 안성시	기업 수출활성화 지원	120,000	농업정책과	8	5	7	8	7	1	1	1
661	경기 안성시	기업 수출활성화 지원	30,000	농업정책과	8	5	7	8	7	1	1	1
662	경기 안성시	기업 수출활성화 지원	50,000	농업정책과	8	5	7	8	7	1	1	1
663	경기 안성시	공동주택 지원	4,000,000	건축과	8	1	7	8	7	1	1	4
664	경기 김포시	김포시 새마을회 지원	17,058	주민협치담당관	8	4	7	8	7	1	1	1
665	경기 김포시	해병대전우회 지원	38,000	주민협치담당관	8	4	7	8	7	1	1	1
666	경기 김포시	특전동지회 지원	23,500	주민협치담당관	8	4	7	8	7	1	1	1
667	경기 김포시	살기 좋은 마을만들기	18,000	주민협치담당관	8	4	7	8	7	1	1	1
668	경기 김포시	녹색건축물 조성 지원 사업	20,000	건축과	8	4	7	8	7	5	5	4
669	경기 김포시	사립작은도서관 활성화 지원	5,000	시립도서관	8	4	7	8	7	1	1	1
670	경기 김포시	김포시자율방재단 차량구입 지원	30,000	안전총괄과	8	4	7	1	7	1	1	1
671	경기 김포시	김포시의용소방연합회 차량구입 지원	30,000	안전총괄과	8	4	7	1	7	1	1	1
672	경기 김포시	시설 개보수 사업비 지원	450,000	주택과	8	4	7	8	7	1	1	1
673	경기 김포시	체육회 육성지원	11,000	체육과	8	6	7	8	7	1	1	1
674	경기 김포시	민주평화통일자문회의 지원	1,300,000	행정과	8	4	7	8	7	1	1	1
675	경기 광주시	경로당 지원	120,000	노인장애인과	8	6	7	8	7	5	5	4
676	경기 광주시	행정+농협 협력사업	378,894	농업정책과	8	4	7	8	7	1	1	1
677	경기 광주시	축사내외 사육환경 개선사업	20,000	농업정책과	8	1	7	8	7	1	1	1
678	경기 광주시	농작업 환경개선 사업	24,000	농업지원과	8	1	7	8	7	1	1	3
679	경기 광주시	농어촌 공영버스 구입	189,000	대중교통과	8	1	7	8	7	1	1	4
680	경기 광주시	고품질 농산물 생산기술지원	236,872	도시농업과	8	7	7	8	7	1	1	2
681	경기 광주시	원예기술보급	84,000	도시농업과	8	7	7	8	7	1	1	2
682	경기 광주시	축산소득원개발	9,000	도시농업과	8	7	7	8	7	1	1	2
683	경기 광주시	보훈단체 운영 및 지원	11,455	복지정책과	8	1	7	8	7	5	5	4
684	경기 광주시	자율방재단 운영지원	36,800	안전총괄과	8	1	7	8	7	1	1	1
685	경기 광주시	공동주택 시설비 보조금 지원사업	500,000	주택정책과	8	4	7	8	7	5	1	3
686	경기 광주시	푸드뱅크 운영지원	1,000,000	희망복지과	8	1	7	1	7	1	1	1
687	경기 양주시	주민자율방범대 활동지원	112,000	자치행정과	8	4	7	7	7	5	5	4
688	경기 양주시	자유총연맹 차량 구입	30,000	자치행정과	8	1	7	7	7	5	5	4

순번	시군구	지출명 (사업명)	2020년예산 (단위:천원/1년간)	담당자 (공무원) 담당부서	민간이전 분류 (지방자치단체 세출예산 집행기준에 의거) 1. 민간경상사업보조(1) 2. 민간단체 법정운영비보조(2) 3. 민간행사사업보조(3) 4. 민간위탁금(4) 5. 사회복지시설 법정운영비보조(5) 6. 민간인위탁교육비(6) 7. 공기관등에대한경상적대행사업비(7) 8. 민간자본사업보조,자체재원(8) 9. 민간자본사업보조,이전재원(9) 10. 민간위탁사업비(10) 11. 공기관등에 대한 자본적 대행사업비(11)	민간이전지출 근거 (지방보조금 관리기준 참고) 1. 법률에 규정 2. 국고보조 재원(국가지정) 3. 용도 지정 기부금 4. 조례에 직접규정 5. 지자체가 권장하는 사업을 하는 공공기관 6. 시,도 정책 및 재정사정 7. 기타 8. 해당없음	입찰방식 계약체결방법 (경쟁형태) 1. 일반경쟁 2. 제한경쟁 3. 지명경쟁 4. 수의계약 5. 법정위탁 6. 기타 ( ) 7. 해당없음	입찰방식 계약기간 1. 1년 2. 2년 3. 3년 4. 4년 5. 5년 6. 기타 ( )년 7. 단기계약 (1년미만) 8. 해당없음	입찰방식 낙찰자선정방법 1. 적격심사 2. 협상에의한계약 3. 최저가낙찰제 4. 규격가격분리 5. 2단계 경쟁입찰 6. 기타 ( ) 7. 해당없음	운영예산 산정 운영예산 산정 1. 내부산정 (지자체 자체적으로 산정) 2. 외부산정 (외부전문기관위탁 산정) 3. 내·외부 모두 산정 4. 산정 無 5. 해당없음	운영예산 산정 정산방법 1. 내부정산 (지자체 내부적으로 정산) 2. 외부정산 (외부전문기관위탁 정산) 3. 내·외부 모두 산정 4. 정산 無 5. 해당없음	성과평가 실시여부 1. 실시 2. 미실시 3. 향후 추진 4. 해당없음
689	경기 양주시	경로당 시설지원	290,000	사회복지과	8	4	7	8	7	1	1	1
690	경기 양주시	양주시장애인체육회 사무용 기기 구입	4,000,000	체육청소년과	8	1	7	8	7	1	1	4
691	경기 양주시	양주시장애인체육회 체육용품 지원	10,000	체육청소년과	8	4	7	8	7	1	1	4
692	경기 양주시	청년CEO 육성	6,000	일자리정책과	8	6	7	8	7	5	5	4
693	경기 양주시	전기자동차 구매지원	75,000	환경관리과	8	2	7	8	7	5	5	4
694	경기 양주시	공동주택 보조금 지원사업	650,000	주택과	8	4	7	8	7	5	1	4
695	경기 양주시	소규모 공동주택 보조금 지원사업	65,000	주택과	8	4	7	8	7	5	1	4
696	경기 양주시	마을회관 시설개선 사업	650,000	주택과	8	4	7	8	7	5	1	4
697	경기 양주시	농어촌장애인 주택개조	3,800,000	주택과	8	2	7	8	7	5	1	4
698	경기 양주시	농협협력 농산유통 지원	270,000	농업정책과	8	1	7	8	7	1	1	1
699	경기 양주시	원예특작 경쟁력 제고대책	330,000	농업정책과	8	1	7	8	7	1	1	1
700	경기 양주시	친환경농업 활성화 지원	110,000	농업정책과	8	1	7	8	7	1	1	1
701	경기 양주시	고품질 양주쌀 생산지원	20,000	농업정책과	8	1	7	8	7	1	1	1
702	경기 양주시	농업기계화지원사업	200,000	농업정책과	8	8	7	7	7	5	1	4
703	경기 양주시	소형관정 개발사업	20,000	농업정책과	8	4	7	8	7	5	5	4
704	경기 양주시	후계농업경영인 육성	10,000	농업정책과	8	1	7	8	7	5	5	4
705	경기 양주시	농촌지도자 현장애로기술 사업지원	61,600	농촌관광과	8	6	7	8	7	1	1	1
706	경기 양주시	유용곤충사육기술보급	20,000	농촌관광과	8	6	7	8	7	1	1	1
707	경기 양주시	청년농업인4-H회원 경쟁력 제고시범	24,000	농촌관광과	8	6	7	8	7	1	1	1
708	경기 양주시	밭작물 생력화 시범	16,000	기술지원과	8	1	7	8	7	5	5	4
709	경기 양주시	콩 우량종자 채종포 생산시범	6,400	기술지원과	8	1	7	8	7	5	5	4
710	경기 양주시	벼 재배 맞춤형 생력화 재배기술 시범	24,000	기술지원과	8	1	7	8	7	5	5	4
711	경기 양주시	최고품질 쌀 생산건조 저장	26,000	기술지원과	8	1	7	8	7	5	5	4
712	경기 양주시	온난화 대응 품종 비교 전시포 시범	8,000	기술지원과	8	1	7	8	7	5	5	4
713	경기 양주시	과원 이상기후 대비 고품질 과실 생산시범	16,000	기술지원과	8	1	7	8	7	5	5	4
714	경기 양주시	스마트팜 표고버섯 생육환경개선 시범	41,000	경영특작팀	8	1	7	8	7	5	5	4
715	경기 양주시	젖소 유두 자동세척기 활용 시범	38,400	친환경미생물팀	8	1	7	8	7	5	5	4
716	경기 양주시	축사냄새 저감 및 환경개선 시범	32,000	친환경미생물팀	8	1	7	8	7	5	5	4
717	경기 양주시	클로렐라 활용 원예작물 생산 시범	5,000	친환경미생물팀	8	1	7	8	7	5	5	4
718	경기 양주시	양봉산업육성사업	10,000	축산과	8	6	7	8	7	1	1	4
719	경기 양주시	폭염대비 축사시설 지원사업	80,000	축산과	8	6	7	8	7	5	1	4
720	경기 양주시	고능력가축 생산사업	35,000	축산과	8	6	7	8	7	1	1	4
721	경기 양주시	고능력가축 생산사업	41,000	축산과	8	6	7	8	7	1	1	4
722	경기 양주시	낙농 세정수 처리시설 지원	100,000	축산과	8	6	7	8	7	1	1	4
723	경기 양주시	축산농가 소독시설 설치 지원사업	40,000	축산과	8	1	7	8	7	5	5	4
724	경기 양주시	사립작은도서관 공모 사업	10,000	평생교육진흥원	8	6	7	8	7	1	1	4
725	경기 포천시	행복마을만들기 지원사업	82,100	자치행정과	8	4	7	8	7	1	1	4
726	경기 포천시	자원봉사센터 전산기기 및 물품구입	2,250,000	자치행정과	8	1, 4	7	8	7	1	1	4
727	경기 포천시	대한민국6.25참전유공자회 포천시지회	2,000,000	시민복지과	8	1	7	8	7	1	1	1
728	경기 포천시	대한민국상이군경회포천시지회	1,000,000	시민복지과	8	1	7	8	7	1	1	1
729	경기 포천시	지역사회서비스투자사업	478,978	시민복지과	8	2	7	8	7	1	1	1
730	경기 포천시	장애인활동지원급여지원	8,175	노인장애인과	8	2	7	8	7	5	1	1
731	경기 포천시	장애인활동지원급여지원	876,355	노인장애인과	8	2	7	8	7	5	1	1
732	경기 포천시	장애인편의시설기술지원센터 차량지원	16,989	노인장애인과	8	6	7	8	7	5	1	4
733	경기 포천시	장애인생활이동지원센터 기능보강	15,000	노인장애인과	8	1	7	8	7	1	1	4
734	경기 포천시	장애인휠체어 구입비	11,000	문화체육과	8	1	7	8	7	1	1	4

순번	시군구	지출명 (사업명)	2020년예산 (단위:천원/1년간)	담당자 (공무원) 담당부서	민간이전 분류 (지방자치단체 세출예산 집행기준에 의거) 1. 민간경상사업보조(1) 2. 민간단체 법정운영비보조(2) 3. 민간행사사업보조(3) 4. 민간위탁금(4) 5. 사회복지시설 법정운영비보조(5) 6. 민간인위탁교육비(6) 7. 공기관등에대한경상적대행사업비(7) 8. 민간자본사업보조,자체재원(8) 9. 민간자본사업보조,이전재원(9) 10. 민간위탁사업비(10) 11. 공기관등에 대한 자본적 대행사업비(11)	민간이전지출 근거 (지방보조금 관리기준 참고) 1. 법률에 규정 2. 국고보조 재원(국가지정) 3. 용도 지정 기부금 4. 조례에 직접규정 5. 지자체가 권장하는 사업을 하는 공공기관 6. 시,도 정책 및 재정사정 7. 기타 8. 해당없음	입찰방식 계약체결방법 (경쟁형태) 1. 일반경쟁 2. 제한경쟁 3. 지명경쟁 4. 수의계약 5. 법정위탁 6. 기타 ( ) 7. 해당없음	입찰방식 계약기간 1. 1년 2. 2년 3. 3년 4. 4년 5. 5년 6. 기타 ( )년 7. 단기계약 (1년미만) 8. 해당없음	입찰방식 낙찰자선정방법 1. 적격심사 2. 협상에의한계약 3. 최저가낙찰제 4. 규격가격분리 5. 2단계 경쟁입찰 6. 기타 ( ) 7. 해당없음	운영예산 산정 운영예산 산정 1. 내부산정 (지자체 자체적으로 산정) 2. 외부산정 (외부전문기관 위탁 산정) 3. 내·외부 모두 산정 4. 산정 無 5. 해당없음	운영예산 산정 정산방법 1. 내부정산 (지자체 내부적으로 정산) 2. 외부정산 (외부전문기관 위탁 정산) 3. 내·외부 모두 산정 4. 정산 無 5. 해당없음	성과평가 실시여부 1. 실시 2. 미실시 3. 향후 추진 4. 해당없음
735	경기 포천시	태양광 주택지원사업	90,000	일자리경제과	8	6	7	8	7	5	5	4
736	경기 포천시	산업기술 지원산업	100,000	기업지원과	8	2	7	1	7	5	2	1
737	경기 포천시	중소기업전시(박람)회 참가지원사업	40,000	기업지원과	8	8	7	1	7	5	1	1
738	경기 포천시	한국섬유소재연구원 운영지원	60,000	기업지원과	8	5	6(협약)	1	7	5	1	1
739	경기 포천시	한국섬유소재연구원 운영지원	300,000	기업지원과	8	5	6(협약)	1	7	5	1	1
740	경기 포천시	특화작물 저온저장고 설치사업	173,400	친환경농업과	8	6	7	8	7	1	1	4
741	경기 포천시	친환경농산물 생산확대 지원사업	20,000	친환경농업과	8	6	7	8	7	1	1	4
742	경기 포천시	농촌자원복합산업화지원	2,000,000	친환경농업과	8	2	7	8	7	5	1	4
743	경기 포천시	젖소 경쟁력 제고	72,000	축산과	8	6	7	8	7	5	5	4
744	경기 포천시	폭염대비 및 악취저감 지원	75,000	축산과	8	6	7	8	7	5	5	4
745	경기 포천시	홀스타인 품평회 출품농가 지원사업	12,600	축산과	8	6	7	8	7	5	5	4
746	경기 포천시	가축분뇨 악취저감 환경개선	20,000	축산과	8	6	7	8	7	5	5	4
747	경기 포천시	가축분뇨 악취저감 환경개선	50,000	축산과	8	6	7	8	7	5	5	4
748	경기 포천시	쾌적한 축사환경 조성	30,000	축산과	8	6	7	8	7	5	5	4
749	경기 포천시	공동주택 공공성 시설물 보수지원	300,000	친환경도시재생과	8	6	7	8	7	1	1	3
750	경기 포천시	빈집정비사업	14,000	건축과	8	6	7	8	7	1	1	1
751	경기 포천시	시 공영버스 구입(대폐차) 지원	61,000	교통행정과	8	1	7	8	7	1	1	4
752	경기 포천시	시 공영버스 구입(대폐차) 지원	61,000	교통행정과	8	1	7	8	7	1	1	4
753	경기 포천시	현장맞춤형 문제해결 기술지원사업	25,000	농업지원과	8	1	7	8	7	1	1	1
754	경기 포천시	품목기금 지원사업	10,000	농업지원과	8	1	7	8	7	1	1	1
755	경기 포천시	종자장기저장 시설설치	7,000	기술보급과	8	1	7	8	7	1	1	1
756	경기 포천시	최고급포천쌀 원료곡 생산단지 조성시범	50,000	기술보급과	8	1	7	8	7	1	1	1
757	경기 포천시	고온기 시설채소 재배환경 개선시범	20,000	기술보급과	8	1	7	8	7	1	1	1
758	경기 포천시	화훼 안정생산 기술시범	10,000	기술보급과	8	1	7	8	7	1	1	1
759	경기 포천시	도시조경 적합 화훼 기반조성 시범	16,000	기술보급과	8	1	7	8	7	1	1	1
760	경기 포천시	우수 여왕벌 생산기술 시범	10,000	기술보급과	8	1	7	8	7	1	1	1
761	경기 포천시	축사 악취저감 기술보급 시범	10,000	기술보급과	8	1	7	8	7	1	1	1
762	경기 포천시	사과 고온피해 예방 관수시설 개선사업	15,000	기술보급과	8	1	7	8	7	1	1	1
763	경기 포천시	오미자 과원 규모화 시범	15,000	기술보급과	8	1	7	8	7	1	1	1
764	경기 포천시	농업현장 문제해결 기술지원사업	25,000	기술보급과	8	1	7	8	7	1	1	1
765	경기 포천시	지역농업인 경쟁력제고사업	25,000	기술보급과	8	1	7	8	7	1	1	1
766	경기 연천군	장애인정보화협회 연천군지부 운영 지원	3,000,000	사회복지과	8	4	7	8	7	1	1	1
767	경기 연천군	보육복지 서비스	16,000	사회복지과	8	5	7	8	7	5	5	4
768	경기 연천군	입식테이블 문화조성사업 지원	60,000	종합민원과	8	4	7	8	7	1	1	1
769	경기 연천군	친환경 농법 지원	200,124	농업정책과	8	8	7	8	7	5	5	4
770	경기 연천군	영세농 유기질 비료 지원	15,000	농업정책과	8	8	7	8	7	5	5	4
771	경기 연천군	친환경유기인증 확대사업	10,000	농업정책과	8	8	7	8	7	5	5	4
772	경기 연천군	비가림하우스지원사업	280,000	농업정책과	8	8	7	8	7	5	5	4
773	경기 연천군	비닐하우스 내부현대화 사업	220,000	농업정책과	8	8	7	8	7	5	5	4
774	경기 연천군	연천콩 육성사업	30,000	농업정책과	8	8	7	8	7	5	5	4
775	경기 연천군	농자재 지원사업	800,000	농업정책과	8	8	7	8	7	5	5	4
776	경기 연천군	대추재배단지조성사업	20,000	농업정책과	8	8	7	8	7	5	5	4
777	경기 연천군	인삼 농자재 지원	30,000	농업정책과	8	8	7	8	7	5	5	4
778	경기 연천군	과수 생력화 지원 사업	50,000	농업정책과	8	8	7	8	7	5	5	4
779	경기 연천군	농협지자체협력사업	280,000	농업정책과	8	8	7	8	7	5	5	4
780	경기 연천군	예비못자리 설치 지원	3,000,000	농업정책과	8	8	7	8	7	5	5	4

순번	시군구	지출명 (사업명)	2020년예산 (단위:천원/1년간)	담당자 (공무원) 담당부서	민간이전 분류 (지방자치단체 세출예산 집행기준에 의거) 1. 민간경상사업보조(1) 2. 민간단체 법정운영비보조(2) 3. 민간행사사업보조(3) 4. 민간위탁금(4) 5. 사회복지시설 법정운영비보조(5) 6. 민간인위탁교육비(6) 7. 공기관등에대한경상적대행사업비(7) 8. 민간자본사업보조,자체재원(8) 9. 민간자본사업보조,이전재원(9) 10. 민간위탁사업비(10) 11. 공기관등에 대한 자본적 대행사업비(11)	민간이전지출 근거 (지방보조금 관리기준 참고) 1. 법률에 규정 2. 국고보조 재원(국가지정) 3. 용도 지정 기부금 4. 조례에 직접규정 5. 지자체가 권장하는 사업을 하는 공공기관 6. 시,도 정책 및 재정사정 7. 기타 8. 해당없음	입찰방식 계약체결방법 (경쟁형태) 1. 일반경쟁 2. 제한경쟁 3. 지명경쟁 4. 수의계약 5. 법정위탁 6. 기타 ( ) 7. 해당없음	입찰방식 계약기간 1. 1년 2. 2년 3. 3년 4. 4년 5. 5년 6. 기타 ( )년 7. 단기계약 (1년미만) 8. 해당없음	입찰방식 낙찰자선정방법 1. 적격심사 2. 협상에의한계약 3. 최저가낙찰제 4. 규격가격분리 5. 2단계 경쟁입찰 6. 기타 ( ) 7. 해당없음	운영예산 산정 운영예산 산정 1. 내부산정 (지자체 자체 적으로 산정) 2. 외부산정 (외부전문기관 위탁 산정) 3. 내·외부 모두 산정 4. 산정 無 5. 해당없음	운영예산 산정 정산방법 1. 내부정산 (지자체 내부적으로 정산) 2. 외부정산 (외부전문기관 위탁 정산) 3. 내·외부 모두 산정 4. 정산 無 5. 해당없음	성과평가 실시여부 1. 실시 2. 미실시 3. 향후 추진 4. 해당없음
781	경기 연천군	벼 육묘용 상토 지원	520,000	농업정책과	8	8	7	8	7	5	5	4
782	경기 연천군	맞춤형 비료지원사업	325,000	농업정책과	8	8	7	8	7	5	5	4
783	경기 연천군	양곡건조기 지원	30,000	농업정책과	8	8	7	8	7	5	5	4
784	경기 연천군	최고품질 쌀 생산단지 조성사업	39,000	농업정책과	8	8	7	8	7	5	5	4
785	경기 연천군	남토북수 브랜드 역량 강화	300,000	농업정책과	8	8	7	8	7	5	5	4
786	경기 연천군	축분비료 활성화 장비 지원	84,000	축산과	8	6	7	8	7	1	1	3
787	경기 연천군	축산농가 퇴비화시설 신축 지원	200,000	축산과	8	6	7	8	7	1	1	3
788	경기 연천군	축산농가부숙제지원	400,000	축산과	8	6	7	8	7	1	1	3
789	경기 연천군	돈육품질개선사업	30,000	축산과	8	6	7	8	7	1	1	3
790	경기 연천군	가축재해 보험가입 지원	150,000	축산과	8	6	7	8	7	1	1	3
791	경기 연천군	비상발전기 설치지원	30,000	축산과	8	6	7	8	7	1	1	3
792	경기 연천군	급이시설 현대화지원사업	50,000	축산과	8	6	7	8	7	1	1	3
793	경기 연천군	목장형유가공설비지원	30,000	축산과	8	6	7	8	7	1	1	3
794	경기 연천군	폭염피해 방지를 위한 냉방기지원	65,000	축산과	8	6	7	8	7	1	1	3
795	경기 연천군	축사 분무시설지원	100,000	축산과	8	7	7	8	7	1	1	3
796	경기 연천군	고품질식량작물시범사업	9,000	농업기술센터	8	7	7	8	7	5	5	4
797	경기 연천군	고품질소득작물시범사업	32,400	농업기술센터	8	7	7	8	7	5	5	4
798	경기 연천군	고품질축산물생산시범사업	36,000	농업기술센터	8	7	7	8	7	5	5	4
799	경기 양평군	지방향교 시설지원	2,000,000	문화체육과	8	7	7	8	7	5	5	4
800	경기 양평군	사나사 일주문 단청사업 지원	162,000	문화체육과	8	1	7	8	7	5	5	4
801	경기 양평군	소상공인 경영환경개선사업 지원	90,000	일자리경제과	8	4	7	8	7	5	5	4
802	경기 양평군	사회적경제 소규모 환경개선지원	25,000	일자리경제과	8	4	7	8	7	5	5	4
803	경기 양평군	소규모 환경개선 사업	200,000	일자리경제과	8	4	7	8	7	5	5	4
804	경기 양평군	신재생에너지보급[주택]사업	60,000	일자리경제과	8	5	7	8	7	5	5	4
805	경기 양평군	임업기계장비 지원사업	4,800	산림과	8	4	7	8	7	5	5	4
806	경기 양평군	산양산삼 종자대 지원사업	18,000	산림과	8	1	7	8	7	5	5	4
807	경기 양평군	임산물 종자 및 종근 지원사업	25,000	산림과	8	1	7	8	7	5	5	4
808	경기 양평군	임산물 포장재 지원사업	8,000	산림과	8	1	7	8	7	5	5	4
809	경기 양평군	매립장 주변영향지역 주택태양광 설치 사업	1,258,000	환경과	8	1	7	8	7	5	5	4
810	경기 양평군	공동주택 부대시설 보수,보강비 지원	50,000	건축과	8	5	7	8	7	5	5	4
811	경기 양평군	빈집정비사업 보조금 지급	22,000	건축과	8	5	7	8	7	5	5	4
812	경기 양평군	양평 어울림공동체 활성화 참여공동체 포괄사업비	1,312,000	공동체구축과	8	4	7	8	7	5	5	4
813	경기 양평군	행복마을 만들기 계획(출구전략)	120,000	공동체구축과	8	4	7	8	7	5	5	4
814	경기 양평군	영농4-H회 과제활동지원	16,000	농업경영과	8	4	7	8	7	5	5	4
815	경기 양평군	양평 장류발효산업 육성 시범	42,000	농업경영과	8	1	7	8	7	5	5	4
816	경기 양평군	양평쌀 가공 생산기반 구축	210,000	농업경영과	8	4	7	8	7	5	5	4
817	경기 양평군	식량작물 우량종자 공급지원	45,880	농업기술과	8	6	7	8	7	5	5	4
818	경기 양평군	친환경재배농가 농가형 퇴비장 설치 시범	35,000	농업기술과	8	6	7	8	7	5	5	4
819	경기 양평군	가공용쌀 도정, 건조시설 지원	320,000	농업기술과	8	6	7	8	7	5	5	4
820	경기 양평군	가공용쌀 유기농 재배단지 지원	160,000	농업기술과	8	6	7	8	7	5	5	4
821	경기 양평군	토종다래 생산단지 기반조성 시범	28,800	농업기술과	8	1	7	8	7	5	5	4
822	경기 양평군	노인 특화 작물 생산사업	100,000	농업기술과	8	1	7	8	7	5	5	4
823	경기 양평군	학교급식 과채류 생산단지 기반조성	32,000	농업기술과	8	1	7	8	7	5	5	4
824	경기 양평군	단동하우스 복합환경제어 스마트팜 설치 시범	12,000	농업기술과	8	1	7	8	7	5	5	4
825	경기 양평군	친환경인증농가 경영안정 생산자재 지원사업	586,880	친환경농업과	8	4	7	8	7	5	5	4
826	경기 양평군	수도작 예비못자리 설치	13,000	친환경농업과	8	4	7	8	7	5	5	4

순번	시군구	지출명(사업명)	2020년예산(단위:천원/1년간)	담당자(공무원) 담당부서	민간이전 분류(지방자치단체 세출예산 집행기준에 의거) 1. 민간경상사업보조(1) 2. 민간단체 법정운영비보조(2) 3. 민간행사사업보조(3) 4. 민간위탁금(4) 5. 사회복지시설 법정운영비보조(5) 6. 민간인위탁교육비(6) 7. 공기관등에대한경상적대행사업비(7) 8. 민간자본사업보조,자체재원(8) 9. 민간자본사업보조,이전재원(9) 10. 민간위탁사업비(10) 11. 공기관등에 대한 자본적 대행사업비(11)	민간이전지출 근거(지방보조금 관리기준 참고) 1. 법률에 규정 2. 국고보조 재원(국가지정) 3. 용도 지정 기부금 4. 조례에 직접규정 5. 지자체가 권장하는 사업을 하는 공공기관 6. 시,도 정책 및 재정사정 7. 기타 8. 해당없음	입찰방식: 계약체결방법(경쟁형태) 1. 일반경쟁 2. 제한경쟁 3. 지명경쟁 4. 수의계약 5. 법정위탁 6. 기타 ( ) 7. 해당없음	입찰방식: 계약기간 1. 1년 2. 2년 3. 3년 4. 4년 5. 5년 6. 기타 ( )년 7. 단기계약(1년미만) 8. 해당없음	입찰방식: 낙찰자선정방법 1. 적격심사 2. 협상에의한계약 3. 최저가낙찰제 4. 규격가격분리 5. 2단계 경쟁입찰 6. 기타 ( ) 7. 해당없음	운영예산 산정: 운영예산 산정 1. 내부산정(지자체 자체 적으로 산정) 2. 외부산정(외부전문기관 위탁 산정) 3. 내·외부 모두 산정 4. 산정 無 5. 해당없음	운영예산 산정: 정산방법 1. 내부정산(지자체 내부적으로 정산) 2. 외부정산(외부전문기관 위탁 정산) 3. 내·외부 모두 산정 4. 정산 無 5. 해당없음	성과평가 실시여부 1. 실시 2. 미실시 3. 향후 추진 4. 해당없음
827	경기 양평군	벼 병충해방제(관행농법) 지원	121,800	친환경농업과	8	1	7	8	7	5	5	4
828	경기 양평군	못자리 상토지원	121,695	친환경농업과	8	4	7	8	7	5	5	4
829	경기 양평군	못자리 상토지원	235,410	친환경농업과	8	1	7	8	7	5	5	4
830	경기 양평군	동력예취기 지원사업	102,600	친환경농업과	8	4	7	8	7	5	5	4
831	경기 양평군	왕우렁이농법 우렁이 종패지원	280,800	친환경농업과	8	4	7	8	7	5	5	4
832	경기 양평군	미생물제제 지원	112,000	친환경농업과	8	4	7	8	7	5	5	4
833	경기 양평군	명품 지역특화 작목 생산기반 구축사업	600,000	친환경농업과	8	4	7	8	7	5	5	4
834	경기 양평군	양동부추 포장재 지원 농협협력사업	100,000	친환경농업과	8	1	7	8	7	5	5	4
835	경기 양평군	산나물 소득 증대사업	120,000	친환경농업과	8	1	7	8	7	5	5	4
836	경기 양평군	양평통합브랜드 사용농가 포장재 지원	100,000	친환경농업과	8	6	7	8	7	5	5	4
837	경기 양평군	가공식품 포장디자인 개발지원	10,000	친환경농업과	8	6	7	8	7	5	5	4
838	경기 양평군	산지 저온유통체계 구축	120,000	친환경농업과	8	7	7	8	7	5	5	4
839	경기 양평군	수리계 수리시설관리	50,000	친환경농업과	8	1	7	8	7	5	5	4
840	경기 양평군	우수능력정액공급사업	37,500	축산과	8	1	7	8	7	5	5	4
841	경기 양평군	양돈농가 모돈갱신사업	20,000	축산과	8	1	7	8	7	5	5	4
842	경기 양평군	소(젖소) 개체관리 장비 지원사업	49,970	축산과	8	1	7	8	7	5	5	4
843	경기 양평군	한우 개체관리 장비 지원사업	49,990	축산과	8	1	7	8	7	5	5	4
844	경기 양평군	양봉장비 지원사업	100,000	축산과	8	1	7	8	7	5	5	4
845	경기 양평군	조사료 생산장비 보급 및 기반조성사업	137,500	축산과	8	1	7	8	7	5	5	4
846	경기 양평군	사료배합기 지원사업	75,000	축산과	8	1	7	8	7	5	5	4
847	경기 양평군	축사 환기시설 설치사업	90,000	축산과	8	1	7	8	7	5	5	4
848	경기 양평군	가축분뇨처리장비 지원사업	17,500	축산과	8	1	7	8	7	5	5	4
849	경기 양평군	퇴비살포기 등	17,500	축산과	8	1	7	8	7	5	5	4
850	경기 양평군	가금류,기타가축 사육환경 개선사업	50,000	축산과	8	1	7	8	7	5	5	4
851	경기 양평군	축사에너지 절감시설 지원사업	36,000	축산과	8	1	7	8	7	5	5	4
852	경기 양평군	폭염기 가축 안정사육 시범사업	12,500	축산과	8	1	7	8	7	5	5	4
853	경기 양평군	축산 스마트팜 기술보급 시범사업	25,000	축산과	8	1	7	8	7	5	5	4
854	경기 양평군	가축전염병 차단방역시설 설치사업	73,000	축산과	8	1	7	8	7	5	5	4
855	경기 양평군	운심리 마을앞 푸드트럭 운영	20,000	강하면	8	7	7	8	7	5	5	4
856	강원 춘천시	직장운동경기부 특장버스 구입 지원	150,000	체육과	8	1	7	8	7	1	1	3
857	강원 춘천시	컴퓨터 및 노트북 구입	5,000	복지정책과	8	8	7	8	7	1	1	1
858	강원 춘천시	종합사회복지관 기능보강	59,000	복지정책과	8	1	5	5	1	1	1	1
859	강원 춘천시	정부지원시설 기능보강	200,000	보육아동과	8	6	4	7	2	1	1	1
860	강원 춘천시	정부미지원시설 기능보강	60,000	보육아동과	8	6	4	7	2	1	1	1
861	강원 춘천시	경로당 시설보수	195,000	경로복지과	8	1	7	8	7	1	1	4
862	강원 춘천시	경로당 장비·물품 지원	35,000	경로복지과	8	1	7	8	7	1	1	4
863	강원 춘천시	장애인 의료비	405,005	장애인복지과	8	2	7	8	7	1	1	4
864	강원 춘천시	장애인 복지시설·단체 기능보강	60,000	장애인복지과	8	1	7	8	7	1	1	4
865	강원 춘천시	노사협력 우수사례 발굴 지원사업	10,000	사회적경제과	8	6	6	7	1	1	1	1
866	강원 춘천시	협동조합 활성화 지원	30,000	사회적경제과	8	4	2	1	1	1	1	3
867	강원 춘천시	이전 및 신·증설 투자기업 보조금 지원	500,000	기업과	8	4	7	7	5	5	4	4
868	강원 춘천시	드론구입 및 드론스포츠 인프라 구축	22,500	전략산업과	8	4	7	7	5	5	4	4
869	강원 춘천시	관제시스템 구축	25,000	전략산업과	8	4	7	7	5	5	4	4
870	강원 춘천시	자원순환 우수공동체 및 시범학교 지원	100,000	자원순환과	8	6	7	8	7	1	1	1
871	강원 춘천시	쓰레기처리우수공동주택지원	50,000	자원순환과	8	4	7	7	5	1	1	3
872	강원 춘천시	노후 아파트단지 정비	900,000	건축과	8	1	7	8	7	1	1	1

순번	시군구	지출명 (사업명)	2020년예산 (단위:천원/1년간)	담당자 (공무원) 담당부서	민간이전 분류 (지방자치단체 세출예산 집행기준에 의거) 1. 민간경상사업보조(1) 2. 민간단체 법정운영비보조(2) 3. 민간행사사업보조(3) 4. 민간위탁금(4) 5. 사회복지시설 법정운영비보조(5) 6. 민간인위탁교육비(6) 7. 공기관등에대한경상적대행사업비(7) 8. 민간자본사업보조,자체재원(8) 9. 민간자본사업보조,이전재원(9) 10. 민간위탁사업비(10) 11. 공기관등에 대한 자본적 대행사업비(11)	민간이전지출 근거 (지방보조금 관리기준 참고) 1. 법률에 규정 2. 국고보조 재원(국가지정) 3. 용도 지정 기부금 4. 조례에 직접규정 5. 지자체가 권장하는 사업을 하는 공공기관 6. 시,도 정책 및 재정사정 7. 기타 8. 해당없음	입찰방식 계약체결방법 (경쟁형태) 1. 일반경쟁 2. 제한경쟁 3. 지명경쟁 4. 수의계약 5. 법정위탁 6. 기타 ( ) 7. 해당없음	입찰방식 계약기간 1. 1년 2. 2년 3. 3년 4. 4년 5. 5년 6. 기타 ( )년 7. 단기계약 (1년미만) 8. 해당없음	입찰방식 낙찰자선정방법 1. 적격심사 2. 협상에의한계약 3. 최저가낙찰제 4. 규격가격분리 5. 2단계 경쟁입찰 6. 기타 ( ) 7. 해당없음	운영예산 산정 운영예산 산정 1. 내부산정 (지자체 자체적으로 산정) 2. 외부산정 (외부전문기관위탁 산정) 3. 내·외부 모두 산정 4. 산정 無 5. 해당없음	운영예산 산정 정산방법 1. 내부정산 (지자체 내부적으로 정산) 2. 외부정산 (외부전문기관위탁 정산) 3. 내·외부 모두 산정 4. 정산 無 5. 해당없음	성과평가 실시여부 1. 실시 2. 미실시 3. 향후 추진 4. 해당없음
873	강원 춘천시	농촌체험휴양마을 시설 개선 지원	40,000	미래농업과	8	1	7	8	7	5	1	3
874	강원 춘천시	외식업 우수식재료 매칭 지원	50,000	안심농식품과	8	6	7	8	7	1	1	1
875	강원 춘천시	농산물 선별기 지원	17,500	안심농식품과	8	4	7	8	7	1	1	1
876	강원 춘천시	원예특작 농산물 건조기 지원	28,500	안심농식품과	8	4	7	8	7	1	1	1
877	강원 춘천시	전략작목 공동출하 시설 지원	50,000	안심농식품과	8	4	7	8	7	1	1	1
878	강원 춘천시	로컬푸드 시범품목 생산시설 및 공급장비 지원	80,000	안심농식품과	8	4	7	8	7	1	1	1
879	강원 춘천시	자연(환경) 친화 우사 설치	144,000	축산과	8	4	4	8	7	1	1	3
880	강원 춘천시	자동목걸이	21,000	축산과	8	4	4	8	7	1	1	3
881	강원 춘천시	카우브러쉬	14,000	축산과	8	4	4	8	7	1	1	3
882	강원 춘천시	급수시설	14,000	축산과	8	4	4	8	7	1	1	3
883	강원 춘천시	사료 자동급이기	36,000	축산과	8	4	4	8	7	1	1	3
884	강원 춘천시	사료 자동급이기	73,500	축산과	8	4	4	8	7	1	1	3
885	강원 춘천시	관정지원	16,000	축산과	8	4	7	8	7	1	1	3
886	강원 춘천시	관정지원	23,800	축산과	8	4	7	8	7	1	1	3
887	강원 춘천시	폭염피해 예방시설(전업농)	24,000	축산과	8	4	7	8	7	1	1	3
888	강원 춘천시	폭염피해 예방시설(소작농)	35,000	축산과	8	4	7	8	7	1	1	3
889	강원 춘천시	가축분뇨 처리시설 현대화	40,000	축산과	8	1	4	8	7	1	1	3
890	강원 춘천시	양돈분뇨 공공처리시설 시설·기계 개보수	15,000	축산과	8	1	4	8	7	1	1	3
891	강원 춘천시	백신접종 무침 주사기 지원	8,000	축산과	8	4	7	8	7	1	1	3
892	강원 춘천시	대추 생산기반 시범지원	140,000	기술지원과	8	6	7	8	7	1	1	3
893	강원 춘천시	급유탱크시스템 구입	33,000	기술지원과	8	6	7	8	7	1	1	3
894	강원 춘천시	곡물건조기용 집진기 지원	20,800	기술지원과	8	6	7	8	7	1	1	3
895	강원 춘천시	감자 수확기 및 휴립기 지원	10,000	기술지원과	8	6	7	8	7	1	1	3
896	강원 춘천시	관정 지원	35,000	기술지원과	8	6	7	8	7	1	1	3
897	강원 춘천시	내재해 표준규격하우스	283,000	기술지원과	8	4	2	7	3	1	1	1
898	강원 춘천시	내재해 표준규격하우스	32,500	기술지원과	8	4	7	8	7	5	1	1
899	강원 춘천시	환경개선 부대시설	50,000	기술지원과	8	4	7	8	7	5	1	1
900	강원 춘천시	기능성필름	120,000	기술지원과	8	4	7	8	7	1	1	1
901	강원 춘천시	차광망 시설 등 지원	40,000	기술지원과	8	4	7	8	7	1	1	1
902	강원 춘천시	내부순환팬 지원	60,000	기술지원과	8	4	7	8	7	5	1	1
903	강원 춘천시	과수 생력화장비 지원	100,000	기술지원과	8	4	7	8	7	1	1	1
904	강원 춘천시	환경개선	40,000	기술지원과	8	4	7	8	7	1	1	1
905	강원 춘천시	가공기계 구입	26,000	기술지원과	8	4	4	7	7	1	1	1
906	강원 춘천시	난방기,복사기, 책상의자구입	7,000	평생학습관	8	1	7	8	7	1	1	4
907	강원 강릉시	지역방재단체 장비보강	30,000	재난안전과	8	1, 4	7	8	7	5	5	4
908	강원 강릉시	우수제품 디자인개발 지원	72,000	기업지원과	8	4	7	8	7	1	1	4
909	강원 강릉시	음식물류폐기물 소규모처리기 지원	25,000	자원순환과	8	7	7	8	7	5	5	4
910	강원 강릉시	강릉향교 자료관 도서구입	3,000,000	문화예술과	8	4	4	1	7	1	1	4
911	강원 강릉시	강릉향교 자료관 구축사업	10,000	문화예술과	8	4	7	8	7	5	5	4
912	강원 강릉시	강릉향교 앰프시설 교체	20,000	문화예술과	8	4	7	8	7	5	5	4
913	강원 강릉시	강릉향교 명륜당 폐백실 설치	6,000	문화예술과	8	4	7	8	7	5	5	4
914	강원 강릉시	강릉문화원 노후 전기,조명시설 교체	20,000	문화예술과	8	1	7	8	7	5	5	4
915	강원 강릉시	장애인복지관 물리치료 장비 지원	20,000	복지정책과	8	6	5	5	1	1	1	1
916	강원 강릉시	장애인복지시설 차량 구입	50,000	복지정책과	8	6	5	5	1	1	1	1
917	강원 강릉시	장애인 보장구 구입지원	5,000	복지정책과	8	6	7	8	7	1	1	4
918	강원 강릉시	노인무료급식 장비보강	2,500,000	어르신복지과	8	1	4	7(1년미만)	7	1	1	1

순번	시군구	지출명 (사업명)	2020년예산 (단위:천원/1년간)	담당자 (공무원) 담당부서	민간이전 분류 (지방자치단체 세출예산 집행기준에 의거) 1. 민간경상사업보조(1) 2. 민간단체 법정운영비보조(2) 3. 민간행사사업보조(3) 4. 민간위탁금(4) 5. 사회복지시설 법정운영비보조(5) 6. 민간인위탁교육비(6) 7. 공기관등에대한경상적대행사업비(7) 8. 민간자본사업보조,자체재원(8) 9. 민간자본사업보조,이전재원(9) 10. 민간위탁사업비(10) 11. 공기관등에 대한 자본적 대행사업비(11)	민간이전지출 근거 (지방보조금 관리기준 참고) 1. 법률에 규정 2. 국고보조 재원(국가지정) 3. 용도 지정 기부금 4. 조례에 직접규정 5. 지자체가 권장하는 사업을 하는 공공기관 6. 시,도 정책 및 재정사정 7. 기타 8. 해당없음	입찰방식 계약체결방법 (경쟁형태) 1. 일반경쟁 2. 제한경쟁 3. 지명경쟁 4. 수의계약 5. 법정위탁 6. 기타 ( ) 7. 해당없음	입찰방식 계약기간 1. 1년 2. 2년 3. 3년 4. 4년 5. 5년 6. 기타 ( )년 7. 단기계약 (1년미만) 8. 해당없음	입찰방식 낙찰자선정방법 1. 적격심사 2. 협상에의한계약 3. 최저가낙찰제 4. 규격가격분리 5. 2단계 경쟁입찰 6. 기타 ( ) 7. 해당없음	운영예산 산정 운영예산 산정 1. 내부산정 (지자체 자체적으로 산정) 2. 외부산정 (외부전문기관 위탁 산정) 3. 내·외부 모두 산정 4. 산정 無 5. 해당없음	운영예산 산정 정산방법 1. 내부정산 (지자체 내부적으로 정산) 2. 외부정산 (외부전문기관 위탁 정산) 3. 내·외부 모두 산정 4. 정산 無 5. 해당없음	성과평가 실시여부 1. 실시 2. 미실시 3. 향후 추진 4. 해당없음
919	강원 강릉시	경로당 가전제품,운동기구 지원	70,000	어르신복지과	8	7	7	1	7	1	1	1
920	강원 강릉시	경로당 등받이 의자 구입	20,000	어르신복지과	8	7	7	1	7	1	1	1
921	강원 강릉시	교육장 시설 보수공사	10,000	어르신복지과	8	7	7	7	7	1	1	1
922	강원 강릉시	화장장 수수료 충수입액 민간보조	16,000	어르신복지과	8	4	7	7	7	1	1	1
923	강원 강릉시	아동급식 기능보강	7,000	아동보육과	8	1	7	8	7	1	1	4
924	강원 강릉시	어린이집 소규모 환경개선비 지원	40,000	아동보육과	8	4	7	8	7	5	1	4
925	강원 강릉시	빈집정비사업	180,000	건축과	8	4	7	8	7	1	1	4
926	강원 강릉시	공동주택지원	800,000	주택과	8	4	7	8	7	1	1	2
927	강원 강릉시	우수농산물 시설 및 장비 지원	150,000	농정과	8	4	7	8	7	1	1	4
928	강원 강릉시	FTA대응 명품과수단지 육성사업	40,000	농정과	8	4	7	7	7	1	1	4
929	강원 강릉시	다목적 농산물건조기 지원	80,000	농정과	8	4	7	7	7	1	1	4
930	강원 강릉시	기후변화대응 작목육성 사업	56,250	농정과	8	4	7	7	7	1	1	4
931	강원 강릉시	과수농가 일손절감 농기계지원	60,000	농정과	8	4	7	7	7	1	1	4
932	강원 강릉시	시설화훼재배지 토질개량제 지원	45,000	농정과	8	4	7	7	7	1	1	4
933	강원 강릉시	농작물방제기(권취기) 지원	7,500	농정과	8	4	7	8	7	1	1	1
934	강원 강릉시	볍씨 일괄자동파종기 및 육묘적재기 지원	15,000	농정과	8	4	7	8	7	1	1	1
935	강원 강릉시	퇴비살포기 지원	22,500	농정과	8	4	7	8	7	1	1	1
936	강원 강릉시	비료살포기 지원	7,500	농정과	8	4	7	8	7	1	1	1
937	강원 강릉시	톤백 자동 계량시설 설치 지원	25,000	농정과	8	4	7	8	7	5	5	4
938	강원 강릉시	농업재해 사전예방 장비(물품) 지원	40,000	농정과	8	4	7	8	7	5	5	4
939	강원 강릉시	농업용 대형관정개발	240,000	농정과	8	1	1	1	1	1	1	4
940	강원 강릉시	농업용 중형관정개발	70,000	농정과	8	1	1	1	1	1	1	4
941	강원 강릉시	농업용 소형관정개발	84,000	농정과	8	1	1	1	1	1	1	4
942	강원 강릉시	양록(사슴)육성 지원	20,000	축산과	8	1	7	8	7	1	1	4
943	강원 강릉시	가축사육업 허가시설 지원	15,000	축산과	8	1	7	8	7	1	1	3
944	강원 강릉시	조사료생산이용 기계·장비지원	50,000	축산과	8	6	7	8	7	1	1	3
945	강원 강릉시	축사시설 환경개선지원	30,000	축산과	8	6	7	8	7	1	1	3
946	강원 강릉시	가축등급향상성 지원	60,000	축산과	8	6	7	8	7	1	1	3
947	강원 강릉시	양봉(꿀벌)육성 지원	40,000	축산과	8	6	7	8	7	1	1	3
948	강원 강릉시	양봉농가 화분지원	27,000	축산과	8	6	7	8	7	1	1	3
949	강원 강릉시	안전축산물공급 지원	21,000	축산과	8	6	7	8	7	1	1	3
950	강원 강릉시	노후 액비저장조 펌프 및 시설 교체	20,000	축산과	8	1	7	8	7	1	1	3
951	강원 강릉시	악취저감시설 및 부자재 지원	112,500	축산과	8	1	7	8	7	1	1	3
952	강원 강릉시	농업학습단체 경영개선 지원	50,000	자원육성과	8	4	7	8	7	5	5	4
953	강원 강릉시	청장년 농업인 자립화 지원	160,000	자원육성과	8	4	7	8	7	5	5	4
954	강원 강릉시	농업인 건강관리실 활력화 지원	6,000	자원육성과	8	4	7	8	7	5	5	4
955	강원 강릉시	농촌문화 체험농장 육성	15,000	자원육성과	8	4	7	8	7	5	5	4
956	강원 강릉시	강릉 특화작목(개두릅, 갯방풍) '부각' 상품화	21,000	기술보급과	8	6	7	8	7	5	5	4
957	강원 강릉시	친환경쌀 생산단지 조성	200,000	기술보급과	8	6	7	8	7	5	5	4
958	강원 강릉시	상수원보호구역 친환경단지 조성	100,000	기술보급과	8	6	7	8	7	5	5	4
959	강원 강릉시	학교급식 품목별 자급생산기반 조성	17,100	기술보급과	8	6	7	8	7	5	5	4
960	강원 강릉시	GAP생산단지조성	31,500	기술보급과	8	6	7	8	7	5	5	4
961	강원 강릉시	수제맥주용 설갱쌀 생산단지 육성	12,600	기술보급과	8	6	7	8	7	5	5	4
962	강원 강릉시	신품종 단오감자 재배단지 조성	13,300	기술보급과	8	6	7	8	7	5	5	4
963	강원 강릉시	칼라 찰옥수수 생산기반 조성	12,000	기술보급과	8	6	7	8	7	5	5	4
964	강원 강릉시	배수불량 및 염류집적 토양 암거배수 설치 시범	32,000	기술보급과	8	5	7	8	7	5	5	4

순번	시군구	지출명 (사업명)	2020년예산 (단위:천원/1년간)	담당자 (공무원) 담당부서	민간이전 분류 (지방자치단체 세출예산 집행기준에 의거) 1. 민간경상사업보조(1) 2. 민간단체 법정운영비보조(2) 3. 민간행사사업보조(3) 4. 민간위탁금(4) 5. 사회복지시설 법정운영비보조(5) 6. 민간인위탁교육비(6) 7. 공기관등에대한경상적대행사업비(7) 8. 민간자본사업보조,자체재원(8) 9. 민간자본사업보조,이전재원(9) 10. 민간위탁사업비(10) 11. 공기관등에 대한 자본적 대행사업비(11)	민간이전지출 근거 (지방보조금 관리기준 참고) 1. 법률에 규정 2. 국고보조 재원(국가지정) 3. 용도 지정 기부금 4. 조례에 직접규정 5. 지자체가 권장하는 사업을 하는 공공기관 6. 시,도 정책 및 재정사정 7. 기타 8. 해당없음	입찰방식 계약체결방법 (경쟁형태) 1. 일반경쟁 2. 제한경쟁 3. 지명경쟁 4. 수의계약 5. 법정위탁 6. 기타 ( ) 7. 해당없음	입찰방식 계약기간 1. 1년 2. 2년 3. 3년 4. 4년 5. 5년 6. 기타 ( )년 7. 단기계약 (1년미만) 8. 해당없음	입찰방식 낙찰자선정방법 1. 적격심사 2. 협상에의한계약 3. 최저가낙찰제 4. 규격가격분리 5. 2단계 경쟁입찰 6. 기타 ( ) 7. 해당없음	운영예산 산정 운영예산 산정 1. 내부산정 (지자체 자체적으로 산정) 2. 외부산정 (외부전문기관위탁 산정) 3. 내·외부 모두 산정 4. 산정 無 5. 해당없음	운영예산 산정 정산방법 1. 내부정산 (지자체 내부적으로 정산) 2. 외부정산 (외부전문기관위탁 정산) 3. 내·외부 모두 산정 4. 정산 無 5. 해당없음	성과평가 실시여부 1. 실시 2. 미실시 3. 향후 추진 4. 해당없음
965	강원 강릉시	지속가능한 원예작물 안정생산 기술보급	21,000	기술보급과	8	5	7	8	7	5	5	4
966	강원 강릉시	고랭지 적응 품목 다변화 육성 시범	42,000	기술보급과	8	5	7	8	7	5	5	4
967	강원 강릉시	기능성 버섯 지역적응 시범	30,800	기술보급과	8	5	7	8	7	5	5	4
968	강원 강릉시	고랭지채소 비교 전시포 운영 시범	17,500	기술보급과	8	5	7	8	7	5	5	4
969	강원 강릉시	명품신사임당곶감 마케팅 시범	15,000	기술보급과	8	5	7	8	7	5	5	4
970	강원 강릉시	환경친화적 멀칭비닐 지원	16,000	기술보급과	8	6	7	8	7	5	5	4
971	강원 동해시	수산물 맞춤형 포장재 지원	50,000	해양수산과	8	7	7	8	7	5	5	4
972	강원 동해시	장애인의료비 지원	92,706	복지과	8	1	7	8	7	1	1	3
973	강원 속초시	공동주택 지원	300,000	건축과	8	1, 4	1	8	1	1	1	1
974	강원 홍천군	농촌지도자 육성	50,000	농업기술센터	8	6	7	8	7	5	5	4
975	강원 홍천군	벼 안정생산 기술보급	31,000	농업기술센터	8	6	7	8	7	5	5	4
976	강원 홍천군	기후변화 대응 홍천과수 육성	796,500	농업기술센터	8	6	7	8	7	5	5	4
977	강원 홍천군	소규모 창업지원	25,000	농업기술센터	8	6	7	8	7	5	5	4
978	강원 홍천군	산채 재배단지 조성 시범	37,000	농업기술센터	8	6	7	8	7	5	5	4
979	강원 홍천군	홍천오미자 경쟁력 제고	101,500	농업기술센터	8	6	7	8	7	5	5	4
980	강원 홍천군	농식품 가공 품질향상 시범	25,000	농업기술센터	8	6	7	8	7	5	5	4
981	강원 홍천군	신소득작목 도입적응 시범	35,000	농업기술센터	8	6	7	8	7	5	5	4
982	강원 홍천군	홍천구기자 특화단지 조성	37,500	농업기술센터	8	6	7	8	7	5	5	4
983	강원 홍천군	고품질 부추 재배단지조성 시범	61,000	농업기술센터	8	6	7	8	7	5	5	4
984	강원 홍천군	대흥복숭아 Y자 지주시설	210,000	농업기술센터	8	6	7	8	7	5	5	4
985	강원 홍천군	지역소득화 생산지원사업	579,150	농업기술센터	8	6	7	8	7	5	5	4
986	강원 홍천군	청년농업인 창업지원	80,000	농업기술센터	8	6	7	8	7	5	5	4
987	강원 홍천군	청년농업인 경쟁력 제고	77,000	농업기술센터	8	6	7	8	7	5	5	4
988	강원 홍천군	대흥복숭아 품질 균일화 시범	35,000	농업기술센터	8	6	7	8	7	5	5	4
989	강원 홍천군	농업경영인 영농활동지원 사업	50,000	농정과	8	4	7	8	7	5	5	4
990	강원 홍천군	농촌체험휴양마을 시설개보수 지원사업	40,000	농정과	8	4	7	8	7	5	5	4
991	강원 홍천군	친환경 농자재 및 시설 지원	50,000	농정과	8	4	7	8	7	5	5	4
992	강원 홍천군	신형오이지주대지원	70,000	농정과	8	4	7	8	7	5	5	4
993	강원 홍천군	인삼생력기기지원	35,000	농정과	8	4	7	8	7	5	5	4
994	강원 홍천군	홍천 청정 산양삼 산업특구 지원	60,000	산림과	8	6	7	7	7	5	1	4
995	강원 홍천군	축산농장 조경수 식재 지원사업	10,000	축산과	8	4	7	8	7	1	1	1
996	강원 홍천군	한우 축사시설 현대화 지원	200,000	축산과	8	4	7	8	7	1	1	1
997	강원 홍천군	한돈농가 시설현대화	195,000	축산과	8	4	7	8	7	5	5	4
998	강원 홍천군	한돈농가 감온시설 지원	114,800	축산과	8	4	7	8	7	5	5	4
999	강원 홍천군	양계농가 시설현대화	230,000	축산과	8	4	7	8	7	5	5	4
1000	강원 홍천군	2020년 공동주택관리지원사업	223,000	토지주택과	8	4	1	7	1, 3	1	1	1
1001	강원 홍천군	보육시설 환경개선비 지원	120,000	행복나눔과	8	1	7	8	7	5	1	4
1002	강원 영월군	참살기 2.0	230,000	도시교통과	8	4	7	7	7	1	1	4
1003	강원 영월군	관리기 지원	50,000	소득지원과	8	6	7	8	7	5	5	4
1004	강원 영월군	농업용 주유장비 지원	32,000	소득지원과	8	6	7	8	7	5	5	4
1005	강원 영월군	친환경퇴비조성 수피지원	130,000	소득지원과	8	6	7	8	7	5	5	4
1006	강원 영월군	친환경쌀 생산단지 육성	15,000	소득지원과	8	4	7	8	7	1	1	1
1007	강원 영월군	기능성 특수미 생산단지 조성	10,000	소득지원과	8	4	7	8	7	1	1	1
1008	강원 영월군	쌀 전업농 농기계지원	47,000	소득지원과	8	4	7	8	7	1	1	1
1009	강원 영월군	생분해성 친환경 멀칭비닐 보급	82,500	소득지원과	8	4	7	8	7	1	1	1
1010	강원 영월군	노동력 절감을 위한 옥수수 탈피 기계화 시범	31,040	소득지원과	8	4	7	8	7	1	1	1

순번	시군구	지출명 (사업명)	2020년예산 (단위:천원/1년간)	담당자 (공무원) 담당부서	민간이전 분류 (지방자치단체 세출예산 집행기준에 의거) 1. 민간경상사업보조(1) 2. 민간단체 법정운영비보조(2) 3. 민간행사사업보조(3) 4. 민간위탁금(4) 5. 사회복지시설 법정운영비보조(5) 6. 민간인위탁교육비(6) 7. 공기관등에대한경상적대행사업비(7) 8. 민간자본사업보조,자체재원(8) 9. 민간자본사업보조,이전재원(9) 10. 민간위탁사업비(10) 11. 공기관등에 대한 자본적 대행사업비(11)	민간이전지출 근거 (지방보조금 관리기준 참고) 1. 법률에 규정 2. 국고보조 재원(국가지정) 3. 용도 지정 기부금 4. 조례에 직접규정 5. 지자체가 권장하는 사업을 하는 공공기관 6. 시,도 정책 및 재정사정 7. 기타 8. 해당없음	입찰방식 계약체결방법 (경쟁형태) 1. 일반경쟁 2. 제한경쟁 3. 지명경쟁 4. 수의계약 5. 법정위탁 6. 기타 ( ) 7. 해당없음	입찰방식 계약기간 1. 1년 2. 2년 3. 3년 4. 4년 5. 5년 6. 기타 ( )년 7. 단기계약 (1년미만) 8. 해당없음	입찰방식 낙찰자선정방법 1. 적격심사 2. 협상에의한계약 3. 최저가낙찰제 4. 규격가격분리 5. 2단계 경쟁입찰 6. 기타 ( ) 7. 해당없음	운영예산 산정 운영예산 산정 1. 내부산정 (지자체 자체 적으로 산정) 2. 외부산정 (외부전문기관 위탁 산정) 3. 내·외부 모두 산정 4. 산정 無 5. 해당없음	운영예산 산정 정산방법 1. 내부정산 (지자체 내부적으로 정산) 2. 외부정산 (외부전문기관 위탁 정산) 3. 내·외부 모두 산정 4. 정산 無 5. 해당없음	성과평가 실시여부 1. 실시 2. 미실시 3. 향후 추진 4. 해당없음
1011	강원 영월군	밭작물 생력재배 단지 조성	20,000	소득지원과	8	4	7	8	7	1	1	1
1012	강원 영월군	천적활용 원예작물 해충방제 지원	26,000	소득지원과	8	4	7	8	7	5	1	4
1013	강원 영월군	시설하우스 연작장해 개선	15,000	소득지원과	8	4	7	8	7	1	1	4
1014	강원 영월군	비닐하우스 농자재 지원	120,000	소득지원과	8	4	7	8	7	1	1	4
1015	강원 영월군	원예작물 품질향상 지원	150,000	소득지원과	8	4	7	8	7	1	1	4
1016	강원 영월군	연동비닐하우스설치	182,500	소득지원과	8	4	7	8	7	1	1	4
1017	강원 영월군	시설재배 생산성 향상	100,000	소득지원과	8	4	7	8	7	1	1	4
1018	강원 영월군	토마토 선별기 지원	13,000	소득지원과	8	4	7	8	7	1	1	4
1019	강원 영월군	시설하우스 ICT 보급	20,000	소득지원과	8	4	7	8	7	1	1	4
1020	강원 영월군	과채류 노지 비가림재배 생산기반 구축	30,000	소득지원과	8	4	7	8	7	1	1	4
1021	강원 영월군	농산물 저온저장고 설치	187,500	소득지원과	8	6	7	8	7	1	1	4
1022	강원 영월군	산채류 생산기반 조성	84,000	소득지원과	8	4	7	8	7	1	1	4
1023	강원 영월군	노지고추 품질향상 지원	75,000	소득지원과	8	4	7	8	7	1	1	4
1024	강원 영월군	노지고추 조기재배 지원	40,000	소득지원과	8	4	7	8	7	1	1	4
1025	강원 영월군	생강 재배기반 조성	15,000	소득지원과	8	4	7	8	7	1	1	4
1026	강원 영월군	포도 신규과원 조성사업	147,000	소득지원과	8	7	7	8	7	5	5	4
1027	강원 영월군	과수 노동력 절감 지원 사업	50,000	소득지원과	8	7	7	8	7	5	5	4
1028	강원 영월군	특용작물 재배지원	50,000	소득지원과	8	7	7	8	7	5	5	4
1029	강원 영월군	버섯 생산성 향상 지원	80,000	소득지원과	8	7	7	8	7	5	5	4
1030	강원 영월군	식용곤충을 이용한 동충하초 생산시범	42,000	소득지원과	8	7	7	8	7	5	5	4
1031	강원 영월군	식용곤충 사육지원	10,000	소득지원과	8	7	7	8	7	5	5	4
1032	강원 영월군	농산물공동브랜드포장재	300,000	소득지원과	8	4	7	8	7	1	1	1
1033	강원 영월군	농산물수확상자지원	20,000	소득지원과	8	4	7	8	7	1	1	1
1034	강원 영월군	토마토 공선출화회 장비지원	18,200	소득지원과	8	4	7	8	7	1	1	1
1035	강원 영월군	영월고추 건조시설 지원	645,000	소득지원과	8	4	7	8	7	1	1	1
1036	강원 영월군	폐기물처리시설 주변지역 주민지원기금	38,000	환경시설관리사업소	8	4	7	1	7	1	1	1
1037	강원 평창군	이 · 반장, 새마을지도자 육성지원	40,000	행정과	8	1	7	8	7	5	5	4
1038	강원 평창군	자율방범대 활동지원	61,000	행정과	8	1	7	8	7	5	5	4
1039	강원 평창군	장애인 이용시설 운영지원	34,000	복지과	8	4	7	8	7	5	5	4
1040	강원 평창군	노인여가시설운영	29,000	복지과	8	4	7	8	7	5	5	4
1041	강원 평창군	어린이집 수준향상	20,000	복지과	8	4	7	8	7	5	5	4
1042	강원 평창군	소상공인 지원	100,000	일자리경제과	8	4	7	8	7	5	5	4
1043	강원 평창군	소규모 기업 육성지원	50,000	일자리경제과	8	4	7	8	7	5	5	4
1044	강원 평창군	중소기업 자체공모사업	600,000	일자리경제과	8	4	7	8	7	5	5	4
1045	강원 평창군	산림소득 특구 운영	30,000	산림과	8	4	7	8	7	5	5	4
1046	강원 평창군	친환경임산물 재배관리	59,760	산림과	8	2	7	8	7	5	5	4
1047	강원 평창군	산림복합경영단지	120,000	산림과	8	2	7	8	7	5	5	4
1048	강원 평창군	임산물 생산자립 기반조성	6,670	산림과	8	6	7	8	7	5	5	4
1049	강원 평창군	자생단체 산불예방활동 지원	14,000	산림과	8	6	7	8	7	5	5	4
1050	강원 평창군	참여와 협력체제 마련	12,000	안전건설과	8	4	7	8	7	5	5	4
1051	강원 평창군	예쁜간판가꾸기	50,000	도시과	8	4	7	8	7	5	5	4
1052	강원 평창군	공동주택유지보수	400,000	도시과	8	4	7	8	7	5	5	4
1053	강원 평창군	자연취락지구 경관 개선	30,000	도시과	8	4	7	8	7	5	5	4
1054	강원 평창군	시가지 주차환경 개선	30,000	도시과	8	4	7	8	7	5	5	4
1055	강원 평창군	주민주도 마을만들기 지원	21,000	농업기술센터	8	7	7	8	7	5	5	4
1056	강원 평창군	마을단위환경	186,400	농업기술센터	8	5	5	3	2	1	1	1

순번	시군구	지출명 (사업명)	2020년예산 (단위:천원/1년간)	담당자 (공무원) 담당부서	민간이전 분류 (지방자치단체 세출예산 집행기준에 의거) 1. 민간경상사업보조(1) 2. 민간단체 법정운영비보조(2) 3. 민간행사사업보조(3) 4. 민간위탁금(4) 5. 사회복지시설 법정운영비보조(5) 6. 민간인위탁교육비(6) 7. 공기관등에대한경상적대행사업비(7) 8. 민간자본사업보조,자체재원(8) 9. 민간자본사업보조,이전재원(9) 10. 민간위탁사업비(10) 11. 공기관등에 대한 자본적 대행사업비(11)	민간이전지출 근거 (지방보조금 관리기준 참고) 1. 법률에 규정 2. 국고보조 재원(국가지정) 3. 용도 지정 기부금 4. 조례에 직접규정 5. 지자체가 권장하는 사업을 하는 공공기관 6. 시,도 정책 및 재정사정 7. 기타 8. 해당없음	입찰방식 계약체결방법 (경쟁형태) 1. 일반경쟁 2. 제한경쟁 3. 지명경쟁 4. 수의계약 5. 법정위탁 6. 기타 ( ) 7. 해당없음	입찰방식 계약기간 1. 1년 2. 2년 3. 3년 4. 4년 5. 5년 6. 기타 ( )년 7. 단기계약 (1년미만) 8. 해당없음	입찰방식 낙찰자선정방법 1. 적격심사 2. 협상에의한계약 3. 최저가낙찰제 4. 규격가격분리 5. 2단계 경쟁입찰 6. 기타 ( ) 7. 해당없음	운영예산 산정 운영예산 산정 1. 내부산정 (지자체 자체적으로 산정) 2. 외부산정 (외부전문기관위탁 산정) 3. 내·외부 모두 산정 4. 산정 無 5. 해당없음	운영예산 산정 정산방법 1. 내부정산 (지자체 내부적으로 정산) 2. 외부정산 (외부전문기관위탁 정산) 3. 내·외부 모두 산정 4. 정산 無 5. 해당없음	성과평가 실시여부 1. 실시 2. 미실시 3. 향후 추진 4. 해당없음
1057	강원 평창군	귀농인 지원사업	170,000	농업기술센터	8	4	7	8	7	5	5	4
1058	강원 평창군	농촌 신활력플러스 사업	713,000	농업기술센터	8	2	7	8	7	5	5	4
1059	강원 평창군	축산물 HACCP 컨설팅	5,600	농업기술센터	8	6	7	8	7	5	5	4
1060	강원 평창군	부존자원 활용사료 제조 및 이용 활성화 지원	84,000	농업기술센터	8	6	7	8	7	5	5	4
1061	강원 평창군	동물복지인증 컨설팅 지원	28,000	농업기술센터	8	2	7	8	7	5	5	4
1062	강원 평창군	가축분뇨 이용 활성화	42,000	농업기술센터	8	6	7	8	7	5	5	4
1063	강원 평창군	명품황태특구 지원	6,860	농업기술센터	8	1	7	8	7	5	5	4
1064	강원 평창군	농산물마케팅지원	43,000	농업기술센터	8	2	7	8	7	5	5	4
1065	강원 평창군	로컬푸드 육성사업	4,800	농업기술센터	8	6	7	8	7	5	5	4
1066	강원 평창군	로컬푸드 육성사업	15,000	농업기술센터	8	6	7	8	7	5	5	4
1067	강원 평창군	로컬푸드 가공센터 지원	72,000	농업기술센터	8	6	7	8	7	5	5	4
1068	강원 평창군	산지유통 계열화	75,000	농업기술센터	8	6	7	8	7	5	5	4
1069	강원 평창군	채소류 수급안정생산	175,000	농업기술센터	8	6	7	8	7	5	5	4
1070	강원 평창군	채소류 수급안정생산	436,800	농업기술센터	8	6	7	8	7	5	5	4
1071	강원 평창군	고랭지채소 안정생산	790,000	농업기술센터	8	7	7	8	7	5	5	4
1072	강원 평창군	수출농식품 가공기반 구축	334,500	농업기술센터	8	6	7	8	7	5	5	4
1073	강원 평창군	수출농업 육성	80,000	농업기술센터	8	6	7	8	7	5	5	4
1074	강원 평창군	씨감자채종포선별장비지원	118,000	농업기술센터	8	6	7	8	7	5	5	4
1075	강원 평창군	씨감자채종포야생동물피해예방시설지원	84,000	농업기술센터	8	6	7	8	7	5	5	4
1076	강원 평창군	고품질 식량작물 생산	27,120	농업기술센터	8	4	7	8	7	5	5	4
1077	강원 양구군	사회조사보고서 분석발간비	8,000	자치행정과	8	2	7	8	7	5	5	4
1078	강원 양구군	주민편의시설지원	600,000	교육생활지원과	8	4	7	1	7	1	1	4
1079	강원 양구군	국가유공자 및 보훈가족 집수리지원	10,000	사회복지과	8	4	7	7	7	1	1	4
1080	강원 양구군	나라사랑 보금자리사업	10,000	사회복지과	8	4	7	7	7	1	1	4
1081	강원 양구군	어린이집기능보강비 지원	20,000	사회복지과	8	4	7	8	7	1	1	1
1082	강원 양구군	영세자영업자 경쟁력 확보	100,000	전략산업과	8	4	7	8	7	1	1	1
1083	강원 양구군	예비 창업자 지원	100,000	전략산업과	8	4	7	8	7	1	1	1
1084	강원 양구군	간판설치비용 지원사업	50,000	지적건축과	8	4	7	8	7	5	5	4
1085	강원 양구군	소양강댐주변지역지원사업	638,364	안전건설과	8	1	7	8	7	3	3	4
1086	강원 양구군	수리시설개보수사업	30,000	안전건설과	8	5	7	8	7	5	5	1
1087	강원 양구군	농촌관광체험 지원	40,000	농업정책과	8	1	7	8	7	1	1	4
1088	강원 양구군	농특산물 유통체계구축지원	170,000	유통축산과	8	7	7	8	7	5	5	4
1089	강원 양구군	농촌생활활력화지원	20,000	농업정책과	8	1	7	8	7	1	1	4
1090	강원 양구군	비닐하우스 현대화 사업	1,000,000	농업지원과	8	6	7	8	7	3	1	3
1091	강원 양구군	꿀벌사육농가 경영안정지원	30,000	유통축산과	8	7	7	8	7	5	5	4
1092	강원 양구군	친환경농업육성지원	250,000	농업지원과	8	4	7	8	7	1	1	4
1093	강원 양구군	다문화 농가 농업기반시설지원	15,000	농업정책과	8	6	7	8	7	1	1	4
1094	강원 양구군	청정양구 지킴이 사업	60,000	농업지원과	8	4	7	8	7	1	1	4
1095	강원 양구군	시설하우스 노후비닐 교체지원사업	400,000	농업지원과	8	1	7	8	7	1	1	4
1096	강원 양구군	원예작물소형건조기지원	50,000	농업지원과	8	1	7	8	7	1	1	4
1097	강원 양구군	새소득작목 시범재배사업	100,000	농업지원과	8	1	7	8	7	1	1	4
1098	강원 양구군	양봉농가 화분지원	18,250	유통축산과	8	1	7	8	7	1	1	4
1099	강원 양구군	4-H 영농활동지원	20,000	농업정책과	8	1	7	8	7	1	1	4
1100	강원 양구군	외국인근로자 근로편익개선	50,000	농업정책과	8	1	7	8	7	5	5	4
1101	강원 양구군	환(청년)농업인 농업생산시설 지원	100,000	농업정책과	8	1	7	8	7	5	5	4
1102	강원 양구군	농산물 종합가공시설운영	50,000	유통축산과	8	1	7	8	7	5	5	4

순번	시군구	지출명 (사업명)	2020년예산 (단위:천원/1년간)	담당자 (공무원) 담당부서	민간이전 분류 (지방자치단체 세출예산 집행기준에 의거) 1. 민간경상사업보조(1) 2. 민간단체 법정운영비보조(2) 3. 민간행사사업보조(3) 4. 민간위탁금(4) 5. 사회복지시설 법정운영비보조(5) 6. 민간인위탁교육비(6) 7. 공기관등에대한경상적대행사업비(7) 8. 민간자본사업보조,자체재원(8) 9. 민간자본사업보조,이전재원(9) 10. 민간위탁사업비(10) 11. 공기관등에 대한 자본적 대행사업비(11)	민간이전지출 근거 (지방보조금 관리기준 참고) 1. 법률에 규정 2. 국고보조 재원(국가지정) 3. 용도 지정 기부금 4. 조례에 직접규정 5. 지자체가 권장하는 사업을 하는 공공기관 6. 시,도 정책 및 재정사정 7. 기타 8. 해당없음	입찰방식 계약체결방법 (경쟁형태) 1. 일반경쟁 2. 제한경쟁 3. 지명경쟁 4. 수의계약 5. 법정위탁 6. 기타 ( ) 7. 해당없음	입찰방식 계약기간 1. 1년 2. 2년 3. 3년 4. 4년 5. 5년 6. 기타 ( )년 7. 단기계약 (1년미만) 8. 해당없음	입찰방식 낙찰자선정방법 1. 적격심사 2. 협상에의한계약 3. 최저가낙찰제 4. 규격가격분리 5. 2단계 경쟁입찰 6. 기타 ( ) 7. 해당없음	운영예산 산정 운영예산 산정 1. 내부산정 (지자체 자체적으로 산정) 2. 외부산정 (외부전문기관위탁 산정) 3. 내·외부 모두 산정 4. 산정 無 5. 해당없음	운영예산 산정 정산방법 1. 내부정산 (지자체 내부적으로 정산) 2. 외부정산 (외부전문기관위탁 정산) 3. 내·외부 모두 산정 4. 정산 無 5. 해당없음	성과평가 실시여부 1. 실시 2. 미실시 3. 향후 추진 4. 해당없음
1103	강원 양구군	농식품산업 육성사업	310,000	유통축산과	8	1	7	8	7	5	5	4
1104	강원 양구군	이상기후 대비 환경조절시스템 구축	600,000	농업지원과	8	6	7	8	7	3	1	3
1105	강원 양구군	이상기후 대비 환경조절시스템 구축	30,076	농업지원과	8	6	7	8	7	3	1	3
1106	강원 양구군	시설하우스 연작장해 해소 토양개선 시범	60,000	농업지원과	8	6	7	8	7	3	1	3
1107	강원 양구군	가뭄대비 농작물 안전생산기반 구축사업	21,659	농업지원과	8	4	7	8	7	1	1	4
1108	강원 양구군	고품질 양구쌀 생산단지조성사업	53,000	농업지원과	8	4	7	8	7	1	1	4
1109	강원 양구군	땅두릅 촉성재배 시범사업 지원계획	7,000	유통축산과	8	7	7	8	7	5	5	4
1110	강원 양구군	소규모 가공업체 HACCP인증 컨설팅 지원	35,000	유통축산과	8	7	7	8	7	5	5	4
1111	강원 양구군	퇴비 수입원자재 국산화 재배시범	8,000	농업지원과	8	7	7	8	7	1	1	4
1112	강원 양구군	청정 양구쌀 포장재지원사업	30,000	농업지원과	8	4	7	8	7	1	1	4
1113	강원 양구군	가축분뇨 퇴액비화 지원	12,000	유통축산과	8	2	7	8	7	1	1	4
1114	강원 인제군	장애인거주시설 기능보강	40,000	주민복지과	8	2	7	8	7	5	5	4
1115	강원 인제군	하늘내린오대쌀품질향상지원	24,000	농업기술센터	8	1	7	8	7	1	1	1
1116	강원 인제군	우렁이 쌀 생산단지 조성사업	78,000	농업기술센터	8	1	7	8	7	1	1	1
1117	강원 인제군	벼 포트육묘 이앙재배 지원	10,000	농업기술센터	8	1	7	8	7	1	1	1
1118	강원 인제군	브랜드쌀 포장재 지원사업	7,500	농업기술센터	8	1	7	8	7	1	1	1
1119	강원 인제군	호랑이콩 생산사업	13,000	농업기술센터	8	1	7	8	7	1	1	1
1120	강원 인제군	밭작물 객토 지원	1,200,000	농업기술센터	8	1	7	8	7	1	1	1
1121	강원 인제군	GAP 인증농가 농약보관함 지원	7,500	농업기술센터	8	1	7	8	7	1	1	1
1122	강원 인제군	친환경인증 농업인 지원사업	84,000	농업기술센터	8	1	7	8	7	1	1	1
1123	강원 인제군	소규모 경영농가 지원사업	147,000	농업기술센터	8	1	7	8	7	1	1	1
1124	강원 인제군	축산농가 축사시설 개선	175,000	농업기술센터	8	1	7	8	7	1	1	1
1125	강원 인제군	친환경 축사 신축 지원	400,000	농업기술센터	8	4	7	8	7	1	1	1
1126	강원 인제군	친환경 톱밥 발효 축사 지원	500,000	농업기술센터	8	4	7	8	7	1	1	1
1127	강원 인제군	한우 자동제한 급여 시스템 지원	20,000	농업기술센터	8	4	7	8	7	1	1	1
1128	강원 인제군	로컬푸드 육성사업	18,000	농업기술센터	8	1	7	8	7	1	1	1
1129	강원 인제군	농산물 저온저장고 지원	100,000	농업기술센터	8	1	7	8	7	1	1	1
1130	강원 인제군	농산물 안전관리 보관장비 지원	20,000	농업기술센터	8	1	7	8	7	1	1	1
1131	강원 인제군	농산물유통집하장 설치지원	500,000	농업기술센터	8	1	7	8	7	1	1	1
1132	강원 인제군	토마토 공동선별장 선별시설 지원	65,000	농업기술센터	8	1	7	8	7	1	1	1
1133	강원 양양군	노후공동주택시설 보수비지원	150,000	허가민원실	8	7	7	8	7	1	1	2
1134	강원 양양군	농촌 빈집철거	50,000	허가민원실	8	8	7	7	1	1	4	4
1135	강원 양양군	갈천리 종합복지회관 보수	40,000	자치행정과	8	4	7	8	7	1	1	2
1136	강원 양양군	견불리 종합복지회관 보수	5,760	자치행정과	8	4	7	8	7	1	1	2
1137	강원 양양군	남양리 종합복지회관 보수	3,072,000	자치행정과	8	4	7	8	7	1	1	2
1138	강원 양양군	마을 종합복지회관 긴급보수	16,000	자치행정과	8	4	7	8	7	1	1	2
1139	강원 양양군	성내리 종합복지회관 보수	3,542,000	자치행정과	8	4	7	8	7	1	1	2
1140	강원 양양군	원포리 종합복지회관 보수	10,880	자치행정과	8	4	7	8	7	1	1	2
1141	강원 양양군	전진1리 종합복지회관 보수	7,824	자치행정과	8	4	7	8	7	1	1	2
1142	강원 양양군	정암1리 종합복지회관 보수	13,407	자치행정과	8	4	7	8	7	1	1	2
1143	강원 양양군	청곡2리 종합복지회관 보수	3,040,000	자치행정과	8	4	7	8	7	1	1	2
1144	강원 양양군	고엽제전우회 차량구입 지원	35,000	복지과	8	1, 4	7	8	7	1	1	2
1145	강원 양양군	보훈단체 집기구입 지원	4,800	복지과	8	1, 4	7	8	7	1	1	2
1146	강원 양양군	조산리경로당 신축	400,000	복지과	8	8	2	8	1	1	1	4
1147	강원 양양군	소상공인 사업장 소규모 시설개선	200,000	경제에너지과	8	4	7	8	7	5	1	1
1148	강원 양양군	음식물쓰레기 처리기 설치 지원	26,000	환경과	8	5	7	8	7	1	1	3

순번	시군구	지출명 (사업명)	2020년예산 (단위:천원/1년간)	담당자 (공무원) 담당부서	민간이전 분류 (지방자치단체 세출예산 집행기준에 의거) 1. 민간경상사업보조(1) 2. 민간단체 법정운영비보조(2) 3. 민간행사사업보조(3) 4. 민간위탁금(4) 5. 사회복지시설 법정운영비보조(5) 6. 민간인위탁교육비(6) 7. 공기관등에대한경상적대행사업비(7) 8. 민간자본사업보조,자체재원(8) 9. 민간자본사업보조,이전재원(9) 10. 민간위탁사업비(10) 11. 공기관등에 대한 자본적 대행사업비(11)	민간이전지출 근거 (지방보조금 관리기준 참고) 1. 법률에 규정 2. 국고보조 재원(국가지정) 3. 용도 지정 기부금 4. 조례에 직접규정 5. 지자체가 권장하는 사업을 하는 공공기관 6. 시,도 정책 및 재정사정 7. 기타 8. 해당없음	입찰방식 계약체결방법 (경쟁형태) 1. 일반경쟁 2. 제한경쟁 3. 지명경쟁 4. 수의계약 5. 법정위탁 6. 기타 ( ) 7. 해당없음	입찰방식 계약기간 1. 1년 2. 2년 3. 3년 4. 4년 5. 5년 6. 기타 ( )년 7. 단기계약 (1년미만) 8. 해당없음	입찰방식 낙찰자선정방법 1. 적격심사 2. 협상에의한계약 3. 최저가낙찰제 4. 규격가격분리 5. 2단계 경쟁입찰 6. 기타 ( ) 7. 해당없음	운영예산 산정 운영예산 산정 1. 내부산정 (지자체 자체 적으로 산정) 2. 외부산정 (외부전문기관 위탁 산정) 3. 내·외부 모두 산정 4. 산정 無 5. 해당없음	운영예산 산정 정산방법 1. 내부정산 (지자체 내부적으로 정산) 2. 외부정산 (외부전문기관 위탁 정산) 3. 내·외부 모두 산정 4. 정산 無 5. 해당없음	성과평가 실시여부 1. 실시 2. 미실시 3. 향후 추진 4. 해당없음
1149	강원 양양군	도루묵축제 수산물 소포장재 지원	11,200	해양수산과	8	4	7	8	7	5	5	4
1150	강원 양양군	수산물 운반 전동 지게차 구입	25,600	해양수산과	8	4	7	8	7	5	5	4
1151	강원 양양군	수산물 위판 얼음저장 냉동시설 지원	8,000	해양수산과	8	4	7	8	7	5	5	4
1152	강원 양양군	수산물 진공 포장기계 및 포장재 지원	16,000	해양수산과	8	4	7	8	7	5	5	4
1153	강원 양양군	어선 노후기관 수리 지원	16,800	해양수산과	8	4	7	8	7	5	5	4
1154	강원 양양군	어촌계 활어회센터 시설개선	32,000	해양수산과	8	4	7	8	7	5	5	4
1155	강원 양양군	지역특산물(문어)브랜드화 사업	16,000	해양수산과	8	4	7	8	7	5	5	4
1156	강원 양양군	간이퇴비장 설치지원사업	37,500	농업기술센터	8	6	7	8	7	1	1	1
1157	강원 양양군	축산폐수처리시설(정화시설) 악취제거시스템 설치	15,000	농업기술센터	8	6	7	8	7	1	1	1
1158	강원 양양군	경운기안전장비(비가림및야광표시등) 지원	5,000	농업기술센터	8	4	7	8	7	1	1	1
1159	강원 양양군	느타리버섯 배지지원	30,000	농업기술센터	8	4	7	8	7	1	1	1
1160	강원 양양군	버섯 배지제조기 지원사업	56,000	농업기술센터	8	4	7	8	7	1	1	1
1161	강원 양양군	버섯 재배농가(단체) 경영안정 지원사업	150,000	농업기술센터	8	4	7	8	7	1	1	1
1162	강원 양양군	버섯 재배시설지원	50,000	농업기술센터	8	4	7	8	7	1	1	1
1163	강원 양양군	표고 톱밥배지 지원사업	150,000	농업기술센터	8	4	7	8	7	1	1	1
1164	강원 양양군	표고원목 지원사업	50,000	농업기술센터	8	4	7	8	7	1	1	1
1165	강원 양양군	농가 톤백저울 지원사업	6,000	농업기술센터	8	4	7	8	7	5	5	4
1166	강원 양양군	과수 돌발해충방제 지원사업	15,000	농업기술센터	8	4	7	8	7	5	1	1
1167	강원 양양군	과수생력형 편의장비 지원	50,000	농업기술센터	8	4	7	8	7	5	1	1
1168	강원 양양군	과수시설 개선지원	20,000	농업기술센터	8	4	7	8	7	5	1	1
1169	강원 양양군	과수 특수처리봉지 지원	36,000	농업기술센터	8	4	7	8	7	5	1	1
1170	강원 양양군	기업형 새농촌 군 역량강화사업	150,000	농업기술센터	8	1	7	8	7	1	1	4
1171	강원 양양군	친환경기능성쌀 제조설비구입	100,000	농업기술센터	8	1	7	8	7	1	1	4
1172	강원 양양군	농산물건조기지원	24,000	농업기술센터	8	4	7	8	7	1	1	1
1173	강원 양양군	농기계 전용 급유기 지원	10,450	농업기술센터	8	4	7	8	7	5	1	1
1174	강원 양양군	도정시설 현대화 지원사업	147,000	농업기술센터	8	4	7	8	7	5	5	4
1175	강원 양양군	벼 곡물건조기용 집진기 지원	15,750	농업기술센터	8	4	7	8	7	5	5	4
1176	강원 양양군	벼 육묘 틀 지원	16,000	농업기술센터	8	4	7	8	7	5	5	4
1177	강원 양양군	벼 육묘상자 자동 투입기 지원	5,500	농업기술센터	8	4	7	8	7	5	5	4
1178	강원 양양군	벼 육묘하우스 설치	20,000	농업기술센터	8	4	7	8	7	5	5	4
1179	강원 양양군	육묘상자 적재 이송기 지원	8,250	농업기술센터	8	4	7	8	7	5	5	4
1180	강원 양양군	산양산삼 재배지원	45,500	농업기술센터	8	4	7	8	7	5	5	4
1181	강원 양양군	1시군 1명품화 지원	80,000	농업기술센터	8	4	7	8	7	5	1	1
1182	강원 양양군	산채 재배시범	21,000	농업기술센터	8	4	7	8	7	1	1	1
1183	강원 양양군	소형 비닐하우스 지원	20,000	농업기술센터	8	4	7	8	7	5	1	1
1184	강원 양양군	소형농기계(관리기)지원사업	24,000	농업기술센터	8	4	7	8	7	1	1	1
1185	강원 양양군	쌀 전업농 콤바인 지원	125,000	농업기술센터	8	4	7	8	7	1	1	1
1186	강원 양양군	안전고품질 축산물 생산지원	30,000	농업기술센터	8	6	1	1	1	5	5	4
1187	강원 양양군	모돈.자돈 생산성 향상 지원	26,000	농업기술센터	8	6	1	1	1	5	5	4
1188	강원 양양군	경영안정화 지원사업	15,300	농업기술센터	8	6	1	1	1	5	5	4
1189	강원 양양군	양봉(장원벌) 왕대 지원	5,000	농업기술센터	8	6	1	1	1	5	5	4
1190	강원 양양군	양봉농가 저온저장고 지원	13,500	농업기술센터	8	6	1	1	1	5	5	4
1191	강원 양양군	화분떡 지원사업	12,000	농업기술센터	8	6	1	1	1	5	5	4
1192	강원 양양군	화분(용해기,선별기,교미상) 지원	18,000	농업기술센터	8	6	1	1	1	5	5	4
1193	강원 양양군	곤포사일리지 비닐지원사업	16,000	농업기술센터	8	6	1	1	1	5	5	4
1194	강원 양양군	조사료 생산기반조성사업	16,000	농업기술센터	8	6	1	1	1	5	5	4

순번	시군구	지출명 (사업명)	2020년예산 (단위:천원/1년간)	담당자 (공무원) 담당부서	민간이전 분류 (지방자치단체 세출예산 집행기준에 의거) 1. 민간경상사업보조(1) 2. 민간단체 법정운영비보조(2) 3. 민간행사사업보조(3) 4. 민간위탁금(4) 5. 사회복지시설 법정운영비보조(5) 6. 민간인위탁교육비(6) 7. 공기관등에대한경상적대행사업비(7) 8. 민간자본사업보조,자체재원(8) 9. 민간자본사업보조,이전재원(9) 10. 민간위탁사업비(10) 11. 공기관등에 대한 자본적 대행사업비(11)	민간이전지출 근거 (지방보조금 관리기준 참고) 1. 법률에 규정 2. 국고보조 재원(국가지정) 3. 용도 지정 기부금 4. 조례에 직접규정 5. 지자체가 권장하는 사업을 하는 공공기관 6. 시,도 정책 및 재정사정 7. 기타 8. 해당없음	입찰방식 계약체결방법 (경쟁형태) 1. 일반경쟁 2. 제한경쟁 3. 지명경쟁 4. 수의계약 5. 법정위탁 6. 기타 ( ) 7. 해당없음	입찰방식 계약기간 1. 1년 2. 2년 3. 3년 4. 4년 5. 5년 6. 기타 ( )년 7. 단기계약 (1년미만) 8. 해당없음	입찰방식 낙찰자선정방법 1. 적격심사 2. 협상에의한계약 3. 최저가낙찰제 4. 규격가격분리 5. 2단계 경쟁입찰 6. 기타 ( ) 7. 해당없음	운영예산 산정 운영예산 산정 1. 내부산정 (지자체 자체 적으로 산정) 2. 외부산정 (외부전문기관 위탁 산정) 3. 내·외부 모두 산정 4. 산정 無 5. 해당없음	운영예산 산정 정산방법 1. 내부정산 (지자체 내부적으로 정산) 2. 외부정산 (외부전문기관 위탁 정산) 3. 내·외부 모두 산정 4. 정산 無 5. 해당없음	성과평가 실시여부 1. 실시 2. 미실시 3. 향후 추진 4. 해당없음
1195	강원 양양군	조사료(IRG) 생산장비 지원	10,000	농업기술센터	8	6	1	1	1	5	5	4
1196	강원 양양군	체리 재배 시범사업	49,000	농업기술센터	8	4	7	8	7	5	1	1
1197	강원 양양군	친환경 방제용 농기자재 지원	14,400	농업기술센터	8	4	7	8	7	5	5	4
1198	강원 양양군	친환경 잡초억제 부직포 지원	18,000	농업기술센터	8	4	7	8	7	5	5	4
1199	강원 양양군	친환경쌀 생산 지원	64,000	농업기술센터	8	4	7	8	7	5	5	4
1200	강원 양양군	친환경퇴비 및 유기농자재 시설지원	105,000	농업기술센터	8	4	7	8	7	5	5	4
1201	강원 양양군	토종벌 개량벌통 지원	5,000	농업기술센터	8	6	1	1	1	5	5	4
1202	강원 양양군	토종벌 종봉 구입지원	40,000	농업기술센터	8	6	1	1	1	5	5	4
1203	강원 양양군	특화작물 재배기반 조성	42,000	농업기술센터	8	4	7	8	7	1	1	1
1204	강원 양양군	TMR 자가배합기(급이기 등) 지원	62,500	농업기술센터	8	6	1	1	1	5	5	4
1205	강원 양양군	우량한우(고능력암소,거세우) 관리지원	24,000	농업기술센터	8	6	1	1	1	5	5	4
1206	강원 양양군	축산농가 축사개보수 지원	25,000	농업기술센터	8	6	1	1	1	5	5	4
1207	강원 양양군	축산폐업농가 빈축사 철거 지원	120,000	농업기술센터	8	6	1	1	1	5	5	4
1208	강원 양양군	한우(번식우) 분만알림기기 지원	37,500	농업기술센터	8	6	1	1	1	5	5	4
1209	강원 양양군	한우(암소) 거점농가 축사신축 지원	195,000	농업기술센터	8	6	1	1	1	5	5	4
1210	강원 양양군	한우농가 인공수정료 지원	30,000	농업기술센터	8	6	1	1	1	5	5	4
1211	강원 양양군	화훼 소득작목 지원사업	40,000	농업기술센터	8	4	7	8	7	5	1	1
1212	충북 충주시	소상공인 경영환경개선 지원	80,000	경제기업과	8	7	7	8	7	1	5	4
1213	충북 충주시	외식업소 입식테이블 설치지원	100,000	경제기업과	8	7	7	8	7	5	5	4
1214	충북 충주시	공동주택 부대복리시설 지원	1,000,000	건축과	8	4	7	8	7	5	5	4
1215	충북 충주시	빈집정비	30,000	건축과	8	4	7	8	7	5	5	4
1216	충북 충주시	노인게이트볼장 편의시설설치	20,000	노인장애인과	8	1	4	7	7	5	1	1
1217	충북 충주시	경로당시설환경개선	1,560,000	노인장애인과	8	1	1, 4	7	1	2	1	1
1218	충북 충주시	생활체육 활성화 비품지원	20,000	체육진흥과	8	1	7	8	7	1	1	1
1219	충북 충주시	체육회 직원 업무용 컴퓨터 및의자 구입	2,500,000	체육진흥과	8	1	7	8	7	1	1	1
1220	충북 충주시	장애인체육회 사무국 비품구입	4,000,000	체육진흥과	8	1	7	8	7	5	1	1
1221	충북 충주시	장애인 체육장비 구입	20,000	체육진흥과	8	1	7	8	7	5	1	1
1222	충북 충주시	장애인 생활체육서비스 이동지원차량구입	25,000	체육진흥과	8	1	7	8	7	5	1	1
1223	충북 충주시	청소년공부방 운영	3,300,000	평생학습과	8	4	7	8	7	1	1	1
1224	충북 충주시	단독주택 도시가스 공급사업	400,000	기후에너지과	8	4	7	8	7	5	5	4
1225	충북 충주시	매립장주변마을 주민지원사업(두담,산정)	200,000	자원순환과	8	7	7	8	7	5	5	4
1226	충북 충주시	수출농식품 가공공장 시설현대화	80,670	농정과	8	4	7	8	7	1	1	1
1227	충북 충주시	저온유통체계구축	66,000	농정과	8	4	7	8	7	1	1	1
1228	충북 충주시	읍면동지역특화사업	24,175	산림녹지과	8	4	7	8	7	5	5	4
1229	충북 충주시	정액 냉동운반용 저장고	2,750,000	축수산과	8	1	7	8	7	5	5	4
1230	충북 충주시	사슴 사료첨가제 지원	4,000	축수산과	8	1	7	8	7	5	5	4
1231	충북 제천시	청백-e시스템 운영지원 및 유지보수	9,693	감사법무담당관	8	5	5	1	7	2	2	4
1232	충북 제천시	금성면 16개 마을 생활편의개선사업	50,000	건설과	8	1	7	8	7	1	1	1
1233	충북 제천시	금성면 주민편의 공공물품 구입 등	4,000	건설과	8	1	7	8	7	1	1	1
1234	충북 제천시	수산면 도전리 초동분교 캠핑장 조성사업	145,368	건설과	8	1	7	8	7	1	1	1
1235	충북 제천시	한수면 덕곡리 공동집하장 부지매입	45,000	건설과	8	1	7	8	7	1	1	1
1236	충북 제천시	한수면 송계4리 마을회관 개보수	47,583	건설과	8	1	7	8	7	1	1	1
1237	충북 제천시	한수면 마을 집기류 구입	20,000	건설과	8	1	7	8	7	1	1	1
1238	충북 제천시	공동주택관리지원사업	800,000	건축과	8	4	7	8	7	1	1	1
1239	충북 제천시	고품질 벼 건전육묘 노동력 절감 기술보급	14,000	기술보급과	8	7	7	8	7	1	1	1
1240	충북 제천시	밭작물 안정생산 및 품질 고급화 단지 육성	20,000	기술보급과	8	7	7	8	7	1	1	1

순번	시군구	지출명 (사업명)	2020년예산 (단위:천원/1년간)	담당자 (공무원) 담당부서	민간이전 분류 (지방자치단체 세출예산 집행기준에 의거) 1. 민간경상사업보조(1) 2. 민간단체 법정운영비보조(2) 3. 민간행사사업보조(3) 4. 민간위탁금(4) 5. 사회복지시설 법정운영비보조(5) 6. 민간인위탁교육비(6) 7. 공기관등에대한경상적대행사업비(7) 8. 민간자본사업보조,자체재원(8) 9. 민간자본사업보조,이전재원(9) 10. 민간위탁사업비(10) 11. 공기관등에 대한 자본적 대행사업비(11)	민간이전지출 근거 (지방보조금 관리기준 참고) 1. 법률에 규정 2. 국고보조 재원(국가지정) 3. 용도 지정 기부금 4. 조례에 직접규정 5. 지자체가 권장하는 사업을 하는 공공기관 6. 시,도 정책 및 재정사정 7. 기타 8. 해당없음	입찰방식 계약체결방법 (경쟁형태) 1. 일반경쟁 2. 제한경쟁 3. 지명경쟁 4. 수의계약 5. 법정위탁 6. 기타 ( ) 7. 해당없음	입찰방식 계약기간 1. 1년 2. 2년 3. 3년 4. 4년 5. 5년 6. 기타 ( )년 7. 단기계약 (1년미만) 8. 해당없음	입찰방식 낙찰자선정방법 1. 적격심사 2. 협상에의한계약 3. 최저가낙찰제 4. 규격가격분리 5. 2단계 경쟁입찰 6. 기타 ( ) 7. 해당없음	운영예산 산정 운영예산 산정 1. 내부산정 (지자체 자체적으로 산정) 2. 외부산정 (외부전문기관위탁 산정) 3. 내·외부 모두 산정 4. 산정 無 5. 해당없음	운영예산 산정 정산방법 1. 내부정산 (지자체 내부적으로 정산) 2. 외부정산 (외부전문기관위탁 정산) 3. 내·외부 모두 산정 4. 정산 無 5. 해당없음	성과평가 실시여부 1. 실시 2. 미실시 3. 향후 추진 4. 해당없음
1241	충북 제천시	농업인상담소 애로기술해결 시범	9,600	기술보급과	8	7	7	8	7	1	1	1
1242	충북 제천시	농산물 생력화 건조시스템 현장기술보급사업	16,800	기술보급과	8	7	7	8	7	1	1	1
1243	충북 제천시	농산물품질향상 자율 시범	7,200	기술보급과	8	7	7	8	7	1	1	1
1244	충북 제천시	농업인상담소 애로기술해결 시범 사업	12,000	기술보급과	8	7	7	8	7	1	1	1
1245	충북 제천시	과수신소득 작목개발 육성 시범	30,000	기술보급과	8	7	7	8	7	1	1	1
1246	충북 제천시	틈새작목 육성 토종다래 보급 시범	14,000	기술보급과	8	7	7	8	7	1	1	1
1247	충북 제천시	고품질 과수생산을 위한 피해예방 시범	26,000	기술보급과	8	7	7	8	7	1	1	1
1248	충북 제천시	노동력 절감 과수 안정생산 시범	25,000	기술보급과	8	7	7	8	7	1	1	1
1249	충북 제천시	원예작물 수확 구 품질향상 시범	16,000	기술보급과	8	7	7	8	7	1	1	1
1250	충북 제천시	원예작물 빗물활용 순환재배 시범	10,000	기술보급과	8	7	7	8	7	1	1	1
1251	충북 제천시	원예분야 스마트팜 기반조성 시범	35,000	기술보급과	8	7	7	8	7	1	1	1
1252	충북 제천시	원예분야 이상기상 대응 종합관리 시범	20,000	기술보급과	8	7	7	8	7	1	1	1
1253	충북 제천시	로컬푸드용 미니작물 재배 시범	20,000	기술보급과	8	7	7	8	7	1	1	1
1254	충북 제천시	시설원예 냉난방 에너지절감 시범	40,000	기술보급과	8	7	7	8	7	1	1	1
1255	충북 제천시	한우 번식우 개체별 관리시스템 활용시범	12,000	기술보급과	8	7	7	8	7	1	1	1
1256	충북 제천시	이상기후 대비 온습도 지수 활용 시범	9,000	기술보급과	8	7	7	8	7	1	1	1
1257	충북 제천시	클로렐라 활용 고품질 농산물 생산 시범	6,000	기술보급과	8	7	7	8	7	1	1	1
1258	충북 제천시	신소득작목 지역적응실증 시범	5,400	기술보급과	8	7	7	8	7	1	1	1
1259	충북 제천시	건나물 소재 겹삼잎국화 재배 시범	3,600,000	기술보급과	8	7	7	8	7	1	1	1
1260	충북 제천시	국내 육성 약용작물 신품종 보급사업	9,600	기술보급과	8	7	7	8	7	1	1	1
1261	충북 제천시	노인회관(노인교실)운영	20,000	노인장애인과	8	8	7	8	7	5	5	4
1262	충북 제천시	경로당설치및관리	450,000	노인장애인과	8	1	7	8	7	1	1	3
1263	충북 제천시	경로당설치및관리	220,000	노인장애인과	8	1	7	8	7	1	1	3
1264	충북 제천시	경로당설치및관리	200,000	노인장애인과	8	1	7	8	7	1	1	3
1265	충북 제천시	독거노인 공동생활제	2,000,000	노인장애인과	8	4	7	8	7	1	1	3
1266	충북 제천시	장애인복지시설기능보강	27,500	노인장애인과	8	1	7	8	7	5	5	4
1267	충북 제천시	장애인복지시설기능보강	35,000	노인장애인과	8	1	7	8	7	5	5	4
1268	충북 제천시	친환경유기(무농약) 인증단지 지원	252,000	농업정책과	8	4	7	8	7	5	1	1
1269	충북 제천시	친환경잡곡 지구조성 지원	60,000	농업정책과	8	4	7	8	7	5	1	1
1270	충북 제천시	생명농업유기농자재지원사업	225,000	농업정책과	8	4	7	8	7	5	1	1
1271	충북 제천시	유기질비료지원(국비연계)	1,645,000	농업정책과	8	4	7	8	7	5	1	1
1272	충북 제천시	친환경 우렁이종패 생산시설 개보수 지원	42,500	농업정책과	8	4	7	8	7	5	1	1
1273	충북 제천시	폐(불용)농기계 수집장 및 직매장 설치지원	20,000	농업정책과	8	4	7	8	7	5	1	1
1274	충북 제천시	벼 병해충(종자처리제 등) 예방지원	100,625	농업정책과	8	4	7	8	7	5	1	1
1275	충북 제천시	벼 육묘용 상토지원	175,000	농업정책과	8	4	7	8	7	5	1	1
1276	충북 제천시	승용이앙기 및 승용관리기 구입 지원	40,000	농업정책과	8	4	7	8	7	5	1	1
1277	충북 제천시	농업용 트랙터 구입 지원	100,000	농업정책과	8	4	7	8	7	5	1	1
1278	충북 제천시	다목적 파종기 구입지원	25,000	농업정책과	8	4	7	8	7	5	1	1
1279	충북 제천시	보행형관리기 지원사업	50,000	농업정책과	8	4	7	8	7	5	1	1
1280	충북 제천시	청풍면 친환경유기질비료 구입 지원	89,163	농업정책과	8	4	7	8	7	5	1	1
1281	충북 제천시	청풍면 마을별 소형농기계 지원사업	100,000	농업정책과	8	4	7	8	7	5	1	1
1282	충북 제천시	봉양읍 삼거리 농기계 보급	26,635	농업정책과	8	4	7	8	7	5	1	1
1283	충북 제천시	신백동 농업용 소형농기계 및 관정설치지원	27,000	농업정책과	8	4	7	8	7	5	1	1
1284	충북 제천시	화산동 농업용 관정 보급사업	12,000	농업정책과	8	4	7	8	7	5	1	1
1285	충북 제천시	한해대비 농업용 소형관정 개발사업	45,000	농업정책과	8	4	7	8	7	5	1	1
1286	충북 제천시	한해대비 농업용 중형관정 개발사업	33,000	농업정책과	8	4	7	8	7	5	1	1

순번	시군구	지출명 (사업명)	2020년예산 (단위:천원/1년간)	담당자 (공무원) 담당부서	민간이전 분류 (지방자치단체 세출예산 집행기준에 의거) 1. 민간경상사업보조(1) 2. 민간단체 법정운영비보조(2) 3. 민간행사사업보조(3) 4. 민간위탁금(4) 5. 사회복지시설 법정운영비보조(5) 6. 민간인위탁교육비(6) 7. 공기관등에대한경상적대행사업비(7) 8. 민간자본사업보조,자체재원(8) 9. 민간자본사업보조,이전재원(9) 10. 민간위탁사업비(10) 11. 공기관등에 대한 자본적 대행사업비(11)	민간이전지출 근거 (지방보조금 관리기준 참고) 1. 법률에 규정 2. 국고보조 재원(국가지정) 3. 용도 지정 기부금 4. 조례에 직접규정 5. 지자체가 권장하는 사업을 하는 공공기관 6. 시,도 정책 및 재정사정 7. 기타 8. 해당없음	입찰방식 계약체결방법 (경쟁형태) 1. 일반경쟁 2. 제한경쟁 3. 지명경쟁 4. 수의계약 5. 법정위탁 6. 기타 ( ) 7. 해당없음	입찰방식 계약기간 1. 1년 2. 2년 3. 3년 4. 4년 5. 5년 6. 기타 ( )년 7. 단기계약 (1년미만) 8. 해당없음	입찰방식 낙찰자선정방법 1. 적격심사 2. 협상에의한계약 3. 최저가낙찰제 4. 규격가격분리 5. 2단계 경쟁입찰 6. 기타 ( ) 7. 해당없음	운영예산 산정 운영예산 산정 1. 내부산정 (지자체 자체 적으로 산정) 2. 외부산정 (외부전문기관 위탁 산정) 3. 내·외부 모두 산정 4. 산정 無 5. 해당없음	운영예산 산정 정산방법 1. 내부정산 (지자체 내부적으로 정산) 2. 외부정산 (외부전문기관 위탁 정산) 3. 내·외부 모두 산정 4. 정산 無 5. 해당없음	성과평가 실시여부 1. 실시 2. 미실시 3. 향후 추진 4. 해당없음
1287	충북 제천시	의림지뜰 친환경농업단지 조성	398,475	농업정책과	8	4	7	8	7	5	1	1
1288	충북 제천시	음식문화개선(시설지원)	35,000	보건위생과	8	6	7	8	7	1	1	3
1289	충북 제천시	작은도서관시설및물품구입지원	16,000	시립도서관	8	5	7	8	7	5	1	1
1290	충북 제천시	화산동 갈마골 마을회관 신축	200,000	시민행복과	8	4	1	7	3	1	1	4
1291	충북 제천시	송학면 시곡3리 마을회관 증축	50,000	시민행복과	8	4	1	7	3	1	1	4
1292	충북 제천시	마을회관 보수정비사업	200,000	시민행복과	8	4	1	7	3	1	1	4
1293	충북 제천시	봉양읍 구곡1리 운동기구 설치	26,635	시민행복과	8	4	1	7	3	1	1	4
1294	충북 제천시	어린이집 환경개선사업비 지원	167,000	여성가족과	8	6	7	8	7	1	1	4
1295	충북 제천시	농특산물 포장재 지원	450,000	유통축산과	8	4	7	8	7	1	1	1
1296	충북 제천시	고추 탄저병 등 긴급방제지원	80,000	유통축산과	8	6	7	8	7	5	5	4
1297	충북 제천시	과일운반상자공급지원	60,000	유통축산과	8	4	7	8	7	1	1	1
1298	충북 제천시	과수상품성향상사업	110,000	유통축산과	8	4	7	8	7	1	1	1
1299	충북 제천시	내재해형 시설채소 생산기반시설지원	81,000	유통축산과	8	6	7	8	7	5	5	4
1300	충북 제천시	품목별 생산기반 시설 지원	92,000	유통축산과	8	6	7	8	7	5	5	4
1301	충북 제천시	농산물 연중 생산시설 지원	150,000	유통축산과	8	6	7	8	7	5	5	4
1302	충북 제천시	과수농기계지원 2종	100,000	유통축산과	8	4	7	8	7	1	1	1
1303	충북 제천시	과수신선도유지제 지원	40,000	유통축산과	8	4	7	8	7	1	1	1
1304	충북 제천시	AI 상시방역용 산란계 농가 일회용난좌 지원	10,000	유통축산과	8	6	7	8	7	5	5	4
1305	충북 제천시	GAP약용작물 생산지원	250,000	유통축산과	8	4	7	8	7	5	5	4
1306	충북 제천시	제천약초 포장재 제작지원(황기 지리적 표시 포장재	144,000	유통축산과	8	4	7	8	7	5	5	4
1307	충북 제천시	오미자 포장재 제작지원	13,500	유통축산과	8	4	7	8	7	5	5	4
1308	충북 제천시	한수면 송계2리 고추건조기 구입	30,000	유통축산과	8	6	7	8	7	1	1	1
1309	충북 제천시	야생동물피해예방사업	150,000	자연환경과	8	1	7	7	7	5	1	1
1310	충북 보은군	자유총연맹 업무지원	2,400,000	행정과	8	1, 4	7	8	7	1	1	1
1311	충북 보은군	사회직능단체 운영지원	19,000	행정과	8	4, 5	7	8	7	1	1	1
1312	충북 보은군	마을 유래비 건립	10,800	행정과	8	4	7	8	7	1	1	1
1313	충북 보은군	보은군보훈회사무실 물품구입	1,500,000	주민복지과	8	4	7	8	7	5	1	1
1314	충북 보은군	재향군인회 작은도서관 물품구입	5,000	주민복지과	8	4	7	8	7	5	1	1
1315	충북 보은군	경로당개보수사업	232,350	주민복지과	8	4	4	7	7	3	1	1
1316	충북 보은군	경로당 냉방기 설치 지원	9,000	주민복지과	8	4	4	7	7	3	1	1
1317	충북 보은군	소상공인 경영개선 지원사업	50,000	경제전략과	8	4	7	8	7	1	1	1
1318	충북 보은군	도시가스 공급확대사업	209,000	경제전략과	8	6	7	8	7	1	1	4
1319	충북 보은군	귀농인 농기계 구입자금 지원	60,000	농정과	8	4	7	8	7	1	1	3
1320	충북 보은군	도시민 농촌체험 관광농가 지원	3,000,000	농정과	8	5	7	8	7	1	1	3
1321	충북 보은군	측조시비기 지원	25,000	농정과	8	4	7	8	7	1	1	4
1322	충북 보은군	고구마 저온저장고 지원	15,000	농정과	8	4	7	8	7	1	1	4
1323	충북 보은군	중형관정 및 급수저장조 지원	51,000	농정과	8	4	7	8	7	1	1	4
1324	충북 보은군	친환경 농약통 지원	11,250	농정과	8	4	7	8	7	1	1	4
1325	충북 보은군	농업용 방제기 지원사업	25,000	농정과	8	4	7	8	7	1	1	4
1326	충북 보은군	인삼재배지원	353,761	농정과	8	4	7	8	7	1	1	3
1327	충북 보은군	고품질 오이생산 지원	52,000	농정과	8	4	7	8	7	1	1	3
1328	충북 보은군	고품질 마늘생산 지원사업	109,725	농정과	8	4	7	8	7	1	1	3
1329	충북 보은군	1면 1특화작목 육성	225,000	농정과	8	4	7	8	7	1	1	3
1330	충북 보은군	고품질 배추생산 지원	12,600	농정과	8	4	7	8	7	1	1	3
1331	충북 보은군	댐주변지역 지원사업	134,457	안전건설과	8	1	7	8	7	5	1	1
1332	충북 보은군	마을회관 관리	286,142	안전건설과	8	4	7	8	7	1	1	1

순번	시군구	지출명 (사업명)	2020년예산 (단위:천원/1년간)	담당자 (공무원)	민간이전 분류 (지방자치단체 세출예산 집행기준에 의거)	민간이전지출 근거 (지방보조금 관리기준 참고)	입찰방식			운영예산 산정		성과평가 실시여부
				담당부서	1. 민간경상사업보조(1) 2. 민간단체 법정운영비보조(2) 3. 민간행사사업보조(3) 4. 민간위탁금(4) 5. 사회복지시설 법정운영비보조(5) 6. 민간인위탁교육비(6) 7. 공기관등에대한경상적대행사업비(7) 8. 민간자본사업보조,자체재원(8) 9. 민간자본사업보조,이전재원(9) 10. 민간위탁사업비(10) 11. 공기관등에 대한 자본적 대행사업비(11)	1. 법률에 규정 2. 국고보조 재원(국가지정) 3. 용도 지정 기부금 4. 조례에 직접규정 5. 지자체가 권장하는 사업을 하는 공공기관 6. 시,도 정책 및 재정사정 7. 기타 8. 해당없음	계약체결방법 (경쟁형태) 1. 일반경쟁 2. 제한경쟁 3. 지명경쟁 4. 수의계약 5. 법정위탁 6. 기타 ( ) 7. 해당없음	계약기간 1. 1년 2. 2년 3. 3년 4. 4년 5. 5년 6. 기타 ( )년 7. 단기계약 (1년미만) 8. 해당없음	낙찰자선정방법 1. 적격심사 2. 협상에의한계약 3. 최저가낙찰제 4. 규격가격분리 5. 2단계 경쟁입찰 6. 기타 ( ) 7. 해당없음	운영예산 산정 1. 내부산정 (지자체 자체적으로 산정) 2. 외부산정 (외부전문기관위탁 산정) 3. 내·외부 모두 산정 4. 산정 無 5. 해당없음	정산방법 1. 내부정산 (지자체 내부적으로 정산) 2. 외부정산 (외부전문기관위탁 정산) 3. 내·외부 모두 산정 4. 정산 無 5. 해당없음	1. 실시 2. 미실시 3. 향후 추진 4. 해당없음
1333	충북 보은군	탄부의용소방대 사무실 사물함 구입 지원	2,400,000	안전건설과	8	4	7	8	7	1	1	2
1334	충북 보은군	속리산의용소방대 사무실 비품 구입 지원	3,000,000	안전건설과	8	4	7	8	7	1	1	2
1335	충북 보은군	수리계수리시설유지관리	50,000	지역개발과	8	4	7	8	7	1	1	4
1336	충북 보은군	농촌빈집정비사업	20,000	주택팀	8	1	7	8	7	1	1	3
1337	충북 보은군	청년농업인(4-H회원) 자립기반 구축지원	21,000	농업기술센터	8	1	7	8	7	5	5	1
1338	충북 보은군	밭작물 논 재배 확대를 위한 암거배수 시범	11,200	농업기술센터	8	1	7	8	7	5	5	1
1339	충북 보은군	시설재배 과채류 수경재배기술 시범	63,000	농업기술센터	8	1	7	8	7	5	5	1
1340	충북 보은군	과채류 맞춤형 에너지절감 시범	21,000	농업기술센터	8	1	7	8	7	5	5	1
1341	충북 보은군	젖소 유두자동세척 노동력 절감 시범	28,000	농업기술센터	8	1	7	8	7	5	5	1
1342	충북 보은군	과수 병해충 방제 예찰사업	70,000	농업기술센터	8	4	7	8	7	5	5	1
1343	충북 보은군	엔비사과 2D시스템 적용 시범	56,000	농업기술센터	8	4	7	8	7	5	5	1
1344	충북 옥천군	옥천군체육회 행정장비 구입지원	7,406	체육시설사업소	8	1	7	8	7	1	1	3
1345	충북 옥천군	벼 육묘 생력화 기술보급 시범사업	17,500	기술지원과	8	5	7	8	7	5	5	4
1346	충북 옥천군	염류 및 토양개량시범사업	3,500,000	기술지원과	8	5	7	8	7	5	1	1
1347	충북 옥천군	벼 친환경 해충방제 지원사업	63,000	기술지원과	8	5	7	8	7	5	5	4
1348	충북 옥천군	모판상자처리제 지원사업	100,688	기술지원과	8	5	7	8	7	5	5	4
1349	충북 옥천군	과수 병해충 방제지원사업	70,000	기술지원과	8	5	7	8	7	5	5	4
1350	충북 옥천군	과수 교미교란제지원사업	69,300	기술지원과	8	5	7	8	7	5	5	4
1351	충북 옥천군	수출용 과일재배소독약 지원사업	15,000	기술지원과	8	5	7	8	7	5	5	4
1352	충북 옥천군	농촌체험공간 기술시범사업	7,000	기술지원과	8	4	7	8	7	5	5	4
1353	충북 옥천군	복숭아 착과관리작업 효율화 시범지원	7,000	기술지원과	8	4	7	8	7	5	5	4
1354	충북 옥천군	청포도샤인머스캣 고품질 핵심기술 정립시범사업	14,000	기술지원과	8	4	7	8	7	5	5	4
1355	충북 옥천군	내집 앞 주차장갖기 지원사업	30,000	도시교통과	8	4	7	8	7	5	5	4
1356	충북 옥천군	귀농인 농지·주택구입 세제지원	30,000	농촌활력과	8	7	7	8	7	5	5	4
1357	충북 옥천군	청년 4-H활력화 기반구축 지원	7,000	농촌활력과	8	7	7	8	7	5	5	4
1358	충북 옥천군	옥천푸드 생산 시설하우스 설치지원	41,250	농촌활력과	8	7	7	8	7	5	5	4
1359	충북 옥천군	공공급식사업 포장재 제작지원	20,000	농촌활력과	8	7	7	8	7	5	5	4
1360	충북 옥천군	옥천푸드 가공제품 용기제작 지원	25,000	농촌활력과	8	7	7	8	7	5	5	4
1361	충북 옥천군	옥천푸드 직매장 포장재 제작 지원	20,000	농촌활력과	8	7	7	8	7	5	5	4
1362	충북 옥천군	귀농인 주택수리비 지원	40,000	농촌활력과	8	7	7	8	7	5	5	4
1363	충북 옥천군	귀농인 농기계 구입 지원	20,000	농촌활력과	8	7	7	8	7	5	5	4
1364	충북 옥천군	귀농인 시설하우스 신축 지원	51,975	농촌활력과	8	7	7	8	7	5	5	4
1365	충북 옥천군	친환경농업 영농자재 지원	240,000	친환경농축산과	8	7	7	8	7	5	5	1
1366	충북 옥천군	친환경농산물 포장재 지원	16,200	친환경농축산과	8	7	7	8	7	5	5	1
1367	충북 옥천군	토양개량제 지원	225,877	친환경농축산과	8	2	7	8	7	5	5	4
1368	충북 옥천군	유기질비료지원사업	1,550,000	친환경농축산과	8	2	7	8	7	5	5	4
1369	충북 옥천군	유기가공식품 포장재 지원	24,270	친환경농축산과	8	6	7	8	7	5	5	4
1370	충북 옥천군	못자리 상토공급 지원	236,000	친환경농축산과	8	7	7	8	7	5	5	1
1371	충북 옥천군	노력절감형 벼 육묘상자 지원	10,000	친환경농축산과	8	7	7	8	7	5	5	1
1372	충북 옥천군	농특산물 포장재 제작지원	600,000	친환경농축산과	8	4	7	8	7	5	5	1
1373	충북 옥천군	수출농산물 공선비 지원	7,090	친환경농축산과	8	4	7	8	7	5	5	1
1374	충북 옥천군	수출농산물 포장재 제작 지원	10,000	친환경농축산과	8	4	7	8	7	5	5	1
1375	충북 옥천군	인삼지주목 및 차광막지원	279,900	친환경농축산과	8	7	7	8	7	5	5	2
1376	충북 옥천군	인삼 부초 공급 지원	42,000	친환경농축산과	8	7	7	8	7	5	5	2
1377	충북 옥천군	잎담배 생산자재 지원	17,000	친환경농축산과	8	7	7	8	7	5	5	2
1378	충북 옥천군	과일 봉지 지원(4종)	130,000	친환경농축산과	8	4	7	8	7	5	5	1

순번	시군구	지출명 (사업명)	2020년예산 (단위:천원/1년간)	담당자 (공무원) 담당부서	민간이전 분류 (지방자치단체 세출예산 집행기준에 의거) 1. 민간경상사업보조(1) 2. 민간단체 법정운영비보조(2) 3. 민간행사사업보조(3) 4. 민간위탁금(4) 5. 사회복지시설 법정운영비보조(5) 6. 민간인위탁교육비(6) 7. 공기관등에대한경상적대행사업비(7) 8. 민간자본사업보조,자체재원(8) 9. 민간자본사업보조,이전재원(9) 10. 민간위탁사업비(10) 11. 공기관등에 대한 자본적 대행사업비(11)	민간이전지출 근거 (지방보조금 관리기준 참고) 1. 법률에 규정 2. 국고보조 재원(국가지정) 3. 용도 지정 기부금 4. 조례에 직접규정 5. 지자체가 권장하는 사업을 하는 공공기관 6. 시,도 정책 및 재정사정 7. 기타 8. 해당없음	입찰방식 계약체결방법 (경쟁형태) 1. 일반경쟁 2. 제한경쟁 3. 지명경쟁 4. 수의계약 5. 법정위탁 6. 기타 ( ) 7. 해당없음	입찰방식 계약기간 1. 1년 2. 2년 3. 3년 4. 4년 5. 5년 6. 기타 ( )년 7. 단기계약 (1년미만) 8. 해당없음	입찰방식 낙찰자선정방법 1. 적격심사 2. 협상에의한계약 3. 최저가낙찰제 4. 규격가격분리 5. 2단계 경쟁입찰 6. 기타 ( ) 7. 해당없음	운영예산 산정 운영예산 산정 1. 내부산정 (지자체 자체적으로 산정) 2. 외부산정 (외부전문기관위탁 산정) 3. 내·외부 모두 산정 4. 산정 無 5. 해당없음	운영예산 산정 정산방법 1. 내부정산 (지자체 내부적으로 정산) 2. 외부정산 (외부전문기관위탁 정산) 3. 내·외부 모두 산정 4. 정산 無 5. 해당없음	성과평가 실시여부 1. 실시 2. 미실시 3. 향후 추진 4. 해당없음
1379	충북 옥천군	과수동해방지 영양제 공급사업	30,000	친환경농축산과	8	4	7	8	7	5	5	1
1380	충북 옥천군	과수 품종갱신 지원사업	139,300	친환경농축산과	8	4	7	8	7	5	5	1
1381	충북 옥천군	포도 시설하우스 필름교체 지원사업	60,000	친환경농축산과	8	4	7	8	7	5	5	1
1382	충북 옥천군	APC포장재 제작지원	50,000	친환경농축산과	8	7	7	8	7	5	5	1
1383	충북 옥천군	APC공선회 물류비 지원	40,000	친환경농축산과	8	7	7	8	7	5	5	1
1384	충북 옥천군	APC공동선별비 지원	40,000	친환경농축산과	8	7	7	8	7	5	5	1
1385	충북 옥천군	공공비축미 매입용 톤백 지원	15,000	친환경농축산과	8	4	7	8	7	5	5	1
1386	충북 옥천군	양봉자재 지원	30,000	친환경농축산과	8	1	7	8	7	5	5	1
1387	충북 옥천군	양봉농가 포장용기 지원	21,000	친환경농축산과	8	1	7	8	7	5	5	1
1388	충북 옥천군	축사수분조절용 톱밥공급 지원	90,000	친환경농축산과	8	1	7	8	7	5	5	1
1389	충북 옥천군	산딸기 포장재 지원	6,150	산림녹지과	8	4	7	7	7	5	1	4
1390	충북 옥천군	대추 포장재 및 박스 지원	5,000	산림녹지과	8	4	7	7	7	5	1	4
1391	충북 옥천군	대추 생산장비 지원	75,000	산림녹지과	8	4	7	7	7	5	1	4
1392	충북 옥천군	묘목관리 농가 지원	7,682	산림녹지과	8	7	7	8	7	5	1	4
1393	충북 옥천군	묘목용 하우스 개보수지원	11,880	산림녹지과	8	7	7	8	7	5	1	4
1394	충북 옥천군	묘목용 하우스 보온커튼 지원	41,285	산림녹지과	8	7	7	8	7	5	1	4
1395	충북 옥천군	우량묘목 생산 지원	75,400	산림녹지과	8	7	7	8	7	5	1	4
1396	충북 옥천군	묘목 포장재 제작 지원	10,000	산림녹지과	8	7	7	8	7	5	1	4
1397	충북 옥천군	묘목 보호용 지주대 지원	11,250	산림녹지과	8	7	7	8	7	5	1	4
1398	충북 옥천군	묘목 관리기 지원	25,000	산림녹지과	8	7	7	8	7	5	1	4
1399	충북 옥천군	옻나무식재 농가지원	35,000	산림녹지과	8	7	7	8	7	5	1	4
1400	충북 옥천군	옻순보관상자 지원	3,000,000	산림녹지과	8	7	7	8	7	5	1	4
1401	충북 옥천군	옻순운반상자 지원	5,000	산림녹지과	8	7	7	8	7	5	1	4
1402	충북 옥천군	새마을사업 차량구입지원	23,730	자치행정과	8	4	7	8	7	1	1	1
1403	충북 옥천군	군북 증약리 마을회관 리모델링공사	20,000	안전건설과	8	1	7	8	7	5	5	4
1404	충북 옥천군	지역아동센터	31,270	주민복지과	8	2	7	8	7	5	5	4
1405	충북 옥천군	장애인생활이동지원센터 차량구입 지원	32,080	주민복지과	8	1	7	8	7	1	1	1
1406	충북 옥천군	경로당 냉방기 구입지원	200,000	주민복지과	8	4	7	8	7	1	1	1
1407	충북 옥천군	경로당 개보수사업 지원	245,000	주민복지과	8	4	7	8	7	1	1	1
1408	충북 옥천군	경로당 신축사업 지원	130,000	주민복지과	8	4	7	8	7	1	1	1
1409	충북 옥천군	조진사 고가 대문채 보수	40,000	문화관광과	8	4	7	8	7	5	5	3
1410	충북 영동군	체육회행정장비구입	4,980	국악문화체육과	8	7	7	8	7	1	1	1
1411	충북 영동군	황간향교 물품	2,000,000	국악문화체육과	8	4	7	8	7	1	1	1
1412	충북 영동군	풍물단 악기 구입	3,000,000	국악문화체육과	8	7	7	8	7	5	5	4
1413	충북 영동군	가사간병방문도우미	80,392	주민복지과	8	1	7	8	7	5	5	4
1414	충북 영동군	장애인활동지원시도추가	22,614	주민복지과	8	1	7	8	7	2	2	4
1415	충북 영동군	장애인활동가산급여	4,946	주민복지과	8	1	7	8	7	2	2	4
1416	충북 영동군	발달재활서비스 지원	140,400	주민복지과	8	1	7	8	7	2	2	4
1417	충북 영동군	언어발달바우처지원	4,400	주민복지과	8	1	7	8	7	2	2	4
1418	충북 영동군	발달장애인부모심리상담지원	2,880,000	주민복지과	8	1	7	8	7	2	2	4
1419	충북 영동군	경로당 증축 및 보수	330,000	주민복지과	8	1	7	8	7	5	5	4
1420	충북 영동군	경로당 신축	340,000	주민복지과	8	1	7	8	7	5	5	4
1421	충북 영동군	경로당 건강보조기구 지원	150,000	주민복지과	8	1	7	8	7	5	5	4
1422	충북 영동군	경로당 생활환경개선사업	100,000	주민복지과	8	1	7	8	7	5	5	4
1423	충북 영동군	지역별관심사업	345,438	주민복지과	8	1	7	8	7	5	5	4
1424	충북 영동군	위생업소 시설개선 지원	15,000	가족행복과	8	5	7	8	7	1	1	4

순번	시군구	지출명 (사업명)	2020년예산 (단위:천원/1년간)	담당자 (공무원)	민간이전 분류 (지방자치단체 세출예산 집행기준에 의거)	민간이전지출 근거 (지방보조금 관리기준 참고)	입찰방식			운영예산 산정		성과평가 실시여부
				담당부서	1. 민간경상사업보조(1) 2. 민간단체 법정운영비보조(2) 3. 민간행사사업보조(3) 4. 민간위탁금(4) 5. 사회복지시설 법정운영비보조(5) 6. 민간인위탁교육비(6) 7. 공기관등에대한경상적대행사업비(7) 8. 민간자본사업보조,자체재원(8) 9. 민간자본사업보조,이전재원(9) 10. 민간위탁사업비(10) 11. 공기관등에 대한 자본적 대행사업비(11)	1. 법률에 규정 2. 국고보조 재원(국가지정) 3. 용도 지정 기부금 4. 조례에 직접규정 5. 지자체가 권장하는 사업을 하는 공공기관 6. 시,도 정책 및 재정사정 7. 기타 8. 해당없음	계약체결방법 (경쟁형태) 1. 일반경쟁 2. 제한경쟁 3. 지명경쟁 4. 수의계약 5. 법정위탁 6. 기타 ( ) 7. 해당없음	계약기간 1. 1년 2. 2년 3. 3년 4. 4년 5. 5년 6. 기타 ( )년 7. 단기계약 (1년미만) 8. 해당없음	낙찰자선정방법 1. 적격심사 2. 협상에의한계약 3. 최저가낙찰제 4. 규격가격분리 5. 2단계 경쟁입찰 6. 기타 ( ) 7. 해당없음	운영예산 산정 1. 내부산정 (지자체 자체적으로 산정) 2. 외부산정 (외부전문기관위탁 산정) 3. 내·외부 모두 산정 4. 산정 無 5. 해당없음	정산방법 1. 내부정산 (지자체 내부적으로 정산) 2. 외부정산 (외부전문기관위탁 정산) 3. 내·외부 모두 산정 4. 정산 無 5. 해당없음	1. 실시 2. 미실시 3. 향후 추진 4. 해당없음
1425	충북 영동군	건축설계비 보조금	50,000	경제과	8	4	7	8	7	5	5	4
1426	충북 영동군	구매, 판매활성화 지게차 구입	18,000	농정과	8	4	7	8	7	1	1	2
1427	충북 영동군	용산지점 농산물집하장 신축	150,000	농정과	8	4	7	8	7	1	1	2
1428	충북 영동군	심천지점 농산물집하장 개보수 및 증설	100,000	농정과	8	4	7	8	7	1	1	2
1429	충북 영동군	GAP시설 보완사업	137,500	농정과	8	4	7	8	7	1	1	2
1430	충북 영동군	산지유통센터 현대화사업	52,875	농정과	8	4	7	8	7	1	1	2
1431	충북 영동군	산지유통센터 선별라인 설치	141,650	농정과	8	4	7	8	7	1	1	2
1432	충북 영동군	양곡창고 천장갈바공사	9,636	농정과	8	4	7	8	7	1	1	2
1433	충북 영동군	조사료 하차시설 및 차량 계근대 설치 지원	25,000	농정과	8	4	7	8	7	1	1	2
1434	충북 영동군	농업인 농기계 공급	300,000	농정과	8	4	7	8	7	1	1	2
1435	충북 영동군	친환경 농약통 지원	58,500	농정과	8	4	7	8	7	1	1	2
1436	충북 영동군	농산물가공시설장비 지원사업	210,000	농정과	8	4	7	8	7	1	1	2
1437	충북 영동군	산지농산물 집하선별장 지원사업	115,000	농정과	8	4	7	8	7	1	1	2
1438	충북 영동군	조심동 배목배영농조합법인 저온저장고 지원	280,000	농정과	8	4	7	8	7	1	1	2
1439	충북 영동군	농산물 유통시설(저온저장고) 보수 지원	70,000	농정과	8	4	7	8	7	1	1	2
1440	충북 영동군	시설하우스 설치 지원사업	528,000	농정과	8	4	7	8	7	1	1	2
1441	충북 영동군	고품질 인삼생산지원	220,000	농정과	8	4	7	8	7	1	1	2
1442	충북 영동군	시설하우스 에너지절감시설 지원	428,000	농정과	8	4	7	8	7	1	1	2
1443	충북 영동군	블루베리 생산시설 지원	80,000	농정과	8	4	7	8	7	1	1	2
1444	충북 영동군	틈새농업육성 지원사업	50,000	농정과	8	4	7	8	7	1	1	2
1445	충북 영동군	시설원예 장기성필름 지원사업	240,000	농정과	8	4	7	8	7	1	1	2
1446	충북 영동군	딸기고설양액재배지원	23,688	농정과	8	4	7	8	7	1	1	2
1447	충북 영동군	과수원예 생력화장비 지원	870,000	농정과	8	4	7	8	7	1	1	2
1448	충북 영동군	포도간이비가림보완시설지원	285,000	농정과	8	4	7	8	7	1	1	2
1449	충북 영동군	과수안전생산장비지원사업	251,000	농정과	8	4	7	8	7	1	1	2
1450	충북 영동군	포도묘목 지원사업	130,000	농정과	8	4	7	8	7	1	1	2
1451	충북 영동군	양봉농가 EPP벌통 지원사업	52,000	농정과	8	4	7	8	7	1	1	2
1452	충북 영동군	벌꿀전용 스테인레스 드럼통 구입 지원사업	37,000	농정과	8	4	7	8	7	1	1	2
1453	충북 영동군	맞춤형곤충산업지원사업	15,000	농정과	8	4	7	8	7	1	1	2
1454	충북 영동군	어서실 악취저감 시설 설치	150,000	농정과	8	4	7	8	7	1	1	2
1455	충북 영동군	소 사육농가 스탄존 구입 지원	24,000	농정과	8	4	7	8	7	1	1	2
1456	충북 영동군	맞춤형축산업현대화 지원사업	200,000	농정과	8	4	7	8	7	1	1	2
1457	충북 영동군	자가 TMR 배합기 구입지원	64,000	농정과	8	4	7	8	7	1	1	2
1458	충북 영동군	택시회사 리프트 구입지원	10,000	건설교통과	8	4	7	8	7	1	1	4
1459	충북 영동군	백자전리 생태연못 정비	20,000	도시건축과	8	4	7	8	7	5	1	3
1460	충북 영동군	해평리 마을창고 출입문 설치	8,000	도시건축과	8	4	7	8	7	5	1	3
1461	충북 영동군	교동리 마을창고 신축	50,000	도시건축과	8	4	7	8	7	5	1	3
1462	충북 영동군	상지리 마을회관 에어컨 구입	3,000,000	도시건축과	8	4	7	8	7	5	1	3
1463	충북 영동군	약목리 마을회관 보수	22,000	도시건축과	8	4	7	8	7	5	1	3
1464	충북 영동군	화신리 화신숲 정비	15,000	도시건축과	8	4	7	8	7	5	1	3
1465	충북 영동군	화신리 화신숲 정비	10,000	도시건축과	8	4	7	8	7	5	1	3
1466	충북 영동군	물한1리 회관 지붕설치	20,000	도시건축과	8	4	7	8	7	5	1	3
1467	충북 영동군	후리 마을이정표(비석) 설치	3,000,000	도시건축과	8	4	7	8	7	5	1	3
1468	충북 영동군	후리 마을회관 에어컨 설치	1,200,000	도시건축과	8	4	7	8	7	5	1	3
1469	충북 영동군	공동주택환경정비사업	400,000	도시건축과	8	4	7	8	7	5	1	3
1470	충북 영동군	농촌빈집사업	5,000	도시건축과	8	4	7	8	7	5	1	3

순번	시군구	지출명 (사업명)	2020년예산 (단위:천원/1년간)	담당자 (공무원) 담당부서	민간이전 분류 (지방자치단체 세출예산 집행기준에 의거) 1. 민간경상사업보조(1) 2. 민간단체 법정운영비보조(2) 3. 민간행사사업보조(3) 4. 민간위탁금(4) 5. 사회복지시설 법정운영비보조(5) 6. 민간인위탁교육비(6) 7. 공기관등에대한경상적대행사업비(7) 8. 민간자본사업보조,자체재원(8) 9. 민간자본사업보조,이전재원(9) 10. 민간위탁사업비(10) 11. 공기관등에 대한 자본적 대행사업비(11)	민간이전지출 근거 (지방보조금 관리기준 참고) 1. 법률에 규정 2. 국고보조 재원(국가지정) 3. 용도 지정 기부금 4. 조례에 직접규정 5. 지자체가 권장하는 사업을 하는 공공기관 6. 시,도 정책 및 재정사정 7. 기타 8. 해당없음	입찰방식 계약체결방법 (경쟁형태) 1. 일반경쟁 2. 제한경쟁 3. 지명경쟁 4. 수의계약 5. 법정위탁 6. 기타 ( ) 7. 해당없음	입찰방식 계약기간 1. 1년 2. 2년 3. 3년 4. 4년 5. 5년 6. 기타 ( )년 7. 단기계약 (1년미만) 8. 해당없음	입찰방식 낙찰자선정방법 1. 적격심사 2. 협상에의한계약 3. 최저가낙찰제 4. 규격가격분리 5. 2단계 경쟁입찰 6. 기타 ( ) 7. 해당없음	운영예산 산정 운영예산 산정 1. 내부산정 (지자체 자체적으로 산정) 2. 외부산정 (외부전문기관 위탁 산정) 3. 내·외부 모두 산정 4. 산정 無 5. 해당없음	운영예산 산정 정산방법 1. 내부정산 (지자체 내부적으로 정산) 2. 외부정산 (외부전문기관 위탁 정산) 3. 내·외부 모두 산정 4. 정산 無 5. 해당없음	성과평가 실시여부 1. 실시 2. 미실시 3. 향후 추진 4. 해당없음
1471	충북 영동군	영농4-H회원 시범영농지원	15,000	농업기술센터	8	1	7	8	7	5	5	4
1472	충북 영동군	품목별연구회 인센티브 사업	20,000	농업기술센터	8	1	7	8	7	5	5	4
1473	충북 영동군	귀농인 과수배재시설 설치지원	30,000	농업기술센터	8	4	7	8	7	5	5	4
1474	충북 영동군	귀농귀촌인 주택수리비 지원	20,000	농업기술센터	8	4	7	8	7	5	5	4
1475	충북 영동군	귀농인 소형농기계 지원	69,000	농업기술센터	8	4	7	8	7	5	5	4
1476	충북 영동군	귀농귀촌인 주택신축 설계비 지원	15,000	농업기술센터	8	4	7	8	7	5	5	4
1477	충북 영동군	고품질 블루베리 생산을 위한 톱밥이용 재배시범	36,000	농업기술센터	8	4	7	8	7	5	5	4
1478	충북 영동군	블루베리 하우스형 차광개폐장치 설치시범	26,400	농업기술센터	8	4	7	8	7	5	5	4
1479	충북 영동군	포도 신기술 농작업 장비 지원시범	12,000	농업기술센터	8	4	7	8	7	5	5	4
1480	충북 영동군	기상재해 방지 과수 차광망 설치 시범	18,000	농업기술센터	8	4	7	8	7	5	5	4
1481	충북 영동군	이상기상대응 과수 저온피해 안정생산 시범	16,800	농업기술센터	8	4	7	8	7	5	5	4
1482	충북 영동군	농가형 와인 제조설비 지원	48,000	농업기술센터	8	4	7	8	7	5	5	4
1483	충북 영동군	농가형 와인 프리미엄 포장설비 지원	27,000	농업기술센터	8	4	7	8	7	5	5	4
1484	충북 증평군	경로당 활성화	200,000	사회복지과	8	4	7	8	7	5	5	4
1485	충북 증평군	공동주택지원	100,000	민원과	8	1	7	8	7	5	5	4
1486	충북 증평군	농촌빈집정비	25,000	민원과	8	1	7	8	7	5	5	4
1487	충북 증평군	고품질쌀 농기계 지원	18,000	농정과	8	4	7	8	7	5	5	4
1488	충북 증평군	인삼세척기 구입 지원	17,500	농정과	8	4	7	8	7	5	5	4
1489	충북 증평군	축사 환경정비 지원	15,000	농정과	8	7	7	8	7	5	5	4
1490	충북 증평군	농업인단체 육성	11,000	농업기술센터	8	1	7	8	7	5	5	4
1491	충북 증평군	원예·특작 새기술 보급	45,500	농업기술센터	8	6	7	8	7	5	5	4
1492	충북 단양군	별방1리 경로당 증축 및 리모델링	70,000	주민복지과	8	1	7	8	7	5	5	4
1493	충북 단양군	영춘면 오사리 다목적회관 신축공사	300,000	주민복지과	8	1	7	8	7	5	5	4
1494	충북 단양군	단성면 북하리 경로당 리모델링	100,000	주민복지과	8	1	7	8	7	5	5	4
1495	충북 단양군	경로당 붙박이 의자설치 지원사업	8,000	주민복지과	8	1	7	8	7	5	5	4
1496	충북 단양군	노인대학 운영 노트북 구입	1,500,000	주민복지과	8	1	7	8	7	5	5	4
1497	충북 단양군	군립어린이집 자동화재진압장치 설치	270,000	주민복지과	8	2	1	1	1	1	1	1
1498	충북 단양군	착한가격업소 소규모 시설개선 지원	40,000	지역경제과	8	4	7	8	7	1	1	4
1499	충북 단양군	청년창업공간조성 지원	50,000	지역경제과	8	4	7	8	7	5	5	4
1500	충북 단양군	농업경영인 동력운반기 지원	32,000	농업축산과	8	4	7	8	7	1	1	4
1501	충북 단양군	여성농업인 동력분무기 세트 지원	40,000	농업축산과	8	4	7	8	7	1	1	4
1502	충북 단양군	쌀전업농 대형농기계 지원	30,000	농업축산과	8	4	7	8	7	1	1	4
1503	충북 단양군	맞춤형 영농기계 지원	100,000	농업축산과	8	4	7	8	7	1	1	4
1504	충북 단양군	관수장비 지원사업	180,000	농업축산과	8	4	7	8	7	1	1	4
1505	충북 단양군	다목적 소형저장고 지원	338,400	농업축산과	8	2	7	8	7	2	1	4
1506	충북 단양군	농작물 재해예방 지주대 지원	72,000	농업축산과	8	2	7	8	7	2	1	4
1507	충북 단양군	축사 지붕개량 지원사업	15,000	농업축산과	8	2	7	8	7	2	1	4
1508	충북 단양군	축산 자동화 지원사업	54,000	농업축산과	8	2	7	8	7	2	1	4
1509	충북 단양군	가축분뇨 처리장비(미니굴삭기) 지원	90,000	농업축산과	8	2	7	8	7	2	1	4
1510	충북 단양군	노후어선 교체 지원사업	4,800	농업축산과	8	4	7	8	7	1	1	4
1511	충북 단양군	수산물 보관용 냉동 저장고 지원	9,600	농업축산과	8	4	7	8	7	1	1	4
1512	충북 단양군	단양문화원 행정장비 교체	3,000,000	문화체육과	8	1, 4	7	8	7	1	1	4
1513	충북 단양군	단양예총 노후 냉장고 교체	800,000	문화체육과	8	1, 4	7	8	7	1	1	4
1514	충남 천안시	배 수종갱신 지원	21,000	농업정책과	8	4	7	8	7	5	5	4
1515	충남 천안시	과수 휴대용 전동 전지가위 지원사업	25,000	농업정책과	8	4	7	8	7	5	5	4
1516	충남 천안시	시설포도농가 기능성필름	50,000	농업정책과	8	6	7	8	7	5	5	4

순번	시군구	지출명 (사업명)	2020년예산 (단위:천원/1년간)	담당자 (공무원) 담당부서	민간이전 분류 (지방자치단체 세출예산 집행기준에 의거) 1. 민간경상사업보조(1) 2. 민간단체 법정운영비보조(2) 3. 민간행사사업보조(3) 4. 민간위탁금(4) 5. 사회복지시설 법정운영비보조(5) 6. 민간인위탁교육비(6) 7. 공기관등에대한경상적대행사업비(7) 8. 민간자본사업보조,자체재원(8) 9. 민간자본사업보조,이전재원(9) 10. 민간위탁사업비(10) 11. 공기관등에 대한 자본적 대행사업비(11)	민간이전지출 근거 (지방보조금 관리기준 참고) 1. 법률에 규정 2. 국고보조 재원(국가지정) 3. 용도 지정 기부금 4. 조례에 직접규정 5. 지자체가 권장하는 사업을 하는 공공기관 6. 시,도 정책 및 재정사정 7. 기타 8. 해당없음	입찰방식 계약체결방법 (경쟁형태) 1. 일반경쟁 2. 제한경쟁 3. 지명경쟁 4. 수의계약 5. 법정위탁 6. 기타 ( ) 7. 해당없음	입찰방식 계약기간 1. 1년 2. 2년 3. 3년 4. 4년 5. 5년 6. 기타 ( )년 7. 단기계약 (1년미만) 8. 해당없음	입찰방식 낙찰자선정방법 1. 적격심사 2. 협상에의한계약 3. 최저가낙찰제 4. 규격가격분리 5. 2단계 경쟁입찰 6. 기타 ( ) 7. 해당없음	운영예산 산정 운영예산 산정 1. 내부산정 (지자체 자체 적으로 산정) 2. 외부산정 (외부전문기관 위탁 산정) 3. 내·외부 모두 산정 4. 산정 無 5. 해당없음	운영예산 산정 정산방법 1. 내부정산 (지자체 내부적으로 정산) 2. 외부정산 (외부전문기관 위탁 정산) 3. 내·외부 모두 산정 4. 정산 無 5. 해당없음	성과평가 실시여부 1. 실시 2. 미실시 3. 향후 추진 4. 해당없음
1517	충남 천안시	시설딸기농가 온풍기 지원	15,000	농업정책과	8	4	7	8	7	5	5	4
1518	충남 천안시	연초경작농가 자재지원	25,000	농업정책과	8	4	7	8	7	5	5	4
1519	충남 천안시	배추 무사마귀병 방제지원	4,800	농업정책과	8	4	7	8	7	5	5	4
1520	충남 천안시	로컬푸드 직매장 참여농가 활성화 지원사업	90,000	농업정책과	8	4	7	8	7	1	1	1
1521	충남 천안시	장애인체육회 PC등 구입	17,000	체육진흥과	8	4	7	8	7	1	1	3
1522	충남 천안시	경로당 기능보강사업	700,000	동남구 주민복지과	8	4	7	8	7	1	1	1
1523	충남 천안시	희망의 집짓기 사업 추진	100,000	건축디자인과	8	4	6(공모)	1	1	1	1	1
1524	충남 천안시	경로당기능보강	10,000	서북구 주민복지과	8	4	7	8	7	1	1	1
1525	충남 천안시	천안시어린이회관 기능보강 사업	500,000	여성가족과	8	4	2	8	3	1	1	4
1526	충남 천안시	가사간병 도우미사업	310,074	복지정책과	8	2	5	1	7	5	1	4
1527	충남 천안시	희망키움통장1 사업	179,859	복지정책과	8	2	7	1	7	5	5	4
1528	충남 천안시	희망키움통장2 사업	456,028	복지정책과	8	2	7	1	7	5	5	4
1529	충남 천안시	내일키움통장사업	9,826	복지정책과	8	2	7	1	7	5	5	4
1530	충남 천안시	청년희망키움통장사업	240,409	복지정책과	8	2	7	1	7	5	5	4
1531	충남 천안시	청년저축계좌	108,457	복지정책과	8	8	7	1	7	5	5	4
1532	충남 천안시	못자리 상토 지원	420,000	동남구 산업교통과	8	4	7	8	7	5	5	4
1533	충남 천안시	벼 이삭비료 지원	208,250	동남구 산업교통과	8	4	7	8	7	5	5	4
1534	충남 천안시	벼 육묘상자 처리약제 지원	336,000	동남구 산업교통과	8	4	7	8	7	5	5	4
1535	충남 천안시	영농취약지역 농기계 지원	23,400	동남구 산업교통과	8	4	7	8	7	5	5	4
1536	충남 천안시	화훼농가 영농자재 지원	40,000	동남구 산업교통과	8	4	7	8	7	5	5	4
1537	충남 천안시	오이 방제약제 지원	70,000	동남구 산업교통과	8	4	7	8	7	5	5	4
1538	충남 천안시	멜론농가 영농자재 지원	30,000	동남구 산업교통과	8	4	7	8	7	5	5	4
1539	충남 천안시	고추농가 영농장비 지원	20,000	동남구 산업교통과	8	4	7	8	7	5	5	4
1540	충남 천안시	단체장비구입기능보강사업	10,000	노인장애인과	8	6	7	8	7	1	1	1
1541	충남 천안시	(사)한국농아인협회천안시지부 기능보강	60,000	노인장애인과	8	6	7	8	7	1	1	1
1542	충남 천안시	(사)충남장애인부모회천안지회 기능보강	40,000	노인장애인과	8	6	7	8	7	1	1	1
1543	충남 천안시	장애인복지관 기능보강	110,000	노인장애인과	8	1	1	8	3	5	1	1
1544	충남 천안시	편의시설지원센터 기능보강	30,000	노인장애인과	8	1	1	8	3	5	1	1
1545	충남 천안시	벼 못자리 상토 지원	315,000	서북구산업교통과	8	4	7	8	7	1	1	1
1546	충남 천안시	벼 육묘상 처리약제 지원	216,000	서북구산업교통과	8	4	7	8	7	1	1	1
1547	충남 천안시	벼 이삭(NK) 비료 지원	133,875	서북구산업교통과	8	4	7	8	7	1	1	1
1548	충남 천안시	소형 농기계(충전식 분무기) 지원	20,800	서북구산업교통과	8	4	7	8	7	1	1	1
1549	충남 천안시	친환경 포도재배 재료지원	30,030	서북구산업교통과	8	4	7	8	7	1	1	1
1550	충남 천안시	포도 비가림시설 자재 지원	27,500	서북구산업교통과	8	4	7	8	7	1	1	1
1551	충남 천안시	화훼 농가 영농자재 지원	40,000	서북구산업교통과	8	4	7	8	7	1	1	1
1552	충남 천안시	수리계보조금	10,000	서북구건설과	8	4	7	8	7	5	5	3
1553	충남 천안시	내 집 앞 주차장 갖기 사업	10,000	교통정책과	8	1	7	8	7	5	5	4
1554	충남 천안시	부설주차장 개방 지원	200,000	교통정책과	8	4	7	8	7	5	5	4
1555	충남 천안시	의용소방대기능강화	45,000	안전총괄과	8	6	7	8	7	5	5	4
1556	충남 천안시	제조, 가공 시설 및 장비구축 등	40,000	식품안전과	8	1	7	8	7	5	5	4
1557	충남 천안시	청년농업인4-H회 드론제작 및 방제시범	15,000	농촌지원과	8	1	7	8	7	5	5	4
1558	충남 천안시	소과류 과수 안정생산을 위한 현장실천시범	15,000	농촌지원과	8	4	7	8	7	5	5	4
1559	충남 천안시	멜론 연작장해 해결을 위한 신기술활용시범	6,000	농촌지원과	8	4	7	8	7	5	5	4
1560	충남 천안시	젤라틴키틴 분해 미생물 농가자가배양 시범	4,000	농촌지원과	8	4	7	8	7	5	5	4
1561	충남 공주시	어린이집 맞춤형 환경개선	80,000	여성가족과	8	1	7	8	7	1	1	1
1562	충남 공주시	저소득층(독거노인)가스타이머콕 지원사업	10,000	지역경제과	8	4	7	8	7	5	5	4

순번	시군구	지출명 (사업명)	2020년예산 (단위:천원/1년간)	담당자 (공무원) 담당부서	민간이전 분류 (지방자치단체 세출예산 집행기준에 의거) 1. 민간경상사업보조(1) 2. 민간단체 법정운영비보조(2) 3. 민간행사사업보조(3) 4. 민간위탁금(4) 5. 사회복지시설 법정운영비보조(5) 6. 민간인위탁교육비(6) 7. 공기관등에대한경상적대행사업비(7) 8. 민간자본사업보조,자체재원(8) 9. 민간자본사업보조,이전재원(9) 10. 민간위탁사업비(10) 11. 공기관등에 대한 자본적 대행사업비(11)	민간이전지출 근거 (지방보조금 관리기준 참고) 1. 법률에 규정 2. 국고보조 재원(국가지정) 3. 용도 지정 기부금 4. 조례에 직접규정 5. 지자체가 권장하는 사업을 하는 공공기관 6. 시,도 정책 및 재정사정 7. 기타 8. 해당없음	입찰방식 계약체결방법 (경쟁형태) 1. 일반경쟁 2. 제한경쟁 3. 지명경쟁 4. 수의계약 5. 법정위탁 6. 기타 ( ) 7. 해당없음	입찰방식 계약기간 1. 1년 2. 2년 3. 3년 4. 4년 5. 5년 6. 기타 ( )년 7. 단기계약 (1년미만) 8. 해당없음	입찰방식 낙찰자선정방법 1. 적격심사 2. 협상에의한계약 3. 최저가낙찰제 4. 규격가격분리 5. 2단계 경쟁입찰 6. 기타 ( ) 7. 해당없음	운영예산 산정 운영예산 산정 1. 내부산정 (지자체 자체 적으로 산정) 2. 외부산정 (외부전문기관 위탁 산정) 3. 내·외부 모두 산정 4. 산정 無 5. 해당없음	운영예산 산정 정산방법 1. 내부정산 (지자체 내부적으로 정산) 2. 외부정산 (외부전문기관 위탁 정산) 3. 내·외부 모두 산정 4. 정산 無 5. 해당없음	성과평가 실시여부 1. 실시 2. 미실시 3. 향후 추진 4. 해당없음
1563	충남 공주시	노후 공동주택 LP가스배관 교체 지원사업	200,000	지역경제과	8	4	7	8	7	5	5	4
1564	충남 공주시	공주밤홍보판매장구축	400,000	산림경영과	8	1	7	8	7	5	5	4
1565	충남 공주시	이인면 신영1리 경로당 보수공사	20,000	경로장애인과	8	4	7	8	7	5	5	4
1566	충남 공주시	이인면 초봉선근리(남)경로당 보수공사	20,000	경로장애인과	8	4	7	8	7	5	5	4
1567	충남 공주시	탄천면 안영2리 안영골 경로당 보수공사	20,000	경로장애인과	8	4	7	8	7	5	5	4
1568	충남 공주시	반포면 마암1리 경로당 보수공사	25,000	경로장애인과	8	4	7	8	7	5	5	4
1569	충남 공주시	의당면 수촌2리 경로당 보수공사	20,000	경로장애인과	8	4	7	8	7	5	5	4
1570	충남 공주시	의당면 청룡3리 경로당 보수공사	20,000	경로장애인과	8	4	7	8	7	5	5	4
1571	충남 공주시	정안면 보물리 경로당 보수공사	50,000	경로장애인과	8	4	7	8	7	5	5	4
1572	충남 공주시	우성면 용봉리 반곡 경로당 보수공사	20,000	경로장애인과	8	4	7	8	7	5	5	4
1573	충남 공주시	사곡면 가교2리 경로당 보수공사	30,000	경로장애인과	8	4	7	8	7	5	5	4
1574	충남 공주시	중학동 경로당 보수공사	10,000	경로장애인과	8	4	7	8	7	5	5	4
1575	충남 공주시	웅진동 웅진6통 경로당 보수공사	15,000	경로장애인과	8	4	7	8	7	5	5	4
1576	충남 공주시	웅진동 금성2통 경로당 보수공사	15,000	경로장애인과	8	4	7	8	7	5	5	4
1577	충남 공주시	금학동 오곡2통막골 경로당 보수공사	20,000	경로장애인과	8	4	7	8	7	5	5	4
1578	충남 공주시	금학동 봉정통 경로당 신축공사	180,000	경로장애인과	8	4	7	8	7	5	5	4
1579	충남 공주시	옥룡동 상왕3통 경로당 보수공사	50,000	경로장애인과	8	4	7	8	7	5	5	4
1580	충남 공주시	월송동 동현1통 경로당 보수공사	30,000	경로장애인과	8	4	7	8	7	5	5	4
1581	충남 공주시	장애인편의시설 실태조사	50,000	경로장애인과	8	6	7	8	7	5	5	4
1582	충남 공주시	충혼탑 주변 조경사업	10,000	주민공동체과	8	1	7	8	7	5	5	4
1583	충남 공주시	방범순찰차량 구입	30,000	주민공동체과	8	4	7	8	7	5	5	4
1584	충남 공주시	저소득층(독거노인)가스타이머콕 지원사업	10,000	지역경제과	8	4	7	8	7	5	5	4
1585	충남 공주시	노후 공동주택 LP가스배관 교체 지원사업	200,000	지역경제과	8	4	7	8	7	5	5	4
1586	충남 아산시	소형농기계 구입지원	160,000	농정과	8	1	7	8	7	5	5	4
1587	충남 아산시	소규모 벼 공동육묘장 설치지원	45,000	농정과	8	7	7	8	7	5	5	4
1588	충남 아산시	병충해방제약제 공급	265,200	농정과	8	7	7	8	7	5	5	4
1589	충남 아산시	공동육묘재배시설 확충지원	25,000	농정과	8	7	7	8	7	5	5	4
1590	충남 아산시	노후도정시설개선지원	20,000	농정과	8	1	7	8	7	5	5	4
1591	충남 아산시	친환경청년농부 영농정착 지원사업	44,000	농정과	8	6	7	8	7	5	5	4
1592	충남 아산시	염치농축자원화센터 압롤차 구입지원	18,000	농정과	8	6	7	8	7	5	5	4
1593	충남 아산시	친환경쌀재배단지 조성	33,600	농정과	8	6	7	8	7	5	5	4
1594	충남 아산시	친환경 공동육묘장 지원	12,500	농정과	8	6	7	8	7	5	5	4
1595	충남 아산시	친환경유기질비료 지원	142,500	농정과	8	6	7	8	7	5	5	4
1596	충남 아산시	친환경 수용성 규산질 비료 지원	50,000	농정과	8	6	7	8	7	5	5	4
1597	충남 아산시	친환경급식용 쌀 포장재지원	10,000	농정과	8	6	7	8	7	5	5	4
1598	충남 아산시	채소 친환경 영농자재 지원	15,000	농정과	8	6	7	8	7	5	5	4
1599	충남 아산시	벼 친환경 병충해 방제약 지원	30,000	농정과	8	6	7	8	7	5	5	4
1600	충남 아산시	경로당 대한노인회기 지원	5,300	경로장애인과	8	4	7	8	7	5	1	4
1601	충남 아산시	장애인부모회아산시지회운영지원	10,000	경로장애인과	8	1	4	7	7	5	1	4
1602	충남 아산시	경로당 개보수비 지원	300,000	경로장애인과	8	4	7	8	7	5	1	4
1603	충남 아산시	경로당 비품 및 운동기구 지원	150,000	경로장애인과	8	4	7	8	7	5	1	4
1604	충남 아산시	심야보일러 보수	21,000	경로장애인과	8	4	7	8	7	5	1	4
1605	충남 아산시	경로당 지붕 방수공사	30,000	경로장애인과	8	4	7	8	7	5	1	4
1606	충남 아산시	경로당 신설 확충(매입) 집기 구입	24,000	경로장애인과	8	4	7	8	7	5	1	4
1607	충남 아산시	탕정한마음종합사회복지관	477,000	사회복지과	8	1, 4, 6	1	5	1	3	3	4
1608	충남 아산시	사무용컴퓨터 및 팩스구입	2,400,000	문화관광과	8	7	7	8	7	5	5	4

순번	시군구	지출명 (사업명)	2020년예산 (단위:천원/1년간)	담당자 (공무원) 담당부서	민간이전 분류 (지방자치단체 세출예산 집행기준에 의거) 1. 민간경상사업보조(1) 2. 민간단체 법정운영비보조(2) 3. 민간행사사업보조(3) 4. 민간위탁금(4) 5. 사회복지시설 법정운영비보조(5) 6. 민간인위탁교육비(6) 7. 공기관등에대한경상적대행사업비(7) 8. 민간자본사업보조,자체재원(8) 9. 민간자본사업보조,이전재원(9) 10. 민간위탁사업비(10) 11. 공기관등에 대한 자본적 대행사업비(11)	민간이전지출 근거 (지방보조금 관리기준 참고) 1. 법률에 규정 2. 국고보조 재원(국가지정) 3. 용도 지정 기부금 4. 조례에 직접규정 5. 지자체가 권장하는 사업을 하는 공공기관 6. 시,도 정책 및 재정사정 7. 기타 8. 해당없음	입찰방식 계약체결방법 (경쟁형태) 1. 일반경쟁 2. 제한경쟁 3. 지명경쟁 4. 수의계약 5. 법정위탁 6. 기타 ( ) 7. 해당없음	계약기간 1. 1년 2. 2년 3. 3년 4. 4년 5. 5년 6. 기타 ( )년 7. 단기계약 (1년미만) 8. 해당없음	낙찰자선정방법 1. 적격심사 2. 협상에의한계약 3. 최저가낙찰제 4. 규격가격분리 5. 2단계 경쟁입찰 6. 기타 ( ) 7. 해당없음	운영예산 산정 운영예산 산정 1. 내부산정 (지자체 자체적으로 산정) 2. 외부산정 (외부전문기관위탁 산정) 3. 내·외부 모두 산정 4. 산정 無 5. 해당없음	정산방법 1. 내부정산 (지자체 내부적으로 정산) 2. 외부정산 (외부전문기관위탁 정산) 3. 내·외부 모두 산정 4. 정산 無 5. 해당없음	성과평가 실시여부 1. 실시 2. 미실시 3. 향후 추진 4. 해당없음
1609	충남 아산시	구정아트센터 전시시설 보강	100,000	문화관광과	8	7	7	8	7	5	5	4
1610	충남 서산시	시내버스 대폐차비 지원	30,000	교통과	8	1	7	8	7	5	1	2
1611	충남 서산시	전기 시내버스 도입	200,000	교통과	8	1	7	8	7	5	1	2
1612	충남 서산시	경로당 소요물품 지원	200,000	경로장애인과	8	4	7	8	7	1	1	2
1613	충남 서산시	노인회지회 물품지원	3,900,000	경로장애인과	8	4	7	8	7	1	1	2
1614	충남 서산시	두리사랑공동체	110,000	경로장애인과	8	1	7	8	7	1	1	2
1615	충남 서산시	두리사랑보호작업장 지게차 구입	30,380	경로장애인과	8	1	7	8	7	5	1	4
1616	충남 서산시	가야호(도선) 대체선박 건조	500,000	건설과	8	4	7	8	7	1	1	4
1617	충남 서산시	수리계 수리시설 유지관리	180,000	건설과	8	4	7	8	7	1	5	4
1618	충남 서산시	시가지 간판정비사업	300,000	도시과	8	1	7	8	7	5	5	1
1619	충남 서산시	공동주택 시설개선 지원	1,300,000	주택과	8	1	6	8	1, 3	1	1	1
1620	충남 서산시	슬레이트 지붕해체 지원	45,000	주택과	8	1	6	8	7	1	1	1
1621	충남 서산시	감태 포장재 지원	25,000	해양수산과	8	7	1	7	3	1	1	3
1622	충남 서산시	수산물 소비촉진축제 지원	200,000	해양수산과	8	4	1	7	3	1	1	3
1623	충남 서산시	공공비축용 톤백저울 지원	22,000	농정과	8	4	7	8	7	5	5	4
1624	충남 서산시	양곡 가공업체 시설개선 지원	50,000	농정과	8	7	7	8	7	5	1	4
1625	충남 서산시	청년농업인 규모화 및 현대화 사업	210,000	농정과	8	4	7	8	7	1	1	1
1626	충남 서산시	중소농가 등을 위한 농기계 지원	600,000	농정과	8	6	7	8	7	5	5	4
1627	충남 서산시	여성친화형 농기계 지원사업	50,000	농정과	8	6	7	8	7	5	5	4
1628	충남 서산시	농산물 품질향상 토양개량제 지원사업	225,600	농정과	8	8	7	1	7	1	1	1
1629	충남 서산시	농산물 저온저장고 지원사업	100,000	농정과	8	8	4	1	7	1	1	1
1630	충남 서산시	원예작물 품질개선 사업	30,000	농정과	8	4	4	7	7	1	1	1
1631	충남 서산시	황토알타리무 유통환경변화 대응사업	50,000	농정과	8	8	7	1	7	1	1	1
1632	충남 서산시	마늘하우스(건조장) 지원사업	75,000	농정과	8	8	7	1	7	1	1	1
1633	충남 서산시	원예작물 품질고급화 지원사업	200,000	농정과	8	8	7	1	7	2	1	1
1634	충남 서산시	화훼 종묘 입식비 지원사업	100,000	농정과	8	8	7	1	7	1	1	1
1635	충남 서산시	과수묘목대 지원사업	40,000	농정과	8	4	4	7	7	1	1	1
1636	충남 서산시	달래 토양환경개선 지원사업	80,000	농정과	8	8	7	1	7	1	1	1
1637	충남 서산시	서산달래 육성가공 및 브랜드 특화사업	300,000	농정과	8	8	7	1	7	1	1	1
1638	충남 서산시	특작물 전용 저온저장시설 지원사업	300,000	농정과	8	8	4	1	7	1	1	1
1639	충남 서산시	농가맞춤형 소형 농기계 지원	50,000	농정과	8	6	7	8	7	5	5	4
1640	충남 서산시	농촌체험마을 환경개선사업	5,000	농식품유통과	8	4	7	8	7	1	1	1
1641	충남 서산시	귀농인 소규모 농장조성 시범	35,000	농업지원과	8	1	7	8	7	5	5	4
1642	충남 서산시	농촌지도자 영농현장 실증시범	42,000	농업지원과	8	1	7	8	7	5	5	4
1643	충남 서산시	가금농가 계근대 지원사업	10,000	축산과	8	4	4	8	7	1	1	1
1644	충남 서산시	가금농가 터널환기 자동시설 지원사업	45,000	축산과	8	4	4	8	7	1	1	1
1645	충남 서산시	벼 밀묘 소식재배 시범	28,000	기술보급과	8	4	7	8	7	5	5	4
1646	충남 서산시	벼 신품종 재배기술 시범	7,000	기술보급과	8	4	7	8	7	5	5	4
1647	충남 서산시	감자 품종비교 재배 시범	7,000	기술보급과	8	4	7	8	7	5	5	4
1648	충남 서산시	잡곡 우량종자 자율교환 시범	7,000	기술보급과	8	4	7	8	7	5	5	4
1649	충남 서산시	두류 우량종자 자율교환 운영 시범	4,900	기술보급과	8	4	7	8	7	5	5	4
1650	충남 서산시	밭작물 논 재배를 위한 무굴착 암거배수 시범	11,200	기술보급과	8	4	7	8	7	5	5	4
1651	충남 서산시	가공용 감자 생력재배단지 조성 시범	14,000	기술보급과	8	4	7	8	7	5	5	4
1652	충남 서산시	농업용수 수질개선 시범사업	17,500	기술보급과	8	4	7	8	7	5	5	4
1653	충남 서산시	과채류 병해충 미생물 방제 시범사업	7,000	기술보급과	8	4	7	8	7	5	5	4
1654	충남 서산시	마늘 수확후 송풍건조개선 시범	35,000	기술보급과	8	4	7	8	7	5	5	4

순번	시군구	지출명 (사업명)	2020년예산 (단위:천원/1년간)	담당자 (공무원) 담당부서	민간이전 분류 (지방자치단체 세출예산 집행기준에 의거) 1. 민간경상사업보조(1) 2. 민간단체 법정운영비보조(2) 3. 민간행사사업보조(3) 4. 민간위탁금(4) 5. 사회복지시설 법정운영비보조(5) 6. 민간인위탁교육비(6) 7. 공기관등에대한경상적대행사업비(7) 8. 민간자본사업보조,자체재원(8) 9. 민간자본사업보조,이전재원(9) 10. 민간위탁사업비(10) 11. 공기관등에 대한 자본적 대행사업비(11)	민간이전지출 근거 (지방보조금 관리기준 참고) 1. 법률에 규정 2. 국고보조 재원(국가지정) 3. 용도 지정 기부금 4. 조례에 직접규정 5. 지자체가 권장하는 사업을 하는 공공기관 6. 시,도 정책 및 재정사정 7. 기타 8. 해당없음	입찰방식 계약체결방법 (경쟁형태) 1. 일반경쟁 2. 제한경쟁 3. 지명경쟁 4. 수의계약 5. 법정위탁 6. 기타 ( ) 7. 해당없음	입찰방식 계약기간 1. 1년 2. 2년 3. 3년 4. 4년 5. 5년 6. 기타 ( )년 7. 단기계약 (1년미만) 8. 해당없음	입찰방식 낙찰자선정방법 1. 적격심사 2. 협상에의한계약 3. 최저가낙찰제 4. 규격가격분리 5. 2단계 경쟁입찰 6. 기타 ( ) 7. 해당없음	운영예산 산정 운영예산 산정 1. 내부산정 (지자체 자체적으로 산정) 2. 외부산정 (외부전문기관위탁 산정) 3. 내·외부 모두 산정 4. 산정 無 5. 해당없음	운영예산 산정 정산방법 1. 내부정산 (지자체 내부적으로 정산) 2. 외부정산 (외부전문기관위탁 정산) 3. 내·외부 모두 산정 4. 정산 無 5. 해당없음	성과평가 실시여부 1. 실시 2. 미실시 3. 향후 추진 4. 해당없음
1655	충남 서산시	고추 신기술 보급시범	10,500	기술보급과	8	4	7	8	7	5	5	4
1656	충남 서산시	고품질 씨감자 생산단지 조성	35,000	기술보급과	8	4	7	8	7	5	5	4
1657	충남 서산시	달래 조기재배기술 시범	56,000	기술보급과	8	4	7	8	7	5	5	4
1658	충남 서산시	시설채소 자동개폐식터널 시범	28,000	기술보급과	8	4	7	8	7	5	5	4
1659	충남 서산시	화훼 출하시기 조절 시범	21,000	기술보급과	8	4	7	8	7	5	5	4
1660	충남 서산시	서산시 꽃 국화축제 개최 지원	100,000	기술보급과	8	4	7	8	7	5	5	4
1661	충남 서산시	과수 이상기상 대응 품질향상 시범	28,000	기술보급과	8	4	7	8	7	5	5	4
1662	충남 계룡시	도로명주소 정보시스템 유지관리 및 운영지원	15,960	민원봉사과	8	1	5	1	7	5	5	1
1663	충남 계룡시	도로명주소 기본도 현행화 사업	1,658,000	민원봉사과	8	1	5	1	7	5	5	1
1664	충남 계룡시	의용소방대 차량 구입 지원	40,000	안전총괄과	8	1	7	8	7	1	1	3
1665	충남 계룡시	신재생에너지 유지 관리	5,000	일자리경제과	8	4	7	8	7	1	1	2
1666	충남 계룡시	벼농사 상자처리 방제약제 지원	45,000	농업기술센터	8	4	7	8	7	1	1	3
1667	충남 계룡시	팥거리 축제용 팥생산 시범	2,400,000	농업기술센터	8	4	7	8	7	1	1	3
1668	충남 계룡시	고추 안정생산 종합시범	3,200,000	농업기술센터	8	4	7	8	7	1	1	3
1669	충남 계룡시	클로렐라 영농활용기술 시범	160,000	농업기술센터	8	4	7	8	7	1	1	3
1670	충남 계룡시	시설하우스 연작장해 토양관리 시범	12,000	농업기술센터	8	4	7	8	7	1	1	3
1671	충남 계룡시	시설하우스 장기비닐 교체시범	12,500	농업기술센터	8	4	7	8	7	1	1	3
1672	충남 계룡시	스마트폰 활용 시설하우스 원격제어 시스템 시범	9,600	농업기술센터	8	4	7	8	7	1	1	3
1673	충남 계룡시	소규모 민속채소(달래) 재배시범	2,400,000	농업기술센터	8	4	7	8	7	1	1	3
1674	충남 계룡시	새소득작목 아스파라거스 재배시범	16,000	농업기술센터	8	4	7	8	7	1	1	3
1675	충남 계룡시	정밀과학 영농실천 스마트기기 보급시범	6,400	농업기술센터	8	4	7	8	7	1	1	3
1676	충남 계룡시	이상고온 대응 시설채소 온도저감 시설설치 시범	4,800	농업기술센터	8	4	7	8	7	1	1	3
1677	충남 계룡시	폭염대응 영농간이 해가림장비 지원시범	4,800	농업기술센터	8	4	7	8	7	1	1	3
1678	충남 금산군	어르신공동생활의집 기능보강 사업	20,000	주민복지지원실	8	4	7	8	7	1	1	4
1679	충남 금산군	어르신공동생활의집 소요물품지원 사업	10,000	주민복지지원실	8	4	7	8	7	1	1	4
1680	충남 금산군	경로당 소요물품 지원사업	80,000	주민복지지원실	8	4	7	8	7	1	1	4
1681	충남 금산군	경로당 기능보강사업	700,000	주민복지지원실	8	4	7	8	7	1	1	4
1682	충남 금산군	금산 장애인체육회 차량 구입	25,000	관광문화체육과	8	4	7	8	7	1	1	1
1683	충남 금산군	수변구역 주민지원사업	381,764	환경자원과	8	1	7	8	7	1	1	1
1684	충남 금산군	못자리용 인공상토 공급	300,000	농업유통과	8	1	7	8	7	1	1	1
1685	충남 금산군	보행형관리기 지원사업	257,000	농업유통과	8	1	7	8	7	1	1	1
1686	충남 금산군	벼 못자리 육묘상자용 약제지원사업	75,000	농업유통과	8	1	7	8	7	1	1	1
1687	충남 금산군	과수원예농가 영농자재지원	30,000	농업유통과	8	7	7	8	7	1	1	1
1688	충남 금산군	깻잎재배시설 전기난방기 지원	150,000	농업유통과	8	7	7	8	7	1	1	1
1689	충남 금산군	원예작물 상토 지원	200,000	농업유통과	8	7	7	8	7	1	1	1
1690	충남 금산군	양돈농가 고품질액상정액 지원	45,000	농업유통과	8	1	7	8	7	1	1	1
1691	충남 금산군	한우농가 자동목걸이지원	35,000	농업유통과	8	1	7	8	7	1	1	1
1692	충남 금산군	젖소농가 축산기자재지원	17,500	농업유통과	8	1	7	8	7	1	1	1
1693	충남 금산군	양돈농가 울타리 설치 지원	48,000	농업유통과	8	1	7	8	7	1	1	1
1694	충남 금산군	인삼재배농가 발효부숙제 지원	150,000	인삼약초과	8	1	7	8	7	1	1	4
1695	충남 금산군	인삼재배농가 유기질 비료지원사업	200,000	인삼약초과	8	1	7	8	7	1	1	4
1696	충남 금산군	고품질 철재해가림시설 지원	500,000	인삼약초과	8	1	7	8	7	5	5	4
1697	충남 금산군	인삼재배용 차광막 지원	100,000	인삼약초과	8	1	7	8	7	1	1	4
1698	충남 금산군	토양환경개선 및 훈증처리사업	50,000	인삼약초과	8	1	7	8	7	5	5	4
1699	충남 금산군	인삼재배 지력증진 및 추비사업	100,000	인삼약초과	8	1	7	8	7	5	5	4
1700	충남 금산군	농기계지원	100,000	인삼약초과	8	1	7	8	7	5	5	4

순번	시군구	지출명 (사업명)	2020년예산 (단위:천원/1년간)	담당자 (공무원) 담당부서	민간이전 분류 (지방자치단체 세출예산 집행기준에 의거) 1. 민간경상사업보조(1) 2. 민간단체 법정운영비보조(2) 3. 민간행사사업보조(3) 4. 민간위탁금(4) 5. 사회복지시설 법정운영비보조(5) 6. 민간인위탁교육비(6) 7. 공기관등에대한경상적대행사업비(7) 8. 민간자본사업보조,자체재원(8) 9. 민간자본사업보조,이전재원(9) 10. 민간위탁사업비(10) 11. 공기관등에 대한 자본적 대행사업비(11)	민간이전지출 근거 (지방보조금 관리기준 참고) 1. 법률에 규정 2. 국고보조 재원(국가지정) 3. 용도 지정 기부금 4. 조례에 직접규정 5. 지자체가 권장하는 사업을 하는 공공기관 6. 시,도 정책 및 재정사정 7. 기타 8. 해당없음	입찰방식 계약체결방법 (경쟁형태) 1. 일반경쟁 2. 제한경쟁 3. 지명경쟁 4. 수의계약 5. 법정위탁 6. 기타 ( ) 7. 해당없음	입찰방식 계약기간 1. 1년 2. 2년 3. 3년 4. 4년 5. 5년 6. 기타 ( )년 7. 단기계약 (1년미만) 8. 해당없음	입찰방식 낙찰자선정방법 1. 적격심사 2. 협상에의한계약 3. 최저가낙찰제 4. 규격가격분리 5. 2단계 경쟁입찰 6. 기타 ( ) 7. 해당없음	운영예산 산정 운영예산 산정 1. 내부산정 (지자체 자체적으로 산정) 2. 외부산정 (외부전문기관위탁 산정) 3. 내·외부 모두 산정 4. 산정 無 5. 해당없음	운영예산 산정 정산방법 1. 내부정산 (지자체 내부적으로 정산) 2. 외부정산 (외부전문기관위탁 정산) 3. 내·외부 모두 산정 4. 정산 無 5. 해당없음	성과평가 실시여부 1. 실시 2. 미실시 3. 향후 추진 4. 해당없음
1701	충남 금산군	고품질생산을 위한 우량농지조성	630,000	인삼약초과	8	1	7	8	7	1	1	4
1702	충남 금산군	친환경약초생산단지 조성	300,000	인삼약초과	8	1	7	1	7	5	1	1
1703	충남 금산군	신소득경제작물육성지원사업	100,000	인삼약초과	8	1	7	1	7	5	1	1
1704	충남 금산군	인삼류 제조가공 기업 육성	500,000	인삼약초과	8	7	7	8	7	5	5	4
1705	충남 금산군	용담댐 주변지역 지원사업	47,428	안전총괄과	8	7	7	8	7	5	5	4
1706	충남 금산군	농어촌버스 대폐차비 지원	30,000	건설교통과	8	1	7	8	7	1	1	4
1707	충남 금산군	빈집정비사업	200,000	도시재생과	8	7	7	7	7	1	1	4
1708	충남 금산군	공동주택관리 지원사업	625,000	도시재생과	8	4	7	7	7	1	1	4
1709	충남 금산군	농업농촌 경쟁력강화 사업	300,000	농업기술센터	8	5	7	8	7	1	1	3
1710	충남 금산군	청년농업인 CEO리더십 양성지원	20,000	농업기술센터	8	5	7	8	7	1	1	3
1711	충남 금산군	농촌지도자연합회 특화작목 과제시범 사업지원	40,000	농업기술센터	8	5	7	8	7	1	1	3
1712	충남 금산군	농촌관광 서비스유형별 농가육성	14,000	농업기술센터	8	5	7	8	7	1	1	3
1713	충남 금산군	국내육성품종 마늘 종구 보급	5,000	농업기술센터	8	6	7	8	7	1	1	3
1714	충남 금산군	원예작물 바이러스병 예방 시범	10,000	농업기술센터	8	6	7	8	7	1	1	3
1715	충남 금산군	기후변화대응 과수 신소득작목 재배 시범	20,000	농업기술센터	8	6	7	8	7	1	1	3
1716	충남 금산군	고품질 절화 지역브랜드화를 위한 종구 보급	30,000	농업기술센터	8	6	7	8	7	1	1	3
1717	충남 금산군	인삼 연작장해 경감지원 시범사업	21,000	농업기술센터	8	6(군비)	7	8	7	1	1	3
1718	충남 금산군	들깻잎 연작장해 경감 밀기울 시범사업	15,000	농업기술센터	8	6(군비)	7	8	7	1	1	3
1719	충남 부여군	관광홍보행사 지원	30,000	문화관광과	8	4	1	1	1	1	1	1
1720	충남 부여군	벼육묘용제품상토 지원사업	1,315,000	농정과	8	7	7	8	7	5	1	4
1721	충남 부여군	친환경명품쌀 생산단지 육성사업	250,000	농정과	8	7	7	8	7	5	1	4
1722	충남 부여군	기능성쌀 생산단지 육성사업	40,500	농정과	8	7	7	8	7	5	1	4
1723	충남 부여군	벼 육묘상자 처리제 지원사업	600,000	농정과	8	7	7	8	7	5	1	4
1724	충남 부여군	친환경 명품쌀 안전성검사비 지원	20,000	농정과	8	7	7	8	7	5	1	4
1725	충남 부여군	친환경 명품쌀 포장재 지원사업	40,000	농정과	8	7	7	8	7	5	1	4
1726	충남 부여군	부여쌀 판매 택배비 지원사업	56,000	농정과	8	7	7	8	7	5	1	4
1727	충남 부여군	소형농기계 지원사업	200,000	농정과	8	7	7	8	7	5	1	4
1728	충남 부여군	농약안전보관함 보급사업	369,600	농정과	8	7	7	8	7	5	1	4
1729	충남 부여군	딸기 조직배양 우량모주 보급 지원사업	65,000	농정과	8	6	7	8	7	1	1	3
1730	충남 부여군	원예작물 연작장해 방지 통합 지원사업	350,000	농정과	8	6	7	8	7	1	1	3
1731	충남 부여군	원예특작 고품질생산지원	15,000	농정과	8	6	7	8	7	1	1	3
1732	충남 부여군	원예작물(고추) 생력화장비(세척기) 지원	50,000	농정과	8	6	7	8	7	5	5	4
1733	충남 부여군	중소 원예농가 시설하우스 설치 지원사업	750,000	농정과	8	6	7	8	7	1	1	3
1734	충남 부여군	굿뜨래농식품인증자품질관리시스템장비지원	15,000	굿뜨래경영과	8	5	3	1	1	3	1	1
1735	충남 부여군	부여읍남성의용소방대 순찰차량 구입	40,000	안전총괄과	8	5	7	8	7	5	5	4
1736	충남 부여군	굿뜨래 안심지킴이 CCTV설치사업	60,000	안전총괄과	8	4	7	8	7	5	5	4
1737	충남 부여군	마을무선방송설치	100,000	안전총괄과	8	4	7	8	7	5	5	4
1738	충남 부여군	공동주택 환경개선 지원	300,000	도시건축과	8	1	7	8	7	5	5	4
1739	충남 부여군	건강도시 사업	20,000	보건소	8	4	7	8	7	5	5	2
1740	충남 부여군	농식품 가공상품 품질향상 시범	10,500	농업기술센터	8	6	7	8	7	5	5	4
1741	충남 부여군	귀농인 농업시설 지원	80,000	농업기술센터	8	6	7	8	7	5	5	4
1742	충남 부여군	귀농인 소규모 주택개선 지원	35,000	농업기술센터	8	6	7	8	7	5	5	4
1743	충남 부여군	귀농인 소규모 농기계	24,000	농업기술센터	8	6	7	8	7	5	5	4
1744	충남 부여군	오리털 보온덮개 활용 재배환경 개선	30,000	농업기술센터	8	1	7	8	7	5	5	4
1745	충남 부여군	탄소섬유 이용 근권난방 시범	20,000	농업기술센터	8	1	7	8	7	5	5	4
1746	충남 부여군	시설취나물 연작장해 해소 수경재배 실증시범	30,000	농업기술센터	8	1	7	8	7	5	5	4

순번	시군구	지출명 (사업명)	2020년예산 (단위:천원/1년간)	담당자 (공무원) 담당부서	민간이전 분류 (지방자치단체 세출예산 집행기준에 의거) 1. 민간경상사업보조(1) 2. 민간단체 법정운영비보조(2) 3. 민간행사사업보조(3) 4. 민간위탁금(4) 5. 사회복지시설 법정운영비보조(5) 6. 민간인위탁교육비(6) 7. 공기관등에대한경상적대행사업비(7) 8. 민간자본사업보조,자체재원(8) 9. 민간자본사업보조,이전재원(9) 10. 민간위탁사업비(10) 11. 공기관등에 대한 자본적 대행사업비(11)	민간이전지출 근거 (지방보조금 관리기준 참고) 1. 법률에 규정 2. 국고보조 재원(국가지정) 3. 용도 지정 기부금 4. 조례에 직접규정 5. 지자체가 권장하는 사업을 하는 공공기관 6. 시,도 정책 및 재정사정 7. 기타 8. 해당없음	입찰방식 계약체결방법 (경쟁형태) 1. 일반경쟁 2. 제한경쟁 3. 지명경쟁 4. 수의계약 5. 법정위탁 6. 기타 ( ) 7. 해당없음	입찰방식 계약기간 1. 1년 2. 2년 3. 3년 4. 4년 5. 5년 6. 기타 ( )년 7. 단기계약 (1년미만) 8. 해당없음	입찰방식 낙찰자선정방법 1. 적격심사 2. 협상에의한계약 3. 최저가낙찰제 4. 규격가격분리 5. 2단계 경쟁입찰 6. 기타 ( ) 7. 해당없음	운영예산 산정 운영예산 산정 1. 내부산정 (지자체 자체적으로 산정) 2. 외부산정 (외부전문기관위탁 산정) 3. 내·외부 모두 산정 4. 산정 無 5. 해당없음	운영예산 산정 정산방법 1. 내부정산 (지자체 내부적으로 정산) 2. 외부정산 (외부전문기관위탁 정산) 3. 내·외부 모두 산정 4. 정산 無 5. 해당없음	성과평가 실시여부 1. 실시 2. 미실시 3. 향후 추진 4. 해당없음
1747	충남 부여군	쿨네트 이용 시설채소 고온피해 저감 시범	40,000	농업기술센터	8	1	7	8	7	5	5	4
1748	충남 부여군	연작장해 시설하우스 토양생태계 복원사업	200,000	농업기술센터	8	1	7	8	7	5	5	4
1749	충남 부여군	백강균을 이용한 해충 친환경방제 시범	60,000	농업기술센터	8	1	7	8	7	5	5	4
1750	충남 부여군	유해생물구제 수질정화사업	15,000	농업기술센터	8	5	7	8	7	5	5	4
1751	충남 부여군	축사출입구 대인소독실 지원	17,500	농업기술센터	8	7	7	8	7	5	5	4
1752	충남 부여군	생균제 원자재지원	20,000	농업기술센터	8	7	7	8	7	5	5	4
1753	충남 부여군	한우농가 자동목걸이 설치지원	21,000	농업기술센터	8	7	7	8	7	5	5	4
1754	충남 부여군	한우개량 컨설팅 지원	25,000	농업기술센터	8	7	7	8	7	5	5	4
1755	충남 부여군	양봉농가 사료 지원사업	30,000	농업기술센터	8	7	7	8	7	5	5	4
1756	충남 부여군	양돈농가 악취저감 기능성첨가제 지원	50,000	농업기술센터	8	7	7	8	7	5	5	4
1757	충남 부여군	축산농가 환경개선사업	35,000	농업기술센터	8	7	7	8	7	5	5	4
1758	충남 부여군	가축분뇨 수분조절제 지원	60,000	농업기술센터	8	7	7	8	7	5	5	4
1759	충남 부여군	유해생물구제 수질정화사업	15,000	농업기술센터	8	5	7	8	7	5	5	4
1760	충남 부여군	낙농가 우수정액구입비 지원	20,000	농업기술센터	8	7	7	8	7	5	5	4
1761	충남 청양군	마을회관 신축	462,000	건설도시과	8	4	7	8	7	5	5	4
1762	충남 청양군	공동주택 지원사업	54,846	건설도시과	8	4	7	8	7	5	5	4
1763	충남 청양군	벼 육묘장 설치 지원	65,000	농업정책과	8	1	7	8	7	1	1	3
1764	충남 청양군	친환경 농업 마을 조성	100,000	농업정책과	8	1	7	8	7	1	1	3
1765	충남 청양군	친환경 농산물 포장재 지원	40,000	농업정책과	8	1	7	8	7	1	1	3
1766	충남 청양군	친환경 시설하우스 수정벌 지원	7,000	농업정책과	8	1	7	8	7	1	1	3
1767	충남 청양군	친환경 농산물 비닐교체지원	9,000	농업정책과	8	1	7	8	7	1	1	3
1768	충남 청양군	농업기계 지원	670,250	농업정책과	8	1	7	8	7	1	1	3
1769	충남 청양군	농산물세척,건조,저장시설지원	640,000	농업정책과	8	6	7	8	7	1	1	3
1770	충남 청양군	지역특화작목지원	200,000	농업정책과	8	6	7	8	7	1	1	3
1771	충남 청양군	원예용 관수시설 지원	70,000	농업정책과	8	6	7	8	7	1	1	3
1772	충남 청양군	시설원예기반지원	253,000	농업정책과	8	6	7	8	7	1	1	3
1773	충남 청양군	고추부직포 및 차광막 지원	150,000	농업정책과	8	6	7	8	7	1	1	3
1774	충남 청양군	전략원예생산단체육성	431,500	농업정책과	8	6	7	8	7	1	1	3
1775	충남 청양군	과수원예농가생산지원	65,000	농업정책과	8	6	7	8	7	1	1	3
1776	충남 청양군	전략특작생산단체육성	420,500	농업정책과	8	6	7	8	7	1	1	3
1777	충남 청양군	택시영상기록장치교체사업지원	20,700	사회적경제과	8	7	7	8	7	5	5	4
1778	충남 청양군	시내버스 음주측정관리시스템 도입 지원	1,632,000	사회적경제과	8	7	7	8	7	5	5	4
1779	충남 청양군	양계농가 폐사축 처리기 지원	40,000	산림축산과	8	7	7	8	7	1	1	1
1780	충남 청양군	로컬푸드 직판장 축산물 시설 지원	40,000	산림축산과	8	7	7	8	7	1	1	1
1781	충남 청양군	축산농가 사양관리 시스템 지원	45,000	산림축산과	8	7	7	8	7	1	1	1
1782	충남 청양군	한우농가 사료 자동급이기 지원	100,000	산림축산과	8	7	7	8	7	1	1	1
1783	충남 청양군	축산농가 조사료생산부속장비 지원	70,000	산림축산과	8	7	7	8	7	1	1	1
1784	충남 청양군	양봉농가 육성 장비 지원	187,000	산림축산과	8	7	7	8	7	1	1	1
1785	충남 청양군	양돈농가 시설 지원	60,000	산림축산과	8	7	7	8	7	1	1	1
1786	충남 청양군	축산농가 출입구 소독시설 지원	36,000	산림축산과	8	4	7	8	7	1	1	1
1787	충남 청양군	소규모 재배농가 원예시설 지원사업	86,625	농촌공동체과	8	6	7	8	7	5	5	4
1788	충남 청양군	소규모 농산물가공업체 기계장비지원	30,000	농촌공동체과	8	6	7	8	7	5	5	4
1789	충남 청양군	배 국내육성 품종보급 시범	20,000	농업기술센터	8	4	7	8	7	5	5	4
1790	충남 청양군	빅데이터 수집을 위한 스마트백엽상 보급시범	20,000	농업기술센터	8	4	7	8	7	5	5	4
1791	충남 청양군	혹서기 한우사 지붕 방사열 차단시범	30,000	농업기술센터	8	4	7	8	7	5	5	4
1792	충남 청양군	벼메뚜기 사육 실증시범	10,000	농업기술센터	8	4	7	8	7	5	5	4

순번	시군구	지출명 (사업명)	2020년예산 (단위:천원/1년간)	담당자 (공무원) 담당부서	민간이전 분류 (지방자치단체 세출예산 집행기준에 의거) 1. 민간경상사업보조(1) 2. 민간단체 법정운영비보조(2) 3. 민간행사사업보조(3) 4. 민간위탁금(4) 5. 사회복지시설 법정운영비보조(5) 6. 민간인위탁교육비(6) 7. 공기관등에대한경상적대행사업비(7) 8. 민간자본사업보조,자체재원(8) 9. 민간자본사업보조,이전재원(9) 10. 민간위탁사업비(10) 11. 공기관등에 대한 자본적 대행사업비(11)	민간이전지출 근거 (지방보조금 관리기준 참고) 1. 법률에 규정 2. 국고보조 재원(국가지정) 3. 용도 지정 기부금 4. 조례에 직접규정 5. 지자체가 권장하는 사업을 하는 공공기관 6. 시,도 정책 및 재정사정 7. 기타 8. 해당없음	입찰방식 계약체결방법 (경쟁형태) 1. 일반경쟁 2. 제한경쟁 3. 지명경쟁 4. 수의계약 5. 법정위탁 6. 기타 ( ) 7. 해당없음	입찰방식 계약기간 1. 1년 2. 2년 3. 3년 4. 4년 5. 5년 6. 기타 ( )년 7. 단기계약 (1년미만) 8. 해당없음	입찰방식 낙찰자선정방법 1. 적격심사 2. 협상에의한계약 3. 최저가낙찰제 4. 규격가격분리 5. 2단계 경쟁입찰 6. 기타 ( ) 7. 해당없음	운영예산 산정 운영예산 산정 1. 내부산정 (지자체 자체적으로 산정) 2. 외부산정 (외부전문기관위탁 산정) 3. 내·외부 모두 산정 4. 산정 無 5. 해당없음	운영예산 산정 정산방법 1. 내부정산 (지자체 내부적으로 정산) 2. 외부정산 (외부전문기관위탁 정산) 3. 내·외부 모두 산정 4. 정산 無 5. 해당없음	성과평가 실시여부 1. 실시 2. 미실시 3. 향후 추진 4. 해당없음
1793	충남 청양군	노지고추막덮기부직포이용생산성향상시범	14,000	농업기술센터	8	4	7	8	7	5	5	4
1794	충남 청양군	고추바이러스병해경감기술실증시범	10,500	농업기술센터	8	4	7	8	7	5	5	4
1795	충남 청양군	느타리버섯스마트폰환경제어시스템구축시범	9,800	농업기술센터	8	4	7	8	7	5	5	4
1796	충남 청양군	벼 품종비교 시범포 운영	5,000	농업기술센터	8	4	7	8	7	5	5	4
1797	충남 청양군	토종작물 재배단지 조성 시범	50,000	농업기술센터	8	4	7	8	7	5	5	4
1798	충남 청양군	청년농업인 영농 디딤돌 지원사업	80,000	농업기술센터	8	4	7	8	7	5	5	4
1799	충남 청양군	청양농업 최고경영자과정	80,000	농업기술센터	8	4	7	8	7	5	5	4
1800	충남 청양군	청양문화원 음향기기 구입	30,000	문화체육관광과	8	1	7	8	7	1	1	1
1801	충남 청양군	청양문화원 방음공사 및 내부시설 보수	29,210	문화체육관광과	8	1	7	8	7	1	1	1
1802	충남 청양군	산모신생아건강관리지원	52,500	건강증진팀	8	2	7	8	7	5	5	1
1803	충남 청양군	청소년임신출산의료비지원	1,200,000	건강증진팀	8	2	7	8	7	5	5	4
1804	충남 청양군	저소득층기저귀조제분유지원	18,288	건강증진팀	8	2	7	8	7	5	5	4
1805	충남 청양군	표준모자보건수첩	160,000	건강증진팀	8	2	7	8	7	5	5	4
1806	충남 청양군	경로당 리모델링 사업	120,000	통합돌봄과	8	6	4	7	7	1	1	2
1807	충남 청양군	경로당 소요물품 지원	200,000	통합돌봄과	8	6	4	7	7	1	1	2
1808	충남 예산군	자원봉사센터교육장시설보강	35,135	총무과	8	1, 4	6	2	6	1	1	1
1809	충남 예산군	통합사례관리 주거환경개선사업	35,000	주민복지과	8	4	7	1	7	1	1	1
1810	충남 예산군	저소득보훈가족	20,000	주민복지과	8	4	7	8	7	1	1	4
1811	충남 예산군	장애인종합복지관셔틀버스교체	250,000	주민복지과	8	4	7	8	7	1	1	1
1812	충남 예산군	지역아동센터물품지원	11,000	주민복지과	8	4	7	1	7	1	1	1
1813	충남 예산군	지역아동센터환경개선	44,940	주민복지과	8	2	7	1	7	1	1	1
1814	충남 예산군	경로당 신축	208,000	주민복지과	8	5	1	1	1	5	1	1
1815	충남 예산군	독거노인 지원	45,000	주민복지과	8	5	4	1	7	1	1	1
1816	충남 예산군	노인요양시설확충기능보강사업	142,000	주민복지과	8	5	7	1	7	1	1	1
1817	충남 예산군	어린이집통학차량카시트설치지원	44,600	주민복지과	8	1	7	8	7	5	5	4
1818	충남 예산군	향교석전대제방송장비지원	12,000	문화관광과	8	4	7	8	7	5	5	4
1819	충남 예산군	예산수덕사유물전시관건축	4,370	문화관광과	8	2	7	8	7	5	5	4
1820	충남 예산군	수덕사대웅전수발신설비이전	80,000	문화관광과	8	2	7	8	7	5	5	4
1821	충남 예산군	수덕사대웅전화장실개축	500,000	문화관광과	8	2	7	8	7	5	5	4
1822	충남 예산군	수덕사대웅전주변정비	218,500	문화관광과	8	2	7	8	7	5	5	4
1823	충남 예산군	수덕사대웅전난간정비설계	30,000	문화관광과	8	2	7	8	7	5	5	4
1824	충남 예산군	수덕사대웅전소방사전설계	30,000	문화관광과	8	2	7	8	7	5	5	4
1825	충남 예산군	이응노선생사적지초가이엉잇기	26,000	문화관광과	8	6	7	8	7	5	5	4
1826	충남 예산군	수덕사화소대정비	320,000	문화관광과	8	6	7	8	7	5	5	4
1827	충남 예산군	법륜사마당정비	300,000	문화관광과	8	2	7	8	7	5	5	4
1828	충남 예산군	지방세성실납부마을육성	39,000	재무과	8	4	7	8	6	1	1	1
1829	충남 예산군	예산쌀브랜드통합지원	16,000	농정유통과	8	4	7	8	7	1	1	1
1830	충남 예산군	양곡가공업체시설장비지원	150,000	농정유통과	8	4	7	8	7	1	1	1
1831	충남 예산군	벼묘판처리소독약제지원	400,000	농정유통과	8	4	7	8	7	1	1	1
1832	충남 예산군	벼곡물 건조기지원	170,000	농정유통과	8	4	7	8	7	1	1	1
1833	충남 예산군	공동육묘장시설개선사업	15,000	농정유통과	8	4	7	8	7	1	1	1
1834	충남 예산군	친환경 농업단지 조성사업	450,000	농정유통과	8	4	7	8	7	1	1	1
1835	충남 예산군	소형농기계지원사업	440,000	농정유통과	8	4	7	8	7	1	1	1
1836	충남 예산군	벼곡물건조기지원사업	170,000	농정유통과	8	4	7	8	7	1	1	1
1837	충남 예산군	과수저장시설 신선도유지제 지원사업	110,000	농정유통과	8	4	7	8	7	1	1	1
1838	충남 예산군	아열대기후변화대비 체리재배 지원사업	50,000	농정유통과	8	4	7	8	7	1	1	1

순번	시군구	지출명 (사업명)	2020년예산 (단위:천원/1년간)	담당자 (공무원) 담당부서	민간이전 분류 (지방자치단체 세출예산 집행기준에 의거) 1. 민간경상사업보조(1) 2. 민간단체 법정운영비보조(2) 3. 민간행사사업보조(3) 4. 민간위탁금(4) 5. 사회복지시설 법정운영비보조(5) 6. 민간인위탁교육비(6) 7. 공기관등에대한경상적대행사업비(7) 8. 민간자본사업보조,자체재원(8) 9. 민간자본사업보조,이전재원(9) 10. 민간위탁사업비(10) 11. 공기관등에 대한 자본적 대행사업비(11)	민간이전지출 근거 (지방보조금 관리기준 참고) 1. 법률에 규정 2. 국고보조 재원(국가지정) 3. 용도 지정 기부금 4. 조례에 직접규정 5. 지자체가 권장하는 사업을 하는 공공기관 6. 시,도 정책 및 재정사정 7. 기타 8. 해당없음	입찰방식 계약체결방법 (경쟁형태) 1. 일반경쟁 2. 제한경쟁 3. 지명경쟁 4. 수의계약 5. 법정위탁 6. 기타 ( ) 7. 해당없음	입찰방식 계약기간 1. 1년 2. 2년 3. 3년 4. 4년 5. 5년 6. 기타 ( )년 7. 단기계약 (1년미만) 8. 해당없음	입찰방식 낙찰자선정방법 1. 적격심사 2. 협상에의한계약 3. 최저가낙찰제 4. 규격가격분리 5. 2단계 경쟁입찰 6. 기타 ( ) 7. 해당없음	운영예산 산정 운영예산 산정 1. 내부산정 (지자체 자체 적으로 산정) 2. 외부산정 (외부전문기관 위탁 산정) 3. 내·외부 모두 산정 4. 산정 無 5. 해당없음	운영예산 산정 정산방법 1. 내부정산 (지자체 내부적으로 정산) 2. 외부정산 (외부전문기관 위탁 정산) 3. 내·외부 모두 산정 4. 정산 無 5. 해당없음	성과평가 실시여부 1. 실시 2. 미실시 3. 향후 추진 4. 해당없음
1839	충남 예산군	엽연초 영농자재 지원사업	32,000	농정유통과	8	4	7	8	7	1	1	1
1840	충남 예산군	시설원예 재배환경 개선사업	50,000	농정유통과	8	4	7	8	7	1	1	1
1841	충남 예산군	부직포활용 친환경고추 생산지원사업	50,000	농정유통과	8	4	7	8	7	1	1	1
1842	충남 예산군	시설하우스 노후시설교체 지원사업	100,000	농정유통과	8	4	7	8	7	1	1	1
1843	충남 예산군	배추무사마귀병방제 지원사업	100,000	농정유통과	8	4	7	8	7	1	1	1
1844	충남 예산군	시설채소 육묘용상토 지원사업	7,000	농정유통과	8	4	7	8	7	1	1	1
1845	충남 예산군	고추재배농가 포대 지원사업	15,000	농정유통과	8	4	7	8	7	1	1	1
1846	충남 예산군	원예작물 농산물건조기 지원사업	150,000	농정유통과	8	4	7	8	7	1	1	1
1847	충남 예산군	밭작물공동경영체육성 지원사업	630,000	농정유통과	8	2	7	8	7	1	1	1
1848	전북 익산시	식품산업 육성지원	175,000	국가식품클러스터담당관	8	1	7	8	7	5	5	4
1849	전북 익산시	식품기업 농산물 계약재배 활성화 사업	17,000	국가식품클러스터담당관	8	1	7	8	7	5	5	4
1850	전북 익산시	공공시설 관리	103,000	회계과	8	4	7	8	7	5	5	4
1851	전북 익산시	대민통신행정서비스	40,000	교육정보과	8	4	4	7	6	1	1	1
1852	전북 익산시	시민단체행사지원	78,000	행정지원과	8	4	7	8	7	5	5	1
1853	전북 익산시	시민단체 지원	83,000	행정지원과	8	4	7	8	7	5	5	1
1854	전북 익산시	지역골목경제 융복합 상권개발 사업	140,000	일자리정책과	8	2	7	8	7	5	5	4
1855	전북 익산시	석재산업 활성화 지원	200,000	투자유치과	8	4	1	7	7	1	1	1
1856	전북 익산시	섬유산업 활성화 지원	200,000	투자유치과	8	4	7	8	7	5	5	4
1857	전북 익산시	전통문화 행사 지원	3,720,000	문화관광산업과	8	4	7	8	7	5	5	4
1858	전북 익산시	고도지구 주거환경 및 가로경관 개선 지원	560,000	역사문화재과	8	1, 4	7	8	7	5	5	4
1859	전북 익산시	체육단체 운영 지원	7,000	체육진흥과	8	1, 4	7	7	7	1	1	4
1860	전북 익산시	소규모 체육시설 조성 및 유지보수관리	488,301	체육진흥과	8	1	7	8	7	5	5	4
1861	전북 익산시	노인여가시설 기능보강	2,155,000	경로장애인과	8	4	4	7	7	1	1	3
1862	전북 익산시	항공대대 이전 지역 주민숙원사업	225,000	경로장애인과	8	4	4	7	7	1	1	3
1863	전북 익산시	생활이동지원센터 차량구입	27,000	경로장애인과	8	1	7	8	7	1	1	4
1864	전북 익산시	장애인직업재활시설 기능보강	25,000	경로장애인과	8	1	4	1	7	1	1	1
1865	전북 익산시	우리마을 돌봄공동체 사업	40,000	아동복지과	8	2	7	8	7	5	5	4
1866	전북 익산시	여성단체협의회 육성 및 행사지원	13,000	여성청소년과	8	4	7	8	7	5	5	4
1867	전북 익산시	미혼모자가족복지시설 기능보강	80,000	여성청소년과	8	1	7	8	7	5	5	4
1868	전북 익산시	농업회의소 활성화	6,715	미래농업과	8	4	7	8	7	1	1	1
1869	전북 익산시	비가림 벼 육묘장 설치 지원사업	75,000	미래농업과	8	4	4, 7	7	1, 3	1	1	2
1870	전북 익산시	친환경유기질비료지원	181,800	미래농업과	8	4	7	8	7	5	1	4
1871	전북 익산시	벼육묘용상토지원	600,000	미래농업과	8	4	7	8	7	1	1	2
1872	전북 익산시	이삭거름 지원사업	400,000	미래농업과	8	4	7	8	7	1	1	2
1873	전북 익산시	우렁이 지원사업	200,000	미래농업과	8	7	6	8	7	3	1	4
1874	전북 익산시	아열대작물 생산시설 지원	80,000	농촌활력과	8	4	7	8	7	1	1	1
1875	전북 익산시	과수경쟁력강화 농기계 지원	100,000	농촌활력과	8	4	7	8	7	1	1	1
1876	전북 익산시	스마트팜 신규농가 확대 보급사업	71,770	농촌활력과	8	4	7	8	7	1	1	1
1877	전북 익산시	스마트팜 버섯 재배 확대 지원	25,000	농촌활력과	8	4	7	8	7	1	1	1
1878	전북 익산시	시설원예 토양전염병 방제사업	100,000	농촌활력과	8	4	7	8	7	5	5	4
1879	전북 익산시	시설채소 경쟁력 향상 지원사업	50,000	농촌활력과	8	4	7	8	7	1	1	1
1880	전북 익산시	기후변화대응 시설개선 사업	40,000	농촌활력과	8	4	7	8	7	1	1	1
1881	전북 익산시	고추 품질향상 병해충 방제사업	14,000	농촌활력과	8	4	7	8	7	1	1	1
1882	전북 익산시	시설채소 품질향상 지원사업	48,000	농촌활력과	8	4	7	8	7	1	1	1
1883	전북 익산시	생분해성 멀칭 필름 시범사업	10,000	농촌활력과	8	4	7	8	7	5	5	4
1884	전북 익산시	시설원예 기능성필름을 활용한 경쟁력 강화 사업	100,000	농촌활력과	8	4	7	8	7	1	1	1

순번	시군구	지출명 (사업명)	2020년예산 (단위:천원/1년간)	담당자 (공무원) 담당부서	민간이전 분류 (지방자치단체 세출예산 집행기준에 의거) 1. 민간경상사업보조(1) 2. 민간단체 법정운영비보조(2) 3. 민간행사사업보조(3) 4. 민간위탁금(4) 5. 사회복지시설 법정운영비보조(5) 6. 민간인위탁교육비(6) 7. 공기관등에대한경상적대행사업비(7) 8. 민간자본사업보조,자체재원(8) 9. 민간자본사업보조,이전재원(9) 10. 민간위탁사업비(10) 11. 공기관등에 대한 자본적 대행사업비(11)	민간이전지출 근거 (지방보조금 관리기준 참고) 1. 법률에 규정 2. 국고보조 재원(국가지정) 3. 용도 지정 기부금 4. 조례에 직접규정 5. 지자체가 권장하는 사업을 하는 공공기관 6. 시,도 정책 및 재정사정 7. 기타 8. 해당없음	입찰방식 계약체결방법 (경쟁형태) 1. 일반경쟁 2. 제한경쟁 3. 지명경쟁 4. 수의계약 5. 법정위탁 6. 기타 ( ) 7. 해당없음	입찰방식 계약기간 1. 1년 2. 2년 3. 3년 4. 4년 5. 5년 6. 기타 ( )년 7. 단기계약 (1년미만) 8. 해당없음	입찰방식 낙찰자선정방법 1. 적격심사 2. 협상에의한계약 3. 최저가낙찰제 4. 규격가격분리 5. 2단계 경쟁입찰 6. 기타 ( ) 7. 해당없음	운영예산 산정 운영예산 산정 1. 내부산정 (지자체 자체적으로 산정) 2. 외부산정 (외부전문기관 위탁 산정) 3. 내·외부 모두 산정 4. 산정 無 5. 해당없음	운영예산 산정 정산방법 1. 내부정산 (지자체 내부적으로 정산) 2. 외부정산 (외부전문기관 위탁 정산) 3. 내·외부 모두 산정 4. 정산 無 5. 해당없음	성과평가 실시여부 1. 실시 2. 미실시 3. 향후 추진 4. 해당없음
1885	전북 익산시	익산보리쌀 포장재 지원	8,000	농산유통과	8	1	7	8	7	5	5	4
1886	전북 익산시	저온저장고지원	108,000	농산유통과	8	4	7	8	7	1	1	1
1887	전북 익산시	벼 톤백 지원사업	100,000	농산유통과	8	7	7	8	7	5	5	4
1888	전북 익산시	브랜드개발지원	473,900	농산유통과	8	4	7	8	7	5	5	4
1889	전북 익산시	로컬푸드 직매장 운영	30,000	농산유통과	8	4	7	8	7	1	1	1
1890	전북 익산시	학교급식지원센터 운영	47,000	농산유통과	8	4	7	8	7	1	1	4
1891	전북 익산시	우량종돈 보급사업	60,000	축산과	8	8	7	8	7	5	5	4
1892	전북 익산시	번식우 생산성향상	25,000	축산과	8	8	7	8	7	5	5	4
1893	전북 익산시	곤충농가 기자재 지원사업	16,000	축산과	8	8	7	8	7	5	5	4
1894	전북 익산시	양봉농가 기자재 지원사업	55,000	축산과	8	8	7	8	7	5	5	4
1895	전북 익산시	낙농가 초유 저장고 지원사업	12,000	축산과	8	8	7	8	7	5	5	4
1896	전북 익산시	축산환경개선지원사업	800,000	축산과	8	8	7	8	7	5	5	4
1897	전북 익산시	친환경임산물 생산지원	45,000	산림과	8	4	7	8	7	1	1	1
1898	전북 익산시	임산물재배농가 전동운반차 지원사업	12,500	산림과	8	4	7	8	7	1	1	1
1899	전북 익산시	표고버섯 톱밥배지 지원사업	30,000	산림과	8	4	7	8	7	1	1	1
1900	전북 익산시	산나물,약초 재배농가 지원사업	5,000	산림과	8	4	7	8	7	1	1	1
1901	전북 익산시	천연가스 자동차 확대보급	190,000	환경정책과	8	8	7	8	7	5	5	4
1902	전북 익산시	실시간 악취 통합관리시스템 운영	500,000	환경관리과	8	4	7	8	7	1	1	3
1903	전북 익산시	읍면동 방범용 CCTV 설치	425,500	시민안전과	8	1, 4	7	8	7	1	1	3
1904	전북 익산시	시내버스 승강장명 표지 제작 및 설치 지원	100,000	교통행정과	8	4	7	8	7	1	1	4
1905	전북 익산시	시내버스 노후차량 교체지원	380,000	교통행정과	8	1	7	8	7	1	1	4
1906	전북 익산시	어린이 급식관리 지원센터 설치 운영	520,000	위생과	8	8	7	8	7	5	5	4
1907	전북 익산시	기초생활인프라	240,000	주택과	8	4	7	8	7	1	1	3
1908	전북 익산시	도시빈집 정비사업	97,500	주택과	8	4	7	8	7	1	1	3
1909	전북 익산시	공동주택지원사업	200,000	주택과	8	4	7	7	7	1	1	3
1910	전북 익산시	소규모주민숙원사업	193,000	주택과	8	4	7	7	7	1	1	3
1911	전북 익산시	한센병 관리	10,000	보건지원과	8	7	6	1	7	1	1	4
1912	전북 익산시	청년농업인 육성	28,000	농촌지원과	8	6	7	8	7	5	5	4
1913	전북 익산시	귀농정착지원	190,000	농촌지원과	8	6	7	8	7	5	5	4
1914	전북 익산시	농기계지원	156,000	농촌지원과	8	1	7	8	7	5	5	4
1915	전북 익산시	농작업 환경개선	25,200	농촌지원과	8	2	7	8	7	5	5	4
1916	전북 익산시	병해충 사전방제 지원	510,500	기술보급과	8	4	7	8	7	1	1	1
1917	전북 익산시	농축산물생산지원	390,000	기술보급과	8	4	7	8	7	1	1	1
1918	전북 익산시	시설원예 생산지원	9,800	기술보급과	8	4	7	8	7	1	1	1
1919	전북 익산시	작은 도서관 조성, 운영 지원	6,000	시립도서관	8	1, 4	7	8	7	5	1	4
1920	전북 익산시	개방주차장 지원	200,000	교통행정과	8	8	7	8	7	5	5	4
1921	전북 남원시	장애인 체육장비 지원사업	10,000	교육체육과	8	4	7	8	7	1	5	4
1922	전북 남원시	게이트볼장 기능보강	113,400	교육체육과	8	4	7	8	7	1	5	4
1923	전북 남원시	장애인생활이동지원센터 차량구입 지원	31,000	주민복지과	8	1	7	8	7	1	5	4
1924	전북 남원시	경로당 현판 정비 사업	49,000	여성가족과	8	4	7	8	7	1	5	4
1925	전북 남원시	경로당 기능보강	1,182,000	여성가족과	8	4	7	8	7	1	5	4
1926	전북 남원시	노인복지시설(남원동북노인복지재단) 기능보강사업	10,000	여성가족과	8	1	7	8	7	1	5	4
1927	전북 남원시	투자기업지원 보조금	300,000	기업지원과	8	4	7	8	7	5	5	4
1928	전북 남원시	쌀생산비 절감 농기계 구입지원	1,000,000	농정과	8	1	7	8	7	1	5	4
1929	전북 남원시	벼육묘용 상토 구입지원	1,450,000	농정과	8	1	7	8	7	1	5	4
1930	전북 남원시	공동브랜드쌀 원료곡 생산단지 조성	200,000	농정과	8	1	7	8	7	1	5	4

순번	시군구	지출명 (사업명)	2020년예산 (단위:천원/1년간)	담당자 (공무원) 담당부서	민간이전 분류 (지방자치단체 세출예산 집행기준에 의거) 1. 민간경상사업보조(1) 2. 민간단체 법정운영비보조(2) 3. 민간행사사업보조(3) 4. 민간위탁금(4) 5. 사회복지시설 법정운영비보조(5) 6. 민간인위탁교육비(6) 7. 공기관등에대한경상적대행사업비(7) 8. 민간자본사업보조,자체재원(8) 9. 민간자본사업보조,이전재원(9) 10. 민간위탁사업비(10) 11. 공기관등에 대한 자본적 대행사업비(11)	민간이전지출 근거 (지방보조금 관리기준 참고) 1. 법률에 규정 2. 국고보조 재원(국가지정) 3. 용도 지정 기부금 4. 조례에 직접규정 5. 지자체가 권장하는 사업을 하는 공공기관 6. 시,도 정책 및 재정사정 7. 기타 8. 해당없음	입찰방식 계약체결방법 (경쟁형태) 1. 일반경쟁 2. 제한경쟁 3. 지명경쟁 4. 수의계약 5. 법정위탁 6. 기타 ( ) 7. 해당없음	입찰방식 계약기간 1. 1년 2. 2년 3. 3년 4. 4년 5. 5년 6. 기타 ( )년 7. 단기계약 (1년미만) 8. 해당없음	입찰방식 낙찰자선정방법 1. 적격심사 2. 협상에의한계약 3. 최저가낙찰제 4. 규격가격분리 5. 2단계 경쟁입찰 6. 기타 ( ) 7. 해당없음	운영예산 산정 운영예산 산정 1. 내부산정 (지자체 자체적으로 산정) 2. 외부산정 (외부전문기관 위탁 산정) 3. 내·외부 모두 산정 4. 산정 無 5. 해당없음	운영예산 산정 정산방법 1. 내부정산 (지자체 내부적으로 정산) 2. 외부정산 (외부전문기관 위탁 정산) 3. 내·외부 모두 산정 4. 정산 無 5. 해당없음	성과평가 실시여부 1. 실시 2. 미실시 3. 향후 추진 4. 해당없음
1931	전북 남원시	공동브랜드쌀 포장재 제작지원	30,000	농정과	8	1	7	8	7	1	5	4
1932	전북 남원시	우리밀 소비촉진 지원사업	24,000	농정과	8	1	7	8	7	1	5	4
1933	전북 남원시	논 타작물 단지화 교육·컨설팅 지원	27,000	농정과	8	1	7	8	7	1	5	4
1934	전북 남원시	소형관정개발	120,000	농정과	8	1	7	8	7	1	5	4
1935	전북 남원시	중형관정개발	105,000	농정과	8	1	7	8	7	1	5	4
1936	전북 남원시	소규모 농식품기업 육성 지원사업	100,000	농촌활력과	8	1	7	8	7	5	5	4
1937	전북 남원시	농산물저온저장고 설치	240,000	원예산업과	8	4	7	8	7	1	5	4
1938	전북 남원시	원예용 중형 관정개발 지원	52,500	원예산업과	8	4	7	8	7	1	5	4
1939	전북 남원시	원예작물 고품질 생산지원	100,000	원예산업과	8	4	7	8	7	5	5	4
1940	전북 남원시	시설하우스 연작피해 해소를 위한 토양개량 지원	50,000	원예산업과	8	4	7	8	7	1	5	4
1941	전북 남원시	원예작물 비가림 하우스 설치 지원	500,000	원예산업과	8	4	7	8	7	1	5	4
1942	전북 남원시	시설하우스 농작업 및 생육환경개선 차광망 설치	80,000	원예산업과	8	4	7	8	7	1	5	4
1943	전북 남원시	밭작물 관리기 지원사업	55,000	원예산업과	8	4	7	8	7	5	5	4
1944	전북 남원시	고품질 포도 생산단지 지원	512,700	원예산업과	8	4	7	8	7	1	5	4
1945	전북 남원시	사과 명품화 신규조성	50,000	원예산업과	8	4	7	8	7	1	5	4
1946	전북 남원시	과수농가 관정(중형)지원	105,000	원예산업과	8	4	7	8	7	1	5	4
1947	전북 남원시	과수 다목적 스피드스프레이어 지원	260,000	원예산업과	8	4	7	8	7	1	5	4
1948	전북 남원시	과수 고소작업차 지원	240,000	원예산업과	8	4	7	8	7	1	5	4
1949	전북 남원시	과일선별기 지원	35,000	원예산업과	8	4	7	8	7	1	5	4
1950	전북 남원시	전동(전지)가위	30,000	원예산업과	8	4	7	8	7	1	5	4
1951	전북 남원시	과수 냉해방지용 온풍기 지원	60,000	원예산업과	8	4	7	8	7	1	5	4
1952	전북 남원시	과수 저온피해 예방지원	55,000	원예산업과	8	4	7	8	7	1	5	4
1953	전북 남원시	특용 작물 육성지원	70,000	원예산업과	8	4	7	8	7	1	5	4
1954	전북 남원시	친환경농업 육성자재 지원사업	200,000	원예산업과	8	4	7	8	7	1	5	4
1955	전북 남원시	친환경농산물 생산기반 확대 지원사업	100,000	원예산업과	8	4	7	8	7	1	5	4
1956	전북 남원시	친환경(인증농가)농기계 지원사업	50,000	원예산업과	8	4	7	8	7	1	5	4
1957	전북 남원시	퇴비공장 악취저감 약품지원	56,000	원예산업과	8	4	7	8	7	1	5	4
1958	전북 남원시	한우 축산시설,장비 현대화 지원사업	330,000	축산과	8	1	7	8	7	5	5	4
1959	전북 남원시	면역력 증강제 지원사업	50,000	축산과	8	1	7	8	7	5	5	4
1960	전북 남원시	가축시장 전자경매시스템 현대화사업	40,000	축산과	8	1	7	8	7	5	5	4
1961	전북 남원시	쇠죽한우 육성기반 지원사업	60,000	축산과	8	1	7	8	7	5	5	4
1962	전북 남원시	젖소인공수정 정액지원사업	25,000	축산과	8	1	7	8	7	5	5	4
1963	전북 남원시	젖소 축산시설,장비 현대화 지원사업	62,395	축산과	8	1	7	8	7	5	5	4
1964	전북 남원시	가금 축산시설,장비 현대화사업	42,000	축산과	8	1	7	8	7	5	5	4
1965	전북 남원시	꿀벌기자재 지원사업	182,000	축산과	8	1	7	8	7	5	5	4
1966	전북 남원시	흑염소 기자재 지원사업	10,900	축산과	8	1	7	8	7	5	5	4
1967	전북 남원시	흑염소 종모 지원사업	25,000	축산과	8	1	7	8	7	5	5	4
1968	전북 남원시	가축재해 대응 축산시설 장비 지원사업	200,000	축산과	8	1	7	8	7	5	5	4
1969	전북 남원시	조사료 기자재(곤포비닐)지원사업	156,000	축산과	8	1	7	8	7	5	5	4
1970	전북 남원시	가금류 계분처리(왕겨) 지원사업	126,000	축산과	8	1	7	8	7	5	5	4
1971	전북 남원시	축산농가 축분처리 (톱밥 등)지원사업	180,000	축산과	8	1	7	8	7	5	5	4
1972	전북 남원시	가축분뇨 악취방제약품 지원사업	150,000	축산과	8	1	7	8	7	5	5	4
1973	전북 남원시	가축분뇨 처리장비(스키드로더) 지원사업	120,000	축산과	8	1	7	8	7	5	5	4
1974	전북 남원시	가금농가 계분처리장비 지원	100,000	축산과	8	1	7	8	7	5	5	4
1975	전북 남원시	축산농가 차량자동소독시설	22,500	축산과	8	1	7	8	7	5	5	4
1976	전북 남원시	동물사체 처리시설 지원사업	93,000	축산과	8	7(가축방역실시요령)	7	8	7	5	5	4

순번	시군구	지출명 (사업명)	2020년예산 (단위:천원/1년간)	담당자 (공무원) 담당부서	민간이전 분류 (지방자치단체 세출예산 집행기준에 의거) 1. 민간경상사업보조(1) 2. 민간단체 법정운영비보조(2) 3. 민간행사사업보조(3) 4. 민간위탁금(4) 5. 사회복지시설 법정운영비보조(5) 6. 민간인위탁교육비(6) 7. 공기관등에대한경상적대행사업비(7) 8. 민간자본사업보조,자체재원(8) 9. 민간자본사업보조,이전재원(9) 10. 민간위탁사업비(10) 11. 공기관등에 대한 자본적 대행사업비(11)	민간이전지출 근거 (지방보조금 관리기준 참고) 1. 법률에 규정 2. 국고보조 재원(국가지정) 3. 용도 지정 기부금 4. 조례에 직접규정 5. 지자체가 권장하는 사업을 하는 공공기관 6. 시,도 정책 및 재정사정 7. 기타 8. 해당없음	입찰방식 계약체결방법 (경쟁형태) 1. 일반경쟁 2. 제한경쟁 3. 지명경쟁 4. 수의계약 5. 법정위탁 6. 기타 ( ) 7. 해당없음	입찰방식 계약기간 1. 1년 2. 2년 3. 3년 4. 4년 5. 5년 6. 기타 ( )년 7. 단기계약 (1년미만) 8. 해당없음	입찰방식 낙찰자선정방법 1. 적격심사 2. 협상에의한계약 3. 최저가낙찰제 4. 규격가격분리 5. 2단계 경쟁입찰 6. 기타 ( ) 7. 해당없음	운영예산 산정 운영예산 산정 1. 내부산정 (지자체 자체적으로 산정) 2. 외부산정 (외부전문기관위탁 산정) 3. 내·외부 모두 산정 4. 산정 無 5. 해당없음	운영예산 산정 정산방법 1. 내부정산 (지자체 내부적으로 정산) 2. 외부정산 (외부전문기관위탁 정산) 3. 내·외부 모두 산정 4. 정산 無 5. 해당없음	성과평가 실시여부 1. 실시 2. 미실시 3. 향후 추진 4. 해당없음
1977	전북 남원시	참두릅 재배지원사업	33,000	산림녹지과	8	4	7	8	7	1	5	4
1978	전북 남원시	산채나물 재배지원사업	50,000	산림녹지과	8	4	7	8	7	1	5	4
1979	전북 남원시	마을방범용 CCTV 신규설치	90,000	안전재난과	8	4	7	8	7	5	5	4
1980	전북 남원시	마을방범용 저화질 CCTV 교체	60,000	안전재난과	8	4	7	8	7	5	5	4
1981	전북 남원시	시내버스 운수종사자 휴게시설 리모델링	65,000	교통과	8	1	7	8	7	4	5	4
1982	전북 남원시	시내버스 외관 도색 사업	64,400	교통과	8	1	7	8	7	4	5	4
1983	전북 남원시	노후 대폐차 지원 사업	300,000	교통과	8	1	7	8	7	4	5	4
1984	전북 남원시	시내버스 정차 알림 시스템	43,000	교통과	8	1	7	8	7	4	5	4
1985	전북 남원시	벼 병해충 사전방제(육묘상 처리제) 지원	794,700	농업기술센터	8	4	7	8	7	1	5	4
1986	전북 남원시	고온기 우량딸기묘 생산 패키지 기술보급	65,000	농업기술센터	8	4	7	8	7	1	5	4
1987	전북 남원시	친환경 특화작목 육성 종합관리 기술보급	30,000	농업기술센터	8	4	7	8	7	1	5	4
1988	전북 남원시	복숭아 탑프루트 단지육성 시범	30,000	농업기술센터	8	4	7	8	7	1	5	4
1989	전북 남원시	농작물 병해충 방제비	75,400	농업기술센터	8	4	7	8	7	1	5	4
1990	전북 남원시	기후 온난화 대응 새로운 소득과수 도입시범	100,000	농업기술센터	8	4	7	8	7	1	5	4
1991	전북 남원시	딸기 신품종 조기보급 시범	30,000	농업기술센터	8	4	7	8	7	1	5	4
1992	전북 남원시	유기농 오이 양분공급 및 병해충 관리기술 시범	30,000	농업기술센터	8	4	7	8	7	1	5	4
1993	전북 남원시	소비선호형 우리품종 단지조성 시범	194,000	농업기술센터	8	4	7	8	7	1	5	4
1994	전북 남원시	시설과수 재배농가 스마트팜 기술시범	50,000	농업기술센터	8	4	7	8	7	1	5	4
1995	전북 남원시	딸기 상토절감 화분재배 기술시범	36,000	농업기술센터	8	4	7	8	7	1	5	4
1996	전북 남원시	과수 지역특화품종 육성을 위한 생산단지 조성시범	120,000	농업기술센터	8	4	7	8	7	1	5	4
1997	전북 남원시	기후변화 대응 돌발해충 공동방제	20,000	농업기술센터	8	4	7	8	7	1	5	4
1998	전북 남원시	단동형온실 동별 온수난방 시범	38,400	농업기술센터	8	4	7	8	7	1	5	4
1999	전북 남원시	고품질 우량 딸기묘 생산시범	24,000	농업기술센터	8	4	7	8	7	1	5	4
2000	전북 남원시	돌발해충 방제 신기술 보급	10,000	농업기술센터	8	4	7	8	7	1	5	4
2001	전북 남원시	춘향씨감자 안정생산 자재구입 지원사업	35,000	농업기술센터	8	4	7	8	7	1	5	4
2002	전북 남원시	춘향씨감자 안정생산 통망사 지원사업	60,000	농업기술센터	8	4	7	8	7	1	5	4
2003	전북 김제시	징게장터 발간	10,000	경제진흥과	8	4	7	8	7	5	1	4
2004	전북 김제시	소상공인 시설개선 및 경영지원사업	200,000	경제진흥과	8	4	7	8	7	5	1	4
2005	전북 김제시	뿌리기업 그린환경시스템 구축 지원사업	20,000	투자유치과	8	5	7	8	7	5	5	1
2006	전북 김제시	경로당 및 한울타리 행복의 집 기능보강 지원사업	347,000	여성가족과	8	4	7	8	7	5	1	1
2007	전북 김제시	한울타리 행복의 집 조성운영	216,000	여성가족과	8	4	7	8	7	5	1	4
2008	전북 김제시	독거노인 주거환경 개선사업	250,000	여성가족과	8	4	7	8	7	5	1	1
2009	전북 김제시	시내버스 행선판 교체 지원	16,000	교통행정과	8	4	7	7	7	1	1	4
2010	전북 김제시	마을 생활안전용 CCTV 설치	35,000	정보통신과	8	4	4	7	7	1	2	4
2011	전북 김제시	마을방송장비 구매 설치	28,500	정보통신과	8	4	4	7	7	1	1	1
2012	전북 김제시	무선마을방송시스템 구축	45,670	정보통신과	8	4	4	7	7	1	1	1
2013	전북 김제시	광역 폐기물 매립시설 주변영향지역 개발사업	344,000	환경과	8	1	7	8	7	5	5	4
2014	전북 김제시	광역 폐기물 매립시설 주변영향지역 개발사업	150,000	환경과	8	1	7	8	7	5	5	4
2015	전북 김제시	광역 폐기물 매립시설 주변영향지역 개발사업	150,000	환경과	8	1	7	8	7	5	5	4
2016	전북 김제시	주요도로변 방치건축물 정비	200,000	건축과	8	4	7	8	7	5	5	4
2017	전북 김제시	공동주택시설개선 지원사업	160,000	건축과	8	4	7	8	7	5	5	4
2018	전북 김제시	농촌 빈집정비사업	200,000	건축과	8	7	7	7	7	5	5	4
2019	전북 김제시	촌집 리모델링 반값 임대주택사업	20,000	건축과	8	7	7	7	7	5	5	4
2020	전북 김제시	주민 공동이용시설 정비사업	200,000	건축과	8	7	7	7	7	5	5	1
2021	전북 김제시	한센 주거환경 개선사업	33,000	보건위생과	8	6	7	8	7	5	1	4
2022	전북 김제시	축산 내촌	326,000	농업정책과	8	6	7	8	7	5	5	4

순번	시군구	지출명 (사업명)	2020년예산 (단위:천원/1년간)	담당자 (공무원) 담당부서	민간이전 분류 (지방자치단체 세출예산 집행기준에 의거) 1. 민간경상사업보조(1) 2. 민간단체 법정운영비보조(2) 3. 민간행사사업보조(3) 4. 민간위탁금(4) 5. 사회복지시설 법정운영비보조(5) 6. 민간인위탁교육비(6) 7. 공기관등에대한경상적대행사업비(7) 8. 민간자본사업보조,자체재원(8) 9. 민간자본사업보조,이전재원(9) 10. 민간위탁사업비(10) 11. 공기관등에 대한 자본적 대행사업비(11)	민간이전지출 근거 (지방보조금 관리기준 참고) 1. 법률에 규정 2. 국고보조 재원(국가지정) 3. 용도 지정 기부금 4. 조례에 직접규정 5. 지자체가 권장하는 사업을 하는 공공기관 6. 시,도 정책 및 재정사정 7. 기타 8. 해당없음	입찰방식 계약체결방법 (경쟁형태) 1. 일반경쟁 2. 제한경쟁 3. 지명경쟁 4. 수의계약 5. 법정위탁 6. 기타 ( ) 7. 해당없음	입찰방식 계약기간 1. 1년 2. 2년 3. 3년 4. 4년 5. 5년 6. 기타 ( )년 7. 단기계약 (1년미만) 8. 해당없음	입찰방식 낙찰자선정방법 1. 적격심사 2. 협상에의한계약 3. 최저가낙찰제 4. 규격가격분리 5. 2단계 경쟁입찰 6. 기타 ( ) 7. 해당없음	운영예산 산정 운영예산 산정 1. 내부산정 (지자체 자체적으로 산정) 2. 외부산정 (외부전문기관위탁 산정) 3. 내·외부 모두 산정 4. 산정 無 5. 해당없음	운영예산 산정 정산방법 1. 내부정산 (지자체 내부적으로 정산) 2. 외부정산 (외부전문기관위탁 정산) 3. 내·외부 모두 산정 4. 정산 無 5. 해당없음	성과평가 실시여부 1. 실시 2. 미실시 3. 향후 추진 4. 해당없음
2023	전북 김제시	금구 구암	205,000	농업정책과	8	6	7	8	7	5	5	4
2024	전북 김제시	친환경농산물 생산자재 지원사업	300,000	농업정책과	8	6	7	8	7	5	5	4
2025	전북 김제시	소형농기계 지원사업	500,000	농업정책과	8	6	7	8	7	5	5	4
2026	전북 김제시	논 타작물 지원사업	200,000	농업정책과	8	6	7	8	7	5	5	4
2027	전북 김제시	권역별 지역특화작목 육성사업	400,000	농업정책과	8	2	7	8	7	5	5	4
2028	전북 김제시	과수경쟁력강화 지원사업	200,000	농업정책과	8	4	7	8	7	5	5	4
2029	전북 김제시	농산물 저온저장고 지원사업	300,000	농업정책과	8	4	7	8	7	5	5	4
2030	전북 김제시	고소득작목 육성사업	135,000	농업정책과	8	4	7	8	7	5	5	4
2031	전북 김제시	파프리카 생산자재 지원사업	100,000	농업정책과	8	4	7	8	7	5	5	4
2032	전북 김제시	인삼차광막 지원사업	50,000	농업정책과	8	4	7	8	7	5	5	4
2033	전북 김제시	시설하우스 설치보강 지원사업	500,000	농업정책과	8	2	7	8	7	5	5	4
2034	전북 김제시	지평선쌀 생산종자 지원사업	255,000	먹거리유통과	8	4	7	8	7	1	1	1
2035	전북 김제시	RPC 자체수매확대 쌀 포장재 지원	30,000	먹거리유통과	8	4	7	8	7	1	1	1
2036	전북 김제시	지평선 공동브랜드 포장재 지원	243,025	먹거리유통과	8	4	1, 4	7	1	1	1	1
2037	전북 김제시	지평선몰 택배비 지원	15,000	먹거리유통과	8	4	7	7	7	1	1	1
2038	전북 김제시	통합마케팅 전문조직육성 포장재 지원	100,000	먹거리유통과	8	4	7	8	7	1	3	1
2039	전북 김제시	한우 혈통등록비 지원	20,000	축산진흥과	8	1	7	8	7	1	1	4
2040	전북 김제시	한우 우량정액 지원	65,000	축산진흥과	8	1	7	8	7	1	1	4
2041	전북 김제시	산란계 시설장비 지원	75,000	축산진흥과	8	4	7	8	7	5	5	2
2042	전북 김제시	젖소능력 개량사업	20,000	축산진흥과	8	1	7	8	7	1	1	4
2043	전북 김제시	젖소 착유기 보수 지원	40,000	축산진흥과	8	1	7	8	7	1	1	4
2044	전북 김제시	벌꿀생산량 제고사업	46,850	축산진흥과	8	1	7	8	7	1	1	4
2045	전북 김제시	고품질 벌꿀생산 지원사업	15,000	축산진흥과	8	1	7	8	7	1	1	4
2046	전북 김제시	벼 육묘상자처리제 지원	240,000	기술보급과	8	4	7	8	7	5	5	4
2047	전북 완주군	치매치료관리비지원	223,367	보건소	8	1	7	8	7	5	5	4
2048	전북 완주군	다용도 비닐하우스 지원사업	160,000	기술보급과	8	7	7	8	7	5	5	4
2049	전북 완주군	시설현대화하우스 환경개선 사업	100,000	기술보급과	8	7	7	8	7	5	5	4
2050	전북 완주군	육묘대행 지원사업	48,750	기술보급과	8	7	7	8	7	5	5	4
2051	전북 완주군	화훼산업 활성화 사업	100,000	기술보급과	8	7	7	8	7	5	5	4
2052	전북 완주군	봉동생강 명품화 사업	60,000	기술보급과	8	7	7	8	7	5	5	4
2053	전북 완주군	채소류 생산안정지원사업	237,600	기술보급과	8	2	7	8	7	5	5	4
2054	전북 완주군	배 수출 경쟁력 향상 지원사업	70,000	기술보급과	8	4	7	8	7	5	5	4
2055	전북 완주군	블루베리 유통 활성화 사업	40,000	기술보급과	8	4	7	8	7	5	5	4
2056	전북 완주군	교미교란제 이용 해충 적기방제 시범	30,000	기술보급과	8	4	7	8	7	5	5	4
2057	전북 완주군	고품질 과실생산을 위한 기자재 지원사업	20,000	기술보급과	8	4	7	8	7	5	5	4
2058	전북 완주군	시설재배 과수재배 환경개선사업	15,000	기술보급과	8	4	7	8	7	5	5	4
2059	전북 완주군	친환경농업 조기 정착 및 저변 확대 지원사업	300,000	기술보급과	8	4	7	8	7	5	5	4
2060	전북 완주군	토양미생물제 활용 토양 병해충 방제	91,800	기술보급과	8	4	7	8	7	5	5	4
2061	전북 완주군	딸기원묘생산 거점농가 육성시범	420,000	기술보급과	8	4	7	8	7	5	5	4
2062	전북 완주군	딸기육묘 고온예방 환경관리 시범	80,000	기술보급과	8	4	7	8	7	5	5	4
2063	전북 완주군	중소형 농기계 지원사업	200,000	농촌지원과	8	5	7	8	7	5	5	4
2064	전북 완주군	고령농 등을 위한 농작업 대행단 설치 운영	96,000	농촌지원과	8	5	7	8	7	5	5	4
2065	전북 완주군	지역자율형사회서비스투자사업	1,925,000	사회복지과	8	2	7	8	7	4	2	3
2066	전북 완주군	농업용 관정개발사업	504,000	재안안전과	8	4	7	8	7	5	5	4
2067	전북 완주군	소셜굿즈 육성사업	110,000	사회적경제과	8	4	7	8	7	5	1	4
2068	전북 완주군	청년창업공동체육성	15,000	사회적경제과	8	4	7	8	7	5	1	1

순번	시군구	지출명 (사업명)	2020년예산 (단위:천원/1년간)	담당자 (공무원) 담당부서	민간이전 분류 (지방자치단체 세출예산 집행기준에 의거) 1. 민간경상사업보조(1) 2. 민간단체 법정운영비보조(2) 3. 민간행사사업보조(3) 4. 민간위탁금(4) 5. 사회복지시설 법정운영비보조(5) 6. 민간인위탁교육비(6) 7. 공기관등에대한경상적대행사업비(7) 8. 민간자본사업보조,자체재원(8) 9. 민간자본사업보조,이전재원(9) 10. 민간위탁사업비(10) 11. 공기관등에 대한 자본적 대행사업비(11)	민간이전지출 근거 (지방보조금 관리기준 참고) 1. 법률에 규정 2. 국고보조 재원(국가지정) 3. 용도 지정 기부금 4. 조례에 직접규정 5. 지자체가 권장하는 사업을 하는 공공기관 6. 시,도 정책 및 재정사정 7. 기타 8. 해당없음	입찰방식 계약체결방법 (경쟁형태) 1. 일반경쟁 2. 제한경쟁 3. 지명경쟁 4. 수의계약 5. 법정위탁 6. 기타 ( ) 7. 해당없음	입찰방식 계약기간 1. 1년 2. 2년 3. 3년 4. 4년 5. 5년 6. 기타 ( )년 7. 단기계약 (1년미만) 8. 해당없음	입찰방식 낙찰자선정방법 1. 적격심사 2. 협상에의한계약 3. 최저가낙찰제 4. 규격가격분리 5. 2단계 경쟁입찰 6. 기타 ( ) 7. 해당없음	운영예산 산정 운영예산 산정 1. 내부산정 (지자체 자체적으로 산정) 2. 외부산정 (외부전문기관위탁 산정) 3. 내·외부 모두 산정 4. 산정 無 5. 해당없음	운영예산 산정 정산방법 1. 내부정산 (지자체 내부적으로 정산) 2. 외부정산 (외부전문기관위탁 정산) 3. 내·외부 모두 산정 4. 정산 無 5. 해당없음	성과평가 실시여부 1. 실시 2. 미실시 3. 향후 추진 4. 해당없음
2069	전북 완주군	아파트 르네상스 시설지원	30,000	사회적경제과	8	4	7	8	7	5	5	4
2070	전북 완주군	산간오지 군민 먹거리복지증진 마을점빵 설치	150,000	먹거리정책과	8	4	7	8	7	1	1	4
2071	전북 완주군	농식품 강소기업 육성사업	45,000	먹거리정책과	8	6	7	8	7	1	1	1
2072	전북 완주군	소규모 HACCP 시설개선 지원	60,000	먹거리정책과	8	6	7	8	7	1	1	1
2073	전북 완주군	로컬푸드 가공활동 지원	37,000	먹거리정책과	8	6	7	8	7	1	1	1
2074	전북 완주군	와일드푸드축제 포장재 지원사업	25,000	먹거리정책과	8	4	7	8	7	1	1	1
2075	전북 완주군	야생동물 피해예방 사업	110,500	환경과	8	6	7	8	7	5	5	4
2076	전북 완주군	전주권 광역매립지 주변지역 지원사업	423,000	환경과	8	4	4	1	7	1	1	2
2077	전북 완주군	전주권 광역매립지 주변지역 태양열 a/s	25,000	환경과	8	4	4	1	7	1	1	2
2078	전북 완주군	산업단지 악취방지 개선사업	700,000	환경과	8	4	7	8	7	5	5	4
2079	전북 완주군	농작물 절도예방 cctv 설치	20,000	농업축산과	8	4	7	1	7	1	1	2
2080	전북 완주군	주민참여예산	400,000	농업축산과	8	4	7	8	7	1	1	1
2081	전북 완주군	완주군 통합브랜드 육성지원사업	150,000	농업축산과	8	4	1	1	3	1	1	1
2082	전북 완주군	귀농자 소규모 비닐하우스 지원	48,000	농업축산과	8	4	1	1	6	1	1	3
2083	전북 완주군	농촌 빈집 리모델링 지원	60,000	농업축산과	8	2	1	1	6	1	1	3
2084	전북 완주군	낙농헬퍼 지원사업	37,600	농업축산과	8	1	7	8	7	5	5	4
2085	전북 완주군	벌꿀 농축기 지원사업	22,000	농업축산과	8	1	7	8	7	5	5	4
2086	전북 완주군	소 보정장치 지원사업	24,000	농업축산과	8	1	7	8	7	5	5	4
2087	전북 완주군	양봉현대화 지원사업	30,100	농업축산과	8	1	7	8	7	5	5	4
2088	전북 완주군	젖소 사육환경개선사업	58,500	농업축산과	8	1	7	8	7	5	5	4
2089	전북 완주군	폭염대비 축사시설 사육환경 조성사업	45,000	농업축산과	8	1	7	8	7	5	5	4
2090	전북 완주군	돼지 생식기 호흡기 증후군(PRRS) 예방백신 지원	30,000	농업축산과	8	4	7	8	7	5	5	4
2091	전북 완주군	향토문화유산 보수정비	40,000	문화관광과	8	4	7	8	7	5	5	4
2092	전북 완주군	완주군 자율방범대 초소 기능 보강	40,000	행정지원과	8	4	4	7	7	1	1	2
2093	전북 완주군	완주군 자율방범대 차량 구입	15,000	행정지원과	8	4	6	8	7	1	1	2
2094	전북 임실군	임실군자율방범대 순찰차량 지원	50,000	행정지원과	8	4	7	1	7	1	1	1
2095	전북 임실군	그룹홈 기능보강사업	24,112	여성청소년과	8	4	7	7	7	1	1	2
2096	전북 임실군	표고목및종균구입지원	80,000	산림공원과	8	7	7	8	7	1	1	4
2097	전북 임실군	작약재배지원	108,000	산림공원과	8	7	7	8	7	1	1	4
2098	전북 임실군	곶감포장재및택배비지원	27,200	산림공원과	8	7	7	8	7	1	1	4
2099	전북 임실군	산림작물재배 관정개발 지원	16,000	산림공원과	8	7	7	8	7	1	1	4
2100	전북 임실군	조경수 재배지원	4,000	산림공원과	8	7	7	8	7	1	1	4
2101	전북 임실군	마을공동체 고도화 지원사업	50,000	농촌활력과	8	4	7	7	7	1	1	1
2102	전북 임실군	행복마을만들기(행복디딤마을)	60,000	농촌활력과	8	4	7	7	7	1	1	1
2103	전북 임실군	행복마을만들기(행복도약, 성숙마을)	1,087,000	농촌활력과	8	1	7	7	7	3	3	1
2104	전북 임실군	농특산물 포장재 지원	600,000	농촌활력과	8	4	7	7	6	1	1	4
2105	전북 임실군	해보드미 포장재 지원	80,000	농촌활력과	8	4	7	7	6	1	1	4
2106	전북 임실군	농산물 소포장 용기 지원	100,000	농촌활력과	8	4	7	7	6	1	1	4
2107	전북 임실군	벼 수매용 수송용기(곡물적재함) 지원	48,000	농촌활력과	8	7	7	7	7	1	1	4
2108	전북 임실군	브랜드(임실홍실)경영체 포장재 지원	24,000	농촌활력과	8	4	7	7	6	1	1	4
2109	전북 임실군	기획생산체계 구축사업	120,000	농촌활력과	8	7	7	7	6	1	1	1
2110	전북 임실군	지붕개량사업	100,000	주택토지과	8	4	7	8	7	1	5	4
2111	전북 임실군	농어촌 빈집정비사업	100,000	주택토지과	8	4	7	8	7	1	5	4
2112	전북 임실군	과수 명품화 재해경감 시설 구축 시범	50,000	기술보급과	8	4	7	7	7	1	1	4
2113	전북 임실군	과수 국내육성 품종 보급시범	45,000	기술보급과	8	4	7	7	7	1	1	4
2114	전북 임실군	교미교란제를 활용한 해충 적기방제 시범	21,000	기술보급과	8	4	7	7	7	1	1	4

순번	시군구	지출명 (사업명)	2020년예산 (단위:천원/1년간)	담당자 (공무원) 담당부서	민간이전 분류 (지방자치단체 세출예산 집행기준에 의거) 1. 민간경상사업보조(1) 2. 민간단체 법정운영비보조(2) 3. 민간행사사업보조(3) 4. 민간위탁금(4) 5. 사회복지시설 법정운영비보조(5) 6. 민간인위탁교육비(6) 7. 공기관등에대한경상적대행사업비(7) 8. 민간자본사업보조,자체재원(8) 9. 민간자본사업보조,이전재원(9) 10. 민간위탁사업비(10) 11. 공기관등에 대한 자본적 대행사업비(11)	민간이전지출 근거 (지방보조금 관리기준 참고) 1. 법률에 규정 2. 국고보조 재원(국가지정) 3. 용도 지정 기부금 4. 조례에 직접규정 5. 지자체가 권장하는 사업을 하는 공공기관 6. 시,도 정책 및 재정사정 7. 기타 8. 해당없음	입찰방식 계약체결방법 (경쟁형태) 1. 일반경쟁 2. 제한경쟁 3. 지명경쟁 4. 수의계약 5. 법정위탁 6. 기타 ( ) 7. 해당없음	입찰방식 계약기간 1. 1년 2. 2년 3. 3년 4. 4년 5. 5년 6. 기타 ( )년 7. 단기계약 (1년미만) 8. 해당없음	입찰방식 낙찰자선정방법 1. 적격심사 2. 협상에의한계약 3. 최저가낙찰제 4. 규격가격분리 5. 2단계 경쟁입찰 6. 기타 ( ) 7. 해당없음	운영예산 산정 운영예산 산정 1. 내부산정 (지자체 자체적으로 산정) 2. 외부산정 (외부전문기관 위탁 산정) 3. 내·외부 모두 산정 4. 산정 無 5. 해당없음	운영예산 산정 정산방법 1. 내부정산 (지자체 내부적으로 정산) 2. 외부정산 (외부전문기관 위탁 정산) 3. 내·외부 모두 산정 4. 정산 無 5. 해당없음	성과평가 실시여부 1. 실시 2. 미실시 3. 향후 추진 4. 해당없음
2115	전북 임실군	기후온난화 대응 아열대 소득과수 도입 시범	28,000	기술보급과	8	4	7	7	7	1	1	4
2116	전북 임실군	시설하우스 배지환경 측정 모니터링 시범	35,000	기술보급과	8	4	7	7	7	1	1	4
2117	전북 임실군	오미자 가뭄극복을 위한 자동관수시설 시범	20,000	기술보급과	8	4	7	7	7	1	1	4
2118	전북 임실군	두릅나무 단지조성 신소득 작목발굴 시범	24,000	기술보급과	8	4	7	7	7	1	1	4
2119	전북 임실군	고품질 영지버섯 생산을 위한 환경개선 시범	23,000	기술보급과	8	4	7	7	7	1	1	4
2120	전북 임실군	고추 병해충종합관리(IPM) 시범	9,000	기술보급과	8	4	7	7	7	1	1	4
2121	전북 임실군	고추 가식묘 적심 2줄기 재배 시범	6,000	기술보급과	8	4	7	7	7	1	1	4
2122	전북 순창군	지방인사정보시스템 유지관리 운영지원	29,473	행정과	8	1	1	1	7	1	1	2
2123	전북 순창군	봉사와 여행이 함께하는 볼런투어	5,000	행정과	8	6	7	8	7	1	1	1
2124	전북 순창군	마을 방범용 CCTV 설치 지원	1,000,000	행정과	8	4	7	8	7	1	1	1
2125	전북 순창군	순창군 자율방범연합대 차량 구입 지원	25,000	행정과	8	4	7	8	7	1	1	1
2126	전북 순창군	순창군 자율방범연합대 초소기능 보강 사업	8,000	행정과	8	4	7	8	7	1	1	1
2127	전북 순창군	경로당 비품 구입 및 수리비 지원사업	80,000	주민복지과	8	4	7	8	7	1	1	1
2128	전북 순창군	읍면경로당 환경개선사업	224,000	주민복지과	8	4	7	8	7	1	1	1
2129	전북 순창군	경로당 직립형 에어컨 보급사업	108,000	주민복지과	8	4	7	8	7	1	1	1
2130	전북 순창군	신기마을 할머니경로당 지붕개량사업	13,000	주민복지과	8	4	7	8	7	1	1	1
2131	전북 순창군	복흥면 분회여성경로당 환경개선사업	13,500	주민복지과	8	4	7	8	7	1	1	1
2132	전북 순창군	복흥면 분회경로당 의자 등 구입사업	2,700,000	주민복지과	8	4	7	8	7	1	1	1
2133	전북 순창군	구림면 어은동경로당 신축사업	80,000	주민복지과	8	4	7	8	7	1	1	1
2134	전북 순창군	문화시설 보강사업	10,000	문화관광과	8	1	7	7	7	1	1	1
2135	전북 순창군	버스정보시스템 유지보수비	15,180	경제교통과	8	2	4	1	6	2	2	2
2136	전북 순창군	섬진강댐 주변지역 지원사업	30,895	안전재난과	8	1	7	8	7	1	1	2
2137	전북 순창군	소형관정 개발사업	117,600	건설과	8	4	4	1	7	1	1	1
2138	전북 순창군	맹암거 설치사업	146,412	건설과	8	4	4	1	7	1	1	1
2139	전북 순창군	영농불리지역 농업용수 공급시설 설치사업	22,050	건설과	8	4	4	1	7	1	1	1
2140	전북 순창군	마을회관 등 정비	341,000	건설과	8	4	4	7	3	1	1	1
2141	전북 순창군	빈집정비사업	240,000	농촌개발과	8	2	7	8	7	1	1	1
2142	전북 순창군	행랑채 철거(정비) 지원사업	150,000	농촌개발과	8	1	7	8	7	1	1	1
2143	전북 순창군	갈색날개매미충약제지원	50,000	산림공원과	8	7	7	8	7	5	5	1
2144	전북 순창군	순창 콩 개발을 위한 관산학협력사업	100,000	생명농업과	8	6	7	3	7	1	2	1
2145	전북 순창군	냉동저장고 지원사업	52,500	농축산과	8	4	7	8	7	1	1	3
2146	전북 순창군	저온저장고 지원사업	140,900	농축산과	8	4	7	8	7	1	1	3
2147	전북 순창군	비닐하우스 설치 지원사업	112,300	농축산과	8	4	7	8	7	1	1	3
2148	전북 순창군	비닐하우스 자동환풍기 지원사업	150,000	농축산과	8	4	7	8	7	1	1	3
2149	전북 순창군	딸기양액육묘 재배시설 지원사업	70,000	농축산과	8	4	7	8	7	1	1	3
2150	전북 순창군	고추건조기 지원사업	100,000	농축산과	8	4	7	8	7	1	1	3
2151	전북 순창군	과수특작 중형관정 지원사업	234,500	농축산과	8	4	7	8	7	1	1	3
2152	전북 순창군	고압세척기 지원사업	22,800	농축산과	8	4	7	8	7	1	1	3
2153	전북 순창군	복숭아 우산식 지주설치 지원사업	10,000	농축산과	8	4	7	8	7	1	1	3
2154	전북 순창군	농특산물 건조기 지원사업	37,500	농축산과	8	4	7	8	7	1	1	3
2155	전북 순창군	고추세척기 지원사업	28,000	농축산과	8	4	7	8	7	1	1	3
2156	전북 순창군	밭작물 급수저장조 지원사업	20,550	농축산과	8	4	7	8	7	1	1	3
2157	전북 순창군	보행형관리기 지원사업	84,000	농축산과	8	4	7	8	7	1	1	3
2158	전북 순창군	과수원예 선별기 지원사업	29,250	농축산과	8	4	7	8	7	1	1	3
2159	전북 순창군	딸기 고설재배 배지교체 지원사업	32,550	농축산과	8	4	7	8	7	1	1	3
2160	전북 순창군	원예특작 스프링쿨러지원사업	21,840	농축산과	8	4	7	8	7	1	1	3

순번	시군구	지출명 (사업명)	2020년예산 (단위:천원/1년간)	담당자 (공무원) 담당부서	민간이전 분류 (지방자치단체 세출예산 집행기준에 의거) 1. 민간경상사업보조(1) 2. 민간단체 법정운영비보조(2) 3. 민간행사사업보조(3) 4. 민간위탁금(4) 5. 사회복지시설 법정운영비보조(5) 6. 민간인위탁교육비(6) 7. 공기관등에대한경상적대행사업비(7) 8. 민간자본사업보조,자체재원(8) 9. 민간자본사업보조,이전재원(9) 10. 민간위탁사업비(10) 11. 공기관등에 대한 자본적 대행사업비(11)	민간이전지출 근거 (지방보조금 관리기준 참고) 1. 법률에 규정 2. 국고보조 재원(국가지정) 3. 용도 지정 기부금 4. 조례에 직접규정 5. 지자체가 권장하는 사업을 하는 공공기관 6. 시,도 정책 및 재정사정 7. 기타 8. 해당없음	입찰방식 계약체결방법 (경쟁형태) 1. 일반경쟁 2. 제한경쟁 3. 지명경쟁 4. 수의계약 5. 법정위탁 6. 기타 ( ) 7. 해당없음	입찰방식 계약기간 1. 1년 2. 2년 3. 3년 4. 4년 5. 5년 6. 기타 ( )년 7. 단기계약 (1년미만) 8. 해당없음	입찰방식 낙찰자선정방법 1. 적격심사 2. 협상에의한계약 3. 최저가낙찰제 4. 규격가격분리 5. 2단계 경쟁입찰 6. 기타 ( ) 7. 해당없음	운영예산 산정 운영예산 산정 1. 내부산정 (지자체 자체적으로 산정) 2. 외부산정 (외부전문기관위탁 산정) 3. 내·외부 모두 산정 4. 산정 無 5. 해당없음	운영예산 산정 정산방법 1. 내부정산 (지자체 내부적으로 정산) 2. 외부정산 (외부전문기관위탁 정산) 3. 내·외부 모두 산정 4. 정산 無 5. 해당없음	성과평가 실시여부 1. 실시 2. 미실시 3. 향후 추진 4. 해당없음
2161	전북 순창군	과수 수확용 고소작업차 지원사업	57,600	농축산과	8	4	7	8	7	1	1	3
2162	전북 순창군	신기술 고추재배 시범사업	6,000	농축산과	8	4	7	8	7	1	1	3
2163	전북 순창군	소규모 원예특작농가 지원사업	50,000	농축산과	8	4	7	8	7	1	1	3
2164	전북 순창군	농특산물 유통 포장재 지원사업 등	600,000	농축산과	8	4	7	8	7	1	1	3
2165	전북 순창군	친환경농산물 학교급식 포장재 지원사업	30,000	농축산과	8	4	7	8	7	1	1	3
2166	전북 순창군	농산물 가공시설 설치 지원	70,000	농축산과	8	4	7	8	7	1	1	3
2167	전북 순창군	축사 중형,소형관정 지원사업	70,000	농축산과	8	4	7	8	7	1	1	1
2168	전북 순창군	꿀벌 자동생산장비 개선사업	6,900	농축산과	8	4	7	8	7	1	1	1
2169	전북 순창군	축산기자재 지원	100,000	농축산과	8	4	7	8	7	1	1	1
2170	전북 순창군	발효사료를 이용한 자연축산 육성 지원	50,000	농축산과	8	4	7	8	7	1	1	1
2171	전북 순창군	귀농자 소득사업	400,000	농축산과	8	4	7	8	7	1	1	1
2172	전북 순창군	귀농자 등 주택수리 및 신축 지원사업	300,000	농축산과	8	4	7	8	7	1	1	1
2173	전북 순창군	스마트팜 현장 환경정보수집 장비 지원	40,000	농업기술과	8	4	7	8	7	1	1	1
2174	전북 순창군	청년농부 창업 seed자금 지원	52,500	농업기술과	8	4	7	8	7	1	1	1
2175	전북 순창군	맞춤형 농산물 포장재 개발 지원	15,000	농업기술과	8	4	7	8	7	1	1	1
2176	전북 순창군	소규모 가공사업장 HACCP인증 컨설팅 지원사업	80,000	농업기술과	8	4	7	8	7	1	1	1
2177	전북 순창군	농산물 가공제품 포장 개선 지원 사업	100,000	농업기술과	8	4	7	8	7	1	1	1
2178	전북 순창군	벼 키다리병 방제 종자소독약제 지원	36,000	농업기술과	8	4	7	8	7	1	1	1
2179	전북 순창군	벼 우량종자 자율교환 채종포 지원	8,800	농업기술과	8	4	7	8	7	1	1	1
2180	전북 순창군	벼 병해충 방제 약제 지원	338,250	농업기술과	8	4	7	8	7	1	1	1
2181	전북 순창군	씨감자 구입 지원사업	57,750	농업기술과	8	4	7	8	7	1	1	1
2182	전북 순창군	초당옥수수 재배 시범사업	29,400	농업기술과	8	4	7	8	7	1	1	1
2183	전북 순창군	시설채소 친환경 훈증방제 시범	12,880	농업기술과	8	4	7	8	7	1	1	1
2184	전북 순창군	광방충기를 이용한 과수 친환경 해충방제 시범	16,800	농업기술과	8	4	7	8	7	1	1	1
2185	전북 순창군	탄소발열체를 이용한 시설하우스 에너지 절감 시범	10,500	농업기술과	8	4	7	8	7	1	1	1
2186	전북 순창군	블루베리 품종 갱신	119,000	농업기술과	8	4	7	8	7	1	1	1
2187	전북 순창군	클로렐라 이용 고품질 쌈채소 재배	17,500	농업기술과	8	4	7	8	7	1	1	1
2188	전북 순창군	시설하우스 광환경 개선을 위한 개폐기 설치	90,000	농업기술과	8	4	7	8	7	1	1	1
2189	전북 순창군	치유농장 환경조성 지원	20,000	농업기술과	8	4	7	8	7	1	1	1
2190	전북 순창군	「농장으로가자」 농업농촌체험연수 운영농장	100,000	농업기술과	8	4	7	8	7	1	1	1
2191	전북 순창군	전주국제발효식품엑스포 식품명인관 운영	5,000	장류사업소	8	2	7	8	7	1	1	1
2192	전북 순창군	명품장류 소공인 연구개발사업	50,000	장류사업소	8	5	7	8	7	1	1	1
2193	전북 순창군	전통장 체험시설 개선사업	27,000	미생물산업사업소	8	4	7	8	7	1	1	1
2194	전북 고창군	HACCP 인증시설 구축사업	300,000	농어촌식품과	8	4	7	8	7	5	5	4
2195	전북 고창군	농산물 유통 시설장비 지원	15,400	농어촌식품과	8	4	7	8	7	5	5	4
2196	전북 고창군	고창 농특산품 통합브랜드 포장재 지원	100,000	농어촌식품과	8	4	7	8	7	5	5	4
2197	전북 고창군	바지락1번지 프로젝트 개발사업	100,000	해양수산과	8	4	7	8	7	5	5	4
2198	전북 고창군	고창 대표 수산물 마케팅 지원사업	30,000	해양수산과	8	4	7	8	7	5	5	4
2199	전북 고창군	김 포장재 지원	20,000	해양수산과	8	1	7	8	7	5	5	4
2200	전북 고창군	오리농가 운반장비 지원	6,000	축산과	8	6	7	8	7	1	1	3
2201	전북 고창군	양봉농가 소초광 지원	18,000	축산과	8	6	7	8	7	1	1	3
2202	전북 고창군	염소농가 건초 지원	20,000	축산과	8	6	7	8	7	1	1	3
2203	전북 고창군	가축분뇨처리장비(스키드로다)지원	60,000	축산과	8	4	7	7	7	1	1	3
2204	전북 고창군	자가배합교반기 지원	20,000	축산과	8	4	7	7	7	1	1	3
2205	전북 고창군	곤포사일리지 제조용비닐 지원	50,000	축산과	8	4	7	7	7	1	1	3
2206	전북 고창군	젖소우량정액 지원	20,000	축산과	8	4	7	7	7	1	1	3

순번	시군구	지출명 (사업명)	2020년예산 (단위:천원/1년간)	담당자 (공무원) 담당부서	민간이전 분류 (지방자치단체 세출예산 집행기준에 의거) 1. 민간경상사업보조(1) 2. 민간단체 법정운영비보조(2) 3. 민간행사사업보조(3) 4. 민간위탁금(4) 5. 사회복지시설 법정운영비보조(5) 6. 민간인위탁교육비(6) 7. 공기관등에대한경상적대행사업비(7) 8. 민간자본사업보조,자체재원(8) 9. 민간자본사업보조,이전재원(9) 10. 민간위탁사업비(10) 11. 공기관등에 대한 자본적 대행사업비(11)	민간이전지출 근거 (지방보조금 관리기준 참고) 1. 법률에 규정 2. 국고보조 재원(국가지정) 3. 용도 지정 기부금 4. 조례에 직접규정 5. 지자체가 권장하는 사업을 하는 공공기관 6. 시,도 정책 및 재정사정 7. 기타 8. 해당없음	입찰방식 계약체결방법 (경쟁형태) 1. 일반경쟁 2. 제한경쟁 3. 지명경쟁 4. 수의계약 5. 법정위탁 6. 기타 ( ) 7. 해당없음	입찰방식 계약기간 1. 1년 2. 2년 3. 3년 4. 4년 5. 5년 6. 기타 ( )년 7. 단기계약 (1년미만) 8. 해당없음	입찰방식 낙찰자선정방법 1. 적격심사 2. 협상에의한계약 3. 최저가낙찰제 4. 규격가격분리 5. 2단계 경쟁입찰 6. 기타 ( ) 7. 해당없음	운영예산 산정 운영예산 산정 1. 내부산정 (지자체 자체적으로 산정) 2. 외부산정 (외부전문기관위탁 산정) 3. 내·외부 모두 산정 4. 산정 無 5. 해당없음	운영예산 산정 정산방법 1. 내부정산 (지자체 내부적으로 정산) 2. 외부정산 (외부전문기관위탁 정산) 3. 내·외부 모두 산정 4. 정산 無 5. 해당없음	성과평가 실시여부 1. 실시 2. 미실시 3. 향후 추진 4. 해당없음
2207	전북 고창군	착유시설 개보수 지원	60,000	축산과	8	4	7	7	7	1	1	3
2208	전북 고창군	정액보관고지원	4,800	축산과	8	4	7	7	7	1	1	3
2209	전북 고창군	안개분무시설지원	15,000	축산과	8	4	7	7	7	1	1	3
2210	전북 고창군	수정란이식비용 지원	16,000	축산과	8	4	7	7	7	1	1	3
2211	전북 고창군	유해해충 퇴치제 지원	10,000	축산과	8	4	7	7	7	1	1	3
2212	전북 고창군	육계농가 갑보로 예방약품 지원	30,000	축산과	8	4	7	7	7	1	1	3
2213	전북 고창군	소규모지역개발사업	313,000	건설도시과	8	4	7	8	7	5	5	4
2214	전북 고창군	경로당지원광역센터 운영	20,000	사회복지과	8	7	4	1	2	5	1	4
2215	전북 고창군	경로당개보수	452,850	사회복지과	8	7	4	1	2	1	1	4
2216	전북 고창군	노인건강 및 여가활용기구 보급	90,000	사회복지과	8	7	4	1	2	1	1	4
2217	전북 고창군	농촌빈집정비사업	420,000	종합민원과	8	1	7	8	7	1	1	2
2218	전북 고창군	위생업소 시설개선 지원사업	100,000	생태환경과	8	5	7	8	7	1	1	1
2219	전북 고창군	영농후계세대 육성 시범사업	20,000	농업기술센터	8	5	7	8	7	5	5	4
2220	전북 고창군	고창식초마을 육성	50,000	농업기술센터	8	2	7	8	7	5	5	4
2221	전북 고창군	친환경 생태모델마을 육성	50,000	농업기술센터	8	2	7	8	7	5	5	4
2222	전북 고창군	보리새싹 분말가공시범	50,000	농업기술센터	8	2	7	8	7	5	5	4
2223	전북 고창군	고품질 고추 생산기술 시범사업	14,000	농업기술센터	8	2	7	8	7	5	5	4
2224	전북 고창군	작은수박 브랜드 육성지원 시범사업	50,000	농업기술센터	8	2	7	8	7	5	5	4
2225	전북 고창군	프리미엄 멜론 안정생산 기술 시범사업	21,000	농업기술센터	8	2	7	8	7	5	5	4
2226	전북 고창군	무, 배추 뿌리혹병 사전방제 사업	30,000	농업기술센터	8	2	7	8	7	5	5	4
2227	전북 고창군	벼 병해충 사전방제	300,000	농업기술센터	8	2	7	8	7	5	5	4
2228	전북 부안군	자율방범대기능보강사업	22,000	자치행정담당관	8	4	7	8	7	1	1	1
2229	전북 부안군	전통시장 활성화 사업	60,000	미래전략담당관	8	4	7	8	7	1	1	1
2230	전북 부안군	군내 신증설 투자기업지원	130,000	미래전략담당관	8	4	7	8	7	1	3	4
2231	전북 부안군	산업단지분양가지원	2,800,000	미래전략담당관	8	4	7	8	7	1	3	4
2232	전북 부안군	자활기업 기능보강사업	20,000	사회복지과	8	1	6	8	7	1	1	4
2233	전북 부안군	경로당 지원 기능보강사업	638,724	사회복지과	8	4	4	7	3	1	1	1
2234	전북 부안군	노인일자리지원센터 집기 구입	100,000	사회복지과	8	4	1	1	3	1	1	1
2235	전북 부안군	입식테이블 설치지원	30,000	사회복지과	8	4	7	8	7	1	1	4
2236	전북 부안군	천년의솜씨 보급종자 지원	230,622	농업정책과	8	4	7	8	7	3	1	1
2237	전북 부안군	포장재 지원	100,000	농업정책과	8	4	7	8	7	3	1	1
2238	전북 부안군	벼 수확용 톤백지원	47,500	농업정책과	8	4	7	8	7	3	1	1
2239	전북 부안군	마을기업 육성 지원사업	50,000	농업정책과	8	2	7	8	7	5	1	3
2240	전북 부안군	마을공방육성사업	37,000	농업정책과	8	2	7	8	7	5	1	1
2241	전북 부안군	공유경제 활성화 시범사업	67,000	농업정책과	8	6	7	8	7	5	1	1
2242	전북 부안군	벼육묘상토지원사업	798,000	농업정책과	8	1	7	8	7	1	1	4
2243	전북 부안군	친환경농업포트이앙기 지원사업	25,000	농업정책과	8	1	7	8	7	1	1	4
2244	전북 부안군	콩 수확기 지원사업	120,000	농업정책과	8	1	7	8	7	1	1	4
2245	전북 부안군	축산분뇨처리	375,000	축산유통과	8	4	7	8	7	5	5	4
2246	전북 부안군	가축방역 인프라	307,000	축산유통과	8	4	7	8	7	5	5	4
2247	전북 부안군	신소득품목 육성 지원사업	150,000	축산유통과	8	4	7	8	7	5	5	4
2248	전북 부안군	명품수박·애호박단지 지원사업	90,000	축산유통과	8	4	7	8	7	5	5	4
2249	전북 부안군	해풍 양파단지 지원사업	180,000	축산유통과	8	4	7	8	7	5	5	4
2250	전북 부안군	인삼 자재 지원사업	24,000	축산유통과	8	4	7	8	7	5	5	4
2251	전북 부안군	비닐하우스 비닐교체 지원사업	156,000	축산유통과	8	4	7	8	7	5	5	4
2252	전북 부안군	소규모 농산물 저온저장고 지원사업	216,000	축산유통과	8	4	7	8	7	5	5	4

순번	시군구	지출명 (사업명)	2020년예산 (단위:천원/1년간)	담당자 (공무원) 담당부서	민간이전 분류 (지방자치단체 세출예산 집행기준에 의거) 1. 민간경상사업보조(1) 2. 민간단체 법정운영비보조(2) 3. 민간행사사업보조(3) 4. 민간위탁금(4) 5. 사회복지시설 법정운영비보조(5) 6. 민간인위탁교육비(6) 7. 공기관등에대한경상적대행사업비(7) 8. 민간자본사업보조,자체재원(8) 9. 민간자본사업보조,이전재원(9) 10. 민간위탁사업비(10) 11. 공기관등에 대한 자본적 대행사업비(11)	민간이전지출 근거 (지방보조금 관리기준 참고) 1. 법률에 규정 2. 국고보조 재원(국가지정) 3. 용도 지정 기부금 4. 조례에 직접규정 5. 지자체가 권장하는 사업을 하는 공공기관 6. 시,도 정책 및 재정사정 7. 기타 8. 해당없음	입찰방식 계약체결방법 (경쟁형태) 1. 일반경쟁 2. 제한경쟁 3. 지명경쟁 4. 수의계약 5. 법정위탁 6. 기타 ( ) 7. 해당없음	입찰방식 계약기간 1. 1년 2. 2년 3. 3년 4. 4년 5. 5년 6. 기타 ( )년 7. 단기계약 (1년미만) 8. 해당없음	입찰방식 낙찰자선정방법 1. 적격심사 2. 협상에의한계약 3. 최저가낙찰제 4. 규격가격분리 5. 2단계 경쟁입찰 6. 기타 ( ) 7. 해당없음	운영예산 산정 운영예산 산정 1. 내부산정 (지자체 자체적으로 산정) 2. 외부산정 (외부전문기관위탁 산정) 3. 내·외부 모두 산정 4. 산정 無 5. 해당없음	운영예산 산정 정산방법 1. 내부정산 (지자체 내부적으로 정산) 2. 외부정산 (외부전문기관위탁 정산) 3. 내·외부 모두 산정 4. 정산 無 5. 해당없음	성과평가 실시여부 1. 실시 2. 미실시 3. 향후 추진 4. 해당없음
2253	전북 부안군	통합 생산기반시설 지원	49,000	해양수산과	8	1	7	8	7	5	5	4
2254	전북 부안군	방범용 CCTV 설치지원	58,800	안전총괄과	8	4	7	8	7	5	1	4
2255	전북 부안군	청년농업인 영농정착 지원	350,000	농업기술센터	8	4	7	8	7	5	1	4
2256	전북 부안군	부가가치향상 농식품가공창업지원	280,000	농업기술센터	8	6	7	8	7	5	1	4
2257	전북 부안군	농업인이동식다용도작업대	77,000	농업기술센터	8	4	7	8	7	5	1	4
2258	전북 부안군	귀농인 농가주택 수리비 지원	60,000	농업기술센터	8	4	7	8	7	5	1	4
2259	전북 부안군	소규모 농가 비닐하우스 지원	20,000	농업기술센터	8	4	7	8	7	5	1	4
2260	전북 부안군	귀농인 중소형 농기계 지원	20,000	농업기술센터	8	4	7	8	7	5	1	4
2261	전북 부안군	농작물 병해충 방제비 지원	484,000	농업기술센터	8	1	7	8	7	5	1	4
2262	전북 부안군	불가사리액비 안정활용 농가시험포 운영	21,000	농업기술센터	8	4	7	8	7	5	1	4
2263	전북 부안군	참뽕산업기반구축 지원	20,000	농업기술센터	8	6	7	8	7	5	1	4
2264	전북 부안군	누에사육 및 오디안전생산 뽕나무 지원	10,000	농업기술센터	8	6	7	8	7	5	1	4
2265	전북 부안군	오디 맞춤형 비료지원	40,000	농업기술센터	8	6	7	8	7	5	1	4
2266	전북 부안군	양잠산물 저온저장고 지원	21,250	농업기술센터	8	6	7	8	7	5	1	4
2267	전북 부안군	규격출하 시스템 구축	60,000	농업기술센터	8	6	7	8	7	5	1	4
2268	전남 완도군	치유농업 꽃차(한방차) 꽃음료 상품화 시범	35,000	농업기술센터	8	4	7	8	7	5	5	4
2269	전남 완도군	기후변화 대응 비파 시설재배 스크린 설치	28,000	농업기술센터	8	4	7	8	7	5	5	4
2270	전남 완도군	참다래작목반 안정생산 인공수분	2,800,000	농업기술센터	8	4	7	8	7	5	5	4
2271	전남 완도군	소비자 선호 수입과일 아열대작목 소득화	154,000	농업기술센터	8	4	7	8	7	5	5	4
2272	전남 완도군	빅데이터 활용 한우관리시스템	28,000	농업기술센터	8	4	7	8	7	5	5	4
2273	전남 완도군	페통발 반납 통발구입비 지원사업	40,000	수산경영과	8	7	7	8	7	5	5	4
2274	전남 완도군	수산물 저온저장시설	100,000	수산경영과	8	7	7	8	7	5	5	4
2275	전남 완도군	완도 동부권 건다시마 보관시설 건립 지원	240,000	수산경영과	8	7	7	8	7	5	5	4
2276	전남 완도군	폐사어 처리시스템(기계) 지원사업	175,000	수산경영과	8	7	7	8	7	5	5	4
2277	전남 완도군	전복선별기 지원사업	120,000	수산경영과	8	7	7	8	7	5	5	4
2278	전남 완도군	전복 출하용기 단일화 지원사업	250,000	수산경영과	8	7	7	8	7	5	5	4
2279	전남 완도군	김종묘 공급사업	250,000	수산경영과	8	7	7	8	7	5	5	4
2280	전남 완도군	매생이 세척기 지원사업	30,000	수산경영과	8	7	7	8	7	5	5	4
2281	전남 완도군	매생이 진공포장기 지원사업	20,000	수산경영과	8	7	7	8	7	5	5	4
2282	전남 완도군	물김 위판 규격화 지원사업	49,992	수산경영과	8	7	7	8	7	5	5	4
2283	전남 완도군	미역,다시마 우량종묘 공급사업	250,000	수산경영과	8	7	7	8	7	5	5	4
2284	전남 목포시	도시가스공급 보조사업 지원	500,000	지역경제과	8	4	7	8	7	1	1	1
2285	전남 목포시	LP가스 복합재료용기 보급사업	100,980	지역경제과	8	4	7	8	7	1	1	1
2286	전남 목포시	공동주택 공용시설물 개.보수비 지원	50,000	건축행정과	8	4	6	7	6	1	1	1
2287	전남 목포시	공동주택 보안등 전기료 지원	100,000	건축행정과	8	4	7	8	7	1	1	1
2288	전남 목포시	빈집정비지원사업	100,000	건축행정과	8	4	6	7	6	1	1	1
2289	전남 목포시	관내택시 방범등 목포브랜드 통일 지원사업	79,316	교통행정과	8	7	1	7	1	1	1	4
2290	전남 목포시	일반음식점 입식테이블 시설 지원사업	147,000	보건위생과	8	4	7	8	7	1	1	2
2291	전남 목포시	원도심 상가 활성화	115,000	도시문화재과	8	4	7	8	7	1	1	4
2292	전남 나주시	일반음식점 시설개선 지원 사업	130,000	보건위생과	8	4	7	8	7	1	1	1
2293	전남 나주시	떡방앗간 자동포장기계 지원 사업	20,000	보건위생과	8	4	7	8	7	1	1	1
2294	전남 나주시	농산물소형저온저장고 설치지원	450,000	배원예유통과	8	4	7	8	7	5	5	4
2295	전남 나주시	일반과수 고품질 생산시설 현대화사업	100,000	배원예유통과	8	4	7	8	7	5	5	4
2296	전남 나주시	나주배 수출전문단지 육성 및 계약출하사업	150,000	배원예유통과	8	4	7	8	7	5	5	4
2297	전남 나주시	지베렐린 무처리 배 생산 계약출하사업	350,000	배원예유통과	8	4	7	8	7	5	5	4
2298	전남 나주시	배 과원정비 지원	300,000	배원예유통과	8	4	7	8	7	5	5	4

순번	시군구	지출명 (사업명)	2020년예산 (단위:천원/1년간)	담당자 (공무원) 담당부서	민간이전 분류 (지방자치단체 세출예산 집행기준에 의거) 1. 민간경상사업보조(1) 2. 민간단체 법정운영비보조(2) 3. 민간행사사업보조(3) 4. 민간위탁금(4) 5. 사회복지시설 법정운영비보조(5) 6. 민간인위탁교육비(6) 7. 공기관등에대한경상적대행사업비(7) 8. 민간자본사업보조,자체재원(8) 9. 민간자본사업보조,이전재원(9) 10. 민간위탁사업비(10) 11. 공기관등에 대한 자본적 대행사업비(11)	민간이전지출 근거 (지방보조금 관리기준 참고) 1. 법률에 규정 2. 국고보조 재원(국가지정) 3. 용도 지정 기부금 4. 조례에 직접규정 5. 지자체가 권장하는 사업을 하는 공공기관 6. 시,도 정책 및 재정사정 7. 기타 8. 해당없음	입찰방식 계약체결방법 (경쟁형태) 1. 일반경쟁 2. 제한경쟁 3. 지명경쟁 4. 수의계약 5. 법정위탁 6. 기타 ( ) 7. 해당없음	입찰방식 계약기간 1. 1년 2. 2년 3. 3년 4. 4년 5. 5년 6. 기타 ( )년 7. 단기계약 (1년미만) 8. 해당없음	입찰방식 낙찰자선정방법 1. 적격심사 2. 협상에의한계약 3. 최저가낙찰제 4. 규격가격분리 5. 2단계 경쟁입찰 6. 기타 ( ) 7. 해당없음	운영예산 산정 운영예산 산정 1. 내부산정 (지자체 자체적으로 산정) 2. 외부산정 (외부전문기관위탁 산정) 3. 내·외부 모두 산정 4. 산정 無 5. 해당없음	운영예산 산정 정산방법 1. 내부정산 (지자체 내부적으로 정산) 2. 외부정산 (외부전문기관위탁 정산) 3. 내·외부 모두 산정 4. 정산 無 5. 해당없음	성과평가 실시여부 1. 실시 2. 미실시 3. 향후 추진 4. 해당없음
2299	전남 나주시	휴대용 비파괴 과일당도 측정기 지원	21,000	배원예유통과	8	4	7	8	7	5	5	4
2300	전남 나주시	과수 폐봉지 압축기 지원	25,000	배원예유통과	8	4	7	8	7	5	5	4
2301	전남 나주시	국내육성 배품종 매취사업 지원	100,000	배원예유통과	8	4	7	8	7	5	5	4
2302	전남 나주시	나주배 소포장재 유통활성화 사업	100,000	배원예유통과	8	4	7	8	7	5	5	4
2303	전남 나주시	나주배 브랜드 수출포장재 지원	150,000	배원예유통과	8	4	7	8	7	5	5	4
2304	전남 나주시	귀농 정착지원	74,000	농촌진흥과	8	6	7	8	7	5	5	4
2305	전남 나주시	여성농업인 농기계 구입 지원	50,000	농촌진흥과	8	4	7	8	7	5	5	4
2306	전남 나주시	나주 농특산물 활용 가공상품화 지원 사업	30,000	농촌진흥과	8	6	7	8	7	5	5	4
2307	전남 나주시	청년농업인 영농기반 조성 지원사업	80,000	농촌진흥과	8	6	7	8	7	5	5	4
2308	전남 나주시	충전식 분무기 구입지원	5,500	농촌진흥과	8	4	7	8	7	5	5	4
2309	전남 나주시	광주전남공동혁신도시 오픈랩조성사업	325,178	에너지신산업과	8	2	7	8	7	5	5	4
2310	전남 나주시	국가혁신클러스터조성	976,500	에너지신산업과	8	2	7	8	7	5	5	4
2311	전남 나주시	소프트웨어 미래채움사업	850,000	에너지신산업과	8	2	7	8	7	5	5	4
2312	전남 나주시	고효율 전력설비 신뢰성 연구기반 구축사업	286,000	에너지신산업과	8	2	7	8	7	5	5	4
2313	전남 나주시	산업용 드론 기업육성 기반구축 및 실증시범사업	524,500	에너지신산업과	8	2	7	8	7	5	5	4
2314	전남 나주시	지능형 저압직류 핵심기술 개발사업	1,150,000	에너지신산업과	8	2	7	8	7	5	5	4
2315	전남 나주시	신재생에너지보급 융복합지원사업	1,155,000	에너지신산업과	8	2	7	8	7	1	1	4
2316	전남 나주시	경로당 건강보조기구 및 전자제품 지원	50,000	사회복지과	8	4	7	8	7	1	1	1
2317	전남 나주시	경로당 기능보강	300,000	사회복지과	8	4	7	8	7	1	1	1
2318	전남 나주시	마을회관 신축 및 보수	100,000	사회복지과	8	4	7	8	7	1	1	1
2319	전남 나주시	한궁장비 보급	7,000	사회복지과	8	4	7	8	7	1	1	1
2320	전남 나주시	양봉 자동화 시설 지원사업	17,500	축산과	8	6	2	8	7	5	1	4
2321	전남 나주시	젖소 산유능력 검정 지원사업	20,026	축산과	8	6	2	8	7	5	1	4
2322	전남 나주시	한우송아지 폐사 예방 지원	37,500	축산과	8	6	7	8	7	5	5	1
2323	전남 나주시	사육환경 개선을 위한 난방시설(열풍기) 지원	93,500	축산과	8	6	2	8	7	5	1	4
2324	전남 나주시	계란저장고 습도조절 지원사업	22,500	축산과	8	7	7	8	7	1	1	3
2325	전남 나주시	양돈농가 미생물 배양기 지원	87,500	축산과	8	6	2	8	7	1	1	2
2326	전남 나주시	곤충농가 육성지원	20,000	축산과	8	4	2	8	7	5	1	4
2327	전남 나주시	한우 수정란이식 시술료 지원	25,440	축산과	8	6	2	8	7	5	1	4
2328	전남 나주시	조사료 급여 확대를 위한 장비 지원사업	60,000	축산과	8	4	2	8	7	5	1	4
2329	전남 나주시	내수면 양식 자동화시설 지원사업	30,000	축산과	8	1	7	8	7	5	1	4
2330	전남 나주시	학교급식 식재료 생산단체 포장재 지원	30,000	먹거리계획과	8	4	7	8	7	5	5	4
2331	전남 나주시	수도권 등 대도시 학교급식 시장확대 물류비 지원	15,000	먹거리계획과	8	4	7	8	7	5	5	4
2332	전남 나주시	농산물 가공식품 상품화 포장재 제작	8,000	먹거리계획과	8	4	7	8	7	5	5	4
2333	전남 나주시	영구 논두렁 조성 지원사업	70,000	농업정책과	8	7	7	8	7	5	5	4
2334	전남 나주시	새끼우렁이 농법 지원사업	200,000	농업정책과	8	6	7	8	7	5	5	4
2335	전남 나주시	밭작물과수 품질개선지원	322,339	농업정책과	8	7	7	8	7	5	5	4
2336	전남 나주시	여성 맞춤형 농작업 보조구 지원	50,000	농업정책과	8	8	7	8	7	5	5	4
2337	전남 광양시	공원조성 및 보식사업 나무은행 운영지원	5,000	공원녹지과	8	7	3	1	1	1	1	2
2338	전남 광양시	지역농산물 이용 명물먹거리 상품화 사업	10,000	농산물마케팅과	8	6	7	8	7	5	5	4
2339	전남 광양시	농식품 소포장 상품개발 지원사업	20,000	농산물마케팅과	8	6	7	8	7	5	5	4
2340	전남 광양시	농촌체험농장 육성사업	25,000	농산물마케팅과	8	6	7	8	7	5	5	4
2341	전남 광양시	매실동력전정가위 지원	60,000	매실원예과	8	4	7	8	7	5	5	4
2342	전남 광양시	장아찌 생산용 매실씨 분리기 지원	30,000	매실원예과	8	4	7	8	7	5	5	4
2343	전남 광양시	과수생산기반 확충 지원	50,000	매실원예과	8	4	7	8	7	5	5	4
2344	전남 광양시	노후 시설하우스 개보수 지원사업	50,000	매실원예과	8	4	7	8	7	5	5	4

순번	시군구	지출명 (사업명)	2020년예산 (단위:천원/1년간)	담당자 (공무원) 담당부서	민간이전 분류 (지방자치단체 세출예산 집행기준에 의거) 1. 민간경상사업보조(1) 2. 민간단체 법정운영비보조(2) 3. 민간행사사업보조(3) 4. 민간위탁금(4) 5. 사회복지시설 법정운영비보조(5) 6. 민간인위탁교육비(6) 7. 공기관등에대한경상적대행사업비(7) 8. 민간자본사업보조,자체재원(8) 9. 민간자본사업보조,이전재원(9) 10. 민간위탁사업비(10) 11. 공기관등에 대한 자본적 대행사업비(11)	민간이전지출 근거 (지방보조금 관리기준 참고) 1. 법률에 규정 2. 국고보조 재원(국가지정) 3. 용도 지정 기부금 4. 조례에 직접규정 5. 지자체가 권장하는 사업을 하는 공공기관 6. 시,도 정책 및 재정사정 7. 기타 8. 해당없음	입찰방식 계약체결방법 (경쟁형태) 1. 일반경쟁 2. 제한경쟁 3. 지명경쟁 4. 수의계약 5. 법정위탁 6. 기타 ( ) 7. 해당없음	입찰방식 계약기간 1. 1년 2. 2년 3. 3년 4. 4년 5. 5년 6. 기타 ( )년 7. 단기계약 (1년미만) 8. 해당없음	입찰방식 낙찰자선정방법 1. 적격심사 2. 협상에의한계약 3. 최저가낙찰제 4. 규격가격분리 5. 2단계 경쟁입찰 6. 기타 ( ) 7. 해당없음	운영예산 산정 운영예산 산정 1. 내부산정 (지자체 자체적으로 산정) 2. 외부산정 (외부전문기관위탁 산정) 3. 내·외부 모두 산정 4. 산정 無 5. 해당없음	운영예산 산정 정산방법 1. 내부정산 (지자체 내부적으로 정산) 2. 외부정산 (외부전문기관위탁 정산) 3. 내·외부 모두 산정 4. 정산 無 5. 해당없음	성과평가 실시여부 1. 실시 2. 미실시 3. 향후 추진 4. 해당없음
2345	전남 광양시	소득작목 내재해형 시설하우스 지원사업	50,000	매실원예과	8	4	7	8	7	5	5	4
2346	전남 광양시	수출농산물 육묘대 지원사업	45,000	매실원예과	8	4	7	8	7	5	5	4
2347	전남 광양시	농산물 수급조절 저온저장고 지원	99,000	매실원예과	8	4	7	8	7	5	5	4
2348	전남 광양시	농산물 소형선별기 지원	20,000	매실원예과	8	4	7	8	7	5	5	4
2349	전남 광양시	농산물 소형저온저장고 지원	126,000	매실원예과	8	5	7	8	7	5	5	4
2350	전남 광양시	고로쇠수액 포장재 등 지원	100,000	산림소득과	8	6	7	1	1	2	5	4
2351	전남 광양시	광양기후환경네트워크 운영비 지원	45,000	환경과	8	1	7	8	7	1	1	4
2352	전남 광양시	댐주변지역 지원사업	297,500	환경과	8	1	7	8	7	5	1	4
2353	전남 구례군	경로당 비품 및 냉방기 지원	74,000	주민복지과	8	1	7	8	7	1	1	4
2354	전남 구례군	경로당 개보수	75,000	주민복지과	8	1	7	8	7	1	1	4
2355	전남 구례군	경로당 순회프로그램관리자배치	30,863	주민복지과	8	1	7	1	7	1	1	4
2356	전남 구례군	경로당 안마의자 지원	100,000	주민복지과	8	1	7	8	7	1	1	4
2357	전남 구례군	경로당 공동작업장 운영	10,000	주민복지과	8	1	7	8	7	1	1	4
2358	전남 구례군	일반음식점 입식테이블 설치 지원	30,000	문화관광과	8	4	7	8	7	1	1	1
2359	전남 구례군	식품접객업소 포충기 설치 지원	17,600	문화관광과	8	4	7	8	7	1	1	1
2360	전남 구례군	지자체협력 공공비축미 물류현대화 사업	52,500	친환경농정과	8	4	7	8	7	5	5	4
2361	전남 구례군	소규모 농산물 유통시설 확충사업	120,000	친환경농정과	8	4	7	8	7	5	5	3
2362	전남 구례군	농산물 물류표준화 지원사업	50,000	친환경농정과	8	4	7	8	7	5	5	3
2363	전남 구례군	양도정공장 시설 개보수 지원사업	200,000	친환경농정과	8	4	7	8	7	5	5	4
2364	전남 구례군	배 봉지 지원	35,000	친환경농정과	8	7	7	8	7	5	5	4
2365	전남 구례군	고품질 과수 원예작물생산 유기농업자재 시범 지원	40,000	친환경농정과	8	6	7	8	7	5	5	4
2366	전남 구례군	과수재배농가 농기계(S/S기) 지원	199,500	친환경농정과	8	7	7	8	7	5	5	4
2367	전남 구례군	수박 연작피해예방 볏짚 지원	6,400	친환경농정과	8	7	7	8	7	5	5	4
2368	전남 구례군	시설채소 명품화 지원	173,200	친환경농정과	8	7	7	8	7	5	5	4
2369	전남 구례군	시설하우스 온풍기 지원사업	135,000	친환경농정과	8	7	7	8	7	5	5	4
2370	전남 구례군	애호박 인큐베이터 지원사업	144,000	친환경농정과	8	7	7	8	7	5	5	4
2371	전남 구례군	수박 수직 재배기술 지원사업	30,000	친환경농정과	8	5	7	8	7	5	5	4
2372	전남 구례군	폐사체 처리기 지원	28,800	친환경농정과	8	7	7	8	7	5	5	4
2373	전남 구례군	가축분뇨 원심분리기 지원사업	30,000	친환경농정과	8	7	7	8	7	5	5	4
2374	전남 구례군	귀농인 주택수리지원	160,000	농업기술센터	8	4	7	8	7	5	5	4
2375	전남 구례군	귀농인 정착농업시설지원	60,000	농업기술센터	8	4	7	8	7	5	5	4
2376	전남 구례군	구례군정착 교육이수자 영농기반지원	30,000	농업기술센터	8	4	7	8	7	5	5	4
2377	전남 구례군	구례정착 보금자리 조성	700,000	농업기술센터	8	4	7	8	7	5	5	4
2378	전남 구례군	친환경 노지감자 조기재배 시범	9,800	농업기술센터	8	4	7	8	7	5	5	4
2379	전남 고흥군	고흥군 신체장애인복지회 사무실 비품 구입	3,000,000	주민복지과	8	4	7	8	7	1	1	4
2380	전남 고흥군	경로당 물품 구입 지원	30,000	주민복지과	8	1	7	8	7	5	5	4
2381	전남 고흥군	경로당 좌식의자 구입 지원	38,520	주민복지과	8	1	7	8	7	5	5	4
2382	전남 고흥군	고흥 주공아파트 경로당 신축	240,000	주민복지과	8	1	7	8	7	5	5	4
2383	전남 고흥군	고흥 여산마을 실내 운동기구 설치	5,000	주민복지과	8	1	7	8	7	5	5	4
2384	전남 고흥군	점암 시목마을 실내 운동기구 설치	5,000	주민복지과	8	1	7	8	7	5	5	4
2385	전남 고흥군	노인복지관 셔틀버스 구입	76,000	주민복지과	8	4	7	8	7	5	5	4
2386	전남 고흥군	빈집정비	70,000	종합민원과	8	4	7	8	7	5	5	4
2387	전남 고흥군	공동주택 관리 지원	40,000	종합민원과	8	4	7	8	7	5	5	4
2388	전남 고흥군	소규모 공동주택 안전진단 지원비	25,000	종합민원과	8	4	7	8	7	5	5	4
2389	전남 고흥군	일반음식점 입식테이블 설치지원	60,000	종합민원과	8	4	7	8	7	5	5	4
2390	전남 고흥군	손씻기 시설 설치 및 디지털 메뉴판 지원	40,000	종합민원과	8	4	7	8	7	5	5	4

순번	시군구	지출명 (사업명)	2020년예산 (단위:천원/1년간)	담당자 (공무원) 담당부서	민간이전 분류 (지방자치단체 세출예산 집행기준에 의거) 1. 민간경상사업보조(1) 2. 민간단체 법정운영비보조(2) 3. 민간행사사업보조(3) 4. 민간위탁금(4) 5. 사회복지시설 법정운영비보조(5) 6. 민간인위탁교육비(6) 7. 공기관등에대한경상적대행사업비(7) 8. 민간자본사업보조,자체재원(8) 9. 민간자본사업보조,이전재원(9) 10. 민간위탁사업비(10) 11. 공기관등에 대한 자본적 대행사업비(11)	민간이전지출 근거 (지방보조금 관리기준 참고) 1. 법률에 규정 2. 국고보조 재원(국가지정) 3. 용도 지정 기부금 4. 조례에 직접규정 5. 지자체가 권장하는 사업을 하는 공공기관 6. 시,도 정책 및 재정사정 7. 기타 8. 해당없음	입찰방식 계약체결방법 (경쟁형태) 1. 일반경쟁 2. 제한경쟁 3. 지명경쟁 4. 수의계약 5. 법정위탁 6. 기타 ( ) 7. 해당없음	입찰방식 계약기간 1. 1년 2. 2년 3. 3년 4. 4년 5. 5년 6. 기타 ( )년 7. 단기계약 (1년미만) 8. 해당없음	입찰방식 낙찰자선정방법 1. 적격심사 2. 협상에의한계약 3. 최저가낙찰제 4. 규격가격분리 5. 2단계 경쟁입찰 6. 기타 ( ) 7. 해당없음	운영예산 산정 운영예산 산정 1. 내부산정 (지자체 자체적으로 산정) 2. 외부산정 (외부전문기관위탁 산정) 3. 내·외부 모두 산정 4. 산정 無 5. 해당없음	운영예산 산정 정산방법 1. 내부정산 (지자체 내부적으로 정산) 2. 외부정산 (외부전문기관위탁 정산) 3. 내·외부 모두 산정 4. 정산 無 5. 해당없음	성과평가 실시여부 1. 실시 2. 미실시 3. 향후 추진 4. 해당없음
2391	전남 고흥군	식품접객업소 시설개선 지원	50,000	종합민원과	8	4	7	8	7	5	5	4
2392	전남 고흥군	이미용업소 시설환경 개선사업	35,000	종합민원과	8	4	7	8	7	5	5	4
2393	전남 고흥군	고흥군 고용우수인증기업 지원	40,000	인구정책과	8	4	7	8	7	5	5	4
2394	전남 고흥군	고용환경개선자금	40,000	인구정책과	8	4	7	8	7	5	5	4
2395	전남 고흥군	귀농인 농가주택 수리비 지원	100,000	인구정책과	8	4	7	8	7	5	5	4
2396	전남 고흥군	지역 귀향 귀촌인 공동참여 소득창출 지원	30,000	인구정책과	8	4	7	8	7	5	5	4
2397	전남 고흥군	친환경 농업단지 콘크리트 블록 논두렁 조성	100,000	농업축산과	8	4	7	8	7	5	5	4
2398	전남 고흥군	농업용수로 개폐시설 지원	26,400	농업축산과	8	4	7	8	7	5	5	4
2399	전남 고흥군	고소득 과수 생산기반시설 지원	200,000	농업축산과	8	4	7	8	7	5	5	4
2400	전남 고흥군	소득유망 과수(복숭아, 배 등) 생산기자재 지원	40,000	농업축산과	8	4	7	8	7	5	5	4
2401	전남 고흥군	마늘 방제약품 지원	80,000	농업축산과	8	4	7	8	7	5	5	4
2402	전남 고흥군	양파 방제약품 지원	72,000	농업축산과	8	4	7	8	7	5	5	4
2403	전남 고흥군	양파 영농기반 시설확충 지원	107,000	농업축산과	8	4	7	8	7	5	5	4
2404	전남 고흥군	시설원예 생산기반시설 지원	100,000	농업축산과	8	4	7	8	7	5	5	4
2405	전남 고흥군	원예농가 친환경 간이화장실 설치 지원	100,000	농업축산과	8	4	7	8	7	5	5	4
2406	전남 고흥군	권역별 특화작목 육성	300,000	농업축산과	8	4	7	8	7	5	5	4
2407	전남 고흥군	특색 소득작물 육성 지원	100,000	농업축산과	8	4	7	8	7	5	5	4
2408	전남 고흥군	한우 조사료 배합기 지원	200,000	농업축산과	8	2	7	8	7	5	5	4
2409	전남 고흥군	중소가축 경쟁력 제고 지원	15,000	농업축산과	8	8	7	8	7	5	5	4
2410	전남 고흥군	가금류 사육자동화시설 지원	40,000	농업축산과	8	8	7	8	7	5	5	4
2411	전남 고흥군	양돈농가 면역증강제 구입 지원	30,000	농업축산과	8	8	7	8	7	5	5	4
2412	전남 고흥군	양돈계근대 구입	30,000	농업축산과	8	8	7	8	7	5	5	4
2413	전남 고흥군	구제역백신 접종 냉장 보관시설 지원	6,000	농업축산과	8	7	7	8	7	5	5	4
2414	전남 고흥군	미곡종합처리장(RPC) 시설 개보수	300,000	경제유통과	8	4	7	8	7	5	5	4
2415	전남 고흥군	농산물 소형저온저장고 지원	150,000	경제유통과	8	8	7	8	7	5	5	4
2416	전남 고흥군	고흥커피 체험인프라 구축	150,000	경제유통과	8	8	7	8	7	5	5	4
2417	전남 고흥군	민간어린이집 기능보강(개보수)지원	30,000	여성청소년과	8	4	7	8	7	5	5	4
2418	전남 고흥군	자율방재단(전문단체) 장비 구입비 지원	20,000	재난안전과	8	4	7	8	7	5	5	4
2419	전남 고흥군	풍양 대청마을 회관 신축	200,000	건설과	8	4	7	8	7	5	5	4
2420	전남 고흥군	금산 (어전)동촌마을 회관 신축	200,000	건설과	8	4	7	8	7	5	5	4
2421	전남 고흥군	도화 내촌마을 회관 신축	180,000	건설과	8	4	7	8	7	5	5	4
2422	전남 고흥군	점암 오동마을 회관 신축	180,000	건설과	8	4	7	8	7	5	5	4
2423	전남 고흥군	수산물 포장재 지원	180,000	해양수산과	8	4	7	8	7	5	5	4
2424	전남 고흥군	수산물 수출기업 시설개선 지원	200,000	해양수산과	8	4	7	8	7	5	5	4
2425	전남 고흥군	해조류양식 인공침자 공급 지원	30,000	해양수산과	8	4	7	8	7	5	5	4
2426	전남 고흥군	미역 포자 부착기 장비 지원	50,000	해양수산과	8	4	7	8	7	5	5	4
2427	전남 고흥군	김 냉동망(종자) 지원	150,000	해양수산과	8	4	7	8	7	5	5	4
2428	전남 고흥군	김양식 시설지구 항로표시 부표 설치지원	100,000	해양수산과	8	4	7	8	7	5	5	4
2429	전남 고흥군	전복 이물질 제거기 지원	15,000	해양수산과	8	4	7	8	7	5	5	4
2430	전남 고흥군	바다연어 순환여과식 양식시설 지원	675,000	해양수산과	8	4	7	8	7	5	5	4
2431	전남 고흥군	옥수수 조기재배 실증시범	7,000	농업기술센터	8	4	7	8	7	5	5	4
2432	전남 고흥군	FTA대응 벼 품질고급화 및 생력재배기술시범	84,000	농업기술센터	8	4	7	8	7	5	5	4
2433	전남 고흥군	키위 내병성 신품종 대목 보급 시범	33,600	농업기술센터	8	4	7	8	7	5	5	4
2434	전남 고흥군	석류 우량묘목 보급(꽃향 1,2호) 상품성 향상 시범	14,000	농업기술센터	8	4	7	8	7	5	5	4
2435	전남 고흥군	고설육묘벤치 활용 촉성재배 딸기 육묘기술보급	70,000	농업기술센터	8	4	7	8	7	5	5	4
2436	전남 고흥군	시설원예 농가보급형 스마트팜 구축시범	42,000	농업기술센터	8	4	7	8	7	5	5	4

순번	시군구	지출명 (사업명)	2020년예산 (단위:천원/1년간)	담당자 (공무원) 담당부서	민간이전 분류 (지방자치단체 세출예산 집행기준에 의거) 1. 민간경상사업보조(1) 2. 민간단체 법정운영비보조(2) 3. 민간행사사업보조(3) 4. 민간위탁금(4) 5. 사회복지시설 법정운영비보조(5) 6. 민간인위탁교육비(6) 7. 공기관등에대한경상적대행사업비(7) 8. 민간자본사업보조,자체재원(8) 9. 민간자본사업보조,이전재원(9) 10. 민간위탁사업비(10) 11. 공기관등에 대한 자본적 대행사업비(11)	민간이전지출 근거 (지방보조금 관리기준 참고) 1. 법률에 규정 2. 국고보조 재원(국가지정) 3. 용도 지정 기부금 4. 조례에 직접규정 5. 지자체가 권장하는 사업을 하는 공공기관 6. 시,도 정책 및 재정사정 7. 기타 8. 해당없음	입찰방식 계약체결방법 (경쟁형태) 1. 일반경쟁 2. 제한경쟁 3. 지명경쟁 4. 수의계약 5. 법정위탁 6. 기타 ( ) 7. 해당없음	입찰방식 계약기간 1. 1년 2. 2년 3. 3년 4. 4년 5. 5년 6. 기타 ( )년 7. 단기계약 (1년미만) 8. 해당없음	입찰방식 낙찰자선정방법 1. 적격심사 2. 협상에의한계약 3. 최저가낙찰제 4. 규격가격분리 5. 2단계 경쟁입찰 6. 기타 ( ) 7. 해당없음	운영예산 산정 운영예산 산정 1. 내부산정 (지자체 자체적으로 산정) 2. 외부산정 (외부전문기관위탁 산정) 3. 내·외부 모두 산정 4. 산정 無 5. 해당없음	운영예산 산정 정산방법 1. 내부정산 (지자체 내부적으로 정산) 2. 외부정산 (외부전문기관위탁 정산) 3. 내·외부 모두 산정 4. 정산 無 5. 해당없음	성과평가 실시여부 1. 실시 2. 미실시 3. 향후 추진 4. 해당없음
2437	전남 고흥군	토양수분감응형 자동 관수시스템 시범	10,500	농업기술센터	8	4	7	8	7	5	5	4
2438	전남 고흥군	시설원예 연작장해 종합기술 투입	17,500	농업기술센터	8	4	7	8	7	5	5	4
2439	전남 고흥군	남도마늘 큰주아 이용 우량종구 생산	21,000	농업기술센터	8	4	7	8	7	5	5	4
2440	전남 고흥군	OPU 유래 한우 수정란 이식 시범	21,000	농업기술센터	8	4	7	8	7	5	5	4
2441	전남 고흥군	폭염대비 축사 환경개선 시범	10,500	농업기술센터	8	4	7	8	7	5	5	4
2442	전남 고흥군	농촌교육농장 육성사업	24,000	농업기술센터	8	4	7	8	7	5	5	4
2443	전남 고흥군	농작업 안전모델 시범사업	40,000	농업기술센터	8	4	7	8	7	5	5	4
2444	전남 고흥군	농작업 환경개선 편이장비 지원사업	80,000	농업기술센터	8	4	7	8	7	5	5	4
2445	전남 보성군	지방재정관리 시스템 유지 보수비	24,711	기획예산담당관	8	5	7	8	7	2	2	4
2446	전남 보성군	청백-e시스템 유지보수 및 운영 지원	8,095	기획예산담당관	8	5	7	8	7	2	2	4
2447	전남 화순군	화순군 도시가스 공급사업	1,600,000	일자리정책실	8	4	7	8	7	5	5	4
2448	전남 화순군	야영장 안전·위생시설 개보수사업	26,250	관광진흥과	8	2	7	8	7	5	5	4
2449	전남 화순군	일반음식점 입식테이블 설치비 지원	25,000	관광진흥과	8	4	7	8	7	5	5	4
2450	전남 화순군	농촌폐기물종합처리시설주민지원	102,295	환경과	8	4	7	8	7	1	1	3
2451	전남 화순군	친환경농산물 소규모가공시설지원	39,600	농업정책과	8	4	7	8	7	5	5	4
2452	전남 화순군	과수농가비가림하우스지원	96,362	농업정책과	8	4	4	1	6	1	1	2
2453	전남 화순군	친환경육묘장지원	518,000	농업정책과	8	4	4	1	6	1	2	2
2454	전남 화순군	다목적소형농기계지원	221,250	농업정책과	8	4	4	1	6	1	1	2
2455	전남 화순군	농작업대행농기계지원	826,000	농업정책과	8	4	4	1	6	1	1	2
2456	전남 화순군	농산물생산비절감지원	27,500	농업정책과	8	4	4	1	6	1	1	2
2457	전남 화순군	친환경농업기반구축사업	539,000	농업정책과	8	2	1	1	1	2	2	1
2458	전남 화순군	축산농가 환풍기 지원	10,000	농업정책과	8	4	6(미지정)	6(미지정)	6(미지정)	5	1	4
2459	전남 화순군	축사 전기화재 예방 아크차단기 지원	27,000	농업정책과	8	4	6(미지정)	6(미지정)	6(미지정)	5	1	4
2460	전남 화순군	의료수급권자 건강검진	16,004	보건소	8	1	7	8	7	2	2	2
2461	전남 강진군	해조류 양식사업	81,500	해양산림과	8	1	7	8	7	5	5	4
2462	전남 강진군	내수면 양식장 기자재 지원	20,000	해양산림과	8	1	7	8	7	5	5	4
2463	전남 강진군	내수면 양식장 대형 관정 개발	15,000	해양산림과	8	1	7	8	7	5	5	4
2464	전남 강진군	내수면 양식장 시설 지원사업	10,000	해양산림과	8	1	7	8	7	5	5	4
2465	전남 강진군	패류양식사업	406,500	해양산림과	8	1	7	8	7	5	5	4
2466	전남 강진군	수산패류종묘메카조성	30,000	해양산림과	8	1	7	8	7	5	5	4
2467	전남 강진군	어선용 장비 보급사업	190,000	해양산림과	8	1	7	8	7	5	5	4
2468	전남 강진군	어촌체험마을 체험프로그램 기반구축	3,000,000	해양산림과	8	4	7	8	7	5	5	4
2469	전남 강진군	해양구조대 인명장비 구입	10,000	해양산림과	8	4	7	8	7	5	5	4
2470	전남 강진군	수산물 다목적 소형 저온저장시설	10,910	해양산림과	8	4	7	8	7	5	5	4
2471	전남 강진군	귀어자 정착지원	40,000	해양산림과	8	4	7	8	7	5	5	4
2472	전남 강진군	선도임업인 육성	172,160	해양산림과	8	2	7	1	7	1	1	4
2473	전남 강진군	마을경로당 냉방기설치	30,000	주민복지실	8	4	4	7	7	1	1	2
2474	전남 강진군	마을경로당 집기구입	20,000	주민복지실	8	4	4	7	7	1	1	2
2475	전남 강진군	축사입구 차량소독시설지원	10,000	환경축산과	8	4	7	8	7	1	1	4
2476	전남 해남군	고품질 인삼 생력화 재배시범	63,000	농업기술센터	8	1	7	8	7	5	5	4
2477	전남 해남군	유망 약용작물 개발 및 생산	49,000	농업기술센터	8	1	7	8	7	5	5	4
2478	전남 해남군	더덕 우량종근 생산시범	12,600	농업기술센터	8	1	7	8	7	5	5	4
2479	전남 해남군	밀크시슬 국산화 재배시범	42,000	농업기술센터	8	1	7	8	7	5	5	4
2480	전남 해남군	느타리버섯 균상재배 환경기술 시범	28,000	농업기술센터	8	1	7	8	7	5	5	4
2481	전남 해남군	느타리버섯 생산비 절감시범	45,500	농업기술센터	8	1	7	8	7	5	5	4
2482	전남 해남군	양돈 산자수 향상 시범	31,500	농업기술센터	8	1	7	8	7	5	5	4

순번	시군구	지출명 (사업명)	2020년예산 (단위:천원/1년간)	담당자 (공무원) 담당부서	민간이전 분류 (지방자치단체 세출예산 집행기준에 의거) 1. 민간경상사업보조(1) 2. 민간단체 법정운영비보조(2) 3. 민간행사사업보조(3) 4. 민간위탁금(4) 5. 사회복지시설 법정운영비보조(5) 6. 민간인위탁교육비(6) 7. 공기관등에대한경상적대행사업비(7) 8. 민간자본사업보조,자체재원(8) 9. 민간자본사업보조,이전재원(9) 10. 민간위탁사업비(10) 11. 공기관등에 대한 자본적 대행사업비(11)	민간이전지출 근거 (지방보조금 관리기준 참고) 1. 법률에 규정 2. 국고보조 재원(국가지정) 3. 용도 지정 기부금 4. 조례에 직접규정 5. 지자체가 권장하는 사업을 하는 공공기관 6. 시,도 정책 및 재정사정 7. 기타 8. 해당없음	입찰방식 계약체결방법 (경쟁형태) 1. 일반경쟁 2. 제한경쟁 3. 지명경쟁 4. 수의계약 5. 법정위탁 6. 기타 ( ) 7. 해당없음	입찰방식 계약기간 1. 1년 2. 2년 3. 3년 4. 4년 5. 5년 6. 기타 ( )년 7. 단기계약 (1년미만) 8. 해당없음	입찰방식 낙찰자선정방법 1. 적격심사 2. 협상에의한계약 3. 최저가낙찰제 4. 규격가격분리 5. 2단계 경쟁입찰 6. 기타 ( ) 7. 해당없음	운영예산 산정 운영예산 산정 1. 내부산정 (지자체 자체적으로 산정) 2. 외부산정 (외부전문기관 위탁 산정) 3. 내·외부 모두 산정 4. 산정 無 5. 해당없음	운영예산 산정 정산방법 1. 내부정산 (지자체 내부적으로 정산) 2. 외부정산 (외부전문기관 위탁 정산) 3. 내·외부 모두 산정 4. 정산 無 5. 해당없음	성과평가 실시여부 1. 실시 2. 미실시 3. 향후 추진 4. 해당없음
2483	전남 해남군	꿀벌 노동력 절감 기술보급 시범	29,500	농업기술센터	8	1	7	8	7	5	5	4
2484	전남 해남군	레일식 TMR배합 발효기 설치시범	112,000	농업기술센터	8	1	7	8	7	5	5	4
2485	전남 해남군	유기한우 사료비 절감시범	210,000	농업기술센터	8	1	7	8	7	5	5	4
2486	전남 해남군	젖소 위생관리 향상을 위한 스텐사료조 설치시범	21,000	농업기술센터	8	1	7	8	7	5	5	4
2487	전남 해남군	유용미생물 자동급이기 설치 시범	16,800	농업기술센터	8	1	7	8	7	5	5	4
2488	전남 해남군	무인보트 이용 제초제 살포 생력화 시범	46,000	농업기술센터	8	1	7	8	7	5	5	4
2489	전남 해남군	레이저 균평기 이용 무논점파답 정밀균평시범	35,000	농업기술센터	8	1	7	8	7	5	5	4
2490	전남 해남군	자율주행 이앙기 이용 노동력 절감시범	65,000	농업기술센터	8	1	7	8	7	5	5	4
2491	전남 해남군	새싹보리 연중생산 시범	100,000	농업기술센터	8	1	7	8	7	5	5	4
2492	전남 해남군	고구마 장기저장성 실증 시범	32,500	농업기술센터	8	1	7	8	7	5	5	4
2493	전남 해남군	고추 수확 후 품질향상 시범	25,200	농업기술센터	8	1	7	8	7	5	5	4
2494	전남 해남군	겨울배추 대체 쪽파 재배단지 조성	70,000	농업기술센터	8	1	7	8	7	5	5	4
2495	전남 해남군	신소득작목 발굴 생강재배 시범	17,500	농업기술센터	8	1	7	8	7	5	5	4
2496	전남 해남군	친환경 시설 풋고추 생산 시범	56,000	농업기술센터	8	1	7	8	7	5	5	4
2497	전남 해남군	난지성 식물을 이용한 꽃소재 생산 시범	17,500	농업기술센터	8	1	7	8	7	5	5	4
2498	전남 해남군	친환경 세발나물 관수용 수질개선 시범	24,500	농업기술센터	8	1	7	8	7	5	5	4
2499	전남 해남군	청무화과 경쟁력 향상 시범	207,550	농업기술센터	8	1	7	8	7	5	5	4
2500	전남 해남군	소비트렌드 변화에 따른 유망과수 발굴 시범	63,000	농업기술센터	8	1	7	8	7	5	5	4
2501	전남 해남군	관광지 주변 포도 현장판매 생산 시범	189,000	농업기술센터	8	1	7	8	7	5	5	4
2502	전남 해남군	기후변화 대응 시설과수 조기 출하 시범	42,000	농업기술센터	8	1	7	8	7	5	5	4
2503	전남 해남군	컬러 무화과 패키지화 시범	17,500	농업기술센터	8	1	7	8	7	5	5	4
2504	전남 해남군	유휴 하우스 이용 새로운 과수 재배 시범	30,000	농업기술센터	8	1	7	8	7	5	5	4
2505	전남 해남군	친환경 개암 재배 및 우량품종 선발 시범	12,880	농업기술센터	8	1	7	8	7	5	5	4
2506	전남 해남군	영농4-H회원 과제활동 지원사업	15,000	농업기술센터	8	1	7	8	7	5	5	4
2507	전남 해남군	소 자동목걸이 지원	60,000	축산사업소	8	1	7	8	7	1	1	1
2508	전남 해남군	양계 저온저장고 지원	12,000	축산사업소	8	1	7	8	7	1	1	1
2509	전남 해남군	종모 구입사업	15,000	축산사업소	8	1	7	8	7	1	1	1
2510	전남 해남군	사료 자동급이기 지원	45,000	축산사업소	8	1	7	8	7	1	1	1
2511	전남 해남군	양봉저온저장고	6,000	축산사업소	8	1	7	8	7	1	1	1
2512	전남 해남군	이동식 체중측정기 지원	3,600,000	축산사업소	8	1	7	8	7	1	1	1
2513	전남 해남군	수질개선장비 지원	20,000	축산사업소	8	1	7	8	7	1	1	1
2514	전남 해남군	수직 리프트게이트 지원	4,050	축산사업소	8	1	7	8	7	1	1	1
2515	전남 해남군	한봉 기자재 지원	5,400	축산사업소	8	1	7	8	7	1	1	1
2516	전남 해남군	액상급여기	5,000	축산사업소	8	1	7	8	7	1	1	1
2517	전남 해남군	오리 급수시설 지원	40,000	축산사업소	8	1	7	8	7	1	1	1
2518	전남 해남군	오리 저온저장고 지원	6,000	축산사업소	8	1	7	8	7	1	1	1
2519	전남 해남군	돼지 자동냉방시스템 지원	50,000	축산사업소	8	1	7	8	7	1	1	1
2520	전남 해남군	제빙기 지원	2,200,000	축산사업소	8	1	7	8	7	1	1	1
2521	전남 해남군	폐사축 처리기 지원	45,000	축산사업소	8	1	7	8	7	1	1	1
2522	전남 해남군	조사료 개별장비 지원	140,000	축산사업소	8	1	7	8	7	1	1	1
2523	전남 해남군	석면관리 및 누수	40,000	주민복지과	8	2	7	1	7	5	1	4
2524	전남 해남군	귀농인 농가주택 수리비 지원	50,000	인구정책과	8	4	7	8	7	1	1	3
2525	전남 해남군	귀농정착 소득기반조성	315,000	인구정책과	8	4	7	8	7	1	1	3
2526	전남 해남군	해상양식장관리기	180,000	해양수산과	8	1	7	8	7	1	1	4
2527	전남 해남군	해상전복가두리양식장그물망지원	90,000	해양수산과	8	1	7	8	7	1	1	4
2528	전남 해남군	내수면 양식장 개발사업	100,000	해양수산과	8	5	4	7	7	1	1	1

순번	시군구	지출명 (사업명)	2020년예산 (단위:천원/1년간)	담당자 (공무원) 담당부서	민간이전 분류 (지방자치단체 세출예산 집행기준에 의거) 1. 민간경상사업보조(1) 2. 민간단체 법정운영비보조(2) 3. 민간행사사업보조(3) 4. 민간위탁금(4) 5. 사회복지시설 법정운영비보조(5) 6. 민간인위탁교육비(6) 7. 공기관등에대한경상적대행사업비(7) 8. 민간자본사업보조,자체재원(8) 9. 민간자본사업보조,이전재원(9) 10. 민간위탁사업비(10) 11. 공기관등에 대한 자본적 대행사업비(11)	민간이전지출 근거 (지방보조금 관리기준 참고) 1. 법률에 규정 2. 국고보조 재원(국가지정) 3. 용도 지정 기부금 4. 조례에 직접규정 5. 지자체가 권장하는 사업을 하는 공공기관 6. 시,도 정책 및 재정사정 7. 기타 8. 해당없음	입찰방식 계약체결방법 (경쟁형태) 1. 일반경쟁 2. 제한경쟁 3. 지명경쟁 4. 수의계약 5. 법정위탁 6. 기타 ( ) 7. 해당없음	입찰방식 계약기간 1. 1년 2. 2년 3. 3년 4. 4년 5. 5년 6. 기타 ( )년 7. 단기계약 (1년미만) 8. 해당없음	입찰방식 낙찰자선정방법 1. 적격심사 2. 협상에의한계약 3. 최저가낙찰제 4. 규격가격분리 5. 2단계 경쟁입찰 6. 기타 ( ) 7. 해당없음	운영예산 산정 운영예산 산정 1. 내부산정 (지자체 자체적으로 산정) 2. 외부산정 (외부전문기관위탁 산정) 3. 내·외부 모두 산정 4. 산정 無 5. 해당없음	운영예산 산정 정산방법 1. 내부정산 (지자체 내부적으로 정산) 2. 외부정산 (외부전문기관위탁 정산) 3. 내·외부 모두 산정 4. 정산 無 5. 해당없음	성과평가 실시여부 1. 실시 2. 미실시 3. 향후 추진 4. 해당없음
2529	전남 해남군	수산물 산지가공시설 가공용수 공급 지원	300,000	해양수산과	8	1	7	8	7	5	5	4
2530	전남 해남군	수산물 산지가공시설지원(물김이물질 선별기)	44,000	해양수산과	8	1	4	1	7	1	1	1
2531	전남 해남군	수산물 산지가공시설지원(물김 절단기)	49,500	해양수산과	8	1	4	1	7	1	1	1
2532	전남 해남군	수산물 산지가공시설지원(스펀지 자동세척기)	11,000	해양수산과	8	1	4	1	7	1	1	1
2533	전남 해남군	수산물 산지가공시설지원(자동조합기 및 탈수기)	27,000	해양수산과	8	1	7	8	7	5	5	4
2534	전남 영암군	가금류 사육기반 확충	79,500	축산과	8	4	7	7	7	1	1	3
2535	전남 영암군	소 보정기(목걸이) 지원	21,000	축산과	8	4	7	8	7	1	1	3
2536	전남 영암군	축사 환풍기 지원	52,500	축산과	8	4	7	8	7	1	1	3
2537	전남 영암군	한우 미네랄블록 공급	100,000	축산과	8	4	7	8	7	1	1	3
2538	전남 영암군	생볏짚 비닐대	35,100	축산과	8	4	7	8	7	1	1	3
2539	전남 영암군	조사료 배합기	72,000	축산과	8	4	7	8	7	1	1	3
2540	전남 영암군	차단방역시설 및 장비 지원	69,500	축산과	8	4	7	8	7	1	1	3
2541	전남 영암군	한우농가 방역 동력분무기 지원	21,000	축산과	8	4	7	8	7	1	1	3
2542	전남 영암군	깨끗한 축산농장 조성사업	100,000	축산과	8	4	7	8	7	1	1	3
2543	전남 영암군	농업관련 민간단체 활성화	37,500	친환경농업과	8	4	7	8	7	1	1	4
2544	전남 영암군	벼 육묘상자 구입비 지원	20,000	친환경농업과	8	4	7	8	7	1	1	4
2545	전남 영암군	벼 보급종 생산단지 농기계 지원	10,000	친환경농업과	8	4	7	8	7	1	1	4
2546	전남 영암군	농업용 드론 지원	22,500	친환경농업과	8	4	7	8	7	1	1	4
2547	전남 영암군	인력절감형농기계사업	250,000	친환경농업과	8	4	7	8	7	1	1	4
2548	전남 영암군	FTA 농업경쟁력 제고사업	380,000	친환경농업과	8	4	7	8	7	1	1	4
2549	전남 영암군	벼 건조시설(DSC)설치지원	100,000	친환경농업과	8	7	7	8	7	1	1	4
2550	전남 영암군	비가림하우스 설치 지원	100,000	친환경농업과	8	5	7	8	7	1	1	4
2551	전남 영암군	원예용 시설장비 지원	70,000	친환경농업과	8	5	7	8	7	1	1	4
2552	전남 영암군	1읍면1특품사업	100,000	친환경농업과	8	5	7	8	7	1	1	4
2553	전남 영암군	레저선박부품기자재 고급화 기술개발 구축사업	100,000	투자경제과	8	2	7	8	7	1	1	2
2554	전남 영암군	알루미늄 소형선박 개발지원 사업	512,000	투자경제과	8	2	7	8	7	1	1	2
2555	전남 영암군	향토문화유산 보수정비	12,000	문화관광과	8	4	1	1	7	1	1	2
2556	전남 영암군	희문화창작공간	40,000	문화관광과	8	1	7	7	7	1	1	1
2557	전남 영암군	아천미술관 보수공사	30,000	문화관광과	8	1	7	7	7	1	1	1
2558	전남 무안군	원형볏짚절단기 지원사업	72,500	축산과	8	1	7	8	7	5	5	4
2559	전남 무안군	한우 무인번식 장비 지원사업	60,000	축산과	8	1	7	8	7	5	5	4
2560	전남 무안군	보온자동급수기 지원사업	50,000	축산과	8	1	7	8	7	5	5	4
2561	전남 무안군	안개분무설비 지원사업	35,000	축산과	8	1	7	8	7	5	5	4
2562	전남 무안군	조사료생산 기계장비 지원사업	300,000	축산과	8	1	7	8	7	5	5	4
2563	전남 무안군	사료배합기 지원사업	96,000	축산과	8	1	7	8	7	5	5	4
2564	전남 무안군	퇴비사 지원사업	100,000	축산과	8	1	7	8	7	5	5	4
2565	전남 무안군	고액분리기 지원사업	50,000	축산과	8	1	7	8	7	5	5	4
2566	전남 무안군	양돈농가 축사 쿨링시스템 지원사업	70,000	축산과	8	1	7	8	7	5	5	4
2567	전남 무안군	친환경 축산기자재 지원사업	50,000	축산과	8	1	7	8	7	5	5	4
2568	전남 무안군	가금류 축사 환경개선 지원사업	90,000	축산과	8	1	7	8	7	5	5	4
2569	전남 무안군	가금류축사 우레탄 시설설치 지원사업	150,000	축산과	8	1	7	8	7	5	5	4
2570	전남 무안군	가축폭염예방시설장비지원사업	125,000	축산과	8	1	7	8	7	5	5	4
2571	전남 무안군	축사재해예방시스템	50,000	축산과	8	1	7	8	7	5	5	4
2572	전남 무안군	폭염피해방지시설장비지원	80,000	축산과	8	1	7	8	7	5	5	4
2573	전남 무안군	계란냉장차량지원사업	15,000	축산과	8	1	7	8	7	5	5	4
2574	전남 무안군	축산농장 소독시설 지원사업	25,000	축산과	8	1	7	8	7	5	5	4

순번	시군구	지출명 (사업명)	2020년예산 (단위:천원/1년간)	담당자 (공무원)	민간이전 분류 (지방자치단체 세출예산 집행기준에 의거)	민간이전지출 근거 (지방보조금 관리기준 참고)	입찰방식			운영예산 산정		성과평가 실시여부
				담당부서	1. 민간경상사업보조(1) 2. 민간단체 법정운영비보조(2) 3. 민간행사사업보조(3) 4. 민간위탁금(4) 5. 사회복지시설 법정운영비보조(5) 6. 민간인위탁교육비(6) 7. 공기관등에대한경상적대행사업비(7) 8. 민간자본사업보조,자체재원(8) 9. 민간자본사업보조,이전재원(9) 10. 민간위탁사업비(10) 11. 공기관등에 대한 자본적 대행사업비(11)	1. 법률에 규정 2. 국고보조 재원(국가지정) 3. 용도 지정 기부금 4. 조례에 직접규정 5. 지자체가 권장하는 사업을 하는 공공기관 6. 시,도 정책 및 재정사정 7. 기타 8. 해당없음	계약체결방법 (경쟁형태) 1. 일반경쟁 2. 제한경쟁 3. 지명경쟁 4. 수의계약 5. 법정위탁 6. 기타 ( ) 7. 해당없음	계약기간 1. 1년 2. 2년 3. 3년 4. 4년 5. 5년 6. 기타 ( )년 7. 단기계약 (1년미만) 8. 해당없음	낙찰자선정방법 1. 적격심사 2. 협상에의한계약 3. 최저가낙찰제 4. 규격가격분리 5. 2단계 경쟁입찰 6. 기타 ( ) 7. 해당없음	운영예산 산정 1. 내부산정 (지자체 자체적으로 산정) 2. 외부산정 (외부전문기관위탁 산정) 3. 내·외부 모두 산정 4. 산정 無 5. 해당없음	정산방법 1. 내부정산 (지자체 내부적으로 정산) 2. 외부정산 (외부전문기관위탁 정산) 3. 내·외부 모두 산정 4. 정산 無 5. 해당없음	1. 실시 2. 미실시 3. 향후 추진 4. 해당없음
2575	전남 무안군	고령농 농작업대행서비스사업	600,000	친환경농업과	8	4	7	8	7	1	1	1
2576	전남 무안군	원예특작생산유통인프라구축사업	400,000	친환경농업과	8	5	7	8	7	1	1	1
2577	전남 무안군	1읍면1특화작물육성	300,000	친환경농업과	8	5	7	8	7	1	1	1
2578	전남 무안군	친환경 둠벙 조성사업	42,000	친환경농업과	8	4	7	8	7	1	1	1
2579	전남 무안군	기후변화대응 아열대작물육성 시범사업	70,000	친환경농업과	8	7	7	8	7	1	1	1
2580	전남 무안군	첨단스마트팜단지기반조성	210,000	친환경농업과	8	7	7	8	7	1	1	1
2581	전남 무안군	첨단스마트팜모델구축시범사업	210,000	친환경농업과	8	7	7	8	7	1	1	1
2582	전남 무안군	음식물수거통 세척수 분리 배수설비설치 지원	70,000	환경과	8	6	7	8	7	5	5	4
2583	전남 무안군	농촌교육농장 신규육성	24,000	농촌지원과	8	6	7	8	7	5	5	4
2584	전남 무안군	강소농 경영개선 경쟁력 제고 시범	24,000	농촌지원과	8	2	7	8	7	5	5	4
2585	전남 무안군	귀농인 정착지원	140,000	농촌지원과	8	6	7	8	7	5	5	4
2586	전남 무안군	귀농인 농가주택수리비 지원	60,000	농촌지원과	8	6	7	8	7	5	5	4
2587	전남 무안군	수어통역센터노후화장실개보수	5,000	사회복지과	8	1	7	8	7	5	5	4
2588	전남 무안군	장애인생활이동지원센터차량지원	13,000	사회복지과	8	1	7	8	7	5	5	4
2589	전남 무안군	장애인생활이동지원센터비지원	3,500,000	사회복지과	8	1	7	8	7	5	5	4
2590	전남 무안군	무안읍 성남1리 일신동마을 회관신축공사	40,000	지역개발과	8	4	7	8	7	5	5	4
2591	전남 무안군	망운면 송현1리 두모마을 회관신축공사	40,000	지역개발과	8	4	7	8	7	5	5	4
2592	전남 무안군	무안읍 매곡1리 발산마을 회관보수공사	10,000	지역개발과	8	4	7	8	7	5	5	4
2593	전남 무안군	무안읍 고절3리 오리정마을 회관보수공사	10,000	지역개발과	8	4	7	8	7	5	5	4
2594	전남 무안군	무안읍 교촌3리 향교마을 회관보수공사	10,000	지역개발과	8	4	7	8	7	5	5	4
2595	전남 무안군	일로읍 망월1리 망월동마을 회관보수공사	10,000	지역개발과	8	4	7	8	7	5	5	4
2596	전남 무안군	일로읍 용산5리 연화동마을 회관보수공사	10,000	지역개발과	8	4	7	8	7	5	5	4
2597	전남 무안군	일로읍 상신3리 중촌마을 회관보수공사	10,000	지역개발과	8	4	7	8	7	5	5	4
2598	전남 무안군	몽탄면 대치1리 한재마을 회관보수공사	10,000	지역개발과	8	4	7	8	7	5	5	4
2599	전남 무안군	청계면 월선3리 석대정마을 회관보수공사	10,000	지역개발과	8	4	7	8	7	5	5	4
2600	전남 무안군	청계면 청계1리 원청계마을 회관보수공사	10,000	지역개발과	8	4	7	8	7	5	5	4
2601	전남 무안군	청계면 도림6리 입석마을 회관보수공사	10,000	지역개발과	8	4	7	8	7	5	5	4
2602	전남 무안군	청계면 청수2리 상작천마을 회관보수공사	10,000	지역개발과	8	4	7	8	7	5	5	4
2603	전남 무안군	해제면 유월리 물암마을 정자신축공사	10,000	지역개발과	8	4	7	8	7	5	5	4
2604	전남 무안군	무안읍 매곡1리 발산마을 정자보수공사	5,000	지역개발과	8	4	7	8	7	5	5	4
2605	전남 무안군	청계면 월선1리 월선동마을 정자보수공사	5,000	지역개발과	8	4	7	8	7	5	5	4
2606	전남 무안군	해제면 석룡리 석산마을 정자보수공사	5,000	지역개발과	8	4	7	8	7	5	5	4
2607	전남 무안군	운남면 내4리 신월마을 정자보수공사	5,000	지역개발과	8	4	7	8	7	5	5	4
2608	전남 무안군	운남면 동암5리 탑동마을 정자보수공사	5,000	지역개발과	8	4	7	8	7	5	5	4
2609	전남 무안군	표준기록관리시스템 유지보수	35,809	자치행정과	8	7	6	1	6	2	2	4
2610	전남 무안군	우편모아시스템 유지보수	5,419	자치행정과	8	1	6	1	6	2	2	4
2611	전남 무안군	온나라시스템 운영지원 위탁	14,520	자치행정과	8	7	6	1	6	2	2	4
2612	전남 함평군	경로당 건강관리기구지원	44,000	주민복지실	8	4	4	7	7	1	1	4
2613	전남 함평군	경로당 냉방기및비품지원	61,000	주민복지실	8	4	4	7	7	1	1	4
2614	전남 함평군	기부식품제공사업(푸드뱅크)저온저장고 지원	12,000	주민복지실	8	1	7	8	7	1	5	4
2615	전남 함평군	공동주택 안전관리	20,000	원스톱허가과	8	4	7	8	7	2	2	3
2616	전남 함평군	주거환경 정비사업	45,000	원스톱허가과	8	1	7	7	7	1	3	1
2617	전남 함평군	음식문화개선 및 좋은식단 추진사업	25,000	원스톱허가과	8	4	7	8	7	1	1	3
2618	전남 함평군	음식문화개선 및 좋은식단 추진사업	24,260	원스톱허가과	8	4	7	8	7	1	1	3
2619	전남 함평군	귀농인 정착지원사업	190,500	일자리경제과	8	4	6(사업대상자 자체선정)	7	6(사업대상지 자체선정)	1	1	3
2620	전남 함평군	못자리용 상토 공급 지원사업	511,875	친환경농산과	8	4	7	8	7	5	1	4

순번	시군구	지출명 (사업명)	2020년예산 (단위:천원/1년간)	담당자 (공무원) 담당부서	민간이전 분류 (지방자치단체 세출예산 집행기준에 의거) 1. 민간경상사업보조(1) 2. 민간단체 법정운영비보조(2) 3. 민간행사사업보조(3) 4. 민간위탁금(4) 5. 사회복지시설 법정운영비보조(5) 6. 민간인위탁교육비(6) 7. 공기관등에대한경상적대행사업비(7) 8. 민간자본사업보조,자체재원(8) 9. 민간자본사업보조,이전재원(9) 10. 민간위탁사업비(10) 11. 공기관등에 대한 자본적 대행사업비(11)	민간이전지출 근거 (지방보조금 관리기준 참고) 1. 법률에 규정 2. 국고보조 재원(국가지정) 3. 용도 지정 기부금 4. 조례에 직접규정 5. 지자체가 권장하는 사업을 하는 공공기관 6. 시,도 정책 및 재정사정 7. 기타 8. 해당없음	입찰방식 계약체결방법 (경쟁형태) 1. 일반경쟁 2. 제한경쟁 3. 지명경쟁 4. 수의계약 5. 법정위탁 6. 기타 ( ) 7. 해당없음	입찰방식 계약기간 1. 1년 2. 2년 3. 3년 4. 4년 5. 5년 6. 기타 ( )년 7. 단기계약 (1년미만) 8. 해당없음	입찰방식 낙찰자선정방법 1. 적격심사 2. 협상에의한계약 3. 최저가낙찰제 4. 규격가격분리 5. 2단계 경쟁입찰 6. 기타 ( ) 7. 해당없음	운영예산 산정 운영예산 산정 1. 내부산정 (지자체 자체적으로 산정) 2. 외부산정 (외부전문기관위탁 산정) 3. 내·외부 모두 산정 4. 산정 無 5. 해당없음	운영예산 산정 정산방법 1. 내부정산 (지자체 내부적으로 정산) 2. 외부정산 (외부전문기관위탁 정산) 3. 내·외부 모두 산정 4. 정산 無 5. 해당없음	성과평가 실시여부 1. 실시 2. 미실시 3. 향후 추진 4. 해당없음
2621	전남 함평군	농산물 생산비 절감지원	233,500	친환경농산과	8	4	7	8	7	5	1	4
2622	전남 함평군	밭작물(양파, 마늘, 단호박 등) 관수시설 지원	75,000	친환경농산과	8	4	7	8	7	5	1	4
2623	전남 함평군	친환경 원예작물용 관정개발 지원	155,000	친환경농산과	8	4	7	8	7	5	1	4
2624	전남 함평군	친환경 농작물 비가림하우스 지원	100,000	친환경농산과	8	4	7	8	7	5	1	4
2625	전남 함평군	친환경 원예시설개선 지원	150,000	친환경농산과	8	4	7	8	7	5	1	4
2626	전남 함평군	고부가가치 품목 육성 기반구축 사업	150,000	친환경농산과	8	4	7	8	7	5	1	4
2627	전남 함평군	마늘우량종구 갱신 지원	64,000	친환경농산과	8	4	7	8	7	5	1	4
2628	전남 함평군	다목적 소형하우스 설치 지원사업	24,000	친환경농산과	8	4	7	8	7	5	1	4
2629	전남 함평군	과수농가 생산기반 확충 지원사업	20,000	친환경농산과	8	4	7	8	7	5	1	4
2630	전남 함평군	신선농산물 저온저장고 지원사업	300,000	친환경농산과	8	4	7	8	7	5	1	3
2631	전남 함평군	농업인등 소규모 식품제조가공업 육성 지원사업	75,000	친환경농산과	8	4	7	8	7	5	1	4
2632	전남 함평군	함평단호박 유통시설 기반 확충 지원사업	52,500	친환경농산과	8	4	7	8	7	5	1	4
2633	전남 함평군	농특산물 포장디자인 개발 및 제작 지원	200,000	친환경농산과	8	4	7	8	7	5	1	4
2634	전남 함평군	친환경쌀 곡물건조기 지원	30,000	친환경농산과	8	8	7	8	7	5	1	3
2635	전남 함평군	함평천지한우 육질등급향상 지원사업	30,000	축수산과	8	4	7	8	7	1	1	3
2636	전남 함평군	젖소 능력 검정우 우량 정액대	15,000	축수산과	8	4	7	8	7	1	1	3
2637	전남 함평군	우량모돈 갱신사업	40,000	축수산과	8	4	7	8	7	1	1	3
2638	전남 함평군	돼지 고능력 우량 정액대	30,000	축수산과	8	4	7	8	7	1	1	3
2639	전남 함평군	양봉산업 경쟁력강화 지원사업	133,450	축수산과	8	4	7	8	7	1	1	3
2640	전남 함평군	젖소목장시설 환경개선사업	20,000	축수산과	8	4	7	8	7	1	1	3
2641	전남 함평군	축사내 방역 소독시설 설치사업	16,000	축수산과	8	4	7	8	7	1	1	3
2642	전남 함평군	축산가공제품 디자인 및 포장용기 제작지원	30,000	축수산과	8	4	7	8	7	1	1	3
2643	전남 함평군	한봉기자재 구입	15,000	축수산과	8	4	7	8	7	1	1	3
2644	전남 함평군	등검은말벌 퇴치기 구입	10,000	축수산과	8	4	7	8	7	1	1	3
2645	전남 함평군	미래축산 맞춤형 소득개발 지원사업	100,000	축수산과	8	4	7	8	7	1	1	3
2646	전남 함평군	농가 맞춤형 축산 경쟁력 제고사업	20,000	축수산과	8	4	7	8	7	1	1	3
2647	전남 함평군	흑염소 생산성 향상지원사업	60,000	축수산과	8	4	7	8	7	1	1	3
2648	전남 함평군	축사 재해예방 시스템 구축사업	15,000	축수산과	8	4	7	8	7	1	1	3
2649	전남 함평군	오리사육농가 생산성향상지원사업	56,500	축수산과	8	4	7	8	7	1	1	3
2650	전남 함평군	양계 생산성 향상 지원사업	63,000	축수산과	8	4	7	8	7	1	1	3
2651	전남 함평군	가축음용수 관정개발	24,500	축수산과	8	4	7	8	7	1	1	3
2652	전남 함평군	축산농가 차량방역시설 지원	12,000	축수산과	8	4	7	8	7	1	1	3
2653	전남 함평군	청보리 사료 적재기	12,000	축수산과	8	7	7	8	7	1	1	3
2654	전남 함평군	청보리사료 배합기	22,500	축수산과	8	7	7	8	7	1	1	3
2655	전남 함평군	한우사육농가 축사환풍기 지원사업	26,250	축수산과	8	4	7	8	7	1	1	3
2656	전남 함평군	한우사육농가 발정탐지기 지원사업	12,000	축수산과	8	4	7	8	7	1	1	3
2657	전남 함평군	한우사육농가 안개분무시설 지원사업	12,500	축수산과	8	4	7	8	7	1	1	3
2658	전남 함평군	ICT 축사관리 시스템 시범사업	20,000	축수산과	8	4	7	8	7	1	1	3
2659	전남 함평군	한우사육농가 벌크빈 지원사업	22,500	축수산과	8	4	7	8	7	1	1	3
2660	전남 함평군	바지락 양식사업 지원	20,000	축수산과	8	6	7	8	7	1	1	3
2661	전남 함평군	참꼬막 종패 살포사업	50,000	축수산과	8	6	7	8	7	1	1	3
2662	전남 함평군	양만장 양식시설 개선사업	25,000	축수산과	8	6	7	8	7	1	1	3
2663	전남 함평군	양만장 판매용 포장재 지원	26,250	축수산과	8	6	7	8	7	1	1	3
2664	전남 함평군	새꼬막 종패 살포사업	20,000	축수산과	8	6	7	8	7	1	1	3
2665	전남 함평군	어선,어망 고압세척기 지원	10,000	축수산과	8	6	7	8	7	1	1	3
2666	전남 함평군	양식수 개발(중형관정) 지원	21,000	축수산과	8	6	7	8	7	1	1	3

순번	시군구	지출명 (사업명)	2020년예산 (단위:천원/1년간)	담당자 (공무원) 담당부서	민간이전 분류 (지방자치단체 세출예산 집행기준에 의거) 1. 민간경상사업보조(1) 2. 민간단체 법정운영비보조(2) 3. 민간행사사업보조(3) 4. 민간위탁금(4) 5. 사회복지시설 법정운영비보조(5) 6. 민간인위탁교육비(6) 7. 공기관등에대한경상적대행사업비(7) 8. 민간자본사업보조,자체재원(8) 9. 민간자본사업보조,이전재원(9) 10. 민간위탁사업비(10) 11. 공기관등에 대한 자본적 대행사업비(11)	민간이전지출 근거 (지방보조금 관리기준 참고) 1. 법률에 규정 2. 국고보조 재원(국가지정) 3. 용도 지정 기부금 4. 조례에 직접규정 5. 지자체가 권장하는 사업을 하는 공공기관 6. 시,도 정책 및 재정사정 7. 기타 8. 해당없음	입찰방식 계약체결방법 (경쟁형태) 1. 일반경쟁 2. 제한경쟁 3. 지명경쟁 4. 수의계약 5. 법정위탁 6. 기타 ( ) 7. 해당없음	입찰방식 계약기간 1. 1년 2. 2년 3. 3년 4. 4년 5. 5년 6. 기타 ( )년 7. 단기계약 (1년미만) 8. 해당없음	입찰방식 낙찰자선정방법 1. 적격심사 2. 협상에의한계약 3. 최저가낙찰제 4. 규격가격분리 5. 2단계 경쟁입찰 6. 기타 ( ) 7. 해당없음	운영예산 산정 운영예산 산정 1. 내부산정 (지자체 자체적으로 산정) 2. 외부산정 (외부전문기관위탁 산정) 3. 내·외부 모두 산정 4. 산정 無 5. 해당없음	운영예산 산정 정산방법 1. 내부정산 (지자체 내부적으로 정산) 2. 외부정산 (외부전문기관위탁 정산) 3. 내·외부 모두 산정 4. 정산 無 5. 해당없음	성과평가 실시여부 1. 실시 2. 미실시 3. 향후 추진 4. 해당없음
2667	전남 함평군	유망소득작목 육성지원	35,000	농업기술센터	8	4	7	8	7	5	1	3
2668	전남 함평군	영농 4-H 시범지원	8,750	농업기술센터	8	4	7	8	7	5	1	3
2669	전남 함평군	벼 소식재배기술 확대시범	10,000	농업기술센터	8	4	7	8	7	5	1	3
2670	전남 함평군	양봉대표브랜드 품질향상 지원	7,700	농업기술센터	8	4	7	8	7	5	1	3
2671	전남 함평군	양봉대표브랜드 포장용기,박스 지원	20,000	농업기술센터	8	4	7	8	7	5	1	3
2672	전남 함평군	양파 생력화 재배단지 확대조성	63,000	농업기술센터	8	4	7	8	7	5	1	3
2673	전남 함평군	마늘 국내육성품종 보급시범	5,000	농업기술센터	8	4	7	8	7	5	1	3
2674	전남 함평군	신소득 작목 발굴 육성	15,000	농업기술센터	8	4	7	8	7	5	1	3
2675	전남 함평군	시설원예 염류장해 해결 킬레이트제 활용 시범	17,500	농업기술센터	8	4	7	8	7	5	1	3
2676	전남 함평군	미니수박 재배 단지 조성	16,000	농업기술센터	8	4	7	8	7	5	1	3
2677	전남 함평군	신품종 포도 과원 조성	200,000	농업기술센터	8	4	7	8	7	5	1	3
2678	전남 함평군	화훼 포장박스 제작지원	20,000	농업기술센터	8	4	7	8	7	5	1	3
2679	전남 함평군	친환경 임산물 조성사업	40,000	산림공원사업소	8	1	7	8	7	1	1	3
2680	전남 영광군	공동주택 시설지원	50,000	종합민원실	8	7	7	8	7	5	5	4
2681	전남 영광군	홍농 공용버스터미널 환경개선 지원	60,000	안전관리과	8	1, 4	7	8	7	1	1	1
2682	전남 영광군	신성주민발전사무실 신축	21,000	투자경제과	8	1	7	8	7	5	5	4
2683	전남 영광군	경로당 활성화 지원	735,000	노인가정과	8	4	7	1	7	5	1	4
2684	전남 영광군	일반음식점 입식테이블 설치 지원	25,000	스포츠산업과	8	4	7	8	7	5	5	4
2685	전남 영광군	자동화운실 시설개보수 지원	48,000	농정과	8	7	7	8	7	5	5	4
2686	전남 영광군	옥외광고물 정비 시범구역 내 신규간판 설치	8,000	도시환경과	8	7	7	8	7	1	1	4
2687	전남 장성군	전남 청년 마을로사업	272,776	일자리경제과	8	2	7	8	7	5	5	4
2688	전남 장성군	전남 청년 내일로사업	184,461	일자리경제과	8	2	7	8	7	5	5	4
2689	전남 장성군	전남 청년 농수산유통활동가 육성사업	115,070	일자리경제과	8	2	7	8	7	5	5	4
2690	전남 장성군	잔디생산장비지원사업	95,000	산림편백과	8	7	7	8	7	5	5	4
2691	전남 장성군	천황대추 생산장비 지원사업	9,750	산림편백과	8	7	7	8	7	5	5	4
2692	전남 장성군	농촌빈집정비사업	100,000	도시재생과	8	4	7	8	7	5	5	4
2693	전남 장성군	농협 지자체 협력사업 지원	300,000	농식품유통과	8	4	7	8	7	5	5	4
2694	전남 장성군	농산물 저온저장고 설치 지원	300,000	농식품유통과	8	1	7	8	7	5	5	4
2695	전남 장성군	장성 안전먹거리 연중 생산기반 구축	504,000	농식품유통과	8	4	7	8	7	5	5	4
2696	전남 장성군	식품산업 육성	70,000	농식품유통과	8	4	7	8	7	5	5	4
2697	전남 장성군	2040세대청년농업인육성	294,000	농촌활력과	8	4	7	8	7	1	1	4
2698	전남 장성군	귀농인 영농정착 지원	190,000	농촌활력과	8	4	7	8	7	1	1	4
2699	전남 장성군	친환경농업 단지 기반조성	50,000	농업축산과	8	4	7	8	7	5	5	4
2700	전남 장성군	친환경농업 단지 기반조성	9,670	농업축산과	8	4	7	8	7	5	5	4
2701	전남 장성군	축산환경개선 및 축산기반 구축	65,000	농업축산과	8	6	7	8	7	5	5	4
2702	전남 장성군	꿀벌육성사업	15,000	농업축산과	8	6	7	8	7	5	5	4
2703	전남 장성군	식량작물 육성시설 지원	60,000	농업축산과	8	4	7	8	7	5	5	4
2704	전남 장성군	식량작물 육성시설 지원	36,080	농업축산과	8	4	7	8	7	5	5	4
2705	전남 장성군	다목적 소형농기계 지원	200,000	농업축산과	8	4	7	8	7	5	5	4
2706	전남 장성군	축산농가 사육기반 조성 및 경쟁력 강화 지원	130,000	농업축산과	8	6	7	8	7	5	5	4
2707	전남 장성군	식량작물 경쟁력 강화사업	150,000	농업축산과	8	8	7	8	7	5	5	4
2708	전남 장성군	고구마줄기 상품화 사업	10,000	농업축산과	8	4	7	8	7	5	5	4
2709	전남 장성군	친환경 채소단지 무인방제시설 지원	103,600	농업축산과	8	4	7	8	7	5	5	4
2710	전남 장성군	친환경 채소단지 무인방제시설 지원	51,422	농업축산과	8	4	7	8	7	5	5	4
2711	전남 장성군	감자 조기수확을 위한 터널재배 시범	25,000	농업축산과	8	4	7	8	7	5	5	4
2712	전남 장성군	장성 명품 쌀 생산기반 구축	60,000	농업축산과	8	4	7	8	7	5	5	4

순번	시군구	지출명 (사업명)	2020년예산 (단위:천원/1년간)	담당자 (공무원) 담당부서	민간이전 분류 (지방자치단체 세출예산 집행기준에 의거) 1. 민간경상사업보조(1) 2. 민간단체 법정운영비보조(2) 3. 민간행사사업보조(3) 4. 민간위탁금(4) 5. 사회복지시설 법정운영비보조(5) 6. 민간인위탁교육비(6) 7. 공기관등에대한경상적대행사업비(7) 8. 민간자본사업보조,자체재원(8) 9. 민간자본사업보조,이전재원(9) 10. 민간위탁사업비(10) 11. 공기관등에 대한 자본적 대행사업비(11)	민간이전지출 근거 (지방보조금 관리기준 참고) 1. 법률에 규정 2. 국고보조 재원(국가지정) 3. 용도 지정 기부금 4. 조례에 직접규정 5. 지자체가 권장하는 사업을 하는 공공기관 6. 시,도 정책 및 재정사정 7. 기타 8. 해당없음	입찰방식 계약체결방법 (경쟁형태) 1. 일반경쟁 2. 제한경쟁 3. 지명경쟁 4. 수의계약 5. 법정위탁 6. 기타 ( ) 7. 해당없음	입찰방식 계약기간 1. 1년 2. 2년 3. 3년 4. 4년 5. 5년 6. 기타 ( )년 7. 단기계약 (1년미만) 8. 해당없음	입찰방식 낙찰자선정방법 1. 적격심사 2. 협상에의한계약 3. 최저가낙찰제 4. 규격가격분리 5. 2단계 경쟁입찰 6. 기타 ( ) 7. 해당없음	운영예산 산정 운영예산 산정 1. 내부산정 (지자체 자체 적으로 산정) 2. 외부산정 (외부전문기관 위탁 산정) 3. 내·외부 모두 산정 4. 산정 無 5. 해당없음	운영예산 산정 정산방법 1. 내부정산 (지자체 내부적 으로 정산) 2. 외부정산 (외부전문기관 위탁 정산) 3. 내·외부 모두 산정 4. 정산 無 5. 해당없음	성과평가 실시여부 1. 실시 2. 미실시 3. 향후 추진 4. 해당없음
2713	전남 장성군	특용작물 특성화 사업	70,000	원예소득과	8	4	7	8	7	1	1	3
2714	전남 장성군	특용작물 경쟁력 기반 확충	50,000	원예소득과	8	4	7	8	7	5	5	4
2715	전남 장성군	기능성 유망버섯 재배 시범	20,000	원예소득과	8	7	7	8	7	1	1	3
2716	전남 장성군	약초 안정 생산단지 조성	50,000	원예소득과	8	7	7	8	7	1	1	3
2717	전남 장성군	노란연꽃을 활용한 6차 산업화	42,000	원예소득과	8	7	7	8	7	5	5	4
2718	전남 장성군	장성 커피 1호점 농장 육성	50,000	원예소득과	8	7	7	8	7	5	5	4
2719	전남 장성군	원예특작지원사업	400,000	원예소득과	8	4	7	8	7	1	1	3
2720	전남 장성군	원예관정지원사업	210,000	원예소득과	8	4	7	8	7	1	1	3
2721	전남 장성군	시설채소 이상기온 대응 시범	45,000	원예소득과	8	7	7	8	7	1	1	3
2722	전남 장성군	친환경 시설채소단지 조성 시범	122,500	원예소득과	8	7	7	8	7	1	1	3
2723	전남 장성군	고온예방 딸기육묘 시스템 모델 개발 시범	45,000	원예소득과	8	7	7	8	7	1	1	3
2724	전남 장성군	친환경 병해충 방제 신기술도입 실증	15,000	원예소득과	8	7	7	8	7	5	5	4
2725	전남 장성군	지속가능한과수육성사업	730,000	원예소득과	8	4	7	8	7	1	1	3
2726	전남 장성군	과수분야 스마트팜 시설보급사업	30,000	원예소득과	8	2	7	8	7	1	1	3
2727	전남 장성군	과수고품질생산시설현대화사업	700,000	원예소득과	8	2	7	8	7	1	1	3
2728	전남 장성군	신소득 유망 원예작물 생산시범	140,000	원예소득과	8	4	7	8	7	1	1	3
2729	전남 장성군	과수농가 전정기술 지원단 육성	87,360	원예소득과	8	4	7	8	7	1	1	3
2730	전남 장성군	절화용 화훼 생산 장비 지원	4,000	원예소득과	8	7	7	8	7	5	5	4
2731	전남 장성군	화훼류 생산 기반 지원	41,000	원예소득과	8	7	7	8	7	5	5	4
2732	전남 장성군	지방세 정보화사업 위탁 운영비	40,565	재무과	8	5	5	1	7	2	4	2
2733	전남 장성군	세외수입 정보시스템 유지보수	19,204	재무과	8	5	5	1	7	2	4	2
2734	전남 장성군	차세대 세외수입 정보시스템 구축	52,182	재무과	8	5	5	1	7	2	4	2
2735	전남 장성군	차세대 지방세 정보시스템 구축	66,341	재무과	8	5	5	1	7	2	4	2
2736	전남 장성군	택시 기사 대기소(사무실) 정비	10,000	교통정책과	8	4	7	8	7	1	1	4
2737	전남 장성군	택시 미터기 군경계 자동변환장치 지원	9,800	교통정책과	8	4	7	8	7	1	1	4
2738	전남 장성군	도시가스 공급	150,000	교통정책과	8	4	7	8	7	5	1	4
2739	전남 장성군	노후 공동주택 공공복리시설 정비	30,000	민원봉사과	8	4	7	8	7	5	1	4
2740	전남 장성군	옐로우시티 건축디자인 도장공사비	50,000	민원봉사과	8	4	4	1	7	5	1	4
2741	전남 진도군	위생업소 시설개선 지원사업	70,000	관광과	8	6	7	8	7	5	1	4
2742	전남 진도군	다목적인양기 보수지원	15,000	수산지원과	8	4	4	1	1	1	1	3
2743	전남 진도군	어류양식장 비상발전기 지원	25,000	수산지원과	8	4	7	8	7	5	5	4
2744	전남 진도군	재해대비 지게차 지원	62,500	수산지원과	8	4	7	8	7	5	5	4
2745	전남 진도군	양봉농가 벌통 지원사업	11,000	진도개축산과	8	7	7	8	7	5	5	4
2746	전남 진도군	청년농업인 경쟁력 제고사업	50,000	농업기술센터	8	1	7	8	7	5	5	4
2747	전남 진도군	귀농인 정착 지원	60,000	농업기술센터	8	7	7	8	7	1	1	4
2748	전남 진도군	귀농인 청장년 창농지원	60,000	농업기술센터	8	7	7	8	7	1	1	4
2749	경북 포항시	벼 생력재배 육묘상자처리제 지원	388,500	기술보급과	8	7	7	8	7	5	1	3
2750	경북 포항시	친환경쌀단지 유지관리지원	285,600	기술보급과	8	7	7	8	7	5	1	3
2751	경북 포항시	저항성잡초 우렁이 이용 친환경방제 시범	10,500	기술보급과	8	7	7	8	7	5	1	3
2752	경북 포항시	생력제초 무인보트 보급 시범	42,000	기술보급과	8	7	7	8	7	5	1	3
2753	경북 포항시	고구마 우량품종 보급사업	12,600	기술보급과	8	7	7	8	7	5	1	3
2754	경북 포항시	기능성 액비활용 벼 생산 시범	7,000	기술보급과	8	7	7	8	7	5	1	3
2755	경북 포항시	시설하우스 환경제어 시범	21,000	기술보급과	8	7	7	8	7	5	1	3
2756	경북 포항시	민속채소 여름출하 재배시범	40,600	기술보급과	8	7	7	8	7	5	1	3
2757	경북 포항시	스테비아농업 수박생산 시범	13,160	기술보급과	8	7	7	8	7	5	1	3
2758	경북 포항시	시설하우스 온습도 자동관리 환기팬시범	42,000	기술보급과	8	7	7	8	7	5	1	3

순번	시군구	지출명 (사업명)	2020년예산 (단위:천원/1년간)	담당자 (공무원) 담당부서	민간이전 분류 (지방자치단체 세출예산 집행기준에 의거) 1. 민간경상사업보조(1) 2. 민간단체 법정운영비보조(2) 3. 민간행사사업보조(3) 4. 민간위탁금(4) 5. 사회복지시설 법정운영비보조(5) 6. 민간인위탁교육비(6) 7. 공기관등에대한경상적대행사업비(7) 8. 민간자본사업보조,자체재원(8) 9. 민간자본사업보조,이전재원(9) 10. 민간위탁사업비(10) 11. 공기관등에 대한 자본적 대행사업비(11)	민간이전지출 근거 (지방보조금 관리기준 참고) 1. 법률에 규정 2. 국고보조 재원(국가지정) 3. 용도 지정 기부금 4. 조례에 직접규정 5. 지자체가 권장하는 사업을 하는 공공기관 6. 시,도 정책 및 재정사정 7. 기타 8. 해당없음	입찰방식: 계약체결방법 (경쟁형태) 1. 일반경쟁 2. 제한경쟁 3. 지명경쟁 4. 수의계약 5. 법정위탁 6. 기타 ( ) 7. 해당없음	입찰방식: 계약기간 1. 1년 2. 2년 3. 3년 4. 4년 5. 5년 6. 기타 ( )년 7. 단기계약 (1년미만) 8. 해당없음	입찰방식: 낙찰자선정방법 1. 적격심사 2. 협상에의한계약 3. 최저가낙찰제 4. 규격가격분리 5. 2단계 경쟁입찰 6. 기타 ( ) 7. 해당없음	운영예산 산정: 운영예산 산정 1. 내부산정 (지자체 자체적으로 산정) 2. 외부산정 (외부전문기관 위탁 산정) 3. 내·외부 모두 산정 4. 산정 無 5. 해당없음	운영예산 산정: 정산방법 1. 내부정산 (지자체 내부적으로 정산) 2. 외부정산 (외부전문기관 위탁 정산) 3. 내·외부 모두 산정 4. 정산 無 5. 해당없음	성과평가 실시여부 1. 실시 2. 미실시 3. 향후 추진 4. 해당없음
2759	경북 포항시	딸기 병해충방제 생력화시범	26,250	기술보급과	8	7	7	8	7	5	1	3
2760	경북 포항시	시설부추 생력화 작업환경 개선시범	21,000	기술보급과	8	7	7	8	7	5	1	3
2761	경북 포항시	시설하우스 온도하강 시범사업	13,860	기술보급과	8	7	7	8	7	5	1	3
2762	경북 포항시	쪽파 연중생산단지 조성시범	25,200	기술보급과	8	7	7	8	7	5	1	3
2763	경북 포항시	이상기후 대응 구룡포 토마토 생산시범	43,925	기술보급과	8	7	7	8	7	5	1	3
2764	경북 포항시	상옥토마토 안정재배 시범	10,500	기술보급과	8	7	7	8	7	5	1	3
2765	경북 포항시	PLS대응 미생물적 방제 시범	14,700	기술보급과	8	7	7	8	7	5	1	3
2766	경북 포항시	해안 지역 고추 안정생산 시범	11,900	기술보급과	8	7	7	8	7	5	1	3
2767	경북 포항시	고설딸기 제자리육묘 기술 보급시범	13,048	기술보급과	8	7	7	8	7	5	1	3
2768	경북 포항시	과수농가 노동력 절감 및 안전장비 지원	235,000	기술보급과	8	7	7	8	7	5	1	3
2769	경북 포항시	고품질 안전과일 생산지원	132,000	기술보급과	8	7	7	8	7	5	1	3
2770	경북 포항시	저장과일 품위유지 지원	175,500	기술보급과	8	7	7	8	7	5	1	3
2771	경북 포항시	과수농가 토양개량제 지원	168,000	기술보급과	8	7	7	8	7	5	1	3
2772	경북 포항시	과수농가 잡초억제용 부직포 지원	22,400	기술보급과	8	7	7	8	7	5	1	3
2773	경북 포항시	과수농가 해충포획기 지원	32,500	기술보급과	8	7	7	8	7	5	1	3
2774	경북 포항시	과수 일소피해 경감제 지원	90,000	기술보급과	8	7	7	8	7	5	1	3
2775	경북 포항시	여성농업인 맞춤형 농기계 지원	50,000	기술보급과	8	7	7	8	7	5	1	3
2776	경북 포항시	과수농가 유기질비료 지원	624,750	기술보급과	8	7	7	8	7	5	1	3
2777	경북 포항시	과수 개화기 동상해 대책사업	95,900	기술보급과	8	7	7	8	7	5	1	3
2778	경북 포항시	아열대 대체과수 시범농장 교육장비 설치 시범	2,000,000	기술보급과	8	7	7	8	7	5	1	3
2779	경북 포항시	과수농가 냉동고(#평) 설치시범	20,300	기술보급과	8	7	7	8	7	5	1	3
2780	경북 포항시	야생화 복원사업	12,000	기술보급과	8	7	7	8	7	5	1	3
2781	경북 포항시	단기 이산물 소득화 시범	35,000	기술보급과	8	7	7	8	7	5	1	3
2782	경북 포항시	산딸기 노력절감 생산시범	42,000	기술보급과	8	7	7	8	7	5	1	3
2783	경북 포항시	새소득작목 표고원목 보급시범	40,000	기술보급과	8	7	7	8	7	5	1	3
2784	경북 포항시	산딸기 품질향상 친환경자재 지원	49,000	기술보급과	8	7	7	8	7	5	1	3
2785	경북 포항시	산딸기 신선도 유지 지원	21,000	기술보급과	8	7	7	8	7	5	1	3
2786	경북 포항시	임산물 생산 공동체 지원사업	24,000	기술보급과	8	7	7	8	7	5	1	3
2787	경북 포항시	청년 임업인 육성 지원	16,000	기술보급과	8	7	7	8	7	5	1	3
2788	경북 포항시	고품질 표고버섯 생산 지원	42,000	기술보급과	8	7	7	8	7	5	1	3
2789	경북 포항시	마을회관 보수	70,000	남구 자치행정과	8	4	7	8	7	5	5	4
2790	경북 포항시	연일 중명2리 마을회관 보수	15,000	남구 자치행정과	8	4	7	8	7	5	5	4
2791	경북 포항시	오천 용덕4리 마을회관 보수	10,000	남구 자치행정과	8	4	7	8	7	5	5	4
2792	경북 포항시	농산물 간이가공식품 포장재 지원	35,000	농식품유통과	8	4	7	8	7	5	5	4
2793	경북 포항시	농산물 물류 표준화 장비지원	80,025	농식품유통과	8	4	7	8	7	5	5	4
2794	경북 포항시	포항시연합유통사업단 출하농가 지원	650,000	농식품유통과	8	4	7	8	7	5	5	4
2795	경북 포항시	친환경, GAP 인증 농산물 포장재 지원	650,000	농식품유통과	8	4	7	8	7	5	5	4
2796	경북 포항시	수출용채소(무,배추)전처리시설지원	35,000	농식품유통과	8	4	7	8	7	5	5	4
2797	경북 포항시	현미 가공기기 지원	19,500	농식품유통과	8	4	7	8	7	1	1	4
2798	경북 포항시	벼 생산용 PP 포대 및 톤백 포대 지원	66,000	농식품유통과	8	4	7	8	7	1	1	4
2799	경북 포항시	고품질 포항쌀 포장재 지원	133,002	농식품유통과	8	4	7	8	7	1	1	4
2800	경북 포항시	포항 쌀 소포장 판매 지원	9,000	농식품유통과	8	4	7	8	7	1	1	4
2801	경북 포항시	농업인학습단체 발작물 안전장비 지원	51,450	농촌지원과	8	7	7	8	7	1	1	3
2802	경북 포항시	여성농업인 일손절감 다목적건조기 시범	16,100	농촌지원과	8	7	7	8	7	1	1	3
2803	경북 포항시	청년농업인 기반조성 장비지원	16,000	농촌지원과	8	7	7	8	7	1	1	3
2804	경북 포항시	작목별 안전장비 보급	31,500	농촌지원과	8	7	7	8	7	1	1	3

순번	시군구	지출명 (사업명)	2020년예산 (단위:천원/1년간)	담당자 (공무원) 담당부서	민간이전 분류 (지방자치단체 세출예산 집행기준에 의거) 1. 민간경상사업보조(1) 2. 민간단체 법정운영비보조(2) 3. 민간행사사업보조(3) 4. 민간위탁금(4) 5. 사회복지시설 법정운영비보조(5) 6. 민간인위탁교육비(6) 7. 공기관등에대한경상적대행사업비(7) 8. 민간자본사업보조,자체재원(8) 9. 민간자본사업보조,이전재원(9) 10. 민간위탁사업비(10) 11. 공기관등에 대한 자본적 대행사업비(11)	민간이전지출 근거 (지방보조금 관리기준 참고) 1. 법률에 규정 2. 국고보조 재원(국가지정) 3. 용도 지정 기부금 4. 조례에 직접규정 5. 지자체가 권장하는 사업을 하는 공공기관 6. 시,도 정책 및 재정사정 7. 기타 8. 해당없음	입찰방식 계약체결방법 (경쟁형태) 1. 일반경쟁 2. 제한경쟁 3. 지명경쟁 4. 수의계약 5. 법정위탁 6. 기타 ( ) 7. 해당없음	계약기간 1. 1년 2. 2년 3. 3년 4. 4년 5. 5년 6. 기타 ( )년 7. 단기계약 (1년미만) 8. 해당없음	낙찰자선정방법 1. 적격심사 2. 협상에의한계약 3. 최저가낙찰제 4. 규격가격분리 5. 2단계 경쟁입찰 6. 기타 ( ) 7. 해당없음	운영예산 산정 운영예산 산정 1. 내부산정 (지자체 자체적으로 산정) 2. 외부산정 (외부전문기관위탁 산정) 3. 내·외부 모두 산정 4. 산정 無 5. 해당없음	정산방법 1. 내부정산 (지자체 내부적으로 정산) 2. 외부정산 (외부전문기관위탁 정산) 3. 내·외부 모두 산정 4. 정산 無 5. 해당없음	성과평가 실시여부 1. 실시 2. 미실시 3. 향후 추진 4. 해당없음
2805	경북 포항시	농업인 소규모 창업 활성화 지원시범	28,000	농촌지원과	8	7	7	8	7	1	1	3
2806	경북 포항시	귀농인중소형농기계지원	3,000,000	농촌지원과	8	7	7	8	7	1	1	3
2807	경북 포항시	귀농인영농기반조성사업	90,000	농촌지원과	8	7	7	8	7	1	1	3
2808	경북 포항시	작품국화 및 형상국화 제작지원	10,000	농촌지원과	8	7	7	8	7	1	1	3
2809	경북 포항시	호미반도 경관농업 조성	500,000	농촌지원과	8	7	7	8	7	1	1	3
2810	경북 포항시	구룡포 땅끝마을 경관농업 조성	200,000	농촌지원과	8	7	7	8	7	1	1	3
2811	경북 포항시	새소득멜론 재배기술력 향상 시범	21,000	농촌지원과	8	7	7	8	7	1	1	3
2812	경북 포항시	새소득작목 체리 친환경병해충 방제 시범	10,500	농촌지원과	8	7	7	8	7	1	1	3
2813	경북 포항시	소규모 화분떡 가공창업 시범	25,000	농촌지원과	8	7	7	8	7	1	1	3
2814	경북 포항시	전통 논미꾸리 생산 소득화 시범	56,000	농촌지원과	8	7	7	8	7	1	1	3
2815	경북 포항시	노지고추 조기안정재배와 유인개선 시범	21,000	농촌지원과	8	7	7	8	7	1	1	3
2816	경북 포항시	토양별 고추재배 관수시스템 실증 시범	21,000	농촌지원과	8	7	7	8	7	1	1	3
2817	경북 포항시	경북특화 벼 신품종 육성단지 조성시범	30,000	농촌지원과	8	7	7	8	7	1	1	3
2818	경북 포항시	포항북구노인대학 TV교체	1,300,000	노인장애인복지과	8	6	7	8	7	5	5	4
2819	경북 포항시	독거노인빨래방운영세탁기교체	22,000	노인장애인복지과	8	6	7	8	7	5	5	4
2820	경북 포항시	만나의 집 무료급식소 정밀진단	40,000	노인장애인복지과	8	1	6	8	7	5	5	4
2821	경북 포항시	대한노인회 포항시지회 신축공사	1,300,000	노인장애인복지과	8	1	6	8	7	5	5	4
2822	경북 포항시	경로당활성화물품지원	292,600	노인장애인복지과	8	4	6	8	7	5	5	4
2823	경북 경주시	지역농업 현장 맞춤형 기술지원 사업	236,000	농업진흥과	8	4	7	8	7	1	1	1
2824	경북 경주시	농촌지도자 소득사업	25,000	농업진흥과	8	4	7	8	7	1	1	1
2825	경북 경주시	귀농인 영농정착 지원	140,000	농업진흥과	8	4	7	8	7	1	1	1
2826	경북 경주시	귀농인 소형농기계 지원	21,000	농업진흥과	8	4	7	8	7	1	1	1
2827	경북 경주시	병해충무인방제등노동력절감장비지원	14,000	농업진흥과	8	6	7	8	7	1	1	1
2828	경북 경주시	사회복지관 장비 및 기자재 구입	80,000	복지정책과	8	4	7	8	7	1	1	1
2829	경북 경주시	감포읍 전동리 마을회관 보수	5,000	시정새마을과	8	4	7	8	7	5	5	4
2830	경북 경주시	안강읍 양월5리 마을회관 보수	20,000	시정새마을과	8	4	7	8	7	5	5	4
2831	경북 경주시	안강읍 옥산2리 마을회관 보수	17,000	시정새마을과	8	4	7	8	7	5	5	4
2832	경북 경주시	건천읍 건천3리 마을회관 보수	3,000,000	시정새마을과	8	4	7	8	7	5	5	4
2833	경북 경주시	건천읍 모량2리 마을회관 보수	4,000	시정새마을과	8	4	7	8	7	5	5	4
2834	경북 경주시	내남면 이조2리 마을회관 보수	12,000	시정새마을과	8	4	7	8	7	5	5	4
2835	경북 경주시	내남면 안심1리 마을회관 보수	19,000	시정새마을과	8	4	7	8	7	5	5	4
2836	경북 경주시	서면 운대2리 마을회관 보수	30,000	시정새마을과	8	4	7	8	7	5	5	4
2837	경북 경주시	현곡면 가정3리 마을회관 보수	20,000	시정새마을과	8	4	7	8	7	5	5	4
2838	경북 경주시	강동면 오금4리 마을회관 보수	13,000	시정새마을과	8	4	7	8	7	5	5	4
2839	경북 경주시	선도동 광명마을회관 보수	16,000	시정새마을과	8	4	7	8	7	5	5	4
2840	경북 경주시	선도동 와산마을회관 보수	5,000	시정새마을과	8	4	7	8	7	5	5	4
2841	경북 경주시	선도동 충효큰마을회관 보수	4,000	시정새마을과	8	4	7	8	7	5	5	4
2842	경북 경주시	양남면 주민회관 건립	3,325,000	원자력정책과	8	1, 4	7	8	7	5	5	4
2843	경북 경주시	양북면 생활문화센터 건립	3,990,000	원자력정책과	8	1, 4	7	8	7	5	5	4
2844	경북 김천시	가축재해보험료 지원	103,000	축산과	8	4	7	8	7	1	1	3
2845	경북 김천시	축산경영자금 이차 보전	67,500	축산과	8	4	7	8	7	1	1	3
2846	경북 김천시	한우 사료자동급이기 지원	26,000	축산과	8	4	7	8	7	1	1	3
2847	경북 김천시	염소 사료자동급이기 지원	6,500	축산과	8	4	7	8	7	1	1	3
2848	경북 김천시	지례흑돼지 종모돈(종빈돈) 지원	16,000	축산과	8	4	7	8	7	1	1	3
2849	경북 김천시	축산농가 환경개선장비 지원	75,000	축산과	8	4	7	8	7	1	1	3
2850	경북 김천시	액비저장조 개보수 지원	50,000	축산과	8	4	7	8	7	1	1	3

순번	시군구	지출명 (사업명)	2020년예산 (단위:천원/1년간)	담당자 (공무원) 담당부서	민간이전 분류 (지방자치단체 세출예산 집행기준에 의거) 1. 민간경상사업보조(1) 2. 민간단체 법정운영비보조(2) 3. 민간행사사업보조(3) 4. 민간위탁금(4) 5. 사회복지시설 법정운영비보조(5) 6. 민간인위탁교육비(6) 7. 공기관등에대한경상적대행사업비(7) 8. 민간자본사업보조,자체재원(8) 9. 민간자본사업보조,이전재원(9) 10. 민간위탁사업비(10) 11. 공기관등에 대한 자본적 대행사업비(11)	민간이전지출 근거 (지방보조금 관리기준 참고) 1. 법률에 규정 2. 국고보조 재원(국가지정) 3. 용도 지정 기부금 4. 조례에 직접규정 5. 지자체가 권장하는 사업을 하는 공공기관 6. 시,도 정책 및 재정사정 7. 기타 8. 해당없음	입찰방식 계약체결방법 (경쟁형태) 1. 일반경쟁 2. 제한경쟁 3. 지명경쟁 4. 수의계약 5. 법정위탁 6. 기타 ( ) 7. 해당없음	입찰방식 계약기간 1. 1년 2. 2년 3. 3년 4. 4년 5. 5년 6. 기타 ( )년 7. 단기계약 (1년미만) 8. 해당없음	입찰방식 낙찰자선정방법 1. 적격심사 2. 협상에의한계약 3. 최저가낙찰제 4. 규격가격분리 5. 2단계 경쟁입찰 6. 기타 ( ) 7. 해당없음	운영예산 산정 운영예산 산정 1. 내부산정 (지자체 자체 적으로 산정) 2. 외부산정 (외부전문기관 위탁 산정) 3. 내·외부 모두 산정 4. 산정 無 5. 해당없음	운영예산 산정 정산방법 1. 내부정산 (지자체 내부적으로 정산) 2. 외부정산 (외부전문기관 위탁 정산) 3. 내·외부 모두 산정 4. 정산 無 5. 해당없음	성과평가 실시여부 1. 실시 2. 미실시 3. 향후 추진 4. 해당없음
2851	경북 김천시	자원순환형 가축분요 처리시설 지원	50,000	축산과	8	4	7	8	7	1	1	3
2852	경북 김천시	상품권 운영 고속스캐너 구입	12,000	일자리경제과	8	7	7	8	7	5	5	4
2853	경북 김천시	도시가스 공급시설 설치비 지원	220,000	일자리경제과	8	7	7	8	7	1	1	4
2854	경북 김천시	시립어린이집 소규모개보수	10,000	가족행복과	8	4	7	8	7	1	1	1
2855	경북 김천시	핵과류 가지 유인 지주대 보급	75,000	기술지원과	8	1	7	8	7	5	5	4
2856	경북 김천시	벼 품질 고급화 및 생력화재배기술	40,000	기술지원과	8	1	7	8	7	5	5	4
2857	경북 김천시	시설노지채소 품질 향상 시범	50,000	기술지원과	8	1	7	8	7	5	5	4
2858	경북 김천시	시설참외 고온예방 환경관리 시범	25,000	기술지원과	8	1	7	8	7	5	5	4
2859	경북 김천시	세외수입정보시스템 유지관리비	27,944	세정과	8	1	5	1	2	1	2	4
2860	경북 김천시	지방세 정보화사업 위탁사업비	52,434	세정과	8	1	5	1	2	1	2	4
2861	경북 김천시	귀농인의집 조성사업	30,000	농촌지도과	8	2	7	8	7	5	5	4
2862	경북 김천시	야생동물피해예방시설	224,000	환경위생과	8	1	7	8	7	5	5	4
2863	경북 김천시	외식문화개선 입식테이블 설치지원	70,000	환경위생과	8	1	7	8	7	1	1	3
2864	경북 김천시	전기이륜차보급사업	60,000	환경위생과	8	2	7	8	7	1	1	4
2865	경북 김천시	김천대표특화식품상품개발지원	30,000	농식품유통과	8	4	7	8	7	5	5	4
2866	경북 김천시	양파포장재지원	125,000	농식품유통과	8	4	7	8	7	5	5	1
2867	경북 김천시	지리적 표시제 활성화 사업	180,000	농식품유통과	8	4	7	8	7	5	5	1
2868	경북 김천시	소규모 농식품 가공업체 포장재 지원	10,000	농식품유통과	8	4	7	8	7	5	5	1
2869	경북 김천시	종합과일선별기 지원	360,000	농식품유통과	8	4	7	8	7	5	5	1
2870	경북 김천시	참외세척기 지원	10,000	농식품유통과	8	4	7	8	7	5	5	1
2871	경북 김천시	양파저장용 플라스틱박스 지원	75,000	농식품유통과	8	4	7	8	7	5	5	1
2872	경북 김천시	공공비축 매입 산물벼 건조비 지원	50,000	농식품유통과	8	4	7	8	7	5	5	1
2873	경북 김천시	공공비축미 매입용 포장재 지원	50,000	농식품유통과	8	4	7	8	7	5	5	1
2874	경북 김천시	공공비축미 대형포대매입 장비 확충	30,000	농식품유통과	8	4	7	8	7	5	5	1
2875	경북 김천시	농산물 수출 활성화 및 권역화지원	50,000	농식품유통과	8	1	7	8	7	1	1	3
2876	경북 구미시	학교급식지원센터지원	21,000	교육지원과	8	8	7	8	7	5	5	1
2877	경북 구미시	새마을작은도서관 조성 및 정비사업	15,000	새마을과	8	8	7	8	7	5	5	1
2878	경북 구미시	새마을작은도서관 도서구입 지원	32,000	새마을과	8	8	7	8	7	5	5	1
2879	경북 구미시	구미시새마을회관 화장실 방수공사	5,000	새마을과	8	8	7	8	7	5	5	1
2880	경북 구미시	경로당개보수	50,000	새마을과	8	8	7	8	7	5	5	1
2881	경북 구미시	물놀이 안전계도 및 수난구조활동	6,400	안전재난과	8	8	7	8	7	5	5	1
2882	경북 구미시	빈집정비사업	10,400	건축과	8	8	7	8	7	5	5	1
2883	경북 구미시	공동주택시설관리지원사업	450,000	공동주택과	8	8	7	8	7	5	5	1
2884	경북 구미시	대표농산물 쌀 GAP재배단지 조성사업	30,000	농정과	8	8	7	8	7	5	5	1
2885	경북 구미시	토양선충처리제지원	50,000	농정과	8	8	7	8	7	5	5	1
2886	경북 구미시	토양영양제지원	54,000	농정과	8	8	7	8	7	5	5	1
2887	경북 구미시	벼 재배농가 육묘용 상토지원	9,926	농정과	8	8	7	8	7	5	5	1
2888	경북 구미시	고품질 농산물생산 영양제 지원	54,000	농정과	8	8	7	8	7	5	5	1
2889	경북 구미시	노력절감형 벼 육묘상자 지원	32,000	농정과	8	8	7	8	7	5	5	1
2890	경북 구미시	유기농전환벼재배단지 지원	40,000	농정과	8	8	7	8	7	5	5	1
2891	경북 구미시	벼 못자리용 부직포 지원	70,000	농정과	8	8	7	8	7	5	5	1
2892	경북 구미시	벼종자소독제 지원	52,640	농정과	8	8	7	8	7	5	5	1
2893	경북 구미시	벼병해충방제처리제 지원(파종시 처리제)	306,000	농정과	8	8	7	8	7	5	5	1
2894	경북 구미시	벼병해충방제처리제 지원(동시 처리제)	576,000	농정과	8	8	7	8	7	5	5	1
2895	경북 구미시	벼병해충방제처리제 지원(이앙시 처리제)	432,000	농정과	8	8	7	8	7	5	5	1
2896	경북 구미시	구미시 농업기계 구입 지원	260,000	농정과	8	8	7	8	7	5	5	1

순번	시군구	지출명 (사업명)	2020년예산 (단위:천원/1년간)	담당자 (공무원) 담당부서	민간이전 분류 (지방자치단체 세출예산 집행기준에 의거) 1. 민간경상사업보조(1) 2. 민간단체 법정운영비보조(2) 3. 민간행사사업보조(3) 4. 민간위탁금(4) 5. 사회복지시설 법정운영비보조(5) 6. 민간인위탁교육비(6) 7. 공기관등에대한경상적대행사업비(7) 8. 민간자본사업보조,자체재원(8) 9. 민간자본사업보조,이전재원(9) 10. 민간위탁사업비(10) 11. 공기관등에 대한 자본적 대행사업비(11)	민간이전지출 근거 (지방보조금 관리기준 참고) 1. 법률에 규정 2. 국고보조 재원(국가지정) 3. 용도 지정 기부금 4. 조례에 직접규정 5. 지자체가 권장하는 사업을 하는 공공기관 6. 시,도 정책 및 재정사정 7. 기타 8. 해당없음	입찰방식: 계약체결방법 (경쟁형태) 1. 일반경쟁 2. 제한경쟁 3. 지명경쟁 4. 수의계약 5. 법정위탁 6. 기타 ( ) 7. 해당없음	입찰방식: 계약기간 1. 1년 2. 2년 3. 3년 4. 4년 5. 5년 6. 기타 ( )년 7. 단기계약 (1년미만) 8. 해당없음	입찰방식: 낙찰자선정방법 1. 적격심사 2. 협상에의한계약 3. 최저가낙찰제 4. 규격가격분리 5. 2단계 경쟁입찰 6. 기타 ( ) 7. 해당없음	운영예산 산정: 운영예산 산정 1. 내부산정 (지자체 자체 적으로 산정) 2. 외부산정 (외부전문기관 위탁 산정) 3. 내·외부 모두 산정 4. 산정 無 5. 해당없음	운영예산 산정: 정산방법 1. 내부정산 (지자체 내부적 으로 정산) 2. 외부정산 (외부전문기관 위탁 정산) 3. 내·외부 모두 산정 4. 정산 無 5. 해당없음	성과평가 실시여부 1. 실시 2. 미실시 3. 향후 추진 4. 해당없음
2897	경북 구미시	육묘상자시약기 지원	20,000	농정과	8	8	7	8	7	5	5	1
2898	경북 구미시	브랜드 쌀 포장재 제작	37,500	농정과	8	8	7	8	7	5	5	1
2899	경북 구미시	수정벌지원사업	87,000	농정과	8	8	7	8	7	5	5	1
2900	경북 구미시	인삼재배농가관수시설설치	25,000	농정과	8	8	7	8	7	5	5	1
2901	경북 구미시	과수 착색봉지 지원사업	30,000	농정과	8	8	7	8	7	5	5	1
2902	경북 구미시	과수 반사필름 지원사업	20,000	농정과	8	8	7	8	7	5	5	1
2903	경북 구미시	과수 수형개선 지원사업	20,000	농정과	8	8	7	8	7	5	5	1
2904	경북 구미시	과수,원예작물분야 칼슘유황비료 지원	84,600	농정과	8	8	7	8	7	5	5	1
2905	경북 구미시	과수생력화장비(전동가위) 지원	20,000	농정과	8	8	7	8	7	5	5	1
2906	경북 구미시	농산물 규격출하(포장재) 지원사업	540,000	유통과	8	8	7	8	7	5	5	1
2907	경북 구미시	로컬푸드 연중생산체계 구축사업	100,000	유통과	8	8	7	8	7	5	5	1
2908	경북 구미시	한우송아지 초유 공급	22,500	축산과	8	8	7	8	7	5	5	1
2909	경북 구미시	구미한우 우량정액 지원	25,000	축산과	8	8	7	8	7	5	5	1
2910	경북 구미시	사일리지 생균제 지원	5,000	축산과	8	8	7	8	7	5	5	1
2911	경북 구미시	사일리지용 비닐 지원	45,420	축산과	8	8	7	8	7	5	5	1
2912	경북 구미시	조사료 가공시설 포장재 지원	25,000	축산과	8	8	7	8	7	5	5	1
2913	경북 구미시	액비발효용 환경개선제 지원	18,000	축산과	8	8	7	8	7	5	5	1
2914	경북 구미시	가축분뇨 공동자원화처리 지원	20,000	축산과	8	8	7	8	7	5	5	1
2915	경북 구미시	축산분뇨처리제 지원사업	300,000	축산과	8	8	7	8	7	5	5	1
2916	경북 구미시	양계농가 질병 면역증강제 지원사업	21,000	축산과	8	8	7	8	7	5	5	1
2917	경북 구미시	소규모 소독시설 설치 지원사업	2,940,000	축산과	8	8	7	8	7	5	5	1
2918	경북 구미시	표고재배농가 지원사업	28,000	산림과	8	8	7	8	7	5	5	1
2919	경북 구미시	조생종 해담쌀 종자 채종단지 조성시범	10,500	농업기술센터	8	8	7	8	7	5	5	1
2920	경북 구미시	기능성 멜론 생산 시범 단지조성	21,000	농업기술센터	8	8	7	8	7	5	5	1
2921	경북 구미시	전동적화기 활용 복숭아 생력적화 시범	14,000	농업기술센터	8	8	7	8	7	5	5	1
2922	경북 상주시	공동주택 지원사업	500,000	건축과	8	4	7	8	7	5	5	4
2923	경북 상주시	농촌빈집정비사업	105,000	건축과	8	1	7	8	7	5	5	4
2924	경북 상주시	VISIT경북페스티벌프로그램운영	5,000	관광진흥과	8	6	7	8	7	1	1	3
2925	경북 상주시	단독주택 등 도시가스 공급사업 지원	30,000	교통에너지과	8	4	7	1	7	1	1	1
2926	경북 상주시	영농4-H회원 영농시범사업	10,000	농촌지원과	8	1	7	8	7	5	5	4
2927	경북 상주시	시의전서 전통음식 보급시범	30,000	농촌지원과	8	1	7	8	7	5	5	4
2928	경북 상주시	농촌체험관광 활성화 시범	42,000	농촌지원과	8	1	7	8	7	5	5	4
2929	경북 상주시	신규농업인 소규모 창업지원 시범	14,000	농촌지원과	8	1	7	8	7	5	5	4
2930	경북 상주시	지역특화작목 신기술보급 및 소득작목 개발	200,000	농촌지원과	8	1	7	8	7	5	5	4
2931	경북 상주시	신육성 벼품종 종자 채종포 단지조성 시범	42,000	기술보급과	8	1	7	8	7	5	5	4
2932	경북 상주시	고품질 논밭작물 생산 생력화 시범	15,000	기술보급과	8	1	7	8	7	5	5	4
2933	경북 상주시	들녘별 경영공동체 노동력절감 무인방제 시범	84,000	기술보급과	8	1	7	8	7	5	5	4
2934	경북 상주시	식량작물 안정생산 재배 시범	63,000	기술보급과	8	1	7	8	7	5	5	4
2935	경북 상주시	벼 육묘상자 정렬기 보급 시범	12,500	기술보급과	8	1	7	8	7	5	5	4
2936	경북 상주시	가공업체 맞춤형 가공용 쌀 생산단지 육성 시범	30,000	기술보급과	8	1	7	8	7	5	5	4
2937	경북 상주시	과수 신품종 '푸룬' 신소득작목 육성 시범	84,000	기술보급과	8	1	7	8	7	5	5	4
2938	경북 상주시	과수 기상재해 방지위한 열풍방상팬 설치 시범	42,000	기술보급과	8	1	7	8	7	5	5	4
2939	경북 상주시	최고품위 복숭아 생산 선도 모델농가 육성 시범	56,000	기술보급과	8	1	7	8	7	5	5	4
2940	경북 상주시	복숭아 고품질 다수확 표준 수형 조성 시범	35,000	기술보급과	8	1	7	8	7	5	5	4
2941	경북 상주시	포도과원 유해조류 피해예방 시범	15,000	기술보급과	8	1	7	8	7	5	5	4
2942	경북 상주시	고품질 상주포도 조기출하 기술보급 시범	42,000	기술보급과	8	1	7	8	7	5	5	4

순번	시군구	지출명 (사업명)	2020년예산 (단위:천원/1년간)	담당자 (공무원) 담당부서	민간이전 분류 (지방자치단체 세출예산 집행기준에 의거) 1. 민간경상사업보조(1) 2. 민간단체 법정운영비보조(2) 3. 민간행사사업보조(3) 4. 민간위탁금(4) 5. 사회복지시설 법정운영비보조(5) 6. 민간인위탁교육비(6) 7. 공기관등에대한경상적대행사업비(7) 8. 민간자본사업보조,자체재원(8) 9. 민간자본사업보조,이전재원(9) 10. 민간위탁사업비(10) 11. 공기관등에 대한 자본적 대행사업비(11)	민간이전지출 근거 (지방보조금 관리기준 참고) 1. 법률에 규정 2. 국고보조 재원(국가지정) 3. 용도 지정 기부금 4. 조례에 직접규정 5. 지자체가 권장하는 사업을 하는 공공기관 6. 시,도 정책 및 재정사정 7. 기타 8. 해당없음	입찰방식 계약체결방법 (경쟁형태) 1. 일반경쟁 2. 제한경쟁 3. 지명경쟁 4. 수의계약 5. 법정위탁 6. 기타 ( ) 7. 해당없음	입찰방식 계약기간 1. 1년 2. 2년 3. 3년 4. 4년 5. 5년 6. 기타 ( )년 7. 단기계약 (1년미만) 8. 해당없음	입찰방식 낙찰자선정방법 1. 적격심사 2. 협상에의한계약 3. 최저가낙찰제 4. 규격가격분리 5. 2단계 경쟁입찰 6. 기타 ( ) 7. 해당없음	운영예산 산정 운영예산 산정 1. 내부산정 (지자체 자체적으로 산정) 2. 외부산정 (외부전문기관위탁 산정) 3. 내·외부 모두 산정 4. 산정 無 5. 해당없음	운영예산 산정 정산방법 1. 내부정산 (지자체 내부적으로 정산) 2. 외부정산 (외부전문기관위탁 정산) 3. 내·외부 모두 산정 4. 정산 無 5. 해당없음	성과평가 실시여부 1. 실시 2. 미실시 3. 향후 추진 4. 해당없음
2943	경북 상주시	상주포도 고품질 규격화를 위한 선도단체 육성 시범	40,000	기술보급과	8	1	7	8	7	5	5	4
2944	경북 상주시	이상기상 대응 포도 안정생산 기술보급 시범	70,000	기술보급과	8	1	7	8	7	5	5	4
2945	경북 상주시	색깔포도 재배단지 기반조성 시범	63,000	기술보급과	8	1	7	8	7	5	5	4
2946	경북 상주시	기후변화대응 시설오이 클린팜 시범	52,500	기술보급과	8	1	7	8	7	5	5	4
2947	경북 상주시	노지오이 폭염대비 해가림시설보급 시범	37,800	기술보급과	8	1	7	8	7	5	5	4
2948	경북 상주시	딸기 열회수형 온습도 환경제어시스템 시범	21,000	기술보급과	8	1	7	8	7	5	5	4
2949	경북 상주시	시설채소 고온피해 대응 환경관리기술 시범	35,000	기술보급과	8	1	7	8	7	5	5	4
2950	경북 상주시	노지양파 인력절감 시범	30,000	기술보급과	8	1	7	8	7	5	5	4
2951	경북 상주시	특용작물 과원관리 노동력 절감 시범	31,500	기술보급과	8	1	7	8	7	5	5	4
2952	경북 상주시	내재해형 오미자 과원조성 시범	31,500	기술보급과	8	1	7	8	7	5	5	4
2953	경북 상주시	특용작물 시장확대를 위한 소포장 개선 시범	8,400	기술보급과	8	1	7	8	7	5	5	4
2954	경북 상주시	미생물 활용 인삼 친환경 방제 기술 시범	10,780	기술보급과	8	1	7	8	7	5	5	4
2955	경북 상주시	에너지 저감형 고효율 버섯재배사 모델구축 시범	31,500	기술보급과	8	1	7	8	7	5	5	4
2956	경북 상주시	경북형 거점 산채류 생산단지 육성 시범	31,500	기술보급과	8	1	7	8	7	5	5	4
2957	경북 상주시	내륙형 산마늘 재배기반 조성 시범	31,500	기술보급과	8	1	7	8	7	5	5	4
2958	경북 상주시	화훼 품질향상 및 비용절감 시스템 구축 시범	10,500	기술보급과	8	1	7	8	7	5	5	4
2959	경북 상주시	화훼 고온대응 종합 환경제어 시스템구축 시범	21,000	기술보급과	8	1	7	8	7	5	5	4
2960	경북 상주시	기후변화대응 양봉 비가림기술 시범	14,700	기술보급과	8	1	7	8	7	5	5	4
2961	경북 상주시	축사 냄새저감 시범	23,100	기술보급과	8	1	7	8	7	5	5	4
2962	경북 상주시	송아지 선별 향상을 위한 단당류 처리기술보급 시범	14,000	기술보급과	8	1	7	8	7	5	5	4
2963	경북 상주시	기후변화 대응 아열대작물 재배기반 조성 시범	42,000	미래농업과	8	1	7	8	7	5	5	4
2964	경북 상주시	강소농 경영현장애로 개선 지원	28,000	미래농업과	8	1	7	8	7	5	5	4
2965	경북 상주시	전자상거래 농산물 포장 작업장 장배,시설환경 개선	21,000	미래농업과	8	1	7	8	7	5	5	4
2966	경북 상주시	정보화농업인 농산물 마케팅 개선	14,000	미래농업과	8	1	7	8	7	5	5	4
2967	경북 상주시	홉 지역적응성 실증재배 시범	21,000	미래농업과	8	1	7	8	7	5	5	4
2968	경북 상주시	초고온기 대응 과원 차광막 설치 실증 시험	20,000	미래농업과	8	1	7	8	7	5	5	4
2969	경북 상주시	친환경농약 황토유황 제조기 보급 시범	10,500	미래농업과	8	1	7	8	7	5	5	4
2970	경북 상주시	친환경 노지고추 다수확 실증 시범	21,000	미래농업과	8	1	7	8	7	5	5	4
2971	경북 상주시	자가생산 발효사료 확대보급 시범	25,200	미래농업과	8	1	7	8	7	5	5	4
2972	경북 상주시	벼재배 큰징거미새우 친환경농법 실증 시험	20,000	미래농업과	8	1	7	8	7	5	5	4
2973	경북 상주시	상주쌀로 만든 곶감빵 상품화 기반조성	105,000	미래농업과	8	1	7	8	7	5	5	4
2974	경북 상주시	농산물가공 품질향상 시범사업	21,000	미래농업과	8	1	7	8	7	5	5	4
2975	경북 상주시	귀농귀촌인 주택수리비 지원	100,000	농업정책과	8	1	7	8	1	5	1	4
2976	경북 상주시	귀농인 영농 지원	120,000	농업정책과	8	1	7	8	1	5	1	4
2977	경북 상주시	상주 명품쌀 재배단지 지원	75,000	농업정책과	8	6	7	8	7	1	1	4
2978	경북 상주시	벼 재배농가 상토 지원	1,810,000	농업정책과	8	6	7	8	7	1	1	4
2979	경북 상주시	소규모농가 모판 지원	350,000	농업정책과	8	6	7	8	7	1	1	4
2980	경북 상주시	논 타작물 재배농가 기자재 지원	50,000	농업정책과	8	6	7	8	7	1	1	4
2981	경북 상주시	곡물건조기 집진시설 설치 지원	8,500	농업정책과	8	6	7	8	7	1	1	4
2982	경북 상주시	소형육묘장 살수장치 지원	40,000	농업정책과	8	6	7	8	7	1	1	4
2983	경북 상주시	곡물건조기 공급 지원	100,000	농업정책과	8	6	7	8	7	1	1	4
2984	경북 상주시	농업용 동력운반차 지원	150,000	농업정책과	8	6	7	8	7	1	1	4
2985	경북 상주시	제초제 살포용 무인에어보트 지원	38,000	농업정책과	8	6	7	8	7	1	1	4
2986	경북 상주시	농용 급유기 지원	87,500	농업정책과	8	6	7	8	7	1	1	4
2987	경북 상주시	채종포단지 생력화기계 지원	24,000	농업정책과	8	6	7	8	7	1	1	4
2988	경북 상주시	벼 계약재배용 톤백 지원	60,000	농업정책과	8	6	7	8	7	1	1	4

순번	시군구	지출명 (사업명)	2020년예산 (단위:천원/1년간)	담당자 (공무원) 담당부서	민간이전 분류 (지방자치단체 세출예산 집행기준에 의거) 1. 민간경상사업보조(1) 2. 민간단체 법정운영비보조(2) 3. 민간행사사업보조(3) 4. 민간위탁금(4) 5. 사회복지시설 법정운영비보조(5) 6. 민간인위탁교육비(6) 7. 공기관등에대한경상적대행사업비(7) 8. 민간자본사업보조,자체재원(8) 9. 민간자본사업보조,이전재원(9) 10. 민간위탁사업비(10) 11. 공기관등에 대한 자본적 대행사업비(11)	민간이전지출 근거 (지방보조금 관리기준 참고) 1. 법률에 규정 2. 국고보조 재원(국가지정) 3. 용도 지정 기부금 4. 조례에 직접규정 5. 지자체가 권장하는 사업을 하는 공공기관 6. 시,도 정책 및 재정사정 7. 기타 8. 해당없음	입찰방식 계약체결방법 (경쟁형태) 1. 일반경쟁 2. 제한경쟁 3. 지명경쟁 4. 수의계약 5. 법정위탁 6. 기타 ( ) 7. 해당없음	입찰방식 계약기간 1. 1년 2. 2년 3. 3년 4. 4년 5. 5년 6. 기타 ( )년 7. 단기계약 (1년미만) 8. 해당없음	입찰방식 낙찰자선정방법 1. 적격심사 2. 협상에의한계약 3. 최저가낙찰제 4. 규격가격분리 5. 2단계 경쟁입찰 6. 기타 ( ) 7. 해당없음	운영예산 산정 운영예산 산정 1. 내부산정 (지자체 자체적으로 산정) 2. 외부산정 (외부전문기관위탁 산정) 3. 내·외부 모두 산정 4. 산정 無 5. 해당없음	운영예산 산정 정산방법 1. 내부정산 (지자체 내부적으로 정산) 2. 외부정산 (외부전문기관위탁 정산) 3. 내·외부 모두 산정 4. 정산 無 5. 해당없음	성과평가 실시여부 1. 실시 2. 미실시 3. 향후 추진 4. 해당없음
2989	경북 상주시	채종포단지 계약재배용 톤백 지원	4,000	농업정책과	8	6	7	8	7	1	1	4
2990	경북 상주시	친환경 인증농산물 생산단지 조성	21,000	농업정책과	8	4	7	8	7	1	1	1
2991	경북 상주시	친환경인증 선도단지 육성	343,000	농업정책과	8	4	7	8	7	1	1	1
2992	경북 상주시	친환경인증 확대 농자재 지원	49,500	농업정책과	8	4	7	8	7	1	1	1
2993	경북 상주시	다목적 농가형 저온저장고 설치 지원	75,000	농업정책과	8	4	7	8	7	1	1	1
2994	경북 상주시	과수 재배농가 노동력 경감 장비 지원	45,000	농업정책과	8	4	7	8	7	1	1	1
2995	경북 상주시	명주생산용 생사구입비 지원	36,064	농업정책과	8	4	7	8	7	1	1	1
2996	경북 상주시	시설원예 연질강화필름 지원	250,000	농업정책과	8	4	7	8	7	1	1	1
2997	경북 상주시	종합사회복지관 기능보강사업	7,260	사회복지과	8	4	4	7	3	1	1	2
2998	경북 상주시	임업경영주체육성	98,000	산림녹지과	8	4	7	8	7	5	5	4
2999	경북 상주시	고소득단기소득임산물시설지원	180,000	산림녹지과	8	4	7	8	7	5	5	4
3000	경북 상주시	마을회관(경로당) 보수	603,000	새마을체육과	8	4	7	8	7	1	1	1
3001	경북 상주시	민간단체 재난장비 구입 지원	20,000	안전재난과	8	4	7	8	7	5	1	3
3002	경북 상주시	신규 농식품개발 지원	20,000	유통마케팅과	8	6	7	8	7	5	5	4
3003	경북 상주시	농식품 HACCP 인증 지원	500,000	유통마케팅과	8	6	7	8	7	1	1	4
3004	경북 상주시	상주 로컬푸드 생산기반 지원	48,000	유통마케팅과	8	4	7	8	7	1	1	4
3005	경북 상주시	전기충격식 목책기 등 지원사업	96,000	환경관리과	8	1	7	8	7	1	1	1
3006	경북 문경시	마을회관 관리	363,600	새마을체육과	8	4	7	8	7	1	1	4
3007	경북 문경시	현충시설관리 및 보훈행사지원	28,300	사회복지과	8	4	7	8	7	1	1	1
3008	경북 문경시	노인일자리 특화사업	80,000	노인장애인복지과	8	8	7	1	6	1	1	4
3009	경북 문경시	다문화 모국방송 위성수신기 설치	5,000	여성청소년과	8	6	7	8	7	5	5	4
3010	경북 문경시	벼 병행충 공동방제	126,000	농정과	8	4	7	8	7	1	1	4
3011	경북 문경시	콩 병해충 공동방제	36,000	농정과	8	4	7	8	7	1	1	4
3012	경북 문경시	감자종자대지원	75,000	농정과	8	4	7	8	7	1	1	4
3013	경북 문경시	가뭄대비 빗물저장시설	200,000	농정과	8	4	7	8	7	1	1	4
3014	경북 문경시	벼 직파재배단지 조성지원	16,000		8	4	7	8	7	1	1	4
3015	경북 문경시	저습답개량 지원	100,000	농정과	8	4	7	8	7	1	1	4
3016	경북 문경시	벼 재배 상토지원	712,800	농정과	8	4	7	8	7	1	1	4
3017	경북 문경시	벼 육묘장 안개살수 장치	21,000	농정과	8	4	7	8	7	1	1	4
3018	경북 문경시	곡물적재함 지원	15,000	농정과	8	4	7	8	7	1	1	4
3019	경북 문경시	콩 생력화 장비 지원	20,000	농정과	8	4	7	8	7	1	1	4
3020	경북 문경시	대형농기계 지원	200,000	농정과	8	4	7	8	7	1	1	4
3021	경북 문경시	친환경특수농법 영농자재 지원	264,000	농정과	8	4	7	8	7	1	1	4
3022	경북 문경시	객토사업 지원	210,000	농정과	8	4	7	8	7	1	1	4
3023	경북 문경시	문경쌀 포장재 구입 지원	50,000	농정과	8	4	7	8	7	1	1	4
3024	경북 문경시	과원반사필름 지원	187,500	농정과	8	4	1	8	3	1	1	4
3025	경북 문경시	과수봉지 지원	40,000	농정과	8	4	7	8	7	1	1	4
3026	경북 문경시	기능성사과 지원	60,000	농정과	8	4	7	8	7	1	1	4
3027	경북 문경시	약돌사과 포장재 지원	36,000	농정과	8	4	7	8	7	1	1	4
3028	경북 문경시	사과 인공수분기지원	10,000	농정과	8	4	7	8	7	1	1	4
3029	경북 문경시	사과 꽃가루 지원	60,000	농정과	8	4	7	8	7	1	1	4
3030	경북 문경시	사과 전동가위 지원	100,000	농정과	8	4	7	8	7	1	1	4
3031	경북 문경시	사과 과원조성 지원	200,000	농정과	8	4	7	8	7	1	1	4
3032	경북 문경시	과수 포장재 지원	40,000	농정과	8	4	7	8	7	1	1	4
3033	경북 문경시	과수 수분용 양봉 임대 지원	17,500	농정과	8	4	7	8	7	1	1	4
3034	경북 문경시	과수원 안테나지주대식 지원	60,000	농정과	8	4	7	8	7	1	1	4

순번	시군구	지출명 (사업명)	2020년예산 (단위:천원/1년간)	담당자 (공무원) 담당부서	민간이전 분류 (지방자치단체 세출예산 집행기준에 의거) 1. 민간경상사업보조(1) 2. 민간단체 법정운영비보조(2) 3. 민간행사사업보조(3) 4. 민간위탁금(4) 5. 사회복지시설 법정운영비보조(5) 6. 민간인위탁교육비(6) 7. 공기관등에대한경상적대행사업비(7) 8. 민간자본사업보조,자체재원(8) 9. 민간자본사업보조,이전재원(9) 10. 민간위탁사업비(10) 11. 공기관등에 대한 자본적 대행사업비(11)	민간이전지출 근거 (지방보조금 관리기준 참고) 1. 법률에 규정 2. 국고보조 재원(국가지정) 3. 용도 지정 기부금 4. 조례에 직접규정 5. 지자체가 권장하는 사업을 하는 공공기관 6. 시,도 정책 및 재정사정 7. 기타 8. 해당없음	입찰방식 계약체결방법 (경쟁형태) 1. 일반경쟁 2. 제한경쟁 3. 지명경쟁 4. 수의계약 5. 법정위탁 6. 기타 ( ) 7. 해당없음	입찰방식 계약기간 1. 1년 2. 2년 3. 3년 4. 4년 5. 5년 6. 기타 ( )년 7. 단기계약 (1년미만) 8. 해당없음	입찰방식 낙찰자선정방법 1. 적격심사 2. 협상에의한계약 3. 최저가낙찰제 4. 규격가격분리 5. 2단계 경쟁입찰 6. 기타 ( ) 7. 해당없음	운영예산 산정 운영예산 산정 1. 내부산정 (지자체 자체적으로 산정) 2. 외부산정 (외부전문기관위탁 산정) 3. 내·외부 모두 산정 4. 산정 無 5. 해당없음	운영예산 산정 정산방법 1. 내부정산 (지자체 내부적으로 정산) 2. 외부정산 (외부전문기관위탁 정산) 3. 내·외부 모두 산정 4. 정산 無 5. 해당없음	성과평가 실시여부 1. 실시 2. 미실시 3. 향후 추진 4. 해당없음
3035	경북 문경시	기후변화대응대체작목육성지원	15,000	농정과	8	4	7	8	7	1	1	4
3036	경북 문경시	대체과일 선별기계 지원	12,000	농정과	8	4	7	8	7	1	1	4
3037	경북 문경시	사과 포장재 지원	64,000	농정과	8	4	7	8	7	1	1	4
3038	경북 문경시	샤인머스켓 그물망 설치 지원	12,000	농정과	8	4	7	8	7	1	1	4
3039	경북 문경시	샤인머스켓 생육 영양제 지원	12,000	농정과	8	4	7	8	7	1	1	4
3040	경북 문경시	문경사과 포장재 지원	35,000	농정과	8	4	7	8	7	1	1	3
3041	경북 문경시	단무지 무 종자대 지원	7,000	농정과	8	4	7	8	7	1	1	4
3042	경북 문경시	양파 육묘대 지원	200,000	농정과	8	4	7	8	7	1	1	4
3043	경북 문경시	양파 이식기 지원	33,000	농정과	8	4	7	8	7	1	1	4
3044	경북 문경시	양파재배단지 생산 기자재 지원	64,000	농정과	8	4	7	8	7	1	1	4
3045	경북 문경시	배추 무사마귀병 방제약제 지원	200,000	농정과	8	4	7	8	7	1	1	4
3046	경북 문경시	잎담배 재배농가 기자재 지원	80,000	농정과	8	4	7	8	7	1	1	4
3047	경북 문경시	애호박 생산 인큐베이터 지원	30,000	농정과	8	4	7	8	7	1	1	4
3048	경북 문경시	단호박 종자대 지원	36,000	농정과	8	4	7	8	7	1	1	4
3049	경북 문경시	버섯 배지 지원	33,000	농정과	8	4	7	8	7	1	1	4
3050	경북 문경시	버섯재배사 개보수 지원	8,200	농정과	8	4	7	8	7	1	1	4
3051	경북 문경시	시설하우스 기자재 지원	26,000	농정과	8	4	7	8	7	1	1	4
3052	경북 문경시	시설하우스 일반 비닐 교체 지원	77,000	농정과	8	4	7	8	7	1	1	4
3053	경북 문경시	채소특작분야 포장재 지원	130,000	농정과	8	4	7	8	7	1	1	4
3054	경북 문경시	수박재배농가 수정벌 지원	10,000	농정과	8	4	7	8	7	1	1	4
3055	경북 문경시	농산물 건조기 지원	22,500	농정과	8	4	7	8	7	1	1	4
3056	경북 문경시	포포나무 묘목대 지원	10,000	농정과	8	4	7	8	7	1	1	4
3057	경북 문경시	귀농인 맞춤형 시설하우스 지원	220,000	농정과	8	4	7	8	7	1	1	4
3058	경북 문경시	생오미자 포장재 지원	100,000	농정과	8	4	7	8	7	1	1	4
3059	경북 문경시	오미자 저온저장고 지원	150,000	농정과	8	4	7	8	7	1	1	4
3060	경북 문경시	오미자 친환경 자재 지원	40,000	농정과	8	4	7	8	7	1	1	4
3061	경북 문경시	오미자 점적관수시설 지원	200,000	농정과	8	4	7	8	7	1	1	4
3062	경북 문경시	고품질 문경오미자 생산자재 지원	50,000	농정과	8	4	7	8	7	1	1	4
3063	경북 문경시	오미자 갱신지원	150,000	농정과	8	4	7	8	7	1	1	4
3064	경북 문경시	오미자 신규재배지원	112,500	농정과	8	4	7	8	7	1	1	4
3065	경북 문경시	오미자 청담금 포장재 지원	99,000	농정과	8	4	7	8	7	1	1	4
3066	경북 문경시	문경꿀 생산농가 포장재 지원	43,250	유통축산과	8	4	7	8	7	3	3	1
3067	경북 문경시	문경토종벌 기자재 지원	4,000	유통축산과	8	4	7	8	7	3	3	1
3068	경북 문경시	문경토종벌 벌구입 지원	16,000	유통축산과	8	4	7	8	7	3	3	1
3069	경북 문경시	양봉농가 장비지원	15,000	유통축산과	8	4	7	8	7	3	3	1
3070	경북 문경시	양봉농가 기자재 지원	97,000	유통축산과	8	4	7	8	7	3	3	1
3071	경북 문경시	소 개체관리용 자동목걸이 설치 지원	18,000	유통축산과	8	4	7	8	7	3	3	1
3072	경북 문경시	육계사육농가 지원	15,000	유통축산과	8	4	7	8	7	3	3	1
3073	경북 문경시	축산농가 송풍기 지원	30,000	유통축산과	8	4	7	8	7	3	3	1
3074	경북 문경시	축산농가 원형적재기 및 결속기 지원	56,750	유통축산과	8	4	7	8	7	3	3	1
3075	경북 문경시	폭염대처 및 가축방역용 안개분무시설	350,000	유통축산과	8	4	7	8	7	3	3	1
3076	경북 문경시	축사관리용cctv지원	50,000	유통축산과	8	4	7	8	7	1	1	1
3077	경북 문경시	한우 HELP 지원	5,000	유통축산과	8	4	7	8	7	3	3	1
3078	경북 문경시	젖소 한우 수정란이식	30,000	유통축산과	8	4	7	8	7	3	3	1
3079	경북 문경시	볏짚처리 비닐구입비	100,000	유통축산과	8	4	7	8	7	3	3	1
3080	경북 문경시	조사료생산 지원	99,000	유통축산과	8	4	7	8	7	3	3	1

순번	시군구	지출명 (사업명)	2020년예산 (단위:천원/1년간)	담당자 (공무원) 담당부서	민간이전 분류 (지방자치단체 세출예산 집행기준에 의거) 1. 민간경상사업보조(1) 2. 민간단체 법정운영비보조(2) 3. 민간행사사업보조(3) 4. 민간위탁금(4) 5. 사회복지시설 법정운영비보조(5) 6. 민간인위탁교육비(6) 7. 공기관등에대한경상적대행사업비(7) 8. 민간자본사업보조,자체재원(8) 9. 민간자본사업보조,이전재원(9) 10. 민간위탁사업비(10) 11. 공기관등에 대한 자본적 대행사업비(11)	민간이전지출 근거 (지방보조금 관리기준 참고) 1. 법률에 규정 2. 국고보조 재원(국가지정) 3. 용도 지정 기부금 4. 조례에 직접규정 5. 지자체가 권장하는 사업을 하는 공공기관 6. 시,도 정책 및 재정사정 7. 기타 8. 해당없음	입찰방식 계약체결방법 (경쟁형태) 1. 일반경쟁 2. 제한경쟁 3. 지명경쟁 4. 수의계약 5. 법정위탁 6. 기타 ( ) 7. 해당없음	입찰방식 계약기간 1. 1년 2. 2년 3. 3년 4. 4년 5. 5년 6. 기타 ( )년 7. 단기계약 (1년미만) 8. 해당없음	입찰방식 낙찰자선정방법 1. 적격심사 2. 협상에의한계약 3. 최저가낙찰제 4. 규격가격분리 5. 2단계 경쟁입찰 6. 기타 ( ) 7. 해당없음	운영예산 산정 운영예산 산정 1. 내부산정 (지자체 자체 적으로 산정) 2. 외부산정 (외부전문기관 위탁 산정) 3. 내·외부 모두 산정 4. 산정 無 5. 해당없음	운영예산 산정 정산방법 1. 내부정산 (지자체 내부적으로 정산) 2. 외부정산 (외부전문기관 위탁 정산) 3. 내·외부 모두 산정 4. 정산 無 5. 해당없음	성과평가 실시여부 1. 실시 2. 미실시 3. 향후 추진 4. 해당없음
3081	경북 문경시	사료배합기지원	75,000	유통축산과	8	4	7	8	7	3	3	1
3082	경북 문경시	축산분뇨 처리용 톱밥 지원	450,000	유통축산과	8	4	7	8	7	3	3	1
3083	경북 문경시	축산환경개선제 지원	100,000	유통축산과	8	4	7	8	7	3	3	1
3084	경북 문경시	축산환경개선(악취제거)시설 등 지원	334,875	유통축산과	8	4	7	8	7	3	3	1
3085	경북 문경시	경천 내수면 어업계 어구 지원	5,000	유통축산과	8	4	7	8	7	3	3	1
3086	경북 문경시	사과공동선과료 지원	40,000	유통축산과	8	1	7	8	7	1	1	1
3087	경북 문경시	문경사과 브랜드 포장재 제작 지원	100,000	유통축산과	8	1	7	8	7	1	1	1
3088	경북 문경시	거점산지유통센터 기계장비수리	35,000	유통축산과	8	1	7	8	7	1	1	1
3089	경북 문경시	농특산물 택배 포장재 지원	10,000	유통축산과	8	4	7	8	7	1	1	1
3090	경북 문경시	농특산물 쇼핑백 제작	10,000	유통축산과	8	4	7	8	7	1	1	1
3091	경북 문경시	새재의아침 브랜드 사용 포장박스 지원	30,000	유통축산과	8	4	7	8	7	1	1	1
3092	경북 문경시	농특산물 포장 디자인 개발 및 제작비 지원	70,000	유통축산과	8	4	7	8	7	1	1	1
3093	경북 문경시	절임배추 포장재 제작 지원	20,000	유통축산과	8	4	7	8	7	1	1	1
3094	경북 문경시	농식품 TV홈쇼핑 지원	140,000	유통축산과	8	4	7	8	7	1	1	1
3095	경북 문경시	귀농인 영농정착지원	56,000	농촌개발과	8	1, 4	7	8	7	5	5	4
3096	경북 문경시	귀농인 보금자리 리모델링 지원	225,000	농촌개발과	8	1, 4	7	8	7	5	5	4
3097	경북 문경시	귀농귀촌 맞춤형 정착 지원	1,000,000	농촌개발과	8	1, 4	7	8	7	5	5	4
3098	경북 문경시	임산물 생산기반 지원사업	346,280	산림녹지과	8	2	7	8	7	1	1	1
3099	경북 문경시	미니 단호박 재배방법 개선 실증시범	4,200	기술지원과	8	7	7	8	7	1	1	1
3100	경북 문경시	생강 촉성재배 기술보급 시범	7,000	기술지원과	8	7	7	8	7	1	1	1
3101	경북 문경시	표고버섯원목재배 에너지 절감시범	17,500	기술지원과	8	7	7	8	7	1	1	1
3102	경북 문경시	특용작물 "마성의 마" 용기 재배시범	21,000	기술지원과	8	7	7	8	7	1	1	1
3103	경북 문경시	새소득과수돌배재배시범	5,000	기술지원과	8	7	7	8	7	1	1	1
3104	경북 문경시	다수확포도시설재배시범	14,000	기술지원과	8	7	7	8	7	1	1	1
3105	경북 문경시	시설애호박 양액재배 실증시범	15,400	소득개발과	8	7	7	8	7	1	1	1
3106	경북 문경시	양파 주요작업의 생력화재배기술 보급시범	16,000	소득개발과	8	7	7	8	7	1	1	1
3107	경북 문경시	시설애호박 고온기 환경개선 실증시범	6,300	소득개발과	8	7	7	8	7	1	1	1
3108	경북 문경시	지역 소득화작물 육성 시범	30,800	소득개발과	8	7	7	8	7	1	1	1
3109	경북 문경시	LED 수직형 식물공장 시범	375,000	소득개발과	8	7	7	8	7	1	1	1
3110	경북 문경시	특생있는 마을 조성사업	200,000	소득개발과	8	7	7	8	7	1	1	1
3111	경북 문경시	콩적심기 이용 생력재배 시범사업	7,500	소득개발과	8	7	7	8	7	1	1	1
3112	경북 문경시	한우임신진단 기술보급시범	15,000	소득개발과	8	7	7	8	7	1	1	1
3113	경북 문경시	양봉사료용해기 보급시범	15,000	소득개발과	8	7	7	8	7	1	1	1
3114	경북 문경시	약용작물 재배기술보급 시범	8,400	소득개발과	8	7	7	8	7	1	1	1
3115	경북 문경시	특용작물 용기재배 실증시범	17,500	소득개발과	8	7	7	8	7	1	1	1
3116	경북 문경시	기능성 특용작물 천년초 생산시범	12,600	소득개발과	8	7	7	8	7	1	1	1
3117	경북 문경시	내재해형 오미자과원 조성 시범	12,600	소득개발과	8	7	7	8	7	1	1	1
3118	경북 문경시	감홍사과전문생산단지조성사업	45,000	소득개발과	8	7	7	8	7	1	1	1
3119	경북 문경시	포도하우스재배시범	50,400	소득개발과	8	7	7	8	7	1	1	1
3120	경북 문경시	사포닌성분함유기능성사과재배시범	8,400	소득개발과	8	7	7	8	7	1	1	1
3121	경북 문경시	체리하우스왜화재배시범	119,000	소득개발과	8	7	7	8	7	1	1	1
3122	경북 문경시	농업신기술시범(농업현안해결종합기술지원)	200,000	소득개발과	8	2	7	8	7	1	1	1
3123	경북 문경시	내서3리 마을공동시설 리모델링	20,000	농암면	8	4	4	1	7	1	1	1
3124	경북 경산시	산양삼 종자대 지원	9,000	산림녹지과	8	4	7	8	7	1	1	1
3125	경북 경산시	경로당 보수	300,000	사회복지과	8	1	7	8	7	1	1	1
3126	경북 경산시	경로당 활성화 물품 지원	100,000	사회복지과	8	1	7	8	7	1	1	1

순번	시군구	지출명 (사업명)	2020년예산 (단위:천원/1년간)	담당자 (공무원) 담당부서	민간이전 분류 (지방자치단체 세출예산 집행기준에 의거) 1. 민간경상사업보조(1) 2. 민간단체 법정운영비보조(2) 3. 민간행사사업보조(3) 4. 민간위탁금(4) 5. 사회복지시설 법정운영비보조(5) 6. 민간인위탁교육비(6) 7. 공기관등에대한경상적대행사업비(7) 8. 민간자본사업보조,자체재원(8) 9. 민간자본사업보조,이전재원(9) 10. 민간위탁사업비(10) 11. 공기관등에 대한 자본적 대행사업비(11)	민간이전지출 근거 (지방보조금 관리기준 참고) 1. 법률에 규정 2. 국고보조 재원(국가지정) 3. 용도 지정 기부금 4. 조례에 직접규정 5. 지자체가 권장하는 사업을 하는 공공기관 6. 시,도 정책 및 재정사정 7. 기타 8. 해당없음	입찰방식 계약체결방법 (경쟁형태) 1. 일반경쟁 2. 제한경쟁 3. 지명경쟁 4. 수의계약 5. 법정위탁 6. 기타 ( ) 7. 해당없음	입찰방식 계약기간 1. 1년 2. 2년 3. 3년 4. 4년 5. 5년 6. 기타 ( )년 7. 단기계약 (1년미만) 8. 해당없음	입찰방식 낙찰자선정방법 1. 적격심사 2. 협상에의한계약 3. 최저가낙찰제 4. 규격가격분리 5. 2단계 경쟁입찰 6. 기타 ( ) 7. 해당없음	운영예산 산정 운영예산 산정 1. 내부산정 (지자체 자체적으로 산정) 2. 외부산정 (외부전문기관위탁 산정) 3. 내·외부 모두 산정 4. 산정 無 5. 해당없음	운영예산 산정 정산방법 1. 내부정산 (지자체 내부적으로 정산) 2. 외부정산 (외부전문기관위탁 정산) 3. 내·외부 모두 산정 4. 정산 無 5. 해당없음	성과평가 실시여부 1. 실시 2. 미실시 3. 향후 추진 4. 해당없음
3127	경북 경산시	북한이탈주민 기초생활 물품지원	3,000,000	여성가족과	8	4	1	1	1	5	1	4
3128	경북 경산시	농촌빈집 정비사업	28,500	건축과	8	1	7	7	7	5	5	1
3129	경북 경산시	공동주택 공동시설 지원사업	160,000	건축과	8	4	1	7	3	3	1	4
3130	경북 경산시	농촌 노후지붕개량사업	100,000	건축과	8	1	7	7	7	5	5	1
3131	경북 경산시	차상위계층 주거환경개선사업	37,800	건축과	8	4	1	7	3	1	1	4
3132	경북 경산시	일반 농업기계 공급	376,500	농정유통과	8	4	7	8	7	5	5	4
3133	경북 경산시	한우농가 전자식 나노 활성수기 지원	15,000	축산진흥과	8	4	7	8	7	5	5	4
3134	경북 경산시	한우 사료자동급이기 지원	54,600	축산진흥과	8	4	7	8	7	5	5	4
3135	경북 경산시	한우사 자동보온 급수조 지원	18,750	축산진흥과	8	4	7	8	7	5	5	4
3136	경북 경산시	축사 환기시설 지원	18,000	축산진흥과	8	4	7	8	7	5	5	4
3137	경북 경산시	한우보정용 개체잠금장치 지원	15,000	축산진흥과	8	4	7	8	7	5	5	4
3138	경북 경산시	축사 관리용 CCTV 지원	10,000	축산진흥과	8	4	7	8	7	5	5	4
3139	경북 경산시	젖소농가 이동식 저온저장고 지원	21,000	축산진흥과	8	4	7	8	7	5	5	4
3140	경북 경산시	젖소농가 기구세척제 지원	31,500	축산진흥과	8	4	7	8	7	5	5	4
3141	경북 경산시	젖소농가 안개분무시설 지원	16,000	축산진흥과	8	4	7	8	7	5	5	4
3142	경북 경산시	젖소 보정용 개체잠금장치 지원	6,000	축산진흥과	8	4	7	8	7	5	5	4
3143	경북 경산시	젖소 자동보온급수조 지원	3,500	축산진흥과	8	4	7	8	7	5	5	4
3144	경북 경산시	젖소농가 스프링클러 지원	3,000	축산진흥과	8	4	7	8	7	5	5	4
3145	경북 경산시	포유모돈 자동급이기 지원	16,200	축산진흥과	8	4	7	8	7	5	5	4
3146	경북 경산시	양돈농가 사양관리개선 지원	9,000	축산진흥과	8	4	7	8	7	5	5	4
3147	경북 경산시	돼지 액상정액 지원	13,500	축산진흥과	8	4	7	8	7	5	5	4
3148	경북 경산시	계란 난좌 지원	9,600	축산진흥과	8	4	7	8	7	5	5	4
3149	경북 경산시	계란 세척기 지원	15,000	축산진흥과	8	4	7	8	7	5	5	4
3150	경북 경산시	계란 오파란처리기 지원	9,000	축산진흥과	8	4	7	8	7	5	5	4
3151	경북 경산시	양봉 채밀대차 지원	8,250	축산진흥과	8	4	7	8	7	5	5	4
3152	경북 경산시	실내 양봉사 설치 시범사업	4,000	축산진흥과	8	4	7	8	7	5	5	4
3153	경북 경산시	양봉 소요자재 구입 지원	25,000	축산진흥과	8	4	7	8	7	5	5	4
3154	경북 경산시	한우 육질개선제 지원	70,000	축산진흥과	8	4	7	8	7	5	5	4
3155	경북 경산시	송아지 에너지공급 사업	12,500	축산진흥과	8	4	7	8	7	5	5	4
3156	경북 경산시	착유농가 유질개선 지원	15,000	축산진흥과	8	4	7	8	7	5	5	4
3157	경북 경산시	젖소 고농축 영양제 지원	18,000	축산진흥과	8	4	7	8	7	5	5	4
3158	경북 경산시	양계농가 계분처리기 지원	75,000	축산진흥과	8	4	7	8	7	5	5	4
3159	경북 경산시	축산농가 환경개선장비 지원	75,000	축산진흥과	8	4	7	8	7	5	5	4
3160	경북 경산시	양돈농가 미네랄첨가제 지원	138,600	축산진흥과	8	4	7	8	7	5	5	4
3161	경북 경산시	축산농가 해충제거기 지원	11,000	축산진흥과	8	1	7	8	7	5	5	4
3162	경북 경산시	농산물 유통장비 지원	56,000	축산진흥과	8	4	7	8	7	5	5	4
3163	경북 경산시	농산물 공판장 건립지원(하양농협)	300,000	축산진흥과	8	4	7	8	7	5	5	4
3164	경북 경산시	농산물 선별장 건립지원(용성농협)	300,000	축산진흥과	8	4	7	8	7	5	5	4
3165	경북 경산시	농작업 편이화 장비 보급사업	40,000	농촌진흥과	8	4	7	8	7	5	1	3
3166	경북 경산시	농촌체험 품질향상 시범사업	28,000	농촌진흥과	8	4	7	8	7	5	1	3
3167	경북 경산시	농가경영개선지원 시범	7,000	농촌진흥과	8	4	7	8	7	5	1	3
3168	경북 경산시	묘목재배 토양환경 개선 시범	14,000	농촌진흥과	8	4	7	8	7	5	1	3
3169	경북 경산시	우량묘목 생산 관수시설 개선 시범	50,400	농촌진흥과	8	4	7	8	7	5	1	3
3170	경북 경산시	친환경퇴비 지원	100,000	기술지원과	8	4	7	8	7	1	1	3
3171	경북 경산시	벼육묘용 상토 및 육묘자재 지원	45,000	기술지원과	8	4	7	8	7	1	1	3
3172	경북 경산시	과원 다목적 피복 지원	36,000	기술지원과	8	4	7	8	7	1	1	3

순번	시군구	지출명 (사업명)	2020년예산 (단위:천원/1년간)	담당자 (공무원) 담당부서	민간이전 분류 (지방자치단체 세출예산 집행기준에 의거) 1. 민간경상사업보조(1) 2. 민간단체 법정운영비보조(2) 3. 민간행사사업보조(3) 4. 민간위탁금(4) 5. 사회복지시설 법정운영비보조(5) 6. 민간인위탁교육비(6) 7. 공기관등에대한경상적대행사업비(7) 8. 민간자본사업보조,자체재원(8) 9. 민간자본사업보조,이전재원(9) 10. 민간위탁사업비(10) 11. 공기관등에 대한 자본적 대행사업비(11)	민간이전지출 근거 (지방보조금 관리기준 참고) 1. 법률에 규정 2. 국고보조 재원(국가지정) 3. 용도 지정 기부금 4. 조례에 직접규정 5. 지자체가 권장하는 사업을 하는 공공기관 6. 시,도 정책 및 재정사정 7. 기타 8. 해당없음	입찰방식 계약체결방법 (경쟁형태) 1. 일반경쟁 2. 제한경쟁 3. 지명경쟁 4. 수의계약 5. 법정위탁 6. 기타 ( ) 7. 해당없음	입찰방식 계약기간 1. 1년 2. 2년 3. 3년 4. 4년 5. 5년 6. 기타 ( )년 7. 단기계약 (1년미만) 8. 해당없음	입찰방식 낙찰자선정방법 1. 적격심사 2. 협상에의한계약 3. 최저가낙찰제 4. 규격가격분리 5. 2단계 경쟁입찰 6. 기타 ( ) 7. 해당없음	운영예산 산정 운영예산 산정 1. 내부산정 (지자체 자체적으로 산정) 2. 외부산정 (외부전문기관 위탁 산정) 3. 내·외부 모두 산정 4. 산정 無 5. 해당없음	운영예산 산정 정산방법 1. 내부정산 (지자체 내부적으로 정산) 2. 외부정산 (외부전문기관 위탁 정산) 3. 내·외부 모두 산정 4. 정산 無 5. 해당없음	성과평가 실시여부 1. 실시 2. 미실시 3. 향후 추진 4. 해당없음
3173	경북 경산시	과수농가 순환팬 지원	60,000	기술지원과	8	4	7	8	7	1	1	3
3174	경북 경산시	과수농가 이동식저온저장고 지원	180,000	기술지원과	8	4	7	8	7	1	1	3
3175	경북 경산시	시설과수 다겹보온커튼 지원	45,000	기술지원과	8	4	7	8	7	1	1	3
3176	경북 경산시	포도과원 친환경농자재 지원	27,000	기술지원과	8	4	7	8	7	1	1	3
3177	경북 경산시	복숭아과원 친환경농자재 지원	36,000	기술지원과	8	4	7	8	7	1	1	3
3178	경북 경산시	자두과원 친환경농자재 지원	36,000	기술지원과	8	4	7	8	7	1	1	3
3179	경북 경산시	자두밭 인공꽃가루 공급사업	56,100	기술지원과	8	4	7	8	7	1	1	3
3180	경북 경산시	자두 고품질 착색 향상지원	6,500	기술지원과	8	4	7	8	7	1	1	3
3181	경북 경산시	포도 우량품종 갱신	14,000	기술지원과	8	4	7	8	7	1	1	3
3182	경북 경산시	과수 관수시설 설치	36,000	기술지원과	8	4	7	8	7	1	1	3
3183	경북 경산시	과수 우산식지주 설치	67,500	기술지원과	8	4	7	8	7	1	1	3
3184	경북 경산시	과원 암거배수 설치	21,000	기술지원과	8	4	7	8	7	1	1	3
3185	경북 경산시	과원 용수원 개발	33,000	기술지원과	8	4	7	8	7	1	1	3
3186	경북 경산시	포도 비가림 설치	72,000	기술지원과	8	4	7	8	7	1	1	3
3187	경북 경산시	포도 비가림 비닐피복 교체	43,750	기술지원과	8	4	7	8	7	1	1	3
3188	경북 경산시	복숭아 비가림시설 설치	90,000	기술지원과	8	4	7	8	7	1	1	3
3189	경북 경산시	잎들깨하우스 열풍기 설치지원	30,000	기술지원과	8	4	7	8	7	1	1	3
3190	경북 경산시	마늘, 양파 경쟁력 제고 지원	20,000	기술지원과	8	4	7	8	7	1	1	3
3191	경북 경산시	참외 고품질 다수확 생산지원	38,000	기술지원과	8	4	7	8	7	1	1	3
3192	경북 경산시	마늘, 양파 이송 컨베이어장비 설치지원	5,000	기술지원과	8	4	7	8	7	1	1	3
3193	경북 경산시	채소 용수원 개발	9,900	기술지원과	8	4	7	8	7	1	1	3
3194	경북 경산시	징거미새우 양식 시범	7,000	기술지원과	8	4	7	8	7	1	1	3
3195	경북 경산시	과수 재해예방 병해충 방제 지원	210,000	기술지원과	8	4	7	8	7	1	1	3
3196	경북 경산시	농업용 드론활용 벼재배단지 육성 시범	28,000	기술지원과	8	4	7	8	7	1	1	3
3197	경북 경산시	벼 병해충 방제농약 지원	40,000	기술지원과	8	4	7	8	7	1	1	3
3198	경북 경산시	과수 서리피해 방제 시범	25,200	기술지원과	8	5	7	8	7	1	1	3
3199	경북 경산시	고품질 샤인머스켓 관비시스템 구축 시범	7,000	기술지원과	8	6	7	8	7	1	1	3
3200	경북 경산시	미니사과 "루비에스" 생산단지 조성 시범	31,500	기술지원과	8	5	7	8	7	1	1	3
3201	경북 경산시	노후화 채소단지 토양개량 시범	8,400	기술지원과	8	5	7	8	7	1	1	3
3202	경북 경산시	시설원예 직조필름이용 차광재배 시범	7,000	기술지원과	8	5	7	8	7	1	1	3
3203	경북 경산시	복숭아 순나방 집단방제 시범	29,400	기술지원과	8	5	7	8	7	1	1	3
3204	경북 군위군	야생동물피해예방시설 지원	100,000	환경위생과	8	2	7	8	7	5	5	4
3205	경북 군위군	낙동강수계 민간자본사업보조	87,300	환경위생과	8	7	7	8	7	5	5	4
3206	경북 군위군	주택용목재펠릿보일러지원	5,600	산림축산과	8	2	7	8	7	5	5	4
3207	경북 군위군	산림소득사업 견학 및 임업인 교육지원 등	66,000	산림축산과	8	6	7	8	7	5	5	4
3208	경북 군위군	한우 거세 지원	40,000	산림축산과	8	4	7	8	7	5	5	4
3209	경북 군위군	한우 인공수정액 지원	80,000	산림축산과	8	4	7	8	7	5	5	4
3210	경북 군위군	축산농가 톱밥(왕겨) 지원	108,000	산림축산과	8	4	7	8	7	5	5	4
3211	경북 군위군	돼지 인공수정 지원	57,750	산림축산과	8	4	7	8	7	5	5	4
3212	경북 군위군	양봉농가 화분채취기 지원	6,500	산림축산과	8	7	7	8	7	5	5	2
3213	경북 군위군	양봉농가 소초광 지원	44,000	산림축산과	8	7	7	8	7	5	5	2
3214	경북 군위군	양봉사 비가림시설 지원	30,000	산림축산과	8	7	7	8	7	5	5	2
3215	경북 군위군	양봉농가 꿀병 지원	22,000	산림축산과	8	7	7	8	7	5	5	2
3216	경북 군위군	양봉농가 운반장비(리프트기) 지원사업	18,500	산림축산과	8	8	7	8	7	5	5	4
3217	경북 군위군	축산농가 생균제 지원	62,500	산림축산과	8	4	7	8	7	5	5	4
3218	경북 군위군	악취 저감시설(저감제) 지원	90,000	산림축산과	8	4	7	8	7	5	5	4

순번	시군구	지출명 (사업명)	2020년예산 (단위:천원/1년간)	담당자 (공무원) 담당부서	민간이전 분류 (지방자치단체 세출예산 집행기준에 의거) 1. 민간경상사업보조(1) 2. 민간단체 법정운영비보조(2) 3. 민간행사사업보조(3) 4. 민간위탁금(4) 5. 사회복지시설 법정운영비보조(5) 6. 민간인위탁교육비(6) 7. 공기관등에대한경상적대행사업비(7) 8. 민간자본사업보조,자체재원(8) 9. 민간자본사업보조,이전재원(9) 10. 민간위탁사업비(10) 11. 공기관등에 대한 자본적 대행사업비(11)	민간이전지출 근거 (지방보조금 관리기준 참고) 1. 법률에 규정 2. 국고보조 재원(국가지정) 3. 용도 지정 기부금 4. 조례에 직접규정 5. 지자체가 권장하는 사업을 하는 공공기관 6. 시,도 정책 및 재정사정 7. 기타 8. 해당없음	입찰방식 계약체결방법 (경쟁형태) 1. 일반경쟁 2. 제한경쟁 3. 지명경쟁 4. 수의계약 5. 법정위탁 6. 기타 ( ) 7. 해당없음	입찰방식 계약기간 1. 1년 2. 2년 3. 3년 4. 4년 5. 5년 6. 기타 ( )년 7. 단기계약 (1년미만) 8. 해당없음	입찰방식 낙찰자선정방법 1. 적격심사 2. 협상에의한계약 3. 최저가낙찰제 4. 규격가격분리 5. 2단계 경쟁입찰 6. 기타 ( ) 7. 해당없음	운영예산 산정 운영예산 산정 1. 내부산정 (지자체 자체 적으로 산정) 2. 외부산정 (외부전문기관 위탁 산정) 3. 내·외부 모두 산정 4. 산정 無 5. 해당없음	운영예산 산정 정산방법 1. 내부정산 (지자체 내부적 으로 정산) 2. 외부정산 (외부전문기관 위탁 정산) 3. 내·외부 모두 산정 4. 정산 無 5. 해당없음	성과평가 실시여부 1. 실시 2. 미실시 3. 향후 추진 4. 해당없음
3219	경북 군위군	악취 저감시설(톱밥등) 지원	25,000	산림축산과	8	4	7	8	7	5	5	4
3220	경북 군위군	귀농인 농가주택 수리비 지원	45,000	농정과	8	4	7	8	7	5	1	1
3221	경북 군위군	귀농인 귀농정착 지원	108,000	농정과	8	4	7	8	7	5	1	1
3222	경북 군위군	결혼이민자농가소득증진지원	32,000	농정과	8	4	7	8	7	5	5	1
3223	경북 군위군	벼 못자리상토(매트) 지원	270,900	농정과	8	4	7	8	7	5	5	1
3224	경북 군위군	벼 육묘상처리제 지원	195,000	농정과	8	4	7	8	7	5	5	1
3225	경북 군위군	벼 육묘용상자 지원	20,000	농정과	8	4	7	8	7	5	5	1
3226	경북 군위군	톤백저울 구입지원	12,500	농정과	8	4	7	8	7	5	5	1
3227	경북 군위군	중소형 농기계공급	100,000	농정과	8	4	7	8	7	5	5	1
3228	경북 군위군	맞춤형 친환경 농자재 지원	600,000	농정과	8	4	7	8	7	5	5	1
3229	경북 군위군	친환경농산물 명품화 지원	120,000	농정과	8	4	7	8	7	5	5	1
3230	경북 군위군	친환경 토양소독제 지원	105,000	농정과	8	4	7	8	7	5	5	1
3231	경북 군위군	친환경 연작장애 해소 인산분해 자재 지원	150,000	농정과	8	4	7	8	7	5	5	1
3232	경북 군위군	친환경 제초용 우렁이 지원	90,000	농정과	8	4	7	8	7	5	5	1
3233	경북 군위군	과일선별기 지원	60,000	농정과	8	4	7	8	7	5	5	1
3234	경북 군위군	농용 컨베어 지원	10,000	농정과	8	4	7	8	7	5	5	1
3235	경북 군위군	공선출 물류(선별)비 지원	100,000	농정과	8	4	7	8	7	5	5	1
3236	경북 군위군	농산물 포장재 지원	200,000	농정과	8	4	7	8	7	5	5	1
3237	경북 군위군	명품브랜드 포장재 지원	42,000	농정과	8	4	7	8	7	5	5	1
3238	경북 군위군	과일 플라스틱상자 지원	45,000	농정과	8	4	7	8	7	5	5	1
3239	경북 군위군	시설하우스 비닐 지원	75,000	농정과	8	4	7	8	7	5	5	1
3240	경북 군위군	시설하우스 난방기 지원	20,000	농정과	8	4	7	8	7	5	5	1
3241	경북 군위군	연동하우스 물받이교체 지원	50,000	농정과	8	4	7	8	7	5	5	1
3242	경북 군위군	연동하우스 구조개선(측고상승) 지원	200,000	농정과	8	2	7	8	7	5	5	1
3243	경북 군위군	과수생력재배용부직포 지원	29,200	농정과	8	4	7	8	7	5	5	1
3244	경북 군위군	과수착색봉지 지원	68,000	농정과	8	4	7	8	7	5	5	1
3245	경북 군위군	과수반사필름 지원	112,000	농정과	8	4	7	8	7	5	5	1
3246	경북 군위군	사과수정촉진제 지원	15,000	농정과	8	4	7	8	7	5	5	1
3247	경북 군위군	과실열과방지제 지원	18,000	농정과	8	4	7	8	7	5	5	1
3248	경북 군위군	고품질자두생산 친환경자재 지원	35,000	농정과	8	4	7	8	7	5	5	1
3249	경북 군위군	고품질과실생산 친환경자재 지원	46,000	농정과	8	4	7	8	7	5	5	1
3250	경북 군위군	농업용(마늘,양파) 멀칭비닐 지원	98,000	농정과	8	4	7	8	7	5	5	1
3251	경북 군위군	원예,특작물 멀칭비닐 지원	73,500	농정과	8	4	7	8	7	5	5	1
3252	경북 군위군	마늘,양파 동해방지용 부직포 지원	75,000	농정과	8	4	7	8	7	5	5	1
3253	경북 군위군	양파종자대 지원	180,000	농정과	8	4	7	8	7	5	5	1
3254	경북 군위군	생강종자대 지원	30,000	농정과	8	4	7	8	7	5	5	1
3255	경북 군위군	버섯배지용 톱밥 지원	14,000	농정과	8	4	7	8	7	5	5	1
3256	경북 군위군	버섯배지용 솜 지원	24,000	농정과	8	4	7	8	7	5	5	1
3257	경북 군위군	버섯재배사 습식냉각기 지원	12,100	농정과	8	4	7	8	7	5	5	1
3258	경북 군위군	수리계 수리시설 운영비	130,000	건설과	8	8	7	8	7	5	5	4
3259	경북 군위군	군위댐 주변지역 지원사업	270,132	건설과	8	8	7	8	7	5	5	4
3260	경북 군위군	보현산댐 주변지역 지원사업	10,074	건설과	8	8	7	8	7	5	5	4
3261	경북 군위군	미생물 실증시험	9,000	농업기술센터	8	8	7	8	7	1	1	1
3262	경북 군위군	웅녀마늘 거점 농가육성 확대재배 시범	30,000	농업기술센터	8	6	7	8	7	5	5	4
3263	경북 군위군	햇빛 차단망 활용 사과 고온피해 경감 시범	28,800	농업기술센터	8	4	7	8	7	5	5	4
3264	경북 군위군	PLS대응 천적이용 원예작물 안전생산 시범	48,000	농업기술센터	8	6	7	8	7	5	5	4

순번	시군구	지출명 (사업명)	2020년예산 (단위:천원/1년간)	담당자 (공무원)	민간이전 분류 (지방자치단체 세출예산 집행기준에 의거)	민간이전지출 근거 (지방보조금 관리기준 참고)	입찰방식			운영예산 산정		성과평가 실시여부
				담당부서	1. 민간경상사업보조(1) 2. 민간단체 법정운영비보조(2) 3. 민간행사사업보조(3) 4. 민간위탁금(4) 5. 사회복지시설 법정운영비보조(5) 6. 민간인위탁교육비(6) 7. 공기관등에대한경상적대행사업비(7) 8. 민간자본사업보조,자체재원(8) 9. 민간자본사업보조,이전재원(9) 10. 민간위탁사업비(10) 11. 공기관등에 대한 자본적 대행사업비(11)	1. 법률에 규정 2. 국고보조 재원(국가지정) 3. 용도 지정 기부금 4. 조례에 직접규정 5. 지자체가 권장하는 사업을 하는 공공기관 6. 시,도 정책 및 재정사정 7. 기타 8. 해당없음	계약체결방법 (경쟁형태) 1. 일반경쟁 2. 제한경쟁 3. 지명경쟁 4. 수의계약 5. 법정위탁 6. 기타 ( ) 7. 해당없음	계약기간 1. 1년 2. 2년 3. 3년 4. 4년 5. 5년 6. 기타 ( )년 7. 단기계약 (1년미만) 8. 해당없음	낙찰자선정방법 1. 적격심사 2. 협상에의한계약 3. 최저가낙찰제 4. 규격가격분리 5. 2단계 경쟁입찰 6. 기타 ( ) 7. 해당없음	운영예산 산정 1. 내부산정 (지자체 자체 적으로 산정) 2. 외부산정 (외부전문기관 위탁 산정) 3. 내·외부 모두 산정 4. 산정 無 5. 해당없음	정산방법 1. 내부정산 (지자체 내부적 으로 정산) 2. 외부정산 (외부전문기관 위탁 정산) 3. 내·외부 모두 산정 4. 정산 無 5. 해당없음	1. 실시 2. 미실시 3. 향후 추진 4. 해당없음
3265	경북 군위군	농심나눔쉼터 수리보수 시범	30,000	농업기술센터	8	4	7	8	7	1	1	2
3266	경북 군위군	향토맛집 운영 시범	50,000	농업기술센터	8	4	7	8	7	1	1	1
3267	경북 의성군	고엽제전우회사무기기구입지원	1,000,000	복지과	8	4	7	8	7	1	1	1
3268	경북 의성군	장애인주간보호센터서부분관인테리어및비품구입	55,330	복지과	8	1	7	8	7	1	1	4
3269	경북 의성군	장애인주간보호센터차량지원	27,670	복지과	8	1	7	8	7	1	1	4
3270	경북 의성군	경북지체장애인협회의성군지회차량지원	40,000	복지과	8	1	7	8	7	1	1	4
3271	경북 의성군	행복경로당활성화물품지원	30,000	복지과	8	4	7	8	7	1	1	1
3272	경북 의성군	VISIT-경북페스티벌관광상품판매	10,000	관광문화과	8	5	5	1	7	1	1	1
3273	경북 의성군	중소기업근로환경개선사업	150,000	경제투자과	8	4	7	8	7	1	1	1
3274	경북 의성군	양식장친환경자재지원사업	50,000	경제투자과	8	6	7	8	7	1	1	1
3275	경북 의성군	간이소형저온저장고 지원	594,000	농축산과	8	4	7	8	7	1	1	4
3276	경북 의성군	소형관정개발사업	100,000	농축산과	8	4	7	8	7	1	1	4
3277	경북 의성군	농작물피해방지방제기지원	15,000	농축산과	8	4	7	8	7	5	5	4
3278	경북 의성군	의성마늘목장지원사업	300,000	농축산과	8	4	7	8	7	1	1	4
3279	경북 의성군	양봉사비가림시설지원	25,000	농축산과	8	4	7	8	7	1	1	4
3280	경북 의성군	축사단열처리지원	35,000	농축산과	8	4	7	8	7	1	1	4
3281	경북 의성군	양계농가시설개선지원	100,000	농축산과	8	4	7	8	7	1	1	4
3282	경북 의성군	농산물유통시설지원	150,000	원예산업과	8	6	7	8	7	1	1	4
3283	경북 의성군	양념채소관수시설지원	52,500	원예산업과	8	4	7	8	7	1	1	4
3284	경북 의성군	블루베리지원사업	50,000	원예산업과	8	4	7	8	7	1	1	4
3285	경북 의성군	농촌여성일감갖기사업장육성지원	15,000	농업기술센터	8	4	7	8	7	5	5	4
3286	경북 의성군	농촌여성여가활동활성화지원	20,000	농업기술센터	8	4	7	8	7	5	5	4
3287	경북 의성군	귀농인주택수리지원	30,000	농업기술센터	8	4	7	8	7	1	1	4
3288	경북 의성군	귀농영농기;반조성사업	100,000	농업기술센터	8	4	7	8	7	1	1	4
3289	경북 의성군	드론활용병해충방제시범	60,000	농업기술센터	8	1, 4	7	8	7	1	1	1
3290	경북 의성군	초·중기제초제살포생력화시범	20,000	농업기술센터	8	1, 4	7	8	7	1	1	1
3291	경북 의성군	노지채소복합환경제어기술보급시범	20,000	농업기술센터	8	4	7	8	7	5	5	4
3292	경북 의성군	시설가지이상고온대응온도저감기술보급시범	30,000	농업기술센터	8	4	7	8	7	5	5	4
3293	경북 의성군	고추바이러스병경감기술실증시범	10,000	농업기술센터	8	4	7	8	7	5	5	4
3294	경북 의성군	의성마늘우량종구생산단지조성시범	30,000	농업기술센터	8	4	7	8	7	5	5	4
3295	경북 의성군	마늘전과정생력기계화시범	35,000	농업기술센터	8	4	7	8	7	5	5	4
3296	경북 의성군	새소득과수푸룬생산시범	150,000	농업기술센터	8	4	7	8	7	1	1	1
3297	경북 의성군	과원생산비절감생력재배시범	15,000	농업기술센터	8	4	7	8	7	1	1	1
3298	경북 의성군	핵과류저비용Y자시설재배시범	30,000	농업기술센터	8	4	7	8	7	1	1	1
3299	경북 청송군	지방재정관리시스템(e호조)유지관리비	21,758	기획감사실	8	7	7	8	7	2	1	4
3300	경북 청송군	노인회관대회의실탁자구입지원	5,000	주민행복과	8	1	7	8	7	5	5	4
3301	경북 청송군	노인회관냉방기구입지원	4,000	주민행복과	8	1	7	8	7	5	5	4
3302	경북 청송군	노인복지시설소규모개보수비지원	60,000	주민행복과	8	1	7	8	7	5	5	4
3303	경북 청송군	어린이집기능보강	20,000	주민행복과	8	1	7	8	7	5	5	4
3304	경북 청송군	어린이집환경개선	20,000	주민행복과	8	1	7	8	7	5	5	4
3305	경북 청송군	성탄절성탄트리설치지원	15,000	문화체육과	8	4	7	8	7	1	1	1
3306	경북 청송군	한지및옹기포장재지원	4,000	문화체육과	8	4	7	8	7	1	1	1
3307	경북 청송군	귀농정착지원사업	400,000	농정과	8	4	7	8	7	5	5	4
3308	경북 청송군	벼병충해방제사업비지원	120,000	농정과	8	6	7	8	7	1	1	4
3309	경북 청송군	쌀작목반상토구입비지원	54,000	농정과	8	6	7	8	7	1	1	4
3310	경북 청송군	곡물건조기지원	10,000	농정과	8	6	7	8	7	1	1	4

순번	시군구	지출명 (사업명)	2020년예산 (단위:천원/1년간)	담당자 (공무원) 담당부서	민간이전 분류 (지방자치단체 세출예산 집행기준에 의거) 1. 민간경상사업보조(1) 2. 민간단체 법정운영비보조(2) 3. 민간행사사업보조(3) 4. 민간위탁금(4) 5. 사회복지시설 법정운영비보조(5) 6. 민간인위탁교육비(6) 7. 공기관등에대한경상적대행사업비(7) 8. 민간자본사업보조,자체재원(8) 9. 민간자본사업보조,이전재원(9) 10. 민간위탁사업비(10) 11. 공기관등에 대한 자본적 대행사업비(11)	민간이전지출 근거 (지방보조금 관리기준 참고) 1. 법률에 규정 2. 국고보조 재원(국가지정) 3. 용도 지정 기부금 4. 조례에 직접규정 5. 지자체가 권장하는 사업을 하는 공공기관 6. 시,도 정책 및 재정사정 7. 기타 8. 해당없음	입찰방식 계약체결방법 (경쟁형태) 1. 일반경쟁 2. 제한경쟁 3. 지명경쟁 4. 수의계약 5. 법정위탁 6. 기타 ( ) 7. 해당없음	입찰방식 계약기간 1. 1년 2. 2년 3. 3년 4. 4년 5. 5년 6. 기타 ( )년 7. 단기계약 (1년미만) 8. 해당없음	입찰방식 낙찰자선정방법 1. 적격심사 2. 협상에의한계약 3. 최저가낙찰제 4. 규격가격분리 5. 2단계 경쟁입찰 6. 기타 ( ) 7. 해당없음	운영예산 산정 운영예산 산정 1. 내부산정 (지자체 자체적으로 산정) 2. 외부산정 (외부전문기관위탁 산정) 3. 내·외부 모두 산정 4. 산정 無 5. 해당없음	운영예산 산정 정산방법 1. 내부정산 (지자체 내부적으로 정산) 2. 외부정산 (외부전문기관위탁 정산) 3. 내·외부 모두 산정 4. 정산 無 5. 해당없음	성과평가 실시여부 1. 실시 2. 미실시 3. 향후 추진 4. 해당없음
3311	경북 청송군	톤백자동계량저울지원	4,000	농정과	8	6	7	8	7	1	1	4
3312	경북 청송군	벼육묘공장우량모생산지원	100,500	농정과	8	6	7	8	7	1	1	4
3313	경북 청송군	객토사업지원	100,000	농정과	8	6	7	8	7	1	1	4
3314	경북 청송군	논갈이경운비용지원	150,000	농정과	8	6	7	8	7	1	1	4
3315	경북 청송군	밭갈이경운비용지원	345,000	농정과	8	6	7	8	7	1	1	4
3316	경북 청송군	퇴비생산추진비지원	300,000	농정과	8	6	7	8	7	1	1	4
3317	경북 청송군	축분퇴비지원	50,400	농정과	8	6	7	8	7	1	1	4
3318	경북 청송군	친환경농법지원사업	20,000	농정과	8	6	7	8	7	1	1	4
3319	경북 청송군	생태유기농핵심농가육성지원	150,000	농정과	8	6	7	8	7	1	1	4
3320	경북 청송군	밭작물공동경영체두류저장창고신축지원	140,000	농정과	8	6	7	8	7	1	1	4
3321	경북 청송군	과실류고품질개선자재지원	435,000	농정과	8	5	7	8	7	1	1	1
3322	경북 청송군	과원부직포지원	22,500	농정과	8	5	7	8	7	1	1	1
3323	경북 청송군	과수인공수분용꽃가루살포기지원	43,200	농정과	8	5	7	8	7	1	1	1
3324	경북 청송군	기타과수생산기반시설지원	20,000	농정과	8	5	7	8	7	1	1	1
3325	경북 청송군	과실장기저장제지원	400,000	농정과	8	5	7	8	7	1	1	1
3326	경북 청송군	고추밭멀칭비닐지원	168,000	농정과	8	6	7	8	7	1	1	4
3327	경북 청송군	고추부직포공급사업지원	90,000	농정과	8	6	7	8	7	1	1	4
3328	경북 청송군	고추막덮기부직포공급사업지원	75,000	농정과	8	6	7	8	7	1	1	4
3329	경북 청송군	채소류병해충방제사업지원	100,000	농정과	8	6	7	8	7	1	1	4
3330	경북 청송군	새소득작목비가림재배시설지원	50,000	농정과	8	6	7	8	7	1	1	4
3331	경북 청송군	고추병해충방제비지원	500,000	농정과	8	6	7	8	7	1	1	4
3332	경북 청송군	고추건조기지원	40,000	농정과	8	6	7	8	7	1	1	4
3333	경북 청송군	고추세척기지원	20,000	농정과	8	6	7	8	7	1	1	4
3334	경북 청송군	양배추수확용포장망태기지원	75,000	농정과	8	6	7	8	7	1	1	4
3335	경북 청송군	채소류저온유통체계구축지원	160,000	농정과	8	5	7	8	7	1	1	4
3336	경북 청송군	2019년산건고추수매농가지원	68,250	농정과	8	5	7	8	7	1	1	4
3337	경북 청송군	잎담배멀칭비닐지원	17,600	농정과	8	5	7	8	7	1	1	4
3338	경북 청송군	잎담배농가비료지원	62,400	농정과	8	5	7	8	7	1	1	4
3339	경북 청송군	신선농산물수출촉진자금지원	50,000	농정과	8	6	7	8	7	1	1	4
3340	경북 청송군	청송사과가공수출업체지원	30,000	농정과	8	6	7	8	7	1	1	4
3341	경북 청송군	전통주생산지원사업	30,000	농정과	8	6	7	8	7	1	1	4
3342	경북 청송군	농식품가공산업지원	8,000	농정과	8	6	7	8	7	1	1	4
3343	경북 청송군	농특산물포장재비지원	710,000	농정과	8	5	7	8	7	5	5	4
3344	경북 청송군	소규모농가물류유통지원	74,900	농정과	8	5	7	8	7	5	5	4
3345	경북 청송군	황금사과포장재비지원[APC]	20,000	농정과	8	5	7	8	7	5	5	4
3346	경북 청송군	과실장기저장제(1-MCP)구입	80,000	농정과	8	4	2	3	2	1	1	4
3347	경북 청송군	농촌빈집정비사업지원	75,000	종합민원과	8	6	7	8	7	5	5	4
3348	경북 청송군	공동주택관리비용지원사업비	30,000	종합민원과	8	6	7	8	7	5	5	4
3349	경북 청송군	향토음식개발업소시설개선지원	10,000	종합민원과	8	6	6	8	7	1	1	1
3350	경북 청송군	음식물류폐기물감량기지원사업비	25,000	환경축산과	8	7	6	7	6	1	1	4
3351	경북 청송군	축산농가기자재지원	35,000	환경축산과	8	4	7	8	7	5	5	4
3352	경북 청송군	양봉농가기자재지원사업	15,000	환경축산과	8	4	7	8	7	5	5	4
3353	경북 청송군	축산물포장재지원사업	24,000	환경축산과	8	4	7	8	7	5	5	4
3354	경북 청송군	토봉농가기자재지원사업	15,000	환경축산과	8	4	7	8	7	5	5	4
3355	경북 청송군	가축사육농가톱밥(왕겨)구입지원	250,000	환경축산과	8	4	7	8	7	5	5	4
3356	경북 청송군	조사료생산용종자대구입지원	21,000	환경축산과	8	4	7	8	7	5	5	4

순번	시군구	지출명 (사업명)	2020년예산 (단위:천원/1년간)	담당자 (공무원) 담당부서	민간이전 분류 (지방자치단체 세출예산 집행기준에 의거) 1. 민간경상사업보조(1) 2. 민간단체 법정운영비보조(2) 3. 민간행사사업보조(3) 4. 민간위탁금(4) 5. 사회복지시설 법정운영비보조(5) 6. 민간인위탁교육비(6) 7. 공기관등에대한경상적대행사업비(7) 8. 민간자본사업보조,자체재원(8) 9. 민간자본사업보조,이전재원(9) 10. 민간위탁사업비(10) 11. 공기관등에 대한 자본적 대행사업비(11)	민간이전지출 근거 (지방보조금 관리기준 참고) 1. 법률에 규정 2. 국고보조 재원(국가지정) 3. 용도 지정 기부금 4. 조례에 직접규정 5. 지자체가 권장하는 사업을 하는 공공기관 6. 시,도 정책 및 재정사정 7. 기타 8. 해당없음	입찰방식 계약체결방법 (경쟁형태) 1. 일반경쟁 2. 제한경쟁 3. 지명경쟁 4. 수의계약 5. 법정위탁 6. 기타 ( ) 7. 해당없음	입찰방식 계약기간 1. 1년 2. 2년 3. 3년 4. 4년 5. 5년 6. 기타 ( )년 7. 단기계약 (1년미만) 8. 해당없음	입찰방식 낙찰자선정방법 1. 적격심사 2. 협상에의한계약 3. 최저가낙찰제 4. 규격가격분리 5. 2단계 경쟁입찰 6. 기타 ( ) 7. 해당없음	운영예산 산정 운영예산 산정 1. 내부산정 (지자체 자체적으로 산정) 2. 외부산정 (외부전문기관위탁 산정) 3. 내·외부 모두 산정 4. 산정 無 5. 해당없음	운영예산 산정 정산방법 1. 내부정산 (지자체 내부적으로 정산) 2. 외부정산 (외부전문기관위탁 정산) 3. 내·외부 모두 산정 4. 정산 無 5. 해당없음	성과평가 실시여부 1. 실시 2. 미실시 3. 향후 추진 4. 해당없음
3357	경북 청송군	내수면어업허가(지역내)기자재지원	4,000	환경축산과	8	4	7	8	7	5	5	4
3358	경북 청송군	피서지이동새마을문고도서구입비	2,000,000	새마을도시과	8	7	7	8	7	5	5	4
3359	경북 청송군	노력절감형봉장현대화시설지원	40,000	농업기술센터	8	1	2	7	2	3	1	3
3360	경북 청송군	고추육묘지원사업	690,000	농업기술센터	8	6	3	7	2	3	1	3
3361	경북 청송군	명품고추생산지원(GAP)	100,000	농업기술센터	8	6	2	7	2	3	1	3
3362	경북 청송군	노지채소가뭄대비자동관수관비장치보급시범	14,000	농업기술센터	8	6	4	7	2	3	1	3
3363	경북 청송군	GAP명품사과재배단지조성	846,400	농업기술센터	8	6	1	7	2	3	1	3
3364	경북 청송군	꽃가루은행시범운영지원	3,000	농업기술센터	8	6	4	7	2	3	1	3
3365	경북 청송군	사과원고효율방제부착기설치시범	36,000	농업기술센터	8	6	1	7	2	3	1	3
3366	경북 청송군	이상기상대응과수결실안정사업	36,000	농업기술센터	8	6	1	7	2	3	1	3
3367	경북 청송군	최고품질복숭아재배단지조성	56,000	농업기술센터	8	6	1	7	2	3	1	3
3368	경북 청송군	고품질자두생산기반조성	96,000	농업기술센터	8	6	1	7	2	3	1	3
3369	경북 청송군	청송황금사과특화브랜드육성	240,000	농업기술센터	8	6	1	7	2	3	1	3
3370	경북 청송군	신기술적용기술개발시범사업	15,000	농업기술센터	8	6	4	7	2	3	1	3
3371	경북 청송군	새소득작목발굴시범사업	64,000	농업기술센터	8	6	1	7	2	3	1	3
3372	경북 청송군	영농현장애로기술발굴시범사업	10,000	농업기술센터	8	6	4	7	2	3	1	3
3373	경북 영양군	야생동물피해예방시설(그물망)	600,000	환경보전과	8	4	7	8	7	5	5	4
3374	경북 영양군	청년농업인4-H회원성공모델구축	20,000	농업기술센터농촌지도과	8	1, 4, 6	7	8	7	5	5	4
3375	경북 영양군	농심나눔쉼터조성	28,800	농업기술센터농촌지도과	8	1, 4, 6	7	8	7	5	5	4
3376	경북 영양군	농촌체험교육농장사업장조성지원	16,800	농업기술센터농촌지도과	8	1, 4, 6	7	8	7	5	5	4
3377	경북 영양군	특수미소포장상품화시범사업	12,800	농업기술센터기술보급과	8	1	7	8	7	5	5	4
3378	경북 영양군	수박육묘기술보급 시범	20,000	농업기술센터기술보급과	8	1, 4, 6	7	8	7	5	5	4
3379	경북 영양군	비가림채소재배지 토양환경개선 시범	12,000	농업기술센터기술보급과	8	1, 4, 6	7	8	7	5	5	4
3380	경북 영양군	비가림하우스 천창개폐시설 시범	21,000	농업기술센터기술보급과	8	1, 4, 6	7	8	7	5	5	4
3381	경북 영양군	고추냉풍건조 시범	40,000	농업기술센터기술보급과	8	1, 4, 6	7	8	7	5	5	4
3382	경북 영양군	고추냉풍건조보완 시범	30,000	농업기술센터기술보급과	8	1, 4, 6	7	8	7	5	5	4
3383	경북 영양군	정보화 농업인 e-비즈니스 소득 창출시범사업	12,000	농업기술센터 기술보급과	8	4	7	8	7	5	5	4
3384	경북 영양군	천궁채종포시범사업	8,000	농업기술센터 기술보급과	8	2	7	8	7	5	5	4
3385	경북 영양군	최고품질과실생산단지육성시범	48,000	농업기술센터 기술보급과	8	4	7	8	7	5	5	4
3386	경북 영양군	복숭아적화기보급시범	5,600	농업기술센터 기술보급과	8	4	7	8	7	5	5	4
3387	경북 영양군	기후변화대응폭염예방햇빛가림시범	12,600	농업기술센터 기술보급과	8	4	7	8	7	5	5	4
3388	경북 영양군	사과지역특화품종육성시범	94,500	농업기술센터 기술보급과	8	4	7	8	7	5	5	4
3389	경북 청도군	농산물가공소득향상시범사업	10,000	농업기술센터	8	4	7	8	7	1	1	3
3390	경북 고령군	공동주택 관리비용 지원사업	60,000	도시건축과	8	1	7	8	7	5	5	4
3391	경북 고령군	소규모 공동주택관리비용 지원사업	80,000	도시건축과	8	4	7	8	7	5	5	4
3392	경북 고령군	빈집정비사업	20,000	도시건축과	8	1	7	8	7	5	5	4
3393	경북 고령군	지산3리 빌라 지원사업	25,000	도시건축과	8	4	7	8	7	5	5	4
3394	경북 고령군	유기농업자재지원사업	10,000	농업정책과	8	4	7	8	7	5	5	4
3395	경북 고령군	벼 생력화 지원	7,000	농업정책과	8	4	7	8	7	5	5	4
3396	경북 고령군	비료절감형 벼 재배기술지원	22,000	농업정책과	8	4	7	8	7	5	5	4
3397	경북 고령군	상토지원사업	178,200	농업정책과	8	4	7	8	7	5	5	4
3398	경북 고령군	벼 육묘공장 생력화장비 지원	17,750	농업정책과	8	4	7	8	7	5	5	4
3399	경북 고령군	쌀브랜드 포장재 지원	20,000	농업정책과	8	4	7	8	7	5	5	4
3400	경북 고령군	공공비축미곡 PP포대 지원	42,000	농업정책과	8	4	7	8	7	5	5	4
3401	경북 고령군	소득작목경쟁력제고사업	787,700	농업정책과	8	6	7	8	7	5	5	4
3402	경북 고령군	도시근교농업육성지원사업	98,500	농업정책과	8	6	7	8	7	5	5	4

순번	시군구	지출명 (사업명)	2020년예산 (단위:천원/1년간)	담당자 (공무원) 담당부서	민간이전 분류 (지방자치단체 세출예산 집행기준에 의거) 1. 민간경상사업보조(1) 2. 민간단체 법정운영비보조(2) 3. 민간행사사업보조(3) 4. 민간위탁금(4) 5. 사회복지시설 법정운영비보조(5) 6. 민간인위탁교육비(6) 7. 공기관등에대한경상적대행사업비(7) 8. 민간자본사업보조,자체재원(8) 9. 민간자본사업보조,이전재원(9) 10. 민간위탁사업비(10) 11. 공기관등에 대한 자본적 대행사업비(11)	민간이전지출 근거 (지방보조금 관리기준 참고) 1. 법률에 규정 2. 국고보조 재원(국가지정) 3. 용도 지정 기부금 4. 조례에 직접규정 5. 지자체가 권장하는 사업을 하는 공공기관 6. 시,도 정책 및 재정사정 7. 기타 8. 해당없음	입찰방식 계약체결방법 (경쟁형태) 1. 일반경쟁 2. 제한경쟁 3. 지명경쟁 4. 수의계약 5. 법정위탁 6. 기타 ( ) 7. 해당없음	입찰방식 계약기간 1. 1년 2. 2년 3. 3년 4. 4년 5. 5년 6. 기타 ( )년 7. 단기계약 (1년미만) 8. 해당없음	입찰방식 낙찰자선정방법 1. 적격심사 2. 협상에의한계약 3. 최저가낙찰제 4. 규격가격분리 5. 2단계 경쟁입찰 6. 기타 ( ) 7. 해당없음	운영예산 산정 운영예산 산정 1. 내부산정 (지자체 자체 적으로 산정) 2. 외부산정 (외부전문기관 위탁 산정) 3. 내·외부 모두 산정 4. 산정 無 5. 해당없음	운영예산 산정 정산방법 1. 내부정산 (지자체 내부적으로 정산) 2. 외부정산 (외부전문기관 위탁 정산) 3. 내·외부 모두 산정 4. 정산 無 5. 해당없음	성과평가 실시여부 1. 실시 2. 미실시 3. 향후 추진 4. 해당없음
3403	경북 고령군	양파마늘 노동력절감 지원	934,300	농업정책과	8	6	7	8	7	5	5	4
3404	경북 고령군	수박 택배용 포장재 지원	13,000	농업정책과	8	4	7	8	7	5	5	4
3405	경북 고령군	감자소포장재 지원	12,000	농업정책과	8	4	7	8	7	5	5	4
3406	경북 고령군	토마토 포장재 지원	13,000	농업정책과	8	4	7	8	7	5	5	4
3407	경북 고령군	멜론 포장재 지원	32,000	농업정책과	8	4	7	8	7	5	5	4
3408	경북 고령군	블루베리 포장재 지원	24,000	농업정책과	8	4	7	8	7	5	5	4
3409	경북 고령군	작목전환농가 산지출하 지원	38,500	농업정책과	8	4	7	8	7	5	5	4
3410	경북 고령군	한라봉 포장재 지원	7,800	농업정책과	8	4	7	8	7	5	5	4
3411	경북 고령군	농산물 포장재 디자인 개발비 지원	12,000	농업정책과	8	4	7	8	7	5	5	4
3412	경북 고령군	딸기공선장 시설보완 지원	7,500	농업정책과	8	4	7	8	7	5	5	4
3413	경북 고령군	멜론 선별.포장장비 보완지원	4,000	농업정책과	8	4	7	8	7	5	5	4
3414	경북 고령군	농산물 지게차 지원	35,200	농업정책과	8	4	7	8	7	5	5	4
3415	경북 고령군	딸기 공동작업장 지원	36,000	농업정책과	8	4	7	8	7	5	5	4
3416	경북 고령군	딸기 직판시설 지원	5,000	농업정책과	8	4	7	8	7	5	5	4
3417	경북 고령군	고령농협 양파 저온저장시설 지원사업	90,000	농업정책과	8	4	7	8	7	5	5	4
3418	경북 고령군	딸기 수출농가 포장재 지원	8,000	농업정책과	8	4	7	8	7	5	5	4
3419	경북 고령군	귀농인 영농정착 지원	40,000	농업정책과	8	6	7	8	7	5	5	4
3420	경북 고령군	귀농인 6차산업 저변확대 지원	14,000	농업정책과	8	6	7	8	7	5	5	4
3421	경북 고령군	땅심회복지원사업	600,000	기술보급과	8	4	7	7	7	5	1	1
3422	경북 고령군	옥수수(고당옥)종자 생산 조성	5,000	기술보급과	8	4	7	7	7	5	1	1
3423	경북 고령군	벼농사 노력절감 시범	28,000	기술보급과	8	4	7	7	7	5	1	1
3424	경북 고령군	벼 종자채종포 및 신품종 비교 시범	8,000	기술보급과	8	4	7	7	7	5	1	1
3425	경북 고령군	무인보트 이용 제초노력 절감 시범	6,160	기술보급과	8	4	7	7	7	5	1	1
3426	경북 고령군	기능성 특용작물 우량품종 재배 상품화 시범	3,500	기술보급과	8	8	7	7	7	5	1	1
3427	경북 고령군	영농현장 문제해결 시범	10,000	기술보급과	8	8	7	7	7	5	1	1
3428	경북 고령군	기능성 켄탈로프 멜론 재배 단지조성 시범	10,500	기술보급과	8	8	7	7	7	5	1	1
3429	경북 고령군	딸기하우스 측면 에어캡 설치 시범	14,000	기술보급과	8	8	7	7	7	5	1	1
3430	경북 고령군	버섯 국내육성 품종 종균보급 시범	14,000	기술보급과	8	8	7	7	7	5	1	1
3431	경북 고령군	시설하우스 고온기 차광도포제 시범	12,600	기술보급과	8	8	7	7	7	5	1	1
3432	경북 고령군	대서마늘 주아재배 시범	4,900	기술보급과	8	8	7	8	7	5	5	4
3433	경북 성주군	음식점위생수준향상환경개선사업	200,000	경제교통과	8	4	7	8	7	5	5	4
3434	경북 성주군	참외저급과매립지피해복구지원	20,000	농정과	8	6	7	8	7	5	5	4
3435	경북 성주군	참외선별기지원	620,000	농정과	8	6	7	8	7	5	5	4
3436	경북 성주군	소아까바네송아지설사병예방백신지원	8,000	농정과	8	7	7	8	7	5	5	4
3437	경북 성주군	한우농가안개분무소독시설지원	25,000	농정과	8	7	7	8	7	5	5	4
3438	경북 성주군	참외조기폐경농가지원	500,000	농정과	8	7	7	8	7	5	5	4
3439	경북 성주군	시설하우스측창환경개선장치지원	150,000	농정과	8	7	7	8	7	5	5	4
3440	경북 성주군	시설원예육묘장PO장기성필름지원	20,000	농정과	8	7	7	8	7	5	5	4
3441	경북 성주군	과수농가선별기공급지원	24,500	농정과	8	7	7	8	7	5	5	4
3442	경북 성주군	임산물저온저장고지원	13,200	산림과	8	6	7	8	7	1	1	1
3443	경북 칠곡군	선도농업인 경쟁력 제고 공모사업	14,000	농업기술센터	8	1	7	8	7	5	5	1
3444	경북 칠곡군	친환경 비닐 이용 밭작물 생력 기계화 기술 보급 시	7,000	농업기술센터	8	1	7	8	7	5	5	3
3445	경북 예천군	경로당 신축	300,000	주민복지실	8	4	7	8	7	5	5	4
3446	경북 예천군	경로당 보수	200,000	주민복지실	8	4	7	8	7	5	5	4
3447	경북 예천군	정보화마을 전자상거래 포장재 지원	6,300	행정지원실	8	4	7	8	7	1	1	1
3448	경북 예천군	청단놀음 교육용 영상장비 등 구입	3,000	문화관광과	8	1	7	8	7	5	5	1

순번	시군구	지출명 (사업명)	2020년예산 (단위:천원/1년간)	담당자 (공무원) 담당부서	민간이전 분류 (지방자치단체 세출예산 집행기준에 의거) 1. 민간경상사업보조(1) 2. 민간단체 법정운영비보조(2) 3. 민간행사사업보조(3) 4. 민간위탁금(4) 5. 사회복지시설 법정운영비보조(5) 6. 민간인위탁교육비(6) 7. 공기관등에대한경상적대행사업비(7) 8. 민간자본사업보조,자체재원(8) 9. 민간자본사업보조,이전재원(9) 10. 민간위탁사업비(10) 11. 공기관등에 대한 자본적 대행사업비(11)	민간이전지출 근거 (지방보조금 관리기준 참고) 1. 법률에 규정 2. 국고보조 재원(국가지정) 3. 용도 지정 기부금 4. 조례에 직접규정 5. 지자체가 권장하는 사업을 하는 공공기관 6. 시,도 정책 및 재정사정 7. 기타 8. 해당없음	입찰방식 계약체결방법 (경쟁형태) 1. 일반경쟁 2. 제한경쟁 3. 지명경쟁 4. 수의계약 5. 법정위탁 6. 기타 ( ) 7. 해당없음	입찰방식 계약기간 1. 1년 2. 2년 3. 3년 4. 4년 5. 5년 6. 기타 ( )년 7. 단기계약 (1년미만) 8. 해당없음	입찰방식 낙찰자선정방법 1. 적격심사 2. 협상에의한계약 3. 최저가낙찰제 4. 규격가격분리 5. 2단계 경쟁입찰 6. 기타 ( ) 7. 해당없음	운영예산 산정 운영예산 산정 1. 내부산정 (지자체 자체적으로 산정) 2. 외부산정 (외부전문기관위탁 산정) 3. 내·외부 모두 산정 4. 산정 無 5. 해당없음	운영예산 산정 정산방법 1. 내부정산 (지자체 내부적으로 정산) 2. 외부정산 (외부전문기관위탁 정산) 3. 내·외부 모두 산정 4. 정산 無 5. 해당없음	성과평가 실시여부 1. 실시 2. 미실시 3. 향후 추진 4. 해당없음
3449	경북 예천군	금당실마을 초가지붕이기 지원	39,000	문화관광과	8	4	7	1	7	1	1	1
3450	경북 예천군	귀농인영농기반지원	120,000	농정과	8	6	7	8	7	1	1	4
3451	경북 예천군	잡곡류 재배단지 육성 지원	14,000	농정과	8	6	7	8	7	1	1	4
3452	경북 예천군	벼 재배농가 지원	1,241,000	농정과	8	6	7	8	7	1	1	4
3453	경북 예천군	공공비축미곡 지원	644,000	농정과	8	6	7	8	7	1	1	4
3454	경북 예천군	친환경 육묘상 처리약제지원	12,000	농정과	8	6	7	8	7	1	1	4
3455	경북 예천군	친환경 실천단지 지원	150,000	농정과	8	6	7	8	7	1	1	4
3456	경북 예천군	농산물출하농가 지원	435,000	농정과	8	6	7	8	7	1	1	4
3457	경북 예천군	쌀 가공업체 포장시설 현대화지원	15,000	농정과	8	6	7	8	7	1	1	4
3458	경북 예천군	우수농특산물 포장재 지원	315,000	농정과	8	6	7	8	7	1	1	4
3459	경북 예천군	과수경쟁력제고	406,500	농정과	8	6	7	8	7	1	1	4
3460	경북 예천군	과수방제기 지원	270,000	농정과	8	6	7	8	7	1	1	4
3461	경북 예천군	과실 장기저장제지원	55,000	농정과	8	6	7	8	7	1	1	4
3462	경북 예천군	시설원예농가 지원	765,000	농정과	8	6	7	8	7	1	1	4
3463	경북 예천군	기능성 우량잠종대 지원	103,600	농정과	8	6	7	8	7	1	1	4
3464	경북 예천군	공동주택관리 지원사업	100,000	건축과	8	4	2, 4	7	7	1	1	4
3465	경북 예천군	농촌빈집정비사업	150,000	건축과	8	1	7	7	7	1	1	4
3466	경북 예천군	해병대 전우회 인명구조장비 지원	19,000	안전재난과	8	4	7	8	7	1	1	1
3467	경북 예천군	청년농업인 농축산업 고부가가치 창출사업	60,000	농업기술센터	8	4	7	8	7	1	1	1
3468	경북 예천군	농업인 생산·가공 상품 활성화 보급 사업	14,000	농업기술센터	8	4	7	8	7	1	1	1
3469	경북 예천군	최고품질조생종쌀생산단지육성	20,000	농업기술센터	8	4	7	8	7	1	1	1
3470	경북 예천군	기능성쌀브랜드화생산단지조성시범	35,500	농업기술센터	8	4	7	8	7	1	1	1
3471	경북 예천군	신육성우량종자(종묘)증식	15,000	농업기술센터	8	4	7	8	7	1	1	1
3472	경북 예천군	예천사과 경쟁력 향상 우량과원 육성 시범	72,000	농업기술센터	8	4	7	8	7	1	1	1
3473	경북 예천군	과수 결실향상을 위한 유인자재 공급사업	15,000	농업기술센터	8	4	7	8	7	1	1	1
3474	경북 예천군	과수 고온 및 폭염피해 경감 상품과율 향상 시범사	20,000	농업기술센터	8	4	7	8	7	1	1	1
3475	경북 예천군	핵과류 명품과실 생산 선도농가 육성 시범	20,000	농업기술센터	8	4	7	8	7	1	1	1
3476	경북 예천군	시설과채류 화분매개 곤충 수정 시범	54,000	농업기술센터	8	4	7	8	7	1	1	1
3477	경북 예천군	예천쪽파 주년생산 단지조성 시범	20,000	농업기술센터	8	4	7	8	7	1	1	1
3478	경북 예천군	양봉농가 프로폴리스 등 소득화 기술보급 시범	50,000	농업기술센터	8	4	7	8	7	1	1	1
3479	경북 예천군	항생제 대체 친환경축산 봉독 활용 시범	20,000	농업기술센터	8	4	7	8	7	1	1	1
3480	경북 예천군	표고버섯 연중 생산을 위한 환경제어 시스템 사업	32,000	농업기술센터	8	4	7	8	7	1	1	1
3481	경북 예천군	특용작물(생강) 기상재해 경감 실증 시범	10,000	농업기술센터	8	4	7	8	7	1	1	1
3482	경북 예천군	도시가스 미공급지역 지원사업	100,000	새마을경제과	8	6	7	8	7	2	1	4
3483	경북 울릉군	농수임산물내항화물수송운임	200,000	일자리경제교통과	8	1	7	8	7	1	1	2
3484	경북 울릉군	어업경제활성화유류비지원	900,000	해양수산과	8	4	7	8	7	1	1	4
3485	경북 울릉군	독도해양쓰레기수거사업	62,500	해양수산과	8	2	7	8	7	5	5	4
3486	경북 울릉군	해양쓰레기정화사업	55,000	해양수산과	8	2	7	8	7	5	5	4
3487	경북 울릉군	해안방제자원보관창고설치	30,400	해양수산과	8	4	7	8	7	5	5	4
3488	경북 울릉군	바다환경지킴이사업인부임	140,168	해양수산과	8	4	7	8	7	5	5	4
3489	경북 울릉군	어항밀항만시설긴급보수	20,000	해양수산과	8	4	7	8	7	5	5	4
3490	경북 울릉군	어항구역내안전시설물설치	5,000	해양수산과	8	4	7	8	7	5	5	4
3491	경북 울릉군	오징어 낚시 지원	21,000	해양수산과	8	4	7	8	7	5	1	4
3492	경북 울릉군	배합사료구입지원	100,000	농업산림과	8	7	7	8	7	5	5	4
3493	경북 울릉군	축산분뇨처리용톱밥지원	70,000	농업산림과	8	7	7	8	7	5	5	4
3494	경북 울릉군	축산분뇨수거처리용톱밥지원	30,000	농업산림과	8	7	7	8	7	5	5	4

순번	시군구	지출명 (사업명)	2020년예산 (단위:천원/1년간)	담당자 (공무원) 담당부서	민간이전 분류 (지방자치단체 세출예산 집행기준에 의거) 1. 민간경상사업보조(1) 2. 민간단체 법정운영비보조(2) 3. 민간행사사업보조(3) 4. 민간위탁금(4) 5. 사회복지시설 법정운영비보조(5) 6. 민간인위탁교육비(6) 7. 공기관등에대한경상적대행사업비(7) 8. 민간자본사업보조,자체재원(8) 9. 민간자본사업보조,이전재원(9) 10. 민간위탁사업비(10) 11. 공기관등에 대한 자본적 대행사업비(11)	민간이전지출 근거 (지방보조금 관리기준 참고) 1. 법률에 규정 2. 국고보조 재원(국가지정) 3. 용도 지정 기부금 4. 조례에 직접규정 5. 지자체가 권장하는 사업을 하는 공공기관 6. 시,도 정책 및 재정사정 7. 기타 8. 해당없음	입찰방식 계약체결방법 (경쟁형태) 1. 일반경쟁 2. 제한경쟁 3. 지명경쟁 4. 수의계약 5. 법정위탁 6. 기타 ( ) 7. 해당없음	입찰방식 계약기간 1. 1년 2. 2년 3. 3년 4. 4년 5. 5년 6. 기타 ( )년 7. 단기계약 (1년미만) 8. 해당없음	입찰방식 낙찰자선정방법 1. 적격심사 2. 협상에의한계약 3. 최저가낙찰제 4. 규격가격분리 5. 2단계 경쟁입찰 6. 기타 ( ) 7. 해당없음	운영예산 산정 운영예산 산정 1. 내부산정 (지자체 자체 적으로 산정) 2. 외부산정 (외부전문기관 위탁 산정) 3. 내·외부 모두 산정 4. 산정 無 5. 해당없음	운영예산 산정 정산방법 1. 내부정산 (지자체 내부적으로 정산) 2. 외부정산 (외부전문기관 위탁 정산) 3. 내·외부 모두 산정 4. 정산 無 5. 해당없음	성과평가 실시여부 1. 실시 2. 미실시 3. 향후 추진 4. 해당없음
3495	경북 울릉군	톨밥생산공장유류비지원	10,000	농업산림과	8	7	7	8	7	5	5	4
3496	경북 울릉군	가축재해보험지원	10,000	농업산림과	8	2	7	8	7	5	5	4
3497	경북 울릉군	송아지생산장려금지원	30,000	농업산림과	8	7	7	8	7	5	5	4
3498	경북 울릉군	감자종서 구입 운임비 지원사업	10,000	기술보급과	8	4	7	1	7	1	1	1
3499	경북 울릉군	과채류 규격모종 구입 지원사업	5,000	기술보급과	8	4	7	1	7	1	1	1
3500	경북 울릉군	호박재배 지원사업	5,000	기술보급과	8	4	7	1	7	1	1	1
3501	경북 울릉군	오징어탱깃대제작및포장재지원	50,000	기술보급과	8	4	7	8	7	5	5	4
3502	경북 울릉군	특산물포장재및산채박스지원	80,000	기술보급과	8	4	7	8	7	5	5	4
3503	경북 울릉군	산마늘(명이)절임용기지원	100,000	기술보급과	8	4	7	8	7	5	5	4
3504	경북 울릉군	울릉친환경퇴비지원사업	200,000	기술보급과	8	4	7	8	7	5	5	4
3505	경북 울릉군	산채이용자루지원사업	24,000	기술보급과	8	4	7	8	7	5	5	4
3506	경북 울릉군	산채건조망지원사업	16,000	기술보급과	8	4	7	8	7	5	5	4
3507	경북 울릉군	친환경농산물생산기반조성	65,000	기술보급과	8	4	7	8	7	5	5	4
3508	경북 울릉군	건채생산농가유류비지원	50,000	기술보급과	8	4	7	8	7	5	5	4
3509	경남 통영시	야생동물피해예방사업	350,000	환경과	8	4	7	8	7	1	1	3
3510	경남 통영시	안전문화 확산지원	30,000	안전총괄과	8	6	4	8	6	1	1	4
3511	경남 통영시	안전사고예방 및 시설물관리	30,000	안전총괄과	8	1	7	8	7	5	5	4
3512	경남 통영시	어린이놀이터 설치 및 개.보수	20,000	여성아동청소년과	8	1	7	8	7	1	1	1
3513	경남 통영시	어린이집 환경개선	30,000	여성아동청소년과	8	1, 4	7	8	7	1	1	1
3514	경남 통영시	품목별 농업인 연구회 경쟁력 제고 사업	5,000	농업기술과	8	4	7	8	7	1	1	1
3515	경남 통영시	농특산물 무인 판매대 지원사업	27,300	농업기술과	8	4	7	8	7	1	1	1
3516	경남 통영시	고구마 바이러스 무병묘 육성 지원	6,000	농업기술과	8	4	7	8	7	1	1	1
3517	경남 통영시	벼 육묘상자 자동공급, 적재이송기 지원	8,750	농업기술과	8	4	7	8	7	5	5	4
3518	경남 통영시	논두렁 조성기 보급	5,000	농업기술과	8	4	7	8	7	5	5	4
3519	경남 통영시	볍씨발아기 지원	1,500,000	농업기술과	8	4	7	8	7	5	5	4
3520	경남 통영시	가을감자 수확기 조절 시범사업	9,000	농업기술과	8	4	7	8	7	1	1	1
3521	경남 통영시	욕지고구마 증식용 우량종순 보급	8,000	농업기술과	8	4	7	8	7	1	1	1
3522	경남 통영시	밭작물 농기계(배토기) 지원	6,000	농업기술과	8	4	7	8	7	5	5	4
3523	경남 통영시	찰옥수수 저장고 설치 지원	7,500	농업기술과	8	4	7	8	7	5	5	4
3524	경남 통영시	찰옥수수 조기수확 재배시범	3,814	농업기술과	8	4	7	8	7	1	1	1
3525	경남 통영시	고령농업인 벼 육묘지원사업	15,750	농업기술과	8	4	7	8	7	1	1	1
3526	경남 통영시	시설원예 장기성 필름 지원	28,000	농업기술과	8	4	7	8	7	1	1	1
3527	경남 통영시	해양성 기후를 활용한 더덕, 산마늘 재배 지원	23,100	농업기술과	8	4	7	8	7	1	1	1
3528	경남 통영시	통영 딸기 명품화	90,000	농업기술과	8	4	7	8	7	1	1	1
3529	경남 통영시	마늘 토양소독제 지원	35,000	농업기술과	8	4	7	8	7	1	1	1
3530	경남 통영시	지역농산물 판매를 위한 시설하우스 지원	21,000	농업기술과	8	4	7	8	7	1	1	1
3531	경남 통영시	다겹보온커튼시설 지원	26,000	농업기술과	8	4	7	8	7	1	1	1
3532	경남 통영시	관정개발 지원	25,000	농업기술과	8	4	7	8	7	1	1	1
3533	경남 통영시	친환경 시금치 생산활성화	69,503	농업기술과	8	4	7	8	7	1	1	1
3534	경남 통영시	고품질 딸기 생산기반 조성	7,500	농업기술과	8	4	7	8	7	1	1	1
3535	경남 통영시	마늘 생산을 위한 영농자재 지원	8,800	농업기술과	8	4	7	8	7	1	1	1
3536	경남 통영시	부추 생산을 위한 영농자재 지원	10,000	농업기술과	8	4	7	8	7	1	1	1
3537	경남 통영시	고품질 참다래 생산 육성	10,000	농업기술과	8	4	7	8	7	1	1	1
3538	경남 통영시	신품종 과수 생산기반조성	3,200	농업기술과	8	4	7	8	7	1	1	1
3539	경남 통영시	욕지특산품(감귤) 생산기반 조성	12,000	농업기술과	8	4	7	8	7	1	1	1
3540	경남 통영시	저온피해 예방용 방상팬 설치 지원	13,000	농업기술과	8	4	7	8	7	1	1	1

순번	시군구	지출명 (사업명)	2020년예산 (단위:천원/1년간)	담당자 (공무원) 담당부서	민간이전 분류 (지방자치단체 세출예산 집행기준에 의거) 1. 민간경상사업보조(1) 2. 민간단체 법정운영비보조(2) 3. 민간행사사업보조(3) 4. 민간위탁금(4) 5. 사회복지시설 법정운영비보조(5) 6. 민간인위탁교육비(6) 7. 공기관등에대한경상적대행사업비(7) 8. 민간자본사업보조,자체재원(8) 9. 민간자본사업보조,이전재원(9) 10. 민간위탁사업비(10) 11. 공기관등에 대한 자본적 대행사업비(11)	민간이전지출 근거 (지방보조금 관리기준 참고) 1. 법률에 규정 2. 국고보조 재원(국가지정) 3. 용도 지정 기부금 4. 조례에 직접규정 5. 지자체가 권장하는 사업을 하는 공공기관 6. 시,도 정책 및 재정사정 7. 기타 8. 해당없음	입찰방식 계약체결방법 (경쟁형태) 1. 일반경쟁 2. 제한경쟁 3. 지명경쟁 4. 수의계약 5. 법정위탁 6. 기타 ( ) 7. 해당없음	입찰방식 계약기간 1. 1년 2. 2년 3. 3년 4. 4년 5. 5년 6. 기타 ( )년 7. 단기계약 (1년미만) 8. 해당없음	입찰방식 낙찰자선정방법 1. 적격심사 2. 협상에의한계약 3. 최저가낙찰제 4. 규격가격분리 5. 2단계 경쟁입찰 6. 기타 ( ) 7. 해당없음	운영예산 산정 운영예산 산정 1. 내부산정 (지자체 자체적으로 산정) 2. 외부산정 (외부전문기관 위탁 산정) 3. 내·외부 모두 산정 4. 산정 無 5. 해당없음	운영예산 산정 정산방법 1. 내부정산 (지자체 내부적으로 정산) 2. 외부정산 (외부전문기관 위탁 정산) 3. 내·외부 모두 산정 4. 정산 無 5. 해당없음	성과평가 실시여부 1. 실시 2. 미실시 3. 향후 추진 4. 해당없음
3541	경남 통영시	상자형텃밭보급사업	30,000	농업기술과	8	4	7	8	7	1	1	1
3542	경남 통영시	농촌여성 농작업 편이장비 지원	10,800	농업기술과	8	4	7	8	7	1	1	1
3543	경남 통영시	통합문화이용권 사업	510,570	문화예술과	8	1	7	1	7	1	5	4
3544	경남 통영시	나잠어업인 잠수복 지원	36,960	수산과	8	6	6	7	7	1	1	1
3545	경남 통영시	연안외줄낚시 미끼공급 시범사업	10,000	수산과	8	6	6	7	7	1	1	2
3546	경남 통영시	전복살포사업	300,000	어업진흥과	8	4	1	7	1	1	1	3
3547	경남 통영시	자율관리어업 우수공동체 지원사업	20,000	어업진흥과	8	4	4	7	7	2	1	3
3548	경남 통영시	마을어장 투석사업	100,000	어업진흥과	8	4	1	7	1	2	1	3
3549	경남 통영시	경로당 비품구입	98,000	노인장애인복지과	8	4	7	8	7	1	1	3
3550	경남 통영시	노인복지회관 수강생 통학버스 교체	150,000	노인장애인복지과	8	1	7	8	7	1	1	3
3551	경남 통영시	장애인단체(시각 무료급식소)물품 구입 지원	15,000	노인장애인복지과	8	6	7	8	7	5	1	4
3552	경남 통영시	신재생에너지 지방보급사업	84,800	지역경제과	8	2	7	8	7	5	5	4
3553	경남 김해시	공동주택관리 보조금 지원사업	700,000	공동주택과	8	4	7	8	7	5	5	4
3554	경남 김해시	시각장애인주간보호센터 기능보강사업	50,000	노인장애인과	8	1	7	8	7	5	1	4
3555	경남 김해시	경로당 신축비	400,000	노인장애인과	8	4	7	8	7	1	1	4
3556	경남 김해시	경로당 개보수	300,000	노인장애인과	8	4	7	8	7	1	1	4
3557	경남 김해시	경로당 장애인편의시설 설치 개보수사업	82,000	노인장애인과	8	4	7	8	7	1	1	4
3558	경남 김해시	무료경로식당 기능보강	20,000	노인장애인과	8	1	7	8	7	1	1	4
3559	경남 김해시	문화원 내 국악관현악단 현악기 구입비	8,000	문화예술과	8	1	7	8	7	1	1	3
3560	경남 김해시	생산비 절감 벼 소식재배 시범	32,000	농업기술과	8	6	7	8	7	5	5	4
3561	경남 김해시	시비효율 개선 친환경 농자재 시범	8,000	농업기술과	8	6	7	8	7	5	5	4
3562	경남 김해시	벼 신품종 증식단지 시범	30,000	농업기술과	8	6	7	8	7	5	5	4
3563	경남 김해시	채소 특화 품목(부추) 육성	42,000	농업기술과	8	4	7	8	7	5	5	4
3564	경남 김해시	채소류 수경재배 살균정수 장치 설치	17,500	농업기술과	8	4	7	8	7	1	1	1
3565	경남 김해시	채소류 농업인연구회 신기술 실증시험 연구활동지원	42,000	농업기술과	8	4	7	8	7	1	1	1
3566	경남 김해시	국내육성 화훼 신품종 보급	24,000	농업기술과	8	4	7	8	7	1	1	1
3567	경남 김해시	화훼 수경재배 살균정수 장치 시범	21,000	농업기술과	8	4	7	8	7	5	5	4
3568	경남 김해시	화훼 특화 품목(분화) 육성	56,000	농업기술과	8	4	7	8	7	5	5	4
3569	경남 김해시	시설화훼 고온기 온도하강 및 생력재배 시범	31,500	농업기술과	8	4	7	8	7	1	1	1
3570	경남 김해시	화훼류 신소득 작목 도입	40,000	농업기술과	8	4	7	8	7	1	1	1
3571	경남 김해시	시설화훼 토양병해충 방제	14,000	농업기술과	8	4	7	8	7	1	1	1
3572	경남 김해시	화훼 농업인연구회 신기술 실증시험 연구활동지원	42,000	농업기술과	8	4	7	8	7	1	1	1
3573	경남 김해시	산딸기·베리류 신모델 하우스 보급	36,600	농업기술과	8	4	7	8	7	5	5	4
3574	경남 김해시	블루베리 등 생산시설 개선	40,000	농업기술과	8	4	7	8	7	1	1	1
3575	경남 김해시	신품종 블루베리 및 상토 보급	14,000	농업기술과	8	4	7	8	7	1	1	1
3576	경남 김해시	블루베리 등 생력화 농기계 지원	20,000	농업기술과	8	4	7	8	7	1	1	1
3577	경남 김해시	PLS 대응 산딸기 안전재배	10,000	농업기술과	8	4	7	8	7	1	1	1
3578	경남 김해시	단감 연구회 실증시범 사업	12,000	농업기술과	8	4	7	8	7	5	5	4
3579	경남 김해시	베리류 연구회 실증시범 사업	12,000	농업기술과	8	4	7	8	7	1	1	1
3580	경남 김해시	장군차 다원 시설 개선 및 기자재 지원	10,500	농업기술과	8	4	7	8	7	1	1	1
3581	경남 김해시	장군차 다원 조성	15,000	농업기술과	8	4	7	8	7	1	1	1
3582	경남 김해시	농촌체험농장육성	16,000	농업기술과	8	4	7	8	7	1	1	1
3583	경남 김해시	도시민 텃밭정원 조성사업	10,000	농업기술과	8	4	7	8	7	1	1	1
3584	경남 김해시	신선농산물 예냉고 지원	100,000	농산업지원과	8	6	7	8	7	1	1	1
3585	경남 김해시	수출농단 지원사업	150,000	농산업지원과	8	6	7	8	7	5	1	1
3586	경남 김해시	수출농가 차열망 지원사업	30,000	농산업지원과	8	6	7	8	7	5	5	4

순번	시군구	지출명 (사업명)	2020년예산 (단위:천원/1년간)	담당자 (공무원) 담당부서	민간이전 분류 (지방자치단체 세출예산 집행기준에 의거) 1. 민간경상사업보조(1) 2. 민간단체 법정운영비보조(2) 3. 민간행사사업보조(3) 4. 민간위탁금(4) 5. 사회복지시설 법정운영비보조(5) 6. 민간인위탁교육비(6) 7. 공기관등에대한경상적대행사업비(7) 8. 민간자본사업보조,자체재원(8) 9. 민간자본사업보조,이전재원(9) 10. 민간위탁사업비(10) 11. 공기관등에 대한 자본적 대행사업비(11)	민간이전지출 근거 (지방보조금 관리기준 참고) 1. 법률에 규정 2. 국고보조 재원(국가지정) 3. 용도 지정 기부금 4. 조례에 직접규정 5. 지자체가 권장하는 사업을 하는 공공기관 6. 시,도 정책 및 재정사정 7. 기타 8. 해당없음	입찰방식 계약체결방법 (경쟁형태) 1. 일반경쟁 2. 제한경쟁 3. 지명경쟁 4. 수의계약 5. 법정위탁 6. 기타 ( ) 7. 해당없음	입찰방식 계약기간 1. 1년 2. 2년 3. 3년 4. 4년 5. 5년 6. 기타 ( )년 7. 단기계약 (1년미만) 8. 해당없음	입찰방식 낙찰자선정방법 1. 적격심사 2. 협상에의한계약 3. 최저가낙찰제 4. 규격가격분리 5. 2단계 경쟁입찰 6. 기타 ( ) 7. 해당없음	운영예산 산정 운영예산 산정 1. 내부산정 (지자체 자체적으로 산정) 2. 외부산정 (외부전문기관 위탁 산정) 3. 내·외부 모두 산정 4. 산정 無 5. 해당없음	운영예산 산정 정산방법 1. 내부정산 (지자체 내부적으로 정산) 2. 외부정산 (외부전문기관 위탁 정산) 3. 내·외부 모두 산정 4. 정산 無 5. 해당없음	성과평가 실시여부 1. 실시 2. 미실시 3. 향후 추진 4. 해당없음
3587	경남 김해시	농식품 수출유망품목 상품화 개발 지원	20,000	농산업지원과	8	6	7	8	7	5	1	4
3588	경남 김해시	원예생산시설 현대화사업	118,000	농산업지원과	8	7	7	8	7	1	1	1
3589	경남 김해시	신소득 스마일 수박단지 조성	20,000	농산업지원과	8	7	7	8	7	1	1	1
3590	경남 김해시	산딸기 명품 브랜드 육성 지원	50,000	농산업지원과	8	1	7	8	7	1	1	4
3591	경남 김해시	학교급식지원센터 운영	36,000	농산업지원과	8	4	7	8	7	5	1	1
3592	경남 김해시	농촌체험 빈집 리모델링 사업	19,800	농축산과	8	6	7	8	7	5	5	4
3593	경남 김해시	친환경 생태농업 쌀 생산단지 운영	120,000	농축산과	8	6	1	1	1	1	1	1
3594	경남 김해시	친환경 농법 쌀 생산단지 운영	200,000	농축산과	8	6	1	1	1	1	1	1
3595	경남 김해시	친환경 인증농가 마케팅 지원	40,000	농축산과	8	6	1	1	1	1	1	1
3596	경남 김해시	친환경 농산물 수확 후 안전위생관리 지원	40,000	농축산과	8	6	1	1	1	1	1	1
3597	경남 김해시	친환경 원예작물 토양병해충 방제 지원	200,000	농축산과	8	6	1	1	1	1	1	1
3598	경남 김해시	벼 육묘장 개보수 및 장비 지원	50,000	농축산과	8	6	1	1	1	1	1	1
3599	경남 김해시	축산농가 분뇨 클린 지원	72,000	농축산과	8	6	7	8	7	1	1	4
3600	경남 김해시	가축분뇨 악취저감 시스템 지원	150,000	농축산과	8	6	7	8	7	1	1	4
3601	경남 김해시	축산농가 스키드로더 지원	72,000	농축산과	8	6	7	8	7	1	1	4
3602	경남 김해시	자연재해 대비 자가발전기 지원사업	19,500	농축산과	8	6	7	8	7	1	1	4
3603	경남 김해시	폭염취약가축 면역증강제 지원	40,000	농축산과	8	6	7	8	7	1	1	4
3604	경남 김해시	김해시장배 대상경주 지원	100,000	농축산과	8	6	7	8	7	1	1	4
3605	경남 김해시	양봉산업 육성지원	40,500	농축산과	8	6	7	8	7	1	1	4
3606	경남 김해시	폐사축 처리 지원	36,000	농축산과	8	6	7	8	7	1	1	4
3607	경남 김해시	지렁이 산업 육성사업	10,450	농축산과	8	6	7	8	7	1	1	4
3608	경남 김해시	축사 환기휀 지원	70,000	농축산과	8	6	7	8	7	1	1	2
3609	경남 김해시	개체보정시설 지원	32,500	농축산과	8	6	7	8	7	1	1	2
3610	경남 김해시	축사용 영상시스템 지원	30,000	농축산과	8	6	7	8	7	1	1	2
3611	경남 김해시	마을회관 신축 및 보수 등 보조금 지원	360,000	건축과	8	4	1, 4	7	6	4	1	1
3612	경남 밀양시	러브하우스 보급	8,000	행정과	8	1, 4	7	8	7	5	5	3
3613	경남 밀양시	기초푸드뱅크사업 차량 구입	40,000	주민생활지원과	8	1, 4	7	8	7	5	5	3
3614	경남 밀양시	경로당(마을회관)보수	300,000	사회복지과	8	1, 4	7	8	7	5	5	3
3615	경남 밀양시	경로당 냉방기 보급	45,000	사회복지과	8	1, 4	7	8	7	5	5	3
3616	경남 밀양시	단독주택 등 도시가스 공급관 설치	200,000	일자리경제과	8	1, 4	7	8	7	5	5	3
3617	경남 밀양시	전략산업 특별지원 입지보조금	500,000	투자유치과	8	1, 4	7	8	7	5	5	3
3618	경남 밀양시	사업장폐기물 수거처리비	33,000	환경관리과	8	1, 4	7	8	7	5	5	3
3619	경남 밀양시	시내버스	640,500	교통행정과	8	1, 4	7	8	7	5	5	3
3620	경남 밀양시	임산물 생산유통장비	100,000	산림녹지과	8	1, 4	7	8	7	5	5	3
3621	경남 밀양시	유휴토지 나무심기	20,000	산림녹지과	8	1, 4	7	8	7	5	5	3
3622	경남 밀양시	수리계 수리시설 유지관리	110,000	건설과	8	1, 4	7	8	7	5	5	3
3623	경남 밀양시	노후건축물 전기시설 개선	15,000	안전재난관리과	8	1, 4	7	8	7	5	5	3
3624	경남 밀양시	소규모공동주택 시설개선	100,000	건축과	8	1, 4	7	8	7	5	5	3
3625	경남 밀양시	공동주택 시설개선	300,000	건축과	8	1, 4	7	8	7	5	5	3
3626	경남 밀양시	동지역빈집 정비	30,000	건축과	8	1, 4	7	8	7	5	5	3
3627	경남 밀양시	전입세대 주택설계비	15,000	허가과	8	1, 4	7	8	7	5	5	3
3628	경남 밀양시	톤백저울 지원	33,000	농정과	8	1, 4	7	8	7	5	5	3
3629	경남 밀양시	정부관리양곡 창고시설 지원	37,500	농정과	8	1, 4	7	8	7	5	5	3
3630	경남 밀양시	소규모 농산물 유통시설	4,488	6차산업과	8	1, 4	7	8	7	5	5	3
3631	경남 밀양시	원예생산시설 현대화	606,000	6차산업과	8	1, 4	7	8	7	5	5	3
3632	경남 밀양시	깻잎농가 LED 전등 지원	50,000	6차산업과	8	1, 4	7	8	7	5	5	3

순번	시군구	지출명 (사업명)	2020년예산 (단위:천원/1년간)	담당자 (공무원)	민간이전 분류 (지방자치단체 세출예산 집행기준에 의거)	민간이전지출 근거 (지방보조금 관리기준 참고)	입찰방식			운영예산 산정		성과평가 실시여부
				담당부서	1. 민간경상사업보조(1) 2. 민간단체 법정운영비보조(2) 3. 민간행사사업보조(3) 4. 민간위탁금(4) 5. 사회복지시설 법정운영비보조(5) 6. 민간인위탁교육비(6) 7. 공기관등에대한경상적대행사업비(7) 8. 민간자본사업보조,자체재원(8) 9. 민간자본사업보조,이전재원(9) 10. 민간위탁사업비(10) 11. 공기관등에 대한 자본적 대행사업비(11)	1. 법률에 규정 2. 국고보조 재원(국가지정) 3. 용도 지정 기부금 4. 조례에 직접규정 5. 지자체가 권장하는 사업을 하는 공공기관 6. 시,도 정책 및 재정사정 7. 기타 8. 해당없음	계약체결방법 (경쟁형태) 1. 일반경쟁 2. 제한경쟁 3. 지명경쟁 4. 수의계약 5. 법정위탁 6. 기타 ( ) 7. 해당없음	계약기간 1. 1년 2. 2년 3. 3년 4. 4년 5. 5년 6. 기타 ( )년 7. 단기계약 (1년미만) 8. 해당없음	낙찰자선정방법 1. 적격심사 2. 협상에의한계약 3. 최저가낙찰제 4. 규격가격분리 5. 2단계 경쟁입찰 6. 기타 ( ) 7. 해당없음	운영예산 산정 1. 내부산정 (지자체 자체 적으로 산정) 2. 외부산정 (외부전문기관 위탁 산정) 3. 내·외부 모두 산정 4. 산정 無 5. 해당없음	정산방법 1. 내부정산 (지자체 내부적으로 정산) 2. 외부정산 (외부전문기관 위탁 정산) 3. 내·외부 모두 산정 4. 정산 無 5. 해당없음	1. 실시 2. 미실시 3. 향후 추진 4. 해당없음
3633	경남 밀양시	화훼 모종구입비	261,175	6차산업과	8	1, 4	7	8	7	5	5	3
3634	경남 밀양시	화훼 전기온풍기	20,000	6차산업과	8	1, 4	7	8	7	5	5	3
3635	경남 밀양시	단감농가 저온저장고 지원	30,000	6차산업과	8	1, 4	7	8	7	5	5	3
3636	경남 밀양시	과원관리 전정가위 지원	127,500	6차산업과	8	1, 4	7	8	7	5	5	3
3637	경남 밀양시	과학영농 생력화	12,000	농업지원과	8	1, 4	7	8	7	5	5	3
3638	경남 밀양시	청년 4-H회 영농정착지원	20,000	농업지원과	8	1, 4	7	8	7	5	5	3
3639	경남 밀양시	농작업 안전사고 예방시범	5,000	농업지원과	8	1, 4	7	8	7	5	5	3
3640	경남 밀양시	농촌교육농장 시설 및 장비 설치	16,960	농업지원과	8	1, 4	7	8	7	5	5	3
3641	경남 밀양시	농업인 가공사업장 시설장비 개선시범	15,000	농업지원과	8	1, 4	7	8	7	5	5	3
3642	경남 밀양시	총채벌레 친환경방제 시범	210,000	농업지원과	8	1, 4	7	8	7	5	5	3
3643	경남 밀양시	고설재배딸기 양액관리기술 지원	24,000	농업지원과	8	1, 4	7	8	7	5	5	3
3644	경남 밀양시	딸기 주산지 고품질 인프라 구축 지원	50,000	농업지원과	8	1, 4	7	8	7	5	5	3
3645	경남 밀양시	원예작물 연작장해대책 지원	210,000	농업지원과	8	1, 4	7	8	7	5	5	3
3646	경남 밀양시	시설하우스 비닐교체 노동환경개선 시범	18,200	농업지원과	8	1, 4	7	8	7	5	5	3
3647	경남 밀양시	농업용수 철분필터링 시범	63,000	농업지원과	8	1, 4	7	8	7	5	5	3
3648	경남 밀양시	고품질농산물 생산 기능성비료	10,000	농업지원과	8	1, 4	7	8	7	5	5	3
3649	경남 밀양시	기능성 특수미 재배시범	25,000	축산기술과	8	1, 4	7	8	7	5	5	3
3650	경남 밀양시	신 육성품종 종자 자율교환 채종포	8,000	축산기술과	8	1, 4	7	8	7	5	5	3
3651	경남 밀양시	재해예방 및 노동력 분산 조기재배 시범	10,000	축산기술과	8	1, 4	7	8	7	5	5	3
3652	경남 밀양시	축사 환기휀	100,000	축산기술과	8	1, 4	7	8	7	5	5	3
3653	경남 밀양시	우량 가축생산 정액대	25,500	축산기술과	8	1, 4	7	8	7	5	5	3
3654	경남 밀양시	축사지킴이	30,000	축산기술과	8	1, 4	7	8	7	5	5	3
3655	경남 밀양시	가축분뇨 악취저감 지원	100,000	축산기술과	8	1, 4	7	8	7	5	5	3
3656	경남 밀양시	가축분뇨 처리장비 지원	180,000	축산기술과	8	1, 4	7	8	7	5	5	3
3657	경남 밀양시	하절기 폭염예방 온도저감 시설	80,000	축산기술과	8	1, 4	7	8	7	5	5	3
3658	경남 밀양시	자가사료배합기	150,000	축산기술과	8	1, 4	7	8	7	5	5	3
3659	경남 밀양시	가축용 급수기	50,000	축산기술과	8	1, 4	7	8	7	5	5	3
3660	경남 밀양시	브랜드 사료첨가용 대추생균제	40,000	축산기술과	8	1, 4	7	8	7	5	5	3
3661	경남 밀양시	친환경 섬유질사료 포장재	60,000	축산기술과	8	1, 4	7	8	7	5	5	3
3662	경남 밀양시	수정란 이식 지원	81,600	축산기술과	8	1, 4	7	8	7	5	5	3
3663	경남 밀양시	한우개체관리 자동목걸이	39,000	축산기술과	8	1, 4	7	8	7	5	5	3
3664	경남 밀양시	조류인플루엔자예방 일회용 계란난좌	87,468	축산기술과	8	1, 4	7	8	7	5	5	3
3665	경남 밀양시	축사내 무인자동 소독시설	68,000	축산기술과	8	1, 4	7	8	7	5	5	3
3666	경남 밀양시	작은도서관 자료	30,000	평생학습관	8	1, 4	7	8	7	5	5	3
3667	경남 거제시	나잠어업인 잠수장비 지원	21,000	어업진흥과	8	4	1, 4	7	7	1	1	1
3668	경남 거제시	마을어장 소득원 개발 지원	15,000	어업진흥과	8	7	1	7	7	1	1	1
3669	경남 거제시	거제시자율방범연합회 방범차량 지원	30,000	행정과	8	4	7	8	7	1	1	1
3670	경남 거제시	해병전우회 승합차량 지원	30,000	행정과	8	1	7	8	7	1	1	1
3671	경남 거제시	둔덕면 내평경로당 신축	140,000	사회복지과	8	1	7	8	7	1	1	1
3672	경남 거제시	둔덕면 아사경로당 신축	224,000	사회복지과	8	1	7	8	7	1	1	1
3673	경남 거제시	경로당 건강관리기구	40,000	사회복지과	8	4	7	8	7	1	1	1
3674	경남 거제시	경로당 냉방기	15,000	사회복지과	8	4	7	8	7	1	1	1
3675	경남 거제시	장애인편의시설 설치 지원	10,000	사회복지과	8	4	2	8	1	1	1	3
3676	경남 거제시	중증장애인 주거환경 개·보수사업	10,000	사회복지과	8	6	2	8	1	3	3	2
3677	경남 거제시	거제시 생태체험학습장 운영	50,000	교육체육과	8	7	7	8	7	5	5	4
3678	경남 거제시	거제시 장애인체육회 이동차량 지원사업	30,700	교육체육과	8	1	7	8	7	1	1	1

순번	시군구	지출명 (사업명)	2020년예산 (단위:천원/1년간)	담당자 (공무원) 담당부서	민간이전 분류 (지방자치단체 세출예산 집행기준에 의거) 1. 민간경상사업보조(1) 2. 민간단체 법정운영비보조(2) 3. 민간행사사업보조(3) 4. 민간위탁금(4) 5. 사회복지시설 법정운영비보조(5) 6. 민간인위탁교육비(6) 7. 공기관등에대한경상적대행사업비(7) 8. 민간자본사업보조,자체재원(8) 9. 민간자본사업보조,이전재원(9) 10. 민간위탁사업비(10) 11. 공기관등에 대한 자본적 대행사업비(11)	민간이전지출 근거 (지방보조금 관리기준 참고) 1. 법률에 규정 2. 국고보조 재원(국가지정) 3. 용도 지정 기부금 4. 조례에 직접규정 5. 지자체가 권장하는 사업을 하는 공공기관 6. 시,도 정책 및 재정사정 7. 기타 8. 해당없음	입찰방식 계약체결방법 (경쟁형태) 1. 일반경쟁 2. 제한경쟁 3. 지명경쟁 4. 수의계약 5. 법정위탁 6. 기타 ( ) 7. 해당없음	계약기간 1. 1년 2. 2년 3. 3년 4. 4년 5. 5년 6. 기타 ( )년 7. 단기계약 (1년미만) 8. 해당없음	낙찰자선정방법 1. 적격심사 2. 협상에의한계약 3. 최저가낙찰제 4. 규격가격분리 5. 2단계 경쟁입찰 6. 기타 ( ) 7. 해당없음	운영예산 산정 운영예산 산정 1. 내부산정 (지자체 자체적으로 산정) 2. 외부산정 (외부전문기관 위탁 산정) 3. 내·외부 모두 산정 4. 산정 無 5. 해당없음	정산방법 1. 내부정산 (지자체 내부적으로 정산) 2. 외부정산 (외부전문기관 위탁 정산) 3. 내·외부 모두 산정 4. 정산 無 5. 해당없음	성과평가 실시여부 1. 실시 2. 미실시 3. 향후 추진 4. 해당없음
3679	경남 거제시	공동주택관리 보조금 지원	270,000	건축과	8	1, 4	7	8	7	1	1	1
3680	경남 거제시	소규모 공동주택관리 보조금 지원	200,000	건축과	8	1, 4	7	8	7	1	1	1
3681	경남 거제시	축사시설 환경개선사업	1,260,000	농업정책과	8	6	7	8	7	1	1	1
3682	경남 거제시	청마꽃들 조성 및 관리 지원	20,000	농업지원과	8	4	7	8	7	5	5	4
3683	경남 거제시	맹종죽테마파크 활성화 지원	20,000	농업지원과	8	6	7	8	7	5	5	4
3684	경남 거제시	신선채소(엽채류) 생산기반 시설지원	35,000	농업지원과	8	6	7	8	7	5	5	4
3685	경남 거제시	지역 소득작목 시범육성	25,000	농업지원과	8	6	7	8	7	5	5	4
3686	경남 의령군	통합 문화이용권	117,360	문화관광과	8	1	7	8	7	5	4	4
3687	경남 함안군	아라농촌마을재생사업	131,000	혁신성장담당관	8	7	7	8	7	5	5	4
3688	경남 함안군	공중위생업소 시설 개선비 지원	10,000	종합민원과	8	4	7	8	7	5	5	4
3689	경남 함안군	식품접객업소 시설 개선비 지원	20,000	종합민원과	8	4	7	8	7	5	5	4
3690	경남 함안군	보육시설 및 종사자 지원	20,000	주민복지과	8	4	7	8	7	1	1	1
3691	경남 함안군	중소기업 수출보험료 지원사업	20,000	경제기업과	8	5	7	1	7	1	1	1
3692	경남 함안군	폭염대비 안개분무시설 지원	35,000	농축산과	8	4	7	8	7	5	5	4
3693	경남 함안군	곤충 사육시설 및 기자재 지원	14,000	농축산과	8	4	7	8	7	5	5	4
3694	경남 함안군	축산재해 예방 CCTV 지원	10,000	농축산과	8	4	7	8	7	5	5	4
3695	경남 함안군	소 농가 동파방지 급수기 지원	10,000	농축산과	8	4	7	8	7	5	5	4
3696	경남 함안군	착유시설 현대화 지원	20,000	농축산과	8	4	7	8	7	5	5	4
3697	경남 함안군	육계농가 멀티팬 지원	4,000	농축산과	8	4	7	8	7	5	5	4
3698	경남 함안군	계란 선별포장기 지원	14,000	농축산과	8	4	7	8	7	5	5	4
3699	경남 함안군	양봉 기자재 지원	25,000	농축산과	8	4	7	8	7	5	5	4
3700	경남 함안군	양봉 비가림시설 지원	10,000	농축산과	8	4	7	8	7	5	5	4
3701	경남 함안군	축분 고속발효기 지원	200,000	농축산과	8	6	7	8	7	5	5	4
3702	경남 함안군	액비순환시스템 지원	200,000	농축산과	8	6	7	8	7	5	5	4
3703	경남 함안군	질병관리 계류시설 설치 지원	26,000	농축산과	8	1	7	8	7	5	5	4
3704	경남 함안군	작은도서관 도서구입비 지원	16,000	문화시설사업소	8	4	7	8	7	5	5	4
3705	경남 창녕군	야생동물피해예방시설 설치 지원사업	80,000	환경위생과	8	1	7	8	7	5	5	4
3706	경남 창녕군	인구증가시책 주택분야	207,500	도시건축과	8	4	7	1	7	1	1	4
3707	경남 창녕군	소규모 공동주택 관리지원	50,000	도시건축과	8	4	7	1	7	1	1	1
3708	경남 남해군	자활 및 생활안정자금 지원	50,000	주민복지과	8	1	7	8	7	5	5	4
3709	경남 남해군	경로당환경개선지원	116,090	주민복지과	8	7	7	8	7	5	5	4
3710	경남 남해군	노인건강증진기기 수리	3,000	주민복지과	8	7	7	8	7	5	5	4
3711	경남 남해군	취약계층 주거환경 개보수	60,000	주민복지과	8	1	7	8	7	5	5	4
3712	경남 남해군	마을어장 개발	60,000	해양수산과	8	4	7	8	7	5	5	4
3713	경남 남해군	마을공동시설지원	310,500	도시건축과	8	4	7	8	7	5	5	4
3714	경남 남해군	빈집수선 전입자 지원	1,500,000	도시건축과	8	4	7	8	7	5	5	4
3715	경남 남해군	행복맛집 지정	80,000	보건소	8	4	7	1	7	5	5	4
3716	경남 남해군	농촌체험마을 체험기반 조성	24,000	유통지원과	8	7	7	8	7	5	5	4
3717	경남 남해군	마을단위 농기계 보관창고 지원	35,000	농업기술과	8	7	7	8	7	5	5	4
3718	경남 남해군	곡물건조기 구입지원	50,000	농업기술과	8	4	7	8	7	5	5	4
3719	경남 남해군	소규모 시설하우스 지원	36,300	농업기술과	8	4	7	8	7	5	5	4
3720	경남 남해군	시설하우스 스마트팜 설치 지원	20,000	농업기술과	8	4	7	8	7	5	5	4
3721	경남 하동군	노인복지시설 기능보강사업	15,000	주민행복과	8	4	4	8	7	1	1	3
3722	경남 하동군	여성대학 운영	20,000	주민행복과	8	5	4	1	1	1	1	3
3723	경남 하동군	생산성지원사업	420,000	특화산업과	8	6	7	8	7	5	5	4
3724	경남 하동군	대규모 차밭 예정지 관리사업	100,000	특화산업과	8	6	7	8	7	5	5	4

순번	시군구	지출명 (사업명)	2020년예산 (단위:천원/1년간)	담당자 (공무원) 담당부서	민간이전 분류 (지방자치단체 세출예산 집행기준에 의거) 1. 민간경상사업보조(1) 2. 민간단체 법정운영비보조(2) 3. 민간행사사업보조(3) 4. 민간위탁금(4) 5. 사회복지시설 법정운영비보조(5) 6. 민간인위탁교육비(6) 7. 공기관등에대한경상적대행사업비(7) 8. 민간자본사업보조,자체재원(8) 9. 민간자본사업보조,이전재원(9) 10. 민간위탁사업비(10) 11. 공기관등에 대한 자본적 대행사업비(11)	민간이전지출 근거 (지방보조금 관리기준 참고) 1. 법률에 규정 2. 국고보조 재원(국가지정) 3. 용도 지정 기부금 4. 조례에 직접규정 5. 지자체가 권장하는 사업을 하는 공공기관 6. 시,도 정책 및 재정사정 7. 기타 8. 해당없음	입찰방식 계약체결방법 (경쟁형태) 1. 일반경쟁 2. 제한경쟁 3. 지명경쟁 4. 수의계약 5. 법정위탁 6. 기타 ( ) 7. 해당없음	입찰방식 계약기간 1. 1년 2. 2년 3. 3년 4. 4년 5. 5년 6. 기타 ( )년 7. 단기계약 (1년미만) 8. 해당없음	입찰방식 낙찰자선정방법 1. 적격심사 2. 협상에의한계약 3. 최저가낙찰제 4. 규격가격분리 5. 2단계 경쟁입찰 6. 기타 ( ) 7. 해당없음	운영예산 산정 운영예산 산정 1. 내부산정 (지자체 자체적으로 산정) 2. 외부산정 (외부전문기관위탁 산정) 3. 내·외부 모두 산정 4. 산정 無 5. 해당없음	운영예산 산정 정산방법 1. 내부정산 (지자체 내부적으로 정산) 2. 외부정산 (외부전문기관위탁 정산) 3. 내·외부 모두 산정 4. 정산 無 5. 해당없음	성과평가 실시여부 1. 실시 2. 미실시 3. 향후 추진 4. 해당없음
3725	경남 하동군	새싹보리 생산, 제품 개발	20,000	특화산업과	8	6	7	8	7	5	5	4
3726	경남 하동군	슬레이트 건축물 철거 지원	20,000	환경보호과	8	4	4	1	1	1	1	3
3727	경남 하동군	음식물쓰레기 관리	30,000	환경보호과	8	4	7	8	7	5	1	4
3728	경남 하동군	폐기물처리시설 주변지역지원 기금 사업	1,630,000	환경보호과	8	1	7	8	7	5	5	4
3729	경남 하동군	패각파쇄기 설치	20,000	해양수산과	8	1	7	8	7	5	5	4
3730	경남 하동군	소형어선 인양기 대차 구입지원	20,000	해양수산과	8	1	7	8	7	5	5	4
3731	경남 하동군	어업생산기반시설 설치사업	100,000	해양수산과	8	1	7	8	7	5	5	4
3732	경남 하동군	수산가공품 포장시설 등 지원	100,000	해양수산과	8	1	7	8	7	5	5	4
3733	경남 하동군	기능성 녹차참숭어 배합사료지원	200,000	해양수산과	8	1	7	8	7	5	5	4
3734	경남 하동군	사천만 어업손실 발생지역 지원	35,000	해양수산과	8	1	7	8	7	5	5	4
3735	경남 하동군	수산물 저온시설 지원	120,000	해양수산과	8	1	7	8	7	5	5	4
3736	경남 하동군	소형어선 항해장비 지원	12,000	해양수산과	8	1	7	8	7	5	5	4
3737	경남 하동군	소형어선 자동화시설 지원	45,000	해양수산과	8	1	7	8	7	5	5	4
3738	경남 하동군	가두리양식어장 액화산소 지원	50,000	해양수산과	8	1	7	8	7	5	5	4
3739	경남 하동군	낚시터 조성사업	30,000	해양수산과	8	1	7	8	7	5	5	4
3740	경남 하동군	수산특산물 포장재 지원	28,000	해양수산과	8	1	7	8	7	5	5	4
3741	경남 하동군	가두리 관리사 현대화사업	50,000	해양수산과	8	1	7	8	7	5	5	4
3742	경남 하동군	내수면어업인 체감형 지원사업	15,400	해양수산과	8	1	7	8	7	5	5	4
3743	경남 하동군	수산특산품 자동화 시설 지원	20,000	해양수산과	8	1	7	8	7	5	5	4
3744	경남 하동군	고로쇠 수액용기 지원	18,000	산림녹지과	8	7	6	1	1	1	1	4
3745	경남 하동군	산림경영 기반시설지원	20,000	산림녹지과	8	7	6	1	1	1	1	4
3746	경남 하동군	웰빙 임산물 생산단지 조성사업	20,000	산림녹지과	8	7	6	1	1	1	1	4
3747	경남 하동군	고로쇠수액 정제시설 및 QR코드 지원사업	40,000	산림녹지과	8	7	6	1	1	1	1	4
3748	경남 하동군	밤나무 선도임가 육성	60,000	산림녹지과	8	7	6	1	1	1	1	4
3749	경남 하동군	대송산업단지 입주기업지원	8,000	산단조성과	8	4	7	8	7	5	5	4
3750	경남 하동군	맞춤식 영농규모화 기반조성	800,000	농축산과	8	4	7	8	7	1	1	1
3751	경남 하동군	2030 영농후계세대 기반조성	150,000	농축산과	8	4	7	8	7	1	1	1
3752	경남 하동군	다자녀 다문화 농업인 기반조성	150,000	농축산과	8	4	7	8	7	1	1	1
3753	경남 하동군	스마트팜 지원사업	100,000	농축산과	8	4	7	8	7	1	1	1
3754	경남 하동군	하동쌀통합브랜드포장재 지원	50,000	농축산과	8	4	7	8	7	1	1	1
3755	경남 하동군	한우 음수대 지원	30,000	농축산과	8	4	7	8	7	1	1	1
3756	경남 하동군	솔잎한우사료 생산지원	100,000	농축산과	8	4	7	8	7	1	1	1
3757	경남 하동군	한우개량 기반조성	130,000	농축산과	8	4	7	8	7	1	1	1
3758	경남 하동군	우수 종추 입식비 지원	7,500	농축산과	8	4	7	8	7	1	1	1
3759	경남 하동군	방사유정란 포장재 지원	6,000	농축산과	8	4	7	8	7	1	1	1
3760	경남 하동군	양봉산업 경쟁력 강화사업	118,000	농축산과	8	4	7	8	7	1	1	1
3761	경남 하동군	토봉농가 생산성 향상사업	25,000	농축산과	8	4	7	8	7	1	1	1
3762	경남 하동군	딸기 하우스 수정벌 지원	120,000	농축산과	8	4	7	8	7	1	1	1
3763	경남 하동군	축산농가 생체정보이용 발정탐지기 지원	20,000	농축산과	8	4	7	8	7	1	1	1
3764	경남 하동군	모돈교체 지원	30,000	농축산과	8	4	7	8	7	1	1	1
3765	경남 하동군	농업인선택형 농기계지원	200,000	농축산과	8	4	7	8	7	1	1	1
3766	경남 하동군	통합 마케팅 육성지원	15,000	농산물유통과	8	4	7	8	7	1	1	1
3767	경남 하동군	수출농가육성지원	90,000	농산물유통과	8	4	4	7	2	1	1	1
3768	경남 하동군	유통구조 개선	50,000	농산물유통과	8	1	7	8	7	1	1	1
3769	경남 하동군	수출기반조성	70,000	농산물유통과	8	4	4	7	2	1	1	1
3770	경남 하동군	수출용 포장재 사업 지원	50,000	농산물유통과	8	6	7	8	7	5	1	3

순번	시군구	지출명 (사업명)	2020년예산 (단위:천원/1년간)	담당자 (공무원) 담당부서	민간이전 분류 (지방자치단체 세출예산 집행기준에 의거) 1. 민간경상사업보조(1) 2. 민간단체 법정운영비보조(2) 3. 민간행사사업보조(3) 4. 민간위탁금(4) 5. 사회복지시설 법정운영비보조(5) 6. 민간인위탁교육비(6) 7. 공기관등에대한경상적대행사업비(7) 8. 민간자본사업보조,자체재원(8) 9. 민간자본사업보조,이전재원(9) 10. 민간위탁사업비(10) 11. 공기관등에 대한 자본적 대행사업비(11)	민간이전지출 근거 (지방보조금 관리기준 참고) 1. 법률에 규정 2. 국고보조 재원(국가지정) 3. 용도 지정 기부금 4. 조례에 직접규정 5. 지자체가 권장하는 사업을 하는 공공기관 6. 시,도 정책 및 재정사정 7. 기타 8. 해당없음	입찰방식 계약체결방법 (경쟁형태) 1. 일반경쟁 2. 제한경쟁 3. 지명경쟁 4. 수의계약 5. 법정위탁 6. 기타 ( ) 7. 해당없음	입찰방식 계약기간 1. 1년 2. 2년 3. 3년 4. 4년 5. 5년 6. 기타 ( )년 7. 단기계약 (1년미만) 8. 해당없음	입찰방식 낙찰자선정방법 1. 적격심사 2. 협상에의한계약 3. 최저가낙찰제 4. 규격가격분리 5. 2단계 경쟁입찰 6. 기타 ( ) 7. 해당없음	운영예산 산정 운영예산 산정 1. 내부산정 (지자체 자체적으로 산정) 2. 외부산정 (외부전문기관위탁 산정) 3. 내·외부 모두 산정 4. 산정 無 5. 해당없음	운영예산 산정 정산방법 1. 내부정산 (지자체 내부적으로 정산) 2. 외부정산 (외부전문기관위탁 정산) 3. 내·외부 모두 산정 4. 정산 無 5. 해당없음	성과평가 실시여부 1. 실시 2. 미실시 3. 향후 추진 4. 해당없음
3771	경남 하동군	공동브랜드 관리	140,000	농산물유통과	8	6	7	8	7	5	1	3
3772	경남 하동군	호박축제장 행사기반 조성	20,000	농촌진흥과	8	1	7	8	7	1	1	1
3773	경남 하동군	북천허브리아단지조성	10,000	농촌진흥과	8	1	7	8	7	1	1	1
3774	경남 하동군	귀농인 주택수리 지원	50,000	농촌진흥과	8	4	7	8	7	5	5	4
3775	경남 하동군	친환경 벼 육묘용 우량상토 공급	350,000	농업소득과	8	5	7	1	7	1	1	1
3776	경남 하동군	가공용 감자 및 고구마 재배지원	25,000	농업소득과	8	5	6	1	6	1	1	1
3777	경남 하동군	기능성 소득작목 단지조성	40,000	농업소득과	8	5	6	1	6	1	1	1
3778	경남 하동군	고품질 쌀 생력화단지 조성	50,000	농업소득과	8	5	6	1	6	1	1	1
3779	경남 하동군	과수생산시설 현대화 사업	35,000	농업소득과	8	5	6	1	6	1	1	1
3780	경남 하동군	과수상품성 향상 지원사업	340,000	농업소득과	8	5	6	1	6	1	1	1
3781	경남 하동군	채소류 상품성 향상 지원사업	240,000	농업소득과	8	5	6	1	6	1	1	1
3782	경남 하동군	채소류 생산시설 현대화 사업	100,000	농업소득과	8	5	6	1	6	1	1	1
3783	경남 하동군	소득화특화작목육성	95,000	농업소득과	8	5	6	1	6	1	1	1
3784	경남 하동군	수출 단호박 재배단지 조성사업	30,000	농업소득과	8	5	6	1	6	1	1	1
3785	경남 하동군	신 소득 전략작목 육성사업	100,000	농업소득과	8	5	6	1	6	1	1	1
3786	경남 하동군	수출딸기단지 육성사업	100,000	농업소득과	8	5	6	1	6	1	1	1
3787	경남 하동군	미나리 단지 시설 하우스 지원	225,000	농업소득과	8	5	6	1	6	1	1	1
3788	경남 하동군	고품질 딸기 생산 농자재 지원	118,218	농업소득과	8	5	6	1	6	1	1	1
3789	경남 하동군	친환경농법 보급사업	100,000	농업소득과	8	5	6	1	6	1	1	1
3790	경남 하동군	신소득 작물 재배단지 조성	130,000	농업소득과	8	5	6	1	6	1	1	1
3791	경남 하동군	친환경벼 생태둠벙농법 시범사업	20,000	농업소득과	8	5	6	1	6	1	1	1
3792	경남 하동군	친환경지구 벨트 육성	220,000	농업소득과	8	5	6	1	6	1	1	1
3793	경남 산청군	공동주택 지원사업	100,000	도시교통과	8	4	7	8	7	5	5	4
3794	경남 산청군	경로당 안마기 보급사업	20,000	복지지원과	8	1, 4	7	8	7	5	5	4
3795	경남 산청군	경로당 에어컨 보급사업	37,500	복지지원과	8	1, 4	7	8	7	5	5	4
3796	경남 산청군	경로당 PC 보급사업	20,000	복지지원과	8	1, 4	7	8	7	5	5	4
3797	경남 산청군	경로당 신개축 및 개보수사업	850,000	복지지원과	8	1, 4	7	8	7	5	5	4
3798	경남 산청군	위생업소 시설개선 지원	30,000	환경위생과	8	8	7	8	7	5	1	4
3799	경남 산청군	농업소득증대사업지원	1,000,000	농축산과	8	6	7	8	7	5	5	4
3800	경남 산청군	1읍면1소득작목육성	550,000	농축산과	8	6	7	8	7	5	5	4
3801	경남 산청군	농산물건조기 및 저온냉동시설 지원	600,000	농축산과	8	6	7	8	7	5	5	4
3802	경남 산청군	친환경인증농가 유박퇴비 지원	319,725	농축산과	8	7	7	8	7	5	5	4
3803	경남 산청군	친환경농자재(우렁이)지원	129,000	농축산과	8	7	7	8	7	5	5	4
3804	경남 산청군	묘판상토보급지원	526,000	농축산과	8	7	7	8	7	5	5	4
3805	경남 산청군	육묘지원사업	150,000	농축산과	8	7	7	8	7	5	5	4
3806	경남 산청군	영세농농자재지원사업	120,000	농축산과	8	7	7	8	7	5	5	4
3807	경남 산청군	가축분뇨처리시설운영지원	89,375	농축산과	8	1	7	8	7	5	5	4
3808	경남 산청군	송아지설사병등 치료제지원	85,700	농축산과	8	1	7	8	7	5	5	4
3809	경남 산청군	귀농귀촌 신규농업인 영농정착 지원사업	40,000	농축산과	8	4	7	8	7	5	5	4
3810	경남 산청군	귀농귀촌인 주택수리비 지원사업	30,000	농축산과	8	4	7	8	7	5	5	4
3811	경남 산청군	과원 동력운반차 지원	50,000	농업진흥과	8	4	7	8	7	5	5	4
3812	경남 산청군	과원 전동가위 지원	8,000	농업진흥과	8	4	7	8	7	5	5	4
3813	경남 산청군	고품질 산청배생산 (배봉지)지원	22,400	농업진흥과	8	4	7	8	7	5	5	4
3814	경남 산청군	산청 명품 사과 특화 지원	100,000	농업진흥과	8	4	7	8	7	5	5	4
3815	경남 산청군	시설하우스 자동개폐기 지원	82,500	농업진흥과	8	6	7	8	7	5	5	4
3816	경남 산청군	시설원예농가 전기 승압비 지원	70,000	농업진흥과	8	6	7	8	7	5	5	4

순번	시군구	지출명 (사업명)	2020년예산 (단위:천원/1년간)	담당자 (공무원) 담당부서	민간이전 분류 (지방자치단체 세출예산 집행기준에 의거) 1. 민간경상사업보조(1) 2. 민간단체 법정운영비보조(2) 3. 민간행사사업보조(3) 4. 민간위탁금(4) 5. 사회복지시설 법정운영비보조(5) 6. 민간인위탁교육비(6) 7. 공기관등에대한경상적대행사업비(7) 8. 민간자본사업보조,자체재원(8) 9. 민간자본사업보조,이전재원(9) 10. 민간위탁사업비(10) 11. 공기관등에 대한 자본적 대행사업비(11)	민간이전지출 근거 (지방보조금 관리기준 참고) 1. 법률에 규정 2. 국고보조 재원(국가지정) 3. 용도 지정 기부금 4. 조례에 직접규정 5. 지자체가 권장하는 사업을 하는 공공기관 6. 시,도 정책 및 재정사정 7. 기타 8. 해당없음	입찰방식 계약체결방법 (경쟁형태) 1. 일반경쟁 2. 제한경쟁 3. 지명경쟁 4. 수의계약 5. 법정위탁 6. 기타 ( ) 7. 해당없음	입찰방식 계약기간 1. 1년 2. 2년 3. 3년 4. 4년 5. 5년 6. 기타 ( )년 7. 단기계약 (1년미만) 8. 해당없음	입찰방식 낙찰자선정방법 1. 적격심사 2. 협상에의한계약 3. 최저가낙찰제 4. 규격가격분리 5. 2단계 경쟁입찰 6. 기타 ( ) 7. 해당없음	운영예산 산정 1. 내부산정 (지자체 자체적으로 산정) 2. 외부산정 (외부전문기관 위탁 산정) 3. 내·외부 모두 산정 4. 산정 無 5. 해당없음	정산방법 1. 내부정산 (지자체 내부적으로 정산) 2. 외부정산 (외부전문기관 위탁 정산) 3. 내·외부 모두 산정 4. 정산 無 5. 해당없음	성과평가 실시여부 1. 실시 2. 미실시 3. 향후 추진 4. 해당없음
3817	경남 산청군	딸기 연작장해 대책 병해충방제 약제 지원	100,000	농업진흥과	8	6	7	8	7	5	5	4
3818	경남 산청군	딸기후작 애플수박 재배 지원	70,000	농업진흥과	8	6	7	8	7	5	5	4
3819	경남 산청군	딸기 양액재배 질산 대체제 지원	100,000	농업진흥과	8	6	7	8	7	5	5	4
3820	경남 산청군	취나물 시설현대화 지원	52,850	농업진흥과	8	6	7	8	7	5	5	4
3821	경남 산청군	집하장 노후화시설 개선 지원	20,000	농업진흥과	8	6	7	8	7	5	5	4
3822	경남 산청군	딸기 하이베드시설 지원	400,000	농업진흥과	8	6	7	8	7	5	5	4
3823	경남 산청군	딸기 육묘장시설 지원	560,000	농업진흥과	8	6	7	8	7	5	5	4
3824	경남 산청군	청년농업인 경쟁력 강화 지원사업	70,000	농업진흥과	8	4	7	8	7	5	5	4
3825	경남 산청군	차세대 농업인 성공모델 육성사업	40,000	농업진흥과	8	6	7	8	7	5	5	4
3826	경남 산청군	벼 직파재배 확대보급 지원	10,000	농업진흥과	8	4	7	8	7	5	5	4
3827	경남 산청군	산청 찰벼단지 지원	20,000	농업진흥과	8	4	7	8	7	5	5	4
3828	경남 산청군	탑라이스 재배단지 지원	5,000	농업진흥과	8	4	7	8	7	5	5	4
3829	경남 산청군	고구마 지역특화 품목 육성지원	10,000	농업진흥과	8	4	7	8	7	5	5	4
3830	경남 함양군	인산죽염 항노화 지역특화농공단지 조성사업	1,142,000	일자리경제과	8	2	7	8	7	5	3	1
3831	경남 함양군	취업지원사업	100,000	일자리경제과	8	4	7	8	7	5	5	4
3832	경남 함양군	장애인의료비지원	111,474	복지정책과	8	1	7	8	7	5	2	4
3833	경남 함양군	현수막 지정게시대 위탁 관리	9,900	도시건축과	8	4	7	8	7	5	5	4
3834	경남 함양군	전입세대주택설계비지원	30,000	도시건축과	8	4	7	8	7	5	5	4
3835	경남 함양군	산양삼종자지원	100,000	산삼항노화엑스포과	8	7	7	8	7	1	1	2
3836	경남 함양군	산양삼 미생물제 지원	40,000	산삼항노화엑스포과	8	7	7	8	7	1	1	2
3837	경남 함양군	친환경농산물포장재 지원	15,000	친환경농업과	8	4	7	8	7	1	1	4
3838	경남 함양군	친환경인증농자재지원	54,000	친환경농업과	8	4	7	8	7	1	1	4
3839	경남 함양군	함양고종시 단지조성	100,000	친환경농업과	8	4	7	8	7	1	1	4
3840	경남 함양군	소과류 생산기반구축사업	225,000	친환경농업과	8	4	7	8	7	1	1	4
3841	경남 함양군	과수재배생력화사업	75,000	친환경농업과	8	4	7	8	7	1	1	4
3842	경남 함양군	과원방제기 지원사업	360,000	친환경농업과	8	4	7	8	7	1	1	4
3843	경남 함양군	주력작목 육성지원사업	420,000	친환경농업과	8	4	7	8	7	1	1	4
3844	경남 함양군	주력작목 대체 신품종 재배지원사업	181,000	친환경농업과	8	4	7	8	7	1	1	4
3845	경남 함양군	고소작업차 지원사업	200,000	친환경농업과	8	4	7	8	7	1	1	4
3846	경남 함양군	농산물 동력운반차 지원사업	300,000	친환경농업과	8	4	7	8	7	1	1	4
3847	경남 함양군	과수정형과생산 및 결실안정사업	40,000	친환경농업과	8	4	7	8	7	1	1	4
3848	경남 함양군	과수친환경자재 지원사업	70,000	친환경농업과	8	4	7	8	7	1	1	4
3849	경남 함양군	과일신선도유지제 지원사업	176,000	친환경농업과	8	4	7	8	7	1	1	4
3850	경남 함양군	과수생산시설 기반구축사업	60,000	친환경농업과	8	4	7	8	7	1	1	4
3851	경남 함양군	농산물 저장시설 현대화사업	20,000	친환경농업과	8	4	7	8	7	1	1	4
3852	경남 함양군	화분교배기 지원사업	23,500	친환경농업과	8	4	7	8	7	1	1	4
3853	경남 함양군	농약희석기 지원사업	19,250	친환경농업과	8	4	7	8	7	1	1	4
3854	경남 함양군	수출단감 품질향상 사업	10,000	친환경농업과	8	4	7	8	7	1	1	4
3855	경남 함양군	농가소득 대체작목 신기술 시범	264,000	친환경농업과	8	4	7	8	7	1	1	1
3856	경남 함양군	딸기 우량묘 생산 지원	300,000	친환경농업과	8	4	7	8	7	1	1	1
3857	경남 함양군	딸기 고설재배 지원	150,000	친환경농업과	8	4	7	8	7	1	1	1
3858	경남 함양군	고랭지 딸기재배 시범	200,000	친환경농업과	8	4	7	8	7	1	1	1
3859	경남 함양군	딸기재배 환경개선 지원	116,500	친환경농업과	8	4	7	8	7	1	1	1
3860	경남 함양군	가지 생산시설 지원	600,000	친환경농업과	8	4	7	8	7	1	1	1
3861	경남 함양군	양배추 안정생산 지원	50,000	친환경농업과	8	4	7	8	7	1	1	1
3862	경남 함양군	과채류 결실안정 수정벌 지원	50,000	친환경농업과	8	4	7	8	7	1	1	1

순번	시군구	지출명 (사업명)	2020년예산 (단위:천원/1년간)	담당자 (공무원) 담당부서	민간이전 분류 (지방자치단체 세출예산 집행기준에 의거) 1. 민간경상사업보조(1) 2. 민간단체 법정운영비보조(2) 3. 민간행사사업보조(3) 4. 민간위탁금(4) 5. 사회복지시설 법정운영비보조(5) 6. 민간인위탁교육비(6) 7. 공기관등에대한경상적대행사업비(7) 8. 민간자본사업보조,자체재원(8) 9. 민간자본사업보조,이전재원(9) 10. 민간위탁사업비(10) 11. 공기관등에 대한 자본적 대행사업비(11)	민간이전지출 근거 (지방보조금 관리기준 참고) 1. 법률에 규정 2. 국고보조 재원(국가지정) 3. 용도 지정 기부금 4. 조례에 직접규정 5. 지자체가 권장하는 사업을 하는 공공기관 6. 시,도 정책 및 재정사정 7. 기타 8. 해당없음	입찰방식 계약체결방법 (경쟁형태) 1. 일반경쟁 2. 제한경쟁 3. 지명경쟁 4. 수의계약 5. 법정위탁 6. 기타 ( ) 7. 해당없음	입찰방식 계약기간 1. 1년 2. 2년 3. 3년 4. 4년 5. 5년 6. 기타 ( )년 7. 단기계약 (1년미만) 8. 해당없음	입찰방식 낙찰자선정방법 1. 적격심사 2. 협상에의한계약 3. 최저가낙찰제 4. 규격가격분리 5. 2단계 경쟁입찰 6. 기타 ( ) 7. 해당없음	운영예산 산정 운영예산 산정 1. 내부산정 (지자체 자체 적으로 산정) 2. 외부산정 (외부전문기관 위탁 산정) 3. 내·외부 모두 산정 4. 산정 無 5. 해당없음	운영예산 산정 정산방법 1. 내부정산 (지자체 내부적으로 정산) 2. 외부정산 (외부전문기관 위탁 정산) 3. 내·외부 모두 산정 4. 정산 無 5. 해당없음	성과평가 실시여부 1. 실시 2. 미실시 3. 향후 추진 4. 해당없음
3863	경남 함양군	화훼 우량종묘 지원	20,000	친환경농업과	8	4	7	8	7	1	1	1
3864	경남 함양군	양파 농기계 지원	120,000	친환경농업과	8	4	7	8	7	1	1	1
3865	경남 함양군	양파 생산성 향상 자재 지원	160,000	친환경농업과	8	4	7	8	7	1	1	1
3866	경남 함양군	내재해형 규격하우스 설치 지원	100,000	친환경농업과	8	4	7	8	7	1	1	1
3867	경남 함양군	화훼생산시설지원	67,500	친환경농업과	8	4	7	8	7	1	1	1
3868	경남 함양군	비가림 시설채소 단지조성	400,000	친환경농업과	8	4	7	8	7	1	1	1
3869	경남 함양군	시설채소 농업용 관정 지원	40,000	친환경농업과	8	4	7	8	7	1	1	1
3870	경남 함양군	시설하우스 고온 환경개선 지원	75,000	친환경농업과	8	4	7	8	7	1	1	1
3871	경남 함양군	전작특용작물생산	186,300	친환경농업과	8	7	6	6	6	1	1	1
3872	경남 함양군	특용작물도비지원사업	160,419	친환경농업과	8	6	6	6	6	1	1	1
3873	경남 함양군	특용작물시설현대화지원사업	125,000	친환경농업과	8	2	6	6	6	1	1	1
3874	경남 함양군	4-H 영농시범	30,000	농산물유통과	8	4	7	8	7	5	5	4
3875	경남 함양군	수출우수단체 및 인센티브지원	60,000	농산물유통과	8	4	7	8	7	5	5	4
3876	경남 함양군	해외통관 및 인증등록 지원	100,000	농산물유통과	8	4	7	8	7	5	5	4
3877	경남 함양군	해외수출용 포장재 지원	175,000	농산물유통과	8	4	7	8	7	5	5	4
3878	경남 함양군	GAP인증단체 인센티브 지원	125,000	농산물유통과	8	4	7	8	7	5	5	4
3879	경남 함양군	농산물 유통활성화 지원	400,000	농산물유통과	8	4	7	8	7	5	5	4
3880	경남 함양군	농산물 명품브랜드 육성	180,000	농산물유통과	8	4	7	8	7	5	5	4
3881	경남 함양군	군수 품질인증 브랜드화 포장재 제작	200,000	농산물유통과	8	4	7	8	7	5	5	4
3882	경남 함양군	수매용 톤백저울 구입지원	17,500	농산물유통과	8	4	7	8	7	5	5	4
3883	경남 함양군	공공비축비 포대 지원	45,000	농산물유통과	8	4	7	8	7	5	5	4
3884	경남 함양군	향토음식 육성	40,000	농산물유통과	8	4	7	8	7	5	5	4
3885	경남 함양군	농산물 가공	140,000	농산물유통과	8	4	7	8	7	5	5	4
3886	경남 함양군	반가공식품 육성	50,000	농산물유통과	8	4	7	8	7	5	5	4
3887	경남 함양군	농존민박 노후시설 보수지원	200,000	농산물유통과	8	4	7	8	7	5	5	4
3888	경남 함양군	농기계 자체지원	230,000	농산물유통과	8	4	7	8	7	5	5	4
3889	경남 합천군	살기좋은마을	50,000	미래전략과	8	4	7	8	7	5	5	4
3890	경남 합천군	합천명품마을	100,000	미래전략과	8	4	7	8	7	5	5	4
3891	경남 합천군	명품회사마을	50,000	미래전략과	8	4	7	8	7	5	5	4
3892	경남 합천군	한궁 및 부품구입비	19,883	노인아동여성과	8	4	7	8	7	1	1	1
3893	경남 합천군	합천노인전문요양원 저온저장고 설치	8,000	노인아동여성과	8	5	7	8	7	1	1	1
3894	경남 합천군	노블하임 노인전문요양원 저온저장고 설치	8,000	노인아동여성과	8	5	7	8	7	1	1	1
3895	경남 합천군	가야 장자동경로당 신축	175,000	노인아동여성과	8	1	7	8	7	1	1	1
3896	경남 합천군	야로 구정2구경로당 신축	210,000	노인아동여성과	8	1	7	8	7	1	1	1
3897	경남 합천군	율곡 제내경로당 신축	161,000	노인아동여성과	8	1	7	8	7	1	1	1
3898	경남 합천군	초계 교촌경로당 증축	70,000	노인아동여성과	8	1	7	8	7	1	1	1
3899	경남 합천군	어린이집 시설개선 지원	10,000	노인아동여성과	8	4	5	7	7	3	1	2
3900	경남 합천군	착한가격업소 환경개선사업	10,000	경제교통과	8	6	6	1	6	1	1	1
3901	경남 합천군	청년,여성 창업 지원	120,000	경제교통과	8	4	7	8	7	1	1	1
3902	경남 합천군	도자기업체 포장재비 지원	100,000	경제교통과	8	4	7	8	7	1	1	1
3903	경남 합천군	도시가스 공급배관 보급사업	1,630,000	경제교통과	8	4	7	8	7	5	1	3
3904	경남 합천군	농촌 노후주택 지붕개량	50,000	도시건축과	8	4	7	8	7	1	1	1
3905	경남 합천군	공동주택 주민편의 시설 보수	70,000	도시건축과	8	4	7	8	7	1	1	1
3906	경남 합천군	전기이륜차 보급사업	3,600	환경위생과	8	2	7	8	7	5	5	4
3907	경남 합천군	음식점 시설개선지원	30,000	환경위생과	8	8	7	8	7	5	5	4
3908	경남 합천군	농촌융복합(6차)산업 활성화 소득기반 조성사업	150,000	농업기술센터 농정과	8	4	7	8	7	1	1	4

순번	시군구	지출명 (사업명)	2020년예산 (단위:천원/1년간)	담당자 (공무원) 담당부서	민간이전 분류 (지방자치단체 세출예산 집행기준에 의거) 1. 민간경상사업보조(1) 2. 민간단체 법정운영비보조(2) 3. 민간행사사업보조(3) 4. 민간위탁금(4) 5. 사회복지시설 법정운영비보조(5) 6. 민간인위탁교육비(6) 7. 공기관등에대한경상적대행사업비(7) 8. 민간자본사업보조,자체재원(8) 9. 민간자본사업보조,이전재원(9) 10. 민간위탁사업비(10) 11. 공기관등에 대한 자본적 대행사업비(11)	민간이전지출 근거 (지방보조금 관리기준 참고) 1. 법률에 규정 2. 국고보조 재원(국가지정) 3. 용도 지정 기부금 4. 조례에 직접규정 5. 지자체가 권장하는 사업을 하는 공공기관 6. 시,도 정책 및 재정사정 7. 기타 8. 해당없음	입찰방식 계약체결방법 (경쟁형태) 1. 일반경쟁 2. 제한경쟁 3. 지명경쟁 4. 수의계약 5. 법정위탁 6. 기타 ( ) 7. 해당없음	입찰방식 계약기간 1. 1년 2. 2년 3. 3년 4. 4년 5. 5년 6. 기타 ( )년 7. 단기계약 (1년미만) 8. 해당없음	입찰방식 낙찰자선정방법 1. 적격심사 2. 협상에의한계약 3. 최저가낙찰제 4. 규격가격분리 5. 2단계 경쟁입찰 6. 기타 ( ) 7. 해당없음	운영예산 산정 운영예산 산정 1. 내부산정 (지자체 자체적으로 산정) 2. 외부산정 (외부전문기관위탁 산정) 3. 내·외부 모두 산정 4. 산정 無 5. 해당없음	운영예산 산정 정산방법 1. 내부정산 (지자체 내부적으로 정산) 2. 외부정산 (외부전문기관위탁 정산) 3. 내·외부 모두 산정 4. 정산 無 5. 해당없음	성과평가 실시여부 1. 실시 2. 미실시 3. 향후 추진 4. 해당없음
3909	경남 합천군	난실 조성 시범사업	265,000	농업기술센터 농정과	8	4	7	8	7	1	1	4
3910	경남 합천군	체험재배용 한국난 종묘 지원사업	50,000	농업기술센터 농정과	8	4	7	8	7	1	1	4
3911	경남 합천군	항노화 작물 재배지원 사업	50,000	농업기술센터 농정과	8	4	7	8	7	1	1	4
3912	경남 합천군	작약 음료 개발 지원사업	70,000	농업기술센터 농정과	8	4	7	8	7	1	1	4
3913	경남 합천군	작약 화장품 개발 지원사업	70,000	농업기술센터 농정과	8	4	7	8	7	1	1	4
3914	경남 합천군	신규농업인 영농정착 기반조성 지원	210,000	농업기술센터 농정과	8	4	7	7	7	1	1	4
3915	경남 합천군	신규농업인 농가주택 수리비 지원	100,000	농업기술센터 농정과	8	4	7	7	7	1	1	4
3916	경남 합천군	영농4-H 시범영농 지원	40,000	농업기술센터 농정과	8	4	7	8	7	5	1	1
3917	경남 합천군	농촌지도자 양파 시범포 운영지원	40,000	농업기술센터 농정과	8	4	7	8	7	5	1	1
3918	경남 합천군	후계농업인 맞춤형 영농기술지원	86,250	농업기술센터 농정과	8	4	7	8	7	5	1	1
3919	경남 합천군	5.4프로젝트	400,000	농업기술센터 농정과	8	4	7	8	7	3	1	1
3920	경남 합천군	미곡종합처리장 개보수 지원	160,000	농업기술센터 농정과	8	1	7	8	7	5	1	1
3921	경남 합천군	양곡창고 저온저장시설 지원	100,000	농업기술센터 농정과	8	4	7	8	7	3	1	1
3922	경남 합천군	톱밥생산 판매 보조금지원	450,000	농업기술센터 산림과	8	1	7	8	7	5	5	4
3923	경남 합천군	임산물(밤) 산지 순회수집 판매지원	24,000	농업기술센터 산림과	8	1	7	8	7	5	5	4
3924	경남 합천군	톱밥 판매·유통지원 사업	70,000	농업기술센터 산림과	8	1	7	8	7	5	5	4
3925	경남 합천군	종모돈 구입 지원	28,000	농업기술센터 축산과	8	1	7	8	7	5	1	4
3926	경남 합천군	돼지 인공수정 정액대 지원	73,500	농업기술센터 축산과	8	1	7	8	7	5	1	4
3927	경남 합천군	저능력 모돈 교체사업	200,000	농업기술센터 축산과	8	1	7	8	7	5	1	4
3928	경남 합천군	한우 인공수정 정액대 지원	90,000	농업기술센터 축산과	8	8	7	8	7	5	1	4
3929	경남 합천군	양봉 생산성향상 지원사업	205,000	농업기술센터 축산과	8	1	7	8	7	5	1	4
3930	경남 합천군	산란계 농가 동물복지 농장 지원	120,000	농업기술센터 축산과	8	1	7	8	7	5	1	4
3931	경남 합천군	친환경 해충구제 지원	40,000	농업기술센터 축산과	8	5	7	8	7	5	1	4
3932	경남 합천군	브랜드 축산물 포장재 지원	15,000	농업기술센터 축산과	8	5	7	8	7	1	1	1
3933	경남 합천군	합천황토한우 자동급이시스템 지원	150,000	농업기술센터 축산과	8	5	7	8	7	1	1	1
3934	경남 합천군	액비수거 및 살포차량 교체 지원사업	100,000	농업기술센터 축산과	8	5	7	8	7	5	1	1
3935	경남 합천군	농산물 산지유통조직 철재 파렛트 지원	330,000	농업기술센터 농업유통과	8	7	7	8	7	1	1	4
3936	경남 합천군	합천동부농협 집하식 산지공판장 건립 지원	1,500,000	농업기술센터 농업유통과	8	7	7	8	7	1	1	4
3937	경남 합천군	군 공동브랜드 해와인 홍보용 포장재 제작 지원	300,000	농업기술센터 농업유통과	8	4	7	8	7	1	1	3
3938	경남 합천군	전자상거래 농업인 육성	50,000	농업기술센터 농업유통과	8	4	7	8	7	1	1	3
3939	경남 합천군	농산물 가공센터 이용농가 지원	15,000	농업기술센터 농업유통과	8	4	7	8	7	1	1	3
3940	경남 합천군	수출농산물 포장재 지원	100,000	농업기술센터 농업유통과	8	4	7	8	7	5	1	3
3941	경남 합천군	체험 숙박용 농가개량 지원	25,000	농업기술센터 농업유통과	8	4	7	8	7	5	1	1
3942	경남 합천군	농번기 마을급식 주방소독기 지원	22,100	농업기술센터 농업유통과	8	4	7	8	7	5	1	1
3943	경남 합천군	가야 치인2구 농업인건강관리실 조성	106,400	농업기술센터 농업유통과	8	4	7	8	7	5	1	1
3944	경남 합천군	중형농기계	300,000	농업기술센터 농업유통과	8	1	7	8	7	1	1	4
3945	경남 합천군	소형농기계	150,000	농업기술센터 농업유통과	8	1	7	8	7	1	1	4
3946	경남 합천군	농기계 사후관리업소 현대화	100,000	농업기술센터 농업유통과	8	7	7	8	7	1	1	4
3947	경남 합천군	보급종 채종단지 농자재 지원	15,000	농업기술센터 농업지도과	8	6	4	8	7	1	1	1
3948	경남 합천군	최고품질 쌀생산 시범단지 운영지원	20,000	농업기술센터 농업지도과	8	6	4	8	7	1	1	1
3949	경남 합천군	벼 보급종 채종단지 종자보관 시설 건립	100,000	농업기술센터 농업지도과	8	6	4	8	7	1	1	1
3950	경남 합천군	벼육묘장 시설보완	40,000	농업기술센터 농업지도과	8	6	4	8	7	1	1	1
3951	경남 합천군	시설원예 노후온실 개선	200,000	농업기술센터 농업지도과	8	6	4	1	7	1	1	1
3952	경남 합천군	딸기 고설재배시설 지원	150,000	농업기술센터 농업지도과	8	6	4	1	7	1	1	1
3953	경남 합천군	시설원예 연작장해대책 지원	30,000	농업기술센터 농업지도과	8	6	4	1	7	1	1	1
3954	경남 합천군	애플수박 재배단지 육성	50,000	농업기술센터 농업지도과	8	6	4	1	7	1	1	1

순번	시군구	지출명 (사업명)	2020년예산 (단위:천원/1년간)	담당자 (공무원) 담당부서	민간이전 분류 (지방자치단체 세출예산 집행기준에 의거) 1. 민간경상사업보조(1) 2. 민간단체 법정운영비보조(2) 3. 민간행사사업보조(3) 4. 민간위탁금(4) 5. 사회복지시설 법정운영비보조(5) 6. 민간인위탁교육비(6) 7. 공기관등에대한경상적대행사업비(7) 8. 민간자본사업보조,자체재원(8) 9. 민간자본사업보조,이전재원(9) 10. 민간위탁사업비(10) 11. 공기관등에 대한 자본적 대행사업비(11)	민간이전지출 근거 (지방보조금 관리기준 참고) 1. 법률에 규정 2. 국고보조 재원(국가지정) 3. 용도 지정 기부금 4. 조례에 직접규정 5. 지자체가 권장하는 사업을 하는 공공기관 6. 시,도 정책 및 재정사정 7. 기타 8. 해당없음	입찰방식: 계약체결방법 (경쟁형태) 1. 일반경쟁 2. 제한경쟁 3. 지명경쟁 4. 수의계약 5. 법정위탁 6. 기타 ( ) 7. 해당없음	입찰방식: 계약기간 1. 1년 2. 2년 3. 3년 4. 4년 5. 5년 6. 기타 ( )년 7. 단기계약 (1년미만) 8. 해당없음	입찰방식: 낙찰자선정방법 1. 적격심사 2. 협상에의한계약 3. 최저가낙찰제 4. 규격가격분리 5. 2단계 경쟁입찰 6. 기타 ( ) 7. 해당없음	운영예산 산정: 운영예산 산정 1. 내부산정 (지자체 자체 적으로 산정) 2. 외부산정 (외부전문기관 위탁 산정) 3. 내·외부 모두 산정 4. 산정 無 5. 해당없음	운영예산 산정: 정산방법 1. 내부정산 (지자체 내부적 으로 정산) 2. 외부정산 (외부전문기관 위탁 정산) 3. 내·외부 모두 산정 4. 정산 無 5. 해당없음	성과평가 실시여부 1. 실시 2. 미실시 3. 향후 추진 4. 해당없음
3955	경남 합천군	배추 무사마귀병 방제 지원	15,000	농업기술센터 농업지도과	8	6	4	1	7	1	1	1
3956	경남 합천군	양파 기계정식 확대 지원	150,000	농업기술센터 농업지도과	8	6	4	1	7	1	1	1
3957	경남 합천군	양파·마늘 톤백 출하체계 확충	150,000	농업기술센터 농업지도과	8	6	4	1	7	1	1	1
3958	경남 합천군	양파 비가림건조 집하장 지원	300,000	농업기술센터 농업지도과	8	6	4	1	7	1	1	1
3959	경남 합천군	양파 마늘 연작해소 토양개량제 지원	275,000	농업기술센터 농업지도과	8	6	4	1	7	1	1	1
3960	경남 합천군	과원 생력화 지원	100,000	농업기술센터 농업지도과	8	6	4	1	7	1	1	1
3961	경남 합천군	기후변화 대응 안정생산 신기술 보급	15,000	농업기술센터 농업지도과	8	6	4	1	7	1	1	1
3962	경남 합천군	친환경인증 쌀단지 우렁이종패 지원	50,000	농업기술센터 농업지도과	8	6	4	8	7	1	1	1
3963	경남 합천군	친환경농산물 포장재 지원	20,000	농업기술센터 농업지도과	8	6	4	8	7	1	1	1
3964	경남 합천군	친환경농산물 생산농가 지원	125,000	농업기술센터 농업지도과	8	6	4	8	7	1	1	1
3965	경남 합천군	친환경감자 재배지원	25,000	농업기술센터 농업지도과	8	6	4	8	7	1	1	1
3966	경남 합천군	친환경과수 재배지원	25,000	농업기술센터 농업지도과	8	6	4	8	7	1	1	1
3967	경남 합천군	환경친화형 퇴비장 설치지원	240,000	농업기술센터 농업지도과	8	6	4	8	7	1	1	1
3968	제주 제주시	새마을작은도서관 시설기능보강사업	36,000	자치행정과	8	4	7	8	7	1	1	1
3969	제주 제주시	스마트체험도서관 구축사업	100,000	자치행정과	8	4	7	8	7	1	1	1
3970	제주 제주시	새마을작은도서관 현대화 디스플레이 설치사업	200,000	자치행정과	8	4	7	8	7	1	1	1
3971	제주 제주시	새마을작은도서관 현대화 디스플레이 설치사업	200,000	자치행정과	8	4	7	8	7	1	1	1
3972	제주 제주시	자립베스트마을만들기사업	250,000	마을활력과	8	7	7	8	7	5	5	4
3973	제주 제주시	농촌체험프로그램 활성화 지원	84,000	마을활력과	8	7	7	8	7	5	5	4
3974	제주 제주시	귀농 귀촌인 농가주택 수리비 지원	7,500	마을활력과	8	8	7	8	7	5	1	4
3975	제주 제주시	제주수눌음지역 청년자활사업단 기능보강사업	50,000	기초생활보장과	8	4	7	8	7	1	1	1
3976	제주 제주시	제주이어도지역자활센터 시장진입형 자활사업	50,000	기초생활보장과	8	4	7	8	7	1	1	1
3977	제주 제주시	비양리 경로당 신축	550,000	노인장애인과	8	1	1	1	3	3	3	4
3978	제주 제주시	옹포리 경로당 신축	50,000	노인장애인과	8	1	1	1	3	3	3	4
3979	제주 제주시	수산리 당동경로당 신축	1,000,000	노인장애인과	8	1	1	1	3	3	3	4
3980	제주 제주시	송당리 경로당 증축	300,000	노인장애인과	8	1	1	1	3	3	3	4
3981	제주 제주시	묵리 경로당 신축	650,000	노인장애인과	8	1	1	1	3	3	3	4
3982	제주 제주시	산천단 경로당 증축	535,000	노인장애인과	8	1	1	1	3	3	3	4
3983	제주 제주시	강구리경로당 신축	50,000	노인장애인과	8	1	1	1	3	3	3	4
3984	제주 제주시	세화리경로당 리모델링	107,000	노인장애인과	8	1	1	1	3	3	3	4
3985	제주 제주시	금성리 경로당 증개축	100,000	노인장애인과	8	1	1	1	3	3	3	4
3986	제주 제주시	오봉리경로당 증축	105,000	노인장애인과	8	1	1	1	3	3	3	4
3987	제주 제주시	노인복지시설기능보강	268,000	노인장애인과	8	5	1	1	6	1	1	3
3988	제주 제주시	여성복지시설 차량구입	35,000	여성가족과	8	1	7	8	7	5	5	4
3989	제주 제주시	폭력피해 이주여성 상담소 기능보강	40,000	여성가족과	8	1	7	8	7	5	5	4
3990	제주 제주시	제주시일시청소년쉼터(이동형) 기능보강	4,000	여성가족과	8	1	7	8	7	5	5	4
3991	제주 제주시	제주시여자단기청소년쉼터 기능보강	3,300	여성가족과	8	1	7	8	7	5	5	4
3992	제주 제주시	제주시남자중장기청소년쉼터 기능보강	10,000	여성가족과	8	1	7	8	7	5	5	4
3993	제주 제주시	청소년회복지원시설 기능보강	20,000	여성가족과	8	1	7	8	7	5	5	4
3994	제주 제주시	역사문화박물관대학 운영	30,000	문화예술과	8	5	7	7	7	1	1	2
3995	제주 제주시	저소득주민 재래식화장실 정비	200,000	환경관리과	8	4	7	8	7	1	1	4
3996	제주 제주시	수출 중소기업 외국어 홍보물 제작 지원	12,000	경제일자리과	8	4	6(위탁대행협약)	1	2	1	1	2
3997	제주 제주시	수출 농수산식품 영양성분 분석검사비 지원	16,000	경제일자리과	8	4	6(위탁대행협약)	1	2	1	1	2
3998	제주 제주시	취약계층 가스타이머콕 보급사업	40,000	경제일자리과	8	4	6(위탁대행협약)	1	2	2	1	2
3999	제주 제주시	제주 창업카페 '창직마루'운영	106,000	경제일자리과	8	5	5	1	7	1	1	2
4000	제주 제주시	제주시 시민경제대학	35,000	경제일자리과	8	7	4	1	7	1	1	2

순번	시군구	지출명 (사업명)	2020년예산 (단위:천원/1년간)	담당자 (공무원)	민간이전 분류 (지방자치단체 세출예산 집행기준에 의거)	민간이전지출 근거 (지방보조금 관리기준 참고)	입찰방식			운영예산 산정		성과평가 실시여부
				담당부서	1. 민간경상사업보조(1) 2. 민간단체 법정운영비보조(2) 3. 민간행사사업보조(3) 4. 민간위탁금(4) 5. 사회복지시설 법정운영비보조(5) 6. 민간인위탁교육비(6) 7. 공기관등에대한경상적대행사업비(7) 8. 민간자본사업보조,자체재원(8) 9. 민간자본사업보조,이전재원(9) 10. 민간위탁사업비(10) 11. 공기관등에 대한 자본적 대행사업비(11)	1. 법률에 규정 2. 국고보조 재원(국가지정) 3. 용도 지정 기부금 4. 조례에 직접규정 5. 지자체가 권장하는 사업을 하는 공공기관 6. 시,도 정책 및 재정사정 7. 기타 8. 해당없음	계약체결방법 (경쟁형태) 1. 일반경쟁 2. 제한경쟁 3. 지명경쟁 4. 수의계약 5. 법정위탁 6. 기타 ( ) 7. 해당없음	계약기간 1. 1년 2. 2년 3. 3년 4. 4년 5. 5년 6. 기타 ( )년 7. 단기계약 (1년미만) 8. 해당없음	낙찰자선정방법 1. 적격심사 2. 협상에의한계약 3. 최저가낙찰제 4. 규격가격분리 5. 2단계 경쟁입찰 6. 기타 ( ) 7. 해당없음	운영예산 산정 1. 내부산정 (지자체 자체적으로 산정) 2. 외부산정 (외부전문기관위탁 산정) 3. 내·외부 모두 산정 4. 산정 無 5. 해당없음	정산방법 1. 내부정산 (지자체 내부적으로 정산) 2. 외부정산 (외부전문기관위탁 정산) 3. 내·외부 모두 산정 4. 정산 無 5. 해당없음	1. 실시 2. 미실시 3. 향후 추진 4. 해당없음
4001	제주 제주시	마을운동장 정비사업	3,699	애월읍	8	4	7	8	7	5	5	4
4002	제주 제주시	노후슬레이트지붕 개량사업	17,100	애월읍	8	4	7	8	7	5	5	4
4003	제주 제주시	현수막 게시대 설치사업	11,000	애월읍	8	4	7	8	7	5	5	4
4004	제주 제주시	학교살리기 공동주택 도색공사	55,800	애월읍	8	4	7	8	7	5	5	4
4005	제주 제주시	마을 기념물 안내표지판 설치공사	5,700	애월읍	8	4	7	8	7	5	5	4
4006	제주 제주시	마을 포제단 휀스 설치사업	19,373	애월읍	8	4	7	8	7	5	5	4
4007	제주 제주시	마을 골목길 보행 환경 정비사업	28,000	애월읍	8	4	7	8	7	5	5	4
4008	제주 제주시	연못 수질개선 및 정비사업	14,328	애월읍	8	4	7	8	7	5	5	4
4009	제주 제주시	마을 포제단 주차장 조성공사	45,000	애월읍	8	4	7	8	7	5	5	4
4010	제주 제주시	소통의 소리 조성사업	40,086	애월읍	8	4	7	8	7	5	5	4
4011	제주 제주시	마을 무선방송 설비사업	38,034	애월읍	8	4	7	8	7	5	5	4
4012	제주 제주시	마을 포제단 신축공사	163,980	애월읍	8	4	7	8	7	5	5	4
4013	제주 제주시	광령1리 태양광 설치 지원	480,000	애월읍	8	4	7	8	7	5	5	4
4014	제주 제주시	마을시설물.자생단체 등 기능보강 및 비품지원	80,000	애월읍	8	4	7	8	7	5	5	4
4015	제주 제주시	어음2리 다목적회관 신축 지원	315,000	애월읍	8	4	7	8	7	5	5	4
4016	제주 제주시	조천리 용천수 탐방 홍보사업	9,000	조천읍	8	4	7	8	7	5	5	4
4017	제주 제주시	신촌리 리민헌장비 사업	15,300	조천읍	8	4	7	8	7	5	5	4
4018	제주 제주시	체육관 LED 조명등 교체 및 작은영화관 설치사업	15,300	조천읍	8	4	7	8	7	5	5	4
4019	제주 제주시	북촌리 어촌계 외벽 벽화 사업	18,000	조천읍	8	4	6	1	6	1	1	1
4020	제주 제주시	북촌리 숨비소리 체험관 활성화 사업	13,500	조천읍	8	4	7	8	7	5	5	4
4021	제주 제주시	와흘리 연못 정비사업	54,000	조천읍	8	4	7	8	7	5	5	4
4022	제주 제주시	와산리 마을 운동장 정비	90,000	조천읍	8	4	7	8	7	5	5	4
4023	제주 제주시	조천리사무소 부대시설 정비공사	23,949	조천읍	8	4	7	8	7	5	5	4
4024	제주 제주시	조천읍 청년회 활동 비품구입	5,000	조천읍	8	4	7	8	7	5	5	4
4025	제주 제주시	마을 체육시설 정비 지원	30,000	아라동	8	4	7	8	7	5	5	4
4026	제주 서귀포시	자립·베스트 마을만들기사업	700,000	마을활력과	8	4	7	8	7	5	5	3
4027	제주 서귀포시	농촌체험휴양마을 기능보강사업	50,000	마을활력과	8	4	7	8	7	5	5	3
4028	제주 서귀포시	소규모학교 살리기 공동주택건립사업 지원	600,000	평생교육지원과	8	4	7	8	7	5	5	4
4029	제주 서귀포시	소규모학교 살리기 빈집정비사업 지원	30,500	평생교육지원과	8	4	7	8	7	5	5	4
4030	제주 서귀포시	비정규학교 교육환경개선사업	15,000	평생교육지원과	8	4	7	8	7	5	5	4
4031	제주 서귀포시	행복나눔 푸드마켓·푸드뱅크 기능보강	2,000,000	주민복지과	8	1	7	8	7	5	5	4
4032	제주 서귀포시	지역자활센터 기능보강사업비 지원	7,000	주민복지과	8	8	7	8	7	5	5	4
4033	제주 서귀포시	자활기업 기능보강사업	7,000	주민복지과	8	8	7	8	7	5	5	4
4034	제주 서귀포시	시체육회 활성화를 위한 기능보강사업	5,000	체육진흥과	8	4, 6	7	7	7	5	5	1
4035	제주 서귀포시	(예비)사회적기업 자립기반 조성	50,000	경제일자리과	8	4	7	8	7	1	1	1
4036	제주 서귀포시	마을회관 태양광발전시설 보급	53,900	경제일자리과	8	6	4	1	3	1	1	1
4037	제주 서귀포시	과수하우스 재난방지시스템 지원사업	130,000	감귤농정과	8	6	7	8	7	1	1	1
4038	제주 서귀포시	기타과수 생산기반시설 지원사업	288,000	감귤농정과	8	6	7	8	7	1	1	1
4039	제주 서귀포시	농기계 임대은행 파쇄기 지원	30,000	감귤농정과	8	6	7	8	7	1	1	1
4040	제주 서귀포시	감귤원 토양피복 지원사업	1,200,000	감귤농정과	8	6	7	8	7	1	1	1
4041	제주 서귀포시	강정마을 농업경쟁력강화 지원사업	240,800	감귤농정과	8	6	7	8	7	1	1	1
4042	제주 서귀포시	화아분화기 지원사업	28,800	감귤농정과	8	6	7	8	7	1	1	1
4043	제주 서귀포시	성산지역 키위 특화단지 조성사업	600,000	감귤농정과	8	6	7	8	7	1	1	1
4044	제주 서귀포시	무 세척시설 교체 지원	144,000	감귤농정과	8	6	7	8	7	1	1	1
4045	제주 서귀포시	소규모 채소화훼하우스 시설 지원	400,000	감귤농정과	8	6	7	8	7	1	1	1
4046	제주 서귀포시	소규모 육묘장시설 지원	150,500	감귤농정과	8	6	7	8	7	1	1	1

순번	시군구	지출명 (사업명)	2020년예산 (단위:천원/1년간)	담당자 (공무원) 담당부서	민간이전 분류 (지방자치단체 세출예산 집행기준에 의거) 1. 민간경상사업보조(1) 2. 민간단체 법정운영비보조(2) 3. 민간행사사업보조(3) 4. 민간위탁금(4) 5. 사회복지시설 법정운영비보조(5) 6. 민간인위탁교육비(6) 7. 공기관등에대한경상적대행사업비(7) 8. 민간자본사업보조,자체재원(8) 9. 민간자본사업보조,이전재원(9) 10. 민간위탁사업비(10) 11. 공기관등에 대한 자본적 대행사업비(11)	민간이전지출 근거 (지방보조금 관리기준 참고) 1. 법률에 규정 2. 국고보조 재원(국가지정) 3. 용도 지정 기부금 4. 조례에 직접규정 5. 지자체가 권장하는 사업을 하는 공공기관 6. 시,도 정책 및 재정사정 7. 기타 8. 해당없음	입찰방식 계약체결방법 (경쟁형태) 1. 일반경쟁 2. 제한경쟁 3. 지명경쟁 4. 수의계약 5. 법정위탁 6. 기타 ( ) 7. 해당없음	계약기간 1. 1년 2. 2년 3. 3년 4. 4년 5. 5년 6. 기타 ( )년 7. 단기계약 (1년미만) 8. 해당없음	낙찰자선정방법 1. 적격심사 2. 협상에의한계약 3. 최저가낙찰제 4. 규격가격분리 5. 2단계 경쟁입찰 6. 기타 ( ) 7. 해당없음	운영예산 산정 운영예산 산정 1. 내부산정 (지자체 자체적으로 산정) 2. 외부산정 (외부전문기관 위탁 산정) 3. 내·외부 모두 산정 4. 산정 無 5. 해당없음	정산방법 1. 내부정산 (지자체 내부적으로 정산) 2. 외부정산 (외부전문기관 위탁 정산) 3. 내·외부 모두 산정 4. 정산 無 5. 해당없음	성과평가 실시여부 1. 실시 2. 미실시 3. 향후 추진 4. 해당없음
4047	제주 서귀포시	밭작물 관수시설 자재지원	200,000	감귤농정과	8	6	7	8	7	1	1	1
4048	제주 서귀포시	소형농기계 지원	787,000	감귤농정과	8	6	7	8	7	1	1	1
4049	제주 서귀포시	밭작물 중형 농기계 지원	400,000	감귤농정과	8	6	7	8	7	1	1	1
4050	제주 서귀포시	소규모 저온저장고 지원	300,000	감귤농정과	8	4	4	7	7	1	1	1
4051	제주 서귀포시	농가형 과수류 저온저장고 지원	300,000	감귤농정과	8	4	4	7	7	1	1	1
4052	제주 서귀포시	농산물 산지유통시설 현대화 지원	426,000	감귤농정과	8	4	1, 4	7	7	1	1	1
4053	제주 서귀포시	감귤선과장 현대화 지원	1,150,000	감귤농정과	8	4	1, 4	7	3, 6	1	1	1
4054	제주 서귀포시	부패감귤 처리 시설장비 지원	13,800	감귤농정과	8	4	1, 4	7	4	1	1	1
4055	제주 서귀포시	효돈농협 과원작목반 증설 사업	60,000	감귤농정과	8	4	1, 4	7	4	1	1	1
4056	제주 서귀포시	경작지암반제거사업	150,000	감귤농정과	8	6	7	8	7	1	1	1
4057	제주 서귀포시	농어촌민박 안전장비 지원사업	32,000	감귤농정과	8	6	7	8	7	1	1	1
4058	제주 서귀포시	청정한우 사육기반 구축	122,000	축산과	8	4	7	8	7	5	5	4
4059	제주 서귀포시	친환경 한우농가 인센티브지원	20,000	축산과	8	4	7	8	7	5	5	4
4060	제주 서귀포시	소보정틀 및 환풍기 설치지원	20,000	축산과	8	4	7	8	7	5	5	4
4061	제주 서귀포시	결속볏짚절단기 지원	60,000	축산과	8	4	7	8	7	5	5	4
4062	제주 서귀포시	마을공동목장 특성화	50,000	축산과	8	4	7	8	7	5	5	4
4063	제주 서귀포시	소규모 농가 조사료 농기계 임대은행 지원	320,000	축산과	8	4	7	8	7	5	5	4
4064	제주 서귀포시	마을공동목장 공동체 한우단지 육성	1,280,000	축산과	8	4	7	8	7	5	5	4
4065	제주 서귀포시	깨끗한 축산농장 인센티브 지원	20,000	축산과	8	4	7	8	7	5	5	4
4066	제주 서귀포시	폐사축 위생처리시설 지원	6,000	축산과	8	4	7	8	7	5	5	4
4067	제주 서귀포시	축산사업장 소독시설 지원	12,600	축산과	8	4	7	8	7	5	5	4
4068	제주 서귀포시	공수의 동물복지 시설지원	9,000	축산과	8	4	7	8	7	5	5	4
4069	제주 서귀포시	축산물 가공장 시설보완	12,000	축산과	8	4	7	8	7	5	5	4
4070	제주 서귀포시	축산물 판매장 시설개선	18,000	축산과	8	4	7	8	7	5	5	4
4071	제주 서귀포시	가축분뇨 공동자원화시설 운영 활성화	27,000	축산과	8	4	7	8	7	5	5	4
4072	제주 서귀포시	퇴액비유통협의체 장비 유지보수	3,000	축산과	8	4	7	8	7	5	5	4
4073	제주 서귀포시	액비저장조 설치 지원	280,000	축산과	8	4	7	8	7	5	5	4
4074	제주 서귀포시	양봉 기자재 지원	16,000	축산과	8	4	7	8	7	5	5	4
4075	제주 서귀포시	기타가축(양계, 곤충 등) 시설, 장비 지원	46,000	축산과	8	4	7	8	7	5	5	4
4076	제주 서귀포시	말사육환경개선	70,000	축산과	8	4	7	8	7	5	5	4
4077	제주 서귀포시	저고소득주민 재래식화장실 정비지원	100,000	녹색환경과	8	4	7	8	7	5	5	4
4078	제주 서귀포시	야생동물 피해예방시설 설치 지원	300,000	녹색환경과	8	4	7	8	7	5	5	4
4079	제주 서귀포시	톱밥배지 구입비	15,000	공원녹지과	8	1, 4	7	8	7	5	5	4
4080	제주 서귀포시	간판디자인 및 설치지원사업	15,000	도시과	8	6	7	8	7	5	5	4
4081	제주 서귀포시	공동주택관리비용지원	150,000	건축과	8	1	7	8	7	1	1	1
4082	제주 서귀포시	신산리 마을공동묘지 의례회관 주차장조성	70,000	성산읍	8	4	7	8	7	5	5	4
4083	제주 서귀포시	환경기초시설(공설묘지)주변지역 지원 사업비	20,000	성산읍	8	4	7	8	7	5	5	4
4084	제주 서귀포시	난산리 친환경 에너지 자립마을 조성사업	15,000	성산읍	8	4	7	8	7	5	5	4
4085	제주 서귀포시	단체 및 주민공동시설 기능보강사업지원	100,000	안덕면	8	4	7	8	7	5	5	4
4086	제주 서귀포시	서광동리 분향소 정비사업	18,000	안덕면	8	4	7	8	7	5	5	4
4087	제주 서귀포시	마을주민의 휴식을 위한 쉼터 정자 설치사업	9,900	안덕면	8	7	7	8	7	5	5	4
4088	제주 서귀포시	화순 곶자왈 생태 탐방 숲길 생태 보전 사업	23,600	안덕면	8	7	7	8	7	5	5	4
4089	제주 서귀포시	상천리 마을 표지석 및 마을상징 조형물 설치사업	18,000	안덕면	8	7	7	8	7	5	5	4
4090	제주 서귀포시	감산리 마을 포제단 정비사업	40,000	안덕면	8	7	7	8	7	5	5	4
4091	제주 서귀포시	"솔 굽는 마을 덕수" 불미공예 상설화 사업	90,000	안덕면	8	7	7	8	7	5	5	4
4092	제주 서귀포시	토닥토닥 행복을 만드는 마을목공방 조성사업	162,000	표선면	8	4	7	8	7	5	5	4

순번	시군구	지출명 (사업명)	2020년예산 (단위:천원/1년간)	담당자 (공무원)	민간이전 분류 (지방자치단체 세출예산 집행기준에 의거)	민간이전지출 근거 (지방보조금 관리기준 참고)	입찰방식			운영예산 산정		성과평가 실시여부
				담당부서	1. 민간경상사업보조(1) 2. 민간단체 법정운영비보조(2) 3. 민간행사사업보조(3) 4. 민간위탁금(4) 5. 사회복지시설 법정운영비보조(5) 6. 민간인위탁교육비(6) 7. 공기관등에대한경상적대행사업비(7) 8. 민간자본사업보조,자체재원(8) 9. 민간자본사업보조,이전재원(9) 10. 민간위탁사업비(10) 11. 공기관등에 대한 자본적 대행사업비(11)	1. 법률에 규정 2. 국고보조 재원(국가지정) 3. 용도 지정 기부금 4. 조례에 직접규정 5. 지자체가 권장하는 사업을 하는 공공기관 6. 시,도 정책 및 재정사정 7. 기타 8. 해당없음	계약체결방법 (경쟁형태) 1. 일반경쟁 2. 제한경쟁 3. 지명경쟁 4. 수의계약 5. 법정위탁 6. 기타 ( ) 7. 해당없음	계약기간 1. 1년 2. 2년 3. 3년 4. 4년 5. 5년 6. 기타 ( )년 7. 단기계약 (1년미만) 8. 해당없음	낙찰자선정방법 1. 적격심사 2. 협상에의한계약 3. 최저가낙찰제 4. 규격가격분리 5. 2단계 경쟁입찰 6. 기타 ( ) 7. 해당없음	운영예산 산정 1. 내부산정 (지자체 자체적으로 산정) 2. 외부산정 (외부전문기관위탁 산정) 3. 내·외부 모두 산정 4. 산정 無 5. 해당없음	정산방법 1. 내부정산 (지자체 내부적으로 정산) 2. 외부정산 (외부전문기관위탁 정산) 3. 내·외부 모두 산정 4. 정산 無 5. 해당없음	1. 실시 2. 미실시 3. 향후 추진 4. 해당없음
4093	제주 서귀포시	마을 브랜드 활용한 마을안내도 및 상징물 조성	45,000	표선면	8	4	7	8	7	5	5	4
4094	제주 서귀포시	이야기가 있는 마을 탐방 둘레길 조성	54,000	표선면	8	4	7	8	7	5	5	4
4095	제주 서귀포시	주민공동시설 기능보강사업	100,000	표선면	8	4	7	8	7	1	1	1
4096	제주 서귀포시	남성마을 ICT 기반 창조마을 조성사업	50,000	천지동	8	7	7	8	7	5	5	4
4097	제주 서귀포시	장사시설 주변지역 지원사업	7,000	영천동	8	4	7	8	7	5	5	4
4098	제주 서귀포시	나비가 살아숨쉬는 우편한 제작 보급 사업	50,000	영천동	8	4	7	8	7	5	5	4
4099	제주 서귀포시	하원마을쉼터(너른도) 평상교체설치	27,000	중문동	8	4	7	8	7	5	5	4
4100	제주 서귀포시	마을캐릭터를 이용한 마을 표지석 제작 설치 사업	21,000	예래동	8	4	7	8	7	5	5	4
4101	제주 서귀포시	논짓물 플리마켓 기반조성사업	31,500	예래동	8	4	7	8	7	5	5	4

chapter

2

민간자본사업보조, 이전재원 (402-02)

2020년 전국 지방자치단체 민간자본사업보조,이전재원(402-02) 운영 현황

순번	시군구	지출명 (사업명)	2020년예산 (단위:천원/1년간)	담당자 (공무원) 담당부서	민간이전 분류 (지방자치단체 세출예산 집행기준에 의거) 1. 민간경상사업보조(1) 2. 민간단체 법정운영비보조(2) 3. 민간행사사업보조(3) 4. 민간위탁금(4) 5. 사회복지시설 법정운영비보조(5) 6. 민간인위탁교육비(6) 7. 공기관등에대한경상적대행사업비(7) 8. 민간자본사업보조,자체재원(8) 9. 민간자본사업보조,이전재원(9) 10. 민간위탁사업비(10) 11. 공기관등에 대한 자본적 대행사업비(11)	민간이전지출 근거 (지방보조금 관리기준 참고) 1. 법률에 규정 2. 국고보조 재원(국가지정) 3. 용도 지정 기부금 4. 조례에 직접규정 5. 지자체가 권장하는 사업을 하는 공공기관 6. 시,도 정책 및 재정사정 7. 기타 8. 해당없음	입찰방식 계약체결방법 (경쟁형태) 1. 일반경쟁 2. 제한경쟁 3. 지명경쟁 4. 수의계약 5. 법정위탁 6. 기타 ( ) 7. 해당없음	입찰방식 계약기간 1. 1년 2. 2년 3. 3년 4. 4년 5. 5년 6. 기타 ( )년 7. 단기계약 (1년미만) 8. 해당없음	입찰방식 낙찰자선정방법 1. 적격심사 2. 협상에의한계약 3. 최저가낙찰제 4. 규격가격분리 5. 2단계 경쟁입찰 6. 기타 ( ) 7. 해당없음	운영예산 산정 운영예산 산정 1. 내부산정 (지자체 자체적으로 산정) 2. 외부산정 (외부전문기관위탁 산정) 3. 내·외부 모두 산정 4. 산정 無 5. 해당없음	운영예산 산정 정산방법 1. 내부정산 (지자체 내부적으로 정산) 2. 외부정산 (외부전문기관위탁 정산) 3. 내·외부 모두 산정 4. 정산 無 5. 해당없음	성과평가 실시여부 1. 실시 2. 미실시 3. 향후 추진 4. 해당없음
1	서울 강서구	전통사찰 보수 정비	180,000	문화체육과	9	2	7	8	7	5	5	4
2	서울 강서구	어린이집 기능보강비 지원	67,923	가족정책과	9	1, 6	4	7	7	1	1	4
3	서울 강서구	어린이집 전자출결시스템 설치지원	204,390	가족정책과	9	1, 6	7	8	7	1	1	4
4	서울 강서구	건축물 부설주차장 관리	40,000	주차관리과	9	4	4	5	7	4	1	1
5	서울 금천구	금천문화회관 전출금	33,518	문화체육과	9	1	7	1	6	1	1	1
6	서울 영등포구	청백-e 시스템 유지관리	11,291	감사담당관	9	1	5	1	7	2	2	1
7	서울 영등포구	차세대 주민등록시스템 구축	9,150	자치행정과	9	2	7	8	7	5	5	4
8	서울 영등포구	예술인 창작공간 조성	75,000	문화체육과	9	1	7	8	7	5	5	4
9	서울 영등포구	수도권매립지 대보수 분담금	93,514	청소과	9	1	7	8	7	4	4	4
10	서울 동작구	종합사회복지관 기능보강	9,139	복지정책과	9	1	5	5	7	1	1	1
11	서울 동작구	종합사회복지관 기능보강	99,943	복지정책과	9	1	5	5	7	1	1	1
12	서울 동작구	종합사회복지관 기능보강	47,548	복지정책과	9	1	5	5	7	1	1	1
13	서울 동작구	종합사회복지관 기능보강	43,098	복지정책과	9	1	5	5	7	1	1	1
14	서울 동작구	종합사회복지관 기능보강	76,208	복지정책과	9	1	5	5	7	1	1	1
15	서울 동작구	종합사회복지관 기능보강	35,219	복지정책과	9	1	5	5	7	1	1	1
16	서울 관악구	베란다형 태양광 미니발전소 설치	50,000	녹색환경과	9	6	7	8	7	5	5	4
17	서울 관악구	주택,건물형 태양광 미니발전소 설치	24,000	녹색환경과	9	6	7	8	7	5	5	4
18	서울 성북구	개방부설주차장 시설비 지원	70,000	교통지도과	9	6	7	2	7	1	5	4
19	서울 동대문구	전통사찰 청량사 보수정비	40,000	문화관광과	9	2	7	8	7	5	5	4
20	서울 동대문구	전통사찰 연화사 방재시스템 구축	91,000	문화관광과	9	2	7	8	7	5	5	4
21	서울 동대문구	종합사회복지관 기능보강	134,909	복지정책과	9	2	5	5	1	5	1	4
22	서울 동대문구	푸드뱅크 및 푸드마켓 기능보강비	1,200,000	복지정책과	9	2	5	5	1	5	1	4
23	서울 동대문구	어린이집 환경개선	161,000	가정복지과	9	2	7	8	7	5	5	4
24	서울 동대문구	민간·가정 어린이집 LED조명 보급 지원	56,047	가정복지과	9	2	7	8	7	5	5	4
25	서울 동대문구	리모델링 및 기자재비	50,000	가정복지과	9	2	7	8	7	5	5	4
26	서울 동대문구	장애아통합어린이집 편의시설 설치	4,800	가정복지과	9	2	7	8	7	5	5	4
27	서울 동대문구	전자출결시스템 설치	105,230	가정복지과	9	2	7	8	7	5	5	4
28	서울 동대문구	부설주차장 개방 사업	25,000	주차행정과	9	4	7	8	7	1	1	1
29	서울 동대문구	제기동 고대앞마을 주택개량지원사업	184,680	지속가능도시과	9	2	7	8	7	5	5	4
30	서울 성동구	공동주택 단지 등 국공립어린이집 확충	27,000	여성가족과	9	1	7	8	7	5	5	4
31	서울 성동구	기존 건축물 화재안전성능보강 지원	10,640	건축과	9	8	7	8	7	1	1	1
32	서울 구로구	도시재생 LAB 운영	30,000	도시재생과	9	7	7	8	7	5	4	4
33	서울 구로구	공중화장실 관리	10,000	청소행정과	9	2	7	8	7	5	4	4
34	서울 양천구	종합사회복지관 기능보강 사업	394,690	복지정책과	9	1	7	8	7	5	5	4
35	서울 양천구	양천어르신종합복지관 시설관리	25,200	어르신장애인과	9	1	5	5	6	1	1	2
36	서울 양천구	장애인복지관 시설관리	9,966	어르신장애인과	9	1	5	5	6	1	1	2
37	서울 양천구	지진안전시설물 인증사업 추진	24,000	건축과	9	2	7	8	7	5	5	4
38	서울 양천구	화재안전성능보강 지원사업	319,992	건축과	9	2	7	8	7	5	5	4
39	서울 서대문구	기초푸드뱅크 기능보강비	3,000,000	복지정책과	9	4	1	3	1	1	1	1
40	서울 서대문구	리더기	47,400	여성가족과	9	2	7	8	7	1	1	1
41	서울 서대문구	태그	30,880	여성가족과	9	2	7	8	7	1	1	1
42	서울 서대문구	봉원사 삼천불전 보수정비	360,000	문화체육과	9	6	1	2	1	2	2	1
43	서울 강북구	전통사찰 방재시스템 구축	83,000	문화관광체육과	9	1	7	8	7	5	5	4

순번	시군구	지출명 (사업명)	2020년예산 (단위:천원/1년간)	담당자 (공무원) 담당부서	민간이전 분류 (지방자치단체 세출예산 집행기준에 의거) 1. 민간경상사업보조(1) 2. 민간단체 법정운영비보조(2) 3. 민간행사사업보조(3) 4. 민간위탁금(4) 5. 사회복지시설 법정운영비보조(5) 6. 민간인위탁교육비(6) 7. 공기관등에대한경상적대행사업비(7) 8. 민간자본사업보조,자체재원(8) 9. 민간자본사업보조,이전재원(9) 10. 민간위탁사업비(10) 11. 공기관등에 대한 자본적 대행사업비(11)	민간이전지출 근거 (지방보조금 관리기준 참고) 1. 법률에 규정 2. 국고보조 재원(국가지정) 3. 용도 지정 기부금 4. 조례에 직접규정 5. 지자체가 권장하는 사업을 하는 공공기관 6. 시,도 정책 및 재정사정 7. 기타 8. 해당없음	입찰방식 계약체결방법 (경쟁형태) 1. 일반경쟁 2. 제한경쟁 3. 지명경쟁 4. 수의계약 5. 법정위탁 6. 기타 ( ) 7. 해당없음	입찰방식 계약기간 1. 1년 2. 2년 3. 3년 4. 4년 5. 5년 6. 기타 ( )년 7. 단기계약 (1년미만) 8. 해당없음	입찰방식 낙찰자선정방법 1. 적격심사 2. 협상에의한계약 3. 최저가낙찰제 4. 규격가격분리 5. 2단계 경쟁입찰 6. 기타 ( ) 7. 해당없음	운영예산 산정 운영예산 산정 1. 내부산정 (지자체 자체적으로 산정) 2. 외부산정 (외부전문기관위탁 산정) 3. 내·외부 모두 산정 4. 산정 無 5. 해당없음	운영예산 산정 정산방법 1. 내부정산 (지자체 내부적으로 정산) 2. 외부정산 (외부전문기관위탁 정산) 3. 내·외부 모두 산정 4. 정산 無 5. 해당없음	성과평가 실시여부 1. 실시 2. 미실시 3. 향후 추진 4. 해당없음
44	서울 강북구	전통사찰 보수 정비	144,000	문화관광체육과	9	1	7	8	7	5	5	4
45	서울 강북구	장애아통합(전문)어린이집 개보수비 지원	4,800	여성가족과	9	6	7	7	7	5	1	4
46	서울 강북구	노후 민간건축물 구조안전 보수, 보강 지원사업	24,000	건축과	9	1	7	8	7	5	5	4
47	서울 강북구	기존 건축물 화재안전성능 보강 지원사업	42,664	건축과	9	1	7	8	7	5	5	4
48	서울 송파구	어린이집 전자출결시스템 설치	203,216	여성보육과	9	2	7	8	7	1	1	4
49	서울 송파구	화재취약건축물 화재성능보강 지원사업	53,200	건축과	9	2	7	8	7	3	3	4
50	서울 송파구	부설주차장 야간개방	40,000	주차관리과	9	1	7	8	7	5	5	4
51	부산광역시	재난안전산업 지원센터 구축	260,000	안전정책과	9	8	7	8	7	5	5	4
52	부산광역시	주택지원	1,500,000	원자력안전과	9	8	7	8	7	5	5	4
53	부산광역시	융복합지원	746,281	원자력안전과	9	8	7	8	7	5	5	4
54	부산광역시	융복합지원	1,074,123	원자력안전과	9	8	7	8	7	5	5	4
55	부산광역시	융복합지원	161,550	원자력안전과	9	8	7	8	7	5	5	4
56	부산광역시	융복합지원	714,093	원자력안전과	9	8	7	8	7	5	5	4
57	부산광역시	신산업육성사업	282,000	원자력안전과	9	8	7	8	7	5	5	4
58	부산광역시	시도장애인체육 지원	125,000	체육진흥과	9	8	7	8	7	5	5	4
59	부산광역시	비상자동제동장치 장착 보조	27,500	버스운영과	9	8	7	8	7	5	5	4
60	부산광역시	커뮤니티 비즈니스 활성화 지원	319,000	사회적경제담당관	9	8	7	8	7	5	5	4
61	부산광역시	지역에코혁신사업	80,000	혁신경제과	9	8	7	8	7	5	5	4
62	부산광역시	지역 연구개발지원단 지원사업	215,000	혁신경제과	9	8	7	8	7	5	5	4
63	부산광역시	하이브리드 인터페이스 기반 미래소재 연구 지원	300,000	혁신경제과	9	8	7	8	7	5	5	4
64	부산광역시	노약자용 소프트 웨어러블 슈트 기술개발사업	600,000	혁신경제과	9	8	7	8	7	5	5	4
65	부산광역시	기타 지역특성화산업육성	300,000	혁신경제과	9	8	7	8	7	5	5	4
66	부산광역시	기타 지역특성화산업육성	200,000	혁신경제과	9	8	7	8	7	5	5	4
67	부산광역시	기타 지역특성화산업육성	600,000	혁신경제과	9	8	7	8	7	5	5	4
68	부산광역시	지역산업맞춤형 자치단체 지원사업	2,673,000	일자리창업과	9	8	7	8	7	5	5	4
69	부산광역시	창업보육센터 지원	800,000	일자리창업과	9	8	7	8	7	5	5	4
70	부산광역시	부산이노비즈센터 지원	80,000	일자리창업과	9	8	7	8	7	5	5	4
71	부산광역시	금융전문인력양성 과정개설 지원	1,000,000	서비스금융과	9	8	7	8	7	5	5	4
72	부산광역시	부산형 국가혁신클러스터 구축	1,953,000	첨단소재산업과	9	8	7	8	7	5	5	4
73	부산광역시	광역협력권산업육성사업 지원	1,939,000	첨단소재산업과	9	8	7	8	7	5	5	4
74	부산광역시	지역특화산업육성사업 지원	5,853	첨단소재산업과	9	8	7	8	7	5	5	4
75	부산광역시	중견・강소기업 육성 지원	70,600	첨단소재산업과	9	8	7	8	7	5	5	4
76	부산광역시	기술거래촉진 네트워크사업	290,000	첨단소재산업과	9	8	7	8	7	5	5	4
77	부산광역시	산학연협력 기술개발사업	78,669	첨단소재산업과	9	8	7	8	7	5	5	4
78	부산광역시	중소기업 지식재산 창출지원 사업	700,000	첨단소재산업과	9	8	7	8	7	5	5	4
79	부산광역시	지식재산기반 창업촉진사업	543,000	첨단소재산업과	9	8	7	8	7	5	5	4
80	부산광역시	발명도시부산 육성사업	50,000	첨단소재산업과	9	8	7	8	7	5	5	4
81	부산광역시	취업연계 IP지역인재 양성사업	200,000	첨단소재산업과	9	8	7	8	7	5	5	4
82	부산광역시	섬유패션 제조혁신 선도사업	1,000,000	첨단소재산업과	9	8	7	8	7	5	5	4
83	부산광역시	신발 메이커스페이스 사업 지원	10,000	첨단소재산업과	9	8	7	8	7	5	5	4
84	부산광역시	해양융복합소재 기반구축	980,000	첨단소재산업과	9	8	7	8	7	5	5	4
85	부산광역시	부산 패브릭 메이커 랩 구축 운영	10,000	첨단소재산업과	9	8	7	8	7	5	5	4
86	부산광역시	디자인 기술 융합 성장 플랫폼 운영	100,000	첨단소재산업과	9	8	7	8	7	5	5	4
87	부산광역시	극한환경용 부식제어기술 기반구축	1,400,000	제조혁신기반과	9	8	7	8	7	5	5	4
88	부산광역시	ICT해양로봇융합 기술지원사업	230,000	제조혁신기반과	9	8	7	8	7	5	5	4

순번	시군구	지출명 (사업명)	2020년예산 (단위:천원/1년간)	담당자 (공무원) 담당부서	민간이전 분류 (지방자치단체 세출예산 집행기준에 의거) 1. 민간경상사업보조(1) 2. 민간단체 법정운영비보조(2) 3. 민간행사사업보조(3) 4. 민간위탁금(4) 5. 사회복지시설 법정운영비보조(5) 6. 민간인위탁교육비(6) 7. 공기관등에대한경상적대행사업비(7) 8. 민간자본사업보조,자체재원(8) 9. 민간자본사업보조,이전재원(9) 10. 민간위탁사업비(10) 11. 공기관등에 대한 자본적 대행사업비(11)	민간이전지출 근거 (지방보조금 관리기준 참고) 1. 법률에 규정 2. 국고보조 재원(국가지정) 3. 용도 지정 기부금 4. 조례에 직접규정 5. 지자체가 권장하는 사업을 하는 공공기관 6. 시,도 정책 및 재정사정 7. 기타 8. 해당없음	입찰방식 계약체결방법 (경쟁형태) 1. 일반경쟁 2. 제한경쟁 3. 지명경쟁 4. 수의계약 5. 법정위탁 6. 기타 ( ) 7. 해당없음	입찰방식 계약기간 1. 1년 2. 2년 3. 3년 4. 4년 5. 5년 6. 기타 ( )년 7. 단기계약 (1년미만) 8. 해당없음	입찰방식 낙찰자선정방법 1. 적격심사 2. 협상에의한계약 3. 최저가낙찰제 4. 규격가격분리 5. 2단계 경쟁입찰 6. 기타 ( ) 7. 해당없음	운영예산 산정 운영예산 산정 1. 내부산정 (지자체 자체적으로 산정) 2. 외부산정 (외부전문기관위탁 산정) 3. 내·외부 모두 산정 4. 산정 無 5. 해당없음	운영예산 산정 정산방법 1. 내부정산 (지자체 내부적으로 정산) 2. 외부정산 (외부전문기관위탁 정산) 3. 내·외부 모두 산정 4. 정산 無 5. 해당없음	성과평가 실시여부 1. 실시 2. 미실시 3. 향후 추진 4. 해당없음
89	부산광역시	갱생 로봇 시스템 개발사업	300,000	제조혁신기반과	9	8	7	8	7	5	5	4
90	부산광역시	청정공기산업 특화를 통한 기업육성 및 신성장 창출	3,400,000	제조혁신기반과	9	8	7	8	7	5	5	4
91	부산광역시	부산 스마트 제조혁신센터 구축	1,000,000	제조혁신기반과	9	8	7	8	7	5	5	4
92	부산광역시	부산장림표면처리선도단지 조성	1,000,000	제조혁신기반과	9	8	7	8	7	5	5	4
93	부산광역시	IoT기반 해양도시관리 실증 클러스터 구축	1,398,000	제조혁신기반과	9	8	7	8	7	5	5	4
94	부산광역시	수소자동차 구매 지원	23,470	제조혁신기반과	9	8	7	8	7	5	5	4
95	부산광역시	수소버스 보급사업	3,000,000	제조혁신기반과	9	8	7	8	7	5	5	4
96	부산광역시	가스(LNG)연료추진 조선기자재 지원 기반구축	850,000	제조혁신기반과	9	8	7	8	7	5	5	4
97	부산광역시	해양플랜트 O&M 기술 기반구축	600,000	제조혁신기반과	9	8	7	8	7	5	5	4
98	부산광역시	조선해양플랜트 글로벌 핵심연구센터 지원	500,000	제조혁신기반과	9	8	7	8	7	5	5	4
99	부산광역시	중소형 고속선박 설계지원센터 구축사업	1,950,000	제조혁신기반과	9	8	7	8	7	5	5	4
100	부산광역시	LNG벙커링 기자재 시험평가 설비 및 시험기술 개발	1,420,000	제조혁신기반과	9	8	7	8	7	5	5	4
101	부산광역시	동남권 Grand ICT연구센터 지원사업	200,000	스마트시티추진과	9	8	7	8	7	5	5	4
102	부산광역시	SW중심대학 지원사업_부산대	200,000	스마트시티추진과	9	8	7	8	7	5	5	4
103	부산광역시	SW중심대학 지원사업_동명대	200,000	스마트시티추진과	9	8	7	8	7	5	5	4
104	부산광역시	국가인적자원개발 컨소시엄사업 지원	53,000	스마트시티추진과	9	8	7	8	7	5	5	4
105	부산광역시	첨단해양산업 오픈랩구축 및 실감형융합콘텐츠개발	800,000	스마트시티추진과	9	8	7	8	7	5	5	4
106	부산광역시	육·해상 풍력터빈 O&M기술 고급인력양성	60,000	클린에너지산업과	9	8	7	8	7	5	5	4
107	부산광역시	파워반도체산업육성을위한 신뢰성평가인증센터구축	2,130,000	클린에너지산업과	9	8	7	8	7	5	5	4
108	부산광역시	파워반도체 연구플랫폼 구축	1,000,000	클린에너지산업과	9	8	7	8	7	5	5	4
109	부산광역시	지역특화 풀뿌리기업 육성사업	27,000	첨단의료산업과	9	8	7	8	7	5	5	4
110	부산광역시	혈관성 질환 유전자 세포치료 연구센터 지원사업	100,000	첨단의료산업과	9	8	7	8	7	5	5	4
111	부산광역시	말초신경병증 연구센터 지원사업	175,000	첨단의료산업과	9	8	7	8	7	5	5	4
112	부산광역시	임상의과학자 연구역량 강화 지원사업	100,000	첨단의료산업과	9	8	7	8	7	5	5	4
113	부산광역시	결핵 정밀맞춤치료 선도연구센터 지원사업	140,000	첨단의료산업과	9	8	7	8	7	5	5	4
114	부산광역시	개방형 실험실 구축 사업	100,000	첨단의료산업과	9	8	7	8	7	5	5	4
115	부산광역시	지역거점 혁신형 의사과학자 공동연구 지원사업	450,000	첨단의료산업과	9	8	7	8	7	5	5	4
116	부산광역시	외국교육연구기관 설립준비비 및 초기운영비	2,000,000	대학협력단	9	8	7	8	7	5	5	4
117	부산광역시	대학 내 산학연협력단지 조성 지원	400,000	대학협력단	9	8	7	8	7	5	5	4
118	부산광역시	대학혁신연구단지(I-URP)	570,000	대학협력단	9	8	7	8	7	5	5	4
119	부산광역시	저녹스버너 보급사업	560,000	기후대기과	9	8	7	8	7	5	5	4
120	부산광역시	주유소 유증기 회수설비 지원사업	54,800	기후대기과	9	8	7	8	7	5	5	4
121	부산광역시	굴뚝자동측정기기 설치·운영 관리비 지원	649,500	기후대기과	9	8	7	8	7	5	5	4
122	부산광역시	천연가스차량 구입비 지원	162,000	기후대기과	9	8	7	8	7	5	5	4
123	부산광역시	어린이 통학차량의 LPG차 전환 지원사업	1,645,811	기후대기과	9	8	7	8	7	5	5	4
124	부산광역시	운행경유차 배출가스 저감사업	21,580	기후대기과	9	8	7	8	7	5	5	4
125	부산광역시	보증기간 경과장치 성능유지 관리	206,300	기후대기과	9	8	7	8	7	5	5	4
126	부산광역시	전기자동차 구매지원	31,690	기후대기과	9	8	7	8	7	5	5	4
127	부산광역시	전기이륜차 구매지원	2,300,000	기후대기과	9	8	7	8	7	5	5	4
128	부산광역시	해양산업클러스터 기반시설 조성	3,510,000	해운항만과	9	8	7	8	7	5	5	4
129	부산광역시	스마트양식 테스트베드 조성	2,000,000	수산정책과	9	8	7	8	7	5	5	4
130	부산광역시	농업 신기술 시범	80,000	농업기술센터	9	8	7	8	7	5	5	4
131	부산광역시	농업 신기술 시범	100,000	농업기술센터	9	8	7	8	7	5	5	4
132	부산광역시	농업 신기술 시범	40,000	농업기술센터	9	8	7	8	7	5	5	4
133	부산광역시	농업 신기술 시범	100,000	농업기술센터	9	8	7	8	7	5	5	4

순번	시군구	지출명 (사업명)	2020년예산 (단위:천원/1년간)	담당자 (공무원) 담당부서	민간이전 분류 (지방자치단체 세출예산 집행기준에 의거) 1. 민간경상사업보조(1) 2. 민간단체 법정운영비보조(2) 3. 민간행사사업보조(3) 4. 민간위탁금(4) 5. 사회복지시설 법정운영비보조(5) 6. 민간인위탁교육비(6) 7. 공기관등에대한경상적대행사업비(7) 8. 민간자본사업보조,자체재원(8) 9. 민간자본사업보조,이전재원(9) 10. 민간위탁사업비(10) 11. 공기관등에 대한 자본적 대행사업비(11)	민간이전지출 근거 (지방보조금 관리기준 참고) 1. 법률에 규정 2. 국고보조 재원(국가지정) 3. 용도 지정 기부금 4. 조례에 직접규정 5. 지자체가 권장하는 사업을 하는 공공기관 6. 시,도 정책 및 재정사정 7. 기타 8. 해당없음	입찰방식 계약체결방법 (경쟁형태) 1. 일반경쟁 2. 제한경쟁 3. 지명경쟁 4. 수의계약 5. 법정위탁 6. 기타 ( ) 7. 해당없음	입찰방식 계약기간 1. 1년 2. 2년 3. 3년 4. 4년 5. 5년 6. 기타 ( )년 7. 단기계약 (1년미만) 8. 해당없음	입찰방식 낙찰자선정방법 1. 적격심사 2. 협상에의한계약 3. 최저가낙찰제 4. 규격가격분리 5. 2단계 경쟁입찰 6. 기타 ( ) 7. 해당없음	운영예산 산정 운영예산 산정 1. 내부산정 (지자체 자체 적으로 산정) 2. 외부산정 (외부전문기관 위탁 산정) 3. 내·외부 모두 산정 4. 산정 無 5. 해당없음	운영예산 산정 정산방법 1. 내부정산 (지자체 내부적으로 정산) 2. 외부정산 (외부전문기관 위탁 정산) 3. 내·외부 모두 산정 4. 정산 無 5. 해당없음	성과평가 실시여부 1. 실시 2. 미실시 3. 향후 추진 4. 해당없음
134	부산광역시	작목별 맞춤형 안전관리 실천시범	30,000	농업기술센터	9	8	7	8	7	5	5	4
135	부산 중구	민간화장실 개선사업	20,000	청소과	9	2	7	8	7	1	1	4
136	부산 중구	어린이집기능보강사업	7,768	가족행복과	9	2	7	8	7	5	5	4
137	부산 서구	시지정 무형문화재 전승지원	4,000,000	문화관광과	9	2	7	8	7	2	1	4
138	부산 서구	친환경 에너지절감장비 보급	15,720	경제녹지과	9	2	7	8	7	1	1	4
139	부산 서구	프로펠러 로프커트기 지원	900,000	경제녹지과	9	6	7	8	7	1	1	4
140	부산 동구	어린이집 전자출결시스템 장비비	19,712	행복가정과	9	1	7	8	7	5	1	4
141	부산 동구	소규모사업장 방지시설 설치 지원사업	90,000	환경위생과	9	2	7	8	7	5	5	4
142	부산 영도구	전자출결시스템 장비비	25,168	복지사업과	9	1	7	8	7	5	1	4
143	부산 영도구	햇살둥지사업	18,000	건축과	9	4	7	8	7	1	1	4
144	부산 영도구	그린주차사업(개별단위) 지원	32,000	교통과	9	4	7	8	7	5	5	4
145	부산 영도구	유기질비료지원사업	3,765,000	일자리경제과	9	1	7	8	7	3	3	2
146	부산 영도구	친환경 에너지 절감장비 보급사업	16,000	해양수산과	9	2	7	8	7	5	1	4
147	부산 영도구	프로펠러 로프 카트기 지원사업	7,200	해양수산과	9	4	7	8	7	5	1	4
148	부산 부산진구	어린이집 기능보강사업	34,000	여성가족과	9	1	7	8	7	1	1	2
149	부산 부산진구	전포 어울더울 복합문화센터 건립	10,000	여성가족과	9	1	7	8	7	1	1	2
150	부산 동래구	성매매 피해자 지원시설 기능보강 사업	37,102	복지정책과	9	2	7	7	7	4	1	2
151	부산 동래구	어린이집 전자출결시스템 지원	64,124	주민복지과	9	1	7	8	7	5	1	4
152	부산 동래구	소규모 사업장 방지시설 설치 지원	45,000	환경위생과	9	1	7	8	7	5	1	4
153	부산 동래구	공동주택 주차장 설치지원	25,200	건축과	9	1	7	8	7	5	5	3
154	부산 남구	장애인직업재활시설 기능보강	300,000	주민지원과	9	2	7	8	7	5	5	4
155	부산 남구	장애인거주시설 기능보강	45,280	주민지원과	9	2	7	8	7	5	5	4
156	부산 남구	국공립어린이집 확충	90,000	주민복지과	9	1	1	7	3	5	1	4
157	부산 남구	전자출결시스템 장비비 지원	17,810	주민복지과	9	1	7	8	7	5	5	4
158	부산 남구	목재산업시설 현대화	120,000	공원녹지과	9	2	7	8	7	5	5	4
159	부산 남구	주택용 목재펠릿보일러	2,800,000	공원녹지과	9	2	7	8	7	5	5	4
160	부산 북구	전자출결시스템 장비비지원	85,344	주민복지과	9	2	5	8	7	1	1	1
161	부산 해운대구	성매매피해자 지원기관 기능보강사업	4,350	가족복지과	9	2	7	8	7	5	5	4
162	부산 해운대구	어린이집 기능보강(개보수) 사업	59,000	가족복지과	9	2	7	8	7	1	1	4
163	부산 해운대구	지역아동센터 환경개선 지원	150,000	가족복지과	9	2	7	8	7	5	1	1
164	부산 해운대구	아동양육시설 안전관리·환경개선 지원	8,000	가족복지과	9	6	7	8	7	5	5	4
165	부산 해운대구	공동생활가정 안전관리비 지원	900,000	가족복지과	9	5	7	8	7	5	1	1
166	부산 사하구	어린이집 확충	120,000	여성가족과	9	1	7	8	7	5	5	4
167	부산 금정구	범어사 조계문 방충제도포 균체제거시스템 설치	36,000	문화관광과	9	2	6	1	6	5	1	4
168	부산 금정구	범어사 대웅전 창호 보수	90,400	문화관광과	9	2	6	1	6	5	1	4
169	부산 금정구	성폭력피해자 보호시설 기능보강사업	3,240,000	여성가족과	9	2	7	8	7	1	1	1
170	부산 금정구	성매매피해자 지원시설 기능보강사업	424,400	여성가족과	9	2	7	8	7	1	1	1
171	부산 금정구	폭력피해 이주여성 보호시설 기능보강사업	5,500	여성가족과	9	2	7	8	7	1	1	1
172	부산 금정구	어린이집 전자출결시스템 장비비	50,604	여성가족과	9	5	7	8	7	1	1	1
173	부산 금정구	시설원예 장기재배 외부비닐교체사업	15,000	일자리경제과	9	6	7	8	7	5	5	4
174	부산 금정구	시설원예 맞춤형 농자재 지원	30,000	일자리경제과	9	6	7	8	7	5	5	4
175	부산 금정구	내재해형 농업시설 설치사업	100,000	일자리경제과	9	6	7	8	7	5	5	4
176	부산 금정구	유기동물 입양비용 지원	1,000,000	일자리경제과	9	2	7	8	7	5	5	4
177	부산 금정구	그린주차장사업	60,000	교통행정과	9	4	6(개인 신청자)	2	6(개인 선정자)	1	1	4
178	부산 금정구	주택용 목재펠릿보일러	8,400	공원녹지과	9	1	2	1	1	3	3	3

순번	시군구	지출명 (사업명)	2020년예산 (단위:천원/1년간)	담당자 (공무원) 담당부서	민간이전 분류 (지방자치단체 세출예산 집행기준에 의거) 1. 민간경상사업보조(1) 2. 민간단체 법정운영비보조(2) 3. 민간행사사업보조(3) 4. 민간위탁금(4) 5. 사회복지시설 법정운영비보조(5) 6. 민간인위탁교육비(6) 7. 공기관등에대한경상적대행사업비(7) 8. 민간자본사업보조,자체재원(8) 9. 민간자본사업보조,이전재원(9) 10. 민간위탁사업비(10) 11. 공기관등에 대한 자본적 대행사업비(11)	민간이전지출 근거 (지방보조금 관리기준 참고) 1. 법률에 규정 2. 국고보조 재원(국가지정) 3. 용도 지정 기부금 4. 조례에 직접규정 5. 지자체가 권장하는 사업을 하는 공공기관 6. 시,도 정책 및 재정사정 7. 기타 8. 해당없음	입찰방식 계약체결방법 (경쟁형태) 1. 일반경쟁 2. 제한경쟁 3. 지명경쟁 4. 수의계약 5. 법정위탁 6. 기타 ( ) 7. 해당없음	입찰방식 계약기간 1. 1년 2. 2년 3. 3년 4. 4년 5. 5년 6. 기타 ( )년 7. 단기계약 (1년미만) 8. 해당없음	입찰방식 낙찰자선정방법 1. 적격심사 2. 협상에의한계약 3. 최저가낙찰제 4. 규격가격분리 5. 2단계 경쟁입찰 6. 기타 ( ) 7. 해당없음	운영예산 산정 운영예산 산정 1. 내부산정 (지자체 자체적으로 산정) 2. 외부산정 (외부전문기관위탁 산정) 3. 내·외부 모두 산정 4. 산정 無 5. 해당없음	운영예산 산정 정산방법 1. 내부정산 (지자체 내부적으로 정산) 2. 외부정산 (외부전문기관위탁 정산) 3. 내·외부 모두 산정 4. 정산 無 5. 해당없음	성과평가 실시여부 1. 실시 2. 미실시 3. 향후 추진 4. 해당없음
179	부산 강서구	새일센터 지정운영	10,000	주민복지과	9	2	7	8	7	5	5	4
180	부산 강서구	어선사고 예방시스템 구축사업	4,320	해양수산과	9	1	6	8	7	1	1	2
181	부산 강서구	친환경 에너지절감장비 보급사업	148,000	해양수산과	9	2	7	8	7	1	1	2
182	부산 강서구	수도작 병해충 방제기 지원	14,000	농산과	9	6	7	8	7	1	1	1
183	부산 강서구	한우작목반 장비 지원	60,000	농산과	9	1	7	8	7	1	1	3
184	부산 연제구	해바라기센터 기능보강	5,000	가정복지과	9	2	7	8	7	5	5	4
185	부산 연제구	폭력피해여성 주거지원 운영지원	2,962,000	가정복지과	9	2	7	8	7	5	5	4
186	부산 연제구	가정폭력피해자보호시설 기능보강	24,330	가정복지과	9	2	7	8	7	5	5	4
187	부산 연제구	성폭력피해자보호시설 기능보강	4,840	가정복지과	9	2	7	8	7	5	5	4
188	부산 연제구	어린이집 기능보강	52,528	가정복지과	9	2	7	8	7	1	1	1
189	부산 연제구	지역아동센터 환경개선 지원	50,000	가정복지과	9	2	7	8	7	1	1	1
190	부산 연제구	목재이용 및 산업육성	14,000	경제진흥과	9	2	7	8	7	5	5	4
191	부산 연제구	그린 주차사업 추진	80,000	교통행정과	9	4	7	8	7	5	5	4
192	부산 연제구	그린 주차사업 추진	40,000	교통행정과	9	4	7	8	7	5	5	4
193	부산 연제구	전통사찰 방재시스템 구축	360,000	문화체육과	9	1	7	8	7	5	5	4
194	부산 연제구	소규모 사업장 방지시설 지원사업	45,000	환경위생과	9	1, 2	7	8	7	1	1	2
195	부산 수영구	다함께 돌봄사업	38,394	복지정책과	9	2	7	8	7	5	5	4
196	부산 수영구	어린이집 기능보강	30,000	가족행복과	9	1	7	8	7	5	5	4
197	부산 수영구	전자출결시스템 장비비	39,284	가족행복과	9	1	7	8	7	5	5	4
198	부산 수영구	내집마당 주차장 갖기 사업	100,000	교통행정과	9	7	7	8	7	5	5	4
199	부산 사상구	장애인직업재활시설 기능보강	45,000	복지서비스과	9	1	7	8	7	1	1	4
200	부산 사상구	그린주차사업	6,000	교통행정과	9	1	7	8	7	5	5	4
201	부산 사상구	부설주차장 개방사업	50,000	교통행정과	9	7	7	8	7	5	5	4
202	부산 기장군	국공립어린이집 확충	131,920	인재양성과	9	2	7	8	7	1	1	1
203	부산 기장군	장애인거주시설 기능보강 사업	386,200	행복나눔과	9	2	7	8	7	5	5	4
204	부산 기장군	국가지정문화재 및 등록문화재 보수정비 지원	70,000	문화관광과	9	1	7	8	7	1	1	2
205	부산 기장군	기장향교 정비	20,000	문화관광과	9	1	7	8	7	1	1	2
206	부산 기장군	전통사찰 보수·정비	360,000	문화관광과	9	1	7	8	7	1	1	2
207	부산 기장군	상수원보호구역 내 주민지원	191,056	환경위생과	9	7	7	8	7	1	1	4
208	부산 기장군	농업분야 에너지절감시설 지원	110,000	친환경농업과	9	1	7	8	7	1	1	4
209	부산 기장군	원예시설 현대화(품질)사업	150,000	친환경농업과	9	1	7	8	7	1	1	4
210	부산 기장군	내재해형 농업시설 설치	200,000	친환경농업과	9	1	7	8	7	1	1	4
211	부산 기장군	원예시설 현대화사업	52,000	친환경농업과	9	1	7	8	7	1	1	4
212	부산 기장군	시설원예 장기재배 외부비닐 교체지원사업	15,000	친환경농업과	9	1	7	8	7	1	1	4
213	부산 기장군	채소류 소형 저온저장고 설치	27,000	친환경농업과	9	1	7	8	7	5	5	4
214	부산 기장군	유해 야생동물 포획시설 지원사업	3,960,000	친환경농업과	9	1	7	8	7	1	1	4
215	부산 기장군	농식품산업육성 지원	10,880	친환경농업과	9	6	7	8	7	5	5	4
216	부산 기장군	한우작목반 장비 지원	60,000	친환경농업과	9	7	7	8	7	5	1	2
217	부산 기장군	ICT 융복합 축사 지원사업	30,000	친환경농업과	9	2	7	8	7	5	1	2
218	부산 기장군	친환경 에너지절감장비 보급	256,000	해양수산과	9	2	7	8	7	4	1	4
219	부산 기장군	어선사고 예방시스템 구축	61,422	해양수산과	9	8	7	8	7	1	1	1
220	부산 기장군	대변 수산물직매장 건립	975,000	해양수산과	9	1	7	8	7	5	1	3
221	부산 기장군	청정임산물이용증진	127,875	산림공원과	9	2	7	8	7	5	5	4
222	부산 기장군	주택용 목재펠릿보일러	14,000	산림공원과	9	2	7	8	7	5	5	4
223	부산 기장군	사회복지용 목재펠릿보일러	12,000	산림공원과	9	2	7	8	7	5	5	4

순번	시군구	지출명 (사업명)	2020년예산 (단위:천원/1년간)	담당자 (공무원) 담당부서	민간이전 분류 (지방자치단체 세출예산 집행기준에 의거) 1. 민간경상사업보조(1) 2. 민간단체 법정운영비보조(2) 3. 민간행사사업보조(3) 4. 민간위탁금(4) 5. 사회복지시설 법정운영비보조(5) 6. 민간인위탁교육비(6) 7. 공기관등에대한경상적대행사업비(7) 8. 민간자본사업보조,자체재원(8) 9. 민간자본사업보조,이전재원(9) 10. 민간위탁사업비(10) 11. 공기관등에 대한 자본적 대행사업비(11)	민간이전지출 근거 (지방보조금 관리기준 참고) 1. 법률에 규정 2. 국고보조 재원(국가지정) 3. 용도 지정 기부금 4. 조례에 직접규정 5. 지자체가 권장하는 사업을 하는 공공기관 6. 시,도 정책 및 재정사정 7. 기타 8. 해당없음	입찰방식 계약체결방법 (경쟁형태) 1. 일반경쟁 2. 제한경쟁 3. 지명경쟁 4. 수의계약 5. 법정위탁 6. 기타 ( ) 7. 해당없음	입찰방식 계약기간 1. 1년 2. 2년 3. 3년 4. 4년 5. 5년 6. 기타 ( )년 7. 단기계약 (1년미만) 8. 해당없음	입찰방식 낙찰자선정방법 1. 적격심사 2. 협상에의한계약 3. 최저가낙찰제 4. 규격가격분리 5. 2단계 경쟁입찰 6. 기타 ( ) 7. 해당없음	운영예산 산정 운영예산 산정 1. 내부산정 (지자체 자체적으로 산정) 2. 외부산정 (외부전문기관위탁 산정) 3. 내·외부 모두 산정 4. 산정 無 5. 해당없음	운영예산 산정 정산방법 1. 내부정산 (지자체 내부적으로 정산) 2. 외부정산 (외부전문기관위탁 정산) 3. 내·외부 모두 산정 4. 정산 無 5. 해당없음	성과평가 실시여부 1. 실시 2. 미실시 3. 향후 추진 4. 해당없음
224	부산 기장군	공공사회복지	2,072,618	원전안전과	9	1	7	8	7	5	5	4
225	부산 기장군	공공사회복지	1,662,386	원전안전과	9	1	7	8	7	5	5	4
226	부산 기장군	수소연료전지 기본지원	17,522	원전안전과	9	1	7	8	7	5	5	4
227	부산 기장군	태양광 기본지원	6,907	원전안전과	9	1	7	8	7	5	5	4
228	부산 기장군	태양광 기본지원	7,793	원전안전과	9	1	7	8	7	5	5	4
229	부산 기장군	그린주차장 건설[내집마당 주차장 갖기 사업]	16,000	선진교통과	9	4	7	8	7	5	5	2
230	부산 기장군	농업 신기술시범	60,000	농업기술센터	9	2	7	8	3	5	1	3
231	부산 기장군	도시농업 신기술보급	40,000	농업기술센터	9	2	7	8	7	5	1	4
232	대구 중구	사랑의집고쳐주기	84,800	행정지원과	9	4	7	8	7	1	3	1
233	대구 서구	종합사회복지관 운영	176,467	복지정책과	9	1	1	5	1	1	1	1
234	대구 서구	지역아동센터 환경개선 지원	74,850	사회복지과	9	2	7	8	7	5	5	4
235	대구 서구	유기질비료지원사업	2,630,000	경제과	9	1	7	8	7	5	5	4
236	대구 서구	농기계구입 지원	11,040	경제과	9	1	7	8	7	5	5	4
237	대구 서구	공동주택 관리비용 지원	100,000	건축주택과	9	4	7	8	7	1	1	1
238	대구 서구	내 집 주차장 갖기 사업	8,000	교통과	9	4	7	8	7	5	5	4
239	대구 서구	주차장 개방 공유사업	100,000	교통과	9	4	7	8	7	5	5	4
240	대구 남구	지역아동센터 환경개선 지원	75,110	행복정책과	9	1	7	8	7	5	5	4
241	대구 남구	장애인거주시설 기능보강	14,050	복지지원과	9	2	7	8	7	1	1	4
242	대구 남구	장애인단체 공기청정기 지원	20,000	복지지원과	9	6	7	8	7	5	5	4
243	대구 남구	폭력피해 이주여성 기능보강비	3,740,000	복지지원과	9	1	7	8	7	1	1	4
244	대구 남구	가정폭력피해자 보호시설 기능보강비	15,732	복지지원과	9	1	7	8	7	1	1	4
245	대구 남구	성폭력피해자 보호시설 기능보강비	15,224	복지지원과	9	1	7	8	7	1	1	4
246	대구 남구	어린이집 환경개선	154,000	복지지원과	9	2	6(위임)	6(위임)	6(위임)	5	1	4
247	대구 남구	어린이집 전자출결시스템 장비비 지원	26,000	복지지원과	9	2	6(위임)	6(위임)	6(위임)	5	1	4
248	대구 남구	국공립 장기임차 감정평가 수수료	4,000,000	복지지원과	9	6	6(위임)	6(위임)	6(위임)	5	1	4
249	대구 남구	아동복지시설 기능보강	497,810	복지지원과	9	1	7	8	7	1	1	4
250	대구 남구	저녹스보일러 보급사업	68,500	녹색환경과	9	2	7	8	7	5	5	4
251	대구 남구	내집주차장갖기 사업	16,000	교통과	9	4	7	8	7	5	5	4
252	대구 남구	주차장 공유사업	50,000	교통과	9	4	7	8	7	5	5	4
253	대구 북구	농업기계등화장치 부착지원사업	2,000,000	민생경제과	9	2	7	8	7	5	5	4
254	대구 북구	화훼경쟁력 지원사업	14,000	민생경제과	9	2	7	8	7	5	5	4
255	대구 북구	장애인단체 공기청정기 설치	20,000	복지정책과	9	6	7	8	7	5	5	4
256	대구 북구	보훈단체 미세방충망 및 공기청정기 설치지원	5,850	복지정책과	9	6	7	8	7	5	5	4
257	대구 북구	장애인거주시설기능보강	6,300	복지정책과	9	2	7	1	1	1	1	1
258	대구 북구	장애인지역사회재활시설기능보강	102,000	복지정책과	9	6	7	1	1	1	1	1
259	대구 북구	중증장애인자립생활가정지원	20,000	복지정책과	9	6	7	8	7	1	1	1
260	대구 북구	노인요양시설 기능보강사업	299,235	가족복지과	9	2	7	8	7	3	1	1
261	대구 북구	어린이집 확충	720,000	가족복지과	9	2	7	8	7	1	1	2
262	대구 북구	어린이집 환경개선	92,000	가족복지과	9	2	7	8	7	1	1	2
263	대구 북구	전자출결시스템 장비구입 지원	140,000	가족복지과	9	2	7	8	7	1	1	2
264	대구 북구	지역아동센터 환경개선비 지원	148,960	가족복지과	9	2	7	8	7	5	1	4
265	대구 북구	전기울타리설치 지원 사업	9,934	환경관리과	9	1	7	8	7	1	1	4
266	대구 북구	가정용 저녹스 보일러 설치 지원	129,000	환경관리과	9	8	7	8	7	5	5	4
267	대구 북구	주택용 목재펠릿보일러 보급	2,800,000	공원녹지과	9	2	7	8	7	5	5	4
268	대구 북구	성형목탄 환경개선	14,000	공원녹지과	9	2	7	8	7	5	5	4

순번	시군구	지출명 (사업명)	2020년예산 (단위:천원/1년간)	담당자 (공무원) 담당부서	민간이전 분류 (지방자치단체 세출예산 집행기준에 의거) 1. 민간경상사업보조(1) 2. 민간단체 법정운영비보조(2) 3. 민간행사사업보조(3) 4. 민간위탁금(4) 5. 사회복지시설 법정운영비보조(5) 6. 민간인위탁교육비(6) 7. 공기관등에대한경상적대행사업비(7) 8. 민간자본사업보조,자체재원(8) 9. 민간자본사업보조,이전재원(9) 10. 민간위탁사업비(10) 11. 공기관등에 대한 자본적 대행사업비(11)	민간이전지출 근거 (지방보조금 관리기준 참고) 1. 법률에 규정 2. 국고보조 재원(국가지정) 3. 용도 지정 기부금 4. 조례에 직접규정 5. 지자체가 권장하는 사업을 하는 공공기관 6. 시,도 정책 및 재정사정 7. 기타 8. 해당없음	입찰방식 계약체결방법 (경쟁형태) 1. 일반경쟁 2. 제한경쟁 3. 지명경쟁 4. 수의계약 5. 법정위탁 6. 기타 ( ) 7. 해당없음	입찰방식 계약기간 1. 1년 2. 2년 3. 3년 4. 4년 5. 5년 6. 기타 ( )년 7. 단기계약 (1년미만) 8. 해당없음	입찰방식 낙찰자선정방법 1. 적격심사 2. 협상에의한계약 3. 최저가낙찰제 4. 규격가격분리 5. 2단계 경쟁입찰 6. 기타 ( ) 7. 해당없음	운영예산 산정 운영예산 산정 1. 내부산정 (지자체 자체적으로 산정) 2. 외부산정 (외부전문기관위탁 산정) 3. 내·외부 모두 산정 4. 산정 無 5. 해당없음	운영예산 산정 정산방법 1. 내부정산 (지자체 내부적으로 정산) 2. 외부정산 (외부전문기관위탁 정산) 3. 내·외부 모두 산정 4. 정산 無 5. 해당없음	성과평가 실시여부 1. 실시 2. 미실시 3. 향후 추진 4. 해당없음
269	대구 북구	화재안전 성능보강 지원사업	214,000	건축주택과	9	1	7	8	7	5	5	4
270	대구 북구	주차개방공유사업	100,000	교통과	9	4	7	7	7	1	1	1
271	대구 수성구	한부모가족복지시설 입소자 상담·치료 지원	23,440	청년여성가족과	9	1	7	8	7	5	5	4
272	대구 수성구	폭력피해 이주여성 보호시설 기능보강	2,495,000	청년여성가족과	9	1	7	8	7	5	5	4
273	대구 수성구	성매매피해자 지원시설 기능보강	30,000	청년여성가족과	9	1	7	8	7	5	5	4
274	대구 수성구	어린이집 환경개선	124,000	청년여성가족과	9	2	7	8	7	5	5	4
275	대구 수성구	장애아시설 환경개선	3,000,000	청년여성가족과	9	2	7	8	7	5	5	4
276	대구 수성구	전자출결시스템 장비비	92,000	청년여성가족과	9	2	7	8	7	5	5	4
277	대구 수성구	보훈단체 미세방충망 및 공기청정기 설치 지원	8,000	복지정책과	9	6	7	8	7	1	1	1
278	대구 수성구	장애인거주시설 기능보강	23,800	복지정책과	9	1, 2, 6	7	8	7	1	1	4
279	대구 수성구	장애인지역사회재활시설 기능보강사업	48,000	복지정책과	9	1, 6	7	8	7	1	1	4
280	대구 수성구	장애인단체 지원	20,000	복지정책과	9	1, 6	7	8	7	1	1	4
281	대구 수성구	장애인직업재활시설 기능보강	180,000	복지정책과	9	1, 2, 6	7	8	7	1	1	4
282	대구 수성구	아동복지시설 기능보강	50,000	행복나눔과	9	1	7	8	7	5	5	4
283	대구 수성구	지역아동센터 환경개선 지원	57,250	행복나눔과	9	2	7	8	7	5	5	4
284	대구 수성구	농기계 구입지원	22,900	녹색환경과	9	1	7	8	7	5	5	4
285	대구 수성구	농기계등화장치 부착지원	3,000,000	녹색환경과	9	1	7	8	7	5	5	4
286	대구 수성구	채소류 경쟁력제고사업	14,000	녹색환경과	9	1	7	8	7	5	5	4
287	대구 수성구	채소류 경쟁력제고사업	42,000	녹색환경과	9	1	7	8	7	5	5	4
288	대구 수성구	화훼류 경쟁력제고사업	108,750	녹색환경과	9	1	7	8	7	5	5	4
289	대구 수성구	도시농업육성지원	40,000	녹색환경과	9	4	1	8	7	1	1	4
290	대구 수성구	도시농업육성지원	10,000	녹색환경과	9	4	1	8	7	1	1	4
291	대구 수성구	가정용 저녹스보일러 설치 지원사업	75,000	녹색환경과	9	2	7	8	7	5	5	4
292	대구 수성구	내 집 주차장 설치	30,000	교통과	9	1	7	8	7	5	5	4
293	대구 수성구	부설 주차장 개방	240,000	교통과	9	1	7	8	7	5	5	4
294	대구 수성구	목재이용 및 산업육성	2,800,000	공원녹지과	9	2	7	8	7	5	5	4
295	대구 달성군	사랑의 집 고쳐주기	62,800	자치행정과	9	1	5	8	7	5	1	1
296	대구 달성군	야생동물 피해 예방시설	20,000	환경과	9	1	7	8	7	1	1	4
297	대구 달성군	화장실 남녀분리 지원사업	20,000	환경과	9	6	7	1	7	3	3	1
298	대구 달성군	상수원보호구역 주민지원사업	343,009	환경과	9	6	7	1	7	3	3	1
299	대구 달성군	굴뚝측정기기 운영관리비 지원	118,666	환경과	9	1	7	8	7	3	3	1
300	대구 달성군	가정용 저녹스보일러 설치지원 사업	69,000	환경과	9	1	7	8	7	5	5	4
301	대구 달성군	주유소 유증기 회수설비지원사업	61,200	환경과	9	2	7	8	7	5	5	4
302	대구 달성군	농기계구입 지원	597,740	농업정책과	9	4	7	8	7	1	1	1
303	대구 달성군	시설원예현대화 지원	22,929	농업정책과	9	2	7	8	7	1	1	4
304	대구 달성군	농업분야 에너지절감시설 지원	88,179	농업정책과	9	2	7	8	7	1	1	4
305	대구 달성군	과수산업 경쟁력제고	20,000	농업정책과	9	6	7	8	7	1	1	4
306	대구 달성군	채소류 경쟁력제고	1,124,000	농업정책과	9	6	7	8	7	1	1	4
307	대구 달성군	ICT융복합 확산 지원사업	3,666,000	농업정책과	9	2	7	8	7	1	1	4
308	대구 달성군	특용작물 생산시설 현대화 지원사업	33,800	농업정책과	9	2	7	8	7	1	1	4
309	대구 달성군	학교 과일간식 지원사업	103,903	농업정책과	9	2	7	8	7	1	1	4
310	대구 달성군	화훼류 경쟁력제고	40,000	농업정책과	9	6	7	8	7	1	1	4
311	대구 달성군	우수명품 농축특산물 육성	140,000	농업정책과	9	4	7	8	7	1	1	4
312	대구 달성군	농약보관함 설치 지원	10,000	농업정책과	9	1	7	8	7	2	2	1
313	대구 달성군	보훈단체 미세방충망 및 공기청정기 설치 지원	5,850	복지정책과	9	6	7	8	7	5	5	4

순번	시군구	지출명 (사업명)	2020년예산 (단위:천원/1년간)	담당자 (공무원) 담당부서	민간이전 분류 (지방자치단체 세출예산 집행기준에 의거) 1. 민간경상사업보조(1) 2. 민간단체 법정운영비보조(2) 3. 민간행사사업보조(3) 4. 민간위탁금(4) 5. 사회복지시설 법정운영비보조(5) 6. 민간인위탁교육비(6) 7. 공기관등에대한경상적대행사업비(7) 8. 민간자본사업보조,자체재원(8) 9. 민간자본사업보조,이전재원(9) 10. 민간위탁사업비(10) 11. 공기관등에 대한 자본적 대행사업비(11)	민간이전지출 근거 (지방보조금 관리기준 참고) 1. 법률에 규정 2. 국고보조 재원(국가지정) 3. 용도 지정 기부금 4. 조례에 직접규정 5. 지자체가 권장하는 사업을 하는 공공기관 6. 시,도 정책 및 재정사정 7. 기타 8. 해당없음	입찰방식 계약체결방법 (경쟁형태) 1. 일반경쟁 2. 제한경쟁 3. 지명경쟁 4. 수의계약 5. 법정위탁 6. 기타 ( ) 7. 해당없음	입찰방식 계약기간 1. 1년 2. 2년 3. 3년 4. 4년 5. 5년 6. 기타 ( )년 7. 단기계약 (1년미만) 8. 해당없음	입찰방식 낙찰자선정방법 1. 적격심사 2. 협상에의한계약 3. 최저가낙찰제 4. 규격가격분리 5. 2단계 경쟁입찰 6. 기타 ( ) 7. 해당없음	운영예산 산정 운영예산 산정 1. 내부산정 (지자체 자체적으로 산정) 2. 외부산정 (외부전문기관위탁 산정) 3. 내·외부 모두 산정 4. 산정 無 5. 해당없음	운영예산 산정 정산방법 1. 내부정산 (지자체 내부적으로 정산) 2. 외부정산 (외부전문기관위탁 정산) 3. 내·외부 모두 산정 4. 정산 無 5. 해당없음	성과평가 실시여부 1. 실시 2. 미실시 3. 향후 추진 4. 해당없음
314	대구 달성군	장애아전문어린이집 활성화	4,000,000	복지정책과	9	1	7	8	7	2	1	1
315	대구 달성군	평가인증 어린이집 환경개선비 지원	70,000	복지정책과	9	1	7	8	7	3	1	1
316	대구 달성군	어린이집 환경개선	32,000	복지정책과	9	1	7	8	7	2	1	1
317	대구 달성군	어린이집 전자출결시스템 지원	100,000	복지정책과	9	1	7	8	7	2	1	1
318	대구 달성군	한사랑마을 CCTV설치	24,730	희망지원과	9	1	7	8	7	1	1	1
319	대구 달성군	아름다운집 승합차 구입	32,000	희망지원과	9	1	7	8	7	1	1	1
320	대구 달성군	지역아동센터 환경개선비 지원	72,620	희망지원과	9	2	7	8	7	5	5	4
321	대구 달성군	용연사 요사채 및 석축 보수	40,000	관광과	9	2	7	8	7	5	5	4
322	대구 달성군	유가사 석조여래좌상 보호각 건립 및 주변정비	1,300,000	관광과	9	2	7	8	7	5	5	4
323	대구 달성군	도시민 참여형 마을정원 조성 시범사업	40,000	농촌지도과	9	1	7	8	7	1	1	1
324	대구 달성군	식물 활용 그린 스쿨, 오피스 조성 기술 시범	20,000	농촌지도과	9	1	7	8	7	1	1	1
325	대구 달성군	난지형 마늘 건조비용 절감 가변형 건조시스템 구축	45,000	농촌지도과	9	2	7	8	7	5	5	4
326	대구 달성군	유기농 오이 양분공급 및 병해충 관리기술	30,000	농촌지도과	9	2	7	8	7	5	5	4
327	인천광역시	전기자동차 보급 및 충전인프라 구축	36,630	에너지정책과	9	2	7	7	7	3	1	1
328	인천광역시	전기자동차 배터리 회수관리	19,500	에너지정책과	9	2	7	8	7	5	5	4
329	인천광역시	전기이륜차 보급사업	1,610,000	에너지정책과	9	2	7	7	7	3	1	1
330	인천 중구	근대건축물 지원사업	30,000	문화관광과	9	4	6	8	6	1	2	1
331	인천 중구	사회복지관기능보강	7,600	복지과	9	1	7	8	7	2	3	1
332	인천 중구	노인무료급식 사업기관 장비보강사업	2,000,000	어르신장애인과	9	6	7	8	7	1	1	4
333	인천 중구	노인무료급식 사업기관 장비보강사업	2,000,000	어르신장애인과	9	6	7	8	7	1	1	4
334	인천 중구	가정용 저녹스보일러 보급사업	40,000	환경보호과	9	1	7	8	7	5	5	4
335	인천 중구	소규모사업장방지시설설치지원	900,000	환경보호과	9	2	7	8	7	5	5	4
336	인천 중구	성폭력피해자보호시설 기능보강비	17,000	여성보육과	9	2	7	8	7	5	5	4
337	인천 중구	폭력피해여성 주거지원사업 임대보증금	2,000,000	여성보육과	9	2	7	8	7	5	1	4
338	인천 중구	국공립어린이집 기자재비	30,000	여성보육과	9	1, 2	7	8	7	1	1	4
339	인천 중구	어린이집 기능보강	25,394	여성보육과	9	1, 2	7	8	7	1	1	4
340	인천 중구	전자출결시스템 장비비	51,195	여성보육과	9	1, 2	7	8	7	5	5	4
341	인천 중구	도시근교농업지원사업	32,154	농수산과	9	1	7	8	7	5	5	4
342	인천 동구	어린이집 공기청정기 관리 지원	14,160	여성정책과	9	6	7	8	7	5	5	4
343	인천 동구	어린이집 전자출결시스템 장비비	22,376	여성정책과	9	1	7	8	7	5	5	4
344	인천 연수구	풍수해대비 피해주민 보험료 지원	1,000,000	안전관리과	9	1	7	7	7	1	1	4
345	인천 연수구	작은도서관 운영활성화 지원사업	40,000	도서관정책과	9	1	6(공모)	1	6(운영위원회 심사)	1	1	1
346	인천 연수구	도서구입비	31,000	도서관정책과	9	1	6(공모)	1	6(운영위원회 심사)	1	1	1
347	인천 연수구	개보수	90,898	복지정책과	9	1	1	7	1	5	1	1
348	인천 연수구	장비보강	13,650	복지정책과	9	1	1	7	3	5	1	1
349	인천 연수구	장애인의료시설 기능보강	167,950	노인장애인과	9	2	7	8	7	1	1	4
350	인천 연수구	노인무료급식 사업기관 장비보강사업	16,000	노인장애인과	9	1	6	8	7	5	3	2
351	인천 연수구	다함께 돌봄센터 리모델링비	200,000	여성아동과	9	1	6	5	6	1	1	1
352	인천 연수구	다함께 돌봄센터 기자재비	76,788	여성아동과	9	1	6	5	6	1	1	1
353	인천 연수구	인천형어린이집 환경개선비	16,000	출산보육과	9	6	7	8	7	1	1	4
354	인천 연수구	어린이집 전자출결시스템 장비비	124,940	출산보육과	9	2	7	8	7	2	1	4
355	인천 연수구	농식품 수출물류비 지원	6,000	경제지원과	9	6	7	8	7	5	1	2
356	인천 연수구	농식품 수출포장재 지원	9,000	경제지원과	9	6	7	8	7	5	1	2
357	인천 연수구	축산차량 GPS단말기 상시전원 지원	660,000	경제지원과	9	2	7	8	7	5	1	2
358	인천 연수구	가정용 저녹스 보일러 지원사업	65,000	환경보전과	9	2	7	8	7	5	5	4

순번	시군구	지출명 (사업명)	2020년예산 (단위:천원/1년간)	담당자 (공무원) 담당부서	민간이전 분류 (지방자치단체 세출예산 집행기준에 의거) 1. 민간경상사업보조(1) 2. 민간단체 법정운영비보조(2) 3. 민간행사사업보조(3) 4. 민간위탁금(4) 5. 사회복지시설 법정운영비보조(5) 6. 민간인위탁교육비(6) 7. 공기관등에대한경상적대행사업비(7) 8. 민간자본사업보조,자체재원(8) 9. 민간자본사업보조,이전재원(9) 10. 민간위탁사업비(10) 11. 공기관등에 대한 자본적 대행사업비(11)	민간이전지출 근거 (지방보조금 관리기준 참고) 1. 법률에 규정 2. 국고보조 재원(국가지정) 3. 용도 지정 기부금 4. 조례에 직접규정 5. 지자체가 권장하는 사업을 하는 공공기관 6. 시,도 정책 및 재정사정 7. 기타 8. 해당없음	입찰방식 계약체결방법 (경쟁형태) 1. 일반경쟁 2. 제한경쟁 3. 지명경쟁 4. 수의계약 5. 법정위탁 6. 기타 ( ) 7. 해당없음	입찰방식 계약기간 1. 1년 2. 2년 3. 3년 4. 4년 5. 5년 6. 기타 ( )년 7. 단기계약 (1년미만) 8. 해당없음	입찰방식 낙찰자선정방법 1. 적격심사 2. 협상에의한계약 3. 최저가낙찰제 4. 규격가격분리 5. 2단계 경쟁입찰 6. 기타 ( ) 7. 해당없음	운영예산 산정 운영예산 산정 1. 내부산정 (지자체 자체적으로 산정) 2. 외부산정 (외부전문기관위탁 산정) 3. 내·외부 모두 산정 4. 산정 無 5. 해당없음	운영예산 산정 정산방법 1. 내부정산 (지자체 내부적으로 정산) 2. 외부정산 (외부전문기관위탁 정산) 3. 내·외부 모두 산정 4. 정산 無 5. 해당없음	성과평가 실시여부 1. 실시 2. 미실시 3. 향후 추진 4. 해당없음
359	인천 연수구	Green Parking 사업	39,000	교통행정과	9	6	7	8	7	5	5	1
360	인천 연수구	부설주차장 개방 공유 사업	20,000	교통행정과	9	6	7	8	7	5	5	1
361	인천 남동구	작은도서관운영활성화지원	60,000	평생교육과	9	4	7	8	6(평가에 따른 선정)	1	1	4
362	인천 남동구	농업분야에너지절감시설사업	14,700	농축수산과	9	7	7	8	7	1	1	4
363	인천 남동구	농산물유통저온저장고지원	30,240	농축수산과	9	6	7	8	7	1	1	4
364	인천 남동구	친환경소형농기계 지원	2,640,000	농축수산과	9	6	7	8	7	1	1	4
365	인천 남동구	친환경어선장비지원	40,000	농축수산과	9	2	7	8	7	1	1	4
366	인천 남동구	해양쓰레기수거처리	60,000	농축수산과	9	2	7	8	7	1	1	4
367	인천 남동구	젓새우 TAC 시범사업 참여어선 CCTV 설치지원	1,560,000	농축수산과	9	6	7	8	7	1	1	4
368	인천 남동구	노인무료급식 사업기관 장비보강사업	22,000	노인장애인과	9	1	7	8	7	1	1	4
369	인천 남동구	노인요양시설화재안전창문지원	20,000	노인장애인과	9	2	7	8	7	1	1	4
370	인천 남동구	장애인거주시설 기능보강	40,520	노인장애인과	9	1	7	8	7	3	1	4
371	인천 남동구	장애인주간보호시설기능보강	25,000	노인장애인과	9	1	7	8	7	3	1	4
372	인천 남동구	기능보강사업지원	16,544	여성가족과	9	6	7	8	7	5	5	4
373	인천 남동구	부자보호시설세탁건조기지원	1,000,000	여성가족과	9	6	7	8	7	5	5	4
374	인천 남동구	전자출결시스템장비비	174,420	보육정책과	9	2	7	8	7	5	5	4
375	인천 남동구	정부지원어린이집 기능보강	66,000	보육정책과	9	2	7	8	7	5	1	4
376	인천 남동구	국공립어린이집 기자재 구입비	30,000	보육정책과	9	2	7	8	7	5	1	4
377	인천 남동구	아이사랑꿈터 기자재 구입비	100,000	보육정책과	9	4	7	8	7	1	1	4
378	인천 남동구	가정용 저녹스보일러 보급사업	95,000	환경보전과	9	1	7	7	7	1	1	2
379	인천 남동구	소규모사업장 방지시설 설치 지원	163,800	환경보전과	9	1	7	7	7	1	1	4
380	인천 남동구	Green Parking사업	65,000	교통행정과	9	5	7	8	7	1	1	3
381	인천 남동구	부설주차장개방사업	10,000	교통행정과	9	5	7	8	7	1	1	3
382	인천 남동구	아파트부설주차장 설치지원	10,000	교통행정과	9	5	7	8	7	1	1	3
383	인천 남동구	공동주택보수보강지원사업비	6,000	공동주택과	9	4	6	7	6	1	1	1
384	인천 부평구	작은도서관 운영활성화 지원	40,000	문화관광과	9	1	7	8	7	1	1	1
385	인천 부평구	종합사회복지관 기능보강	56,322	복지정책과	9	2	7	7	5	1	1	4
386	인천 부평구	여성긴급전화1366센터 기능보강	50,000	여성가족과	9	2	7	8	7	5	1	1
387	인천 부평구	지역아동센터 환경개선 지원	144,205	여성가족과	9	2	7	8	7	1	1	1
388	인천 부평구	인천형 영유아 어린이집 환경개선비	48,000	보육지원과	9	6	7	8	7	1	1	4
389	인천 부평구	아이사랑꿈터(혁신육아카페) 설치 기자재비	80,000	보육지원과	9	6	7	7	5	5	4	4
390	인천 부평구	정부지원어린이집 개보수비	195,000	보육지원과	9	2	7	8	7	1	1	1
391	인천 부평구	어린이집 전자출결시스템 장비비 지원	166,240	보육지원과	9	2	7	8	7	1	1	1
392	인천 부평구	공동주택관리동 의무 국공립어린이집 설치 기자재비	30,000	보육지원과	9	2	7	8	7	1	1	1
393	인천 부평구	공동주택관리동 전환 국공립어린이집 설치 기자재비	10,000	보육지원과	9	2	7	8	7	1	1	1
394	인천 부평구	민간어린이집 장기임차 국공립어린이집 설치 기자재	10,000	보육지원과	9	2	7	8	7	1	1	1
395	인천 부평구	기부채납에 의한 국공립어린이집 설치 기자재비	30,000	보육지원과	9	2	7	8	7	1	1	1
396	인천 부평구	민간어린이집 장기임차 국공립어린이집 설치 리모	110,000	보육지원과	9	2	7	5	7	1	1	1
397	인천 부평구	노인무료급식소 장비보강사업	10,000	노인장애인과	9	1	7	8	7	5	5	4
398	인천 부평구	노인복지시설 기능보강	54,449	노인장애인과	9	1	7	8	7	5	5	4
399	인천 부평구	장애인 거주시설 기능보강사업	1,346,760	노인장애인과	9	1	7	8	7	5	5	4
400	인천 부평구	장애인 직업재활시설 기능보강사업	89,582	노인장애인과	9	1	7	8	7	5	5	4
401	인천 부평구	공예품개발 장려금	3,000,000	경제지원과	9	1	7	8	7	1	1	1
402	인천 부평구	소규모 사업장 방지시설 설치지원	1,440,000	환경보전과	9	2	7	8	7	5	1	2
403	인천 부평구	가정용 저녹스보일러 설치지원	90,000	환경보전과	9	2	7	8	7	5	1	2

순번	시군구	지출명 (사업명)	2020년예산 (단위:천원/1년간)	담당자 (공무원) 담당부서	민간이전 분류 (지방자치단체 세출예산 집행기준에 의거) 1. 민간경상사업보조(1) 2. 민간단체 법정운영비보조(2) 3. 민간행사사업보조(3) 4. 민간위탁금(4) 5. 사회복지시설 법정운영비보조(5) 6. 민간인위탁교육비(6) 7. 공기관등에대한경상적대행사업비(7) 8. 민간자본사업보조,자체재원(8) 9. 민간자본사업보조,이전재원(9) 10. 민간위탁사업비(10) 11. 공기관등에 대한 자본적 대행사업비(11)	민간이전지출 근거 (지방보조금 관리기준 참고) 1. 법률에 규정 2. 국고보조 재원(국가지정) 3. 용도 지정 기부금 4. 조례에 직접규정 5. 지자체가 권장하는 사업을 하는 공공기관 6. 시,도 정책 및 재정사정 7. 기타 8. 해당없음	입찰방식 계약체결방법 (경쟁형태) 1. 일반경쟁 2. 제한경쟁 3. 지명경쟁 4. 수의계약 5. 법정위탁 6. 기타 ( ) 7. 해당없음	입찰방식 계약기간 1. 1년 2. 2년 3. 3년 4. 4년 5. 5년 6. 기타 ( )년 7. 단기계약 (1년미만) 8. 해당없음	입찰방식 낙찰자선정방법 1. 적격심사 2. 협상에의한계약 3. 최저가낙찰제 4. 규격가격분리 5. 2단계 경쟁입찰 6. 기타 ( ) 7. 해당없음	운영예산 산정 운영예산 산정 1. 내부산정 (지자체 자체적으로 산정) 2. 외부산정 (외부전문기관 위탁 산정) 3. 내·외부 모두 산정 4. 산정 無 5. 해당없음	운영예산 산정 정산방법 1. 내부정산 (지자체 내부적으로 정산) 2. 외부정산 (외부전문기관 위탁 정산) 3. 내·외부 모두 산정 4. 정산 無 5. 해당없음	성과평가 실시여부 1. 실시 2. 미실시 3. 향후 추진 4. 해당없음
404	인천 부평구	가정용 저녹스보일러 설치지원	25,000	환경보전과	9	2	7	8	7	5	1	2
405	인천 부평구	쌀소득보전고정 직접지불금	12,333	기후변화대응과	9	1	7	8	7	5	1	4
406	인천 부평구	벼보급종 공급 지원	736,000	기후변화대응과	9	6	7	8	7	5	1	4
407	인천 부평구	못자리용 인공상토 공급 지원	3,110,000	기후변화대응과	9	6	7	8	7	5	1	4
408	인천 부평구	일반주택 부설주차장 설치 지원	107,000	주차지도과	9	4	7	8	7	1	1	1
409	인천 부평구	노후공동주택 부설주차장 설치 지원	60,000	주차지도과	9	4	7	8	7	1	1	1
410	인천 부평구	부설주차장 개방사업	30,000	주차지도과	9	4	7	8	7	1	1	1
411	인천 부평구	정비기반시설 사업비 지원	15,900	건축과	9	4	7	8	7	5	5	4
412	인천 계양구	어린이집 기능보강	102,830	여성보육과	9	2	7	8	7	1	1	4
413	인천 계양구	가정용 저녹스 보일러 보급	91,000	환경과	9	2	7	8	7	5	5	4
414	인천 계양구	소규모 영세사업장 방지시설 설치 지원	540,140	환경과	9	2	7	8	7	5	5	4
415	인천 계양구	자활근로사업(위탁사업)	3,139,063	복지정책과	9	2	6	1	6	1	3	1
416	인천 계양구	희망잡아프로젝트	10,000	복지정책과	9	2	6	1	6	1	3	4
417	인천 계양구	계양종합사회복지관 기능보강비 지원	12,830	복지정책과	9	1	7	8	7	1	1	2
418	인천 계양구	우리아파트 생생방송 장비 지원사업	20,000	건축과	9	6	7	8	7	5	5	4
419	인천 계양구	친환경농업직불	3,264,000	지역경제과	9	1	7	8	7	1	1	2
420	인천 계양구	친환경농산물 인증추진비 지원	3,384,000	지역경제과	9	1	7	8	7	1	1	2
421	인천 계양구	유기농업자재 지원	6,918	지역경제과	9	1	7	8	7	1	1	2
422	인천 계양구	식생활교육사업지원	30,000	지역경제과	9	1	7	8	7	1	1	2
423	인천 계양구	농산물 표준규격출하 포장재 지원	36,830	지역경제과	9	1	7	8	7	1	1	2
424	인천 계양구	GAP인증농가 안전성 검사비 지원사업	580,000	지역경제과	9	1	7	8	7	1	1	2
425	인천 계양구	농식품수출물류비지원	2,410,000	지역경제과	9	1	7	8	7	1	1	2
426	인천 계양구	수출농식품포장재지원	2,242,000	지역경제과	9	1	7	8	7	1	1	2
427	인천 계양구	도시근교농업육성지원	46,430	지역경제과	9	1	7	8	7	1	1	2
428	인천 계양구	친환경 소형농기계 지원	2,320,000	지역경제과	9	1	7	8	7	1	1	2
429	인천 계양구	ICT 융복합 확산사업	54,170	지역경제과	9	1	7	8	7	1	1	2
430	인천 계양구	계란 운반차량 지원	15,000	지역경제과	9	2	7	8	7	1	1	2
431	인천 계양구	노인요양시설 기능보강	41,505	노인장애인복지과	9	2	7	8	7	5	5	4
432	인천 계양구	노인무료급식 사업기관 장비보강사업	14,000	노인장애인복지과	9	6	7	8	7	5	1	2
433	인천 계양구	광역보조기기센터 운영사업 지원	111,566	노인장애인복지과	9	2	7	1	7	1	1	1
434	인천 계양구	장애인 주간보호시설 기능보강사업	75,000	노인장애인복지과	9	1	7	7	7	1	1	2
435	인천 계양구	장애인거주시설 기능보강	236,910	노인장애인복지과	9	2	7	7	7	1	1	2
436	인천 서구	도시근교농업육성사업	66,932	경제에너지과	9	6	7	8	7	1	1	4
437	인천 서구	산지유통저온저장고설치	34,020	경제에너지과	9	6	7	8	7	1	1	4
438	인천 서구	농업분야 에너지절감시설 지원	34,286	경제에너지과	9	2	7	8	7	1	1	4
439	인천 서구	목재산업시설현대화	480,000	공원녹지과	9	2	1	1	3	2	1	1
440	인천 서구	노숙인 보호시설 기능보강	60,000	복지정책과	9	1	7	8	7	5	1	4
441	인천 서구	노인무료급식 사업기관 장비보강사업	8,000	노인복지과	9	1	7	8	7	1	1	1
442	인천 서구	한부모가족복지시설 기능보강사업	3,200,000	가정보육과	9	1	7	8	7	1	1	1
443	인천 서구	어린이집 전자출결시스템 장비비	212,826	가정보육과	9	2	7	8	7	1	5	3
444	인천 서구	국공립어린이집 기능보강사업	60,000	가정보육과	9	1	7	8	7	1	1	3
445	인천 서구	인천형어린이집환경개선비지원	16,000	가정보육과	9	6	7	8	7	3	1	1
446	인천 서구	어린이집교재교구비지원	202,493	가정보육과	9	2	7	8	7	3	1	1
447	인천 서구	부설주차장 개방사업	20,000	주차관리과	9	4	7	8	7	5	5	4
448	인천 서구	아파트 부설주차장 설치 지원사업	20,000	주차관리과	9	4	7	8	7	5	5	4

순번	시군구	지출명 (사업명)	2020년예산 (단위:천원/1년간)	담당자 (공무원) 담당부서	민간이전 분류 (지방자치단체 세출예산 집행기준에 의거) 1. 민간경상사업보조(1) 2. 민간단체 법정운영비보조(2) 3. 민간행사사업보조(3) 4. 민간위탁금(4) 5. 사회복지시설 법정운영비보조(5) 6. 민간인위탁교육비(6) 7. 공기관등에대한경상적대행사업비(7) 8. 민간자본사업보조,자체재원(8) 9. 민간자본사업보조,이전재원(9) 10. 민간위탁사업비(10) 11. 공기관등에 대한 자본적 대행사업비(11)	민간이전지출 근거 (지방보조금 관리기준 참고) 1. 법률에 규정 2. 국고보조 재원(국가지정) 3. 용도 지정 기부금 4. 조례에 직접규정 5. 지자체가 권장하는 사업을 하는 공공기관 6. 시,도 정책 및 재정사정 7. 기타 8. 해당없음	입찰방식 계약체결방법 (경쟁형태) 1. 일반경쟁 2. 제한경쟁 3. 지명경쟁 4. 수의계약 5. 법정위탁 6. 기타 ( ) 7. 해당없음	입찰방식 계약기간 1. 1년 2. 2년 3. 3년 4. 4년 5. 5년 6. 기타 ( )년 7. 단기계약 (1년미만) 8. 해당없음	입찰방식 낙찰자선정방법 1. 적격심사 2. 협상에의한계약 3. 최저가낙찰제 4. 규격가격분리 5. 2단계 경쟁입찰 6. 기타 ( ) 7. 해당없음	운영예산 산정 운영예산 산정 1. 내부산정 (지자체 자체적으로 산정) 2. 외부산정 (외부전문기관위탁 산정) 3. 내·외부 모두 산정 4. 산정 無 5. 해당없음	운영예산 산정 정산방법 1. 내부정산 (지자체 내부적으로 정산) 2. 외부정산 (외부전문기관위탁 정산) 3. 내·외부 모두 산정 4. 정산 無 5. 해당없음	성과평가 실시여부 1. 실시 2. 미실시 3. 향후 추진 4. 해당없음
449	인천 서구	그린파킹사업	66,000	주차관리과	9	4	7	8	7	1	1	1
450	인천 서구	작은도서관 장서확충 지원	60,000	교육혁신과	9	5	5	3	7	1	1	2
451	인천 서구	우수공예품생산업체개발장려금지원	4,000,000	기업지원과	9	1	7	8	7	5	5	4
452	인천 서구	소규모 사업장 대기방지시설 설치 지원	9,540	환경관리과	9	2	7	8	7	5	5	4
453	인천 서구	생생방송장비 지원	20,000	주택과	9	6	6	8	6	1	1	4
454	인천 강화군	장애인거주시설 기능보강	27,304	복지정책과	9	2	2, 4, 6	7	1, 3, 6	3	3	4
455	인천 강화군	장애인 직업재활시설 기능보강사업	1,662,364	복지정책과	9	2	2, 4, 6	7	1, 3, 6	3	3	4
456	인천 강화군	지역아동센터 환경개선 지원	4,560	사회복지과	9	1	7	8	7	1	1	1
457	인천 강화군	농촌폐비닐 수거 보상금	88,000	환경위생과	9	2	7	8	7	4	3	3
458	인천 강화군	새우젓 규격용기 제작지원	124,500	해양수산과	9	6	4	7	7	5	5	4
459	인천 강화군	새우젓 규격용기 제작지원	140,000	해양수산과	9	6	4	7	7	5	5	4
460	인천 강화군	수산물 품질인증 품목지원	60,000	해양수산과	9	6	4	7	7	5	5	4
461	인천 강화군	수산물 냉동냉장 시설지원	100,000	해양수산과	9	6	7	8	7	5	5	4
462	인천 강화군	수산물 산지거점유통센터(FPC) 시설지원	600,000	해양수산과	9	2	7	8	7	2	5	4
463	인천 강화군	소독제 및 수질안정제 지원	160,000	해양수산과	9	6	7	7	7	5	5	4
464	인천 강화군	친환경 에너지 절감장비 보급	40,000	해양수산과	9	6	7	7	7	5	5	4
465	인천 강화군	어선사고예방시스템 구축	30,000	해양수산과	9	6	7	7	7	5	5	4
466	인천 강화군	스마트 양식시설 지원사업	120,000	해양수산과	9	6	1	7	1	5	5	4
467	인천 강화군	젓새우 어선 CCTV설치 지원사업	35,100	해양수산과	9	6	7	7	7	5	5	4
468	인천 강화군	해양쓰레기 수거처리사업	250,000	해양수산과	9	6	4	7	7	5	5	4
469	인천 강화군	조업 중 인양쓰레기 수매사업	160,000	해양수산과	9	6	4	7	7	5	5	4
470	인천 강화군	주택용 목재펠릿보일러 보급	33,600	산림공원과	9	2	7	8	7	5	5	4
471	인천 강화군	사회복지용 목재펠릿보일러 보급	12,000	산림공원과	9	2	7	8	7	5	5	4
472	인천 강화군	친환경임산물재배관리	3,997,000	산림공원과	9	2	7	8	7	5	5	4
473	인천 강화군	산양삼생산과정확인제도	200,000	산림공원과	9	2	7	8	7	5	5	4
474	인천 강화군	빈집정비 사업	37,500	건축허가과	9	1	7	8	7	5	5	4
475	인천 강화군	청년농업인 영농 스타트업 지원	60,000	농촌진흥과	9	6	7	8	7	1	1	1
476	인천 강화군	농업인 소규모 창업기술 지원	50,000	농촌진흥과	9	2	7	8	7	1	1	1
477	인천 강화군	농작물병해충 방제지원	375,000	기술지원과	9	2	7	8	7	1	1	1
478	인천 강화군	고품질 강화섬쌀 품질향상 지원	240,000	기술지원과	9	6	7	8	7	1	1	1
479	인천 강화군	식량작물 활성화 시범	180,000	기술지원과	9	6	7	8	7	1	1	1
480	인천 강화군	벼 대체작물 활대 시범사업	120,000	기술지원과	9	6	7	8	7	1	1	1
481	인천 강화군	고구마 품질향상 시범	120,000	기술지원과	9	6	7	8	7	1	1	1
482	인천 강화군	농작물 병해충방제 생력화 지원사업	163,200	기술지원과	9	6	7	8	7	1	1	1
483	인천 강화군	토마토 수경재배 작은뿌리파리 종합관리 기술시범	30,000	기술지원과	9	2	7	8	7	1	1	1
484	인천 강화군	축사 공기정화 질병예방 기술보급 시범	80,000	기술지원과	9	2	7	8	7	1	1	1
485	인천 강화군	과채류 맞춤형 에너지절감 패키지기술 시범	80,000	기술지원과	9	2	7	8	7	1	1	1
486	인천 강화군	젖소 케토시스 사전예측을 통한 생산성 향상기술	20,000	기술지원과	9	2	7	8	7	1	1	1
487	인천 강화군	원격 병해충 방제 생력화 체계 구축 시범	100,000	기술지원과	9	2	7	8	7	1	1	1
488	인천 강화군	혼밥족 겨냥 시래기 간편 건나물 제품화 시범	60,000	농촌진흥과	9	2	7	8	7	1	1	1
489	인천 강화군	종균 활용 장류 품질향상 기술시범	70,000	농촌진흥과	9	2	7	8	7	1	1	1
490	인천 강화군	특용작물(인삼)재배시설 현대화사업	30,250	기술지원과	9	2	7	8	7	1	1	1
491	인천 강화군	강화 고려인삼 친환경제재 지원	50,400	기술지원과	9	6	7	8	7	1	1	1
492	인천 강화군	양봉기자재 지원	38,400	기술지원과	9	6	7	8	7	1	1	1
493	인천 강화군	과원 무인방제시설 지원	213,000	기술지원과	9	6	7	8	7	1	1	1

순번	시군구	지출명 (사업명)	2020년예산 (단위:천원/1년간)	담당자 (공무원)	민간이전 분류 (지방자치단체 세출예산 집행기준에 의거)	민간이전지출 근거 (지방보조금 관리기준 참고)	입찰방식			운영예산 산정		성과평가 실시여부
				담당부서	1. 민간경상사업보조(1) 2. 민간단체 법정운영비보조(2) 3. 민간행사사업보조(3) 4. 민간위탁금(4) 5. 사회복지시설 법정운영비보조(5) 6. 민간인위탁교육비(6) 7. 공기관등에대한경상적대행사업비(7) 8. 민간자본사업보조,자체재원(8) 9. 민간자본사업보조,이전재원(9) 10. 민간위탁사업비(10) 11. 공기관등에 대한 자본적 대행사업비(11)	1. 법률에 규정 2. 국고보조 재원(국가지정) 3. 용도 지정 기부금 4. 조례에 직접규정 5. 지자체가 권장하는 사업을 하는 공공기관 6. 시,도 정책 및 재정사정 7. 기타 8. 해당없음	계약체결방법 (경쟁형태) 1. 일반경쟁 2. 제한경쟁 3. 지명경쟁 4. 수의계약 5. 법정위탁 6. 기타 ( ) 7. 해당없음	계약기간 1. 1년 2. 2년 3. 3년 4. 4년 5. 5년 6. 기타 ( )년 7. 단기계약 (1년미만) 8. 해당없음	낙찰자선정방법 1. 적격심사 2. 협상에의한계약 3. 최저가낙찰제 4. 규격가격분리 5. 2단계 경쟁입찰 6. 기타 ( ) 7. 해당없음	운영예산 산정 1. 내부산정 (지자체 자체적으로 산정) 2. 외부산정 (외부전문기관위탁 산정) 3. 내·외부 모두 산정 4. 산정 無 5. 해당없음	정산방법 1. 내부정산 (지자체 내부적으로 정산) 2. 외부정산 (외부전문기관위탁 정산) 3. 내·외부 모두 산정 4. 정산 無 5. 해당없음	1. 실시 2. 미실시 3. 향후 추진 4. 해당없음
494	인천 강화군	포도과원 운송레일 설치 시범	36,000	기술지원과	9	6	7	8	7	1	1	1
495	인천 강화군	이상기후 대응 과원 환경개선 시범	11,250	기술지원과	9	6	7	8	7	1	1	1
496	인천 강화군	생력화 과원모델조성 시범	21,000	기술지원과	9	6	7	8	7	1	1	1
497	인천 강화군	소면적 과수 포장재 지원	12,000	기술지원과	9	6	7	8	7	1	1	1
498	인천 강화군	강화섬백도라지 우량종자 보급 시범	4,200,000	기술지원과	9	6	7	8	7	1	1	1
499	인천 강화군	시설채소 고온피해 경감 시범	24,000	기술지원과	9	6	7	8	7	1	1	1
500	인천 강화군	이상기후 대응 시설채소 환경개선 시범	30,000	기술지원과	9	6	7	8	7	1	1	1
501	인천 강화군	지역특화신소득작목 보급 시범	99,750	기술지원과	9	6	7	8	7	1	1	1
502	인천 강화군	강화약쑥 명품화 시범	19,500	기술지원과	9	6	7	8	7	1	1	1
503	인천 강화군	강화고려인삼 생산기반시설 조성	883,208	기술지원과	9	6	7	8	7	1	1	1
504	인천 강화군	원예시설현대화사업	23,180	기술지원과	9	2	7	8	7	1	1	1
505	인천 강화군	강화첨단농업 육성지원	1,000,510	기술지원과	9	6	7	8	7	1	1	1
506	인천 강화군	친환경소형농기계공급사업	422,400	기술지원과	9	6	7	8	7	1	1	1
507	인천 옹진군	양돈농가 울타리설치 지원	18,000	농업정책실	9	1	7	8	7	1	1	1
508	인천 옹진군	우량모돈 교체사업	12,000	농업정책실	9	1	7	8	7	1	1	1
509	인천 옹진군	과수비가림 설치지원	52,000	농업정책실	9	1, 4	7	8	7	1	1	1
510	인천 옹진군	비닐하우스 시설 지원사업	233,463	농업정책실	9	1, 4	7	8	7	1	1	1
511	인천 옹진군	산지유통개선저온저장고 설치지원	409,098	농업정책실	9	1, 4	7	8	7	1	1	1
512	인천 옹진군	친환경소형농기계 지원	33,440	농업정책실	9	1, 4	7	8	7	1	1	1
513	인천 옹진군	친환경 농업마을 육성	200,000	미래협력과	9	4	7	8	7	1	1	1
514	인천 옹진군	선재어촌계 어촌체험어장 부대시설 설치	50,000	미래협력과	9	1	2	7	2	3	3	3
515	인천 옹진군	선재어촌계 화장실 유지보수	47,000	미래협력과	9	1	2	7	2	3	3	3
516	인천 옹진군	영암어촌계 제2어촌체험어장용 트렉터 구입	130,000	미래협력과	9	1	1	7	2	3	3	3
517	인천 옹진군	용담어촌계 갯벌체험마을 트렉터 지원	60,000	미래협력과	9	1	1	7	2	3	3	3
518	인천 옹진군	업벌어촌계 경운기 지원	10,000	미래협력과	9	7	4	7	7	1	1	3
519	인천 옹진군	장애인거주시설 기능보강	23,100	복지지원과	9	2	7	8	7	3	3	1
520	인천 옹진군	장애인거주시설 공기청정기 렌탈지원	4,920	복지지원과	9	2	7	8	7	3	3	1
521	인천 옹진군	소규모 사업장 방지시설 설치지원	108,000	환경녹지과	9	1	7	8	7	5	1	4
522	인천 옹진군	야생동물피해예방 사업	129,014	환경녹지과	9	1	7	8	7	5	1	4
523	인천 옹진군	수산물 저온 냉동.냉장고 지원	70,000	수산과	9	1	7	8	7	5	5	4
524	인천 옹진군	수산물(새우) 건조장 지원	210,000	수산과	9	1	7	8	7	5	5	4
525	인천 옹진군	장봉어촌계 공동작업장 설치	120,000	수산과	9	1	4	7	7	1	1	3
526	인천 옹진군	수산물 일시보관시설 지원	90,000	수산과	9	1	7	8	7	5	5	4
527	인천 옹진군	친환경 에너지절감장비 보급 지원	56,000	수산과	9	2	4	1	7	1	1	3
528	인천 옹진군	패류종자 살포	150,000	수산과	9	6	5	7	1	1	1	3
529	인천 옹진군	유어장 패류살포 지원	80,000	수산과	9	6	5	7	1	1	1	3
530	인천 옹진군	자율관리어업 육성사업 지원	72,000	수산과	9	2	4	7	7	1	1	3
531	인천 옹진군	양식장 친환경에너지 보급	666,668	수산과	9	2	5	7	2	1	1	3
532	인천 옹진군	친환경 양식어업 육성	100,000	수산과	9	2	4	7	7	1	1	3
533	인천 옹진군	농어촌 빈집정비	98,000	도서주거개선과	9	1	7	8	7	1	1	4
534	인천 옹진군	서해5도 노후주택개량 지원	2,649,000	서해5도지원담당관	9	1, 2	7	8	7	1	1	4
535	인천 옹진군	농업인소규모창업기술시범	50,000	농업기술센터	9	2	7	8	7	1	1	1
536	인천 옹진군	FTA대응 벼 생력재배기술보급시범	200,000	농업기술센터	9	2	7	8	7	5	5	4
537	인천 옹진군	밭작물 관개시스템 시범	100,000	농업기술센터	9	2	7	8	7	5	5	4
538	인천 옹진군	베리류 가공 상품화 시범	60,000	농업기술센터	9	2	7	8	7	5	5	4

순번	시군구	지출명 (사업명)	2020년예산 (단위:천원/1년간)	담당자 (공무원) 담당부서	민간이전 분류 (지방자치단체 세출예산 집행기준에 의거) 1. 민간경상사업보조(1) 2. 민간단체 법정운영비보조(2) 3. 민간행사사업보조(3) 4. 민간위탁금(4) 5. 사회복지시설 법정운영비보조(5) 6. 민간인위탁교육비(6) 7. 공기관등에대한경상적대행사업비(7) 8. 민간자본사업보조,자체재원(8) 9. 민간자본사업보조,이전재원(9) 10. 민간위탁사업비(10) 11. 공기관등에 대한 자본적 대행사업비(11)	민간이전지출 근거 (지방보조금 관리기준 참고) 1. 법률에 규정 2. 국고보조 재원(국가지정) 3. 용도 지정 기부금 4. 조례에 직접규정 5. 지자체가 권장하는 사업을 하는 공공기관 6. 시,도 정책 및 재정사정 7. 기타 8. 해당없음	입찰방식 계약체결방법 (경쟁형태) 1. 일반경쟁 2. 제한경쟁 3. 지명경쟁 4. 수의계약 5. 법정위탁 6. 기타 ( ) 7. 해당없음	입찰방식 계약기간 1. 1년 2. 2년 3. 3년 4. 4년 5. 5년 6. 기타 ( )년 7. 단기계약 (1년미만) 8. 해당없음	입찰방식 낙찰자선정방법 1. 적격심사 2. 협상에의한계약 3. 최저가낙찰제 4. 규격가격분리 5. 2단계 경쟁입찰 6. 기타 ( ) 7. 해당없음	운영예산 산정 운영예산 산정 1. 내부산정 (지자체 자체적으로 산정) 2. 외부산정 (외부전문기관위탁 산정) 3. 내·외부 모두 산정 4. 산정 無 5. 해당없음	운영예산 산정 정산방법 1. 내부정산 (지자체 내부적으로 정산) 2. 외부정산 (외부전문기관위탁 정산) 3. 내·외부 모두 산정 4. 정산 無 5. 해당없음	성과평가 실시여부 1. 실시 2. 미실시 3. 향후 추진 4. 해당없음
539	인천 옹진군	기능성 다겹보온커튼 시범	40,000	농업기술센터	9	2	7	8	7	5	5	4
540	인천 옹진군	토종벌 낭충봉아부패병 저항성 계통 증식보급시범	35,000	농업기술센터	9	2	7	8	7	5	5	4
541	광주광역시	장애인구강진료센터진료장비교체	150,000	건강정책과	9	2	6(지정)	8	7	3	1	3
542	광주 동구	전통사찰 보수정비	120,000	문화관광과	9	2	7	8	7	5	5	3
543	광주 동구	전통사찰 방재시스템 구축	91,000	문화관광과	9	2	7	8	7	5	5	3
544	광주 동구	국가지정문화재 보수정비	130,000	문화관광과	9	2	7	8	7	5	5	3
545	광주 동구	노숙인시설 기능보강	155,000	복지정책과	9	1	7	8	7	1	1	4
546	광주 동구	경로당 기능보강 사업	72,000	노인장애인복지과	9	4	1	8	1	1	1	3
547	광주 동구	장애인거주시설 기능보강사업	3,200,000	노인장애인복지과	9	2	7	8	7	1	1	3
548	광주 동구	어린이집 환경개선	107,900	여성아동과	9	2	1	8	3	1	1	4
549	광주 동구	다함께돌봄사업	70,000	여성아동과	9	2	7	8	7	1	1	4
550	광주 동구	작은도서관 활성화 지원사업	27,380	미래교육과	9	4	7	8	7	5	5	3
551	광주 동구	정신요양시설 기능보강사업	429,286	건강정책과	9	1	7	8	7	1	1	4
552	광주 동구	정신요양시설 기능보강사업	170,176	건강정책과	9	1	7	8	7	1	1	4
553	대전광역시	저상버스 구입보조	5,802	버스운영과	9	2	7	8	7	5	5	4
554	대전광역시	친환경버스 구입보조	6,280	버스운영과	9	2	7	8	7	5	5	4
555	대전광역시	지방투자촉진보조금	5,000	투자유치과	9	2	7	8	7	1	1	4
556	대전광역시	수소연료전지자동차 보급	10,310	기반산업과	9	2	7	8	7	5	1	4
557	대전광역시	신재생에너지 주택지원사업	200,000	기반산업과	9	6	6	1	6	1	1	1
558	대전광역시	시립어린이집 기능보강	60,000	가족돌봄과	9	2	6(미정)	6(미정)	6(미정)	1	1	1
559	대전광역시	긴급피난처 기능보강	63,000	성인지정책담당관	9	1	1	3	2	1	1	1
560	대전광역시	대덕과학문화의거리 조성사업	448,000	과학산업과	9	2	6	7	7	1	5	4
561	대전광역시	수소연료전지 자동차 충전인프라 구축	300,000	과학산업과	9	2	6	7	7	1	5	4
562	대전 동구	노인복지시설 기능보강	266,818	복지정책과	9	2	6	8	7	1	1	1
563	대전 동구	사회복지관 운영	211,000	복지정책과	9	1	1	7	3	1	1	1
564	대전 동구	장애인거주시설 기능보강사업	621,662	사회복지과	9	1	7	8	7	1	1	3
565	대전 동구	장애인지역사회재활시설 기능보강사업	126,000	사회복지과	9	1	7	8	7	1	1	3
566	대전 동구	가정폭력피해자보호시설기능보강	18,806	여성가족과	9	1	7	8	7	5	1	4
567	대전 동구	지역아동센터 환경개선비 지원	131,360	여성가족과	9	2	7	8	7	5	1	4
568	대전 동구	아동복지시설 기능보강	1,253,594	여성가족과	9	2	7	8	7	5	1	4
569	대전 동구	어린이집 기능보강사업	124,000	여성가족과	9	2	1	7	3	5	1	4
570	대전 동구	장애아전담어린이집 기능보강	3,000,000	여성가족과	9	2	1	7	3	5	1	4
571	대전 동구	국공립어린이집 확충 인센티브 지원사업	15,000	여성가족과	9	2	7	7	7	5	1	4
572	대전 동구	어린이집 기능보강	85,360	여성가족과	9	2	7	8	7	5	5	4
573	대전 동구	야생동물 피해예방시설 설치지원사업	58,000	환경과	9	2	7	8	7	1	1	4
574	대전 동구	댐주변지역 주민지원사업	280,295	환경과	9	1	7	8	7	5	5	2
575	대전 동구	마을기업육성사업	50,000	일자리경제과	9	2	7	8	7	5	5	4
576	대전 동구	아파트 미니 태양광시설 보급	68,340	일자리경제과	9	6	7	8	7	5	5	4
577	대전 동구	목재펠릿보일러 지원사업	2,800,000	공원녹지과	9	2	4	8	1	5	5	4
578	대전 중구	사회복지관 기능보강	122,000	복지정책과	9	1	6(공개 모집)	5	6	1	1	4
579	대전 중구	사회복지관 기능보강	29,000	복지정책과	9	1	7	8	7	5	5	4
580	대전 중구	장애인거주시설 기능보강	144,480	사회복지과	9	1	7	8	7	5	1	4
581	대전 중구	지역아동센터 환경개선 지원	155,840	사회복지과	9	2	7	8	7	5	1	4
582	대전 중구	미니 태양광발전시설 보급지원사업	75,174	경제기업과	9	6	[illegible]	1	6	1	1	4
583	대전 중구	농촌체험휴양마을 활성화	14,000	경제기업과	9	6	7	8	7	5	5	4

순번	시군구	지출명 (사업명)	2020년예산 (단위:천원/1년간)	담당자 (공무원) 담당부서	민간이전 분류 (지방자치단체 세출예산 집행기준에 의거) 1. 민간경상사업보조(1) 2. 민간단체 법정운영비보조(2) 3. 민간행사사업보조(3) 4. 민간위탁금(4) 5. 사회복지시설 법정운영비보조(5) 6. 민간인위탁교육비(6) 7. 공기관등에대한경상적대행사업비(7) 8. 민간자본사업보조,자체재원(8) 9. 민간자본사업보조,이전재원(9) 10. 민간위탁사업비(10) 11. 공기관등에 대한 자본적 대행사업비(11)	민간이전지출 근거 (지방보조금 관리기준 참고) 1. 법률에 규정 2. 국고보조 재원(국가지정) 3. 용도 지정 기부금 4. 조례에 직접규정 5. 지자체가 권장하는 사업을 하는 공공기관 6. 시,도 정책 및 재정사정 7. 기타 8. 해당없음	입찰방식 계약체결방법 (경쟁형태) 1. 일반경쟁 2. 제한경쟁 3. 지명경쟁 4. 수의계약 5. 법정위탁 6. 기타 ( ) 7. 해당없음	입찰방식 계약기간 1. 1년 2. 2년 3. 3년 4. 4년 5. 5년 6. 기타 ( )년 7. 단기계약 (1년미만) 8. 해당없음	입찰방식 낙찰자선정방법 1. 적격심사 2. 협상에의한계약 3. 최저가낙찰제 4. 규격가격분리 5. 2단계 경쟁입찰 6. 기타 ( ) 7. 해당없음	운영예산 산정 운영예산 산정 1. 내부산정 (지자체 자체적으로 산정) 2. 외부산정 (외부전문기관 위탁 산정) 3. 내·외부 모두 산정 4. 산정 無 5. 해당없음	운영예산 산정 정산방법 1. 내부정산 (지자체 내부적으로 정산) 2. 외부정산 (외부전문기관 위탁 정산) 3. 내·외부 모두 산정 4. 정산 無 5. 해당없음	성과평가 실시여부 1. 실시 2. 미실시 3. 향후 추진 4. 해당없음
584	대전 중구	농산물저온저장고(농기계) 지원	18,576	경제기업과	9	6	7	8	7	5	5	4
585	대전 중구	비닐하우스연질필름 교체 지원	19,200	경제기업과	9	6	7	8	7	5	5	4
586	대전 중구	가축분뇨처리용 톱밥지원	4,800	경제기업과	9	6	7	8	7	5	5	4
587	대전 중구	자동채밀기 지원사업	3,780,000	경제기업과	9	6	7	8	7	5	5	4
588	대전 중구	자동탈봉기 지원사업	3,000,000	경제기업과	9	6	7	8	7	5	5	4
589	대전 중구	화분선별기 지원사업	1,320,000	경제기업과	9	6	7	8	7	5	5	4
590	대전 중구	카우브러쉬 지원사업	3,240,000	경제기업과	9	6	7	8	7	5	5	4
591	대전 중구	환기시설 지원사업	2,160,000	경제기업과	9	6	7	8	7	5	5	4
592	대전 중구	농장소독시설 지원사업	1,800,000	경제기업과	9	6	7	8	7	5	5	4
593	대전 중구	자동급수시설 지원사업	900,000	경제기업과	9	6	7	8	7	5	5	4
594	대전 중구	어린이집 장비비	4,000,000	여성가족과	9	2	7	8	7	1	1	1
595	대전 중구	전자출결시스템 장비비	80,490	여성가족과	9	1	7	8	7	1	1	4
596	대전 중구	국공립어린이집 확충 인센티브	15,000	여성가족과	9	4	7	8	7	1	1	1
597	대전 중구	성매매피해자 지원시설 기능보강	31,584	여성가족과	9	1	7	8	7	5	1	1
598	대전 대덕구	야생동물 피해예방시설 설치사업	68,000	기후환경과	9	1	7	8	7	5	1	4
599	대전 대덕구	가정용저녹스보일러설치지원	56,000	기후환경과	9	1	7	8	7	5	5	4
600	대전 대덕구	소규모사업장 방지시설 설치지원	9,423	기후환경과	9	1	7	8	7	5	5	4
601	대전 대덕구	노숙인재활시설기능보강	110,280	사회복지과	9	1	7	8	7	1	1	4
602	대전 대덕구	마을기업육성사업	50,000	새로운대덕추진단	9	2	7	8	7	5	5	4
603	대전 대덕구	성폭력피해자장애인보호시설기능보강	3,080,000	여성가족과	9	1	7	8	7	3	3	1
604	대전 대덕구	어린이집 기능보강	98,280	여성가족과	9	1	7	8	7	5	5	4
605	대전 대덕구	국공립어린이집 확충 인센티브	5,000	여성가족과	9	1	7	8	7	5	5	4
606	대전 대덕구	어린이집led조명등교체사업	63,750	여성가족과	9	1	7	8	7	5	5	4
607	대전 대덕구	아동복지시설 기능보강	234,792	여성가족과	9	2	1	7	7	1	1	4
608	울산 중구	백양사 보수정비	220,000	문화관광과	9	2	4	7	7	1	1	4
609	울산 중구	해남사 보수정비	120,000	문화관광과	9	2	4	7	7	1	1	4
610	울산 중구	노인요양시설 기능보강사업	291,279	노인장애인과	9	1	7	8	7	1	1	1
611	울산 중구	한부모가족복지시설 기능보강 지원	11,650	여성가족과	9	1	7	8	7	5	5	4
612	울산 중구	지역아동센터 환경개선 지원	40,000	여성가족과	9	1	7	8	7	1	1	4
613	울산 중구	안심알리미설치운영 지원	3,740,000	여성가족과	9	1	7	8	7	1	1	4
614	울산 중구	울산형태양광 주택지원사업	80,000	경제산업과	9	6	2	7	6	1	1	3
615	울산 중구	울산배 경쟁력 제고사업	7,938	경제산업과	9	1	7	8	7	5	1	4
616	울산 중구	포장재지원	92,843	경제산업과	9	1	7	8	7	5	1	4
617	울산 중구	울산지역 쌀포장재지원	4,200,000	경제산업과	9	1	7	8	7	5	1	4
618	울산 중구	학교농장 조성	20,000	경제산업과	9	1	7	8	7	5	1	4
619	울산 중구	텃밭상자 공급	9,600	경제산업과	9	1	7	8	7	5	1	4
620	울산 중구	원예육성사업	40,000	경제산업과	9	1	7	8	7	5	1	4
621	울산 중구	수출 배봉지 공급	7,200	경제산업과	9	1	7	8	7	5	1	4
622	울산 중구	소규모영농인 기반조성	3,000,000	경제산업과	9	1	7	8	7	5	1	4
623	울산 중구	로컬푸드 소형필름 지원사업	12,000	경제산업과	9	1	7	8	7	5	1	4
624	울산 중구	친환경 농자재 지원	700,000	경제산업과	9	1	7	8	7	5	1	4
625	울산 중구	GAP인증농가 안전성 검사비 지원	6,000	경제산업과	9	1	7	8	7	5	1	4
626	울산 중구	축산분뇨처리사업	2,100,000	경제산업과	9	1	7	8	7	5	1	4
627	울산 중구	축산환경개선제 지원사업	350,000	경제산업과	9	1	7	8	7	5	1	4
628	울산 중구	한우인공수정료지원사업	1,200,000	경제산업과	9	1	7	8	7	5	1	4

순번	시군구	지출명 (사업명)	2020년예산 (단위:천원/1년간)	담당자 (공무원) 담당부서	민간이전 분류 (지방자치단체 세출예산 집행기준에 의거) 1. 민간경상사업보조(1) 2. 민간단체 법정운영비보조(2) 3. 민간행사사업보조(3) 4. 민간위탁금(4) 5. 사회복지시설 법정운영비보조(5) 6. 민간인위탁교육비(6) 7. 공기관등에대한경상적대행사업비(7) 8. 민간자본사업보조,자체재원(8) 9. 민간자본사업보조,이전재원(9) 10. 민간위탁사업비(10) 11. 공기관등에 대한 자본적 대행사업비(11)	민간이전지출 근거 (지방보조금 관리기준 참고) 1. 법률에 규정 2. 국고보조 재원(국가지정) 3. 용도 지정 기부금 4. 조례에 직접규정 5. 지자체가 권장하는 사업을 하는 공공기관 6. 시,도 정책 및 재정사정 7. 기타 8. 해당없음	입찰방식 계약체결방법 (경쟁형태) 1. 일반경쟁 2. 제한경쟁 3. 지명경쟁 4. 수의계약 5. 법정위탁 6. 기타 ( ) 7. 해당없음	입찰방식 계약기간 1. 1년 2. 2년 3. 3년 4. 4년 5. 5년 6. 기타 ( )년 7. 단기계약 (1년미만) 8. 해당없음	입찰방식 낙찰자선정방법 1. 적격심사 2. 협상에의한계약 3. 최저가낙찰제 4. 규격가격분리 5. 2단계 경쟁입찰 6. 기타 ( ) 7. 해당없음	운영예산 산정 운영예산 산정 1. 내부산정 (지자체 자체적으로 산정) 2. 외부산정 (외부전문기관위탁 산정) 3. 내·외부 모두 산정 4. 산정 無 5. 해당없음	운영예산 산정 정산방법 1. 내부정산 (지자체 내부적으로 정산) 2. 외부정산 (외부전문기관위탁 정산) 3. 내·외부 모두 산정 4. 정산 無 5. 해당없음	성과평가 실시여부 1. 실시 2. 미실시 3. 향후 추진 4. 해당없음
629	울산 중구	한우등록비지원	180,000	경제산업과	9	1	7	8	7	5	1	4
630	울산 중구	송아지생산안정제사업	50,000	경제산업과	9	1	7	8	7	5	1	4
631	울산 중구	울산한우친자확인사업	360,000	경제산업과	9	1	7	8	7	5	1	4
632	울산 중구	양봉산업 육성산업	21,984	경제산업과	9	1	7	8	7	5	1	4
633	울산 중구	축산물 안전관리(HACCP)인증비 지원	3,000,000	경제산업과	9	1	7	8	7	5	1	4
634	울산 중구	저녹스 보일러 교체지원	32,000	환경위생과	9	2	7	8	7	5	5	4
635	울산 중구	저녹스 보일러 교체지원	12,500	환경위생과	9	2	7	8	7	5	5	4
636	울산 남구	내집 주차장 갖기사업 보조금	90,000	교통행정과	9	4	7	8	7	1	1	4
637	울산 동구	울산형 미니태양광 보급사업	55,208	경제진흥과	9	6	2	7	6	1	1	4
638	울산 동구	울산형 주택태양광 보급사업	50,920	경제진흥과	9	6	2	7	6	1	1	4
639	울산 동구	친환경 에너지절감장비 보급	180,000	경제진흥과	9	1	7	8	7	1	1	1
640	울산 동구	나잠어업인 잠수복구입 지원사업	24,228	경제진흥과	9	4	7	8	7	1	1	1
641	울산 동구	수산물 포장용기 제작 지원사업	2,400,000	경제진흥과	9	1	7	8	7	1	1	1
642	울산 동구	수산물 건조시설 지원사업	10,000	경제진흥과	9	1	7	8	7	1	1	1
643	울산 동구	울산지역 쌀 포장재 지원사업	1,050,000	경제진흥과	9	1	7	8	7	5	1	4
644	울산 동구	고품질 벼 건조수수료 지원사업	750,000	경제진흥과	9	1	7	8	7	5	1	4
645	울산 동구	농업인 재해안전 공제료 지원사업	23,000	경제진흥과	9	1	7	8	7	5	1	4
646	울산 동구	농기계종합 보험 지원사업	1,000,000	경제진흥과	9	1	7	8	7	5	1	4
647	울산 동구	농기계등화장치 부착지원	500,000	경제진흥과	9	1	7	8	7	5	1	4
648	울산 동구	유기질비료 지원사업	45,194	경제진흥과	9	1	7	8	7	5	1	4
649	울산 동구	구제역 및 AI 예방약품 구입지원	595,000	경제진흥과	9	2	7	8	7	5	5	4
650	울산 동구	텃밭상자 지원사업	9,600	경제진흥과	9	1	7	8	7	5	5	4
651	울산 동구	학교농장 조성사업	20,000	경제진흥과	9	1	7	8	7	5	5	4
652	울산 동구	지역아동센터 환경개선비 지원	24,150	가족정책과	9	2	7	8	7	1	1	4
653	울산 동구	지역아동센터 환경개선비 지원	24,150	가족정책과	9	2	7	8	7	1	1	4
654	울산 동구	지역아동센터 환경개선비 지원	24,150	가족정책과	9	2	7	8	7	1	1	4
655	울산 동구	지역아동센터 환경개선비 지원	24,150	가족정책과	9	2	7	8	7	1	1	4
656	울산 동구	지역아동센터 환경개선비 지원	24,150	가족정책과	9	2	7	8	7	1	1	4
657	울산 동구	지역아동센터 환경개선비 지원	24,150	가족정책과	9	2	7	8	7	1	1	4
658	울산 동구	지역아동센터 환경개선비 지원	24,150	가족정책과	9	2	7	8	7	1	1	4
659	울산 동구	지역아동센터 환경개선비 지원	24,150	가족정책과	9	2	7	8	7	1	1	4
660	울산 동구	지역아동센터 환경개선비 지원	24,150	가족정책과	9	2	7	8	7	1	1	4
661	울산 동구	가정용 저녹스 보일러 설치지원	44,500	환경위생과	9	2	7	8	7	5	5	4
662	울산 동구	내 집 주차장 갖기사업	15,000	교통행정과	9	6	7	8	7	1	4	2
663	울산 동구	주민공모사업, 집수리, 마을기업지원	171,000	도시디자인과	9	4	7	8	7	5	5	3
664	울산 동구	주민공모사업, 집수리 등	205,000	도시디자인과	9	4	7	8	7	5	5	4
665	울산 북구	햇살작은도서관 리모델링 공사	20,000	도서관과	9	2	7	8	7	1	1	1
666	울산 북구	엘림종합복지센터 기능보강 사업	715,312	사회복지과	9	2	7	8	7	5	5	4
667	울산 북구	경로당 기능활성화 사업	40,000	사회복지과	9	4	7	8	7	1	1	4
668	울산 북구	지역아동센터 환경개선지원	13,870	가족정책과	9	2	7	7	7	4	1	2
669	울산 북구	울산형 태양광 주택지원사업	134,000	경제일자리과	9	1, 4	6	1	6	1	1	1
670	울산 북구	소규모 영농인 기반 조성	6,000	농수산과	9	6	7	8	7	5	5	4
671	울산 북구	도시농장 조성	15,000	농수산과	9	6	7	8	7	5	5	4
672	울산 북구	옥상텃밭 조성	20,000	농수산과	9	6	7	8	7	5	5	4
673	울산 북구	로컬푸드 연중 생산체계 구축	25,000	농수산과	9	6	7	8	7	1	1	4

순번	시군구	지출명 (사업명)	2020년예산 (단위:천원/1년간)	담당자 (공무원) 담당부서	민간이전 분류 (지방자치단체 세출예산 집행기준에 의거) 1. 민간경상사업보조(1) 2. 민간단체 법정운영비보조(2) 3. 민간행사사업보조(3) 4. 민간위탁금(4) 5. 사회복지시설 법정운영비보조(5) 6. 민간인위탁교육비(6) 7. 공기관등에대한경상적대행사업비(7) 8. 민간자본사업보조,자체재원(8) 9. 민간자본사업보조,이전재원(9) 10. 민간위탁사업비(10) 11. 공기관등에 대한 자본적 대행사업비(11)	민간이전지출 근거 (지방보조금 관리기준 참고) 1. 법률에 규정 2. 국고보조 재원(국가지정) 3. 용도 지정 기부금 4. 조례에 직접규정 5. 지자체가 권장하는 사업을 하는 공공기관 6. 시,도 정책 및 재정사정 7. 기타 8. 해당없음	입찰방식: 계약체결방법 (경쟁형태) 1. 일반경쟁 2. 제한경쟁 3. 지명경쟁 4. 수의계약 5. 법정위탁 6. 기타 ( ) 7. 해당없음	입찰방식: 계약기간 1. 1년 2. 2년 3. 3년 4. 4년 5. 5년 6. 기타 ( )년 7. 단기계약 (1년미만) 8. 해당없음	입찰방식: 낙찰자선정방법 1. 적격심사 2. 협상에의한계약 3. 최저가낙찰제 4. 규격가격분리 5. 2단계 경쟁입찰 6. 기타 ( ) 7. 해당없음	운영예산 산정: 운영예산 산정 1. 내부산정 (지자체 자체적으로 산정) 2. 외부산정 (외부전문기관 위탁 산정) 3. 내·외부 모두 산정 4. 산정 無 5. 해당없음	운영예산 산정: 정산방법 1. 내부정산 (지자체 내부적으로 정산) 2. 외부정산 (외부전문기관 위탁 정산) 3. 내·외부 모두 산정 4. 정산 無 5. 해당없음	성과평가 실시여부 1. 실시 2. 미실시 3. 향후 추진 4. 해당없음
674	울산 북구	축사 환풍기 지원	12,250	농수산과	9	6	7	8	7	1	1	3
675	울산 북구	양봉산업 육성	17,273	농수산과	9	6	7	8	7	1	1	3
676	울산 북구	축사 자동 소독시설 지원	8,400	농수산과	9	6	7	8	7	1	1	3
677	울산 북구	혹서기 가축재해예방 장비 지원	7,000	농수산과	9	6	7	8	7	1	1	3
678	울산 북구	축사 CCTV설치 지원	4,914	농수산과	9	6	7	8	7	1	1	3
679	울산 북구	소 채혈보정용 고정대 설치 지원	14,700	농수산과	9	6	7	8	7	1	1	3
680	울산 북구	원료석발기 집진 설비공사	79,000	농수산과	9	6	7	8	7	1	1	3
681	울산 북구	원료곡 보관창고 단열방수 공사	20,000	농수산과	9	6	7	8	7	1	1	3
682	울산 북구	시설원예 현대화 사업	63,313	농수산과	9	2	7	8	7	1	1	3
683	울산 북구	스마트팜 ICT 융복합 확산사업	13,200	농수산과	9	2	7	8	7	1	1	3
684	울산 북구	농업 에너지 이용 효율화 사업	30,863	농수산과	9	2	7	8	7	1	1	3
685	울산 북구	내재해형 비닐하우스 설치 및 개보수	420,750	농수산과	9	6	7	8	7	1	1	3
686	울산 북구	소형관정 지원	49,940	농수산과	9	6	7	8	7	1	1	3
687	울산 북구	화훼 상토 지원	37,040	농수산과	9	6	7	8	7	1	1	3
688	울산 북구	흑성병예방 과수원 공동방제지원	20,500	농수산과	9	6	7	8	7	1	1	3
689	울산 북구	과수원 정비지원	2,700,000	농수산과	9	6	7	8	7	1	1	3
690	울산 북구	울산배 대체작목 육성	12,500	농수산과	9	6	7	8	7	1	1	3
691	울산 북구	고수온 대응(대비)장비 구입비	10,000	농수산과	9	1	4	8	6	1	1	2
692	울산 북구	어선 기관, 장비, 설비 대체자금	90,000	농수산과	9	1	6	8	6	1	1	2
693	울산 북구	수산물 건조기 구입비	64,000	농수산과	9	4	4	8	6	1	1	1
694	울산 북구	슬레이트 처리 지원사업	81,670	환경위생과	9	2	2	1	3	2	1	2
695	울산 북구	내집 주차장 갖기사업 보조금 지급	30,000	교통행정과	9	4	7	7	7	1	1	2
696	울주 울주군	전통사찰 보수정비	120,000	문화관광과	9	2	7	8	7	1	1	4
697	울주 울주군	수어통역센터 운영지원	20,000	노인장애인과	9	6	7	7	5	5	4	4
698	울주 울주군	발달장애인평생교육센터 운영지원	170,000	노인장애인과	9	6	7	7	5	5	4	4
699	울주 울주군	발달장애인평생교육센터 운영지원	100,000	노인장애인과	9	6	7	7	5	5	4	4
700	울주 울주군	장애인거주시설 기능보강	44,650	노인장애인과	9	2	7	8	7	5	1	4
701	울주 울주군	장애인직업재활시설 기능보강	129,700	노인장애인과	9	6	7	8	7	1	1	4
702	울주 울주군	한부모가족복지시설 기능보강 지원	65,170	여성가족과	9	1	1	7	3	1	1	2
703	울주 울주군	공공형 어린이집 지원	10,000	여성가족과	9	2	7	8	7	5	1	4
704	울주 울주군	어린이집 운영지원	67,848	여성가족과	9	2	7	8	7	5	1	4
705	울주 울주군	어린이집 운영비 추가 지원	136,400	여성가족과	9	6	7	8	7	5	1	4
706	울주 울주군	어린이집 운영비 추가 지원	74,000	여성가족과	9	6	7	8	7	5	1	4
707	울주 울주군	국공립어린이집 확충	150,000	여성가족과	9	2	5	5	7	5	1	4
708	울주 울주군	어린이집 기능보강사업	90,000	여성가족과	9	2	7	8	7	5	1	4
709	울주 울주군	어린이집 기능보강사업	6,000	여성가족과	9	2	7	8	7	5	1	4
710	울주 울주군	어린이집 전자출결시스템 장비비	78,500	여성가족과	9	2	7	8	7	5	1	4
711	울주 울주군	지역아동센터 환경개선 지원	67,020	여성가족과	9	2	7	8	7	1	1	4
712	울주 울주군	다함께 돌봄센터 설치비 지원	19,197	여성가족과	9	2	5	5	1	1	1	4
713	울주 울주군	울산형 태양광 주택지원사업	134,000	에너지정책과	9	7	6	7	7	1	1	4
714	울주 울주군	발전소주변지역 소득증대	43,582	에너지정책과	9	1	7	8	7	1	1	4
715	울주 울주군	발전소주변지역 소득증대	117,900	에너지정책과	9	1	7	8	7	1	1	4
716	울주 울주군	발전소주변지역 소득증대	54,702	에너지정책과	9	1	7	8	7	1	1	4
717	울주 울주군	발전소주변지역 소득증대	59,463	에너지정책과	9	1	7	8	7	1	1	4
718	울주 울주군	발전소주변지역 소득증대	59,336	에너지정책과	9	1	7	8	7	1	1	4

순번	시군구	지출명 (사업명)	2020년예산 (단위:천원/1년간)	담당자 (공무원) 담당부서	민간이전 분류 (지방자치단체 세출예산 집행기준에 의거) 1. 민간경상사업보조(1) 2. 민간단체 법정운영비보조(2) 3. 민간행사사업보조(3) 4. 민간위탁금(4) 5. 사회복지시설 법정운영비보조(5) 6. 민간인위탁교육비(6) 7. 공기관등에대한경상적대행사업비(7) 8. 민간자본사업보조,자체재원(8) 9. 민간자본사업보조,이전재원(9) 10. 민간위탁사업비(10) 11. 공기관등에 대한 자본적 대행사업비(11)	민간이전지출 근거 (지방보조금 관리기준 참고) 1. 법률에 규정 2. 국고보조 재원(국가지정) 3. 용도 지정 기부금 4. 조례에 직접규정 5. 지자체가 권장하는 사업을 하는 공공기관 6. 시,도 정책 및 재정사정 7. 기타 8. 해당없음	입찰방식 계약체결방법 (경쟁형태) 1. 일반경쟁 2. 제한경쟁 3. 지명경쟁 4. 수의계약 5. 법정위탁 6. 기타 ( ) 7. 해당없음	입찰방식 계약기간 1. 1년 2. 2년 3. 3년 4. 4년 5. 5년 6. 기타 ( )년 7. 단기계약 (1년미만) 8. 해당없음	입찰방식 낙찰자선정방법 1. 적격심사 2. 협상에의한계약 3. 최저가낙찰제 4. 규격가격분리 5. 2단계 경쟁입찰 6. 기타 ( ) 7. 해당없음	운영예산 산정 운영예산 산정 1. 내부산정 (지자체 자체 적으로 산정) 2. 외부산정 (외부전문기관 위탁 산정) 3. 내·외부 모두 산정 4. 산정 無 5. 해당없음	운영예산 산정 정산방법 1. 내부정산 (지자체 내부적으로 정산) 2. 외부정산 (외부전문기관 위탁 정산) 3. 내·외부 모두 산정 4. 정산 無 5. 해당없음	성과평가 실시여부 1. 실시 2. 미실시 3. 향후 추진 4. 해당없음
719	울주 울주군	발전소주변지역 소득증대	53,337	에너지정책과	9	1	7	8	7	1	1	4
720	울주 울주군	발전소주변지역 소득증대	79,538	에너지정책과	9	1	7	8	7	1	1	4
721	울주 울주군	발전소주변지역 소득증대	123,655	에너지정책과	9	1	7	8	7	1	1	4
722	울주 울주군	농업기계 등화장치 부착 지원	43,500	농업정책과	9	2	1	7	1	1	1	1
723	울주 울주군	농촌관광주체육성지원	3,565,000	농업정책과	9	2	3	1	7	1	1	4
724	울주 울주군	농업인재해안전공제료 지원	227,000	농업정책과	9	1	7	8	7	5	1	1
725	울주 울주군	농업인재해안전공제료 지원	118,320	농업정책과	9	1	7	8	7	5	1	1
726	울주 울주군	친환경 농자재 지원	10,500	농업정책과	9	6	7	8	7	1	1	1
727	울주 울주군	친환경쌀생산단지 조성사업	84,000	농업정책과	9	6	7	8	7	1	1	1
728	울주 울주군	친환경찰옥수수 재배단지 조성	31,500	농업정책과	9	1	7	8	7	1	1	1
729	울주 울주군	토양개량제 지원	369,212	농업정책과	9	2	7	8	7	1	1	1
730	울주 울주군	유기질비료 지원	2,075,822	농업정책과	9	2	7	8	7	1	1	1
731	울주 울주군	볍씨채종포조성	33,750	농업정책과	9	6	7	8	7	1	1	1
732	울주 울주군	공공비축 벼 매입용 톤백 지원사업	36,000	농업정책과	9	6	7	8	7	1	1	1
733	울주 울주군	고품질 벼건조 수수료 지원	393,050	농업정책과	9	6	7	8	7	1	1	1
734	울주 울주군	울산쌀포장재 지원사업	74,550	농업정책과	9	1	7	8	7	1	1	1
735	울주 울주군	GAP시설 보완지원 사업	71,000	농업정책과	9	2	7	8	7	1	1	1
736	울주 울주군	벼 수매 운송비 지원사업	78,376	농업정책과	9	1	7	8	7	1	1	1
737	울주 울주군	텃밭육성사업	26,873	농업정책과	9	1	7	8	7	1	1	1
738	울주 울주군	텃밭육성사업	9,600	농업정책과	9	1	7	8	7	1	1	1
739	울주 울주군	텃밭육성사업	20,000	농업정책과	9	1	7	8	7	1	1	1
740	울주 울주군	귀농·귀촌인 지원	40,000	농업정책과	9	1	7	8	7	1	1	1
741	울주 울주군	귀농·귀촌인 지원	12,000	농업정책과	9	1	7	8	7	1	1	1
742	울주 울주군	울산배 대체작목 육성 지원	33,750	농업정책과	9	6	7	8	7	5	1	4
743	울주 울주군	과수생산시설현대화 지원	40,000	농업정책과	9	2	7	8	7	5	1	4
744	울주 울주군	농업분야 에너지절감시설 지원	5,500	농업정책과	9	2	7	8	7	5	1	4
745	울주 울주군	시설원예현대화 지원	69,150	농업정책과	9	2	7	8	7	5	1	4
746	울주 울주군	농산물 생산시설 현대화 지원	269,353	농업정책과	9	6	7	8	7	5	1	4
747	울주 울주군	농산물 생산시설 현대화 지원	55,923	농업정책과	9	6	7	8	7	5	1	4
748	울주 울주군	특용작물시설 현대화	22,500	농업정책과	9	2	7	8	7	5	1	4
749	울주 울주군	수출 전략품목 생산단지 육성	50,000	농업정책과	9	7	7	8	7	5	1	4
750	울주 울주군	화훼류 신수출전략품목 육성	20,500	농업정책과	9	2	7	7	5	5	4	4
751	울주 울주군	향토산업육성(전환사업)	200,000	농업정책과	9	7	7	8	7	5	1	4
752	울주 울주군	로컬푸드 직매장 시설보완	82,500	농업정책과	9	6	7	8	7	5	1	4
753	울주 울주군	로컬푸드 연중 생산체계 구축	25,000	농업정책과	9	6	7	8	7	5	1	4
754	울주 울주군	축산경영 안정 지원	97,360	축수산과	9	1	7	8	7	1	1	1
755	울주 울주군	축산경영 안정 지원	49,000	축수산과	9	1	7	8	7	1	1	1
756	울주 울주군	축산경영 안정 지원	56,000	축수산과	9	1	7	8	7	1	1	1
757	울주 울주군	축산경영 안정 지원	133,000	축수산과	9	1	7	8	7	1	1	1
758	울주 울주군	축산경영 안정 지원	163,800	축수산과	9	1, 6	7	8	7	1	1	1
759	울주 울주군	축산경영 안정 지원	105,000	축수산과	9	1	7	8	7	1	1	1
760	울주 울주군	축산업 경쟁력 강화	93,366	축수산과	9	1	7	8	7	1	1	1
761	울주 울주군	축산분야 ICT 융복합 지원	770,000	축수산과	9	2	7	8	7	1	1	1
762	울주 울주군	조사료생산용 기계장비구입 지원	120,000	축수산과	9	1, 2	7	8	7	1	1	1
763	울주 울주군	조사료생산용 기계장비구입 지원	80,000	축수산과	9	1, 2	7	8	7	1	1	1

순번	시군구	지출명 (사업명)	2020년예산 (단위:천원/1년간)	담당자 (공무원) 담당부서	민간이전 분류 (지방자치단체 세출예산 집행기준에 의거) 1. 민간경상사업보조(1) 2. 민간단체 법정운영비보조(2) 3. 민간행사사업보조(3) 4. 민간위탁금(4) 5. 사회복지시설 법정운영비보조(5) 6. 민간인위탁교육비(6) 7. 공기관등에대한경상적대행사업비(7) 8. 민간자본사업보조,자체재원(8) 9. 민간자본사업보조,이전재원(9) 10. 민간위탁사업비(10) 11. 공기관등에 대한 자본적 대행사업비(11)	민간이전지출 근거 (지방보조금 관리기준 참고) 1. 법률에 규정 2. 국고보조 재원(국가지정) 3. 용도 지정 기부금 4. 조례에 직접규정 5. 지자체가 권장하는 사업을 하는 공공기관 6. 시,도 정책 및 재정사정 7. 기타 8. 해당없음	입찰방식: 계약체결방법 (경쟁형태) 1. 일반경쟁 2. 제한경쟁 3. 지명경쟁 4. 수의계약 5. 법정위탁 6. 기타 ( ) 7. 해당없음	입찰방식: 계약기간 1. 1년 2. 2년 3. 3년 4. 4년 5. 5년 6. 기타 ( )년 7. 단기계약 (1년미만) 8. 해당없음	입찰방식: 낙찰자선정방법 1. 적격심사 2. 협상에의한계약 3. 최저가낙찰제 4. 규격가격분리 5. 2단계 경쟁입찰 6. 기타 ( ) 7. 해당없음	운영예산 산정: 운영예산 산정 1. 내부산정 (지자체 자체 적으로 산정) 2. 외부산정 (외부전문기관 위탁 산정) 3. 내·외부 모두 산정 4. 산정 無 5. 해당없음	운영예산 산정: 정산방법 1. 내부정산 (지자체 내부적 으로 정산) 2. 외부정산 (외부전문기관 위탁 정산) 3. 내·외부 모두 산정 4. 정산 無 5. 해당없음	성과평가 실시여부 1. 실시 2. 미실시 3. 향후 추진 4. 해당없음
764	울주 울주군	가축분뇨 자원화 지원사업	137,200	축수산과	9	1, 6	7	8	7	1	1	1
765	울주 울주군	가축분뇨처리지원	80,000	축수산과	9	1, 6	7	8	7	1	1	1
766	울주 울주군	고품질 축산물 생산	198,000	축수산과	9	1	7	8	7	1	1	1
767	울주 울주군	계란 냉장차량 지원사업	45,000	축수산과	9	2	7	8	7	1	1	1
768	울주 울주군	가축질병 예방	49,000	축수산과	9	1	7	8	7	1	1	1
769	울주 울주군	가축질병 예방	75,600	축수산과	9	1	7	8	7	1	1	1
770	울주 울주군	가축질병 예방	17,500	축수산과	9	1	7	8	7	1	1	1
771	울주 울주군	자율관리어업 육성사업	90,000	축수산과	9	1	7	8	7	1	1	1
772	울주 울주군	친환경 에너지절감장비 보급	70,000	축수산과	9	1	7	8	7	1	1	1
773	울주 울주군	수산물 유통 및 가공시설 지원	22,000	축수산과	9	1	7	8	7	1	1	1
774	울주 울주군	멸치 선별기 공급 지원	20,800	축수산과	9	1	7	8	7	1	1	1
775	울주 울주군	야생동물피해예방 사업	46,000	생태환경과	9	1	7	7	5	5	4	4
776	울주 울주군	가정용 보일러 저녹스 보일러 지원	32,000	생태환경과	9	1	7	7	5	5	4	4
777	울주 울주군	가정용 보일러 저녹스 보일러 지원	12,500	생태환경과	9	1	7	7	5	5	4	4
778	울주 울주군	목재펠릿보일러 보급	14,000	산림공원과	9	2	7	7	5	5	4	4
779	울주 울주군	목재펠릿보일러 보급	4,000,000	산림공원과	9	2	7	7	5	5	4	4
780	울주 울주군	농촌형 교통모델	280,000	교통정책과	9	2	6(협약)	8	7	1	1	1
781	울주 울주군	녹색 주차마을 조성	30,000	교통정책과	9	1	7	7	5	5	4	4
782	세종특별자치시	농업인 소규모 창업기술 지원	50,000	지도기획과	9	2	7	8	7	5	5	4
783	세종특별자치시	혼밥족 겨냥 시래기 간편 건나물 제품화 시범	50,000	지도기획과	9	2	7	8	7	5	5	4
784	세종특별자치시	딸기 신품종 조기보급 시범	30,000	기술보급과	9	2	7	8	7	5	5	4
785	세종특별자치시	찰옥수수 칼라패키지 상품화 시범	60,000	기술보급과	9	2	7	8	7	5	5	4
786	세종특별자치시	길항균 이용 인삼 친환경 방제 기술 시범	50,000	기술보급과	9	2	7	8	7	5	5	4
787	세종특별자치시	과수 국내육성 신품종 비교 전시포 조성 시범	70,000	기술보급과	9	2	7	8	7	5	5	4
788	세종특별자치시	식물활용 그린스쿨 오피스 조성 기술시범	40,000	미래농업과	9	2	7	8	7	5	5	4
789	세종특별자치시	바이오커튼 활용 돈사 냄새저감 종합기술 시범	200,000	미래농업과	9	2	7	8	7	5	5	4
790	세종특별자치시	시설재배지 염류장해 해결위한 킬레이트제 활용기술	35,000	미래농업과	9	2	7	8	7	5	5	4
791	세종특별자치시	지역아동센터 환경개선 지원	50,000	아동청소년과	9	1	7	8	7	1	1	3
792	세종특별자치시	지역아동센터 안심알림이 설치	5,610	아동청소년과	9	1	7	8	7	1	1	3
793	세종특별자치시	연화사 요사채, 화장실 및 담장설치	725,000	관광문화재과	9	2	7	8	7	5	5	3
794	세종특별자치시	지방투자촉진보조금 지원	5,767	산업입지과	9	2	7	8	7	3	3	1
795	세종특별자치시	지방투자촉진보조금 지원	443,100	산업입지과	9	2	7	8	7	3	3	1
796	세종특별자치시	주유소 유증기 회수설비 설치지원	56,100	환경정책과	9	2	7	8	7	5	5	4
797	세종특별자치시	운행경유차 배출가스 저감사업	965,250	환경정책과	9	2	7	8	7	5	5	4
798	세종특별자치시	어린이 통학차량 LPG차 전환지원	42,066	환경정책과	9	2	7	8	7	5	5	4
799	세종특별자치시	굴뚝자동측정기기 설치 및 운영관리비 지원	142,950	환경정책과	9	2	7	8	7	5	5	4
800	세종특별자치시	유해야생동물피해예방시설 설치지원	35,520	환경정책과	9	2	7	8	7	5	5	4
801	세종특별자치시	수소연료전지차 구매지원	2,000,000	환경정책과	9	2	7	8	7	5	5	4
802	세종특별자치시	전기자동차 구매 지원	6,328	환경정책과	9	2	7	8	7	5	5	4
803	세종특별자치시	마을기업 컨설팅 등 지원	160,000	참여공동체과	9	2	7	8	7	5	5	4
804	세종특별자치시	세종고용복지+센터 관리	925,049	일자리정책과	9	7	7	8	7	1	1	1
805	세종특별자치시	시설원예 에너지절감시설 지원	150,000	농업축산과	9	2	7	8	7	5	5	4
806	세종특별자치시	시설원예 현대화 지원	59,873	농업축산과	9	2	7	8	7	5	5	4
807	세종특별자치시	원예분야 ICT 융복합 지원	18,900	농업축산과	9	2	7	8	7	5	5	4
808	세종특별자치시	특용작물(인삼) 시설현대화 지원사업	20,000	농업축산과	9	2	7	8	7	5	5	4

순번	시군구	지출명 (사업명)	2020년예산 (단위:천원/1년간)	담당자 (공무원) 담당부서	민간이전 분류 (지방자치단체 세출예산 집행기준에 의거) 1. 민간경상사업보조(1) 2. 민간단체 법정운영비보조(2) 3. 민간행사사업보조(3) 4. 민간위탁금(4) 5. 사회복지시설 법정운영비보조(5) 6. 민간인위탁교육비(6) 7. 공기관등에대한경상적대행사업비(7) 8. 민간자본사업보조,자체재원(8) 9. 민간자본사업보조,이전재원(9) 10. 민간위탁사업비(10) 11. 공기관등에 대한 자본적 대행사업비(11)	민간이전지출 근거 (지방보조금 관리기준 참고) 1. 법률에 규정 2. 국고보조 재원(국가지정) 3. 용도 지정 기부금 4. 조례에 직접규정 5. 지자체가 권장하는 사업을 하는 공공기관 6. 시,도 정책 및 재정사정 7. 기타 8. 해당없음	입찰방식 계약체결방법 (경쟁형태) 1. 일반경쟁 2. 제한경쟁 3. 지명경쟁 4. 수의계약 5. 법정위탁 6. 기타 ( ) 7. 해당없음	입찰방식 계약기간 1. 1년 2. 2년 3. 3년 4. 4년 5. 5년 6. 기타 ( )년 7. 단기계약 (1년미만) 8. 해당없음	입찰방식 낙찰자선정방법 1. 적격심사 2. 협상에의한계약 3. 최저가낙찰제 4. 규격가격분리 5. 2단계 경쟁입찰 6. 기타 ( ) 7. 해당없음	운영예산 산정 운영예산 산정 1. 내부산정 (지자체 자체 적으로 산정) 2. 외부산정 (외부전문기관 위탁 산정) 3. 내·외부 모두 산정 4. 산정 無 5. 해당없음	운영예산 산정 정산방법 1. 내부정산 (지자체 내부적으로 정산) 2. 외부정산 (외부전문기관 위탁 정산) 3. 내·외부 모두 산정 4. 정산 無 5. 해당없음	성과평가 실시여부 1. 실시 2. 미실시 3. 향후 추진 4. 해당없음
809	세종특별자치시	가축분뇨 퇴액비화 지원	50,000	농업축산과	9	2	7	8	7	1	1	2
810	세종특별자치시	악취측정 ICT 측정장비지원	22,400	농업축산과	9	2	7	8	7	1	1	1
811	세종특별자치시	계란 냉장차량지원	75,000	농업축산과	9	2	7	8	7	2	1	4
812	세종특별자치시	한솔동 인근 주민편의시설 보강	8,500	경제정책과	9	2	7	8	7	5	5	4
813	세종특별자치시	주변지역 주민공동이용시설 부대용품	19,600	경제정책과	9	2	7	8	7	5	5	4
814	세종특별자치시	장군면 주민편의물품 등 설치	14,000	경제정책과	9	2	7	8	7	5	5	4
815	세종특별자치시	장애인거주시설 공기청정기 렌탈지원	2,160,000	노인장애인과	9	2	7	8	7	5	5	4
816	세종특별자치시	저온유통체계구축	228,000	로컬푸드과	9	4	7	8	7	5	5	4
817	세종특별자치시	식품소재 및 반가공산업육성 지원	143,348	로컬푸드과	9	2	7	3	7	5	5	1
818	경기 의정부시	마을공동체 주민제안 공모사업 지원	20,000	자치행정과	9	6	6(공모사업)	8	7	1	1	1
819	경기 의정부시	소규모 기업환경개선	75,000	일자리경제과	9	6	7	8	7	5	5	4
820	경기 의정부시	여성,노약자 농업용관리기 지원	22,701	도시농업과	9	1	7	8	7	4	1	4
821	경기 의정부시	농작업 안전관리(농약보관함) 강화	2,700,000	도시농업과	9	1	7	8	7	4	1	4
822	경기 의정부시	농식품 수출물류비 지원사업	4,733	도시농업과	9	1	7	8	7	4	1	4
823	경기 의정부시	수출포장재 보급지원사업	6,000	도시농업과	9	1	7	8	7	4	1	4
824	경기 의정부시	고품질수출농산물 생산지원	9,000	도시농업과	9	1	7	8	7	4	1	4
825	경기 의정부시	우수품종 공급 지원사업	1,038,000	도시농업과	9	1	7	8	7	4	1	4
826	경기 의정부시	양봉산업육성지원사업	41,160	도시농업과	9	1	7	8	7	4	1	4
827	경기 의정부시	축산물 전문판매점 지원	20,000	도시농업과	9	1	7	8	7	4	1	4
828	경기 의정부시	토종벌 육성사업	3,000,000	도시농업과	9	1	7	8	7	4	1	4
829	경기 의정부시	어린이집 환경개선	153,020	보육과	9	2	7	8	7	1	1	4
830	경기 의정부시	전자출결시스템 장비비	196,340	보육과	9	2	7	8	7	1	1	4
831	경기 의정부시	성불사 저수조 및 옥외소화전 신규설치	230,320	문화관광과	9	1	7	8	7	1	1	3
832	경기 의정부시	미륵암 저수조 및 옥외소화전 신규설치	168,000	문화관광과	9	1	7	8	7	1	1	3
833	경기 의정부시	원효사 저수조 및 옥외소화전 추가설치	200,000	문화관광과	9	1	7	8	7	1	1	3
834	경기 의정부시	작은도서관 운영지원	36,540	도서관운영과	9	1	7	8	7	1	1	1
835	경기 의정부시	주택개량지원	30,000	도시재생과	9	1	7	8	7	5	5	4
836	경기 의정부시	노후주택 집수리지원사업	160,000	도시재생과	9	1	7	8	7	5	5	4
837	경기 의정부시	야생동물피해예방	6,000	환경관리과	9	2	7	8	7	5	5	4
838	경기 의정부시	운행경유차 배출가스 저감사업	7,148	환경관리과	9	2	7	8	7	5	5	4
839	경기 의정부시	보증기간 경과장치 성능유지관리	63,942	환경관리과	9	2	7	8	7	5	5	4
840	경기 의정부시	천연가스자동차 보급	319,000	환경관리과	9	2	7	8	7	5	5	4
841	경기 의정부시	저녹스버너 설치지원	103,413	환경관리과	9	2	7	8	7	5	5	4
842	경기 의정부시	가정용 저녹스 보일러 설치지원	1,030,000	환경관리과	9	2	7	8	7	5	5	4
843	경기 의정부시	민간 전기자동차 구매지원	3,193,000	환경관리과	9	2	7	8	7	5	5	4
844	경기 의정부시	민간 전기이륜차 구매지원	92,000	환경관리과	9	2	7	8	7	5	5	4
845	경기 의정부시	어린이 통학차량의 LPG차 전환 지원 사업	100,000	환경관리과	9	2	7	8	7	5	5	4
846	경기 동두천시	목재펠릿보일러 보급	14,000	공원녹지과	9	2	7	5	7	3	1	4
847	경기 동두천시	사회복지용 목재펠릿보일러 보급	20,000	공원녹지과	9	2	7	5	7	3	1	4
848	경기 동두천시	국가지정문화재 보수정비지원사업	38,000	문화체육과	9	2	7	8	7	1	1	3
849	경기 동두천시	전통사찰 방재시스템 유지보수	14,336	문화체육과	9	2	7	8	7	1	1	3
850	경기 동두천시	전통사찰 보수정비 사업	300,000	문화체육과	9	2	7	8	7	1	1	3
851	경기 동두천시	야생동물 피해예방사업	30,000	환경보호과	9	2	7	8	7	5	5	4
852	경기 동두천시	저녹스버너 보급사업	23,972	환경보호과	9	2	7	8	7	1	1	4
853	경기 동두천시	가정용 저녹스보일러 보급사업	708,500	환경보호과	9	2	7	8	7	1	1	4

순번	시군구	지출명 (사업명)	2020년예산 (단위:천원/1년간)	담당자 (공무원)	민간이전 분류 (지방자치단체 세출예산 집행기준에 의거)	민간이전지출 근거 (지방보조금 관리기준 참고)	입찰방식			운영예산 산정		성과평가 실시여부
				담당부서	1. 민간경상사업보조(1) 2. 민간단체 법정운영비보조(2) 3. 민간행사사업보조(3) 4. 민간위탁금(4) 5. 사회복지시설 법정운영비보조(5) 6. 민간인위탁교육비(6) 7. 공기관등에대한경상적대행사업비(7) 8. 민간자본사업보조,자체재원(8) 9. 민간자본사업보조,이전재원(9) 10. 민간위탁사업비(10) 11. 공기관등에 대한 자본적 대행사업비(11)	1. 법률에 규정 2. 국고보조 재원(국가지정) 3. 용도 지정 기부금 4. 조례에 직접규정 5. 지자체가 권장하는 사업을 하는 공공기관 6. 시,도 정책 및 재정사정 7. 기타 8. 해당없음	계약체결방법 (경쟁형태) 1. 일반경쟁 2. 제한경쟁 3. 지명경쟁 4. 수의계약 5. 법정위탁 6. 기타 ( ) 7. 해당없음	계약기간 1. 1년 2. 2년 3. 3년 4. 4년 5. 5년 6. 기타 ( )년 7. 단기계약 (1년미만) 8. 해당없음	낙찰자선정방법 1. 적격심사 2. 협상에의한계약 3. 최저가낙찰제 4. 규격가격분리 5. 2단계 경쟁입찰 6. 기타 ( ) 7. 해당없음	운영예산 산정 1. 내부산정 (지자체 자체적으로 산정) 2. 외부산정 (외부전문기관 위탁 산정) 3. 내·외부 모두 산정 4. 산정 無 5. 해당없음	정산방법 1. 내부정산 (지자체 내부적으로 정산) 2. 외부정산 (외부전문기관 위탁 정산) 3. 내·외부 모두 산정 4. 정산 無 5. 해당없음	1. 실시 2. 미실시 3. 향후 추진 4. 해당없음
854	경기 동두천시	운행경유배출가스저감사업	1,817,556	환경보호과	9	1	7	8	7	1	1	4
855	경기 동두천시	전기자동차 구매 지원	1,325,000	환경보호과	9	1	7	8	7	1	1	4
856	경기 동두천시	전기이륜차 보급사업	11,500	환경보호과	9	1	7	8	7	1	1	4
857	경기 동두천시	어린이 통학차량 LPG차 전환 지원사업	25,000	환경보호과	9	1	7	8	7	1	1	4
858	경기 동두천시	주유소 유증기 회수설비 설치 지원	17,000	환경보호과	9	2	7	8	7	5	5	3
859	경기 동두천시	그린홈 100만호 보급사업	52,000	일자리경제과	9	2	[illegible]	8	7	1	4	4
860	경기 동두천시	미니태양광 보급지원	12,060	일자리경제과	9	6	[illegible]	8	7	3	4	4
861	경기 동두천시	2020년 소규모 기업환경 개선	37,490	일자리경제과	9	4	1	7	7	1	1	4
862	경기 동두천시	마을공동체 공간조성 지원사업	20,000	일자리경제과	9	4	7	8	7	5	5	4
863	경기 동두천시	디자인아트빌리지 조성사업	132,252	전략사업과	9	4	7	8	7	5	5	4
864	경기 동두천시	노후공동주택 유지관리 지원사업	24,000	건축과	9	4	7	8	7	1	1	1
865	경기 동두천시	농업용관리기 등 소형농기계 지원	27,908	농업축산위생과	9	6	7	8	7	1	1	2
866	경기 동두천시	농작업 안전관리 강화	2,700,000	농업축산위생과	9	6	7	8	7	1	1	2
867	경기 동두천시	에너지절감형 농업난방시설 지원	15,000	농업축산위생과	9	6	7	8	7	1	1	2
868	경기 동두천시	농식품 가공산업 육성지원	13,000	농업축산위생과	9	6	7	8	7	1	1	2
869	경기 동두천시	G마크 안전먹거리 생산기반 지원	9,000	농업축산위생과	9	6	7	8	7	5	5	4
870	경기 동두천시	원예특용작물 수출 규격화 기술보급시범사업	100,000	농업축산위생과	9	2	7	8	7	5	5	4
871	경기 동두천시	양봉사업 육성	31,900	농업축산위생과	9	6	7	8	7	1	1	4
872	경기 동두천시	양돈경쟁력강화	6,500	농업축산위생과	9	6	7	8	7	1	1	4
873	경기 동두천시	축산분뇨 악취개선 시설지원	150,000	농업축산위생과	9	6	7	8	7	1	1	4
874	경기 동두천시	가축분뇨 정화개보수 지원	270,000	농업축산위생과	9	2	7	8	7	5	5	4
875	경기 동두천시	가축분뇨 정화개보수 지원	89,200	농업축산위생과	9	2	7	8	7	5	5	4
876	경기 동두천시	CCTV등 방역인프라 구축지원	18,000	농업축산위생과	9	2	7	8	7	5	5	4
877	경기 동두천시	양돈농가 울타리 설치 지원	180,000	농업축산위생과	9	1	7	8	7	5	5	4
878	경기 동두천시	가축분뇨 퇴액비화 지원	36,000	농업축산위생과	9	2	7	8	7	5	5	4
879	경기 동두천시	계란 냉장차량 지원	15,000	농업축산위생과	9	6	7	8	7	1	1	4
880	경기 동두천시	가축전염병 차단방역시설	10,000	농업축산위생과	9	6	7	8	7	5	5	4
881	경기 안산시	지역아동센터 환경개선 지원	180,000	여성가족과	9	2	7	8	7	5	5	4
882	경기 안산시	소규모 공동주택지원사업	120,000	주택과	9	1, 4	7	8	7	1	1	1
883	경기 안산시	운행경유차 배출가스 저감사업	7,002	환경정책과	9	1	7	8	7	5	5	4
884	경기 안산시	저녹스버너 보급사업	156,710	환경정책과	9	2	7	8	7	5	5	4
885	경기 안산시	천연가스차량 구입비 보조	960,000	환경정책과	9	2	7	8	7	5	5	4
886	경기 안산시	전기자동차 구매 지원	2,616,000	환경정책과	9	2	7	8	7	5	5	4
887	경기 안산시	배출가스저감장치 성능유지관리	168,552	환경정책과	9	1	7	8	7	5	5	4
888	경기 안산시	가정용 저녹스보일러 보급사업	300,000	환경정책과	9	2	7	8	7	5	5	4
889	경기 안산시	어린이 통학차량의 LPG차 전환 지원사업	229,164	환경정책과	9	2	7	8	7	5	5	4
890	경기 안산시	전기이륜차 구매지원 사업	69,000	환경정책과	9	2	7	8	7	5	5	4
891	경기 안산시	남녀 공용화장실 분리	20,000	환경정책과	9	2	7	8	7	5	5	4
892	경기 안산시	수소연료전지차 구매지원	975,000	환경정책과	9	2	7	8	7	5	5	4
893	경기 안산시	저상버스 도입지원	551,808	대중교통과	9	2	7	8	7	5	5	4
894	경기 안산시	CNG 택시 개조 지원	5,760	대중교통과	9	2	7	8	7	1	1	1
895	경기 안산시	광역버스 비상자동제동장치 장착보조	15,000	대중교통과	9	2	7	8	7	5	5	4
896	경기 안산시	소규모기업환경개선	60,000	기업지원과	9	6	1	7	7	1	1	1
897	경기 안산시	친환경에너지절감장비보급	14,640	해양수산과	9	2	7	8	7	5	5	4
898	경기 안산시	어선사고 예방시스템 구축	39,690	해양수산과	9	2	7	8	7	5	5	4

순번	시군구	지출명 (사업명)	2020년예산 (단위:천원/1년간)	담당자 (공무원)	민간이전 분류 (지방자치단체 세출예산 집행기준에 의거)	민간이전지출 근거 (지방보조금 관리기준 참고)	입찰방식			운영예산 산정		성과평가 실시여부
				담당부서	1. 민간경상사업보조(1) 2. 민간단체 법정운영비보조(2) 3. 민간행사사업보조(3) 4. 민간위탁금(4) 5. 사회복지시설 법정운영비보조(5) 6. 민간인위탁교육비(6) 7. 공기관등에대한경상적대행사업비(7) 8. 민간자본사업보조,자체재원(8) 9. 민간자본사업보조,이전재원(9) 10. 민간위탁사업비(10) 11. 공기관등에 대한 자본적 대행사업비(11)	1. 법률에 규정 2. 국고보조 재원(국가지정) 3. 용도 지정 기부금 4. 조례에 직접규정 5. 지자체가 권장하는 사업을 하는 공공기관 6. 시,도 정책 및 재정사정 7. 기타 8. 해당없음	계약체결방법 (경쟁형태) 1. 일반경쟁 2. 제한경쟁 3. 지명경쟁 4. 수의계약 5. 법정위탁 6. 기타 ( ) 7. 해당없음	계약기간 1. 1년 2. 2년 3. 3년 4. 4년 5. 5년 6. 기타 ( )년 7. 단기계약 (1년미만) 8. 해당없음	낙찰자선정방법 1. 적격심사 2. 협상에의한계약 3. 최저가낙찰제 4. 규격가격분리 5. 2단계 경쟁입찰 6. 기타 ( ) 7. 해당없음	운영예산 산정 1. 내부산정 (지자체 자체적으로 산정) 2. 외부산정 (외부전문기관위탁 산정) 3. 내·외부 모두 산정 4. 산정 無 5. 해당없음	정산방법 1. 내부정산 (지자체 내부적으로 정산) 2. 외부정산 (외부전문기관위탁 정산) 3. 내·외부 모두 산정 4. 정산 無 5. 해당없음	1. 실시 2. 미실시 3. 향후 추진 4. 해당없음
899	경기 안산시	수산물가공산업 육성	969,000	해양수산과	9	1	7	8	7	5	5	4
900	경기 안산시	소규모사업장 방지시설 설치 지원사업	7,275	산단환경과	9	2	7	8	7	5	5	4
901	경기 안산시	로컬푸드 납품농가 포장재 지원	25,000	농업정책과	9	6	7	8	7	1	1	1
902	경기 안산시	로컬푸드 연중생산체계 구축사업	120,000	농업정책과	9	6	7	8	7	1	1	1
903	경기 안산시	농업용관리기 등 다목적농기계 지원	25,450	농업정책과	9	6	7	8	7	1	1	1
904	경기 안산시	벼육묘 생력화 기계지원사업	4,950	농업정책과	9	6	7	8	7	1	1	1
905	경기 안산시	경기 떡 산업 활성화 시설개선 지원	33,333	농업정책과	9	6	7	8	7	1	1	1
906	경기 안산시	유기농업자재 지원	765,000	농업정책과	9	6	7	8	7	1	1	1
907	경기 안산시	환경친화형 농자재 지원	30,978	농업정책과	9	6	7	8	7	1	1	1
908	경기 안산시	농업에너지이용효율화	17,125	농업정책과	9	2	7	8	7	1	1	1
909	경기 안산시	농작업 안전관리 강화사업	13,500	농업정책과	9	6	7	8	7	1	1	1
910	경기 안산시	친환경 G마크 안전먹거리 생산기반 지원사업	31,200	농업정책과	9	6	7	8	7	1	1	1
911	경기 안산시	농업용수 처리기 지원사업	9,600	농업정책과	9	6	7	8	7	1	1	1
912	경기 안산시	승마장육성 지원	25,000	농업정책과	9	6	7	8	7	1	1	1
913	경기 안산시	양봉산업 육성	23,700	농업정책과	9	6	7	8	7	1	1	1
914	경기 고양시	저상버스 도입 보조	367,872	대중교통과	9	2	7	8	7	5	5	4
915	경기 고양시	노후 소규모 공동주택 유지관리 지원사업	80,000	건축디자인과	9	4	7	8	7	5	5	1
916	경기 고양시	공동주택관리 업무지원	240,000	주택과	9	1	7	8	7	5	5	4
917	경기 고양시	공동주택관리 업무지원	1,333,022	주택과	9	1	7	8	7	5	5	4
918	경기 고양시	GAP 확대를 위한 안전관리구축 시범	40,000	연구개발과	9	7	7	8	7	5	5	4
919	경기 고양시	착유 세정폐수 효율적 정화처리 기술보급 시범	64,000	연구개발과	9	7	7	8	7	5	5	4
920	경기 고양시	기능성 양봉산물생산을 위한 기술보급 시범	32,000	연구개발과	9	7	7	8	7	5	5	4
921	경기 고양시	접목선인장 완효성 복합비료 담액재배 및 수출시범	6,500	연구개발과	9	2	7	8	7	5	5	4
922	경기 고양시	다육식물 분화수경 재배기술 시범	32,000	연구개발과	9	7	7	8	7	5	5	4
923	경기 고양시	수출화훼단지 육성 시범	40,000	연구개발과	9	7	7	8	7	5	5	4
924	경기 고양시	ICT활용 화훼재배 기반 구축 시범	32,000	연구개발과	9	7	7	8	7	5	5	4
925	경기 고양시	천적과 작물보호제를 활용한 해충종합방제	32,500	연구개발과	9	2	7	8	7	5	5	4
926	경기 고양시	경영 개선 컨설팅 농가 시설 개선 지원	36,000	연구개발과	9	7	7	8	7	5	5	4
927	경기 고양시	농산물가공창업 시범사업	40,000	연구개발과	9	7	7	8	7	5	5	4
928	경기 고양시	원예활동 전문가 활용 도시농업 시범	50,000	도시농업과	9	2	7	8	7	5	5	4
929	경기 고양시	농촌에듀팜 육성	40,000	도시농업과	9	6	7	8	7	5	5	4
930	경기 고양시	농촌치유농장 육성	24,000	도시농업과	9	6	7	8	7	5	5	4
931	경기 고양시	염류집적 해결을 통한 토양환경개선 기술시범	32,000	도시농업과	9	6	7	8	7	5	5	4
932	경기 고양시	느타리버섯 LED광 이용 상품성 향상 시범	16,000	도시농업과	9	6	7	8	7	5	5	4
933	경기 고양시	과원 심토파쇄에 의한 토양개량 시범	8,000	도시농업과	9	6	7	8	7	5	5	4
934	경기 고양시	국내육성 품종 최고급쌀 생산단지 육성 시범	160,000	도시농업과	9	6	7	8	7	5	5	4
935	경기 고양시	벼 우량종자 농가 자율교환 채종포 운영 시범	4,000,000	도시농업과	9	6	7	8	7	5	5	4
936	경기 고양시	딸기 신품종 조기보급 시범	30,000	도시농업과	9	2	7	8	7	5	5	4
937	경기 고양시	미니태양광 지원사업	72,360	기후대기과	9	6	7	8	7	5	5	4
938	경기 고양시	농업분야 에너지절감시설	389,910	농업정책과	9	2	7	8	7	5	5	4
939	경기 고양시	시설원예현대화 지원	369,251	농업정책과	9	2	7	8	7	5	5	4
940	경기 고양시	시설원예현대화 지원	340,912	농업정책과	9	2	7	8	7	5	5	4
941	경기 고양시	원예분야 ICT융복합	492,480	농업정책과	9	2	7	8	7	5	5	4
942	경기 고양시	에너지절감형 농업난방시설 지원	56,060	농업정책과	9	6	7	8	7	5	5	4
943	경기 고양시	신선농산물 수출단지 시설개선	200,000	농업정책과	9	6	7	8	7	5	5	4

순번	시군구	지출명 (사업명)	2020년예산 (단위:천원/1년간)	담당자 (공무원) 담당부서	민간이전 분류 (지방자치단체 세출예산 집행기준에 의거) 1. 민간경상사업보조(1) 2. 민간단체 법정운영비보조(2) 3. 민간행사사업보조(3) 4. 민간위탁금(4) 5. 사회복지시설 법정운영비보조(5) 6. 민간인위탁교육비(6) 7. 공기관등에대한경상적대행사업비(7) 8. 민간자본사업보조,자체재원(8) 9. 민간자본사업보조,이전재원(9) 10. 민간위탁사업비(10) 11. 공기관등에 대한 자본적 대행사업비(11)	민간이전지출 근거 (지방보조금 관리기준 참고) 1. 법률에 규정 2. 국고보조 재원(국가지정) 3. 용도 지정 기부금 4. 조례에 직접규정 5. 지자체가 권장하는 사업을 하는 공공기관 6. 시,도 정책 및 재정사정 7. 기타 8. 해당없음	입찰방식 계약체결방법 (경쟁형태) 1. 일반경쟁 2. 제한경쟁 3. 지명경쟁 4. 수의계약 5. 법정위탁 6. 기타 ( ) 7. 해당없음	입찰방식 계약기간 1. 1년 2. 2년 3. 3년 4. 4년 5. 5년 6. 기타 ( )년 7. 단기계약 (1년미만) 8. 해당없음	입찰방식 낙찰자선정방법 1. 적격심사 2. 협상에의한계약 3. 최저가낙찰제 4. 규격가격분리 5. 2단계 경쟁입찰 6. 기타 ( ) 7. 해당없음	운영예산 산정 운영예산 산정 1. 내부산정 (지자체 자체 적으로 산정) 2. 외부산정 (외부전문기관 위탁 산정) 3. 내·외부 모두 산정 4. 산정 無 5. 해당없음	운영예산 산정 정산방법 1. 내부정산 (지자체 내부적 으로 정산) 2. 외부정산 (외부전문기관 위탁 정산) 3. 내·외부 모두 산정 4. 정산 無 5. 해당없음	성과평가 실시여부 1. 실시 2. 미실시 3. 향후 추진 4. 해당없음
944	경기 고양시	농작업 안전관리 강화	2,700,000	농업정책과	9	6	7	8	7	5	5	4
945	경기 고양시	환경 친화형 농자재 지원	433,333	농업정책과	9	6	7	8	7	5	5	4
946	경기 고양시	마을공동체 주민제안 공모사업	40,000	주민자치과	9	4	7	8	7	1	1	2
947	경기 고양시	접경지역 군납농산물 연중유통체계구축	66,000	농산유통과	9	1	7	8	7	5	5	4
948	경기 고양시	친환경,G마크 안전 먹거리 생산기반 지원 사업	65,840	농산유통과	9	1	7	8	7	5	5	4
949	경기 고양시	농식품가공산업 육성지원	20,000	농산유통과	9	1	7	8	7	5	5	4
950	경기 고양시	로컬푸드 연중생산체계구축 사업	150,000	농산유통과	9	4	7	8	7	5	5	4
951	경기 고양시	다용도 축산분뇨 처리장비 지원	75,000	농산유통과	9	1	7	8	7	1	1	2
952	경기 고양시	가축분뇨 퇴액비화 지원	36,000	농산유통과	9	1	7	8	7	1	1	2
953	경기 고양시	축사악취저감시설 지원	100,000	농산유통과	9	1	7	8	7	1	1	2
954	경기 고양시	승마장 육성 지원	25,000	농산유통과	9	1	7	8	7	1	1	2
955	경기 고양시	폐사가축 처리장비 지원	30,000	농산유통과	9	1	7	8	7	1	1	2
956	경기 고양시	축산분뇨 악취개선 시설지원	75,000	농산유통과	9	1	7	8	7	1	1	2
957	경기 고양시	축사이미지 개선	20,000	농산유통과	9	1	7	8	7	1	1	2
958	경기 고양시	노적사 보림루 단청공사	120,000	문화유산관광과	9	2	7	8	7	5	5	4
959	경기 고양시	전통사찰 중흥사 방재시스템 구축	137,000	문화유산관광과	9	2	7	8	7	5	5	4
960	경기 고양시	임산물 생산기반지원	30,450	녹지과	9	2	7	8	7	5	1	4
961	경기 고양시	임산물 유통기반지원	9,696	녹지과	9	2	7	8	7	5	1	4
962	경기 고양시	산림작물 생산단지조성	75,384	녹지과	9	2	7	8	7	5	1	4
963	경기 고양시	성형목탄 환경개선	42,000	녹지과	9	2	7	8	7	5	1	4
964	경기 남양주시	소규모 기업환경 개선사업	222,783	기업지원과	9	4	7	8	7	5	5	4
965	경기 남양주시	이상기상 대응 과원 피해예방 기술 확산 시범	100,000	농업기술과	9	1	7	8	7	5	5	4
966	경기 남양주시	외래퇴치어종 활용 친환경 발효액비 제조기술 시범	50,000	농업기술과	9	1	7	8	7	5	5	4
967	경기 남양주시	과채류 맞춤형 에너지 절감 패키지기술 시범	80,000	농업기술과	9	1	7	8	7	5	5	4
968	경기 남양주시	경영개선 컨설팅농가 시설개선 지원	12,000	농업기술과	9	1	7	8	7	5	5	4
969	경기 남양주시	수입과일대응 국내육성 품종 확대보급 사업	64,000	농업기술과	9	1	7	8	7	5	5	4
970	경기 남양주시	딸기 생육환경 스마트제어 기술보급	26,000	농업기술과	9	1	7	8	7	5	5	4
971	경기 남양주시	딸기 양액재배 기술보급	120,000	농업기술과	9	1	7	8	7	5	5	4
972	경기 남양주시	청정 내재해형 딸기재배 비닐하우스 설치	40,000	농업기술과	9	1	7	8	7	5	5	4
973	경기 남양주시	친환경 딸기재배 토양관리 기술보급	14,000	농업기술과	9	1	7	8	7	5	5	4
974	경기 남양주시	벼 우량 종자 농가자율교환 채종포 운영 시범	4,000,000	농업기술과	9	1	7	8	7	5	5	4
975	경기 남양주시	농약보관함 보급	13,500	농업기술과	9	1	7	8	7	5	5	4
976	경기 남양주시	농업인안전재해보험	143,000	농업기술과	9	1	7	8	7	5	5	4
977	경기 남양주시	환경친화형 농자재 지원	18,667	농업기술과	9	1	7	8	7	5	5	4
978	경기 남양주시	전통사찰 방재시스템 구축	30,000	문화유산과	9	1	7	7	7	1	1	2
979	경기 남양주시	전통사찰 보수정비	400,000	문화유산과	9	1	7	7	7	1	1	2
980	경기 남양주시	전통사찰 소화시설 설치	336,310	문화유산과	9	1	7	7	7	1	1	2
981	경기 남양주시	주택용 목재펠릿보일러 보급	28,000	산림녹지과	9	2	7	8	7	5	5	4
982	경기 남양주시	산림복합경영단지	80,755	산림녹지과	9	2	7	8	7	5	5	4
983	경기 남양주시	산림작물생산단지	5,487	산림녹지과	9	2	7	8	7	5	5	4
984	경기 남양주시	성형목탄 환경개선	14,000	산림녹지과	9	2	7	8	7	5	5	4
985	경기 남양주시	장애인복지시설 재활프로그램 운영	52,925	장애인복지과	9	1	7	7	7	5	5	4
986	경기 남양주시	노후 공동주택 유지관리 지원사업	80,000	주택과	9	1, 4	7	8	7	5	5	4
987	경기 남양주시	소규모 공동주택 안전점검비용 지원사업	50,000	주택과	9	1, 4	7	8	7	5	5	4
988	경기 군포시	양봉산업육성사업	13,820	지역경제과	9	7	7	8	7	5	5	4

순번	시군구	지출명 (사업명)	2020년예산 (단위:천원/1년간)	담당자 (공무원) 담당부서	민간이전 분류 (지방자치단체 세출예산 집행기준에 의거) 1. 민간경상사업보조(1) 2. 민간단체 법정운영비보조(2) 3. 민간행사사업보조(3) 4. 민간위탁금(4) 5. 사회복지시설 법정운영비보조(5) 6. 민간인위탁교육비(6) 7. 공기관등에대한경상적대행사업비(7) 8. 민간자본사업보조,자체재원(8) 9. 민간자본사업보조,이전재원(9) 10. 민간위탁사업비(10) 11. 공기관등에 대한 자본적 대행사업비(11)	민간이전지출 근거 (지방보조금 관리기준 참고) 1. 법률에 규정 2. 국고보조 재원(국가지정) 3. 용도 지정 기부금 4. 조례에 직접규정 5. 지자체가 권장하는 사업을 하는 공공기관 6. 시,도 정책 및 재정사정 7. 기타 8. 해당없음	입찰방식 계약체결방법 (경쟁형태) 1. 일반경쟁 2. 제한경쟁 3. 지명경쟁 4. 수의계약 5. 법정위탁 6. 기타 ( ) 7. 해당없음	입찰방식 계약기간 1. 1년 2. 2년 3. 3년 4. 4년 5. 5년 6. 기타 ( )년 7. 단기계약 (1년미만) 8. 해당없음	입찰방식 낙찰자선정방법 1. 적격심사 2. 협상에의한계약 3. 최저가낙찰제 4. 규격가격분리 5. 2단계 경쟁입찰 6. 기타 ( ) 7. 해당없음	운영예산 산정 운영예산 산정 1. 내부산정 (지자체 자체 적으로 산정) 2. 외부산정 (외부전문기관 위탁 산정) 3. 내·외부 모두 산정 4. 산정 無 5. 해당없음	운영예산 산정 정산방법 1. 내부정산 (지자체 내부적으로 정산) 2. 외부정산 (외부전문기관 위탁 정산) 3. 내·외부 모두 산정 4. 정산 無 5. 해당없음	성과평가 실시여부 1. 실시 2. 미실시 3. 향후 추진 4. 해당없음
989	경기 군포시	G마크등포장재지원사업	5,230	지역경제과	9	7	7	8	7	5	5	4
990	경기 군포시	독서환경 조성	46,020	중앙도서관	9	6	7	8	7	1	1	1
991	경기 군포시	작은도서관 냉난방기기 구입	17,300	중앙도서관	9	6	7	8	7	1	1	1
992	경기 군포시	작은도서관 도서 및 서가구입	34,800	중앙도서관	9	6	7	8	7	1	1	1
993	경기 군포시	마을공동체 공간조성 지원사업	20,000	정책감사실	9	4	7	8	7	1	1	3
994	경기 군포시	소규모 기업환경 개선사업	145,000	일자리정책과	9	7	7	8	7	5	5	4
995	경기 군포시	저상버스 구입비 지원	183,936	교통과	9	1	7	8	7	5	5	4
996	경기 군포시	어린이집 환경개선	326,000	여성가족과	9	1	7	8	7	5	5	4
997	경기 군포시	어린이집 기능보강	115,860	여성가족과	9	1	7	8	7	5	5	4
998	경기 용인시	장애인거주시설 기능보강	208,456	장애인복지과	9	1	7	7	7	5	5	4
999	경기 용인시	장애인직업재활시설 기능보강	76,950	장애인복지과	9	1	7	7	7	5	5	4
1000	경기 용인시	어린이집 환경개선	60,000	아동보육과	9	1	7	8	7	1	1	3
1001	경기 용인시	어린이집 환경개선	20,000	아동보육과	9	1	7	8	7	1	1	3
1002	경기 용인시	어린이집 기능보강	442,370	아동보육과	9	2	7	8	7	5	5	4
1003	경기 용인시	벼 우량종자 농가자율교환 채종포 운영시범	4,000,000	기술지원과	9	6	7	8	7	5	5	4
1004	경기 용인시	신품종 경기미 가공브랜드 개발시범	40,000	기술지원과	9	6	7	8	7	5	5	4
1005	경기 용인시	경기도 육성 품종쌀 생산단지 조성시범	160,000	기술지원과	9	6	7	8	7	5	5	4
1006	경기 용인시	잡곡류 재배 가공생산기술 시범	80,000	기술지원과	9	6	7	8	7	5	5	4
1007	경기 용인시	경기도 잡곡 종자 생산시번	8,000	기술지원과	9	6	7	8	7	5	5	4
1008	경기 용인시	밭작물 생산비 절감 기술시범	24,000	기술지원과	9	6	7	8	7	5	5	4
1009	경기 용인시	토마토 수경재배 작은뿌리피리 종합관리 기술시범	30,000	기술지원과	9	2	7	8	7	5	5	4
1010	경기 용인시	시설원예 에너지 절감 및 환경개선 시범	34,000	기술지원과	9	2	7	8	7	5	5	4
1011	경기 용인시	혹서기 육계사 냉음용수 급수시스템 활용기술 시범	100,000	기술지원과	9	2	7	8	7	5	5	4
1012	경기 용인시	가금 왕겨자동살포 및 퇴비생력화시스템 보급 시범	70,000	기술지원과	9	2	7	8	7	5	5	4
1013	경기 용인시	스마트 생체정보 관리시스템 보급시범	60,000	기술지원과	9	2	7	8	7	5	5	4
1014	경기 용인시	곤충(누에)사료 활용 실용기술 시범	50,000	기술지원과	9	2	7	8	7	5	5	4
1015	경기 용인시	식용곤충 종충 사육 및 공급시스템 구축시범	200,000	기술지원과	9	2	7	8	7	5	5	4
1016	경기 용인시	고온기 채소 재배환경 개선기술 시범	32,000	기술지원과	9	2	7	8	7	5	5	4
1017	경기 용인시	딸기 육묘기술 보급시범	32,000	기술지원과	9	2	7	8	7	5	5	4
1018	경기 용인시	수출 화훼단지 육성 시범	40,000	기술지원과	9	2	7	8	7	5	5	4
1019	경기 용인시	곤충의 안전생산을 위한 사육시설기반 구축	200,000	기술지원과	9	6	7	8	7	5	5	4
1020	경기 용인시	경영개선 컨설팅 농가 시설개선 지원	36,000	기술지원과	9	6	7	8	7	5	5	4
1021	경기 용인시	농업용관리기 등 소형농기계 지원	297,766	기술지원과	9	6	7	8	7	5	5	4
1022	경기 용인시	농작업 안전관리 강화	18,900	기술지원과	9	6	7	8	7	5	5	4
1023	경기 용인시	유실유기동물 입양비 지원	10,000	동물보호과	9	2	7	8	7	5	5	4
1024	경기 용인시	영농현장애로기술지원사업	8,000	자원육성과	9	6	7	8	7	5	5	4
1025	경기 용인시	청년농업인 안정화 시범	40,000	자원육성과	9	6	7	8	7	5	5	4
1026	경기 용인시	청년농업인4-H회원 신규영농정착시범	24,000	자원육성과	9	6	7	8	7	5	5	4
1027	경기 용인시	영농현장애로기술사업	50,000	자원육성과	9	6	7	8	7	5	5	4
1028	경기 용인시	농업인 소규모 가공사업장 시설개선	40,000	자원육성과	9	6	7	8	7	5	5	4
1029	경기 용인시	로컬푸드 농가형 곁두리 시범	80,000	자원육성과	9	6	7	8	7	5	5	4
1030	경기 용인시	농업인 소규모 창업기술시범	50,000	자원육성과	9	2	7	8	7	5	5	4
1031	경기 용인시	농작업 안전편이장비 보급 시범	100,000	자원육성과	9	6	7	8	7	5	5	4
1032	경기 용인시	농촌마을 공동농장 조성 시범	180,000	자원육성과	9	6	7	8	7	5	5	4
1033	경기 용인시	벼 우량종자 농가자율교환 채종포 운영시범	4,000,000	기술지원과	9	6	7	8	7	5	5	4

순번	시군구	지출명 (사업명)	2020년예산 (단위:천원/1년간)	담당자 (공무원) 담당부서	민간이전 분류 (지방자치단체 세출예산 집행기준에 의거) 1. 민간경상사업보조(1) 2. 민간단체 법정운영비보조(2) 3. 민간행사사업보조(3) 4. 민간위탁금(4) 5. 사회복지시설 법정운영비보조(5) 6. 민간인위탁교육비(6) 7. 공기관등에대한경상적대행사업비(7) 8. 민간자본사업보조,자체재원(8) 9. 민간자본사업보조,이전재원(9) 10. 민간위탁사업비(10) 11. 공기관등에 대한 자본적 대행사업비(11)	민간이전지출 근거 (지방보조금 관리기준 참고) 1. 법률에 규정 2. 국고보조 재원(국가지정) 3. 용도 지정 기부금 4. 조례에 직접규정 5. 지자체가 권장하는 사업을 하는 공공기관 6. 시,도 정책 및 재정사정 7. 기타 8. 해당없음	입찰방식 계약체결방법 (경쟁형태) 1. 일반경쟁 2. 제한경쟁 3. 지명경쟁 4. 수의계약 5. 법정위탁 6. 기타 ( ) 7. 해당없음	입찰방식 계약기간 1. 1년 2. 2년 3. 3년 4. 4년 5. 5년 6. 기타 ( )년 7. 단기계약 (1년미만) 8. 해당없음	입찰방식 낙찰자선정방법 1. 적격심사 2. 협상에의한계약 3. 최저가낙찰제 4. 규격가격분리 5. 2단계 경쟁입찰 6. 기타 ( ) 7. 해당없음	운영예산 산정 운영예산 산정 1. 내부산정 (지자체 자체적으로 산정) 2. 외부산정 (외부전문기관위탁 산정) 3. 내·외부 모두 산정 4. 산정 無 5. 해당없음	운영예산 산정 정산방법 1. 내부정산 (지자체 내부적으로 정산) 2. 외부정산 (외부전문기관위탁 정산) 3. 내·외부 모두 산정 4. 정산 無 5. 해당없음	성과평가 실시여부 1. 실시 2. 미실시 3. 향후 추진 4. 해당없음
1034	경기 용인시	신품종 경기미 가공브랜드 개발시범	40,000	기술지원과	9	6	7	8	7	5	5	4
1035	경기 용인시	경기도 육성 품종쌀 생산단지 조성시범	160,000	기술지원과	9	6	7	8	7	5	5	4
1036	경기 용인시	잡곡류 재배 가공생산기술 시범	80,000	기술지원과	9	6	7	8	7	5	5	4
1037	경기 용인시	경기도 잡곡 종자 생산시번	8,000	기술지원과	9	6	7	8	7	5	5	4
1038	경기 용인시	밭작물 생산비 절감 기술시범	24,000	기술지원과	9	6	7	8	7	5	5	4
1039	경기 용인시	토마토 수경재배 작은뿌리피리 종합관리 기술시범	30,000	기술지원과	9	2	7	8	7	5	5	4
1040	경기 용인시	시설원예 에너지 절감 및 환경개선 시범	34,000	기술지원과	9	2	7	8	7	5	5	4
1041	경기 용인시	혹서기 육계사 냉음용수 급수시스템 활용기술 시범	100,000	기술지원과	9	2	7	8	7	5	5	4
1042	경기 용인시	가금 왕겨자동살포 및 퇴비생력화시스템 보급 시범	70,000	기술지원과	9	2	7	8	7	5	5	4
1043	경기 용인시	스마트 생체정보 관리시스템 보급시범	60,000	기술지원과	9	2	7	8	7	5	5	4
1044	경기 용인시	곤충(누에)사료 활용 실용기술 시범	50,000	기술지원과	9	2	7	8	7	5	5	4
1045	경기 용인시	식용곤충 종충 사육 및 공급시스템 구축시범	200,000	기술지원과	9	2	7	8	7	5	5	4
1046	경기 용인시	고온기 채소 재배환경 개선기술 시범	32,000	기술지원과	9	2	7	8	7	5	5	4
1047	경기 용인시	딸기 육묘기술 보급시범	32,000	기술지원과	9	2	7	8	7	5	5	4
1048	경기 용인시	수출 화훼단지 육성 시범	40,000	기술지원과	9	2	7	8	7	5	5	4
1049	경기 용인시	곤충의 안전생산을 위한 사육시설기반 구축	200,000	기술지원과	9	6	7	8	7	5	5	4
1050	경기 용인시	경영개선 컨설팅 농가 시설개선 지원	36,000	기술지원과	9	6	7	8	7	5	5	4
1051	경기 용인시	농업용관리기 등 소형농기계 지원	297,766	기술지원과	9	6	7	8	7	5	5	4
1052	경기 용인시	농작업 안전관리 강화	18,900	기술지원과	9	6	7	8	7	5	5	4
1053	경기 용인시	독서환경 조성	189,400	도서관정책과	9	4	7	8	7	5	5	4
1054	경기 용인시	야생동물 피해예방 사업	39,600	환경과	9	1	7	8	7	1	1	4
1055	경기 용인시	가축전염병 차단방역시설 설치	40,000	산업과	9	1	7	8	7	1	1	4
1056	경기 파주시	작은도서관 냉난방지원	7,500	교육지원과	9	6	7	8	7	5	5	4
1057	경기 파주시	농업인 학습단체 경쟁력 제고	1,600,000	농업진흥과	9	2	7	8	7	1	1	4
1058	경기 파주시	청년농업인 안정화 시범사업	40,000	농업진흥과	9	6	7	8	7	1	1	4
1059	경기 파주시	농촌치유농장육성	24,000	농업진흥과	9	6	7	8	7	1	1	4
1060	경기 파주시	경영개선 컨설팅 농가 시설개선 지원	12,000	농업진흥과	9	1	7	8	7	1	1	4
1061	경기 파주시	공영버스 구입지원	101,250	대중교통과	9	1	7	7	7	1	1	4
1062	경기 파주시	저상버스 구입보조	275,904	대중교통과	9	1	7	7	7	1	1	4
1063	경기 파주시	광역버스 비상자동제동장치 장착 지원	35,000	대중교통과	9	1	7	7	7	1	1	4
1064	경기 파주시	전통사찰 보수정비	224,000	문화예술과	9	1	7	8	7	5	5	4
1065	경기 파주시	전통사찰 보수정비	240,000	문화예술과	9	1	7	8	7	5	5	4
1066	경기 파주시	전통사찰 보수정비	240,000	문화예술과	9	1	7	8	7	5	5	4
1067	경기 파주시	전통사찰 소화시설 설치 및 보수사업	240,000	문화예술과	9	1	7	8	7	5	5	4
1068	경기 파주시	전통사찰 소화시설 설치 및 보수사업	160,000	문화예술과	9	1	7	8	7	5	5	4
1069	경기 파주시	푸드뱅크운영장비지원	24,000	복지정책과	9	2	7	8	7	5	1	2
1070	경기 파주시	농업신기술시범	434,000	스마트농업과	9	2	7	8	7	5	5	4
1071	경기 파주시	노린재류 친환경 방제	24,000	스마트농업과	9	6	7	8	7	5	5	4
1072	경기 파주시	가공유통 연계 밭작물 신기술단지 조성	120,000	스마트농업과	9	6	7	8	7	5	5	4
1073	경기 파주시	지역활력화 작목 기반 조성	200,000	스마트농업과	9	6	7	8	7	5	5	4
1074	경기 파주시	특용작물 생산 시설 현대화	72,500	스마트농업과	9	2	7	8	7	5	5	4
1075	경기 파주시	인삼 병해충 방제체계 개선 보급 시범	24,000	스마트농업과	9	6	7	8	7	5	5	4
1076	경기 파주시	학습애완곤충 이용 곤충산업 인식 개선	24,000	스마트농업과	9	6	7	8	7	5	5	4
1077	경기 파주시	친환경 천연 농약 생산 지원	6,000	스마트농업과	9	6	7	8	7	5	5	4
1078	경기 파주시	시설하우스 화재알림 시설 지원	128,000	스마트농업과	9	6	7	8	7	5	5	4

순번	시군구	지출명 (사업명)	2020년예산 (단위:천원/1년간)	담당자 (공무원) 담당부서	민간이전 분류 (지방자치단체 세출예산 집행기준에 의거) 1. 민간경상사업보조(1) 2. 민간단체 법정운영비보조(2) 3. 민간행사사업보조(3) 4. 민간위탁금(4) 5. 사회복지시설 법정운영비보조(5) 6. 민간인위탁교육비(6) 7. 공기관등에대한경상적대행사업비(7) 8. 민간자본사업보조,자체재원(8) 9. 민간자본사업보조,이전재원(9) 10. 민간위탁사업비(10) 11. 공기관등에 대한 자본적 대행사업비(11)	민간이전지출 근거 (지방보조금 관리기준 참고) 1. 법률에 규정 2. 국고보조 재원(국가지정) 3. 용도 지정 기부금 4. 조례에 직접규정 5. 지자체가 권장하는 사업을 하는 공공기관 6. 시,도 정책 및 재정사정 7. 기타 8. 해당없음	입찰방식 계약체결방법 (경쟁형태) 1. 일반경쟁 2. 제한경쟁 3. 지명경쟁 4. 수의계약 5. 법정위탁 6. 기타 ( ) 7. 해당없음	계약기간 1. 1년 2. 2년 3. 3년 4. 4년 5. 5년 6. 기타 ( )년 7. 단기계약 (1년미만) 8. 해당없음	낙찰자선정방법 1. 적격심사 2. 협상에의한계약 3. 최저가낙찰제 4. 규격가격분리 5. 2단계 경쟁입찰 6. 기타 ( ) 7. 해당없음	운영예산 산정 운영예산 산정 1. 내부산정 (지자체 자체적으로 산정) 2. 외부산정 (외부전문기관위탁 산정) 3. 내·외부 모두 산정 4. 산정 無 5. 해당없음	정산방법 1. 내부정산 (지자체 내부적으로 정산) 2. 외부정산 (외부전문기관위탁 정산) 3. 내·외부 모두 산정 4. 정산 無 5. 해당없음	성과평가 실시여부 1. 실시 2. 미실시 3. 향후 추진 4. 해당없음
1079	경기 파주시	천적이용 병해충 방제	8,000	스마트농업과	9	6	7	8	7	5	5	4
1080	경기 파주시	시설원예 스마트팜 기술 보급 시범	80,000	스마트농업과	9	6	7	8	7	5	5	4
1081	경기 파주시	농작물 병해충 방제비 지원	109,740	스마트농업과	9	2	7	8	7	5	5	4
1082	경기 파주시	수입과일대응 국내육성품종 확대 보급	64,000	스마트농업과	9	6	7	8	7	5	5	4
1083	경기 파주시	미니사과 생산단지 조성	48,000	스마트농업과	9	6	7	8	7	5	5	4
1084	경기 파주시	과수 안정생산을 위한 종합관리	40,000	스마트농업과	9	6	7	8	7	5	5	4
1085	경기 파주시	공공급식용 안전 과수 생산	40,000	스마트농업과	9	6	7	8	7	5	5	4
1086	경기 파주시	국내 육성 우수 신품종 보급	100,000	스마트농업과	9	6	7	8	7	5	5	4
1087	경기 파주시	다함께돌봄센터 설치비 지원	138,394	여성가족과	9	2	7	8	7	5	5	4
1088	경기 파주시	지역아동센터 환경개선 지원	60,000	여성가족과	9	2	7	8	7	1	1	4
1089	경기 파주시	운행경유차 배출가스 저감	10,930	환경보전과	9	2	7	8	7	5	5	4
1090	경기 파주시	보증기간 경과장치 성능유지 관리	76,196	환경보전과	9	2	7	8	7	5	5	4
1091	경기 파주시	전기자동차 구매 지원	3,002,000	환경보전과	9	2	7	8	7	5	5	4
1092	경기 파주시	전기이륜차 보급	69,000	환경보전과	9	2	7	8	7	5	5	4
1093	경기 파주시	수소전기차 보급	325,000	환경보전과	9	2	7	8	7	5	5	4
1094	경기 파주시	천연가스차량 구입비 보조	312,000	환경보전과	9	2	7	8	7	5	5	4
1095	경기 파주시	어린이 통학차량 LPG차 전환 지원	83,332	환경보전과	9	2	7	8	7	5	5	4
1096	경기 파주시	저녹스버너 보급	99,693	환경보전과	9	2	7	8	7	5	5	4
1097	경기 파주시	가정용저녹스보일러 보급	1,020,000	환경보전과	9	2	7	8	7	5	5	4
1098	경기 파주시	주유소 유증기 회수설비 설치지원	107,100	환경보전과	9	2	7	8	7	5	5	4
1099	경기 시흥시	아쿠아펫랜드 조성사업 지원	1,735,000	미래전략담당관	9	2	7	8	7	1	1	4
1100	경기 시흥시	여성친화기업 근무환경개선	10,000	일자리총괄과	9	1, 4	7	8	7	1	1	3
1101	경기 시흥시	소규모 기업환경 개선사업	607,000	기업지원과	9	2, 4	7	8	7	1	1	1
1102	경기 시흥시	공동주택 미니태양광 설치 지원사업	60,300	기업지원과	9	4	7	8	7	5	5	4
1103	경기 시흥시	에너지자립마을 지원사업	971,170	기업지원과	9	2, 4	7	8	7	5	5	4
1104	경기 시흥시	저상버스 도입보조	367,872	대중교통과	9	1, 2, 6	7	8	7	1	1	4
1105	경기 시흥시	광역버스 비상자동제동장치 장착지원	2,500,000	대중교통과	9	1, 2, 6	7	8	7	1	1	4
1106	경기 시흥시	장애인복지시설 기능보강	59,823	장애인복지과	9	2	2	8	7	2	1	4
1107	경기 시흥시	가정폭력피해자 보호시설 기능보강비	7,800	여성가족과	9	2	4	5	7	5	1	4
1108	경기 시흥시	운행차 배출가스 저감사업	10,990	환경정책과	9	2	7	8	7	1	1	4
1109	경기 시흥시	천연가스자동차 보급사업	348,000	환경정책과	9	2	7	8	7	1	1	4
1110	경기 시흥시	전기자동차 구매 지원	2,823,000	환경정책과	9	2	7	8	7	1	1	4
1111	경기 시흥시	전기이륜차 구매 지원	115,000	환경정책과	9	2	7	8	7	1	1	4
1112	경기 시흥시	어린이 통학차량의 LPG차 전환사업	149,998	환경정책과	9	8	7	8	7	1	1	4
1113	경기 시흥시	수소연료전지차 구매 지원	422,500	환경정책과	9	2	7	8	7	1	1	4
1114	경기 시흥시	사업용 저녹스버너 설치지원 사업	15,347	대기정책과	9	2	7	8	7	5	5	4
1115	경기 시흥시	가정용 저녹스보일러 설치지원 사업	1,020,000	대기정책과	9	2	7	8	7	5	5	4
1116	경기 시흥시	소규모 영세사업장 방지시설 지원사업	900,000	대기정책과	9	2	7	8	7	5	5	4
1117	경기 시흥시	노후 공동주택 유지관리 보조금 지원	40,000	주택과	9	6	7	8	7	5	5	4
1118	경기 시흥시	마을공동체 주민제안 공모사업	60,000	주민자치과	9	6	7	8	7	5	5	4
1119	경기 시흥시	GAP 위생시설 보완지원	49,650	농업정책과	9	2	7	8	7	5	5	4
1120	경기 시흥시	양봉산업 육성사업	30,820	축수산과	9	6	7	8	7	1	1	3
1121	경기 시흥시	친환경 에너지절감장비 보급	24,400	축수산과	9	2	7	8	7	1	1	4
1122	경기 시흥시	어선사고 예방시스템 구축	16,212	축수산과	9	2	7	8	7	5	5	4
1123	경기 시흥시	천적이용 병해충 방제시범	8,000	농업기술과	9	6	7	8	7	5	5	4

순번	시군구	지출명 (사업명)	2020년예산 (단위:천원/1년간)	담당자 (공무원)	민간이전 분류 (지방자치단체 세출예산 집행기준에 의거)	민간이전지출 근거 (지방보조금 관리기준 참고)	입찰방식			운영예산 산정		성과평가 실시여부
				담당부서	1. 민간경상사업보조(1) 2. 민간단체 법정운영비보조(2) 3. 민간행사사업보조(3) 4. 민간위탁금(4) 5. 사회복지시설 법정운영비보조(5) 6. 민간인위탁교육비(6) 7. 공기관등에대한경상적대행사업비(7) 8. 민간자본사업보조,자체재원(8) 9. 민간자본사업보조,이전재원(9) 10. 민간위탁사업비(10) 11. 공기관등에 대한 자본적 대행사업비(11)	1. 법률에 규정 2. 국고보조 재원(국가지정) 3. 용도 지정 기부금 4. 조례에 직접규정 5. 지자체가 권장하는 사업을 하는 공공기관 6. 시,도 정책 및 재정사정 7. 기타 8. 해당없음	계약체결방법 (경쟁형태) 1. 일반경쟁 2. 제한경쟁 3. 지명경쟁 4. 수의계약 5. 법정위탁 6. 기타 ( ) 7. 해당없음	계약기간 1. 1년 2. 2년 3. 3년 4. 4년 5. 5년 6. 기타 ( )년 7. 단기계약 (1년미만) 8. 해당없음	낙찰자선정방법 1. 적격심사 2. 협상에의한계약 3. 최저가낙찰제 4. 규격가격분리 5. 2단계 경쟁입찰 6. 기타 ( ) 7. 해당없음	운영예산 산정 1. 내부산정 (지자체 자체 적으로 산정) 2. 외부산정 (외부전문기관 위탁 산정) 3. 내·외부 모두 산정 4. 산정 無 5. 해당없음	정산방법 1. 내부정산 (지자체 내부적 으로 정산) 2. 외부정산 (외부전문기관 위탁 정산) 3. 내·외부 모두 산정 4. 정산 無 5. 해당없음	1. 실시 2. 미실시 3. 향후 추진 4. 해당없음
1124	경기 시흥시	과수 안전생산을 위한 종합관리 시범	40,000	농업기술과	9	6	7	8	7	5	5	4
1125	경기 시흥시	복숭아 생력적화기 활용 결실안정 시범	8,000	농업기술과	9	6	7	8	7	5	5	4
1126	경기 시흥시	벼 우량종자 채종포 생산 시범	4,000,000	농업기술과	9	4	7	8	7	5	5	4
1127	경기 시흥시	치유농장 조성지원	24,000	농업기술과	9	6	7	8	7	5	5	4
1128	경기 시흥시	작은도서관 냉난방기기 지원	5,250	중앙도서관	9	6	7	1	7	1	1	2
1129	경기 시흥시	작은도서관 독서환경 조성 지원	34,400	중앙도서관	9	6	7	1	7	1	1	2
1130	경기 안성시	안성시시설관리공단 운영 지원	21,162	정책기획담당관	9	5	7	8	7	1	1	1
1131	경기 안성시	교통약자 특별교통수단 운영	900,000	교통정책과	9	5	7	8	7	1	1	1
1132	경기 김포시	마을공동체공간조성지원사업	60,000	주민협치담당관	9	4	7	8	7	1	1	1
1133	경기 김포시	한옥 건축 지원 사업	120,000	건축과	9	4	7	8	7	5	5	4
1134	경기 김포시	저상버스 도입보조	919,680	대중교통과	9	2	7	8	7	2	1	4
1135	경기 김포시	2층 버스 도입 지원	3,200,000	대중교통과	9	2	7	8	7	2	1	4
1136	경기 김포시	농어촌 공영버스 구입지원	67,500	대중교통과	9	2	7	8	7	2	1	4
1137	경기 김포시	광역버스 비상자동제동장치 장착 지원	7,500	대중교통과	9	2	7	8	7	2	1	4
1138	경기 김포시	노후 공동주택 유지관리 지원	160,000	주택과	9	1	7	8	7	3	3	1
1139	경기 김포시	농어촌 장애인주택 개조사업	7,600	주택과	9	1	7	8	7	3	3	1
1140	경기 광주시	한옥건축 지원사업	80,000	건축과	9	6	7	8	7	5	5	4
1141	경기 광주시	소규모 기업 환경 개선사업	391,589	기업지원과	9	4	7	8	7	5	5	4
1142	경기 광주시	도시가스 공급지원	308,000	기업지원과	9	4	7	8	7	2	1	4
1143	경기 광주시	LPG 소형저장탱크 보급사업	646,703	기업지원과	9	1	7	8	7	2	1	4
1144	경기 광주시	미니태양광 보급사업	20,100	기업지원과	9	4	7	8	7	1	1	4
1145	경기 광주시	장애인직업재활시설 기능보강사업	274,541	노인장애인과	9	1	7	8	7	5	1	4
1146	경기 광주시	노인일자리 창출 지원	20,000	노인장애인과	9	1	7	8	7	1	1	1
1147	경기 광주시	소규모 영세사업장 방지시설 지원사업	70,000	녹색환경과	9	2	7	8	7	5	1	4
1148	경기 광주시	주유소 유증기회수 설비 설치 지원사업	153,000	녹색환경과	9	2	7	8	7	5	1	4
1149	경기 광주시	전기자동차 보급 및 충전인프라 구축	1,377,000	녹색환경과	9	2	7	8	7	5	1	4
1150	경기 광주시	어린이 통학차량 LPG차 전환사업	149,998	녹색환경과	9	2	7	8	7	5	1	4
1151	경기 광주시	보증기간 경과장치 성능유지관리	3,150,000	녹색환경과	9	2	7	8	7	5	1	3
1152	경기 광주시	저녹스 버너 설치 지원	48,020	녹색환경과	9	2	7	8	7	5	1	4
1153	경기 광주시	가정용 저녹스보일러 설치지원	42,000	녹색환경과	9	2	7	8	7	5	1	4
1154	경기 광주시	친환경 G마크 안전 먹거리 생산기반 지원사업	52,220	농업정책과	9	6	7	8	7	1	1	4
1155	경기 광주시	식품소재 및 반가공 산업육성 사업	636,000	농업정책과	9	2	7	8	7	1	1	4
1156	경기 광주시	선택형맞춤농정사업	236,250	농업정책과	9	1	7	8	7	1	1	1
1157	경기 광주시	농업기계화사업	96,667	농업정책과	9	1	7	8	7	1	1	1
1158	경기 광주시	농업분야 에너지절감시설 지원	44,897	농업정책과	9	1	7	8	7	1	1	1
1159	경기 광주시	농업기계 등화장치 부착지원	9,100	농업정책과	9	1	7	8	7	1	1	1
1160	경기 광주시	농작업안전관리 강화사업	14,850	농업정책과	9	1	7	8	7	1	1	1
1161	경기 광주시	환경친화형농자재 지원	36,667	농업정책과	9	1	7	8	7	1	1	1
1162	경기 광주시	고추비가림 재배시설 지원	21,780	농업정책과	9	1	7	8	7	1	1	1
1163	경기 광주시	에너지절감형 농업난방시설지원	30,000	농업정책과	9	1	7	8	7	1	1	1
1164	경기 광주시	가축분뇨처리지원사업	48,000	농업정책과	9	2	7	8	7	1	1	1
1165	경기 광주시	다용도 축산분뇨처리장비 지원사업	30,000	농업정책과	9	6	7	8	7	1	1	1
1166	경기 광주시	양봉산업 육성사업	70,020	농업정책과	9	6	7	8	7	1	1	1
1167	경기 광주시	승마장 육성 지원	25,000	농업정책과	9	6	7	8	7	1	1	1
1168	경기 광주시	축산 낙뢰피해 방지시스템 구축	2,500,000	농업정책과	9	6	7	8	7	1	1	1

순번	시군구	지출명 (사업명)	2020년예산 (단위:천원/1년간)	담당자 (공무원) 담당부서	민간이전 분류 (지방자치단체 세출예산 집행기준에 의거) 1. 민간경상사업보조(1) 2. 민간단체 법정운영비보조(2) 3. 민간행사사업보조(3) 4. 민간위탁금(4) 5. 사회복지시설 법정운영비보조(5) 6. 민간인위탁교육비(6) 7. 공기관등에대한경상적대행사업비(7) 8. 민간자본사업보조,자체재원(8) 9. 민간자본사업보조,이전재원(9) 10. 민간위탁사업비(10) 11. 공기관등에 대한 자본적 대행사업비(11)	민간이전지출 근거 (지방보조금 관리기준 참고) 1. 법률에 규정 2. 국고보조 재원(국가지정) 3. 용도 지정 기부금 4. 조례에 직접규정 5. 지자체가 권장하는 사업을 하는 공공기관 6. 시,도 정책 및 재정사정 7. 기타 8. 해당없음	입찰방식: 계약체결방법 (경쟁형태) 1. 일반경쟁 2. 제한경쟁 3. 지명경쟁 4. 수의계약 5. 법정위탁 6. 기타 ( ) 7. 해당없음	입찰방식: 계약기간 1. 1년 2. 2년 3. 3년 4. 4년 5. 5년 6. 기타 ( )년 7. 단기계약 (1년미만) 8. 해당없음	입찰방식: 낙찰자선정방법 1. 적격심사 2. 협상에의한계약 3. 최저가낙찰제 4. 규격가격분리 5. 2단계 경쟁입찰 6. 기타 ( ) 7. 해당없음	운영예산 산정: 운영예산 산정 1. 내부산정 (지자체 자체 적으로 산정) 2. 외부산정 (외부전문기관 위탁 산정) 3. 내·외부 모두 산정 4. 산정 無 5. 해당없음	운영예산 산정: 정산방법 1. 내부정산 (지자체 내부적으로 정산) 2. 외부정산 (외부전문기관 위탁 정산) 3. 내·외부 모두 산정 4. 정산 無 5. 해당없음	성과평가 실시여부 1. 실시 2. 미실시 3. 향후 추진 4. 해당없음
1169	경기 광주시	계란 냉장차량 지원사업	30,000	농업정책과	9	2	7	8	7	1	1	1
1170	경기 광주시	가축전염병 차단방역 시설지원	10,000	농업정책과	9	6	7	8	7	4	1	4
1171	경기 광주시	4-H회 육성지원	64,000	농업지원과	9	1	7	8	7	1	1	3
1172	경기 광주시	영농현장애로기술사업	50,000	농업지원과	9	1	7	8	7	1	1	3
1173	경기 광주시	작목별 맞춤형 안전관리 실천시범	50,000	농업지원과	9	2	7	8	7	1	1	3
1174	경기 광주시	농작업 안전관리 지원	150,000	농업지원과	9	1	7	8	7	1	1	3
1175	경기 광주시	도시농업 활성화 지원	64,000	농업지원과	9	1	7	8	7	1	1	3
1176	경기 광주시	저상버스 도입·운영비	91,968	대중교통과	9	1	7	8	7	5	1	4
1177	경기 광주시	농어촌 공영버스 구입	33,750	대중교통과	9	1	7	8	7	5	1	4
1178	경기 광주시	경기명품쌀 생산 새기술보급	4,000,000	도시농업과	9	6	7	8	7	1	1	2
1179	경기 광주시	원예새기술보급	40,000	도시농업과	9	6	7	8	7	1	1	2
1180	경기 광주시	농업 신기술 시범	164,000	도시농업과	9	2	7	8	7	1	1	2
1181	경기 광주시	과수 새기술보급	24,000	도시농업과	9	6	7	8	7	1	1	2
1182	경기 광주시	ICT융합 원예스마트팜 기술보급	64,000	도시농업과	9	6	7	8	7	1	1	2
1183	경기 광주시	지역 활력화 작목 기반조성	200,000	도시농업과	9	6	7	8	7	1	1	2
1184	경기 광주시	축산새기술보급	32,000	도시농업과	9	6	7	8	7	1	1	2
1185	경기 광주시	곤충산업 육성 지원	64,000	도시농업과	9	6	7	8	7	1	1	2
1186	경기 광주시	농업경영체 육성	12,000	도시농업과	9	6	7	8	7	1	1	2
1187	경기 광주시	따복공동체 주민제안 공모사업	20,000	도시재생담당관	9	4	7	8	7	1	1	1
1188	경기 광주시	전통사찰 방재시스템 유지보수	360,000	문화관광과	9	8	2	7	1	1	1	3
1189	경기 광주시	목재펠릿보일러 보급	14,000	산림농지과	9	2	7	8	7	5	5	4
1190	경기 광주시	산양삼생산과정확인	200,000	산림농지과	9	2	7	8	7	5	5	4
1191	경기 광주시	작은도서관 운영지원	23,700	시립중앙도서관	9	4	7	8	7	5	5	4
1192	경기 광주시	건강가정다문화가족지원센터 기능보강사업	5,000	여성보육과	9	4	7	8	7	5	5	4
1193	경기 광주시	어린이집 환경개선	62,000	여성보육과	9	1	7	8	7	5	1	2
1194	경기 광주시	어린이집 확충	30,000	여성보육과	9	1	7	8	7	5	1	2
1195	경기 양주시	노인일자리 취창업 초기투자비 지원	9,000	사회복지과	9	1	7	8	7	2	1	1
1196	경기 양주시	장애인거주시설 기능보강	92,148	복지지원과	9	1	7	8	7	1	1	4
1197	경기 양주시	공립 어린이집 확충	50,000	여성보육과	9	2	7	8	7	5	5	4
1198	경기 양주시	전통사찰 소화시설 설치 및 보수사업	168,000	문화관광과	9	1	7	8	7	5	5	4
1199	경기 양주시	마을공동체 공모사업 지원	20,000	일자리정책과	9	6	7	8	7	5	5	4
1200	경기 양주시	소규모 기업환경 개선사업 지원	367,000	기업경제과	9	4	7	8	7	1	1	1
1201	경기 양주시	야생동물 피해예방사업	30,000	환경관리과	9	1	7	8	7	5	5	4
1202	경기 양주시	운행경유차 배출가스 저감사업	9,081	환경관리과	9	2	7	8	7	5	5	4
1203	경기 양주시	천연가스차량 구입비 보조	55,000	환경관리과	9	2	7	8	7	5	5	4
1204	경기 양주시	전기자동차 구매지원	3,681,000	환경관리과	9	2	7	8	7	5	5	4
1205	경기 양주시	전기이륜차 구매지원	23,000	환경관리과	9	2	7	8	7	5	5	4
1206	경기 양주시	어린이 통학차량의 LPG차 전환 지원 사업	79,166	환경관리과	9	2	7	8	7	5	5	4
1207	경기 양주시	수소연료전지차 구매지원	162,500	환경관리과	9	2	7	8	7	5	5	4
1208	경기 양주시	저녹스버너 보급사업	121,240	환경관리과	9	2	7	8	7	5	5	4
1209	경기 양주시	가정용 저녹스보일러 보급사업	815,000	환경관리과	9	2	7	8	7	5	5	4
1210	경기 양주시	주유소 유증기 회수설비 설치 지원사업	37,400	환경관리과	9	2	7	8	7	5	5	4
1211	경기 양주시	저상버스 도입 지원	551,808	대중교통과	9	1	7	8	7	5	5	4
1212	경기 양주시	군장병 이용 편의시설 조성 시범사업	300,000	도시계획과	9	6	7	8	7	5	5	4
1213	경기 양주시	목재펠릿보일러 보급사업	8,000	산림휴양과	9	2	7	8	7	5	5	4

순번	시군구	지출명 (사업명)	2020년예산 (단위:천원/1년간)	담당자 (공무원) 담당부서	민간이전 분류 (지방자치단체 세출예산 집행기준에 의거) 1. 민간경상사업보조(1) 2. 민간단체 법정운영비보조(2) 3. 민간행사사업보조(3) 4. 민간위탁금(4) 5. 사회복지시설 법정운영비보조(5) 6. 민간인위탁교육비(6) 7. 공기관등에대한경상적대행사업비(7) 8. 민간자본사업보조,자체재원(8) 9. 민간자본사업보조,이전재원(9) 10. 민간위탁사업비(10) 11. 공기관등에 대한 자본적 대행사업비(11)	민간이전지출 근거 (지방보조금 관리기준 참고) 1. 법률에 규정 2. 국고보조 재원(국가지정) 3. 용도 지정 기부금 4. 조례에 직접규정 5. 지자체가 권장하는 사업을 하는 공공기관 6. 시,도 정책 및 재정사정 7. 기타 8. 해당없음	입찰방식 계약체결방법 (경쟁형태) 1. 일반경쟁 2. 제한경쟁 3. 지명경쟁 4. 수의계약 5. 법정위탁 6. 기타 ( ) 7. 해당없음	입찰방식 계약기간 1. 1년 2. 2년 3. 3년 4. 4년 5. 5년 6. 기타 ( )년 7. 단기계약 (1년미만) 8. 해당없음	입찰방식 낙찰자선정방법 1. 적격심사 2. 협상에의한계약 3. 최저가낙찰제 4. 규격가격분리 5. 2단계 경쟁입찰 6. 기타 ( ) 7. 해당없음	운영예산 산정 운영예산 산정 1. 내부산정 (지자체 자체 적으로 산정) 2. 외부산정 (외부전문기관 위탁 산정) 3. 내·외부 모두 산정 4. 산정 無 5. 해당없음	운영예산 산정 정산방법 1. 내부정산 (지자체 내부적 으로 정산) 2. 외부정산 (외부전문기관 위탁 정산) 3. 내·외부 모두 산정 4. 정산 無 5. 해당없음	성과평가 실시여부 1. 실시 2. 미실시 3. 향후 추진 4. 해당없음
1214	경기 양주시	목재펠릿보일러 보급사업	14,000	산림휴양과	9	2	7	8	7	5	5	4
1215	경기 양주시	목재산업시설 현대화	120,000	산림휴양과	9	2	7	8	7	5	5	4
1216	경기 양주시	임산물 생산기반 조성사업	50,000	산림휴양과	9	2	7	8	7	5	5	4
1217	경기 양주시	농작업 안전관리 강화	18,900	농업정책과	9	1	7	8	7	5	5	4
1218	경기 양주시	내수면 양식장 경쟁력 지원	1,000,000	농업정책과	9	1	4	4	4	5	5	4
1219	경기 양주시	신선농산물 수출단지 시설개선	7,000	농업정책과	9	6	7	8	7	5	5	4
1220	경기 양주시	접경지역 군납활성화 지원	57,000	농업정책과	9	6	7	8	7	5	5	4
1221	경기 양주시	경기 떡 산업 활성화 지원사업	15,000	농업정책과	9	7	7	8	7	5	5	4
1222	경기 양주시	농업분야 에너지절감시설 지원	258,390	농업정책과	9	2	7	8	7	1	1	1
1223	경기 양주시	시설원예현대화 지원	188,993	농업정책과	9	2	7	8	7	1	1	1
1224	경기 양주시	에너지절감형 농업난방시설 지원	43,955	농업정책과	9	1	7	8	7	1	1	1
1225	경기 양주시	환경친화형농자재 지원	196,667	농업정책과	9	1	7	8	7	1	1	1
1226	경기 양주시	원예분야 ICT융복합지원	113,160	농업정책과	9	2	7	8	7	1	1	1
1227	경기 양주시	고추비가림 재배시설 지원	17,500	농업정책과	9	2	7	8	7	1	1	1
1228	경기 양주시	여성.노약자 농업용관리기 등 지원	85,901	농업정책과	9	8	7	7	7	5	1	4
1229	경기 양주시	로컬푸드 연중생산체계 구축	34,200	농업정책과	9	4	4	7	2	1	1	4
1230	경기 양주시	특용작물(버섯) 시설현대화 지원 사업	2,500,000	농업정책과	9	2	7	8	7	5	5	4
1231	경기 양주시	농촌 치유자원 상품화 시범	100,000	농촌관광과	9	2	7	8	7	1	1	1
1232	경기 양주시	농촌치유농장 육성	24,000	농촌관광과	9	6	7	8	7	1	1	1
1233	경기 양주시	농촌에듀팜 육성	40,000	농촌관광과	9	6	7	8	7	1	1	1
1234	경기 양주시	곤충사육 병해충 방제 시범	8,000	농촌관광과	9	6	7	8	7	1	1	1
1235	경기 양주시	농업인 소규모 가공사업장 시설장비 개선시범	80,000	농촌관광과	9	6	7	8	7	1	1	1
1236	경기 양주시	농산물 가공창업시범	40,000	농촌관광과	9	6	7	8	7	1	1	1
1237	경기 양주시	농촌어르신 복지생활 실천시범	50,000	농촌관광과	9	6	7	8	7	1	1	1
1238	경기 양주시	작목별 맞춤형 안전관리 실천시범	50,000	농촌관광과	9	2	7	8	7	1	1	1
1239	경기 양주시	농작업자 개인보호구 보급시범	20,000	농촌관광과	9	6	7	8	7	1	1	1
1240	경기 양주시	청년농업인4-H회원 신규 영농정착시범	24,000	농촌관광과	9	6	7	8	7	1	1	1
1241	경기 양주시	경기도 잡곡 종자 생산 시범	8,000	기술지원과	9	1	7	8	7	5	5	4
1242	경기 양주시	벼 우량종자 농가 자율교환 채종포 운영시범	4,000,000	기술지원과	9	1	7	8	7	5	5	4
1243	경기 양주시	생산비 절감을 위한 벼 소식재배 기술시범	80,000	기술지원과	9	1	7	8	7	5	5	4
1244	경기 양주시	고온기 채소 재배환경 개선기술 시범	32,000	기술지원과	9	1	7	8	7	5	5	4
1245	경기 양주시	시설원예 스마트팜 기술보급 시범	32,000	기술지원과	9	1	7	8	7	5	5	4
1246	경기 양주시	경영개선 컨설팅 농가 시설개선 지원	24,000	기술지원과	9	1	7	8	7	5	5	4
1247	경기 양주시	인삼 고온 피해 경감 종합 기술 시범	60,000	경영특작팀	9	1	7	8	7	5	5	4
1248	경기 양주시	기능성 새싹삼 안정생산 기술 시범	32,000	경영특작팀	9	1	7	8	7	5	5	4
1249	경기 양주시	젖소 초유 안정생산 기반조성 시범	24,000	친환경미생물팀	9	1	7	8	7	5	5	4
1250	경기 양주시	축산유해요인 사전 예방 시범	100,000	친환경미생물팀	9	1	7	8	7	5	5	4
1251	경기 양주시	양돈경쟁력강화사업	53,500	축산과	9	6	7	8	7	1	1	4
1252	경기 양주시	양계경쟁력강화사업	17,400	축산과	9	6	7	8	7	1	1	4
1253	경기 양주시	양봉산업 육성사업	43,120	축산과	9	6	7	8	7	1	1	4
1254	경기 양주시	가축분뇨 퇴액비화 지원	60,000	축산과	9	2	7	8	7	5	1	4
1255	경기 양주시	다용도 축산분뇨처리장비	150,000	축산과	9	6	7	8	7	5	1	4
1256	경기 양주시	발효축분 수거운반비지원	75,000	축산과	9	6	7	8	7	5	1	4
1257	경기 양주시	축산분뇨 악취개선 시설지원	450,000	축산과	9	6	7	8	7	5	1	4
1258	경기 양주시	액비유통전문조직 지원사업	160,000	축산과	9	6	7	8	7	5	1	4

순번	시군구	지출명 (사업명)	2020년예산 (단위:천원/1년간)	담당자(공무원) 담당부서	민간이전 분류 (지방자치단체 세출예산 집행기준에 의거) 1. 민간경상사업보조(1) 2. 민간단체 법정운영비보조(2) 3. 민간행사사업보조(3) 4. 민간위탁금(4) 5. 사회복지시설 법정운영비보조(5) 6. 민간인위탁교육비(6) 7. 공기관등에대한경상적대행사업비(7) 8. 민간자본사업보조,자체재원(8) 9. 민간자본사업보조,이전재원(9) 10. 민간위탁사업비(10) 11. 공기관등에 대한 자본적 대행사업비(11)	민간이전지출 근거 (지방보조금 관리기준 참고) 1. 법률에 규정 2. 국고보조 재원(국가지정) 3. 용도 지정 기부금 4. 조례에 직접규정 5. 지자체가 권장하는 사업을 하는 공공기관 6. 시,도 정책 및 재정사정 7. 기타 8. 해당없음	입찰방식 계약체결방법 (경쟁형태) 1. 일반경쟁 2. 제한경쟁 3. 지명경쟁 4. 수의계약 5. 법정위탁 6. 기타 ( ) 7. 해당없음	입찰방식 계약기간 1. 1년 2. 2년 3. 3년 4. 4년 5. 5년 6. 기타 ( )년 7. 단기계약 (1년미만) 8. 해당없음	입찰방식 낙찰자선정방법 1. 적격심사 2. 협상에의한계약 3. 최저가낙찰제 4. 규격가격분리 5. 2단계 경쟁입찰 6. 기타 ( ) 7. 해당없음	운영예산 산정 운영예산 산정 1. 내부산정 (지자체 자체적으로 산정) 2. 외부산정 (외부전문기관위탁 산정) 3. 내·외부 모두 산정 4. 산정 無 5. 해당없음	운영예산 산정 정산방법 1. 내부정산 (지자체 내부적으로 정산) 2. 외부정산 (외부전문기관위탁 정산) 3. 내·외부 모두 산정 4. 정산 無 5. 해당없음	성과평가 실시여부 1. 실시 2. 미실시 3. 향후 추진 4. 해당없음
1259	경기 양주시	가축전염병 차단방역시설 지원	40,000	축산과	9	1	7	8	7	5	5	4
1260	경기 양주시	방역인프라 설치 지원사업	120,000	축산과	9	1	7	8	7	5	5	4
1261	경기 양주시	사립작은도서관 운영 지원	52,200	평생교육진흥원	9	6	7	8	7	1	1	4
1262	경기 양주시	사립작은도서관 냉난방기 지원 사업	1,850,000	평생교육진흥원	9	6	7	8	7	1	1	4
1263	경기 포천시	독서환경 조성	6,240	도서관정책과	9	1	7	8	7	5	1	4
1264	경기 포천시	어린이집환경개선	127,352	여성가족과	9	2	7	8	7	5	5	4
1265	경기 포천시	어린이집 기능보강	55,220	여성가족과	9	2	7	8	7	5	5	4
1266	경기 포천시	장애인 직업재활시설 기능보강	162,912	노인장애인과	9	1	7	8	7	1	1	4
1267	경기 포천시	장애인거주시설 기능보강	11,896	노인장애인과	9	1	7	8	7	1	1	4
1268	경기 포천시	시설관리공단 경상전출금	35,808	친환경정책과	9	8	7	8	7	5	5	4
1269	경기 포천시	운행경유차 배출가스 저감사업	9,482	친환경정책과	9	1	7	8	7	5	1	2
1270	경기 포천시	보증기간 경과장치 성능유지관리	3,296,000	친환경정책과	9	1	7	8	7	5	1	2
1271	경기 포천시	천연가스차량 구입비 보조	168,000	친환경정책과	9	1	7	8	7	5	1	2
1272	경기 포천시	산업용 저녹스버너 설치 지원	80,267	친환경정책과	9	1	7	8	7	5	1	2
1273	경기 포천시	가정용 저녹스보일러 설치 지원	810,000	친환경정책과	9	1	7	8	7	5	1	2
1274	경기 포천시	전기자동차 구매 지원	732,000	친환경정책과	9	1	7	8	7	5	1	2
1275	경기 포천시	어린이 통학차량 LPG차 전환 지원사업	37,500	친환경정책과	9	1	7	8	7	5	1	2
1276	경기 포천시	전기이륜차 구입비 지원	23,000	친환경정책과	9	1	7	8	7	5	1	2
1277	경기 포천시	주유소 유증기 회수설비 설치 지원	119,000	친환경정책과	9	1	7	8	7	5	1	2
1278	경기 포천시	주택용 펠릿보일러	28,000	산림과	9	2	7	8	7	5	5	4
1279	경기 포천시	임산물상품화지원	15,842	산림과	9	2	7	8	7	5	5	4
1280	경기 포천시	산림작물생산단지	90,204	산림과	9	2	7	8	7	5	5	4
1281	경기 포천시	임산물유통기반조성	16,774	산림과	9	2	7	8	7	5	5	4
1282	경기 포천시	산림복합경영단지	260,025	산림과	9	2	7	8	7	5	5	4
1283	경기 포천시	전통사찰 방재시스템 구축	318,000	문화체육과	9	2	7	8	7	1	1	1
1284	경기 포천시	전통사찰 보수정비	320,000	문화체육과	9	2	7	8	7	1	1	1
1285	경기 포천시	사회복지시설 에너지자립 지원사업	36,150	일자리경제과	9	6	7	8	7	5	5	4
1286	경기 포천시	마을공동체 주민제안 공모사업	20,000	일자리경제과	9	2	7	8	7	5	5	4
1287	경기 포천시	고추비가림재배시설지원	30,000	친환경농업과	9	2	7	8	7	5	1	4
1288	경기 포천시	과수 저장시설 개보수 지원	7,500	친환경농업과	9	6	7	8	7	5	1	4
1289	경기 포천시	논 타작물 재배단지 시설장비지원	240,000	친환경농업과	9	6	7	8	7	5	1	4
1290	경기 포천시	과수분야 스마트팜 확산	10,000	친환경농업과	9	2	7	8	7	5	1	4
1291	경기 포천시	시설원예현대화 지원	9,838	친환경농업과	9	2	7	8	7	5	1	4
1292	경기 포천시	특용작물(버섯)시설현대화 지원	22,500	친환경농업과	9	2	7	8	7	5	1	4
1293	경기 포천시	특용작물(인삼)생산시설 현대화사업	42,500	친환경농업과	9	2	7	8	7	5	1	4
1294	경기 포천시	스마트팜 ICT융복합확산시설보급	15,080	친환경농업과	9	2	7	8	7	5	1	4
1295	경기 포천시	농업에너지 이용효율화 사업	38,400	친환경농업과	9	2	7	8	7	5	1	4
1296	경기 포천시	농식품가공산업 육성지원	47,000	친환경농업과	9	1	7	8	7	4	1	4
1297	경기 포천시	찾아가는 이동마트 시범사업	50,000	친환경농업과	9	1	7	8	7	4	1	4
1298	경기 포천시	접경지역 빈집정비	60,000	친환경농업과	9	1	7	8	7	3	3	4
1299	경기 포천시	경기한우 명품화	148,502	축산과	9	6	7	8	7	5	5	4
1300	경기 포천시	축사이미지 개선	23,000	축산과	9	6	7	8	7	5	5	4
1301	경기 포천시	양돈 경쟁력 강화	105,000	축산과	9	6	7	8	7	5	5	4
1302	경기 포천시	양계 경쟁력 강화	78,500	축산과	9	6	7	8	7	5	5	4
1303	경기 포천시	양봉산업 육성	60,920	축산과	9	6	7	8	7	5	5	4

순번	시군구	지출명 (사업명)	2020년예산 (단위:천원/1년간)	담당자 (공무원) 담당부서	민간이전 분류 (지방자치단체 세출예산 집행기준에 의거) 1. 민간경상사업보조(1) 2. 민간단체 법정운영비보조(2) 3. 민간행사사업보조(3) 4. 민간위탁금(4) 5. 사회복지시설 법정운영비보조(5) 6. 민간인위탁교육비(6) 7. 공기관등에대한경상적대행사업비(7) 8. 민간자본사업보조,자체재원(8) 9. 민간자본사업보조,이전재원(9) 10. 민간위탁사업비(10) 11. 공기관등에 대한 자본적 대행사업비(11)	민간이전지출 근거 (지방보조금 관리기준 참고) 1. 법률에 규정 2. 국고보조 재원(국가지정) 3. 용도 지정 기부금 4. 조례에 직접규정 5. 지자체가 권장하는 사업을 하는 공공기관 6. 시,도 정책 및 재정사정 7. 기타 8. 해당없음	입찰방식 계약체결방법 (경쟁형태) 1. 일반경쟁 2. 제한경쟁 3. 지명경쟁 4. 수의계약 5. 법정위탁 6. 기타 ( ) 7. 해당없음	입찰방식 계약기간 1. 1년 2. 2년 3. 3년 4. 4년 5. 5년 6. 기타 ( )년 7. 단기계약 (1년미만) 8. 해당없음	입찰방식 낙찰자선정방법 1. 적격심사 2. 협상에의한계약 3. 최저가낙찰제 4. 규격가격분리 5. 2단계 경쟁입찰 6. 기타 ( ) 7. 해당없음	운영예산 산정 운영예산 산정 1. 내부산정 (지자체 자체적으로 산정) 2. 외부산정 (외부전문기관위탁 산정) 3. 내·외부 모두 산정 4. 산정 無 5. 해당없음	운영예산 산정 정산방법 1. 내부정산 (지자체 내부적으로 정산) 2. 외부정산 (외부전문기관위탁 정산) 3. 내·외부 모두 산정 4. 정산 無 5. 해당없음	성과평가 실시여부 1. 실시 2. 미실시 3. 향후 추진 4. 해당없음
1304	경기 포천시	농장별 차단방역시설 설치 지원	20,000	축산과	9	6	7	8	7	5	5	4
1305	경기 포천시	CCTV 등 방역인프라 설치지원	255,000	축산과	9	2	7	8	7	5	5	4
1306	경기 포천시	폐사가축 처리기 지원	20,000	축산과	9	6	7	8	7	5	5	4
1307	경기 포천시	계란 냉장차량 지원사업	15,000	축산과	9	2	7	8	7	5	5	4
1308	경기 포천시	가축분뇨 퇴액비화 지원	84,000	축산과	9	2	7	8	7	5	5	4
1309	경기 포천시	액비저장조 지원	126,000	축산과	9	2	7	8	7	5	5	4
1310	경기 포천시	축산 환경개선제 등 공급	285,800	축산과	9	6	7	8	7	5	5	4
1311	경기 포천시	다용도축분처리장비지원	135,000	축산과	9	6	7	8	7	5	5	4
1312	경기 포천시	가축분뇨 처리시설 악취저감 지원	75,000	축산과	9	6	7	8	7	5	5	4
1313	경기 포천시	가축분뇨 정화 개보수	98,000	축산과	9	2	7	8	7	5	5	4
1314	경기 포천시	축사악취 저감시설 지원	125,000	축산과	9	6	7	8	7	5	5	4
1315	경기 포천시	마을형 퇴비 자원화 지원	140,000	축산과	9	2	7	8	7	5	5	4
1316	경기 포천시	내수면 양식장 경쟁력 지원사업	100,000	축산과	9	6	7	8	7	5	5	4
1317	경기 포천시	노후 공동주택 유지관리 지원사업	80,000	친환경도시재생과	9	6	7	8	7	1	1	3
1318	경기 포천시	농어촌장애인 주택개조사업	3,800,000	건축과	9	2	7	8	7	1	1	1
1319	경기 포천시	저상버스 도입 보조	91,968	교통행정과	9	1	7	8	7	5	1	4
1320	경기 포천시	저상버스 도입 보조	91,968	교통행정과	9	1	7	8	7	5	1	4
1321	경기 포천시	상수원보호구역 주민지원사업	18,000	상하수과	9	2	7	8	7	1	1	4
1322	경기 포천시	노후주택 녹슨 상수도관 개량사업	25,600	상하수과	9	2	7	8	7	1	1	4
1323	경기 포천시	경영개선 컨설팅 농가 시설개선 지원	24,000	농업지원과	9	2	7	8	7	1	1	1
1324	경기 포천시	영농현장애로기술사업	8,000	농업지원과	9	2	7	8	7	1	1	1
1325	경기 포천시	영농현장애로기술사업	50,000	농업지원과	9	2	7	8	7	1	1	1
1326	경기 포천시	농업인 소규모 가공사업장 시설장비 개선 시범	40,000	농업지원과	9	2	7	8	7	1	1	1
1327	경기 포천시	친환경 아쿠아포닉스 채소생산 기술시범	40,000	농업지원과	9	2	7	8	7	1	1	1
1328	경기 포천시	작목별 맞춤형 안전관리 실천시범	40,000	농업지원과	9	2	7	8	7	1	1	1
1329	경기 포천시	농촌 어르신 복지생활 실천 시범	40,000	농업지원과	9	2	7	8	7	1	1	1
1330	경기 포천시	농촌에듀팜 육성	40,000	농업지원과	9	2	7	8	7	1	1	1
1331	경기 포천시	농작업자 개인보호구 보급 시범	18,000	농업지원과	9	2	7	8	7	1	1	1
1332	경기 포천시	고추 농작업 안전관리 개선 시범	42,500	농업지원과	9	2	7	8	7	1	1	1
1333	경기 포천시	국내육성 품종 최고급쌀 생산단지 육성시범	160,000	기술보급과	9	2	7	8	7	1	1	1
1334	경기 포천시	벼 우량종자 농가자율교환 채종포 운영시범	4,000,000	기술보급과	9	2	7	8	7	1	1	1
1335	경기 포천시	벼 재배 노동력 절감 종합기술 보급 시범	160,000	기술보급과	9	2	7	8	7	1	1	1
1336	경기 포천시	경기도 육성 특수용도 콩 생산기술 시범	40,000	기술보급과	9	2	7	8	7	1	1	1
1337	경기 포천시	밭작물 생산비 절감 기술시범	24,000	기술보급과	9	2	7	8	7	1	1	1
1338	경기 포천시	찰옥수수 칼라패키지 상품화 시범	60,000	기술보급과	9	2	7	8	7	1	1	1
1339	경기 포천시	인삼 고온피해 경감 종합기술 시범	60,000	기술보급과	9	2	7	8	7	1	1	1
1340	경기 포천시	소비선호형 우리품종 단지조성 시범	200,000	기술보급과	9	2	7	8	7	1	1	1
1341	경기 포천시	과수 국내육성 신품종 비교 전시포 조성	70,000	기술보급과	9	2	7	8	7	1	1	1
1342	경기 포천시	마늘 국내육성품종 보급 시범	70,000	기술보급과	9	2	7	8	7	1	1	1
1343	경기 포천시	과수 안정생산을 위한 종합관리 시범	40,000	기술보급과	9	2	7	8	7	1	1	1
1344	경기 포천시	과실 수확 후 신선도 유지 시범	48,000	기술보급과	9	2	7	8	7	1	1	1
1345	경기 포천시	젖소 초유 안정생산기반 조성시범	24,000	기술보급과	9	2	7	8	7	1	1	1
1346	경기 연천군	도지정문화재 보수정비	200,000	문화체육과	9	1	1	7	6(사업자선정위원회)	1	1	1
1347	경기 연천군	신재생에너지 융복합지원사업	610,774	일자리경제과	9	2	7	8	7	3	3	1
1348	경기 연천군	마을공동체 공간조성 지원사업	20,000	일자리경제과	9	6	7	8	7	1	1	4

순번	시군구	지출명 (사업명)	2020년예산 (단위:천원/1년간)	담당자 (공무원) 담당부서	민간이전 분류 (지방자치단체 세출예산 집행기준에 의거) 1. 민간경상사업보조(1) 2. 민간단체 법정운영비보조(2) 3. 민간행사사업보조(3) 4. 민간위탁금(4) 5. 사회복지시설 법정운영비보조(5) 6. 민간인위탁교육비(6) 7. 공기관등에대한경상적대행사업비(7) 8. 민간자본사업보조,자체재원(8) 9. 민간자본사업보조,이전재원(9) 10. 민간위탁사업비(10) 11. 공기관등에 대한 자본적 대행사업비(11)	민간이전지출 근거 (지방보조금 관리기준 참고) 1. 법률에 규정 2. 국고보조 재원(국가지정) 3. 용도 지정 기부금 4. 조례에 직접규정 5. 지자체가 권장하는 사업을 하는 공공기관 6. 시,도 정책 및 재정사정 7. 기타 8. 해당없음	입찰방식 계약체결방법 (경쟁형태) 1. 일반경쟁 2. 제한경쟁 3. 지명경쟁 4. 수의계약 5. 법정위탁 6. 기타 ( ) 7. 해당없음	입찰방식 계약기간 1. 1년 2. 2년 3. 3년 4. 4년 5. 5년 6. 기타 ( )년 7. 단기계약 (1년미만) 8. 해당없음	입찰방식 낙찰자선정방법 1. 적격심사 2. 협상에의한계약 3. 최저가낙찰제 4. 규격가격분리 5. 2단계 경쟁입찰 6. 기타 ( ) 7. 해당없음	운영예산 산정 운영예산 산정 1. 내부산정 (지자체 자체 적으로 산정) 2. 외부산정 (외부전문기관 위탁 산정) 3. 내·외부 모두 산정 4. 산정 無 5. 해당없음	운영예산 산정 정산방법 1. 내부정산 (지자체 내부적으로 정산) 2. 외부정산 (외부전문기관 위탁 정산) 3. 내·외부 모두 산정 4. 정산 無 5. 해당없음	성과평가 실시여부 1. 실시 2. 미실시 3. 향후 추진 4. 해당없음
1349	경기 연천군	농어촌장애인 주택개조사업	7,600	복지정책과	9	1	7	1	7	4	1	4
1350	경기 연천군	카네이션하우스 운영 지원	20,000	사회복지과	9	4	7	8	7	1	1	4
1351	경기 연천군	장애인직업재활시설 기능보강	33,590	사회복지과	9	2	7	7	7	1	1	4
1352	경기 연천군	지역아동센터 환경개선 지원	10,000	사회복지과	9	2	7	7	7	1	1	4
1353	경기 연천군	어린이집 환경개선 지원	62,000	사회복지과	9	2	7	7	7	1	1	4
1354	경기 연천군	소규모 기업환경 개선사업	223,000	투자진흥과	9	6	4	7	7	1	1	1
1355	경기 연천군	야생동물 피해예방사업	199,800	환경보호과	9	8	7	8	7	5	5	4
1356	경기 연천군	전기자동차 보급	650,000	환경보호과	9	8	7	8	7	5	5	4
1357	경기 연천군	저녹스버너 설치 지원 사업	9,482	환경보호과	9	8	7	8	7	5	5	4
1358	경기 연천군	가정용 저녹스보일러 보급사업	20,000	환경보호과	9	8	7	8	7	5	5	4
1359	경기 연천군	어린이 통학차량 LPG차 전환 지원사업	4,168,000	환경보호과	9	8	7	8	7	5	5	4
1360	경기 연천군	친환경우수농산물 학교급식지원	246,000	농업정책과	9	8	7	8	7	5	5	4
1361	경기 연천군	토양개량제지원	415,258	농업정책과	9	8	7	8	7	5	5	4
1362	경기 연천군	유기질비료지원	1,026,177	농업정책과	9	8	7	8	7	5	5	4
1363	경기 연천군	고추비가림재배시설지원사업	105,000	농업정책과	9	8	7	8	7	5	5	4
1364	경기 연천군	친환경농산물인증확대	61,376	농업정책과	9	8	7	8	7	5	5	4
1365	경기 연천군	농작물재해보험 가입지원	198,800	농업정책과	9	8	7	8	7	5	5	4
1366	경기 연천군	인삼생산시설 현대화사업	324,000	농업정책과	9	8	7	8	7	5	5	4
1367	경기 연천군	버섯재배시설현대화사업	152,500	농업정책과	9	8	7	8	7	5	5	4
1368	경기 연천군	환경친화형 농자재 지원	66,667	농업정책과	9	8	7	8	7	5	5	4
1369	경기 연천군	농작업 안전관리 강화	14,850	농업정책과	9	8	7	8	7	5	5	4
1370	경기 연천군	농업인안전재해보험	213,000	농업정책과	9	8	7	8	7	5	5	4
1371	경기 연천군	GAP 안전성 분석 지원	32,000	농업정책과	9	8	7	8	7	5	5	4
1372	경기 연천군	G마크 등 포장재 지원	63,240	농업정책과	9	8	7	8	7	5	5	4
1373	경기 연천군	수출포장재지원	40,000	농업정책과	9	8	7	8	7	5	5	4
1374	경기 연천군	농식품 수출물류비지원	8,000	농업정책과	9	8	7	8	7	5	5	4
1375	경기 연천군	고품질 수출 농산물 생산지원	9,000	농업정책과	9	8	7	8	7	5	5	4
1376	경기 연천군	축산환경개선지원사업	269,320	축산과	9	6	7	8	7	1	1	3
1377	경기 연천군	다용도 축산분뇨 처리장비 지원	120,000	축산과	9	6	7	8	7	1	1	3
1378	경기 연천군	축산분뇨 악취개선 시설지원	525,000	축산과	9	6	7	8	7	1	1	3
1379	경기 연천군	가축분뇨 퇴액비화 지원	60,000	축산과	9	2	7	8	7	1	1	3
1380	경기 연천군	축산 전기안전진단	5,000	축산과	9	6	7	8	7	1	1	3
1381	경기 연천군	가축분뇨 악취측정 ICT 기계장비 지원	11,200	축산과	9	2	7	8	7	1	1	3
1382	경기 연천군	경기한우명품화사업	136,150	축산과	9	6	7	8	7	1	1	3
1383	경기 연천군	소귀표부착지원	34,272	축산과	9	8	7	8	7	1	1	3
1384	경기 연천군	학교우유급식지원	131,215	축산과	9	2	7	8	7	1	1	3
1385	경기 연천군	양봉산업육성사업	38,930	축산과	9	6	7	8	7	1	1	3
1386	경기 연천군	양돈경쟁력강화	227,500	축산과	9	6	7	8	7	1	1	3
1387	경기 연천군	어린이(학생) 승마교실 운영	38,080	축산과	9	2	7	8	7	1	1	3
1388	경기 연천군	장애학생 재활승마교실 운영	6,400	축산과	9	2	7	8	7	1	1	3
1389	경기 연천군	양계경쟁력강화사업	251,300	축산과	9	6	7	8	7	1	1	3
1390	경기 연천군	가축재해보험 가입 지원	787,708	축산과	9	6	7	8	7	1	1	3
1391	경기 연천군	승마장 육성지원	25,000	축산과	9	6	7	8	7	1	1	3
1392	경기 연천군	액비저장조 지원	28,000	축산과	9	2	7	8	7	1	1	3
1393	경기 연천군	조사료생산용 사일리지제조 운송비 지원	373,590	축산과	9	2	7	8	7	1	1	3

순번	시군구	지출명 (사업명)	2020년예산 (단위:천원/1년간)	담당자 (공무원) 담당부서	민간이전 분류 (지방자치단체 세출예산 집행기준에 의거) 1. 민간경상사업보조(1) 2. 민간단체 법정운영비보조(2) 3. 민간행사사업보조(3) 4. 민간위탁금(4) 5. 사회복지시설 법정운영비보조(5) 6. 민간인위탁교육비(6) 7. 공기관등에대한경상적대행사업비(7) 8. 민간자본사업보조,자체재원(8) 9. 민간자본사업보조,이전재원(9) 10. 민간위탁사업비(10) 11. 공기관등에 대한 자본적 대행사업비(11)	민간이전지출 근거 (지방보조금 관리기준 참고) 1. 법률에 규정 2. 국고보조 재원(국가지정) 3. 용도 지정 기부금 4. 조례에 직접규정 5. 지자체가 권장하는 사업을 하는 공공기관 6. 시,도 정책 및 재정사정 7. 기타 8. 해당없음	입찰방식 계약체결방법 (경쟁형태) 1. 일반경쟁 2. 제한경쟁 3. 지명경쟁 4. 수의계약 5. 법정위탁 6. 기타 ( ) 7. 해당없음	입찰방식 계약기간 1. 1년 2. 2년 3. 3년 4. 4년 5. 5년 6. 기타 ( )년 7. 단기계약 (1년미만) 8. 해당없음	입찰방식 낙찰자선정방법 1. 적격심사 2. 협상에의한계약 3. 최저가낙찰제 4. 규격가격분리 5. 2단계 경쟁입찰 6. 기타 ( ) 7. 해당없음	운영예산 산정 운영예산 산정 1. 내부산정 (지자체 자체적으로 산정) 2. 외부산정 (외부전문기관위탁 산정) 3. 내·외부 모두 산정 4. 산정 無 5. 해당없음	운영예산 산정 정산방법 1. 내부정산 (지자체 내부적으로 정산) 2. 외부정산 (외부전문기관위탁 정산) 3. 내·외부 모두 산정 4. 정산 無 5. 해당없음	성과평가 실시여부 1. 실시 2. 미실시 3. 향후 추진 4. 해당없음
1394	경기 연천군	조사료생산용 기계,장비구입 지원	60,000	축산과	9	2	7	8	7	1	1	3
1395	경기 연천군	조사료생산용 종자구입 지원	45,000	축산과	9	2	7	8	7	1	1	3
1396	경기 연천군	유소년승마단창단	13,000	축산과	9	2	7	8	7	1	1	3
1397	경기 연천군	조사료생산용 볏짚비닐 지원	150,000	축산과	9	6	7	8	7	1	1	3
1398	경기 연천군	축사이미지 개선사업	20,000	축산과	9	6	7	8	7	1	1	3
1399	경기 연천군	폐사가축 처리장비 지원	100,000	축산과	9	6	7	8	7	1	1	3
1400	경기 연천군	낙농산업 경쟁력강화사업	117,300	축산과	9	6	7	8	7	1	1	3
1401	경기 연천군	승용마 조련 강화	15,600	축산과	9	2	7	8	7	1	1	3
1402	경기 연천군	토종벌 육성사업	3,000,000	축산과	9	2	7	8	7	1	1	3
1403	경기 연천군	사회공익 승마사업	7,140	축산과	9	6	7	8	7	1	1	3
1404	경기 연천군	가축전염병 차단방역시설설치	30,000	축산과	9	7	7	8	7	1	1	3
1405	경기 연천군	계란 냉장차량 지원	30,000	축산과	9	7	7	8	7	1	1	3
1406	경기 연천군	내수면양식장경쟁력지원	2,400,000	축산과	9	6	7	8	7	1	1	3
1407	경기 연천군	목재펠릿보일러 보급	56,000	산림녹지과	9	2	7	8	7	5	1	1
1408	경기 연천군	산림작물생산기반조성지원	47,444	산림녹지과	9	2	7	8	7	5	1	1
1409	경기 연천군	친환경임산물 재배관리	1,538,000	산림녹지과	9	2	7	8	7	5	1	1
1410	경기 연천군	산림복합경영기반 조성지원	37,708	산림녹지과	9	2	7	8	7	5	1	1
1411	경기 연천군	4-H육성 지원	24,000	농업기술센터	9	6	7	8	7	5	5	4
1412	경기 연천군	농촌지도자 능력개발	8,000	농업기술센터	9	6	7	8	7	5	5	4
1413	경기 연천군	농업인 소규모 창업기술 지원	50,000	농업기술센터	9	2	7	8	7	5	5	4
1414	경기 연천군	작목별 맞춤형 안전관리 실천시범	50,000	농업기술센터	9	2	7	8	7	5	5	4
1415	경기 연천군	농업인 소규모 가공사업장 시설장비 개선시범	40,000	농업기술센터	9	6	7	8	7	5	5	4
1416	경기 연천군	농업 신기술 시범	1,155,000	농업기술센터	9	2	7	8	7	5	5	4
1417	경기 연천군	경기명품쌀 생산 새기술 보급 및 수출단지조성	76,000	농업기술센터	9	6	7	8	7	5	5	4
1418	경기 연천군	원예 새기술 보급	72,000	농업기술센터	9	6	7	8	7	5	5	4
1419	경기 연천군	전특작 새기술보급	59,200	농업기술센터	9	6	7	8	7	5	5	4
1420	경기 연천군	ICT융합 원예스마트팜 기술보급	64,000	농업기술센터	9	6	7	8	7	5	5	4
1421	경기 연천군	과수 새기술보급	80,000	농업기술센터	9	6	7	8	7	5	5	4
1422	경기 연천군	친환경농업새기술보급	24,000	농업기술센터	9	6	7	8	7	5	5	4
1423	경기 연천군	축산 새기술보급	80,000	농업기술센터	9	6	7	8	7	5	5	4
1424	경기 연천군	농업경영체 육성	12,000	농업기술센터	9	6	7	8	7	5	5	4
1425	경기 양평군	상원사 저수조 및 옥외소화전 추가설치	144,000	문화체육과	9	6	7	8	7	5	5	4
1426	경기 양평군	전통한옥체험숙박시설 운영지원	72,000	관광과	9	6	7	8	7	5	5	4
1427	경기 양평군	사립 작은도서관 냉난방기기 지원	5,300	평생교육과	9	4	7	8	7	5	5	4
1428	경기 양평군	장애인거주시설 기능보강사업	258,164	주민복지과	9	1	7	8	7	5	5	4
1429	경기 양평군	어린이집 환경개선	4,000,000	주민복지과	9	2	7	8	7	5	5	4
1430	경기 양평군	서민층 가스시설 개선사업	4,902	일자리경제과	9	1	7	8	7	5	5	4
1431	경기 양평군	2020년 미니태양광 보급지원사업	36,984	일자리경제과	9	2	7	8	7	5	5	4
1432	경기 양평군	산림복합경영단지	133,332	산림과	9	2	7	8	7	5	5	4
1433	경기 양평군	산림복합경영단지	106,668	산림과	9	2	7	8	7	5	5	4
1434	경기 양평군	산양삼생산과정 확인	400,000	산림과	9	2	7	8	7	5	5	4
1435	경기 양평군	임산물상품화지원	43,401	산림과	9	2	7	8	7	5	5	4
1436	경기 양평군	친환경임산물재배관리	17,718	산림과	9	2	7	8	7	5	5	4
1437	경기 양평군	임산물생산기반조성사업	2,500,000	산림과	9	2	7	8	7	5	5	4
1438	경기 양평군	임산물유통기반조성	63,298	산림과	9	2	7	8	7	5	5	4

순번	시군구	지출명 (사업명)	2020년예산 (단위:천원/1년간)	담당자 (공무원) 담당부서	민간이전 분류 (지방자치단체 세출예산 집행기준에 의거) 1. 민간경상사업보조(1) 2. 민간단체 법정운영비보조(2) 3. 민간행사사업보조(3) 4. 민간위탁금(4) 5. 사회복지시설 법정운영비보조(5) 6. 민간인위탁교육비(6) 7. 공기관등에대한경상적대행사업비(7) 8. 민간자본사업보조,자체재원(8) 9. 민간자본사업보조,이전재원(9) 10. 민간위탁사업비(10) 11. 공기관등에 대한 자본적 대행사업비(11)	민간이전지출 근거 (지방보조금 관리기준 참고) 1. 법률에 규정 2. 국고보조 재원(국가지정) 3. 용도 지정 기부금 4. 조례에 직접규정 5. 지자체가 권장하는 사업을 하는 공공기관 6. 시,도 정책 및 재정사정 7. 기타 8. 해당없음	입찰방식 계약체결방법 (경쟁형태) 1. 일반경쟁 2. 제한경쟁 3. 지명경쟁 4. 수의계약 5. 법정위탁 6. 기타 ( ) 7. 해당없음	입찰방식 계약기간 1. 1년 2. 2년 3. 3년 4. 4년 5. 5년 6. 기타 ( )년 7. 단기계약 (1년미만) 8. 해당없음	입찰방식 낙찰자선정방법 1. 적격심사 2. 협상에의한계약 3. 최저가낙찰제 4. 규격가격분리 5. 2단계 경쟁입찰 6. 기타 ( ) 7. 해당없음	운영예산 산정 운영예산 산정 1. 내부산정 (지자체 자체적으로 산정) 2. 외부산정 (외부전문기관위탁 산정) 3. 내·외부 모두 산정 4. 산정 無 5. 해당없음	운영예산 산정 정산방법 1. 내부정산 (지자체 내부적으로 정산) 2. 외부정산 (외부전문기관위탁 정산) 3. 내·외부 모두 산정 4. 정산 無 5. 해당없음	성과평가 실시여부 1. 실시 2. 미실시 3. 향후 추진 4. 해당없음
1439	경기 양평군	산림작물생산단지조성	89,647	산림과	9	2	7	8	7	5	5	4
1440	경기 양평군	주택용 펠릿보일러 지원	98,000	산림과	9	2	7	8	7	5	5	4
1441	경기 양평군	사회복지용 펠릿보일러 지원	8,000	산림과	9	2	7	8	7	5	5	4
1442	경기 양평군	가정용 저녹스 보일러 보급사업	20,000	환경과	9	2	7	8	7	5	5	4
1443	경기 양평군	영세사업장 청정연료 전환사업	35,000	환경과	9	2	7	8	7	5	5	4
1444	경기 양평군	악취방지시설 설치 및 개선사업	40,000	환경과	9	4	7	8	7	5	5	4
1445	경기 양평군	취약계층이용시설 실내공기질 개선을 위한 공기청?	124,520	환경과	9	6	7	8	7	5	5	4
1446	경기 양평군	전기자동차 구매지원	1,300,000	환경과	9	2	7	8	7	5	5	4
1447	경기 양평군	전기화물차 구매지원	108,000	환경과	9	2	7	8	7	5	5	4
1448	경기 양평군	전기이륜차 구매지원	69,000	환경과	9	2	7	8	7	5	5	4
1449	경기 양평군	어린이 통학차량 LPG차 전환지원	50,000	환경과	9	2	7	8	7	5	5	4
1450	경기 양평군	노후차량(5등급) 조기폐차	2,412,000	환경과	9	2	7	8	7	5	5	4
1451	경기 양평군	노후 건설기계 저감장치 부착	110,000	환경과	9	2	7	8	7	5	5	4
1452	경기 양평군	노후 건설기계 엔진교체 사업	330,000	환경과	9	2	7	8	7	5	5	4
1453	경기 양평군	노후차량(5등급) 배출가스 저감장치 부착	1,037,100	환경과	9	2	7	8	7	5	5	4
1454	경기 양평군	LPG 화물차 신차 구입	120,000	환경과	9	2	7	8	7	5	5	4
1455	경기 양평군	직접지원사업 외 20건	284,572	환경과	9	1	7	8	7	5	5	4
1456	경기 양평군	직접지원사업 외 4건	257,819	환경과	9	1	7	8	7	5	5	4
1457	경기 양평군	직접지원사업 외 11건	218,547	환경과	9	1	7	8	7	5	5	4
1458	경기 양평군	직접지원사업 외 15건	778,527	환경과	9	1	7	8	7	5	5	4
1459	경기 양평군	직접지원사업 외 9건	196,030	환경과	9	1	7	8	7	5	5	4
1460	경기 양평군	직접지원사업 외 7건	143,105	환경과	9	1	7	8	7	5	5	4
1461	경기 양평군	직접지원사업	57,668	환경과	9	1	7	8	7	5	5	4
1462	경기 양평군	직접지원사업	895,000	환경과	9	1	7	8	7	5	5	4
1463	경기 양평군	직접지원사업	6,415	환경과	9	1	7	8	7	5	5	4
1464	경기 양평군	직접지원사업 외 6건	217,085	환경과	9	1	7	8	7	5	5	4
1465	경기 양평군	청년농업인 안정화 시범	40,000	농업경영과	9	1	7	8	7	5	5	4
1466	경기 양평군	청년농업인4-H회원 신규영농정착시범	24,000	농업경영과	9	1	7	8	7	5	5	4
1467	경기 양평군	유지작물 생력화 공동 사업장 조성	50,000	농업경영과	9	7	7	8	7	5	5	4
1468	경기 양평군	베리류 가공 상품화 시범	60,000	농업경영과	9	2	7	8	7	5	5	4
1469	경기 양평군	농산물가공 창업 시범	40,000	농업경영과	9	2	7	8	7	5	5	4
1470	경기 양평군	농촌에듀팜 육성	40,000	농업경영과	9	2	7	8	7	5	5	4
1471	경기 양평군	농업인 소규모 가공사업장 시설장비 개선시범	40,000	농업경영과	9	2	7	8	7	5	5	4
1472	경기 양평군	농촌어르신 복지실천 시범	50,000	농업경영과	9	2	7	8	7	5	5	4
1473	경기 양평군	소비선호형 우리품종 단지조성 시범	200,000	농업기술과	9	1	7	8	7	5	5	4
1474	경기 양평군	시설원예 에너지 절감 및 환경개선 시범	34,000	농업기술과	9	1	7	8	7	5	5	4
1475	경기 양평군	빠르고 쉬운 현장 맞춤형 대장균(군) 검출기술	30,000	농업기술과	9	2	7	8	7	5	5	4
1476	경기 양평군	시설재배지염류장해해결을위한 킬레이트제활용기술	35,000	농업기술과	9	2	7	8	7	5	5	4
1477	경기 양평군	아스파라거스 생산단지 기반조성 시범	200,000	농업기술과	9	1	7	8	7	5	5	4
1478	경기 양평군	경기도 육성 참드림 생산, 가공 유통지원	200,000	농업기술과	9	6	7	8	7	5	5	4
1479	경기 양평군	시설원예 스마트팜 기술보급 시범	16,800	농업기술과	9	1	7	8	7	5	5	4
1480	경기 양평군	씨없는 삼색포도 생산단지 육성 시범	13,280	농업기술과	9	1	7	8	7	5	5	4
1481	경기 양평군	벼 우량종자 농가자율교환채종포 운영 시범	4,000,000	농업기술과	9	6	7	8	7	5	5	4
1482	경기 양평군	농업에너지이용효율화	17,600	친환경농업과	9	2	7	8	7	5	5	4
1483	경기 양평군	고추비가림재배시설지원	35,000	친환경농업과	9	2	7	8	7	5	5	4

순번	시군구	지출명 (사업명)	2020년예산 (단위:천원/1년간)	담당자 (공무원) 담당부서	민간이전 분류 (지방자치단체 세출예산 집행기준에 의거) 1. 민간경상사업보조(1) 2. 민간단체 법정운영비보조(2) 3. 민간행사사업보조(3) 4. 민간위탁금(4) 5. 사회복지시설 법정운영비보조(5) 6. 민간인위탁교육비(6) 7. 공기관등에대한경상적대행사업비(7) 8. 민간자본사업보조,자체재원(8) 9. 민간자본사업보조,이전재원(9) 10. 민간위탁사업비(10) 11. 공기관등에 대한 자본적 대행사업비(11)	민간이전지출 근거 (지방보조금 관리기준 참고) 1. 법률에 규정 2. 국고보조 재원(국가지정) 3. 용도 지정 기부금 4. 조례에 직접규정 5. 지자체가 권장하는 사업을 하는 공공기관 6. 시,도 정책 및 재정사정 7. 기타 8. 해당없음	입찰방식 계약체결방법 (경쟁형태) 1. 일반경쟁 2. 제한경쟁 3. 지명경쟁 4. 수의계약 5. 법정위탁 6. 기타 ( ) 7. 해당없음	입찰방식 계약기간 1. 1년 2. 2년 3. 3년 4. 4년 5. 5년 6. 기타 ( )년 7. 단기계약 (1년미만) 8. 해당없음	입찰방식 낙찰자선정방법 1. 적격심사 2. 협상에의한계약 3. 최저가낙찰제 4. 규격가격분리 5. 2단계 경쟁입찰 6. 기타 ( ) 7. 해당없음	운영예산 산정 운영예산 산정 1. 내부산정 (지자체 자체 적으로 산정) 2. 외부산정 (외부전문기관 위탁 산정) 3. 내·외부 모두 산정 4. 산정 無 5. 해당없음	운영예산 산정 정산방법 1. 내부정산 (지자체 내부적 으로 정산) 2. 외부정산 (외부전문기관 위탁 정산) 3. 내·외부 모두 산정 4. 정산 無 5. 해당없음	성과평가 실시여부 1. 실시 2. 미실시 3. 향후 추진 4. 해당없음
1484	경기 양평군	인삼시설현대화지원	90,000	친환경농업과	9	2	7	8	7	5	5	4
1485	경기 양평군	2020년 버섯생산시설 현대화지원	161,500	친환경농업과	9	2	7	8	7	5	5	4
1486	경기 양평군	시설원예현대화지원	3,300,000	친환경농업과	9	2	7	8	7	5	5	4
1487	경기 양평군	G마크 등 포장재 지원	62,000	친환경농업과	9	6	7	8	7	5	5	4
1488	경기 양평군	수출포장재 지원	74,000	친환경농업과	9	6	7	8	7	5	5	4
1489	경기 양평군	고품질 수출농산물 생산지원	40,000	친환경농업과	9	6	7	8	7	5	5	4
1490	경기 양평군	농촌자원복합산업화지원	600,000	친환경농업과	9	1	7	8	7	5	5	4
1491	경기 양평군	고품질 경기미 생산,유통 지원	481,500	친환경농업과	9	4	7	8	7	5	5	4
1492	경기 양평군	친환경·G마크 안전 먹거리 생산기반지원사업	9,000	친환경농업과	9	6	7	8	7	5	5	4
1493	경기 양평군	로컬푸드 연중생산체계 구축사업	91,800	친환경농업과	9	6	7	8	7	5	5	4
1494	경기 양평군	로컬푸드 납품농가 포장재 지원	15,000	친환경농업과	9	6	7	8	7	5	5	4
1495	경기 양평군	로컬푸드 직매장 설치지원	200,000	친환경농업과	9	6	7	8	7	5	5	4
1496	경기 양평군	낙농산업 경쟁력 강화사업	32,550	축산과	9	6	7	8	7	5	5	4
1497	경기 양평군	양돈경쟁력 강화사업	70,000	축산과	9	6	7	8	7	5	5	4
1498	경기 양평군	양계경쟁력강화사업	80,400	축산과	9	6	7	8	7	5	5	4
1499	경기 양평군	양봉산업 육성사업	75,000	축산과	9	6	7	8	7	5	5	4
1500	경기 양평군	토종벌 육성사업	6,000	축산과	9	2	7	8	7	5	5	4
1501	경기 양평군	승마장 육성지원사업	25,000	축산과	9	6	7	8	7	5	5	4
1502	경기 양평군	축사전기안전 강화사업	75,000	축산과	9	6	7	8	7	5	5	4
1503	경기 양평군	축사이미지 개선	20,000	축산과	9	6	7	8	7	5	5	4
1504	경기 양평군	가축분뇨 퇴액비화 지원	60,000	축산과	9	2	7	8	7	5	5	4
1505	경기 양평군	다용도 축산분뇨처리장비 지원	180,000	축산과	9	6	7	8	7	5	5	4
1506	경기 양평군	인공산란장 사후관리	3,100,000	축산과	9	6	7	8	7	5	5	4
1507	경기 양평군	내수면 양식장 경쟁력 지원	16,000	축산과	9	6	7	8	7	5	5	4
1508	경기 양평군	젖소 초유 안정생산기반 조성 시범	24,000	축산과	9	6	7	8	7	5	5	4
1509	경기 양평군	젖소 유두 자동세척기 활용 시범	40,000	축산과	9	2	7	8	7	5	5	4
1510	경기 양평군	외래퇴치어종 활용 친환경 발효액비 제조기술 시범	50,000	축산과	9	2	7	8	7	5	5	4
1511	경기 양평군	고품질 홍잠 생산기술 시범	200,000	축산과	9	2	7	8	7	5	5	4
1512	경기 양평군	학습애완곤충을이용한소비자곤충산업인식개선시범	24,000	축산과	9	6	7	8	7	5	5	4
1513	경기 양평군	고품질 발효TMR사료 공급체계 기반조성 시범	200,000	축산과	9	6	7	8	7	5	5	4
1514	경기 양평군	가축전염병 차단방역시설 설치	30,000	축산과	9	6	7	8	7	5	5	4
1515	경기 양평군	계란 냉장차량 지원사업	15,000	축산과	9	2	7	8	7	5	5	4
1516	강원 춘천시	의용소방대 차량지원	300,000	안전총괄담당관	9	1	7	8	7	5	4	4
1517	강원 춘천시	지역자활센터 기능 보강	30,000	복지정책과	9	6	7	8	7	5	1	4
1518	강원 춘천시	어린이집 기능보강	180,625	보육아동과	9	2	1	7	1	5	1	1
1519	강원 춘천시	지역아동센터 안심알림서비스 지원	13,987	보육아동과	9	1	7	8	7	5	1	4
1520	강원 춘천시	지역아동센터 환경개선 지원	60,000	보육아동과	9	1	7	8	7	5	1	4
1521	강원 춘천시	신재생에너지 지역지원	39,080	경로복지과	9	2	7	8	7	1	1	4
1522	강원 춘천시	참사랑의집 태양광 발전설비 설치	159,350	장애인복지과	9	7	7	8	7	1	1	3
1523	강원 춘천시	장애인직업재활시설 기능보강	35,000	장애인복지과	9	1	7	8	7	1	1	3
1524	강원 춘천시	장애인가족지원센터 초기설치비	50,000	장애인복지과	9	1	1	3	1	1	1	3
1525	강원 춘천시	성매매피해자 지원시설 기능보강	14,150	여성가족과	9	2	7	8	7	5	1	4
1526	강원 춘천시	가정폭력피해자 보호시설 기능보강	14,200	여성가족과	9	1	7	8	7	5	1	4
1527	강원 춘천시	한부모가족복지시설 기능보강	6,000	여성가족과	9	1	7	8	7	5	1	4
1528	강원 춘천시	스마트토이 비즈센터(장비인프라) 구축	500,000	전략산업과	9	2, 4	7	8	7	1	1	4

순번	시군구	지출명 (사업명)	2020년예산 (단위:천원/1년간)	담당자 (공무원) 담당부서	민간이전 분류 (지방자치단체 세출예산 집행기준에 의거) 1. 민간경상사업보조(1) 2. 민간단체 법정운영비보조(2) 3. 민간행사사업보조(3) 4. 민간위탁금(4) 5. 사회복지시설 법정운영비보조(5) 6. 민간인위탁교육비(6) 7. 공기관등에대한경상적대행사업비(7) 8. 민간자본사업보조,자체재원(8) 9. 민간자본사업보조,이전재원(9) 10. 민간위탁사업비(10) 11. 공기관등에 대한 자본적 대행사업비(11)	민간이전지출 근거 (지방보조금 관리기준 참고) 1. 법률에 규정 2. 국고보조 재원(국가지정) 3. 용도 지정 기부금 4. 조례에 직접규정 5. 지자체가 권장하는 사업을 하는 공공기관 6. 시,도 정책 및 재정사정 7. 기타 8. 해당없음	입찰방식 계약체결방법 (경쟁형태) 1. 일반경쟁 2. 제한경쟁 3. 지명경쟁 4. 수의계약 5. 법정위탁 6. 기타 ( ) 7. 해당없음	입찰방식 계약기간 1. 1년 2. 2년 3. 3년 4. 4년 5. 5년 6. 기타 ( )년 7. 단기계약 (1년미만) 8. 해당없음	입찰방식 낙찰자선정방법 1. 적격심사 2. 협상에의한계약 3. 최저가낙찰제 4. 규격가격분리 5. 2단계 경쟁입찰 6. 기타 ( ) 7. 해당없음	운영예산 산정 운영예산 산정 1. 내부산정 (지자체 자체적으로 산정) 2. 외부산정 (외부전문기관위탁 산정) 3. 내·외부 모두 산정 4. 산정 無 5. 해당없음	운영예산 산정 정산방법 1. 내부정산 (지자체 내부적으로 정산) 2. 외부정산 (외부전문기관위탁 정산) 3. 내·외부 모두 산정 4. 정산 無 5. 해당없음	성과평가 실시여부 1. 실시 2. 미실시 3. 향후 추진 4. 해당없음
1529	강원 춘천시	마을버스 구입	450,000	대중교통과	9	1	1	1	1	1	1	3
1530	강원 춘천시	사업용 차량 비상자동제동장치 장착 지원	20,000	대중교통과	9	2	4	1	7	1	1	3
1531	강원 춘천시	전기자동차 보급지원	12,360	기후에너지과	9	1, 2	7	8	7	5	4	4
1532	강원 춘천시	전기이륜차 보급지원	103,500	기후에너지과	9	1, 2	7	8	7	5	4	4
1533	강원 춘천시	수소전기차 보급 지원	12,530	기후에너지과	9	1, 2	7	8	7	5	4	4
1534	강원 춘천시	어린이통학차량 LPG차 전환 지원	249,982	기후에너지과	9	1, 2	7	8	7	5	4	4
1535	강원 춘천시	저녹스버너 설치 지원	27,500	기후에너지과	9	2	7	7	7	5	4	4
1536	강원 춘천시	저녹스보일러설치지원	60,000	기후에너지과	9	2	7	7	7	5	4	4
1537	강원 춘천시	경유자동차 매연저감장치 설치 지원	380,270	기후에너지과	9	1, 2, 6	7	8	7	5	4	4
1538	강원 춘천시	건설기계 매연저감장치 설치 지원	220,000	기후에너지과	9	1, 2, 6	7	8	7	5	4	4
1539	강원 춘천시	PM,NOx 동시저감장치 설치 지원	600,000	기후에너지과	9	1, 2, 6	7	8	7	5	4	4
1540	강원 춘천시	LPG화물차 신차구입 지원	380,000	기후에너지과	9	1, 2, 6	7	8	7	5	4	4
1541	강원 춘천시	건설기계 엔진교체 지원	66,000	기후에너지과	9	1, 2, 6	7	8	7	5	4	4
1542	강원 춘천시	소규모 사업장 방지시설 설치지원	1,179,000	기후에너지과	9	1, 2, 6	7	8	7	5	4	4
1543	강원 춘천시	신재생에너지 보급사업(주택지원)	348,800	기후에너지과	9	1	7	7	5	5	4	4
1544	강원 춘천시	상원사 화장실 보수	240,000	문화콘텐츠과	9	1	7	8	7	5	5	4
1545	강원 춘천시	마중물사업	700,000	도시재생과	9	1	7	7	5	5	4	4
1546	강원 춘천시	농어촌민박 시설환경 개선	152,000	미래농업과	9	1	7	8	7	5	1	3
1547	강원 춘천시	농촌체험 안전편의시설 확충	48,000	미래농업과	9	1	7	8	7	5	1	3
1548	강원 춘천시	경영 환경개선(포장재, 가공, 체험) 및 시설기반 조성	16,000	미래농업과	9	1	7	8	7	5	1	3
1549	강원 춘천시	창업기반구축	32,000	미래농업과	9	1	7	8	7	5	1	3
1550	강원 춘천시	1개소	20,000	미래농업과	9	1	7	8	7	5	1	3
1551	강원 춘천시	다용도 작업대 지원	144,000	미래농업과	9	1	7	8	7	5	1	3
1552	강원 춘천시	근로자편익개선	10,000	미래농업과	9	1	7	8	7	5	1	3
1553	강원 춘천시	주택용 펠릿보일러 지원	14,000	산림과	9	2	7	8	1	5	1	4
1554	강원 춘천시	주민편의용 펠릿보일러 지원	4,000,000	산림과	9	2	7	8	1	5	1	4
1555	강원 춘천시	미곡종합처리장 집진시설 개보수	80,000	안심농식품과	9	2	7	8	7	1	1	1
1556	강원 춘천시	농식품 활성화 지원	100,000	안심농식품과	9	6	7	8	7	1	1	1
1557	강원 춘천시	강원 전통주 산업기반 확충	50,000	안심농식품과	9	6	7	8	7	1	1	1
1558	강원 춘천시	친환경 농산물 가공시설 지원	1,150,000	안심농식품과	9	6	7	8	7	1	1	1
1559	강원 춘천시	농산물 산지유통저장시설 지원	112,500	안심농식품과	9	4	7	8	7	1	1	1
1560	강원 춘천시	APC시설 보완	108,000	안심농식품과	9	4	4	7	2	1	1	1
1561	강원 춘천시	과수 저온저장시설 지원	25,000	안심농식품과	9	4	7	8	7	1	1	1
1562	강원 춘천시	전문판매장, 가맹점	78,400	축산과	9	4	4	8	7	1	1	3
1563	강원 춘천시	축산분야 ICT융복합 확산사업	12,000	축산과	9	2	7	8	7	1	1	3
1564	강원 춘천시	한우농가	60,000	축산과	9	1	7	8	7	1	1	3
1565	강원 춘천시	낙농농가	50,000	축산과	9	1	7	8	7	1	1	3
1566	강원 춘천시	양돈농가	30,000	축산과	9	1	7	8	7	1	1	3
1567	강원 춘천시	양계농가	75,000	축산과	9	1	7	8	7	1	1	3
1568	강원 춘천시	LED소독시설	30,000	축산과	9	1	7	8	7	1	1	3
1569	강원 춘천시	폭염 등 재해대비 축산시설 구조개선	455,000	축산과	9	1	7	8	7	1	1	3
1570	강원 춘천시	축사시설 화재예방 시스템 설치	10,000	축산과	9	4	7	8	7	1	1	3
1571	강원 춘천시	양봉 기자재 지원	31,500	축산과	9	1	7	8	7	1	1	3
1572	강원 춘천시	벌꿀 가공(농축)시설	105,000	축산과	9	1	7	8	7	1	1	3
1573	강원 춘천시	가축분뇨 처리장비 지원	606,667	축산과	9	1	4	8	7	1	1	3

순번	시군구	지출명 (사업명)	2020년예산 (단위:천원/1년간)	담당자 (공무원)	민간이전 분류 (지방자치단체 세출예산 집행기준에 의거)	민간이전지출 근거 (지방보조금 관리기준 참고)	입찰방식			운영예산 산정		성과평가 실시여부
				담당부서	1. 민간경상사업보조(1) 2. 민간단체 법정운영비보조(2) 3. 민간행사사업보조(3) 4. 민간위탁금(4) 5. 사회복지시설 법정운영비보조(5) 6. 민간인위탁교육비(6) 7. 공기관등에대한경상적대행사업비(7) 8. 민간자본사업보조,자체재원(8) 9. 민간자본사업보조,이전재원(9) 10. 민간위탁사업비(10) 11. 공기관등에 대한 자본적 대행사업비(11)	1. 법률에 규정 2. 국고보조 재원(국가지정) 3. 용도 지정 기부금 4. 조례에 직접규정 5. 지자체가 권장하는 사업을 하는 공공기관 6. 시,도 정책 및 재정사정 7. 기타 8. 해당없음	계약체결방법 (경쟁형태) 1. 일반경쟁 2. 제한경쟁 3. 지명경쟁 4. 수의계약 5. 법정위탁 6. 기타 ( ) 7. 해당없음	계약기간 1. 1년 2. 2년 3. 3년 4. 4년 5. 5년 6. 기타 ( )년 7. 단기계약 (1년미만) 8. 해당없음	낙찰자선정방법 1. 적격심사 2. 협상에의한계약 3. 최저가낙찰제 4. 규격가격분리 5. 2단계 경쟁입찰 6. 기타 ( ) 7. 해당없음	운영예산 산정 1. 내부산정 (지자체 자체적으로 산정) 2. 외부산정 (외부전문기관 위탁 산정) 3. 내·외부 모두 산정 4. 산정 無 5. 해당없음	정산방법 1. 내부정산 (지자체 내부적으로 정산) 2. 외부정산 (외부전문기관 위탁 정산) 3. 내·외부 모두 산정 4. 정산 無 5. 해당없음	1. 실시 2. 미실시 3. 향후 추진 4. 해당없음
1574	강원 춘천시	가축분뇨 고속발효시설	105,000	축산과	9	1	1	8	7	1	1	3
1575	강원 춘천시	고품질 액비 생산시설	14,000	축산과	9	1	4	8	7	1	1	3
1576	강원 춘천시	축산농가 HACCP 지원	17,500	축산과	9	1	4	8	7	1	1	3
1577	강원 춘천시	축산물작업장 HACCP 지원	50,000	축산과	9	1	4	8	7	1	1	3
1578	강원 춘천시	계란 저온수송 차량	45,000	축산과	9	2	4	8	7	1	1	3
1579	강원 춘천시	계란 선별·포장 시설 등 지원	300,000	축산과	9	1	1	8	7	1	1	3
1580	강원 춘천시	축산물 판매업소 위생개선 장비 지원	4,000,000	축산과	9	1	4	8	7	1	1	3
1581	강원 춘천시	축산농장 환경개선	14,000	축산과	9	1	4	8	7	1	1	3
1582	강원 춘천시	자동온도조절시스템	10,000	축산과	9	1	4	8	7	1	1	3
1583	강원 춘천시	조사료 생산장비	175,000	축산과	9	1	1	8	7	1	1	3
1584	강원 춘천시	부존자원 사료화 TMR 제조장비	42,000	축산과	9	1	4	8	7	1	1	3
1585	강원 춘천시	부존자원 조사료 생산장비 지원	140,000	축산과	9	1	1	8	7	1	1	3
1586	강원 춘천시	조사료 생산용 기자재	250,000	축산과	9	2	1	8	7	1	1	3
1587	강원 춘천시	가금농가 CCTV 지원	1,800,000	축산과	9	4	7	8	7	1	1	3
1588	강원 춘천시	방역시설 지원	30,000	축산과	9	4	7	8	7	1	1	3
1589	강원 춘천시	가금농가 스마트 방역시설	49,000	축산과	9	4	7	8	7	1	1	3
1590	강원 춘천시	이동식소독기 등 지원	19,600	축산과	9	4	7	8	7	1	1	3
1591	강원 춘천시	세척소독시설 지원	10,000	축산과	9	4	7	8	7	1	1	3
1592	강원 춘천시	가축 사체처리기	42,000	축산과	9	4	7	8	7	1	1	3
1593	강원 춘천시	양식장 기자재 시설 지원	56,000	축산과	9	1	7	8	7	1	1	3
1594	강원 춘천시	노후선외기 대체지원	31,500	축산과	9	1	7	8	7	1	1	3
1595	강원 춘천시	노후어선 대체 건조 지원	14,000	축산과	9	1	7	8	7	1	1	3
1596	강원 춘천시	냉동저장고 시설 지원	24,360	축산과	9	1	7	8	7	1	1	3
1597	강원 춘천시	담수양어장 지하수 개발 지원	56,000	축산과	9	1	7	8	7	1	1	3
1598	강원 춘천시	노후양식장 현대화 시설 지원	210,000	축산과	9	1	7	8	7	1	1	3
1599	강원 춘천시	드론활용 벼 재배단지 육성 지원	100,000	기술지원과	9	6	7	8	7	1	1	3
1600	강원 춘천시	감자 재해유형별 특화 재배 지원	100,000	기술지원과	9	6	7	8	7	1	1	3
1601	강원 춘천시	재배단지조성 및 시설·장비 구입	31,000	기술지원과	9	6	7	8	7	1	1	3
1602	강원 춘천시	벼 못자리용 하우스 지원	6,500	기술지원과	9	6	7	8	7	1	1	3
1603	강원 춘천시	벼 육묘운반기(트럭용, 트랙터용), 이송기 지원	2,550,000	기술지원과	9	6	7	8	7	1	1	3
1604	강원 춘천시	원적외선 곡물건조기 지원	5,000	기술지원과	9	6	7	8	7	1	1	3
1605	강원 춘천시	소양강 복숭아 명품화 육성	250,000	기술지원과	9	2	7	8	7	5	1	1
1606	강원 춘천시	비닐하우스 현대화	48,750	기술지원과	9	4	7	8	7	5	1	1
1607	강원 춘천시	시설원예 현대화	6,335	기술지원과	9	2	7	8	7	5	1	1
1608	강원 춘천시	농업에너지 이용효율화	11,917	기술지원과	9	2	7	8	7	5	1	1
1609	강원 춘천시	외부환경 데이터 기반 스마트 양액공급기술	40,000	기술지원과	9	2	7	8	7	5	1	1
1610	강원 춘천시	고추비가림재배시설 지원	79,870	기술지원과	9	2	7	8	7	2	1	1
1611	강원 춘천시	폭염대응 시설채소 온도저감 기술	40,000	기술지원과	9	2	7	8	7	2	1	1
1612	강원 춘천시	원예시설 기능성 차광 자재지원	5,000	기술지원과	9	6	7	8	7	2	1	1
1613	강원 춘천시	과수 경쟁력 제고 지원	25,000	기술지원과	9	2	7	8	7	5	1	1
1614	강원 춘천시	과수 생력화작업기 지원사업	40,000	기술지원과	9	2	7	8	7	5	1	1
1615	강원 춘천시	사과 명품 과원조성	24,500	기술지원과	9	2	7	8	7	5	1	1
1616	강원 춘천시	인삼 생산시설 현대화	53,117	기술지원과	9	2	7	8	7	5	1	1
1617	강원 춘천시	아스파라거스 촉성재배 기술보급	16,000	기술지원과	9	2	7	8	7	2	1	1
1618	강원 춘천시	유망화훼 생산지원	30,000	기술지원과	9	6	7	8	7	5	1	1

순번	시군구	지출명 (사업명)	2020년예산 (단위:천원/1년간)	담당자 (공무원) 담당부서	민간이전 분류 (지방자치단체 세출예산 집행기준에 의거) 1. 민간경상사업보조(1) 2. 민간단체 법정운영비보조(2) 3. 민간행사사업보조(3) 4. 민간위탁금(4) 5. 사회복지시설 법정운영비보조(5) 6. 민간인위탁교육비(6) 7. 공기관등에대한경상적대행사업비(7) 8. 민간자본사업보조,자체재원(8) 9. 민간자본사업보조,이전재원(9) 10. 민간위탁사업비(10) 11. 공기관등에 대한 자본적 대행사업비(11)	민간이전지출 근거 (지방보조금 관리기준 참고) 1. 법률에 규정 2. 국고보조 재원(국가지정) 3. 용도 지정 기부금 4. 조례에 직접규정 5. 지자체가 권장하는 사업을 하는 공공기관 6. 시,도 정책 및 재정사정 7. 기타 8. 해당없음	입찰방식 계약체결방법 (경쟁형태) 1. 일반경쟁 2. 제한경쟁 3. 지명경쟁 4. 수의계약 5. 법정위탁 6. 기타 ( ) 7. 해당없음	입찰방식 계약기간 1. 1년 2. 2년 3. 3년 4. 4년 5. 5년 6. 기타 ( )년 7. 단기계약 (1년미만) 8. 해당없음	입찰방식 낙찰자선정방법 1. 적격심사 2. 협상에의한계약 3. 최저가낙찰제 4. 규격가격분리 5. 2단계 경쟁입찰 6. 기타 ( ) 7. 해당없음	운영예산 산정 운영예산 산정 1. 내부산정 (지자체 자체 적으로 산정) 2. 외부산정 (외부전문기관 위탁 산정) 3. 내·외부 모두 산정 4. 산정 無 5. 해당없음	운영예산 산정 정산방법 1. 내부정산 (지자체 내부적으로 정산) 2. 외부정산 (외부전문기관 위탁 정산) 3. 내·외부 모두 산정 4. 정산 無 5. 해당없음	성과평가 실시여부 1. 실시 2. 미실시 3. 향후 추진 4. 해당없음
1619	강원 춘천시	땅두릅 촉성재배 기술보급	27,200	기술지원과	9	6	7	8	7	5	1	1
1620	강원 춘천시	치유환경기반구축, 기자재 등	30,000	기술지원과	9	6	4	7	7	1	1	1
1621	강원 춘천시	내부시설 리모델링, 장비구입 등	40,000	기술지원과	9	1	4	7	7	1	1	1
1622	강원 춘천시	치유장비, 시설, 환경조성 등	60,000	기술지원과	9	2	4	7	7	1	1	1
1623	강원 춘천시	음식·숙박업소 환경개선 지원	240,000	식품의약과	9	4	7	8	7	5	1	1
1624	강원 춘천시	이용업소 환경개선 지원	16,000	식품의약과	9	4	7	8	7	5	1	1
1625	강원 춘천시	동물복지 인증 지원	252,000	동물보호센터	9	1	7	8	7	1	1	3
1626	강원 강릉시	경포수난전문의용소방대 구조장비 보강	50,000	재난안전과	9	6	7	8	7	5	5	4
1627	강원 강릉시	강릉여성의소대연합회 순찰차량 보강	40,000	재난안전과	9	6	7	8	7	5	5	4
1628	강원 강릉시	강릉의용소방대 순찰차량 보강	210,000	재난안전과	9	6	7	8	7	5	5	4
1629	강원 강릉시	소금강산악의용소방대 산불 진화차 보강	51,000	재난안전과	9	6	7	8	7	5	5	4
1630	강원 강릉시	지방투자촉진보조금 지원	2,924,400	기업지원과	9	2	7	8	7	3	3	4
1631	강원 강릉시	야생동물 피해예방 시설지원	33,600	환경과	9	1	7	8	7	5	1	4
1632	강원 강릉시	야생동물 피해예방 시설지원	100,000	환경과	9	1	7	8	7	5	1	4
1633	강원 강릉시	전기자동차(승용) 구입 지원	2,100,000	환경과	9	2	7	8	7	5	5	4
1634	강원 강릉시	화물	27,000	환경과	9	2	7	8	7	5	5	4
1635	강원 강릉시	화물	182,400	환경과	9	2	7	8	7	5	5	4
1636	강원 강릉시	전기자동차 배터리 회수관리 지원	1,300,000	환경과	9	2	7	8	7	5	5	4
1637	강원 강릉시	노후경유차 조기폐차 지원	964,800	환경과	9	2	7	8	7	5	5	4
1638	강원 강릉시	매연저감장치 설치	276,560	환경과	9	2	7	8	7	5	5	4
1639	강원 강릉시	PM-NOx 동시저감장치	150,000	환경과	9	2	7	8	7	5	5	4
1640	강원 강릉시	건설기계 매연저감장치 설치	110,000	환경과	9	2	7	8	7	5	5	4
1641	강원 강릉시	건설기계 엔진교체 지원	99,000	환경과	9	2	7	8	7	5	5	4
1642	강원 강릉시	LPG화물차 신차구입	320,000	환경과	9	2	7	8	7	5	5	4
1643	강원 강릉시	어린이 통학차량 LPG차 전환	125,000	환경과	9	2	7	8	7	5	5	4
1644	강원 강릉시	저녹스버너 보급사업	50,491	환경과	9	2	7	8	7	5	5	4
1645	강원 강릉시	가정용 저녹스보일러 보급사업	24,000	환경과	9	2	7	8	7	5	5	4
1646	강원 강릉시	소규모 사업장 방지시설 설치 지원사업	810,000	환경과	9	2	7	8	7	5	5	4
1647	강원 강릉시	단독주택 도시가스 보급확대사업	217,180	에너지과	9	1	7	8	7	5	5	4
1648	강원 강릉시	신재생에너지 주택지원사업	806,700	에너지과	9	1	7	8	7	1	1	1
1649	강원 강릉시	경제림 조성	309,880	산림과	9	2	7	8	7	5	1	4
1650	강원 강릉시	펠릿보일러	28,000	산림과	9	2	7	8	7	5	1	4
1651	강원 강릉시	친환경임산물재배관리	9,810	산림과	9	2	7	8	7	5	1	4
1652	강원 강릉시	친환경임산물재배관리	3,000,000	산림과	9	2	7	8	7	5	1	4
1653	강원 강릉시	산림작물생산단지	150,000	산림과	9	2	7	8	7	5	1	4
1654	강원 강릉시	임산물생산기반조성	5,180	산림과	9	2	7	8	7	5	1	4
1655	강원 강릉시	임산물유통기반조성	8,500	산림과	9	2	7	8	7	5	1	4
1656	강원 강릉시	임산물유통기반조성	30,000	산림과	9	2	7	8	7	5	1	4
1657	강원 강릉시	임산물유통기반조성	935,000	산림과	9	2	7	8	7	5	1	4
1658	강원 강릉시	임산물유통기반조성	10,000	산림과	9	2	7	8	7	5	1	4
1659	강원 강릉시	임산물유통기반조성	1,750,000	산림과	9	2	7	8	7	5	1	4
1660	강원 강릉시	임산물 생산단지 자립기반 조성	6,670	산림과	9	6	7	8	7	5	1	4
1661	강원 강릉시	정치망 가두리 시설비 지원	28,000	해양수산과	9	1	7	8	7	5	5	4
1662	강원 강릉시	수산업경영인 연합회 사무실 환경개선	4,000,000	해양수산과	9	1	7	8	7	5	5	4
1663	강원 강릉시	담수어 양식장 지하수 개발	28,000	해양수산과	9	1	7	8	7	5	5	4

순번	시군구	지출명 (사업명)	2020년예산 (단위:천원/1년간)	담당자 (공무원) 담당부서	민간이전 분류 (지방자치단체 세출예산 집행기준에 의거) 1. 민간경상사업보조(1) 2. 민간단체 법정운영비보조(2) 3. 민간행사사업보조(3) 4. 민간위탁금(4) 5. 사회복지시설 법정운영비보조(5) 6. 민간인위탁교육비(6) 7. 공기관등에대한경상적대행사업비(7) 8. 민간자본사업보조,자체재원(8) 9. 민간자본사업보조,이전재원(9) 10. 민간위탁사업비(10) 11. 공기관등에 대한 자본적 대행사업비(11)	민간이전지출 근거 (지방보조금 관리기준 참고) 1. 법률에 규정 2. 국고보조 재원(국가지정) 3. 용도 지정 기부금 4. 조례에 직접규정 5. 지자체가 권장하는 사업을 하는 공공기관 6. 시,도 정책 및 재정사정 7. 기타 8. 해당없음	입찰방식 계약체결방법 (경쟁형태) 1. 일반경쟁 2. 제한경쟁 3. 지명경쟁 4. 수의계약 5. 법정위탁 6. 기타 ( ) 7. 해당없음	입찰방식 계약기간 1. 1년 2. 2년 3. 3년 4. 4년 5. 5년 6. 기타 ( )년 7. 단기계약 (1년미만) 8. 해당없음	입찰방식 낙찰자선정방법 1. 적격심사 2. 협상에의한계약 3. 최저가낙찰제 4. 규격가격분리 5. 2단계 경쟁입찰 6. 기타 ( ) 7. 해당없음	운영예산 산정 운영예산 산정 1. 내부산정 (지자체 자체 적으로 산정) 2. 외부산정 (외부전문기관 위탁 산정) 3. 내·외부 모두 산정 4. 산정 無 5. 해당없음	운영예산 산정 정산방법 1. 내부정산 (지자체 내부적 으로 정산) 2. 외부정산 (외부전문기관 위탁 정산) 3. 내·외부 모두 산정 4. 정산 無 5. 해당없음	성과평가 실시여부 1. 실시 2. 미실시 3. 향후 추진 4. 해당없음
1664	강원 강릉시	내수면 양식장 지원	14,000	해양수산과	9	1	7	8	7	5	5	4
1665	강원 강릉시	해면 양식장 지원	152,000	해양수산과	9	1	7	8	7	5	5	4
1666	강원 강릉시	내수면 냉동저장고 시설 지원	6,090	해양수산과	9	1	7	8	7	5	5	4
1667	강원 강릉시	해면 어류양식(가두리) 시설 지원	126,000	해양수산과	9	1	7	8	7	5	5	4
1668	강원 강릉시	수산물위판장 환경개선	15,000	해양수산과	9	1	7	8	7	5	5	4
1669	강원 강릉시	수산물 산지가공시설 지원	270,000	해양수산과	9	1	7	8	7	5	5	4
1670	강원 강릉시	황태보관 저온저장시설 지원	56,000	해양수산과	9	1	7	8	7	5	5	4
1671	강원 강릉시	수산물 직매장시설 지원	500,000	해양수산과	9	1	7	8	7	5	5	4
1672	강원 강릉시	횟집단지 해수공급시설 지원	180,000	해양수산과	9	1	7	8	7	5	5	4
1673	강원 강릉시	강원 명태산업 광역특구 통합 브랜드 홍보마케팅	64,000	해양수산과	9	1	7	8	7	5	5	4
1674	강원 강릉시	강원 명태산업 광역특구 황태할복기 지원	13,720	해양수산과	9	1	7	8	7	5	5	4
1675	강원 강릉시	강원 명태산업 광역특구 황태타발기 구입 지원	56,000	해양수산과	9	1	7	8	7	5	5	4
1676	강원 강릉시	고효율 노후기관, 장비, 설비설치 교체지원	160,860	해양수산과	9	1	7	8	7	5	5	4
1677	강원 강릉시	문어연승 봉돌 지원	90,000	해양수산과	9	1	7	8	7	5	5	4
1678	강원 강릉시	생분해성어구 보급사업	80,000	해양수산과	9	1	7	8	7	5	5	4
1679	강원 강릉시	나잠어업인 잠수복 지원	14,175	해양수산과	9	1	7	8	7	5	5	4
1680	강원 강릉시	어선사고 예방시스템 구축	42,000	해양수산과	9	1	7	8	7	5	5	4
1681	강원 강릉시	어선기관 및 어로안전 항해장비	350,000	해양수산과	9	1	7	8	7	5	5	4
1682	강원 강릉시	여성어업인 작업물품 지원	3,360,000	해양수산과	9	1	7	8	7	5	5	4
1683	강원 강릉시	연근해 채낚기어선 장비지원	122,500	해양수산과	9	1	7	8	7	5	5	4
1684	강원 강릉시	어선사고 zero화 안전장비 지원	28,000	해양수산과	9	1	7	8	7	5	5	4
1685	강원 강릉시	문어 연승어선 냉장고(냉각기) 지원	14,000	해양수산과	9	1	7	8	7	5	5	4
1686	강원 강릉시	연근해 채낚기어선 안전장비(레이더)지원	163,200	해양수산과	9	1	7	8	7	5	5	4
1687	강원 강릉시	연안통발어업 미끼 지원	51,200	해양수산과	9	1	7	8	7	5	5	4
1688	강원 강릉시	폐유 및 폐유통 수거기 제작지원	48,000	해양수산과	9	6	7	8	7	5	5	4
1689	강원 강릉시	초가이엉잇기	64,000	문화예술과	9	1	7	8	7	5	5	4
1690	강원 강릉시	보현사 낭원대사탑 주변정비	90,000	문화예술과	9	1	7	8	7	5	5	4
1691	강원 강릉시	용연계곡 정비 연구용역	350,000	문화예술과	9	1	7	8	7	5	5	4
1692	강원 강릉시	강릉향교 명륜당 단청공사	80,000	문화예술과	9	1	7	8	7	5	5	4
1693	강원 강릉시	명주군왕릉 봉분 주변정비	187,500	문화예술과	9	1	7	8	7	5	5	4
1694	강원 강릉시	낙가사 종각 단청공사	235,000	문화예술과	9	1	7	8	7	5	5	4
1695	강원 강릉시	관음사 종각 단청공사	135,000	문화예술과	9	1	7	8	7	5	5	4
1696	강원 강릉시	장애인거주시설 기능보강	299,474	복지정책과	9	1	5	5	1	1	1	1
1697	강원 강릉시	주문진노인대학 차량구입	32,000	어르신복지과	9	1	7	1	7	1	1	1
1698	강원 강릉시	경로당 기능보강(운동기구 구입)사업 지원	80,000	어르신복지과	9	7	7	1	7	1	1	1
1699	강원 강릉시	가정폭력피해자 보호시설 기능보강	8,000	여성청소년가족과	9	1	7	8	7	1	1	4
1700	강원 강릉시	아동복지시설 기능보강	25,930	아동보육과	9	2	7	8	7	5	1	4
1701	강원 강릉시	환경개선 지원	50,000	아동보육과	9	2	4	7	7	5	1	4
1702	강원 강릉시	안심알림서비스 지원	9,065	아동보육과	9	2	4	7	7	5	1	4
1703	강원 강릉시	기자재 구입	40,000	아동보육과	9	2	4	7(2개월)	7	5	1	4
1704	강원 강릉시	개보수	30,000	아동보육과	9	4	4	7	7	5	5	4
1705	강원 강릉시	장비비	2,000,000	아동보육과	9	4	4	7	7	5	5	4
1706	강원 강릉시	리더기	39,600	아동보육과	9	1	7	8	7	5	1	4
1707	강원 강릉시	태그	23,565	아동보육과	9	4	7	8	7	5	1	4
1708	강원 강릉시	택시 운수종사자 쉼터 조성	400,000	교통과	9	1, 4	7	8	7	5	5	4

순번	시군구	지출명 (사업명)	2020년예산 (단위:천원/1년간)	담당자 (공무원) 담당부서	민간이전 분류 (지방자치단체 세출예산 집행기준에 의거) 1. 민간경상사업보조(1) 2. 민간단체 법정운영비보조(2) 3. 민간행사사업보조(3) 4. 민간위탁금(4) 5. 사회복지시설 법정운영비보조(5) 6. 민간인위탁교육비(6) 7. 공기관등에대한경상적대행사업비(7) 8. 민간자본사업보조,자체재원(8) 9. 민간자본사업보조,이전재원(9) 10. 민간위탁사업비(10) 11. 공기관등에 대한 자본적 대행사업비(11)	민간이전지출 근거 (지방보조금 관리기준 참고) 1. 법률에 규정 2. 국고보조 재원(국가지정) 3. 용도 지정 기부금 4. 조례에 직접규정 5. 지자체가 권장하는 사업을 하는 공공기관 6. 시,도 정책 및 재정사정 7. 기타 8. 해당없음	입찰방식 계약체결방법 (경쟁형태) 1. 일반경쟁 2. 제한경쟁 3. 지명경쟁 4. 수의계약 5. 법정위탁 6. 기타 ( ) 7. 해당없음	입찰방식 계약기간 1. 1년 2. 2년 3. 3년 4. 4년 5. 5년 6. 기타 ( )년 7. 단기계약 (1년미만) 8. 해당없음	입찰방식 낙찰자선정방법 1. 적격심사 2. 협상에의한계약 3. 최저가낙찰제 4. 규격가격분리 5. 2단계 경쟁입찰 6. 기타 ( ) 7. 해당없음	운영예산 산정 운영예산 산정 1. 내부산정 (지자체 자체적으로 산정) 2. 외부산정 (외부전문기관위탁 산정) 3. 내·외부 모두 산정 4. 산정 無 5. 해당없음	운영예산 산정 정산방법 1. 내부정산 (지자체 내부적으로 정산) 2. 외부정산 (외부전문기관위탁 정산) 3. 내·외부 모두 산정 4. 정산 無 5. 해당없음	성과평가 실시여부 1. 실시 2. 미실시 3. 향후 추진 4. 해당없음
1709	강원 강릉시	농촌체험 안전편의시설 확충	64,000	농정과	9	6	7	8	7	5	5	4
1710	강원 강릉시	청년농업인 창업기반구축	48,000	농정과	9	6	7	8	7	5	5	4
1711	강원 강릉시	여성농업인 다용도 작업대 지원	144,000	농정과	9	6	7	8	7	5	5	4
1712	강원 강릉시	농식품산업활성화지원	100,000	농정과	9	6	7	8	7	1	1	4
1713	강원 강릉시	로컬푸드사업 시설장비지원	15,000	농정과	9	4	7	8	7	1	1	3
1714	강원 강릉시	밭작물공동경영체육성지원	630,000	농정과	9	2	7	8	7	1	1	4
1715	강원 강릉시	꿈드림 저염 절임배추 김치가공시설 지원	700,000	농정과	9	2	1	1	1	3	3	3
1716	강원 강릉시	수출 농산물 집하, 선별장 지원	44,000	농정과	9	4	7	8	7	5	1	4
1717	강원 강릉시	도매시장 시설장비 지원	112,000	농정과	9	6	7	8	7	1	1	4
1718	강원 강릉시	과수경쟁력 제고사업	25,000	농정과	9	4	7	7	7	1	1	4
1719	강원 강릉시	비닐하우스현대화사업지원	65,000	농정과	9	4	7	7	7	1	1	4
1720	강원 강릉시	시설원예환경개선사업	12,500	농정과	9	4	7	7	7	1	1	4
1721	강원 강릉시	사과 명품과원 조성지원	147,000	농정과	9	4	7	7	7	1	1	4
1722	강원 강릉시	소득유망작목육성지원	50,000	농정과	9	4	7	7	7	1	1	4
1723	강원 강릉시	권역별 시설원예 특화단지 조성	125,000	농정과	9	4	7	7	7	1	1	4
1724	강원 강릉시	유망화훼생산지원	112,500	농정과	9	4	7	7	7	1	1	4
1725	강원 강릉시	과수생력화작업기지원	30,000	농정과	9	4	7	7	7	1	1	4
1726	강원 강릉시	과수저온저장시설지원	100,000	농정과	9	4	7	7	7	1	1	4
1727	강원 강릉시	곤충산업기반구축 사업	22,500	농정과	9	4	7	7	7	1	1	4
1728	강원 강릉시	산지유통 저온저장시설 지원	112,500	농정과	9	4	7	7	7	1	1	4
1729	강원 강릉시	농업에너지이용효율화(다겹보온커튼)사업 지원	130,123	농정과	9	2	7	7	7	1	1	4
1730	강원 강릉시	시설원예현대화(품질개선) 지원	272,696	농정과	9	2	7	7	7	1	1	4
1731	강원 강릉시	원예시설 기능성 차광자재설치 지원	20,000	농정과	9	4	7	7	7	1	1	4
1732	강원 강릉시	곤충 스마트팜 지원	40,000	농정과	9	4	7	7	7	1	1	4
1733	강원 강릉시	찰옥수수 명품화	2,500,000	농정과	9	4	7	8	7	1	1	1
1734	강원 강릉시	벼 육묘운반기	40,200	농정과	9	4	7	8	7	1	1	1
1735	강원 강릉시	벼 육묘 녹화장 설치지원	45,000	농정과	9	4	7	8	7	1	1	1
1736	강원 강릉시	벼 못자리용 비닐하우스	71,500	농정과	9	4	7	8	7	1	1	1
1737	강원 강릉시	여성·노약자 인력절감 장비지원	19,000	농정과	9	4	7	8	7	1	1	1
1738	강원 강릉시	원적외선 곡물건조기 공급	15,000	농정과	9	4	7	8	7	1	1	1
1739	강원 강릉시	씨감자 채종포 선별장비 지원	19,500	농정과	9	4	7	8	7	1	1	1
1740	강원 강릉시	씨감자 채종포 야생동물 피해예방시설 지원	90,000	농정과	9	4	7	8	7	1	1	1
1741	강원 강릉시	잡곡산업기반조성	3,000,000	농정과	9	4	7	8	7	1	1	1
1742	강원 강릉시	씨감자 채종포 관수시설장비 지원	30,000	농정과	9	4	7	8	7	1	1	1
1743	강원 강릉시	유해 야생동물 포획틀 구입비 지원	39,600	농정과	9	2	7	8	7	5	5	4
1744	강원 강릉시	보급종주산지 선별시설 장비(지게차) 지원	70,000	농정과	9	4	7	8	7	5	5	4
1745	강원 강릉시	축산관련 시설 및 전업농가 세척·소독시설 지원	5,000	축산과	9	1	7	8	7	5	5	4
1746	강원 강릉시	소규모 농가 이동식 동력분무기 지원	4,900	축산과	9	1	7	8	7	5	5	4
1747	강원 강릉시	가금농가 CCTV, 울타리, 전실 등 소독장비 등 지원	14,000	축산과	9	1	7	8	7	5	5	4
1748	강원 강릉시	지능형 축산시설 지원	70,000	축산과	9	6	7	8	7	1	1	4
1749	강원 강릉시	재해대비 축산시설 및 장비 지원	60,000	축산과	9	6	7	8	7	1	1	4
1750	강원 강릉시	축산환경제어시스템시범	40,000	축산과	9	6	7	8	7	1	1	4
1751	강원 강릉시	말벌퇴치장비 지원	2,340,000	축산과	9	6	7	8	7	1	1	4
1752	강원 강릉시	양봉기자재 현대화 지원	42,000	축산과	9	6	7	8	7	1	1	4
1753	강원 강릉시	SD저항성 토종벌 구입 지원	6,000	축산과	9	6	7	8	7	1	1	4

순번	시군구	지출명 (사업명)	2020년예산 (단위:천원/1년간)	담당자 (공무원) 담당부서	민간이전 분류 (지방자치단체 세출예산 집행기준에 의거) 1. 민간경상사업보조(1) 2. 민간단체 법정운영비보조(2) 3. 민간행사사업보조(3) 4. 민간위탁금(4) 5. 사회복지시설 법정운영비보조(5) 6. 민간인위탁교육비(6) 7. 공기관등에대한경상적대행사업비(7) 8. 민간자본사업보조,자체재원(8) 9. 민간자본사업보조,이전재원(9) 10. 민간위탁사업비(10) 11. 공기관등에 대한 자본적 대행사업비(11)	민간이전지출 근거 (지방보조금 관리기준 참고) 1. 법률에 규정 2. 국고보조 재원(국가지정) 3. 용도 지정 기부금 4. 조례에 직접규정 5. 지자체가 권장하는 사업을 하는 공공기관 6. 시,도 정책 및 재정사정 7. 기타 8. 해당없음	입찰방식 계약체결방법 (경쟁형태) 1. 일반경쟁 2. 제한경쟁 3. 지명경쟁 4. 수의계약 5. 법정위탁 6. 기타 ( ) 7. 해당없음	입찰방식 계약기간 1. 1년 2. 2년 3. 3년 4. 4년 5. 5년 6. 기타 ( )년 7. 단기계약 (1년미만) 8. 해당없음	입찰방식 낙찰자선정방법 1. 적격심사 2. 협상에의한계약 3. 최저가낙찰제 4. 규격가격분리 5. 2단계 경쟁입찰 6. 기타 ( ) 7. 해당없음	운영예산 산정 운영예산 산정 1. 내부산정 (지자체 자체 적으로 산정) 2. 외부산정 (외부전문기관 위탁 산정) 3. 내·외부 모두 산정 4. 산정 無 5. 해당없음	운영예산 산정 정산방법 1. 내부정산 (지자체 내부적으로 정산) 2. 외부정산 (외부전문기관 위탁 정산) 3. 내·외부 모두 산정 4. 정산 無 5. 해당없음	성과평가 실시여부 1. 실시 2. 미실시 3. 향후 추진 4. 해당없음
1754	강원 강릉시	토종벌 사육농가 기자재 지원	7,500	축산과	9	6	7	8	7	1	1	4
1755	강원 강릉시	축산물판매업소 위생기자재 지원	8,000	축산과	9	6	7	8	7	1	1	4
1756	강원 강릉시	계란 저온수송 차량 지원	30,000	축산과	9	6	7	8	7	1	1	4
1757	강원 강릉시	계란 선별·포장시설 등 지원	300,000	축산과	9	6	7	8	7	1	1	4
1758	강원 강릉시	HACCP 인증 및 유지 시설·장비 지원	7,000	축산과	9	6	7	8	7	1	1	4
1759	강원 강릉시	난각표시기 지원	9,800	축산과	9	6	7	8	7	1	1	4
1760	강원 강릉시	조사료경영체 장비 지원	60,000	축산과	9	6	7	8	7	1	1	4
1761	강원 강릉시	농식품 부존자원 사료화 TMR 제조장비 지원	42,000	축산과	9	6	7	8	7	1	1	4
1762	강원 강릉시	가축분뇨처리 퇴액비화시설 지원	6,000	축산과	9	2	7	8	7	1	1	4
1763	강원 강릉시	다목적 가축분뇨처리장비 지원	60,000	축산과	9	6	7	8	7	1	1	4
1764	강원 강릉시	액비저장조 지원	214,900	축산과	9	2	7	8	7	1	1	4
1765	강원 강릉시	축사 등 주변 환경개선 지원	14,000	축산과	9	6	7	8	7	1	1	4
1766	강원 강릉시	미생물 배양시설 지원	100,000	축산과	9	2	7	8	7	1	1	4
1767	강원 강릉시	미생물 배양시설 지원	35,000	축산과	9	6	7	8	7	1	1	4
1768	강원 강릉시	축사 밀폐 및 악취포집 등 악취저감시설	35,000	축산과	9	6	7	8	7	1	1	4
1769	강원 강릉시	퇴비 부숙·저장시설 및 부대시설	35,000	축산과	9	6	7	8	7	1	1	4
1770	강원 강릉시	청년4-H회원 기초영농 정착지원	20,000	자원육성과	9	6	7	8	7	5	5	4
1771	강원 강릉시	농촌건강 장수마을 육성	50,000	자원육성과	9	6	7	8	7	5	5	4
1772	강원 강릉시	작목별 맞춤형 안전관리 실천시범	50,000	자원육성과	9	2	7	8	7	5	5	4
1773	강원 강릉시	농촌어르신 복지생활 실천시범	50,000	자원육성과	9	2	7	8	7	5	5	4
1774	강원 강릉시	농업인 가공사업장 시설장비 개선지원	50,000	자원육성과	9	6	7	8	7	5	5	4
1775	강원 강릉시	친환경농자재 공급	25,500	기술보급과	9	6	7	8	7	5	5	4
1776	강원 강릉시	친환경 인증농산물 포장재 지원	6,000	기술보급과	9	6	7	8	7	5	5	4
1777	강원 강릉시	친환경농업 자율실천단지 조성	24,000	기술보급과	9	6	7	8	7	5	5	4
1778	강원 강릉시	친환경농산물 가공시설 지원	175,000	기술보급과	9	6	7	8	7	5	5	4
1779	강원 강릉시	과수 기후변화 대응 내재해 종합관리	40,000	기술보급과	9	5	7	8	7	5	5	4
1780	강원 강릉시	원격 병해충 방제 생력화 체계 구축 시범	100,000	기술보급과	9	5	7	8	7	5	5	4
1781	강원 강릉시	이상고온 대응 시설채소 온도 저감기술 시범	100,000	기술보급과	9	2	7	8	7	5	5	4
1782	강원 강릉시	시설재배지 염류장해 해결위한 킬레이트제 활용기술	35,000	기술보급과	9	2	7	8	7	5	5	4
1783	강원 강릉시	연중생산 시설머위 재배단지 조성	300,000	기술보급과	9	6	7	8	7	5	5	4
1784	강원 강릉시	환경친화적 멀칭비닐 지원	13,600	기술보급과	9	6	7	8	7	5	5	4
1785	강원 강릉시	숙박업소 환경개선 지원	40,000	위생과	9	4, 6	7	8	7	5	1	1
1786	강원 강릉시	이용업소 환경개선 지원	16,000	위생과	9	4, 6	7	8	7	5	1	1
1787	강원 강릉시	음식업소 환경개선 지원	240,000	위생과	9	4, 6	7	8	7	5	1	1
1788	강원 강릉시	사회복지시설 참좋은집 기능보강	15,000	건강증진과	9	2	5	8	7	5	1	1
1789	강원 동해시	음식 및 숙박업소 환경개선지원 사업	272,000	체육위생과	9	1	4	8	7	1	1	4
1790	강원 동해시	나잠어업인 잠수복 지원	6,435	해양수산과	9	7	7	8	7	5	5	4
1791	강원 동해시	정치망 가두리 시설비 지원	28,000	해양수산과	9	7	7	8	7	5	5	4
1792	강원 동해시	북평산업단지 입주업체 물류비	560,000	투자유치과	9	4	7	8	7	1	1	4
1793	강원 동해시	북평산업단지 입주업체 폐수처리비	240,000	투자유치과	9	4	7	8	7	1	1	4
1794	강원 동해시	감추사 요사채 정비	120,000	문화교육과	9	4	2	1	3	1	1	1
1795	강원 속초시	음식업소 환경개선 지원	200,000	환경위생과	9	4	7	8	7	5	5	4
1796	강원 홍천군	식품공중위생업소 환경개선지원	288,000	관광과	9	6	5	8	7	5	1	3
1797	강원 홍천군	미래 CEO 4-H회원 기초영농 지원	60,000	농업기술센터	9	2	7	8	7	5	5	4
1798	강원 홍천군	작목별 맞춤형 안전관리 실천시범	50,000	농업기술센터	9	2	7	8	7	5	5	4

순번	시군구	지출명 (사업명)	2020년예산 (단위:천원/1년간)	담당자 (공무원) 담당부서	민간이전 분류 (지방자치단체 세출예산 집행기준에 의거) 1. 민간경상사업보조(1) 2. 민간단체 법정운영비보조(2) 3. 민간행사사업보조(3) 4. 민간위탁금(4) 5. 사회복지시설 법정운영비보조(5) 6. 민간인위탁교육비(6) 7. 공기관등에대한경상적대행사업비(7) 8. 민간자본사업보조,자체재원(8) 9. 민간자본사업보조,이전재원(9) 10. 민간위탁사업비(10) 11. 공기관등에 대한 자본적 대행사업비(11)	민간이전지출 근거 (지방보조금 관리기준 참고) 1. 법률에 규정 2. 국고보조 재원(국가지정) 3. 용도 지정 기부금 4. 조례에 직접규정 5. 지자체가 권장하는 사업을 하는 공공기관 6. 시,도 정책 및 재정사정 7. 기타 8. 해당없음	입찰방식 계약체결방법 (경쟁형태) 1. 일반경쟁 2. 제한경쟁 3. 지명경쟁 4. 수의계약 5. 법정위탁 6. 기타 ( ) 7. 해당없음	입찰방식 계약기간 1. 1년 2. 2년 3. 3년 4. 4년 5. 5년 6. 기타 ( )년 7. 단기계약 (1년미만) 8. 해당없음	입찰방식 낙찰자선정방법 1. 적격심사 2. 협상에의한계약 3. 최저가낙찰제 4. 규격가격분리 5. 2단계 경쟁입찰 6. 기타 ( ) 7. 해당없음	운영예산 산정 운영예산 산정 1. 내부산정 (지자체 자체적으로 산정) 2. 외부산정 (외부전문기관위탁 산정) 3. 내·외부 모두 산정 4. 산정 無 5. 해당없음	운영예산 산정 정산방법 1. 내부정산 (지자체 내부적으로 정산) 2. 외부정산 (외부전문기관위탁 정산) 3. 내·외부 모두 산정 4. 정산 無 5. 해당없음	성과평가 실시여부 1. 실시 2. 미실시 3. 향후 추진 4. 해당없음
1799	강원 홍천군	과수 생력화 작업기 지원	170,000	농업기술센터	9	2	7	8	7	5	5	4
1800	강원 홍천군	과수경쟁력 제고	50,000	농업기술센터	9	2	7	8	7	5	5	4
1801	강원 홍천군	청년농업인 경쟁력 제고 사업	45,000	농업기술센터	9	2	7	8	7	5	5	4
1802	강원 홍천군	과수저온 저장시설	25,000	농업기술센터	9	2	7	8	7	5	5	4
1803	강원 홍천군	사과 명품과원조성	220,500	농업기술센터	9	2	7	8	7	5	5	4
1804	강원 홍천군	사과 명품과원조성	146,557	농업기술센터	9	2	7	8	7	5	5	4
1805	강원 홍천군	농촌건강장수마을육성	100,000	농업기술센터	9	2	7	8	7	5	5	4
1806	강원 홍천군	농촌 치유자원 상품화 시범	100,000	농업기술센터	9	2	7	8	7	5	5	4
1807	강원 홍천군	자체육성 칼라찰옥수수 패키지 상품화 시범	80,000	농업기술센터	9	2	7	8	7	5	5	4
1808	강원 홍천군	농업신기술시범	30,000	농업기술센터	9	2	7	8	7	5	5	4
1809	강원 홍천군	특산자원 융복합 기술	500,000	농업기술센터	9	2	7	8	7	5	5	4
1810	강원 홍천군	자체육성 오륜감자 주산단지 육성 시범	40,000	농업기술센터	9	2	7	8	7	5	5	4
1811	강원 홍천군	농촌자원활용치유농업육성	40,000	농업기술센터	9	2	7	8	7	5	5	4
1812	강원 홍천군	귀농창업 지원	20,000	농업기술센터	9	2	7	8	7	5	5	4
1813	강원 홍천군	농업인 가공사업장 시설장비 개선	50,000	농업기술센터	9	2	7	8	7	5	5	4
1814	강원 홍천군	농업인 조직체 가공플랜트 구축 지원	500,000	농업기술센터	9	2	7	8	7	5	5	4
1815	강원 홍천군	농촌어르신 복지생활 실천	50,000	농업기술센터	9	2	7	8	7	5	5	4
1816	강원 홍천군	농경문화소득화모델구축	200,000	농업기술센터	9	2	7	8	7	5	5	4
1817	강원 홍천군	식용곤충 조리·외식 창업 아카데미 시범	50,000	농업기술센터	9	2	7	8	7	5	5	4
1818	강원 홍천군	농업신기술시범	30,000	농업기술센터	9	2	7	8	7	5	5	4
1819	강원 홍천군	농업신기술시범	200,000	농업기술센터	9	2	7	8	7	5	5	4
1820	강원 홍천군	신기술보급사업	40,000	농업기술센터	9	2	7	8	7	5	5	4
1821	강원 홍천군	소비선호형 우리품종 단지조성 시범	200,000	농업기술센터	9	2	7	8	7	5	5	4
1822	강원 홍천군	지역활력화작목기반조성	500,000	농업기술센터	9	2	7	8	7	5	5	4
1823	강원 홍천군	자체육성 유기농 팝콘 주산단지 육성 시범	40,000	농업기술센터	9	2	7	8	7	5	5	4
1824	강원 홍천군	신전략작목 육성 기술지원	16,000	농업기술센터	9	2	7	8	7	5	5	4
1825	강원 홍천군	과수 기후변화 대응 내재해 종합관리 시범	40,000	농업기술센터	9	2	7	8	7	5	5	4
1826	강원 홍천군	여성농업인 다용도 작업대 지원사업	165,600	농정과	9	6	7	8	7	5	5	4
1827	강원 홍천군	여성농업인 개인농작업 환경개선 사업	36,960	농정과	9	6	7	8	7	5	5	4
1828	강원 홍천군	벼 못자리용 비닐하우스 지원	19,500	농정과	9	6	7	8	7	5	5	4
1829	강원 홍천군	벼육묘상자운반기공급	7,050	농정과	9	6	7	8	7	5	5	4
1830	강원 홍천군	벼 육묘은행 시설개선	25,000	농정과	9	6	7	8	7	5	5	4
1831	강원 홍천군	원적외선 곡물건조기 공급	15,000	농정과	9	6	7	8	7	5	5	4
1832	강원 홍천군	산지 저장 및 가공시설 현대화	116,000	농정과	9	6	7	8	7	5	5	4
1833	강원 홍천군	강원쌀 가공식품 활성화지원	100,000	농정과	9	6	7	8	7	5	5	4
1834	강원 홍천군	보급종주산지저장시설장비지원	196,000	농정과	9	6	7	8	7	5	5	4
1835	강원 홍천군	씨감자채종포 선별장비 지원	4,500	농정과	9	6	7	8	7	5	5	4
1836	강원 홍천군	유해야생동물 포획시설 지원	19,800	농정과	9	2	7	8	7	5	5	4
1837	강원 홍천군	여성노약자 인력절감 장비지원	128,000	농정과	9	6	7	8	7	5	5	4
1838	강원 홍천군	친환경 농자재 공급	346,800	농정과	9	6	7	8	7	5	5	4
1839	강원 홍천군	친환경농산물 유통시설•장비지원	119,000	농정과	9	6	7	8	7	5	5	4
1840	강원 홍천군	에너지이용효율화	14,025	농정과	9	2	7	8	7	5	5	4
1841	강원 홍천군	비닐하우스현대화	505,000	농정과	9	6	7	8	7	5	5	4
1842	강원 홍천군	시설원예환경개선	87,500	농정과	9	6	7	8	7	5	5	4
1843	강원 홍천군	특용작물(인삼)시설현대화 지원	141,595	농정과	9	2	7	8	7	5	5	4

순번	시군구	지출명 (사업명)	2020년예산 (단위:천원/1년간)	담당자 (공무원) 담당부서	민간이전 분류 (지방자치단체 세출예산 집행기준에 의거) 1. 민간경상사업보조(1) 2. 민간단체 법정운영비보조(2) 3. 민간행사사업보조(3) 4. 민간위탁금(4) 5. 사회복지시설 법정운영비보조(5) 6. 민간인위탁교육비(6) 7. 공기관등에대한경상적대행사업비(7) 8. 민간자본사업보조,자체재원(8) 9. 민간자본사업보조,이전재원(9) 10. 민간위탁사업비(10) 11. 공기관등에 대한 자본적 대행사업비(11)	민간이전지출 근거 (지방보조금 관리기준 참고) 1. 법률에 규정 2. 국고보조 재원(국가지정) 3. 용도 지정 기부금 4. 조례에 직접규정 5. 지자체가 권장하는 사업을 하는 공공기관 6. 시,도 정책 및 재정사정 7. 기타 8. 해당없음	입찰방식 계약체결방법 (경쟁형태) 1. 일반경쟁 2. 제한경쟁 3. 지명경쟁 4. 수의계약 5. 법정위탁 6. 기타 ( ) 7. 해당없음	입찰방식 계약기간 1. 1년 2. 2년 3. 3년 4. 4년 5. 5년 6. 기타 ( )년 7. 단기계약 (1년미만) 8. 해당없음	입찰방식 낙찰자선정방법 1. 적격심사 2. 협상에의한계약 3. 최저가낙찰제 4. 규격가격분리 5. 2단계 경쟁입찰 6. 기타 ( ) 7. 해당없음	운영예산 산정 운영예산 산정 1. 내부산정 (지자체 자체적으로 산정) 2. 외부산정 (외부전문기관위탁 산정) 3. 내·외부 모두 산정 4. 산정 無 5. 해당없음	운영예산 산정 정산방법 1. 내부정산 (지자체 내부적으로 정산) 2. 외부정산 (외부전문기관위탁 정산) 3. 내·외부 모두 산정 4. 정산 無 5. 해당없음	성과평가 실시여부 1. 실시 2. 미실시 3. 향후 추진 4. 해당없음
1844	강원 홍천군	고추비가림재배시설	90,750	농정과	9	2	7	8	7	5	5	4
1845	강원 홍천군	주산지농기계구입지원	128,500	농정과	9	6	7	8	7	5	5	4
1846	강원 홍천군	밭작물공동경영체육성지원	630,000	농정과	9	2	7	8	7	5	5	4
1847	강원 홍천군	특용작물(버섯,약용)시설현대화지원	40,954	농정과	9	2	7	8	7	5	5	4
1848	강원 홍천군	고품질인삼생산시설지원	540,097	농정과	9	6	7	8	7	5	5	4
1849	강원 홍천군	조림사업	780,000	산림과	9	1	5	1	7	1	1	4
1850	강원 홍천군	숲가꾸기사업	2,311,000	산림과	9	1	5	1	7	1	1	4
1851	강원 홍천군	임산물 생산단지규모화	2,558,108	산림과	9	2	7	7	7	5	1	4
1852	강원 홍천군	임산물 생산유통기반 조성	55,000	산림과	9	2	7	7	7	5	1	4
1853	강원 홍천군	백두대간 주민지원	301,626	산림과	9	2	7	7	7	5	1	4
1854	강원 홍천군	목재펠릿보일러 보급	14,000	산림과	9	2	7	7	7	5	1	4
1855	강원 홍천군	내수면 노후양식장 현대화시설	35,000	축산과	9	4, 6	7	8	7	5	5	4
1856	강원 홍천군	내수면 노후어선 건조비 지원	3,500,000	축산과	9	4, 6	7	8	7	5	5	4
1857	강원 홍천군	내수면 냉동저장고 시설지원	6,090	축산과	9	4, 6	7	8	7	5	5	4
1858	강원 홍천군	내수면어업인 안전 어로활동 기능성 구명복 지원	3,500,000	축산과	9	4, 6	7	8	7	5	5	4
1859	강원 홍천군	어선기관 및 어로안전 항해장비 지원	9,100	축산과	9	4, 6	7	8	7	5	5	4
1860	강원 홍천군	내수면 양식 기자재 지원	14,000	축산과	9	4, 6	7	8	7	5	5	4
1861	강원 홍천군	지능형 축산시설 도입	115,000	축산과	9	4, 6	7	8	7	5	5	4
1862	강원 홍천군	위생취약 산란계농가 안정성 강화 지원	9,800	축산과	9	5	7	8	7	5	5	4
1863	강원 홍천군	축산물 판매업소 위생개선 지원	4,000,000	축산과	9	5	7	8	7	5	5	4
1864	강원 홍천군	계란 선별 포장시설 지원	300,000	축산과	9	5	7	8	7	5	5	4
1865	강원 홍천군	낙농 등록심사 지원사업	4,080,000	축산과	9	4	7	7	7	1	1	3
1866	강원 홍천군	맞춤형 세척소독시설 지원	12,500	축산과	9	6	7	8	7	5	5	4
1867	강원 홍천군	축산농가 축산물작업장 HACCP 지원	10,500	축산과	9	6	7	8	7	5	5	4
1868	강원 홍천군	양계농가 감온시설 지원	20,000	축산과	9	6	7	8	7	5	5	4
1869	강원 홍천군	양계농가 환경개선	45,000	축산과	9	6	7	8	7	5	5	4
1870	강원 홍천군	축산농장 환경개선	20,000	축산과	9	6	7	8	7	5	5	4
1871	강원 홍천군	폭염 등 재해대비 축산시설 구조개선	260,000	축산과	9	6	7	8	7	5	5	4
1872	강원 홍천군	축사시설 화재예방 시스템 설치	15,000	축산과	9	6	7	8	7	5	5	4
1873	강원 홍천군	내수면 노후양식장 현대화시설	35,000	축산과	9	4, 6	7	8	7	5	5	4
1874	강원 홍천군	내수면 노후어선 건조비 지원	3,500,000	축산과	9	4, 6	7	8	7	5	5	4
1875	강원 홍천군	내수면 냉동저장고 시설지원	6,090	축산과	9	4, 6	7	8	7	5	5	4
1876	강원 홍천군	내수면어업인 안전 어로활동 기능성 구명복 지원	3,500,000	축산과	9	4, 6	7	8	7	5	5	4
1877	강원 홍천군	어선기관 및 어로안전 항해장비 지원	9,100	축산과	9	4, 6	7	8	7	5	5	4
1878	강원 홍천군	내수면 양식 기자재 지원	14,000	축산과	9	4, 6	7	8	7	5	5	4
1879	강원 홍천군	지능형 축산시설 도입	115,000	축산과	9	4, 6	7	8	7	5	5	4
1880	강원 홍천군	장비보강	100,000	행복나눔과	9	2	4	8	7	1	1	1
1881	강원 홍천군	장애인거주시설 기능보강사업	54,216	행복나눔과	9	1	7	1	7	1	1	4
1882	강원 홍천군	국공립어린이집 대체신축	10,000	행복나눔과	9	1	7	8	7	5	1	4
1883	강원 홍천군	어린이집 기능보강 사업	30,000	행복나눔과	9	1	7	8	7	5	1	4
1884	강원 홍천군	어린이집 기능보강 사업	19,820	행복나눔과	9	1	7	8	7	5	1	4
1885	강원 횡성군	야생동물 피해예방시설 설치지원	76,800	환경산림과	9	1, 2, 4	7	8	7	5	5	4
1886	강원 횡성군	임산물 생산단지 규모화	262,932	환경산림과	9	2	1	1	1	1	1	1
1887	강원 횡성군	임산물 생산단지 규모화	13,175	환경산림과	9	2	1	1	1	1	1	1
1888	강원 횡성군	목재펠릿보일러 보급	56,000	환경산림과	9	2	1	1	1	1	1	1

순번	시군구	지출명 (사업명)	2020년예산 (단위:천원/1년간)	담당자 (공무원) 담당부서	민간이전 분류 (지방자치단체 세출예산 집행기준에 의거) 1. 민간경상사업보조(1) 2. 민간단체 법정운영비보조(2) 3. 민간행사사업보조(3) 4. 민간위탁금(4) 5. 사회복지시설 법정운영비보조(5) 6. 민간인위탁교육비(6) 7. 공기관등에대한경상적대행사업비(7) 8. 민간자본사업보조,자체재원(8) 9. 민간자본사업보조,이전재원(9) 10. 민간위탁사업비(10) 11. 공기관등에 대한 자본적 대행사업비(11)	민간이전지출 근거 (지방보조금 관리기준 참고) 1. 법률에 규정 2. 국고보조 재원(국가지정) 3. 용도 지정 기부금 4. 조례에 직접규정 5. 지자체가 권장하는 사업을 하는 공공기관 6. 시,도 정책 및 재정사정 7. 기타 8. 해당없음	입찰방식 계약체결방법 (경쟁형태) 1. 일반경쟁 2. 제한경쟁 3. 지명경쟁 4. 수의계약 5. 법정위탁 6. 기타 ( ) 7. 해당없음	계약기간 1. 1년 2. 2년 3. 3년 4. 4년 5. 5년 6. 기타 ( )년 7. 단기계약 (1년미만) 8. 해당없음	낙찰자선정방법 1. 적격심사 2. 협상에의한계약 3. 최저가낙찰제 4. 규격가격분리 5. 2단계 경쟁입찰 6. 기타 ( ) 7. 해당없음	운영예산 산정 운영예산 산정 1. 내부산정 (지자체 자체 적으로 산정) 2. 외부산정 (외부전문기관 위탁 산정) 3. 내·외부 모두 산정 4. 산정 無 5. 해당없음	정산방법 1. 내부정산 (지자체 내부적으로 정산) 2. 외부정산 (외부전문기관 위탁 정산) 3. 내·외부 모두 산정 4. 정산 無 5. 해당없음	성과평가 실시여부 1. 실시 2. 미실시 3. 향후 추진 4. 해당없음
1889	강원 횡성군	임산물 유통기반조성	22,700	환경산림과	9	2	1	1	1	1	1	1
1890	강원 횡성군	주민소득화 지원	6,670	환경산림과	9	6	1	1	1	1	1	1
1891	강원 횡성군	친환경 임산물 재배관리	25,000	환경산림과	9	2	1	1	1	1	1	1
1892	강원 횡성군	임산물 생산기반조성	1,710,000	환경산림과	9	2	1	1	1	1	1	1
1893	강원 횡성군	임산물 유통구조개선	20,526	환경산림과	9	2	1	1	1	1	1	1
1894	강원 횡성군	목재펠릿보일러 보급	4,000,000	환경산림과	9	2	1	1	1	1	1	1
1895	강원 횡성군	임산물 생산단지 규모화	143,728	환경산림과	9	2	1	1	1	1	1	1
1896	강원 횡성군	그린홈보급사업	334,000	환경산림과	9	6	7	8	7	5	5	4
1897	강원 횡성군	전기자동차 구입	1,045,200	환경산림과	9	2	7	8	7	5	5	4
1898	강원 횡성군	수소연료 전지차 구입 보조	1,700,000	환경산림과	9	2	7	8	7	5	5	4
1899	강원 횡성군	전기이륜차 구입	69,000	환경산림과	9	2	7	8	7	5	5	4
1900	강원 횡성군	개인하수처리시설 위탁관리 지원 사업	272,245	환경산림과	9	2	7	8	7	5	5	4
1901	강원 횡성군	개인하수처리시설 위탁관리 지원 사업	272,246	환경산림과	9	2	7	8	7	5	5	4
1902	강원 횡성군	운행경유차 배출가스 저감사업	1,018,355	환경산림과	9	2	7	8	7	5	5	4
1903	강원 횡성군	어린이통학차량의 LPG차 전환지원	30,000	환경산림과	9	2	7	8	7	5	5	4
1904	강원 횡성군	저녹스버너 보급사업	19,000	환경산림과	9	2	7	8	7	5	5	4
1905	강원 횡성군	가정용 저녹스버너 보급사업	6,000	환경산림과	9	2	7	8	7	5	5	4
1906	강원 횡성군	소규모사업장방지시설설치지원사업	315,000	환경산림과	9	2	7	8	7	5	5	4
1907	강원 영월군	슬레이트 처리 지원	678,500	환경위생과	9	2	7	8	7	1	1	2
1908	강원 영월군	야생동물피해예방사업	72,000	환경위생과	9	1	7	8	7	5	5	4
1909	강원 영월군	전기자동차 보급사업	210,000	환경위생과	9	2	7	8	7	5	5	4
1910	강원 영월군	어린이 통학차량 LPG차 전환 지원	20,000	환경위생과	9	2	7	8	7	5	5	4
1911	강원 영월군	PM-Nox 동시저감장치 부착 지원	45,000	환경위생과	9	2	7	8	7	5	5	4
1912	강원 영월군	LPG화물차 신차구입 지원	80,000	환경위생과	9	2	7	8	7	5	5	4
1913	강원 영월군	저녹스버너 보급사업	36,060	환경위생과	9	2	7	8	7	5	5	4
1914	강원 영월군	가정용 저녹스버너 보급사업	4,000,000	환경위생과	9	2	7	8	7	5	5	4
1915	강원 영월군	소규모 사업장 방지시설 설치지원	270,000	환경위생과	9	2	7	8	7	5	5	4
1916	강원 영월군	경유차 매연저감장치 부착 지원	34,570	환경위생과	9	2	7	8	7	5	5	4
1917	강원 영월군	건설기계 매연저감장치 부착지원	33,000	환경위생과	9	2	7	8	7	5	5	4
1918	강원 영월군	건설기계 엔진교체 지원	49,500	환경위생과	9	2	7	8	7	5	5	4
1919	강원 영월군	전기자동차 배터리 회수관리사업	1,300,000	환경위생과	9	2	7	8	7	5	5	4
1920	강원 영월군	위생업소 서비스개선 지도	144,000	환경위생과	9	6	7	8	7	1	1	1
1921	강원 영월군	여성노약자 인력절감 장비 지원	81,640	소득지원과	9	6	7	8	7	5	5	4
1922	강원 영월군	잡곡산업기반조성	118,000	소득지원과	9	6	7	8	7	5	5	4
1923	강원 영월군	수수 우량품종 기계화 생산단지 육성	70,000	소득지원과	9	2	7	8	7	5	1	4
1924	강원 영월군	강원도 자체육성 오륜감자 주산단지 육성	40,000	소득지원과	9	6	7	8	7	5	1	4
1925	강원 영월군	찰옥수수 명품화 지원	10,000	소득지원과	9	6	7	8	7	5	1	4
1926	강원 영월군	친환경농산물 유통시설 및 장비지원	105,000	소득지원과	9	6	7	8	7	5	1	4
1927	강원 영월군	환경친환적 멀칭비닐 지원	15,725	소득지원과	9	6	7	8	7	5	1	4
1928	강원 영월군	유기농업 자재지원	15,775	소득지원과	9	2	7	8	7	5	1	4
1929	강원 영월군	친환경농자재 지원	331,370	소득지원과	9	6	7	8	7	5	1	4
1930	강원 영월군	친환경농업 자율실천단지 조성	24,000	소득지원과	9	6	7	8	7	5	1	4
1931	강원 영월군	친환경인증농산물 포장재 지원	47,000	소득지원과	9	6	7	8	7	5	1	4
1932	강원 영월군	유망화훼 생산지원	75,000	소득지원과	9	6	7	8	7	1	1	4
1933	강원 영월군	농업에너지 이용 효율화	49,848	소득지원과	9	2	7	8	7	1	1	4

순번	시군구	지출명 (사업명)	2020년예산 (단위:천원/1년간)	담당자 (공무원) 담당부서	민간이전 분류 (지방자치단체 세출예산 집행기준에 의거) 1. 민간경상사업보조(1) 2. 민간단체 법정운영비보조(2) 3. 민간행사사업보조(3) 4. 민간위탁금(4) 5. 사회복지시설 법정운영비보조(5) 6. 민간인위탁교육비(6) 7. 공기관등에대한경상적대행사업비(7) 8. 민간자본사업보조,자체재원(8) 9. 민간자본사업보조,이전재원(9) 10. 민간위탁사업비(10) 11. 공기관등에 대한 자본적 대행사업비(11)	민간이전지출 근거 (지방보조금 관리기준 참고) 1. 법률에 규정 2. 국고보조 재원(국가지정) 3. 용도 지정 기부금 4. 조례에 직접규정 5. 지자체가 권장하는 사업을 하는 공공기관 6. 시,도 정책 및 재정사정 7. 기타 8. 해당없음	입찰방식 계약체결방법 (경쟁형태) 1. 일반경쟁 2. 제한경쟁 3. 지명경쟁 4. 수의계약 5. 법정위탁 6. 기타 ( ) 7. 해당없음	입찰방식 계약기간 1. 1년 2. 2년 3. 3년 4. 4년 5. 5년 6. 기타 ( )년 7. 단기계약 (1년미만) 8. 해당없음	입찰방식 낙찰자선정방법 1. 적격심사 2. 협상에의한계약 3. 최저가낙찰제 4. 규격가격분리 5. 2단계 경쟁입찰 6. 기타 ( ) 7. 해당없음	운영예산 산정 운영예산 산정 1. 내부산정 (지자체 자체적으로 산정) 2. 외부산정 (외부전문기관위탁 산정) 3. 내·외부 모두 산정 4. 산정 無 5. 해당없음	운영예산 산정 정산방법 1. 내부정산 (지자체 내부적으로 정산) 2. 외부정산 (외부전문기관위탁 정산) 3. 내·외부 모두 산정 4. 정산 無 5. 해당없음	성과평가 실시여부 1. 실시 2. 미실시 3. 향후 추진 4. 해당없음
1934	강원 영월군	농업에너지 이용 효율화	51,283	소득지원과	9	2	7	8	7	1	1	4
1935	강원 영월군	시설원예 현대화	47,007	소득지원과	9	2	7	8	7	1	1	4
1936	강원 영월군	과채류 맞춤형 에너지절감 패키지기술 시범	80,000	소득지원과	9	2	7	8	7	1	1	4
1937	강원 영월군	폭염대응 시설채소 온도저감 기술시범	40,000	소득지원과	9	6	7	8	7	1	1	4
1938	강원 영월군	비닐하우스현대화	65,000	소득지원과	9	6	7	8	7	1	1	4
1939	강원 영월군	권역별시설원예특화단지조성	125,000	소득지원과	9	6	7	8	7	1	1	4
1940	강원 영월군	시설원예 환경개선	25,000	소득지원과	9	6	7	8	7	1	1	4
1941	강원 영월군	강원산채 품질향상 및 안정생산 기술보급	16,000	소득지원과	9	6	7	8	7	1	1	4
1942	강원 영월군	산지유통 저온저장시설 지원	75,000	소득지원과	9	6	7	8	7	1	1	4
1943	강원 영월군	이상기상대응 과원피해 예방 기술확산 시범	100,000	소득지원과	9	2	7	8	7	5	5	4
1944	강원 영월군	사과명품과원 조성	465,500	소득지원과	9	2	7	8	7	5	5	4
1945	강원 영월군	영월사과 안정생산 기반확대	500,000	소득지원과	9	6	7	8	7	5	5	4
1946	강원 영월군	과수경쟁력 제고지원	25,000	소득지원과	9	6	7	8	7	5	5	4
1947	강원 영월군	과수 생력화 작업기 지원	225,000	소득지원과	9	6	7	8	7	5	5	4
1948	강원 영월군	과수 저온저장고 설치 지원	12,500	소득지원과	9	6	7	8	7	5	5	4
1949	강원 영월군	생산성 향상 포도 생력재배 시범	40,000	소득지원과	9	6	7	8	7	5	5	4
1950	강원 영월군	특용작물 생산시설 현대화	54,745	소득지원과	9	2	7	8	7	5	5	4
1951	강원 영월군	인삼 생산시설 현대화	8,665	소득지원과	9	2	7	8	7	5	5	4
1952	강원 영월군	인삼 고온피해 경감 종합기술 시범	60,000	소득지원과	9	2	7	8	7	5	5	4
1953	강원 영월군	인삼 친환경 재배 지원	10,500	소득지원과	9	6	7	8	7	5	5	4
1954	강원 영월군	곤충 스마트 팜 지원	40,000	소득지원과	9	6	7	8	7	5	5	4
1955	강원 영월군	곤충산업 기반구축	15,000	소득지원과	9	6	7	8	7	5	5	4
1956	강원 영월군	우리도 육성 잎새버섯 재배기술 보급 시범	24,000	소득지원과	9	6	7	8	7	5	5	4
1957	강원 영월군	유용미생물 이용 인삼 점무늬병 방제기술 시범	40,000	소득지원과	9	6	7	8	7	5	5	4
1958	강원 영월군	재향군인회관 기능보강 지원	22,000	주민복지과	9	1	7	1	7	1	1	2
1959	강원 영월군	소규모 민간시설 접근성 개선	51,000	주민복지과	9	1	7	8	7	5	1	4
1960	강원 평창군	장애인 직업재활시설 기능보강사업	99,000	복지과	9	2	7	8	7	5	5	4
1961	강원 평창군	어린이집 환경개선 지원	92,000	복지과	9	1	7	8	7	5	5	4
1962	강원 평창군	어린이집 전자출결시스템 장비비 지원	8,535	복지과	9	1	7	8	7	5	5	4
1963	강원 평창군	지역아동센터 환경개선 지원	31,190	복지과	9	2	7	8	7	5	1	1
1964	강원 평창군	문화재보수정비	1,957,500	문화관광과	9	4	7	8	7	5	5	4
1965	강원 평창군	국가지정문화재 및 등록문화재 보수정비 지원	90,000	문화관광과	9	2	7	8	7	5	5	4
1966	강원 평창군	국가지정문화재 및 등록문화재 보수정비 지원	170,000	문화관광과	9	2	7	8	7	5	5	4
1967	강원 평창군	문화재 재난방지시설 구축	252,000	문화관광과	9	2	7	8	7	5	5	4
1968	강원 평창군	신재생에너지 주택지원	187,800	일자리경제과	9	7	7	8	7	5	5	4
1969	강원 평창군	발전소주변지역 지원사업	16,000	일자리경제과	9	1	7	8	7	5	5	4
1970	강원 평창군	발전소주변지역 지원사업	15,200	일자리경제과	9	1	7	8	7	5	5	4
1971	강원 평창군	발전소주변지역 지원사업	9,100	일자리경제과	9	1	7	8	7	5	5	4
1972	강원 평창군	발전소주변지역 지원사업	17,200	일자리경제과	9	1	7	8	7	5	5	4
1973	강원 평창군	발전소주변지역 지원사업	52,300	일자리경제과	9	1	7	8	7	5	5	4
1974	강원 평창군	발전소주변지역 지원사업	11,500	일자리경제과	9	1	7	8	7	5	5	4
1975	강원 평창군	발전소주변지역 지원사업	43,100	일자리경제과	9	1	7	8	7	5	5	4
1976	강원 평창군	야생동물 피해예방사업	391,000	환경위생과	9	1	7	8	7	5	5	4
1977	강원 평창군	전기자동차 구매 지원	909,400	환경위생과	9	4	7	8	7	5	5	4
1978	강원 평창군	운행경유차 배출가스 저감사업	271,640	환경위생과	9	1	7	8	7	5	5	4

순번	시군구	지출명 (사업명)	2020년예산 (단위:천원/1년간)	담당자 (공무원) 담당부서	민간이전 분류 (지방자치단체 세출예산 집행기준에 의거) 1. 민간경상사업보조(1) 2. 민간단체 법정운영비보조(2) 3. 민간행사사업보조(3) 4. 민간위탁금(4) 5. 사회복지시설 법정운영비보조(5) 6. 민간인위탁교육비(6) 7. 공기관등에대한경상적대행사업비(7) 8. 민간자본사업보조,자체재원(8) 9. 민간자본사업보조,이전재원(9) 10. 민간위탁사업비(10) 11. 공기관등에 대한 자본적 대행사업비(11)	민간이전지출 근거 (지방보조금 관리기준 참고) 1. 법률에 규정 2. 국고보조 재원(국가지정) 3. 용도 지정 기부금 4. 조례에 직접규정 5. 지자체가 권장하는 사업을 하는 공공기관 6. 시,도 정책 및 재정사정 7. 기타 8. 해당없음	입찰방식 계약체결방법 (경쟁형태) 1. 일반경쟁 2. 제한경쟁 3. 지명경쟁 4. 수의계약 5. 법정위탁 6. 기타 ( ) 7. 해당없음	입찰방식 계약기간 1. 1년 2. 2년 3. 3년 4. 4년 5. 5년 6. 기타 ( )년 7. 단기계약 (1년미만) 8. 해당없음	입찰방식 낙찰자선정방법 1. 적격심사 2. 협상에의한계약 3. 최저가낙찰제 4. 규격가격분리 5. 2단계 경쟁입찰 6. 기타 ( ) 7. 해당없음	운영예산 산정 운영예산 산정 1. 내부산정 (지자체 자체적으로 산정) 2. 외부산정 (외부전문기관위탁 산정) 3. 내·외부 모두 산정 4. 산정 無 5. 해당없음	운영예산 산정 정산방법 1. 내부정산 (지자체 내부적으로 정산) 2. 외부정산 (외부전문기관위탁 정산) 3. 내·외부 모두 산정 4. 정산 無 5. 해당없음	성과평가 실시여부 1. 실시 2. 미실시 3. 향후 추진 4. 해당없음
1979	강원 평창군	전기이륜차 보급 사업	4,600	환경위생과	9	1	7	8	7	5	5	4
1980	강원 평창군	소규모 사업장 방지시설 설치 지원사업	360,000	환경위생과	9	2	7	8	7	5	5	4
1981	강원 평창군	수소전기자동차 구매지원	42,500	환경위생과	9	1	7	8	7	5	5	4
1982	강원 평창군	어린이 통학차량 LPG차 전환사업	25,000	환경위생과	9	1	7	8	7	5	5	4
1983	강원 평창군	유통식품 및 위생업소 관리	120,000	환경위생과	9	4	7	8	7	5	5	4
1984	강원 평창군	저소득농업인 지원사업	60,000	농업기술센터	9	4	7	8	7	5	5	4
1985	강원 평창군	귀농귀촌 활력화 추진	16,500	농업기술센터	9	6	7	8	7	5	5	4
1986	강원 평창군	마을단위환경	215,000	농업기술센터	9	5	5	3	2	1	1	1
1987	강원 평창군	농업인력 지원	4,500,000	농업기술센터	9	6	7	8	7	5	5	4
1988	강원 평창군	여성농업인 육성	94,560	농업기술센터	9	6	7	8	7	5	5	4
1989	강원 평창군	청년농업인영농정착지원	260,500	농업기술센터	9	2	7	8	7	5	5	4
1990	강원 평창군	한우품질개량	30,000	농업기술센터	9	6	7	8	7	5	5	4
1991	강원 평창군	한우사육기반확충	5,154	농업기술센터	9	6	7	8	7	5	5	4
1992	강원 평창군	양계농가 환경개선	2,250,000	농업기술센터	9	6	7	8	7	5	5	4
1993	강원 평창군	학교우유급식지원	86,000	농업기술센터	9	2	7	8	7	5	5	4
1994	강원 평창군	조사료 재배 확대 및 생산지원	67,170	농업기술센터	9	6	7	8	7	5	5	4
1995	강원 평창군	낙농경영 개선지원	22,770	농업기술센터	9	6	7	8	7	5	5	4
1996	강원 평창군	조사료 생산성 향상	64,000	농업기술센터	9	6	7	8	7	5	5	4
1997	강원 평창군	가축질병예방및검진약품구입등 지원	6,000	농업기술센터	9	6	7	8	7	5	5	4
1998	강원 평창군	축산물이력관리 지원	25,220	농업기술센터	9	8	7	8	7	5	5	4
1999	강원 평창군	맞춤형 세척 소독시설 개선	5,000	농업기술센터	9	6	7	8	7	5	5	4
2000	강원 평창군	위생취약 소규모 산란계농가 안전성 강화	2,100,000	농업기술센터	9	6	7	8	7	5	5	4
2001	강원 평창군	축산물 판매업소 위생개선 지원	2,000,000	농업기술센터	9	6	7	8	7	5	5	4
2002	강원 평창군	친환경축산 기반조성	280,000	농업기술센터	9	6	7	8	7	5	5	4
2003	강원 평창군	수산물 소비촉진 지원	8,000	농업기술센터	9	1	7	8	7	5	5	4
2004	강원 평창군	어도 개보수사업	125,000	농업기술센터	9	2	7	8	7	5	5	4
2005	강원 평창군	한약재 유통지원시설 운영관리	2,560,000	농업기술센터	9	2	7	8	7	5	5	4
2006	강원 평창군	농식품산업활성화지원	50,000	농업기술센터	9	6	7	8	7	5	5	4
2007	강원 평창군	농특산물 전자상거래 활성화	50,000	농업기술센터	9	7	7	8	7	5	5	4
2008	강원 평창군	산지유통 기반조성	37,500	농업기술센터	9	6	7	8	7	5	5	4
2009	강원 평창군	초등 돌봄교실 과일간식지원 시범사업	36,400	농업기술센터	9	2	4	1	1	1	1	1
2010	강원 평창군	강원전통주산업경쟁력제고	61,000	농업기술센터	9	6	7	8	7	5	5	4
2011	강원 평창군	고랭지배추 홍보	200,000	농업기술센터	9	7	7	8	7	5	5	4
2012	강원 평창군	과수화훼생산·유통	353,500	농업기술센터	9	6	7	8	7	5	5	4
2013	강원 평창군	시설원예경쟁력제고	190,000	농업기술센터	9	6	7	8	7	5	5	4
2014	강원 평창군	인삼기반조성	31,990	농업기술센터	9	6	7	8	7	5	5	4
2015	강원 평창군	고랭지채소 안정생산	46,000	농업기술센터	9	7	7	8	7	5	5	4
2016	강원 평창군	고랭지인삼 육성	90,000	농업기술센터	9	7	7	8	7	5	5	4
2017	강원 평창군	약초육성 전략사업	10,000	농업기술센터	9	7	7	8	7	5	5	4
2018	강원 평창군	시설농업 육성	547,500	농업기술센터	9	7	7	8	7	5	5	4
2019	강원 평창군	수출농업 육성	12,000	농업기술센터	9	6	7	8	7	5	5	4
2020	강원 평창군	시설원예현대화지원	1,164,771	농업기술센터	9	2	7	8	7	5	5	4
2021	강원 평창군	농업에너지이용효율화	73,980	농업기술센터	9	2	7	8	7	5	5	4
2022	강원 평창군	농업에너지이용효율화	197,400	농업기술센터	9	2	7	8	7	5	5	4
2023	강원 평창군	토양개량제 지원	259,700	농업기술센터	9	2	7	8	7	5	5	4

순번	시군구	지출명 (사업명)	2020년예산 (단위:천원/1년간)	담당자 (공무원) 담당부서	민간이전 분류 (지방자치단체 세출예산 집행기준에 의거) 1. 민간경상사업보조(1) 2. 민간단체 법정운영비보조(2) 3. 민간행사사업보조(3) 4. 민간위탁금(4) 5. 사회복지시설 법정운영비보조(5) 6. 민간인위탁교육비(6) 7. 공기관등에대한경상적대행사업비(7) 8. 민간자본사업보조,자체재원(8) 9. 민간자본사업보조,이전재원(9) 10. 민간위탁사업비(10) 11. 공기관등에 대한 자본적 대행사업비(11)	민간이전지출 근거 (지방보조금 관리기준 참고) 1. 법률에 규정 2. 국고보조 재원(국가지정) 3. 용도 지정 기부금 4. 조례에 직접규정 5. 지자체가 권장하는 사업을 하는 공공기관 6. 시,도 정책 및 재정사정 7. 기타 8. 해당없음	입찰방식 계약체결방법 (경쟁형태) 1. 일반경쟁 2. 제한경쟁 3. 지명경쟁 4. 수의계약 5. 법정위탁 6. 기타 ( ) 7. 해당없음	입찰방식 계약기간 1. 1년 2. 2년 3. 3년 4. 4년 5. 5년 6. 기타 ( )년 7. 단기계약 (1년미만) 8. 해당없음	입찰방식 낙찰자선정방법 1. 적격심사 2. 협상에의한계약 3. 최저가낙찰제 4. 규격가격분리 5. 2단계 경쟁입찰 6. 기타 ( ) 7. 해당없음	운영예산 산정 운영예산 산정 1. 내부산정 (지자체 자체 적으로 산정) 2. 외부산정 (외부전문기관 위탁 산정) 3. 내·외부 모두 산정 4. 산정 無 5. 해당없음	운영예산 산정 정산방법 1. 내부정산 (지자체 내부적으로 정산) 2. 외부정산 (외부전문기관 위탁 정산) 3. 내·외부 모두 산정 4. 정산 無 5. 해당없음	성과평가 실시여부 1. 실시 2. 미실시 3. 향후 추진 4. 해당없음
2024	강원 평창군	유기질비료 지원	4,077,325	농업기술센터	9	2	7	8	7	5	5	4
2025	강원 평창군	FTA대응 밭작물 경쟁력 제고	468,300	농업기술센터	9	6	7	8	7	5	5	4
2026	강원 평창군	친환경농업기반확대	30,000	농업기술센터	9	7	7	8	7	5	5	4
2027	강원 평창군	친환경 농자재 공급	60,000	농업기술센터	9	6	7	8	7	5	5	4
2028	강원 평창군	강원잡곡명품화	348,200	농업기술센터	9	6	7	8	7	5	5	4
2029	강원 평창군	고품질 식량작물 생산	41,640	농업기술센터	9	4	7	8	7	5	5	4
2030	강원 평창군	친환경 멀칭비닐 지원사업	167,000	농업기술센터	9	7	7	8	7	5	5	4
2031	강원 평창군	농기계공급	19,950	농업기술센터	9	4	7	8	7	5	5	4
2032	강원 평창군	소형농기계공급지원	173,700	농업기술센터	9	4	7	8	7	5	5	4
2033	강원 평창군	경영비 절감 기술	72,000	농업기술센터	9	6	7	8	7	5	5	4
2034	강원 평창군	4-H회 육성	5,000	농업기술센터	9	1	7	8	7	5	5	4
2035	강원 평창군	농업인 단체 육성	29,000	농업기술센터	9	4	7	8	7	5	5	4
2036	강원 평창군	작목별 맞춤형 안전관리 실천시범	15,000	농업기술센터	9	2	7	8	7	5	5	4
2037	강원 평창군	작목별 맞춤형 안전관리 실천시범	35,000	농업기술센터	9	2	7	8	7	5	5	4
2038	강원 평창군	농촌여성 역량강화	3,000,000	농업기술센터	9	6	7	8	7	5	5	4
2039	강원 평창군	농촌자원 활용 치유농업육성	12,000	농업기술센터	9	6	7	8	7	5	5	4
2040	강원 평창군	농촌자원 활용 치유농업육성	28,000	농업기술센터	9	6	7	8	7	5	5	4
2041	강원 평창군	농업활동 안전사고 예방 생활화	3,000,000	농업기술센터	9	6	7	8	7	5	5	4
2042	강원 평창군	농업활동 안전사고 예방 생활화	27,000	농업기술센터	9	6	7	8	7	5	5	4
2043	강원 평창군	강원 향토음식 아카데미 운영	10,000	농업기술센터	9	6	7	8	7	5	5	4
2044	강원 평창군	농업 신기술 시범	110,000	농업기술센터	9	2	7	8	7	5	5	4
2045	강원 평창군	지역활력화작목기반조성	13,000	농업기술센터	9	6	7	8	7	5	5	4
2046	강원 양구군	지역아동센터 품질향상 및 환경개선사업	11,500	사회복지과	9	2	7	8	7	1	1	4
2047	강원 양구군	어린이집환경개선	10,255	사회복지과	9	2	7	8	7	1	1	1
2048	강원 양구군	어린이집환경개선	30,000	사회복지과	9	2	7	8	7	1	1	1
2049	강원 양구군	평화지역 시설현대화 사업	1,440,000	전략산업과	9	6	7	8	7	1	1	1
2050	강원 양구군	평화지역 접객업소 서비스 컨설팅 용역	74,000	환경위생과	9	6	1	1	2	1	1	1
2051	강원 양구군	고랭지밭 흙탕물저감 호밀식재사업	10,042	환경위생과	9	6	7	8	7	5	5	4
2052	강원 양구군	LPG화물차 신차구입 지원	40,000	환경위생과	9	2	7	8	7	5	5	4
2053	강원 양구군	경유자동차 매연저감장치 설치 지원	69,140	환경위생과	9	2	7	8	7	5	5	4
2054	강원 양구군	건설기계 매연저감장치 설치 지원	33,000	환경위생과	9	2	7	8	7	5	5	4
2055	강원 양구군	건설기계 엔진교체 지원	33,000	환경위생과	9	2	7	8	7	5	5	4
2056	강원 양구군	소규모 사업장 방지시설 설치 지원	90,000	환경위생과	9	2	7	8	7	5	5	4
2057	강원 양구군	어린이 통학차량 LPG차 전환 지원	15,000	환경위생과	9	2	7	8	7	5	5	4
2058	강원 양구군	발전소주변지역기본지원사업	198,000	안전건설과	9	1	7	8	7	3	3	4
2059	강원 양구군	4-H회 육성	20,000	농업정책과	9	1	7	8	7	5	5	4
2060	강원 양구군	산지유통 저온저장 시설지원	200,000	농업지원과	9	6	7	8	7	3	1	3
2061	강원 양구군	비닐하우스 현대화 사업	136,500	농업지원과	9	6	7	8	7	3	1	3
2062	강원 양구군	시설원예 환경개선사업	60,000	농업지원과	9	6	7	8	7	3	1	3
2063	강원 양구군	채소 병해충 방제	9,600	농업지원과	9	6	7	8	7	3	1	3
2064	강원 양구군	과수 경쟁력 제고 지원사업	25,000	농업지원과	9	6	7	8	7	1	1	4
2065	강원 양구군	유망화훼생산지원	112,500	농업지원과	9	6	7	8	7	3	1	3
2066	강원 양구군	농어업에너지이용효율화	28,408	농업지원과	9	2	7	8	7	3	1	3
2067	강원 양구군	원적외선 곡물건조기 공급	5,000	농업지원과	9	6	7	8	7	1	1	4
2068	강원 양구군	FTA대응 밭작물 경쟁력 제고	3,500,000	농업지원과	9	1	7	8	7	5	5	4

순번	시군구	지출명 (사업명)	2020년예산 (단위:천원/1년간)	담당자 (공무원) 담당부서	민간이전 분류 (지방자치단체 세출예산 집행기준에 의거) 1. 민간경상사업보조(1) 2. 민간단체 법정운영비보조(2) 3. 민간행사사업보조(3) 4. 민간위탁금(4) 5. 사회복지시설 법정운영비보조(5) 6. 민간인위탁교육비(6) 7. 공기관등에대한경상적대행사업비(7) 8. 민간자본사업보조,자체재원(8) 9. 민간자본사업보조,이전재원(9) 10. 민간위탁사업비(10) 11. 공기관등에 대한 자본적 대행사업비(11)	민간이전지출 근거 (지방보조금 관리기준 참고) 1. 법률에 규정 2. 국고보조 재원(국가지정) 3. 용도 지정 기부금 4. 조례에 직접규정 5. 지자체가 권장하는 사업을 하는 공공기관 6. 시,도 정책 및 재정사정 7. 기타 8. 해당없음	입찰방식 계약체결방법 (경쟁형태) 1. 일반경쟁 2. 제한경쟁 3. 지명경쟁 4. 수의계약 5. 법정위탁 6. 기타 ( ) 7. 해당없음	입찰방식 계약기간 1. 1년 2. 2년 3. 3년 4. 4년 5. 5년 6. 기타 ( )년 7. 단기계약 (1년미만) 8. 해당없음	입찰방식 낙찰자선정방법 1. 적격심사 2. 협상에의한계약 3. 최저가낙찰제 4. 규격가격분리 5. 2단계 경쟁입찰 6. 기타 ( ) 7. 해당없음	운영예산 산정 운영예산 산정 1. 내부산정 (지자체 자체적으로 산정) 2. 외부산정 (외부전문기관위탁 산정) 3. 내·외부 모두 산정 4. 산정 無 5. 해당없음	운영예산 산정 정산방법 1. 내부정산 (지자체 내부적으로 정산) 2. 외부정산 (외부전문기관위탁 정산) 3. 내·외부 모두 산정 4. 정산 無 5. 해당없음	성과평가 실시여부 1. 실시 2. 미실시 3. 향후 추진 4. 해당없음
2069	강원 양구군	친환경농산물인증 포장재	7,000	농업지원과	9	1	7	8	7	4	1	4
2070	강원 양구군	인삼친환경재배	9,000	농업지원과	9	6	7	8	7	1	1	4
2071	강원 양구군	사과명품과원조성	149,829	농업지원과	9	6	7	8	7	1	1	4
2072	강원 양구군	씨감자 채종포 선별장 지원	18,000	농업지원과	9	6	7	8	7	1	1	4
2073	강원 양구군	내수면 양식 기자재 지원	28,000	농업정책과	9	1	7	8	7	1	1	1
2074	강원 양구군	농식품산업 활성화 지원	50,000	유통축산과	9	6	7	8	7	1	1	4
2075	강원 양구군	도지사 품질보증제 지원	6,000	유통축산과	9	6	7	8	7	1	1	4
2076	강원 양구군	친환경농산물 공동물류 생산장비 지원	14,000	농업지원과	9	1	7	8	7	4	1	4
2077	강원 양구군	내수면노후어선건조비지원	21,000	농업정책과	9	1	7	8	7	1	1	1
2078	강원 양구군	고랭지채소안정생산	60,000	농업지원과	9	6	7	8	7	3	1	3
2079	강원 양구군	특용작물시설현대화 지원	79,695	농업지원과	9	2	7	8	7	1	1	4
2080	강원 양구군	특용작물시설현대화 지원	39,347	농업지원과	9	2	7	8	7	1	1	4
2081	강원 양구군	다목적 가축분뇨처리장비 지원	15,000	유통축산과	9	1	7	8	7	1	1	4
2082	강원 양구군	양계농가 환경개선	11,250	유통축산과	9	1	7	8	7	1	1	4
2083	강원 양구군	양계농가 기후변화 대응시설 지원	10,000	유통축산과	9	1	7	8	7	1	1	4
2084	강원 양구군	강원양봉브랜드육성사업	21,000	유통축산과	9	1	7	8	7	1	1	4
2085	강원 양구군	토종꿀 명품 육성지원	3,300,000	유통축산과	9	1	7	8	7	1	1	4
2086	강원 양구군	내수면 냉동저장고 지원	18,270	농업정책과	9	1	7	8	7	1	1	1
2087	강원 양구군	축산농장 환경개선	14,000	유통축산과	9	6	7	8	7	5	5	4
2088	강원 양구군	청정양돈 경영선진화	6,600	유통축산과	9	1	7	8	7	1	1	4
2089	강원 양구군	과수생력화작업기 지원	195,000	농업지원과	9	6	7	8	7	1	1	4
2090	강원 양구군	어선기관 및 어로안전 항해장비 지원	76,300	농업정책과	9	1	7	8	7	1	1	1
2091	강원 양구군	축산 스마트팜 조성	40,000	유통축산과	9	1	7	8	7	1	1	4
2092	강원 양구군	군납활성화지원	264,500	유통축산과	9	6	7	8	7	1	1	4
2093	강원 양구군	권역별시설원예특화단지조성	150,000	농업지원과	9	6	7	8	7	3	1	3
2094	강원 양구군	작목별 맞춤형 안전관리 실천시범	50,000	농업정책과	9	1	7	8	7	5	5	4
2095	강원 양구군	과수 저온저장고 설치 지원	112,500	농업지원과	9	6	7	8	7	1	1	4
2096	강원 양구군	농촌자원 복합산업화 지원	840,000	유통축산과	9	2	7	8	7	5	5	4
2097	강원 양구군	고품질쌀 생산	3,450,000	농업지원과	9	6	7	8	7	1	1	4
2098	강원 양구군	FTA대응 밭작물 경쟁력 제고	10,000	농업지원과	9	6	7	8	7	1	1	4
2099	강원 양구군	여성어업인단체작업 물품지원	1,680,000	농업정책과	9	1	7	8	7	1	1	1
2100	강원 양구군	고품질 과수 기상이변 예방시설 지원	9,600	농업지원과	9	6	7	8	7	1	1	4
2101	강원 양구군	평화지역 농어촌민박 시설환경 개선사업	880,000	농업정책과	9	1	7	8	7	5	5	4
2102	강원 양구군	강원쌀 대량소비처 차액지원사업	30,000	유통축산과	9	6	7	8	7	1	1	4
2103	강원 양구군	동물복지형 강원축산 선진화	6,580	유통축산과	9	1	7	8	7	1	1	4
2104	강원 양구군	고품질 인삼 생산시설 지원	76,650	농업지원과	9	6	7	8	7	1	1	4
2105	강원 양구군	고품질 인삼 생산시설 지원	130,340	농업지원과	9	6	7	8	7	1	1	4
2106	강원 양구군	농업신기술시범	50,000	농업지원과	9	2	7	8	7	3	1	3
2107	강원 양구군	CCTV 등 방역인프라 설치 지원	31,800	유통축산과	9	2	7	8	7	1	1	4
2108	강원 양구군	농업신기술시범	50,000	유통축산과	9	2	7	8	7	1	1	4
2109	강원 양구군	청년농업인육성지원	36,000	농업정책과	9	1	7	8	7	5	5	4
2110	강원 양구군	폭염등재해대비축산시설구조개선	90,000	유통축산과	9	1	7	8	7	1	1	4
2111	강원 양구군	폭염등재해대비축산시설구조개선	45,000	유통축산과	9	1	7	8	7	1	1	4
2112	강원 양구군	위생취약 소규모 산란계 농가 안전성 강화	4,900	유통축산과	9	1	7	8	7	1	1	4
2113	강원 양구군	원예시설 기능성 차광자재 설치지원	18,000	농업지원과	9	6	7	8	7	3	1	3

순번	시군구	지출명 (사업명)	2020년예산 (단위:천원/1년간)	담당자 (공무원) 담당부서	민간이전 분류 (지방자치단체 세출예산 집행기준에 의거) 1. 민간경상사업보조(1) 2. 민간단체 법정운영비보조(2) 3. 민간행사사업보조(3) 4. 민간위탁금(4) 5. 사회복지시설 법정운영비보조(5) 6. 민간인위탁교육비(6) 7. 공기관등에대한경상적대행사업비(7) 8. 민간자본사업보조,자체재원(8) 9. 민간자본사업보조,이전재원(9) 10. 민간위탁사업비(10) 11. 공기관등에 대한 자본적 대행사업비(11)	민간이전지출 근거 (지방보조금 관리기준 참고) 1. 법률에 규정 2. 국고보조 재원(국가지정) 3. 용도 지정 기부금 4. 조례에 직접규정 5. 지자체가 권장하는 사업을 하는 공공기관 6. 시,도 정책 및 재정사정 7. 기타 8. 해당없음	입찰방식 계약체결방법 (경쟁형태) 1. 일반경쟁 2. 제한경쟁 3. 지명경쟁 4. 수의계약 5. 법정위탁 6. 기타 ( ) 7. 해당없음	입찰방식 계약기간 1. 1년 2. 2년 3. 3년 4. 4년 5. 5년 6. 기타 ( )년 7. 단기계약 (1년미만) 8. 해당없음	입찰방식 낙찰자선정방법 1. 적격심사 2. 협상에의한계약 3. 최저가낙찰제 4. 규격가격분리 5. 2단계 경쟁입찰 6. 기타 ( ) 7. 해당없음	운영예산 산정 운영예산 산정 1. 내부산정 (지자체 자체 적으로 산정) 2. 외부산정 (외부전문기관 위탁 산정) 3. 내·외부 모두 산정 4. 산정 無 5. 해당없음	운영예산 산정 정산방법 1. 내부정산 (지자체 내부적으로 정산) 2. 외부정산 (외부전문기관 위탁 정산) 3. 내·외부 모두 산정 4. 정산 無 5. 해당없음	성과평가 실시여부 1. 실시 2. 미실시 3. 향후 추진 4. 해당없음
2114	강원 양구군	원예시설 기능성 차광자재 설치지원	5,400	농업지원과	9	6	7	8	7	3	1	3
2115	강원 양구군	강원쌀 소포장재 지원	3,500,000	유통축산과	9	6	7	8	7	5	5	4
2116	강원 양구군	벼 육묘시설 지원	25,000	농업지원과	9	6	7	8	7	1	1	4
2117	강원 양구군	과수기후변화대응 내재해 종합관리 시범	16,000	농업지원과	9	6	7	8	7	1	1	3
2118	강원 양구군	담수어양식장지하수개발	28,000	농업정책과	9	1	7	8	7	1	1	1
2119	강원 양구군	고품질 과수산업 육성지원	64,815	농업지원과	9	6	7	8	7	1	1	4
2120	강원 양구군	밭가뭄 취약지역 소규모 관정개발 지원	4,772	농업지원과	9	6	7	8	7	1	1	4
2121	강원 양구군	가축분뇨 발효시설 지원	75,000	유통축산과	9	6	7	8	7	5	5	4
2122	강원 양구군	동물복지 축산 선진화 지원	126,000	유통축산과	9	6	7	8	7	5	5	4
2123	강원 양구군	동물복지 축산 선진화 지원	205,700	유통축산과	9	6	7	8	7	5	5	4
2124	강원 양구군	액비 저장조 지원 사업	12,600	유통축산과	9	6	7	8	7	5	5	4
2125	강원 양구군	계란 저온 수송 차량 지원 사업	15,000	유통축산과	9	6	7	8	7	5	5	4
2126	강원 양구군	동물복지형 축산 선진화 지원	21,000	유통축산과	9	6	7	8	7	5	5	4
2127	강원 양구군	축사시설 화재예방 시스템 설치 지원	5,000	유통축산과	9	6	7	8	7	5	5	4
2128	강원 양구군	계란 선별 포장시설 지원	300,000	유통축산과	9	6	7	8	7	5	5	4
2129	강원 양구군	지역활력화작목 기반조성	500,000	농업지원과	9	2	7	8	7	1	1	3
2130	강원 인제군	장애인거주시설 기능보강	76,108	주민복지과	9	2	7	8	7	5	5	4
2131	강원 인제군	장애인직업재활시설 기능보강	2,400,000	주민복지과	9	2	7	8	7	3	3	1
2132	강원 인제군	인제향교 명륜당 보수사업	300,000	문화관광과	9	1	6(선정위원회)	6(설계에 따른 공기)	6	3	1	2
2133	강원 인제군	봉정암 보수정비	80,000	문화관광과	9	2	6(선정위원회)	6(설계에 따른 공기)	6	3	1	2
2134	강원 인제군	봉정암 법당 보수정비	236,707	문화관광과	9	2	6(선정위원회)	6(설계에 따른 공기)	6	3	1	2
2135	강원 인제군	원적외선 곡물건조기 지원	5,000	농업기술센터	9	1	7	8	7	1	1	1
2136	강원 인제군	벼 육묘 시설지원	4,000,000	농업기술센터	9	1	7	8	7	1	1	1
2137	강원 인제군	벼 육묘 운반기 지원	900,000	농업기술센터	9	1	7	8	7	1	1	1
2138	강원 인제군	가공용감자 계약재배 사업	6,120	농업기술센터	9	1	7	8	7	1	1	1
2139	강원 인제군	메밀재배단지조성	33,750	농업기술센터	9	1	7	8	7	1	1	1
2140	강원 인제군	찰옥수수 명품화	2,500,000	농업기술센터	9	1	7	8	7	1	1	1
2141	강원 인제군	밭작물 신기술 선도단지 육성	204,000	농업기술센터	9	1	7	8	7	1	1	1
2142	강원 인제군	조, 기장 등 생산비 절감을 위한 줄뿌림 재배 기술	50,000	농업기술센터	9	1	7	8	7	1	1	1
2143	강원 인제군	잡곡산업 기반조성	5,000	농업기술센터	9	1	7	8	7	1	1	1
2144	강원 인제군	친환경농업 자율실천단지 조성	24,000	농업기술센터	9	1	7	8	7	1	1	1
2145	강원 인제군	친환경농산물 가공시설 지원	140,000	농업기술센터	9	1	7	8	7	1	1	1
2146	강원 인제군	유기농업자재 지원	28,395	농업기술센터	9	1	7	8	7	1	1	1
2147	강원 인제군	친환경농자재 지원	63,000	농업기술센터	9	1	7	8	7	1	1	1
2148	강원 인제군	친환경인증 농산물 포장재 지원사업	14,000	농업기술센터	9	1	7	8	7	1	1	1
2149	강원 인제군	여성농업인 다용도 작업대 지원	48,000	농업기술센터	9	6	7	8	7	1	1	1
2150	강원 인제군	시설재배지염류장해해결을위한킬레이트제활용기술	35,000	농업기술센터	9	1	7	8	7	1	1	1
2151	강원 인제군	군납 농산물 연중 공급체계 구축	252,000	농업기술센터	9	1	7	8	7	1	1	1
2152	강원 인제군	산지유통 저온저장시설 지원	37,500	농업기술센터	9	1	7	8	7	1	1	1
2153	강원 양양군	사후관리 기업환경개선사업	5,000	복지과	9	2	7	8	7	5	5	4
2154	강원 양양군	어린이집 전자출결시스템 장비비	3,000,000	복지과	9	2	7	8	7	3	3	4
2155	강원 양양군	장애인거주시설 공기청정기 렌탈지원	6,300	복지과	9	2	7	8	7	1	1	1
2156	강원 양양군	장애인직업재활시설 기능보강사업	130,000	복지과	9	2	7	5	5	1	1	1
2157	강원 양양군	장애인직업재활시설 기능보강사업	64,636	복지과	9	2	7	8	5	1	1	1
2158	강원 양양군	지역아동센터 환경개선비 지원	12,356	복지과	9	2	7	8	7	5	1	4

순번	시군구	지출명 (사업명)	2020년예산 (단위:천원/1년간)	담당자 (공무원) 담당부서	민간이전 분류 (지방자치단체 세출예산 집행기준에 의거) 1. 민간경상사업보조(1) 2. 민간단체 법정운영비보조(2) 3. 민간행사사업보조(3) 4. 민간위탁금(4) 5. 사회복지시설 법정운영비보조(5) 6. 민간인위탁교육비(6) 7. 공기관등에대한경상적대행사업비(7) 8. 민간자본사업보조,자체재원(8) 9. 민간자본사업보조,이전재원(9) 10. 민간위탁사업비(10) 11. 공기관등에 대한 자본적 대행사업비(11)	민간이전지출 근거 (지방보조금 관리기준 참고) 1. 법률에 규정 2. 국고보조 재원(국가지정) 3. 용도 지정 기부금 4. 조례에 직접규정 5. 지자체가 권장하는 사업을 하는 공공기관 6. 시,도 정책 및 재정사정 7. 기타 8. 해당없음	입찰방식 계약체결방법 (경쟁형태) 1. 일반경쟁 2. 제한경쟁 3. 지명경쟁 4. 수의계약 5. 법정위탁 6. 기타 ( ) 7. 해당없음	입찰방식 계약기간 1. 1년 2. 2년 3. 3년 4. 4년 5. 5년 6. 기타 ( )년 7. 단기계약 (1년미만) 8. 해당없음	입찰방식 낙찰자선정방법 1. 적격심사 2. 협상에의한계약 3. 최저가낙찰제 4. 규격가격분리 5. 2단계 경쟁입찰 6. 기타 ( ) 7. 해당없음	운영예산 산정 운영예산 산정 1. 내부산정 (지자체 자체적으로 산정) 2. 외부산정 (외부전문기관위탁 산정) 3. 내·외부 모두 산정 4. 산정 無 5. 해당없음	운영예산 산정 정산방법 1. 내부정산 (지자체 내부적으로 정산) 2. 외부정산 (외부전문기관위탁 정산) 3. 내·외부 모두 산정 4. 정산 無 5. 해당없음	성과평가 실시여부 1. 실시 2. 미실시 3. 향후 추진 4. 해당없음
2159	강원 양양군	지적장애인 자립지원센터 초기설치비 지원	50,000	복지과	9	6	7	8	7	1	1	1
2160	강원 양양군	도시가스공급시설 설치비 지원	702,000	경제에너지과	9	1	4	1	7	2	2	2
2161	강원 양양군	발전소주변지역 소득증대사업	324,500	경제에너지과	9	1	7	8	7	2	1	3
2162	강원 양양군	발전소주변지역 공공사회복지사업	1,000,000	경제에너지과	9	1	7	8	7	2	1	3
2163	강원 양양군	발전소주변지역 소득증대사업	6,400	경제에너지과	9	1	7	8	7	2	1	3
2164	강원 양양군	신재생에너지 주택지원사업	84,520	경제에너지과	9	7	6	8	7	5	5	4
2165	강원 양양군	전기이륜차 구매 지원	18,400	경제에너지과	9	1	7	8	7	2	3	1
2166	강원 양양군	전기자동차 구매 지원	182,000	경제에너지과	9	1	7	8	7	2	3	1
2167	강원 양양군	펠릿보일러 보급	14,000	산림녹지과	9	2	7	8	7	5	5	4
2168	강원 양양군	백두대간 주민지원	31,500	산림녹지과	9	2	7	8	7	5	5	4
2169	강원 양양군	산림작물생산단지	90,000	산림녹지과	9	2	7	8	7	5	5	4
2170	강원 양양군	임산물상품화 지원	7,400	산림녹지과	9	2	7	8	7	5	5	4
2171	강원 양양군	정책숲가꾸기사업 자본보조	24,200	산림녹지과	9	1, 2	7	8	7	1	1	4
2172	강원 양양군	유기질비료	2,909,000	산림녹지과	9	2	7	8	7	5	5	4
2173	강원 양양군	토양개량제	1,294,000	산림녹지과	9	2	7	8	7	5	5	4
2174	강원 양양군	소규모 사업장 방지시설 설치지원 사업	180,000	환경과	9	2	7	8	7	2	1	3
2175	강원 양양군	개인하수처리시설 설치 지원	201,822	환경과	9	8	7	8	7	5	1	4
2176	강원 양양군	야생동물 피해예방시설 설치지원	40,200	환경과	9	4	7	8	7	1	1	4
2177	강원 양양군	어린이집 통학차량의 LPG차 지원사업	15,000	환경과	9	2	7	8	7	5	1	4
2178	강원 양양군	LPG화물차 신차구입 지원사업	40,000	환경과	9	2	7	8	7	5	1	4
2179	강원 양양군	PMNox동시저감장치 설치 지원사업	45,000	환경과	9	2	7	8	7	5	1	4
2180	강원 양양군	건설기계 매연저감장치 부착 지원사업	33,000	환경과	9	2	7	8	7	5	1	4
2181	강원 양양군	건설기계 엔젠교체 지원사업	33,000	환경과	9	2	7	8	7	5	1	4
2182	강원 양양군	경유자동차 매연저감장치 부착 지원사업	34,570	환경과	9	2	7	8	7	5	1	4
2183	강원 양양군	공공형 버스 구입 지원	246,000	건설교통과	9	2	7	8	7	1	1	4
2184	강원 양양군	나잠어업인 잠수복 지원	6,435	해양수산과	9	6	7	8	7	5	5	4
2185	강원 양양군	내수면 양식 기자재 지원	14,000	해양수산과	9	6	7	8	7	5	5	4
2186	강원 양양군	내수면 양식장 사료구입비 지원	4,000,000	해양수산과	9	6	7	8	7	5	5	4
2187	강원 양양군	내수면어업인 안전 어로활동 기능성 구명복 지원	3,500,000	해양수산과	9	6	7	8	7	5	5	4
2188	강원 양양군	문어 연승용 봉돌 지원	3,500,000	해양수산과	9	6	7	8	7	5	5	4
2189	강원 양양군	수산물 저온저장 시설지원	105,000	해양수산과	9	6	7	8	7	5	5	4
2190	강원 양양군	양식장 첨단 관리 시스템 구축	26,880	해양수산과	9	6	7	8	7	5	5	4
2191	강원 양양군	어가도우미지원	7,200	해양수산과	9	2	7	8	7	5	5	4
2192	강원 양양군	어선기관 및 어로안전 항해장비 지원	105,000	해양수산과	9	6	7	8	7	5	5	4
2193	강원 양양군	어선사고 zero화 안전장비 지원	24,000	해양수산과	9	6	7	8	7	5	5	4
2194	강원 양양군	어선사고예방시스템 구축	36,000	해양수산과	9	2	7	8	7	5	5	4
2195	강원 양양군	연안어선 노후 전기설비 수리지원	32,000	해양수산과	9	6	7	8	7	5	5	4
2196	강원 양양군	연안통발어업 미끼지원	47,360	해양수산과	9	6	7	8	7	5	5	4
2197	강원 양양군	친환경 에너지절감장비 지원	84,260	해양수산과	9	2	7	8	7	5	5	4
2198	강원 양양군	친환경부표보급	20,204	해양수산과	9	2	7	8	7	5	5	4
2199	강원 양양군	해면양식장 지원	216,000	해양수산과	9	6	7	8	7	5	5	4
2200	강원 양양군	음식,숙박업소 환경개선지원	320,000	보건소	9	4	7	8	7	1	1	2
2201	강원 양양군	청년 4-H회원 기초영농 정착지원	20,000	농업기술센터	9	2	7	8	7	5	5	4
2202	강원 양양군	CCTV 등 방역인프라설치	1,800,000	농업기술센터	9	2	7	8	7	1	1	1
2203	강원 양양군	가축 재해보험 가입지원	175,000	농업기술센터	9	6	1	1	1	5	5	4

순번	시군구	지출명 (사업명)	2020년예산 (단위:천원/1년간)	담당자 (공무원) 담당부서	민간이전 분류 (지방자치단체 세출예산 집행기준에 의거) 1. 민간경상사업보조(1) 2. 민간단체 법정운영비보조(2) 3. 민간행사사업보조(3) 4. 민간위탁금(4) 5. 사회복지시설 법정운영비보조(5) 6. 민간인위탁교육비(6) 7. 공기관등에대한경상적대행사업비(7) 8. 민간자본사업보조,자체재원(8) 9. 민간자본사업보조,이전재원(9) 10. 민간위탁사업비(10) 11. 공기관등에 대한 자본적 대행사업비(11)	민간이전지출 근거 (지방보조금 관리기준 참고) 1. 법률에 규정 2. 국고보조 재원(국가지정) 3. 용도 지정 기부금 4. 조례에 직접규정 5. 지자체가 권장하는 사업을 하는 공공기관 6. 시,도 정책 및 재정사정 7. 기타 8. 해당없음	입찰방식: 계약체결방법 (경쟁형태) 1. 일반경쟁 2. 제한경쟁 3. 지명경쟁 4. 수의계약 5. 법정위탁 6. 기타 ( ) 7. 해당없음	입찰방식: 계약기간 1. 1년 2. 2년 3. 3년 4. 4년 5. 5년 6. 기타 ( )년 7. 단기계약 (1년미만) 8. 해당없음	입찰방식: 낙찰자선정방법 1. 적격심사 2. 협상에의한계약 3. 최저가낙찰제 4. 규격가격분리 5. 2단계 경쟁입찰 6. 기타 ( ) 7. 해당없음	운영예산 산정: 운영예산 산정 1. 내부산정 (지자체 자체적으로 산정) 2. 외부산정 (외부전문기관 위탁 산정) 3. 내·외부 모두 산정 4. 산정 無 5. 해당없음	운영예산 산정: 정산방법 1. 내부정산 (지자체 내부적으로 정산) 2. 외부정산 (외부전문기관 위탁 정산) 3. 내·외부 모두 산정 4. 정산 無 5. 해당없음	성과평가 실시여부 1. 실시 2. 미실시 3. 향후 추진 4. 해당없음
2204	강원 양양군	악취방지제 지원(탈취제)	70,000	농업기술센터	9	2	7	8	7	1	1	1
2205	강원 양양군	가축분뇨퇴비살포비지원	20,000	농업기술센터	9	2	7	8	7	1	1	1
2206	강원 양양군	가축분뇨처리시설 지원	16,000	농업기술센터	9	2	7	8	7	1	1	1
2207	강원 양양군	액비저장조 개보수 지원	31,500	농업기술센터	9	6	7	8	7	1	1	1
2208	강원 양양군	돼지 써코바이러스 백신(PCV-2) 지원	49,200	농업기술센터	9	2	7	8	7	1	1	1
2209	강원 양양군	강원 토종꿀 명품육성	7,500	농업기술센터	9	6	1	1	1	5	5	4
2210	강원 양양군	강원쌀산지도정시설지원	154,000	농업기술센터	9	6	2	1	3	1	1	1
2211	강원 양양군	강원양봉브랜드 허니원 활성화사업	18,000	농업기술센터	9	6	1	1	1	5	5	4
2212	강원 양양군	강원한우 브랜드관리 및 농가교육	2,800,000	농업기술센터	9	6	1	1	1	5	5	4
2213	강원 양양군	번식기반 강화	4,025,000	농업기술센터	9	6	1	1	1	5	5	4
2214	강원 양양군	브랜드 유통 활성화	16,450	농업기술센터	9	6	1	1	1	5	5	4
2215	강원 양양군	브랜드 출하 활성화	8,470	농업기술센터	9	6	1	1	1	5	5	4
2216	강원 양양군	수도권 전문판매장 구축	23,100	농업기술센터	9	6	1	1	1	5	5	4
2217	강원 양양군	수출 활성화	1,900,000	농업기술센터	9	6	1	1	1	5	5	4
2218	강원 양양군	친환경축산 육성	3,500,000	농업기술센터	9	6	1	1	1	5	5	4
2219	강원 양양군	홍보마케팅	32,200	농업기술센터	9	6	1	1	1	5	5	4
2220	강원 양양군	고품질 황금잡곡 기계화 모델구축 시범	200,000	농업기술센터	9	8	7	7	5	5	4	1
2221	강원 양양군	자체육성 오륜감자 주산단지 육성시범	40,000	농업기술센터	9	8	7	7	5	5	4	1
2222	강원 양양군	벼 못자리용 비닐하우스	13,000	농업기술센터	9	6	7	8	7	5	5	4
2223	강원 양양군	벼 육묘 운반기	6,300	농업기술센터	9	6	7	8	7	5	5	4
2224	강원 양양군	벼 육묘상자 적재이송기	4,950	농업기술센터	9	6	7	8	7	5	5	4
2225	강원 양양군	원적외선 곡물건조기 공급	25,000	농업기술센터	9	6	7	8	7	5	5	4
2226	강원 양양군	공동 퇴비처리장 설치 지원사업	350,000	농업기술센터	9	6	7	8	7	1	1	1
2227	강원 양양군	공동방제단 운영	37,572	농업기술센터	9	2	7	8	7	1	1	1
2228	강원 양양군	공동방제단운영	36,220	농업기술센터	9	2	7	8	7	1	1	1
2229	강원 양양군	과수 생력화작업기 지원	20,000	농업기술센터	9	6	7	8	7	5	1	1
2230	강원 양양군	과수 경쟁력제고 지원사업	25,000	농업기술센터	9	6	7	8	7	5	1	1
2231	강원 양양군	돼지 구제역백신	20,700	농업기술센터	9	2	7	8	7	1	1	1
2232	강원 양양군	귀농창업 지원	20,000	농업기술센터	9	2	7	8	7	5	1	1
2233	강원 양양군	기업형 새농촌 마을만들기	20,000	농업기술센터	9	1	7	8	7	1	1	4
2234	강원 양양군	여성, 노약자 인력절감 장비지원	21,000	농업기술센터	9	4	7	8	7	1	1	1
2235	강원 양양군	도지사품질인증 포장재지원	5,000	농업기술센터	9	6	7	8	7	5	1	1
2236	강원 양양군	벼 안정육묘 자동이송 단지조성 시범	150,000	농업기술센터	9	2	7	8	7	5	5	4
2237	강원 양양군	토종벌낭충봉아부패병 저항성 계통 증식 보급 시범	35,000	농업기술센터	9	2	1	1	1	5	5	4
2238	강원 양양군	농촌어르신복지실천시범사업 자본보조	45,000	농업기술센터	9	6	7	8	7	1	1	1
2239	강원 양양군	농촌건강장수마을 육성	40,000	농업기술센터	9	6	7	8	7	1	1	1
2240	강원 양양군	농어촌민박 시설환경 개선지원	160,000	농업기술센터	9	6	7	8	7	5	1	1
2241	강원 양양군	농촌체험휴양마을 안전편의시설 확충	48,000	농업기술센터	9	6	7	8	7	5	1	2
2242	강원 양양군	농촌자원복합산업화(농산물 분말 제조가공시설 지원	375,000	농업기술센터	9	6	7	8	7	5	5	4
2243	강원 양양군	다목적 가축분뇨처리장비 지원	60,000	농업기술센터	9	6	7	8	7	1	1	1
2244	강원 양양군	귀농귀촌인 주거환경 개선 사업	15,000	농업기술센터	9	2	7	8	7	5	5	4
2245	강원 양양군	동물복지 인증 지원	126,000	농업기술센터	9	6	1	1	1	5	5	4
2246	강원 양양군	맞춤형 세척.소독시설 지원	5,000	농업기술센터	9	4	7	8	7	1	1	1
2247	강원 양양군	이동식 동력분무기 구입 지원	980,000	농업기술센터	9	4	7	8	7	1	1	1
2248	강원 양양군	무허가축사 양성화 지원	7,000	농업기술센터	9	6	7	8	7	1	1	1

순번	시군구	지출명 (사업명)	2020년예산 (단위:천원/1년간)	담당자 (공무원) 담당부서	민간이전 분류 (지방자치단체 세출예산 집행기준에 의거) 1. 민간경상사업보조(1) 2. 민간단체 법정운영비보조(2) 3. 민간행사사업보조(3) 4. 민간위탁금(4) 5. 사회복지시설 법정운영비보조(5) 6. 민간인위탁교육비(6) 7. 공기관등에대한경상적대행사업비(7) 8. 민간자본사업보조,자체재원(8) 9. 민간자본사업보조,이전재원(9) 10. 민간위탁사업비(10) 11. 공기관등에 대한 자본적 대행사업비(11)	민간이전지출 근거 (지방보조금 관리기준 참고) 1. 법률에 규정 2. 국고보조 재원(국가지정) 3. 용도 지정 기부금 4. 조례에 직접규정 5. 지자체가 권장하는 사업을 하는 공공기관 6. 시,도 정책 및 재정사정 7. 기타 8. 해당없음	입찰방식 계약체결방법 (경쟁형태) 1. 일반경쟁 2. 제한경쟁 3. 지명경쟁 4. 수의계약 5. 법정위탁 6. 기타 ( ) 7. 해당없음	입찰방식 계약기간 1. 1년 2. 2년 3. 3년 4. 4년 5. 5년 6. 기타 ( )년 7. 단기계약 (1년미만) 8. 해당없음	입찰방식 낙찰자선정방법 1. 적격심사 2. 협상에의한계약 3. 최저가낙찰제 4. 규격가격분리 5. 2단계 경쟁입찰 6. 기타 ( ) 7. 해당없음	운영예산 산정 운영예산 산정 1. 내부산정 (지자체 자체적으로 산정) 2. 외부산정 (외부전문기관위탁 산정) 3. 내·외부 모두 산정 4. 산정 無 5. 해당없음	운영예산 산정 정산방법 1. 내부정산 (지자체 내부적으로 정산) 2. 외부정산 (외부전문기관위탁 정산) 3. 내·외부 모두 산정 4. 정산 無 5. 해당없음	성과평가 실시여부 1. 실시 2. 미실시 3. 향후 추진 4. 해당없음
2249	강원 양양군	부존자원 활용 사료생산 확대	9,320	농업기술센터	9	6	1	1	1	5	5	4
2250	강원 양양군	부존자원 활용 사료제조 및 이용 활성화	42,000	농업기술센터	9	6	1	1	1	5	5	4
2251	강원 양양군	저온저장고 설치지원사업	56,250	농업기술센터	9	6	7	8	7	1	1	1
2252	강원 양양군	소규모 가공창업 경영체 육성	32,000	농업기술센터	9	6	7	8	7	1	1	1
2253	강원 양양군	기능성 잎새버섯재배 실증시범	72,000	농업기술센터	9	4	7	8	7	1	1	1
2254	강원 양양군	스마트악취저감시설 지원	35,000	농업기술센터	9	6	7	8	7	1	1	1
2255	강원 양양군	비닐하우스 현대화 사업	32,500	농업기술센터	9	6	7	8	7	5	1	1
2256	강원 양양군	퇴비부숙 저장시설,부대시설 지원	35,000	농업기술센터	9	6	7	8	7	1	1	1
2257	강원 양양군	양계농가 기후변화 대응시설 지원	10,000	농업기술센터	9	6	1	1	1	5	5	4
2258	강원 양양군	여성농업인 개인농작업 환경개선	12,000	농업기술센터	9	6	7	8	7	1	1	1
2259	강원 양양군	여성농업인 다용도 작업대 지원	28,800	농업기술센터	9	6	7	8	7	1	1	1
2260	강원 양양군	원예시설 기능성 차광자재 설치지원	7,500	농업기술센터	9	6	7	8	7	5	1	1
2261	강원 양양군	자가품질검사 비용 지원	700,000	농업기술센터	9	6	7	8	7	5	5	4
2262	강원 양양군	폭염 등 재해대비 축산시설 지원	90,000	농업기술센터	9	6	1	1	1	5	5	4
2263	강원 양양군	전문단지 조성용 사일리지 제조 지원	40,500	농업기술센터	9	2	1	1	1	5	5	4
2264	강원 양양군	조사료 재배확대 및 생산지원	100,000	농업기술센터	9	6	1	1	1	5	5	4
2265	강원 양양군	조사료 사일리지 제조비지원	270,000	농업기술센터	9	2	1	1	1	5	5	4
2266	강원 양양군	지역 활력화작목 기반조성	400,000	농업기술센터	9	6	7	8	7	5	1	1
2267	강원 양양군	청년농업인 창업기반 구축 지원	32,000	농업기술센터	9	4	7	8	7	5	1	1
2268	강원 양양군	모돈갱신 지원	8,100	농업기술센터	9	6	1	1	1	5	5	4
2269	강원 양양군	우수정액 지원	7,500	농업기술센터	9	6	1	1	1	5	5	4
2270	강원 양양군	지능형 축산시설 지원	45,000	농업기술센터	9	6	1	1	1	5	5	4
2271	강원 양양군	축산농장 환경개선지원사업	14,000	농업기술센터	9	6	7	8	7	1	1	1
2272	강원 양양군	축산농가 도우미 운영지원	15,360	농업기술센터	9	6	1	1	1	5	5	4
2273	강원 양양군	ICT융복합지원사업	150,450	농업기술센터	9	6	1	1	1	5	5	4
2274	강원 양양군	친환경 농자재 공급	46,800	농업기술센터	9	6	7	8	7	5	5	4
2275	강원 양양군	친환경인증농산물 포장재지원	6,000	농업기술센터	9	6	7	8	7	5	5	4
2276	강원 양양군	우수여왕벌육종보급	6,000	농업기술센터	9	2	1	1	1	5	5	4
2277	강원 양양군	학생 승마체험 지원	56,960	농업기술센터	9	2	1	1	1	5	5	4
2278	강원 양양군	한우 도축 운송비 지원	22,680	농업기술센터	9	6	1	1	1	5	5	4
2279	강원 양양군	한우 송아지 생산안정제지원	11,700	농업기술센터	9	6	1	1	1	5	5	4
2280	강원 양양군	강원 보증종모우 정액지원	3,000,000	농업기술센터	9	6	1	1	1	5	5	4
2281	강원 양양군	암소검정(선형심사,유전능력평가) 지원	16,900	농업기술센터	9	6	1	1	1	5	5	4
2282	강원 양양군	엘리트카우 지원	10,500	농업기술센터	9	6	1	1	1	5	5	4
2283	강원 양양군	인공수정 지원사업	16,000	농업기술센터	9	6	1	1	1	5	5	4
2284	강원 양양군	종축등록 지원	6,000	농업기술센터	9	6	1	1	1	5	5	4
2285	강원 양양군	지역특성화	10,000	농업기술센터	9	6	1	1	1	5	5	4
2286	강원 양양군	친자확인 지원	6,000	농업기술센터	9	6	1	1	1	5	5	4
2287	강원 양양군	축산농가 동물사체 랜더링 처리 비용 지원	1,050,000	농업기술센터	9	4	7	8	7	1	1	1
2288	충북 충주시	마을기업육성사업	30,000	경제기업과	9	2	6(공모선정)	8	7	5	5	4
2289	충북 충주시	장애인거주시설 기능보강(개보수)	94,534	노인장애인과	9	1	1, 4	7	1	2	1	1
2290	충북 충주시	장애인직업재활시설 기능보강	444,846	노인장애인과	9	1	1, 4	7	1	2	1	1
2291	충북 충주시	지방문화원 지원	3,000,000	문화예술과	9	5	7	1	7	5	1	2
2292	충북 충주시	전통사찰 보수정비사업	240,000	문화예술과	9	2	[illegible]	7	7	1	1	2
2293	충북 충주시	야영장 안전위생시설 개보수	56,000	관광과	9	2	7	8	7	1	1	1

순번	시군구	지출명 (사업명)	2020년예산 (단위:천원/1년간)	담당자 (공무원) 담당부서	민간이전 분류 (지방자치단체 세출예산 집행기준에 의거) 1. 민간경상사업보조(1) 2. 민간단체 법정운영비보조(2) 3. 민간행사사업보조(3) 4. 민간위탁금(4) 5. 사회복지시설 법정운영비보조(5) 6. 민간인위탁교육비(6) 7. 공기관등에대한경상적대행사업비(7) 8. 민간자본사업보조,자체재원(8) 9. 민간자본사업보조,이전재원(9) 10. 민간위탁사업비(10) 11. 공기관등에 대한 자본적 대행사업비(11)	민간이전지출 근거 (지방보조금 관리기준 참고) 1. 법률에 규정 2. 국고보조 재원(국가지정) 3. 용도 지정 기부금 4. 조례에 직접규정 5. 지자체가 권장하는 사업을 하는 공공기관 6. 시,도 정책 및 재정사정 7. 기타 8. 해당없음	입찰방식 계약체결방법 (경쟁형태) 1. 일반경쟁 2. 제한경쟁 3. 지명경쟁 4. 수의계약 5. 법정위탁 6. 기타 ( ) 7. 해당없음	입찰방식 계약기간 1. 1년 2. 2년 3. 3년 4. 4년 5. 5년 6. 기타 ( )년 7. 단기계약 (1년미만) 8. 해당없음	입찰방식 낙찰자선정방법 1. 적격심사 2. 협상에의한계약 3. 최저가낙찰제 4. 규격가격분리 5. 2단계 경쟁입찰 6. 기타 ( ) 7. 해당없음	운영예산 산정 운영예산 산정 1. 내부산정 (지자체 자체적으로 산정) 2. 외부산정 (외부전문기관위탁 산정) 3. 내·외부 모두 산정 4. 산정 無 5. 해당없음	운영예산 산정 정산방법 1. 내부정산 (지자체 내부적으로 정산) 2. 외부정산 (외부전문기관위탁 정산) 3. 내·외부 모두 산정 4. 정산 無 5. 해당없음	성과평가 실시여부 1. 실시 2. 미실시 3. 향후 추진 4. 해당없음
2294	충북 충주시	야영장 화재안전성 확보 지원	87,500	관광과	9	2	7	8	7	1	1	1
2295	충북 충주시	관리청별 주민지원	362,314	환경수자원과	9	1	7	8	7	5	5	4
2296	충북 충주시	관리청별 주민지원	700,000	환경수자원과	9	1	7	8	7	5	5	4
2297	충북 충주시	태양광 주택 보급	265,500	기후에너지과	9	6	7	8	7	5	5	4
2298	충북 충주시	비영리(법인)시설 태양광 설치	33,000	기후에너지과	9	6	7	8	7	5	5	4
2299	충북 충주시	신재생에너지 융복합지원사업	3,028,639	기후에너지과	9	6	7	8	7	5	5	4
2300	충북 충주시	축산농가 태양광 보급	52,000	기후에너지과	9	6	7	8	7	5	5	4
2301	충북 충주시	영농형 태양광 보급	87,750	기후에너지과	9	6	7	8	7	5	5	4
2302	충북 충주시	주민참여형 마을태양광 보급	96,600	기후에너지과	9	6	7	8	7	5	5	4
2303	충북 충주시	발전소 주변지역 지원사업	17,774	기후에너지과	9	1	7	8	7	5	5	4
2304	충북 충주시	발전소 주변지역 지원사업	65,898	기후에너지과	9	1	7	8	7	5	5	4
2305	충북 충주시	저녹스버너 보급사업	80,234	기후에너지과	9	2	7	8	7	5	5	4
2306	충북 충주시	가정용 저녹스보일러 보급사업	21,500	기후에너지과	9	2	7	8	7	5	5	4
2307	충북 충주시	전기자동차 구매지원	4,760	기후에너지과	9	2	7	8	7	5	5	4
2308	충북 충주시	운행경유차 배출가스 저감사업	2,408,931	기후에너지과	9	2	7	8	7	5	5	4
2309	충북 충주시	어린이 통학차량의 LPG차 전환 지원사업	150,000	기후에너지과	9	2	7	8	7	5	5	4
2310	충북 충주시	전기이륜차 구매지원	69,000	기후에너지과	9	2	7	8	7	5	5	4
2311	충북 충주시	주유소 유증기 회수설비 지원사업	64,600	기후에너지과	9	2	7	8	7	5	5	4
2312	충북 충주시	원예작물용 농작업대 지원사업	12,375	농정과	9	6	7	8	7	1	1	1
2313	충북 충주시	사회복지용 목재펠릿보일러지원	8,000	산림녹지과	9	1	7	8	7	5	5	4
2314	충북 충주시	목재펠릿보일러보급	140,000	산림녹지과	9	1	7	8	7	5	5	4
2315	충북 충주시	임산물생산기반조성	613,675	산림녹지과	9	1	7	8	7	5	5	4
2316	충북 충주시	임산물가공지원	15,000	산림녹지과	9	1	7	8	7	5	5	4
2317	충북 충주시	임산물저장건조시설	62,500	산림녹지과	9	1	7	8	7	5	5	4
2318	충북 충주시	임산물유통기반조성	27,000	산림녹지과	9	1	7	8	7	5	5	4
2319	충북 충주시	임산물생산단지조성	41,900	산림녹지과	9	1	7	8	7	5	5	4
2320	충북 충주시	친환경임산물재배관리	318,284	산림녹지과	9	1	7	8	7	5	5	4
2321	충북 충주시	친환경임산물재배관리	5,040	산림녹지과	9	1	7	8	7	5	5	4
2322	충북 충주시	임산물토양개량및친환경비료지원	243,285	산림녹지과	9	1	7	8	7	5	5	4
2323	충북 충주시	한우고급육생산지원	15,000	축수산과	9	1	7	8	7	5	5	4
2324	충북 충주시	지능형 교배시기 탐지기	12,800	축수산과	9	1	7	8	7	5	5	4
2325	충북 충주시	말벌퇴치장비 지원사업	2,700,000	축수산과	9	2	7	8	7	5	5	4
2326	충북 충주시	계란 냉장차량지원	30,000	축수산과	9	1	7	8	7	5	5	4
2327	충북 충주시	정신보건시설 기능보강	235,784	건강증진과	9	2	6(공모 선정)	1	1	5	1	4
2328	충북 제천시	농어촌장애인주택개조사업	19,000	건축과	9	2	7	8	1	1	1	1
2329	충북 제천시	벼 포토묘 재배시범	74,700	기술보급과	9	6	7	8	7	1	1	1
2330	충북 제천시	밭작물 기계화 생력재배 시범	30,000	기술보급과	9	6	7	8	7	1	1	1
2331	충북 제천시	가공,유통연계 콩 전과정 기계화 모델 구축 시범	400,000	기술보급과	9	2	7	8	7	1	1	1
2332	충북 제천시	수수 우량품종 기계화 생산단지 육성 시범	70,000	기술보급과	9	2	7	8	7	1	1	1
2333	충북 제천시	우리품종 전문생산단지 조성 시범	250,000	기술보급과	9	2	7	8	7	1	1	1
2334	충북 제천시	아열대루트 조성을 위한 아열대작물 소득화 시범	150,000	기술보급과	9	6	7	8	7	1	1	1
2335	충북 제천시	딸기 신품종 조기보급 시범	30,000	기술보급과	9	2	7	8	7	1	1	1
2336	충북 제천시	ICT활용 축사재해예방시스템 구축시범	14,000	기술보급과	9	6	7	8	7	1	1	1
2337	충북 제천시	고품질 양봉 부가가치 향상시범	14,000	기술보급과	9	6	7	8	7	1	1	1
2338	충북 제천시	혹서기 대비 축사환경 및 가축질병예방시범	14,000	기술보급과	9	6	7	8	7	1	1	1

순번	시군구	지출명 (사업명)	2020년예산 (단위:천원/1년간)	담당자 (공무원) 담당부서	민간이전 분류 (지방자치단체 세출예산 집행기준에 의거) 1. 민간경상사업보조(1) 2. 민간단체 법정운영비보조(2) 3. 민간행사사업보조(3) 4. 민간위탁금(4) 5. 사회복지시설 법정운영비보조(5) 6. 민간인위탁교육비(6) 7. 공기관등에대한경상적대행사업비(7) 8. 민간자본사업보조,자체재원(8) 9. 민간자본사업보조,이전재원(9) 10. 민간위탁사업비(10) 11. 공기관등에 대한 자본적 대행사업비(11)	민간이전지출 근거 (지방보조금 관리기준 참고) 1. 법률에 규정 2. 국고보조 재원(국가지정) 3. 용도 지정 기부금 4. 조례에 직접규정 5. 지자체가 권장하는 사업을 하는 공공기관 6. 시,도 정책 및 재정사정 7. 기타 8. 해당없음	입찰방식 계약체결방법 (경쟁형태) 1. 일반경쟁 2. 제한경쟁 3. 지명경쟁 4. 수의계약 5. 법정위탁 6. 기타 ( ) 7. 해당없음	입찰방식 계약기간 1. 1년 2. 2년 3. 3년 4. 4년 5. 5년 6. 기타 ( )년 7. 단기계약 (1년미만) 8. 해당없음	입찰방식 낙찰자선정방법 1. 적격심사 2. 협상에의한계약 3. 최저가낙찰제 4. 규격가격분리 5. 2단계 경쟁입찰 6. 기타 ( ) 7. 해당없음	운영예산 산정 운영예산 산정 1. 내부산정 (지자체 자체적으로 산정) 2. 외부산정 (외부전문기관위탁 산정) 3. 내·외부 모두 산정 4. 산정 無 5. 해당없음	운영예산 산정 정산방법 1. 내부정산 (지자체 내부적으로 정산) 2. 외부정산 (외부전문기관위탁 정산) 3. 내·외부 모두 산정 4. 정산 無 5. 해당없음	성과평가 실시여부 1. 실시 2. 미실시 3. 향후 추진 4. 해당없음
2339	충북 제천시	무인로봇활용 섬유질 자가배합사료 급여시스템 기술	100,000	기술보급과	9	2	7	8	7	1	1	1
2340	충북 제천시	참깨 재배 및 수확 후 관리 기술보급	70,000	기술보급과	9	2	7	8	7	1	1	1
2341	충북 제천시	신소득 특용작물 안정 재배기술 보급	14,000	기술보급과	9	6	7	8	7	1	1	1
2342	충북 제천시	노인복지시설 기능보강	45,006	노인장애인과	9	2	7	8	7	5	5	4
2343	충북 제천시	토양개량제보조사업	221,298	농업정책과	9	1	7	8	7	5	1	1
2344	충북 제천시	유기질비료지원	1,361,339	농업정책과	9	2	7	8	7	5	1	1
2345	충북 제천시	영농기계화장비지원	82,170	농업정책과	9	1	7	8	7	5	1	1
2346	충북 제천시	곡물건조기지원	15,000	농업정책과	9	1	7	8	7	5	1	1
2347	충북 제천시	농작업안전사용장비지원사업	23,100	농업정책과	9	1	7	8	7	5	1	1
2348	충북 제천시	유기농업자재 지원사업	13,022	농업정책과	9	2	7	8	7	5	1	1
2349	충북 제천시	댐규제지역 친환경농업 육성	42,240	농업정책과	9	4	7	8	7	5	1	1
2350	충북 제천시	논농업필수영농자재지원	430,200	농업정책과	9	4	7	8	7	5	1	1
2351	충북 제천시	가뭄대비 급수저장조(물저금통) 지원	15,750	농업정책과	9	4	7	8	7	5	1	1
2352	충북 제천시	농업기계 등화장치부착 지원사업	23,000	농업정책과	9	1	7	8	7	5	1	1
2353	충북 제천시	유기농산물 생산지원	60,200	농업정책과	9	4	7	8	7	5	1	1
2354	충북 제천시	고품질쌀 생력재배 친환경자재 공급	33,320	농업정책과	9	4	7	8	7	5	1	1
2355	충북 제천시	유기가공업체 선물용 포장재 지원	24,270	농업정책과	9	4	7	8	7	5	1	1
2356	충북 제천시	친환경 특수미 생산단지 육성	28,800	농업정책과	9	4	7	8	7	5	1	1
2357	충북 제천시	친환경 우렁이 종패 지원사업	42,500	농업정책과	9	4	7	8	7	5	1	1
2358	충북 제천시	유해 야생동물 포획시설 지원	19,800	농업정책과	9	4	7	8	7	5	1	1
2359	충북 제천시	환경친화적 멀칭비닐 지원사업	9,670	농업정책과	9	2	7	8	7	5	1	1
2360	충북 제천시	풍경이 있는 농촌마을 만들기사업	300,000	도시재생과	9	6	7	8	7	5	5	4
2361	충북 제천시	음식문화개선(시설지원)	15,000	보건위생과	9	6	7	8	7	1	1	3
2362	충북 제천시	시간제보육어린이집지원	20,000	여성가족과	9	2	7	8	7	5	5	4
2363	충북 제천시	어린이집 기능보강사업	70,600	여성가족과	9	2	7	8	7	4	1	4
2364	충북 제천시	공공형어린이집 환경개선비지원	3,000,000	여성가족과	9	6	7	8	7	4	1	4
2365	충북 제천시	국공립어린이집확충	220,000	여성가족과	9	2	7	8	7	5	5	4
2366	충북 제천시	어린이통학차량영유아보호장구보급	81,900	여성가족과	9	6	7	8	7	5	5	4
2367	충북 제천시	아동성폭력예방인형극	8,000	여성가족과	9	1	7	8	7	1	1	4
2368	충북 제천시	가정폭력피해자 보호시설 기능보강	20,500	여성가족과	9	2	7	8	7	1	1	4
2369	충북 제천시	다함께돌봄사업기자재비	38,394	여성가족과	9	2	7	8	7	5	5	4
2370	충북 제천시	다함께돌봄사업센터설치비지원	100,000	여성가족과	9	2	7	8	7	5	5	4
2371	충북 제천시	농산물 수출단지 육성	17,500	유통축산과	9	4	7	8	7	1	1	1
2372	충북 제천시	지역특화작목육성지원	100,000	유통축산과	9	6	7	8	7	5	5	4
2373	충북 제천시	맞춤형 원예생산시설보급	75,000	유통축산과	9	6	7	8	7	5	5	4
2374	충북 제천시	인삼 지력증진제 공급	12,750	유통축산과	9	6	7	8	7	5	5	4
2375	충북 제천시	과수 고품질 시설현대화 지원사업	328,500	유통축산과	9	4	7	8	7	1	1	1
2376	충북 제천시	과수노력절감 생산장비 지원	75,000	유통축산과	9	4	7	8	7	1	1	1
2377	충북 제천시	인삼생산시설 현대화사업	23,016	유통축산과	9	6	7	8	7	5	5	4
2378	충북 제천시	원예작물용 농작업대 지원	8,250	유통축산과	9	6	7	8	7	5	5	4
2379	충북 제천시	농장출입구 자동소독기 설치	14,000	유통축산과	9	6	7	8	7	5	5	4
2380	충북 제천시	축사내부 연무소독시설 설치지원	10,800	유통축산과	9	6	7	8	7	5	5	4
2381	충북 제천시	동물복지인증사업 확대 지원	15,000	유통축산과	9	2	7	8	7	5	5	4
2382	충북 제천시	가금농가 CCTV 등 방역인프라 지원	61,800	유통축산과	9	2	7	8	7	5	5	4
2383	충북 제천시	계란 냉장차량 지원	30,000	유통축산과	9	2	7	8	7	5	5	4

순번	시군구	지출명 (사업명)	2020년예산 (단위:천원/1년간)	담당자 (공무원) 담당부서	민간이전 분류 (지방자치단체 세출예산 집행기준에 의거) 1. 민간경상사업보조(1) 2. 민간단체 법정운영비보조(2) 3. 민간행사사업보조(3) 4. 민간위탁금(4) 5. 사회복지시설 법정운영비보조(5) 6. 민간인위탁교육비(6) 7. 공기관등에대한경상적대행사업비(7) 8. 민간자본사업보조,자체재원(8) 9. 민간자본사업보조,이전재원(9) 10. 민간위탁사업비(10) 11. 공기관등에 대한 자본적 대행사업비(11)	민간이전지출 근거 (지방보조금 관리기준 참고) 1. 법률에 규정 2. 국고보조 재원(국가지정) 3. 용도 지정 기부금 4. 조례에 직접규정 5. 지자체가 권장하는 사업을 하는 공공기관 6. 시,도 정책 및 재정사정 7. 기타 8. 해당없음	입찰방식 계약체결방법 (경쟁형태) 1. 일반경쟁 2. 제한경쟁 3. 지명경쟁 4. 수의계약 5. 법정위탁 6. 기타 ( ) 7. 해당없음	입찰방식 계약기간 1. 1년 2. 2년 3. 3년 4. 4년 5. 5년 6. 기타 ( )년 7. 단기계약 (1년미만) 8. 해당없음	입찰방식 낙찰자선정방법 1. 적격심사 2. 협상에의한계약 3. 최저가낙찰제 4. 규격가격분리 5. 2단계 경쟁입찰 6. 기타 ( ) 7. 해당없음	운영예산 산정 운영예산 산정 1. 내부산정 (지자체 자체적으로 산정) 2. 외부산정 (외부전문기관 위탁 산정) 3. 내·외부 모두 산정 4. 산정 無 5. 해당없음	운영예산 산정 정산방법 1. 내부정산 (지자체 내부적으로 정산) 2. 외부정산 (외부전문기관 위탁 정산) 3. 내·외부 모두 산정 4. 정산 無 5. 해당없음	성과평가 실시여부 1. 실시 2. 미실시 3. 향후 추진 4. 해당없음
2384	충북 제천시	농산물산지유통센터 지원사업	3,570,000	유통축산과	9	2	7	8	7	5	5	4
2385	충북 제천시	야생동물피해예방사업	68,968	자연환경과	9	2	6	7	6	5	1	1
2386	충북 제천시	건설기계 엔진교체 지원	412,500	자연환경과	9	2	7	8	7	5	5	4
2387	충북 제천시	건설기계 DPF 부착사업	231,000	자연환경과	9	2	7	8	7	5	5	4
2388	충북 제천시	배출가스저감장치부착사업지원	172,851	자연환경과	9	2	7	8	7	5	5	4
2389	충북 제천시	정보화마을 운영 활성화	8,000	정보통신과	9	1	7	8	7	5	5	1
2390	충북 제천시	정보화마을 운영 활성화	8,000	정보통신과	9	1	7	8	7	5	5	1
2391	충북 보은군	협의체 냉장고 구입 지원	700,000	주민복지과	9	4	7	8	7	1	1	1
2392	충북 보은군	지역아동센터 환경개선 지원	32,995	주민복지과	9	2	7	8	7	5	1	4
2393	충북 보은군	자활활성화추진사업	21,000	주민복지과	9	1	5	8	7	5	1	1
2394	충북 보은군	치매전담형 시설확충사업	135,000	주민복지과	9	1	1	7	7	3	1	1
2395	충북 보은군	전자출결시스템 장비비	5,300	주민복지과	9	2	7	8	7	1	1	2
2396	충북 보은군	어린이통학차량 카시트 보급 지원	15,120	주민복지과	9	6	7	8	7	1	1	2
2397	충북 보은군	시각장애인가정 가스자동차단기지원	800,000	주민복지과	9	7	7	8	7	5	5	4
2398	충북 보은군	매연배출가스 저감장치(DPF)지원	51,855	환경위생과	9	2	7	8	7	1	1	4
2399	충북 보은군	LPG화물차 신차 구매 지원	60,000	환경위생과	9	2	7	8	7	1	1	4
2400	충북 보은군	전기이륜차 구매지원	46,000	환경위생과	9	2	7	8	7	1	1	4
2401	충북 보은군	전기자동차 구매지원	480,000	환경위생과	9	2	7	8	7	1	1	4
2402	충북 보은군	어린이통학차량 LPG차 전환지원	50,000	환경위생과	9	2	7	8	7	1	1	4
2403	충북 보은군	야생동물 피해예방 사업	255,000	환경위생과	9	1	7	8	7	1	1	1
2404	충북 보은군	소규모 사업장 방지시설 설치 지원	1,332,000	환경위생과	9	2	7	8	7	1	1	4
2405	충북 보은군	상수원관리지역 주민지원사업	1,245,179	환경위생과	9	1	7	8	7	1	1	4
2406	충북 보은군	입식테이블 설치 사업	10,000	환경위생과	9	2	7	8	7	1	1	1
2407	충북 보은군	국가지정 문화재 및 등록문화재 보수정비 지원	70,000	문화관광과	9	1	6(사업자선정위원회)	7	7	1	1	1
2408	충북 보은군	도지정문화재 보수정비사업	227,760	문화관광과	9	1	6(사업자선정위원회)	7	7	1	1	1
2409	충북 보은군	문화재 재난방지시설 구축	250,000	문화관광과	9	1	6(사업자선정위원회)	7	7	1	1	1
2410	충북 보은군	도서관 지원사업	2,000,000	문화관광과	9	7	7	8	7	1	1	1
2411	충북 보은군	전통사찰 방재시스템 구축	362,000	문화관광과	9	1	6(사업자선정위원회)	7	7	1	1	1
2412	충북 보은군	문화원 행정장비 지원	3,000,000	문화관광과	9	8	7	8	7	1	1	1
2413	충북 보은군	국가지정문화재 초가이엉잇기	65,000	문화관광과	9	1	4	7	7	1	1	1
2414	충북 보은군	세계유산 보존관리 사업	1,347,500	문화관광과	9	1	6(사업자선정위원회)	7	7	1	1	1
2415	충북 보은군	세계유산 활용 및 홍보 지원	806,000	문화관광과	9	1	6(사업자선정위원회)	7	7	1	1	1
2416	충북 보은군	태양광주택보급사업	84,000	경제전략과	9	2	7	8	7	2	1	4
2417	충북 보은군	비영리시설 태양광설치사업	63,360	경제전략과	9	6	7	8	7	2	1	4
2418	충북 보은군	축산농가 태양광 보급사업	40,000	경제전략과	9	6	7	8	7	2	1	4
2419	충북 보은군	신재생에너지 융복합지원사업	856,073	경제전략과	9	2	7	8	7	2	1	4
2420	충북 보은군	발전소 주변지역 지원사업	21,100	경제전략과	9	1	7	8	7	2	2	1
2421	충북 보은군	취약계층 에너지복지 사업	57,300	경제전략과	9	1	7	8	7	2	2	1
2422	충북 보은군	친환경 콩분말 및 메주 가공시설	700,000	농정과	9	6	1	7	5	3	3	3
2423	충북 보은군	못자리 BANK 지원사업	210,000	농정과	9	4	7	8	7	1	1	4
2424	충북 보은군	논농업필수 영농자재 지원	835,200	농정과	9	4	7	8	7	1	1	4
2425	충북 보은군	영농기계화 장비 공급	89,330	농정과	9	4	7	8	7	1	1	4
2426	충북 보은군	댐규제지역 친환경농업 육성	86,340	농정과	9	4	7	8	7	1	1	4
2427	충북 보은군	유기농산물 생산 지원	76,300	농정과	9	4	7	8	7	1	1	4
2428	충북 보은군	곡물건조기 지원사업	15,000	농정과	9	4	7	8	7	1	1	4

순번	시군구	지출명 (사업명)	2020년예산 (단위:천원/1년간)	담당자 (공무원) 담당부서	민간이전 분류 (지방자치단체 세출예산 집행기준에 의거) 1. 민간경상사업보조(1) 2. 민간단체 법정운영비보조(2) 3. 민간행사사업보조(3) 4. 민간위탁금(4) 5. 사회복지시설 법정운영비보조(5) 6. 민간인위탁교육비(6) 7. 공기관등에대한경상적대행사업비(7) 8. 민간자본사업보조,자체재원(8) 9. 민간자본사업보조,이전재원(9) 10. 민간위탁사업비(10) 11. 공기관등에 대한 자본적 대행사업비(11)	민간이전지출 근거 (지방보조금 관리기준 참고) 1. 법률에 규정 2. 국고보조 재원(국가지정) 3. 용도 지정 기부금 4. 조례에 직접규정 5. 지자체가 권장하는 사업을 하는 공공기관 6. 시,도 정책 및 재정사정 7. 기타 8. 해당없음	입찰방식 계약체결방법 (경쟁형태) 1. 일반경쟁 2. 제한경쟁 3. 지명경쟁 4. 수의계약 5. 법정위탁 6. 기타 ( ) 7. 해당없음	입찰방식 계약기간 1. 1년 2. 2년 3. 3년 4. 4년 5. 5년 6. 기타 ( )년 7. 단기계약 (1년미만) 8. 해당없음	입찰방식 낙찰자선정방법 1. 적격심사 2. 협상에의한계약 3. 최저가낙찰제 4. 규격가격분리 5. 2단계 경쟁입찰 6. 기타 ( ) 7. 해당없음	운영예산 산정 운영예산 산정 1. 내부산정 (지자체 자체적으로 산정) 2. 외부산정 (외부전문기관 위탁 산정) 3. 내·외부 모두 산정 4. 산정 無 5. 해당없음	운영예산 산정 정산방법 1. 내부정산 (지자체 내부적으로 정산) 2. 외부정산 (외부전문기관 위탁 정산) 3. 내·외부 모두 산정 4. 정산 無 5. 해당없음	성과평가 실시여부 1. 실시 2. 미실시 3. 향후 추진 4. 해당없음
2429	충북 보은군	농산물 수출단지육성사업	90,470	농정과	9	2	2	7	1	1	1	3
2430	충북 보은군	친환경 맞춤형 원예생산시설 보급	60,000	농정과	9	2	7	8	7	1	1	3
2431	충북 보은군	과수 노력절감 생산장비지원	95,000	농정과	9	2	7	8	7	1	1	3
2432	충북 보은군	생명농업특화지구 육성사업	2,273,000	농정과	9	2	7	8	7	1	1	3
2433	충북 보은군	인삼생산시설 현대화사업	46,482	농정과	9	2	7	8	7	1	1	3
2434	충북 보은군	고추비가림 재배시설 지원	52,500	농정과	9	2	7	8	7	1	1	3
2435	충북 보은군	원예작물용 농작업대 지원	11,000	농정과	9	2	7	8	7	1	1	3
2436	충북 보은군	오디 생산비 절감 기자재 보급	7,294	농정과	9	1	7	8	7	1	1	3
2437	충북 보은군	기능성 양잠산업 기반조성	87,800	농정과	9	2	7	8	7	1	1	3
2438	충북 보은군	농산물 부패방지용 농기계지원	16,800	농정과	9	2	7	8	7	1	1	3
2439	충북 보은군	유해야생동물 포획시설 지원	9,240	농정과	9	1	7	8	7	1	1	3
2440	충북 보은군	시설원예 현대화 지원	5,614	농정과	9	1	7	8	7	1	1	3
2441	충북 보은군	축산ICT융복합사업	130,000	축산과	9	2	7	8	7	1	1	1
2442	충북 보은군	가축폐사체처리기지원	15,000	축산과	9	6	7	8	7	1	1	1
2443	충북 보은군	지능형교배탐지기지원	9,600	축산과	9	6	7	8	7	1	1	1
2444	충북 보은군	계란 냉장차량지원	15,000	축산과	9	2	1	1	1	2	1	3
2445	충북 보은군	양식어업인 수산약품 및 양식장비 공급	1,600,000	축산과	9	6	7	7	7	1	1	3
2446	충북 보은군	노후어선 교체 구입비 지원	4,800	축산과	9	6	7	7	7	1	1	3
2447	충북 보은군	내수면양식장 지하수 노후관정 정비	6,000	축산과	9	6	7	7	7	1	1	3
2448	충북 보은군	내수면양식장 정전피해 대비 시설정비	6,000	축산과	9	6	7	7	7	1	1	3
2449	충북 보은군	양어용 배합사료 및 어류보관용 저온저장고 설치	16,200	축산과	9	6	7	7	7	1	1	3
2450	충북 보은군	자연산 민물고기 진공포장기 지원	6,000	축산과	9	6	7	7	7	1	1	3
2451	충북 보은군	수산물 집하장 및 가공판매시설 지원	280,000	축산과	9	6	7	7	7	1	1	3
2452	충북 보은군	펠릿보일러 보급	47,600	산림녹지과	9	2	7	8	7	5	1	4
2453	충북 보은군	백두대간 주민지원 사업	114,750	산림녹지과	9	2	7	8	7	5	1	4
2454	충북 보은군	임산물 가공지원	25,000	산림녹지과	9	2	7	8	7	5	1	4
2455	충북 보은군	임산물 생산기반 조성	289,396	산림녹지과	9	2	7	8	7	5	1	4
2456	충북 보은군	임산물 저장건조시설	62,500	산림녹지과	9	2	7	8	7	5	1	4
2457	충북 보은군	산림작물생산단지 조성	1,588,254	산림녹지과	9	2	7	8	7	5	1	4
2458	충북 보은군	산림복합경영단지	233,600	산림녹지과	9	2	7	8	7	5	1	4
2459	충북 보은군	특화작목 부가가치향상 지원사업	35,000	농업기술센터	9	1	7	8	7	5	5	4
2460	충북 보은군	청년농업인 스마트팜 기반구축 조성사업	70,000	농업기술센터	9	1	7	8	7	5	5	4
2461	충북 보은군	청년농업인 경쟁력 제고 사업	45,000	농업기술센터	9	1	7	8	7	5	5	4
2462	충북 보은군	벼 포트묘 재배 시범	52,290	농업기술센터	9	1	7	8	7	5	5	4
2463	충북 보은군	고품질 쌀 생산비 절감 종합기술 시범	21,000	농업기술센터	9	1	7	8	7	5	5	4
2464	충북 보은군	밭작물 기계화 생력재배 시범	21,000	농업기술센터	9	1	7	8	7	5	5	4
2465	충북 보은군	작목별 맞춤형 안전관리 실천 시범	33,000	농업기술센터	9	1	7	8	7	5	5	4
2466	충북 보은군	전통장류 전통식품 인증 시범	11,900	농업기술센터	9	1	7	8	7	5	5	4
2467	충북 보은군	농촌여성 농부증 예방 농작업 장비지원	10,000	농업기술센터	9	1	7	8	7	5	5	4
2468	충북 보은군	농업인 소규모 창업기술 지원	50,000	농업기술센터	9	1	7	8	7	5	5	4
2469	충북 보은군	농업인 가공사업장 시설장비 개선	40,000	농업기술센터	9	1	7	8	7	5	5	4
2470	충북 보은군	농업활동 안전사고 예방 생활화	20,000	농업기술센터	9	1	7	8	7	5	5	4
2471	충북 보은군	농촌어르신 복지실천 시범	35,000	농업기술센터	9	1	7	8	7	5	5	4
2472	충북 보은군	고추 고품질 안정생산 시범	200,000	농업기술센터	9	1	7	8	7	5	5	4
2473	충북 보은군	지역특화우수품종 보급	100,000	농업기술센터	9	1	7	8	7	5	5	4

순번	시군구	지출명 (사업명)	2020년예산 (단위:천원/1년간)	담당자 (공무원) 담당부서	민간이전 분류 (지방자치단체 세출예산 집행기준에 의거) 1. 민간경상사업보조(1) 2. 민간단체 법정운영비보조(2) 3. 민간행사사업보조(3) 4. 민간위탁금(4) 5. 사회복지시설 법정운영비보조(5) 6. 민간인위탁교육비(6) 7. 공기관등에대한경상적대행사업비(7) 8. 민간자본사업보조,자체재원(8) 9. 민간자본사업보조,이전재원(9) 10. 민간위탁사업비(10) 11. 공기관등에 대한 자본적 대행사업비(11)	민간이전지출 근거 (지방보조금 관리기준 참고) 1. 법률에 규정 2. 국고보조 재원(국가지정) 3. 용도 지정 기부금 4. 조례에 직접규정 5. 지자체가 권장하는 사업을 하는 공공기관 6. 시,도 정책 및 재정사정 7. 기타 8. 해당없음	입찰방식 계약체결방법 (경쟁형태) 1. 일반경쟁 2. 제한경쟁 3. 지명경쟁 4. 수의계약 5. 법정위탁 6. 기타 ( ) 7. 해당없음	입찰방식 계약기간 1. 1년 2. 2년 3. 3년 4. 4년 5. 5년 6. 기타 ( )년 7. 단기계약 (1년미만) 8. 해당없음	입찰방식 낙찰자선정방법 1. 적격심사 2. 협상에의한계약 3. 최저가낙찰제 4. 규격가격분리 5. 2단계 경쟁입찰 6. 기타 ( ) 7. 해당없음	운영예산 산정 운영예산 산정 1. 내부산정 (지자체 자체 적으로 산정) 2. 외부산정 (외부전문기관 위탁 산정) 3. 내·외부 모두 산정 4. 산정 無 5. 해당없음	운영예산 산정 정산방법 1. 내부정산 (지자체 내부적으로 정산) 2. 외부정산 (외부전문기관 위탁 정산) 3. 내·외부 모두 산정 4. 정산 無 5. 해당없음	성과평가 실시여부 1. 실시 2. 미실시 3. 향후 추진 4. 해당없음
2474	충북 보은군	난지형마늘 건조비용절감 가변형 건조시스템	45,000	농업기술센터	9	1	7	8	7	5	5	4
2475	충북 보은군	토마토 수경재배 작은뿌리파리 종합관리기술	30,000	농업기술센터	9	1	7	8	7	5	5	4
2476	충북 보은군	고품질 농산물 연중생산을 위한 시설환경개선 시범	28,000	농업기술센터	9	1	7	8	7	5	5	4
2477	충북 보은군	축산 스마트팜 통합제어시스템 활용	120,000	농업기술센터	9	1	7	8	7	5	5	4
2478	충북 보은군	고품질 꿀벌 화분생산 시범	40,000	농업기술센터	9	1	7	8	7	5	5	4
2479	충북 보은군	젖소 원유품질 및 유단백 향상 시범	20,000	농업기술센터	9	1	7	8	7	5	5	4
2480	충북 보은군	고품질 양봉 부가가치 향상 시범	20,000	농업기술센터	9	1	7	8	7	5	5	4
2481	충북 보은군	혹서기 대비 축사환경 및 가축질병예방 시범	20,000	농업기술센터	9	1	7	8	7	5	5	4
2482	충북 보은군	광환경 개선을 통한 고품질 복숭아 생산 시범	14,000	농업기술센터	9	4	7	8	7	5	5	4
2483	충북 보은군	재해예방 인삼 안정생산 시범	14,000	농업기술센터	9	4	7	8	7	5	5	4
2484	충북 보은군	인삼 고온피해 경감 종합기술 시범	60,000	농업기술센터	9	1, 2	7	8	7	5	5	4
2485	충북 보은군	이상기상 대응 과원 피해예방 기술 확산 시범	100,000	농업기술센터	9	1, 2	7	8	7	5	5	4
2486	충북 보은군	엔비사과 재배단지 조성사업	174,000	농업기술센터	9	4	7	8	7	5	5	4
2487	충북 옥천군	밭작물 관개시스템시범사업	100,000	기술지원과	9	2	7	8	7	5	5	4
2488	충북 옥천군	드론 활용 벼 재배기술 보급시범	24,500	기술지원과	9	6	7	8	7	5	5	4
2489	충북 옥천군	농작물 병해충 긴급방제 약제지원사업	113,000	기술지원과	9	6	7	8	7	5	5	4
2490	충북 옥천군	과수 화상병 방제비 지원	15,950	기술지원과	9	6	7	8	7	5	5	4
2491	충북 옥천군	농촌어르신 복지실천시범지원	50,000	기술지원과	9	6	7	8	7	5	1	1
2492	충북 옥천군	농업활동 안전사고 예방 생활화	30,000	기술지원과	9	6	7	8	7	5	1	1
2493	충북 옥천군	농촌여성 농부증 예방 농작업 장비 지원	10,000	기술지원과	9	6	7	8	7	5	1	1
2494	충북 옥천군	약선 소재를 이용한 쌀조청 제조시범	60,000	기술지원과	9	2	7	8	7	5	5	4
2495	충북 옥천군	농업인가공사업장 시설장비 개선지원	50,000	기술지원과	9	6	7	8	7	5	5	4
2496	충북 옥천군	농산자원 농외소득화 시범	52,500	기술지원과	9	6	7	8	7	5	1	1
2497	충북 옥천군	원예특용작물 수출 규격화기술 보급시범	85,000	기술지원과	9	2	7	8	7	5	5	4
2498	충북 옥천군	광환경개선을 통한 고품질 복숭아생산시범지원	14,000	기술지원과	9	4	7	8	7	5	5	4
2499	충북 옥천군	과수국내육성 신품종 비교전시포 조성시범	70,000	기술지원과	9	2	7	8	7	5	5	4
2500	충북 옥천군	포도수확후관리기술시범	50,000	기술지원과	9	2	7	8	7	5	5	4
2501	충북 옥천군	국내육성 우수 신품종 딸기 보급지원	100,000	기술지원과	9	4	7	8	7	5	5	4
2502	충북 옥천군	원예분야 스마트팜 기반조성 시범지원	28,000	기술지원과	9	4	7	8	7	5	1	1
2503	충북 옥천군	딸기고설재배 스파트팜 기반조성 지원	200,000	기술지원과	9	4	7	8	7	5	5	4
2504	충북 옥천군	기후변화대응 고품질버섯재배 시범지원	21,000	기술지원과	9	4	7	8	7	5	1	1
2505	충북 옥천군	재해예방 인삼 안정생산 시범지원	14,000	기술지원과	9	4	7	8	7	5	5	4
2506	충북 옥천군	거세한우 28개월 단기비육기술보급시범	100,000	기술지원과	9	2	7	8	7	5	5	4
2507	충북 옥천군	농식품부산물활용 흑염소 생산비절감기술 시범지원	50,000	기술지원과	9	2	7	8	7	5	5	4
2508	충북 옥천군	젖소 원유품질 및 유단백향상시범지원	14,000	기술지원과	9	4	7	8	7	5	5	4
2509	충북 옥천군	작은도서관 도서구입비 지원	4,500	평생학습원	9	4	7	8	7	5	1	2
2510	충북 옥천군	환평리 풍경이 있는 농촌마을만들기사업 지원	30,000	도시교통과	9	4	7	8	7	5	5	4
2511	충북 옥천군	핵심농업인 친환경 농산물 생산지원	15,400	농촌활력과	9	6	7	8	7	5	5	4
2512	충북 옥천군	특화작목 부가가치향상 지원	35,000	농촌활력과	9	6	7	8	7	5	5	4
2513	충북 옥천군	청년농업인 경쟁력제고 사업	45,000	농촌활력과	9	2	7	8	7	5	5	4
2514	충북 옥천군	귀농인의 집 조성 지원	30,000	농촌활력과	9	2	7	8	7	5	5	4
2515	충북 옥천군	유기농업자재 지원사업	43,893	친환경농축산과	9	2	7	8	7	5	5	4
2516	충북 옥천군	유기농산물 생산지원사업	228,200	친환경농축산과	9	6	7	8	7	5	5	4
2517	충북 옥천군	친환경 우렁이 종패지원	71,370	친환경농축산과	9	6	7	8	7	5	5	4
2518	충북 옥천군	댐규제지역 친환경농업육성 지원	341,600	친환경농축산과	9	6	7	8	7	5	5	4

순번	시군구	지출명 (사업명)	2020년예산 (단위:천원/1년간)	담당자 (공무원) 담당부서	민간이전 분류 (지방자치단체 세출예산 집행기준에 의거) 1. 민간경상사업보조(1) 2. 민간단체 법정운영비보조(2) 3. 민간행사사업보조(3) 4. 민간위탁금(4) 5. 사회복지시설 법정운영비보조(5) 6. 민간인위탁교육비(6) 7. 공기관등에대한경상적대행사업비(7) 8. 민간자본사업보조,자체재원(8) 9. 민간자본사업보조,이전재원(9) 10. 민간위탁사업비(10) 11. 공기관등에 대한 자본적 대행사업비(11)	민간이전지출 근거 (지방보조금 관리기준 참고) 1. 법률에 규정 2. 국고보조 재원(국가지정) 3. 용도 지정 기부금 4. 조례에 직접규정 5. 지자체가 권장하는 사업을 하는 공공기관 6. 시,도 정책 및 재정사정 7. 기타 8. 해당없음	입찰방식 계약체결방법 (경쟁형태) 1. 일반경쟁 2. 제한경쟁 3. 지명경쟁 4. 수의계약 5. 법정위탁 6. 기타 ( ) 7. 해당없음	입찰방식 계약기간 1. 1년 2. 2년 3. 3년 4. 4년 5. 5년 6. 기타 ( )년 7. 단기계약 (1년미만) 8. 해당없음	입찰방식 낙찰자선정방법 1. 적격심사 2. 협상에의한계약 3. 최저가낙찰제 4. 규격가격분리 5. 2단계 경쟁입찰 6. 기타 ( ) 7. 해당없음	운영예산 산정 운영예산 산정 1. 내부산정 (지자체 자체적으로 산정) 2. 외부산정 (외부전문기관위탁 산정) 3. 내·외부 모두 산정 4. 산정 無 5. 해당없음	운영예산 산정 정산방법 1. 내부정산 (지자체 내부적으로 정산) 2. 외부정산 (외부전문기관위탁 정산) 3. 내·외부 모두 산정 4. 정산 無 5. 해당없음	성과평가 실시여부 1. 실시 2. 미실시 3. 향후 추진 4. 해당없음
2519	충북 옥천군	환경친화적 멀칭비닐지원	5,840	친환경농축산과	9	6	7	8	7	5	5	4
2520	충북 옥천군	고품질쌀 생력재배 친환경자재 공급지원	19,600	친환경농축산과	9	6	7	8	7	5	5	2
2521	충북 옥천군	친환경 특수미 생산단지 육성지원	14,400	친환경농축산과	9	6	7	8	7	5	5	2
2522	충북 옥천군	고품질 벼 육묘장 설치보완 지원	70,000	친환경농축산과	9	6	7	8	7	5	5	2
2523	충북 옥천군	농업필수 영농자재 지원	453,600	친환경농축산과	9	6	7	8	7	5	5	2
2524	충북 옥천군	곡물건조기 지원	10,000	친환경농축산과	9	6	7	8	7	5	5	2
2525	충북 옥천군	영농기계화장비 공급사업 지원	67,330	친환경농축산과	9	6	7	8	7	5	5	2
2526	충북 옥천군	친환경 공동광역살포기 지원	126,000	친환경농축산과	9	6	7	8	7	5	5	2
2527	충북 옥천군	농작업 안전사용 장비지원	17,830	친환경농축산과	9	6	7	8	7	5	5	2
2528	충북 옥천군	농산물 부패방지용 농기계 지원	4,200,000	친환경농축산과	9	6	7	8	7	5	5	2
2529	충북 옥천군	농산물 산지유통시설 설치사업	99,167	친환경농축산과	9	6	7	8	7	5	5	2
2530	충북 옥천군	농식품 수출물류비 지원	125,000	친환경농축산과	9	6	7	8	7	5	5	2
2531	충북 옥천군	수출농식품 포장재 지원	5,600	친환경농축산과	9	6	7	8	7	5	5	2
2532	충북 옥천군	생명농업특화지구육성사업	2,594,318	친환경농축산과	9	6	7	8	7	5	5	2
2533	충북 옥천군	친환경시설원예작물 토양환경개선지원	110,000	친환경농축산과	9	6	7	8	7	5	5	2
2534	충북 옥천군	맞춤형 원예생산시설지원	75,000	친환경농축산과	9	6	7	8	7	5	5	2
2535	충북 옥천군	고추비가림재배시설지원	185,000	친환경농축산과	9	2	7	8	7	5	5	2
2536	충북 옥천군	인삼 지력증진제 공급지원	25,950	친환경농축산과	9	6	7	8	7	5	5	2
2537	충북 옥천군	버섯 생산시설 현대화사업	83,783	친환경농축산과	9	2	7	8	7	5	5	2
2538	충북 옥천군	인삼생산시설 현대화사업	26,348	친환경농축산과	9	2	7	8	7	5	5	2
2539	충북 옥천군	유해야생동물 포획시설 지원	11,880	친환경농축산과	9	2	7	8	7	5	5	2
2540	충북 옥천군	가뭄대비 급수저장조 지원	5,250	친환경농축산과	9	6	7	8	7	5	5	2
2541	충북 옥천군	과수고품질시설 현대화사업	50,000	친환경농축산과	9	2	7	8	7	5	5	2
2542	충북 옥천군	과수노력절감 생산장비지원	85,000	친환경농축산과	9	6	7	8	7	5	5	2
2543	충북 옥천군	과실 품질향상 자재지원	15,500	친환경농축산과	9	6	7	8	7	5	5	2
2544	충북 옥천군	원예작물용 농작업대지원	2,750,000	친환경농축산과	9	6	7	8	7	5	5	2
2545	충북 옥천군	축사내부 연무소독시설 설치	9,000	친환경농축산과	9	1	7	8	7	5	5	1
2546	충북 옥천군	농장출입구 자동소독기 지원	12,000	친환경농축산과	9	1	7	8	7	5	5	1
2547	충북 옥천군	육우거세 고급육생산 장려금 지원	1,000,000	친환경농축산과	9	1	7	8	7	5	5	1
2548	충북 옥천군	한우수정란 이식 시술료 지원	7,200	친환경농축산과	9	1	7	8	7	5	5	1
2549	충북 옥천군	젖소능력(심사등록) 개량비 지원	7,000	친환경농축산과	9	1	7	8	7	5	5	1
2550	충북 옥천군	토종벌 종보전 육종 보급사업 지원	4,875	친환경농축산과	9	1	7	8	7	5	5	1
2551	충북 옥천군	양봉농가 꽃가루 지원	82,125	친환경농축산과	9	1	7	8	7	5	5	1
2552	충북 옥천군	꿀벌 벌집(벌통,소초광) 지원	25,410	친환경농축산과	9	1	7	8	7	5	5	1
2553	충북 옥천군	양봉농가 봉산물 생산장비 지원	15,000	친환경농축산과	9	1	7	8	7	5	5	1
2554	충북 옥천군	말벌 퇴치장비 지원	135,000	친환경농축산과	9	1	7	8	7	5	5	1
2555	충북 옥천군	곤충사육농가 시설·장비 지원	20,000	친환경농축산과	9	1	7	8	7	5	5	1
2556	충북 옥천군	축산ICT융복합 사업	125,000	친환경농축산과	9	1	7	8	7	5	5	1
2557	충북 옥천군	친환경축산시설·장비 보급지원	170,000	친환경농축산과	9	1	7	8	7	5	5	1
2558	충북 옥천군	중소가축 기후변화 대응시설 지원	20,000	친환경농축산과	9	1	7	8	7	5	5	1
2559	충북 옥천군	친환경 축산물 인증농가 지원	24,000	친환경농축산과	9	1	7	8	7	5	5	1
2560	충북 옥천군	가축 폐사축 처리기 지원	15,000	친환경농축산과	9	1	7	8	7	5	5	1
2561	충북 옥천군	축산분뇨처리시설 지원	23,800	친환경농축산과	9	1	7	8	7	5	5	1
2562	충북 옥천군	축분 비료처리장비 지원	20,000	친환경농축산과	9	1	7	8	7	5	5	1
2563	충북 옥천군	가축면역력 및 사료효율 증진제 지원	80,000	친환경농축산과	9	1	7	8	7	5	5	1

순번	시군구	지출명 (사업명)	2020년예산 (단위:천원/1년간)	담당자 (공무원) 담당부서	민간이전 분류 (지방자치단체 세출예산 집행기준에 의거) 1. 민간경상사업보조(1) 2. 민간단체 법정운영비보조(2) 3. 민간행사사업보조(3) 4. 민간위탁금(4) 5. 사회복지시설 법정운영비보조(5) 6. 민간인위탁교육비(6) 7. 공기관등에대한경상적대행사업비(7) 8. 민간자본사업보조,자체재원(8) 9. 민간자본사업보조,이전재원(9) 10. 민간위탁사업비(10) 11. 공기관등에 대한 자본적 대행사업비(11)	민간이전지출 근거 (지방보조금 관리기준 참고) 1. 법률에 규정 2. 국고보조 재원(국가지정) 3. 용도 지정 기부금 4. 조례에 직접규정 5. 지자체가 권장하는 사업을 하는 공공기관 6. 시,도 정책 및 재정사정 7. 기타 8. 해당없음	입찰방식 계약체결방법 (경쟁형태) 1. 일반경쟁 2. 제한경쟁 3. 지명경쟁 4. 수의계약 5. 법정위탁 6. 기타 ( ) 7. 해당없음	입찰방식 계약기간 1. 1년 2. 2년 3. 3년 4. 4년 5. 5년 6. 기타 ( )년 7. 단기계약 (1년미만) 8. 해당없음	입찰방식 낙찰자선정방법 1. 적격심사 2. 협상에의한계약 3. 최저가낙찰제 4. 규격가격분리 5. 2단계 경쟁입찰 6. 기타 ( ) 7. 해당없음	운영예산 산정 운영예산 산정 1. 내부산정 (지자체 자체 적으로 산정) 2. 외부산정 (외부전문기관 위탁 산정) 3. 내·외부 모두 산정 4. 산정 無 5. 해당없음	운영예산 산정 정산방법 1. 내부정산 (지자체 내부적으로 정산) 2. 외부정산 (외부전문기관 위탁 정산) 3. 내·외부 모두 산정 4. 정산 無 5. 해당없음	성과평가 실시여부 1. 실시 2. 미실시 3. 향후 추진 4. 해당없음
2564	충북 옥천군	액비저장조 분뇨발효제 공급 지원	10,800	친환경농축산과	9	1	7	8	7	5	5	1
2565	충북 옥천군	조사료용 기계,장비 지원	60,000	친환경농축산과	9	1	7	8	7	5	5	1
2566	충북 옥천군	볏짚 곤포사일리지 비닐 지원	12,749	친환경농축산과	9	1	7	8	7	5	5	1
2567	충북 옥천군	고능력돼지 액상정액 공급 지원	7,500	친환경농축산과	9	1	7	8	7	5	5	1
2568	충북 옥천군	TMR사료 포장재 지원	11,760	친환경농축산과	9	1	7	8	7	5	5	1
2569	충북 옥천군	폭염극복 면역증강제 지원	9,700	친환경농축산과	9	1	7	8	7	5	5	1
2570	충북 옥천군	젖소농가 번식장애 지도지원	3,000,000	친환경농축산과	9	2	7	8	7	5	1	4
2571	충북 옥천군	돼지 써코바이러스백신 구입 지원	28,980	친환경농축산과	9	2	7	8	7	5	1	4
2572	충북 옥천군	구제역 백신구입 지원	79,100	친환경농축산과	9	2	7	8	7	5	1	4
2573	충북 옥천군	CCTV 등 방역인프라 설치지원	30,000	친환경농축산과	9	2	7	8	7	5	1	4
2574	충북 옥천군	조림사업	667,170	산림녹지과	9	6	7	8	7	5	5	4
2575	충북 옥천군	임산물 저장건조시설 지원	31,000	산림녹지과	9	2	7	7	7	5	1	4
2576	충북 옥천군	임산물 가공장비 지원	200,000	산림녹지과	9	2	7	7	7	5	1	4
2577	충북 옥천군	임산물생산기반조성 지원	19,400	산림녹지과	9	2	7	7	7	5	1	4
2578	충북 옥천군	친환경임산물 재배관리 지원	5,040	산림녹지과	9	2	7	7	7	5	1	4
2579	충북 옥천군	임산물 포장상자지원	75,000	산림녹지과	9	2	7	7	7	5	1	4
2580	충북 옥천군	임산물생산 친환경 유기질비료 지원	24,000	산림녹지과	9	2	7	7	7	5	1	4
2581	충북 옥천군	펠릿보일러(주택용) 지원	16,800	산림녹지과	9	2	7	8	7	5	1	4
2582	충북 옥천군	산림작물 생산단지 조성지원	32,778	산림녹지과	9	1	4	8	7	1	1	2
2583	충북 옥천군	옥천묘목육성 자본사업	500,000	산림녹지과	9	6	7	8	7	5	1	4
2584	충북 옥천군	정보화마을 운영 활성화 지원	8,000	자치행정과	9	4	7	1	7	1	1	4
2585	충북 옥천군	시각장애인가정 가스자동화차단기 지원	1,000,000	주민복지과	9	6	7	8	7	1	1	1
2586	충북 옥천군	어린이집 전자출결시스템 설치 지원	105,000	주민복지과	9	2	7	8	7	5	5	4
2587	충북 옥천군	어린이통학차량 영유아 보호장구(카시트) 보급 지원	27,540	주민복지과	9	7	7	8	7	5	5	4
2588	충북 옥천군	청산원 남자생활관 누수 지붕공사 지원	48,528	주민복지과	9	2	7	8	7	1	1	1
2589	충북 옥천군	음식문화시설개선	10,000	문화관광과	9	1	7	8	7	2	1	2
2590	충북 옥천군	옥천 가산사 호국문화체험관 조성 지원	850,000	문화관광과	9	2	7	8	7	5	5	3
2591	충북 옥천군	용암사 천불전 보수	100,000	문화관광과	9	2	7	8	7	5	5	3
2592	충북 영동군	영국사 대웅전 주변 만세루 지붕보수사업	171,000	국악문화체육과	9	1	4	7	6	5	1	4
2593	충북 영동군	반야사 삼층석탑 주변 적묵당 지붕보수사업	478,000	국악문화체육과	9	1	4	7	6	5	1	4
2594	충북 영동군	반야사 삼층석탑 주변정비사업 사전설계	195,000	국악문화체육과	9	1	4	7	6	5	1	4
2595	충북 영동군	영천사 관음전 개축	360,000	국악문화체육과	9	1	4	7	6	5	1	4
2596	충북 영동군	일반음식점 입식테이블 설치 지원	10,000	가족행복과	9	6	7	8	7	1	1	4
2597	충북 영동군	지역에너지사업	316,340	경제과	9	1	7	8	7	3	3	3
2598	충북 영동군	논농업 필수 영농자재 지원	262,800	농정과	9	6	7	8	7	1	1	2
2599	충북 영동군	영농기계화장비공급	77,730	농정과	9	6	7	8	7	1	1	2
2600	충북 영동군	친환경 특수미 생산단지 육성	14,400	농정과	9	6	7	8	7	1	1	2
2601	충북 영동군	유해야생동물 포획시설 지원	19,800	농정과	9	1	7	8	7	1	1	2
2602	충북 영동군	급수저장조(물저금통)지원	41,250	농정과	9	6	7	8	7	1	1	2
2603	충북 영동군	곡물건조기 지원사업	5,000	농정과	9	6	7	8	7	1	1	2
2604	충북 영동군	토양개량제 보조	356,622	농정과	9	1	7	8	7	1	1	2
2605	충북 영동군	친환경 우렁이종패 지원사업	200,000	농정과	9	6	7	8	7	1	1	2
2606	충북 영동군	댐규제지역 친환경농업 육성	19,140	농정과	9	6	7	8	7	1	1	2
2607	충북 영동군	고품질쌀 생력재배 친환경 자재공급	3,626,000	농정과	9	6	7	8	7	1	1	2
2608	충북 영동군	유기농업자재 지원사업	31,835	농정과	9	1	7	8	7	1	1	2

순번	시군구	지출명 (사업명)	2020년예산 (단위:천원/1년간)	담당자 (공무원) 담당부서	민간이전 분류 (지방자치단체 세출예산 집행기준에 의거) 1. 민간경상사업보조(1) 2. 민간단체 법정운영비보조(2) 3. 민간행사사업보조(3) 4. 민간위탁금(4) 5. 사회복지시설 법정운영비보조(5) 6. 민간인위탁교육비(6) 7. 공기관등에대한경상적대행사업비(7) 8. 민간자본사업보조,자체재원(8) 9. 민간자본사업보조,이전재원(9) 10. 민간위탁사업비(10) 11. 공기관등에 대한 자본적 대행사업비(11)	민간이전지출 근거 (지방보조금 관리기준 참고) 1. 법률에 규정 2. 국고보조 재원(국가지정) 3. 용도 지정 기부금 4. 조례에 직접규정 5. 지자체가 권장하는 사업을 하는 공공기관 6. 시,도 정책 및 재정사정 7. 기타 8. 해당없음	입찰방식 계약체결방법 (경쟁형태) 1. 일반경쟁 2. 제한경쟁 3. 지명경쟁 4. 수의계약 5. 법정위탁 6. 기타 ( ) 7. 해당없음	입찰방식 계약기간 1. 1년 2. 2년 3. 3년 4. 4년 5. 5년 6. 기타 ( )년 7. 단기계약 (1년미만) 8. 해당없음	입찰방식 낙찰자선정방법 1. 적격심사 2. 협상에의한계약 3. 최저가낙찰제 4. 규격가격분리 5. 2단계 경쟁입찰 6. 기타 ( ) 7. 해당없음	운영예산 산정 운영예산 산정 1. 내부산정 (지자체 자체적으로 산정) 2. 외부산정 (외부전문기관위탁 산정) 3. 내·외부 모두 산정 4. 산정 無 5. 해당없음	운영예산 산정 정산방법 1. 내부정산 (지자체 내부적으로 정산) 2. 외부정산 (외부전문기관위탁 정산) 3. 내·외부 모두 산정 4. 정산 無 5. 해당없음	성과평가 실시여부 1. 실시 2. 미실시 3. 향후 추진 4. 해당없음
2609	충북 영동군	유기농산물 생산지원	87,500	농정과	9	6	7	8	7	1	1	2
2610	충북 영동군	환경친화적 멀칭비닐 지원	7,500	농정과	9	6	7	8	7	1	1	2
2611	충북 영동군	농작업 안전사용 장비지원	22,130	농정과	9	6	7	8	7	1	1	2
2612	충북 영동군	수출농식품 포장재 제작지원	8,400	농정과	9	6	7	8	7	1	1	2
2613	충북 영동군	농산물 산지유통시설 설치	102,500	농정과	9	6	7	8	7	1	1	2
2614	충북 영동군	농산물산지유통센터 건립지원	4,936	농정과	9	1	7	8	7	1	1	2
2615	충북 영동군	고추 비가림재배시설 지원	7,500	농정과	9	1	7	8	7	1	1	2
2616	충북 영동군	원예작물용 농작업대지원	16,500	농정과	9	6	7	8	7	1	1	2
2617	충북 영동군	농산물 수출단지육성 지원사업	132,300	농정과	9	6	7	8	7	1	1	2
2618	충북 영동군	과수스마트팜확산사업	14,375	농정과	9	1	7	8	7	1	1	2
2619	충북 영동군	시설원예 ICT 융복합확산사업	51,644	농정과	9	1	7	8	7	1	1	2
2620	충북 영동군	친환경맞춤원예생산시설보급	50,000	농정과	9	6	7	8	7	1	1	2
2621	충북 영동군	버섯생산시설현대화 지원	56,245	농정과	9	1	7	8	7	1	1	2
2622	충북 영동군	인삼생산시설현대화사업	35,521	농정과	9	1	7	8	7	1	1	2
2623	충북 영동군	오디생산절감 기자재 보급지원사업	7,000	농정과	9	6	7	8	7	1	1	2
2624	충북 영동군	과수노력절감생산장비지원	180,000	농정과	9	6	7	8	7	1	1	2
2625	충북 영동군	과수고품질시설현대화사업	841,000	농정과	9	1	7	8	7	1	1	2
2626	충북 영동군	농산물 부패방지용 농기계지원	9,800	농정과	9	6	7	8	7	1	1	2
2627	충북 영동군	생명농업특화지구육성	2,487,882	농정과	9	6	7	8	7	1	1	2
2628	충북 영동군	지능형 교배시기 탐지기 지원	3,200,000	농정과	9	6	7	8	7	1	1	2
2629	충북 영동군	양봉산업 경쟁력 강화	21,010	농정과	9	6	7	8	7	1	1	2
2630	충북 영동군	양봉생산물 처리장비 지원	13,500	농정과	9	6	7	8	7	1	1	2
2631	충북 영동군	양봉농가 농약해독제 공급	1,900,000	농정과	9	6	7	8	7	1	1	2
2632	충북 영동군	곤충농가 시설장비 지원	20,000	농정과	9	6	7	8	7	1	1	2
2633	충북 영동군	말벌퇴치장비 지원	2,250,000	농정과	9	1	7	8	7	1	1	2
2634	충북 영동군	가축분뇨처리 장비 보급	20,000	농정과	9	6	7	8	7	1	1	2
2635	충북 영동군	가축 기후변화 대응시설 지원	20,000	농정과	9	6	7	8	7	1	1	2
2636	충북 영동군	축산 ICT 융복합 사업	125,000	농정과	9	1	7	8	7	1	1	2
2637	충북 영동군	가축분뇨 퇴액비화 지원	1,380,000	농정과	9	1	7	8	7	1	1	2
2638	충북 영동군	친환경축산 시설장비 보급	50,000	농정과	9	6	7	8	7	1	1	2
2639	충북 영동군	가축분뇨 악취저감 지원	65,000	농정과	9	1	7	8	7	1	1	2
2640	충북 영동군	가축 폐사체 처리기 지원	15,000	농정과	9	6	7	8	7	1	1	2
2641	충북 영동군	양식어업인 수산약품 및 양식장비 공급	1,400,000	농정과	9	6	7	8	7	1	1	2
2642	충북 영동군	자연산 민물고기 진공포장기 지원	6,000	농정과	9	6	7	8	7	1	1	2
2643	충북 영동군	농장출입구 자동소독기 설치	2,000,000	농정과	9	6	7	8	7	1	1	2
2644	충북 영동군	AI예방 방역시설 개선	4,500	농정과	9	6	7	8	7	1	1	2
2645	충북 영동군	축사내부 방역전실·연무소독시설 설치	1,800,000	농정과	9	6	7	8	7	1	1	2
2646	충북 영동군	가금농가 CCTV등 방역인프라 지원	31,800	농정과	9	1	7	8	7	1	1	2
2647	충북 영동군	계란 냉장차량 지원	15,000	농정과	9	1	7	8	7	1	1	2
2648	충북 영동군	임산물생산기반조성	125,000	산림과	9	2	7	8	7	5	1	1
2649	충북 영동군	임산물생산기반조성	28,750	산림과	9	2	7	8	7	5	1	1
2650	충북 영동군	임산물가공지원	119,000	산림과	9	2	7	8	7	5	1	1
2651	충북 영동군	임산물저장건조시설	125,000	산림과	9	2	7	8	7	5	1	1
2652	충북 영동군	임산물상품화	150,000	산림과	9	2	7	8	7	5	1	1
2653	충북 영동군	임산물유통기반지원	52,000	산림과	9	2	7	8	7	5	1	1

순번	시군구	지출명 (사업명)	2020년예산 (단위:천원/1년간)	담당자 (공무원) 담당부서	민간이전 분류 (지방자치단체 세출예산 집행기준에 의거) 1. 민간경상사업보조(1) 2. 민간단체 법정운영비보조(2) 3. 민간행사사업보조(3) 4. 민간위탁금(4) 5. 사회복지시설 법정운영비보조(5) 6. 민간인위탁교육비(6) 7. 공기관등에대한경상적대행사업비(7) 8. 민간자본사업보조,자체재원(8) 9. 민간자본사업보조,이전재원(9) 10. 민간위탁사업비(10) 11. 공기관등에 대한 자본적 대행사업비(11)	민간이전지출 근거 (지방보조금 관리기준 참고) 1. 법률에 규정 2. 국고보조 재원(국가지정) 3. 용도 지정 기부금 4. 조례에 직접규정 5. 지자체가 권장하는 사업을 하는 공공기관 6. 시,도 정책 및 재정사정 7. 기타 8. 해당없음	입찰방식 계약체결방법 (경쟁형태) 1. 일반경쟁 2. 제한경쟁 3. 지명경쟁 4. 수의계약 5. 법정위탁 6. 기타 ( ) 7. 해당없음	입찰방식 계약기간 1. 1년 2. 2년 3. 3년 4. 4년 5. 5년 6. 기타 ( )년 7. 단기계약 (1년미만) 8. 해당없음	입찰방식 낙찰자선정방법 1. 적격심사 2. 협상에의한계약 3. 최저가낙찰제 4. 규격가격분리 5. 2단계 경쟁입찰 6. 기타 ( ) 7. 해당없음	운영예산 산정 운영예산 산정 1. 내부산정 (지자체 자체적으로 산정) 2. 외부산정 (외부전문기관위탁 산정) 3. 내·외부 모두 산정 4. 산정 無 5. 해당없음	운영예산 산정 정산방법 1. 내부정산 (지자체 내부적으로 정산) 2. 외부정산 (외부전문기관위탁 정산) 3. 내·외부 모두 산정 4. 정산 無 5. 해당없음	성과평가 실시여부 1. 실시 2. 미실시 3. 향후 추진 4. 해당없음
2654	충북 영동군	목재펠릿보일러보급	22,400	산림과	9	2	7	8	7	5	1	1
2655	충북 영동군	친환경 임산물 재배관리	60,000	산림과	9	2	7	8	7	5	1	1
2656	충북 영동군	임산물토양개량 및 친환경비료지원	50,000	산림과	9	2	7	8	7	5	1	1
2657	충북 영동군	특화작목 부가가치향상 지원	35,000	농업기술센터	9	1	7	8	7	5	5	4
2658	충북 영동군	청년농업인 스마트팜 기반구축 조성	70,000	농업기술센터	9	1	7	8	7	5	5	4
2659	충북 영동군	품목별농업인연구회 소득기반 조성	20,000	농업기술센터	9	1	7	8	7	5	5	4
2660	충북 영동군	농촌여성 농부증 예방 농작업 장비지원	10,000	농업기술센터	9	6	7	8	7	5	5	4
2661	충북 영동군	작목별 맞춤형 안전관리 실천	50,000	농업기술센터	9	2	7	8	7	5	5	4
2662	충북 영동군	농업활동 안전사고 예방 생활화	30,000	농업기술센터	9	6	7	8	7	5	5	4
2663	충북 영동군	길항균 이용 인삼 친환경 방제 기술	50,000	농업기술센터	9	2	7	8	7	5	5	4
2664	충북 영동군	틈새시장 공략 벼 조기재배 기술보급	14,000	농업기술센터	9	6	7	8	7	5	5	4
2665	충북 영동군	고구마 홍수출하 방지 저장기술	24,500	농업기술센터	9	6	7	8	7	5	5	4
2666	충북 영동군	밭작물 기계화 생력재배	21,000	농업기술센터	9	6	7	8	7	5	5	4
2667	충북 영동군	ICT활용 축사재해예방시스템 구축	20,000	농업기술센터	9	6	7	8	7	5	5	4
2668	충북 영동군	이상기후 대비 양돈 생산성 향상	14,000	농업기술센터	9	6	7	8	7	5	5	4
2669	충북 영동군	혹서기 대비 축사환경 및 가축질병 예방	14,000	농업기술센터	9	6	7	8	7	5	5	4
2670	충북 영동군	재해예방 인삼 안정생산	14,000	농업기술센터	9	6	7	8	7	5	5	4
2671	충북 영동군	기후변화 대응 고품질버섯 재배	21,000	농업기술센터	9	6	7	8	7	5	5	4
2672	충북 영동군	유황을 이용한 밭작물 생력화	6,000	농업기술센터	9	5	7	8	7	5	5	4
2673	충북 영동군	원예분야 스마트팜 기반조성 시범	28,000	농업기술센터	9	4	7	8	7	5	5	4
2674	충북 영동군	광환경 개선을 통한 고품질 복숭아 생산시범	14,000	농업기술센터	9	4	7	8	7	5	5	4
2675	충북 영동군	자생화 분화 생산기술 시범	14,000	농업기술센터	9	4	7	8	7	5	5	4
2676	충북 영동군	지중냉온풍활용 시설과수 비용절감 시범	100,000	농업기술센터	9	2	7	8	7	5	5	4
2677	충북 영동군	기후온난화 대응 새로운 소득과수 도입 시범	10,000	농업기술센터	9	2	7	8	7	5	5	4
2678	충북 영동군	우리품종 전문생산단지 조성	200,000	농업기술센터	9	2	7	8	7	5	5	4
2679	충북 증평군	시각장애인가정 가스자동화차단기 지원사업	400,000	생활지원과	9	6	7	8	7	5	5	4
2680	충북 증평군	어린이통학차량 영유아보호장구(카시트) 보급	37,800	사회복지과	9	6	7	8	7	5	5	4
2681	충북 증평군	어린이집 기능보강	46,600	사회복지과	9	2	7	8	7	5	5	4
2682	충북 증평군	지역아동센터 환경개선 지원	1,755,000	사회복지과	9	2	7	8	7	5	5	4
2683	충북 증평군	취약계층에너지복지사업	93,800	경제과	9	2	7	8	7	5	5	4
2684	충북 증평군	태양광 주택 보급사업	60,000	경제과	9	6	7	8	7	5	5	4
2685	충북 증평군	비영리시설 태양광 설치사업	6,600	경제과	9	6	7	8	7	5	5	4
2686	충북 증평군	축산농가 태양광 보급사업	24,000	경제과	9	6	7	8	7	5	5	4
2687	충북 증평군	주민참여형 마을 태양광 보급사업	96,600	경제과	9	6	7	8	7	5	5	4
2688	충북 증평군	전기자동차 보급	288,000	환경위생과	9	2	7	8	7	5	5	4
2689	충북 증평군	전기이륜차 보급사업	18,400	환경위생과	9	2	7	8	7	5	5	4
2690	충북 증평군	야생동물피해예방 사업	23,360	환경위생과	9	2	7	8	7	5	5	4
2691	충북 증평군	음식문화개선	10,000	환경위생과	9	6	7	8	7	5	5	4
2692	충북 증평군	HACCP 컨설팅비 지원	5,600	환경위생과	9	6	7	8	7	5	5	4
2693	충북 증평군	귀농인의 집 조성	30,000	농정과	9	2	7	8	7	5	5	4
2694	충북 증평군	유기농산물 생산 지원	19,600	농정과	9	6	7	8	7	5	5	4
2695	충북 증평군	농기계등화장치 부착지원	7,000	농정과	9	2	7	8	7	5	5	4
2696	충북 증평군	영농기계화 장비 공급	3,403,000	농정과	9	6	7	8	7	5	5	4
2697	충북 증평군	곡물건조기 지원사업	10,000	농정과	9	6	7	8	7	5	5	4
2698	충북 증평군	원예분야 ICT 융복합 지원	27,680	농정과	9	2	7	8	7	5	5	4

순번	시군구	지출명 (사업명)	2020년예산 (단위:천원/1년간)	담당자 (공무원) 담당부서	민간이전 분류 (지방자치단체 세출예산 집행기준에 의거) 1. 민간경상사업보조(1) 2. 민간단체 법정운영비보조(2) 3. 민간행사사업보조(3) 4. 민간위탁금(4) 5. 사회복지시설 법정운영비보조(5) 6. 민간인위탁교육비(6) 7. 공기관등에대한경상적대행사업비(7) 8. 민간자본사업보조,자체재원(8) 9. 민간자본사업보조,이전재원(9) 10. 민간위탁사업비(10) 11. 공기관등에 대한 자본적 대행사업비(11)	민간이전지출 근거 (지방보조금 관리기준 참고) 1. 법률에 규정 2. 국고보조 재원(국가지정) 3. 용도 지정 기부금 4. 조례에 직접규정 5. 지자체가 권장하는 사업을 하는 공공기관 6. 시,도 정책 및 재정사정 7. 기타 8. 해당없음	입찰방식 계약체결방법 (경쟁형태) 1. 일반경쟁 2. 제한경쟁 3. 지명경쟁 4. 수의계약 5. 법정위탁 6. 기타 ( ) 7. 해당없음	입찰방식 계약기간 1. 1년 2. 2년 3. 3년 4. 4년 5. 5년 6. 기타 ( )년 7. 단기계약 (1년미만) 8. 해당없음	입찰방식 낙찰자선정방법 1. 적격심사 2. 협상에의한계약 3. 최저가낙찰제 4. 규격가격분리 5. 2단계 경쟁입찰 6. 기타 ( ) 7. 해당없음	운영예산 산정 운영예산 산정 1. 내부산정 (지자체 자체적으로 산정) 2. 외부산정 (외부전문기관위탁 산정) 3. 내·외부 모두 산정 4. 산정 無 5. 해당없음	운영예산 산정 정산방법 1. 내부정산 (지자체 내부적으로 정산) 2. 외부정산 (외부전문기관위탁 정산) 3. 내·외부 모두 산정 4. 정산 無 5. 해당없음	성과평가 실시여부 1. 실시 2. 미실시 3. 향후 추진 4. 해당없음
2699	충북 증평군	과수고품질시설현대화	2,500,000	농정과	9	2	7	8	7	5	5	4
2700	충북 증평군	과수노력절감생산장비지원	25,000	농정과	9	6	7	8	7	5	5	4
2701	충북 증평군	친환경 지역특화작목 육성	105,000	농정과	9	6	7	8	7	5	5	4
2702	충북 증평군	친환경 맞춤형원예생산시설 보급	40,000	농정과	9	6	7	8	7	5	5	4
2703	충북 증평군	급수저장조 지원	1,500,000	농정과	9	2	7	8	7	5	5	4
2704	충북 증평군	축산분야 ICT 융복합 사업	75,000	농정과	9	2	7	8	7	5	5	4
2705	충북 증평군	양봉 생산물 처리장비 지원	4,500,000	농정과	9	6	7	8	7	5	5	4
2706	충북 증평군	가축 기후변화 대응시설 지원	10,000	농정과	9	6	7	8	7	5	5	4
2707	충북 증평군	양식어업인 수산약품 및 양식장비 공급	1,600,000	농정과	9	6	7	8	7	5	5	4
2708	충북 증평군	내수면 양식장 수질 개선	12,000	농정과	9	6	7	8	7	5	5	4
2709	충북 증평군	내수면 양식장 지하수 노후관정 정비	12,000	농정과	9	6	7	8	7	5	5	4
2710	충북 증평군	가축폐사체처리기 지원	15,000	농정과	9	6	7	8	7	5	5	4
2711	충북 증평군	말벌퇴치장비 지원	900,000	농정과	9	2	7	8	7	5	5	4
2712	충북 증평군	AI 예방 방역시설 개선	4,500,000	농정과	9	2	7	8	7	5	5	4
2713	충북 증평군	축사내부 방역전실 연무소독시설 설치	1,800,000	농정과	9	6	7	8	7	5	5	4
2714	충북 증평군	농장출입구 자동소독기 설치	4,000,000	농정과	9	6	7	8	7	5	5	4
2715	충북 증평군	계란 냉장차량 지원	15,000	농정과	9	2	7	8	7	5	5	4
2716	충북 증평군	CCTV 등 방역인프라 지원	30,000	농정과	9	2	7	8	7	5	5	4
2717	충북 증평군	곤충매개성 질병 예방사업	4,813	농정과	9	6	7	8	7	5	5	4
2718	충북 증평군	친환경축산 시설장비 보급	60,000	농정과	9	6	7	8	7	5	5	4
2719	충북 증평군	가축분뇨처리 장비 보급	10,000	농정과	9	6	7	8	7	5	5	4
2720	충북 증평군	가축분뇨 퇴액비화 지원	1,640,000	농정과	9	2	7	8	7	5	5	4
2721	충북 증평군	광역축산악취개선	1,076,000	농정과	9	2	7	8	7	5	5	4
2722	충북 증평군	ICT 악취측정 기계장비 지원	89,600	농정과	9	2	7	8	7	5	5	4
2723	충북 증평군	목재펠릿보일러 보급	14,000	농정과	9	2	7	8	7	5	5	4
2724	충북 증평군	농촌지도사업 활력화 지원	91,400	농업기술센터	9	6	7	8	7	5	5	4
2725	충북 증평군	농촌 어르신 복지실천 시범	40,000	농업기술센터	9	6	7	8	7	5	5	4
2726	충북 증평군	지역 활력화 작목 기반조성	200,000	농업기술센터	9	6	7	8	7	5	5	4
2727	충북 증평군	농업활동 안전사고 예방 생활화	30,000	농업기술센터	9	6	7	8	7	5	5	4
2728	충북 증평군	농업 신기술 시범	250,000	농업기술센터	9	2	7	8	7	5	5	4
2729	충북 증평군	새기술보급사업 확산	164,500	농업기술센터	9	6	7	8	7	5	5	4
2730	충북 증평군	농촌생활활력화 새기술보급	97,500	농업기술센터	9	6	7	8	7	5	5	4
2731	충북 증평군	작목별 맞춤형 안전관리 실천시범	50,000	농업기술센터	9	2	7	8	7	5	5	4
2732	충북 단양군	장애인거주시설 기능보강	200,000	주민복지과	9	1	7	8	7	5	5	4
2733	충북 단양군	태양광주택 보급사업	63,000	지역경제과	9	2	6	7	6	1	1	1
2734	충북 단양군	비영리(법인)시설 태양광 설치사업	13,200	지역경제과	9	2	6	7	6	1	1	1
2735	충북 단양군	임산물 생산기반 조성	10,100	산림녹지과	9	2	7	8	7	5	1	4
2736	충북 단양군	산림복합경영단지 조성	179,400	산림녹지과	9	2	7	8	7	5	1	4
2737	충북 단양군	백두대간주민지원	13,500	산림녹지과	9	2	7	8	7	5	1	4
2738	충북 단양군	임산물 유통기반 조성	18,500	산림녹지과	9	2	7	8	7	5	1	4
2739	충북 단양군	토양개량제 지원	2,440,000	산림녹지과	9	2	7	8	7	5	1	4
2740	충북 단양군	유기질비료 지원	19,000	산림녹지과	9	2	7	8	7	5	1	4
2741	충북 단양군	산림작물생산단지 조성	9,848	산림녹지과	9	2	7	8	7	5	1	4
2742	충북 단양군	목재 펠릿보일러 보급	98,000	산림녹지과	9	2	7	8	7	5	1	4
2743	충북 단양군	영농기계화 장비 공급	47,000	농업축산과	9	2	7	8	7	2	1	4

순번	시군구	지출명 (사업명)	2020년예산 (단위:천원/1년간)	담당자 (공무원) 담당부서	민간이전 분류 (지방자치단체 세출예산 집행기준에 의거) 1. 민간경상사업보조(1) 2. 민간단체 법정운영비보조(2) 3. 민간행사사업보조(3) 4. 민간위탁금(4) 5. 사회복지시설 법정운영비보조(5) 6. 민간인위탁교육비(6) 7. 공기관등에대한경상적대행사업비(7) 8. 민간자본사업보조,자체재원(8) 9. 민간자본사업보조,이전재원(9) 10. 민간위탁사업비(10) 11. 공기관등에 대한 자본적 대행사업비(11)	민간이전지출 근거 (지방보조금 관리기준 참고) 1. 법률에 규정 2. 국고보조 재원(국가지정) 3. 용도 지정 기부금 4. 조례에 직접규정 5. 지자체가 권장하는 사업을 하는 공공기관 6. 시,도 정책 및 재정사정 7. 기타 8. 해당없음	입찰방식 계약체결방법 (경쟁형태) 1. 일반경쟁 2. 제한경쟁 3. 지명경쟁 4. 수의계약 5. 법정위탁 6. 기타 ( ) 7. 해당없음	입찰방식 계약기간 1. 1년 2. 2년 3. 3년 4. 4년 5. 5년 6. 기타 ( )년 7. 단기계약 (1년미만) 8. 해당없음	입찰방식 낙찰자선정방법 1. 적격심사 2. 협상에의한계약 3. 최저가낙찰제 4. 규격가격분리 5. 2단계 경쟁입찰 6. 기타 ( ) 7. 해당없음	운영예산 산정 운영예산 산정 1. 내부산정 (지자체 자체적으로 산정) 2. 외부산정 (외부전문기관위탁 산정) 3. 내·외부 모두 산정 4. 산정 無 5. 해당없음	운영예산 산정 정산방법 1. 내부정산 (지자체 내부적으로 정산) 2. 외부정산 (외부전문기관위탁 정산) 3. 내·외부 모두 산정 4. 정산 無 5. 해당없음	성과평가 실시여부 1. 실시 2. 미실시 3. 향후 추진 4. 해당없음
2744	충북 단양군	곡물건조기 지원사업	5,000	농업축산과	9	2	7	8	7	2	1	4
2745	충북 단양군	유해 야생동물 포획시설 지원	10,560	농업축산과	9	2	7	8	7	2	1	4
2746	충북 단양군	가뭄대비 급수저장조(물저금통) 지원	9,000	농업축산과	9	2	7	8	7	2	1	4
2747	충북 단양군	유기농업 자재 지원사업	26,048	농업축산과	9	2	7	8	7	2	1	4
2748	충북 단양군	댐규제지역 친환경농업 육성	35,000	농업축산과	9	2	7	8	7	2	1	4
2749	충북 단양군	유기농산물 생산 지원	124,840	농업축산과	9	2	7	8	7	2	1	4
2750	충북 단양군	지역특화작목 육성지원	80,000	농업축산과	9	2	7	8	7	2	1	4
2751	충북 단양군	맞춤형 원예생산시설 보급	75,000	농업축산과	9	2	7	8	7	2	1	4
2752	충북 단양군	오디 생산비 절감 기자재 보급사업	3,429,000	농업축산과	9	2	7	8	7	2	1	4
2753	충북 단양군	기능성 양잠산업 기반 시설장비 지원	7,500	농업축산과	9	2	7	8	7	2	1	4
2754	충북 단양군	과수 노력절감 생산장비 지원	70,000	농업축산과	9	2	7	8	7	2	1	4
2755	충북 단양군	농산물 산지유통시설 설치 지원	139,167	농업축산과	9	2	7	8	7	2	1	4
2756	충북 단양군	원예작물용 농작업대 지원	1,100,000	농업축산과	9	2	7	8	7	2	1	4
2757	충북 단양군	농산물 부패방지용 농기계 지원	4,200,000	농업축산과	9	2	7	8	7	2	1	4
2758	충북 단양군	친환경 축산시설 장비 보급	20,000	농업축산과	9	2	7	8	7	2	1	4
2759	충북 단양군	양봉 생산물 처리장비 지원	6,000	농업축산과	9	2	7	8	7	2	1	4
2760	충북 단양군	조사료 수확장비 지원	127,200	농업축산과	9	2	7	8	7	2	1	4
2761	충북 단양군	가축 기후변화 대응시설 지원	10,000	농업축산과	9	2	7	8	7	2	1	4
2762	충북 단양군	축산 ICT 융복합 사업	125,000	농업축산과	9	2	7	8	7	2	1	4
2763	충북 단양군	곤충 사육,가공 시설장비 지원	10,000	농업축산과	9	2	7	8	7	2	1	4
2764	충북 단양군	가축분뇨처리 장비 보급	20,000	농업축산과	9	2	7	8	7	2	1	4
2765	충북 단양군	내수면 인공산란장 설치지원	30,000	농업축산과	9	2	7	8	7	2	1	4
2766	충북 단양군	노후어선 교체 구입비 지원	4,800	농업축산과	9	2	7	8	7	2	1	4
2767	충북 단양군	자연산 민물고기 진공포장기 지원	12,000	농업축산과	9	2	7	8	7	2	1	4
2768	충북 단양군	농장출입구 자동소독기 설치	2,000,000	농업축산과	9	2	7	8	7	2	1	4
2769	충북 단양군	축사내부 연무소독시설 설치	1,800,000	농업축산과	9	2	7	8	7	2	1	4
2770	충북 단양군	AI예방 방역시설 개선	4,500	농업축산과	9	2	7	8	7	2	1	4
2771	충북 단양군	동물복지 인증사업 확대 추진	45,000	농업축산과	9	2	7	8	7	2	1	4
2772	충북 단양군	가금농가 CCTV 설치지원	1,800,000	농업축산과	9	2	7	8	7	2	1	4
2773	충북 단양군	가축 폐사체 처리기 지원	30,000	농업축산과	9	2	7	8	7	2	1	4
2774	충북 단양군	계란 냉장차량 지원	15,000	농업축산과	9	2	7	8	7	2	1	4
2775	충남 천안시	과수명품화육성사업	100,000	농업정책과	9	6	7	8	7	5	5	4
2776	충남 천안시	과수원예용생력화기계지원	250,000	농업정책과	9	6	7	8	7	5	5	4
2777	충남 천안시	원예작물(쇠수)소형 저온저장고 설치사업	30,000	농업정책과	9	6	7	8	7	5	5	4
2778	충남 천안시	배농가 승용예초기 지원사업	55,000	농업정책과	9	6	7	8	7	5	5	4
2779	충남 천안시	시설포도농가 자주형동력분무기 지원사업	35,000	농업정책과	9	6	7	8	7	5	5	4
2780	충남 천안시	포도재배농가 삼각포도봉지 지원	35,000	농업정책과	9	6	7	8	7	5	5	4
2781	충남 천안시	친환경인삼생산자재지원	40,000	농업정책과	9	6	7	8	7	5	5	4
2782	충남 천안시	특용작물(인삼) 시설현대화지원	40,500	농업정책과	9	6	7	8	7	5	5	4
2783	충남 천안시	특용작물(버섯)시설 현대화 지원	75,000	농업정책과	9	6	7	8	7	5	5	4
2784	충남 천안시	원예작물 저온저장고 지원	30,000	농업정책과	9	6	7	8	7	5	5	4
2785	충남 천안시	오이운반기 지원	43,750	농업정책과	9	6	7	8	7	5	5	4
2786	충남 천안시	화훼생산기반경쟁력 강화사업	20,000	농업정책과	9	6	7	8	7	5	5	4
2787	충남 천안시	멜론 1중비닐 교체사업	50,000	농업정책과	9	6	7	8	7	5	5	4
2788	충남 천안시	오이 비닐교체사업	200,000	농업정책과	9	6	7	8	7	5	5	4

순번	시군구	지출명 (사업명)	2020년예산 (단위:천원/1년간)	담당자 (공무원) 담당부서	민간이전 분류 (지방자치단체 세출예산 집행기준에 의거) 1. 민간경상사업보조(1) 2. 민간단체 법정운영비보조(2) 3. 민간행사사업보조(3) 4. 민간위탁금(4) 5. 사회복지시설 법정운영비보조(5) 6. 민간인위탁교육비(6) 7. 공기관등에대한경상적대행사업비(7) 8. 민간자본사업보조,자체재원(8) 9. 민간자본사업보조,이전재원(9) 10. 민간위탁사업비(10) 11. 공기관등에 대한 자본적 대행사업비(11)	민간이전지출 근거 (지방보조금 관리기준 참고) 1. 법률에 규정 2. 국고보조 재원(국가지정) 3. 용도 지정 기부금 4. 조례에 직접규정 5. 지자체가 권장하는 사업을 하는 공공기관 6. 시,도 정책 및 재정사정 7. 기타 8. 해당없음	입찰방식 계약체결방법 (경쟁형태) 1. 일반경쟁 2. 제한경쟁 3. 지명경쟁 4. 수의계약 5. 법정위탁 6. 기타 ( ) 7. 해당없음	입찰방식 계약기간 1. 1년 2. 2년 3. 3년 4. 4년 5. 5년 6. 기타 ( )년 7. 단기계약 (1년미만) 8. 해당없음	입찰방식 낙찰자선정방법 1. 적격심사 2. 협상에의한계약 3. 최저가낙찰제 4. 규격가격분리 5. 2단계 경쟁입찰 6. 기타 ( ) 7. 해당없음	운영예산 산정 운영예산 산정 1. 내부산정 (지자체 자체 적으로 산정) 2. 외부산정 (외부전문기관 위탁 산정) 3. 내·외부 모두 산정 4. 산정 無 5. 해당없음	운영예산 산정 정산방법 1. 내부정산 (지자체 내부적으로 정산) 2. 외부정산 (외부전문기관 위탁 정산) 3. 내·외부 모두 산정 4. 정산 無 5. 해당없음	성과평가 실시여부 1. 실시 2. 미실시 3. 향후 추진 4. 해당없음
2789	충남 천안시	FTA기금 과실생산시설현대화	342,500	농업정책과	9	2	7	8	7	5	5	4
2790	충남 천안시	블루베리 비가림시설 지원	320,000	농업정책과	9	6	7	8	7	5	5	4
2791	충남 천안시	포도재배농가 간이비가림시설 지원	240,000	농업정책과	9	6	7	8	7	5	5	4
2792	충남 천안시	천안배 덕시설 우산형지주시설지원	50,000	농업정책과	9	6	7	8	7	5	5	4
2793	충남 천안시	시설원예 에너지절감시설사업	116,720	농업정책과	9	2	7	8	7	5	5	4
2794	충남 천안시	중소농가 노후하우스 교체사업	60,500	농업정책과	9	6	7	8	7	5	5	4
2795	충남 천안시	환경친화형 신소재농법지원	12,500	농업정책과	9	6	7	8	7	5	5	4
2796	충남 천안시	들깨생산 지원사업	50,000	농업정책과	9	6	7	8	7	5	5	4
2797	충남 천안시	유산균토양발효농법 지원사업	28,000	농업정책과	9	6	7	8	7	5	5	4
2798	충남 천안시	고추비가림 재배시설 지원	104,000	농업정책과	9	2	7	8	7	5	5	4
2799	충남 천안시	충남오감 품목별 주관농협 지원	48,000	농업정책과	9	4	7	8	7	1	1	1
2800	충남 천안시	농산물 유통시설 현대화 지원	100,000	농업정책과	9	4	7	8	7	1	1	1
2801	충남 천안시	GAP 위생시설 보완사업	79,404	농업정책과	9	4	7	8	7	1	1	1
2802	충남 천안시	(예비)사회적기업 시설장비 지원사업	24,000	일자리경제과	9	6	7	8	7	5	5	4
2803	충남 천안시	희망마을선행사업	90,000	일자리경제과	9	6	7	8	7	5	5	4
2804	충남 천안시	작은도서관 지원사업	30,000	중앙도서관	9	4	7	8	7	5	5	4
2805	충남 천안시	작은도서관 활성화 지원	30,000	중앙도서관	9	4	7	8	7	5	5	4
2806	충남 천안시	소규모 사업장 방지시설 설치지원	1,071,000	환경정책과	9	2	7	8	7	5	1	3
2807	충남 천안시	저녹스 버너설치 지원	223,140	환경정책과	9	2	7	8	7	5	5	4
2808	충남 천안시	가정용 저녹스 보일러 보급사업	40,000	환경정책과	9	2	7	8	7	5	5	4
2809	충남 천안시	노후경유차 조기폐차 사업	2,412,000	환경정책과	9	2	7	8	7	5	5	4
2810	충남 천안시	LPG 화물차 신차구입	80,000	환경정책과	9	2	7	8	7	5	5	4
2811	충남 천안시	매연저감장치 부착 지원사업	296,300	환경정책과	9	2	7	8	7	5	5	4
2812	충남 천안시	어린이 통학차량 지원사업	35,000	환경정책과	9	2	7	8	7	5	5	4
2813	충남 천안시	전기자동차 보급 및 충전인프라 구축사업	6,000	환경정책과	9	2	7	8	7	5	5	4
2814	충남 천안시	수소연료전지차 보급	1,725,000	환경정책과	9	2	7	8	7	5	5	4
2815	충남 천안시	수소버스 보급	1,350,000	환경정책과	9	2	7	8	7	5	5	4
2816	충남 천안시	전기이륜차	69,000	환경정책과	9	2	7	8	7	5	5	4
2817	충남 천안시	광덕사 소방시설 정비 및 기계실개축	300,000	문화관광과	9	2	7	8	7	5	5	4
2818	충남 천안시	가정폭력피해자보호시설 기능보강	5,000	여성가족과	9	2	7	8	7	1	1	4
2819	충남 천안시	폭력피해여성 주거지원사업 임대보증금	1,000,000	여성가족과	9	2	7	8	7	1	1	4
2820	충남 천안시	성매매피해자지원사업 기능보강	3,170,000	여성가족과	9	2	7	8	7	1	1	4
2821	충남 천안시	폭력피해 이주여성 보호시설 안전보강 지원	11,000	여성가족과	9	2	7	8	7	1	1	4
2822	충남 천안시	외국인주민통합지원콜센터 기능보강	48,460	여성가족과	9	1	7	8	7	1	1	1
2823	충남 천안시	지역아동센터환경개선지원	176,775	여성가족과	9	2	7	8	7	5	5	4
2824	충남 천안시	지역아동센터환경개선지원	176,775	여성가족과	9	2	7	8	7	5	1	4
2825	충남 천안시	어린이집기능보강 개보수	150,000	여성가족과	9	1	7	8	7	2	3	3
2826	충남 천안시	어린이집기능보강 장비비	6,000	여성가족과	9	1	7	8	7	2	3	3
2827	충남 천안시	국공립어린이집 확충	480,000	여성가족과	9	1	7	8	7	1	1	3
2828	충남 천안시	시간제보육 인프라구축	40,000	여성가족과	9	2	7	8	7	2	3	3
2829	충남 천안시	어린이집 전자출결시스템 지원	309,000	여성가족과	9	2	7	8	7	2	3	3
2830	충남 천안시	장애인거주시설 기능보강	126,346	노인장애인과	9	1	1, 4	1	3	5	1	1
2831	충남 천안시	장애인직업재활시설 기능보강	200,000	노인장애인과	9	1	1	1	3	5	1	1
2832	충남 천안시	지방투자촉진보조금	2,544,670	기업지원과	9	1	7	8	7	1	1	4
2833	충남 천안시	청년농업인4-H회원 영농정착지원 시범	700,000	농촌지원과	9	6	7	8	7	5	5	4

순번	시군구	지출명 (사업명)	2020년예산 (단위:천원/1년간)	담당자 (공무원) 담당부서	민간이전 분류 (지방자치단체 세출예산 집행기준에 의거) 1. 민간경상사업보조(1) 2. 민간단체 법정운영비보조(2) 3. 민간행사사업보조(3) 4. 민간위탁금(4) 5. 사회복지시설 법정운영비보조(5) 6. 민간인위탁교육비(6) 7. 공기관등에대한경상적대행사업비(7) 8. 민간자본사업보조,자체재원(8) 9. 민간자본사업보조,이전재원(9) 10. 민간위탁사업비(10) 11. 공기관등에 대한 자본적 대행사업비(11)	민간이전지출 근거 (지방보조금 관리기준 참고) 1. 법률에 규정 2. 국고보조 재원(국가지정) 3. 용도 지정 기부금 4. 조례에 직접규정 5. 지자체가 권장하는 사업을 하는 공공기관 6. 시,도 정책 및 재정사정 7. 기타 8. 해당없음	입찰방식 계약체결방법 (경쟁형태) 1. 일반경쟁 2. 제한경쟁 3. 지명경쟁 4. 수의계약 5. 법정위탁 6. 기타 ( ) 7. 해당없음	입찰방식 계약기간 1. 1년 2. 2년 3. 3년 4. 4년 5. 5년 6. 기타 ( )년 7. 단기계약 (1년미만) 8. 해당없음	입찰방식 낙찰자선정방법 1. 적격심사 2. 협상에의한계약 3. 최저가낙찰제 4. 규격가격분리 5. 2단계 경쟁입찰 6. 기타 ( ) 7. 해당없음	운영예산 산정 운영예산 산정 1. 내부산정 (지자체 자체적으로 산정) 2. 외부산정 (외부전문기관 위탁 산정) 3. 내·외부 모두 산정 4. 산정 無 5. 해당없음	운영예산 산정 정산방법 1. 내부정산 (지자체 내부적으로 정산) 2. 외부정산 (외부전문기관 위탁 정산) 3. 내·외부 모두 산정 4. 정산 無 5. 해당없음	성과평가 실시여부 1. 실시 2. 미실시 3. 향후 추진 4. 해당없음
2834	충남 천안시	청년농업인 창농 공모사업	49,000	농촌지원과	9	6	7	8	7	5	5	4
2835	충남 천안시	청년농업인 경쟁력 제고사업	45,000	농촌지원과	9	2	7	8	7	5	5	4
2836	충남 천안시	고령농업인 농작업 편이장비 기술시범	35,000	농촌지원과	9	1	7	8	7	5	5	4
2837	충남 천안시	치유형 농촌체험농장 육성	50,000	농촌지원과	9	1	7	8	7	5	5	4
2838	충남 천안시	농촌교육농장 육성	25,000	농촌지원과	9	1	7	8	7	5	5	4
2839	충남 천안시	농가형 가공상품화 창업 기술 지원 시범	70,000	농촌지원과	9	1	7	8	7	5	5	4
2840	충남 천안시	전통식품 소포장 상품화 시범	50,000	농촌지원과	9	1	7	8	7	5	5	4
2841	충남 공주시	어린이집 환경개선	80,000	여성가족과	9	1	7	8	7	1	1	1
2842	충남 공주시	어린이집 확충	460,000	여성가족과	9	1	7	8	7	1	1	1
2843	충남 공주시	어린이집 기능보강사업	100,000	여성가족과	9	1	7	8	7	1	1	1
2844	충남 공주시	성매매피해자 지원기관 기능보강	48,830	여성가족과	9	1	7	8	7	1	1	1
2845	충남 공주시	가정폭력피해자보호시설 기능보강사업	7,000	여성가족과	9	1	7	8	7	1	1	1
2846	충남 공주시	주택지원사업	140,000	지역경제과	9	2	7	7	7	5	5	4
2847	충남 공주시	양묘시설 현대화사업	100,000	산림경영과	9	2	1	7	3	1	1	2
2848	충남 공주시	밤수확망지원	140,000	산림경영과	9	2	7	8	7	5	5	4
2849	충남 공주시	친환경임산물재배관리	182,111	산림경영과	9	2	7	8	7	5	5	4
2850	충남 공주시	임산물생산기반조성	57,998	산림경영과	9	2	7	8	7	5	5	4
2851	충남 공주시	임산물상품화지원	170,690	산림경영과	9	2	7	8	7	5	5	4
2852	충남 공주시	임산물생산유통기반조성	125,000	산림경영과	9	2	7	8	7	5	5	4
2853	충남 공주시	임산물생산유통기반조성	250,000	산림경영과	9	2	7	8	7	5	5	4
2854	충남 공주시	임산물생산단지규모화	104,007	산림경영과	9	2	7	8	7	5	5	4
2855	충남 공주시	임산물생산유통기반조성	37,500	산림경영과	9	2	7	8	7	5	5	4
2856	충남 공주시	산양삼생산과정확인	1,066,000	산림경영과	9	2	7	8	7	5	5	4
2857	충남 공주시	친환경임산물재배관리	22,508	산림경영과	9	2	7	8	7	5	5	4
2858	충남 공주시	표고자목구입	194,080	산림경영과	9	2	7	8	7	5	5	4
2859	충남 공주시	임산물생산단지규모화	91,800	산림경영과	9	2	7	8	7	5	5	4
2860	충남 공주시	친환경 밤 생산단지조성사업	267,767	산림경영과	9	2	7	8	7	5	5	4
2861	충남 공주시	친환경임산물생산단지조성	100,000	산림경영과	9	2	7	8	7	5	5	4
2862	충남 공주시	임산물생산단지규모화	36,000	산림경영과	9	2	7	8	7	5	5	4
2863	충남 공주시	임산물생산기반조성	54,817	산림경영과	9	2	7	8	7	5	5	4
2864	충남 공주시	임산물생산유통기반조성	271,780	산림경영과	9	2	7	8	7	5	5	4
2865	충남 공주시	임산물생산유통기반조성	10,000	산림경영과	9	2	7	8	7	5	5	4
2866	충남 공주시	임산물생산유통기반조성	125,000	산림경영과	9	2	7	8	7	5	5	4
2867	충남 공주시	임산물생산유통기반조성	100,000	산림경영과	9	2	7	8	7	5	5	4
2868	충남 공주시	임산물생산유통기반조성	300,000	산림경영과	9	2	7	8	7	5	5	4
2869	충남 공주시	임산물생산유통기반조성	50,000	산림경영과	9	2	7	8	7	5	5	4
2870	충남 공주시	임산물생산유통기반조성	127,500	산림경영과	9	2	7	8	7	5	5	4
2871	충남 공주시	임산물생산단지규모화	34,398	산림경영과	9	2	7	8	7	5	5	4
2872	충남 공주시	목재팰릿보일러	42,000	산림경영과	9	2	7	8	7	5	5	4
2873	충남 공주시	장애인단체 기능보강	20,000	경로장애인과	9	7	7	8	7	5	5	4
2874	충남 공주시	장애인거주시설 기능보강	68,490	경로장애인과	9	2	7	8	7	5	5	4
2875	충남 공주시	장애인단체 기능보강	20,000	경로장애인과	9	6	7	8	7	5	5	4
2876	충남 공주시	희망마을선행사업	120,000	주민공동체과	9	4	7	8	7	5	5	4
2877	충남 공주시	주택지원사업	140,000	지역경제과	9	2	7	7	7	5	5	4
2878	충남 아산시	농약안전사용장비 지원	25,200	농정과	9	6	7	8	7	5	5	4

순번	시군구	지출명 (사업명)	2020년예산 (단위:천원/1년간)	담당자 (공무원) 담당부서	민간이전 분류 (지방자치단체 세출예산 집행기준에 의거) 1. 민간경상사업보조(1) 2. 민간단체 법정운영비보조(2) 3. 민간행사사업보조(3) 4. 민간위탁금(4) 5. 사회복지시설 법정운영비보조(5) 6. 민간인위탁교육비(6) 7. 공기관등에대한경상적대행사업비(7) 8. 민간자본사업보조,자체재원(8) 9. 민간자본사업보조,이전재원(9) 10. 민간위탁사업비(10) 11. 공기관등에 대한 자본적 대행사업비(11)	민간이전지출 근거 (지방보조금 관리기준 참고) 1. 법률에 규정 2. 국고보조 재원(국가지정) 3. 용도 지정 기부금 4. 조례에 직접규정 5. 지자체가 권장하는 사업을 하는 공공기관 6. 시,도 정책 및 재정사정 7. 기타 8. 해당없음	입찰방식 계약체결방법 (경쟁형태) 1. 일반경쟁 2. 제한경쟁 3. 지명경쟁 4. 수의계약 5. 법정위탁 6. 기타 ( ) 7. 해당없음	입찰방식 계약기간 1. 1년 2. 2년 3. 3년 4. 4년 5. 5년 6. 기타 ( )년 7. 단기계약 (1년미만) 8. 해당없음	입찰방식 낙찰자선정방법 1. 적격심사 2. 협상에의한계약 3. 최저가낙찰제 4. 규격가격분리 5. 2단계 경쟁입찰 6. 기타 ( ) 7. 해당없음	운영예산 산정 운영예산 산정 1. 내부산정 (지자체 자체적으로 산정) 2. 외부산정 (외부전문기관위탁 산정) 3. 내·외부 모두 산정 4. 산정 無 5. 해당없음	운영예산 산정 정산방법 1. 내부정산 (지자체 내부적으로 정산) 2. 외부정산 (외부전문기관위탁 정산) 3. 내·외부 모두 산정 4. 정산 無 5. 해당없음	성과평가 실시여부 1. 실시 2. 미실시 3. 향후 추진 4. 해당없음
2879	충남 아산시	농업기계 등화장치 부착지원	20,000	농정과	9	2	7	8	7	5	5	4
2880	충남 아산시	충남쌀 생산비 절감지원	100,000	농정과	9	6	7	8	7	5	5	4
2881	충남 아산시	논 타작물 생산장비 지원	30,000	농정과	9	6	7	8	7	5	5	4
2882	충남 아산시	밭작물 가뭄재해 예방지원	35,000	농정과	9	6	7	8	7	5	5	4
2883	충남 아산시	농업용 드론(무인항공기) 지원	100,000	농정과	9	6	7	8	7	5	5	4
2884	충남 아산시	고품질쌀 유통활성화 지원	250,000	농정과	9	1	7	8	7	5	5	4
2885	충남 아산시	RPC 시설장비 지원	182,500	농정과	9	1	7	8	7	5	5	4
2886	충남 아산시	선도농협벼저장시설지원	250,000	농정과	9	1	7	8	7	5	5	4
2887	충남 아산시	선도농협벼원료투입구지원	250,000	농정과	9	1	7	8	7	5	5	4
2888	충남 아산시	유기농업자재 및 녹비작물 지원	55,000	농정과	9	2	7	8	7	5	5	4
2889	충남 아산시	친환경농자재(수도작)지원사업	119,500	농정과	9	6	7	8	7	5	5	4
2890	충남 아산시	친환경농자재(논두렁이물막이판)지원사업	81,000	농정과	9	6	7	8	7	5	5	4
2891	충남 아산시	경로당 한궁 보급	72,000	경로장애인과	9	1	7	8	7	5	1	4
2892	충남 아산시	장애인거주시설 공기청정기 렌탈 지원	2,100,000	경로장애인과	9	1	6	8	7	4	1	1
2893	충남 아산시	장애인생활이동지원센터 차량지원	35,000	경로장애인과	9	1	6	8	7	4	1	1
2894	충남 아산시	장애인직업재활시설 기능보강	76,800	경로장애인과	9	1	6	8	7	4	1	1
2895	충남 아산시	경로당 태양광 설치 사업지원	330,400	경로장애인과	9	1	7	8	7	5	1	4
2896	충남 아산시	경로당 기능보강	200,000	경로장애인과	9	4	7	8	7	5	1	4
2897	충남 아산시	경로당 기능보강	50,000	경로장애인과	9	4	7	8	7	5	1	4
2898	충남 아산시	경로당난방비 한시지원	848,000	경로장애인과	9	8	7	8	7	5	1	4
2899	충남 아산시	경로당냉방비 한시지원	106,000	경로장애인과	9	8	7	8	7	5	1	4
2900	충남 아산시	경로당화장실안전시설지원	186,676	경로장애인과	9	1	7	8	7	5	1	4
2901	충남 아산시	경로당환경개선	100,000	경로장애인과	9	4	7	8	7	5	1	4
2902	충남 아산시	경로당 실내공간개선	60,000	경로장애인과	9	4	7	8	7	5	1	4
2903	충남 아산시	음봉산동종합사회복지관	576,000	사회복지과	9	1, 4, 6	1	5	1	3	3	4
2904	충남 서산시	서민층 가스개선 사업	125,646	일자리경제과	9	1	7	5	7	5	5	1
2905	충남 서산시	신재생에너지주택지원사업	196,000	일자리경제과	9	2	6	1	7	1	5	2
2906	충남 서산시	도시가스 공급시설 설치비 지원	600,000	일자리경제과	9	1	7	8	7	1	1	1
2907	충남 서산시	택시 대폐차비 지원	30,000	교통과	9	1	7	8	7	5	1	2
2908	충남 서산시	야생동물 피해예방 시설 지원	220,000	환경생태과	9	2	7	8	7	5	5	4
2909	충남 서산시	소규모 사업장 방지시설 설치사업	842,400	환경생태과	9	2	7	8	7	5	5	4
2910	충남 서산시	전기자동차 보급	594,000	환경생태과	9	2	7	8	7	5	5	4
2911	충남 서산시	전기이륜차 보급	34,500	환경생태과	9	2	7	8	7	5	5	4
2912	충남 서산시	수소전기자동차 보급	942,500	환경생태과	9	2	7	8	7	5	5	4
2913	충남 서산시	운행경유차 배출가스 저감사업	2,816,160	환경생태과	9	2	7	8	7	5	5	4
2914	충남 서산시	가정용 저녹스보일러 보급사업	6,000	환경생태과	9	2	7	8	7	5	5	4
2915	충남 서산시	어린이 통학차량의 LPG차 전환 지원	100,000	환경생태과	9	2	7	8	7	5	5	4
2916	충남 서산시	주유소 유증기 회수설비 설치 지원사업	69,700	환경생태과	9	2	7	8	7	5	5	4
2917	충남 서산시	하수관거정비 임대형 민자사업(BTL) 임대료	6,194	맑은물관리과	9	1	6(협약)	6(20년)	6(협약)	3	3	2
2918	충남 서산시	임산물생산단지규모화	117,187	산림공원과	9	2	7	8	7	5	5	4
2919	충남 서산시	목재펠릿보일러 보급사업	56,000	산림공원과	9	2	7	8	7	5	5	4
2920	충남 서산시	산림작물생산단	5,332	산림공원과	9	2	7	8	7	5	5	4
2921	충남 서산시	임산물 생산기반 조성	109,830	산림공원과	9	6	7	8	7	5	5	4
2922	충남 서산시	임산물 유통기반 조성	13,400	산림공원과	9	2	7	8	7	5	5	4
2923	충남 서산시	산림작물생산단지	46,384	산림공원과	9	2	7	8	7	5	5	4

순번	시군구	지출명 (사업명)	2020년예산 (단위:천원/1년간)	담당자 (공무원) 담당부서	민간이전 분류 (지방자치단체 세출예산 집행기준에 의거) 1. 민간경상사업보조(1) 2. 민간단체 법정운영비보조(2) 3. 민간행사사업보조(3) 4. 민간위탁금(4) 5. 사회복지시설 법정운영비보조(5) 6. 민간인위탁교육비(6) 7. 공기관등에대한경상적대행사업비(7) 8. 민간자본사업보조,자체재원(8) 9. 민간자본사업보조,이전재원(9) 10. 민간위탁사업비(10) 11. 공기관등에 대한 자본적 대행사업비(11)	민간이전지출 근거 (지방보조금 관리기준 참고) 1. 법률에 규정 2. 국고보조 재원(국가지정) 3. 용도 지정 기부금 4. 조례에 직접규정 5. 지자체가 권장하는 사업을 하는 공공기관 6. 시,도 정책 및 재정사정 7. 기타 8. 해당없음	입찰방식 계약체결방법 (경쟁형태) 1. 일반경쟁 2. 제한경쟁 3. 지명경쟁 4. 수의계약 5. 법정위탁 6. 기타 ( ) 7. 해당없음	입찰방식 계약기간 1. 1년 2. 2년 3. 3년 4. 4년 5. 5년 6. 기타 ( )년 7. 단기계약 (1년미만) 8. 해당없음	입찰방식 낙찰자선정방법 1. 적격심사 2. 협상에의한계약 3. 최저가낙찰제 4. 규격가격분리 5. 2단계 경쟁입찰 6. 기타 ( ) 7. 해당없음	운영예산 산정 운영예산 산정 1. 내부산정 (지자체 자체 적으로 산정) 2. 외부산정 (외부전문기관 위탁 산정) 3. 내·외부 모두 산정 4. 산정 無 5. 해당없음	운영예산 산정 정산방법 1. 내부정산 (지자체 내부적으로 정산) 2. 외부정산 (외부전문기관 위탁 정산) 3. 내·외부 모두 산정 4. 정산 無 5. 해당없음	성과평가 실시여부 1. 실시 2. 미실시 3. 향후 추진 4. 해당없음
2924	충남 서산시	장애인복지관	1,358,565	경로장애인과	9	1	7	8	7	1	1	2
2925	충남 서산시	장애인생활이동지원센터	341,933	경로장애인과	9	1	7	8	7	1	1	2
2926	충남 서산시	장애인직업재활시설 기능보강	67,650	경로장애인과	9	1	7	8	7	5	1	4
2927	충남 서산시	해미면 읍성마을길 일원 간판개선사업	340,000	도시과	9	1, 2	7	8	7	5	5	4
2928	충남 서산시	공동주택 공용시설 개선사업	800,000	주택과	9	6	2	7	1, 3	1	1	1
2929	충남 서산시	어촌계회관 건립	270,000	해양수산과	9	6	1	7	3	3	1	4
2930	충남 서산시	친환경에너지절감장비보급	60,000	해양수산과	9	2	7	8	7	3	1	3
2931	충남 서산시	어선사고예방시스템구축	7,000	해양수산과	9	2	7	8	7	3	1	3
2932	충남 서산시	천일염 포장재 지원	7,710	해양수산과	9	2	1	7	3	1	1	3
2933	충남 서산시	염전 바닥재 지원	72,000	해양수산과	9	2	1	7	3	1	1	3
2934	충남 서산시	간이 냉동냉장시설 지원	30,000	해양수산과	9	6	1	7	3	1	1	3
2935	충남 서산시	감태 생산시설 지원	57,000	해양수산과	9	6	1	7	3	1	1	3
2936	충남 서산시	어촌계 지게차 지원	56,000	해양수산과	9	6	7	8	7	5	5	4
2937	충남 서산시	자율관리어업 육성지원	756,000	해양수산과	9	2	7	7	7	1	1	4
2938	충남 서산시	유해생물(쏙) 구제	16,000	해양수산과	9	2	7	6	6	5	1	1
2939	충남 서산시	어장환경개선	201,000	해양수산과	9	6	7	6	6	5	1	1
2940	충남 서산시	패류어장 자원조성	100,000	해양수산과	9	6	7	6	6	5	1	1
2941	충남 서산시	해삼 서식환경 조성지원	166,000	해양수산과	9	6	7	6	6	5	1	1
2942	충남 서산시	굴 친환경시설 지원	142,000	해양수산과	9	6	7	6	6	5	1	1
2943	충남 서산시	가두리양식장 위생시설 및 약품지원	36,000	해양수산과	9	6	7	6	6	5	1	1
2944	충남 서산시	양식시설 기자재 지원	121,400	해양수산과	9	6	7	6	6	5	1	1
2945	충남 서산시	적조피해예방	168,198	해양수산과	9	6	7	6	6	5	1	1
2946	충남 서산시	양식어장 자동화시설 설치	78,313	해양수산과	9	6	7	6	6	5	1	1
2947	충남 서산시	고수온 대응 지원	70,000	해양수산과	9	2	7	6	6	5	1	1
2948	충남 서산시	내수면 양식어장 기반시설	22,000	해양수산과	9	6	7	6	6	5	1	1
2949	충남 서산시	종묘배양장 육성지원	128,000	해양수산과	9	6	7	6	6	5	1	1
2950	충남 서산시	양식어장 기반시설 지원	43,330	해양수산과	9	6	7	6	6	5	1	1
2951	충남 서산시	희망마을만들기 사업지원	150,000	시민공동체과	9	6	7	8	7	1	1	4
2952	충남 서산시	노후 RPC 시설장비	415,500	농정과	9	6	7	8	7	5	1	4
2953	충남 서산시	논 타작물 생산장비 지원	97,500	농정과	9	6	7	8	7	1	1	1
2954	충남 서산시	생산장비 자율사업	125,000	농정과	9	6	7	8	7	1	1	1
2955	충남 서산시	농업용 드론(무인항공기)지원사업	100,000	농정과	9	6	7	8	7	1	1	1
2956	충남 서산시	친환경 청년농부 시설지원	160,000	농정과	9	6	7	8	7	1	1	1
2957	충남 서산시	농기계등화장치 부착지원	20,000	농정과	9	2	7	8	7	5	5	4
2958	충남 서산시	시설원예 에너지 절감 시설사업	304,500	농정과	9	2	4	7	7	1	1	1
2959	충남 서산시	고추비가림 재배시설 지원	175,000	농정과	9	2	4	7	7	1	1	1
2960	충남 서산시	마늘건조시설 지원사업	345,000	농정과	9	7	7	1	7	2	1	1
2961	충남 서산시	중소원예농가 노후하우스 교체사업	315,000	농정과	9	6	4	7	7	1	1	1
2962	충남 서산시	화훼생산기반 경쟁력 강화사업	350,000	농정과	9	7	7	1	7	2	1	1
2963	충남 서산시	과수 스마트팜 확산사업	20,000	농정과	9	6	4	7	7	1	1	1
2964	충남 서산시	원예작물 소형 저온저장고 설치	175,000	농정과	9	6	4	7	7	1	1	1
2965	충남 서산시	과수원예용 생력화기계 지원사업	100,000	농정과	9	6	4	7	7	1	1	1
2966	충남 서산시	시설원예 현대화 품질개선 지원사업	87,500	농정과	9	7	7	1	7	2	1	1
2967	충남 서산시	원예작물 생력화장비 지원사업	134,000	농정과	9	6	4	7	7	1	1	1
2968	충남 서산시	화훼류 신수출 전략품목 육성사업	12,097	농정과	9	7	7	1	7	2	1	1

순번	시군구	지출명 (사업명)	2020년예산 (단위:천원/1년간)	담당자 (공무원) 담당부서	민간이전 분류 (지방자치단체 세출예산 집행기준에 의거) 1. 민간경상사업보조(1) 2. 민간단체 법정운영비보조(2) 3. 민간행사사업보조(3) 4. 민간위탁금(4) 5. 사회복지시설 법정운영비보조(5) 6. 민간인위탁교육비(6) 7. 공기관등에대한경상적대행사업비(7) 8. 민간자본사업보조,자체재원(8) 9. 민간자본사업보조,이전재원(9) 10. 민간위탁사업비(10) 11. 공기관등에 대한 자본적 대행사업비(11)	민간이전지출 근거 (지방보조금 관리기준 참고) 1. 법률에 규정 2. 국고보조 재원(국가지정) 3. 용도 지정 기부금 4. 조례에 직접규정 5. 지자체가 권장하는 사업을 하는 공공기관 6. 시,도 정책 및 재정사정 7. 기타 8. 해당없음	입찰방식 계약체결방법 (경쟁형태) 1. 일반경쟁 2. 제한경쟁 3. 지명경쟁 4. 수의계약 5. 법정위탁 6. 기타 ( ) 7. 해당없음	입찰방식 계약기간 1. 1년 2. 2년 3. 3년 4. 4년 5. 5년 6. 기타 ( )년 7. 단기계약 (1년미만) 8. 해당없음	입찰방식 낙찰자선정방법 1. 적격심사 2. 협상에의한계약 3. 최저가낙찰제 4. 규격가격분리 5. 2단계 경쟁입찰 6. 기타 ( ) 7. 해당없음	운영예산 산정 운영예산 산정 1. 내부산정 (지자체 자체적으로 산정) 2. 외부산정 (외부전문기관위탁 산정) 3. 내·외부 모두 산정 4. 산정 無 5. 해당없음	운영예산 산정 정산방법 1. 내부정산 (지자체 내부적으로 정산) 2. 외부정산 (외부전문기관위탁 정산) 3. 내·외부 모두 산정 4. 정산 無 5. 해당없음	성과평가 실시여부 1. 실시 2. 미실시 3. 향후 추진 4. 해당없음
2969	충남 서산시	원예특작용 생산시설 보완사업	135,000	농정과	9	6	4	7	7	1	1	1
2970	충남 서산시	원예시설 스마트폰 자동제어시스템 구축사업	7,500	농정과	9	6	4	7	7	1	1	1
2971	충남 서산시	친환경인삼 생산자재 지원사업	130,033	농정과	9	7	7	1	7	2	1	1
2972	충남 서산시	특용작물(인삼) 시설현대화 지원	680,480	농정과	9	7	7	1	7	2	1	1
2973	충남 서산시	인삼산업 활성화 지원사업	90,000	농정과	9	7	7	1	7	2	1	1
2974	충남 서산시	농촌마을 공동급식시설 지원사업	100,000	농정과	9	6	7	8	7	5	5	4
2975	충남 서산시	농산물 유통시설 현대화 지원	54,066	농식품유통과	9	6	7	8	7	1	1	1
2976	충남 서산시	지역유통시설 지원	300,000	농식품유통과	9	6	7	8	7	1	1	1
2977	충남 서산시	학교급식 농산물 생산유통 전문 조직육성	32,000	농식품유통과	9	6	7	8	7	1	1	1
2978	충남 서산시	지역창조농업시범사업	50,000	농업지원과	9	4	7	8	7	5	5	4
2979	충남 서산시	농업인 소규모 창업 기술지원	50,000	농업지원과	9	4	7	8	7	5	5	4
2980	충남 서산시	농업인가공사업장 시설장비 개선지원	50,000	농업지원과	9	4	7	8	7	5	5	4
2981	충남 서산시	농업인가공사업장 품질향상 시범	20,000	농업지원과	9	4	7	8	7	5	5	4
2982	충남 서산시	치유형 농촌체험농장 육성 시범	50,000	농업지원과	9	4	7	8	7	5	5	4
2983	충남 서산시	진로체험 프로그램 운영	60,000	농업지원과	9	4	7	8	7	5	5	4
2984	충남 서산시	농촌교육농장 육성	25,000	농업지원과	9	4	7	8	7	5	5	4
2985	충남 서산시	농업활동 안전사고 예방 생활화	22,000	농업지원과	9	4	7	8	7	5	5	4
2986	충남 서산시	작목별 맞춤형 안전관리 실천시범	40,000	농업지원과	9	4	7	8	7	5	5	4
2987	충남 서산시	청년농업인 4차산업 기반조성	42,000	농업지원과	9	1	7	8	7	5	5	4
2988	충남 서산시	청년농업인 창농 공모사업	49,000	농업지원과	9	1	7	8	7	5	5	4
2989	충남 서산시	청년농업인4-H회원 영농정착 지원시범	105,000	농업지원과	9	1	7	8	7	5	5	4
2990	충남 서산시	한우 개량 극대화 물품 지원 사업	16,000	축산과	9	4	7	8	7	1	1	4
2991	충남 서산시	모기 퇴치기 지원 사업	42,000	축산과	9	4	7	8	7	1	1	4
2992	충남 서산시	한우 광역브랜드 육성 사업	203,280	축산과	9	4	7	8	7	1	1	4
2993	충남 서산시	양계농가 폭염피해 예방지원	21,000	축산과	9	4	4	8	7	3	1	1
2994	충남 서산시	양계농가육성사업	45,100	축산과	9	4	4	8	7	3	1	1
2995	충남 서산시	조사료생산 생산장비 지원	140,000	축산과	9	4	4	8	7	3	1	1
2996	충남 서산시	사료배합기 등 지원	75,000	축산과	9	4	4	8	7	3	1	1
2997	충남 서산시	조사료 생산용 기계장비 구입 지원	60,000	축산과	9	4	6	8	6	3	1	1
2998	충남 서산시	양봉농가 벌꿀 저장용기 지원	55,500	축산과	9	4	7	8	7	1	1	4
2999	충남 서산시	폭염대비 축사지붕 열차단 시범	52,500	축산과	9	4	7	8	7	1	1	4
3000	충남 서산시	녹용생산성 향상을 위한 축사환경 개선시범	7,000	축산과	9	4	7	8	7	1	1	4
3001	충남 서산시	벼 대체 하계-동계 사료작물 일괄재배 시스템 구축	250,000	축산과	9	2	7	8	7	1	1	4
3002	충남 서산시	염소산업 육성지원	23,550	축산과	9	4	4	8	7	3	1	1
3003	충남 서산시	곤충산업 육성사업	10,700	축산과	9	4	4	8	7	3	1	1
3004	충남 서산시	원유냉각기 지원	40,000	축산과	9	4	4	8	7	3	1	1
3005	충남 서산시	착유장비 현대화 지원	44,000	축산과	9	4	4	8	7	3	1	1
3006	충남 서산시	젖소 사육농가 환경개선 지원	15,000	축산과	9	4	4	8	7	3	1	1
3007	충남 서산시	냉방기 지원	12,000	축산과	9	4	7	8	7	1	1	4
3008	충남 서산시	무주유 진공펌프 지원	10,000	축산과	9	4	7	8	7	1	1	4
3009	충남 서산시	아름다운 축산환경 조성	50,000	축산과	9	4	4	8	7	3	1	1
3010	충남 서산시	가축분뇨처리시설 지원	365,000	축산과	9	4	4	8	7	3	1	1
3011	충남 서산시	가축분뇨 퇴액비화 지원	20,000	축산과	9	2	4	8	7	3	1	4
3012	충남 서산시	축산물판매업소 위생장비 지원	8,750	축산과	9	4	7	8	7	1	1	4
3013	충남 서산시	신규 HACCP 농가등 시설장비지원	30,000	축산과	9	4	7	8	7	1	1	4

순번	시군구	지출명 (사업명)	2020년예산 (단위:천원/1년간)	담당자 (공무원) 담당부서	민간이전 분류 (지방자치단체 세출예산 집행기준에 의거) 1. 민간경상사업보조(1) 2. 민간단체 법정운영비보조(2) 3. 민간행사사업보조(3) 4. 민간위탁금(4) 5. 사회복지시설 법정운영비보조(5) 6. 민간인위탁교육비(6) 7. 공기관등에대한경상적대행사업비(7) 8. 민간자본사업보조,자체재원(8) 9. 민간자본사업보조,이전재원(9) 10. 민간위탁사업비(10) 11. 공기관등에 대한 자본적 대행사업비(11)	민간이전지출 근거 (지방보조금 관리기준 참고) 1. 법률에 규정 2. 국고보조 재원(국가지정) 3. 용도 지정 기부금 4. 조례에 직접규정 5. 지자체가 권장하는 사업을 하는 공공기관 6. 시,도 정책 및 재정사정 7. 기타 8. 해당없음	입찰방식 계약체결방법 (경쟁형태) 1. 일반경쟁 2. 제한경쟁 3. 지명경쟁 4. 수의계약 5. 법정위탁 6. 기타 ( ) 7. 해당없음	입찰방식 계약기간 1. 1년 2. 2년 3. 3년 4. 4년 5. 5년 6. 기타 ( )년 7. 단기계약 (1년미만) 8. 해당없음	입찰방식 낙찰자선정방법 1. 적격심사 2. 협상에의한계약 3. 최저가낙찰제 4. 규격가격분리 5. 2단계 경쟁입찰 6. 기타 ( ) 7. 해당없음	운영예산 산정 운영예산 산정 1. 내부산정 (지자체 자체적으로 산정) 2. 외부산정 (외부전문기관 위탁 산정) 3. 내·외부 모두 산정 4. 산정 無 5. 해당없음	운영예산 산정 정산방법 1. 내부정산 (지자체 내부적으로 정산) 2. 외부정산 (외부전문기관 위탁 정산) 3. 내·외부 모두 산정 4. 정산 無 5. 해당없음	성과평가 실시여부 1. 실시 2. 미실시 3. 향후 추진 4. 해당없음
3014	충남 서산시	돼지 써코바이러스 백신 지원	84,000	축산과	9	2	7	8	7	1	1	4
3015	충남 서산시	동물사체 처리시설 지원	37,500	축산과	9	4	7	8	7	1	1	4
3016	충남 서산시	가축방역시설지원	18,000	축산과	9	4	7	8	7	1	1	4
3017	충남 서산시	CCTV 등 방역인프라 사업	30,000	축산과	9	2	7	8	7	1	1	4
3018	충남 서산시	벼 우량품종 종자생산 자율교환 시범	9,500	기술보급과	9	6	7	8	7	5	5	4
3019	충남 서산시	벼 안정육묘 자동이송 단지조성 시범	150,000	기술보급과	9	2	7	8	7	5	5	4
3020	충남 서산시	밭작물 논 재배 확대를 위한 암거배수 시범	100,000	기술보급과	9	2	7	8	7	5	5	4
3021	충남 서산시	감자 우량종서 자율생산 시범	35,000	기술보급과	9	6	7	8	7	5	5	4
3022	충남 서산시	한지형 우량씨마늘 생산단지 조성시범	21,000	기술보급과	9	6	7	8	7	5	5	4
3023	충남 서산시	친환경 마늘 생산농가 구축사업	49,000	기술보급과	9	6	7	8	7	5	5	4
3024	충남 서산시	토마토 에너지 절감 패키지 기술활용 시범	49,000	기술보급과	9	6	7	8	7	5	5	4
3025	충남 서산시	시설채소 무인방제 시스템 시범	42,000	기술보급과	9	6	7	8	7	5	5	4
3026	충남 서산시	화훼 신소득작목 발굴 재배 시범	35,000	기술보급과	9	6	7	8	7	5	5	4
3027	충남 서산시	체리 상품성 향상 기반조성 사업	200,000	기술보급과	9	6	7	8	7	5	5	4
3028	충남 서산시	틈새시장 새소득작목 체리 품질향상 시범	70,000	기술보급과	9	6	7	8	7	5	5	4
3029	충남 서산시	인삼 신품종 직파재배 시범	21,000	기술보급과	9	6	7	8	7	5	5	4
3030	충남 서산시	고품질 홍잠 생산기술 시범	200,000	기술보급과	9	2	7	8	7	5	5	4
3031	충남 서산시	사립 작은도서관 리모델링 지원	100,000	시립도서관	9	4	7	8	7	1	1	4
3032	충남 서산시	사립 작은도서관 도서 구입비	51,000	시립도서관	9	4	7	8	7	1	1	4
3033	충남 계룡시	주간보호센터 차량구입	30,000	사회복지과	9	1	7	8	7	5	1	1
3034	충남 계룡시	신재생에너지주택지원사업	20,000	일자리경제과	9	2	7	8	7	1	1	2
3035	충남 계룡시	기업유치 지방보조금	1,691,090	일자리경제과	9	1	7	8	7	1	2	2
3036	충남 계룡시	전기자동차 보급 및 충전인프라 구축	1,350,000	환경위생과	9	2	7	8	7	5	5	4
3037	충남 계룡시	운행경유차 배출가스 저감사업	225,120	환경위생과	9	2	7	8	7	5	5	4
3038	충남 계룡시	운행경유차 배출가스 저감사업	88,149	환경위생과	9	2	7	8	7	5	5	4
3039	충남 계룡시	운행경유차 배출가스 저감사업	22,927	환경위생과	9	2	7	8	7	5	5	4
3040	충남 계룡시	어린이 통학차량의 lpg차 전환지원사업	10,000	환경위생과	9	2	7	8	7	5	5	4
3041	충남 계룡시	lpg 1톤화물차 보조금 지원사업	12,000	환경위생과	9	2	7	8	7	5	5	4
3042	충남 계룡시	전기이륜차 보조금 지원사업	23,000	환경위생과	9	2	7	8	7	5	5	4
3043	충남 계룡시	수소연료전지차 보급	487,500	환경위생과	9	2	7	8	7	5	5	4
3044	충남 계룡시	민간 개방화장실 남녀분리 지원사업	10,000	환경위생과	9	2	7	8	7	5	5	4
3045	충남 계룡시	가정용 저녹스 보일러 지원사업	1,500,000	환경위생과	9	2	7	8	7	5	5	4
3046	충남 계룡시	생활폐기물 소각시설 수선 등	70,000	환경위생과	9	4	6	7	2	5	1	2
3047	충남 계룡시	벼 우량품종 종자생산 자율교환 시범	9,500	농업기술센터	9	4	7	8	7	1	1	3
3048	충남 계룡시	외부환경 데이터기반 스마트 양액공급기술 시범	40,000	농업기술센터	9	4	7	8	7	1	1	3
3049	충남 계룡시	한부모가족복지시설 기능보강(개보수 및 기자재 구	29,000	가족행복과	9	1	7	8	7	5	1	1
3050	충남 계룡시	국공립어린이집 전환 리모델링	220,000	가족행복과	9	7	7	8	7	5	1	1
3051	충남 계룡시	국공립어린이집 전환 기자재비	20,000	가족행복과	9	7	7	8	7	5	1	1
3052	충남 계룡시	어린이집 기능보강(환경개선)	200,000	가족행복과	9	7	7	8	7	5	1	1
3053	충남 계룡시	어린이집 전자출결시스템 설치	17,415	가족행복과	9	7	7	8	7	5	1	1
3054	충남 계룡시	지역아동센터 환경개선비 지원	15,000	가족행복과	9	2	7	8	7	5	1	4
3055	충남 금산군	장애인 직업재활시설 기능보강	114,950	주민복지지원실	9	2	7	8	7	1	1	1
3056	충남 금산군	장애인 거주시설 기능보강	216,422	주민복지지원실	9	2	7	8	7	1	1	1
3057	충남 금산군	어린이집 전자출결시스템 지원	13,600	주민복지지원실	9	2	7	8	7	5	5	4
3058	충남 금산군	아동복지시설 기능보강	72,240	주민복지지원실	9	6	7	8	7	5	5	4

순번	시군구	지출명 (사업명)	2020년예산 (단위:천원/1년간)	담당자 (공무원)	민간이전 분류 (지방자치단체 세출예산 집행기준에 의거)	민간이전지출 근거 (지방보조금 관리기준 참고)	입찰방식			운영예산 산정		성과평가 실시여부
				담당부서	1. 민간경상사업보조(1) 2. 민간단체 법정운영비보조(2) 3. 민간행사사업보조(3) 4. 민간위탁금(4) 5. 사회복지시설 법정운영비보조(5) 6. 민간인위탁교육비(6) 7. 공기관등에대한경상적대행사업비(7) 8. 민간자본사업보조,자체재원(8) 9. 민간자본사업보조,이전재원(9) 10. 민간위탁사업비(10) 11. 공기관등에 대한 자본적 대행사업비(11)	1. 법률에 규정 2. 국고보조 재원(국가지정) 3. 용도 지정 기부금 4. 조례에 직접규정 5. 지자체가 권장하는 사업을 하는 공공기관 6. 시,도 정책 및 재정사정 7. 기타 8. 해당없음	계약체결방법 (경쟁형태) 1. 일반경쟁 2. 제한경쟁 3. 지명경쟁 4. 수의계약 5. 법정위탁 6. 기타 ( ) 7. 해당없음	계약기간 1. 1년 2. 2년 3. 3년 4. 4년 5. 5년 6. 기타 ( )년 7. 단기계약 (1년미만) 8. 해당없음	낙찰자선정방법 1. 적격심사 2. 협상에의한계약 3. 최저가낙찰제 4. 규격가격분리 5. 2단계 경쟁입찰 6. 기타 ( ) 7. 해당없음	운영예산 산정 1. 내부산정 (지자체 자체적으로 산정) 2. 외부산정 (외부전문기관위탁 산정) 3. 내·외부 모두 산정 4. 산정 無 5. 해당없음	정산방법 1. 내부정산 (지자체 내부적으로 정산) 2. 외부정산 (외부전문기관위탁 정산) 3. 내·외부 모두 산정 4. 정산 無 5. 해당없음	1. 실시 2. 미실시 3. 향후 추진 4. 해당없음
3059	충남 금산군	노인요양시설 확충 기능보강사업	42,781	주민복지지원실	9	2	7	8	7	1	1	4
3060	충남 금산군	경로당 기능보강사업	480,000	주민복지지원실	9	4	7	8	7	1	1	4
3061	충남 금산군	경로당 화장실 안전시설설치	113,430	주민복지지원실	9	4	7	8	7	1	1	4
3062	충남 금산군	자율방범대 기능보강사업 지원	60,000	자치행정과	9	6	7	8	7	1	1	1
3063	충남 금산군	신안사 요사채 개축	300,000	관광문화체육과	9	4	7	1	7	1	1	1
3064	충남 금산군	신안사 공양간 개축	288,000	관광문화체육과	9	4	1	1	7	1	1	1
3065	충남 금산군	지역아동센터 환경개선 지원	30,000	교육가족과	9	1	7	8	7	1	1	2
3066	충남 금산군	지역아동센터 안심알리미 지원	6,545	교육가족과	9	1	7	8	7	1	1	2
3067	충남 금산군	소규모 사업장 방지시설 설치 지원사업	1,685,700	환경자원과	9	2	7	8	7	5	1	4
3068	충남 금산군	어린이 통학차량 LPG차 전환 지원사업	20,000	환경자원과	9	2	7	8	7	5	1	4
3069	충남 금산군	수소연료전지차 보급사업	162,500	환경자원과	9	2	7	8	7	5	1	4
3070	충남 금산군	전기이륜차 보급사업	23,000	환경자원과	9	2	7	8	7	5	1	4
3071	충남 금산군	전기자동차(고속승용) 민간보급 지원	600,000	환경자원과	9	2	7	8	7	5	1	4
3072	충남 금산군	전기자동차(소형화물)	216,000	환경자원과	9	2	7	8	7	5	5	4
3073	충남 금산군	가정용 저녹스 보일러 보급사업	3,500,000	환경자원과	9	2	7	8	7	5	1	4
3074	충남 금산군	배출가스 저감장치 부착사업	136,300	환경자원과	9	2	7	8	7	5	1	4
3075	충남 금산군	건설기계 저감장치 부착사업	50,000	환경자원과	9	2	7	8	7	5	1	4
3076	충남 금산군	PM-NOx 동시 저감장치 부착사업	15,000	환경자원과	9	2	7	8	7	5	1	4
3077	충남 금산군	LPG 1톤 화물차 보조금 지원사업	20,000	환경자원과	9	2	7	8	7	5	1	4
3078	충남 금산군	공기정화용 녹색필터 시설지원	15,400	환경자원과	9	6	7	8	7	5	5	4
3079	충남 금산군	야생동물 피해예방시설 설치	23,000	환경자원과	9	1	7	8	7	1	1	2
3080	충남 금산군	농산물유통시설 현대화지원	200,000	농업유통과	9	1	7	8	7	1	1	1
3081	충남 금산군	농촌마을 공동급식시설 개선	50,000	농업유통과	9	1	7	8	7	1	1	1
3082	충남 금산군	농약안전사용장비지원	21,600	농업유통과	9	1	7	8	7	1	1	1
3083	충남 금산군	밭작물 가뭄(폭염)재해 예방사업	42,000	농업유통과	9	1	7	8	7	1	1	1
3084	충남 금산군	식량작물생산비절감지원	40,000	농업유통과	9	1	7	8	7	1	1	1
3085	충남 금산군	논 타작물 생산장비 지원	15,000	농업유통과	9	1	7	8	7	1	1	1
3086	충남 금산군	친환경청년농부시설지원	224,000	농업유통과	9	1	7	8	7	1	1	1
3087	충남 금산군	과수 명품화 육성사업	25,000	농업유통과	9	6	7	8	7	1	1	1
3088	충남 금산군	원예작물 소형저온저장고 설치사업	37,500	농업유통과	9	6	7	8	7	1	1	1
3089	충남 금산군	시설원예에너지효율화사업	184,750	농업유통과	9	2	7	8	7	1	1	1
3090	충남 금산군	시설원예 품질개선사업	105,000	농업유통과	9	2	7	8	7	1	1	1
3091	충남 금산군	고추비가림 재배시설지원사업	95,000	농업유통과	9	2	7	8	7	1	1	1
3092	충남 금산군	원예특용작물 인프라구축사업	60,000	농업유통과	9	6	7	8	7	1	1	1
3093	충남 금산군	깻잎특구지구내 수출단지 조성 사업	420,000	농업유통과	9	6	7	8	7	1	1	1
3094	충남 금산군	깻잎수출단지 스마트팜 구축 사업	50,000	농업유통과	9	6	7	8	7	1	1	1
3095	충남 금산군	GAP깻잎 소포장 규격박스 지원사업	300,000	농업유통과	9	6	7	8	7	1	1	1
3096	충남 금산군	수출단지 GAP·친환경 공동이용시설 지원사업	100,000	농업유통과	9	6	7	8	7	1	1	1
3097	충남 금산군	화훼생산기반경쟁력강화사업	25,000	농업유통과	9	6	7	8	7	1	1	1
3098	충남 금산군	스마트팜 ICT융복합 확산사업	100,000	농업유통과	9	6	7	8	7	1	1	1
3099	충남 금산군	과수원용 생력화 기계지원	10,000	농업유통과	9	6	7	8	7	1	1	1
3100	충남 금산군	원예작물 생력화장비 지원사업	30,000	농업유통과	9	6	7	8	7	1	1	1
3101	충남 금산군	중소원예농가 노후하우스 교체사업	66,000	농업유통과	9	6	7	8	7	1	1	1
3102	충남 금산군	마늘 건조보관시설지원사업	12,500	농업유통과	9	6	7	8	7	1	1	1
3103	충남 금산군	유산균 토양발효농법 지원사업	50,000	농업유통과	9	6	7	8	7	1	1	1

순번	시군구	지출명 (사업명)	2020년예산 (단위:천원/1년간)	담당자 (공무원) 담당부서	민간이전 분류 (지방자치단체 세출예산 집행기준에 의거) 1. 민간경상사업보조(1) 2. 민간단체 법정운영비보조(2) 3. 민간행사사업보조(3) 4. 민간위탁금(4) 5. 사회복지시설 법정운영비보조(5) 6. 민간인위탁교육비(6) 7. 공기관등에대한경상적대행사업비(7) 8. 민간자본사업보조,자체재원(8) 9. 민간자본사업보조,이전재원(9) 10. 민간위탁사업비(10) 11. 공기관등에 대한 자본적 대행사업비(11)	민간이전지출 근거 (지방보조금 관리기준 참고) 1. 법률에 규정 2. 국고보조 재원(국가지정) 3. 용도 지정 기부금 4. 조례에 직접규정 5. 지자체가 권장하는 사업을 하는 공공기관 6. 시,도 정책 및 재정사정 7. 기타 8. 해당없음	입찰방식 계약체결방법 (경쟁형태) 1. 일반경쟁 2. 제한경쟁 3. 지명경쟁 4. 수의계약 5. 법정위탁 6. 기타 ( ) 7. 해당없음	입찰방식 계약기간 1. 1년 2. 2년 3. 3년 4. 4년 5. 5년 6. 기타 ( )년 7. 단기계약 (1년미만) 8. 해당없음	입찰방식 낙찰자선정방법 1. 적격심사 2. 협상에의한계약 3. 최저가낙찰제 4. 규격가격분리 5. 2단계 경쟁입찰 6. 기타 ( ) 7. 해당없음	운영예산 산정 1. 내부산정 (지자체 자체 적으로 산정) 2. 외부산정 (외부전문기관 위탁 산정) 3. 내·외부 모두 산정 4. 산정 無 5. 해당없음	정산방법 1. 내부정산 (지자체 내부적 으로 정산) 2. 외부정산 (외부전문기관 위탁 정산) 3. 내·외부 모두 산정 4. 정산 無 5. 해당없음	성과평가 실시여부 1. 실시 2. 미실시 3. 향후 추진 4. 해당없음
3104	충남 금산군	원예작물 신소재-신농법 영농지원사업	30,000	농업유통과	9	6	7	8	7	1	1	1
3105	충남 금산군	원예시설 스마트폰 자동제어시스템 구축사업	10,000	농업유통과	9	6	7	8	7	1	1	1
3106	충남 금산군	양돈농가 모돈갱신 지원	11,250	농업유통과	9	1	7	8	7	1	1	1
3107	충남 금산군	양돈농가 육성사업	31,000	농업유통과	9	1	7	8	7	1	1	1
3108	충남 금산군	양봉농가 육성지원	64,500	농업유통과	9	1	7	8	7	1	1	1
3109	충남 금산군	염소산업 육성지원	9,500	농업유통과	9	1	7	8	7	1	1	1
3110	충남 금산군	곤충사육농가 기계장비 지원	15,000	농업유통과	9	1	7	8	7	1	1	1
3111	충남 금산군	양계농가 폭염피해 예방지원	15,000	농업유통과	9	1	7	8	7	1	1	1
3112	충남 금산군	양계농가 육성지원	28,500	농업유통과	9	1	7	8	7	1	1	1
3113	충남 금산군	낙농시설 현대화 지원	85,500	농업유통과	9	1	7	8	7	1	1	1
3114	충남 금산군	젖소 위생원유 기자재 지원	30,000	농업유통과	9	1	7	8	7	1	1	1
3115	충남 금산군	사료배합기 지원	75,000	농업유통과	9	1	7	8	7	1	1	1
3116	충남 금산군	축산물 판매업소 위생개선장비 지원	3,500,000	농업유통과	9	1	7	8	7	1	1	1
3117	충남 금산군	계란 냉장차량 지원사업	30,000	농업유통과	9	2	7	8	7	1	1	1
3118	충남 금산군	가축 분뇨처리시설 지원	120,000	농업유통과	9	1	7	8	7	1	1	1
3119	충남 금산군	아름다운 축산농장만들기 지원	50,000	농업유통과	9	1	7	8	7	1	1	1
3120	충남 금산군	축산농가 소독시설지원	7,200	농업유통과	9	1	7	8	7	1	1	1
3121	충남 금산군	묘목 생산기반 조성사업	7,071	산림녹지과	9	1	7	1	7	1	1	4
3122	충남 금산군	펠릿보일러 지원사업	28,000	산림녹지과	9	2	7	8	7	1	1	3
3123	충남 금산군	임산물 저장 건조시설 지원	7,100	산림녹지과	9	2	7	8	7	1	1	3
3124	충남 금산군	냉동탑차 지원	10,000	산림녹지과	9	2	7	8	7	1	1	3
3125	충남 금산군	일반화물 지원	17,000	산림녹지과	9	2	7	8	7	1	1	3
3126	충남 금산군	산림작물 생산단지 조성	130,572	산림녹지과	9	2	7	8	7	1	1	3
3127	충남 금산군	산림작물 생산단지 조성	62,404	산림녹지과	9	2	7	8	7	1	1	3
3128	충남 금산군	산림작물 생산단지 조성	60,800	산림녹지과	9	2	7	8	7	1	1	3
3129	충남 금산군	유기질 비료 지원	7,361	산림녹지과	9	2	7	8	7	1	1	3
3130	충남 금산군	일반임산물상품화 지원	5,020	산림녹지과	9	2	7	8	7	1	1	3
3131	충남 금산군	표고재배시설	8,800	산림녹지과	9	2	7	8	7	1	1	3
3132	충남 금산군	표고톱밥배지구입	59,648	산림녹지과	9	2	7	8	7	1	1	3
3133	충남 금산군	생산장비	17,768	산림녹지과	9	2	7	8	7	1	1	3
3134	충남 금산군	대추 등 생산시설	30,305	산림녹지과	9	2	7	8	7	1	1	3
3135	충남 금산군	표고자목구입	29,112	산림녹지과	9	2	7	8	7	1	1	3
3136	충남 금산군	식품제조 위생환경개선 지원	756,000	인삼약초과	9	1	7	8	7	5	5	4
3137	충남 금산군	친환경인삼 생산자재 지원	90,149	인삼약초과	9	1	7	1	7	1	1	4
3138	충남 금산군	인삼산업 활성화 사업	140,000	인삼약초과	9	1	7	8	7	5	5	4
3139	충남 금산군	인삼산업 활성화 사업	200,000	인삼약초과	9	1	7	8	7	5	5	4
3140	충남 금산군	특용작물(인삼) 생산시설 현대화 사업	102,608	인삼약초과	9	1	7	8	7	5	5	4
3141	충남 금산군	친환경약초생산단지 조성	400,000	인삼약초과	9	1	7	1	7	5	2	1
3142	충남 금산군	지황 생장촉진제 및 토양개량제 지원	40,000	인삼약초과	9	1	7	1	7	5	2	1
3143	충남 금산군	인삼류 제조가공 시설현대화 시설지원	300,000	인삼약초과	9	6	7	8	7	5	5	4
3144	충남 금산군	인삼제조가공 스타트업 기업육성	200,000	인삼약초과	9	6	7	8	7	1	1	2
3145	충남 금산군	그린홈 보급사업지원	322,000	지역경제과	9	2	7	8	7	5	5	4
3146	충남 금산군	도시가스 공급시설 설치비 지원사업	189,480	지역경제과	9	4	7	8	7	5	5	4
3147	충남 금산군	도시가스 공급시설 설치비 지원사업	60,520	지역경제과	9	4	7	8	7	5	5	4
3148	충남 금산군	경로당 태양광 설치지원	378,240	지역경제과	9	4	7	8	7	5	5	4

순번	시군구	지출명 (사업명)	2020년예산 (단위:천원/1년간)	담당자 (공무원) 담당부서	민간이전 분류 (지방자치단체 세출예산 집행기준에 의거) 1. 민간경상사업보조(1) 2. 민간단체 법정운영비보조(2) 3. 민간행사사업보조(3) 4. 민간위탁금(4) 5. 사회복지시설 법정운영비보조(5) 6. 민간인위탁교육비(6) 7. 공기관등에대한경상적대행사업비(7) 8. 민간자본사업보조,자체재원(8) 9. 민간자본사업보조,이전재원(9) 10. 민간위탁사업비(10) 11. 공기관등에 대한 자본적 대행사업비(11)	민간이전지출 근거 (지방보조금 관리기준 참고) 1. 법률에 규정 2. 국고보조 재원(국가지정) 3. 용도 지정 기부금 4. 조례에 직접규정 5. 지자체가 권장하는 사업을 하는 공공기관 6. 시,도 정책 및 재정사정 7. 기타 8. 해당없음	입찰방식 계약체결방법 (경쟁형태) 1. 일반경쟁 2. 제한경쟁 3. 지명경쟁 4. 수의계약 5. 법정위탁 6. 기타 ( ) 7. 해당없음	입찰방식 계약기간 1. 1년 2. 2년 3. 3년 4. 4년 5. 5년 6. 기타 ( )년 7. 단기계약 (1년미만) 8. 해당없음	입찰방식 낙찰자선정방법 1. 적격심사 2. 협상에의한계약 3. 최저가낙찰제 4. 규격가격분리 5. 2단계 경쟁입찰 6. 기타 ( ) 7. 해당없음	운영예산 산정 운영예산 산정 1. 내부산정 (지자체 자체 적으로 산정) 2. 외부산정 (외부전문기관 위탁 산정) 3. 내·외부 모두 산정 4. 산정 無 5. 해당없음	운영예산 산정 정산방법 1. 내부정산 (지자체 내부적 으로 정산) 2. 외부정산 (외부전문기관 위탁 정산) 3. 내·외부 모두 산정 4. 정산 無 5. 해당없음	성과평가 실시여부 1. 실시 2. 미실시 3. 향후 추진 4. 해당없음
3149	충남 금산군	경로당 등 태양광 설치 지원사업	112,000	지역경제과	9	4	7	8	7	5	5	4
3150	충남 금산군	진산면 경로당 운동기구 구입	14,240	지역경제과	9	7	7	8	7	5	5	4
3151	충남 금산군	진산면 경로당 운동기구 구입	6,200	지역경제과	9	7	7	8	7	5	5	4
3152	충남 금산군	택시 대폐차 지원	9,000	건설교통과	9	6	7	8	7	1	1	4
3153	충남 금산군	택시 차량 영상기록장치 교체사업	15,643	건설교통과	9	6	7	8	7	1	1	4
3154	충남 금산군	브랜드택시 콜센터 노후장비 교체	26,390	건설교통과	9	4	7	8	7	1	1	4
3155	충남 금산군	시내버스 음주측정관리시스템 도입	1,632,000	건설교통과	9	1	7	8	7	1	1	4
3156	충남 금산군	금산시내버스터미널 화장실 등 보강공사	30,000	건설교통과	9	1	7	8	7	1	1	4
3157	충남 금산군	빈집 함께 써유 사업	15,000	도시재생과	9	6	7	7	7	1	1	4
3158	충남 금산군	더 행복한 공유주택 사업	20,000	도시재생과	9	6	7	7	7	1	1	4
3159	충남 금산군	고정식 양봉장 사육환경개선 시설시범	49,000	농업기술센터	9	6	7	8	7	1	1	3
3160	충남 금산군	청년농업인 4-H회원 영농정착 지원	105,000	농업기술센터	9	6	7	8	7	1	1	3
3161	충남 금산군	고령농업인 농작업 편이장비 기술시범	24,500	농업기술센터	9	6	7	8	7	1	1	3
3162	충남 금산군	농촌어르신 복지실천 시범	50,000	농업기술센터	9	6	7	8	7	1	1	3
3163	충남 금산군	치유형 농촌체험농장 육성	35,000	농업기술센터	9	6	7	8	7	1	1	3
3164	충남 금산군	농촌체험농장 교육시설 개선	35,000	농업기술센터	9	6	7	8	7	1	1	3
3165	충남 금산군	농업활동 안전사고 예방 생활화 시범	30,000	농업기술센터	9	6	7	8	7	1	1	3
3166	충남 금산군	농산물 소규모 가공 농업인 지원사업	350,000	농업기술센터	9	6	7	8	7	1	1	3
3167	충남 금산군	농가형 가공 상품화 창업 기술지원사업	49,000	농업기술센터	9	6	7	8	7	1	1	3
3168	충남 금산군	약용작물 생산 수확 후 관리 기술시범	200,000	농업기술센터	9	2	7	8	7	1	1	3
3169	충남 금산군	과수국내육성 신품종 비교 전시포 조성시범	70,000	농업기술센터	9	2	7	8	7	1	1	3
3170	충남 금산군	빠르고 쉬운 현장 맞춤형 대장균 검출기술	30,000	농업기술센터	9	2	7	8	7	1	1	3
3171	충남 금산군	인삼 고온피해 경감 종합기술 시범	60,000	농업기술센터	9	2	7	8	7	1	1	3
3172	충남 금산군	들깨(잎) 양액재배 수출단지 육성시범	300,000	농업기술센터	9	2	7	8	7	1	1	3
3173	충남 금산군	유기농 오이 양분공급 및 병해충 관리기술	30,000	농업기술센터	9	2	7	8	7	1	1	3
3174	충남 금산군	고품질 꿀벌 화분 생산기술 시범	40,000	농업기술센터	9	6	7	8	7	1	1	3
3175	충남 금산군	벼 우량품종 종자생산 자율교환 시범	9,500	농업기술센터	9	6	7	8	7	1	1	3
3176	충남 금산군	친환경 쌀 소규모 브랜드 개발육성	70,000	농업기술센터	9	6	7	8	7	1	1	3
3177	충남 금산군	고품질 쌀 생산가공유통 기반조성	105,000	농업기술센터	9	6	7	8	7	1	1	3
3178	충남 금산군	시설원예 스마트농업 확대기술 보급	17,500	농업기술센터	9	6	7	8	7	1	1	3
3179	충남 금산군	원예기술공모시범	35,000	농업기술센터	9	6	7	8	7	1	1	3
3180	충남 금산군	시설채소 병해충방제 생력화 체계 구축보급 시범	8,400	농업기술센터	9	6	7	8	7	1	1	3
3181	충남 금산군	고품질 시설원예 에너지절감 패키기 종합시범	42,000	농업기술센터	9	6	7	8	7	1	1	3
3182	충남 금산군	딸기 생력화 재배기술보급	140,000	농업기술센터	9	6	7	8	7	1	1	3
3183	충남 금산군	시설채소 무인방제 시스템 시범	42,000	농업기술센터	9	6	7	8	7	1	1	3
3184	충남 금산군	농촌자원 수익모델 시범	70,000	농업기술센터	9	6(도비)	7	8	7	1	1	3
3185	충남 금산군	수출 삼계탕용 인삼 규격화 생산단지조성	140,000	농업기술센터	9	6(도비)	7	8	7	1	1	3
3186	충남 금산군	인삼신품종 직파재배 시범	21,000	농업기술센터	9	6(도비)	7	8	7	1	1	3
3187	충남 금산군	귀농인 소득모델 창업지원	30,000	농업기술센터	9	2	7	8	7	1	1	3
3188	충남 금산군	귀농창업 활성화 창업실행지원	18,000	농업기술센터	9	2	7	8	7	1	1	3
3189	충남 부여군	무량사 극락전 주변정비	100,000	문화재과	9	2	7	8	7	5	5	4
3190	충남 부여군	무진암 보수정비	140,000	문화재과	9	2	7	8	7	5	5	4
3191	충남 부여군	대조사석조미륵보살입상 주변정비	90,000	문화재과	9	2	7	8	7	5	5	4
3192	충남 부여군	대조사 목조보살좌상 주변정비	55,000	문화재과	9	6	7	8	7	5	5	4
3193	충남 부여군	관광홍보 운영	12,400	문화관광과	9	4	1	1	1	1	1	1

순번	시군구	지출명 (사업명)	2020년예산 (단위:천원/1년간)	담당자(공무원) 담당부서	민간이전 분류 (지방자치단체 세출예산 집행기준에 의거) 1. 민간경상사업보조(1) 2. 민간단체 법정운영비보조(2) 3. 민간행사사업보조(3) 4. 민간위탁금(4) 5. 사회복지시설 법정운영비보조(5) 6. 민간인위탁교육비(6) 7. 공기관등에대한경상적대행사업비(7) 8. 민간자본사업보조,자체재원(8) 9. 민간자본사업보조,이전재원(9) 10. 민간위탁사업비(10) 11. 공기관등에 대한 자본적 대행사업비(11)	민간이전지출 근거 (지방보조금 관리기준 참고) 1. 법률에 규정 2. 국고보조 재원(국가지정) 3. 용도 지정 기부금 4. 조례에 직접규정 5. 지자체가 권장하는 사업을 하는 공공기관 6. 시,도 정책 및 재정사정 7. 기타 8. 해당없음	입찰방식 계약체결방법 (경쟁형태) 1. 일반경쟁 2. 제한경쟁 3. 지명경쟁 4. 수의계약 5. 법정위탁 6. 기타 ( ) 7. 해당없음	입찰방식 계약기간 1. 1년 2. 2년 3. 3년 4. 4년 5. 5년 6. 기타 ( )년 7. 단기계약 (1년미만) 8. 해당없음	입찰방식 낙찰자선정방법 1. 적격심사 2. 협상에의한계약 3. 최저가낙찰제 4. 규격가격분리 5. 2단계 경쟁입찰 6. 기타 ( ) 7. 해당없음	운영예산 산정 운영예산 산정 1. 내부산정 (지자체 자체적으로 산정) 2. 외부산정 (외부전문기관위탁 산정) 3. 내·외부 모두 산정 4. 산정 無 5. 해당없음	운영예산 산정 정산방법 1. 내부정산 (지자체 내부적으로 정산) 2. 외부정산 (외부전문기관위탁 정산) 3. 내·외부 모두 산정 4. 정산 無 5. 해당없음	성과평가 실시여부 1. 실시 2. 미실시 3. 향후 추진 4. 해당없음
3194	충남 부여군	서동요세트장 시설관리	28,090	문화관광과	9	5	6(공단위탁)	8	7	1	3	1
3195	충남 부여군	종합운동장 관리	184,839	문화관광과	9	7	7	7	7	5	1	1
3196	충남 부여군	군민체육관 관리	43,854	문화관광과	9	7	7	7	7	5	1	1
3197	충남 부여군	백마강 생활체육공원 관리	56,300	문화관광과	9	7	7	7	7	5	1	1
3198	충남 부여군	스마트팜 ICT 융복합 확산사업	395,965	농정과	9	2	4	7	7	5	1	4
3199	충남 부여군	원예시설 스마트폰 자동제어시스템 구축	70,000	농정과	9	6	4	7	7	5	1	4
3200	충남 부여군	원예시설 현대화 사업	7,500	농정과	9	2	4	7	7	5	1	4
3201	충남 부여군	원예시설 신소재 신농법 확산 사업	200,000	농정과	9	6	4	7	7	5	1	4
3202	충남 부여군	스마트팜 온실 신축 지원	600,000	농정과	9	6	4	7	7	5	1	4
3203	충남 부여군	충남쌀 생산비절감 지원(시설장비)	115,000	농정과	9	7	7	8	7	5	1	4
3204	충남 부여군	2020년 통합 및 노후RPC(DSC) 시설장비지원	72,150	농정과	9	2	7	8	7	5	1	4
3205	충남 부여군	식량산업 보완사업	500,000	농정과	9	7	7	8	7	5	1	4
3206	충남 부여군	논 타작물 생산장비 지원	67,500	농정과	9	7	7	8	7	5	1	4
3207	충남 부여군	농업용드론(무인항공기)지원사업	60,000	농정과	9	7	7	8	7	5	1	4
3208	충남 부여군	밭작물 가뭄(폭염)재해 예방사업	35,000	농정과	9	7	7	8	7	5	1	4
3209	충남 부여군	유해야생동물 포획시설 설치지원	7,840	농정과	9	7	7	8	7	5	1	4
3210	충남 부여군	RPC 집진시설 개보수 지원사업	300,000	농정과	9	2	7	8	7	5	1	4
3211	충남 부여군	친환경농업 자재지원	135,000	농정과	9	7	7	8	7	5	1	4
3212	충남 부여군	유기질비료 지원사업	1,841,600	농정과	9	7	7	8	7	5	1	4
3213	충남 부여군	친환경청년농부시설지원	64,000	농정과	9	7	7	8	7	5	1	4
3214	충남 부여군	유기농업자재	37,500	농정과	9	7	7	8	7	5	1	4
3215	충남 부여군	토양개량제지원	1,516,000	농정과	9	7	7	8	7	5	1	4
3216	충남 부여군	과수 고품질 시설현대화사업	110,000	농정과	9	2	7	8	7	1	1	3
3217	충남 부여군	과수 명품화 육성사업	150,000	농정과	9	6	7	8	7	1	1	3
3218	충남 부여군	과수원용 생력화기계 지원사업	200,000	농정과	9	6	7	8	7	1	1	3
3219	충남 부여군	원예작물 소형 저온저장고 설치사업	170,000	농정과	9	6	7	8	7	1	1	3
3220	충남 부여군	시설원예 에너지절감시설 설치지원	725,000	농정과	9	2	7	8	7	1	1	3
3221	충남 부여군	고추비가림 재배시설 지원	140,000	농정과	9	2	7	8	7	1	1	3
3222	충남 부여군	중소원예농가 노후하우스 교체사업	484,000	농정과	9	6	7	8	7	5	5	4
3223	충남 부여군	원예특용작물 생산시설 보완사업	415,000	농정과	9	6	7	8	7	1	1	3
3224	충남 부여군	유산균 토양발효농법 지원사업	282,500	농정과	9	6	7	8	7	1	1	3
3225	충남 부여군	원예작물 생력화장비 지원	218,000	농정과	9	6	7	8	7	1	1	3
3226	충남 부여군	부여애호박공선회 토양개량 및 생육촉진 지원	50,000	농정과	9	6	7	8	7	5	5	4
3227	충남 부여군	고품질 포도단지 조성(품종갱신, 간이비가림) 지원	300,000	농정과	9	6	7	8	7	5	5	4
3228	충남 부여군	화훼 생산기반 경쟁력강화사업	40,000	농정과	9	6	7	8	7	1	1	3
3229	충남 부여군	밭작물 공동경영체 육성사업	1,260,000	농정과	9	2	6	6	6	3	3	3
3230	충남 부여군	마늘 건조보관시설 지원사업	28,000	농정과	9	6	7	8	7	5	5	4
3231	충남 부여군	원예작물 공동경영체 육성사업	80,000	농정과	9	6	7	8	7	5	5	4
3232	충남 부여군	친환경인삼 생산자재 지원	41,065	농정과	9	6	7	8	7	1	1	3
3233	충남 부여군	특용작물 시설현대화 지원	287,000	농정과	9	2	7	8	7	1	1	3
3234	충남 부여군	특용작물 시설현대화 지원	24,300	농정과	9	2	7	8	7	1	1	3
3235	충남 부여군	농촌자원 복합산업화 지원	56,100	굿뜨래경영과	9	2	1	1	1	1	1	1
3236	충남 부여군	GAP 시설보완	300,000	굿뜨래경영과	9	2	7	8	7	1	1	1
3237	충남 부여군	수출선도조직 육성	60,000	굿뜨래경영과	9	6	7	8	7	1	1	1
3238	충남 부여군	수출 농산물 포장재 지원	36,000	굿뜨래경영과	9	6	7	8	7	1	1	1

순번	시군구	지출명 (사업명)	2020년예산 (단위:천원/1년간)	담당자 (공무원) 담당부서	민간이전 분류 (지방자치단체 세출예산 집행기준에 의거) 1. 민간경상사업보조(1) 2. 민간단체 법정운영비보조(2) 3. 민간행사사업보조(3) 4. 민간위탁금(4) 5. 사회복지시설 법정운영비보조(5) 6. 민간인위탁교육비(6) 7. 공기관등에대한경상적대행사업비(7) 8. 민간자본사업보조,자체재원(8) 9. 민간자본사업보조,이전재원(9) 10. 민간위탁사업비(10) 11. 공기관등에 대한 자본적 대행사업비(11)	민간이전지출 근거 (지방보조금 관리기준 참고) 1. 법률에 규정 2. 국고보조 재원(국가지정) 3. 용도 지정 기부금 4. 조례에 직접규정 5. 지자체가 권장하는 사업을 하는 공공기관 6. 시,도 정책 및 재정사정 7. 기타 8. 해당없음	입찰방식 계약체결방법 (경쟁형태) 1. 일반경쟁 2. 제한경쟁 3. 지명경쟁 4. 수의계약 5. 법정위탁 6. 기타 ( ) 7. 해당없음	입찰방식 계약기간 1. 1년 2. 2년 3. 3년 4. 4년 5. 5년 6. 기타 ( )년 7. 단기계약 (1년미만) 8. 해당없음	입찰방식 낙찰자선정방법 1. 적격심사 2. 협상에의한계약 3. 최저가낙찰제 4. 규격가격분리 5. 2단계 경쟁입찰 6. 기타 ( ) 7. 해당없음	운영예산 산정 운영예산 산정 1. 내부산정 (지자체 자체적으로 산정) 2. 외부산정 (외부전문기관위탁 산정) 3. 내·외부 모두 산정 4. 산정 無 5. 해당없음	운영예산 산정 정산방법 1. 내부정산 (지자체 내부적으로 정산) 2. 외부정산 (외부전문기관위탁 정산) 3. 내·외부 모두 산정 4. 정산 無 5. 해당없음	성과평가 실시여부 1. 실시 2. 미실시 3. 향후 추진 4. 해당없음
3239	충남 부여군	농산물 산지유통시설 지원	2,100,000	굿뜨래경영과	9	2	7	8	7	5	5	4
3240	충남 부여군	농산물 유통시설 현대화 지원	281,750	굿뜨래경영과	9	6	7	8	7	1	1	1
3241	충남 부여군	충남오감 포장재 지원	132,300	굿뜨래경영과	9	6	7	8	7	1	1	1
3242	충남 부여군	충남오감 품목별 주관농협 지원	15,600	굿뜨래경영과	9	6	7	8	7	1	1	1
3243	충남 부여군	굿뜨래 농산물 프리미엄 포장화 지원	100,000	굿뜨래경영과	9	6	7	8	7	1	1	1
3244	충남 부여군	은산면 의용소방대 기능강화사업	25,000	안전총괄과	9	5	7	8	7	5	5	4
3245	충남 부여군	초촌면 전담의용소방대 기능강화사업	15,000	안전총괄과	9	5	7	8	7	5	5	4
3246	충남 부여군	유람선 선령만기 대체 건조사업	220,800	안전총괄과	9	1	7	8	7	5	5	4
3247	충남 부여군	청년농업인 4-H회원 영농정착지원사업	280,000	농업기술센터	9	1	7	8	7	5	5	4
3248	충남 부여군	청년농업인 창농 공모사업	140,000	농업기술센터	9	1	7	8	7	5	5	4
3249	충남 부여군	농업인 소규모 창업기술 지원	50,000	농업기술센터	9	2	7	8	7	5	5	4
3250	충남 부여군	베리류 가공 상품화 시범	60,000	농업기술센터	9	2	7	8	7	5	5	4
3251	충남 부여군	농업인 가공사업장 품질향상 시범	14,000	농업기술센터	9	6	7	8	7	5	5	4
3252	충남 부여군	전통식품 소포장 상품화 시범	35,000	농업기술센터	9	6	7	8	7	5	5	4
3253	충남 부여군	농가공품 생산 위생·안전 환경조성 시범	50,000	농업기술센터	9	6	7	8	7	5	5	4
3254	충남 부여군	향토음식점 및 향토음식 특화(테마)거리 환경개선	240,000	농업기술센터	9	4	7	8	7	5	5	4
3255	충남 부여군	작목별 맞춤형 안전관리 실천 시범	50,000	농업기술센터	9	2	7	8	7	5	5	4
3256	충남 부여군	고령농업인 농작업 편이장비 기술 시범	24,500	농업기술센터	9	6	7	8	7	5	5	4
3257	충남 부여군	농촌체험농장 육성	17,500	농업기술센터	9	6	7	8	7	5	5	4
3258	충남 부여군	농촌체험농장 교육시설 개선	35,000	농업기술센터	9	6	7	8	7	5	5	4
3259	충남 부여군	농작업 안전관리 실천 시범	60,000	농업기술센터	9	6	7	8	7	5	5	4
3260	충남 부여군	2030 귀농인 영농정착 지원	20,000	농업기술센터	9	2	7	8	7	5	5	4
3261	충남 부여군	토마토 수경재배 작은뿌리파리 종합관리 시범	30,000	농업기술센터	9	2	7	8	7	5	5	4
3262	충남 부여군	비벡터링 기술 이용 시설원예작물 주요 병 방제기술	50,000	농업기술센터	9	2	7	8	7	5	5	4
3263	충남 부여군	기능성 다겹보온커튼 보급 시범	40,000	농업기술센터	9	2	7	8	7	5	5	4
3264	충남 부여군	소비자 맞춤형 고품질 미니수박 특화단지 조성	160,000	농업기술센터	9	1	7	8	7	5	5	4
3265	충남 부여군	양념채소 경쟁력 강화 시범	30,000	농업기술센터	9	1	7	8	7	5	5	4
3266	충남 부여군	시설원예 생육환경개선 시범	20,000	농업기술센터	9	1	7	8	7	5	5	4
3267	충남 부여군	시설원예 연작장해 경감 토양관리 시범	40,000	농업기술센터	9	1	7	8	7	5	5	4
3268	충남 부여군	시설채소 무인방제 시스템 시범	120,000	농업기술센터	9	1	7	8	7	5	5	4
3269	충남 부여군	고품질 수박 명품화 단지 육성	300,000	농업기술센터	9	1	7	8	7	5	5	4
3270	충남 부여군	금실딸기 전문수출단지 조성	100,000	농업기술센터	9	1	7	8	7	5	5	4
3271	충남 부여군	박과채소 고온기 품질고급화 안정생산 원예기술시	50,000	농업기술센터	9	1	7	8	7	5	5	4
3272	충남 부여군	녹용 생산성 향상 축사환경 개선시범	10,000	농업기술센터	9	6	7	8	7	5	5	4
3273	충남 부여군	사료급이 푸셔 대가축 생산성 향상 기술보급	40,000	농업기술센터	9	6	7	8	7	5	5	4
3274	충남 부여군	염소 안전출하 시설개선 시범	90,000	농업기술센터	9	6	7	8	7	5	5	4
3275	충남 부여군	내수면양식어장 기반시설 지원	100,000	농업기술센터	9	6	7	8	7	5	5	4
3276	충남 부여군	내수면 어장 환경개선 지원	39,330	농업기술센터	9	6	7	8	7	5	5	4
3277	충남 부여군	내수면 토산어종 생산시설 현대화	144,000	농업기술센터	9	6	7	8	7	5	5	4
3278	충남 부여군	간이 냉동냉장 시설지원	30,000	농업기술센터	9	6	7	8	7	5	5	4
3279	충남 부여군	아름다운 축산농장만들기	60,000	농업기술센터	9	6	7	8	7	5	5	4
3280	충남 부여군	축산농가 소독시설 지원	18,000	농업기술센터	9	6	7	8	7	5	5	4
3281	충남 부여군	신규 HACCP농가 등 시설장비 지원	20,000	농업기술센터	9	2	7	8	7	5	5	4
3282	충남 부여군	축산물판매업소 위생개선장비 지원	5,250	농업기술센터	9	2	7	8	7	5	5	4
3283	충남 부여군	축산 낙뢰피해 방지시설 지원	35,000	농업기술센터	9	6	7	8	7	5	5	4

순번	시군구	지출명 (사업명)	2020년예산 (단위:천원/1년간)	담당자 (공무원)	민간이전 분류 (지방자치단체 세출예산 집행기준에 의거)	민간이전지출 근거 (지방보조금 관리기준 참고)	입찰방식			운영예산 산정		성과평가 실시여부
				담당부서	1. 민간경상사업보조(1) 2. 민간단체 법정운영비보조(2) 3. 민간행사사업보조(3) 4. 민간위탁금(4) 5. 사회복지시설 법정운영비보조(5) 6. 민간인위탁교육비(6) 7. 공기관등에대한경상적대행사업비(7) 8. 민간자본사업보조,자체재원(8) 9. 민간자본사업보조,이전재원(9) 10. 민간위탁사업비(10) 11. 공기관등에 대한 자본적 대행사업비(11)	1. 법률에 규정 2. 국고보조 재원(국가지정) 3. 용도 지정 기부금 4. 조례에 직접규정 5. 지자체가 권장하는 사업을 하는 공공기관 6. 시,도 정책 및 재정사정 7. 기타 8. 해당없음	계약체결방법 (경쟁형태) 1. 일반경쟁 2. 제한경쟁 3. 지명경쟁 4. 수의계약 5. 법정위탁 6. 기타 ( ) 7. 해당없음	계약기간 1. 1년 2. 2년 3. 3년 4. 4년 5. 5년 6. 기타 ( )년 7. 단기계약 (1년미만) 8. 해당없음	낙찰자선정방법 1. 적격심사 2. 협상에의한계약 3. 최저가낙찰제 4. 규격가격분리 5. 2단계 경쟁입찰 6. 기타 ( ) 7. 해당없음	운영예산 산정 1. 내부산정 (지자체 자체적으로 산정) 2. 외부산정 (외부전문기관위탁 산정) 3. 내·외부 모두 산정 4. 산정 無 5. 해당없음	정산방법 1. 내부정산 (지자체 내부적으로 정산) 2. 외부정산 (외부전문기관위탁 정산) 3. 내·외부 모두 산정 4. 정산 無 5. 해당없음	1. 실시 2. 미실시 3. 향후 추진 4. 해당없음
3284	충남 부여군	한우농가 기반구축사업	7,000	농업기술센터	9	6	7	8	7	5	5	4
3285	충남 부여군	한우 고급육 생산성 및 사료효율 지원	25,000	농업기술센터	9	6	7	8	7	5	5	4
3286	충남 부여군	양돈농가 모돈갱신지원 사업	67,500	농업기술센터	9	6	7	8	7	5	5	4
3287	충남 부여군	양돈농가 육성지원	96,500	농업기술센터	9	6	7	8	7	5	5	4
3288	충남 부여군	양계농가 폭염피해 예방지원	75,000	농업기술센터	9	6	7	8	7	5	5	4
3289	충남 부여군	양계농가 육성사업	150,900	농업기술센터	9	6	7	8	7	5	5	4
3290	충남 부여군	양봉농가 육성 지원사업	132,500	농업기술센터	9	6	7	8	7	5	5	4
3291	충남 부여군	양봉농가 기자재 지원사업	100,000	농업기술센터	9	6	7	8	7	5	5	4
3292	충남 부여군	사슴농가 육성지원사업	23,750	농업기술센터	9	6	7	8	7	5	5	4
3293	충남 부여군	염소산업 육성지원사업	22,500	농업기술센터	9	6	7	8	7	5	5	4
3294	충남 부여군	곤충산업 육성(곤충사육농가 기계장비)지원사업	10,000	농업기술센터	9	6	7	8	7	5	5	4
3295	충남 부여군	가축분뇨 퇴액비화 지원	20,000	농업기술센터	9	2	7	8	7	5	5	4
3296	충남 부여군	악취저감제 지원사업	40,000	농업기술센터	9	6	7	8	7	5	5	4
3297	충남 부여군	가축분뇨 수거비용 지원사업	40,000	농업기술센터	9	6	7	8	7	5	5	4
3298	충남 부여군	축산농가 악취개선제 지원사업	50,000	농업기술센터	9	6	7	8	7	5	5	4
3299	충남 부여군	축분고속발효기 지원사업	60,000	농업기술센터	9	6	7	8	7	5	5	4
3300	충남 부여군	액비순환시스템 지원사업	50,000	농업기술센터	9	6	7	8	7	5	5	4
3301	충남 부여군	스키드로더 지원사업	15,000	농업기술센터	9	6	7	8	7	5	5	4
3302	충남 부여군	젖소농가 정화방류사업 지원사업	30,000	농업기술센터	9	6	7	8	7	5	5	4
3303	충남 부여군	공동자원화 개보수 지원사업	100,000	농업기술센터	9	6	7	8	7	5	5	4
3304	충남 부여군	동물사체 처리시설 지원사업	50,000	농업기술센터	9	6	7	8	7	5	5	4
3305	충남 부여군	액비유통전문조직 지원사업	160,000	농업기술센터	9	2	7	8	7	5	5	4
3306	충남 부여군	가축분뇨 정화시설 지원	51,600	농업기술센터	9	2	7	8	7	5	5	4
3307	충남 부여군	퇴비살포비 지원	120,000	농업기술센터	9	2	7	8	7	5	5	4
3308	충남 부여군	퇴액비 성분분석기 지원	37,000	농업기술센터	9	2	7	8	7	5	5	4
3309	충남 부여군	부숙도판정기 지원	30,000	농업기술센터	9	2	7	8	7	5	5	4
3310	충남 부여군	공동퇴비장 지원	140,000	농업기술센터	9	2	7	8	7	5	5	4
3311	충남 부여군	돼지써코바이러스 백신지원	180,000	농업기술센터	9	2	7	8	7	5	5	4
3312	충남 부여군	가금농가 질병관리 지원	12,000	농업기술센터	9	2	7	8	7	5	5	4
3313	충남 부여군	폐사축 처리비용 지원	13,300	농업기술센터	9	2	7	8	7	5	5	4
3314	충남 부여군	녹용 생산성 향상 축사환경 개선시범	10,000	농업기술센터	9	6	7	8	7	5	5	4
3315	충남 부여군	사료급이 푸셔(사료자동급식기) 대가축 생산성 향상	40,000	농업기술센터	9	6	7	8	7	5	5	4
3316	충남 부여군	염소 안전출하 시설개선 시범	90,000	농업기술센터	9	6	7	8	7	5	5	4
3317	충남 부여군	내수면양식어장 기반시설 지원	100,000	농업기술센터	9	6	7	8	7	5	5	4
3318	충남 부여군	내수면 어장 환경개선 지원	39,330	농업기술센터	9	6	7	8	7	5	5	4
3319	충남 부여군	내수면 토산어종 생산시설 현대화	144,000	농업기술센터	9	6	7	8	7	5	5	4
3320	충남 부여군	간이 냉동냉장 시설지원	30,000	농업기술센터	9	6	7	8	7	5	5	4
3321	충남 부여군	조사료생산경영체 장비지원	150,000	농업기술센터	9	6	7	8	7	5	5	4
3322	충남 부여군	조사료 부속장비 지원	140,000	농업기술센터	9	6	7	8	7	5	5	4
3323	충남 부여군	젖소 번식우 생산성향상	14,000	농업기술센터	9	6	7	8	7	5	5	4
3324	충남 부여군	젖소 위생원유 생산 지원	5,000	농업기술센터	9	6	7	8	7	5	5	4
3325	충남 부여군	젖소 고온면역 증강제 지원	14,000	농업기술센터	9	6	7	8	7	5	5	4
3326	충남 부여군	원유 냉각기 지원	40,000	농업기술센터	9	6	7	8	7	5	5	4
3327	충남 부여군	젖소 착유장비 현대화	88,000	농업기술센터	9	6	7	8	7	5	5	4
3328	충남 부여군	젖소사육농가 환경개선지원	15,000	농업기술센터	9	6	7	8	7	5	5	4

순번	시군구	지출명 (사업명)	2020년예산 (단위:천원/1년간)	담당자 (공무원) 담당부서	민간이전 분류 (지방자치단체 세출예산 집행기준에 의거) 1. 민간경상사업보조(1) 2. 민간단체 법정운영비보조(2) 3. 민간행사사업보조(3) 4. 민간위탁금(4) 5. 사회복지시설 법정운영비보조(5) 6. 민간인위탁교육비(6) 7. 공기관등에대한경상적대행사업비(7) 8. 민간자본사업보조,자체재원(8) 9. 민간자본사업보조,이전재원(9) 10. 민간위탁사업비(10) 11. 공기관등에 대한 자본적 대행사업비(11)	민간이전지출 근거 (지방보조금 관리기준 참고) 1. 법률에 규정 2. 국고보조 재원(국가지정) 3. 용도 지정 기부금 4. 조례에 직접규정 5. 지자체가 권장하는 사업을 하는 공공기관 6. 시,도 정책 및 재정사정 7. 기타 8. 해당없음	입찰방식 계약체결방법 (경쟁형태) 1. 일반경쟁 2. 제한경쟁 3. 지명경쟁 4. 수의계약 5. 법정위탁 6. 기타 ( ) 7. 해당없음	입찰방식 계약기간 1. 1년 2. 2년 3. 3년 4. 4년 5. 5년 6. 기타 ( )년 7. 단기계약 (1년미만) 8. 해당없음	입찰방식 낙찰자선정방법 1. 적격심사 2. 협상에의한계약 3. 최저가낙찰제 4. 규격가격분리 5. 2단계 경쟁입찰 6. 기타 ( ) 7. 해당없음	운영예산 산정 운영예산 산정 1. 내부산정 (지자체 자체적으로 산정) 2. 외부산정 (외부전문기관위탁 산정) 3. 내·외부 모두 산정 4. 산정 無 5. 해당없음	운영예산 산정 정산방법 1. 내부정산 (지자체 내부적으로 정산) 2. 외부정산 (외부전문기관위탁 정산) 3. 내·외부 모두 산정 4. 정산 無 5. 해당없음	성과평가 실시여부 1. 실시 2. 미실시 3. 향후 추진 4. 해당없음
3329	충남 부여군	냉방기지원	16,000	농업기술센터	9	6	7	8	7	5	5	4
3330	충남 부여군	급이기지원	20,000	농업기술센터	9	6	7	8	7	5	5	4
3331	충남 부여군	무주유진공펌프지원	20,000	농업기술센터	9	6	7	8	7	5	5	4
3332	충남 부여군	TMR사료 배합기 지원	100,000	농업기술센터	9	6	7	8	7	5	5	4
3333	충남 부여군	가축재해보험가입비지원	1,500,000	농업기술센터	9	6	7	8	7	5	5	4
3334	충남 부여군	조사료생산장비등 보관창고 지원	600,000	농업기술센터	9	6	7	8	7	5	5	4
3335	충남 청양군	빈집 함께써유 사업	15,000	건설도시과	9	6	7	8	7	5	5	4
3336	충남 청양군	빈집 더 행복한 공유주택 사업	20,000	건설도시과	9	6	7	8	7	5	5	4
3337	충남 청양군	3농정책 특화사업	1,600,000	농업정책과	9	6	7	8	7	1	1	3
3338	충남 청양군	친환경퇴비생산시설현대화사업	140,000	농업정책과	9	1	1	1	3	1	1	3
3339	충남 청양군	식량작물생산비절감지원	90,000	농업정책과	9	1	7	8	7	1	1	3
3340	충남 청양군	식량산업 보완사업	100,000	농업정책과	9	1	7	8	7	1	1	3
3341	충남 청양군	식량산업 보완사업	25,000	농업정책과	9	1	7	8	7	1	1	3
3342	충남 청양군	친환경농업 지구 사업	563,000	농업정책과	9	1	1	3	2	1	1	3
3343	충남 청양군	유기농업자재지원	2,750,000	농업정책과	9	1	7	8	7	1	1	3
3344	충남 청양군	친환경농업자재지원	100,000	농업정책과	9	1	7	8	7	1	1	3
3345	충남 청양군	친환경농업자재지원	14,850	농업정책과	9	1	7	8	7	1	1	3
3346	충남 청양군	친환경농업조직활성화	14,000	농업정책과	9	1	7	8	7	1	1	3
3347	충남 청양군	친환경농산물 홍보 마케팅 지원	22,200	농업정책과	9	1	7	8	7	1	1	3
3348	충남 청양군	농기계등화장치부착지원	45,000	농업정책과	9	1	7	8	7	1	1	3
3349	충남 청양군	농약 안전사용 장비 지원	14,400	농업정책과	9	1	7	8	7	1	1	3
3350	충남 청양군	농업용 드론 무인항공기 지원	40,000	농업정책과	9	1	7	8	7	1	1	3
3351	충남 청양군	논 타작물 생산장비 지원	22,500	농업정책과	9	1	7	8	7	1	1	3
3352	충남 청양군	원예작물 신소재-신농법 영농지원	26,000	농업정책과	9	6	7	8	7	1	1	3
3353	충남 청양군	밭작물 가뭄(폭염) 재해 예방	28,000	농업정책과	9	6	7	8	7	1	1	3
3354	충남 청양군	원예작물 생력화 장비 지원	45,000	농업정책과	9	6	7	8	7	1	1	3
3355	충남 청양군	유산균토양발효농법지원	21,000	농업정책과	9	6	7	8	7	1	1	3
3356	충남 청양군	마늘 건조보관시설 지원	12,500	농업정책과	9	6	7	8	7	1	1	3
3357	충남 청양군	원예특용작물 생산시설 보완	95,000	농업정책과	9	6	7	8	7	1	1	3
3358	충남 청양군	중소원예농가 노후하우스교체	85,000	농업정책과	9	6	7	8	7	1	1	3
3359	충남 청양군	고추비가림 재배시설 지원	7,260	농업정책과	9	2	7	8	7	1	1	3
3360	충남 청양군	원예특작 지역현안 사업	312,500	농업정책과	9	6	7	8	7	1	1	3
3361	충남 청양군	과수명품화육성	87,500	농업정책과	9	6	7	8	7	1	1	3
3362	충남 청양군	과수원용 생력화기계 지원	50,000	농업정책과	9	6	7	8	7	1	1	3
3363	충남 청양군	원예작물소형저온저장고설치	50,000	농업정책과	9	6	7	8	7	1	1	3
3364	충남 청양군	화훼신수출 전략품목육성	17,000	농업정책과	9	2	7	8	7	1	1	3
3365	충남 청양군	친환경인삼 생산자재 지원	6,813	농업정책과	9	6	7	8	7	1	1	3
3366	충남 청양군	화훼생산기반 경쟁력강화	20,000	농업정책과	9	6	7	8	7	1	1	3
3367	충남 청양군	원예시설 스마트폰 자동제어시스템 구축	12,500	농업정책과	9	6	7	8	7	1	1	3
3368	충남 청양군	시설원예 에너지 절감 시설사업	183,250	농업정책과	9	2	7	8	7	1	1	3
3369	충남 청양군	초등돌봄교실 과일간식 지원사업	35,400	농업정책과	9	2	7	8	7	1	1	3
3370	충남 청양군	주택지원사업	70,000	사회적경제과	9	2	7	8	7	3	1	1
3371	충남 청양군	임산물 표준규격 출하 지원	200,800	산림축산과	9	1	7	8	7	1	1	1
3372	충남 청양군	임산물 명품브랜드화 지원	25,000	산림축산과	9	1	7	8	7	1	1	1
3373	충남 청양군	임산물 가공장비 지원	224,000	산림축산과	9	1	7	8	7	1	1	1

순번	시군구	지출명 (사업명)	2020년예산 (단위:천원/1년간)	담당자 (공무원) 담당부서	민간이전 분류 (지방자치단체 세출예산 집행기준에 의거) 1. 민간경상사업보조(1) 2. 민간단체 법정운영비보조(2) 3. 민간행사사업보조(3) 4. 민간위탁금(4) 5. 사회복지시설 법정운영비보조(5) 6. 민간인위탁교육비(6) 7. 공기관등에대한경상적대행사업비(7) 8. 민간자본사업보조,자체재원(8) 9. 민간자본사업보조,이전재원(9) 10. 민간위탁사업비(10) 11. 공기관등에 대한 자본적 대행사업비(11)	민간이전지출 근거 (지방보조금 관리기준 참고) 1. 법률에 규정 2. 국고보조 재원(국가지정) 3. 용도 지정 기부금 4. 조례에 직접규정 5. 지자체가 권장하는 사업을 하는 공공기관 6. 시,도 정책 및 재정사정 7. 기타 8. 해당없음	입찰방식 계약체결방법 (경쟁형태) 1. 일반경쟁 2. 제한경쟁 3. 지명경쟁 4. 수의계약 5. 법정위탁 6. 기타 ( ) 7. 해당없음	입찰방식 계약기간 1. 1년 2. 2년 3. 3년 4. 4년 5. 5년 6. 기타 ( )년 7. 단기계약 (1년미만) 8. 해당없음	입찰방식 낙찰자선정방법 1. 적격심사 2. 협상에의한계약 3. 최저가낙찰제 4. 규격가격분리 5. 2단계 경쟁입찰 6. 기타 ( ) 7. 해당없음	운영예산 산정 운영예산 산정 1. 내부산정 (지자체 자체 적으로 산정) 2. 외부산정 (외부전문기관 위탁 산정) 3. 내·외부 모두 산정 4. 산정 無 5. 해당없음	운영예산 산정 정산방법 1. 내부정산 (지자체 내부적으로 정산) 2. 외부정산 (외부전문기관 위탁 정산) 3. 내·외부 모두 산정 4. 정산 無 5. 해당없음	성과평가 실시여부 1. 실시 2. 미실시 3. 향후 추진 4. 해당없음
3374	충남 청양군	임산물 저장시설 지원	254,000	산림축산과	9	1	7	8	7	1	1	1
3375	충남 청양군	임산물 유통기반 조성	30,000	산림축산과	9	1	7	8	7	1	1	1
3376	충남 청양군	유통기자재 지원	60,000	산림축산과	9	1	7	8	7	1	1	1
3377	충남 청양군	임산물 유통기반 조성	85,000	산림축산과	9	1	7	8	7	1	1	1
3378	충남 청양군	임산물 산지종합유통센터 가공 활성화	989,800	산림축산과	9	1	7	8	7	1	1	1
3379	충남 청양군	표고자목 구입 지원	167,935	산림축산과	9	1	7	8	7	1	1	1
3380	충남 청양군	밤노령목관리 지원	129,419	산림축산과	9	1	7	8	7	1	1	1
3381	충남 청양군	지상방제장비 지원	33,750	산림축산과	9	1	7	8	7	1	1	1
3382	충남 청양군	밤 등 생산장비 지원	7,450	산림축산과	9	1	7	8	7	1	1	1
3383	충남 청양군	친환경 방제장비 지원	193,400	산림축산과	9	1	7	8	7	1	1	1
3384	충남 청양군	작업로 시설 지원	442,700	산림축산과	9	1	7	8	7	1	1	1
3385	충남 청양군	대추 등 생산시설 지원	76,060	산림축산과	9	1	7	8	7	1	1	1
3386	충남 청양군	표고재배시설 지원	433,837	산림축산과	9	1	7	8	7	1	1	1
3387	충남 청양군	톱밥표고배지시설	187,186	산림축산과	9	1	7	8	7	1	1	1
3388	충남 청양군	친환경 임산물 재배관리	26,567	산림축산과	9	1	7	8	7	1	1	1
3389	충남 청양군	밤 토양개량 지원	214,948	산림축산과	9	1	7	8	7	1	1	1
3390	충남 청양군	산림작물생산단지조성	110,941	산림축산과	9	1	7	8	7	1	1	1
3391	충남 청양군	산림경영복합단지조성	130,400	산림축산과	9	1	7	8	7	1	1	1
3392	충남 청양군	산림복합경영	34,398	산림축산과	9	1	7	8	7	1	1	1
3393	충남 청양군	밤 수확망 지원	115,000	산림축산과	9	6	7	8	7	1	1	1
3394	충남 청양군	밤품질향상 연작피해방지사업	9,600	산림축산과	9	6	7	8	7	1	1	1
3395	충남 청양군	친환경임산물생산단지조성	260,758	산림축산과	9	6	7	8	7	1	1	1
3396	충남 청양군	친환경 밤풀베기 지원	300,000	산림축산과	9	7	7	8	7	1	1	1
3397	충남 청양군	유기질비료(밤)	252,000	산림축산과	9	7	7	8	7	1	1	1
3398	충남 청양군	유기질비료(밤 외)	56,700	산림축산과	9	7	7	8	7	1	1	1
3399	충남 청양군	표고재배시설보완	300,000	산림축산과	9	7	7	8	7	1	1	1
3400	충남 청양군	표고원목재배지원	130,000	산림축산과	9	7	7	8	7	1	1	1
3401	충남 청양군	표고톱밥재배지원	30,000	산림축산과	9	7	7	8	7	1	1	1
3402	충남 청양군	소득작물 묘목대지원	70,000	산림축산과	9	7	7	8	7	1	1	1
3403	충남 청양군	소득작물 재배지원	75,000	산림축산과	9	7	7	8	7	1	1	1
3404	충남 청양군	밤 친환경 약제지원	60,000	산림축산과	9	7	7	8	7	1	1	1
3405	충남 청양군	기능성 산야초 특화단지조성	100,000	산림축산과	9	6	7	8	7	1	1	1
3406	충남 청양군	양계농가 육성사업	50,700	산림축산과	9	6	7	8	7	1	1	1
3407	충남 청양군	양계농가 폭염피해 예방지원	30,000	산림축산과	9	6	7	8	7	1	1	1
3408	충남 청양군	가축분뇨 퇴액비화지원	20,000	산림축산과	9	2	7	8	7	1	1	1
3409	충남 청양군	가축분뇨 처리시설 악취저감 지원	48,000	산림축산과	9	2	7	8	7	1	1	1
3410	충남 청양군	공동자원화 시설개보수 지원	350,000	산림축산과	9	2	7	8	7	1	1	1
3411	충남 청양군	악취저감시스템 지원	50,000	산림축산과	9	6	7	8	7	1	1	1
3412	충남 청양군	액비순환시스템 지원	50,000	산림축산과	9	6	7	8	7	1	1	1
3413	충남 청양군	스키드로더 지원	75,000	산림축산과	9	6	7	8	7	1	1	1
3414	충남 청양군	축분고속발효기 지원	60,000	산림축산과	9	6	7	8	7	1	1	1
3415	충남 청양군	젖소농가 정화방류시설 지원	10,000	산림축산과	9	6	7	8	7	1	1	1
3416	충남 청양군	동물사체 처리시설지원	25,000	산림축산과	9	6	7	8	7	1	1	1
3417	충남 청양군	한우 육성률 향상 지원	17,500	산림축산과	9	6	7	8	7	1	1	1
3418	충남 청양군	한우 핵군우 농가 육성	70,400	산림축산과	9	6	7	8	7	1	1	1

순번	시군구	지출명 (사업명)	2020년예산 (단위:천원/1년간)	담당자 (공무원) 담당부서	민간이전 분류 (지방자치단체 세출예산 집행기준에 의거) 1. 민간경상사업보조(1) 2. 민간단체 법정운영비보조(2) 3. 민간행사사업보조(3) 4. 민간위탁금(4) 5. 사회복지시설 법정운영비보조(5) 6. 민간인위탁교육비(6) 7. 공기관등에대한경상적대행사업비(7) 8. 민간자본사업보조,자체재원(8) 9. 민간자본사업보조,이전재원(9) 10. 민간위탁사업비(10) 11. 공기관등에 대한 자본적 대행사업비(11)	민간이전지출 근거 (지방보조금 관리기준 참고) 1. 법률에 규정 2. 국고보조 재원(국가지정) 3. 용도 지정 기부금 4. 조례에 직접규정 5. 지자체가 권장하는 사업을 하는 공공기관 6. 시,도 정책 및 재정사정 7. 기타 8. 해당없음	입찰방식 계약체결방법 (경쟁형태) 1. 일반경쟁 2. 제한경쟁 3. 지명경쟁 4. 수의계약 5. 법정위탁 6. 기타 ( ) 7. 해당없음	입찰방식 계약기간 1. 1년 2. 2년 3. 3년 4. 4년 5. 5년 6. 기타 ( )년 7. 단기계약 (1년미만) 8. 해당없음	입찰방식 낙찰자선정방법 1. 적격심사 2. 협상에의한계약 3. 최저가낙찰제 4. 규격가격분리 5. 2단계 경쟁입찰 6. 기타 ( ) 7. 해당없음	운영예산 산정 운영예산 산정 1. 내부산정 (지자체 자체적으로 산정) 2. 외부산정 (외부전문기관위탁 산정) 3. 내·외부 모두 산정 4. 산정 無 5. 해당없음	운영예산 산정 정산방법 1. 내부정산 (지자체 내부적으로 정산) 2. 외부정산 (외부전문기관위탁 정산) 3. 내·외부 모두 산정 4. 정산 無 5. 해당없음	성과평가 실시여부 1. 실시 2. 미실시 3. 향후 추진 4. 해당없음
3419	충남 청양군	양봉농가 벌꿀 저장용기 지원	74,000	산림축산과	9	6	7	8	7	1	1	1
3420	충남 청양군	조사료 생산 부속장비 지원	70,000	산림축산과	9	6	7	8	7	1	1	1
3421	충남 청양군	TMR 사료배합기 지원	25,000	산림축산과	9	6	7	8	7	1	1	1
3422	충남 청양군	조사료생산 경영체장비 지원	60,000	산림축산과	9	2	7	8	7	1	1	1
3423	충남 청양군	양돈농가 육성사업	30,000	산림축산과	9	6	7	8	7	1	1	1
3424	충남 청양군	양돈농가 육성사업	4,000,000	산림축산과	9	6	7	8	7	1	1	1
3425	충남 청양군	낙농시설 현대화	8,000	산림축산과	9	6	7	8	7	1	1	1
3426	충남 청양군	낙농시설 현대화	5,000	산림축산과	9	6	7	8	7	1	1	1
3427	충남 청양군	낙농시설 현대화	10,000	산림축산과	9	6	7	8	7	1	1	1
3428	충남 청양군	사슴농가 육성지원	2,500,000	산림축산과	9	6	7	8	7	1	1	1
3429	충남 청양군	곤충사육농가 기계장비 지원	10,000	산림축산과	9	6	7	8	7	1	1	1
3430	충남 청양군	염소산업 육성지원	7,600	산림축산과	9	6	7	8	7	1	1	1
3431	충남 청양군	축산농가 방역 인프라 지원사업	30,000	산림축산과	9	2	7	8	7	1	1	1
3432	충남 청양군	축산농가 소독시설지원	18,000	산림축산과	9	4	7	8	7	1	1	1
3433	충남 청양군	계란유통차량 지원	15,000	산림축산과	9	2	7	8	7	1	1	1
3434	충남 청양군	축산물 위생장비개선사업	1,750,000	산림축산과	9	4	7	8	7	1	1	1
3435	충남 청양군	신규 HACCP농가 등 시설장비 지원	10,000	산림축산과	9	4	7	8	7	1	1	1
3436	충남 청양군	농촌마을 공동급식 시설 개선	50,000	농촌공동체과	9	6	7	8	7	5	5	4
3437	충남 청양군	소규모 원예시설 장비지원	48,000	농촌공동체과	9	6	7	8	7	5	5	4
3438	충남 청양군	체험마을 편의시설 및 환경개선 지원	340,000	농촌공동체과	9	6	7	8	7	5	5	4
3439	충남 청양군	시설원예 스마트농업 확대기술 보급시범	25,000	농업기술센터	9	1	7	8	7	5	5	4
3440	충남 청양군	고품질 씨마늘 생산 자율교환 단지육성 시범	50,000	농업기술센터	9	1	7	8	7	5	5	4
3441	충남 청양군	시설원예 에너지 절감기술 시범	50,000	농업기술센터	9	1	7	8	7	5	5	4
3442	충남 청양군	바이오커튼 활용 돈사 냄새저감 종합기술 시범	200,000	농업기술센터	9	1	7	8	7	5	5	4
3443	충남 청양군	양념채소경쟁력강화시범	21,000	농업기술센터	9	2	7	8	7	5	5	4
3444	충남 청양군	경관조성국화확대보급시범	30,000	농업기술센터	9	2	7	8	7	5	5	4
3445	충남 청양군	구기자안정생산및상품성향상시범	28,000	농업기술센터	9	2	7	8	7	5	5	4
3446	충남 청양군	고추환경개선을통한안정생산기반구축시범	200,000	농업기술센터	9	2	7	8	7	5	5	4
3447	충남 청양군	벼 우량품종(삼광벼) 종자생산 자율교환 시범	9,500	농업기술센터	9	1	7	8	7	5	5	4
3448	충남 청양군	지역특성화 시범사업	60,000	농업기술센터	9	1	7	8	7	5	5	4
3449	충남 청양군	밭작물 안정생산단지 육성 시범	50,000	농업기술센터	9	1	7	8	7	5	5	4
3450	충남 청양군	작목별맞춤형안전관리실천	50,000	농업기술센터	9	2	7	8	7	5	5	4
3451	충남 청양군	농촌체험농장교육시설개선	50,000	농업기술센터	9	6	7	8	7	5	5	4
3452	충남 청양군	농촌교육농장육성	25,000	농업기술센터	9	6	7	8	7	5	5	4
3453	충남 청양군	농업인가공사업장품질향상시범	20,000	농업기술센터	9	6	7	8	7	5	5	4
3454	충남 청양군	농가형 가공상품화 창업기술지원	70,000	농업기술센터	9	6	7	8	7	5	5	4
3455	충남 청양군	치유체험관광팜조성	50,000	농업기술센터	9	6	7	8	7	5	5	4
3456	충남 청양군	품목별농업인연구회 협업경영 실천공모	49,000	농업기술센터	9	6	7	8	7	5	5	4
3457	충남 청양군	품목농업인연구회 산지조직화 모델시범	46,550	농업기술센터	9	6	7	8	7	5	5	4
3458	충남 청양군	품목농업인연구협의회 6차산업화 지원	8,000	농업기술센터	9	6	7	8	7	5	5	4
3459	충남 청양군	청년 4-H회원 영농 정착 지원	105,000	농업기술센터	9	6	7	8	7	5	5	4
3460	충남 청양군	청년농업인 농업전문 자격취득지원	5,000	농업기술센터	9	6	7	8	7	5	5	4
3461	충남 청양군	어린이집 전자출결시스템 지원	6,100	복지정책과	9	2	7	8	7	1	1	1
3462	충남 청양군	지역아동센터 환경개선 지원	11,320	복지정책과	9	2	7	8	7	1	1	1
3463	충남 청양군	운남석가옥 초가이엉잇기 사업	18,000	문화체육관광과	9	6	4	1	3	5	1	4

순번	시군구	지출명 (사업명)	2020년예산 (단위:천원/1년간)	담당자 (공무원)	민간이전 분류 (지방자치단체 세출예산 집행기준에 의거)	민간이전지출 근거 (지방보조금 관리기준 참고)	입찰방식			운영예산 산정		성과평가 실시여부
				담당부서	1. 민간경상사업보조(1) 2. 민간단체 법정운영비보조(2) 3. 민간행사사업보조(3) 4. 민간위탁금(4) 5. 사회복지시설 법정운영비보조(5) 6. 민간인위탁교육비(6) 7. 공기관등에대한경상적대행사업비(7) 8. 민간자본사업보조,자체재원(8) 9. 민간자본사업보조,이전재원(9) 10. 민간위탁사업비(10) 11. 공기관등에 대한 자본적 대행사업비(11)	1. 법률에 규정 2. 국고보조 재원(국가지정) 3. 용도 지정 기부금 4. 조례에 직접규정 5. 지자체가 권장하는 사업을 하는 공공기관 6. 시,도 정책 및 재정사정 7. 기타 8. 해당없음	계약체결방법 (경쟁형태) 1. 일반경쟁 2. 제한경쟁 3. 지명경쟁 4. 수의계약 5. 법정위탁 6. 기타 ( ) 7. 해당없음	계약기간 1. 1년 2. 2년 3. 3년 4. 4년 5. 5년 6. 기타 ( )년 7. 단기계약 (1년미만) 8. 해당없음	낙찰자선정방법 1. 적격심사 2. 협상에의한계약 3. 최저가낙찰제 4. 규격가격분리 5. 2단계 경쟁입찰 6. 기타 ( ) 7. 해당없음	운영예산 산정 1. 내부산정 (지자체 자체적으로 산정) 2. 외부산정 (외부전문기관위탁 산정) 3. 내·외부 모두 산정 4. 산정 無 5. 해당없음	정산방법 1. 내부정산 (지자체 내부적으로 정산) 2. 외부정산 (외부전문기관위탁 정산) 3. 내·외부 모두 산정 4. 정산 無 5. 해당없음	1. 실시 2. 미실시 3. 향후 추진 4. 해당없음
3464	충남 청양군	전통사찰 상수도 보수사업	40,000	문화체육관광과	9	6	4	1	3	5	1	4
3465	충남 청양군	사물인터넷활용 독거노인 건강안전 알림서비스	97,680	통합돌봄과	9	6	6(도계획)	8	7	1	1	2
3466	충남 청양군	경로당 화장실 안전시설 설치	117,136	통합돌봄과	9	6	4	7	7	1	1	2
3467	충남 청양군	장애인직업재활시설 기능보강	49,390	통합돌봄과	9	1	4	7	7	1	1	2
3468	충남 예산군	장애인거주시설공기청정기렌탈지원	2,100,000	주민복지과	9	2	7	8	7	1	1	4
3469	충남 예산군	노인복지시설 보수	295,000	주민복지과	9	5	4	1	7	5	1	1
3470	충남 예산군	노인요양원기능보강	21,789	주민복지과	9	5	7	1	7	1	1	1
3471	충남 예산군	어린이집전자출결시스템지원	15,100	주민복지과	9	1	7	8	7	5	5	4
3472	충남 예산군	도시가스공급사업보조금지원	705,000	경제과	9	7	7	8	7	1	1	4
3473	충남 예산군	배출가스 저감장치 부착사업	272,600	환경과	9	2	7	8	7	5	5	4
3474	충남 예산군	건설기계 저감장치 부착사업	50,000	환경과	9	2	7	8	7	5	5	4
3475	충남 예산군	PM-Nox 동시 저감장치 부착사업	300,000	환경과	9	2	7	8	7	5	5	4
3476	충남 예산군	전기자동차 민간보급사업	1,845,000	환경과	9	2	7	8	7	5	5	4
3477	충남 예산군	전기자동차 민간보급사업	513,000	환경과	9	2	7	8	7	5	5	4
3478	충남 예산군	전기이륜차 보급사업	46,000	환경과	9	2	7	8	7	5	5	4
3479	충남 예산군	가정용 저녹스 보일러 보급사업	15,000	환경과	9	2	7	8	7	5	5	4
3480	충남 예산군	저녹스버너 보급사업	22,930	환경과	9	2	7	8	7	5	5	4
3481	충남 예산군	어린이 통학차량 LPG차 전환 사업	30,000	환경과	9	2	7	8	7	5	5	4
3482	충남 예산군	수소연료전지차 보급사업	650,000	환경과	9	2	7	8	7	5	5	4
3483	충남 예산군	노후경유차조기폐차사업	932,640	환경과	9	2	7	8	7	5	5	4
3484	충남 예산군	LPG1톤화물차보조금지원사업	120,000	환경과	9	2	7	8	7	5	5	4
3485	충남 예산군	소규모사업장방지시설설치지원	850,500	환경과	9	2	7	8	7	5	5	4
3486	충남 예산군	주유소유증기회수설비설치지원사업	25,500	환경과	9	2	7	8	7	5	5	4
3487	충남 예산군	농촌마을공동급식시설지원	50,000	농정유통과	9	1	7	8	7	1	1	1
3488	충남 예산군	식량산업보완사업	100,000	농정유통과	9	6	7	8	7	1	1	1
3489	충남 예산군	농업용드론(무인항공기)지원사업	100,000	농정유통과	9	6	7	8	7	1	1	1
3490	충남 예산군	RPC집진시설개보수지원	770,000	농정유통과	9	2	7	8	7	1	1	1
3491	충남 예산군	들녘경영체사업다각화지원	800,000	농정유통과	9	2	7	8	7	3	3	1
3492	충남 예산군	통합및노후RPC시설장비지원	299,000	농정유통과	9	6	7	8	7	1	1	1
3493	충남 예산군	식량작물생산비절감지원	215,000	농정유통과	9	6	7	8	7	1	1	1
3494	충남 예산군	농업기계 등화장치 부착사업	30,000	농정유통과	9	2	7	8	7	1	1	1
3495	충남 예산군	논에 타작물 생산장비지원	60,000	농정유통과	9	6	7	8	7	1	1	1
3496	충남 예산군	친환경청년농부시설지원	160,000	농정유통과	9	6	7	8	7	1	1	1
3497	충남 예산군	과원전용 생력화기계 지원사업	500,000	농정유통과	9	6	7	8	7	1	1	1
3498	충남 예산군	원예작물 소형 저온저장고 지원사업	195,700	농정유통과	9	6	7	8	7	1	1	1
3499	충남 예산군	과수 명품화 육성사업	384,500	농정유통과	9	6	7	8	7	1	1	1
3500	충남 예산군	과수고품질시설현대화사업	98,925	농정유통과	9	2	7	8	7	1	1	1
3501	충남 예산군	친환경인삼 생산자재 지원사업	52,593	농정유통과	9	6	7	8	7	1	1	1
3502	충남 예산군	특용작물(인삼)생산시설현대화사업	194,000	농정유통과	9	2	7	8	7	1	1	1
3503	충남 예산군	유산균 토양발효농법 지원사업	175,000	농정유통과	9	6	7	8	7	1	1	1
3504	충남 예산군	원예시설 스마트폰 자동제어시스템 구축사업	30,000	농정유통과	9	6	7	8	7	1	1	1
3505	충남 예산군	중소원예농가 노후하우스 교체사업	325,000	농정유통과	9	6	7	8	7	1	1	1
3506	충남 예산군	시설원예 에너지절감시설 지원사업	146,843	농정유통과	9	2	7	8	7	1	1	1
3507	충남 예산군	화훼생산기반 경쟁력 강화사업	150,000	농정유통과	9	6	7	8	7	1	1	1
3508	충남 예산군	시설원예현대화품질개선사업	22,500	농정유통과	9	2	7	8	7	1	1	1

순번	시군구	지출명 (사업명)	2020년예산 (단위:천원/1년간)	담당자 (공무원)	민간이전 분류 (지방자치단체 세출예산 집행기준에 의거)	민간이전지출 근거 (지방보조금 관리기준 참고)	입찰방식			운영예산 산정		성과평가 실시여부
				담당부서	1. 민간경상사업보조(1) 2. 민간단체 법정운영비보조(2) 3. 민간행사사업보조(3) 4. 민간위탁금(4) 5. 사회복지시설 법정운영비보조(5) 6. 민간인위탁교육비(6) 7. 공기관등에대한경상적대행사업비(7) 8. 민간자본사업보조,자체재원(8) 9. 민간자본사업보조,이전재원(9) 10. 민간위탁사업비(10) 11. 공기관등에 대한 자본적 대행사업비(11)	1. 법률에 규정 2. 국고보조 재원(국가지정) 3. 용도 지정 기부금 4. 조례에 직접규정 5. 지자체가 권장하는 사업을 하는 공공기관 6. 시,도 정책 및 재정사정 7. 기타 8. 해당없음	계약체결방법 (경쟁형태) 1. 일반경쟁 2. 제한경쟁 3. 지명경쟁 4. 수의계약 5. 법정위탁 6. 기타 ( ) 7. 해당없음	계약기간 1. 1년 2. 2년 3. 3년 4. 4년 5. 5년 6. 기타 ( )년 7. 단기계약 (1년미만) 8. 해당없음	낙찰자선정방법 1. 적격심사 2. 협상에의한계약 3. 최저가낙찰제 4. 규격가격분리 5. 2단계 경쟁입찰 6. 기타 ( ) 7. 해당없음	운영예산 산정 1. 내부산정 (지자체 자체적으로 산정) 2. 외부산정 (외부전문기관위탁 산정) 3. 내·외부 모두 산정 4. 산정 無 5. 해당없음	정산방법 1. 내부정산 (지자체 내부적으로 정산) 2. 외부정산 (외부전문기관위탁 정산) 3. 내·외부 모두 산정 4. 정산 無 5. 해당없음	1. 실시 2. 미실시 3. 향후 추진 4. 해당없음
3509	충남 예산군	원예특용작물 생산시설 보완사업	395,000	농정유통과	9	6	7	8	7	1	1	1
3510	충남 예산군	원예작물 생력화장비 지원사업	132,000	농정유통과	9	6	7	8	7	1	1	1
3511	충남 예산군	원예작물 신소재 신농법 영농지원사업	100,000	농정유통과	9	6	7	8	7	1	1	1
3512	충남 예산군	조림	67,000	산림축산과	9	2	7	8	7	1	1	2
3513	충남 예산군	성형목탄환경개선사업	140,000	산림축산과	9	2	7	8	7	1	1	4
3514	충남 예산군	사슴농가 육성지원	12,500	산림축산과	9	6	7	8	7	1	1	2
3515	충남 예산군	염소산업육성지원	12,200	산림축산과	9	6	7	8	7	1	1	2
3516	충남 예산군	양계농가육성사업	77,850	산림축산과	9	6	7	8	7	1	1	2
3517	충남 예산군	양돈농가육성사업	164,000	산림축산과	9	6	7	8	7	1	1	2
3518	충남 예산군	축사낙뢰피해방지시설지원	15,000	산림축산과	9	6	7	8	7	1	1	2
3519	충남 예산군	양봉농가벌꿀저장용기지원	37,000	산림축산과	9	6	7	8	7	1	1	2
3520	충남 예산군	액비저장조지원	112,000	산림축산과	9	6	7	8	7	1	1	2
3521	충남 예산군	가축분뇨퇴액비화지원	40,000	산림축산과	9	6	7	8	7	1	1	2
3522	충남 예산군	가축분뇨처리시설지원	600,000	산림축산과	9	6	7	8	7	1	1	2
3523	충남 예산군	내포신도시축산농가악취저감시설지원	120,000	산림축산과	9	6	7	8	7	1	1	2
3524	충남 예산군	가축분뇨정화시설지원	56,000	산림축산과	9	6	7	8	7	1	1	2
3525	충남 예산군	가축분뇨처리시설악취저감지원사업	48,000	산림축산과	9	6	7	8	7	1	1	2
3526	충남 예산군	액비유통전문조직지원	320,000	산림축산과	9	6	7	8	7	1	1	2
3527	충남 예산군	공동퇴비장지원	140,000	산림축산과	9	6	7	8	7	1	1	2
3528	충남 예산군	축산농가소독시설지원	28,800	산림축산과	9	1	7	8	7	1	1	2
3529	충남 예산군	동물사체처리시설지원	12,500	산림축산과	9	1	7	8	7	1	1	2
3530	충남 예산군	동물복지축산농장인증지원	50,000	산림축산과	9	1	7	8	7	1	1	2
3531	충남 예산군	임산물생산유통지원	232,225	산림축산과	9	2	7	8	7	1	1	2
3532	충남 예산군	임산물생산단지규모화	100,401	산림축산과	9	2	7	8	7	1	1	2
3533	충남 예산군	친환경임산물재배관리	51,992	산림축산과	9	2	7	8	7	1	1	2
3534	충남 예산군	FTA대비 명품임산물 육성지원	8,129	산림축산과	9	2	7	8	7	1	1	2
3535	충남 예산군	산림작물생산기반조성	311,174	산림축산과	9	2	7	8	7	1	1	2
3536	충남 예산군	하수관거장비BTL임대료 시설임대료	1,723,000	수도과	9	2	6(BTL)	8	7	5	5	4
3537	전북 익산시	농촌자원 복합산업화사업	210,000	국가식품클러스터담당관	9	1	7	8	7	5	5	4
3538	전북 익산시	홀로그램콘텐츠 서비스지원센터 구축사업	800,000	투자유치과	9	6	7	8	7	1	1	3
3539	전북 익산시	홀로그램 기술개발 사업화 실증사업	1,360,000	투자유치과	9	6	7	8	7	1	2	3
3540	전북 익산시	중소기업 환경개선사업	297,187	투자유치과	9	4	7	7	7	3	3	1
3541	전북 익산시	뿌리기업 환경개선 지원사업	40,000	투자유치과	9	1	7	8	7	1	1	1
3542	전북 익산시	국가지정 및 등록문화재 보수정비	1,350,000	역사문화재과	9	2	6	1	6	3	1	2
3543	전북 익산시	무형문화재 전수시설 개선 지원사업	12,000	역사문화재과	9	4	7	7	7	1	1	3
3544	전북 익산시	향교시설 개선지원사업	30,000	역사문화재과	9	2	6	1	6	3	1	2
3545	전북 익산시	고도지구 주거환경 및 가로경관 개선 지원	1,400,000	역사문화재과	9	1, 2, 4	7	8	7	5	5	4
3546	전북 익산시	소규모 체육공간 설치보조사업	38,000	체육진흥과	9	4	7	8	7	5	5	4
3547	전북 익산시	사회복지시설 확충 및 기능보강	87,409	복지정책과	9	1	2	5	1	1	1	1
3548	전북 익산시	노숙인시설 기능보강사업	149,690	복지정책과	9	1	7	8	7	5	1	4
3549	전북 익산시	기부식품 등 제공사업 운영지원	20,000	복지정책과	9	4	7	8	7	1	1	1
3550	전북 익산시	노인요양시설확충(기능보강)사업	3,118,600	경로장애인과	9	7	1, 4	7	3	2	1	3
3551	전북 익산시	노인복지시설 기능보강	516,220	경로장애인과	9	4	4	7	7	1	1	3
3552	전북 익산시	장애인거주시설 기능보강	1,771,232	경로장애인과	9	1	7	8	7	1	3	4
3553	전북 익산시	장애인직업재활시설 기능보강	16,200	경로장애인과	9	1	4	1	7	1	1	1

순번	시군구	지출명 (사업명)	2020년예산 (단위:천원/1년간)	담당자 (공무원) 담당부서	민간이전 분류 (지방자치단체 세출예산 집행기준에 의거) 1. 민간경상사업보조(1) 2. 민간단체 법정운영비보조(2) 3. 민간행사사업보조(3) 4. 민간위탁금(4) 5. 사회복지시설 법정운영비보조(5) 6. 민간인위탁교육비(6) 7. 공기관등에대한경상적대행사업비(7) 8. 민간자본사업보조,자체재원(8) 9. 민간자본사업보조,이전재원(9) 10. 민간위탁사업비(10) 11. 공기관등에 대한 자본적 대행사업비(11)	민간이전지출 근거 (지방보조금 관리기준 참고) 1. 법률에 규정 2. 국고보조 재원(국가지정) 3. 용도 지정 기부금 4. 조례에 직접규정 5. 지자체가 권장하는 사업을 하는 공공기관 6. 시,도 정책 및 재정사정 7. 기타 8. 해당없음	입찰방식 계약체결방법 (경쟁형태) 1. 일반경쟁 2. 제한경쟁 3. 지명경쟁 4. 수의계약 5. 법정위탁 6. 기타 ( ) 7. 해당없음	입찰방식 계약기간 1. 1년 2. 2년 3. 3년 4. 4년 5. 5년 6. 기타 ( )년 7. 단기계약 (1년미만) 8. 해당없음	입찰방식 낙찰자선정방법 1. 적격심사 2. 협상에의한계약 3. 최저가낙찰제 4. 규격가격분리 5. 2단계 경쟁입찰 6. 기타 ( ) 7. 해당없음	운영예산 산정 운영예산 산정 1. 내부산정 (지자체 자체적으로 산정) 2. 외부산정 (외부전문기관 위탁 산정) 3. 내·외부 모두 산정 4. 산정 無 5. 해당없음	운영예산 산정 정산방법 1. 내부정산 (지자체 내부적으로 정산) 2. 외부정산 (외부전문기관 위탁 정산) 3. 내·외부 모두 산정 4. 정산 無 5. 해당없음	성과평가 실시여부 1. 실시 2. 미실시 3. 향후 추진 4. 해당없음
3554	전북 익산시	지역아동센터 환경개선 지원	150,000	아동복지과	9	2	7	8	7	5	5	1
3555	전북 익산시	어린이집 기능보강	236,424	아동복지과	9	2	7	8	7	5	5	4
3556	전북 익산시	다함께 돌봄센터 설치비 지원	207,591	아동복지과	9	2	7	8	7	5	5	4
3557	전북 익산시	한부모가족복지시설 기능보강	295,316	여성청소년과	9	2	7	8	7	5	5	4
3558	전북 익산시	여성농업인 편의장비 지원사업	38,400	미래농업과	9	4	7	8	7	1	1	1
3559	전북 익산시	쌀경쟁력제고사업	663,000	미래농업과	9	4	2, 4	7	1, 3	1	1	2
3560	전북 익산시	밭식량작물(논타작물)경쟁력 제고사업	216,000	미래농업과	9	1	2, 4	7	1, 3	1	1	3
3561	전북 익산시	친환경퇴비생산시설 현대화사업	120,000	미래농업과	9	2	2	7	1	3	1	4
3562	전북 익산시	들녘경영체 사업다각화 지원	168,982	미래농업과	9	1	2	7	1, 7	1	1	2
3563	전북 익산시	토양개량제 지원	840,610	미래농업과	9	2	6	8	7	3	1	4
3564	전북 익산시	유기질비료 지원	2,446,875	미래농업과	9	1	7	8	7	5	1	4
3565	전북 익산시	유기질비료 교체	30,000	미래농업과	9	4	7	8	7	5	1	4
3566	전북 익산시	유기농업자재 지원	229,000	미래농업과	9	1	7	8	7	5	1	4
3567	전북 익산시	유해 야생동물 포획시설 지원사업	1,320,000	미래농업과	9	2	6	8	7	3	1	4
3568	전북 익산시	친환경잡곡 생산유통 지원사업	309,888	미래농업과	9	2	2	7	1	3	1	1
3569	전북 익산시	환경친화형 농자재 지원사업	63,332	미래농업과	9	2	6	8	7	3	1	4
3570	전북 익산시	논 배수물꼬 설치사업	50,000	미래농업과	9	1	7	8	7	1	1	4
3571	전북 익산시	친환경농업기반구축사업	1,128,000	미래농업과	9	2	2	7	1	3	1	4
3572	전북 익산시	생생마을만들기 사후관리 단계	50,000	농촌활력과	9	1	7	8	7	1	1	2
3573	전북 익산시	소규모 6차산업화 사업	280,000	농촌활력과	9	1	7	8	7	1	1	2
3574	전북 익산시	권역(마을)단위 종합개발 운영관리지원	2,800,000	농촌개발	9	6	7	8	7	1	1	1
3575	전북 익산시	과수고품질시설현대화	115,078	농촌활력과	9	2	7	8	7	1	1	1
3576	전북 익산시	특용작물생산시설현대화	192,660	농촌활력과	9	2	7	8	7	1	1	1
3577	전북 익산시	특용작물(인삼)생산시설현대화 지원	66,423	농촌활력과	9	2	7	8	7	1	1	1
3578	전북 익산시	토종농작물 재배활성화 사업	23,400	농촌활력과	9	6	7	8	7	5	5	4
3579	전북 익산시	농업분야 에너지절감시설 지원	665,141	농촌활력과	9	2	7	8	7	1	1	1
3580	전북 익산시	시설원예현대화 지원	943,779	농촌활력과	9	2	7	8	7	1	1	1
3581	전북 익산시	지역특화품목비닐하우스지원사업	482,409	농촌활력과	9	6	7	8	7	1	1	1
3582	전북 익산시	원예분야 ICT 융복합 지원	471,056	농촌활력과	9	2	7	8	7	1	1	1
3583	전북 익산시	시설하우스 온풍난방기지원	31,200	농촌활력과	9	6	7	8	7	1	1	1
3584	전북 익산시	고추비가림재배시설 지원	110,877	농촌활력과	9	2	7	8	7	1	1	1
3585	전북 익산시	원예작물생산성향상지원사업	84,573	농촌활력과	9	6	7	8	7	1	1	1
3586	전북 익산시	청년희망(간편형)스마트팜 지원	320,096	농촌활력과	9	6	7	8	7	1	1	1
3587	전북 익산시	인공지능 LED 스마트팜 구축사업	95,291	농촌활력과	9	6	7	8	7	1	1	1
3588	전북 익산시	노지채소 생산기반구축사업	13,134	농촌활력과	9	6	7	8	7	1	1	1
3589	전북 익산시	농촌자원 복합산업화지원	75,000	농산유통과	9	1	7	8	7	1	1	1
3590	전북 익산시	저온유통체계구축	514,000	농산유통과	9	2	7	7	7	1	1	1
3591	전북 익산시	'20년 농산물산지유통센터(APC) 건립지원사업	1,980,000	농산유통과	9	2	7	7	7	1	1	1
3592	전북 익산시	농촌자원복합산업화지원	195,000	농산유통과	9	1	7	8	7	5	5	4
3593	전북 익산시	고품질쌀 유통활성화 사업	744,000	농산유통과	9	2	7	8	7	5	5	4
3594	전북 익산시	로컬푸드 활성화사업	37,800	농산유통과	9	4	7	8	7	1	1	1
3595	전북 익산시	고품질 축산물 생산사업	80,000	축산과	9	8	7	8	7	5	5	4
3596	전북 익산시	축산분야 ICT 융복합지원	1,094,900	축산과	9	8	7	8	7	5	5	4
3597	전북 익산시	양봉농가 꿀 생산장비 지원	12,000	축산과	9	8	7	8	7	5	5	4
3598	전북 익산시	축사시설 누전경보차단기 지원사업	16,550	축산과	9	8	7	8	7	5	5	4

순번	시군구	지출명 (사업명)	2020년예산 (단위:천원/1년간)	담당자 (공무원) 담당부서	민간이전 분류 (지방자치단체 세출예산 집행기준에 의거) 1. 민간경상사업보조(1) 2. 민간단체 법정운영비보조(2) 3. 민간행사사업보조(3) 4. 민간위탁금(4) 5. 사회복지시설 법정운영비보조(5) 6. 민간인위탁교육비(6) 7. 공기관등에대한경상적대행사업비(7) 8. 민간자본사업보조,자체재원(8) 9. 민간자본사업보조,이전재원(9) 10. 민간위탁사업비(10) 11. 공기관등에 대한 자본적 대행사업비(11)	민간이전지출 근거 (지방보조금 관리기준 참고) 1. 법률에 규정 2. 국고보조 재원(국가지정) 3. 용도 지정 기부금 4. 조례에 직접규정 5. 지자체가 권장하는 사업을 하는 공공기관 6. 시,도 정책 및 재정사정 7. 기타 8. 해당없음	입찰방식 계약체결방법 (경쟁형태) 1. 일반경쟁 2. 제한경쟁 3. 지명경쟁 4. 수의계약 5. 법정위탁 6. 기타 ( ) 7. 해당없음	입찰방식 계약기간 1. 1년 2. 2년 3. 3년 4. 4년 5. 5년 6. 기타 ( )년 7. 단기계약 (1년미만) 8. 해당없음	입찰방식 낙찰자선정방법 1. 적격심사 2. 협상에의한계약 3. 최저가낙찰제 4. 규격가격분리 5. 2단계 경쟁입찰 6. 기타 ( ) 7. 해당없음	운영예산 산정 운영예산 산정 1. 내부산정 (지자체 자체적으로 산정) 2. 외부산정 (외부전문기관위탁 산정) 3. 내·외부 모두 산정 4. 산정 無 5. 해당없음	운영예산 산정 정산방법 1. 내부정산 (지자체 내부적으로 정산) 2. 외부정산 (외부전문기관위탁 정산) 3. 내·외부 모두 산정 4. 정산 無 5. 해당없음	성과평가 실시여부 1. 실시 2. 미실시 3. 향후 추진 4. 해당없음
3599	전북 익산시	말벌퇴치장비지원사업	32,491	축산과	9	8	7	8	7	5	5	4
3600	전북 익산시	음용수질개선장비지원사업	54,000	축산과	9	8	7	8	7	5	5	4
3601	전북 익산시	폭염대비 가축사육환경개선	78,000	축산과	9	8	7	8	7	5	5	4
3602	전북 익산시	유용곤충사육 시범사육	25,000	축산과	9	8	7	8	7	5	5	4
3603	전북 익산시	양돈농가 생산성 제고사업	40,000	축산과	9	8	7	8	7	5	5	4
3604	전북 익산시	유용곤충 사육 지원	25,000	축산과	9	8	7	8	7	5	5	4
3605	전북 익산시	축사화재안전시스템 지원	22,400	축산과	9	8	7	8	7	5	5	4
3606	전북 익산시	흑염소 경쟁력 강화사업	10,050	축산과	9	8	7	8	7	5	5	4
3607	전북 익산시	유용곤충가공유통시설 지원사업	350,000	축산과	9	8	7	8	7	5	5	4
3608	전북 익산시	조사료 경영체 기계,장비 지원	240,000	축산과	9	8	7	8	7	5	5	4
3609	전북 익산시	사료자가배합장비지원	100,000	축산과	9	8	7	8	7	5	5	4
3610	전북 익산시	조사료 가공시설 지원	248,400	축산과	9	8	7	8	7	5	5	4
3611	전북 익산시	가축분뇨 퇴액비화	57,200	축산과	9	8	7	8	7	5	5	4
3612	전북 익산시	액비저장조 지원	84,000	축산과	9	8	7	8	7	5	5	4
3613	전북 익산시	가축분뇨 정화개보수 지원	160,000	축산과	9	8	7	8	7	5	5	4
3614	전북 익산시	착유세정수 정화처리시설 지원	85,690	축산과	9	8	7	8	7	5	5	4
3615	전북 익산시	축분고속발효시설지원	87,300	축산과	9	8	7	8	7	5	5	4
3616	전북 익산시	축산냄새심각지역 냄새저감사업	150,000	축산과	9	8	7	8	7	5	5	4
3617	전북 익산시	ICT기반 축산환경관리 시스템 사업	112,000	축산과	9	8	7	8	7	5	5	4
3618	전북 익산시	악취측정 ICT 기계장비설치사업	100,800	축산과	9	8	7	8	7	5	5	4
3619	전북 익산시	악취저감시설 지원	200,000	축산과	9	8	7	8	7	5	5	4
3620	전북 익산시	광역축산악취 개선사업	138,460	축산과	9	8	7	8	7	5	5	4
3621	전북 익산시	양식장 경쟁력 강화	37,800	축산과	9	8	7	8	7	5	5	4
3622	전북 익산시	자율관리어업 육성사업	144,000	축산과	9	8	7	8	7	5	5	4
3623	전북 익산시	내수면 양식장 시설현대화	76,800	축산과	9	8	7	8	7	5	5	4
3624	전북 익산시	양식장 스마트관리시스템 구축	8,117	축산과	9	8	7	8	7	5	5	4
3625	전북 익산시	양식장 폭염,한파 대비 지하수 개발 지원	7,667	축산과	9	8	7	8	7	5	5	4
3626	전북 익산시	수산물 유통시설 지원	4,200,000	축산과	9	8	7	8	7	5	5	4
3627	전북 익산시	구제역·AI차단방역시설사업	38,000	축산과	9	8	7	8	7	5	5	4
3628	전북 익산시	CCTV 등 방역 인프라 지원	226,382	축산과	9	8	7	8	7	5	5	4
3629	전북 익산시	깨끗하고 소득있는 축산물판매장 만들기 사업	35,000	축산과	9	8	7	8	7	5	5	4
3630	전북 익산시	살처분가축 이동식 처리장비	180,000	축산과	9	8	7	8	7	5	5	4
3631	전북 익산시	농장출입구 자동소독기 설치지원	8,000	축산과	9	8	7	8	7	5	5	4
3632	전북 익산시	친환경임산물재배관리	21,644	산림과	9	2	7	8	7	3	5	4
3633	전북 익산시	산림작물생산단지	206,539	산림과	9	2	7	8	7	3	5	4
3634	전북 익산시	임산물생산기반조성	6,650	산림과	9	2	7	8	7	3	5	4
3635	전북 익산시	임산물유통기반조성	11,650	산림과	9	2	7	8	7	3	5	4
3636	전북 익산시	임산물상품화지원	12,877	산림과	9	2	7	8	7	3	5	4
3637	전북 익산시	목재산업시설 현대화	120,000	산림과	9	2	7	8	7	5	5	4
3638	전북 익산시	목재펠릿보일러보급	39,200	산림과	9	2	7	8	7	3	1	4
3639	전북 익산시	야생동물피해예방사업	18,000	환경정책과	9	8	7	8	7	5	5	4
3640	전북 익산시	천연가스차량 구입비 보조	228,000	환경정책과	9	8	7	8	7	5	5	4
3641	전북 익산시	전기이륜차 보급사업	80,500	환경정책과	9	8	7	8	7	5	5	4
3642	전북 익산시	운행경유차 배출가스 저감사업	2,429,839	환경정책과	9	8	7	8	7	5	5	4
3643	전북 익산시	어린이통학차량의 LPG차 전환지원사업	433,329	환경정책과	9	8	7	8	7	5	5	4

순번	시군구	지출명 (사업명)	2020년예산 (단위:천원/1년간)	담당자 (공무원) 담당부서	민간이전 분류 (지방자치단체 세출예산 집행기준에 의거) 1. 민간경상사업보조(1) 2. 민간단체 법정운영비보조(2) 3. 민간행사사업보조(3) 4. 민간위탁금(4) 5. 사회복지시설 법정운영비보조(5) 6. 민간인위탁교육비(6) 7. 공기관등에대한경상적대행사업비(7) 8. 민간자본사업보조,자체재원(8) 9. 민간자본사업보조,이전재원(9) 10. 민간위탁사업비(10) 11. 공기관등에 대한 자본적 대행사업비(11)	민간이전지출 근거 (지방보조금 관리기준 참고) 1. 법률에 규정 2. 국고보조 재원(국가지정) 3. 용도 지정 기부금 4. 조례에 직접규정 5. 지자체가 권장하는 사업을 하는 공공기관 6. 시,도 정책 및 재정사정 7. 기타 8. 해당없음	입찰방식 계약체결방법 (경쟁형태) 1. 일반경쟁 2. 제한경쟁 3. 지명경쟁 4. 수의계약 5. 법정위탁 6. 기타 ( ) 7. 해당없음	입찰방식 계약기간 1. 1년 2. 2년 3. 3년 4. 4년 5. 5년 6. 기타 ( )년 7. 단기계약 (1년미만) 8. 해당없음	입찰방식 낙찰자선정방법 1. 적격심사 2. 협상에의한계약 3. 최저가낙찰제 4. 규격가격분리 5. 2단계 경쟁입찰 6. 기타 ( ) 7. 해당없음	운영예산 산정 운영예산 산정 1. 내부산정 (지자체 자체 적으로 산정) 2. 외부산정 (외부전문기관 위탁 산정) 3. 내·외부 모두 산정 4. 산정 無 5. 해당없음	운영예산 산정 정산방법 1. 내부정산 (지자체 내부적으로 정산) 2. 외부정산 (외부전문기관 위탁 정산) 3. 내·외부 모두 산정 4. 정산 無 5. 해당없음	성과평가 실시여부 1. 실시 2. 미실시 3. 향후 추진 4. 해당없음
3644	전북 익산시	LPG화물차 신차 구입	512,000	환경정책과	9	8	7	8	7	5	5	4
3645	전북 익산시	전기버스 구매 지원	286,880	환경정책과	9	8	7	8	7	5	5	4
3646	전북 익산시	노후경유차 조기폐차	2,445,120	환경정책과	9	8	7	8	7	5	5	4
3647	전북 익산시	전기자동차 구매 지원	2,550,000	환경정책과	9	8	7	8	7	5	5	4
3648	전북 익산시	전기화물차 구매지원	735,000	환경정책과	9	8	7	8	7	5	5	4
3649	전북 익산시	수소차 구매지원	3,504,000	환경정책과	9	8	7	8	7	5	5	4
3650	전북 익산시	가정용 저녹스보일러 보급사업	20,000	환경정책과	9	8	7	8	7	5	5	4
3651	전북 익산시	가정용 저녹스 보일러 보급사업	10,000	환경정책과	9	8	7	8	7	5	5	4
3652	전북 익산시	주유소 유증기 회수설비 설치지원	85,000	환경정책과	9	8	7	8	7	5	5	4
3653	전북 익산시	폭염취약계층 쿨루프 보급사업	52,000	환경정책과	9	8	7	8	7	5	5	4
3654	전북 익산시	악취방지시설 설치지원사업	260,000	환경관리과	9	4	7	8	7	2	2	3
3655	전북 익산시	소규모 영세사업장 방지시설 설치지원	5,849	환경관리과	9	2	7	8	7	2	2	4
3656	전북 익산시	행복콜버스 운영	75,000	교통행정과	9	2	7	8	7	5	1	4
3657	전북 익산시	여객자동차터미널 정비	40,000	교통행정과	9	1	1	7	3	5	1	4
3658	전북 익산시	저상버스도입 보조	366,556	교통행정과	9	2	7	8	7	1	1	4
3659	전북 익산시	음식점 등 시설개선 지원	49,000	위생과	9	8	7	8	7	5	5	4
3660	전북 익산시	모현동 옥창지구 새뜰마을 사업	56,500	도시재생과	9	8	7	8	7	5	5	4
3661	전북 익산시	도시재생 뉴딜사업	50,000	도시재생과	9	8	7	8	7	5	5	4
3662	전북 익산시	예쁜간판 꾸미기 사업	200,000	도로과	9	6	7	8	7	5	5	4
3663	전북 익산시	농촌생활 활력화	56,000	농촌지원과	9	2	7	8	7	5	5	4
3664	전북 익산시	청년창업농 주거환경 개선지원	25,000	농촌지원과	9	6	7	8	7	5	5	4
3665	전북 익산시	농기계 작업대행 지원	290,820	농촌지원과	9	1	7	8	7	5	5	4
3666	전북 익산시	농기계등화장치 부착지원	20,000	농촌지원과	9	1	7	8	7	5	5	4
3667	전북 익산시	농업 신기술 시범	60,000	농촌지원과	9	2	7	8	7	5	5	4
3668	전북 익산시	지역 활력화 작목 기반조성	230,000	농촌지원과	9	6	7	8	7	5	5	4
3669	전북 익산시	작목별 맞춤형 안전관리 실천시범	48,000	농촌지원과	9	2	7	8	7	5	5	4
3670	전북 익산시	농촌자원 복합산업화지원	40,000	농촌지원과	9	2	7	8	7	5	5	4
3671	전북 익산시	지역 활력화 작목 기반조성	45,000	농촌지원과	9	2	7	8	7	5	5	4
3672	전북 익산시	농업인가공사업장시설장비개선	150,000	농촌지원과	9	2	7	8	7	5	5	4
3673	전북 익산시	농업 신기술시범	872,000	기술보급과	9	2	7	8	7	1	1	1
3674	전북 익산시	소득작물분야 기술시범	182,400	기술보급과	9	6	7	8	7	1	1	1
3675	전북 익산시	지역활력화작목기반조성	318,000	기술보급과	9	6	7	8	7	1	1	1
3676	전북 익산시	작은도서관 조성지원	66,000	시립도서관	9	2	7	8	7	5	1	1
3677	전북 익산시	작은도서관 운영지원	57,000	시립도서관	9	1, 4	7	8	7	5	1	1
3678	전북 남원시	실상사 발굴지 정비계획 수립	100,000	문화예술과	9	1	7	8	7	5	5	4
3679	전북 남원시	남원 선국사 건칠아미타여래 건립 설계	38,000	문화예술과	9	1	7	8	7	5	5	4
3680	전북 남원시	대복사 칠성각 보수 및 주변정비	240,000	문화예술과	9	1	7	8	7	5	5	4
3681	전북 남원시	여성친화기업 환경개선사업	10,000	교육체육과	9	4	7	8	7	1	5	4
3682	전북 남원시	스마일빌 기능보강	1,661,785	주민복지과	9	1	7	8	7	5	5	4
3683	전북 남원시	스마일빌 상수관로 설치	40,000	주민복지과	9	1	7	8	7	5	5	4
3684	전북 남원시	편한세상 오수처리시설 개보수	46,000	주민복지과	9	1	7	8	7	1	5	4
3685	전북 남원시	평화의집 상수도 배관공사	20,000	주민복지과	9	1	7	8	7	1	5	4
3686	전북 남원시	편한세상 상수도 배관공사	10,000	주민복지과	9	1	7	8	7	1	5	4
3687	전북 남원시	가정폭력피해자 치료회복 프로그램	19,900	여성가족과	9	1	7	8	7	5	5	4
3688	전북 남원시	어린이집 기능보강	177,420	여성가족과	9	7	7	8	7	5	5	4

순번	시군구	지출명 (사업명)	2020년예산 (단위:천원/1년간)	담당자 (공무원) 담당부서	민간이전 분류 (지방자치단체 세출예산 집행기준에 의거) 1. 민간경상사업보조(1) 2. 민간단체 법정운영비보조(2) 3. 민간행사사업보조(3) 4. 민간위탁금(4) 5. 사회복지시설 법정운영비보조(5) 6. 민간인위탁교육비(6) 7. 공기관등에대한경상적대행사업비(7) 8. 민간자본사업보조,자체재원(8) 9. 민간자본사업보조,이전재원(9) 10. 민간위탁사업비(10) 11. 공기관등에 대한 자본적 대행사업비(11)	민간이전지출 근거 (지방보조금 관리기준 참고) 1. 법률에 규정 2. 국고보조 재원(국가지정) 3. 용도 지정 기부금 4. 조례에 직접규정 5. 지자체가 권장하는 사업을 하는 공공기관 6. 시,도 정책 및 재정사정 7. 기타 8. 해당없음	입찰방식 계약체결방법 (경쟁형태) 1. 일반경쟁 2. 제한경쟁 3. 지명경쟁 4. 수의계약 5. 법정위탁 6. 기타 ( ) 7. 해당없음	입찰방식 계약기간 1. 1년 2. 2년 3. 3년 4. 4년 5. 5년 6. 기타 ( )년 7. 단기계약 (1년미만) 8. 해당없음	입찰방식 낙찰자선정방법 1. 적격심사 2. 협상에의한계약 3. 최저가낙찰제 4. 규격가격분리 5. 2단계 경쟁입찰 6. 기타 ( ) 7. 해당없음	운영예산 산정 운영예산 산정 1. 내부산정 (지자체 자체적으로 산정) 2. 외부산정 (외부전문기관위탁 산정) 3. 내·외부 모두 산정 4. 산정 無 5. 해당없음	운영예산 산정 정산방법 1. 내부정산 (지자체 내부적으로 정산) 2. 외부정산 (외부전문기관위탁 정산) 3. 내·외부 모두 산정 4. 정산 無 5. 해당없음	성과평가 실시여부 1. 실시 2. 미실시 3. 향후 추진 4. 해당없음
3689	전북 남원시	교재교구비 지원	10,540	여성가족과	9	7	7	8	7	5	5	4
3690	전북 남원시	지역아동센터 환경개선 지원	59,290	여성가족과	9	1	7	8	7	1	5	4
3691	전북 남원시	경로당 기능보강	101,500	여성가족과	9	4	7	8	7	1	5	4
3692	전북 남원시	지리산노인복지센터 장비보강	60,000	여성가족과	9	1	7	8	7	1	5	4
3693	전북 남원시	경애원 화재안전창문 설치사업	20,000	여성가족과	9	1	7	8	7	1	5	4
3694	전북 남원시	효성의집 기능보강	20,000	여성가족과	9	1	7	8	7	1	5	4
3695	전북 남원시	마을기업 지정	80,000	일자리경제과	9	6	7	8	7	5	5	4
3696	전북 남원시	마을기업 고도화사업	50,000	일자리경제과	9	6	7	8	7	5	5	4
3697	전북 남원시	신재생에너지 주택지원	74,880	일자리경제과	9	1	7	8	7	1	5	4
3698	전북 남원시	단독주택 도시가스 확대공급	268,246	일자리경제과	9	1	7	8	7	1	5	4
3699	전북 남원시	중소기업환경개선	208,177	기업지원과	9	1	7	8	7	5	5	4
3700	전북 남원시	청년창업농 주거환경 개선 지원	15,000	농정과	9	4	7	8	7	5	5	4
3701	전북 남원시	여성농업인 농작업 편의장비 지원	36,800	농정과	9	4	7	8	7	5	5	4
3702	전북 남원시	생생농업인 헬스케어 지원	441,000	농정과	9	4	7	8	7	5	5	4
3703	전북 남원시	공동녹화장 지원사업	60,000	농정과	9	4	7	8	7	1	5	4
3704	전북 남원시	무인헬기 지원사업	96,000	농정과	9	4	7	8	7	1	5	4
3705	전북 남원시	소규모육묘장 지원사업	180,000	농정과	9	4	7	8	7	1	5	4
3706	전북 남원시	곡물건조기 지원사업	270,000	농정과	9	4	7	8	7	1	5	4
3707	전북 남원시	농기계 안전등화장치지원	27,000	농정과	9	1	7	8	7	1	5	4
3708	전북 남원시	귀농인의집 지원	30,000	농촌활력과	9	1	7	8	7	5	5	4
3709	전북 남원시	농식품기업 맞춤형 지원사업	488,000	농촌활력과	9	1	7	8	7	5	5	4
3710	전북 남원시	전통식품 체험시설 지원사업	140,000	농촌활력과	9	1	7	8	7	5	5	4
3711	전북 남원시	식품소재 및 반가공산업육성 지원	420,000	농촌활력과	9	1	7	8	7	5	5	4
3712	전북 남원시	수요자중심 소규모 6차산업화사업	140,000	농촌활력과	9	1	7	8	7	5	5	4
3713	전북 남원시	에너지 절감시설 지원	802,276	원예산업과	9	4	7	8	7	5	5	4
3714	전북 남원시	지역특화 품목비닐하우스 설치	453,433	원예산업과	9	4	7	8	7	5	5	4
3715	전북 남원시	지역특화시설 복숭아 명품화	308,446	원예산업과	9	4	7	8	7	5	5	4
3716	전북 남원시	시설원예현대화사업	2,164,494	원예산업과	9	1	7	8	7	5	5	4
3717	전북 남원시	고추비가림 재배시설지원	59,526	원예산업과	9	1	7	8	7	5	5	4
3718	전북 남원시	원예분야 ICT 융복합 지원사업	93,846	원예산업과	9	1	7	8	7	5	5	4
3719	전북 남원시	시설하우스온풍난방기지원	93,973	원예산업과	9	4	7	8	7	5	5	4
3720	전북 남원시	시설원예작물 하이베드개선사업	124,507	원예산업과	9	4	7	8	7	5	5	4
3721	전북 남원시	농산물 물류설비 표준화지원사업	205,221	원예산업과	9	1	7	8	7	5	5	4
3722	전북 남원시	농산물 상품화 기반구축사업	630,000	원예산업과	9	1, 4	7	8	7	5	5	4
3723	전북 남원시	우수농산물(GAP) 시설보완사업	150,000	원예산업과	9	1	7	8	7	5	5	4
3724	전북 남원시	GAP 농산물 포장재비 지원사업	125,400	원예산업과	9	1, 4	7	8	7	5	5	4
3725	전북 남원시	FTA과실생산시설 현대화	145,000	원예산업과	9	1	7	8	7	5	5	4
3726	전북 남원시	특용작물(인삼)생산시설현대화	59,968	원예산업과	9	1	7	8	7	5	5	4
3727	전북 남원시	유기질비료 지원사업	3,195,440	원예산업과	9	1	7	8	7	5	5	4
3728	전북 남원시	토양개량제 지원사업	1,015,420	원예산업과	9	1	7	8	7	5	5	4
3729	전북 남원시	유기농업자재 지원사업	18,000	원예산업과	9	1	7	8	7	5	5	4
3730	전북 남원시	환경친화형 농자재 지원	26,667	원예산업과	9	1	7	8	7	5	5	4
3731	전북 남원시	친환경농업 기반구축 사업	722,700	원예산업과	9	1	7	8	7	5	5	4
3732	전북 남원시	학교급식지원센터 시설·장비 지원사업	144,000	원예산업과	9	1	7	8	7	1	5	4
3733	전북 남원시	음용수질 개선장비 지원사업	18,000	축산과	9	1	7	8	7	5	5	4

순번	시군구	지출명 (사업명)	2020년예산 (단위:천원/1년간)	담당자 (공무원) 담당부서	민간이전 분류 (지방자치단체 세출예산 집행기준에 의거) 1. 민간경상사업보조(1) 2. 민간단체 법정운영비보조(2) 3. 민간행사사업보조(3) 4. 민간위탁금(4) 5. 사회복지시설 법정운영비보조(5) 6. 민간인위탁교육비(6) 7. 공기관등에대한경상적대행사업비(7) 8. 민간자본사업보조,자체재원(8) 9. 민간자본사업보조,이전재원(9) 10. 민간위탁사업비(10) 11. 공기관등에 대한 자본적 대행사업비(11)	민간이전지출 근거 (지방보조금 관리기준 참고) 1. 법률에 규정 2. 국고보조 재원(국가지정) 3. 용도 지정 기부금 4. 조례에 직접규정 5. 지자체가 권장하는 사업을 하는 공공기관 6. 시,도 정책 및 재정사정 7. 기타 8. 해당없음	입찰방식 계약체결방법 (경쟁형태) 1. 일반경쟁 2. 제한경쟁 3. 지명경쟁 4. 수의계약 5. 법정위탁 6. 기타 ( ) 7. 해당없음	입찰방식 계약기간 1. 1년 2. 2년 3. 3년 4. 4년 5. 5년 6. 기타 ( )년 7. 단기계약 (1년미만) 8. 해당없음	입찰방식 낙찰자선정방법 1. 적격심사 2. 협상에의한계약 3. 최저가낙찰제 4. 규격가격분리 5. 2단계 경쟁입찰 6. 기타 ( ) 7. 해당없음	운영예산 산정 운영예산 산정 1. 내부산정 (지자체 자체적으로 산정) 2. 외부산정 (외부전문기관위탁 산정) 3. 내·외부 모두 산정 4. 산정 無 5. 해당없음	운영예산 산정 정산방법 1. 내부정산 (지자체 내부적으로 정산) 2. 외부정산 (외부전문기관위탁 정산) 3. 내·외부 모두 산정 4. 정산 無 5. 해당없음	성과평가 실시여부 1. 실시 2. 미실시 3. 향후 추진 4. 해당없음
3734	전북 남원시	축산물 품질향상 지원사업	30,000	축산과	9	1	7	8	7	5	5	4
3735	전북 남원시	축산기자재 지원사업	42,000	축산과	9	1	7	8	7	5	5	4
3736	전북 남원시	가축 사양관리 개선 지원사업	97,000	축산과	9	1	7	8	7	5	5	4
3737	전북 남원시	착유시설 세척제 지원사업	22,050	축산과	9	1	7	8	7	5	5	4
3738	전북 남원시	친환경우유 생산기반 구축 지원사업	64,800	축산과	9	1	7	8	7	1	5	4
3739	전북 남원시	폭염 대비 가축사육 환경개선 지원사업	180,000	축산과	9	1	7	8	7	5	5	4
3740	전북 남원시	양봉농가 꿀 생산장비 지원사업	21,000	축산과	9	1	7	8	7	5	5	4
3741	전북 남원시	고품질 양봉기자재 지원사업	84,616	축산과	9	1	7	8	7	5	5	4
3742	전북 남원시	유용곤충 사육 지원사업	100,000	축산과	9	1	7	8	7	5	5	4
3743	전북 남원시	폭염스트레스 완화제 지원사업	31,740	축산과	9	1	7	8	7	5	5	4
3744	전북 남원시	축사시설 누전경보차단기 지원사업	12,500	축산과	9	1	7	8	7	5	5	4
3745	전북 남원시	토종벌 육성사업	14,700	축산과	9	1	7	8	7	5	5	4
3746	전북 남원시	곤충사료제조가공시설 지원사업	300,000	축산과	9	1	7	8	7	5	5	4
3747	전북 남원시	축산분야 ICT융복합확산사업	859,500	축산과	9	1	7	8	7	5	5	4
3748	전북 남원시	사료 자가배합장비 지원사업	60,000	축산과	9	1	7	8	7	5	5	4
3749	전북 남원시	옥수수 수확장비 지원사업	180,000	축산과	9	1	7	8	7	5	5	4
3750	전북 남원시	조사료 사일리지 제조비 지원사업	2,057,996	축산과	9	1	7	8	7	1	5	4
3751	전북 남원시	조사료 생산용 기계장비 지원사업	240,000	축산과	9	1	7	8	7	5	5	4
3752	전북 남원시	조사료용 종자구입 지원사업	443,333	축산과	9	1	7	8	7	5	5	4
3753	전북 남원시	가축분뇨 퇴액비화(개별시설) 지원사업	112,000	축산과	9	1	7	8	7	5	5	4
3754	전북 남원시	가축분뇨처리(액비저장조) 지원사업	56,000	축산과	9	1	7	8	7	5	5	4
3755	전북 남원시	가축분뇨 액비살포비 지원사업	260,000	축산과	9	1	7	8	7	1	5	4
3756	전북 남원시	착유세정수 정화처리시설 지원사업	51,690	축산과	9	1	7	8	7	5	5	4
3757	전북 남원시	가축분뇨공동자원화(에너지화) 지원사업	3,220,000	축산과	9	1	7	8	7	5	5	4
3758	전북 남원시	가축분뇨 퇴비살포비 지원	32,000	축산과	9	1	7	8	7	5	5	4
3759	전북 남원시	악취저감시설 지원사업	80,000	축산과	9	1	7	8	7	5	5	4
3760	전북 남원시	축분고속발효시설 지원사업	87,300	축산과	9	1	7	8	7	5	5	4
3761	전북 남원시	ICT기반 축산환경관리시스템 사업	11,200	축산과	9	1	7	8	7	5	5	4
3762	전북 남원시	젖소 대사질병 예방제 지원사업	24,480	축산과	9	7(가축방역실시요령)	7	8	7	5	5	4
3763	전북 남원시	돼지 유행성설사 예방백신 지원사업	15,000	축산과	9	1	7	8	7	5	5	4
3764	전북 남원시	송아지 설사병 예방백신 지원	26,280	축산과	9	7(가축방역실시요령)	7	8	7	5	5	4
3765	전북 남원시	돼지 회장염 예방백신 지원사업	23,040	축산과	9	7(가축방역실시요령)	7	8	7	5	5	4
3766	전북 남원시	돼지 부종병 예방백신 지원사업	75,680	축산과	9	7(가축방역실시요령)	7	8	7	5	5	4
3767	전북 남원시	구제역 예방접종 연속 주사기 지원	27,324	축산과	9	7(가축방역실시요령)	7	8	7	5	5	4
3768	전북 남원시	동물사체 처리기 지원사업	93,000	축산과	9	7(가축방역실시요령)	7	8	7	5	5	4
3769	전북 남원시	산란계농장 난좌 지원사업	14,490	축산과	9	1	7	8	7	5	5	4
3770	전북 남원시	축사 유해해충 구제사업	13,123	축산과	9	1	7	8	7	5	5	4
3771	전북 남원시	돼지써코바이러스 예방약품 지원사업	168,000	축산과	9	7(가축방역실시요령)	7	8	7	5	5	4
3772	전북 남원시	CCTV 등 방역 인프라 지원사업	180,000	축산과	9	1	7	8	7	5	5	4
3773	전북 남원시	깨끗하고 소득있는 축산물판매장 만들기사업	71,400	축산과	9	1	7	8	7	5	5	4
3774	전북 남원시	내수면 양식장 시설현대화사업	30,000	축산과	9	1	7	8	7	5	5	4
3775	전북 남원시	특용수 및 유휴토지조림	60,300	산림녹지과	9	4	7	8	7	1	5	4
3776	전북 남원시	임산물 생산기반조성	217,350	산림녹지과	9	1	7	8	7	1	5	4
3777	전북 남원시	임산물유통기반조성	152,150	산림녹지과	9	1	7	8	7	1	5	4
3778	전북 남원시	친환경임산물재배관리	297,760	산림녹지과	9	1	7	8	7	1	5	4

순번	시군구	지출명 (사업명)	2020년예산 (단위:천원/1년간)	담당자 (공무원) 담당부서	민간이전 분류 (지방자치단체 세출예산 집행기준에 의거) 1. 민간경상사업보조(1) 2. 민간단체 법정운영비보조(2) 3. 민간행사사업보조(3) 4. 민간위탁금(4) 5. 사회복지시설 법정운영비보조(5) 6. 민간인위탁교육비(6) 7. 공기관등에대한경상적대행사업비(7) 8. 민간자본사업보조,자체재원(8) 9. 민간자본사업보조,이전재원(9) 10. 민간위탁사업비(10) 11. 공기관등에 대한 자본적 대행사업비(11)	민간이전지출 근거 (지방보조금 관리기준 참고) 1. 법률에 규정 2. 국고보조 재원(국가지정) 3. 용도 지정 기부금 4. 조례에 직접규정 5. 지자체가 권장하는 사업을 하는 공공기관 6. 시,도 정책 및 재정사정 7. 기타 8. 해당없음	입찰방식 계약체결방법 (경쟁형태) 1. 일반경쟁 2. 제한경쟁 3. 지명경쟁 4. 수의계약 5. 법정위탁 6. 기타 ( ) 7. 해당없음	입찰방식 계약기간 1. 1년 2. 2년 3. 3년 4. 4년 5. 5년 6. 기타 ( )년 7. 단기계약 (1년미만) 8. 해당없음	입찰방식 낙찰자선정방법 1. 적격심사 2. 협상에의한계약 3. 최저가낙찰제 4. 규격가격분리 5. 2단계 경쟁입찰 6. 기타 ( ) 7. 해당없음	운영예산 산정 운영예산 산정 1. 내부산정 (지자체 자체적으로 산정) 2. 외부산정 (외부전문기관위탁 산정) 3. 내·외부 모두 산정 4. 산정 無 5. 해당없음	운영예산 산정 정산방법 1. 내부정산 (지자체 내부적으로 정산) 2. 외부정산 (외부전문기관위탁 정산) 3. 내·외부 모두 산정 4. 정산 無 5. 해당없음	성과평가 실시여부 1. 실시 2. 미실시 3. 향후 추진 4. 해당없음
3779	전북 남원시	산림작물생산단지조성	308,549	산림녹지과	9	1	7	8	7	1	5	4
3780	전북 남원시	백두대간 주민소득지원사업	188,625	산림녹지과	9	4	7	8	7	1	5	4
3781	전북 남원시	운행경유차 배출가스 저감사업	69,140	환경과	9	1	7	8	7	5	5	4
3782	전북 남원시	운행경유차 배출가스 저감사업	110,000	환경과	9	1	7	8	7	5	5	4
3783	전북 남원시	운행경유차 배출가스 저감사업	30,000	환경과	9	1	7	8	7	5	5	4
3784	전북 남원시	운행경유차 배출가스 저감사업	165,000	환경과	9	1	7	8	7	5	5	4
3785	전북 남원시	전기자동차 구매 지원	340,000	환경과	9	1	7	8	7	1	5	4
3786	전북 남원시	전기이륜차 구매 지원	11,500	환경과	9	1	7	8	7	1	5	4
3787	전북 남원시	저녹스버너 보급사업	16,695	환경과	9	1	7	8	7	4	5	4
3788	전북 남원시	소규모 사업장 방지시설 설치비 지원	900,000	환경과	9	1	7	8	7	4	5	4
3789	전북 남원시	가축분뇨배출시설 플라즈마 설치사업	80,000	환경과	9	4	7	8	7	1	5	4
3790	전북 남원시	가축분뇨배출시설 바이오커튼 설치사업	180,000	환경과	9	4	7	8	7	1	5	4
3791	전북 남원시	여객터미널 리모델링 공	15,200	교통과	9	1	7	8	7	4	5	4
3792	전북 남원시	한센정착촌 환경개선사업	17,000	보건소	9	1	7	8	7	4	5	4
3793	전북 남원시	음식점 등 시설개선 지원	70,000	보건소	9	1	7	8	7	4	5	4
3794	전북 남원시	지역특색농업 발굴 소득화 사업	50,000	농업기술센터	9	1	7	8	7	1	5	4
3795	전북 남원시	신기술 접목 차세대 영농인 육성 지원	100,000	농업기술센터	9	1	7	8	7	1	5	4
3796	전북 남원시	선도농업경영체 우수 모델화 사업	30,000	농업기술센터	9	1	7	8	7	1	5	4
3797	전북 남원시	농촌체험관광 품질향상 지원	24,000	농업기술센터	9	4	7	8	7	1	5	4
3798	전북 남원시	농촌자원 활용 기술 시범	32,000	농업기술센터	9	4	7	8	7	1	5	4
3799	전북 남원시	농식품 가공사업장 품질향상 지원	40,000	농업기술센터	9	4	7	8	7	1	5	4
3800	전북 남원시	농업인재해 안전마을 육성	35,000	농업기술센터	9	4	7	8	7	1	5	4
3801	전북 남원시	농촌어르신 복지실천 시범	45,000	농업기술센터	9	4	7	8	7	1	5	4
3802	전북 남원시	혼밥족 겨냥 시래기 간편 건나물 제품화 시범	60,000	농업기술센터	9	1	7	8	7	1	5	4
3803	전북 남원시	고품질 베이커리용 과일가공 시범	50,000	농업기술센터	9	1	7	8	7	1	5	4
3804	전북 남원시	농업인가공사업장시설장비개선	100,000	농업기술센터	9	4	7	8	7	1	5	4
3805	전북 남원시	오미자 가뭄극복을 위한 자동관수시설 시범	10,000	농업기술센터	9	1	7	8	7	4	5	4
3806	전북 남원시	화훼류 신소득화종 재배시범	30,000	농업기술센터	9	1	7	8	7	4	5	4
3807	전북 남원시	화훼 개화조절용 보온 및 전조시설 시범	40,000	농업기술센터	9	1	7	8	7	4	5	4
3808	전북 남원시	화훼류 수확 후 관리시설 지원	40,000	농업기술센터	9	1	7	8	7	4	5	4
3809	전북 남원시	토종벌 낭충봉아부패병 저항성 계통 증식보급 시범	35,000	농업기술센터	9	1	7	8	7	4	5	4
3810	전북 김제시	용봉사 대웅전 지붕보수 및 요사체보수	200,000	문화홍보축제실	9	2	7	8	7	5	5	4
3811	전북 김제시	원각사 요사체 해체보수	140,000	문화홍보축제실	9	2	7	8	7	5	5	4
3812	전북 김제시	청룡사(설법전,향로전,요사체)단청	360,000	문화홍보축제실	9	2	7	8	7	5	5	4
3813	전북 김제시	전통사찰 편의시설 지원사업	100,000	문화홍보축제실	9	6	7	8	7	5	5	4
3814	전북 김제시	전통사찰 편의시설 지원사업	100,000	문화홍보축제실	9	6	7	8	7	5	5	4
3815	전북 김제시	가력발전소 권역 지원사업	1,500,000	경제진흥과	9	7	7	8	7	1	1	4
3816	전북 김제시	중소기업 환경개선 사업	320,000	투자유치과	9	6	7	8	7	1	1	4
3817	전북 김제시	양식장 소독제지원	20,000	새만금해양과	9	8	7	8	7	5	5	4
3818	전북 김제시	양식장 경쟁력 강화	48,000	새만금해양과	9	8	7	8	7	5	5	4
3819	전북 김제시	내수면양식 청년 창업 붐업(Boom-up) 조성	21,000	새만금해양과	9	8	7	8	7	5	5	4
3820	전북 김제시	내수면 양식장 시설현대화	60,000	새만금해양과	9	8	7	8	7	5	5	4
3821	전북 김제시	양식장 폭염 한파 대비 지하수 개발지원	23,001	새만금해양과	9	8	7	8	7	5	5	4
3822	전북 김제시	수산물 유통시설 지원	8,400	새만금해양과	9	8	7	8	7	5	5	4
3823	전북 김제시	수산물 가공산업육성 지원	3,000,000	새만금해양과	9	8	7	8	7	5	5	4

순번	시군구	지출명 (사업명)	2020년예산 (단위:천원/1년간)	담당자 (공무원) 담당부서	민간이전 분류 (지방자치단체 세출예산 집행기준에 의거) 1. 민간경상사업보조(1) 2. 민간단체 법정운영비보조(2) 3. 민간행사사업보조(3) 4. 민간위탁금(4) 5. 사회복지시설 법정운영비보조(5) 6. 민간인위탁교육비(6) 7. 공기관등에대한경상적대행사업비(7) 8. 민간자본사업보조,자체재원(8) 9. 민간자본사업보조,이전재원(9) 10. 민간위탁사업비(10) 11. 공기관등에 대한 자본적 대행사업비(11)	민간이전지출 근거 (지방보조금 관리기준 참고) 1. 법률에 규정 2. 국고보조 재원(국가지정) 3. 용도 지정 기부금 4. 조례에 직접규정 5. 지자체가 권장하는 사업을 하는 공공기관 6. 시,도 정책 및 재정사정 7. 기타 8. 해당없음	입찰방식 계약체결방법 (경쟁형태) 1. 일반경쟁 2. 제한경쟁 3. 지명경쟁 4. 수의계약 5. 법정위탁 6. 기타 ( ) 7. 해당없음	입찰방식 계약기간 1. 1년 2. 2년 3. 3년 4. 4년 5. 5년 6. 기타 ( )년 7. 단기계약 (1년미만) 8. 해당없음	입찰방식 낙찰자선정방법 1. 적격심사 2. 협상에의한계약 3. 최저가낙찰제 4. 규격가격분리 5. 2단계 경쟁입찰 6. 기타 ( ) 7. 해당없음	운영예산 산정 운영예산 산정 1. 내부산정 (지자체 자체 적으로 산정) 2. 외부산정 (외부전문기관 위탁 산정) 3. 내·외부 모두 산정 4. 산정 無 5. 해당없음	운영예산 산정 정산방법 1. 내부정산 (지자체 내부적으로 정산) 2. 외부정산 (외부전문기관 위탁 정산) 3. 내·외부 모두 산정 4. 정산 無 5. 해당없음	성과평가 실시여부 1. 실시 2. 미실시 3. 향후 추진 4. 해당없음
3824	전북 김제시	소형어선 안전장비 지원	8,400	새만금해양과	9	8	7	8	7	5	5	4
3825	전북 김제시	김제사회복지관 기능보강	21,905	주민복지과	9	6	7	8	7	1	1	1
3826	전북 김제시	상리경로당 장애인용 계단설치	9,600	여성가족과	9	4	7	8	7	5	1	4
3827	전북 김제시	경로당 기능보강 및 개보수사업	243,197	여성가족과	9	4	7	8	7	5	1	4
3828	전북 김제시	지역아동센터 환경개선지원	30,000	여성가족과	9	2	4	1	1	5	1	4
3829	전북 김제시	어린이집 기능보강	60,000	여성가족과	9	2	7	8	7	5	1	4
3830	전북 김제시	어린이집 전자출결시스템 지원	21,750	여성가족과	9	2	7	8	7	5	1	4
3831	전북 김제시	국공립 어린이집 확충사업	220,000	여성가족과	9	2	7	8	7	5	1	4
3832	전북 김제시	여성친화기업 환경개선사업	10,000	여성가족과	9	2	7	8	7	1	1	4
3833	전북 김제시	원평공용버스터미널 정비사업	80,000	교통행정과	9	6	1	7	7	5	1	4
3834	전북 김제시	탈취탑 설치 지원	130,000	환경과	9	6	7	8	7	5	5	4
3835	전북 김제시	플라즈마 설치 지원	80,000	환경과	9	6	7	8	7	5	5	4
3836	전북 김제시	시설 밀폐화 설치 지원	214,830	환경과	9	6	7	8	7	5	5	4
3837	전북 김제시	노후 경유차 DPF 지원	69,140	환경과	9	2	7	8	7	5	5	4
3838	전북 김제시	PM, Nox 동시저감장치 지원	30,000	환경과	9	2	7	8	7	5	5	4
3839	전북 김제시	건설기계 DPF 지원	110,000	환경과	9	2	7	8	7	5	5	4
3840	전북 김제시	건설기계 엔진교체 지원	165,000	환경과	9	2	7	8	7	5	5	4
3841	전북 김제시	LPG화물차 구입 지원	80,000	환경과	9	2	7	8	7	5	5	4
3842	전북 김제시	전기승용차 구매 지원	340,000	환경과	9	2	7	8	7	5	5	4
3843	전북 김제시	LPG차량 전환 지원	41,666	환경과	9	2	7	8	7	5	5	4
3844	전북 김제시	폭염 취약계층 쿨루프 보급사업	48,000	환경과	9	6	7	8	7	5	5	4
3845	전북 김제시	전기화물차 구매지원	560,000	환경과	9	2	7	8	7	5	5	4
3846	전북 김제시	미세먼지 발생 불법행위 조사 및 감시	14,300	환경과	9	2	7	8	7	5	5	4
3847	전북 김제시	소규모 영세사업장 방지시설 설치지원	1,575,000	환경과	9	2	7	8	7	5	5	4
3848	전북 김제시	저녹스 버너 설치 지원	14,426	환경과	9	2	7	8	7	5	5	4
3849	전북 김제시	야생동물피해 예방사업	66,288	환경과	9	2	7	8	7	5	5	4
3850	전북 김제시	미생물 자동분사시설 설치	141,100	환경과	9	8	7	8	7	4	1	2
3851	전북 김제시	희망하우스 빈집재생사업	80,000	건축과	9	7	7	7	7	5	5	4
3852	전북 김제시	공동주택지원사업	30,000	건축과	9	4	7	8	7	5	5	4
3853	전북 김제시	농어촌 장애인주택 개조사업	125,400	건축과	9	7	7	7	7	5	5	4
3854	전북 김제시	도심 빈집정비 주민공간 조성사업	80,000	건축과	9	4	7	8	7	5	5	4
3855	전북 김제시	산림작물생산단지	9,502	공원녹지과	9	2	7	8	7	5	5	4
3856	전북 김제시	임산물상품화지원	4,197,000	공원녹지과	9	2	7	8	7	5	5	4
3857	전북 김제시	주택용 펠릿보일러 보급	5,600	공원녹지과	9	1	7	8	7	5	5	4
3858	전북 김제시	한센정착촌 환경개선 사업지원	28,000	보건위생과	9	6	7	8	7	5	1	4
3859	전북 김제시	한센간이양로주택 기능보강	133,350	보건위생과	9	2	7	8	7	5	1	4
3860	전북 김제시	음식점 등 시설개선 지원	56,000	보건위생과	9	6	7	8	7	5	5	4
3861	전북 김제시	여성농업인 농작업 편의장비 지원사업	41,600	농업정책과	9	6	7	8	7	5	5	4
3862	전북 김제시	기초단계	30,000	농업정책과	9	6	7	8	7	5	5	4
3863	전북 김제시	사후단계	50,000	농업정책과	9	6	7	8	7	5	5	4
3864	전북 김제시	소규모 6차산업화 사업	140,000	농업정책과	9	6	7	8	7	5	5	4
3865	전북 김제시	환경친화형 농자재지원사업	26,667	농업정책과	9	6	7	8	7	5	5	4
3866	전북 김제시	GAP 농산물 포장재비 지원사업	76,200	농업정책과	9	6	7	8	7	5	5	4
3867	전북 김제시	토량개량제 지원사업	1,964,171	농업정책과	9	2	7	8	7	5	5	4
3868	전북 김제시	유기질비료 지원사업	1,896,172	농업정책과	9	2	7	8	7	5	5	4

순번	시군구	지출명 (사업명)	2020년예산 (단위:천원/1년간)	담당자 (공무원) 담당부서	민간이전 분류 (지방자치단체 세출예산 집행기준에 의거) 1. 민간경상사업보조(1) 2. 민간단체 법정운영비보조(2) 3. 민간행사사업보조(3) 4. 민간위탁금(4) 5. 사회복지시설 법정운영비보조(5) 6. 민간인위탁교육비(6) 7. 공기관등에대한경상적대행사업비(7) 8. 민간자본사업보조,자체재원(8) 9. 민간자본사업보조,이전재원(9) 10. 민간위탁사업비(10) 11. 공기관등에 대한 자본적 대행사업비(11)	민간이전지출 근거 (지방보조금 관리기준 참고) 1. 법률에 규정 2. 국고보조 재원(국가지정) 3. 용도 지정 기부금 4. 조례에 직접규정 5. 지자체가 권장하는 사업을 하는 공공기관 6. 시,도 정책 및 재정사정 7. 기타 8. 해당없음	입찰방식 계약체결방법 (경쟁형태) 1. 일반경쟁 2. 제한경쟁 3. 지명경쟁 4. 수의계약 5. 법정위탁 6. 기타 ( ) 7. 해당없음	입찰방식 계약기간 1. 1년 2. 2년 3. 3년 4. 4년 5. 5년 6. 기타 ( )년 7. 단기계약 (1년미만) 8. 해당없음	입찰방식 낙찰자선정방법 1. 적격심사 2. 협상에의한계약 3. 최저가낙찰제 4. 규격가격분리 5. 2단계 경쟁입찰 6. 기타 ( ) 7. 해당없음	운영예산 산정 운영예산 산정 1. 내부산정 (지자체 자체적으로 산정) 2. 외부산정 (외부전문기관위탁 산정) 3. 내·외부 모두 산정 4. 산정 無 5. 해당없음	운영예산 산정 정산방법 1. 내부정산 (지자체 내부적으로 정산) 2. 외부정산 (외부전문기관위탁 정산) 3. 내·외부 모두 산정 4. 정산 無 5. 해당없음	성과평가 실시여부 1. 실시 2. 미실시 3. 향후 추진 4. 해당없음
3869	전북 김제시	유기농업자재 지원사업	39,000	농업정책과	9	2	7	8	7	5	5	4
3870	전북 김제시	농업용 방제드론	216,000	농업정책과	9	6	7	8	7	5	5	4
3871	전북 김제시	소규모육묘장	330,000	농업정책과	9	6	7	8	7	5	5	4
3872	전북 김제시	광역방제기	84,000	농업정책과	9	6	7	8	7	5	5	4
3873	전북 김제시	밭작물 경쟁력 제고사업	432,000	농업정책과	9	6	7	8	7	5	5	4
3874	전북 김제시	농업기계 등화장치 부착 지원사업	20,000	농업정책과	9	2	7	8	7	5	5	4
3875	전북 김제시	들녘 경영체 육성사업	3,141,000	농업정책과	9	2	7	8	7	5	5	4
3876	전북 김제시	들녘경영체 사업다각화사업	1,080,000	농업정책과	9	2	7	8	7	5	5	4
3877	전북 김제시	논타작물 단지화 시설장비 지원사업	900,000	농업정책과	9	2	7	8	7	5	5	4
3878	전북 김제시	농업에너지이용 효율화사업	633,688	농업정책과	9	2	7	8	7	5	5	4
3879	전북 김제시	시설원예 현대화사업	748,345	농업정책과	9	1	7	8	7	5	5	4
3880	전북 김제시	시설원예 현대화사업	217,000	농업정책과	9	1	7	8	7	5	5	4
3881	전북 김제시	시설하우스 온풍난방기 지원사업	129,807	농업정책과	9	1	7	8	7	5	5	4
3882	전북 김제시	과수고품질시설 현대화사업	370,064	농업정책과	9	2	7	8	7	5	5	4
3883	전북 김제시	과수 ICT융복합 확산지원사업	9,850	농업정책과	9	2	7	8	7	5	5	4
3884	전북 김제시	고추비가림 재배시설 지원사업	75,395	농업정책과	9	2	7	8	7	5	5	4
3885	전북 김제시	식품클러스터 ICT 스마트팜연계생산기반구축사업	834,113	농업정책과	9	2	7	8	7	5	5	4
3886	전북 김제시	시설원예 ICT 융복합 확산사업	586,185	농업정책과	9	2	7	8	7	5	5	4
3887	전북 김제시	청년희망(간편형)스마트팜 확산사업	299,660	농업정책과	9	2	7	8	7	5	5	4
3888	전북 김제시	인삼 생산시설 현대화사업	125,579	농업정책과	9	1	7	8	7	5	5	4
3889	전북 김제시	버섯시설 현대화 지원사업	34,617	농업정책과	9	1	7	8	7	5	5	4
3890	전북 김제시	원예작물 하이배드 개선사업	195,728	농업정책과	9	2	7	8	7	5	5	4
3891	전북 김제시	밭작물 공동경영체 육성지원사업	630,000	농업정책과	9	1	7	8	7	5	5	4
3892	전북 김제시	노지채소 생산기반 구축지원사업	1,208,000	농업정책과	9	1	7	8	7	5	5	4
3893	전북 김제시	향토산업 육성사업	566,400	먹거리유통과	9	2	2	1	2	5	3	1
3894	전북 김제시	향토산업육성사업	233,600	먹거리유통과	9	2	2	1	2	5	3	1
3895	전북 김제시	전북쌀 Rice-up 프로젝트	910,000	먹거리유통과	9	1	2	1	2	1	1	1
3896	전북 김제시	미곡종합처리장(RPC) 집진시설 개보수 사업	700,000	먹거리유통과	9	2	2	1	2	1	1	2
3897	전북 김제시	농산물 물류설비 표준화 지원사업	148,500	먹거리유통과	9	1	7	8	7	1	3	1
3898	전북 김제시	농산물 상품화 기반구축 사업	900,000	먹거리유통과	9	1	7	8	7	1	3	1
3899	전북 김제시	농산물산지유통센터(APC)건립 지원사업	1,200,000	먹거리유통과	9	1	7	8	7	1	3	1
3900	전북 김제시	암소유전형질 개량사업	75,000	축산진흥과	9	1	7	8	7	1	1	4
3901	전북 김제시	암소유전형질 개량사업	27,000	축산진흥과	9	1	7	8	7	1	1	4
3902	전북 김제시	축산기자재 지원	100,000	축산진흥과	9	1	7	8	7	1	1	4
3903	전북 김제시	음용수질개선장비 지원	18,000	축산진흥과	9	1	7	8	7	1	1	4
3904	전북 김제시	축사 유해 해충구제 사업	2,539,000	축산진흥과	9	1	7	8	7	1	1	4
3905	전북 김제시	가축 사양관리개선 지원사업	90,000	축산진흥과	9	1	7	8	7	1	1	4
3906	전북 김제시	폭염대비 가축사육환경 개선	120,000	축산진흥과	9	1	7	8	7	1	1	4
3907	전북 김제시	우수종돈 농가 보급사업	50,000	축산진흥과	9	2	7	8	7	1	1	4
3908	전북 김제시	축산분야 ICT 융복합지원사업	1,250,100	축산진흥과	9	2	7	8	7	5	5	2
3909	전북 김제시	착유시설 세척제 지원	21,000	축산진흥과	9	1	7	8	7	1	1	4
3910	전북 김제시	고품질 양봉기자재 지원사업	40,082	축산진흥과	9	1	7	8	7	1	1	4
3911	전북 김제시	양봉농가 꿀 생산장비 지원	10,500	축산진흥과	9	1	7	8	7	1	1	4
3912	전북 김제시	토종벌 육성사업	4,500	축산진흥과	9	1	7	8	7	1	1	4
3913	전북 김제시	유용곤충 사육 시범사육	25,000	축산진흥과	9	1	7	8	7	1	1	4

순번	시군구	지출명 (사업명)	2020년예산 (단위:천원/1년간)	담당자 (공무원) 담당부서	민간이전 분류 (지방자치단체 세출예산 집행기준에 의거) 1. 민간경상사업보조(1) 2. 민간단체 법정운영비보조(2) 3. 민간행사사업보조(3) 4. 민간위탁금(4) 5. 사회복지시설 법정운영비보조(5) 6. 민간인위탁교육비(6) 7. 공기관등에대한경상적대행사업비(7) 8. 민간자본사업보조,자체재원(8) 9. 민간자본사업보조,이전재원(9) 10. 민간위탁사업비(10) 11. 공기관등에 대한 자본적 대행사업비(11)	민간이전지출 근거 (지방보조금 관리기준 참고) 1. 법률에 규정 2. 국고보조 재원(국가지정) 3. 용도 지정 기부금 4. 조례에 직접규정 5. 지자체가 권장하는 사업을 하는 공공기관 6. 시,도 정책 및 재정사정 7. 기타 8. 해당없음	입찰방식 계약체결방법 (경쟁형태) 1. 일반경쟁 2. 제한경쟁 3. 지명경쟁 4. 수의계약 5. 법정위탁 6. 기타 ( ) 7. 해당없음	입찰방식 계약기간 1. 1년 2. 2년 3. 3년 4. 4년 5. 5년 6. 기타 ( )년 7. 단기계약 (1년미만) 8. 해당없음	입찰방식 낙찰자선정방법 1. 적격심사 2. 협상에의한계약 3. 최저가낙찰제 4. 규격가격분리 5. 2단계 경쟁입찰 6. 기타 ( ) 7. 해당없음	운영예산 산정 운영예산 산정 1. 내부산정 (지자체 자체적으로 산정) 2. 외부산정 (외부전문기관 위탁 산정) 3. 내·외부 모두 산정 4. 산정 無 5. 해당없음	운영예산 산정 정산방법 1. 내부정산 (지자체 내부적으로 정산) 2. 외부정산 (외부전문기관 위탁 정산) 3. 내·외부 모두 산정 4. 정산 無 5. 해당없음	성과평가 실시여부 1. 실시 2. 미실시 3. 향후 추진 4. 해당없음
3914	전북 김제시	사슴 인공수정 지원	2,475,000	축산진흥과	9	1	7	8	7	1	1	4
3915	전북 김제시	안전장비 지원	2,000,000	축산진흥과	9	6	7	8	7	5	5	2
3916	전북 김제시	말산업 시설개선지원	4,000,000	축산진흥과	9	6	7	8	7	5	5	2
3917	전북 김제시	가금생산성향상 시스템지원	12,000	축산진흥과	9	6	7	8	7	5	5	2
3918	전북 김제시	흑염소 경쟁력 강화	9,450	축산진흥과	9	1	7	8	7	1	1	4
3919	전북 김제시	친환경 우유생산 기반구축	43,200	축산진흥과	9	1	7	8	7	1	1	4
3920	전북 김제시	축사화재 안전시스템 지원사업	9,600	축산진흥과	9	1	7	8	7	1	1	4
3921	전북 김제시	돼지 써코바이러스 예방약품	397,200	축산진흥과	9	2	7	8	7	1	1	4
3922	전북 김제시	가금농가 질병관리 지원	168,000	축산진흥과	9	2	7	8	7	1	1	4
3923	전북 김제시	돼지소모성질환 지도지원	72,000	축산진흥과	9	2	7	8	7	1	1	4
3924	전북 김제시	살처분가축 이동식 처리장비	180,000	축산진흥과	9	2	2	7	1, 3	1	1	4
3925	전북 김제시	CCTV 등 방역 인프라 지원사업	211,000	축산진흥과	9	2	7	8	7	1	1	4
3926	전북 김제시	젖소대사 질병예방제 지원	12,240	축산진흥과	9	2	7	8	7	1	1	4
3927	전북 김제시	동물 사체처리시설 지원	46,500	축산진흥과	9	6	7	8	7	1	1	4
3928	전북 김제시	농장 출입구 자동소독기 설치지원	10,000	축산진흥과	9	6	7	8	7	1	1	4
3929	전북 김제시	구제역 예방접종 연속주사기 지원	37,719	축산진흥과	9	6	7	8	7	1	1	4
3930	전북 김제시	도축(계)장 상시 소독시설 설치지원	50,000	축산진흥과	9	6	2	7	1	1	1	4
3931	전북 김제시	산란계농장 난좌지원	190,680	축산진흥과	9	6	7	8	7	1	1	4
3932	전북 김제시	시군 거점 축산물 산지가공 유통시설 구축	490,000	축산진흥과	9	6	2	7	1, 3	1	1	4
3933	전북 김제시	깨끗하고 소득있는 축산물판매장 만들기 사업	133,700	축산진흥과	9	6	2	7	1, 3	1	1	4
3934	전북 김제시	축산물 HACCP 컨설팅 지원사업	56,000	축산진흥과	9	6	7	8	7	1	1	4
3935	전북 김제시	악취저감시설 지원사업	180,000	축산진흥과	9	2	7	7	7	1	1	4
3936	전북 김제시	환경 친화적 가축분뇨 처리사업	24,000	축산진흥과	9	2	7	7	7	1	1	4
3937	전북 김제시	축산 환경개선 사업	28,700	축산진흥과	9	2	7	7	7	1	1	4
3938	전북 김제시	착유 세정수 정화처리시설 지원	34,460	축산진흥과	9	2	7	7	7	1	1	4
3939	전북 김제시	축산냄새 심각지역 냄새 저감사업	57,400	축산진흥과	9	2	7	7	7	1	1	4
3940	전북 김제시	축산 환경개선 지도 지원사업	45,000	축산진흥과	9	2	7	7	7	1	1	4
3941	전북 김제시	ICT기반 축산환경관리 시스템사업	291,200	축산진흥과	9	2	7	7	7	1	1	4
3942	전북 김제시	가축분뇨 퇴액비화 지원사업	118,000	축산진흥과	9	2	7	7	7	1	1	4
3943	전북 김제시	액비유통센터 지원사업	160,000	축산진흥과	9	2	7	7	7	1	1	4
3944	전북 김제시	액비 저장조(개보수) 지원	37,800	축산진흥과	9	2	7	7	7	5	5	4
3945	전북 김제시	액비 저장조(신규) 지원	70,000	축산진흥과	9	2	7	7	7	5	5	4
3946	전북 김제시	가축분뇨 정화개보수 지원	65,000	축산진흥과	9	2	7	7	7	5	5	4
3947	전북 김제시	가축분뇨 부숙도판정기 지원	30,000	축산진흥과	9	2	7	7	7	1	1	4
3948	전북 김제시	액비 성분분석기 지원사업	37,000	축산진흥과	9	2	7	7	7	1	1	4
3949	전북 김제시	퇴비유통 전문조직 지원	500,000	축산진흥과	9	6	7	7	7	1	1	4
3950	전북 김제시	축분고속 발효시설 지원	174,300	축산진흥과	9	2	7	7	7	5	5	4
3951	전북 김제시	사료자가 배합장비 지원	100,000	축산진흥과	9	6	7	8	7	1	1	4
3952	전북 김제시	지평선한우 섬유질사료 포장재 지원	56,000	축산진흥과	9	4	2	7	3	1	1	1
3953	전북 김제시	조사료 경영체 장비 지원	120,000	축산진흥과	9	2	2, 4	7	1, 3	1	1	4
3954	전북 김제시	조사료 전문단지 장비 지원	150,000	축산진흥과	9	2	2, 4	7	1, 3	1	1	4
3955	전북 김제시	조사료 종자구입 지원	126,000	축산진흥과	9	2	7	8	7	1	1	4
3956	전북 김제시	조사료 전문단지 종자구입 지원	209,488	축산진흥과	9	2	7	8	7	1	1	4
3957	전북 김제시	선도농업경영체 우수모델화 사업	60,000	농촌지원과	9	6	1	7	1	1	1	1
3958	전북 김제시	신기술 접목 차세대 영농인육성	98,000	농촌지원과	9	6	1	7	1	3	3	1

순번	시군구	지출명 (사업명)	2020년예산 (단위:천원/1년간)	담당자 (공무원) 담당부서	민간이전 분류 (지방자치단체 세출예산 집행기준에 의거) 1. 민간경상사업보조(1) 2. 민간단체 법정운영비보조(2) 3. 민간행사사업보조(3) 4. 민간위탁금(4) 5. 사회복지시설 법정운영비보조(5) 6. 민간인위탁교육비(6) 7. 공기관등에대한경상적대행사업비(7) 8. 민간자본사업보조,자체재원(8) 9. 민간자본사업보조,이전재원(9) 10. 민간위탁사업비(10) 11. 공기관등에 대한 자본적 대행사업비(11)	민간이전지출 근거 (지방보조금 관리기준 참고) 1. 법률에 규정 2. 국고보조 재원(국가지정) 3. 용도 지정 기부금 4. 조례에 직접규정 5. 지자체가 권장하는 사업을 하는 공공기관 6. 시,도 정책 및 재정사정 7. 기타 8. 해당없음	입찰방식 계약체결방법 (경쟁형태) 1. 일반경쟁 2. 제한경쟁 3. 지명경쟁 4. 수의계약 5. 법정위탁 6. 기타 ( ) 7. 해당없음	입찰방식 계약기간 1. 1년 2. 2년 3. 3년 4. 4년 5. 5년 6. 기타 ( )년 7. 단기계약 (1년미만) 8. 해당없음	입찰방식 낙찰자선정방법 1. 적격심사 2. 협상에의한계약 3. 최저가낙찰제 4. 규격가격분리 5. 2단계 경쟁입찰 6. 기타 ( ) 7. 해당없음	운영예산 산정 운영예산 산정 1. 내부산정 (지자체 자체적으로 산정) 2. 외부산정 (외부전문기관 위탁 산정) 3. 내·외부 모두 산정 4. 산정 無 5. 해당없음	운영예산 산정 정산방법 1. 내부정산 (지자체 내부적으로 정산) 2. 외부정산 (외부전문기관 위탁 정산) 3. 내·외부 모두 산정 4. 정산 無 5. 해당없음	성과평가 실시여부 1. 실시 2. 미실시 3. 향후 추진 4. 해당없음
3959	전북 김제시	농식품 가공사업장 품질향상지원	40,000	농촌지원과	9	6	1	7	1	1	1	1
3960	전북 김제시	농촌자원활용 기술시범 사업	32,000	농촌지원과	9	6	1	7	1	1	1	1
3961	전북 김제시	작목별 맞춤형 안전관리 실천시범	42,500	농촌지원과	9	2	1	7	1	1	1	1
3962	전북 김제시	농업인 재해 안전마을 육성	40,000	농촌지원과	9	6	1	7	1	1	1	1
3963	전북 김제시	효소처리 농식품 가공 소재화시범	60,000	농촌지원과	9	2	1	7	1	1	1	1
3964	전북 김제시	소규모 가공창업장 판촉지원	15,000	농촌지원과	9	6	1	7	1	1	1	1
3965	전북 김제시	진로탐색 농촌체험장 운영지원	40,000	농촌지원과	9	6	1	7	1	1	1	1
3966	전북 김제시	농촌자원 활용 치유농장 육성사업	100,000	농촌지원과	9	6	1	7	1	1	1	1
3967	전북 김제시	농업인 가공사업장 시설장비개선	150,000	농촌지원과	9	6	1	7	1	1	1	1
3968	전북 김제시	귀농인 영농정착 지원	100,000	농촌지원과	9	7	7	8	7	1	1	1
3969	전북 김제시	귀농창업활성화 지원	30,000	농촌지원과	9	2	7	8	7	1	1	2
3970	전북 김제시	도시민 농촌유치지원	6,000	농촌지원과	9	2	7	8	7	1	1	1
3971	전북 김제시	농산물디자인 개발 지원	12,000	농촌지원과	9	6	7	8	7	1	1	1
3972	전북 김제시	외래품종 대체 최고품질 벼생산공급 거점단지 육성	200,000	기술보급과	9	2	7	8	7	5	5	4
3973	전북 김제시	밭작물 신기술 선도단지 육성	204,000	기술보급과	9	2	7	8	7	5	5	4
3974	전북 김제시	용도별 맞춤형 특수미 생산단지 육성	200,000	기술보급과	9	4	7	8	7	5	5	4
3975	전북 김제시	논 이용 작부체계 개발 시범	70,000	기술보급과	9	4	7	8	7	5	5	4
3976	전북 김제시	드론활용 콩 병해충 방제기술 보급 시범	50,000	기술보급과	9	4	7	8	7	5	5	4
3977	전북 김제시	벼 안전생산 방제지원사업	560,000	기술보급과	9	4	7	8	7	5	5	4
3978	전북 김제시	고품질 우량 딸기묘 생산시범	24,000	기술보급과	9	2	7	8	7	5	5	4
3979	전북 김제시	길항균 이용 인삼 친환경 방제 기술 시범	50,000	기술보급과	9	2	7	8	7	5	5	4
3980	전북 김제시	이상고온 대응 시설채소 온도저감기술 시범	100,000	기술보급과	9	2	7	8	7	5	5	4
3981	전북 김제시	시설재배지 염류장해 해결위한 킬레이트제 활용기술	35,000	기술보급과	9	2	7	8	7	5	5	4
3982	전북 김제시	화훼류 신소득화종 시범재배	30,000	기술보급과	9	2	7	8	7	5	5	4
3983	전북 김제시	지역특색농업 발굴 소득화사업	50,000	기술보급과	9	2	7	8	7	5	5	4
3984	전북 김제시	딸기 상토 절감 화분재배 기술시범	18,000	기술보급과	9	2	7	8	7	5	5	4
3985	전북 김제시	화훼 개화조절용 보온 및 전조시설 시범	40,000	기술보급과	9	2	7	8	7	5	5	4
3986	전북 김제시	과수국내육성 신품종 비료 전시포 조성사업	70,000	기술보급과	9	2	7	8	7	5	5	4
3987	전북 김제시	유럽종 포도 글로벌 선도단지조성 기술시범	190,000	기술보급과	9	2	7	8	7	5	5	4
3988	전북 김제시	가금 왕겨자동살포 및 퇴비생력화시스템 보급 시범	70,000	기술보급과	9	2	7	8	7	5	5	4
3989	전북 김제시	시설 과수재배농가 스마트팜 기술시범	50,000	기술보급과	9	2	7	8	7	5	5	4
3990	전북 김제시	신소득작목 개발을 위한 체리 비가림생산 시범	200,000	기술보급과	9	2	7	8	7	5	5	4
3991	전북 김제시	시설과수 우수농산물 생산자 브랜드화 지원사업	15,000	기술보급과	9	6	7	8	7	5	5	4
3992	전북 김제시	작은도서관 자료구입	24,000	시립도서관	9	6	7	8	7	5	1	1
3993	전북 김제시	길보작은도서관 리모델링	140,000	시립도서관	9	2	7	8	7	5	1	4
3994	전북 김제시	죽산작은도서관 리모델링	140,000	시립도서관	9	2	7	8	7	5	1	4
3995	전북 김제시	검산작은도서관 리모델링	68,000	시립도서관	9	2	7	8	7	5	1	4
3996	전북 김제시	사립작은도서관 도서구입 지원	2,000,000	시립도서관	9	6	7	8	7	5	1	4
3997	전북 완주군	공동주택관리 지원사업	140,000	건축과	9	4	7	7	7	5	5	4
3998	전북 완주군	농어촌 장애인주택 개조사업	34,200	건축과	9	2	7	7	7	5	5	4
3999	전북 완주군	희망하우스 빈집재생사업	60,000	건축과	9	6	7	7	7	5	5	4
4000	전북 완주군	농촌 빈집 정비사업	300,000	건축과	9	1	7	7	7	5	5	4
4001	전북 완주군	소규모 기업환경 조성사업	122,163	일자리경제과	9	2	7	8	7	5	5	4
4002	전북 완주군	그린홈 100만호 지원사업	169,000	일자리경제과	9	2	7	8	7	5	5	4
4003	전북 완주군	수소연료전지차 보급사업	1,715,500	일자리경제과	9	2	7	8	7	5	5	4

순번	시군구	지출명 (사업명)	2020년예산 (단위:천원/1년간)	담당자 (공무원) 담당부서	민간이전 분류 (지방자치단체 세출예산 집행기준에 의거) 1. 민간경상사업보조(1) 2. 민간단체 법정운영비보조(2) 3. 민간행사사업보조(3) 4. 민간위탁금(4) 5. 사회복지시설 법정운영비보조(5) 6. 민간인위탁교육비(6) 7. 공기관등에대한경상적대행사업비(7) 8. 민간자본사업보조,자체재원(8) 9. 민간자본사업보조,이전재원(9) 10. 민간위탁사업비(10) 11. 공기관등에 대한 자본적 대행사업비(11)	민간이전지출 근거 (지방보조금 관리기준 참고) 1. 법률에 규정 2. 국고보조 재원(국가지정) 3. 용도 지정 기부금 4. 조례에 직접규정 5. 지자체가 권장하는 사업을 하는 공공기관 6. 시,도 정책 및 재정사정 7. 기타 8. 해당없음	입찰방식: 계약체결방법 (경쟁형태) 1. 일반경쟁 2. 제한경쟁 3. 지명경쟁 4. 수의계약 5. 법정위탁 6. 기타 ( ) 7. 해당없음	입찰방식: 계약기간 1. 1년 2. 2년 3. 3년 4. 4년 5. 5년 6. 기타 ( )년 7. 단기계약 (1년미만) 8. 해당없음	입찰방식: 낙찰자선정방법 1. 적격심사 2. 협상에의한계약 3. 최저가낙찰제 4. 규격가격분리 5. 2단계 경쟁입찰 6. 기타 ( ) 7. 해당없음	운영예산 산정: 운영예산 산정 1. 내부산정 (지자체 자체 적으로 산정) 2. 외부산정 (외부전문기관 위탁 산정) 3. 내·외부 모두 산정 4. 산정 無 5. 해당없음	운영예산 산정: 정산방법 1. 내부정산 (지자체 내부적 으로 정산) 2. 외부정산 (외부전문기관 위탁 정산) 3. 내·외부 모두 산정 4. 정산 無 5. 해당없음	성과평가 실시여부 1. 실시 2. 미실시 3. 향후 추진 4. 해당없음
4004	전북 완주군	LPG 소형저장탱크 보급사업	270,000	일자리경제과	9	2	7	8	7	5	5	4
4005	전북 완주군	벼 대체 사료작물 일괄재배시스템구축 시범사업계획	250,000	기술보급과	9	2	7	8	7	5	5	4
4006	전북 완주군	벼 대체 사료작물 일괄재배시스템구축 시범사업계획	50,000	기술보급과	9	2	7	8	7	5	5	4
4007	전북 완주군	농업에너지이용효율화사업	119,993	기술보급과	9	2	7	8	7	5	5	4
4008	전북 완주군	시설원예 현대화 지원사업	282,876	기술보급과	9	2	7	8	7	5	5	4
4009	전북 완주군	원예분야 ICT 융복합 지원사업	25,900	기술보급과	9	2	7	8	7	5	5	4
4010	전북 완주군	고추 비가림 재배시설 지원사업	194,150	기술보급과	9	2	7	8	7	5	5	4
4011	전북 완주군	지역특화품목 비닐하우스 지원사업	595,322	기술보급과	9	2	7	8	7	5	5	4
4012	전북 완주군	원예작물 하이베드 개선사업	10,201	기술보급과	9	2	7	8	7	5	5	4
4013	전북 완주군	시설하우스 온풍난방기 지원사업	75,030	기술보급과	9	6	7	8	7	5	5	4
4014	전북 완주군	청년희망 스마트팜 확산사업	122,080	기술보급과	9	6	7	8	7	5	5	4
4015	전북 완주군	지역활력화작목기반조성	20,000	기술보급과	9	2	7	8	7	5	5	4
4016	전북 완주군	농업신기술시범	50,000	기술보급과	9	2	7	8	7	5	5	4
4017	전북 완주군	농촌자원복합산업화지원	128,350	기술보급과	9	2	7	8	7	5	5	4
4018	전북 완주군	농업신기술시범	45,000	기술보급과	9	2	7	8	7	5	5	4
4019	전북 완주군	지역활력화작목기반조성	25,000	기술보급과	9	2	7	8	7	5	5	4
4020	전북 완주군	농업신기술시범	70,000	기술보급과	9	2	7	8	7	5	5	4
4021	전북 완주군	지역활력화작목기반조성	18,000	기술보급과	9	2	7	8	7	5	5	4
4022	전북 완주군	지역활력화작목기반조성	40,000	기술보급과	9	2	7	8	7	5	5	4
4023	전북 완주군	단동형 온실 동별 온수난방 시범	38,400	기술보급과	9	2	7	8	7	5	5	4
4024	전북 완주군	농업신기술시범	50,000	기술보급과	9	2	7	8	7	5	5	4
4025	전북 완주군	지역활력화작목기반조성	50,000	기술보급과	9	2	7	8	7	5	5	4
4026	전북 완주군	농업신기술시범	100,000	기술보급과	9	6	7	8	7	5	5	4
4027	전북 완주군	특용작물(버섯)생산시설 현대화 사업	219,788	기술보급과	9	2	7	8	7	5	5	4
4028	전북 완주군	특용작물(인삼)생산시설 현대화 사업	53,500	기술보급과	9	2	7	8	7	5	5	4
4029	전북 완주군	토양개량제 지원	502,011	기술보급과	9	2	7	8	7	5	5	4
4030	전북 완주군	유기질비료 지원	2,125,013	기술보급과	9	2	7	8	7	5	5	4
4031	전북 완주군	유기농업자재 지원	17,695	기술보급과	9	2	7	8	7	5	5	4
4032	전북 완주군	지역 활력화 작목 기반조성	100,000	농촌지원과	9	6	7	8	7	5	5	4
4033	전북 완주군	농가경영개선지원	36,000	농촌지원과	9	2	7	8	7	5	5	4
4034	전북 완주군	신기술 접목 차세대 영농인 육성	100,000	농촌지원과	9	6	7	8	7	5	5	4
4035	전북 완주군	품목 생산자 조직 경쟁력 제고시범	30,000	농촌지원과	9	6	7	8	7	5	5	4
4036	전북 완주군	2020년 청년창업농 주거환경 개선 지원 사업	10,000	농촌지원과	9	6	7	8	7	5	5	4
4037	전북 완주군	농촌체험관광 품질향상지원	24,000	농촌지원과	9	6	7	8	7	5	5	4
4038	전북 완주군	농촌노인 안전생활 활동지원	30,000	농촌지원과	9	6	7	8	7	5	5	4
4039	전북 완주군	지역활력화 작목기반조성	10,000	농촌지원과	9	6	7	8	7	5	5	4
4040	전북 완주군	지역활력화 작목기반조성	50,000	농촌지원과	9	6	7	8	7	5	5	4
4041	전북 완주군	농촌어르신 복지실천 시범	50,000	농촌지원과	9	6	7	8	7	5	5	4
4042	전북 완주군	작목별 맞춤형 안전관리 실천시범	50,000	농촌지원과	9	6	7	8	7	5	5	4
4043	전북 완주군	농경문화 소득화 모델구축 시범	200,000	농촌지원과	9	2	7	8	7	5	5	4
4044	전북 완주군	지역활력화 작목기반조성	30,000	농촌지원과	9	2	7	8	7	5	5	4
4045	전북 완주군	한발대비용수개발사업	321,250	재난안전과	9	4	7	8	7	5	5	4
4046	전북 완주군	마을기업 육성사업	80,000	사회적경제과	9	2	7	8	7	5	1	4
4047	전북 완주군	마을기업 고도화사업	40,000	사회적경제과	9	6	7	8	7	5	1	4
4048	전북 완주군	전북형 에너지자립마을 조성사업	70,400	사회적경제과	9	6	7	8	7	5	1	4

순번	시군구	지출명 (사업명)	2020년예산 (단위:천원/1년간)	담당자 (공무원) 담당부서	민간이전 분류 (지방자치단체 세출예산 집행기준에 의거) 1. 민간경상사업보조(1) 2. 민간단체 법정운영비보조(2) 3. 민간행사사업보조(3) 4. 민간위탁금(4) 5. 사회복지시설 법정운영비보조(5) 6. 민간인위탁교육비(6) 7. 공기관등에대한경상적대행사업비(7) 8. 민간자본사업보조,자체재원(8) 9. 민간자본사업보조,이전재원(9) 10. 민간위탁사업비(10) 11. 공기관등에 대한 자본적 대행사업비(11)	민간이전지출 근거 (지방보조금 관리기준 참고) 1. 법률에 규정 2. 국고보조 재원(국가지정) 3. 용도 지정 기부금 4. 조례에 직접규정 5. 지자체가 권장하는 사업을 하는 공공기관 6. 시,도 정책 및 재정사정 7. 기타 8. 해당없음	입찰방식 계약체결방법 (경쟁형태) 1. 일반경쟁 2. 제한경쟁 3. 지명경쟁 4. 수의계약 5. 법정위탁 6. 기타 ( ) 7. 해당없음	입찰방식 계약기간 1. 1년 2. 2년 3. 3년 4. 4년 5. 5년 6. 기타 ( )년 7. 단기계약 (1년미만) 8. 해당없음	입찰방식 낙찰자선정방법 1. 적격심사 2. 협상에의한계약 3. 최저가낙찰제 4. 규격가격분리 5. 2단계 경쟁입찰 6. 기타 ( ) 7. 해당없음	운영예산 산정 운영예산 산정 1. 내부산정 (지자체 자체적으로 산정) 2. 외부산정 (외부전문기관위탁 산정) 3. 내·외부 모두 산정 4. 산정 無 5. 해당없음	운영예산 산정 정산방법 1. 내부정산 (지자체 내부적으로 정산) 2. 외부정산 (외부전문기관위탁 정산) 3. 내·외부 모두 산정 4. 정산 無 5. 해당없음	성과평가 실시여부 1. 실시 2. 미실시 3. 향후 추진 4. 해당없음
4049	전북 완주군	어린이집 기능보강사업	150,000	교육아동복지과	9	1	7	8	7	5	1	4
4050	전북 완주군	어린이집 기능보강사업	35,115	교육아동복지과	9	1	7	8	7	5	1	4
4051	전북 완주군	한부모가족복지시설 기능보강	19,480	교육아동복지과	9	1	7	7	7	1	1	1
4052	전북 완주군	농식품 가공사업장 품질향상 지원	40,000	먹거리정책과	9	2	7	8	7	3	1	1
4053	전북 완주군	식품소재 및 반가공산업 육성	750,000	먹거리정책과	9	2	7	8	7	3	1	1
4054	전북 완주군	농식품기업 HACCP 컨설팅 지원사업	1,400,000	먹거리정책과	9	6	7	8	7	3	1	1
4055	전북 완주군	신기술시범보급사업	30,000	먹거리정책과	9	2	7	8	7	1	1	1
4056	전북 완주군	농업인 소규모 창업기술 시범	50,000	먹거리정책과	9	2	7	8	7	3	1	1
4057	전북 완주군	농식품기업 맞춤형 지원사업	121,000	먹거리정책과	9	2	7	8	7	3	1	1
4058	전북 완주군	전기자동차 구매 지원	2,260,000	환경과	9	2	7	8	7	5	5	4
4059	전북 완주군	전기이륜차 보급사업	11,500	환경과	9	2	7	8	7	5	5	4
4060	전북 완주군	어린이 통학차량 LPG차 전환 지원사업	83,332	환경과	9	2	7	8	7	5	5	4
4061	전북 완주군	야생동물 피해예방 사업	38,574	환경과	9	2	7	8	7	5	5	4
4062	전북 완주군	소규모 영세사업장 방지시설 지원사업	1,800,000	환경과	9	2	7	8	7	5	5	4
4063	전북 완주군	수목식재 악취저감 시범사업	23,000	환경과	9	4	7	8	7	5	5	4
4064	전북 완주군	기존 남녀공용화장실 분리	20,000	환경과	9	2	7	8	1	5	1	4
4065	전북 완주군	여성농업인 편의장비 지원사업	24,640	농업축산과	9	4	7	1	7	1	1	2
4066	전북 완주군	농산물 상품화 기반구축사업	852,750	농업축산과	9	4	1	1	3	3	1	1
4067	전북 완주군	농산물 물류설비 표준화 지원사업	226,261	농업축산과	9	4	1	1	3	3	1	1
4068	전북 완주군	GAP 시설보완사업	90,000	농업축산과	9	1	1	1	3	1	1	1
4069	전북 완주군	ICT 융복합 축사지원사업	246,000	농업축산과	9	1	7	8	7	5	5	4
4070	전북 완주군	가축 사양관리 개선 지원사업	28,000	농업축산과	9	1	7	8	7	5	5	4
4071	전북 완주군	고품질 양봉기자재 지원사업	113,250	농업축산과	9	1	7	8	7	5	5	4
4072	전북 완주군	고품질 축산물 생산지원사업	60,000	농업축산과	9	1	7	8	7	5	5	4
4073	전북 완주군	낙농헬퍼 지원사업	20,000	농업축산과	9	1	7	8	7	5	5	4
4074	전북 완주군	농업농촌자원복합산업화지원	25,600	농업축산과	9	1	7	8	7	5	5	4
4075	전북 완주군	사슴농가 인공수정 지원	8,250	농업축산과	9	1	7	8	7	5	5	4
4076	전북 완주군	신품종 벌 보급용 벌통지원사업	1,500,000	농업축산과	9	1	7	8	7	5	5	4
4077	전북 완주군	양봉농가 꿀생산장비 지원사업	21,000	농업축산과	9	1	7	8	7	5	5	4
4078	전북 완주군	음용수질 개선장비 지원	30,000	농업축산과	9	1	7	8	7	5	5	4
4079	전북 완주군	자가 사료배합장비 지원	80,000	농업축산과	9	1	7	8	7	5	5	4
4080	전북 완주군	재해예방 사육환경개선사업	66,000	농업축산과	9	1	7	8	7	5	5	4
4081	전북 완주군	조사료 경영체 기계장비지원	120,000	농업축산과	9	1	7	8	7	5	5	4
4082	전북 완주군	착유시설 세척제 지원	21,750	농업축산과	9	1	7	8	7	5	5	4
4083	전북 완주군	축사시설 누전경보 차단기지원	9,050	농업축산과	9	1	7	8	7	5	5	4
4084	전북 완주군	친환경 우유생산 기반구축	54,000	농업축산과	9	1	7	8	7	5	5	4
4085	전북 완주군	토종벌 육성사업	4,200,000	농업축산과	9	1	7	8	7	5	5	4
4086	전북 완주군	폭염스트레스 완화제지원	7,290	농업축산과	9	1	7	8	7	5	5	4
4087	전북 완주군	흑염소 경쟁력 강화사업	3,450,000	농업축산과	9	1	7	8	7	5	5	4
4088	전북 완주군	말산업 특구 지원사업	31,500	농업축산과	9	1	7	8	7	5	5	4
4089	전북 완주군	우량송아지생산 및 비육시설 지원사업	112,449	농업축산과	9	1	7	8	7	5	5	4
4090	전북 완주군	돼지 써코백신 지원	109,200	농업축산과	9	2	7	8	7	5	5	4
4091	전북 완주군	젖소 대사질병 예방약 지원	18,360	농업축산과	9	6	7	8	7	5	5	4
4092	전북 완주군	농장출입구 자동소독기 설치 지원	6,000	농업축산과	9	6	7	8	7	5	5	4
4093	전북 완주군	동물사체처리시설 지원사업	38,000	농업축산과	9	6	7	8	7	5	5	4

순번	시군구	지출명 (사업명)	2020년예산 (단위:천원/1년간)	담당자 (공무원) 담당부서	민간이전 분류 (지방자치단체 세출예산 집행기준에 의거) 1. 민간경상사업보조(1) 2. 민간단체 법정운영비보조(2) 3. 민간행사사업보조(3) 4. 민간위탁금(4) 5. 사회복지시설 법정운영비보조(5) 6. 민간인위탁교육비(6) 7. 공기관등에대한경상적대행사업비(7) 8. 민간자본사업보조,자체재원(8) 9. 민간자본사업보조,이전재원(9) 10. 민간위탁사업비(10) 11. 공기관등에 대한 자본적 대행사업비(11)	민간이전지출 근거 (지방보조금 관리기준 참고) 1. 법률에 규정 2. 국고보조 재원(국가지정) 3. 용도 지정 기부금 4. 조례에 직접규정 5. 지자체가 권장하는 사업을 하는 공공기관 6. 시,도 정책 및 재정사정 7. 기타 8. 해당없음	입찰방식 계약체결방법 (경쟁형태) 1. 일반경쟁 2. 제한경쟁 3. 지명경쟁 4. 수의계약 5. 법정위탁 6. 기타 ( ) 7. 해당없음	입찰방식 계약기간 1. 1년 2. 2년 3. 3년 4. 4년 5. 5년 6. 기타 ( )년 7. 단기계약 (1년미만) 8. 해당없음	입찰방식 낙찰자선정방법 1. 적격심사 2. 협상에의한계약 3. 최저가낙찰제 4. 규격가격분리 5. 2단계 경쟁입찰 6. 기타 ( ) 7. 해당없음	운영예산 산정 운영예산 산정 1. 내부산정 (지자체 자체적으로 산정) 2. 외부산정 (외부전문기관위탁 산정) 3. 내·외부 모두 산정 4. 산정 無 5. 해당없음	운영예산 산정 정산방법 1. 내부정산 (지자체 내부적으로 정산) 2. 외부정산 (외부전문기관위탁 정산) 3. 내·외부 모두 산정 4. 정산 無 5. 해당없음	성과평가 실시여부 1. 실시 2. 미실시 3. 향후 추진 4. 해당없음
4094	전북 완주군	돼지회장염 예방백신 지원	10,800	농업축산과	9	6	7	8	7	5	5	4
4095	전북 완주군	CCTV 등 방역인프라지원사업	108,000	농업축산과	9	2	7	8	7	5	5	4
4096	전북 완주군	축산물 HACCP 컨설팅	9,800	농업축산과	9	2	7	8	7	5	5	4
4097	전북 완주군	산란계 농장 난좌지원사업	4,410	농업축산과	9	6	7	8	7	5	5	4
4098	전북 완주군	깨끗하고 소득있는 축산물 판매장 만들기 사업	70,000	농업축산과	9	2	7	8	7	5	5	4
4099	전북 완주군	양식장 소독제 지원	10,200	농업축산과	9	6	7	8	7	5	5	4
4100	전북 완주군	토산 어종 보호사업	34,000	농업축산과	9	6	7	8	7	5	5	4
4101	전북 완주군	양식장 정전통보기 지원	17,820	농업축산과	9	6	7	8	7	5	5	4
4102	전북 완주군	양식장 청정지하수 개발지원	7,667	농업축산과	9	6	7	8	7	5	5	4
4103	전북 완주군	수산물 유통시설 지원	8,400	농업축산과	9	6	7	8	7	5	5	4
4104	전북 완주군	액비저장조 지원사업	133,000	농업축산과	9	2	7	8	7	5	5	4
4105	전북 완주군	깨끗한 축산농장 조성	96,776	농업축산과	9	2	7	8	7	5	5	4
4106	전북 완주군	착유세정수 정화처리시설 지원사업	51,600	농업축산과	9	6	7	8	7	5	5	4
4107	전북 완주군	국가지정문화재 및 등록문화재보수정비	276,655	문화관광과	9	2	7	8	7	5	5	4
4108	전북 완주군	도지정문화재 보수정비	502,500	문화관광과	9	1	7	8	7	5	5	4
4109	전북 완주군	전통사찰 보수정비	360,000	문화관광과	9	2	7	8	7	5	5	4
4110	전북 완주군	문화재 재난방지시설 구축	200,000	문화관광과	9	2	7	8	7	5	5	4
4111	전북 임실군	상이암방재시스템구축	147,000	문화체육과	9	2	7	7	7	1	1	3
4112	전북 임실군	지역아동센터 환경개선 지원	22,500	여성청소년과	9	2	7	7	7	1	1	2
4113	전북 임실군	지역아동시설 기능보강사업	30,000	여성청소년과	9	4	7	7	7	1	1	2
4114	전북 임실군	음실점 등 시설개선 지원 사업	35,000	청소위생과	9	6	7	7	7	1	1	4
4115	전북 임실군	특용수조림	60,300	산림공원과	9	2	7	8	7	1	1	4
4116	전북 임실군	친환경임산물재배관리사업	40,718	산림공원과	9	2	7	8	7	1	1	4
4117	전북 임실군	임산물생산단지조성(소액)지원	37,707	산림공원과	9	2	7	8	7	1	1	4
4118	전북 임실군	임산물생산기반조성	34,253	산림공원과	9	2	7	8	7	1	1	4
4119	전북 임실군	임산물유통기반조성	18,675	산림공원과	9	2	7	8	7	1	1	4
4120	전북 임실군	산림복합경영단지	428,994	산림공원과	9	2	7	8	7	1	1	4
4121	전북 임실군	생생마을만들기	50,000	농촌활력과	9	6	7	7	7	1	1	1
4122	전북 임실군	농촌 신활력플러스 사업	300,000	농촌활력과	9	2	7	7	7	1	1	1
4123	전북 임실군	농산물 물류설비 표준화 지원	13,125	농촌활력과	9	6	7	7	6	1	1	1
4124	전북 임실군	GAP 농산물 포장재비 지원	79,800	농촌활력과	9	6	7	7	7	1	1	4
4125	전북 임실군	희망하우스 빈집재생사업	100,000	주택토지과	9	6	7	8	7	1	1	1
4126	전북 임실군	지역특색농업발굴소득화사업	50,000	농촌지원과	9	6	7	7	7	1	1	1
4127	전북 임실군	선도농업경영체우수모델화사업	30,000	농촌지원과	9	6	7	7	7	1	1	1
4128	전북 임실군	청년농업인경쟁력제고사업	45,000	농촌지원과	9	2	7	8	7	1	1	1
4129	전북 임실군	농업인 소규모 창업기술지원사업	50,000	농촌지원과	9	2	4	7	6	1	1	1
4130	전북 임실군	농업인 가공사업장 시설장비 개선	100,000	농촌지원과	9	6	4	7	6	1	1	1
4131	전북 임실군	농촌자원 복합산업화지원	40,000	농촌지원과	9	6	4	7	6	1	1	1
4132	전북 임실군	작목별 맞춤형 안전관리 실천시범	47,000	농촌지원과	9	2	4	7	6	1	1	1
4133	전북 임실군	농업인 재해 안전마을 육성	35,000	농촌지원과	9	6	4	7	6	1	1	1
4134	전북 임실군	농촌노인안전생활 활동지원	25,000	농촌지원과	9	6	4	7	6	1	1	1
4135	전북 임실군	지역전략 쌀 신품종 조기확산 및 생산비 절감시범	40,000	기술보급과	9	6	7	7	7	1	1	4
4136	전북 임실군	콩 드론활용 병해충 방제 기술 보급시범	50,000	기술보급과	9	6	7	7	7	1	1	4
4137	전북 임실군	축산 스마트팜 통합제어시스템 활용기술 시범	120,000	기술보급과	9	2	7	7	7	1	1	4
4138	전북 임실군	젖소 유두 자동세척기 활용시범	40,000	기술보급과	9	2	7	7	7	1	1	4

순번	시군구	지출명 (사업명)	2020년예산 (단위:천원/1년간)	담당자 (공무원) 담당부서	민간이전 분류 (지방자치단체 세출예산 집행기준에 의거) 1. 민간경상사업보조(1) 2. 민간단체 법정운영비보조(2) 3. 민간행사사업보조(3) 4. 민간위탁금(4) 5. 사회복지시설 법정운영비보조(5) 6. 민간인위탁교육비(6) 7. 공기관등에대한경상적대행사업비(7) 8. 민간자본사업보조,자체재원(8) 9. 민간자본사업보조,이전재원(9) 10. 민간위탁사업비(10) 11. 공기관등에 대한 자본적 대행사업비(11)	민간이전지출 근거 (지방보조금 관리기준 참고) 1. 법률에 규정 2. 국고보조 재원(국가지정) 3. 용도 지정 기부금 4. 조례에 직접규정 5. 지자체가 권장하는 사업을 하는 공공기관 6. 시,도 정책 및 재정사정 7. 기타 8. 해당없음	입찰방식 계약체결방법 (경쟁형태) 1. 일반경쟁 2. 제한경쟁 3. 지명경쟁 4. 수의계약 5. 법정위탁 6. 기타 ( ) 7. 해당없음	입찰방식 계약기간 1. 1년 2. 2년 3. 3년 4. 4년 5. 5년 6. 기타 ( )년 7. 단기계약 (1년미만) 8. 해당없음	입찰방식 낙찰자선정방법 1. 적격심사 2. 협상에의한계약 3. 최저가낙찰제 4. 규격가격분리 5. 2단계 경쟁입찰 6. 기타 ( ) 7. 해당없음	운영예산 산정 운영예산 산정 1. 내부산정 (지자체 자체 적으로 산정) 2. 외부산정 (외부전문기관 위탁 산정) 3. 내·외부 모두 산정 4. 산정 無 5. 해당없음	운영예산 산정 정산방법 1. 내부정산 (지자체 내부적으로 정산) 2. 외부정산 (외부전문기관 위탁 정산) 3. 내·외부 모두 산정 4. 정산 無 5. 해당없음	성과평가 실시여부 1. 실시 2. 미실시 3. 향후 추진 4. 해당없음
4139	전북 임실군	토종벌낭충봉아부패병 저항성계통증식보급	35,000	기술보급과	9	2	7	7	7	1	1	4
4140	전북 임실군	원격 병해충 방제 생력화체계구축시범	100,000	기술보급과	9	2	7	7	7	1	1	4
4141	전북 임실군	외부환경 데이터 기반 스마트 양액공급기술 시범	40,000	기술보급과	9	2	7	7	7	1	1	4
4142	전북 임실군	국내육성 양파품종 보급시범	40,000	기술보급과	9	2	7	7	7	1	1	4
4143	전북 임실군	고품질 과일생산 종합관리 시범	100,000	기술보급과	9	2	7	7	7	1	1	4
4144	전북 임실군	친환경 시설재배 종합관리 생산단지 조성	25,000	기술보급과	9	2	7	7	7	1	1	4
4145	전북 임실군	딸기 상토절감 화분재배 기술 시범	18,000	기술보급과	9	2	7	7	7	1	1	4
4146	전북 임실군	복숭아 수확시기 조절 시설재배 기술 시범	100,000	기술보급과	9	2	7	7	7	1	1	4
4147	전북 임실군	단동형 온실 동별 온수난방 시범	48,000	기술보급과	9	2	7	7	7	1	1	4
4148	전북 임실군	시설채소 재배 환경개선 시범	50,000	기술보급과	9	2	7	7	7	1	1	4
4149	전북 임실군	돌발해충 방제 신기술 보급	10,000	기술보급과	9	2	7	7	7	1	1	4
4150	전북 순창군	지역아동센터 환경개선 지원	11,395	주민복지과	9	2	7	8	7	1	1	1
4151	전북 순창군	지역아동센터 공기청정기 지원	5,076	주민복지과	9	2	7	8	7	1	1	1
4152	전북 순창군	순창 만일사비 주변 정비사업	75,000	문화관광과	9	7	7	7	6	1	1	1
4153	전북 순창군	일광사 목조관음보살좌상 주변 정비사업	120,000	문화관광과	9	7	7	7	6	1	1	1
4154	전북 순창군	순평사 금동여래좌상 주변 정비사업	75,000	문화관광과	9	7	7	7	6	1	1	1
4155	전북 순창군	대모암 목조여래좌상 주변 정비사업	100,000	문화관광과	9	7	7	7	6	1	1	1
4156	전북 순창군	구암사 은행나무 주변 정비사업	20,000	문화관광과	9	7	7	7	6	1	1	1
4157	전북 순창군	일광사 요사채 개축	340,000	문화관광과	9	7	7	7	6	1	1	1
4158	전북 순창군	강천사 오층석탑 주변 정비공사	80,000	문화관광과	9	7	7	7	6	1	1	1
4159	전북 순창군	음식점 시설개선 지원	14,000	민원과	9	7	7	8	7	1	1	1
4160	전북 순창군	차세대 주민등록정보시스템구축사업부담금	9,190	민원과	9	7	7	1	2	1	1	2
4161	전북 순창군	소상공인 지원	400,000	경제교통과	9	4	7	8	7	1	1	1
4162	전북 순창군	전통시장 화재공제 지원사업	5,600	경제교통과	9	4	7	8	7	1	1	1
4163	전북 순창군	생생마을 만들기 기초단계 지원	30,000	농촌개발과	9	6	6	1	6	1	1	4
4164	전북 순창군	희망하우스 빈집재생사업	300,000	농촌개발과	9	6	7	8	7	1	1	1
4165	전북 순창군	주택정비, 생활안전인프라 정비등	120,000	농촌개발과	9	2	7	8	7	1	1	1
4166	전북 순창군	임산물상품화지원	319,596	산림공원과	9	2	7	8	7	5	5	1
4167	전북 순창군	임산물유통기반조성	25,000	산림공원과	9	2	7	8	7	5	5	1
4168	전북 순창군	임산물생산기반조성	30,000	산림공원과	9	2	7	8	7	5	5	1
4169	전북 순창군	산림작물생산단지	15,083	산림공원과	9	2	7	8	7	5	5	1
4170	전북 순창군	친환경임산물재배관리	126,114	산림공원과	9	2	7	8	7	5	5	1
4171	전북 순창군	소득작물재배지원	250,000	산림공원과	9	4	7	8	7	5	5	1
4172	전북 순창군	밤생산 전용비료	55,000	산림공원과	9	4	7	8	7	5	5	1
4173	전북 순창군	표고재배 지원	65,000	산림공원과	9	4	7	8	7	5	5	1
4174	전북 순창군	운행경유차 배출가스 저감사업	339,570	환경수도과	9	2	7	8	7	5	5	1
4175	전북 순창군	전기승용차 구매지원	170,000	환경수도과	9	2	7	8	7	5	5	1
4176	전북 순창군	미생물자동분사시설 설치지원사업	20,400	환경수도과	9	6	7	8	7	1	1	1
4177	전북 순창군	소규모사업장대기방지시설지원사업	180,000	환경수도과	9	2	7	8	7	1	1	1
4178	전북 순창군	저녹스버너설치지원사업	9,482	환경수도과	9	2	7	8	7	1	1	1
4179	전북 순창군	유등 정동마을 농기계 구입	15,000	환경수도과	9	4	7	8	7	1	1	1
4180	전북 순창군	풍산 상촌마을 창고 비가림시설 설치	15,000	환경수도과	9	4	7	8	7	1	1	1
4181	전북 순창군	유등 창신마을 농기계 구입	15,000	환경수도과	9	4	7	8	7	1	1	1
4182	전북 순창군	농업분야 에너지절감시설 지원사업	128,843	농축산과	9	2	7	8	7	1	1	3
4183	전북 순창군	지역특화품목 비가림하우스 설치 지원	272,952	농축산과	9	4	7	8	7	1	1	3

순번	시군구	지출명 (사업명)	2020년예산 (단위:천원/1년간)	담당자 (공무원) 담당부서	민간이전 분류 (지방자치단체 세출예산 집행기준에 의거) 1. 민간경상사업보조(1) 2. 민간단체 법정운영비보조(2) 3. 민간행사사업보조(3) 4. 민간위탁금(4) 5. 사회복지시설 법정운영비보조(5) 6. 민간인위탁교육비(6) 7. 공기관등에대한경상적대행사업비(7) 8. 민간자본사업보조,자체재원(8) 9. 민간자본사업보조,이전재원(9) 10. 민간위탁사업비(10) 11. 공기관등에 대한 자본적 대행사업비(11)	민간이전지출 근거 (지방보조금 관리기준 참고) 1. 법률에 규정 2. 국고보조 재원(국가지정) 3. 용도 지정 기부금 4. 조례에 직접규정 5. 지자체가 권장하는 사업을 하는 공공기관 6. 시,도 정책 및 재정사정 7. 기타 8. 해당없음	입찰방식 계약체결방법 (경쟁형태) 1. 일반경쟁 2. 제한경쟁 3. 지명경쟁 4. 수의계약 5. 법정위탁 6. 기타 ( ) 7. 해당없음	입찰방식 계약기간 1. 1년 2. 2년 3. 3년 4. 4년 5. 5년 6. 기타 ( )년 7. 단기계약 (1년미만) 8. 해당없음	입찰방식 낙찰자선정방법 1. 적격심사 2. 협상에의한계약 3. 최저가낙찰제 4. 규격가격분리 5. 2단계 경쟁입찰 6. 기타 ( ) 7. 해당없음	운영예산 산정 운영예산 산정 1. 내부산정 (지자체 자체적으로 산정) 2. 외부산정 (외부전문기관위탁 산정) 3. 내·외부 모두 산정 4. 산정 無 5. 해당없음	운영예산 산정 정산방법 1. 내부정산 (지자체 내부적으로 정산) 2. 외부정산 (외부전문기관위탁 정산) 3. 내·외부 모두 산정 4. 정산 無 5. 해당없음	성과평가 실시여부 1. 실시 2. 미실시 3. 향후 추진 4. 해당없음
4184	전북 순창군	시설하우스 온풍난방기 지원사업	38,063	농축산과	9	4	7	8	7	1	1	3
4185	전북 순창군	청년희망 스마트팜 확산사업	91,560	농축산과	9	4	7	8	7	1	1	3
4186	전북 순창군	시설원예 현대화 지원사업	10,580	농축산과	9	2	7	8	7	1	1	3
4187	전북 순창군	원예분야 ICT 융복합 지원사업	3,000,000	농축산과	9	2	7	8	7	1	1	3
4188	전북 순창군	원예작물 생산성 향상(하이베드 개선)지원사업	34,962	농축산과	9	4	7	8	7	1	1	3
4189	전북 순창군	인삼차광막 지원사업	120,000	농축산과	9	4	7	8	7	1	1	3
4190	전북 순창군	농기계안전등화장치지원사업	16,000	농축산과	9	2	7	8	7	1	1	3
4191	전북 순창군	인삼시설 현대화 사업	15,005	농축산과	9	2	7	8	7	1	1	3
4192	전북 순창군	유해 야생동물 포획시설 지원사업	2,640,000	농축산과	9	2	7	8	7	1	1	3
4193	전북 순창군	농산물 물류설비 표준화 지원사업	80,550	농축산과	9	6	7	8	7	1	1	3
4194	전북 순창군	고품질 양봉기자재 지원	32,848	농축산과	9	2	7	8	7	1	1	1
4195	전북 순창군	양봉농가 꿀 생산장비 지원	6,000	농축산과	9	2	7	8	7	1	1	1
4196	전북 순창군	가금생산성 향상시스템 지원	12,000	농축산과	9	2	7	8	7	1	1	1
4197	전북 순창군	축산기자재 지원	16,000	농축산과	9	2	7	8	7	1	1	1
4198	전북 순창군	음용수질개선장비 지원	12,000	농축산과	9	2	7	8	7	1	1	1
4199	전북 순창군	축사유해해충 구제사업	7,542	농축산과	9	2	7	8	7	1	1	1
4200	전북 순창군	폭염대비 가축사육환경 개선사업	36,000	농축산과	9	2	7	8	7	1	1	1
4201	전북 순창군	축사화재 안전시스템 지원	48,000	농축산과	9	2	7	8	7	1	1	1
4202	전북 순창군	축사시설 누전경보차단기 지원	8,350	농축산과	9	2	7	8	7	1	1	1
4203	전북 순창군	ICT 융복합 축사 지원	585,900	농축산과	9	2	7	8	7	1	1	1
4204	전북 순창군	흑염소 경쟁력 강화사업	22,350	농축산과	9	2	7	8	7	1	1	1
4205	전북 순창군	가축분뇨 퇴액비화 지원	30,800	농축산과	9	2	7	8	7	1	1	1
4206	전북 순창군	조사료경영체 기계장비 지원	60,000	농축산과	9	2	7	8	7	1	1	1
4207	전북 순창군	착유세정수 정화처리시설 지원	17,230	농축산과	9	2	7	8	7	1	1	1
4208	전북 순창군	옥수수 수확장비 지원	180,000	농축산과	9	2	7	8	7	1	1	1
4209	전북 순창군	사료자가배합장비 지원	40,000	농축산과	9	2	7	8	7	1	1	1
4210	전북 순창군	친환경 우유생산 기반구축사업	21,600	농축산과	9	2	7	8	7	1	1	1
4211	전북 순창군	ICT 기반 축산환경관리 시스템 지원	22,400	농축산과	9	2	7	8	7	1	1	1
4212	전북 순창군	양식장 경쟁력 강화 지원	5,400	농축산과	9	2	7	8	7	1	1	1
4213	전북 순창군	양식장 폭염 한파 대비 지하수 개발 지원	7,667	농축산과	9	2	7	8	7	1	1	1
4214	전북 순창군	말산업시설개선 지원	4,000,000	농축산과	9	2	7	8	7	1	1	1
4215	전북 순창군	귀농창업 실행자금 지원	36,000	농축산과	9	1	7	8	7	1	1	1
4216	전북 순창군	여성농업인 농작업 편의장비 지원	23,200	농축산과	9	5	7	8	7	1	1	1
4217	전북 순창군	청년창업농 주거환경 개선지원	10,000	농축산과	9	5	7	8	7	1	1	1
4218	전북 순창군	지역특색농업 발굴 소득화사업	50,000	농업기술과	9	6	7	8	7	1	1	1
4219	전북 순창군	선도농업경영체 우수모델화 사업	60,000	농업기술과	9	6	7	8	7	1	1	1
4220	전북 순창군	농촌자원 활용기술 시범사업	32,000	농업기술과	9	6	7	8	7	1	1	1
4221	전북 순창군	농업인 가공사업장 시설장비 개선지원	150,000	농업기술과	9	6	7	8	7	1	1	1
4222	전북 순창군	농업인 재해 안전마을 육성 시범사업	50,000	농업기술과	9	6	7	8	7	1	1	1
4223	전북 순창군	농작업 재해예방 및 안전보건 교육 시범사업	30,000	농업기술과	9	6	7	8	7	1	1	1
4224	전북 순창군	농촌어르신복지실천시범	50,000	농업기술과	9	6	7	8	7	1	1	1
4225	전북 순창군	농식품 가공사업장 품질향상지원	40,000	농업기술과	9	6	7	8	7	1	1	1
4226	전북 순창군	청국장 제조기술 시범	60,000	농업기술과	9	2	7	8	7	1	1	1
4227	전북 순창군	드론활용 콩 병해충 방제기술보급 시범	50,000	농업기술과	9	6	6(총액입찰)	8	7	1	1	1
4228	전북 순창군	과채류 맞춤형 에너지 절감 패키지 기술 시범	80,000	농업기술과	9	2	7	8	7	1	1	1

순번	시군구	지출명 (사업명)	2020년예산 (단위:천원/1년간)	담당자 (공무원) 담당부서	민간이전 분류 (지방자치단체 세출예산 집행기준에 의거) 1. 민간경상사업보조(1) 2. 민간단체 법정운영비보조(2) 3. 민간행사사업보조(3) 4. 민간위탁금(4) 5. 사회복지시설 법정운영비보조(5) 6. 민간인위탁교육비(6) 7. 공기관등에대한경상적대행사업비(7) 8. 민간자본사업보조,자체재원(8) 9. 민간자본사업보조,이전재원(9) 10. 민간위탁사업비(10) 11. 공기관등에 대한 자본적 대행사업비(11)	민간이전지출 근거 (지방보조금 관리기준 참고) 1. 법률에 규정 2. 국고보조 재원(국가지정) 3. 용도 지정 기부금 4. 조례에 직접규정 5. 지자체가 권장하는 사업을 하는 공공기관 6. 시,도 정책 및 재정사정 7. 기타 8. 해당없음	입찰방식 계약체결방법 (경쟁형태) 1. 일반경쟁 2. 제한경쟁 3. 지명경쟁 4. 수의계약 5. 법정위탁 6. 기타 ( ) 7. 해당없음	입찰방식 계약기간 1. 1년 2. 2년 3. 3년 4. 4년 5. 5년 6. 기타 ( )년 7. 단기계약 (1년미만) 8. 해당없음	입찰방식 낙찰자선정방법 1. 적격심사 2. 협상에의한계약 3. 최저가낙찰제 4. 규격가격분리 5. 2단계 경쟁입찰 6. 기타 ( ) 7. 해당없음	운영예산 산정 운영예산 산정 1. 내부산정 (지자체 자체 적으로 산정) 2. 외부산정 (외부전문기관 위탁 산정) 3. 내·외부 모두 산정 4. 산정 無 5. 해당없음	운영예산 산정 정산방법 1. 내부정산 (지자체 내부적 으로 정산) 2. 외부정산 (외부전문기관 위탁 정산) 3. 내·외부 모두 산정 4. 정산 無 5. 해당없음	성과평가 실시여부 1. 실시 2. 미실시 3. 향후 추진 4. 해당없음
4229	전북 순창군	고품질 우량 딸기묘 생산 시범	24,000	농업기술과	9	6	7	8	7	1	1	1
4230	전북 순창군	신기술 접목 차세대 영농인 육성지원 사업	50,000	농업기술과	9	6	4	1	1	1	1	1
4231	전북 순창군	오미자 가뭄극복을 위한 자동관수시설	10,000	농업기술과	9	6	7	8	7	1	1	1
4232	전북 순창군	백수오 용기재배 현장실증 시범	20,000	농업기술과	9	6	7	8	7	1	1	1
4233	전북 순창군	딸기 상토 절감 화분재배 기술 시범	18,000	농업기술과	9	6	7	8	7	1	1	1
4234	전북 순창군	치유농업육성 시범	70,000	농업기술과	9	2	7	8	7	1	1	1
4235	전북 순창군	동물교감치유 환경조성	70,000	농업기술과	9	2	7	8	7	1	1	1
4236	전북 순창군	농촌체험관광 품질향상 지원	24,000	농업기술과	9	6	7	8	7	1	1	1
4237	전북 고창군	어촌체험마을 기반시설확충 지원	105,000	해양수산과	9	1	7	8	7	5	5	4
4238	전북 고창군	수산물위생 및 안전성향상	27,600	해양수산과	9	4	7	8	7	5	5	4
4239	전북 고창군	천일염 명품화를 위한 시설확충	42,000	해양수산과	9	1, 4	7	8	7	5	5	4
4240	전북 고창군	천일염 포장재지원	50,520	해양수산과	9	1	7	8	7	5	5	4
4241	전북 고창군	수산물 유통시설 장비지원	49,800	해양수산과	9	1	7	8	7	5	5	4
4242	전북 고창군	내수면 양식지원	64,334	해양수산과	9	1	7	8	7	5	5	4
4243	전북 고창군	수산물가공시설육성지원	50,400	해양수산과	9	1	7	8	7	5	5	4
4244	전북 고창군	친환경 에너지 보급	765,347	해양수산과	9	1	7	8	7	5	5	4
4245	전북 고창군	내수면 양식장 시설현대화	41,333	해양수산과	9	1	7	8	7	5	5	4
4246	전북 고창군	양식장 스마트 관리시스템 구축	4,620	해양수산과	9	1	7	8	7	5	5	4
4247	전북 고창군	수산물산지가공시설지원사업	1,092,000	해양수산과	9	6	7	8	7	5	5	4
4248	전북 고창군	물김 세척수 정수시설	231,000	해양수산과	9	2	7	8	7	5	5	4
4249	전북 고창군	양식장 소독제 지원사업	26,000	해양수산과	9	1	7	8	7	5	5	4
4250	전북 고창군	양식장 기자재 지원사업	72,000	해양수산과	9	1	7	8	7	5	5	4
4251	전북 고창군	패류양식어가 경영안정 지원	199,920	해양수산과	9	1	7	8	7	5	5	4
4252	전북 고창군	우량김생산기반지원	30,000	해양수산과	9	1	7	8	7	5	5	4
4253	전북 고창군	김양식어가물김포대지원	17,500	해양수산과	9	1	7	8	7	5	5	4
4254	전북 고창군	수산물수출전략품목육성지원	160,000	해양수산과	9	1	7	8	7	5	5	4
4255	전북 고창군	양식어장 자동화시설장비지원	19,200	해양수산과	9	1	7	8	7	5	5	4
4256	전북 고창군	뱀장어양식장용수정화시스템	400,000	해양수산과	9	1	7	8	7	5	5	4
4257	전북 고창군	친환경에너지절감장비보급사업	21,420	해양수산과	9	2	7	8	7	5	5	4
4258	전북 고창군	자율관리어업육성지원사업	144,000	해양수산과	9	2	7	8	7	5	5	4
4259	전북 고창군	생분해성 어구보급	34,286	해양수산과	9	2	7	8	7	5	5	4
4260	전북 고창군	축산분야 ICT융복합지원	546,900	축산과	9	2	7	8	7	1	1	3
4261	전북 고창군	축사 화재안전시스템	35,200	축산과	9	6	7	8	7	1	1	3
4262	전북 고창군	고품질 양봉기자재 지원	88,313	축산과	9	6	7	8	7	1	1	3
4263	전북 고창군	양봉농가 꿀 생산장비 비원	18,000	축산과	9	6	7	8	7	1	1	3
4264	전북 고창군	유용곤충 사육 시범사육	25,000	축산과	9	6	7	8	7	1	1	3
4265	전북 고창군	축사 유해해충 구제사업	854,000	축산과	9	6	7	8	7	1	1	3
4266	전북 고창군	사슴 인공수정 지원사업	3,850,000	축산과	9	6	7	8	7	1	1	3
4267	전북 고창군	폭염대비 가축 환경개선 지원사업	120,000	축산과	9	6	7	8	7	1	1	3
4268	전북 고창군	폭염대비 스트레스완화제 지원사업	23,730	축산과	9	6	7	8	7	1	1	3
4269	전북 고창군	가금 생산성 향상시스템 지원	24,000	축산과	9	6	7	8	7	1	1	3
4270	전북 고창군	축사시설 누전경보차단기 지원	44,000	축산과	9	6	7	8	7	1	1	3
4271	전북 고창군	흑염소 경쟁력강화사업	16,500	축산과	9	6	7	8	7	1	1	3
4272	전북 고창군	가축 사양관리개선 지원사업	71,000	축산과	9	6	7	8	7	1	1	3
4273	전북 고창군	토종벌 육성사업	36,000	축산과	9	6	7	8	7	1	1	3

순번	시군구	지출명 (사업명)	2020년예산 (단위:천원/1년간)	담당자 (공무원) 담당부서	민간이전 분류 (지방자치단체 세출예산 집행기준에 의거) 1. 민간경상사업보조(1) 2. 민간단체 법정운영비보조(2) 3. 민간행사사업보조(3) 4. 민간위탁금(4) 5. 사회복지시설 법정운영비보조(5) 6. 민간인위탁교육비(6) 7. 공기관등에대한경상적대행사업비(7) 8. 민간자본사업보조,자체재원(8) 9. 민간자본사업보조,이전재원(9) 10. 민간위탁사업비(10) 11. 공기관등에 대한 자본적 대행사업비(11)	민간이전지출 근거 (지방보조금 관리기준 참고) 1. 법률에 규정 2. 국고보조 재원(국가지정) 3. 용도 지정 기부금 4. 조례에 직접규정 5. 지자체가 권장하는 사업을 하는 공공기관 6. 시,도 정책 및 재정사정 7. 기타 8. 해당없음	입찰방식 계약체결방법 (경쟁형태) 1. 일반경쟁 2. 제한경쟁 3. 지명경쟁 4. 수의계약 5. 법정위탁 6. 기타 ( ) 7. 해당없음	입찰방식 계약기간 1. 1년 2. 2년 3. 3년 4. 4년 5. 5년 6. 기타 ( )년 7. 단기계약 (1년미만) 8. 해당없음	입찰방식 낙찰자선정방법 1. 적격심사 2. 협상에의한계약 3. 최저가낙찰제 4. 규격가격분리 5. 2단계 경쟁입찰 6. 기타 ( ) 7. 해당없음	운영예산 산정 운영예산 산정 1. 내부산정 (지자체 자체적으로 산정) 2. 외부산정 (외부전문기관 위탁 산정) 3. 내·외부 모두 산정 4. 산정 無 5. 해당없음	운영예산 산정 정산방법 1. 내부정산 (지자체 내부적으로 정산) 2. 외부정산 (외부전문기관 위탁 정산) 3. 내·외부 모두 산정 4. 정산 無 5. 해당없음	성과평가 실시여부 1. 실시 2. 미실시 3. 향후 추진 4. 해당없음
4274	전북 고창군	폭염대비 가축사육 환경개선사업	16,000	축산과	9	6	7	8	7	1	1	3
4275	전북 고창군	가축분뇨 퇴액비화 지원	148,000	축산과	9	2	7	7	7	1	1	3
4276	전북 고창군	가축분뇨 정화개보수 지원	40,000	축산과	9	2	7	7	7	1	1	3
4277	전북 고창군	가축분뇨 부숙도판정기 지원	30,000	축산과	9	2	7	7	7	1	1	3
4278	전북 고창군	악취저감시설 지원	100,000	축산과	9	2	7	7	7	1	1	3
4279	전북 고창군	액비저장조 지원	28,000	축산과	9	2	7	7	7	1	1	3
4280	전북 고창군	환경친화적 가축분뇨처리사업	4,800	축산과	9	2	7	7	7	1	1	3
4281	전북 고창군	착유세정수 정화처리시설 지원	172,067	축산과	9	6	7	7	7	1	1	3
4282	전북 고창군	ICT기반 축산환경관리 시스템사업	67,200	축산과	9	6	7	7	7	1	1	3
4283	전북 고창군	축분고속발효시설 지원	87,300	축산과	9	6	7	7	7	1	1	3
4284	전북 고창군	조사료 경영체 기계·장비 지원	120,000	축산과	9	2	7	7	7	1	1	3
4285	전북 고창군	조사료 가공유통시설 지원	1,800,000	축산과	9	2	7	7	7	1	1	3
4286	전북 고창군	사료자가배합장비 지원	100,000	축산과	9	6	7	7	7	1	1	3
4287	전북 고창군	친환경 우유생산 기반구축	86,400	축산과	9	6	7	7	7	1	1	3
4288	전북 고창군	착유시설세척제 지원사업	44,250	축산과	9	6	7	7	7	1	1	3
4289	전북 고창군	음용수질 개선장비 지원	42,000	축산과	9	6	7	7	7	1	1	3
4290	전북 고창군	축산기자재 지원	55,000	축산과	9	6	7	7	7	1	1	3
4291	전북 고창군	축산물 품질향상	38,500	축산과	9	6	7	7	7	1	1	3
4292	전북 고창군	CCTV등 방역인프라 지원	210,000	축산과	9	2	7	7	7	1	1	3
4293	전북 고창군	동물사체처리시설 지원	38,000	축산과	9	4	7	7	7	1	1	3
4294	전북 고창군	농장출입구 자동소독기 설치지원	6,000	축산과	9	4	7	7	7	1	1	3
4295	전북 고창군	중소기업 환경개선사업	95,640	상생경제과	9	6	7	8	7	1	1	4
4296	전북 고창군	뿌리기업 그린환경시스템 구축 지원사업	20,000	상생경제과	9	6	7	8	7	1	1	4
4297	전북 고창군	지식재산 창출 지원사업	50,000	상생경제과	9	6	7	8	7	1	1	4
4298	전북 고창군	농공단지 활성화 지원사업	149,213	상생경제과	9	6	7	8	7	5	5	4
4299	전북 고창군	도소규모지역개발사업	263,000	건설도시과	9	4	7	8	7	5	5	4
4300	전북 고창군	고창 문수사 단풍나무 숲 주변 종합정비 계획 수립	100,000	문화유산관광과	9	2	7	8	7	5	5	4
4301	전북 고창군	문수사 복조지장보살좌상 및 시왕상 보존	350,000	문화유산관광과	9	2	7	8	7	5	5	4
4302	전북 고창군	문수사 목조석가여래삼불좌상 보존처리	370,000	문화유산관광과	9	2	7	8	7	5	5	4
4303	전북 고창군	선운사 금동지장보살좌상 보호각 단청	212,000	문화유산관광과	9	2	7	8	7	5	5	4
4304	전북 고창군	선운사 창담암 대웅전 벽화 및 후불탱화 보존처리	300,000	문화유산관광과	9	2	7	8	7	5	5	4
4305	전북 고창군	선운사 도솔계곡 일원 공양간 신축	800,000	문화유산관광과	9	2	7	8	7	5	5	4
4306	전북 고창군	문수사 목조석가여래삼불좌상 방충사업	44,000	문화유산관광과	9	2	7	8	7	5	5	4
4307	전북 고창군	고창 선운사 대웅전 방충사업	120,000	문화유산관광과	9	2	7	8	7	5	5	4
4308	전북 고창군	문수사 대웅전 주변 정비	164,000	문화유산관광과	9	6	7	8	7	5	5	4
4309	전북 고창군	석씨원류 복원	150,000	문화유산관광과	9	6	7	8	7	5	5	4
4310	전북 고창군	상원사 목조삼세불좌상 기록화 사업	60,000	문화유산관광과	9	6	7	8	7	5	5	4
4311	전북 고창군	전통사찰 방재시스템 구축	91,000	문화유산관광과	9	6	7	8	7	5	5	4
4312	전북 고창군	대형음식점 시설개선사업	60,000	문화유산관광과	9	6	7	8	7	1	1	4
4313	전북 고창군	재향군인회관 기능보강사업	20,000	사회복지과	9	2	7	8	7	5	1	4
4314	전북 고창군	기부식품뱅크 장비구입	20,000	사회복지과	9	1	7	7	7	1	1	1
4315	전북 고창군	어린이집 환경개선	72,486	사회복지과	9	1	7	8	7	2	1	1
4316	전북 고창군	아동복지시설 기능보강	946,050	사회복지과	9	2	7	8	7	2	1	1
4317	전북 고창군	원광참살이요양원 주야간보호센터 차량구입 및 장비	60,000	사회복지과	9	1	7	8	7	5	1	3
4318	전북 고창군	경로당개보수	82,000	사회복지과	9	6	1	1	2	5	5	3

순번	시군구	지출명 (사업명)	2020년예산 (단위:천원/1년간)	담당자 (공무원) 담당부서	민간이전 분류 (지방자치단체 세출예산 집행기준에 의거) 1. 민간경상사업보조(1) 2. 민간단체 법정운영비보조(2) 3. 민간행사사업보조(3) 4. 민간위탁금(4) 5. 사회복지시설 법정운영비보조(5) 6. 민간인위탁교육비(6) 7. 공기관등에대한경상적대행사업비(7) 8. 민간자본사업보조,자체재원(8) 9. 민간자본사업보조,이전재원(9) 10. 민간위탁사업비(10) 11. 공기관등에 대한 자본적 대행사업비(11)	민간이전지출 근거 (지방보조금 관리기준 참고) 1. 법률에 규정 2. 국고보조 재원(국가지정) 3. 용도 지정 기부금 4. 조례에 직접규정 5. 지자체가 권장하는 사업을 하는 공공기관 6. 시,도 정책 및 재정사정 7. 기타 8. 해당없음	입찰방식 계약체결방법 (경쟁형태) 1. 일반경쟁 2. 제한경쟁 3. 지명경쟁 4. 수의계약 5. 법정위탁 6. 기타 ( ) 7. 해당없음	입찰방식 계약기간 1. 1년 2. 2년 3. 3년 4. 4년 5. 5년 6. 기타 ( )년 7. 단기계약 (1년미만) 8. 해당없음	입찰방식 낙찰자선정방법 1. 적격심사 2. 협상에의한계약 3. 최저가낙찰제 4. 규격가격분리 5. 2단계 경쟁입찰 6. 기타 ( ) 7. 해당없음	운영예산 산정 운영예산 산정 1. 내부산정 (지자체 자체적으로 산정) 2. 외부산정 (외부전문기관위탁 산정) 3. 내·외부 모두 산정 4. 산정 無 5. 해당없음	운영예산 산정 정산방법 1. 내부정산 (지자체 내부적으로 정산) 2. 외부정산 (외부전문기관위탁 정산) 3. 내·외부 모두 산정 4. 정산 無 5. 해당없음	성과평가 실시여부 1. 실시 2. 미실시 3. 향후 추진 4. 해당없음
4319	전북 고창군	공동주택관리 지원사업	20,000	종합민원과	9	4	7	8	7	5	5	1
4320	전북 고창군	빈집재생 희망하우스	60,000	종합민원과	9	1	7	8	7	5	5	2
4321	전북 고창군	음식점 등 시설개선 지원	35,000	생태환경과	9	6	7	8	7	1	1	1
4322	전북 고창군	전기자동차 구매 지원사업	850,000	생태환경과	9	2	7	8	7	1	1	2
4323	전북 고창군	야생동물피해 예방사업	24,000	생태환경과	9	2	7	8	7	1	1	2
4324	전북 고창군	임산물상품화지원	45,251	산림공원과	9	2	7	8	7	5	5	4
4325	전북 고창군	친환경임산물재배관리	32,673	산림공원과	9	2	7	8	7	5	5	4
4326	전북 고창군	산림작물생산단지	10,166	산림공원과	9	2	7	8	7	5	5	4
4327	전북 고창군	산림복합경영	117,866	산림공원과	9	2	7	8	7	5	5	4
4328	전북 고창군	임산물생산기반조성	3,288,000	산림공원과	9	2	7	8	7	5	5	4
4329	전북 고창군	임산물유통기반조성	5,250	산림공원과	9	2	7	8	7	5	5	4
4330	전북 고창군	선도농업경영체 우수 모델화 사업	30,000	농업기술센터	9	2	7	8	7	5	5	4
4331	전북 고창군	신기술접목 차세대 영농인 육성사업	50,000	농업기술센터	9	2	7	8	7	5	5	4
4332	전북 고창군	청년창업농 주거환경 개선 지원	15,000	농업기술센터	9	4	7	8	7	5	5	4
4333	전북 고창군	지역향토음식 관광상품화	75,000	농업기술센터	9	2	7	8	7	5	5	4
4334	전북 고창군	농식품 가공상품 기술개발 지원사업	30,000	농업기술센터	9	2	7	8	7	5	5	4
4335	전북 고창군	특산자원 융복합 생산시설 구축사업	200,000	농업기술센터	9	2	7	8	7	5	5	4
4336	전북 고창군	특산자원 헬시푸드 거점 구축	200,000	농업기술센터	9	2	7	8	7	5	5	4
4337	전북 고창군	청국장 제조기술 시범	60,000	농업기술센터	9	2	7	8	7	5	5	4
4338	전북 고창군	효소처리 농식품 가공 소재화	60,000	농업기술센터	9	2	7	8	7	5	5	4
4339	전북 고창군	농업인 재해 안전마을 육성	50,000	농업기술센터	9	2	7	8	7	5	5	4
4340	전북 고창군	농촌자원 활용 치유농장 육성	100,000	농업기술센터	9	2	7	8	7	5	5	4
4341	전북 고창군	농식품 가공사업장 품질향상 지원	50,000	농업기술센터	9	2	7	8	7	5	5	4
4342	전북 고창군	외래품종 대체 최고품질 벼 생산•공급 거점단지 육	200,000	농업기술센터	9	2	7	8	7	5	5	4
4343	전북 고창군	쌀소비 촉진 활성화 시범	100,000	농업기술센터	9	2	7	8	7	5	5	4
4344	전북 고창군	지역전략 쌀 신품종 조기확산 및 생산비 절감 시범	50,000	농업기술센터	9	2	7	8	7	5	5	4
4345	전북 고창군	기능성 쌀보리재배단지 조성 및 안정 생산기술시범	110,000	농업기술센터	9	2	7	8	7	5	5	4
4346	전북 고창군	밭작물 신기술 선도단지 육성	204,000	농업기술센터	9	2	7	8	7	5	5	4
4347	전북 고창군	논 이용 작부체계 개발사업	70,000	농업기술센터	9	2	7	8	7	5	5	4
4348	전북 고창군	신소득작목 개발을 위한 체리 비가림 생산시범	200,000	농업기술센터	9	2	7	8	7	5	5	4
4349	전북 고창군	최고품질 과채생산기술 시범단지 육성	100,000	농업기술센터	9	2	7	8	7	5	5	4
4350	전북 고창군	수박 품질향상기술 현장실증 시범	20,000	농업기술센터	9	2	7	8	7	5	5	4
4351	전북 고창군	딸기 상토 절감 화분재배 기술시범	18,000	농업기술센터	9	2	7	8	7	5	5	4
4352	전북 고창군	인삼 고온피해 경감 종합기술 시범	60,000	농업기술센터	9	2	7	8	7	5	5	4
4353	전북 고창군	젖소 착유 세정수 정화처리 시스템 기술시범	80,000	농업기술센터	9	2	7	8	7	5	5	4
4354	전북 고창군	과채류 맞춤형 에너지 절감 패키지 기술 시범	80,000	농업기술센터	9	2	7	8	7	5	5	4
4355	전북 고창군	시설원예 냉난방 탄산시비 통합 생산관리 시스템 시	160,000	농업기술센터	9	2	7	8	7	5	5	4
4356	전북 고창군	무인로봇활용 섬유질 자가배합사료 급여시스템 기술	100,000	농업기술센터	9	2	7	8	7	5	5	4
4357	전북 고창군	GAP 실천단지 육성사업	200,000	농업기술센터	9	2	7	8	7	5	5	4
4358	전북 고창군	시설채소 재배환경개선 시범	40,000	농업기술센터	9	2	7	8	7	5	5	4
4359	전북 고창군	수출농산물 생산기반조성 시범	64,000	농업기술센터	9	2	7	8	7	5	5	4
4360	전북 고창군	지역특색농업 발굴 소득화 사업	50,000	농업기술센터	9	2	7	8	7	5	5	4
4361	전북 고창군	무, 배추 뿌리혹병 사전방제 사업	12,000	농업기술센터	9	2	7	8	7	5	5	4
4362	전북 고창군	벼 병해충 사전방제	40,000	농업기술센터	9	2	7	8	7	5	5	4
4363	전북 부안군	자율방범연합대 기능보강	10,000	자치행정담당관	9	4	7	8	7	1	1	1

순번	시군구	지출명 (사업명)	2020년예산 (단위:천원/1년간)	담당자 (공무원) 담당부서	민간이전 분류 (지방자치단체 세출예산 집행기준에 의거) 1. 민간경상사업보조(1) 2. 민간단체 법정운영비보조(2) 3. 민간행사사업보조(3) 4. 민간위탁금(4) 5. 사회복지시설 법정운영비보조(5) 6. 민간인위탁교육비(6) 7. 공기관등에대한경상적대행사업비(7) 8. 민간자본사업보조,자체재원(8) 9. 민간자본사업보조,이전재원(9) 10. 민간위탁사업비(10) 11. 공기관등에 대한 자본적 대행사업비(11)	민간이전지출 근거 (지방보조금 관리기준 참고) 1. 법률에 규정 2. 국고보조 재원(국가지정) 3. 용도 지정 기부금 4. 조례에 직접규정 5. 지자체가 권장하는 사업을 하는 공공기관 6. 시,도 정책 및 재정사정 7. 기타 8. 해당없음	입찰방식 계약체결방법 (경쟁형태) 1. 일반경쟁 2. 제한경쟁 3. 지명경쟁 4. 수의계약 5. 법정위탁 6. 기타 ( ) 7. 해당없음	입찰방식 계약기간 1. 1년 2. 2년 3. 3년 4. 4년 5. 5년 6. 기타 ( )년 7. 단기계약 (1년미만) 8. 해당없음	입찰방식 낙찰자선정방법 1. 적격심사 2. 협상에의한계약 3. 최저가낙찰제 4. 규격가격분리 5. 2단계 경쟁입찰 6. 기타 ( ) 7. 해당없음	운영예산 산정 운영예산 산정 1. 내부산정 (지자체 자체 적으로 산정) 2. 외부산정 (외부전문기관 위탁 산정) 3. 내·외부 모두 산정 4. 산정 無 5. 해당없음	운영예산 산정 정산방법 1. 내부정산 (지자체 내부적 으로 정산) 2. 외부정산 (외부전문기관 위탁 정산) 3. 내·외부 모두 산정 4. 정산 無 5. 해당없음	성과평가 실시여부 1. 실시 2. 미실시 3. 향후 추진 4. 해당없음
4364	전북 부안군	중소기업환경개선	132,323	미래전략담당관	9	6	7	8	7	1	3	4
4365	전북 부안군	문화재 보수정비	658,000	문화관광과	9	6	6(사업수행자 선정위원회)	1	7	3	4	3
4366	전북 부안군	전통사찰 보수정비	100,000	문화관광과	9	2	7	8	7	5	5	4
4367	전북 부안군	야영장 안전・위생시설 개보수	10,500	문화관광과	9	2	7	7	7	1	1	4
4368	전북 부안군	중저가 숙박시설 및 대형음식점 시설개선사업	240,000	문화관광과	9	6	7	8	7	5	1	4
4369	전북 부안군	중저가 숙박시설 및 대형음식점 시설개선사업	23,348	문화관광과	9	6	7	8	7	5	1	4
4370	전북 부안군	국가지정문화재 및 등록문화재 보수정비	193,950	문화관광과	9	2	6(사업수행자 선정위원회)	1	7	3	4	3
4371	전북 부안군	야영장 화재 안전성 확보	24,500	문화관광과	9	2	7	7	7	1	1	4
4372	전북 부안군	국가지정문화재 및 등록문화재 보수정비	50,000	문화관광과	9	2	7	8	7	5	5	4
4373	전북 부안군	국가지정문화재 및 등록문화재 보수정비	150,000	문화관광과	9	2	7	8	7	5	5	4
4374	전북 부안군	어린이집 환경개선	40,640	교육청소년과	9	2	7	8	7	5	5	4
4375	전북 부안군	어린이집 확충	120,000	교육청소년과	9	2	7	8	7	5	5	4
4376	전북 부안군	지역아동센터 환경개선 지원	12,735	교육청소년과	9	1	7	8	7	5	5	4
4377	전북 부안군	경로당 지원 기능보강사업	122,000	사회복지과	9	2	4	7	3	5	1	1
4378	전북 부안군	어르신 실버카(보행보조기) 지원	24,900	사회복지과	9	4	6	6	6	1	1	1
4379	전북 부안군	음식점 등 시설개선 지원	35,000	사회복지과	9	2	7	8	7	1	1	4
4380	전북 부안군	로컬푸드 소규모비닐하우스 지원	30,000	농업정책과	9	4	7	8	7	1	1	4
4381	전북 부안군	농업용 방제드론지원	144,000	농업정책과	9	6	1	8	3	3	1	1
4382	전북 부안군	소규모육묘장지원	120,000	농업정책과	9	6	4	8	7	3	1	1
4383	전북 부안군	곡물건조기지원	90,000	농업정책과	9	6	4	8	7	3	1	1
4384	전북 부안군	공동육묘장지원	108,000	농업정책과	9	6	1	8	3	3	1	1
4385	전북 부안군	곡물건조기 집진기 지원	156,000	농업정책과	9	6	4	8	7	3	1	1
4386	전북 부안군	농업인 삶의 질 향상	626,100	농업정책과	9	4	7	8	7	1	1	1
4387	전북 부안군	청년농업인 영농정착 지원	15,000	농업정책과	9	1	7	8	7	1	1	1
4388	전북 부안군	유기농업자재지원사업	34,000	농업정책과	9	1	7	8	7	1	1	4
4389	전북 부안군	토양개량제지원사업	1,176,460	농업정책과	9	1	7	8	7	1	1	4
4390	전북 부안군	유기질비료지원사업	2,466,200	농업정책과	9	1	7	8	7	1	1	4
4391	전북 부안군	들녘경영체 육성사업	900,000	농업정책과	9	1	7	8	7	1	1	4
4392	전북 부안군	밭작물(식량작물)경쟁력 제고 지원사업	360,000	농업정책과	9	1	7	8	7	1	1	4
4393	전북 부안군	GAP 농산물 포장재비 지원사업	76,200	농업정책과	9	1	7	8	7	1	1	4
4394	전북 부안군	축산분뇨처리	194,400	축산유통과	9	2	7	8	7	5	5	4
4395	전북 부안군	지역특화품목 비닐하우스지원	579,858	축산유통과	9	1	7	8	7	5	5	4
4396	전북 부안군	지역특화품목 비닐하우스지원	184,320	축산유통과	9	1	7	8	7	5	5	4
4397	전북 부안군	농업에너지 이용효율화사업	274,602	축산유통과	9	2	7	8	7	5	5	4
4398	전북 부안군	고추비가림재배시설지원사업	35,026	축산유통과	9	2	7	8	7	5	5	4
4399	전북 부안군	특용작물(인삼)생산시설현대화	9,500	축산유통과	9	2	7	8	7	5	5	4
4400	전북 부안군	시설원예 ICT 융복합 확산사업	330,911	축산유통과	9	2	7	8	7	5	5	4
4401	전북 부안군	시설원예 ICT 융복합 확산사업	9,697	축산유통과	9	2	7	8	7	5	5	4
4402	전북 부안군	시설하우스 온풍난방기 지원사업	3,333,000	축산유통과	9	1	7	8	7	5	5	4
4403	전북 부안군	조사료생산용 기계장비구입 지원	120,000	축산유통과	9	2	7	8	7	5	5	4
4404	전북 부안군	전문단지조성용 기계장비구입 지원	150,000	축산유통과	9	2	7	8	7	5	5	4
4405	전북 부안군	가축분뇨 퇴액비화 지원	23,100	축산유통과	9	2	7	8	7	5	5	4
4406	전북 부안군	가축분뇨 퇴액비화 지원	6,226	축산유통과	9	2	7	8	7	5	5	4
4407	전북 부안군	시설원예 에너지이용효율화	90,660	축산유통과	9	2	7	8	7	5	5	4
4408	전북 부안군	농촌자원복합산업화지원	9,600	축산유통과	9	6	7	8	7	5	5	4

순번	시군구	지출명 (사업명)	2020년예산 (단위:천원/1년간)	담당자 (공무원) 담당부서	민간이전 분류 (지방자치단체 세출예산 집행기준에 의거) 1. 민간경상사업보조(1) 2. 민간단체 법정운영비보조(2) 3. 민간행사사업보조(3) 4. 민간위탁금(4) 5. 사회복지시설 법정운영비보조(5) 6. 민간인위탁교육비(6) 7. 공기관등에대한경상적대행사업비(7) 8. 민간자본사업보조,자체재원(8) 9. 민간자본사업보조,이전재원(9) 10. 민간위탁사업비(10) 11. 공기관등에 대한 자본적 대행사업비(11)	민간이전지출 근거 (지방보조금 관리기준 참고) 1. 법률에 규정 2. 국고보조 재원(국가지정) 3. 용도 지정 기부금 4. 조례에 직접규정 5. 지자체가 권장하는 사업을 하는 공공기관 6. 시,도 정책 및 재정사정 7. 기타 8. 해당없음	입찰방식 계약체결방법 (경쟁형태) 1. 일반경쟁 2. 제한경쟁 3. 지명경쟁 4. 수의계약 5. 법정위탁 6. 기타 ( ) 7. 해당없음	입찰방식 계약기간 1. 1년 2. 2년 3. 3년 4. 4년 5. 5년 6. 기타 ( )년 7. 단기계약 (1년미만) 8. 해당없음	입찰방식 낙찰자선정방법 1. 적격심사 2. 협상에의한계약 3. 최저가낙찰제 4. 규격가격분리 5. 2단계 경쟁입찰 6. 기타 ( ) 7. 해당없음	운영예산 산정 운영예산 산정 1. 내부산정 (지자체 자체 적으로 산정) 2. 외부산정 (외부전문기관 위탁 산정) 3. 내·외부 모두 산정 4. 산정 無 5. 해당없음	운영예산 산정 정산방법 1. 내부정산 (지자체 내부적으로 정산) 2. 외부정산 (외부전문기관 위탁 정산) 3. 내·외부 모두 산정 4. 정산 無 5. 해당없음	성과평가 실시여부 1. 실시 2. 미실시 3. 향후 추진 4. 해당없음
4409	전북 부안군	간편형 스마트팜 확산사업	30,520	축산유통과	9	1	7	8	7	5	5	4
4410	전북 부안군	시설원예현대화사업	426,583	축산유통과	9	2	7	8	7	5	5	4
4411	전북 부안군	시설원예현대화사업	209,097	축산유통과	9	2	7	8	7	5	5	4
4412	전북 부안군	구제역AI 차단방역사업	108,444	축산유통과	9	6	7	8	7	5	5	4
4413	전북 부안군	ICT융복합축사지원	180,000	축산유통과	9	2	7	8	7	5	5	4
4414	전북 부안군	CCTV 등 방역 인프라 지원사업	210,000	축산유통과	9	2	7	8	7	5	5	4
4415	전북 부안군	농식품기업 원료수급 안정화 지원	120,000	축산유통과	9	6	7	8	7	5	5	4
4416	전북 부안군	특용작물(버섯, 약용, 차)생산시설현대화사업	7,705	축산유통과	9	2	7	8	7	5	5	4
4417	전북 부안군	노지채소 생산기반 구축사업	103,516	축산유통과	9	2	7	8	7	5	5	4
4418	전북 부안군	토종벌 육성사업	4,500	축산유통과	9	2	7	8	7	5	5	4
4419	전북 부안군	신품종 벌 보급용 벌통지원사업	600,000	축산유통과	9	2	7	8	7	5	5	4
4420	전북 부안군	축산환경개선 고착슬러지 제거 및 관리시스템 사업	31,500	축산유통과	9	6	7	8	7	5	5	4
4421	전북 부안군	축산악취심각지역 악취저감사업	310,100	축산유통과	9	6	7	8	7	5	5	4
4422	전북 부안군	농산물산지유통센터 지원	360,000	축산유통과	9	2	7	8	7	5	5	4
4423	전북 부안군	말산업 활성화 지원	2,800,000	축산유통과	9	6	7	8	7	5	5	4
4424	전북 부안군	양봉농가 경쟁력 강화	10,500	축산유통과	9	1	7	8	7	5	5	4
4425	전북 부안군	폭염 및 정전대비 가축사육환경개선	141,000	축산유통과	9	6	7	8	7	5	5	4
4426	전북 부안군	유용곤충 사육 지원	25,000	축산유통과	9	1	7	8	7	5	5	4
4427	전북 부안군	축산기자재 지원	72,000	축산유통과	9	1	7	8	7	5	5	4
4428	전북 부안군	고능력 흑염소 보급 지원	7,050	축산유통과	9	1	7	8	7	5	5	4
4429	전북 부안군	가금생산성향상시스템 지원	24,000	축산유통과	9	1	7	8	7	5	5	4
4430	전북 부안군	악취측정 ICT 기계장비 공동자원화시설 설치 사업	11,200	축산유통과	9	2	7	8	7	5	5	4
4431	전북 부안군	악취심각지역 악취저감시설 지원	20,000	축산유통과	9	2	7	8	7	5	5	4
4432	전북 부안군	축분고속발효시설 지원	87,300	축산유통과	9	6	7	8	7	5	5	4
4433	전북 부안군	수산물 가공산업 지원	12,000	해양수산과	9	1	7	8	7	5	5	4
4434	전북 부안군	수산물 유통시설 지원	25,200	해양수산과	9	1	7	8	7	5	5	4
4435	전북 부안군	수산물 유통시설 지원	4,200,000	해양수산과	9	1	7	8	7	5	5	4
4436	전북 부안군	염전취배수용 배관설치	12,000	해양수산과	9	1, 2	7	8	7	5	5	4
4437	전북 부안군	천일염 명품화 시설확충	12,000	해양수산과	9	1, 2	7	8	7	5	5	4
4438	전북 부안군	이동식 수산식품 판매장비 지원	157,273	해양수산과	9	1	7	1	7	5	5	4
4439	전북 부안군	곰소젓갈김치 위생시설	250,000	해양수산과	9	1	7	8	7	5	5	4
4440	전북 부안군	어항구역내 안전 및 기반시설	300,000	해양수산과	9	1	7	8	7	5	5	4
4441	전북 부안군	소형어선인양기 설치	150,000	해양수산과	9	6	7	8	7	5	5	4
4442	전북 부안군	계화면 어촌계복지회관 기능보강	45,000	해양수산과	9	1	7	8	7	5	5	4
4443	전북 부안군	소형어선 안전장비 지원	151,200	해양수산과	9	1	7	8	7	5	5	4
4444	전북 부안군	생분해성 어구보급	111,000	해양수산과	9	1, 2	7	8	7	5	5	4
4445	전북 부안군	친환경 에너지 절감장비 보급	122,400	해양수산과	9	1, 2	7	8	7	5	5	4
4446	전북 부안군	전기추진기보급사업	30,800	해양수산과	9	1	7	8	7	5	5	4
4447	전북 부안군	주꾸미 산란서식장 조성	50,000	해양수산과	9	1	7	8	7	5	5	4
4448	전북 부안군	수산물 수출전략품목육성	200,000	해양수산과	9	1	7	8	7	5	5	4
4449	전북 부안군	내수면양식장 기자재 지원	60,000	해양수산과	9	1	7	8	7	5	5	4
4450	전북 부안군	김양식어가 물김포대 구입지원	29,400	해양수산과	9	1	7	8	7	5	5	4
4451	전북 부안군	내수면 양식장 시설 현대화	30,000	해양수산과	9	1	7	8	7	5	5	4
4452	전북 부안군	패류 양식어가 경영안정 지원	28,800	해양수산과	9	1	7	8	7	5	5	4
4453	전북 부안군	양식장 청정 지하수 개발	15,334	해양수산과	9	1	7	8	7	5	5	4

순번	시군구	지출명 (사업명)	2020년예산 (단위:천원/1년간)	담당자 (공무원) 담당부서	민간이전 분류 (지방자치단체 세출예산 집행기준에 의거) 1. 민간경상사업보조(1) 2. 민간단체 법정운영비보조(2) 3. 민간행사사업보조(3) 4. 민간위탁금(4) 5. 사회복지시설 법정운영비보조(5) 6. 민간인위탁교육비(6) 7. 공기관등에대한경상적대행사업비(7) 8. 민간자본사업보조,자체재원(8) 9. 민간자본사업보조,이전재원(9) 10. 민간위탁사업비(10) 11. 공기관등에 대한 자본적 대행사업비(11)	민간이전지출 근거 (지방보조금 관리기준 참고) 1. 법률에 규정 2. 국고보조 재원(국가지정) 3. 용도 지정 기부금 4. 조례에 직접규정 5. 지자체가 권장하는 사업을 하는 공공기관 6. 시,도 정책 및 재정사정 7. 기타 8. 해당없음	입찰방식 계약체결방법 (경쟁형태) 1. 일반경쟁 2. 제한경쟁 3. 지명경쟁 4. 수의계약 5. 법정위탁 6. 기타 ( ) 7. 해당없음	입찰방식 계약기간 1. 1년 2. 2년 3. 3년 4. 4년 5. 5년 6. 기타 ( )년 7. 단기계약 (1년미만) 8. 해당없음	입찰방식 낙찰자선정방법 1. 적격심사 2. 협상에의한계약 3. 최저가낙찰제 4. 규격가격분리 5. 2단계 경쟁입찰 6. 기타 ( ) 7. 해당없음	운영예산 산정 운영예산 산정 1. 내부산정 (지자체 자체적으로 산정) 2. 외부산정 (외부전문기관위탁 산정) 3. 내·외부 모두 산정 4. 산정 無 5. 해당없음	운영예산 산정 정산방법 1. 내부정산 (지자체 내부적으로 정산) 2. 외부정산 (외부전문기관위탁 정산) 3. 내·외부 모두 산정 4. 정산 無 5. 해당없음	성과평가 실시여부 1. 실시 2. 미실시 3. 향후 추진 4. 해당없음
4454	전북 부안군	양식장 스마트 관리 시스템 구축	6,000	해양수산과	9	1	7	8	7	5	5	4
4455	전북 부안군	수산장비 임대활용사업	280,000	해양수산과	9	1	7	8	7	5	5	4
4456	전북 부안군	양식어장 자동화 설비지원	112,000	해양수산과	9	1	7	8	7	5	5	4
4457	전북 부안군	친환경어구보급 사업	61,020	해양수산과	9	1	7	8	7	5	5	4
4458	전북 부안군	2019년 트랙형 해삼시범양식시설사업	100,000	해양수산과	9	1	7	8	7	5	5	4
4459	전북 부안군	2019년 수산물 수출전략품목육성사업	224,629	해양수산과	9	1	7	8	7	5	5	4
4460	전북 부안군	친환경해삼양식어장족성사업	33,905	해양수산과	9	1	7	8	7	5	5	4
4461	전북 부안군	자율관리육성사업	45,180	해양수산과	9	1	7	8	7	5	5	4
4462	전북 부안군	2019년 수산장비 임대활용사업	272,594	해양수산과	9	1	7	8	7	5	5	4
4463	전북 부안군	2019년 내수면양식장 시설현대화	30,000	해양수산과	9	1	7	8	7	5	5	4
4464	전북 부안군	어업서식지 제공	180,000	해양수산과	9	1	7	8	7	5	5	4
4465	전북 부안군	육상트랙형 해삼 양식장 조성	600,000	해양수산과	9	1	7	8	7	5	5	4
4466	전북 부안군	전기자동차 구매 지원	510,000	환경과	9	2	7	8	7	5	1	4
4467	전북 부안군	전기이륜차 구매 지원	23,000	환경과	9	2	7	8	7	5	1	4
4468	전북 부안군	전기화물차 구매지원	175,000	환경과	9	2	7	8	7	5	1	4
4469	전북 부안군	야생동물 피해예방시설 지원	6,400	환경과	9	2	6	8	7	1	1	2
4470	전북 부안군	탈취탑 설치 사업	520,000	환경과	9	6	7	8	7	5	1	4
4471	전북 부안군	미생물 등 자동분사시설 설치사업	498,000	환경과	9	6	7	8	7	5	1	4
4472	전북 부안군	바이오커튼 설치사업	540,000	환경과	9	6	7	8	7	5	1	4
4473	전북 부안군	악취 배출시설 밀폐화 사업	186,116	환경과	9	6	7	8	7	5	1	4
4474	전북 부안군	목재펠릿보일러 보급	5,600	도시공원과	9	2	7	8	7	3	2	1
4475	전북 부안군	임산물유통기반조성	47,452	도시공원과	9	2	7	8	7	3	2	1
4476	전북 부안군	임산물상품화지원	48,193	도시공원과	9	2	7	8	7	3	2	1
4477	전북 부안군	산림작물생산단지	66,662	도시공원과	9	2	7	8	7	3	2	1
4478	전북 부안군	친환경임산물 재배관리	3,434,000	도시공원과	9	2	7	8	7	3	2	1
4479	전북 부안군	재난안전홍보지원	53,000	안전총괄과	9	7	7	8	7	5	1	4
4480	전북 부안군	재난안전홍보지원	10,000	안전총괄과	9	7	7	8	7	5	1	4
4481	전북 부안군	신기술접목 차세대 영농인 육성	150,000	농업기술센터	9	6	7	8	7	5	1	4
4482	전북 부안군	선도농업경영체 우수모델화	30,000	농업기술센터	9	6	7	8	7	5	1	4
4483	전북 부안군	농식품가공사업장품질향상	40,000	농업기술센터	9	6	7	8	7	5	1	4
4484	전북 부안군	농촌자원활용기술시범	32,000	농업기술센터	9	6	7	8	7	5	1	4
4485	전북 부안군	작목별 맞춤형안전관리실천시범	50,000	농업기술센터	9	2	7	8	7	5	1	4
4486	전북 부안군	농촌체험관광 품질향상지원	24,000	농업기술센터	9	6	7	8	7	5	1	4
4487	전북 부안군	농업인 재해안전마을 육성시범	50,000	농업기술센터	9	6	7	8	7	5	1	4
4488	전북 부안군	농업인가공사업장 시설장비	100,000	농업기술센터	9	6	7	8	7	5	1	4
4489	전북 부안군	귀농인의 집 조성	90,000	농업기술센터	9	2	7	8	7	5	1	4
4490	전북 부안군	밭작물 신기술 선도단지 육성	204,000	농업기술센터	9	2	7	8	7	5	1	4
4491	전북 부안군	농작물 병해충 방제비 지원	114,840	농업기술센터	9	1	7	8	7	5	1	4
4492	전북 부안군	외래퇴치어종활용 친환경 발효액비제조기술시범	50,000	농업기술센터	9	2	7	8	7	5	1	4
4493	전북 부안군	수박품질향상현장실증시범	20,000	농업기술센터	9	6	7	8	7	5	1	4
4494	전북 부안군	고품질우량 딸기묘생산시범	24,000	농업기술센터	9	6	7	8	7	5	1	4
4495	전북 부안군	오디균핵병 방재약제 안전살포 기준설정 실증시범	40,000	농업기술센터	9	2	7	8	7	5	1	4
4496	전북 부안군	고품질 홍잠 생산기술 시범	200,000	농업기술센터	9	2	7	8	7	5	1	4
4497	전남 완도군	영농승계 청년농 창업지원 사업	21,000	농업기술센터	9	4	7	8	7	5	5	4
4498	전남 완도군	청년4-H회 맞춤형 과제사업 시범	10,500	농업기술센터	9	4	7	8	7	5	5	4

순번	시군구	지출명 (사업명)	2020년예산 (단위:천원/1년간)	담당자 (공무원)	민간이전 분류 (지방자치단체 세출예산 집행기준에 의거)	민간이전지출 근거 (지방보조금 관리기준 참고)	입찰방식			운영예산 산정		성과평가 실시여부
				담당부서	1. 민간경상사업보조(1) 2. 민간단체 법정운영비보조(2) 3. 민간행사사업보조(3) 4. 민간위탁금(4) 5. 사회복지시설 법정운영비보조(5) 6. 민간인위탁교육비(6) 7. 공기관등에대한경상적대행사업비(7) 8. 민간자본사업보조,자체재원(8) 9. 민간자본사업보조,이전재원(9) 10. 민간위탁사업비(10) 11. 공기관등에 대한 자본적 대행사업비(11)	1. 법률에 규정 2. 국고보조 재원(국가지정) 3. 용도 지정 기부금 4. 조례에 직접규정 5. 지자체가 권장하는 사업을 하는 공공기관 6. 시,도 정책 및 재정사정 7. 기타 8. 해당없음	계약체결방법 (경쟁형태) 1. 일반경쟁 2. 제한경쟁 3. 지명경쟁 4. 수의계약 5. 법정위탁 6. 기타 ( ) 7. 해당없음	계약기간 1. 1년 2. 2년 3. 3년 4. 4년 5. 5년 6. 기타 ( )년 7. 단기계약 (1년미만) 8. 해당없음	낙찰자선정방법 1. 적격심사 2. 협상에의한계약 3. 최저가낙찰제 4. 규격가격분리 5. 2단계 경쟁입찰 6. 기타 ( ) 7. 해당없음	운영예산 산정 1. 내부산정 (지자체 자체 적으로 산정) 2. 외부산정 (외부전문기관 위탁 산정) 3. 내·외부 모두 산정 4. 산정 無 5. 해당없음	정산방법 1. 내부정산 (지자체 내부적 으로 정산) 2. 외부정산 (외부전문기관 위탁 정산) 3. 내·외부 모두 산정 4. 정산 無 5. 해당없음	1. 실시 2. 미실시 3. 향후 추진 4. 해당없음
4499	전남 완도군	외래품종대체 최고품질벼 생산공급거점단지 육성	200,000	농업기술센터	9	2	7	8	7	5	5	4
4500	전남 완도군	GAP 실천단지 육성 시범	200,000	농업기술센터	9	2	7	8	7	5	5	4
4501	전남 완도군	고품질 친환경 쌀, 잡곡 등 수출생산단지육성시범	100,000	농업기술센터	9	2	7	8	7	5	5	4
4502	전남 완도군	가공용쌀 원료곡 생산단지 육성	204,000	농업기술센터	9	2	7	8	7	5	5	4
4503	전남 완도군	드론활용 벼 항공직파 재배단지 조성	67,200	농업기술센터	9	4	7	8	7	5	5	4
4504	전남 완도군	벼 생산비절감 종합기술 모델 시범	35,000	농업기술센터	9	4	7	8	7	5	5	4
4505	전남 완도군	단동하우스 보급형 스마트팜 단지조성	30,000	농업기술센터	9	4	7	8	7	5	5	4
4506	전남 완도군	가공식품 수출시장 개척 종합마케팅 지원	12,000	농업기술센터	9	4	7	8	7	5	5	4
4507	전남 완도군	버섯 국내육성품종 보급	60,000	농업기술센터	9	2	7	8	7	5	5	4
4508	전남 완도군	목이류 육성품종 재배	28,000	농업기술센터	9	4	7	8	7	5	5	4
4509	전남 완도군	어선사고예방시스템구축사업	36,500	수산경영과	9	6	7	7	7	1	1	1
4510	전남 완도군	어선사고예방시스템구축사업	100,000	수산경영과	9	6	7	7	7	1	1	1
4511	전남 완도군	친환경 에너지절감장비 보급사업	343,260	수산경영과	9	6	7	7	7	1	1	1
4512	전남 완도군	수산물산지가공시설사업	2,400,000	수산경영과	9	2	7	8	7	5	5	4
4513	전남 완도군	수산물 중형 저온저장시설사업	640,000	수산경영과	9	2	7	8	7	5	5	4
4514	전남 완도군	수산물 공동저온저장시설사업	1,920,000	수산경영과	9	2	7	8	7	5	5	4
4515	전남 완도군	사료저장시설	1,000,000	수산경영과	9	2	7	8	7	5	5	4
4516	전남 완도군	선어회 가공공장신축	1,000,000	수산경영과	9	2	7	8	7	5	5	4
4517	전남 완도군	수산물 소형 저온저장시설사업	186,000	수산경영과	9	6	7	8	7	5	5	4
4518	전남 완도군	유망양식품종종자공급사업	130,000	수산경영과	9	2	7	8	7	5	5	4
4519	전남 완도군	육상양식장 용수정화시설	396,000	수산경영과	9	2	7	8	7	5	5	4
4520	전남 완도군	해수순환여과양식시설	700,000	수산경영과	9	2	7	8	7	5	5	4
4521	전남 완도군	친환경부표 보급지원사업	2,086,000	수산경영과	9	2	7	8	7	5	5	4
4522	전남 완도군	유망양식품종 종자공급사업	25,000	수산경영과	9	2	7	8	7	5	5	4
4523	전남 완도군	자동화 시설장비 지원사업	200,000	수산경영과	9	2	7	8	7	5	5	4
4524	전남 완도군	자율관리공동체 지원사업	108,000	수산경영과	9	2	7	8	7	5	5	4
4525	전남 완도군	김 육상채묘 및 냉동망시설사업	1,600,000	수산경영과	9	2	7	8	7	5	5	4
4526	전남 목포시	입지, 시설 보조금 지원	4,000,000	기업유치과	9	4	7	8	7	1	1	4
4527	전남 목포시	장애인거주시설 공기청정기 렌탈지원	6,000	노인장애인과	9	2	4	3	2	1	1	4
4528	전남 목포시	행복둥지사업	35,000	노인장애인과	9	6	5	8	2	1	3	3
4529	전남 목포시	목포아동원 기능보강	100,000	여성가족과	9	2	7	8	7	1	1	1
4530	전남 목포시	자립생활관 기능보강	29,400	여성가족과	9	2	7	8	7	1	1	1
4531	전남 목포시	경애원 기능보강	39,000	여성가족과	9	2	7	8	7	1	1	1
4532	전남 목포시	어린이집 장비비	14,000	여성가족과	9	2	7	7	7	1	1	4
4533	전남 목포시	어린이집 장애아시설 장비비	4,000,000	여성가족과	9	2	7	7	7	1	1	4
4534	전남 목포시	어린이집 개보수	90,000	여성가족과	9	2	7	7	7	1	1	4
4535	전남 목포시	전자출결시스템 장비비	100,735	여성가족과	9	2	7	8	7	5	5	4
4536	전남 목포시	가정폭력피해자 보호시설 기능보강	13,500	여성가족과	9	1	7	8	7	1	1	1
4537	전남 목포시	성폭력피해자 보호시설 기능보강	8,042	여성가족과	9	1	7	8	7	1	1	1
4538	전남 목포시	폭력피해 이주여성 보호시설 기능보강	4,874	여성가족과	9	1	7	8	7	1	1	1
4539	전남 목포시	목포여성인력개발센터 기능보강	40,000	여성가족과	9	8	5	8	7	1	2	1
4540	전남 목포시	성매매피해상담소 기능보강	36,100	여성가족과	9	1	7	8	7	1	1	1
4541	전남 목포시	신재생에너지보급 주택지원사업	43,200	지역경제과	9	2	7	8	7	5	5	4
4542	전남 목포시	소형선박 해상테스트 기반시설 구축	300,000	지역경제과	9	6	7	8	7	1	1	1
4543	전남 목포시	선박수리지원시스템	600,000	지역경제과	9	6	7	8	7	1	1	1

순번	시군구	지출명 (사업명)	2020년예산 (단위:천원/1년간)	담당자 (공무원) 담당부서	민간이전 분류 (지방자치단체 세출예산 집행기준에 의거) 1. 민간경상사업보조(1) 2. 민간단체 법정운영비보조(2) 3. 민간행사사업보조(3) 4. 민간위탁금(4) 5. 사회복지시설 법정운영비보조(5) 6. 민간인위탁교육비(6) 7. 공기관등에대한경상적대행사업비(7) 8. 민간자본사업보조,자체재원(8) 9. 민간자본사업보조,이전재원(9) 10. 민간위탁사업비(10) 11. 공기관등에 대한 자본적 대행사업비(11)	민간이전지출 근거 (지방보조금 관리기준 참고) 1. 법률에 규정 2. 국고보조 재원(국가지정) 3. 용도 지정 기부금 4. 조례에 직접규정 5. 지자체가 권장하는 사업을 하는 공공기관 6. 시,도 정책 및 재정사정 7. 기타 8. 해당없음	입찰방식 계약체결방법 (경쟁형태) 1. 일반경쟁 2. 제한경쟁 3. 지명경쟁 4. 수의계약 5. 법정위탁 6. 기타 ( ) 7. 해당없음	입찰방식 계약기간 1. 1년 2. 2년 3. 3년 4. 4년 5. 5년 6. 기타 ( )년 7. 단기계약 (1년미만) 8. 해당없음	입찰방식 낙찰자선정방법 1. 적격심사 2. 협상에의한계약 3. 최저가낙찰제 4. 규격가격분리 5. 2단계 경쟁입찰 6. 기타 ( ) 7. 해당없음	운영예산 산정 운영예산 산정 1. 내부산정 (지자체 자체 적으로 산정) 2. 외부산정 (외부전문기관 위탁 산정) 3. 내·외부 모두 산정 4. 산정 無 5. 해당없음	운영예산 산정 정산방법 1. 내부정산 (지자체 내부적으로 정산) 2. 외부정산 (외부전문기관 위탁 정산) 3. 내·외부 모두 산정 4. 정산 無 5. 해당없음	성과평가 실시여부 1. 실시 2. 미실시 3. 향후 추진 4. 해당없음
4544	전남 목포시	초소형 전기차 산업 및 서비스 육성 실증지원사업	100,000	지역경제과	9	2	5	6(7년)	6(산업부지정)	2	2	1
4545	전남 독포시	ICT 기반 유틸리티성 자원공유 지원사업	750,000	지역경제과	9	2	5	5	6(중기부지정)	2	2	1
4546	전남 목포시	사회적경제기업 시설장비구입비 지원	80,000	일자리청년정책과	9	6	7	8	7	5	5	4
4547	전남 목포시	목포항 화물유치 인센티브 지원	300,000	해양항만과	9	6	7	8	7	1	1	4
4548	전남 목포시	노후기관, 장비, 설비대체	359,252	수산진흥과	9	2	7	8	7	5	5	1
4549	전남 목포시	어선사고 예방시스템 구축사업	20,000	수산진흥과	9	2	7	8	7	5	5	1
4550	전남 목포시	수산물 저온저장시설 지원사업	24,000	수산진흥과	9	6	7	8	7	5	1	4
4551	전남 목포시	수산물 산지가공시설 건립사업	1,140,000	수산진흥과	9	2	7	7	7	2	1	4
4552	전남 목포시	수산시장 시설개선	300,000	수산진흥과	9	2	7	7	7	5	1	4
4553	전남 목포시	지방의료원 기능보강사업	890,000	보건위생과	9	2	7	8	7	1	1	1
4554	전남 나주시	목재펠릿보일러지원사업	11,200	산림공원과	9	2	7	1	7	5	1	4
4555	전남 나주시	사회복지용 펠릿보일러 보급사업	4,000,000	산림공원과	9	2	7	1	7	5	1	4
4556	전남 나주시	산림작물생산단지조성사업	75,923	산림공원과	9	2	7	1	7	5	1	4
4557	전남 나주시	친환경임산물재배관리	674,000	산림공원과	9	2	7	1	7	5	1	4
4558	전남 나주시	임산물생산기반조성	7,250	산림공원과	9	2	7	1	7	5	1	4
4559	전남 나주시	목재산업시설 현대화사업	120,000	산림공원과	9	2	7	1	7	5	1	4
4560	전남 나주시	노안 금동리 주택개량사업	18,000	도시과	9	2	7	8	7	5	5	4
4561	전남 나주시	우리품종전문생산단지조성(품종전환)	150,000	기술지원과	9	1	7	8	7	5	5	4
4562	전남 나주시	작은배큰소득생산단지조성	80,000	기술지원과	9	1	7	8	7	5	5	4
4563	전남 나주시	친환경연소자재이용기상피해경감시범	20,000	기술지원과	9	1	7	8	7	5	5	4
4564	전남 나주시	칼라포도 생산단지 조성	70,000	기술지원과	9	1	7	8	7	5	5	4
4565	전남 나주시	포도 착색 증진 및 열매마름 경감 시범	9,100	기술지원과	9	1	7	8	7	5	5	4
4566	전남 나주시	단동하우스 보급형 스마트팜 단지화 시범	30,000	기술지원과	9	6	7	8	7	1	1	3
4567	전남 나주시	유기농 원예.특용작물 생산단지 조성	14,000	기술지원과	9	6	7	8	7	1	1	3
4568	전남 나주시	치유농업육성 기반조성	30,000	기술지원과	9	2	6(공고)	7	6(심의)	1	1	1
4569	전남 나주시	가공유통 연계 콩 전과정 기계화 모델구축시범	400,000	기술지원과	9	1	7	8	7	5	5	4
4570	전남 나주시	벼 생산비 절감 종합기술 모델 시범	35,000	기술지원과	9	1	7	8	7	5	5	4
4571	전남 나주시	나주 남파고택 초가이엉잇기	12,000	역사관광과	9	1	7	8	7	5	5	4
4572	전남 나주시	나주 우남고택 초가이엉잇기	8,000	역사관광과	9	1	7	8	7	5	5	4
4573	전남 나주시	나주 죽림사 세존괘불탱 주변정비사업	120,000	역사관광과	9	1	7	8	7	5	5	4
4574	전남 나주시	나주 불회사 대웅전 보수정비사업	150,000	역사관광과	9	1	7	8	7	5	5	4
4575	전남 나주시	나주 불회사 대웅전 소방시설 개선사업	200,000	역사관광과	9	1	7	8	7	5	5	4
4576	전남 나주시	나주 태평사 종각 개축 공사	90,000	역사관광과	9	1	7	8	7	5	5	4
4577	전남 나주시	나주 불회사 삼성각 단청 공사	60,000	역사관광과	9	1	7	8	7	5	5	4
4578	전남 나주시	산지유통시설 개보수	450,000	배원예유통과	9	6	7	8	7	5	5	4
4579	전남 나주시	농산물소형저온저장고 설치지원	30,000	배원예유통과	9	6	7	8	7	5	5	4
4580	전남 나주시	기후변화 대응 아열대과수 조성사업	24,444	배원예유통과	9	6	7	8	7	5	5	4
4581	전남 나주시	다목적 소형농기계 구입지원사업	392,500	농촌진흥과	9	6	7	8	7	5	5	4
4582	전남 나주시	도시민 농촌유치 지원사업	28,000	농촌진흥과	9	2	7	8	7	5	5	4
4583	전남 나주시	청년4-H회원 맞춤형 과제사업 시범	10,500	농촌진흥과	9	7	7	8	7	5	5	4
4584	전남 나주시	어깨동무 컨설팅농가 경영개선 지원	12,000	농촌진흥과	9	6	7	8	7	5	5	4
4585	전남 나주시	영농승계 청년농창업지원사업	21,000	농촌진흥과	9	7	7	8	7	5	5	4
4586	전남 나주시	귀농창업 활성화 지원사업	20,000	농촌진흥과	9	2	7	8	7	5	5	4
4587	전남 나주시	청년4-H과제경진 스마트 창업농장 육성	21,000	농촌진흥과	9	7	7	8	7	5	5	4
4588	전남 나주시	농업인 가공사업장시설장비 개선사업	50,000	농촌진흥과	9	6	7	8	7	5	5	4

순번	시군구	지출명 (사업명)	2020년예산 (단위:천원/1년간)	담당자 (공무원)	민간이전 분류 (지방자치단체 세출예산 집행기준에 의거)	민간이전지출 근거 (지방보조금 관리기준 참고)	입찰방식			운영예산 산정		성과평가 실시여부
				담당부서	1. 민간경상사업보조(1) 2. 민간단체 법정운영비보조(2) 3. 민간행사사업보조(3) 4. 민간위탁금(4) 5. 사회복지시설 법정운영비보조(5) 6. 민간인위탁교육비(6) 7. 공기관등에대한경상적대행사업비(7) 8. 민간자본사업보조,자체재원(8) 9. 민간자본사업보조,이전재원(9) 10. 민간위탁사업비(10) 11. 공기관등에 대한 자본적 대행사업비(11)	1. 법률에 규정 2. 국고보조 재원(국가지정) 3. 용도 지정 기부금 4. 조례에 직접규정 5. 지자체가 권장하는 사업을 하는 공공기관 6. 시,도 정책 및 재정사정 7. 기타 8. 해당없음	계약체결방법 (경쟁형태) 1. 일반경쟁 2. 제한경쟁 3. 지명경쟁 4. 수의계약 5. 법정위탁 6. 기타 ( ) 7. 해당없음	계약기간 1. 1년 2. 2년 3. 3년 4. 4년 5. 5년 6. 기타 ( )년 7. 단기계약 (1년미만) 8. 해당없음	낙찰자선정방법 1. 적격심사 2. 협상에의한계약 3. 최저가낙찰제 4. 규격가격분리 5. 2단계 경쟁입찰 6. 기타 ( ) 7. 해당없음	운영예산 산정 1. 내부산정 (지자체 자체 적으로 산정) 2. 외부산정 (외부전문기관 위탁 산정) 3. 내·외부 모두 산정 4. 산정 無 5. 해당없음	정산방법 1. 내부정산 (지자체 내부적 으로 정산) 2. 외부정산 (외부전문기관 위탁 정산) 3. 내·외부 모두 산정 4. 정산 無 5. 해당없음	1. 실시 2. 미실시 3. 향후 추진 4. 해당없음
4589	전남 나주시	에너지신기술 연구소 구축사업	4,000,000	에너지신산업과	9	6	7	8	7	5	5	4
4590	전남 나주시	EV/ESS사용후 배터리 리사이클링 산업화 추진	5,190	에너지신산업과	9	2	7	8	7	5	5	4
4591	전남 나주시	전기자동차 보급사업	4,176,000	에너지신산업과	9	1, 2	7	8	7	1	1	4
4592	전남 나주시	전기화물차(소형)보급사업	1,064,000	에너지신산업과	9	1, 2	7	8	7	1	1	4
4593	전남 나주시	수소전기자동차 보급사업	305,000	에너지신산업과	9	1, 2	7	8	7	1	1	4
4594	전남 나주시	전기이륜차 보급사업	218,500	에너지신산업과	9	1, 2	7	8	7	1	1	4
4595	전남 나주시	마을회관 보수	50,000	사회복지과	9	6	7	8	7	1	1	1
4596	전남 나주시	꿀벌산업 육성사업(양봉)	50,000	축산과	9	6	2	8	7	5	1	4
4597	전남 나주시	꿀벌산업 육성사업(한봉)	27,600	축산과	9	6	2	8	7	5	1	4
4598	전남 나주시	한우 자동목걸림장치 설치 지원	57,600	축산과	9	6	2	8	7	5	1	4
4599	전남 나주시	폭염 피해 예방 시설 및 장비 지원	90,000	축산과	9	1	7	8	7	5	1	4
4600	전남 나주시	말벌퇴치장비 지원	1,200,000	축산과	9	2	2	8	7	5	1	4
4601	전남 나주시	축산분야 ICT 융복합 사업	129,000	축산과	9	2	7	8	7	5	1	4
4602	전남 나주시	토종벌 육성사업	15,000	축산과	9	2	2	8	7	5	1	4
4603	전남 나주시	신품종 벌 보급용 벌통 지원	8,750	축산과	9	2	2	8	7	5	1	4
4604	전남 나주시	구제역 백신	244,160	축산과	9	2	2	8	7	5	1	4
4605	전남 나주시	구제역 예방접종 원거리 자동연속주사기	8,330	축산과	9	6	2	8	7	5	1	4
4606	전남 나주시	폐사가축 사체처리기 지원	45,000	축산과	9	6	2	8	7	5	1	4
4607	전남 나주시	CCTV등 방역 인프라 설치 지원사업	18,000	축산과	9	2	2	8	7	5	1	4
4608	전남 나주시	방역시설 및 장비지원	72,000	축산과	9	2	2	8	7	5	1	4
4609	전남 나주시	가축분뇨 퇴액비화 지원사업	19,200	축산과	9	8	2	8	7	1	1	2
4610	전남 나주시	가축분뇨 액비저장조 지원	42,000	축산과	9	2	2	8	7	1	1	2
4611	전남 나주시	액비저장조 개보수	44,100	축산과	9	2	2	8	7	1	1	2
4612	전남 나주시	축분 급속발효 퇴비화 시범사업	75,000	축산과	9	6	2	8	7	1	1	2
4613	전남 나주시	축산농장 악취저감 시설사업	36,000	축산과	9	6	2	8	7	1	1	2
4614	전남 나주시	계란냉장차량 지원	45,000	축산과	9	2	7	8	7	1	1	3
4615	전남 나주시	가축분뇨 정화개수보수 지원	80,000	축산과	9	2	2	8	7	1	1	2
4616	전남 나주시	공동자원화 시설 개보수 지원	200,000	축산과	9	2	2	8	7	1	1	2
4617	전남 나주시	바이오커튼 활용 돈사 냄새저감 종합기술 시범	200,000	축산과	9	2	2	8	7	5	1	4
4618	전남 나주시	왕겨자동살포장치 퇴비생력화시스템 보급 시범	70,000	축산과	9	2	2	8	7	5	1	4
4619	전남 나주시	ICT활용 한우 젖소 번식효율 향상 시범	7,000	축산과	9	6	2	8	7	5	1	4
4620	전남 나주시	양봉산물(로열제리) 생산 시범	7,000	축산과	9	7	2	8	7	5	1	4
4621	전남 나주시	동물복지형 녹색축산농장 육성지원	30,000	축산과	9	6	2	8	7	5	1	4
4622	전남 나주시	친환경 천적이용 해충구제지원	48,000	축산과	9	6	2	8	7	5	1	4
4623	전남 나주시	모기퇴치램프설치 지원	16,000	축산과	9	6	2	8	7	5	1	4
4624	전남 나주시	사료첨가제(칼슘제) 지원	144,000	축산과	9	6	2	8	7	5	1	4
4625	전남 나주시	곤충시설 및 기자재 지원	40,000	축산과	9	6	2	8	7	5	1	4
4626	전남 나주시	곤충 사료첨가제 지원	8,000	축산과	9	6	2	8	7	5	1	4
4627	전남 나주시	조사료 생산용 기계장비 지원	150,000	축산과	9	2	2	8	7	5	1	4
4628	전남 나주시	서울시 공공급식 참여지자체 유통활성화 지원	100,000	먹거리계획과	9	6	7	8	7	5	5	4
4629	전남 나주시	소규모 식품가공업체 맞춤형 지원	50,000	먹거리계획과	9	4	7	8	7	5	5	4
4630	전남 나주시	친환경식품인프라구축사업	250,000	먹거리계획과	9	2	7	8	7	5	5	4
4631	전남 나주시	농촌융복합 인증경영체 융복합강화사업	60,000	먹거리계획과	9	2	7	8	7	5	5	4
4632	전남 나주시	톤백 매입 기반구축 지원사업	64,000	농업정책과	9	6	7	8	7	5	5	4
4633	전남 나주시	고품질 쌀 유통활성화 지원사업	100,000	농업정책과	9	2	7	8	7	5	5	4

순번	시군구	지출명 (사업명)	2020년예산 (단위:천원/1년간)	담당자 (공무원) 담당부서	민간이전 분류 (지방자치단체 세출예산 집행기준에 의거) 1. 민간경상사업보조(1) 2. 민간단체 법정운영비보조(2) 3. 민간행사사업보조(3) 4. 민간위탁금(4) 5. 사회복지시설 법정운영비보조(5) 6. 민간인위탁교육비(6) 7. 공기관등에대한경상적대행사업비(7) 8. 민간자본사업보조,자체재원(8) 9. 민간자본사업보조,이전재원(9) 10. 민간위탁사업비(10) 11. 공기관등에 대한 자본적 대행사업비(11)	민간이전지출 근거 (지방보조금 관리기준 참고) 1. 법률에 규정 2. 국고보조 재원(국가지정) 3. 용도 지정 기부금 4. 조례에 직접규정 5. 지자체가 권장하는 사업을 하는 공공기관 6. 시,도 정책 및 재정사정 7. 기타 8. 해당없음	입찰방식 계약체결방법 (경쟁형태) 1. 일반경쟁 2. 제한경쟁 3. 지명경쟁 4. 수의계약 5. 법정위탁 6. 기타 ( ) 7. 해당없음	입찰방식 계약기간 1. 1년 2. 2년 3. 3년 4. 4년 5. 5년 6. 기타 ( )년 7. 단기계약 (1년미만) 8. 해당없음	입찰방식 낙찰자선정방법 1. 적격심사 2. 협상에의한계약 3. 최저가낙찰제 4. 규격가격분리 5. 2단계 경쟁입찰 6. 기타 ( ) 7. 해당없음	운영예산 산정 운영예산 산정 1. 내부산정 (지자체 자체적으로 산정) 2. 외부산정 (외부전문기관위탁 산정) 3. 내·외부 모두 산정 4. 산정 無 5. 해당없음	운영예산 산정 정산방법 1. 내부정산 (지자체 내부적으로 정산) 2. 외부정산 (외부전문기관위탁 정산) 3. 내·외부 모두 산정 4. 정산 無 5. 해당없음	성과평가 실시여부 1. 실시 2. 미실시 3. 향후 추진 4. 해당없음
4634	전남 나주시	유해 야생동물 포획시설 설치 지원	6,600	농업정책과	9	2	7	8	7	5	5	4
4635	전남 나주시	농산물 생산비 절감 지원	282,500	농업정책과	9	6	7	8	7	5	5	4
4636	전남 나주시	개량물꼬 지원	90,000	농업정책과	9	6	7	8	7	5	5	4
4637	전남 나주시	유기농업자재 지원	46,958	농업정책과	9	6	7	8	7	5	5	4
4638	전남 나주시	밭작물 공동 경영체	630,000	농업정책과	9	6	7	8	7	5	5	4
4639	전남 나주시	과수농가 비가림하우스 시설 지원	61,600	농업정책과	9	6	7	8	7	5	5	4
4640	전남 나주시	새끼우렁이 농법 지원사업	331,020	농업정책과	9	6	7	8	7	5	5	4
4641	전남 나주시	친환경 과수·채소 전문단지 조성 지원	139,300	농업정책과	9	6	7	8	7	5	5	4
4642	전남 나주시	유기질비료 지원	2,950,226	농업정책과	9	2	7	8	7	5	5	4
4643	전남 나주시	토양개량제 지원	891,508	농업정책과	9	2	7	8	7	5	5	4
4644	전남 광양시	농촌융복합산업 인증경영체 융복합 강화	60,000	농산물마케팅과	9	2	7	8	7	5	5	4
4645	전남 광양시	식문화자원 체험프로그램 발굴	40,000	농산물마케팅과	9	6	7	8	7	5	5	4
4646	전남 광양시	작목별 맞춤형 안전관리 실천 시범	50,000	농산물마케팅과	9	2	7	8	7	5	5	4
4647	전남 광양시	과수 통합마케팅 운영 지원	40,000	매실원예과	9	5	7	8	7	5	5	4
4648	전남 광양시	농업 에너지이용 효율화 사업	328,151	매실원예과	9	2	7	8	7	5	5	4
4649	전남 광양시	시설원예 현대화사업(전문단지)	117,610	매실원예과	9	2	7	8	7	5	5	4
4650	전남 광양시	시설원예 현대화사업(일반원예시설)	213,882	매실원예과	9	2	7	8	7	5	5	4
4651	전남 광양시	중소농 원예특용작물 생산기반 구축사업	100,000	매실원예과	9	5	7	8	7	5	5	4
4652	전남 광양시	영세농가 소형하우스 지원	21,000	매실원예과	9	5	7	8	7	5	5	4
4653	전남 광양시	스마트팜 ICT융복합확산사업	63,591	매실원예과	9	2	7	8	7	5	5	4
4654	전남 광양시	고추 비가림재배시설 지원사업	29,095	매실원예과	9	2	7	8	7	5	5	4
4655	전남 광양시	로컬푸드 직매장 설치 지원사업	726,000	매실원예과	9	2	7	8	7	5	5	4
4656	전남 광양시	GAP 시설보완사업	100,000	매실원예과	9	2	7	8	7	5	5	4
4657	전남 광양시	임산물 저장 및 건조시설지원	96,435	산림소득과	9	2	7	1	1	2	5	4
4658	전남 광양시	임산물 가공지원	76,850	산림소득과	9	2	7	1	1	2	5	4
4659	전남 광양시	임산물 유통기자재	15,000	산림소득과	9	2	7	1	1	2	5	4
4660	전남 광양시	임산물 유통차량	8,500	산림소득과	9	2	7	1	1	2	5	4
4661	전남 광양시	산림작물생산단지조성	215,490	산림소득과	9	2	7	1	1	2	5	4
4662	전남 광양시	임산물생산기반조성	98,054	산림소득과	9	2	7	1	1	2	5	4
4663	전남 광양시	주택용목재펠릿보일러보급	30,800	산림소득과	9	2	7	1	1	2	5	4
4664	전남 광양시	광양항 자동차 환전화물 인센티브 지원	300,000	철강항만과	9	4	7	8	7	1	1	1
4665	전남 광양시	내수면 외래어종 퇴치사업	10,000	철강항만과	9	6	7	8	7	5	5	4
4666	전남 광양시	전기자동차 보급지원	1,570,000	환경과	9	2	7	8	7	5	5	4
4667	전남 광양시	전기이륜차 보급사업	46,000	환경과	9	2	7	8	7	5	5	4
4668	전남 광양시	천연가스연료비 지원	300,000	환경과	9	2	7	8	7	5	5	4
4669	전남 광양시	광양기후환경네트워크 사업비 지원	44,860	환경과	9	2	7	8	7	5	5	1
4670	전남 광양시	사업장 저녹스버너 보급사업	7,300	환경과	9	2	7	8	7	5	5	4
4671	전남 광양시	가정용 저녹스버너 보급사업	2,000,000	환경과	9	2	7	8	7	5	5	4
4672	전남 광양시	사회적 취약계층 친환경 보일러 보급 사업	4,000,000	환경과	9	6	7	8	7	5	5	4
4673	전남 광양시	어린이 통학차량 LPG 전환 지원사업	100,000	환경과	9	2	7	8	7	5	5	4
4674	전남 광양시	노후 경유차 조기폐차 지원	964,800	환경과	9	2	7	8	7	5	5	4
4675	전남 광양시	LPG 화물차 전환 구입 지원	200,000	환경과	9	2	7	8	7	5	5	4
4676	전남 광양시	운행차 매연저감장치 구입지원	445,953	환경과	9	2	7	8	7	5	5	4
4677	전남 광양시	건설기계 매연저감장치 구입지원	22,000	환경과	9	2	7	8	7	5	5	4
4678	전남 광양시	건설기계 엔진교체 지원	33,000	환경과	9	2	7	8	7	5	5	4

순번	시군구	지출명 (사업명)	2020년예산 (단위:천원/1년간)	담당자 (공무원) 담당부서	민간이전 분류 (지방자치단체 세출예산 집행기준에 의거) 1. 민간경상사업보조(1) 2. 민간단체 법정운영비보조(2) 3. 민간행사사업보조(3) 4. 민간위탁금(4) 5. 사회복지시설 법정운영비보조(5) 6. 민간인위탁교육비(6) 7. 공기관등에대한경상적대행사업비(7) 8. 민간자본사업보조,자체재원(8) 9. 민간자본사업보조,이전재원(9) 10. 민간위탁사업비(10) 11. 공기관등에 대한 자본적 대행사업비(11)	민간이전지출 근거 (지방보조금 관리기준 참고) 1. 법률에 규정 2. 국고보조 재원(국가지정) 3. 용도 지정 기부금 4. 조례에 직접규정 5. 지자체가 권장하는 사업을 하는 공공기관 6. 시,도 정책 및 재정사정 7. 기타 8. 해당없음	입찰방식 계약체결방법 (경쟁형태) 1. 일반경쟁 2. 제한경쟁 3. 지명경쟁 4. 수의계약 5. 법정위탁 6. 기타 ( ) 7. 해당없음	입찰방식 계약기간 1. 1년 2. 2년 3. 3년 4. 4년 5. 5년 6. 기타 ( )년 7. 단기계약 (1년미만) 8. 해당없음	입찰방식 낙찰자선정방법 1. 적격심사 2. 협상에의한계약 3. 최저가낙찰제 4. 규격가격분리 5. 2단계 경쟁입찰 6. 기타 ( ) 7. 해당없음	운영예산 산정 운영예산 산정 1. 내부산정 (지자체 자체 적으로 산정) 2. 외부산정 (외부전문기관 위탁 산정) 3. 내·외부 모두 산정 4. 산정 無 5. 해당없음	운영예산 산정 정산방법 1. 내부정산 (지자체 내부적으로 정산) 2. 외부정산 (외부전문기관 위탁 정산) 3. 내·외부 모두 산정 4. 정산 無 5. 해당없음	성과평가 실시여부 1. 실시 2. 미실시 3. 향후 추진 4. 해당없음
4679	전남 구례군	노인보행보조차 지원	2,800,000	주민복지과	9	2	7	8	7	5	5	4
4680	전남 구례군	어린이집 개보수비 지원	30,000	평생교육과	9	2	7	8	7	5	1	4
4681	전남 구례군	어린이집 장비비 지원	2,000,000	평생교육과	9	2	7	8	7	5	1	4
4682	전남 구례군	어린이집 전자출결시스템 장비비 지원	4,825	평생교육과	9	2	7	8	7	5	1	4
4683	전남 구례군	공공비축미곡 톤백수매 기반구축사업	4,800	친환경농정과	9	4	7	8	7	5	5	4
4684	전남 구례군	원예특용작물 인프라 구축 사업	154,993	친환경농정과	9	6	7	8	7	5	5	4
4685	전남 구례군	시설채소 다겹보온커튼 지원사업	53,300	친환경농정과	9	6	7	8	7	5	5	4
4686	전남 구례군	FTA기금 과수 고품질 시설현대화 사업	37,500	친환경농정과	9	2	7	8	7	5	5	4
4687	전남 구례군	일반원예시설 품질개선 사업	41,700	친환경농정과	9	2	7	8	7	5	5	4
4688	전남 구례군	시설원예 연작장해 경감제 지원사업	32,400	친환경농정과	9	6	7	8	7	5	5	4
4689	전남 구례군	시설원예 양액재배 지원사업	60,000	친환경농정과	9	5	7	8	7	5	5	4
4690	전남 구례군	폭염피해 방지 시설 장비 지원	30,000	친환경농정과	9	6	7	8	7	5	5	4
4691	전남 구례군	꿀벌산업 육성사업	122,500	친환경농정과	9	6	7	8	7	5	5	4
4692	전남 구례군	말벌퇴치장비 지원	840,000	친환경농정과	9	7	7	8	7	5	5	4
4693	전남 구례군	꿀벌산업 육성사업(한봉)	4,500	친환경농정과	9	6	7	8	7	5	5	4
4694	전남 구례군	한우 ICT 융복합 시범사업	30,000	친환경농정과	9	2	7	8	7	5	5	4
4695	전남 구례군	친환경 해충퇴치 장비 지원	9,200	친환경농정과	9	6	7	8	7	5	5	4
4696	전남 구례군	한우 자동목걸림장치설치 설치 지원	36,000	친환경농정과	9	6	7	8	7	5	5	4
4697	전남 구례군	토종벌 육성사업	3,900,000	친환경농정과	9	2	7	8	7	5	5	4
4698	전남 구례군	조사료 생산장비 지원	120,000	친환경농정과	9	2	7	8	7	5	5	4
4699	전남 구례군	퇴액비화 지원	72,400	친환경농정과	9	2	7	8	7	5	5	4
4700	전남 구례군	가축분뇨 액비 저장조 신축	28,000	친환경농정과	9	2	7	8	7	5	5	4
4701	전남 구례군	친환경 전동 운반장비	18,000	친환경농정과	9	6	7	8	7	5	5	4
4702	전남 구례군	오리축사 시설개선 지원사업	36,000	친환경농정과	9	7	7	8	7	5	5	4
4703	전남 구례군	동물복지형 녹색축산농장육성 지원사업	18,000	친환경농정과	9	2	7	8	7	5	5	4
4704	전남 구례군	방역시설 및 장비지원	60,000	친환경농정과	9	2	7	8	7	5	5	4
4705	전남 구례군	CCTV 방역인프라 설치 지원	15,000	친환경농정과	9	2	7	8	7	5	5	4
4706	전남 구례군	전기자동차 보급사업	14,600	환경교통과	9	2	7	7	7	5	5	4
4707	전남 구례군	LPG화물차 신차구입 지원사업	20,000	환경교통과	9	2	7	8	7	5	5	4
4708	전남 구례군	PM-NOX 동시저감장치 부착 지원사업	15,000	환경교통과	9	2	7	8	7	5	5	4
4709	전남 구례군	DPF(매연저감장치)부착 지원사업	31,113	환경교통과	9	2	7	8	7	5	5	4
4710	전남 구례군	건설기계 DPF 부착 지원사업	33,000	환경교통과	9	2	7	8	7	5	5	4
4711	전남 구례군	건설기계 엔진교체 지원사업	66,000	환경교통과	9	2	7	8	7	5	5	4
4712	전남 구례군	어린이 통학 차량의 LPG차 전환 지원사업	35,000	환경교통과	9	2	7	8	7	5	5	4
4713	전남 구례군	친환경적 보일러 보급사업	4,000,000	환경교통과	9	2	7	8	7	5	5	4
4714	전남 구례군	가정용 저녹스 보일러 보급사업	3,000,000	환경교통과	9	2	7	8	7	5	5	4
4715	전남 구례군	야생동물 피해예방시설	28,360	환경교통과	9	2	7	8	7	5	5	4
4716	전남 구례군	소규모방지시설 설치지원사업	117,000	환경교통과	9	1	7	8	7	5	5	4
4717	전남 구례군	청년4-H회원 맞춤형 과제사업	10,500	농업기술센터	9	2	7	8	7	5	5	4
4718	전남 구례군	청년농업인 성공모델 육성사업	14,000	농업기술센터	9	2	7	8	7	5	5	4
4719	전남 구례군	전라남도 으뜸 청년 농업인 대상	50,000	농업기술센터	9	2	7	8	7	5	5	4
4720	전남 구례군	농업활동 안전사고 예방 생활화	30,000	농업기술센터	9	2	7	8	7	5	5	4
4721	전남 구례군	작목별 맞춤형 안전관리 실천시범	50,000	농업기술센터	9	2	7	8	7	5	5	4
4722	전남 구례군	농촌교육농장운영	24,000	농업기술센터	9	2	7	8	7	5	5	4
4723	전남 구례군	우수 강소농 자율모임체 모델화 시범	16,000	농업기술센터	9	2	7	8	7	5	5	4

순번	시군구	지출명 (사업명)	2020년예산 (단위:천원/1년간)	담당자 (공무원)	민간이전 분류 (지방자치단체 세출예산 집행기준에 의거)	민간이전지출 근거 (지방보조금 관리기준 참고)	입찰방식			운영예산 산정		성과평가 실시여부
				담당부서	1. 민간경상사업보조(1) 2. 민간단체 법정운영비보조(2) 3. 민간행사사업보조(3) 4. 민간위탁금(4) 5. 사회복지시설 법정운영비보조(5) 6. 민간인위탁교육비(6) 7. 공기관등에대한경상적대행사업비(7) 8. 민간자본사업보조,자체재원(8) 9. 민간자본사업보조,이전재원(9) 10. 민간위탁사업비(10) 11. 공기관등에 대한 자본적 대행사업비(11)	1. 법률에 규정 2. 국고보조 재원(국가지정) 3. 용도 지정 기부금 4. 조례에 직접규정 5. 지자체가 권장하는 사업을 하는 공공기관 6. 시,도 정책 및 재정사정 7. 기타 8. 해당없음	계약체결방법 (경쟁형태) 1. 일반경쟁 2. 제한경쟁 3. 지명경쟁 4. 수의계약 5. 법정위탁 6. 기타 ( ) 7. 해당없음	계약기간 1. 1년 2. 2년 3. 3년 4. 4년 5. 5년 6. 기타 ( )년 7. 단기계약 (1년미만) 8. 해당없음	낙찰자선정방법 1. 적격심사 2. 협상에의한계약 3. 최저가낙찰제 4. 규격가격분리 5. 2단계 경쟁입찰 6. 기타 ( ) 7. 해당없음	운영예산 산정 1. 내부산정 (지자체 자체 적으로 산정) 2. 외부산정 (외부전문기관 위탁 산정) 3. 내·외부 모두 산정 4. 산정 無 5. 해당없음	정산방법 1. 내부정산 (지자체 내부적으로 정산) 2. 외부정산 (외부전문기관 위탁 정산) 3. 내·외부 모두 산정 4. 정산 無 5. 해당없음	1. 실시 2. 미실시 3. 향후 추진 4. 해당없음
4724	전남 구례군	밀 용도별 맞춤형 생산 및 블렌딩 단지조성	200,000	농업기술센터	9	2	7	8	7	5	5	4
4725	전남 구례군	벼 저비용 유기재배 시범	2,000,000	농업기술센터	9	2	7	8	7	5	5	4
4726	전남 구례군	콩 친환경 재배단지 조성시범	21,000	농업기술센터	9	2	7	8	7	5	5	4
4727	전남 구례군	시설감자 특화작목 육성 시범	30,000	농업기술센터	9	2	7	8	7	5	5	4
4728	전남 구례군	어깨동무 컨설팅 농가경영개선 지원	300,000	농업기술센터	9	2	7	8	7	5	5	4
4729	전남 구례군	단동하우스 보급형 스마트팜 단지 조성	30,000	농업기술센터	9	2	7	8	7	5	5	4
4730	전남 구례군	소비트렌드 변화에 맞는 과일생산단지 육성	30,000	농업기술센터	9	2	7	8	7	5	5	4
4731	전남 구례군	과채류 맞춤형 에너지절감 패키지 기술 시범	80,000	농업기술센터	9	2	7	8	7	5	5	4
4732	전남 고흥군	농어촌 장애인 주택개조 지원사업	22,800	종합민원과	9	2	7	8	7	5	5	4
4733	전남 고흥군	일반음식점 입식테이블 설치 지원	3,826,000	종합민원과	9	8	7	8	7	5	5	4
4734	전남 고흥군	청년도전 프로젝트 지원	105,000	인구정책과	9	2	7	8	7	5	5	4
4735	전남 고흥군	가업승계 청년 지원	540,000	인구정책과	9	2	7	8	7	5	5	4
4736	전남 고흥군	귀농인의 집 조성	60,000	인구정책과	9	2	7	8	7	5	5	4
4737	전남 고흥군	능가사 동종 관리소 개축	250,000	문화예술과	9	2	7	8	7	5	5	4
4738	전남 고흥군	능가사 석축,담장,배수로 정비	500,000	문화예술과	9	2	7	8	7	5	5	4
4739	전남 고흥군	농어촌체험마을 활성화 지원	30,000	농업축산과	9	1	7	8	7	5	5	4
4740	전남 고흥군	청년 창업농장 조성	25,000	농업축산과	9	1	7	8	7	5	5	4
4741	전남 고흥군	청년 농산업 창업 지원	10,000	농업축산과	9	1	7	8	7	5	5	4
4742	전남 고흥군	친환경벼 자동육묘장	172,000	농업축산과	9	2	7	8	7	5	5	4
4743	전남 고흥군	저온양곡보관창고	784,800	농업축산과	9	2	7	8	7	5	5	4
4744	전남 고흥군	개량물꼬 지원	72,000	농업축산과	9	8	7	8	7	5	5	4
4745	전남 고흥군	다목적 소형 농기계 구입	437,500	농업축산과	9	8	7	8	7	5	5	4
4746	전남 고흥군	이동식 다용도 작업대 지원	32,000	농업축산과	9	8	7	8	7	5	5	4
4747	전남 고흥군	농업기계 등화장치 부착지원	35,000	농업축산과	9	2	7	8	7	5	5	4
4748	전남 고흥군	농산물 생산비 절감지원	290,000	농업축산과	9	8	7	8	7	5	5	4
4749	전남 고흥군	유해 야생동물 포획시설 설치 지원	5,280	농업축산과	9	8	7	8	7	5	5	4
4750	전남 고흥군	과수 고품질시설현대화	20,000	농업축산과	9	2	7	8	7	5	5	4
4751	전남 고흥군	과수 통합마케팅 운영 지원	40,000	농업축산과	9	8	7	8	7	5	5	4
4752	전남 고흥군	기후변화 대응 아열대과수 조성	40,000	농업축산과	9	2	7	8	7	5	5	4
4753	전남 고흥군	기후변화 대응 아열대 과수 육성	60,000	농업축산과	9	8	7	8	7	5	5	4
4754	전남 고흥군	원예시설 현대화	90,000	농업축산과	9	2	7	8	7	5	5	4
4755	전남 고흥군	시설원예 에너지 이용 효율화	64,303	농업축산과	9	2	7	8	7	5	5	4
4756	전남 고흥군	시설원예 연작장해 예방	72,000	농업축산과	9	8	7	8	7	5	5	4
4757	전남 고흥군	고추 비가림 재배시설	150,000	농업축산과	9	2	7	8	7	5	5	4
4758	전남 고흥군	원예특용작물 생산기반 구축	115,000	농업축산과	9	8	7	8	7	5	5	4
4759	전남 고흥군	마늘 건조시설 지원	39,500	농업축산과	9	8	7	8	7	5	5	4
4760	전남 고흥군	조사료 기계장비 지원	180,000	농업축산과	9	2	7	8	7	5	5	4
4761	전남 고흥군	맞춤형 축산장비 지원	3,000,000	농업축산과	9	8	7	8	7	5	5	4
4762	전남 고흥군	양봉산업 육성	35,000	농업축산과	9	8	7	8	7	5	5	4
4763	전남 고흥군	한봉산업 육성 지원	12,000	농업축산과	9	8	7	8	7	5	5	4
4764	전남 고흥군	곤충시설 및 기자재 지원	4,260	농업축산과	9	8	7	8	7	5	5	4
4765	전남 고흥군	친환경 천적이용 해충구제 지원	42,480	농업축산과	9	8	7	8	7	5	5	4
4766	전남 고흥군	친환경 해충퇴치장비 지원	12,400	농업축산과	9	8	7	8	7	5	5	4
4767	전남 고흥군	가축분뇨 퇴액비화 시설	32,000	농업축산과	9	7	7	8	7	5	5	4
4768	전남 고흥군	CCTV 등 방역인프라 설치 지원	30,600	농업축산과	9	2	7	8	7	5	5	4

순번	시군구	지출명 (사업명)	2020년예산 (단위:천원/1년간)	담당자 (공무원)	민간이전 분류 (지방자치단체 세출예산 집행기준에 의거)	민간이전지출 근거 (지방보조금 관리기준 참고)	입찰방식			운영예산 산정		성과평가 실시여부
				담당부서	1. 민간경상사업보조(1) 2. 민간단체 법정운영비보조(2) 3. 민간행사사업보조(3) 4. 민간위탁금(4) 5. 사회복지시설 법정운영비보조(5) 6. 민간인위탁교육비(6) 7. 공기관등에대한경상적대행사업비(7) 8. 민간자본사업보조,자체재원(8) 9. 민간자본사업보조,이전재원(9) 10. 민간위탁사업비(10) 11. 공기관등에 대한 자본적 대행사업비(11)	1. 법률에 규정 2. 국고보조 재원(국가지정) 3. 용도 지정 기부금 4. 조례에 직접규정 5. 지자체가 권장하는 사업을 하는 공공기관 6. 시,도 정책 및 재정사정 7. 기타 8. 해당없음	계약체결방법 (경쟁형태) 1. 일반경쟁 2. 제한경쟁 3. 지명경쟁 4. 수의계약 5. 법정위탁 6. 기타 ( ) 7. 해당없음	계약기간 1. 1년 2. 2년 3. 3년 4. 4년 5. 5년 6. 기타 ( )년 7. 단기계약 (1년미만) 8. 해당없음	낙찰자선정방법 1. 적격심사 2. 협상에의한계약 3. 최저가낙찰제 4. 규격가격분리 5. 2단계 경쟁입찰 6. 기타 ( ) 7. 해당없음	운영예산 산정 1. 내부산정 (지자체 자체 적으로 산정) 2. 외부산정 (외부전문기관 위탁 산정) 3. 내·외부 모두 산정 4. 산정 無 5. 해당없음	정산방법 1. 내부정산 (지자체 내부적 으로 정산) 2. 외부정산 (외부전문기관 위탁 정산) 3. 내·외부 모두 산정 4. 정산 無 5. 해당없음	1. 실시 2. 미실시 3. 향후 추진 4. 해당없음
4769	전남 고흥군	신재생(태양광, 태양열) 에너지시설	112,080	미래산업과	9	8	7	8	7	5	5	4
4770	전남 고흥군	창고문 개보수	32,000	경제유통과	9	8	7	8	7	5	5	4
4771	전남 고흥군	톤백저울 지원	12,000	경제유통과	9	8	7	8	7	5	5	4
4772	전남 고흥군	고품질쌀 유통 활성화 사업	500,000	경제유통과	9	2	7	8	7	5	5	4
4773	전남 고흥군	미곡종합처리장(RPC) 집진시설 개보수	360,000	경제유통과	9	2	7	8	7	5	5	4
4774	전남 고흥군	농산물 소형저온저장고 지원	180,000	경제유통과	9	8	7	8	7	5	5	4
4775	전남 고흥군	고흥로컬커피 복합체험센터 구축	463,000	경제유통과	9	2	7	8	7	5	5	4
4776	전남 고흥군	전기자동차 민간보급 지원	471,000	환경산림과	9	2	7	8	7	5	5	4
4777	전남 고흥군	전기화물차(소형) 민간보급 지원	51,400	환경산림과	9	2	7	8	7	5	5	4
4778	전남 고흥군	전기이륜차 민간보급 지원	69,000	환경산림과	9	2	7	8	7	5	5	4
4779	전남 고흥군	노후경유차 조기폐차 지원	804,000	환경산림과	9	2	7	8	7	5	5	4
4780	전남 고흥군	LPG 화물차 신차 구입 지원	120,000	환경산림과	9	2	7	8	7	5	5	4
4781	전남 고흥군	DPF(매연저감장치) 부착 지원	44,942	환경산림과	9	2	7	8	7	5	5	4
4782	전남 고흥군	건설기계 DPF(매연저감장치) 부착 지원	22,000	환경산림과	9	2	7	8	7	5	5	4
4783	전남 고흥군	건설기계 엔진교체 지원	33,000	환경산림과	9	2	7	8	7	5	5	4
4784	전남 고흥군	LPG 엔진개조 지원	17,394	환경산림과	9	2	7	8	7	5	5	4
4785	전남 고흥군	자동차 운행제한시스템 구축	37,394	환경산림과	9	2	7	8	7	5	5	4
4786	전남 고흥군	사업장 저녹스버너 설치 지원	27,440	환경산림과	9	2	7	8	7	5	5	4
4787	전남 고흥군	가정용 저녹스 보일러 보급	600,000	환경산림과	9	2	7	8	7	5	5	4
4788	전남 고흥군	가정용 저녹스 보일러 보급	3,000,000	환경산림과	9	2	7	8	7	5	5	4
4789	전남 고흥군	어린이 통학차량 LPG차 전환 지원	35,000	환경산림과	9	2	7	8	7	5	5	4
4790	전남 고흥군	취약계층 친환경 보일러 보급	10,000	환경산림과	9	2	7	8	7	5	5	4
4791	전남 고흥군	야생동물 피해예방시설 설치	54,080	환경산림과	9	2	7	8	7	5	5	4
4792	전남 고흥군	소규모 사업장 방지시설 설치 지원사업	517,000	환경산림과	9	2	7	8	7	5	5	4
4793	전남 고흥군	임산물 상품화 지원	18,775	환경산림과	9	2	7	8	7	5	5	4
4794	전남 고흥군	임산물 유통기반 지원(유통차량)	18,500	환경산림과	9	2	7	8	7	5	5	4
4795	전남 고흥군	임산물 유통기반 지원(저장건조시설)	29,196	환경산림과	9	2	7	8	7	5	5	4
4796	전남 고흥군	임산물 생산기반 조성(산림버섯 재배사시설)	7,500	환경산림과	9	2	7	8	7	5	5	4
4797	전남 고흥군	산림복합경영단지	96,000	환경산림과	9	2	7	8	7	5	5	4
4798	전남 고흥군	산림작물 생산단지 조성	176,795	환경산림과	9	2	7	8	7	5	5	4
4799	전남 고흥군	산림복합경영단지 1개소	37,705	환경산림과	9	2	7	8	7	5	5	4
4800	전남 고흥군	주택용 펠릿보일러 보급	14,000	환경산림과	9	2	7	8	7	5	5	4
4801	전남 고흥군	사회복지용 목재펠릿보일러 보급	12,000	환경산림과	9	2	7	8	7	5	5	4
4802	전남 고흥군	어린이집 기능보강	32,000	여성청소년과	9	2	7	8	7	5	5	4
4803	전남 고흥군	어린이집 반별 운영비 지원	93,240	여성청소년과	9	4	7	8	7	5	5	4
4804	전남 고흥군	어린이집 기능보강	10,670	여성청소년과	9	2	7	8	7	5	5	4
4805	전남 고흥군	지역아동센터 환경개선 지원(내부 리모델링)	50,000	여성청소년과	9	2	7	8	7	5	5	4
4806	전남 고흥군	지역아동센터 환경개선 지원(안심알림이 설치)	7,060	여성청소년과	9	2	7	8	7	5	5	4
4807	전남 고흥군	해양쓰레기 선상집하장 설치	80,000	해양수산과	9	8	7	8	7	5	5	4
4808	전남 고흥군	수산물 산지 가공시설	2,260,000	해양수산과	9	8	7	8	7	5	5	4
4809	전남 고흥군	소형저온저장 시설	240,000	해양수산과	9	8	7	8	7	5	5	4
4810	전남 고흥군	마른김 가공용수 정수시설 지원	360,000	해양수산과	9	2	7	8	7	5	5	4
4811	전남 고흥군	수산물 소포장재 지원	102,000	해양수산과	9	8	7	8	7	5	5	4
4812	전남 고흥군	해조류 자동탈수기 보급 지원	60,000	해양수산과	9	8	7	8	7	5	5	4
4813	전남 고흥군	청정위판장 조성	1,860,000	해양수산과	9	2	7	8	7	5	5	4

순번	시군구	지출명 (사업명)	2020년예산 (단위:천원/1년간)	담당자 (공무원) 담당부서	민간이전 분류 (지방자치단체 세출예산 집행기준에 의거) 1. 민간경상사업보조(1) 2. 민간단체 법정운영비보조(2) 3. 민간행사사업보조(3) 4. 민간위탁금(4) 5. 사회복지시설 법정운영비보조(5) 6. 민간인위탁교육비(6) 7. 공기관등에대한경상적대행사업비(7) 8. 민간자본사업보조,자체재원(8) 9. 민간자본사업보조,이전재원(9) 10. 민간위탁사업비(10) 11. 공기관등에 대한 자본적 대행사업비(11)	민간이전지출 근거 (지방보조금 관리기준 참고) 1. 법률에 규정 2. 국고보조 재원(국가지정) 3. 용도 지정 기부금 4. 조례에 직접규정 5. 지자체가 권장하는 사업을 하는 공공기관 6. 시,도 정책 및 재정사정 7. 기타 8. 해당없음	입찰방식 계약체결방법 (경쟁형태) 1. 일반경쟁 2. 제한경쟁 3. 지명경쟁 4. 수의계약 5. 법정위탁 6. 기타 ( ) 7. 해당없음	입찰방식 계약기간 1. 1년 2. 2년 3. 3년 4. 4년 5. 5년 6. 기타 ( )년 7. 단기계약 (1년미만) 8. 해당없음	입찰방식 낙찰자선정방법 1. 적격심사 2. 협상에의한계약 3. 최저가낙찰제 4. 규격가격분리 5. 2단계 경쟁입찰 6. 기타 ( ) 7. 해당없음	운영예산 산정 운영예산 산정 1. 내부산정 (지자체 자체적으로 산정) 2. 외부산정 (외부전문기관위탁 산정) 3. 내·외부 모두 산정 4. 산정 無 5. 해당없음	운영예산 산정 정산방법 1. 내부정산 (지자체 내부적으로 정산) 2. 외부정산 (외부전문기관위탁 정산) 3. 내·외부 모두 산정 4. 정산 無 5. 해당없음	성과평가 실시여부 1. 실시 2. 미실시 3. 향후 추진 4. 해당없음
4814	전남 고흥군	김 활성처리제 공급	78,848	해양수산과	9	8	7	8	7	5	5	4
4815	전남 고흥군	수산동물 질병예방 백신 공급	52,776	해양수산과	9	2	7	8	7	5	5	4
4816	전남 고흥군	친환경부표 보급 지원	1,071,000	해양수산과	9	2	7	8	7	5	5	4
4817	전남 고흥군	배합사료 시범지역 지원	1,074,800	해양수산과	9	2	7	8	7	5	5	4
4818	전남 고흥군	양식어장 자동화시설 장비 지원	140,000	해양수산과	9	8	7	8	7	5	5	4
4819	전남 고흥군	미활용 해조류 부산물 수거	300,000	해양수산과	9	8	7	8	7	5	5	4
4820	전남 고흥군	고수온 대응 지원	138,800	해양수산과	9	2	7	8	7	5	5	4
4821	전남 고흥군	다목적 인양기 설치	338,750	해양수산과	9	4	7	8	7	5	5	4
4822	전남 고흥군	어선사고 예방시스템 구축사업	78,000	해양수산과	9	2	7	8	7	5	5	4
4823	전남 고흥군	노후기관, 장비, 설비설치 교체	437,680	해양수산과	9	2	7	8	7	5	5	4
4824	전남 고흥군	어업인 편익시설 설치	125,000	해양수산과	9	8	7	8	7	5	5	4
4825	전남 고흥군	청년4-H회원 맞춤형 과제사업	10,500	농업기술센터	9	8	7	8	7	5	5	4
4826	전남 고흥군	품목생산자조직 경영.마케팅 협력시스템 구축	80,000	농업기술센터	9	8	7	8	7	5	5	4
4827	전남 고흥군	콩 친환경 재배단지 조성시범	21,000	농업기술센터	9	4	7	8	7	5	5	4
4828	전남 고흥군	벼 저비용 유기재배 시범단지 조성	21,000	농업기술센터	9	4	7	8	7	5	5	4
4829	전남 고흥군	밭작물 관개시스템 시범	100,000	농업기술센터	9	2	7	8	7	5	5	4
4830	전남 고흥군	시설원예 에너지 절감 및 환경개선 시범	34,000	농업기술센터	9	2	7	8	7	5	5	4
4831	전남 고흥군	단동하우스 보급형 스마트팜 단지조성	30,000	농업기술센터	9	8	7	8	7	5	5	4
4832	전남 고흥군	우리품종 마늘 우량종구 생산시스템 구축	35,000	농업기술센터	9	8	7	8	7	5	5	4
4833	전남 고흥군	양념채소류 일관기계화 생산비절감 시범	70,000	농업기술센터	9	8	7	8	7	5	5	4
4834	전남 고흥군	친환경 연소자재 이용 기상피해 경감 시범	14,000	농업기술센터	9	8	7	8	7	5	5	4
4835	전남 고흥군	유기농 원예,특용작물 생산단지 조성	14,000	농업기술센터	9	8	7	8	7	5	5	4
4836	전남 고흥군	신소득 아열대작목 단지조성	200,000	농업기술센터	9	2	7	8	7	5	5	4
4837	전남 고흥군	섬유질자가배합사료급여시스템기술시범	100,000	농업기술센터	9	2	7	8	7	5	5	4
4838	전남 고흥군	벼 대체 사료작물 일괄재배시스템 구축시범	250,000	농업기술센터	9	2	7	8	7	5	5	4
4839	전남 고흥군	ICT 활용 한우.젖소 번식효율향상 시범	7,000	농업기술센터	9	8	7	8	7	5	5	4
4840	전남 고흥군	청국장 제조기술 시범사업	60,000	농업기술센터	9	2	7	8	7	5	5	4
4841	전남 고흥군	효소처리 농식품 가공 소재화 시범사업	60,000	농업기술센터	9	2	7	8	7	5	5	4
4842	전남 고흥군	약선 소재를 이용한 쌀 조청 제조 시범사업	60,000	농업기술센터	9	2	7	8	7	5	5	4
4843	전남 고흥군	작목별 맞춤형 안전관리 실천 시범사업	50,000	농업기술센터	9	2	7	8	7	5	5	4
4844	전남 고흥군	농촌 어르신 복지실천 시범사업	50,000	농업기술센터	9	8	7	8	7	5	5	4
4845	전남 고흥군	농업활동 안전사고 예방 생활화 지원	30,000	농업기술센터	9	8	7	8	7	5	5	4
4846	전남 고흥군	생산비 절감 및 부가가치 향상 실용화사업	80,000	농업기술센터	9	8	7	8	7	5	5	4
4847	전남 고흥군	어깨동무컨설팅 농가 경영개선 지원사업	24,000	농업기술센터	9	8	7	8	7	5	5	4
4848	전남 고흥군	지역특화 작목 어깨동무 컨설팅 농가 경영개선 지원	30,000	농업기술센터	9	8	7	8	7	5	5	4
4849	전남 화순군	첨단바이오의약품 사업화지원 역량강화	600,000	일자리정책실	9	4	7	8	7	5	5	1
4850	전남 화순군	천연물의약품원료 대량생산시설 구축사업	5,550	일자리정책실	9	4	7	8	7	5	5	1
4851	전남 화순군	면역세포 치료 산업화 기술 플랫폼 구축사업	6,000	일자리정책실	9	4	7	8	7	5	5	1
4852	전남 화순군	질환동물 기반 세포치료제 효능평가 플랫폼 구축	2,000,000	일자리정책실	9	4	7	8	7	5	5	1
4853	전남 화순군	신재생에너지보급 주택지원사업	46,000	일자리정책실	9	6	7	8	7	5	5	4
4854	전남 화순군	보육시설 기능보강	19,805	가정활력과	9	1, 2	7	8	7	5	5	4
4855	전남 화순군	아동복지시설 기능보강	100,000	가정활력과	9	1, 2	7	8	7	5	5	4
4856	전남 화순군	보육시설 기능보강	60,000	가정활력과	9	1, 2	7	8	7	5	5	4
4857	전남 화순군	전기자동차보급사업	730,000	환경과	9	1	7	8	7	5	5	4
4858	전남 화순군	PM-Nox 동시저감장치 부착사업	30,000	환경과	9	1	7	8	7	5	5	4

순번	시군구	지출명 (사업명)	2020년예산 (단위:천원/1년간)	담당자 (공무원) 담당부서	민간이전 분류 (지방자치단체 세출예산 집행기준에 의거) 1. 민간경상사업보조(1) 2. 민간단체 법정운영비보조(2) 3. 민간행사사업보조(3) 4. 민간위탁금(4) 5. 사회복지시설 법정운영비보조(5) 6. 민간인위탁교육비(6) 7. 공기관등에대한경상적대행사업비(7) 8. 민간자본사업보조,자체재원(8) 9. 민간자본사업보조,이전재원(9) 10. 민간위탁사업비(10) 11. 공기관등에 대한 자본적 대행사업비(11)	민간이전지출 근거 (지방보조금 관리기준 참고) 1. 법률에 규정 2. 국고보조 재원(국가지정) 3. 용도 지정 기부금 4. 조례에 직접규정 5. 지자체가 권장하는 사업을 하는 공공기관 6. 시,도 정책 및 재정사정 7. 기타 8. 해당없음	입찰방식 계약체결방법 (경쟁형태) 1. 일반경쟁 2. 제한경쟁 3. 지명경쟁 4. 수의계약 5. 법정위탁 6. 기타 ( ) 7. 해당없음	입찰방식 계약기간 1. 1년 2. 2년 3. 3년 4. 4년 5. 5년 6. 기타 ( )년 7. 단기계약 (1년미만) 8. 해당없음	입찰방식 낙찰자선정방법 1. 적격심사 2. 협상에의한계약 3. 최저가낙찰제 4. 규격가격분리 5. 2단계 경쟁입찰 6. 기타 ( ) 7. 해당없음	운영예산 산정 운영예산 산정 1. 내부산정 (지자체 자체 적으로 산정) 2. 외부산정 (외부전문기관 위탁 산정) 3. 내·외부 모두 산정 4. 산정 無 5. 해당없음	운영예산 산정 정산방법 1. 내부정산 (지자체 내부적으로 정산) 2. 외부정산 (외부전문기관 위탁 정산) 3. 내·외부 모두 산정 4. 정산 無 5. 해당없음	성과평가 실시여부 1. 실시 2. 미실시 3. 향후 추진 4. 해당없음
4859	전남 화순군	노후경유차매연저감장치부착	31,114	환경과	9	1	7	8	7	5	5	4
4860	전남 화순군	건설기계매연저감장치부착	22,000	환경과	9	1	7	8	7	5	5	4
4861	전남 화순군	건설기계엔진교체	33,000	환경과	9	1	7	8	7	5	5	4
4862	전남 화순군	원예생산기반 활력화사업	201,000	농업정책과	9	2	5	1	1	5	1	3
4863	전남 화순군	가축분뇨처리 퇴액비화 지원	20,000	농업정책과	9	2	6(미지정)	6(미지정)	6(미지정)	5	1	4
4864	전남 화순군	가축분뇨 액비저장조 지원	12,600	농업정책과	9	2	6(미지정)	6(미지정)	6(미지정)	5	1	4
4865	전남 화순군	축산 ict융복합 지원	45,000	농업정책과	9	2	6(미지정)	6(미지정)	6(미지정)	5	1	4
4866	전남 화순군	축산농장 악취저감시설 지원	36,000	농업정책과	9	6	6(미지정)	6(미지정)	6(미지정)	5	1	4
4867	전남 화순군	한우육질개선장비 지원	3,600,000	농업정책과	9	6	6(미지정)	6(미지정)	6(미지정)	5	1	4
4868	전남 화순군	가축먹는물 개선장비 지원	15,000	농업정책과	9	6	6(미지정)	6(미지정)	6(미지정)	5	1	4
4869	전남 화순군	조사료생산용 기계장비 구입 지원	180,000	농업정책과	9	2	6(미지정)	6(미지정)	6(미지정)	5	1	4
4870	전남 화순군	조사료생산용 기계장비 구입 지원	180,000	농업정책과	9	2	6(미지정)	6(미지정)	6(미지정)	5	1	4
4871	전남 화순군	산림작물생산단지	113,695	산림산업과	9	2	7	8	7	5	5	4
4872	전남 화순군	임산물생산기반조성	25,420	산림산업과	9	2	7	8	7	5	5	4
4873	전남 화순군	산림복합경영단지	179,800	산림산업과	9	2	7	8	7	5	5	4
4874	전남 화순군	친환경임산물 재배관리	7,188	산림산업과	9	2	7	8	7	5	5	4
4875	전남 화순군	임산물유통기반조성	54,196	산림산업과	9	2	7	8	7	5	5	4
4876	전남 화순군	목재펠릿보일러보급	14,000	산림산업과	9	2	7	8	7	5	5	4
4877	전남 강진군	어업자원 자율관리공동체 지원사업	54,000	해양산림과	9	1	7	8	7	5	5	4
4878	전남 강진군	저효율 노후기관 장비 설비설치 교체 지원사업	90,300	해양산림과	9	1	7	8	7	5	5	4
4879	전남 강진군	어선사고 예방시스템 구축사업	26,667	해양산림과	9	1	7	8	7	5	5	4
4880	전남 강진군	수산물산지가공시설	184,000	해양산림과	9	6	7	8	7	5	5	4
4881	전남 강진군	수산물 위판장 지원사업	14,080	해양산림과	9	4	7	8	7	5	5	4
4882	전남 강진군	수산물 소형 저온저장시설 사업	24,000	해양산림과	9	1	7	8	7	5	5	4
4883	전남 강진군	수산물 중형 저온저장시설 사업	160,000	해양산림과	9	1	7	8	7	5	5	4
4884	전남 강진군	펠릿보일러 보급	11,200	해양산림과	9	2	7	8	7	1	1	4
4885	전남 강진군	임산물유통기반조성	25,000	해양산림과	9	2	7	1	7	1	1	4
4886	전남 강진군	임산물생산단지규모화	469,985	해양산림과	9	2	7	1	7	1	1	4
4887	전남 강진군	농어촌장애인 주택개조사업 지원	34,200	주민복지실	9	1	7	8	7	5	5	4
4888	전남 강진군	어린이집 기능보강	30,000	주민복지실	9	2	1	7	1	5	5	4
4889	전남 강진군	주민지원사업	672,000	환경축산과	9	1	7	8	7	5	5	4
4890	전남 강진군	야생동물피해예방사업	22,840	환경축산과	9	1	7	8	7	5	5	4
4891	전남 강진군	운행차 배출가스 저감사업	649,993	환경축산과	9	1	7	8	7	5	5	4
4892	전남 강진군	친환경자동차 보급사업	153,900	환경축산과	9	1	7	8	7	5	5	4
4893	전남 강진군	소규모사업장 방지시설 설치지원사업	227,516	환경축산과	9	2	7	8	7	5	5	4
4894	전남 해남군	혼밥족 겨냥 시래기 간편 건나물 제품화	60,000	농촌자원과	9	2	7	8	7	5	5	4
4895	전남 해남군	농업인 가공사업장 시설장비 개선	50,000	농촌자원과	9	2	7	8	7	5	5	4
4896	전남 해남군	스마트 생체정보 관리시스템 보급시범	60,000	농업기술센터	9	2	7	8	7	5	5	4
4897	전남 해남군	신품종 조기 확산 및 최고 품질벼 선정시범	100,000	농업기술센터	9	2	7	8	7	5	5	4
4898	전남 해남군	국내육성 맥주보리 품종이용 맥아제조 및 산업화	500,000	농업기술센터	9	2	7	8	7	5	5	4
4899	전남 해남군	고구마 우량종순 안정생산 기반구축 지원	250,000	농업기술센터	9	1	7	8	7	5	5	4
4900	전남 해남군	전국 제일의 1시군 1특화작목 육성사업	70,000	농업기술센터	9	1	7	8	7	5	5	4
4901	전남 해남군	기능성 다겹보온커튼 시범	40,000	농업기술센터	9	2	7	8	7	5	5	4
4902	전남 해남군	화훼 국내육성품종 보급 시범	60,000	농업기술센터	9	2	7	8	7	5	5	4
4903	전남 해남군	기후온난화 대응 새로운 소득과수 도입시범	100,000	농업기술센터	9	2	7	8	7	5	5	4

순번	시군구	지출명 (사업명)	2020년예산 (단위:천원/1년간)	담당자 (공무원) 담당부서	민간이전 분류 (지방자치단체 세출예산 집행기준에 의거) 1. 민간경상사업보조(1) 2. 민간단체 법정운영비보조(2) 3. 민간행사사업보조(3) 4. 민간위탁금(4) 5. 사회복지시설 법정운영비보조(5) 6. 민간인위탁교육비(6) 7. 공기관등에대한경상적대행사업비(7) 8. 민간자본사업보조,자체재원(8) 9. 민간자본사업보조,이전재원(9) 10. 민간위탁사업비(10) 11. 공기관등에 대한 자본적 대행사업비(11)	민간이전지출 근거 (지방보조금 관리기준 참고) 1. 법률에 규정 2. 국고보조 재원(국가지정) 3. 용도 지정 기부금 4. 조례에 직접규정 5. 지자체가 권장하는 사업을 하는 공공기관 6. 시,도 정책 및 재정사정 7. 기타 8. 해당없음	입찰방식 계약체결방법 (경쟁형태) 1. 일반경쟁 2. 제한경쟁 3. 지명경쟁 4. 수의계약 5. 법정위탁 6. 기타 ( ) 7. 해당없음	입찰방식 계약기간 1. 1년 2. 2년 3. 3년 4. 4년 5. 5년 6. 기타 ( )년 7. 단기계약 (1년미만) 8. 해당없음	입찰방식 낙찰자선정방법 1. 적격심사 2. 협상에의한계약 3. 최저가낙찰제 4. 규격가격분리 5. 2단계 경쟁입찰 6. 기타 ( ) 7. 해당없음	운영예산 산정 운영예산 산정 1. 내부산정 (지자체 자체적으로 산정) 2. 외부산정 (외부전문기관위탁 산정) 3. 내·외부 모두 산정 4. 산정 無 5. 해당없음	운영예산 산정 정산방법 1. 내부정산 (지자체 내부적으로 정산) 2. 외부정산 (외부전문기관위탁 정산) 3. 내·외부 모두 산정 4. 정산 無 5. 해당없음	성과평가 실시여부 1. 실시 2. 미실시 3. 향후 추진 4. 해당없음
4904	전남 해남군	청년4-H회 맞춤형 과제지원사업	15,000	농업기술센터	9	1	7	8	7	5	5	4
4905	전남 해남군	생산비절감 및 부가가치향상 실용화 사업	100,000	농업기술센터	9	1	7	8	7	5	5	4
4906	전남 해남군	목재펠릿보일러 보급	11,200	산림녹지과	9	2	7	8	7	5	5	4
4907	전남 해남군	임산물 생산기반 조성	27,225	산림녹지과	9	2	7	8	7	5	5	4
4908	전남 해남군	산림작물생산단지	439,777	산림녹지과	9	2	7	8	7	5	5	4
4909	전남 해남군	임산물 유통기반 조성	44,500	산림녹지과	9	2	7	8	7	5	5	4
4910	전남 해남군	맞춤형 축산장비 지원	9,000	축산사업소	9	1	7	8	7	1	1	1
4911	전남 해남군	동물복지형 녹색축산농장 육성 지원	60,000	축산사업소	9	1	7	8	7	1	1	1
4912	전남 해남군	계란냉장차량 지원	15,000	축산사업소	9	2	7	8	7	1	1	1
4913	전남 해남군	조사료 경영체 생산장비 지원	150,000	축산사업소	9	2	7	8	7	1	1	1
4914	전남 해남군	논 타작물 기계장비 지원	120,000	축산사업소	9	2	7	8	7	1	1	1
4915	전남 해남군	퇴비 운반장비 지원	18,400	축산사업소	9	2	7	8	7	1	1	1
4916	전남 해남군	축산농장 악취저감시설사업 지원	18,000	축산사업소	9	1	7	8	7	1	1	1
4917	전남 해남군	퇴비유통 전문조직 지원	160,000	축산사업소	9	2	7	8	7	1	1	1
4918	전남 해남군	양식어장자동화시설장비지원	160,000	해양수산과	9	2	1, 7	1, 8	3	1	1	1
4919	전남 해남군	친환경부표보급지원	595,000	해양수산과	9	2	5	1	1	5	1	1
4920	전남 해남군	친환경에너지절감장비지원	258,600	해양수산과	9	2	5	1	1	5	1	1
4921	전남 해남군	김 육상채묘 및 냉동망보관시설지원	1,600,000	해양수산과	9	1	1	1, 2	3	3	3	1
4922	전남 해남군	양식어장 재배치 지원	275,000	해양수산과	9	5	4	7	7	1	1	1
4923	전남 해남군	초단파대 무선전화 지원	14,400	해양수산과	9	2	6	7	7	1	1	1
4924	전남 해남군	어선 자동소화시스템 지원	8,250	해양수산과	9	2	6	7	7	1	1	1
4925	전남 해남군	어선 구명조끼 지원	34,016	해양수산과	9	2	6	7	7	1	1	1
4926	전남 해남군	내수면 양식장 기자재 공급사업	50,000	해양수산과	9	5	4	7	7	1	1	1
4927	전남 해남군	내수면 양식장 지하수 개발사업	12,000	해양수산과	9	5	4	7	7	1	1	4
4928	전남 해남군	수산식품산업 거점단지 조성	7,800	해양수산과	9	2	7	8	7	5	5	4
4929	전남 해남군	수산가공분야 에너지절감시설 보급 지원	360,000	해양수산과	9	2	7	8	7	5	5	4
4930	전남 해남군	수산물 소형저온저장시설 지원	150,000	해양수산과	9	6	4	7	7	1	1	1
4931	전남 해남군	수산물 중형저온저장시설	240,000	해양수산과	9	6	2	7	1	1	1	1
4932	전남 영암군	지역아동센터 환경개선 지원	50,000	여성가족과	9	4	7	8	7	1	1	1
4933	전남 영암군	지역아동센터 환경개선 지원	8,280	여성가족과	9	2	7	8	7	1	1	1
4934	전남 영암군	가축 폭염피해 예방	100,000	축산과	9	6	7	7	7	5	1	4
4935	전남 영암군	축산 ICT 융복합 확산사업	240,000	축산과	9	8	7	7	7	5	1	4
4936	전남 영암군	한우 자동목걸림장치 지원	39,600	축산과	9	6	7	8	7	5	1	4
4937	전남 영암군	곤충 사육시설 및 기자재 지원	25,000	축산과	9	6	7	8	7	5	1	4
4938	전남 영암군	양봉산업 지원	128,500	축산과	9	6	7	8	7	5	1	4
4939	전남 영암군	한봉산업 지원	3,000,000	축산과	9	6	7	8	7	5	1	4
4940	전남 영암군	말벌 퇴치장비 지원	1,800,000	축산과	9	2	7	8	7	5	1	4
4941	전남 영암군	토종벌 육성 지원	6,000	축산과	9	2	7	8	7	5	1	4
4942	전남 영암군	조사료생산용 기계장비 구입	240,000	축산과	9	2	7	8	7	5	1	4
4943	전남 영암군	전문단지조성용 기계장비 구입	600,000	축산과	9	2	7	8	7	5	1	4
4944	전남 영암군	방역시설 및 장비 지원	156,490	축산과	9	2	7	8	7	5	1	4
4945	전남 영암군	살처분 가축 처리장비 지원	108,000	축산과	9	2	7	8	7	5	1	4
4946	전남 영암군	가축분뇨 퇴액비화 지원	15,800	축산과	9	2	7	8	7	5	1	4
4947	전남 영암군	가축분뇨 정화 개보수 지원	81,000	축산과	9	2	7	8	7	5	1	4
4948	전남 영암군	친환경 천적이용 해충구제 지원	75,200	축산과	9	6	7	8	7	5	1	4

순번	시군구	지출명 (사업명)	2020년예산 (단위:천원/1년간)	담당자 (공무원) 담당부서	민간이전 분류 (지방자치단체 세출예산 집행기준에 의거) 1. 민간경상사업보조(1) 2. 민간단체 법정운영비보조(2) 3. 민간행사사업보조(3) 4. 민간위탁금(4) 5. 사회복지시설 법정운영비보조(5) 6. 민간인위탁교육비(6) 7. 공기관등에대한경상적대행사업비(7) 8. 민간자본사업보조,자체재원(8) 9. 민간자본사업보조,이전재원(9) 10. 민간위탁사업비(10) 11. 공기관등에 대한 자본적 대행사업비(11)	민간이전지출 근거 (지방보조금 관리기준 참고) 1. 법률에 규정 2. 국고보조 재원(국가지정) 3. 용도 지정 기부금 4. 조례에 직접규정 5. 지자체가 권장하는 사업을 하는 공공기관 6. 시,도 정책 및 재정사정 7. 기타 8. 해당없음	입찰방식 계약체결방법 (경쟁형태) 1. 일반경쟁 2. 제한경쟁 3. 지명경쟁 4. 수의계약 5. 법정위탁 6. 기타 ( ) 7. 해당없음	입찰방식 계약기간 1. 1년 2. 2년 3. 3년 4. 4년 5. 5년 6. 기타 ( )년 7. 단기계약 (1년미만) 8. 해당없음	입찰방식 낙찰자선정방법 1. 적격심사 2. 협상에의한계약 3. 최저가낙찰제 4. 규격가격분리 5. 2단계 경쟁입찰 6. 기타 ( ) 7. 해당없음	운영예산 산정 운영예산 산정 1. 내부산정 (지자체 자체적으로 산정) 2. 외부산정 (외부전문기관위탁 산정) 3. 내·외부 모두 산정 4. 산정 無 5. 해당없음	운영예산 산정 정산방법 1. 내부정산 (지자체 내부적으로 정산) 2. 외부정산 (외부전문기관위탁 정산) 3. 내·외부 모두 산정 4. 정산 無 5. 해당없음	성과평가 실시여부 1. 실시 2. 미실시 3. 향후 추진 4. 해당없음
4949	전남 영암군	동물복지형 녹색축산농장 육성지원	60,000	축산과	9	6	7	8	7	5	1	4
4950	전남 영암군	친환경자동차 보급사업	532,400	환경보전과	9	2	7	8	7	5	5	4
4951	전남 영암군	취약계층 친환경보일러 보급사업	4,000,000	환경보전과	9	6	7	8	7	5	5	4
4952	전남 영암군	어린이 통학차량 LPG차 전환 지원사업	35,000	환경보전과	9	2	7	8	7	5	5	4
4953	전남 영암군	소규모 사업장 방지시설 설치지원사업	218,160	환경보전과	9	2	7	8	7	5	5	4
4954	전남 영암군	DPF부착 지원사업	44,941	환경보전과	9	2	7	8	7	5	5	4
4955	전남 영암군	건설기계 DPF부착 지원사업	22,000	환경보전과	9	2	7	8	7	5	5	4
4956	전남 영암군	건설기계 엔진교체 지원사업	33,000	환경보전과	9	2	7	8	7	5	5	4
4957	전남 영암군	소규모사업장 방지시설 설치지원 사업	819,000	환경보전과	9	2	7	8	7	5	5	4
4958	전남 영암군	가정용 저녹스 보일러 보급사업	4,500	환경보전과	9	2	7	8	7	5	5	4
4959	전남 영암군	주민지원사업	202,920	환경보전과	9	1	7	8	7	5	5	4
4960	전남 영암군	농촌체험휴양마을 활성화 지원	60,000	친환경농업과	9	6	7	8	7	1	1	4
4961	전남 영암군	식량작물(들녘)경영체 시설·장비 지원	450,000	친환경농업과	9	2	7	8	7	1	1	4
4962	전남 영암군	농산물생산비절감지원사업	315,000	친환경농업과	9	6	7	8	7	1	1	4
4963	전남 영암군	개량물꼬 지원사업	124,920	친환경농업과	9	6	7	8	7	1	1	4
4964	전남 영암군	밭작물공동경영체육성사업	1,260,000	친환경농업과	9	2	7	8	7	1	1	4
4965	전남 영암군	논 타작물 단지화 시설·장비 지원	450,000	친환경농업과	9	2	7	8	7	1	1	4
4966	전남 영암군	이동식다용도작업대지원	8,480	친환경농업과	9	6	7	8	7	1	1	4
4967	전남 영암군	유기농 생태마을 조성	450,000	친환경농업과	9	6	7	8	7	1	1	4
4968	전남 영암군	친환경 비가림하우스 시설지원	24,500	친환경농업과	9	6	7	8	7	1	1	4
4969	전남 영암군	친환경농업 기반구축사업	563,000	친환경농업과	9	2	7	8	7	1	1	4
4970	전남 영암군	고품질쌀유통활성화사업	660,000	친환경농업과	9	2	7	8	7	1	1	4
4971	전남 영암군	공공비축미곡 톤백수매기반구축사업	33,600	친환경농업과	9	6	7	8	7	1	1	4
4972	전남 영암군	미곡종합처리장(RPC)집진시설 개보수사업	180,000	친환경농업과	9	2	7	8	7	1	1	4
4973	전남 영암군	GAP시설 보완사업	165,000	친환경농업과	9	2	7	8	7	1	1	4
4974	전남 영암군	시설원예 에너지이용 효율화	112,000	친환경농업과	9	2	7	8	7	1	1	4
4975	전남 영암군	ICT융복합 확산 사업	173,000	친환경농업과	9	2	7	8	7	1	1	4
4976	전남 영암군	시설원예현대화	125,000	친환경농업과	9	2	7	8	7	1	1	4
4977	전남 영암군	고추비가림 재배시설 설치지원	11,792	친환경농업과	9	2	7	8	7	1	1	4
4978	전남 영암군	특용작물(인삼)생산시설현대화사업	48,900	친환경농업과	9	2	7	8	7	1	1	4
4979	전남 영암군	원예특용작물 생산기반 구축	180,000	친환경농업과	9	6	7	8	7	1	1	4
4980	전남 영암군	고품질생산시설현대화사업	415,053	친환경농업과	9	2	7	8	7	1	1	4
4981	전남 영암군	신재생에너지보급 주택지원사업	24,000	투자경제과	9	6	7	8	7	1	1	2
4982	전남 영암군	신재생에너지 융복합지원사업	2,018,291	투자경제과	9	2	7	8	7	3	3	2
4983	전남 영암군	기업투자유치 입지보조금	209,600	투자경제과	9	4	7	8	7	1	1	2
4984	전남 영암군	도갑사 석조여래좌상 주변정비	87,800	문화관광과	9	1	4	7	7	5	5	4
4985	전남 영암군	영암 삼성당고택 초가이엉잇기	36,000	문화관광과	9	1	4	7	7	5	5	4
4986	전남 영암군	죽정마을 옛담장 보수	83,000	문화관광과	9	1	4	7	7	5	5	4
4987	전남 영암군	영암향교 주변정비	56,500	문화관광과	9	1	4	7	7	5	5	4
4988	전남 영암군	도갑사 수미왕사비 보존처리	50,000	문화관광과	9	1	4	7	7	5	5	4
4989	전남 영암군	월출산 주변정비	80,000	문화관광과	9	1	4	7	7	5	5	4
4990	전남 영암군	영암 현종식가옥 주변정비	58,000	문화관광과	9	1	4	7	7	5	5	4
4991	전남 영암군	망월사 석불좌상 주변정비	144,000	문화관광과	9	1	6(사업자선정위원회)	7	7	5	5	4
4992	전남 영암군	장동사 주변정비	11,400	문화관광과	9	1	4	7	7	5	5	4
4993	전남 영암군	영암 열무정 단청	37,000	문화관광과	9	1	4	7	7	5	5	4

순번	시군구	지출명 (사업명)	2020년예산 (단위:천원/1년간)	담당자 (공무원) 담당부서	민간이전 분류 (지방자치단체 세출예산 집행기준에 의거) 1. 민간경상사업보조(1) 2. 민간단체 법정운영비보조(2) 3. 민간행사사업보조(3) 4. 민간위탁금(4) 5. 사회복지시설 법정운영비보조(5) 6. 민간인위탁교육비(6) 7. 공기관등에대한경상적대행사업비(7) 8. 민간자본사업보조,자체재원(8) 9. 민간자본사업보조,이전재원(9) 10. 민간위탁사업비(10) 11. 공기관등에 대한 자본적 대행사업비(11)	민간이전지출 근거 (지방보조금 관리기준 참고) 1. 법률에 규정 2. 국고보조 재원(국가지정) 3. 용도 지정 기부금 4. 조례에 직접규정 5. 지자체가 권장하는 사업을 하는 공공기관 6. 시,도 정책 및 재정사정 7. 기타 8. 해당없음	입찰방식 계약체결방법 (경쟁형태) 1. 일반경쟁 2. 제한경쟁 3. 지명경쟁 4. 수의계약 5. 법정위탁 6. 기타 ( ) 7. 해당없음	입찰방식 계약기간 1. 1년 2. 2년 3. 3년 4. 4년 5. 5년 6. 기타 ( )년 7. 단기계약 (1년미만) 8. 해당없음	입찰방식 낙찰자선정방법 1. 적격심사 2. 협상에의한계약 3. 최저가낙찰제 4. 규격가격분리 5. 2단계 경쟁입찰 6. 기타 ( ) 7. 해당없음	운영예산 산정 운영예산 산정 1. 내부산정 (지자체 자체적으로 산정) 2. 외부산정 (외부전문기관 위탁 산정) 3. 내·외부 모두 산정 4. 산정 無 5. 해당없음	운영예산 산정 정산방법 1. 내부정산 (지자체 내부적으로 정산) 2. 외부정산 (외부전문기관 위탁 정산) 3. 내·외부 모두 산정 4. 정산 無 5. 해당없음	성과평가 실시여부 1. 실시 2. 미실시 3. 향후 추진 4. 해당없음
4994	전남 무안군	임산물생산기반조성 소액	5,000	산림공원과	9	2	7	8	7	5	5	4
4995	전남 무안군	친환경 해충퇴치 장비 지원사업	19,600	축산과	9	1	7	8	7	5	5	4
4996	전남 무안군	조사료생산용 기계장비구입 지원사업	300,000	축산과	9	2	7	8	7	5	5	4
4997	전남 무안군	밭작물공동경영체육성	621,000	친환경농업과	9	2	7	8	7	5	1	1
4998	전남 무안군	식량작물들녘경영체사업	270,000	친환경농업과	9	2	7	8	7	5	1	1
4999	전남 무안군	식량작물들녘경영체 사업다각화 지원	753,850	친환경농업과	9	2	7	8	7	5	1	1
5000	전남 무안군	다목적소형농기계지원사업	362,500	친환경농업과	9	6	7	8	7	5	1	1
5001	전남 무안군	과수생산시설현대화지원사업	20,193	친환경농업과	9	2	7	8	7	5	1	1
5002	전남 무안군	기능성토종상추재배시범단지육성	14,000	친환경농업과	9	6	7	8	7	5	1	1
5003	전남 무안군	원예특용작물신품종보급	14,000	친환경농업과	9	6	7	8	7	5	1	1
5004	전남 무안군	중소농원예특용작물인프라구추가업	122,000	친환경농업과	9	6	7	8	7	5	1	1
5005	전남 무안군	고추비가림재배시설지원	72,600	친환경농업과	9	2	7	8	7	5	1	1
5006	전남 무안군	단동하우스 보급형 스마트팜 단지 조성	30,000	친환경농업과	9	2	7	8	7	5	1	1
5007	전남 무안군	이상고온 대응 시설채소 온도저감기술	100,000	친환경농업과	9	2	7	8	7	5	1	1
5008	전남 무안군	농업에너지이용효율화 사업	47,650	친환경농업과	9	2	7	8	7	5	1	1
5009	전남 무안군	가정용 저녹스 보일러 보급사업	4,000,000	환경과	9	2	7	8	7	5	5	4
5010	전남 무안군	사회적 취약계층 등 친환경보일러 보급사업	4,000,000	환경과	9	6	7	8	7	5	5	4
5011	전남 무안군	LPG 소형 화물차 구매 지원	120,000	환경과	9	2	7	8	7	5	5	4
5012	전남 무안군	DPF(매연저감장치) 부착지원사업	44,941	환경과	9	2	7	8	7	5	5	4
5013	전남 무안군	어린이 통학차량의 LPG차 전환 지원사업	50,000	환경과	9	2	7	8	7	5	5	4
5014	전남 무안군	전기이륜차 보급사업	23,000	환경과	9	2	7	8	7	5	5	4
5015	전남 무안군	전기자동차 보급사업	949,000	환경과	9	2	7	8	7	5	5	4
5016	전남 무안군	전기화물차 보급사업	98,400	환경과	9	2	7	8	7	5	5	4
5017	전남 무안군	수소자동차 보급사업	35,000	환경과	9	2	7	8	7	5	5	4
5018	전남 무안군	소규모사업장 대기오염 방지시설 설치 지원사업	142,902	환경과	9	2	7	8	7	5	5	4
5019	전남 무안군	청년 4-H회원 맞춤형 과제사업	10,500	농촌지원과	9	6	7	8	7	5	5	4
5020	전남 무안군	청년농업인 성공모델 육성 지원	14,000	농촌지원과	9	6	7	8	7	5	5	4
5021	전남 무안군	농촌어르신 복지생활 실천시범	50,000	농촌지원과	9	6	7	8	7	5	5	4
5022	전남 무안군	작목별 맞춤형 안전사고 실천시범	50,000	농촌지원과	9	2	7	8	7	5	5	4
5023	전남 무안군	농업활동 안전사고 예방 생활화	30,000	농촌지원과	9	6	7	8	7	5	5	4
5024	전남 무안군	농업인 가공사업장 시설장비 개선 지원	50,000	농촌지원과	9	6	7	8	7	5	5	4
5025	전남 무안군	청국장 제조기술 시범사업	60,000	농촌지원과	9	2	7	8	7	5	5	4
5026	전남 무안군	종균 활용 장류 품질향상 기술시범	70,000	농촌지원과	9	2	7	8	7	5	5	4
5027	전남 무안군	귀농인의 집 조성	30,000	농촌지원과	9	2	7	8	7	5	5	4
5028	전남 함평군	어린이집 기능보강	36,435	주민복지실	9	1	4	1	1	1	1	1
5029	전남 함평군	경로당클린서비스사업	18,750	주민복지실	9	7	7	8	7	1	1	4
5030	전남 함평군	식품 및 공중위생업소 관리	2,884,000	원스톱허가과	9	4	7	8	7	5	5	4
5031	전남 함평군	귀농인 정착지원사업	50,000	일자리경제과	9	2	6(사업대상자 자체선정)	7	6(사업대상자 자체선정)	1	1	4
5032	전남 함평군	2019년 귀농인의 집 조성사업	60,000	일자리경제과	9	2	6(사업대상자 자체선정)	7	6(사업대상자 자체선정)	1	1	4
5033	전남 함평군	전통사찰(용천사) 방재시스템 구축	241,000	문화관광체육과	9	2	7	8	7	1	1	4
5034	전남 함평군	유해야생동물 피해예방시설 설치 지원사업	23,060	환경상하수도과	9	2	7	8	7	5	5	4
5035	전남 함평군	전기자동차 보급사업	214,000	환경상하수도과	9	2	7	8	7	5	5	4
5036	전남 함평군	밭작물공동경영체 육성사업	607,500	친환경농산과	9	2	7	8	7	5	1	4
5037	전남 함평군	다목적 소형농기계 지원사업	500,000	친환경농산과	9	1	7	8	7	5	1	4
5038	전남 함평군	농산물 생산비 절감지원	720,000	친환경농산과	9	1	7	8	7	5	1	4

순번	시군구	지출명 (사업명)	2020년예산 (단위:천원/1년간)	담당자 (공무원) 담당부서	민간이전 분류 (지방자치단체 세출예산 집행기준에 의거) 1. 민간경상사업보조(1) 2. 민간단체 법정운영비보조(2) 3. 민간행사사업보조(3) 4. 민간위탁금(4) 5. 사회복지시설 법정운영비보조(5) 6. 민간인위탁교육비(6) 7. 공기관등에대한경상적대행사업비(7) 8. 민간자본사업보조,자체재원(8) 9. 민간자본사업보조,이전재원(9) 10. 민간위탁사업비(10) 11. 공기관등에 대한 자본적 대행사업비(11)	민간이전지출 근거 (지방보조금 관리기준 참고) 1. 법률에 규정 2. 국고보조 재원(국가지정) 3. 용도 지정 기부금 4. 조례에 직접규정 5. 지자체가 권장하는 사업을 하는 공공기관 6. 시,도 정책 및 재정사정 7. 기타 8. 해당없음	입찰방식 계약체결방법 (경쟁형태) 1. 일반경쟁 2. 제한경쟁 3. 지명경쟁 4. 수의계약 5. 법정위탁 6. 기타 ( ) 7. 해당없음	입찰방식 계약기간 1. 1년 2. 2년 3. 3년 4. 4년 5. 5년 6. 기타 ( )년 7. 단기계약 (1년미만) 8. 해당없음	입찰방식 낙찰자선정방법 1. 적격심사 2. 협상에의한계약 3. 최저가낙찰제 4. 규격가격분리 5. 2단계 경쟁입찰 6. 기타 ( ) 7. 해당없음	운영예산 산정 운영예산 산정 1. 내부산정 (지자체 자체적으로 산정) 2. 외부산정 (외부전문기관위탁 산정) 3. 내·외부 모두 산정 4. 산정 無 5. 해당없음	운영예산 산정 정산방법 1. 내부정산 (지자체 내부적으로 정산) 2. 외부정산 (외부전문기관위탁 정산) 3. 내·외부 모두 산정 4. 정산 無 5. 해당없음	성과평가 실시여부 1. 실시 2. 미실시 3. 향후 추진 4. 해당없음
5039	전남 함평군	이동식 다용도 작업대 지원사업	33,920	친환경농산과	9	1	7	8	7	5	1	4
5040	전남 함평군	다목적 소형전기운반차 지원사업	32,000	친환경농산과	9	1	7	8	7	5	1	4
5041	전남 함평군	원예특용작물 생산기반 구축	180,000	친환경농산과	9	1	7	8	7	5	1	4
5042	전남 함평군	시설원예 에너지 이용효율화(보온커튼) 지원	318,240	친환경농산과	9	2	7	8	7	5	1	4
5043	전남 함평군	시설원예 에너지 이용효율화(지열) 지원사업	1,571,170	친환경농산과	9	2	7	8	7	5	1	4
5044	전남 함평군	고추비가림재배시설 지원사업	330,000	친환경농산과	9	2	7	8	7	5	1	4
5045	전남 함평군	영세농가 소형하우스 설치사업	69,300	친환경농산과	9	1	7	8	7	5	1	4
5046	전남 함평군	시설원예현대화 지원사업	98,000	친환경농산과	9	2	7	8	7	5	1	4
5047	전남 함평군	ICT 융복합 확산 지원사업	18,000	친환경농산과	9	2	7	8	7	5	1	4
5048	전남 함평군	특용작물 생산시설 현대화 지원사업	121,950	친환경농산과	9	2	7	8	7	5	1	4
5049	전남 함평군	원예생산기반 활력화 지원사업	201,000	친환경농산과	9	2	7	8	7	5	1	4
5050	전남 함평군	과수분야 스마트팜 확산사업	15,000	친환경농산과	9	2	7	8	7	5	1	4
5051	전남 함평군	농산물 저온저장고 설치 지원	60,000	친환경농산과	9	2	7	8	7	5	1	4
5052	전남 함평군	미곡종합처리장 집진시설 개보수 사업	380,000	친환경농산과	9	2	7	8	7	5	1	4
5053	전남 함평군	고품질 쌀 유통활성화 사업	450,000	친환경농산과	9	2	7	8	7	5	1	4
5054	전남 함평군	친환경과수농가 비가림하우스 시설지원	70,000	친환경농산과	9	6	7	8	7	5	1	4
5055	전남 함평군	친환경 포트육묘 이앙기 공급	121,800	친환경농산과	9	7	7	8	7	5	1	4
5056	전남 함평군	친환경농업기반 구축사업	586,000	친환경농산과	9	2	7	8	7	5	1	4
5057	전남 함평군	유기농 생태마을 육성	450,000	친환경농산과	9	6	7	8	7	5	1	4
5058	전남 함평군	친환경 해충퇴치 장비 지원	24,400	축수산과	9	6	7	8	7	1	1	4
5059	전남 함평군	계란 냉장차량 지원사업	15,000	축수산과	9	2	7	8	7	1	1	4
5060	전남 함평군	조사료 기계장비 지원사업	240,000	축수산과	9	2	1	8	1	1	1	4
5061	전남 함평군	전문단지 기계장비 지원사업	450,000	축수산과	9	2	1	8	1	1	1	4
5062	전남 함평군	어업자원 자율관리공동체 지원	72,000	축수산과	9	2	7	8	7	1	1	4
5063	전남 함평군	다목적 인양기 설치	100,000	축수산과	9	2	7	8	7	1	1	4
5064	전남 함평군	농촌어르신 복지생활 실천시범	50,000	농업기술센터	9	6	7	8	7	5	1	4
5065	전남 함평군	작목별 맞춤형 안전관리 실천시범	50,000	농업기술센터	9	2	7	8	7	5	1	4
5066	전남 함평군	농업활동 안전사고 예방생활화 시범	30,000	농업기술센터	9	6	7	8	7	5	1	4
5067	전남 함평군	농촌치유자원 상품화 시범	92,000	농업기술센터	9	2	7	8	7	5	1	4
5068	전남 함평군	어깨동무 컨설팅 농가 경영개선 지원 사업	12,000	농업기술센터	9	6	7	8	7	5	1	4
5069	전남 함평군	청년 4-H 회원 맞춤형 과제 지원	10,500	농업기술센터	9	6	7	8	7	5	1	4
5070	전남 함평군	영농승계 청년농 창업 지원	21,000	농업기술센터	9	6	7	8	7	5	1	4
5071	전남 함평군	ICT 활용 폭염피해예방 기술보급 시범	42,000	농업기술센터	9	6	7	8	7	5	1	4
5072	전남 함평군	토종벌 낭충봉아부패병 저항성 계통 증식보급 시범	35,000	농업기술센터	9	2	7	8	7	5	1	4
5073	전남 함평군	축사 공기정화 질병예방 기술보급 시범	80,000	농업기술센터	9	2	7	8	7	5	1	4
5074	전남 함평군	ICT 활용 한우, 젖소 번식효율 향상 시범	7,000	농업기술센터	9	6	7	8	7	5	1	4
5075	전남 함평군	토마토 수경재배 작은뿌리파리 종합관리 기술 시범	30,000	농업기술센터	9	2	7	8	7	5	1	4
5076	전남 함평군	기능성 토종상추 친환경 고온기 재배 기술 시범	14,000	농업기술센터	9	6	7	8	7	5	1	4
5077	전남 함평군	단동하우스 보급형 스마트팜 단지조성	60,000	농업기술센터	9	6	7	8	7	5	1	4
5078	전남 함평군	우리도 육성 원예,특용작물 신품종 보급	14,000	농업기술센터	9	6	7	8	7	5	1	4
5079	전남 함평군	소비선호형 우리품종 단지조성 시범	200,000	농업기술센터	9	2	7	8	7	5	1	4
5080	전남 함평군	함평천지 복숭아 재배단지 조성	100,000	농업기술센터	9	6	7	8	7	5	1	4
5081	전남 함평군	산림작물 생산단지 조성	166,808	산림공원사업소	9	2	7	8	7	1	1	4
5082	전남 함평군	산림작물 생산단지 조성	540,000	산림공원사업소	9	2	7	8	7	1	1	4
5083	전남 함평군	잔디 생산장비 지원사업	100,000	산림공원사업소	9	2	7	8	7	1	1	4

순번	시군구	지출명 (사업명)	2020년예산 (단위:천원/1년간)	담당자 (공무원)	민간이전 분류 (지방자치단체 세출예산 집행기준에 의거)	민간이전지출 근거 (지방보조금 관리기준 참고)	입찰방식			운영예산 산정		성과평가 실시여부
				담당부서	1. 민간경상사업보조(1) 2. 민간단체 법정운영비보조(2) 3. 민간행사사업보조(3) 4. 민간위탁금(4) 5. 사회복지시설 법정운영비보조(5) 6. 민간인위탁교육비(6) 7. 공기관등에대한경상적대행사업비(7) 8. 민간자본사업보조,자체재원(8) 9. 민간자본사업보조,이전재원(9) 10. 민간위탁사업비(10) 11. 공기관등에 대한 자본적 대행사업비(11)	1. 법률에 규정 2. 국고보조 재원(국가지정) 3. 용도 지정 기부금 4. 조례에 직접규정 5. 지자체가 권장하는 사업을 하는 공공기관 6. 시,도 정책 및 재정사정 7. 기타 8. 해당없음	계약체결방법 (경쟁형태) 1. 일반경쟁 2. 제한경쟁 3. 지명경쟁 4. 수의계약 5. 법정위탁 6. 기타 ( ) 7. 해당없음	계약기간 1. 1년 2. 2년 3. 3년 4. 4년 5. 5년 6. 기타 ( )년 7. 단기계약 (1년미만) 8. 해당없음	낙찰자선정방법 1. 적격심사 2. 협상에의한계약 3. 최저가낙찰제 4. 규격가격분리 5. 2단계 경쟁입찰 6. 기타 ( ) 7. 해당없음	운영예산 산정 1. 내부산정 (지자체 자체 적으로 산정) 2. 외부산정 (외부전문기관 위탁 산정) 3. 내·외부 모두 산정 4. 산정 無 5. 해당없음	정산방법 1. 내부정산 (지자체 내부적 으로 정산) 2. 외부정산 (외부전문기관 위탁 정산) 3. 내·외부 모두 산정 4. 정산 無 5. 해당없음	1. 실시 2. 미실시 3. 향후 추진 4. 해당없음
5084	전남 함평군	산림버섯 재해 예방시설	50,000	산림공원사업소	9	2	7	8	7	1	1	4
5085	전남 함평군	친환경 임산물 재배관리	8,296	산림공원사업소	9	2	7	8	7	1	1	4
5086	전남 영광군	공공버스 구입 지원	36,000	안전관리과	9	1	7	8	7	1	1	1
5087	전남 영광군	신재생에너지보급 주택지원	78,456	투자경제과	9	2	7	8	7	3	3	4
5088	전남 영광군	어린이집 기능보강	42,805	노인가정과	9	1	7	8	7	5	1	4
5089	전남 영광군	아동복지시설 기능보강사업	534,770	노인가정과	9	2	7	8	7	5	1	3
5090	전남 영광군	지역아동센터 환경개선 지원	50,000	노인가정과	9	2	7	8	7	5	1	4
5091	전남 영광군	노인여가복지시설 지원	45,000	노인가정과	9	4	6(조달구매)	7	3	1	1	4
5092	전남 영광군	사회적농업 거점농장 조성	200,000	농정과	9	2	7	8	7	5	5	4
5093	전남 영광군	주택용 펠릿보일러	11,200	산림공원과	9	2	7	8	7	1	1	1
5094	전남 영광군	친환경임산물재배관리	19,023	산림공원과	9	2	7	8	7	1	1	1
5095	전남 영광군	임산물상품화지원	46,565	산림공원과	9	2	7	8	7	1	1	1
5096	전남 영광군	임산물생산단지규모화	232,633	산림공원과	9	2	7	8	7	1	1	1
5097	전남 영광군	임산물유통기반지원	50,940	산림공원과	9	2	7	8	7	1	1	1
5098	전남 영광군	임산물생산기반지원	29,100	산림공원과	9	2	7	8	7	1	1	1
5099	전남 영광군	LPG 화물차 신차 구입 지원	120,000	도시환경과	9	2	7	8	7	5	5	4
5100	전남 영광군	PM-Nox 동시저감장치 부착 지원	75,000	도시환경과	9	2	7	8	7	5	5	4
5101	전남 영광군	매연저감장치(DPF) 부착 지원	22,000	도시환경과	9	2	7	8	7	5	5	4
5102	전남 영광군	건설기계 매연저감장치(DPF)부착 지원	22,000	도시환경과	9	2	7	8	7	5	5	4
5103	전남 영광군	건설기계 엔진 교체 지원	33,000	도시환경과	9	2	7	8	7	5	5	4
5104	전남 영광군	자동차 운행제한 시스템 구축	37,394	도시환경과	9	2	7	8	7	5	5	4
5105	전남 영광군	어린이 통학차량의 LPG차량 전환 지원	35,000	도시환경과	9	2	7	8	7	5	5	4
5106	전남 영광군	가정용 저녹스보일러 보급	3,100,000	도시환경과	9	2	7	8	7	5	5	4
5107	전남 영광군	취약계층 친환경보일러 보급사업	4,000,000	도시환경과	9	2	7	8	7	5	5	4
5108	전남 영광군	야생동물 피해 예방시설 지원사업	40,100	도시환경과	9	2	7	8	7	5	5	4
5109	전남 영광군	소규모 사업장 방지시설 설치지원사업	482,000	도시환경과	9	2	7	8	7	5	5	4
5110	전남 장성군	임산물 유통기반조성	385,490	산림편백과	9	2	7	8	7	5	5	4
5111	전남 장성군	임산물 생산기반조성	333,913	산림편백과	9	2	7	8	7	5	5	4
5112	전남 장성군	친환경임산물 재배관리	668,334	산림편백과	9	2	7	8	7	5	5	4
5113	전남 장성군	목재펠릿보일러 보급	11,200	산림편백과	9	2	7	8	7	5	5	4
5114	전남 장성군	산림작물생산단지	62,593	산림편백과	9	2	7	8	7	5	5	4
5115	전남 장성군	산림복합경영단지 조성사업	128,000	산림편백과	9	2	7	8	7	5	5	4
5116	전남 장성군	전기자동차 보급 지원	471,000	환경위생과	9	2	7	8	6	4	1	1
5117	전남 장성군	LPG화물차 신차구입지원	40,000	환경위생과	9	2	7	8	6	4	1	1
5118	전남 장성군	어린이 통학차량 LPG차 전환 지원	35,000	환경위생과	9	2	7	8	6	4	1	1
5119	전남 장성군	배출가스저감사업(매연 저감장치)	24,199	환경위생과	9	2	7	8	6	4	1	1
5120	전남 장성군	배출가스저감사업(건설기계 매연저감장치)	22,000	환경위생과	9	2	7	8	6	4	1	1
5121	전남 장성군	배출가스저감사업(건설기계 엔진교체)	33,000	환경위생과	9	2	7	8	6	4	1	1
5122	전남 장성군	수소자동차 보급	350,000	환경위생과	9	2	7	8	6	4	1	1
5123	전남 장성군	전기화물차(소형)보급	49,200	환경위생과	9	2	7	8	6	4	1	1
5124	전남 장성군	가정용 저녹스 보일러 보급	2,500,000	환경위생과	9	2	7	8	6	4	1	1
5125	전남 장성군	사회적취약계층 친환경보일러 교체	4,000,000	환경위생과	9	6	7	8	6	4	1	1
5126	전남 장성군	야생동물피해예방시설 지원	22,680	환경위생과	9	2	7	8	6	4	1	1
5127	전남 장성군	위생업소 저온저장창고 설치 지원	30,000	환경위생과	9	4	7	8	6	4	1	2
5128	전남 장성군	위생업소 시설개선비 지원	50,000	환경위생과	9	4	7	8	6	4	1	2

순번	시군구	지출명 (사업명)	2020년예산 (단위:천원/1년간)	담당자 (공무원) 담당부서	민간이전 분류 (지방자치단체 세출예산 집행기준에 의거) 1. 민간경상사업보조(1) 2. 민간단체 법정운영비보조(2) 3. 민간행사사업보조(3) 4. 민간위탁금(4) 5. 사회복지시설 법정운영비보조(5) 6. 민간인위탁교육비(6) 7. 공기관등에대한경상적대행사업비(7) 8. 민간자본사업보조,자체재원(8) 9. 민간자본사업보조,이전재원(9) 10. 민간위탁사업비(10) 11. 공기관등에 대한 자본적 대행사업비(11)	민간이전지출 근거 (지방보조금 관리기준 참고) 1. 법률에 규정 2. 국고보조 재원(국가지정) 3. 용도 지정 기부금 4. 조례에 직접규정 5. 지자체가 권장하는 사업을 하는 공공기관 6. 시,도 정책 및 재정사정 7. 기타 8. 해당없음	입찰방식 계약체결방법 (경쟁형태) 1. 일반경쟁 2. 제한경쟁 3. 지명경쟁 4. 수의계약 5. 법정위탁 6. 기타 ( ) 7. 해당없음	입찰방식 계약기간 1. 1년 2. 2년 3. 3년 4. 4년 5. 5년 6. 기타 ( )년 7. 단기계약 (1년미만) 8. 해당없음	입찰방식 낙찰자선정방법 1. 적격심사 2. 협상에의한계약 3. 최저가낙찰제 4. 규격가격분리 5. 2단계 경쟁입찰 6. 기타 ( ) 7. 해당없음	운영예산 산정 운영예산 산정 1. 내부산정 (지자체 자체 적으로 산정) 2. 외부산정 (외부전문기관 위탁 산정) 3. 내·외부 모두 산정 4. 산정 無 5. 해당없음	운영예산 산정 정산방법 1. 내부정산 (지자체 내부적 으로 정산) 2. 외부정산 (외부전문기관 위탁 정산) 3. 내·외부 모두 산정 4. 정산 無 5. 해당없음	성과평가 실시여부 1. 실시 2. 미실시 3. 향후 추진 4. 해당없음
5129	전남 장성군	위생업소 입식테이블 등 지원	40,000	환경위생과	9	4	7	8	6	4	1	2
5130	전남 장성군	떡 제조업소 장비 등 시설지원	30,000	환경위생과	9	4	7	8	6	4	1	2
5131	전남 장성군	농어촌장애인주택개조사업	7,600	주민복지과	9	2	7	8	7	5	5	4
5132	전남 장성군	지역아동센터 환경개선비 지원	50,000	주민복지과	9	2	7	8	7	1	1	4
5133	전남 장성군	지역아동센터 환경개선비(안심알림이 설치) 지원	5,570	주민복지과	9	2	7	8	7	1	1	4
5134	전남 장성군	보육시설 기능보강	60,000	주민복지과	9	2	7	8	7	1	1	3
5135	전남 장성군	주민편익사업 운영	33,000	도시재생과	9	6	7	8	7	5	5	4
5136	전남 장성군	농촌신활력플러스사업	100,000	농식품유통과	9	2	7	8	7	5	5	4
5137	전남 장성군	정부양곡관리비	34,400	농식품유통과	9	6	7	8	7	5	5	4
5138	전남 장성군	농산물 소형 저온저장고 지원	87,000	농식품유통과	9	1	7	8	7	5	5	4
5139	전남 장성군	특산자원 융복합기술	400,000	농식품유통과	9	2	7	8	7	5	5	4
5140	전남 장성군	고품질 베이커리용 과일가공 시범사업	50,000	농식품유통과	9	2	7	8	7	5	5	4
5141	전남 장성군	식품소재 및 반가공산업육성 공모사업	810,000	농식품유통과	9	2	6(국비공모사업)	1	1	3	3	1
5142	전남 장성군	어깨동무컨설팅 농가경영개선 지원	12,000	농촌활력과	9	6	7	8	7	5	5	4
5143	전남 장성군	청년4-H회원맞춤형과제사업	10,500	농촌활력과	9	6	7	8	7	5	1	4
5144	전남 장성군	귀농창업활성화지원	50,000	농촌활력과	9	2	7	8	7	1	1	4
5145	전남 장성군	가축방역약품 구입	6,420	농업축산과	9	2	7	8	7	5	5	4
5146	전남 장성군	조사료생산용 기계장비구입 지원	60,000	농업축산과	9	2	7	8	7	5	5	4
5147	전남 장성군	농산물 생산비 절감 지원	265,440	농업축산과	9	6	7	8	7	5	5	4
5148	전남 장성군	농산물 생산비 절감 지원	160,000	농업축산과	9	6	7	8	7	5	5	4
5149	전남 장성군	다목적 소형농기계 지원	225,000	농업축산과	9	6	7	8	7	5	5	4
5150	전남 장성군	다목적 소형농기계 지원	293,750	농업축산과	9	2	7	8	7	5	5	4
5151	전남 장성군	축산농가 생산기반 확충 사업	31,000	농업축산과	9	6	7	8	7	5	5	4
5152	전남 장성군	친환경축산물 생산기반 확충 사업	42,000	농업축산과	9	6	7	8	7	5	5	4
5153	전남 장성군	축산농가 사육기반 조성 및 경쟁력 강화 지원	13,716	농업축산과	9	6	7	8	7	5	5	4
5154	전남 장성군	농기계 등화장치 부착지원	13,000	농업축산과	9	6	7	8	7	5	5	4
5155	전남 장성군	가축분뇨 퇴액비화 지원	168,000	농업축산과	9	2	7	8	7	5	5	4
5156	전남 장성군	액비저장조 지원	101,500	농업축산과	9	2	7	8	7	5	5	4
5157	전남 장성군	가축분뇨 액비유통전문조직 지원	160,000	농업축산과	9	8	7	8	7	5	5	4
5158	전남 장성군	가축 폭염피해 예방 시설 장비 지원	30,000	농업축산과	9	6	7	8	7	5	5	4
5159	전남 장성군	가축 폭염피해 예방 시설 장비 지원	8,000	농업축산과	9	2	7	8	7	5	5	4
5160	전남 장성군	가공용 쌀 원료곡 생산단지 육성	204,000	농업축산과	9	2	7	8	7	5	5	4
5161	전남 장성군	동물복지형 축산농장 시범사업	520,000	농업축산과	9	2	7	8	7	5	5	4
5162	전남 장성군	축산농장 악취저감시설 지원	54,000	농업축산과	9	2	7	8	7	5	5	4
5163	전남 장성군	유해 야생동물 포획시설 설치 지원사업	7,920	농업축산과	9	2	7	8	7	5	5	4
5164	전남 장성군	유해 야생동물 포획시설 설치 지원사업	7,920	농업축산과	9	2	7	8	7	5	5	4
5165	전남 장성군	들녘별경영체 육성사업	270,000	농업축산과	9	2	7	8	7	5	5	4
5166	전남 장성군	폭염피해 예방대책 추진	8,000	농업축산과	9	6	7	8	7	5	5	4
5167	전남 장성군	축분 급속발효 퇴비화 시범사업	75,000	농업축산과	9	6	7	8	7	5	5	4
5168	전남 장성군	논콩 재배단지 전용수확기 지원사업	136,500	농업축산과	9	2	7	8	7	5	5	4
5169	전남 장성군	특수 기능성 쌀 생산단지 조성	35,000	농업축산과	9	6	7	8	7	5	5	4
5170	전남 장성군	젖소 착유 세정수 정화처리 시스템 기술시범	80,000	농업축산과	9	2	7	8	7	5	5	4
5171	전남 장성군	메뚜기목 곤충이용 상품과 기술시범	100,000	농업축산과	9	2	7	8	7	5	5	4
5172	전남 장성군	계란 냉장차량 지원	15,000	농업축산과	9	2	7	8	7	5	5	4
5173	전남 장성군	오디 균핵병 방제액제 안전살포 기준설정 실증시범	40,000	원예소득과	9	2	7	8	7	1	1	3

순번	시군구	지출명 (사업명)	2020년예산 (단위:천원/1년간)	담당자 (공무원) 담당부서	민간이전 분류 (지방자치단체 세출예산 집행기준에 의거) 1. 민간경상사업보조(1) 2. 민간단체 법정운영비보조(2) 3. 민간행사사업보조(3) 4. 민간위탁금(4) 5. 사회복지시설 법정운영비보조(5) 6. 민간인위탁교육비(6) 7. 공기관등에대한경상적대행사업비(7) 8. 민간자본사업보조,자체재원(8) 9. 민간자본사업보조,이전재원(9) 10. 민간위탁사업비(10) 11. 공기관등에 대한 자본적 대행사업비(11)	민간이전지출 근거 (지방보조금 관리기준 참고) 1. 법률에 규정 2. 국고보조 재원(국가지정) 3. 용도 지정 기부금 4. 조례에 직접규정 5. 지자체가 권장하는 사업을 하는 공공기관 6. 시,도 정책 및 재정사정 7. 기타 8. 해당없음	입찰방식 계약체결방법 (경쟁형태) 1. 일반경쟁 2. 제한경쟁 3. 지명경쟁 4. 수의계약 5. 법정위탁 6. 기타 ( ) 7. 해당없음	입찰방식 계약기간 1. 1년 2. 2년 3. 3년 4. 4년 5. 5년 6. 기타 ( )년 7. 단기계약 (1년미만) 8. 해당없음	입찰방식 낙찰자선정방법 1. 적격심사 2. 협상에의한계약 3. 최저가낙찰제 4. 규격가격분리 5. 2단계 경쟁입찰 6. 기타 ( ) 7. 해당없음	운영예산 산정 운영예산 산정 1. 내부산정 (지자체 자체적으로 산정) 2. 외부산정 (외부전문기관 위탁 산정) 3. 내·외부 모두 산정 4. 산정 無 5. 해당없음	운영예산 산정 정산방법 1. 내부정산 (지자체 내부적으로 정산) 2. 외부정산 (외부전문기관 위탁 정산) 3. 내·외부 모두 산정 4. 정산 無 5. 해당없음	성과평가 실시여부 1. 실시 2. 미실시 3. 향후 추진 4. 해당없음
5174	전남 장성군	힐링약용채소단지조성	84,000	원예소득과	9	6	7	8	7	1	1	3
5175	전남 장성군	농업에너지이용효율화	335,329	원예소득과	9	2	7	8	7	1	1	3
5176	전남 장성군	시설원예현대화지원	200,400	원예소득과	9	2	7	8	7	1	1	3
5177	전남 장성군	원예특용작물인프라구축	210,000	원예소득과	9	6	7	8	7	1	1	3
5178	전남 장성군	단동하우스 보급형 스마트팜 단지조성	60,000	원예소득과	9	6	7	8	7	1	1	3
5179	전남 장성군	시설원예 에너지 절감 및 환경개선 시범	34,000	원예소득과	9	2	7	8	7	5	5	4
5180	전남 장성군	종이포트 육묘시스템 보급 시범	75,000	원예소득과	9	2	7	8	7	5	5	4
5181	전남 장성군	ICT 융복합 원예작물 환경관리 자동화 시범	42,000	원예소득과	9	6	7	8	7	5	5	4
5182	전남 장성군	수출딸기 육묘시설기반구축 지원	160,000	원예소득과	9	6	7	8	7	5	5	4
5183	전남 장성군	색의 가치 플러스 칼라프루트 특화 단지조성	360,000	원예소득과	9	6	7	8	7	1	1	3
5184	전남 장성군	친환경 연소자재 이용 기상피해 경감 시범	14,000	원예소득과	9	6	7	8	7	5	5	4
5185	전남 장성군	신재생에너지보급 주택지원 사업	63,045	교통정책과	9	1	7	8	7	5	5	4
5186	전남 진도군	농어촌 장애인 주택개조 지원	41,800	주민복지과	9	2	7	8	7	5	5	4
5187	전남 진도군	경로당 태양광 발전시설 설치	105,000	주민복지과	9	4	7	8	7	1	1	3
5188	전남 진도군	임회면 고산리 마을회관 정비	30,000	민원봉사과	9	6	4	7	7	5	1	3
5189	전남 진도군	일반음식점 입식테이블 설치 지원사업	5,000	관광과	9	4	4	1	1	3	1	3
5190	전남 진도군	어린이집 기능보강	30,000	안전생활지원과	9	2	7	8	7	5	1	1
5191	전남 진도군	어린이집 전자출결시스템 장비비	6,825	안전생활지원과	9	2	7	8	7	1	1	1
5192	전남 진도군	수산물 중형저온저장시설 지원	720,000	경제마케팅과	9	2	7	8	7	5	5	4
5193	전남 진도군	조도쑥 산업화 사업	529,600	경제마케팅과	9	2	7	8	7	5	5	4
5194	전남 진도군	진도울금 가공시설 및 복합체험관 설립사업	840,000	경제마케팅과	9	2	7	8	7	5	5	4
5195	전남 진도군	친환경 포트육묘 이앙기 지원사업	285,600	농업지원과	9	6	7	8	7	5	5	4
5196	전남 진도군	들녘경영체 육성지원	27,000	농업지원과	9	2	7	8	7	5	5	4
5197	전남 진도군	논 타작물 단지화 조성 지원사업	477,000	농업지원과	9	2	7	8	7	5	5	4
5198	전남 진도군	다목적 소형농기계 지원	312,500	농업지원과	9	6	7	8	7	5	5	4
5199	전남 진도군	이동식 다용도 작업대 지원	8,480	농업지원과	9	6	7	8	7	5	5	4
5200	전남 진도군	농산물 생산비 절감 지원	267,500	농업지원과	9	6	7	8	7	5	5	4
5201	전남 진도군	공공비축미곡 톤백수매 기반구축 사업	19,200	농업지원과	9	6	7	8	7	5	5	4
5202	전남 진도군	고추비가림 재배시설 지원	65,340	농업지원과	9	2	7	8	7	5	5	4
5203	전남 진도군	원예특용작물 인프라 구축지원	108,570	농업지원과	9	6	7	8	7	5	5	4
5204	전남 진도군	농산물 소형 저온저장고 지원	600,000	농업지원과	9	7	7	8	7	5	5	4
5205	전남 진도군	농산물 소형 저온저장고 지원	90,000	농업지원과	9	6	7	8	7	5	5	4
5206	전남 진도군	영세농가 소형하우스 지원	55,440	농업지원과	9	6	7	8	7	5	5	4
5207	전남 진도군	맞춤형 축산장비 지원사업	3,000,000	진도개축산과	9	1	7	8	7	5	5	4
5208	전남 진도군	친환경 해충퇴치 장비 지원사업	4,000,000	진도개축산과	9	1	7	8	7	5	5	4
5209	전남 진도군	한우 자동목걸림장치설치 지원	2,988,000	진도개축산과	9	1	7	8	7	5	5	4
5210	전남 진도군	동물복지형 녹색축산농장 시설 지원사업	24,000	진도개축산과	9	1	7	8	7	5	5	4
5211	전남 진도군	계란 냉장차량 지원	15,000	진도개축산과	9	1	7	8	7	5	5	4
5212	전남 진도군	작목별 맞춤형 안전관리 실천시범	24,000	농업기술센터	9	2	7	8	7	1	1	1
5213	전남 진도군	FTA대응 벼 생력재배기술 보급 시범	200,000	농업기술센터	9	2	7	8	7	5	5	4
5214	전남 진도군	지중 냉온풍 열교환시설 보급	100,000	농업기술센터	9	2	7	8	7	5	5	4
5215	전남 진도군	기능성 다겹보온커튼 시설 설치	40,000	농업기술센터	9	2	7	8	7	5	5	4
5216	전남 진도군	시설과원 병해충 원격방제 시스템 구축	100,000	농업기술센터	9	2	7	8	7	5	5	4
5217	전남 진도군	판넬형 표준재배사 및 환경제어시스템	70,000	농업기술센터	9	2	7	8	7	5	5	4
5218	경북 포항시	공동주택관리 지원사업	660,000	공동주택과	9	1, 4	1, 2, 4	7	1, 3	3	3	1

순번	시군구	지출명 (사업명)	2020년예산 (단위:천원/1년간)	담당자 (공무원) 담당부서	민간이전 분류 (지방자치단체 세출예산 집행기준에 의거) 1. 민간경상사업보조(1) 2. 민간단체 법정운영비보조(2) 3. 민간행사사업보조(3) 4. 민간위탁금(4) 5. 사회복지시설 법정운영비보조(5) 6. 민간인위탁교육비(6) 7. 공기관등에대한경상적대행사업비(7) 8. 민간자본사업보조,자체재원(8) 9. 민간자본사업보조,이전재원(9) 10. 민간위탁사업비(10) 11. 공기관등에 대한 자본적 대행사업비(11)	민간이전지출 근거 (지방보조금 관리기준 참고) 1. 법률에 규정 2. 국고보조 재원(국가지정) 3. 용도 지정 기부금 4. 조례에 직접규정 5. 지자체가 권장하는 사업을 하는 공공기관 6. 시,도 정책 및 재정사정 7. 기타 8. 해당없음	입찰방식 계약체결방법 (경쟁형태) 1. 일반경쟁 2. 제한경쟁 3. 지명경쟁 4. 수의계약 5. 법정위탁 6. 기타 ( ) 7. 해당없음	입찰방식 계약기간 1. 1년 2. 2년 3. 3년 4. 4년 5. 5년 6. 기타 ( )년 7. 단기계약 (1년미만) 8. 해당없음	입찰방식 낙찰자선정방법 1. 적격심사 2. 협상에의한계약 3. 최저가낙찰제 4. 규격가격분리 5. 2단계 경쟁입찰 6. 기타 ( ) 7. 해당없음	운영예산 산정 운영예산 산정 1. 내부산정 (지자체 자체적으로 산정) 2. 외부산정 (외부전문기관위탁 산정) 3. 내·외부 모두 산정 4. 산정 無 5. 해당없음	운영예산 산정 정산방법 1. 내부정산 (지자체 내부적으로 정산) 2. 외부정산 (외부전문기관위탁 정산) 3. 내·외부 모두 산정 4. 정산 無 5. 해당없음	성과평가 실시여부 1. 실시 2. 미실시 3. 향후 추진 4. 해당없음
5219	경북 포항시	농어촌장애인 주택개조지원사업	19,000	공동주택과	9	5	7	8	7	5	5	4
5220	경북 포항시	터미널 환경개선 사업	135,000	교통지원과	9	6	7	8	7	5	5	4
5221	경북 포항시	벼 소식재배 기술시범	40,000	기술보급과	9	7	7	8	7	5	1	3
5222	경북 포항시	지역별 초적고품질쌀 생산시기 규명 실증시범	20,000	기술보급과	9	7	7	8	7	5	1	3
5223	경북 포항시	다솜쌀 브랜드화 시범 단지 조성	80,000	기술보급과	9	7	7	8	7	5	1	3
5224	경북 포항시	유기벼 재배단지조성시범	50,000	기술보급과	9	7	7	8	7	5	1	3
5225	경북 포항시	외래품종 대체 최고품질 벼 생산공급 거점단지 육성	200,000	기술보급과	9	7	7	8	7	5	1	3
5226	경북 포항시	감자 재배유형별 특성화 시범	100,000	기술보급과	9	7	7	8	7	5	1	3
5227	경북 포항시	장원별 확대보급시범	12,600	기술보급과	9	7	7	8	7	5	1	3
5228	경북 포항시	버섯파리친환경방제기술시범	2,450,000	기술보급과	9	7	7	8	7	5	1	3
5229	경북 포항시	포항부추 연중생산 여름부추단지 조성	160,000	기술보급과	9	7	7	8	7	5	1	3
5230	경북 포항시	수경재배배지함수율 관리기술 시범	16,000	기술보급과	9	7	7	8	7	5	1	3
5231	경북 포항시	플라즈마 기술이용 농산물 신선저장 시범	7,000	기술보급과	9	7	7	8	7	5	1	3
5232	경북 포항시	고온건조방식 대인소독장비 활용 기술시범	40,000	기술보급과	9	7	7	8	7	5	1	3
5233	경북 포항시	뒤영벌 이용 비벡터링 분배장치 활요기술	50,000	기술보급과	9	7	7	8	7	5	1	3
5234	경북 포항시	천적과 작물보호제를 활용한 해충종합방제기술시범	50,000	기술보급과	9	7	7	8	7	5	1	3
5235	경북 포항시	외부환경 데이터 기반 스마트 양액공급기술 시범	40,000	기술보급과	9	7	7	8	7	5	1	3
5236	경북 포항시	과수 생력화장비 지원	120,000	기술보급과	9	7	7	8	7	5	1	3
5237	경북 포항시	과실 생산비절감 및 품질제고 지원	51,100	기술보급과	9	7	7	8	7	5	1	3
5238	경북 포항시	FTA대응 대체과수 명품화사업	55,000	기술보급과	9	7	7	8	7	5	1	3
5239	경북 포항시	농가형 저온저장고 설치	12,000	기술보급과	9	7	7	8	7	5	1	3
5240	경북 포항시	과수고품질 시설현대화사업	847,750	기술보급과	9	7	7	8	7	5	1	3
5241	경북 포항시	수리불안전농지 생산기반시설 설치	80,000	기술보급과	9	7	7	8	7	5	1	3
5242	경북 포항시	이상기상 대응 과원 피해예방 기술확산 시범	100,000	기술보급과	9	7	7	8	7	5	1	3
5243	경북 포항시	특화작목 국내 판촉지원	8,000	기술보급과	9	7	7	8	7	5	1	3
5244	경북 포항시	산딸기 생산기간 연장 기반조성	300,000	기술보급과	9	7	7	8	7	5	1	3
5245	경북 포항시	농산물제조가공지원	680,000	농식품유통과	9	2	7	8	7	5	5	4
5246	경북 포항시	남포항농협 RPC 원료투입 및 가공시설 현대화	144,000	농식품유통과	9	4	7	8	7	1	1	1
5247	경북 포항시	서포항농협 RPC 현미부 개보수	14,400	농식품유통과	9	4	7	8	7	1	1	1
5248	경북 포항시	병해충 방제 등 노동력 절감 장비지원	18,000	농촌지원과	9	7	7	8	7	1	1	3
5249	경북 포항시	농촌여성 생산성 향상 장비지원	18,200	농촌지원과	9	7	7	8	7	1	1	3
5250	경북 포항시	청년농업인 자립기반 구축지원	80,000	농촌지원과	9	7	7	8	7	1	1	3
5251	경북 포항시	품목농업인연구회고품질생산기반조성	49,000	농촌지원과	9	7	7	8	7	1	1	3
5252	경북 포항시	지역특화식품개발 활성화 시범	5,000	농촌지원과	9	7	7	8	7	1	1	3
5253	경북 포항시	귀농인정착지원사업	20,000	농촌지원과	9	7	7	8	7	1	1	3
5254	경북 포항시	작목별안전관리실천시범	50,000	농촌지원과	9	2	7	8	7	1	1	3
5255	경북 포항시	원료곡국산화연계떡류산업현대화육성시범	200,000	농촌지원과	9	2	7	8	7	1	1	3
5256	경북 포항시	도시민 참여형 아파트 조경 다층식재 기술시범	30,000	농촌지원과	9	2	7	8	7	1	1	3
5257	경북 포항시	귀농창업 활성화 지원	20,000	농촌지원과	9	2	7	8	7	1	1	3
5258	경북 포항시	대한노인회 포항시지회 신축공사 감리비	19,890	노인장애인복지과	9	1	6	8	7	5	5	4
5259	경북 포항시	노인복지시설 기능보강사업	52,694	노인장애인복지과	9	2	6	8	7	5	5	4
5260	경북 경주시	전통시장화재공제 지원사업	19,076	경제정책과	9	6	7	8	7	1	1	1
5261	경북 경주시	전통시장 청년상인 운영지원 사업	24,000	경제정책과	9	6	7	8	7	1	1	1
5262	경북 경주시	도시가스 배관망 구축사업 지원	1,415,420	경제정책과	9	6	6	1	7	3	3	1
5263	경북 경주시	도시가스 미공급지역 지원사업	1,042,005	경제정책과	9	6	5	1	7	3	3	1

순번	시군구	지출명 (사업명)	2020년예산 (단위:천원/1년간)	담당자 (공무원) 담당부서	민간이전 분류 (지방자치단체 세출예산 집행기준에 의거) 1. 민간경상사업보조(1) 2. 민간단체 법정운영비보조(2) 3. 민간행사사업보조(3) 4. 민간위탁금(4) 5. 사회복지시설 법정운영비보조(5) 6. 민간인위탁교육비(6) 7. 공기관등에대한경상적대행사업비(7) 8. 민간자본사업보조,자체재원(8) 9. 민간자본사업보조,이전재원(9) 10. 민간위탁사업비(10) 11. 공기관등에 대한 자본적 대행사업비(11)	민간이전지출 근거 (지방보조금 관리기준 참고) 1. 법률에 규정 2. 국고보조 재원(국가지정) 3. 용도 지정 기부금 4. 조례에 직접규정 5. 지자체가 권장하는 사업을 하는 공공기관 6. 시,도 정책 및 재정사정 7. 기타 8. 해당없음	입찰방식 계약체결방법 (경쟁형태) 1. 일반경쟁 2. 제한경쟁 3. 지명경쟁 4. 수의계약 5. 법정위탁 6. 기타 ( ) 7. 해당없음	입찰방식 계약기간 1. 1년 2. 2년 3. 3년 4. 4년 5. 5년 6. 기타 ( )년 7. 단기계약 (1년미만) 8. 해당없음	입찰방식 낙찰자선정방법 1. 적격심사 2. 협상에의한계약 3. 최저가낙찰제 4. 규격가격분리 5. 2단계 경쟁입찰 6. 기타 ( ) 7. 해당없음	운영예산 산정 운영예산 산정 1. 내부산정 (지자체 자체적으로 산정) 2. 외부산정 (외부전문기관위탁 산정) 3. 내·외부 모두 산정 4. 산정 無 5. 해당없음	운영예산 산정 정산방법 1. 내부정산 (지자체 내부적으로 정산) 2. 외부정산 (외부전문기관위탁 정산) 3. 내·외부 모두 산정 4. 정산 無 5. 해당없음	성과평가 실시여부 1. 실시 2. 미실시 3. 향후 추진 4. 해당없음
5264	경북 경주시	신재생에너지 융복합지원사업	2,027,805	경제정책과	9	2, 6	7	8	7	5	5	4
5265	경북 경주시	신재생에너지 주택지원사업	206,000	경제정책과	9	6	7	8	7	5	5	4
5266	경북 경주시	신재생에너지 건물지원사업	110,000	경제정책과	9	6	7	8	7	5	5	4
5267	경북 경주시	복지시설 에너지절약사업	39,200	경제정책과	9	6	7	8	7	5	5	4
5268	경북 경주시	승강기 에너지절약설비 설치지원	50,000	경제정책과	9	6	7	8	7	5	5	4
5269	경북 경주시	신재생에너지 모니터링시스템 설치	16,500	경제정책과	9	6	7	8	7	5	5	4
5270	경북 경주시	농촌여성 생산성 향상 장비지원	21,700	농업진흥과	9	6	7	8	7	1	1	1
5271	경북 경주시	청년농업인 자립기반구축 지원	160,000	농업진흥과	9	6	1	1	3	1	1	1
5272	경북 경주시	귀농인 주택 수리비 지원	30,000	농업진흥과	9	2	7	8	7	1	1	1
5273	경북 경주시	품목농업인연구회 고품질생산기반조성	49,000	농업진흥과	9	6	7	8	7	1	1	1
5274	경북 경주시	농촌치유자원 상품화 시범	100,000	농업진흥과	9	2	7	8	7	1	1	1
5275	경북 경주시	감포1리 마을 구회관 보수 및 리모델링	20,392	원자력정책과	9	1	7	8	7	5	3	4
5276	경북 경주시	감포3리 마을회관보수 및 기자재 구입	27,288	원자력정책과	9	1	7	8	7	5	3	4
5277	경북 경주시	감포4리 소규모시설 정비	23,011	원자력정책과	9	1	7	8	7	5	3	4
5278	경북 경주시	오류1리 마을회관 보수	16,146	원자력정책과	9	1	7	8	7	5	3	4
5279	경북 경주시	오류2리 마을쉼터 조성 및 설치	25,076	원자력정책과	9	1	7	8	7	5	3	4
5280	경북 경주시	오류3리 마을회관 리모델링 및 기자재구입	26,046	원자력정책과	9	1	7	8	7	5	3	4
5281	경북 경주시	오류4리 모곡 경로당 정비	29,132	원자력정책과	9	1	7	8	7	5	3	4
5282	경북 경주시	전촌1리 마을회관 유지 보수	16,881	원자력정책과	9	1	7	8	7	5	3	4
5283	경북 경주시	노동리 경로당 및 마을회관.쉼터보수	24,213	원자력정책과	9	1	7	8	7	5	3	4
5284	경북 경주시	대본1리 마을상수도 노후관교체 및 정비	52,623	원자력정책과	9	1	7	8	7	5	3	4
5285	경북 경주시	대본3리 경로당 리모델링 및 마을 소규모편익사업	51,532	원자력정책과	9	1	7	8	7	5	3	4
5286	경북 경주시	어일1리 주거환경개선사업	69,119	원자력정책과	9	1	7	8	7	5	3	4
5287	경북 경주시	어일2리 상수도보수	78,994	원자력정책과	9	1	7	8	7	5	3	4
5288	경북 경주시	안동2리 안산마을 상수도 정비	34,660	원자력정책과	9	1	7	8	7	5	3	4
5289	경북 경주시	장항1리 마을회관 건립	38,192	원자력정책과	9	1	7	8	7	5	3	4
5290	경북 경주시	두산리 경로당 보수	10,000	원자력정책과	9	1	7	8	7	5	3	4
5291	경북 경주시	두산리 마을쉼터 건립	7,588	원자력정책과	9	1	7	8	7	5	3	4
5292	경북 경주시	구길리 복지회관 보수	48,605	원자력정책과	9	1	7	8	7	5	3	4
5293	경북 경주시	용당리 원당마을회관 보수	12,900	원자력정책과	9	1	7	8	7	5	3	4
5294	경북 경주시	나산리 마을간이상수도 관로 보수 및 교체	70,000	원자력정책과	9	1	7	8	7	5	3	4
5295	경북 경주시	나아리 마을 정비 및 복지시설 비품 및 집기구입	99,000	원자력정책과	9	1	7	8	7	5	3	4
5296	경북 경주시	상계리 쉼터 조성	30,000	원자력정책과	9	1	7	8	7	5	3	4
5297	경북 경주시	서동리 마을안길 정비	30,000	원자력정책과	9	1	7	8	7	5	3	4
5298	경북 경주시	석촌리 마을상수도 관로 보수 및 교체	35,000	원자력정책과	9	1	7	8	7	5	3	4
5299	경북 경주시	수렴1리 마을 공동건물 매입	28,300	원자력정책과	9	1	7	8	7	5	3	4
5300	경북 경주시	읍천1리 체육시설 설치	75,000	원자력정책과	9	1	7	8	7	5	3	4
5301	경북 경주시	하서1리 마을회관 보수	50,000	원자력정책과	9	1	7	8	7	5	3	4
5302	경북 경주시	환서2리 마을 소회의실 건립	40,000	원자력정책과	9	1	7	8	7	5	3	4
5303	경북 경주시	감포5리 마을회관 및 원룸정비	15,800	원자력정책과	9	1	7	8	7	5	3	4
5304	경북 경주시	호동리 너범마을 창조적마을조성	23,115	원자력정책과	9	1	7	8	7	5	3	4
5305	경북 경주시	나정1리 마을창고 신축	13,203	원자력정책과	9	1	7	8	7	5	3	4
5306	경북 경주시	나정2리 마을회관 태양광 설치	11,978	원자력정책과	9	1	7	8	7	5	3	4
5307	경북 경주시	대본2리 마을공동 창고 건립	49,872	원자력정책과	9	1	7	8	7	5	3	4
5308	경북 경주시	용동2리 마을건물보수 및 정비	51,690	원자력정책과	9	1	7	8	7	5	3	4

순번	시군구	지출명 (사업명)	2020년예산 (단위:천원/1년간)	담당자 (공무원) 담당부서	민간이전 분류 (지방자치단체 세출예산 집행기준에 의거) 1. 민간경상사업보조(1) 2. 민간단체 법정운영비보조(2) 3. 민간행사사업보조(3) 4. 민간위탁금(4) 5. 사회복지시설 법정운영비보조(5) 6. 민간인위탁교육비(6) 7. 공기관등에대한경상적대행사업비(7) 8. 민간자본사업보조,자체재원(8) 9. 민간자본사업보조,이전재원(9) 10. 민간위탁사업비(10) 11. 공기관등에 대한 자본적 대행사업비(11)	민간이전지출 근거 (지방보조금 관리기준 참고) 1. 법률에 규정 2. 국고보조 재원(국가지정) 3. 용도 지정 기부금 4. 조례에 직접규정 5. 지자체가 권장하는 사업을 하는 공공기관 6. 시,도 정책 및 재정사정 7. 기타 8. 해당없음	입찰방식 계약체결방법 (경쟁형태) 1. 일반경쟁 2. 제한경쟁 3. 지명경쟁 4. 수의계약 5. 법정위탁 6. 기타 ( ) 7. 해당없음	계약기간 1. 1년 2. 2년 3. 3년 4. 4년 5. 5년 6. 기타 ( )년 7. 단기계약 (1년미만) 8. 해당없음	낙찰자선정방법 1. 적격심사 2. 협상에의한계약 3. 최저가낙찰제 4. 규격가격분리 5. 2단계 경쟁입찰 6. 기타 ( ) 7. 해당없음	운영예산 산정 운영예산 산정 1. 내부산정 (지자체 자체적으로 산정) 2. 외부산정 (외부전문기관위탁 산정) 3. 내·외부 모두 산정 4. 산정 無 5. 해당없음	정산방법 1. 내부정산 (지자체 내부적으로 정산) 2. 외부정산 (외부전문기관위탁 정산) 3. 내·외부 모두 산정 4. 정산 無 5. 해당없음	성과평가 실시여부 1. 실시 2. 미실시 3. 향후 추진 4. 해당없음
5309	경북 경주시	안동1리 마을창고 건립 및 건조기 구입	33,094	원자력정책과	9	1	7	8	7	5	3	4
5310	경북 경주시	호암리 마을상가 보수	38,067	원자력정책과	9	1	7	8	7	5	3	4
5311	경북 경주시	장항2리 복지회관 보수	48,915	원자력정책과	9	1	7	8	7	5	3	4
5312	경북 경주시	입천리 태양광발전사업	49,710	원자력정책과	9	1	7	8	7	5	3	4
5313	경북 경주시	송전1리 태양광발전사업	16,407	원자력정책과	9	1	7	8	7	5	3	4
5314	경북 경주시	송전2리 버섯재배사 건립	39,308	원자력정책과	9	1	7	8	7	5	3	4
5315	경북 경주시	용당리 도장골 마을창고 건립	13,860	원자력정책과	9	1	7	8	7	5	3	4
5316	경북 경주시	봉길리 마을회관 보수	66,815	원자력정책과	9	1	7	8	7	5	3	4
5317	경북 경주시	기구리 마을농수로 보수	40,000	원자력정책과	9	1	7	8	7	5	3	4
5318	경북 경주시	수렴1리 마을카페 비품 및 집기구입	11,700	원자력정책과	9	1	7	8	7	5	3	4
5319	경북 경주시	수렴2리 마을담장 미화사업	40,000	원자력정책과	9	1	7	8	7	5	3	4
5320	경북 경주시	하서2리 장갑공장 차량구입 및 부대시설 설치	40,000	원자력정책과	9	1	7	8	7	5	3	4
5321	경북 경주시	하서3리 해돋는 주상절리 참기름 제조사업	45,000	원자력정책과	9	1	7	8	7	5	3	4
5322	경북 경주시	하서4리 민박건립	40,000	원자력정책과	9	1	7	8	7	5	3	4
5323	경북 경주시	어린이집환경개선비지원	114,000	장애인여성복지과	9	6	7	8	7	5	1	4
5324	경북 경주시	어린이집전자출결시스템장비비	77,100	장애인여성복지과	9	2	7	8	7	5	1	4
5325	경북 경주시	수산융복합산업화센터건립	640,000	해양수산과	9	2	7	8	7	5	5	4
5326	경북 경주시	지역특산수산물가공시설사업	120,000	해양수산과	9	6	7	8	7	5	5	4
5327	경북 김천시	착유장비 현대화 지원	50,000	축산과	9	4	7	8	7	1	1	3
5328	경북 김천시	착유용 무주유식 진공펌프 지원	37,500	축산과	9	4	7	8	7	1	1	3
5329	경북 김천시	젖소사료 자동급이기 지원	13,000	축산과	9	4	7	8	7	1	1	3
5330	경북 김천시	젖소 대형선풍기 지원	27,000	축산과	9	4	7	8	7	1	1	3
5331	경북 김천시	원유냉각기 지원	15,000	축산과	9	4	7	8	7	1	1	3
5332	경북 김천시	이유자돈 생산성제고장비 지원	25,500	축산과	9	4	7	8	7	1	1	3
5333	경북 김천시	양계 자동급수장치 및 투약기 지원	28,000	축산과	9	4	7	8	7	1	1	3
5334	경북 김천시	자동채밀기 지원	8,800	축산과	9	4	7	8	7	1	1	3
5335	경북 김천시	양봉산물 저온저장고 지원	12,000	축산과	9	4	7	8	7	1	1	3
5336	경북 김천시	축산농가 환경개선장비 지원	150,000	축산과	9	4	7	8	7	1	1	3
5337	경북 김천시	한우 사료자동급이기 지원	50,000	축산과	9	4	7	8	7	1	1	3
5338	경북 김천시	IOT기반 축우관리시스템 지원	45,000	축산과	9	4	7	8	7	1	1	3
5339	경북 김천시	염소 사료급이기 및 급수기 지원	7,500	축산과	9	4	7	8	7	1	1	3
5340	경북 김천시	축사관리용 CCTV 지원	14,000	축산과	9	4	7	8	7	1	1	3
5341	경북 김천시	축사전기 관리시설 지원	15,000	축산과	9	4	7	8	7	1	1	3
5342	경북 김천시	축사 단열처리 지원	20,000	축산과	9	4	7	8	7	1	1	3
5343	경북 김천시	제빙기 지원	6,000	축산과	9	4	7	8	7	1	1	3
5344	경북 김천시	안개분무시설 지원	40,000	축산과	9	4	7	8	7	1	1	3
5345	경북 김천시	쿨링패드 및 스프링클러 지원	5,000	축산과	9	4	7	8	7	1	1	3
5346	경북 김천시	소독시설지원사업	77,000	축산과	9	4	7	8	7	1	1	3
5347	경북 김천시	가금농가 CCTV등 방역인프라설치 지원	60,000	축산과	9	4	7	8	7	1	1	3
5348	경북 김천시	조사료생산장비 지원	48,000	축산과	9	4	7	8	7	1	1	3
5349	경북 김천시	가축분뇨 퇴액비화 지원	45,100	축산과	9	4	7	8	7	1	1	3
5350	경북 김천시	계란차량지원사업	75,000	축산과	9	4	7	8	7	1	1	3
5351	경북 김천시	깨끗한축산환경지원	270,000	축산과	9	4	7	8	7	1	1	3
5352	경북 김천시	고품질액비생산시설지원	120,000	축산과	9	4	7	8	7	1	1	3
5353	경북 김천시	LPG소형저장탱크보급사업	798,855	일자리경제과	9	7	7	8	7	1	1	4

순번	시군구	지출명 (사업명)	2020년예산 (단위:천원/1년간)	담당자 (공무원) 담당부서	민간이전 분류 (지방자치단체 세출예산 집행기준에 의거) 1. 민간경상사업보조(1) 2. 민간단체 법정운영비보조(2) 3. 민간행사사업보조(3) 4. 민간위탁금(4) 5. 사회복지시설 법정운영비보조(5) 6. 민간인위탁교육비(6) 7. 공기관등에대한경상적대행사업비(7) 8. 민간자본사업보조,자체재원(8) 9. 민간자본사업보조,이전재원(9) 10. 민간위탁사업비(10) 11. 공기관등에 대한 자본적 대행사업비(11)	민간이전지출 근거 (지방보조금 관리기준 참고) 1. 법률에 규정 2. 국고보조 재원(국가지정) 3. 용도 지정 기부금 4. 조례에 직접규정 5. 지자체가 권장하는 사업을 하는 공공기관 6. 시,도 정책 및 재정사정 7. 기타 8. 해당없음	입찰방식 계약체결방법 (경쟁형태) 1. 일반경쟁 2. 제한경쟁 3. 지명경쟁 4. 수의계약 5. 법정위탁 6. 기타 ( ) 7. 해당없음	입찰방식 계약기간 1. 1년 2. 2년 3. 3년 4. 4년 5. 5년 6. 기타 ( )년 7. 단기계약 (1년미만) 8. 해당없음	입찰방식 낙찰자선정방법 1. 적격심사 2. 협상에의한계약 3. 최저가낙찰제 4. 규격가격분리 5. 2단계 경쟁입찰 6. 기타 ( ) 7. 해당없음	운영예산 산정 운영예산 산정 1. 내부산정 (지자체 자체적으로 산정) 2. 외부산정 (외부전문기관위탁 산정) 3. 내·외부 모두 산정 4. 산정 無 5. 해당없음	운영예산 산정 정산방법 1. 내부정산 (지자체 내부적으로 정산) 2. 외부정산 (외부전문기관위탁 정산) 3. 내·외부 모두 산정 4. 정산 無 5. 해당없음	성과평가 실시여부 1. 실시 2. 미실시 3. 향후 추진 4. 해당없음
5354	경북 김천시	마을회관 다목적태양열시스템 보급사업	682,000	일자리경제과	9	7	7	8	7	1	1	4
5355	경북 김천시	신재생에너지 주택지원사업	140,000	일자리경제과	9	7	7	8	7	1	1	4
5356	경북 김천시	복지시설 신재생에너지융복합지원사업	21,000	일자리경제과	9	7	7	8	7	1	1	4
5357	경북 김천시	승강기에너지절약설비지원사업	75,000	일자리경제과	9	7	7	8	7	5	5	4
5358	경북 김천시	신재생에너지모니터링시스템설치	26,000	일자리경제과	9	7	7	8	7	5	5	4
5359	경북 김천시	어린이집전자출결시스템장비비	47,420	가족행복과	9	2	7	8	7	1	1	1
5360	경북 김천시	어린이집 기능보강	33,000	가족행복과	9	2	7	8	7	1	1	1
5361	경북 김천시	지방투자촉진보조금지원사업	3,222,111	투자유치과	9	1	7	8	7	5	5	4
5362	경북 김천시	포도신품종수출전문단지조성	1,200,000	기술지원과	9	1	7	8	7	5	5	4
5363	경북 김천시	샤인머스켓 무가온촉성재배단지 조성	1,300,000	기술지원과	9	1	7	8	7	5	5	4
5364	경북 김천시	화훼 국내육성품종 보급 시범	60,000	기술지원과	9	2	7	8	7	5	5	4
5365	경북 김천시	유망 아열대작목 재배시범	210,000	기술지원과	9	1	7	8	7	5	5	4
5366	경북 김천시	버섯파리 친환경 방제기술	4,900	기술지원과	9	1	7	8	7	5	5	4
5367	경북 김천시	플라즈마 기술 이용 농산물 신선 저장	7,000	기술지원과	9	1	7	8	7	5	5	4
5368	경북 김천시	수경재배 배지함수율 관리기술 적용	16,000	기술지원과	9	1	7	8	7	5	5	4
5369	경북 김천시	우수품종 전문 육묘장 및 화아분화 검경센터	128,000	기술지원과	9	1	7	8	7	5	5	4
5370	경북 김천시	강소농 자율모임체 모델화 시범	16,000	농촌지도과	9	2	7	8	7	5	5	4
5371	경북 김천시	농촌교육농장 육성	50,000	농촌지도과	9	6	7	8	7	5	5	4
5372	경북 김천시	야생동물피해예방시설	180,000	환경위생과	9	1	7	8	7	5	5	4
5373	경북 김천시	천연가스자동차보급	60,000	환경위생과	9	2	7	8	7	5	5	4
5374	경북 김천시	천연가스자동차 연료비 지원	60,000	환경위생과	9	2	7	8	7	5	5	4
5375	경북 김천시	어린이통학차량 LPG 전환 지원	200,000	환경위생과	9	2	7	8	7	5	5	4
5376	경북 김천시	가정용 저녹스보일러 보급사업	22,500	환경위생과	9	2	7	8	7	5	5	4
5377	경북 김천시	운행경유차배출가스저감사업	471,922	환경위생과	9	2	7	8	7	5	5	4
5378	경북 김천시	전기자동차 보급사업	1,400,000	환경위생과	9	2	7	8	7	1	1	4
5379	경북 김천시	학교급식지원센터 수송차량 지원	54,600	농식품유통과	9	6	7	8	7	1	1	4
5380	경북 김천시	농산물 상품화 및 위생시설 지원	250,000	농식품유통과	9	4	7	8	7	5	5	1
5381	경북 김천시	신선농산물수출경쟁력제고	150,000	농식품유통과	9	1	7	8	7	1	1	3
5382	경북 김천시	신선농산물예비수출단지육성	75,000	농식품유통과	9	1	7	8	7	1	1	3
5383	경북 김천시	농식품수출프런티어기업육성	60,000	농식품유통과	9	1	7	8	7	1	1	3
5384	경북 김천시	경북서남부노인보호전문기관상설교육장 설치	152,000	사회복지과	9	6	7	8	7	1	1	4
5385	경북 김천시	노인복지시설기능보강사업	59,740	사회복지과	9	2	7	8	7	5	5	4
5386	경북 김천시	김천시 하수관거정비 임대형 민자사업	7,068	상하수도과	9	2	2	6(20)	4	2	2	1
5387	경북 구미시	도시가스 미공급지역 지원사업	30,000	신산업정책과	9	8	7	8	7	5	5	4
5388	경북 구미시	농어촌 마을단위 LPG소형저장탱크 보급사업	968,384	신산업정책과	9	8	7	8	7	5	5	4
5389	경북 구미시	신재생에너지 주택지원사업	173,000	신산업정책과	9	8	7	8	7	5	5	4
5390	경북 구미시	신재생에너지 건물지원사업	84,000	신산업정책과	9	8	7	8	7	5	5	4
5391	경북 구미시	신재생에너지 모니터링시스템 설치	16,000	신산업정책과	9	8	7	8	7	5	5	4
5392	경북 구미시	복지시설 고효율 냉난방기 교체사업	22,800	신산업정책과	9	8	7	8	7	5	5	4
5393	경북 구미시	조성수상태양광발전소 주변지역 지원사업	900,000	신산업정책과	9	8	7	8	7	5	5	4
5394	경북 구미시	향토뿌리기업환경정비지원사업	10,000	기업지원과	9	8	7	8	7	5	5	4
5395	경북 구미시	대웅전 내부단청 기록화 및 보존처리 사업	250,000	문화예술과	9	8	7	8	7	5	5	4
5396	경북 구미시	구미 원각사 보수정비사업	200,000	문화예술과	9	8	7	8	7	5	5	4
5397	경북 구미시	구미 수다사 보수정비사업	160,000	문화예술과	9	8	7	8	7	5	5	4
5398	경북 구미시	학교급식지원센터 수송차량 지원	10,920	교육지원과	9	8	7	8	7	5	5	4

순번	시군구	지출명 (사업명)	2020년예산 (단위:천원/1년간)	담당자 (공무원) 담당부서	민간이전 분류 (지방자치단체 세출예산 집행기준에 의거) 1. 민간경상사업보조(1) 2. 민간단체 법정운영비보조(2) 3. 민간행사사업보조(3) 4. 민간위탁금(4) 5. 사회복지시설 법정운영비보조(5) 6. 민간인위탁교육비(6) 7. 공기관등에대한경상적대행사업비(7) 8. 민간자본사업보조,자체재원(8) 9. 민간자본사업보조,이전재원(9) 10. 민간위탁사업비(10) 11. 공기관등에 대한 자본적 대행사업비(11)	민간이전지출 근거 (지방보조금 관리기준 참고) 1. 법률에 규정 2. 국고보조 재원(국가지정) 3. 용도 지정 기부금 4. 조례에 직접규정 5. 지자체가 권장하는 사업을 하는 공공기관 6. 시,도 정책 및 재정사정 7. 기타 8. 해당없음	입찰방식 계약체결방법 (경쟁형태) 1. 일반경쟁 2. 제한경쟁 3. 지명경쟁 4. 수의계약 5. 법정위탁 6. 기타 ( ) 7. 해당없음	입찰방식 계약기간 1. 1년 2. 2년 3. 3년 4. 4년 5. 5년 6. 기타 ( )년 7. 단기계약 (1년미만) 8. 해당없음	입찰방식 낙찰자선정방법 1. 적격심사 2. 협상에의한계약 3. 최저가낙찰제 4. 규격가격분리 5. 2단계 경쟁입찰 6. 기타 ( ) 7. 해당없음	운영예산 산정 운영예산 산정 1. 내부산정 (지자체 자체적으로 산정) 2. 외부산정 (외부전문기관위탁 산정) 3. 내·외부 모두 산정 4. 산정 無 5. 해당없음	운영예산 산정 정산방법 1. 내부정산 (지자체 내부적으로 정산) 2. 외부정산 (외부전문기관위탁 정산) 3. 내·외부 모두 산정 4. 정산 無 5. 해당없음	성과평가 실시여부 1. 실시 2. 미실시 3. 향후 추진 4. 해당없음
5399	경북 구미시	마을기업육성사업	25,000	새마을과	9	8	7	8	7	5	5	4
5400	경북 구미시	장애인보호작업장 개보수 기능보강	19,000	노인장애인과	9	8	7	8	7	5	5	4
5401	경북 구미시	장애인보호작업장 장비 기능보강	36,000	노인장애인과	9	8	7	8	7	5	5	4
5402	경북 구미시	노인복지시설기능보강	98,044	노인장애인과	9	8	7	8	7	5	5	4
5403	경북 구미시	한부모가족복지시설기능보강	3,200,000	아동보육과	9	8	7	8	7	5	5	4
5404	경북 구미시	폭력피해이주여성보호시설안전보강비	10,000	아동보육과	9	8	7	8	7	5	5	4
5405	경북 구미시	어린이집 기능보강	90,000	아동보육과	9	8	7	8	7	5	5	4
5406	경북 구미시	국공립어린이집 공동주택 리모델링	220,000	아동보육과	9	8	7	8	7	5	5	4
5407	경북 구미시	국공립어린이집 기자재비	30,000	아동보육과	9	8	7	8	7	5	5	4
5408	경북 구미시	어린이집전자출결시스템장비비	201,330	아동보육과	9	8	7	8	7	5	5	4
5409	경북 구미시	농어촌장애인주택개조지원사업	15,200	공동주택과	9	8	7	8	7	5	5	4
5410	경북 구미시	천연가스자동차	156,000	환경보전과	9	8	7	8	7	5	5	4
5411	경북 구미시	전기자동차	7,920	환경보전과	9	8	7	8	7	5	5	4
5412	경북 구미시	전기이륜차	230,000	환경보전과	9	8	7	8	7	5	5	4
5413	경북 구미시	어린이통학차량 LPG차 전환지원	200,000	환경보전과	9	8	7	8	7	5	5	4
5414	경북 구미시	저녹스버너 설치지원사업	152,900	환경보전과	9	8	7	8	7	5	5	4
5415	경북 구미시	민간급속충전기 설치지원	50,000	환경보전과	9	8	7	8	7	5	5	4
5416	경북 구미시	노후1톤화물차량LPG차전환 지원사업	400,000	환경보전과	9	8	7	8	7	5	5	4
5417	경북 구미시	PM-NOx동시저감장치 부착사업	150,000	환경보전과	9	8	7	8	7	5	5	4
5418	경북 구미시	저감장치(DPF)부착	241,991	환경보전과	9	8	7	8	7	5	5	4
5419	경북 구미시	건설기계저감장치(DPF)부착	110,000	환경보전과	9	8	7	8	7	5	5	4
5420	경북 구미시	건설기계엔진교체	49,500	환경보전과	9	8	7	8	7	5	5	4
5421	경북 구미시	소규모영세사업장방지시설지원	4,140,000	환경보전과	9	8	7	8	7	5	5	4
5422	경북 구미시	가정용 저녹스 보일러 보급사업	27,500	환경보전과	9	8	7	8	7	5	5	4
5423	경북 구미시	주유소 유증기 회수설비 설치지원	86,700	환경보전과	9	8	7	8	7	5	5	4
5424	경북 구미시	폐수사업장시설개선지원	150,000	환경보전과	9	8	7	8	7	5	5	4
5425	경북 구미시	야생동물 피해예방사업	54,000	환경보전과	9	8	7	8	7	5	5	4
5426	경북 구미시	택시 음주측정기 구입지원	5,250	대중교통과	9	8	7	8	7	5	5	4
5427	경북 구미시	전세버스 음주측정기 구입지원	22,750	대중교통과	9	8	7	8	7	5	5	4
5428	경북 구미시	여객터미널 환경개선사업지원	128,700	대중교통과	9	8	7	8	7	5	5	4
5429	경북 구미시	여성농업인농작업편의장비지원	10,000	농정과	9	8	7	8	7	5	5	4
5430	경북 구미시	결혼이민자농가 소득증진지원	8,000	농정과	9	8	7	8	7	5	5	4
5431	경북 구미시	농업계고졸업생창업비용지원	20,000	농정과	9	8	7	8	7	5	5	4
5432	경북 구미시	가업승계우수농업인정착지원	70,000	농정과	9	8	7	8	7	5	5	4
5433	경북 구미시	농촌체험마을운영활성화기반구축지원	90,000	농정과	9	8	7	8	7	5	5	4
5434	경북 구미시	농촌체험관광스마트설비구축지원	1,800,000	농정과	9	8	7	8	7	5	5	4
5435	경북 구미시	농촌마을공동급식시설지원	16,000	농정과	9	8	7	8	7	5	5	4
5436	경북 구미시	벼육묘공장 상토 지원	10,000	농정과	9	8	7	8	7	5	5	4
5437	경북 구미시	벼육묘공장설치	63,000	농정과	9	8	7	8	7	5	5	4
5438	경북 구미시	벼육묘공장(소형)개보수사업	7,500	농정과	9	8	7	8	7	5	5	4
5439	경북 구미시	벼육묘공장(대형)개보수사업	15,000	농정과	9	8	7	8	7	5	5	4
5440	경북 구미시	소형녹화장 지원	27,500	농정과	9	8	7	8	7	5	5	4
5441	경북 구미시	대형녹화장 지원	10,000	농정과	9	8	7	8	7	5	5	4
5442	경북 구미시	친환경농법종합지원	30,000	농정과	9	8	7	8	7	5	5	4
5443	경북 구미시	밭작물(폭염)가뭄피해 예방사업	41,433	농정과	9	8	7	8	7	5	5	4

순번	시군구	지출명 (사업명)	2020년예산 (단위:천원/1년간)	담당자 (공무원) 담당부서	민간이전 분류 (지방자치단체 세출예산 집행기준에 의거) 1. 민간경상사업보조(1) 2. 민간단체 법정운영비보조(2) 3. 민간행사사업보조(3) 4. 민간위탁금(4) 5. 사회복지시설 법정운영비보조(5) 6. 민간인위탁교육비(6) 7. 공기관등에대한경상적대행사업비(7) 8. 민간자본사업보조,자체재원(8) 9. 민간자본사업보조,이전재원(9) 10. 민간위탁사업비(10) 11. 공기관등에 대한 자본적 대행사업비(11)	민간이전지출 근거 (지방보조금 관리기준 참고) 1. 법률에 규정 2. 국고보조 재원(국가지정) 3. 용도 지정 기부금 4. 조례에 직접규정 5. 지자체가 권장하는 사업을 하는 공공기관 6. 시,도 정책 및 재정사정 7. 기타 8. 해당없음	입찰방식 계약체결방법 (경쟁형태) 1. 일반경쟁 2. 제한경쟁 3. 지명경쟁 4. 수의계약 5. 법정위탁 6. 기타 ( ) 7. 해당없음	입찰방식 계약기간 1. 1년 2. 2년 3. 3년 4. 4년 5. 5년 6. 기타 ( )년 7. 단기계약 (1년미만) 8. 해당없음	입찰방식 낙찰자선정방법 1. 적격심사 2. 협상에의한계약 3. 최저가낙찰제 4. 규격가격분리 5. 2단계 경쟁입찰 6. 기타 ( ) 7. 해당없음	운영예산 산정 운영예산 산정 1. 내부산정 (지자체 자체적으로 산정) 2. 외부산정 (외부전문기관위탁 산정) 3. 내·외부 모두 산정 4. 산정 無 5. 해당없음	운영예산 산정 정산방법 1. 내부정산 (지자체 내부적으로 정산) 2. 외부정산 (외부전문기관위탁 정산) 3. 내·외부 모두 산정 4. 정산 無 5. 해당없음	성과평가 실시여부 1. 실시 2. 미실시 3. 향후 추진 4. 해당없음
5444	경북 구미시	벼육묘공장설치	140,000	농정과	9	8	7	8	7	5	5	4
5445	경북 구미시	특수미 생산가공유통기반 구축사업	14,000	농정과	9	8	7	8	7	5	5	4
5446	경북 구미시	벼육묘상처리제 지원	6,750	농정과	9	8	7	8	7	5	5	4
5447	경북 구미시	토양개량제 지원	552,274	농정과	9	8	7	8	7	5	5	4
5448	경북 구미시	유기질비료 지원	1,136,000	농정과	9	8	7	8	7	5	5	4
5449	경북 구미시	중소형 농업기계 구입 지원	280,000	농정과	9	8	7	8	7	5	5	4
5450	경북 구미시	벼재배생력화장비 지원	60,000	농정과	9	8	7	8	7	5	5	4
5451	경북 구미시	밭식량작물 다목적농업기계 지원	40,000	농정과	9	8	7	8	7	5	5	4
5452	경북 구미시	대규모재배농가대형농기계지원	320,000	농정과	9	8	7	8	7	5	5	4
5453	경북 구미시	유기농업자재지원사업	764,000	농정과	9	8	7	8	7	5	5	4
5454	경북 구미시	농작물피해방지 포획기 지원	1,160,000	농정과	9	8	7	8	7	5	5	4
5455	경북 구미시	유해야생동물포획시설지원	3,960,000	농정과	9	8	7	8	7	5	5	4
5456	경북 구미시	친환경퇴비생산시설 현대화 사업	200,000	농정과	9	8	7	8	7	5	5	4
5457	경북 구미시	대형저울	8,000	농정과	9	8	7	8	7	5	5	4
5458	경북 구미시	벼건조저장시설 지원	120,000	농정과	9	8	7	8	7	5	5	4
5459	경북 구미시	원예소득작목육성지원사업	1,224,000	농정과	9	8	7	8	7	5	5	4
5460	경북 구미시	민속채소양채류육성지원사업	17,000	농정과	9	8	7	8	7	5	5	4
5461	경북 구미시	인삼,생약산업육성지원	65,000	농정과	9	8	7	8	7	5	5	4
5462	경북 구미시	승용예초기,다목적리프트기	4,500	농정과	9	8	7	8	7	5	5	4
5463	경북 구미시	과수전용방제기(승용SS)	5,000	농정과	9	8	7	8	7	5	5	4
5464	경북 구미시	FTA대응대체과수명품화사업	20,000	농정과	9	8	7	8	7	5	5	4
5465	경북 구미시	친환경사과적화제	140,000	농정과	9	8	7	8	7	5	5	4
5466	경북 구미시	당도측정기	3,300,000	농정과	9	8	7	8	7	5	5	4
5467	경북 구미시	농업용수처리기	3,500,000	농정과	9	8	7	8	7	5	5	4
5468	경북 구미시	장기저장제	6,600	농정과	9	8	7	8	7	5	5	4
5469	경북 구미시	신선도유지기	2,500,000	농정과	9	8	7	8	7	5	5	4
5470	경북 구미시	농가형저온저장고설치	10,000	농정과	9	8	7	8	7	5	5	4
5471	경북 구미시	화훼생산시설경쟁력제고사업	20,000	농정과	9	8	7	8	7	5	5	4
5472	경북 구미시	한우농가 사료자동급이기 지원	50,000	축산과	9	8	7	8	7	5	5	4
5473	경북 구미시	축사전기관리용시설 지원	7,500	축산과	9	8	7	8	7	5	5	4
5474	경북 구미시	안개분무시설지원	40,000	축산과	9	8	7	8	7	5	5	4
5475	경북 구미시	축사단열처리지원	60,000	축산과	9	8	7	8	7	5	5	4
5476	경북 구미시	계란난좌 지원	2,000,000	축산과	9	8	7	8	7	5	5	4
5477	경북 구미시	양계음수처리및투약기지원	4,000,000	축산과	9	8	7	8	7	5	5	4
5478	경북 구미시	축사관리용 CCTV 지원	25,000	축산과	9	8	7	8	7	5	5	4
5479	경북 구미시	한우스트레스완화강철브러쉬지원	8,750	축산과	9	8	7	8	7	5	5	4
5480	경북 구미시	젖소능력개량 사업	13,920	축산과	9	8	7	8	7	5	5	4
5481	경북 구미시	불량모돈갱신 사업	30,000	축산과	9	8	7	8	7	5	5	4
5482	경북 구미시	젖소 개체 관리시스템 지원	27,000	축산과	9	8	7	8	7	5	5	4
5483	경북 구미시	한우지도관리비 지원	28,800	축산과	9	8	7	8	7	5	5	4
5484	경북 구미시	한우 수정란이식사업	21,300	축산과	9	8	7	8	7	5	5	4
5485	경북 구미시	한우미네랄 블럭지원	11,000	축산과	9	8	7	8	7	5	5	4
5486	경북 구미시	축사환기시설 지원	16,500	축산과	9	8	7	8	7	5	5	4
5487	경북 구미시	조사료생산장비 지원	48,000	축산과	9	8	7	8	7	5	5	4
5488	경북 구미시	면역강화용 사료첨가제 지원	102,000	축산과	9	8	7	8	7	5	5	4

순번	시군구	지출명 (사업명)	2020년예산 (단위:천원/1년간)	담당자 (공무원) 담당부서	민간이전 분류 (지방자치단체 세출예산 집행기준에 의거) 1. 민간경상사업보조(1) 2. 민간단체 법정운영비보조(2) 3. 민간행사사업보조(3) 4. 민간위탁금(4) 5. 사회복지시설 법정운영비보조(5) 6. 민간인위탁교육비(6) 7. 공기관등에대한경상적대행사업비(7) 8. 민간자본사업보조,자체재원(8) 9. 민간자본사업보조,이전재원(9) 10. 민간위탁사업비(10) 11. 공기관등에 대한 자본적 대행사업비(11)	민간이전지출 근거 (지방보조금 관리기준 참고) 1. 법률에 규정 2. 국고보조 재원(국가지정) 3. 용도 지정 기부금 4. 조례에 직접규정 5. 지자체가 권장하는 사업을 하는 공공기관 6. 시,도 정책 및 재정사정 7. 기타 8. 해당없음	입찰방식 계약체결방법 (경쟁형태) 1. 일반경쟁 2. 제한경쟁 3. 지명경쟁 4. 수의계약 5. 법정위탁 6. 기타 ( ) 7. 해당없음	입찰방식 계약기간 1. 1년 2. 2년 3. 3년 4. 4년 5. 5년 6. 기타 ( )년 7. 단기계약 (1년미만) 8. 해당없음	입찰방식 낙찰자선정방법 1. 적격심사 2. 협상에의한계약 3. 최저가낙찰제 4. 규격가격분리 5. 2단계 경쟁입찰 6. 기타 ( ) 7. 해당없음	운영예산 산정 운영예산 산정 1. 내부산정 (지자체 자체적으로 산정) 2. 외부산정 (외부전문기관위탁 산정) 3. 내·외부 모두 산정 4. 산정 無 5. 해당없음	운영예산 산정 정산방법 1. 내부정산 (지자체 내부적으로 정산) 2. 외부정산 (외부전문기관위탁 정산) 3. 내·외부 모두 산정 4. 정산 無 5. 해당없음	성과평가 실시여부 1. 실시 2. 미실시 3. 향후 추진 4. 해당없음
5489	경북 구미시	꿀벌화분 지원	63,600	축산과	9	8	7	8	7	5	5	4
5490	경북 구미시	자동채밀기 지원	13,200	축산과	9	8	7	8	7	5	5	4
5491	경북 구미시	양봉산물저온저장고 지원	18,000	축산과	9	8	7	8	7	5	5	4
5492	경북 구미시	토종벌 벌통지원	4,000,000	축산과	9	8	7	8	7	5	5	4
5493	경북 구미시	토종벌 보존사업	20,000	축산과	9	8	7	8	7	5	5	4
5494	경북 구미시	양봉벌통 지원	69,000	축산과	9	8	7	8	7	5	5	4
5495	경북 구미시	퇴·액비 지원	161,200	축산과	9	8	7	8	7	5	5	4
5496	경북 구미시	이유자돈 생산성제고장비 지원	42,500	축산과	9	8	7	8	7	5	5	4
5497	경북 구미시	자돈 폐사율감소 지원	6,600	축산과	9	8	7	8	7	5	5	4
5498	경북 구미시	양돈 분만위생개선제 지원	15,600	축산과	9	8	7	8	7	5	5	4
5499	경북 구미시	돼지액상 정액지원	13,500	축산과	9	8	7	8	7	5	5	4
5500	경북 구미시	친환경악취저감제지원	8,400	축산과	9	8	7	8	7	5	5	4
5501	경북 구미시	쿨링패드 및 스프링클러 지원	5,000	축산과	9	8	7	8	7	5	5	4
5502	경북 구미시	축산농가 환경개선장비 지원	150,000	축산과	9	8	7	8	7	5	5	4
5503	경북 구미시	고품질 액비생산시설 지원	60,000	축산과	9	8	7	8	7	5	5	4
5504	경북 구미시	육계사 깔짚 지원	13,750	축산과	9	8	7	8	7	5	5	4
5505	경북 구미시	액비유통전문조직체지원	160,000	축산과	9	8	7	8	7	5	5	4
5506	경북 구미시	가축분뇨액비살포비 지원	100,000	축산과	9	8	7	8	7	5	5	4
5507	경북 구미시	원유냉각기 지원	30,000	축산과	9	8	7	8	7	5	5	4
5508	경북 구미시	착유장비 현대화사업	125,000	축산과	9	8	7	8	7	5	5	4
5509	경북 구미시	착유용 무주유식 진공펌프 지원	45,000	축산과	9	8	7	8	7	5	5	4
5510	경북 구미시	젖소 더위방지용 대형선풍기 지원	15,000	축산과	9	8	7	8	7	5	5	4
5511	경북 구미시	젖소 사료자동급이기 지원	13,000	축산과	9	8	7	8	7	5	5	4
5512	경북 구미시	축산물 유통안전성제고사업	84,000	축산과	9	8	7	8	7	5	5	4
5513	경북 구미시	축산물HACCP컨설팅(농장)사업	18,200	축산과	9	8	7	8	7	5	5	4
5514	경북 구미시	축산분야HACCP인증비지원	2,247,000	축산과	9	8	7	8	7	5	5	4
5515	경북 구미시	중규모 소독시설 설치 지원사업	3,500,000	축산과	9	8	7	8	7	5	5	4
5516	경북 구미시	구제역백신접종 원거리자동주사기	15,120	축산과	9	8	7	8	7	5	5	4
5517	경북 구미시	가금농가 CCTV 등 방역인프라 설치 지원사업	24,000	축산과	9	8	7	8	7	5	5	4
5518	경북 구미시	내수면 양식장 기자재 공급	80,500	축산과	9	8	7	8	7	5	5	4
5519	경북 구미시	수산재해 대비 양식장 액화산소 지원	10,500	축산과	9	8	7	8	7	5	5	4
5520	경북 구미시	수산물처리저장시설지원	11,200	축산과	9	8	7	8	7	5	5	4
5521	경북 구미시	어업자원자율관리공동체 지원	54,000	축산과	9	8	7	8	7	5	5	4
5522	경북 구미시	주택용목재펠릿보일러보급	28,000	산림과	9	8	7	8	7	5	5	4
5523	경북 구미시	사회복지용목재펠릿보일러보급	4,000,000	산림과	9	8	7	8	7	5	5	4
5524	경북 구미시	임산물 택배비	6,297	산림과	9	8	7	8	7	5	5	4
5525	경북 구미시	임산물 소포장재	50,000	산림과	9	8	7	8	7	5	5	4
5526	경북 구미시	친환경 임산물재배관리	1,500,000	산림과	9	8	7	8	7	5	5	4
5527	경북 구미시	표고버섯 톱밥배지	99,833	산림과	9	8	7	8	7	5	5	4
5528	경북 구미시	임산물유통기반조성(박피기)	8,600	산림과	9	8	7	8	7	5	5	4
5529	경북 구미시	임산물생산기반조성(재배시설 보완)	50,000	산림과	9	8	7	8	7	5	5	4
5530	경북 구미시	밭작물 논재배 확대 암거배수시범	100,000	농업기술센터	9	8	7	8	7	5	5	4
5531	경북 구미시	유럽종포도 글로벌선도단지 조성기술 시범	190,000	농업기술센터	9	8	7	8	7	5	5	4
5532	경북 구미시	기후온난화 대응 새로운 소득과수 도입 시범	100,000	농업기술센터	9	8	7	8	7	5	5	4
5533	경북 구미시	버섯파리 친환경 방제 기술 시범	4,900	농업기술센터	9	8	7	8	7	5	5	4

순번	시군구	지출명 (사업명)	2020년예산 (단위:천원/1년간)	담당자 (공무원) 담당부서	민간이전 분류 (지방자치단체 세출예산 집행기준에 의거) 1. 민간경상사업보조(1) 2. 민간단체 법정운영비보조(2) 3. 민간행사사업보조(3) 4. 민간위탁금(4) 5. 사회복지시설 법정운영비보조(5) 6. 민간인위탁교육비(6) 7. 공기관등에대한경상적대행사업비(7) 8. 민간자본사업보조,자체재원(8) 9. 민간자본사업보조,이전재원(9) 10. 민간위탁사업비(10) 11. 공기관등에 대한 자본적 대행사업비(11)	민간이전지출 근거 (지방보조금 관리기준 참고) 1. 법률에 규정 2. 국고보조 재원(국가지정) 3. 용도 지정 기부금 4. 조례에 직접규정 5. 지자체가 권장하는 사업을 하는 공공기관 6. 시,도 정책 및 재정사정 7. 기타 8. 해당없음	입찰방식 계약체결방법 (경쟁형태) 1. 일반경쟁 2. 제한경쟁 3. 지명경쟁 4. 수의계약 5. 법정위탁 6. 기타 ( ) 7. 해당없음	계약기간 1. 1년 2. 2년 3. 3년 4. 4년 5. 5년 6. 기타 ( )년 7. 단기계약 (1년미만) 8. 해당없음	낙찰자선정방법 1. 적격심사 2. 협상에의한계약 3. 최저가낙찰제 4. 규격가격분리 5. 2단계 경쟁입찰 6. 기타 ( ) 7. 해당없음	운영예산 산정 운영예산 산정 1. 내부산정 (지자체 자체적으로 산정) 2. 외부산정 (외부전문기관위탁 산정) 3. 내·외부 모두 산정 4. 산정 無 5. 해당없음	정산방법 1. 내부정산 (지자체 내부적으로 정산) 2. 외부정산 (외부전문기관위탁 정산) 3. 내·외부 모두 산정 4. 정산 無 5. 해당없음	성과평가 실시여부 1. 실시 2. 미실시 3. 향후 추진 4. 해당없음
5534	경북 구미시	지역특화시범사업	96,000	농업기술센터	9	8	7	8	7	5	5	4
5535	경북 구미시	고품질포도생산스마트팜조성시범	42,000	농업기술센터	9	8	7	8	7	5	5	4
5536	경북 구미시	유망아열대작목재배시범	105,000	농업기술센터	9	8	7	8	7	5	5	4
5537	경북 구미시	플라즈마 기술 이용 농산물 신선저장 시범	7,000	농업기술센터	9	8	7	8	7	5	5	4
5538	경북 구미시	청년농업인 자립기반 구축사업	80,000	농업기술센터	9	8	7	8	7	5	5	4
5539	경북 구미시	병해충 무인방제등 노동력절감 장비지원	14,000	농업기술센터	9	8	7	8	7	5	5	4
5540	경북 구미시	농촌여성 생산성향상 장비지원	14,700	농업기술센터	9	8	7	8	7	5	5	4
5541	경북 구미시	작목별 맞춤형 안전관리 실천시범(HW)	40,000	농업기술센터	9	8	7	8	7	5	5	4
5542	경북 구미시	시설하우스농작업휴게시설보완시범	40,000	농업기술센터	9	8	7	8	7	5	5	4
5543	경북 상주시	지역아동센터 환경개선지원	67,341	가족복지과	9	2	7	8	7	5	1	4
5544	경북 상주시	어린이집 확충	220,000	가족복지과	9	2	5	8	7	1	1	4
5545	경북 상주시	어린이집 전자출결시스템 장비 지원	16,830	가족복지과	9	2	7	8	7	5	5	4
5546	경북 상주시	어린이집 환경개선	4,000,000	가족복지과	9	2	5	8	7	1	1	4
5547	경북 상주시	발전소 주변지역 지원사업	40,000	교통에너지과	9	7	5	1	7	1	1	1
5548	경북 상주시	신재생에너지(주택,건물)지원사업	730,300	교통에너지과	9	7	5	1	7	1	1	1
5549	경북 상주시	LPG 소형저장탱크 보급사업	481,405	교통에너지과	9	7	5	1	7	1	1	1
5550	경북 상주시	신재생에너지 모니터링 시스템 구축사업	27,000	교통에너지과	9	7	5	1	7	1	1	1
5551	경북 상주시	병해충 방제 등 노동력 절감장비 지원	17,500	농촌지원과	9	1	7	8	7	5	5	4
5552	경북 상주시	청년농업인 드론활용 병해충 방제단 운영 시범	160,000	농촌지원과	9	1	7	8	7	5	5	4
5553	경북 상주시	농촌여성 생산성향상 장비 지원	21,000	농촌지원과	9	1	7	8	7	5	5	4
5554	경북 상주시	시설하우스 농작업 휴게실 보완 시범	40,000	농촌지원과	9	1	7	8	7	5	5	4
5555	경북 상주시	농촌교육농장 육성지원	35,000	농촌지원과	9	1	7	8	7	5	5	4
5556	경북 상주시	인삼 고온피해 경감 종합기술 시범	60,000	기술보급과	9	1	7	8	7	5	5	4
5557	경북 상주시	고품질 꿀벌 화분 생산기술 시범	40,000	기술보급과	9	1	7	8	7	5	5	4
5558	경북 상주시	접목선인장 완효성 복합비료 담액재배 및 수출 시범	10,000	기술보급과	9	1	7	8	7	5	5	4
5559	경북 상주시	포도, 참다래 수확 후 관리기술 시범	50,000	기술보급과	9	1	7	8	7	5	5	4
5560	경북 상주시	벼 안정육묘 자동이송 단지조성 시범	150,000	기술보급과	9	1	7	8	7	5	5	4
5561	경북 상주시	밭작물 관개시스템 시범	100,000	기술보급과	9	1	7	8	7	5	5	4
5562	경북 상주시	스마트 생체정보 관리시스템 보급 시범	60,000	기술보급과	9	1	7	8	7	5	5	4
5563	경북 상주시	밭작물 신기술 선도단지 육성	204,000	기술보급과	9	1	7	8	7	5	5	4
5564	경북 상주시	다솜쌀 브랜드화 시범단지 조성	80,000	기술보급과	9	1	7	8	7	5	5	4
5565	경북 상주시	품목농업인연구회 고품질 생산기반 조성	49,000	기술보급과	9	1	7	8	7	5	5	4
5566	경북 상주시	국내육성 과수 중소과 전문생산체계 구축 시범	40,000	기술보급과	9	1	7	8	7	5	5	4
5567	경북 상주시	경북 미래형 2축형 사과원 조성 시범	35,000	기술보급과	9	1	7	8	7	5	5	4
5568	경북 상주시	버섯파리 친환경 방제기술 시범	2,450,000	기술보급과	9	1	7	8	7	5	5	4
5569	경북 상주시	상주가지 작형전환 리모델링 시범	152,000	기술보급과	9	1	7	8	7	5	5	4
5570	경북 상주시	고품질 기능성 홍잠생산기술 시범	160,000	기술보급과	9	1	7	8	7	5	5	4
5571	경북 상주시	장원벌 확대보급 시범	12,600	기술보급과	9	1	7	8	7	5	5	4
5572	경북 상주시	무인항공 병해충119방제단 운영	210,000	기술보급과	9	1	7	8	7	5	5	4
5573	경북 상주시	상주 베리류 경쟁력 강화	360,000	기술보급과	9	1	7	8	7	5	5	4
5574	경북 상주시	노지과수 스마트팜 시범	80,000	기술보급과	9	1	7	8	7	5	5	4
5575	경북 상주시	수출용 딸기 신품종 농가 조기보급 시범	16,000	기술보급과	9	1	7	8	7	5	5	4
5576	경북 상주시	고설딸기 고효율 육묘기술 시범	24,000	기술보급과	9	1	7	8	7	5	5	4
5577	경북 상주시	강소농 자율모임체 모델화 시범	16,000	미래농업과	9	1	7	8	7	5	5	4
5578	경북 상주시	심토파쇄 및 바이오차 활용 토양환경개선 시범	30,000	미래농업과	9	1	7	8	7	5	5	4

순번	시군구	지출명 (사업명)	2020년예산 (단위:천원/1년간)	담당자 (공무원)	민간이전 분류 (지방자치단체 세출예산 집행기준에 의거)	민간이전지출 근거 (지방보조금 관리기준 참고)	입찰방식			운영예산 산정		성과평가 실시여부
				담당부서	1. 민간경상사업보조(1) 2. 민간단체 법정운영비보조(2) 3. 민간행사사업보조(3) 4. 민간위탁금(4) 5. 사회복지시설 법정운영비보조(5) 6. 민간인위탁교육비(6) 7. 공기관등에대한경상적대행사업비(7) 8. 민간자본사업보조,자체재원(8) 9. 민간자본사업보조,이전재원(9) 10. 민간위탁사업비(10) 11. 공기관등에 대한 자본적 대행사업비(11)	1. 법률에 규정 2. 국고보조 재원(국가지정) 3. 용도 지정 기부금 4. 조례에 직접규정 5. 지자체가 권장하는 사업을 하는 공공기관 6. 시,도 정책 및 재정사정 7. 기타 8. 해당없음	계약체결방법 (경쟁형태) 1. 일반경쟁 2. 제한경쟁 3. 지명경쟁 4. 수의계약 5. 법정위탁 6. 기타 ( ) 7. 해당없음	계약기간 1. 1년 2. 2년 3. 3년 4. 4년 5. 5년 6. 기타 ( )년 7. 단기계약 (1년미만) 8. 해당없음	낙찰자선정방법 1. 적격심사 2. 협상에의한계약 3. 최저가낙찰제 4. 규격가격분리 5. 2단계 경쟁입찰 6. 기타 ( ) 7. 해당없음	운영예산 산정 1. 내부산정 (지자체 자체 적으로 산정) 2. 외부산정 (외부전문기관 위탁 산정) 3. 내·외부 모두 산정 4. 산정 無 5. 해당없음	정산방법 1. 내부정산 (지자체 내부적으로 정산) 2. 외부정산 (외부전문기관 위탁 정산) 3. 내·외부 모두 산정 4. 정산 無 5. 해당없음	1. 실시 2. 미실시 3. 향후 추진 4. 해당없음
5579	경북 상주시	농업농촌자원 소득화 마케팅 지원	14,000	미래농업과	9	1	7	8	7	5	5	4
5580	경북 상주시	도농교류활성화 지원	90,000	농업정책과	9	4	7	8	7	1	1	1
5581	경북 상주시	농촌체험관광스마트설비구축지원	43,110	농업정책과	9	4	7	8	7	1	1	1
5582	경북 상주시	지역농업 CEO발전기반 구축 지원	222,000	농업정책과	9	4	7	8	7	3	3	1
5583	경북 상주시	경북농업 청년리더양성	20,000	농업정책과	9	4	7	8	7	3	3	1
5584	경북 상주시	청년농부창농기반구축	140,000	농업정책과	9	4	7	8	7	3	3	1
5585	경북 상주시	가업승계우수농업인정착지원	105,000	농업정책과	9	4	7	8	7	3	3	1
5586	경북 상주시	결혼이민자 농가소득증진 지원	40,000	농업정책과	9	4	7	8	7	3	3	1
5587	경북 상주시	여성농업인 농작업 편의장비 지원	20,000	농업정책과	9	6	7	8	7	3	3	4
5588	경북 상주시	귀농인의집지원	30,000	농업정책과	9	1	7	8	1	5	1	4
5589	경북 상주시	귀농정착 지원	160,000	농업정책과	9	1	7	8	1	5	1	4
5590	경북 상주시	들녘경영체 교육컨설팅 지원	27,000	농업정책과	9	2	7	8	7	5	1	4
5591	경북 상주시	논타작물단지조성시설장비지원	426,600	농업정책과	9	2	7	8	7	5	1	4
5592	경북 상주시	벼육묘농자재 지원	170,000	농업정책과	9	6	7	8	7	5	1	4
5593	경북 상주시	벼육묘 공장설치 지원	1,290,000	농업정책과	9	6	7	8	7	5	1	4
5594	경북 상주시	중소형 농기계공급	900,000	농업정책과	9	6	7	8	7	5	1	4
5595	경북 상주시	밭식량작물 다목적 농업기계지원	60,000	농업정책과	9	6	7	8	7	5	1	4
5596	경북 상주시	식량 자급률제고 지원	210,000	농업정책과	9	6	7	8	7	5	1	4
5597	경북 상주시	벼재배 생력화 지원사업	177,500	농업정책과	9	6	7	8	7	5	1	4
5598	경북 상주시	특수미 상품화 유통기반 구축	28,000	농업정책과	9	6	7	8	7	1	1	4
5599	경북 상주시	농작물 피해방지 포획기 지원	8,953	농업정책과	9	8	7	8	7	5	5	4
5600	경북 상주시	명품쌀재배단지조성	112,100	농업정책과	9	6	7	8	7	5	1	4
5601	경북 상주시	밭작물 폭염(가뭄)피해 예방사업	126,938	농업정책과	9	6	7	8	7	5	1	4
5602	경북 상주시	대규모벼재배농가대형농기계지원	400,000	농업정책과	9	6	7	8	7	5	1	4
5603	경북 상주시	공공비축미 대형포대매입 지원	7,500	농업정책과	9	6	7	8	7	5	1	4
5604	경북 상주시	RPC 집진시설 개보수 사업	160,000	농업정책과	9	2	7	8	7	5	1	4
5605	경북 상주시	RPC 시설장비 지원사업	160,000	농업정책과	9	6	7	8	7	5	1	4
5606	경북 상주시	유기질비료 지원	2,758,400	농업정책과	9	1	7	8	7	1	1	1
5607	경북 상주시	유기농업자재 지원	143,049	농업정책과	9	1	7	8	7	1	1	1
5608	경북 상주시	친환경농업기반구축사업	198,334	농업정책과	9	2	7	8	7	1	1	1
5609	경북 상주시	친환경퇴비사설치지원	35,000	농업정책과	9	1	7	8	7	1	1	1
5610	경북 상주시	친환경 농법종합 지원	280,000	농업정책과	9	1	7	8	7	1	1	1
5611	경북 상주시	밭작물공동경영체 육성지원	630,000	농업정책과	9	2	7	8	7	1	1	1
5612	경북 상주시	과수생산시설현대화 지원	4,400,000	농업정책과	9	2	7	8	7	1	1	1
5613	경북 상주시	과수스마트팜확산사업	8,400	농업정책과	9	2	7	8	7	1	1	1
5614	경북 상주시	농가형 저온저장고 설치	210,000	농업정책과	9	4	7	8	7	1	1	1
5615	경북 상주시	과수 생력화 기자재 지원	211,000	농업정책과	9	4	7	8	7	1	1	1
5616	경북 상주시	화훼생산시설 경쟁력제고 지원	140,000	농업정책과	9	4	7	8	7	1	1	1
5617	경북 상주시	FTA대응 대체과수 명품화사업	120,000	농업정책과	9	4	7	8	7	1	1	1
5618	경북 상주시	과실생산비 절감 및 품질제고 지원	115,200	농업정책과	9	4	7	8	7	1	1	1
5619	경북 상주시	농업분야 에너지절감시설 지원	237,238	농업정책과	9	2	7	8	7	1	1	1
5620	경북 상주시	원예분야 ICT 융복합 지원	112,144	농업정책과	9	2	7	8	7	1	1	1
5621	경북 상주시	고추비가림재배시설 지원	252,503	농업정책과	9	2	7	8	7	1	1	1
5622	경북 상주시	인삼 생산시설 현대화사업	86,350	농업정책과	9	2	7	8	7	1	1	1
5623	경북 상주시	시설원예현대화 지원	59,285	농업정책과	9	2	7	8	7	1	1	1

순번	시군구	지출명 (사업명)	2020년예산 (단위:천원/1년간)	담당자 (공무원)	민간이전 분류 (지방자치단체 세출예산 집행기준에 의거)	민간이전지출 근거 (지방보조금 관리기준 참고)	입찰방식			운영예산 산정		성과평가 실시여부
				담당부서	1. 민간경상사업보조(1) 2. 민간단체 법정운영비보조(2) 3. 민간행사사업보조(3) 4. 민간위탁금(4) 5. 사회복지시설 법정운영비보조(5) 6. 민간인위탁교육비(6) 7. 공기관등에대한경상적대행사업비(7) 8. 민간자본사업보조,자체재원(8) 9. 민간자본사업보조,이전재원(9) 10. 민간위탁사업비(10) 11. 공기관등에 대한 자본적 대행사업비(11)	1. 법률에 규정 2. 국고보조 재원(국가지정) 3. 용도 지정 기부금 4. 조례에 직접규정 5. 지자체가 권장하는 사업을 하는 공공기관 6. 시,도 정책 및 재정사정 7. 기타 8. 해당없음	계약체결방법 (경쟁형태) 1. 일반경쟁 2. 제한경쟁 3. 지명경쟁 4. 수의계약 5. 법정위탁 6. 기타 ( ) 7. 해당없음	계약기간 1. 1년 2. 2년 3. 3년 4. 4년 5. 5년 6. 기타 ( )년 7. 단기계약 (1년미만) 8. 해당없음	낙찰자선정방법 1. 적격심사 2. 협상에의한계약 3. 최저가낙찰제 4. 규격가격분리 5. 2단계 경쟁입찰 6. 기타 ( ) 7. 해당없음	운영예산 산정 1. 내부산정 (지자체 자체 적으로 산정) 2. 외부산정 (외부전문기관 위탁 산정) 3. 내·외부 모두 산정 4. 산정 無 5. 해당없음	정산방법 1. 내부정산 (지자체 내부적으로 정산) 2. 외부정산 (외부전문기관 위탁 정산) 3. 내·외부 모두 산정 4. 정산 無 5. 해당없음	1. 실시 2. 미실시 3. 향후 추진 4. 해당없음
5624	경북 상주시	화훼류 신수출전략품목 육성사업	16,081	농업정책과	9	2	7	8	7	1	1	1
5625	경북 상주시	양잠산업육성 지원	140,463	농업정책과	9	4	7	8	7	1	1	1
5626	경북 상주시	원예소득작목 육성 지원	1,044,000	농업정책과	9	4	7	8	7	1	1	1
5627	경북 상주시	시군전략프로젝트 지원	900,000	농업정책과	9	4	7	8	7	1	1	1
5628	경북 상주시	민속채소 생산기반확충 지원	4,000,000	농업정책과	9	4	7	8	7	1	1	1
5629	경북 상주시	약용산업육성지원	79,000	농업정책과	9	4	7	8	7	1	1	1
5630	경북 상주시	정신요양시설 기능보강 공기살균기 설치	98,000	사회복지과	9	1	6(조달구입)	7	6(조달구입)	1	1	3
5631	경북 상주시	묘목생산기반조성	7,071	산림녹지과	9	2	7	8	7	5	5	4
5632	경북 상주시	산림작물생산단지	218,150	산림녹지과	9	2	7	8	7	5	5	4
5633	경북 상주시	목재펠릿보일러 지급	84,000	산림녹지과	9	2	7	8	7	5	5	4
5634	경북 상주시	임산물 생산기반조성	475,000	산림녹지과	9	2	7	8	7	5	5	4
5635	경북 상주시	백두대간 주민지원	654,624	산림녹지과	9	2	7	8	7	5	5	4
5636	경북 상주시	임산물유통기반조성	2,592,593	산림녹지과	9	2	7	8	7	5	5	4
5637	경북 상주시	친환경임산물재배관리	3,575,000	산림녹지과	9	2	7	8	7	5	5	4
5638	경북 상주시	산림복합경영단지	114,680	산림녹지과	9	2	7	8	7	5	5	4
5639	경북 상주시	마을회관(경로당) 보수	170,000	새마을체육과	9	4	7	8	7	1	1	1
5640	경북 상주시	행복한 보금자리만들기사업지원	24,000	새마을체육과	9	6	7	7	7	1	1	1
5641	경북 상주시	산지유통센터(APC)설치지원사업	3,640,000	유통마케팅과	9	2	7	8	7	5	5	4
5642	경북 상주시	학교급식지원센터 수송차량 지원	36,400	유통마케팅과	9	6	7	8	7	1	1	4
5643	경북 상주시	6차산업 경영체 경쟁력강화 지원	116,900	유통마케팅과	9	6	7	8	7	5	5	4
5644	경북 상주시	농산물제조가공지원	700,000	유통마케팅과	9	6	7	8	7	5	5	4
5645	경북 상주시	농업6차산업화 지원	140,000	유통마케팅과	9	6	7	8	7	5	5	4
5646	경북 상주시	야생동물 피해예방사업	100,000	환경관리과	9	2	7	8	7	1	1	1
5647	경북 상주시	전기자동차 구매 지원	800,000	환경관리과	9	2	6	8	7	1	1	4
5648	경북 상주시	가정용 저녹스 보일러 보급 지원	8,500	환경관리과	9	1	7	8	7	1	1	4
5649	경북 상주시	소규모사업장 방지시설 설치 지원	720,000	환경관리과	9	1	7	8	7	5	1	4
5650	경북 문경시	문경새재아리랑 전시물 제작설치	70,000	문화예술과	9	6	7	3	7	1	3	3
5651	경북 문경시	문경 대승사 주변 소방시설 개선사업	325,700	문화예술과	9	2	7	8	7	5	5	4
5652	경북 문경시	문경 김룡사 영산회괘불도 주변 소방시설 개선사업	127,000	문화예술과	9	2	7	2	7	1	1	3
5653	경북 문경시	문경 봉암사 극락전 주변 전기시설 개선사업	330,000	문화예술과	9	2	7	2	7	1	1	3
5654	경북 문경시	대승사 및 지감 주변 재난방지시스템 구축사업	60,000	문화예술과	9	6	7	8	7	5	5	4
5655	경북 문경시	살기좋은경북만들기사업	150,000	새마을체육과	9	4	7	8	7	1	1	4
5656	경북 문경시	위생등급제홍보지원사업	12,000	사회복지과	9	1	7	8	7	1	1	1
5657	경북 문경시	노인복지시설기능보강	14,550	노인장애인복지과	9	2	7	8	7	1	1	4
5658	경북 문경시	어린이집환경개선	60,000	여성청소년과	9	1	7	8	7	5	1	4
5659	경북 문경시	어린이집 전자출결시스템 장비 지원	17,610	여성청소년과	9	1	7	8	7	5	1	4
5660	경북 문경시	아동복지시설 기능보강	33,778	여성청소년과	9	1	7	8	7	5	1	4
5661	경북 문경시	지역아동센터환경개선지원	58,201	여성청소년과	9	1	7	8	7	5	1	4
5662	경북 문경시	관광진흥공단 경상전출금	1,086,578	여성청소년과	9	4	5	1	7	5	1	1
5663	경북 문경시	결혼이민자농가 소득증진 지원	24,000	농정과	9	2	7	8	7	1	1	4
5664	경북 문경시	농업계고 졸업생 창업비용지원	20,000	농정과	9	3	7	8	7	1	1	4
5665	경북 문경시	여성농업인 농작업 편의장비 지원	10,000	농정과	9	6	7	8	7	1	1	1
5666	경북 문경시	농촌체험휴양마을운영활성화기반구축지원	23,400	농정과	9	6	7	8	7	1	1	1
5667	경북 문경시	6차산업경영체경쟁력 강화	196,000	농정과	9	6	7	8	7	1	1	4
5668	경북 문경시	청년농부육성 지원	10,000	농정과	9	6	7	8	7	1	1	4

순번	시군구	지출명 (사업명)	2020년예산 (단위:천원/1년간)	담당자 (공무원) 담당부서	민간이전 분류 (지방자치단체 세출예산 집행기준에 의거) 1. 민간경상사업보조(1) 2. 민간단체 법정운영비보조(2) 3. 민간행사사업보조(3) 4. 민간위탁금(4) 5. 사회복지시설 법정운영비보조(5) 6. 민간인위탁교육비(6) 7. 공기관등에대한경상적대행사업비(7) 8. 민간자본사업보조,자체재원(8) 9. 민간자본사업보조,이전재원(9) 10. 민간위탁사업비(10) 11. 공기관등에 대한 자본적 대행사업비(11)	민간이전지출 근거 (지방보조금 관리기준 참고) 1. 법률에 규정 2. 국고보조 재원(국가지정) 3. 용도 지정 기부금 4. 조례에 직접규정 5. 지자체가 권장하는 사업을 하는 공공기관 6. 시,도 정책 및 재정사정 7. 기타 8. 해당없음	입찰방식 계약체결방법 (경쟁형태) 1. 일반경쟁 2. 제한경쟁 3. 지명경쟁 4. 수의계약 5. 법정위탁 6. 기타 ( ) 7. 해당없음	입찰방식 계약기간 1. 1년 2. 2년 3. 3년 4. 4년 5. 5년 6. 기타 ( )년 7. 단기계약 (1년미만) 8. 해당없음	입찰방식 낙찰자선정방법 1. 적격심사 2. 협상에의한계약 3. 최저가낙찰제 4. 규격가격분리 5. 2단계 경쟁입찰 6. 기타 ( ) 7. 해당없음	운영예산 산정 운영예산 산정 1. 내부산정 (지자체 자체적으로 산정) 2. 외부산정 (외부전문기관위탁 산정) 3. 내·외부 모두 산정 4. 산정 無 5. 해당없음	운영예산 산정 정산방법 1. 내부정산 (지자체 내부적으로 정산) 2. 외부정산 (외부전문기관위탁 정산) 3. 내·외부 모두 산정 4. 정산 無 5. 해당없음	성과평가 실시여부 1. 실시 2. 미실시 3. 향후 추진 4. 해당없음
5669	경북 문경시	농촌 신활력플러스사업	2,157,000	농정과	9	2	7	8	7	1	1	1
5670	경북 문경시	청년농부 창농기반구축 사업	140,000	농정과	9	6	7	8	7	1	1	4
5671	경북 문경시	농어촌민박 안전장치설비 지원	10,500	농정과	9	6	7	8	7	1	1	4
5672	경북 문경시	가업승계 우수농업인 정착지원	70,000	농정과	9	6	7	8	7	1	1	4
5673	경북 문경시	농업6차산업화지원	426,860	농정과	9	6	7	8	7	1	1	1
5674	경북 문경시	중소형농기계 지원	400,000	농정과	9	6	7	8	7	1	1	4
5675	경북 문경시	대규모 벼 육묘장 설치	70,000	농정과	9	6	7	8	7	1	1	4
5676	경북 문경시	소규모 벼 육묘장 설치	42,000	농정과	9	6	7	8	7	1	1	4
5677	경북 문경시	대규모 벼 육묘장 개보수	30,000	농정과	9	6	7	8	7	1	1	4
5678	경북 문경시	소규묘 벼 육묘장 개보수	20,000	농정과	9	6	7	8	7	1	1	4
5679	경북 문경시	대규모 벼 육묘 녹화장	20,000	농정과	9	6	7	8	7	1	1	4
5680	경북 문경시	소규묘 벼 육묘 녹화장	27,500	농정과	9	6	7	8	7	1	1	4
5681	경북 문경시	곡물건조기 지원	60,000	농정과	9	6	7	8	7	1	1	4
5682	경북 문경시	육묘용파종기 지원	30,000	농정과	9	6	7	8	7	1	1	4
5683	경북 문경시	벼종자소독기 기원	30,000	농정과	9	6	7	8	7	1	1	4
5684	경북 문경시	육묘상자 세척기 지원	12,500	농정과	9	6	7	8	7	1	1	4
5685	경북 문경시	대형저울 지원	7,500	농정과	9	6	7	8	7	1	1	4
5686	경북 문경시	정부양곡창고 문교체 지원	7,500	농정과	9	6	7	8	7	1	1	4
5687	경북 문경시	콩 재배단지조성 지원	21,000	농정과	9	6	7	8	7	1	1	4
5688	경북 문경시	밭작물 승용관리기 지원	10,000	농정과	9	6	7	8	7	1	1	4
5689	경북 문경시	해충 포획기 지원	8,700	농정과	9	6	7	8	7	1	1	4
5690	경북 문경시	두더지 포획기 지원	96,300	농정과	9	6	7	8	7	1	1	4
5691	경북 문경시	스프링클러 지원	70,000		9	6	7	8	7	1	1	4
5692	경북 문경시	환경개선 지원	16,759		9	6	7	8	7	1	1	4
5693	경북 문경시	유해 야생동물 포획시설 지원	13,200		9	2	7	8	7	1	1	4
5694	경북 문경시	RPC시설장비지원	145,000	농정과	9	6	7	8	7	1	1	4
5695	경북 문경시	대규모벼재배농가 농기계지원	200,000		9	6	7	8	7	1	1	4
5696	경북 문경시	토양개량제 지원	511,822	농정과	9	2	7	8	7	1	1	4
5697	경북 문경시	유기질비료 지원	1,186,117	농정과	9	2	7	8	7	1	1	4
5698	경북 문경시	녹비작물 농자재 구입	17,797	농정과	9	2	7	8	7	1	1	4
5699	경북 문경시	규산, 비료 등 지원	63,333	농정과	9	6	7	8	7	1	1	4
5700	경북 문경시	품종갱신사업 등	1,925,000	농정과	9	2	7	8	7	1	1	1
5701	경북 문경시	농가형 저온저장고 설치	160,000	농정과	9	6	7	8	7	1	1	4
5702	경북 문경시	주행형동력분무기.보행ss기	3,000,000	농정과	9	6	7	8	7	1	1	4
5703	경북 문경시	승용제초기,농용고소작업차	315,000	농정과	9	6	7	8	7	1	1	4
5704	경북 문경시	과수전용방제기	200,000	농정과	9	6	7	8	7	1	1	4
5705	경북 문경시	친환경사과 적화제 지원	56,000	농정과	9	6	7	8	7	1	1	4
5706	경북 문경시	과실장기저장제 지원	165,000	농정과	9	6	7	8	7	1	1	4
5707	경북 문경시	농업용수처리기	24,500	농정과	9	6	7	8	7	1	1	4
5708	경북 문경시	신선도유지기	10,000	농정과	9	6	7	8	7	1	1	4
5709	경북 문경시	종자산업기반구축사업	720,000	농정과	9	2	7	8	7	1	1	4
5710	경북 문경시	시설원예다겹보온커튼	45,240	농정과	9	2	7	8	7	1	1	4
5711	경북 문경시	시설하우스 현대화 사업	147,500	농정과	9	6	7	8	7	1	1	4
5712	경북 문경시	노지채소 농기계 지원	28,000	농정과	9	6	7	8	7	1	1	4
5713	경북 문경시	이동식 저온저장고	102,000	농정과	9	6	7	8	7	1	1	4

순번	시군구	지출명 (사업명)	2020년예산 (단위:천원/1년간)	담당자 (공무원) 담당부서	민간이전 분류 (지방자치단체 세출예산 집행기준에 의거) 1. 민간경상사업보조(1) 2. 민간단체 법정운영비보조(2) 3. 민간행사사업보조(3) 4. 민간위탁금(4) 5. 사회복지시설 법정운영비보조(5) 6. 민간인위탁교육비(6) 7. 공기관등에대한경상적대행사업비(7) 8. 민간자본사업보조,자체재원(8) 9. 민간자본사업보조,이전재원(9) 10. 민간위탁사업비(10) 11. 공기관등에 대한 자본적 대행사업비(11)	민간이전지출 근거 (지방보조금 관리기준 참고) 1. 법률에 규정 2. 국고보조 재원(국가지정) 3. 용도 지정 기부금 4. 조례에 직접규정 5. 지자체가 권장하는 사업을 하는 공공기관 6. 시,도 정책 및 재정사정 7. 기타 8. 해당없음	입찰방식 계약체결방법 (경쟁형태) 1. 일반경쟁 2. 제한경쟁 3. 지명경쟁 4. 수의계약 5. 법정위탁 6. 기타 ( ) 7. 해당없음	입찰방식 계약기간 1. 1년 2. 2년 3. 3년 4. 4년 5. 5년 6. 기타 ( )년 7. 단기계약 (1년미만) 8. 해당없음	입찰방식 낙찰자선정방법 1. 적격심사 2. 협상에의한계약 3. 최저가낙찰제 4. 규격가격분리 5. 2단계 경쟁입찰 6. 기타 ( ) 7. 해당없음	운영예산 산정 운영예산 산정 1. 내부산정 (지자체 자체적으로 산정) 2. 외부산정 (외부전문기관위탁 산정) 3. 내·외부 모두 산정 4. 산정 無 5. 해당없음	운영예산 산정 정산방법 1. 내부정산 (지자체 내부적으로 정산) 2. 외부정산 (외부전문기관위탁 정산) 3. 내·외부 모두 산정 4. 정산 無 5. 해당없음	성과평가 실시여부 1. 실시 2. 미실시 3. 향후 추진 4. 해당없음
5714	경북 문경시	다목적 농산물 건조기 지원	30,000	농정과	9	6	7	8	7	1	1	4
5715	경북 문경시	원예소득작목 생력화 장비 지원	10,000	농정과	9	6	7	8	7	1	1	4
5716	경북 문경시	농가형 저온저장고 설치	82,500	농정과	9	6	7	8	7	1	1	4
5717	경북 문경시	고추비가림 재배시설	24,200	농정과	9	6	7	8	7	1	1	4
5718	경북 문경시	FTA대응 대체과수명품화사업	33,500	농정과	9	6	7	8	7	1	1	4
5719	경북 문경시	버섯, 약용작물 시설현대화 지원	17,400	농정과	9	6	7	8	7	1	1	4
5720	경북 문경시	시설하우스 스마트팜 시설보급 지원	18,434	농정과	9	2	7	8	7	1	1	4
5721	경북 문경시	인삼 점적관수시설 지원	4,500	농정과	9	6	7	8	7	1	1	4
5722	경북 문경시	인삼수확기 지원	5,000	농정과	9	6	7	8	7	1	1	4
5723	경북 문경시	오미자 생력화장비	85,000	농정과	9	6	7	8	7	1	1	4
5724	경북 문경시	조사료생산용사일리지 제조비 지원	262,980	유통축산과	9	2	7	8	7	3	3	1
5725	경북 문경시	조사료생산장비	72,000	유통축산과	9	6	7	8	7	3	3	1
5726	경북 문경시	젖소사료자동급이기	6,500	유통축산과	9	6	7	8	7	3	3	1
5727	경북 문경시	착유장비현대화	25,000	유통축산과	9	6	7	8	7	3	3	1
5728	경북 문경시	불량모돈갱신사업	39,000	유통축산과	9	6	7	8	7	3	3	1
5729	경북 문경시	친환경축산물 인증비 지원	14,700	유통축산과	9	6	7	8	7	3	3	1
5730	경북 문경시	친환경악취저감제 지원	36,300	유통축산과	9	6	7	8	7	3	3	1
5731	경북 문경시	축사관리용cctv지원	18,000	유통축산과	9	6	7	8	7	3	3	1
5732	경북 문경시	한우사료자동급이기	40,000	유통축산과	9	6	7	8	7	3	3	1
5733	경북 문경시	한우스트레스완화강철브러쉬 지원	11,250	유통축산과	9	6	7	8	7	3	3	1
5734	경북 문경시	한우미네랄블럭지원	7,500	유통축산과	9	6	7	8	7	3	3	1
5735	경북 문경시	돼지액상정액지원	15,300	유통축산과	9	6	7	8	7	3	3	1
5736	경북 문경시	이유자돈생산성제고장비	17,000	유통축산과	9	6	7	8	7	3	3	1
5737	경북 문경시	모돈생산성제고장비지원	15,000	유통축산과	9	6	7	8	7	3	3	1
5738	경북 문경시	양돈분만위생개선사업	11,700	유통축산과	9	6	7	8	7	3	3	1
5739	경북 문경시	자돈폐사율감소지원	13,200	유통축산과	9	6	7	8	7	3	3	1
5740	경북 문경시	꿀벌화분지원	28,000	유통축산과	9	6	7	8	7	3	3	1
5741	경북 문경시	양봉벌통지원	30,000	유통축산과	9	6	7	8	7	3	3	1
5742	경북 문경시	양봉채밀기 지원사업	5,500	유통축산과	9	6	7	8	7	3	3	1
5743	경북 문경시	양봉산물저온저장고지원	9,000	유통축산과	9	6	7	8	7	3	3	1
5744	경북 문경시	토종벌 종보전	8,000	유통축산과	9	6	7	8	7	3	3	1
5745	경북 문경시	토종벌 벌통지원	1,400,000	유통축산과	9	6	7	8	7	3	3	1
5746	경북 문경시	계란 난좌지원	16,800	유통축산과	9	6	7	8	7	3	3	1
5747	경북 문경시	육계사 깔짚지원	27,000	유통축산과	9	6	7	8	7	3	3	1
5748	경북 문경시	양계자동급수장치 및 투약기지원	64,000	유통축산과	9	6	7	8	7	3	3	1
5749	경북 문경시	면역강화용사료첨가제지원	85,350	유통축산과	9	6	7	8	7	3	3	1
5750	경북 문경시	한우수정란이식사업	15,975	유통축산과	9	6	7	8	7	3	3	1
5751	경북 문경시	축사단열처리지원사업	30,000	유통축산과	9	6	7	8	7	3	3	1
5752	경북 문경시	축사전기관리시설지원	7,500	유통축산과	9	6	7	8	7	3	3	1
5753	경북 문경시	안개분무시설지원	32,000	유통축산과	9	6	7	8	7	3	3	1
5754	경북 문경시	쿨링패드 및 스프링쿨러 지원사업	5,000	유통축산과	9	6	7	8	7	3	3	1
5755	경북 문경시	축사환기기설(송풍기)지원	10,500	유통축산과	9	6	7	8	7	3	3	1
5756	경북 문경시	조사료생산용종자 지원	98,280	유통축산과	9	2	7	8	7	3	3	1
5757	경북 문경시	IOT기반축우관리시스템 지원	9,000	유통축산과	9	6	7	8	7	3	3	1
5758	경북 문경시	스키드로터 지원	135,000	유통축산과	9	6	7	8	7	3	3	1

순번	시군구	지출명 (사업명)	2020년예산 (단위:천원/1년간)	담당자 (공무원) 담당부서	민간이전 분류 (지방자치단체 세출예산 집행기준에 의거) 1. 민간경상사업보조(1) 2. 민간단체 법정운영비보조(2) 3. 민간행사사업보조(3) 4. 민간위탁금(4) 5. 사회복지시설 법정운영비보조(5) 6. 민간인위탁교육비(6) 7. 공기관등에대한경상적대행사업비(7) 8. 민간자본사업보조,자체재원(8) 9. 민간자본사업보조,이전재원(9) 10. 민간위탁사업비(10) 11. 공기관등에 대한 자본적 대행사업비(11)	민간이전지출 근거 (지방보조금 관리기준 참고) 1. 법률에 규정 2. 국고보조 재원(국가지정) 3. 용도 지정 기부금 4. 조례에 직접규정 5. 지자체가 권장하는 사업을 하는 공공기관 6. 시,도 정책 및 재정사정 7. 기타 8. 해당없음	입찰방식 계약체결방법 (경쟁형태) 1. 일반경쟁 2. 제한경쟁 3. 지명경쟁 4. 수의계약 5. 법정위탁 6. 기타 ( ) 7. 해당없음	계약기간 1. 1년 2. 2년 3. 3년 4. 4년 5. 5년 6. 기타 ( )년 7. 단기계약 (1년미만) 8. 해당없음	낙찰자선정방법 1. 적격심사 2. 협상에의한계약 3. 최저가낙찰제 4. 규격가격분리 5. 2단계 경쟁입찰 6. 기타 ( ) 7. 해당없음	운영예산 산정 운영예산 산정 1. 내부산정 (지자체 자체적으로 산정) 2. 외부산정 (외부전문기관위탁 산정) 3. 내·외부 모두 산정 4. 산정 無 5. 해당없음	정산방법 1. 내부정산 (지자체 내부적으로 정산) 2. 외부정산 (외부전문기관위탁 정산) 3. 내·외부 모두 산정 4. 정산 無 5. 해당없음	성과평가 실시여부 1. 실시 2. 미실시 3. 향후 추진 4. 해당없음
5759	경북 문경시	내수면기자재공급	11,200	유통축산과	9	6	7	8	7	3	3	1
5760	경북 문경시	수산물브랜드개발 및 규격용기지원	41,667	유통축산과	9	6	7	8	7	3	3	1
5761	경북 문경시	축산물 홍보박스 지원	25,000	유통축산과	9	4	7	8	7	1	1	1
5762	경북 문경시	브랜드육 전문판매점(약돌한우,약돌돼지)지원	8,000	유통축산과	9	4	7	8	7	1	1	1
5763	경북 문경시	문경약돌한우분말지원사업	32,725	유통축산과	9	4	7	8	7	1	1	1
5764	경북 문경시	암소 사료첨가제 지원	14,000	유통축산과	9	4	7	8	7	1	1	1
5765	경북 문경시	소독시설지원사업	28,000	유통축산과	9	6	7	8	7	1	1	1
5766	경북 문경시	돼지 써코바이러스 백신지원	69,852	유통축산과	9	2	7	8	7	1	1	1
5767	경북 문경시	돼지소모성질환지도사업	18,000	유통축산과	9	2	7	8	7	1	1	1
5768	경북 문경시	가금농가 CCTV등 방역인프라 설치 지원사업	48,000	유통축산과	9	2	7	8	7	1	1	1
5769	경북 문경시	축산물HACCP(컨설팅)농장지원사업	23,800	유통축산과	9	1	7	8	7	1	1	1
5770	경북 문경시	축산물유통안전성제고사업	28,000	유통축산과	9	4	7	8	7	1	1	1
5771	경북 문경시	계란냉장차량지원사업	15,000	유통축산과	9	4	7	8	7	1	1	1
5772	경북 문경시	축산분야HACCP인증비지원사업	1,575,000	유통축산과	9	1	7	8	7	1	1	1
5773	경북 문경시	농산물 공동출하 선별비 지원	75,300	유통축산과	9	2	7	8	7	1	1	1
5774	경북 문경시	농산물생산유통기반구축지원	700,000	유통축산과	9	1	7	8	7	1	1	1
5775	경북 문경시	귀농인정착지원	32,000	농촌개발과	9	1, 4, 6	7	8	7	5	5	4
5776	경북 문경시	귀농인 주택수리비 지원	44,800	농촌개발과	9	1, 2, 4	7	8	7	5	5	4
5777	경북 문경시	주택용 목재펠릿보일러 지원사업	84,000	산림녹지과	9	2	7	8	7	1	1	1
5778	경북 문경시	임산물 생산기반 조성사업	151,685	산림녹지과	9	2	7	8	7	1	1	1
5779	경북 문경시	임산물 유통기반 조성사업	73,852	산림녹지과	9	2	7	8	7	1	1	1
5780	경북 문경시	임산물 상품화 지원사업	56,505	산림녹지과	9	2	7	8	7	1	1	1
5781	경북 문경시	산림복합경영단지	206,000	산림녹지과	9	2	7	8	7	1	1	1
5782	경북 문경시	백두대간주민지원사업	359,935	산림녹지과	9	2	7	8	7	1	1	1
5783	경북 문경시	친환경임산물재배관리	48,189	산림녹지과	9	2	7	8	7	1	1	1
5784	경북 문경시	지역대표임산물경쟁력제고사업	275,000	산림녹지과	9	2	7	8	7	1	1	1
5785	경북 문경시	산림작물생산단지	353,795	산림녹지과	9	2	7	8	7	1	1	1
5786	경북 문경시	산림작물생산단지	166,800	산림녹지과	9	2	7	8	7	1	1	1
5787	경북 문경시	병해충방제등 노동력절감장비지원	14,000	기술지원과	9	6	7	8	7	1	1	1
5788	경북 문경시	농촌여성 생산성 향상 장비 지원	21,700	기술지원과	9	6	7	8	7	1	1	1
5789	경북 문경시	청년농업인 자립기반 구축지원	80,000	기술지원과	9	6	1	1	6	1	1	1
5790	경북 문경시	정부보급종생산포장 공동방제	20,000	소득개발과	9	2	7	8	7	1	1	1
5791	경북 문경시	신기술보급사업	40,000	소득개발과	9	2	7	8	7	1	1	1
5792	경북 문경시	장원벌확대보급시범	12,600	소득개발과	9	6	7	8	7	1	1	1
5793	경북 문경시	버섯파리 친환경 방제기술 시범	4,900	소득개발과	9	6	7	8	7	1	1	1
5794	경북 문경시	농업신기술시범(ICT활용기술)	180,000	소득개발과	9	2	7	8	7	1	1	1
5795	경북 문경시	국내육성과수중소과전문생산체계구축시범	40,000	소득개발과	9	2	7	8	7	1	1	1
5796	경북 문경시	고품질포도생산스마트팜조성시범	42,000	소득개발과	9	2	7	8	7	1	1	1
5797	경북 문경시	07BTL임대료	9,950	하수도사업소	9	2	2	6(20년)	1	3	1	1
5798	경북 경산시	화장품 제품개발 지원	400,000	전략사업추진단	9	7	7	8	7	4	4	1
5799	경북 경산시	청년문화거리 조성	720,000	전략사업추진단	9	4	7	8	7	5	5	4
5800	경북 경산시	청년희망아지트 구축	20,000	전략사업추진단	9	4	7	8	7	5	5	4
5801	경북 경산시	남산 갈지리 마을회관 건립	170,000	새마을민원과	9	4	7	8	7	1	1	1
5802	경북 경산시	신재생에너지건물지원사업	50,500	일자리경제과	9	2	7	8	7	5	5	4
5803	경북 경산시	신재생에너지모니터링시스템설치	27,000	일자리경제과	9	6	7	8	7	5	5	4

순번	시군구	지출명 (사업명)	2020년예산 (단위:천원/1년간)	담당자 (공무원) 담당부서	민간이전 분류 (지방자치단체 세출예산 집행기준에 의거) 1. 민간경상사업보조(1) 2. 민간단체 법정운영비보조(2) 3. 민간행사사업보조(3) 4. 민간위탁금(4) 5. 사회복지시설 법정운영비보조(5) 6. 민간인위탁교육비(6) 7. 공기관등에대한경상적대행사업비(7) 8. 민간자본사업보조,자체재원(8) 9. 민간자본사업보조,이전재원(9) 10. 민간위탁사업비(10) 11. 공기관등에 대한 자본적 대행사업비(11)	민간이전지출 근거 (지방보조금 관리기준 참고) 1. 법률에 규정 2. 국고보조 재원(국가지정) 3. 용도 지정 기부금 4. 조례에 직접규정 5. 지자체가 권장하는 사업을 하는 공공기관 6. 시,도 정책 및 재정사정 7. 기타 8. 해당없음	입찰방식 계약체결방법 (경쟁형태) 1. 일반경쟁 2. 제한경쟁 3. 지명경쟁 4. 수의계약 5. 법정위탁 6. 기타 ( ) 7. 해당없음	입찰방식 계약기간 1. 1년 2. 2년 3. 3년 4. 4년 5. 5년 6. 기타 ( )년 7. 단기계약 (1년미만) 8. 해당없음	입찰방식 낙찰자선정방법 1. 적격심사 2. 협상에의한계약 3. 최저가낙찰제 4. 규격가격분리 5. 2단계 경쟁입찰 6. 기타 ( ) 7. 해당없음	운영예산 산정 운영예산 산정 1. 내부산정 (지자체 자체 적으로 산정) 2. 외부산정 (외부전문기관 위탁 산정) 3. 내·외부 모두 산정 4. 산정 無 5. 해당없음	운영예산 산정 정산방법 1. 내부정산 (지자체 내부적으로 정산) 2. 외부정산 (외부전문기관 위탁 정산) 3. 내·외부 모두 산정 4. 정산 無 5. 해당없음	성과평가 실시여부 1. 실시 2. 미실시 3. 향후 추진 4. 해당없음
5804	경북 경산시	내촌리 LPG소형저장탱크 보급사업	632,588	일자리경제과	9	1	5	8	7	2	1	1
5805	경북 경산시	고죽1리 LPG소형저장탱크 보급사업	704,789	일자리경제과	9	1	5	8	7	2	1	1
5806	경북 경산시	덕촌리 도시가스 공급관 설치	608,000	일자리경제과	9	4	5	8	7	2	1	1
5807	경북 경산시	사회복지시설 고효율냉난방기 교체	38,000	일자리경제과	9	6	7	8	7	5	5	4
5808	경북 경산시	마을기업 운영 기자재 구입	20,000	일자리경제과	9	2	7	8	7	1	1	4
5809	경북 경산시	초기창업 패키지 지원 사업	40,000	중소기업벤처과	9	6	7	8	7	1	1	4
5810	경북 경산시	임산물 생산기반 조성	300,000	산림녹지과	9	2	7	8	7	1	1	1
5811	경북 경산시	임산물 유통기반 조성	30,000	산림녹지과	9	2	7	8	7	1	1	1
5812	경북 경산시	주택용 목재펠릿 보일러	14,000	산림녹지과	9	2	7	8	7	1	1	1
5813	경북 경산시	천연가스자동차 구입 지원	252,000	환경과	9	2	7	8	7	5	5	4
5814	경북 경산시	전기자동차 보급	2,800,000	환경과	9	2	7	8	7	5	5	4
5815	경북 경산시	전기이륜차 보급	46,000	환경과	9	2	7	8	7	5	5	4
5816	경북 경산시	어린이 통학차량 LPG차 전환지원	150,000	환경과	9	2	7	8	7	5	5	4
5817	경북 경산시	저녹스버너 설치	55,982	환경과	9	2	7	8	7	5	5	4
5818	경북 경산시	소규모사업장 방지시설 지원사업	3,570,000	환경과	9	2	7	8	7	5	5	4
5819	경북 경산시	경유차 저감장치(DPF)부착	207,420	환경과	9	2	7	8	7	5	5	4
5820	경북 경산시	건설기계 저감장치(DPF)부착	33,000	환경과	9	2	7	8	7	5	5	4
5821	경북 경산시	건설기계 엔진교체	33,000	환경과	9	2	7	8	7	5	5	4
5822	경북 경산시	노후1톤화물차량 LPG차 전환지원	120,000	환경과	9	2	7	8	7	5	5	4
5823	경북 경산시	가정용 저녹스보일러 보급사업	8,500	환경과	9	2	7	8	7	4	1	4
5824	경북 경산시	주유소 유증기 회수설비 지원사업	93,500	환경과	9	2	7	8	7	4	1	4
5825	경북 경산시	주민지원사업	10,000	환경과	9	2	7	8	7	5	5	4
5826	경북 경산시	야생동물 피해 예방시설 지원	54,000	환경과	9	1	7	8	7	5	5	4
5827	경북 경산시	노인복지시설 화재안전창 설치	18,880	사회복지과	9	2	7	8	7	5	5	4
5828	경북 경산시	노인복지시설 치매전담실 증개축	60,000	사회복지과	9	2	7	8	7	5	5	4
5829	경북 경산시	장애인직업재활시설 개보수	57,116	사회복지과	9	2	7	8	7	5	5	4
5830	경북 경산시	장애인거주시설 개보수	134,380	사회복지과	9	2	7	8	7	5	5	4
5831	경북 경산시	장애인거주시설 휠체어 리프트 설치	36,000	사회복지과	9	2	7	8	7	5	5	4
5832	경북 경산시	지역아동센터 환경개선비 지원	103,361	사회복지과	9	2	7	8	7	1	1	1
5833	경북 경산시	어린이집 환경개선	125,000	여성가족과	9	2	7	8	7	5	1	1
5834	경북 경산시	어린이집 확충	120,000	여성가족과	9	2	5	5	1	5	1	1
5835	경북 경산시	어린이집 전자출결시스템 장비비	90,670	여성가족과	9	2	7	8	7	5	1	1
5836	경북 경산시	어린이집 환경개선비 지원	130,000	여성가족과	9	6	7	8	7	5	1	1
5837	경북 경산시	불굴사 삼층석탑 주변 요사채 개축	40,000	문화관광과	9	7	6	1	6	2	1	4
5838	경북 경산시	경산 상엿집과 관련문서 재난방지시설 설치사업	300,000	문화관광과	9	7	6	1	6	2	2	4
5839	경북 경산시	불굴사 종각 단청공사	72,000	문화관광과	9	7	6	1	6	2	1	4
5840	경북 경산시	어린이놀이터 조성사업	500,000	안전총괄과	9	4	7	8	7	5	5	4
5841	경북 경산시	뉴딜사업 도시가스 미공급 지역 지원사업	258,200	도시과	9	2	7	8	7	5	5	4
5842	경북 경산시	도시재생 뉴딜사업 도시가스 미공급 지역 지원사업	138,500	도시과	9	2	7	8	7	5	5	4
5843	경북 경산시	농어촌장애인 주택개조지원사업	15,200	건축과	9	7	1	7	3	3	1	4
5844	경북 경산시	치매보듬마을 환경개선	6,000	건강증진과	9	6	4	7	7	5	5	4
5845	경북 경산시	귀농인 정착지원	8,000	농정유통과	9	4	7	8	7	5	5	4
5846	경북 경산시	청년농부육성지원	30,000	농정유통과	9	4	7	8	7	5	5	4
5847	경북 경산시	가업승계 우수농업인 정착지원	70,000	농정유통과	9	4	7	8	7	5	5	4
5848	경북 경산시	결혼이민자농가 소득증진 지원	8,000	농정유통과	9	4	7	8	7	5	5	4

순번	시군구	지출명 (사업명)	2020년예산 (단위:천원/1년간)	담당자 (공무원) 담당부서	민간이전 분류 (지방자치단체 세출예산 집행기준에 의거) 1. 민간경상사업보조(1) 2. 민간단체 법정운영비보조(2) 3. 민간행사사업보조(3) 4. 민간위탁금(4) 5. 사회복지시설 법정운영비보조(5) 6. 민간인위탁교육비(6) 7. 공기관등에대한경상적대행사업비(7) 8. 민간자본사업보조,자체재원(8) 9. 민간자본사업보조,이전재원(9) 10. 민간위탁사업비(10) 11. 공기관등에 대한 자본적 대행사업비(11)	민간이전지출 근거 (지방보조금 관리기준 참고) 1. 법률에 규정 2. 국고보조 재원(국가지정) 3. 용도 지정 기부금 4. 조례에 직접규정 5. 지자체가 권장하는 사업을 하는 공공기관 6. 시,도 정책 및 재정사정 7. 기타 8. 해당없음	입찰방식 계약체결방법 (경쟁형태) 1. 일반경쟁 2. 제한경쟁 3. 지명경쟁 4. 수의계약 5. 법정위탁 6. 기타 ( ) 7. 해당없음	입찰방식 계약기간 1. 1년 2. 2년 3. 3년 4. 4년 5. 5년 6. 기타 ( )년 7. 단기계약 (1년미만) 8. 해당없음	입찰방식 낙찰자선정방법 1. 적격심사 2. 협상에의한계약 3. 최저가낙찰제 4. 규격가격분리 5. 2단계 경쟁입찰 6. 기타 ( ) 7. 해당없음	운영예산 산정 운영예산 산정 1. 내부산정 (지자체 자체적으로 산정) 2. 외부산정 (외부전문기관위탁 산정) 3. 내·외부 모두 산정 4. 산정 無 5. 해당없음	운영예산 산정 정산방법 1. 내부정산 (지자체 내부적으로 정산) 2. 외부정산 (외부전문기관위탁 정산) 3. 내·외부 모두 산정 4. 정산 無 5. 해당없음	성과평가 실시여부 1. 실시 2. 미실시 3. 향후 추진 4. 해당없음
5849	경북 경산시	6차산업 경영체 경쟁력 강화지원	203,000	농정유통과	9	4	7	8	7	5	5	4
5850	경북 경산시	공공비축미 대형포대 매입 기자재 지원	2,500,000	농정유통과	9	4	7	8	7	5	5	4
5851	경북 경산시	중소형농업기계공급	410,000	농정유통과	9	4	7	8	7	5	5	4
5852	경북 경산시	여성농업인 농작업편의장비지원	5,000	농정유통과	9	4	7	8	7	5	5	4
5853	경북 경산시	신선농산물예비수출단지육성	75,000	농정유통과	9	4	7	8	7	5	5	4
5854	경북 경산시	축사 전기관리시설 지원	7,500	축산진흥과	9	6	7	8	7	5	5	4
5855	경북 경산시	축사환기시설(송풍기)지원	6,000	축산진흥과	9	4	7	8	7	5	5	4
5856	경북 경산시	쿨링패드 및 스프링클러 지원	5,000	축산진흥과	9	4	7	8	7	5	5	4
5857	경북 경산시	젖소 더위 방지용 대형 선풍기 지원	24,000	축산진흥과	9	6	7	8	7	5	5	4
5858	경북 경산시	젖소 사료 자동급이기 지원	13,000	축산진흥과	9	6	7	8	7	5	5	4
5859	경북 경산시	IOT기반축우관리시스템 지원	45,000	축산진흥과	9	6	7	8	7	5	5	4
5860	경북 경산시	계란 난좌 지원	2,000,000	축산진흥과	9	6	7	8	7	5	5	4
5861	경북 경산시	육계사 깔짚 지원	2,000,000	축산진흥과	9	6	7	8	7	5	5	4
5862	경북 경산시	양계 자동급수장치 및 투약기 지원	8,000	축산진흥과	9	6	7	8	7	5	5	4
5863	경북 경산시	불량 모돈 갱신	60,000	축산진흥과	9	6	7	8	7	5	5	4
5864	경북 경산시	꿀벌 화분 지원	41,600	축산진흥과	9	6	7	8	7	5	5	4
5865	경북 경산시	자동 채밀기 지원	8,800	축산진흥과	9	6	7	8	7	5	5	4
5866	경북 경산시	양봉산물 저온저장고 지원	12,000	축산진흥과	9	6	7	8	7	5	5	4
5867	경북 경산시	양봉 벌통 지원	43,500	축산진흥과	9	6	7	8	7	5	5	4
5868	경북 경산시	토종벌 종보전 지원	12,000	축산진흥과	9	6	7	8	7	5	5	4
5869	경북 경산시	토종벌 벌통 지원	4,800	축산진흥과	9	1	7	8	7	5	5	4
5870	경북 경산시	조사료생산장비 지원	24,000	축산진흥과	9	6	7	8	7	5	5	4
5871	경북 경산시	한우 사료자동급이기 지원	50,000	축산진흥과	9	6	7	8	7	5	5	4
5872	경북 경산시	한우 미네랄블럭 지원	8,000	축산진흥과	9	6	7	8	7	5	5	4
5873	경북 경산시	한우 스트레스완화 강철브러쉬 지원	7,500	축산진흥과	9	6	7	8	7	5	5	4
5874	경북 경산시	돼지 액상정액 지원	30,600	축산진흥과	9	6	7	8	7	5	5	4
5875	경북 경산시	모돈 생산성 제고장비	30,000	축산진흥과	9	6	7	8	7	5	5	4
5876	경북 경산시	이유자돈 생산성 제고장비	25,500	축산진흥과	9	6	7	8	7	5	5	4
5877	경북 경산시	축사관리용 CCTV 지원	22,000	축산진흥과	9	6	7	8	7	5	5	4
5878	경북 경산시	양돈 분만 위생개선	11,700	축산진흥과	9	6	7	8	7	5	5	4
5879	경북 경산시	자돈 폐사율 감소 지원	1,980,000	축산진흥과	9	6	7	8	7	5	5	4
5880	경북 경산시	친환경 악취저감제 지원	12,000	축산진흥과	9	6	7	8	7	5	5	4
5881	경북 경산시	가축분뇨 퇴액비화 지원	45,100	축산진흥과	9	1	7	8	7	5	5	4
5882	경북 경산시	조사료생산용 종자구입비 지원	119,280	축산진흥과	9	2	7	8	7	5	5	4
5883	경북 경산시	조사료생산용 기계장비구입 지원	60,000	축산진흥과	9	2	7	8	7	5	5	4
5884	경북 경산시	축산농가 환경개선장비 지원	150,000	축산진흥과	9	1	7	8	7	5	5	4
5885	경북 경산시	구제역백신접종 원거리자동주사기 지원	15,680	축산진흥과	9	1	7	8	7	5	5	4
5886	경북 경산시	소독시설 지원사업	28,000	축산진흥과	9	1	7	8	7	5	5	4
5887	경북 경산시	가금농가 CCTV등 방역인프라 설치 지원사업	30,000	축산진흥과	9	1	7	8	7	5	5	4
5888	경북 경산시	쇼케이스 냉장고 구입 지원	5,600	축산진흥과	9	6	7	8	7	5	5	4
5889	경북 경산시	계란 냉장차량 지원	75,000	축산진흥과	9	2	7	8	7	5	5	4
5890	경북 경산시	경산농협 APC 보완사업	780,000	축산진흥과	9	2	7	8	7	5	5	4
5891	경북 경산시	자인농협 APC 보완사업	360,000	축산진흥과	9	2	7	8	7	5	5	4
5892	경북 경산시	병해충방제등 노동력절감 장비지원	14,000	농촌진흥과	9	6	7	8	7	5	1	3
5893	경북 경산시	청년농업인 자립기반 구축 지원	80,000	농촌진흥과	9	6	7	8	7	5	1	3

순번	시군구	지출명 (사업명)	2020년예산 (단위:천원/1년간)	담당자 (공무원) 담당부서	민간이전 분류 (지방자치단체 세출예산 집행기준에 의거) 1. 민간경상사업보조(1) 2. 민간단체 법정운영비보조(2) 3. 민간행사사업보조(3) 4. 민간위탁금(4) 5. 사회복지시설 법정운영비보조(5) 6. 민간인위탁교육비(6) 7. 공기관등에대한경상적대행사업비(7) 8. 민간자본사업보조,자체재원(8) 9. 민간자본사업보조,이전재원(9) 10. 민간위탁사업비(10) 11. 공기관등에 대한 자본적 대행사업비(11)	민간이전지출 근거 (지방보조금 관리기준 참고) 1. 법률에 규정 2. 국고보조 재원(국가지정) 3. 용도 지정 기부금 4. 조례에 직접규정 5. 지자체가 권장하는 사업을 하는 공공기관 6. 시,도 정책 및 재정사정 7. 기타 8. 해당없음	입찰방식 계약체결방법 (경쟁형태) 1. 일반경쟁 2. 제한경쟁 3. 지명경쟁 4. 수의계약 5. 법정위탁 6. 기타 ( ) 7. 해당없음	입찰방식 계약기간 1. 1년 2. 2년 3. 3년 4. 4년 5. 5년 6. 기타 ( )년 7. 단기계약 (1년미만) 8. 해당없음	입찰방식 낙찰자선정방법 1. 적격심사 2. 협상에의한계약 3. 최저가낙찰제 4. 규격가격분리 5. 2단계 경쟁입찰 6. 기타 ( ) 7. 해당없음	운영예산 산정 운영예산 산정 1. 내부산정 (지자체 자체적으로 산정) 2. 외부산정 (외부전문기관 위탁 산정) 3. 내·외부 모두 산정 4. 산정 無 5. 해당없음	운영예산 산정 정산방법 1. 내부정산 (지자체 내부적으로 정산) 2. 외부정산 (외부전문기관 위탁 정산) 3. 내·외부 모두 산정 4. 정산 無 5. 해당없음	성과평가 실시여부 1. 실시 2. 미실시 3. 향후 추진 4. 해당없음
5894	경북 경산시	농촌여성 생산성 향상 장비지원	21,000	농촌진흥과	9	4	7	8	7	5	1	3
5895	경북 경산시	작목별 맞춤형 안전관리 실천시범	50,000	농촌진흥과	9	4	7	8	7	5	1	3
5896	경북 경산시	식물활용 그린 스쿨·오피스 조성 시범	20,000	농촌진흥과	9	4	7	8	7	5	1	3
5897	경북 경산시	농작물피해방지포획(방제)기 지원	770,000	기술지원과	9	6	7	8	7	3	1	3
5898	경북 경산시	밭식량작물 다목적 농업기계 지원	10,000	기술지원과	9	6	7	8	7	3	1	3
5899	경북 경산시	벼 육묘장 상토지원	5,000	기술지원과	9	6	7	8	7	3	1	3
5900	경북 경산시	벼 육묘상처리제	15,000	기술지원과	9	6	7	8	7	3	1	3
5901	경북 경산시	벼 육묘매트	4,125,000	기술지원과	9	6	7	8	7	3	1	3
5902	경북 경산시	벼재배생력화장비	37,500	기술지원과	9	6	7	8	7	3	1	3
5903	경북 경산시	벼 녹화장(소규모) 설치지원	5,500	기술지원과	9	6	7	8	7	3	1	3
5904	경북 경산시	대규모 벼재배농가 대형농기계 지원	60,000	기술지원과	9	6	7	8	7	3	1	3
5905	경북 경산시	유기농업자재 지원	5,053	기술지원과	9	2	7	8	7	3	1	3
5906	경북 경산시	유기질비료 지원	1,105,039	기술지원과	9	2	7	8	7	3	1	1
5907	경북 경산시	토양개량제 공급	260,343	기술지원과	9	2	7	8	7	3	1	1
5908	경북 경산시	주행형동력분무기, 보행SS기	6,000	기술지원과	9	6	7	8	7	3	1	3
5909	경북 경산시	과수전용방제기	20,000	기술지원과	9	6	7	8	7	3	1	3
5910	경북 경산시	동력제초기,농용고소작업차	31,500	기술지원과	9	6	7	8	7	3	1	3
5911	경북 경산시	농가형 저온저장고 설치	60,000	기술지원과	9	6	7	8	7	3	1	3
5912	경북 경산시	FTA대응 대체과수 명품화	900,000	기술지원과	9	6	7	8	7	3	1	3
5913	경북 경산시	과실 생산비 절감 및 품질제고 지원	19,300	기술지원과	9	6	7	8	7	3	1	3
5914	경북 경산시	과수고품질시설현대화사업	987,500	기술지원과	9	2	7	8	7	3	1	3
5915	경북 경산시	민속채소, 양채류 육성 지원	55,000	기술지원과	9	6	7	8	7	3	1	3
5916	경북 경산시	원예소득작목육성지원	144,000	기술지원과	9	6	7	8	7	3	1	3
5917	경북 경산시	화훼생산시설 경쟁력 제고 지원	45,000	기술지원과	9	6	7	8	7	3	1	3
5918	경북 경산시	젖소 케토시스 사전예측 생산성 향상기술시범	20,000	기술지원과	9	4	7	8	7	3	1	3
5919	경북 경산시	버섯파리 친환경 방제기술 시범	2,450,000	기술지원과	9	6	7	8	7	3	1	3
5920	경북 경산시	고품질 포도 생산 스마트팜 조성시범	84,000	기술지원과	9	6	7	8	7	3	1	3
5921	경북 경산시	시설원예 과습 해소 생산성 향상시범	12,800	기술지원과	9	6	7	8	7	3	1	3
5922	경북 경산시	농산물 유통기한 연장 팰릿 MA저장기술 시범	40,000	기술지원과	9	2	7	8	7	3	1	3
5923	경북 군위군	노인복지시설 기능보강사업	19,400	주민복지실	9	2	5	8	7	5	1	4
5924	경북 군위군	그린홈100만호보급사업	23,000	경제과	9	2	7	1	7	5	5	4
5925	경북 군위군	LPG소형저장탱크보급사업	443,124	경제과	9	4	7	1	7	5	5	4
5926	경북 군위군	LPG소형저장탱크보급사업	748,717	경제과	9	4	7	1	7	5	5	4
5927	경북 군위군	신재생에너지 모니터링 시스템 설치	5,000	경제과	9	6	7	8	7	5	5	4
5928	경북 군위군	농어촌 공영버스 구입지원	40,000	경제과	9	1	5	8	1	2	1	1
5929	경북 군위군	농촌 공공형버스 지원	80,000	경제과	9	1	5	8	1	2	1	1
5930	경북 군위군	택시회사 음주측정기 구입지원	700,000	경제과	9	1	5	1	1	2	1	1
5931	경북 군위군	전세버스 음주측정기 구입지원	700,000	경제과	9	1	5	1	1	2	1	1
5932	경북 군위군	군위 인각사지 종합정비사업	1,000,000	문화관광과	9	1	7	8	7	5	5	4
5933	경북 군위군	아미타여래삼존 석굴 주변정비사업	150,000	문화관광과	9	1	7	8	7	5	5	4
5934	경북 군위군	전통사찰(수태사) 주변정비사업	80,000	문화관광과	9	1	7	8	7	5	5	4
5935	경북 군위군	군위 인각사지 유물관 건립사업	340,000	문화관광과	9	1	7	8	7	5	5	4
5936	경북 군위군	슬레이트처리 지원사업	593,100	환경위생과	9	2	7	8	7	5	5	4
5937	경북 군위군	야생동물피해방지시설	54,000	환경위생과	9	2	7	8	7	5	5	4
5938	경북 군위군	전기자동차 보급사업	280,000	환경위생과	9	2	7	8	7	5	5	4

순번	시군구	지출명 (사업명)	2020년예산 (단위:천원/1년간)	담당자 (공무원) 담당부서	민간이전 분류 (지방자치단체 세출예산 집행기준에 의거) 1. 민간경상사업보조(1) 2. 민간단체 법정운영비보조(2) 3. 민간행사사업보조(3) 4. 민간위탁금(4) 5. 사회복지시설 법정운영비보조(5) 6. 민간인위탁교육비(6) 7. 공기관등에대한경상적대행사업비(7) 8. 민간자본사업보조,자체재원(8) 9. 민간자본사업보조,이전재원(9) 10. 민간위탁사업비(10) 11. 공기관등에 대한 자본적 대행사업비(11)	민간이전지출 근거 (지방보조금 관리기준 참고) 1. 법률에 규정 2. 국고보조 재원(국가지정) 3. 용도 지정 기부금 4. 조례에 직접규정 5. 지자체가 권장하는 사업을 하는 공공기관 6. 시,도 정책 및 재정사정 7. 기타 8. 해당없음	입찰방식 계약체결방법 (경쟁형태) 1. 일반경쟁 2. 제한경쟁 3. 지명경쟁 4. 수의계약 5. 법정위탁 6. 기타 ( ) 7. 해당없음	입찰방식 계약기간 1. 1년 2. 2년 3. 3년 4. 4년 5. 5년 6. 기타 ( )년 7. 단기계약 (1년미만) 8. 해당없음	입찰방식 낙찰자선정방법 1. 적격심사 2. 협상에의한계약 3. 최저가낙찰제 4. 규격가격분리 5. 2단계 경쟁입찰 6. 기타 ( ) 7. 해당없음	운영예산 산정 운영예산 산정 1. 내부산정 (지자체 자체적으로 산정) 2. 외부산정 (외부전문기관위탁 산정) 3. 내·외부 모두 산정 4. 산정 無 5. 해당없음	운영예산 산정 정산방법 1. 내부정산 (지자체 내부적으로 정산) 2. 외부정산 (외부전문기관위탁 정산) 3. 내·외부 모두 산정 4. 정산 無 5. 해당없음	성과평가 실시여부 1. 실시 2. 미실시 3. 향후 추진 4. 해당없음
5939	경북 군위군	소규모영세사업장 대기방지시설 설치지원	450,000	환경위생과	9	2	7	8	7	5	5	4
5940	경북 군위군	임산물생산기반조성	287,500	산림축산과	9	2	7	8	7	5	5	4
5941	경북 군위군	임산물생산기반조성	111,000	산림축산과	9	2	7	8	7	5	5	4
5942	경북 군위군	친환경임산물재배관리	3,382,000	산림축산과	9	2	7	8	7	5	5	4
5943	경북 군위군	생산단지규모화	307,965	산림축산과	9	2	7	8	7	5	5	4
5944	경북 군위군	돼지액상정액 지원	15,300	산림축산과	9	6	7	8	7	5	5	4
5945	경북 군위군	모돈생산성제고장비 지원	15,000	산림축산과	9	6	7	8	7	5	5	4
5946	경북 군위군	자돈 폐사율감소 지원	9,900	산림축산과	9	6	7	8	7	5	5	4
5947	경북 군위군	불량모돈갱신사업	48,000	산림축산과	9	6	7	8	7	5	5	4
5948	경북 군위군	양돈분만위생개선사업 지원	20,220	산림축산과	9	6	7	8	7	5	5	4
5949	경북 군위군	면역강화용 사료첨가제	81,000	산림축산과	9	6	7	8	7	5	5	4
5950	경북 군위군	계란난좌 지원	16,400	산림축산과	9	6	7	8	7	5	5	4
5951	경북 군위군	안개분무시설 지원	16,000	산림축산과	9	6	7	8	7	5	5	4
5952	경북 군위군	육계사깔짚 지원	19,500	산림축산과	9	6	7	8	7	5	5	4
5953	경북 군위군	젖소더위방지용 대형선풍기 지원	6,000	산림축산과	9	6	7	8	7	5	5	4
5954	경북 군위군	사료자동급이기 지원	6,500	산림축산과	9	6	7	8	7	5	5	4
5955	경북 군위군	착유용무주유식진공펌프	7,500	산림축산과	9	6	7	8	7	5	5	4
5956	경북 군위군	축산농가환경개선장비지원	45,000	산림축산과	9	6	7	8	7	5	5	4
5957	경북 군위군	한우 사료자동급이기지원	20,000	산림축산과	9	6	7	8	7	5	5	4
5958	경북 군위군	축사관리용 CCTV 지원	6,000	산림축산과	9	6	7	8	7	5	5	4
5959	경북 군위군	IOT기반축우관리시스템 지원	18,000	산림축산과	9	6	7	8	7	5	5	4
5960	경북 군위군	조사료 사일리지제조비지원	238,410	산림축산과	9	2	7	8	7	5	5	4
5961	경북 군위군	조사료생산용종자구입	153,720	산림축산과	9	2	7	8	7	5	5	4
5962	경북 군위군	꿀벌 화분지원	52,400	산림축산과	9	6	7	8	7	5	5	2
5963	경북 군위군	채밀기지원	11,000	산림축산과	9	6	7	8	7	5	5	2
5964	경북 군위군	양봉 벌통지원	57,000	산림축산과	9	6	7	8	7	5	5	2
5965	경북 군위군	양봉산물저온저장고 지원	15,000	산림축산과	9	6	7	8	7	5	5	2
5966	경북 군위군	토종벌종보전지원	2,000,000	산림축산과	9	6	7	8	7	5	5	2
5967	경북 군위군	축사단열처리 지원사업	15,000	산림축산과	9	6	7	8	7	5	5	4
5968	경북 군위군	축사환기시설(송풍기) 지원	6,000	산림축산과	9	6	7	8	7	5	5	4
5969	경북 군위군	쿨링패드및스프링클러 지원	5,000	산림축산과	9	6	7	8	7	5	5	4
5970	경북 군위군	가축분뇨 액비살포비 지원	20,000	산림축산과	9	2	7	8	7	5	5	4
5971	경북 군위군	가축분뇨정화개보수 지원	42,200	산림축산과	9	2	7	8	7	5	5	4
5972	경북 군위군	친환경 축산물 인증비	4,900	산림축산과	9	6	7	8	7	5	5	4
5973	경북 군위군	써코백신 지원	68,424	산림축산과	9	2	7	8	7	5	5	4
5974	경북 군위군	전업농가 구제역백신 구입 지원	211,696	산림축산과	9	2	5	8	7	5	5	4
5975	경북 군위군	소독시설(중형) 지원	24,500	산림축산과	9	8	7	8	7	5	5	4
5976	경북 군위군	돼지소모성질환 지도사업 지원	6,000	산림축산과	9	2	7	8	7	5	5	4
5977	경북 군위군	가금농가 CCTV 지원사업	30,000	산림축산과	9	2	7	8	7	5	5	4
5978	경북 군위군	축산분야 HACCP 인증비 지원	630,000	산림축산과	9	6	7	8	7	5	5	4
5979	경북 군위군	축산물유통안전성 제고사업 3종	8,400	산림축산과	9	6	7	8	7	5	5	4
5980	경북 군위군	축산물이력제 업무인턴 지원	24,672	산림축산과	9	6	5	8	7	5	5	4
5981	경북 군위군	계란냉장차량 지원	15,000	산림축산과	9	2	7	8	7	5	5	4
5982	경북 군위군	내수면양식기자재공급	3,500,000	산림축산과	9	2	7	8	7	5	5	4
5983	경북 군위군	수산재해대비액화질소지원	10,500	산림축산과	9	2	7	8	7	5	5	4

순번	시군구	지출명 (사업명)	2020년예산 (단위:천원/1년간)	담당자 (공무원) 담당부서	민간이전 분류 (지방자치단체 세출예산 집행기준에 의거) 1. 민간경상사업보조(1) 2. 민간단체 법정운영비보조(2) 3. 민간행사사업보조(3) 4. 민간위탁금(4) 5. 사회복지시설 법정운영비보조(5) 6. 민간인위탁교육비(6) 7. 공기관등에대한경상적대행사업비(7) 8. 민간자본사업보조,자체재원(8) 9. 민간자본사업보조,이전재원(9) 10. 민간위탁사업비(10) 11. 공기관등에 대한 자본적 대행사업비(11)	민간이전지출 근거 (지방보조금 관리기준 참고) 1. 법률에 규정 2. 국고보조 재원(국가지정) 3. 용도 지정 기부금 4. 조례에 직접규정 5. 지자체가 권장하는 사업을 하는 공공기관 6. 시,도 정책 및 재정사정 7. 기타 8. 해당없음	입찰방식 계약체결방법 (경쟁형태) 1. 일반경쟁 2. 제한경쟁 3. 지명경쟁 4. 수의계약 5. 법정위탁 6. 기타 ( ) 7. 해당없음	입찰방식 계약기간 1. 1년 2. 2년 3. 3년 4. 4년 5. 5년 6. 기타 ( )년 7. 단기계약 (1년미만) 8. 해당없음	입찰방식 낙찰자선정방법 1. 적격심사 2. 협상에의한계약 3. 최저가낙찰제 4. 규격가격분리 5. 2단계 경쟁입찰 6. 기타 ( ) 7. 해당없음	운영예산 산정 운영예산 산정 1. 내부산정 (지자체 자체 적으로 산정) 2. 외부산정 (외부전문기관 위탁 산정) 3. 내·외부 모두 산정 4. 산정 無 5. 해당없음	운영예산 산정 정산방법 1. 내부정산 (지자체 내부적으로 정산) 2. 외부정산 (외부전문기관 위탁 정산) 3. 내·외부 모두 산정 4. 정산 無 5. 해당없음	성과평가 실시여부 1. 실시 2. 미실시 3. 향후 추진 4. 해당없음
5984	경북 군위군	농어가도우미지원	8,640	농정과	9	6	7	8	7	5	5	1
5985	경북 군위군	귀농정착지원사업	80,000	농정과	9	6	7	8	7	5	5	1
5986	경북 군위군	결혼이민자농가소득증진지원	8,000	농정과	9	6	7	8	7	5	5	1
5987	경북 군위군	농업계고 졸업생 창업비용 지원	10,000	농정과	9	6	7	8	7	5	5	1
5988	경북 군위군	여성농업인 농작업편의장비 지원	5,000	농정과	9	6	7	8	7	5	5	1
5989	경북 군위군	중소형농기계공급	340,000	농정과	9	2	7	8	7	5	5	1
5990	경북 군위군	밭식량작물다목적농업기계지원	30,000	농정과	9	2	7	8	7	5	5	1
5991	경북 군위군	벼 육묘장 설치	144,500	농정과	9	2	7	8	7	5	5	1
5992	경북 군위군	벼 육묘 농자재 지원	73,625	농정과	9	2	7	8	7	5	5	1
5993	경북 군위군	밭작물폭염(가뭄)피해예방사업	36,316	농정과	9	2	7	8	7	5	5	1
5994	경북 군위군	벼재배생력화 지원	59,500	농정과	9	2	7	8	7	5	5	1
5995	경북 군위군	공공비축미대형포대매입기자재지원	7,500	농정과	9	2	7	8	7	5	5	1
5996	경북 군위군	농작물피해방지포획기지원	4,962	농정과	9	2	7	8	7	5	5	1
5997	경북 군위군	대규모벼재배농가대형농기계지원	200,000	농정과	9	2	7	8	7	5	5	1
5998	경북 군위군	토양개량제공급 지원	284,940	농정과	9	2	7	8	7	5	5	1
5999	경북 군위군	친환경농법 종합지원사업	18,666	농정과	9	2	7	8	7	5	5	1
6000	경북 군위군	친환경농산물 판로확대 지원	27,600	농정과	9	2	7	8	7	5	5	1
6001	경북 군위군	소비자초청 녹색체험비 지원	23,700	농정과	9	2	7	8	7	5	5	1
6002	경북 군위군	유기질비료 지원	1,158,551	농정과	9	2	7	8	7	5	5	1
6003	경북 군위군	유기농업자재지원	7,584	농정과	9	2	7	8	7	5	5	1
6004	경북 군위군	친환경퇴비사설치지원	35,000	농정과	9	2	7	8	7	5	5	1
6005	경북 군위군	유해야생동물 포획시설지원	5,280	농정과	9	2	7	8	7	5	5	1
6006	경북 군위군	신선농산물수출경쟁력제고	120,000	농정과	9	4	7	8	7	5	5	1
6007	경북 군위군	학교급식지원센터수송차량지원	18,200	농정과	9	4	7	8	7	5	5	1
6008	경북 군위군	농산물공동선별비지원	1,700,000	농정과	9	4	7	8	7	5	5	1
6009	경북 군위군	원예소득작목육성지원	574,000	농정과	9	6	7	8	7	5	5	1
6010	경북 군위군	민속채소생산기반확충	12,500	농정과	9	6	7	8	7	5	5	1
6011	경북 군위군	에너지이용효율화지원	123,365	농정과	9	2	7	8	7	5	5	1
6012	경북 군위군	고추비가림재배시설지원	49,510	농정과	9	6	7	8	7	5	5	1
6013	경북 군위군	시설원예현대화지원사업	82,400	농정과	9	2	7	8	7	5	5	1
6014	경북 군위군	다목적농가형저온저장고설치 198㎡	60,000	농정과	9	6	7	8	7	5	5	1
6015	경북 군위군	승용SS기,주행형동력분무기외 3종	73,500	농정과	9	6	7	8	7	5	5	1
6016	경북 군위군	FTA대응대체과수명품화사업	23,500	농정과	9	6	7	8	7	5	5	1
6017	경북 군위군	FTA기금 과수고품질 시설현대화사업	158,250	농정과	9	2	7	8	7	5	5	1
6018	경북 군위군	과실장기저장제외 2종	46,250	농정과	9	6	7	8	7	5	5	1
6019	경북 군위군	애누에공동사육비지원	990,000	농정과	9	6	7	8	7	5	5	1
6020	경북 군위군	경북미래형 2축형사과원 시범	35,000	농업기술센터	9	1	7	8	7	5	5	4
6021	경북 군위군	플라즈마 기술 이용 농산물 신선저장 시범	7,000	농업기술센터	9	6	7	8	7	5	5	4
6022	경북 군위군	천적 이용 친환경버섯 브랜드 육성	104,000	농업기술센터	9	6	7	8	7	1	1	1
6023	경북 군위군	버섯파리 친환경 방제기술시범	4,900	농업기술센터	9	6	7	8	7	1	1	1
6024	경북 군위군	고품질 오이생산 ICT융복합 시설재배환경개선 시범	156,000	농업기술센터	9	6	7	8	7	5	5	4
6025	경북 군위군	버섯 국내육성품종 보급 시범	60,000	농업기술센터	9	2	7	8	7	1	1	1
6026	경북 군위군	원격 병해충 방제 생력화 체계 구축 시범	100,000	농업기술센터	9	2	7	8	7	5	5	4
6027	경북 군위군	한우 유전정보 기반 정밀사양 기술시범	100,000	농업기술센터	9	2	7	8	7	1	1	1
6028	경북 군위군	수출용 딸기 신품종 농가 조기보급 시범	16,000	농업기술센터	9	6	7	8	7	5	5	4

순번	시군구	지출명 (사업명)	2020년예산 (단위:천원/1년간)	담당자 (공무원) 담당부서	민간이전 분류 (지방자치단체 세출예산 집행기준에 의거) 1. 민간경상사업보조(1) 2. 민간단체 법정운영비보조(2) 3. 민간행사사업보조(3) 4. 민간위탁금(4) 5. 사회복지시설 법정운영비보조(5) 6. 민간인위탁교육비(6) 7. 공기관등에대한경상적대행사업비(7) 8. 민간자본사업보조,자체재원(8) 9. 민간자본사업보조,이전재원(9) 10. 민간위탁사업비(10) 11. 공기관등에 대한 자본적 대행사업비(11)	민간이전지출 근거 (지방보조금 관리기준 참고) 1. 법률에 규정 2. 국고보조 재원(국가지정) 3. 용도 지정 기부금 4. 조례에 직접규정 5. 지자체가 권장하는 사업을 하는 공공기관 6. 시,도 정책 및 재정사정 7. 기타 8. 해당없음	입찰방식 계약체결방법 (경쟁형태) 1. 일반경쟁 2. 제한경쟁 3. 지명경쟁 4. 수의계약 5. 법정위탁 6. 기타 ( ) 7. 해당없음	입찰방식 계약기간 1. 1년 2. 2년 3. 3년 4. 4년 5. 5년 6. 기타 ( )년 7. 단기계약 (1년미만) 8. 해당없음	입찰방식 낙찰자선정방법 1. 적격심사 2. 협상에의한계약 3. 최저가낙찰제 4. 규격가격분리 5. 2단계 경쟁입찰 6. 기타 ( ) 7. 해당없음	운영예산 산정 운영예산 산정 1. 내부산정 (지자체 자체적으로 산정) 2. 외부산정 (외부전문기관위탁 산정) 3. 내·외부 모두 산정 4. 산정 無 5. 해당없음	운영예산 산정 정산방법 1. 내부정산 (지자체 내부적으로 정산) 2. 외부정산 (외부전문기관위탁 정산) 3. 내·외부 모두 산정 4. 정산 無 5. 해당없음	성과평가 실시여부 1. 실시 2. 미실시 3. 향후 추진 4. 해당없음
6029	경북 군위군	수경재배 배지함수율 관리기술적용 시범	16,000	농업기술센터	9	6	7	8	7	5	5	4
6030	경북 군위군	고품질 포도생산 스마트팜 조성 시범	42,000	농업기술센터	9	1	7	8	7	5	5	4
6031	경북 군위군	토마토 수경재배 작은뿌리파리 종합관리 기술시범	30,000	농업기술센터	9	2	7	8	7	5	5	4
6032	경북 군위군	농촌여성 생산성 향상 장비 지원	10,500	농업기술센터	9	4	7	8	7	1	1	1
6033	경북 군위군	병해충무인방제 등 노동력절감장비지원	14,000	농업기술센터	9	6	7	8	7	5	1	4
6034	경북 군위군	청년농업인자립기반구축지원	160,000	농업기술센터	9	6	7	8	7	5	1	4
6035	경북 군위군	신규농업인 농산업 창업실행비 지원	10,000	농업기술센터	9	2	7	8	7	5	1	4
6036	경북 군위군	가업승계 우수농업인 정착지원	70,000	농업기술센터	9	6	7	8	7	5	1	4
6037	경북 의성군	농어촌장애인주택개조사업	68,400	민원과	9	1	6	1	6	2	1	3
6038	경북 의성군	무공수훈자회사무기기구입지원	1,000,000	복지과	9	4	7	8	7	1	1	1
6039	경북 의성군	장애인거주시설기능보강	627,182	복지과	9	2	7	8	7	1	1	4
6040	경북 의성군	어린이집전자출결시스템장비비	7,220	복지과	9	2	7	8	7	1	1	4
6041	경북 의성군	어린이집환경개선비지원	9,000	복지과	9	6	7	8	7	1	1	4
6042	경북 의성군	지역아동센터환경개선지원	23,010	복지과	9	2	7	8	7	1	1	2
6043	경북 의성군	문화특화지역조성사업	40,000	관광문화과	9	6	7	8	7	5	5	4
6044	경북 의성군	전통사찰방재시스템구축지원(수정사)	199,000	관광문화과	9	2	6	7	6	1	1	1
6045	경북 의성군	전통사찰보수정비지원(정수사)	140,000	관광문화과	9	2	6	7	6	1	1	1
6046	경북 의성군	전통사찰보수정비지원(수정사)	56,000	관광문화과	9	2	6	7	6	1	1	1
6047	경북 의성군	택시음주측정기구입지원	2,100,000	일자리창출과	9	1	7	8	7	5	5	4
6048	경북 의성군	전세버스음주측정기구입지원	2,800,000	일자리창출과	9	1	7	8	7	5	5	4
6049	경북 의성군	신재생에너지주택지원사업	136,000	경제투자과	9	2	7	8	7	3	1	4
6050	경북 의성군	신재생에너지건물지원사업	81,000	경제투자과	9	2	7	8	7	3	1	4
6051	경북 의성군	복지시설고효율냉난방기지원	33,200	경제투자과	9	2	7	8	7	3	1	4
6052	경북 의성군	신재생에너지모니터링시스템보급	16,000	경제투자과	9	1	7	8	7	3	1	4
6053	경북 의성군	도시가스미공급지역지원사업	73,500	경제투자과	9	1	7	7	7	1	1	4
6054	경북 의성군	LPG소형저장탱크보급사업	1,039,472	경제투자과	9	1	7	7	7	1	1	4
6055	경북 의성군	양식장기자재공급사업	14,000	경제투자과	9	6	7	8	7	1	1	1
6056	경북 의성군	지역특산수산물가공시설지원사업	12,000	경제투자과	9	6	7	8	7	5	5	4
6057	경북 의성군	결혼이민자소득증진지원	24,000	농축산과	9	4	4	7	7	1	1	4
6058	경북 의성군	농촌마을공동급식시설지원	16,000	농축산과	9	4	4	7	7	1	1	4
6059	경북 의성군	가업승계우수농업인정착지원	105,000	농축산과	9	4	4	7	7	1	1	4
6060	경북 의성군	농촌소득자원발굴육성	219,100	농축산과	9	4	1	7	1	1	2	4
6061	경북 의성군	농촌체험휴양마을운영활성화기반구축지원	90,000	농축산과	9	4	1	7	1	1	1	4
6062	경북 의성군	여성농업인농작업편의장비지원	20,000	농축산과	9	4	4	7	7	1	1	4
6063	경북 의성군	중소형농기계공급 지원	600,000	농축산과	9	4	7	8	7	1	1	4
6064	경북 의성군	벼재배생력화 장비 지원	77,500	농축산과	9	4	7	8	7	1	1	4
6065	경북 의성군	유기농업자재지원	27,820	농축산과	9	2	7	8	7	1	1	4
6066	경북 의성군	유기질비료지원	2,073,600	농축산과	9	2	7	8	7	1	1	4
6067	경북 의성군	토양개량제공급	1,812,366	농축산과	9	2	7	8	7	1	1	4
6068	경북 의성군	친환경농법종합지원	66,667	농축산과	9	4	7	8	7	1	1	4
6069	경북 의성군	농작물피해방지포획(방제)기지원	1,815,000	농축산과	9	4	7	8	7	1	1	4
6070	경북 의성군	친환경농업기반구축	824,000	농축산과	9	2	7	8	7	5	5	4
6071	경북 의성군	유해야생동물포획시설지원	5,280	농축산과	9	4	7	8	7	1	1	4
6072	경북 의성군	친환경퇴비사설치지원	35,000	농축산과	9	4	7	8	7	5	5	4
6073	경북 의성군	벼육묘공장설치(대규모)	70,000	농축산과	9	4	7	8	7	1	1	4

순번	시군구	지출명 (사업명)	2020년예산 (단위:천원/1년간)	담당자 (공무원) 담당부서	민간이전 분류 (지방자치단체 세출예산 집행기준에 의거) 1. 민간경상사업보조(1) 2. 민간단체 법정운영비보조(2) 3. 민간행사사업보조(3) 4. 민간위탁금(4) 5. 사회복지시설 법정운영비보조(5) 6. 민간인위탁교육비(6) 7. 공기관등에대한경상적대행사업비(7) 8. 민간자본사업보조,자체재원(8) 9. 민간자본사업보조,이전재원(9) 10. 민간위탁사업비(10) 11. 공기관등에 대한 자본적 대행사업비(11)	민간이전지출 근거 (지방보조금 관리기준 참고) 1. 법률에 규정 2. 국고보조 재원(국가지정) 3. 용도 지정 기부금 4. 조례에 직접규정 5. 지자체가 권장하는 사업을 하는 공공기관 6. 시,도 정책 및 재정사정 7. 기타 8. 해당없음	입찰방식 계약체결방법 (경쟁형태) 1. 일반경쟁 2. 제한경쟁 3. 지명경쟁 4. 수의계약 5. 법정위탁 6. 기타 ( ) 7. 해당없음	입찰방식 계약기간 1. 1년 2. 2년 3. 3년 4. 4년 5. 5년 6. 기타 ( )년 7. 단기계약 (1년미만) 8. 해당없음	입찰방식 낙찰자선정방법 1. 적격심사 2. 협상에의한계약 3. 최저가낙찰제 4. 규격가격분리 5. 2단계 경쟁입찰 6. 기타 ( ) 7. 해당없음	운영예산 산정 운영예산 산정 1. 내부산정 (지자체 자체적으로 산정) 2. 외부산정 (외부전문기관위탁 산정) 3. 내·외부 모두 산정 4. 산정 無 5. 해당없음	운영예산 산정 정산방법 1. 내부정산 (지자체 내부적으로 정산) 2. 외부정산 (외부전문기관위탁 정산) 3. 내·외부 모두 산정 4. 정산 無 5. 해당없음	성과평가 실시여부 1. 실시 2. 미실시 3. 향후 추진 4. 해당없음
6074	경북 의성군	벼육묘공장설치(소규모)	189,000	농축산과	9	4	7	8	7	1	1	4
6075	경북 의성군	벼육묘공장개보수(대규모)	15,000	농축산과	9	4	7	8	7	1	1	4
6076	경북 의성군	벼육묘공장개보수(소규모)	19,066	농축산과	9	4	7	8	7	1	1	4
6077	경북 의성군	벼녹화장설치(대규모)	30,000	농축산과	9	4	7	8	7	1	1	4
6078	경북 의성군	벼녹화장설치(소규모)	77,000	농축산과	9	4	7	8	7	1	1	4
6079	경북 의성군	벼육묘상농자재	314,539	농축산과	9	4	7	8	7	1	1	4
6080	경북 의성군	대규모벼재배농가대형농기계	360,000	농축산과	9	4	7	8	7	1	1	4
6081	경북 의성군	발작물폭염(가뭄)피해예방	82,879	농축산과	9	4	7	8	7	1	1	4
6082	경북 의성군	가공용벼계약재배단지조성	18,360	농축산과	9	4	7	8	7	1	1	4
6083	경북 의성군	특수미상품화유통기반구축	35,000	농축산과	9	4	7	8	7	1	1	4
6084	경북 의성군	식량작물단지지원	73,500	농축산과	9	4	7	8	7	1	1	4
6085	경북 의성군	대형저울지원	17,500	농축산과	9	4	7	8	7	1	1	4
6086	경북 의성군	RPC시설장비지원	130,000	농축산과	9	4	7	8	7	1	1	4
6087	경북 의성군	조사료생산기계지원	60,000	농축산과	9	2	7	8	7	1	1	4
6088	경북 의성군	조사료생산장비지원	48,000	농축산과	9	4	7	8	7	1	1	4
6089	경북 의성군	축산농가환경개선장비지원	165,000	농축산과	9	4	7	8	7	1	1	4
6090	경북 의성군	착유용무주유식진공펌프지원	7,500	농축산과	9	4	7	8	7	1	1	4
6091	경북 의성군	젖소더위방지용대형선풍기지원	9,000	농축산과	9	4	7	8	7	1	1	4
6092	경북 의성군	젖소사료자동급이기지원	6,500	농축산과	9	4	7	8	7	1	1	4
6093	경북 의성군	착유장비현대화지원	25,000	농축산과	9	4	7	8	7	1	1	4
6094	경북 의성군	원유냉각기지원	7,500	농축산과	9	4	7	8	7	1	1	4
6095	경북 의성군	한우사료자동급이기지원	50,000	농축산과	9	4	7	8	7	1	1	4
6096	경북 의성군	한우스트레스완화강철브러쉬지원	15,000	농축산과	9	4	7	8	7	1	1	4
6097	경북 의성군	축사환기시설(송풍기)지원	16,500	농축산과	9	4	7	8	7	1	1	4
6098	경북 의성군	축사화재예방자동소화장치지원	30,500	농축산과	9	4	7	8	7	1	1	4
6099	경북 의성군	이유자돈생산성제고장비지원	17,000	농축산과	9	4	7	8	7	1	1	4
6100	경북 의성군	모돈생산성제고장비지원	20,000	농축산과	9	4	7	8	7	1	1	4
6101	경북 의성군	축사전기관리시설지원	15,000	농축산과	9	4	7	8	7	1	1	4
6102	경북 의성군	안개분무시설지원	16,000	농축산과	9	4	7	8	7	1	1	4
6103	경북 의성군	제빙기지원	12,000	농축산과	9	4	7	8	7	1	1	4
6104	경북 의성군	쿨링패드및스프링클러지원	5,000	농축산과	9	4	7	8	7	1	1	4
6105	경북 의성군	고품질액비생산시설지원	66,000	농축산과	9	4	7	8	7	1	1	4
6106	경북 의성군	가축분뇨퇴액비화지원	45,100	농축산과	9	2	7	8	7	1	1	4
6107	경북 의성군	마을형퇴비자원화지원	280,000	농축산과	9	2	7	8	7	1	1	4
6108	경북 의성군	액비저장조지원	21,000	농축산과	9	2	7	8	7	1	1	4
6109	경북 의성군	퇴비유통전문조직지원	160,000	농축산과	9	2	7	8	7	1	1	4
6110	경북 의성군	소독시설지원사업(중규모)	49,000	농축산과	9	4	7	8	7	1	1	4
6111	경북 의성군	축산물유통안전성제고사업	28,000	농축산과	9	4	7	8	7	1	1	4
6112	경북 의성군	방역인프라구축지원	60,000	농축산과	9	2	7	8	7	1	1	4
6113	경북 의성군	지역농업CEO발전기반구축지원	60,000	원예산업과	9	6	7	8	7	1	1	4
6114	경북 의성군	농산물상품화및위생시설지원	150,000	원예산업과	9	6	7	8	7	1	1	4
6115	경북 의성군	농업계고졸업생창업비용지원	20,000	원예산업과	9	6	7	8	7	1	1	4
6116	경북 의성군	고추비가림재배시설지원	108,900	원예산업과	9	2	7	8	7	1	1	4
6117	경북 의성군	소득작목육성지원	777,000	원예산업과	9	6	7	8	7	1	1	4
6118	경북 의성군	인삼·생약산업육성지원	51,000	원예산업과	9	4	7	8	7	1	1	4

순번	시군구	지출명 (사업명)	2020년예산 (단위:천원/1년간)	담당자 (공무원) 담당부서	민간이전 분류 (지방자치단체 세출예산 집행기준에 의거) 1. 민간경상사업보조(1) 2. 민간단체 법정운영비보조(2) 3. 민간행사사업보조(3) 4. 민간위탁금(4) 5. 사회복지시설 법정운영비보조(5) 6. 민간인위탁교육비(6) 7. 공기관등에대한경상적대행사업비(7) 8. 민간자본사업보조,자체재원(8) 9. 민간자본사업보조,이전재원(9) 10. 민간위탁사업비(10) 11. 공기관등에 대한 자본적 대행사업비(11)	민간이전지출 근거 (지방보조금 관리기준 참고) 1. 법률에 규정 2. 국고보조 재원(국가지정) 3. 용도 지정 기부금 4. 조례에 직접규정 5. 지자체가 권장하는 사업을 하는 공공기관 6. 시,도 정책 및 재정사정 7. 기타 8. 해당없음	입찰방식 계약체결방법 (경쟁형태) 1. 일반경쟁 2. 제한경쟁 3. 지명경쟁 4. 수의계약 5. 법정위탁 6. 기타 ( ) 7. 해당없음	입찰방식 계약기간 1. 1년 2. 2년 3. 3년 4. 4년 5. 5년 6. 기타 ( )년 7. 단기계약 (1년미만) 8. 해당없음	입찰방식 낙찰자선정방법 1. 적격심사 2. 협상에의한계약 3. 최저가낙찰제 4. 규격가격분리 5. 2단계 경쟁입찰 6. 기타 ( ) 7. 해당없음	운영예산 산정 운영예산 산정 1. 내부산정 (지자체 자체적으로 산정) 2. 외부산정 (외부전문기관위탁 산정) 3. 내·외부 모두 산정 4. 산정 無 5. 해당없음	운영예산 산정 정산방법 1. 내부정산 (지자체 내부적으로 정산) 2. 외부정산 (외부전문기관위탁 정산) 3. 내·외부 모두 산정 4. 정산 無 5. 해당없음	성과평가 실시여부 1. 실시 2. 미실시 3. 향후 추진 4. 해당없음
6119	경북 의성군	특용작물(인삼)생산시설현대화지원	4,050,000	원예산업과	9	2	7	8	7	1	1	4
6120	경북 의성군	특용작물(버섯)생산시설현대화지원	78,500	원예산업과	9	2	7	8	7	1	1	4
6121	경북 의성군	신선농산물수출경쟁력제고사업	66,000	원예산업과	9	4	7	8	7	1	1	2
6122	경북 의성군	밭작물공동경영체육성사업	630,000	원예산업과	9	2	7	8	7	1	1	1
6123	경북 의성군	과수고품질시설현대화사업	1,378,000	원예산업과	9	2	7	8	7	1	1	4
6124	경북 의성군	농가형저온저장고설치사업	160,000	원예산업과	9	6	7	8	7	1	1	1
6125	경북 의성군	과수생력화장비지원사업	271,000	원예산업과	9	6	7	8	7	1	1	4
6126	경북 의성군	FTA대응대체과수명품화사업	35,000	원예산업과	9	6	7	8	7	1	1	4
6127	경북 의성군	과실신선도유지기지원사업	16,250	원예산업과	9	6	7	8	7	1	1	4
6128	경북 의성군	과수스마트팜확산지원	19,600	원예산업과	9	2	7	8	7	1	1	4
6129	경북 의성군	청년농부육성지원	10,000	원예산업과	9	6	7	8	7	5	1	2
6130	경북 의성군	농식품가공산업육성	180,000	원예산업과	9	6	7	8	7	5	1	2
6131	경북 의성군	청년농부창농기반구축지원	140,000	원예산업과	9	6	7	8	7	5	1	2
6132	경북 의성군	야생동물피해예방지원	80,000	환경과	9	2	7	[illegible]	7	1	1	3
6133	경북 의성군	노후1톤화물차량LPG차전환지원사업	80,000	환경과	9	2	7	8	7	1	1	3
6134	경북 의성군	경유차저감장치(DPF)부착	69,140	환경과	9	2	7	8	7	1	1	3
6135	경북 의성군	건설기계저감장치(DPF)부착	33,000	환경과	9	2	7	8	7	1	1	3
6136	경북 의성군	건설기계엔진교체	33,000	환경과	9	2	7	8	7	1	1	3
6137	경북 의성군	전기자동차보급(승용형)	770,000	환경과	9	2	7	8	7	1	1	3
6138	경북 의성군	전기자동차보급(화물차)	120,000	환경과	9	2	7	8	7	1	1	3
6139	경북 의성군	어린이통학차량LPG화물차전환지원	20,000	환경과	9	2	7	8	7	1	1	3
6140	경북 의성군	소규모영세사업장방지시설지원	540,000	환경과	9	2	7	8	7	5	5	4
6141	경북 의성군	유휴토지조림	24,120	산림과	9	2	7	7	7	5	1	4
6142	경북 의성군	주택용목재펠릿보일러보급	75,600	산림과	9	2	7	7	7	1	1	2
6143	경북 의성군	박피기지원	5,000	산림과	9	2	7	8	7	1	1	2
6144	경북 의성군	임산물생산기반조성	25,000	산림과	9	2	7	8	7	1	1	2
6145	경북 의성군	유기질비료지원	4,958	산림과	9	2	7	8	7	1	1	2
6146	경북 의성군	병해충방제등노동력절감장비지원	14,000	농업기술센터	9	1, 4	7	8	7	1	1	4
6147	경북 의성군	강소농자율학습모임체모델화시범	16,000	농업기술센터	9	1, 4	7	8	7	1	1	4
6148	경북 의성군	농촌교육농장육성	35,000	농업기술센터	9	1, 4	7	8	7	5	1	4
6149	경북 의성군	농가맛집육성	105,000	농업기술센터	9	1, 4	7	8	7	5	5	4
6150	경북 의성군	농촌여성생산성향상장비지원	18,200	농업기술센터	9	1, 4	7	8	7	5	5	4
6151	경북 의성군	귀농인정착지원	140,000	농업기술센터	9	4	7	8	7	1	1	4
6152	경북 의성군	가공업체맞춤형고품질특수미생산시범	100,000	농업기술센터	9	1, 4	7	8	7	1	1	1
6153	경북 의성군	생산비절감을위한벼소식재배기술시범	50,000	농업기술센터	9	1, 4	7	8	7	1	1	1
6154	경북 의성군	버섯파리친환경방제기술시범	2,450,000	농업기술센터	9	1, 4	7	8	7	5	5	4
6155	경북 의성군	시설원예과습해소생산성향상시범	12,800	농업기술센터	9	1, 4	7	8	7	5	5	4
6156	경북 의성군	국내육성과수중소과전문생산체계구축시범	50,000	농업기술센터	9	4	7	8	7	1	1	1
6157	경북 의성군	고품질포도생산스마트팜조성시범	60,000	농업기술센터	9	4	7	8	7	1	1	1
6158	경북 의성군	노지과수스마트팜시범	100,000	농업기술센터	9	4	7	8	7	1	1	1
6159	경북 청송군	정보화마을리모델링사업	80,000	총무과	9	6	7	8	7	5	5	4
6160	경북 청송군	노인복지시설기능보강사업	89,174	주민행복과	9	1	7	8	7	5	5	4
6161	경북 청송군	어린이집환경개선	30,000	주민행복과	9	1	7	8	7	5	5	4
6162	경북 청송군	어린이집전자출결시스템장비비	4,090,000	주민행복과	9	2	7	8	7	5	5	4
6163	경북 청송군	전통사찰(청송포교당)방재시스템구축	63,000	문화체육과	9	2	7	8	7	1	1	1

순번	시군구	지출명 (사업명)	2020년예산 (단위:천원/1년간)	담당자 (공무원) 담당부서	민간이전 분류 (지방자치단체 세출예산 집행기준에 의거) 1. 민간경상사업보조(1) 2. 민간단체 법정운영비보조(2) 3. 민간행사사업보조(3) 4. 민간위탁금(4) 5. 사회복지시설 법정운영비보조(5) 6. 민간인위탁교육비(6) 7. 공기관등에대한경상적대행사업비(7) 8. 민간자본사업보조,자체재원(8) 9. 민간자본사업보조,이전재원(9) 10. 민간위탁사업비(10) 11. 공기관등에 대한 자본적 대행사업비(11)	민간이전지출 근거 (지방보조금 관리기준 참고) 1. 법률에 규정 2. 국고보조 재원(국가지정) 3. 용도 지정 기부금 4. 조례에 직접규정 5. 지자체가 권장하는 사업을 하는 공공기관 6. 시,도 정책 및 재정사정 7. 기타 8. 해당없음	입찰방식 계약체결방법 (경쟁형태) 1. 일반경쟁 2. 제한경쟁 3. 지명경쟁 4. 수의계약 5. 법정위탁 6. 기타 ( ) 7. 해당없음	입찰방식 계약기간 1. 1년 2. 2년 3. 3년 4. 4년 5. 5년 6. 기타 ( )년 7. 단기계약 (1년미만) 8. 해당없음	입찰방식 낙찰자선정방법 1. 적격심사 2. 협상에의한계약 3. 최저가낙찰제 4. 규격가격분리 5. 2단계 경쟁입찰 6. 기타 ( ) 7. 해당없음	운영예산 산정 운영예산 산정 1. 내부산정 (지자체 자체 적으로 산정) 2. 외부산정 (외부전문기관 위탁 산정) 3. 내·외부 모두 산정 4. 산정 無 5. 해당없음	운영예산 산정 정산방법 1. 내부정산 (지자체 내부적 으로 정산) 2. 외부정산 (외부전문기관 위탁 정산) 3. 내·외부 모두 산정 4. 정산 無 5. 해당없음	성과평가 실시여부 1. 실시 2. 미실시 3. 향후 추진 4. 해당없음
6164	경북 청송군	문화특화지역조성사업(이오덕문화마을)	120,000	문화체육과	9	4	7	8	7	1	1	1
6165	경북 청송군	청송대전사보광전교량설치설계	60,000	문화체육과	9	2	7	8	7	1	1	1
6166	경북 청송군	청송대전사보광전전기공사	60,000	문화체육과	9	2	7	8	7	1	1	1
6167	경북 청송군	대전사주왕암나한전후불탱화주변정비	255,000	문화체육과	9	4	7	8	7	1	1	1
6168	경북 청송군	농어촌민박안전장비설비지원	8,750	농정과	9	6	7	8	7	5	5	4
6169	경북 청송군	농촌마을공동급식시설지원	16,000	농정과	9	6	7	8	7	5	5	4
6170	경북 청송군	청년농부창농기반구축	112,350	농정과	9	6	7	8	7	5	5	4
6171	경북 청송군	청년농부참여형마을영농지원(생산중심형)	100,000	농정과	9	6	7	8	7	1	1	4
6172	경북 청송군	결혼이민자농가소득증진지원	32,000	농정과	9	6	7	8	7	5	5	4
6173	경북 청송군	지역농업CEO발전기반구축지원	126,000	농정과	9	6	7	8	7	5	5	4
6174	경북 청송군	농촌소득자원발굴육성사업	350,000	농정과	9	6	7	8	7	5	5	4
6175	경북 청송군	여성농업인농작업편의장비지원	7,000	농정과	9	6	7	8	7	5	5	4
6176	경북 청송군	가업승계우수농업인정착지원	70,000	농정과	9	6	7	8	7	1	1	4
6177	경북 청송군	귀농인의집구축운영및유지보수비	6,000	농정과	9	2	7	8	7	5	5	4
6178	경북 청송군	귀농인정착지원	16,000	농정과	9	6	7	8	7	5	5	4
6179	경북 청송군	논타작물재배지원	234,600	농정과	9	6	7	8	7	1	1	4
6180	경북 청송군	유해야생동물포획시설지원	3,960,000	농정과	9	6	7	8	7	1	1	4
6181	경북 청송군	벼육묘장설치	28,000	농정과	9	6	7	8	7	1	1	4
6182	경북 청송군	벼육묘농자재지원	22,000	농정과	9	6	7	8	7	1	1	4
6183	경북 청송군	중소형농기계지원	420,000	농정과	9	6	7	8	7	1	1	4
6184	경북 청송군	토종곡물재배단지지원	7,000	농정과	9	6	7	8	7	1	1	4
6185	경북 청송군	곡물건조기지원	22,500	농정과	9	6	7	8	7	1	1	4
6186	경북 청송군	공공비축미대형포대매입기자재지원	1,000,000	농정과	9	6	7	8	7	1	1	4
6187	경북 청송군	농작물피해방지포획기지원	1,210,000	농정과	9	6	7	8	7	1	1	4
6188	경북 청송군	볏짚환원사업	17,500	농정과	9	6	7	8	7	1	1	4
6189	경북 청송군	밭작물폭염(가뭄)피해예방사업	57,308	농정과	9	6	7	8	7	1	1	4
6190	경북 청송군	대규모벼재배농가대형농기계지원사업	60,000	농정과	9	6	7	8	7	1	1	4
6191	경북 청송군	토양개량제공급	322,692	농정과	9	6	7	8	7	1	1	4
6192	경북 청송군	유기질비료지원사업	1,392,009	농정과	9	6	7	8	7	1	1	4
6193	경북 청송군	유기농업자재지원(녹비종자포함)사업	12,647	농정과	9	6	7	8	7	1	1	4
6194	경북 청송군	친환경농산물인증추진비지원	28,667	농정과	9	6	7	8	7	1	1	4
6195	경북 청송군	친환경농산물판로확대지원	15,200	농정과	9	6	7	8	7	1	1	4
6196	경북 청송군	친환경퇴비사설치지원사업	35,000	농정과	9	6	7	8	7	1	1	4
6197	경북 청송군	과수고품질시설현대화사업	2,425,500	농정과	9	2	7	8	7	1	1	1
6198	경북 청송군	다목적농가형저온저장고설치	260,000	농정과	9	6	7	8	7	1	1	1
6199	경북 청송군	승용예초기,다목적리프트기	175,500	농정과	9	6	7	8	7	1	1	1
6200	경북 청송군	과수전용방제기	75,000	농정과	9	6	7	8	7	1	1	1
6201	경북 청송군	주행형동력분무기	12,000	농정과	9	6	7	8	7	1	1	1
6202	경북 청송군	농업용수처리기	112,000	농정과	9	6	7	8	7	1	1	1
6203	경북 청송군	친환경사과적화제지원	12,600	농정과	9	6	7	8	7	1	1	1
6204	경북 청송군	과실장기저장제	132,000	농정과	9	6	7	8	7	1	1	1
6205	경북 청송군	FTA대응대체과수명품화사업	105,000	농정과	9	6	7	8	7	1	1	1
6206	경북 청송군	당도측정기	8,250	농정과	9	6	7	8	7	1	1	1
6207	경북 청송군	신선도유지기	13,750	농정과	9	6	7	8	7	1	1	1
6208	경북 청송군	고추비가림재배시설지원	36,112	농정과	9	2	7	8	7	1	1	4

순번	시군구	지출명 (사업명)	2020년예산 (단위:천원/1년간)	담당자 (공무원) 담당부서	민간이전 분류 (지방자치단체 세출예산 집행기준에 의거) 1. 민간경상사업보조(1) 2. 민간단체 법정운영비보조(2) 3. 민간행사사업보조(3) 4. 민간위탁금(4) 5. 사회복지시설 법정운영비보조(5) 6. 민간인위탁교육비(6) 7. 공기관등에대한경상적대행사업비(7) 8. 민간자본사업보조,자체재원(8) 9. 민간자본사업보조,이전재원(9) 10. 민간위탁사업비(10) 11. 공기관등에 대한 자본적 대행사업비(11)	민간이전지출 근거 (지방보조금 관리기준 참고) 1. 법률에 규정 2. 국고보조 재원(국가지정) 3. 용도 지정 기부금 4. 조례에 직접규정 5. 지자체가 권장하는 사업을 하는 공공기관 6. 시,도 정책 및 재정사정 7. 기타 8. 해당없음	입찰방식 계약체결방법 (경쟁형태) 1. 일반경쟁 2. 제한경쟁 3. 지명경쟁 4. 수의계약 5. 법정위탁 6. 기타 ( ) 7. 해당없음	입찰방식 계약기간 1. 1년 2. 2년 3. 3년 4. 4년 5. 5년 6. 기타 ( )년 7. 단기계약 (1년미만) 8. 해당없음	입찰방식 낙찰자선정방법 1. 적격심사 2. 협상에의한계약 3. 최저가낙찰제 4. 규격가격분리 5. 2단계 경쟁입찰 6. 기타 ( ) 7. 해당없음	운영예산 산정 운영예산 산정 1. 내부산정 (지자체 자체적으로 산정) 2. 외부산정 (외부전문기관위탁 산정) 3. 내·외부 모두 산정 4. 산정 無 5. 해당없음	운영예산 산정 정산방법 1. 내부정산 (지자체 내부적으로 정산) 2. 외부정산 (외부전문기관위탁 정산) 3. 내·외부 모두 산정 4. 정산 無 5. 해당없음	성과평가 실시여부 1. 실시 2. 미실시 3. 향후 추진 4. 해당없음
6209	경북 청송군	원예소득작목육성지원	204,000	농정과	9	6	7	8	7	1	1	4
6210	경북 청송군	민속채소,양채류육성지원	29,700	농정과	9	6	7	8	7	1	1	4
6211	경북 청송군	신선농산물수출경쟁력제고지원	66,000	농정과	9	5	7	8	7	1	1	4
6212	경북 청송군	수출농식품브랜드경쟁력제고	8,000	농정과	9	5	7	8	7	1	1	4
6213	경북 청송군	농식품국내판촉지원	12,500	농정과	9	5	7	8	7	1	1	4
6214	경북 청송군	농식품국외판촉지원	20,000	농정과	9	5	7	8	7	1	1	4
6215	경북 청송군	인삼시설장비지원	9,000	농정과	9	6	7	8	7	1	1	4
6216	경북 청송군	농식품가공산업육성	152,350	농정과	9	5	7	8	7	1	1	4
6217	경북 청송군	전통식품브랜드경쟁력제고	49,000	농정과	9	5	7	8	7	1	1	4
6218	경북 청송군	신선농산물예비수출단지육성	75,000	농정과	9	5	7	8	7	1	1	4
6219	경북 청송군	농산물마케팅지원	3,600,000	농정과	9	2	7	8	7	5	5	4
6220	경북 청송군	농산물공동선별비지원	40,000	농정과	9	2	7	8	7	5	5	4
6221	경북 청송군	과실브랜드육성지원	64,800	농정과	9	2	7	8	7	5	5	4
6222	경북 청송군	생산단계농산물안전성검사지원	12,500	농정과	9	6	7	8	7	5	5	4
6223	경북 청송군	농산물유통구조개선지원	688,000	농정과	9	6	7	8	7	5	5	4
6224	경북 청송군	농산물산지유통기능활성화지원	112,000	농정과	9	6	7	8	7	5	5	4
6225	경북 청송군	산림작물생산단지	169,678	산림자원과	9	2	7	8	7	5	5	4
6226	경북 청송군	임산물생산기반조성	62,500	산림자원과	9	2	7	8	7	5	5	4
6227	경북 청송군	임산물유통기반조성	35,000	산림자원과	9	2	7	8	7	5	5	4
6228	경북 청송군	친환경임산물재배관리	32,853	산림자원과	9	2	7	8	7	5	5	4
6229	경북 청송군	산지종합유통센터	350,000	산림자원과	9	2	7	8	7	5	5	4
6230	경북 청송군	지역대표임산물경쟁력제고사업	7,000	산림자원과	9	6	7	8	7	5	5	4
6231	경북 청송군	경유차저감장치(DPF)부착	34,571	환경축산과	9	2	7	8	7	1	1	3
6232	경북 청송군	건설기계저감장치(DPF)부착	22,000	환경축산과	9	2	7	8	7	1	1	3
6233	경북 청송군	건설기계엔진교체	33,000	환경축산과	9	2	7	8	7	1	1	3
6234	경북 청송군	전기자동차보급사업	282,000	환경축산과	9	2	7	8	7	1	1	3
6235	경북 청송군	야생동물피해예방시설설치사업	138,000	환경축산과	9	2	7	8	7	1	1	3
6236	경북 청송군	낙동강수계주민지원사업	548,650	환경축산과	9	1	7	8	7	5	5	4
6237	경북 청송군	돼지써코바이러스	12,816	환경축산과	9	2	7	8	7	5	5	4
6238	경북 청송군	돼지소모성질환지도사업	6,000	환경축산과	9	2	7	8	7	5	5	4
6239	경북 청송군	축산물HACCP컨설팅(농장)사업	8,400	환경축산과	9	2	7	8	7	5	5	4
6240	경북 청송군	조사료생산용사일리지제조비	228,150	환경축산과	9	2	7	8	7	5	5	4
6241	경북 청송군	조사료생산용종자구입	49,560	환경축산과	9	2	7	8	7	5	5	4
6242	경북 청송군	조사료생산용기계장비구입지원	60,000	환경축산과	9	2	7	8	7	5	5	4
6243	경북 청송군	가금농가질병관리지원	6,000	환경축산과	9	2	7	8	7	5	5	4
6244	경북 청송군	가축분뇨퇴액비화지원	45,100	환경축산과	9	2	7	8	7	5	5	4
6245	경북 청송군	가축분뇨정화개보수지원	14,080	환경축산과	9	2	7	8	7	5	5	4
6246	경북 청송군	학생승마체험	47,040	환경축산과	9	2	7	8	7	5	5	4
6247	경북 청송군	가금농가CCTV등방역인프라설치지원사업	12,000	환경축산과	9	2	7	8	7	5	5	4
6248	경북 청송군	농촌관광승마활성화사업	18,000	환경축산과	9	2	7	8	7	5	5	4
6249	경북 청송군	가축분뇨퇴비살포비지원	40,000	환경축산과	9	2	7	8	7	5	5	4
6250	경북 청송군	축산물유통안전성제고사업	5,600	환경축산과	9	6	7	8	7	5	5	4
6251	경북 청송군	축산농가환경개선장비지원	75,000	환경축산과	9	6	7	8	7	5	5	4
6252	경북 청송군	축산분야HACCP인증비지원	945,000	환경축산과	9	6	7	8	7	5	5	4
6253	경북 청송군	구제역백신접종원거리자동주사기지원	1,680,000	환경축산과	9	6	7	8	7	5	5	4

순번	시군구	지출명 (사업명)	2020년예산 (단위:천원/1년간)	담당자 (공무원) 담당부서	민간이전 분류 (지방자치단체 세출예산 집행기준에 의거) 1. 민간경상사업보조(1) 2. 민간단체 법정운영비보조(2) 3. 민간행사사업보조(3) 4. 민간위탁금(4) 5. 사회복지시설 법정운영비보조(5) 6. 민간인위탁교육비(6) 7. 공기관등에대한경상적대행사업비(7) 8. 민간자본사업보조,자체재원(8) 9. 민간자본사업보조,이전재원(9) 10. 민간위탁사업비(10) 11. 공기관등에 대한 자본적 대행사업비(11)	민간이전지출 근거 (지방보조금 관리기준 참고) 1. 법률에 규정 2. 국고보조 재원(국가지정) 3. 용도 지정 기부금 4. 조례에 직접규정 5. 지자체가 권장하는 사업을 하는 공공기관 6. 시,도 정책 및 재정사정 7. 기타 8. 해당없음	입찰방식 계약체결방법 (경쟁형태) 1. 일반경쟁 2. 제한경쟁 3. 지명경쟁 4. 수의계약 5. 법정위탁 6. 기타 ( ) 7. 해당없음	입찰방식 계약기간 1. 1년 2. 2년 3. 3년 4. 4년 5. 5년 6. 기타 ( )년 7. 단기계약 (1년미만) 8. 해당없음	입찰방식 낙찰자선정방법 1. 적격심사 2. 협상에의한계약 3. 최저가낙찰제 4. 규격가격분리 5. 2단계 경쟁입찰 6. 기타 ( ) 7. 해당없음	운영예산 산정 운영예산 산정 1. 내부산정 (지자체 자체적으로 산정) 2. 외부산정 (외부전문기관위탁 산정) 3. 내·외부 모두 산정 4. 산정 無 5. 해당없음	운영예산 산정 정산방법 1. 내부정산 (지자체 내부적으로 정산) 2. 외부정산 (외부전문기관위탁 정산) 3. 내·외부 모두 산정 4. 정산 無 5. 해당없음	성과평가 실시여부 1. 실시 2. 미실시 3. 향후 추진 4. 해당없음
6254	경북 청송군	낙농기자재젖소사료자동급이기	13,000	환경축산과	9	6	7	8	7	5	5	4
6255	경북 청송군	한우사료자동급이기	20,000	환경축산과	9	6	7	8	7	5	5	4
6256	경북 청송군	가축폭염피해방지지원	14,000	환경축산과	9	6	7	8	7	5	5	4
6257	경북 청송군	한우미네랄블럭지원	2,500,000	환경축산과	9	6	7	8	7	5	5	4
6258	경북 청송군	돼지액상정액지원	4,500	환경축산과	9	6	7	8	7	5	5	4
6259	경북 청송군	자돈폐사율감소지원사업	990,000	환경축산과	9	6	7	8	7	5	5	4
6260	경북 청송군	이유자돈생산성제고장비지원	8,500	환경축산과	9	6	7	8	7	5	5	4
6261	경북 청송군	축사관리용CCTV지원	5,000	환경축산과	9	6	7	8	7	5	5	4
6262	경북 청송군	안개분무시설지원	8,000	환경축산과	9	6	7	8	7	5	5	4
6263	경북 청송군	축사환기시설(송풍기)지원	6,000	환경축산과	9	6	7	8	7	5	5	4
6264	경북 청송군	친환경축산물인증비지원	4,900	환경축산과	9	6	7	8	7	5	5	4
6265	경북 청송군	친환경악취저감제지원	21,600	환경축산과	9	6	7	8	7	5	5	4
6266	경북 청송군	고품질액비생산시설지원	30,000	환경축산과	9	6	7	8	7	5	5	4
6267	경북 청송군	계란난좌지원사업	3,600,000	환경축산과	9	6	7	8	7	5	5	4
6268	경북 청송군	육계사깔짚지원사업	14,500	환경축산과	9	6	7	8	7	5	5	4
6269	경북 청송군	꿀벌화분지원	21,200	환경축산과	9	6	7	8	7	5	5	4
6270	경북 청송군	채밀기지원	4,400	환경축산과	9	6	7	8	7	5	5	4
6271	경북 청송군	양봉벌통지원	21,000	환경축산과	9	6	7	8	7	5	5	4
6272	경북 청송군	양봉산물저온저장고	9,000	환경축산과	9	6	7	8	7	5	5	4
6273	경북 청송군	토종벌종보전	20,000	환경축산과	9	6	7	8	7	5	5	4
6274	경북 청송군	토종벌벌통지원	3,600,000	환경축산과	9	6	7	8	7	5	5	4
6275	경북 청송군	조사료생산장비지원	48,000	환경축산과	9	6	7	8	7	5	5	4
6276	경북 청송군	내수면양식장기자재공급	2,800,000	환경축산과	9	6	7	8	7	5	5	4
6277	경북 청송군	수산물처리저장시설지원	25,200	환경축산과	9	6	7	8	7	5	5	4
6278	경북 청송군	깨끗한축산환경지원	90,000	환경축산과	9	6	7	8	7	5	5	4
6279	경북 청송군	중규모소독시설	14,000	환경축산과	9	6	7	8	7	5	5	4
6280	경북 청송군	청송읍교리콩선별기구입및비가림시설설치	15,324	안전재난건설과	9	1	7	8	7	3	3	4
6281	경북 청송군	안덕면고와리사과밭제초제구입	10,000	안전재난건설과	9	1	7	8	7	3	3	4
6282	경북 청송군	안덕면노래2리마을창고설치공사	16,624	안전재난건설과	9	1	7	8	7	3	3	4
6283	경북 청송군	파천면신흥1리농기계지원사업	44,852	안전재난건설과	9	1	7	8	7	3	3	4
6284	경북 청송군	파천면신흥2리마을공동건물유지보수	44,852	안전재난건설과	9	1	7	8	7	3	3	4
6285	경북 청송군	파천면지경리저온저장고설치공사	44,852	안전재난건설과	9	1	7	8	7	3	3	4
6286	경북 청송군	청송읍월막2리유기질비료구입	14,687	안전재난건설과	9	1	7	8	7	3	3	4
6287	경북 청송군	청송읍금곡1리유기질비료구입	14,687	안전재난건설과	9	1	7	8	7	3	3	4
6288	경북 청송군	파천면송강2리공동창고보수및농기계구입	42,820	안전재난건설과	9	1	7	8	7	3	3	4
6289	경북 청송군	파천면신기2리농자재구입	42,819	안전재난건설과	9	1	7	8	7	3	3	4
6290	경북 청송군	진보면신촌1리유기질비료구입	20,000	안전재난건설과	9	1	7	8	7	3	3	4
6291	경북 청송군	진보면고현리유기질비료구입	20,000	안전재난건설과	9	1	7	8	7	3	3	4
6292	경북 청송군	진보면각산리유기질비료구입	21,000	안전재난건설과	9	1	7	8	7	3	3	4
6293	경북 청송군	진보면진안3리유기질비료구입	20,000	안전재난건설과	9	1	7	8	7	3	3	4
6294	경북 청송군	진보면광덕2리벤치및쓰레기분리수거장설치	7,217	안전재난건설과	9	1	7	8	7	3	3	4
6295	경북 청송군	진보면진안4리유기질비료구입	21,000	안전재난건설과	9	1	7	8	7	3	3	4
6296	경북 청송군	진보면추현리유기질비료구입	20,000	안전재난건설과	9	1	7	8	7	3	3	4
6297	경북 청송군	진보면월전2리유기질비료구입	20,000	안전재난건설과	9	1	7	8	7	3	3	4
6298	경북 청송군	진보면괴정1리유기질비료구입	20,000	안전재난건설과	9	1	7	8	7	3	3	4

순번	시군구	지출명 (사업명)	2020년예산 (단위:천원/1년간)	담당자 (공무원) 담당부서	민간이전 분류 (지방자치단체 세출예산 집행기준에 의거) 1. 민간경상사업보조(1) 2. 민간단체 법정운영비보조(2) 3. 민간행사사업보조(3) 4. 민간위탁금(4) 5. 사회복지시설 법정운영비보조(5) 6. 민간인위탁교육비(6) 7. 공기관등에대한경상적대행사업비(7) 8. 민간자본사업보조,자체재원(8) 9. 민간자본사업보조,이전재원(9) 10. 민간위탁사업비(10) 11. 공기관등에 대한 자본적 대행사업비(11)	민간이전지출 근거 (지방보조금 관리기준 참고) 1. 법률에 규정 2. 국고보조 재원(국가지정) 3. 용도 지정 기부금 4. 조례에 직접규정 5. 지자체가 권장하는 사업을 하는 공공기관 6. 시,도 정책 및 재정사정 7. 기타 8. 해당없음	입찰방식 계약체결방법 (경쟁형태) 1. 일반경쟁 2. 제한경쟁 3. 지명경쟁 4. 수의계약 5. 법정위탁 6. 기타 ( ) 7. 해당없음	계약기간 1. 1년 2. 2년 3. 3년 4. 4년 5. 5년 6. 기타 ( )년 7. 단기계약 (1년미만) 8. 해당없음	낙찰자선정방법 1. 적격심사 2. 협상에의한계약 3. 최저가낙찰제 4. 규격가격분리 5. 2단계 경쟁입찰 6. 기타 ( ) 7. 해당없음	운영예산 산정 운영예산 산정 1. 내부산정 (지자체 자체적으로 산정) 2. 외부산정 (외부전문기관위탁 산정) 3. 내·외부 모두 산정 4. 산정 無 5. 해당없음	정산방법 1. 내부정산 (지자체 내부적으로 정산) 2. 외부정산 (외부전문기관위탁 정산) 3. 내·외부 모두 산정 4. 정산 無 5. 해당없음	성과평가 실시여부 1. 실시 2. 미실시 3. 향후 추진 4. 해당없음
6299	경북 청송군	진보면진안1리마을공동농기계구입	21,000	안전재난건설과	9	1	7	8	7	3	3	4
6300	경북 청송군	진보면합강리농기계수리및비료구입	20,000	안전재난건설과	9	1	7	8	7	3	3	4
6301	경북 청송군	어족자원관리센터운영비	10,000	안전재난건설과	9	1	7	8	7	3	3	4
6302	경북 청송군	현서면무계2리마을공동농기계구입	27,115	안전재난건설과	9	1	7	8	7	3	3	4
6303	경북 청송군	현서면모계1리마을공동농기계구입	27,115	안전재난건설과	9	1	7	8	7	3	3	4
6304	경북 청송군	현서면모계2리마을공동농기계구입	27,114	안전재난건설과	9	1	7	8	7	3	3	4
6305	경북 청송군	현서면도리마을공동농기계구입	27,114	안전재난건설과	9	1	7	8	7	3	3	4
6306	경북 청송군	현서면갈천리LPG가스보일러설치	27,114	안전재난건설과	9	1	7	8	7	3	3	4
6307	경북 청송군	그린홈100만호보급사업	34,000	새마을도시과	9	5	7	8	7	2	3	4
6308	경북 청송군	신재생에너지모니터링시스템설치(경로당)	5,000	새마을도시과	9	6	7	8	7	5	5	4
6309	경북 청송군	마을기업육성사업	30,000	새마을도시과	9	2	7	8	7	5	5	4
6310	경북 청송군	병해충방제등노동력절감장비지원	14,000	농업기술센터	9	1	4	7	2	3	1	3
6311	경북 청송군	청년농업인드론활용병해충방제단운영시범	160,000	농업기술센터	9	1	2	7	2	3	1	3
6312	경북 청송군	종균활용장류품질향상기술시범	70,000	농업기술센터	9	1	2	7	2	3	1	3
6313	경북 청송군	쌀누룩이용발효식품(주류,음료)제조	50,000	농업기술센터	9	1	2	7	2	3	1	3
6314	경북 청송군	농촌여성생산성향상장비지원	14,700	농업기술센터	9	1	4	7	2	3	1	3
6315	경북 청송군	장원벌확대보급시범	12,600	농업기술센터	9	6	4	7	2	3	1	3
6316	경북 청송군	지역특화시범사업(황금사과특화브랜드육성)	160,000	농업기술센터	9	6	1	7	2	3	1	3
6317	경북 청송군	플라즈마기술이용농산물신선저장시범	7,000	농업기술센터	9	1	4	7	2	3	1	3
6318	경북 청송군	GAP실천단지육성	200,000	농업기술센터	9	6	4	7	2	3	1	3
6319	경북 청송군	국내육성과수중소과전문생산체계구축시범	40,000	농업기술센터	9	6	1	7	2	3	1	3
6320	경북 청송군	경북미래형2축형사과원조성시범	35,000	농업기술센터	9	8	7	8	7	5	5	4
6321	경북 청송군	PLS대응친환경황토유황제조기보급시범	7,000	농업기술센터	9	6	4	7	2	3	1	3
6322	경북 청송군	청송자두명품화재배단지조성	150,000	농업기술센터	9	6	1	7	2	3	1	3
6323	경북 청송군	청송자두명품화기반조성	750,000	농업기술센터	9	6	1	7	2	3	1	3
6324	경북 영양군	낙동강수계지역 주민지원사업	524,541	환경보전과	9	2	7	8	7	5	5	4
6325	경북 영양군	전기자동차 보급 지원	236,000	환경보전과	9	2	7	8	7	5	5	4
6326	경북 영양군	소규모영세사업장 방지시설 지원	144,000	환경보전과	9	2	7	8	7	5	5	4
6327	경북 영양군	야생동물피해예방시설(철망, 전기울타리)	140,000	환경보전과	9	2	7	8	7	5	5	4
6328	경북 영양군	청년농업인자립기반구축사업지원	160,000	농업기술센터농촌지도과	9	1, 4, 6	7	8	7	5	5	4
6329	경북 영양군	강소농자율모임체모델화시범	16,000	농업기술센터농촌지도과	9	1, 4, 6	7	8	7	5	5	4
6330	경북 영양군	병해충무인방제등노동력절감장비지원	14,000	농업기술센터농촌지도과	9	4	7	8	7	5	5	4
6331	경북 영양군	품목농업인연구회고품질생산기반조성	70,000	농업기술센터농촌지도과	9	4	7	8	7	5	5	4
6332	경북 영양군	농촌여성생산성향상장비지원	10,500	농업기술센터농촌지도과	9	1, 4, 6	7	8	7	5	5	4
6333	경북 영양군	영양친환경토종잡곡수출상품화시범사업	136,000	농업기술센터기술보급과	9	2	7	8	7	5	5	4
6334	경북 영양군	비가림 고추재배 스마트환경개선 시범	100,000	농업기술센터기술보급과	9	1, 4, 6	7	8	7	5	5	4
6335	경북 영양군	지역특화고추 및 풋고추재배단지 조성 시범	120,000	농업기술센터기술보급과	9	1, 4, 6	7	8	7	5	5	4
6336	경북 영양군	비가림고추 접목재배 보급 시범	10,000	농업기술센터기술보급과	9	1, 4, 6	7	8	7	5	5	4
6337	경북 영양군	기후온난화대응새로운소득과수도입시범	100,000	농업기술센터 기술보급과	9	2	7	8	7	5	5	4
6338	경북 영양군	장원벌확대보급시범	126,000	농업기술센터 기술보급과	9	4	7	8	7	5	5	4
6339	경북 청도군	주민지원사업	1,481,510	환경과	9	4	7	8	7	5	5	4
6340	경북 청도군	슬레이트처리지원	1,039,700	환경과	9	2	7	8	7	5	5	4
6341	경북 청도군	전기자동차보급	560,000	환경과	9	2	7	8	7	5	5	4
6342	경북 청도군	어린이통학차량의LPG차 지원사업	25,000	환경과	9	2	7	8	7	5	5	4
6343	경북 청도군	자동차DPF매연저감장치 부착사업	138,280	환경과	9	2	7	8	7	5	5	4

순번	시군구	지출명 (사업명)	2020년예산 (단위:천원/1년간)	담당자 (공무원) 담당부서	민간이전 분류 (지방자치단체 세출예산 집행기준에 의거) 1. 민간경상사업보조(1) 2. 민간단체 법정운영비보조(2) 3. 민간행사사업보조(3) 4. 민간위탁금(4) 5. 사회복지시설 법정운영비보조(5) 6. 민간인위탁교육비(6) 7. 공기관등에대한경상적대행사업비(7) 8. 민간자본사업보조,자체재원(8) 9. 민간자본사업보조,이전재원(9) 10. 민간위탁사업비(10) 11. 공기관등에 대한 자본적 대행사업비(11)	민간이전지출 근거 (지방보조금 관리기준 참고) 1. 법률에 규정 2. 국고보조 재원(국가지정) 3. 용도 지정 기부금 4. 조례에 직접규정 5. 지자체가 권장하는 사업을 하는 공공기관 6. 시,도 정책 및 재정사정 7. 기타 8. 해당없음	입찰방식 계약체결방법 (경쟁형태) 1. 일반경쟁 2. 제한경쟁 3. 지명경쟁 4. 수의계약 5. 법정위탁 6. 기타 ( ) 7. 해당없음	입찰방식 계약기간 1. 1년 2. 2년 3. 3년 4. 4년 5. 5년 6. 기타 ( )년 7. 단기계약 (1년미만) 8. 해당없음	입찰방식 낙찰자선정방법 1. 적격심사 2. 협상에의한계약 3. 최저가낙찰제 4. 규격가격분리 5. 2단계 경쟁입찰 6. 기타 ( ) 7. 해당없음	운영예산 산정 운영예산 산정 1. 내부산정 (지자체 자체 적으로 산정) 2. 외부산정 (외부전문기관 위탁 산정) 3. 내·외부 모두 산정 4. 산정 無 5. 해당없음	운영예산 산정 정산방법 1. 내부정산 (지자체 내부적으로 정산) 2. 외부정산 (외부전문기관 위탁 정산) 3. 내·외부 모두 산정 4. 정산 無 5. 해당없음	성과평가 실시여부 1. 실시 2. 미실시 3. 향후 추진 4. 해당없음
6344	경북 청도군	건설기계DPF매연저감장치 부착사업	22,000	환경과	9	2	7	8	7	5	5	4
6345	경북 청도군	건설기계엔진교체사업	33,000	환경과	9	2	7	8	7	5	5	4
6346	경북 청도군	노후1톤화물차량 LPG차 전환지원사업	20,000	환경과	9	2	7	8	7	5	5	4
6347	경북 청도군	소규모영세사업장 방지시설	450,000	환경과	9	2	7	8	7	5	5	4
6348	경북 청도군	농촌여성생산성장비지원	15,000	농업기술센터	9	2	7	8	7	1	1	3
6349	경북 청도군	고품질베이커리용과일가공시범	50,000	농업기술센터	9	2	7	8	7	1	1	3
6350	경북 청도군	농업인조직체가공플랜트구축지원	500,000	농업기술센터	9	2	7	8	7	1	1	3
6351	경북 청도군	중소형농기계공급	530,000	농업기술센터	9	4	7	8	7	1	1	3
6352	경북 청도군	밭식량작물다목적농업기계지원	50,000	농업기술센터	9	4	7	8	7	1	1	3
6353	경북 청도군	벼생력화장비지원	25,000	농업기술센터	9	4	7	8	7	1	1	3
6354	경북 청도군	전자출결시스템리더기·태그지원	4,750	사회보장과	9	2	7	8	7	5	5	4
6355	경북 고령군	노인복지시설 기능보강사업	14,550	주민복지과	9	6	7	8	7	5	1	4
6356	경북 고령군	농어촌공영버스구입지원	80,000	민원과	9	7	7	8	7	1	1	2
6357	경북 고령군	전통사찰보수사업	140,000	문화유산과	9	2	7	8	7	5	5	4
6358	경북 고령군	청년농부 창농기반구축지원	140,000	농업정책과	9	1	7	8	7	5	5	4
6359	경북 고령군	가업승계우수농업인정착지원	70,000	농업정책과	9	1	7	8	7	5	5	4
6360	경북 고령군	청년농부 육성지원사업	40,000	농업정책과	9	1	7	8	7	5	5	4
6361	경북 고령군	농촌체험휴양마을운영활성화기반구축지원	41,400	농업정책과	9	1	7	8	7	5	5	4
6362	경북 고령군	유기질비료 지원사업	820,926	농업정책과	9	1	7	8	7	5	5	4
6363	경북 고령군	토양개량제 공급	258,877	농업정책과	9	1	7	8	7	5	5	4
6364	경북 고령군	유기농업자재지원사업	21,462	농업정책과	9	1	7	8	7	5	5	4
6365	경북 고령군	친환경농법종합지원	25,000	농업정책과	9	6	7	8	7	5	5	4
6366	경북 고령군	벼육묘장 녹화장지원	10,000	농업정책과	9	6	7	8	7	5	5	4
6367	경북 고령군	벼육묘공장(대형) 상토지원	7,000	농업정책과	9	6	7	8	7	5	5	4
6368	경북 고령군	벼 육묘상처리제 지원	22,500	농업정책과	9	6	7	8	7	5	5	4
6369	경북 고령군	벼 육묘매트 지원	4,124,000	농업정책과	9	6	7	8	7	5	5	4
6370	경북 고령군	중소형농기계 공급	240,000	농업정책과	9	6	7	8	7	5	5	4
6371	경북 고령군	밭식량작물다목적농업기계 공급	30,000	농업정책과	9	6	7	8	7	5	5	4
6372	경북 고령군	대규모벼재배농가대형농기계지원	80,000	농업정책과	9	6	7	8	7	5	5	4
6373	경북 고령군	벼 재배 생력화지원	50,000	농업정책과	9	6	7	8	7	5	5	4
6374	경북 고령군	벼 재배 생력화지원	2,500,000	농업정책과	9	6	7	8	7	5	5	4
6375	경북 고령군	영농안전장비지원	36,900	농업정책과	9	6	7	8	7	5	5	4
6376	경북 고령군	볏짚환원사업	38,500	농업정책과	9	6	7	8	7	5	5	4
6377	경북 고령군	농작물피해방지포획	2,250,000	농업정책과	9	6	7	8	7	5	5	4
6378	경북 고령군	공공비축미 대형포대 매입 톤백저울지원	2,250,000	농업정책과	9	6	7	8	7	5	5	4
6379	경북 고령군	화훼생산시설경쟁력제고사업	95,000	농업정책과	9	6	7	8	7	5	5	4
6380	경북 고령군	FTA대응 대체 과수명품화사업	370,770	농업정책과	9	6	7	8	7	5	5	4
6381	경북 고령군	시설원예현대화 지원	296,240	농업정책과	9	2	7	8	7	5	5	4
6382	경북 고령군	시설원예 에너지 절감시설 보급지원	191,735	농업정책과	9	2	7	8	7	5	5	4
6383	경북 고령군	소득작목육성지원	1,118,000	농업정책과	9	6	7	8	7	5	5	4
6384	경북 고령군	시설원예분야 ICT융복합확산지원	112,860	농업정책과	9	2	7	8	7	5	5	4
6385	경북 고령군	밭작물공동경영체 육성지원사업	630,000	농업정책과	9	6	7	8	7	5	5	4
6386	경북 고령군	과수 품질유지 지원	10,000	농업정책과	9	6	7	8	7	5	5	4
6387	경북 고령군	고추비가림재배시설 지원	46,200	농업정책과	9	6	7	8	7	5	5	4
6388	경북 고령군	과실생산비절감및품질제고지원	2,500,000	농업정책과	9	6	7	8	7	5	5	4

순번	시군구	지출명 (사업명)	2020년예산 (단위:천원/1년간)	담당자 (공무원) 담당부서	민간이전 분류 (지방자치단체 세출예산 집행기준에 의거) 1. 민간경상사업보조(1) 2. 민간단체 법정운영비보조(2) 3. 민간행사사업보조(3) 4. 민간위탁금(4) 5. 사회복지시설 법정운영비보조(5) 6. 민간인위탁교육비(6) 7. 공기관등에대한경상적대행사업비(7) 8. 민간자본사업보조,자체재원(8) 9. 민간자본사업보조,이전재원(9) 10. 민간위탁사업비(10) 11. 공기관등에 대한 자본적 대행사업비(11)	민간이전지출 근거 (지방보조금 관리기준 참고) 1. 법률에 규정 2. 국고보조 재원(국가지정) 3. 용도 지정 기부금 4. 조례에 직접규정 5. 지자체가 권장하는 사업을 하는 공공기관 6. 시,도 정책 및 재정사정 7. 기타 8. 해당없음	입찰방식 계약체결방법 (경쟁형태) 1. 일반경쟁 2. 제한경쟁 3. 지명경쟁 4. 수의계약 5. 법정위탁 6. 기타 ( ) 7. 해당없음	입찰방식 계약기간 1. 1년 2. 2년 3. 3년 4. 4년 5. 5년 6. 기타 ( )년 7. 단기계약 (1년미만) 8. 해당없음	입찰방식 낙찰자선정방법 1. 적격심사 2. 협상에의한계약 3. 최저가낙찰제 4. 규격가격분리 5. 2단계 경쟁입찰 6. 기타 ( ) 7. 해당없음	운영예산 산정 운영예산 산정 1. 내부산정 (지자체 자체적으로 산정) 2. 외부산정 (외부전문기관위탁 산정) 3. 내·외부 모두 산정 4. 산정 無 5. 해당없음	운영예산 산정 정산방법 1. 내부정산 (지자체 내부적으로 정산) 2. 외부정산 (외부전문기관위탁 정산) 3. 내·외부 모두 산정 4. 정산 無 5. 해당없음	성과평가 실시여부 1. 실시 2. 미실시 3. 향후 추진 4. 해당없음
6389	경북 고령군	APC 품목별 산지출하지원	50,000	농업정책과	9	4	7	8	7	5	5	4
6390	경북 고령군	경북 우수농산물 브랜드화 지원	10,000	농업정책과	9	6	7	8	7	5	5	4
6391	경북 고령군	경북 우수농산물 명품화육성 지원	100,000	농업정책과	9	6	7	8	7	5	5	4
6392	경북 고령군	농업계고 졸업생 창업비용 지원	15,000	농업정책과	9	6	7	8	7	5	5	4
6393	경북 고령군	신선농산물 예비수출단지 육성사업	75,000	농업정책과	9	6	7	8	7	5	5	4
6394	경북 고령군	귀농인 농산물 포장재 지원사업	6,000	농업정책과	9	6	7	8	7	5	5	4
6395	경북 고령군	귀농인 소득화 지원사업	30,000	농업정책과	9	6	7	8	7	5	5	4
6396	경북 고령군	귀농인정착지원	16,000	농업정책과	9	6	7	8	7	5	5	4
6397	경북 고령군	강소농 자율모임체 모델화 시범	16,000	기술보급과	9	6	7	8	7	5	5	4
6398	경북 고령군	농촌여성생산성향상장비지원사업	15,000	기술보급과	9	6	7	7	7	5	1	1
6399	경북 고령군	병해충방제등노동력절감장비지원	20,000	기술보급과	9	6	7	7	7	5	1	1
6400	경북 고령군	청년농업인 자립기반구축 지원	100,000	기술보급과	9	6	7	7	7	5	1	1
6401	경북 고령군	무인항공 병해충 119 방제단 운영	210,000	기술보급과	9	6	7	7	7	5	1	1
6402	경북 고령군	생산비절감을 위한 벼소식재배기술시범	40,000	기술보급과	9	6	7	8	7	5	5	4
6403	경북 고령군	플라즈마 기술이용 농산물 신선저장 시범	7,000	기술보급과	9	6	7	7	7	5	1	1
6404	경북 고령군	유망 아열대 작목 재배 시범	105,000	기술보급과	9	6	7	7	7	5	1	1
6405	경북 고령군	버섯파리 친환경방제 기술시범	4,900	기술보급과	9	6	7	7	7	5	1	1
6406	경북 고령군	원예작물 재배용 스마트 관개시스템 시범	100,000	기술보급과	9	2	7	8	7	5	5	4
6407	경북 고령군	영상처리 접목 및 종이포트 육묘시스템 보급	75,000	기술보급과	9	2	7	8	7	5	5	4
6408	경북 고령군	비벡터링 이용시설 원예작물 주요 병 관리기술 시범	50,000	기술보급과	9	2	7	7	7	5	1	1
6409	경북 고령군	노지고설육묘단지조성	240,000	기술보급과	9	6	7	8	7	5	5	4
6410	경북 고령군	시설원예 과습해소 생산성 향상 시범	12,800	기술보급과	9	6	7	8	7	5	5	4
6411	경북 고령군	수경재배 배지함수율 관리기술 적용 시범	16,000	기술보급과	9	6	7	8	7	5	5	4
6412	경북 고령군	딸기신품종 조기보급 시범	30,000	기술보급과	9	2	7	7	7	5	1	1
6413	경북 고령군	농업재해보험료지원	37,346	기술보급과	9	2	7	7	7	5	1	1
6414	경북 성주군	장애인의료비지원	73,770	가족지원과	9	2	5	8	7	4	5	4
6415	경북 성주군	과채류국내육성품종보급시범	80,000	농업기술센터	9	2	7	8	7	5	5	4
6416	경북 성주군	성주형스마트팜 시범단지조성	1,000,000	농업기술센터	9	2	7	8	7	5	5	4
6417	경북 성주군	드론활용노동력절감벼재배단지육성	100,000	기술개발과	9	2	7	8	7	5	5	4
6418	경북 성주군	바이오커튼활용돈사냄새저감종합기술시범	100,000	기술개발과	9	2	7	8	7	5	5	4
6419	경북 성주군	성주참외한우브랜드육성사업	200,000	기술개발과	9	1	4	8	7	1	1	1
6420	경북 성주군	아열대채소생산기반조성	150,000	농업기술센터	9	1	7	8	7	5	5	4
6421	경북 성주군	청년농업인자립기반구축	200,000	농업기술센터	9	1	2	7	3	1	1	1
6422	경북 성주군	병해충방제등노동력절감장비지원	14,000	농업기술센터	9	1	7	8	7	1	1	1
6423	경북 성주군	농촌여성생산성향상장비지원	14,000	농업기술센터	9	1	7	8	7	1	1	3
6424	경북 성주군	농촌교육농장육성	35,000	농업기술센터	9	1	4	7	3	1	1	3
6425	경북 성주군	농촌여성농산물가공창업시범	105,000	농업기술센터	9	1	2	7	3	1	1	3
6426	경북 성주군	농업농촌자원소득화 마케팅지원	14,000	농업기술센터	9	1	7	8	3	1	1	3
6427	경북 성주군	신선농산물수출경쟁력제고	60,000	농정과	9	6	7	8	7	5	5	4
6428	경북 성주군	농산물우수관리(GAP)시설보완	152,500	농정과	9	2	7	8	7	5	5	4
6429	경북 성주군	소독시설시설지원	17,500	농정과	9	6	7	8	7	5	5	4
6430	경북 성주군	가금농가CCTV지원	17,400	농정과	9	2	7	8	7	5	5	4
6431	경북 성주군	낙농기자재지원사업	15,000	농정과	9	6	7	8	7	5	5	4
6432	경북 성주군	축산물유통안전성제고	22,400	농정과	9	6	7	8	7	5	5	4
6433	경북 성주군	계란냉장차량지원사업	15,000	농정과	9	2	7	8	7	5	5	4

순번	시군구	지출명 (사업명)	2020년예산 (단위:천원/1년간)	담당자 (공무원)	민간이전 분류 (지방자치단체 세출예산 집행기준에 의거)	민간이전지출 근거 (지방보조금 관리기준 참고)	입찰방식			운영예산 산정		성과평가 실시여부
				담당부서	1. 민간경상사업보조(1) 2. 민간단체 법정운영비보조(2) 3. 민간행사사업보조(3) 4. 민간위탁금(4) 5. 사회복지시설 법정운영비보조(5) 6. 민간인위탁교육비(6) 7. 공기관등에대한경상적대행사업비(7) 8. 민간자본사업보조,자체재원(8) 9. 민간자본사업보조,이전재원(9) 10. 민간위탁사업비(10) 11. 공기관등에 대한 자본적 대행사업비(11)	1. 법률에 규정 2. 국고보조 재원(국가지정) 3. 용도 지정 기부금 4. 조례에 직접규정 5. 지자체가 권장하는 사업을 하는 공공기관 6. 시,도 정책 및 재정사정 7. 기타 8. 해당없음	계약체결방법 (경쟁형태) 1. 일반경쟁 2. 제한경쟁 3. 지명경쟁 4. 수의계약 5. 법정위탁 6. 기타 ( ) 7. 해당없음	계약기간 1. 1년 2. 2년 3. 3년 4. 4년 5. 5년 6. 기타 ( )년 7. 단기계약 (1년미만) 8. 해당없음	낙찰자선정방법 1. 적격심사 2. 협상에의한계약 3. 최저가낙찰제 4. 규격가격분리 5. 2단계 경쟁입찰 6. 기타 ( ) 7. 해당없음	운영예산 산정 1. 내부산정 (지자체 자체적으로 산정) 2. 외부산정 (외부전문기관위탁 산정) 3. 내·외부 모두 산정 4. 산정 無 5. 해당없음	정산방법 1. 내부정산 (지자체 내부적으로 정산) 2. 외부정산 (외부전문기관위탁 정산) 3. 내·외부 모두 산정 4. 정산 無 5. 해당없음	1. 실시 2. 미실시 3. 향후 추진 4. 해당없음
6434	경북 성주군	중소형농기계공급	460,000	농정과	9	6	7	8	7	5	5	4
6435	경북 성주군	벼육묘공장(대형)개보수지원	15,000	농정과	9	6	7	8	7	5	5	4
6436	경북 성주군	벼육묘공장(소형)개보수지원	20,000	농정과	9	6	7	8	7	5	5	4
6437	경북 성주군	벼녹화장(대형)지원	20,000	농정과	9	6	7	8	7	5	5	4
6438	경북 성주군	벼녹화장(소형)지원	5,500	농정과	9	6	7	8	7	5	5	4
6439	경북 성주군	벼재배생력화곡물건조기지원	25,000	농정과	9	6	7	8	7	5	5	4
6440	경북 성주군	벼재배생력화육묘용파종기지원	15,000	농정과	9	6	7	8	7	5	5	4
6441	경북 성주군	벼재배생력화육묘상적재기등지원	4,500	농정과	9	6	7	8	7	5	5	4
6442	경북 성주군	대규모벼재배농가대형농기계지원	54,000	농정과	9	6	7	8	7	5	5	4
6443	경북 성주군	특수미생산가공유통기반구축지원	14,000	농정과	9	6	7	8	7	5	5	4
6444	경북 성주군	공공비축미대형포대매입기자재지원	3,000,000	농정과	9	6	7	8	7	5	5	4
6445	경북 성주군	해충포획지원	4,825	농정과	9	6	7	8	7	5	5	4
6446	경북 성주군	유용곤충산업기반조성지원	35,000	농정과	9	6	7	8	7	5	5	4
6447	경북 성주군	밭작물폭염(가뭄)피해예방사업	31,027	농정과	9	6	7	8	7	5	5	4
6448	경북 성주군	축산농가환경개선장비지원	90,000	농정과	9	6	7	8	7	5	5	4
6449	경북 성주군	친환경축산지원	150,000	농정과	9	6	7	8	7	5	5	4
6450	경북 성주군	양계지원사업	27,450	농정과	9	6	7	8	7	5	5	4
6451	경북 성주군	축산농가기자재지원	69,500	농정과	9	6	7	8	7	5	5	4
6452	경북 성주군	양봉지원사업	31,200	농정과	9	6	7	8	7	5	5	4
6453	경북 성주군	가축폭염피해방지지원	64,000	농정과	9	6	7	8	7	5	5	4
6454	경북 성주군	액비저장조지원	42,000	농정과	9	6	7	8	7	5	5	4
6455	경북 성주군	미래축산기반조성	27,000	농정과	9	6	7	8	7	5	5	4
6456	경북 성주군	원예소득작목육성지원	867,000	농정과	9	6	7	8	7	5	5	4
6457	경북 성주군	시설원예에너지절감시설보급지원	326,468	농정과	9	6	7	8	7	5	5	4
6458	경북 성주군	민속채소,양채류육성지원	190,500	농정과	9	6	7	8	7	5	5	4
6459	경북 성주군	특용작물(버섯)생산시설현대화지원	139,350	농정과	9	6	7	8	7	5	5	4
6460	경북 성주군	과수생력화장비지원	31,500	농정과	9	6	7	8	7	5	5	4
6461	경북 성주군	농가형저온저장고설치	10,000	농정과	9	6	7	8	7	5	5	4
6462	경북 성주군	과수고품질시설현대화사업	47,500	농정과	9	6	7	8	7	5	5	4
6463	경북 성주군	시설원예현대화지원	1,262,923	농정과	9	6	7	8	7	5	5	4
6464	경북 성주군	FTA대응대체과수명품화	95,000	농정과	9	6	7	8	7	5	5	4
6465	경북 성주군	밭작물공동경영체육성지원	135,000	농정과	9	6	7	8	7	5	5	4
6466	경북 칠곡군	특용수 현금보조 조림 대리경영	308,468	산림녹지과	9	1, 2	7	8	7	5	5	4
6467	경북 칠곡군	유휴토지조림	6,030	산림녹지과	9	1, 2	7	8	7	5	5	4
6468	경북 칠곡군	주택용목재펠릿보일러	5,600	산림녹지과	9	1, 2	7	8	7	5	5	4
6469	경북 칠곡군	조림지 가꾸기 대리경영	477,000	산림녹지과	9	1, 2	7	8	7	5	5	4
6470	경북 칠곡군	성형목탄환경개선사업	14,000	산림녹지과	9	1, 2	7	8	7	5	5	4
6471	경북 칠곡군	신재생에너지주택지원사업	218,000	일자리경제과	9	1	7	8	7	2	2	1
6472	경북 칠곡군	에너지절약사업	88,000	일자리경제과	9	1	7	8	7	2	2	1
6473	경북 칠곡군	신재생에너지 모니터링시스템 설치	28,000	일자리경제과	9	1	7	8	7	2	2	1
6474	경북 칠곡군	병해충 방제등 노동력절감 장비지원	14,000	농업기술센터	9	1	7	8	7	5	5	1
6475	경북 칠곡군	청년농업인 경쟁력제고지원	45,000	농업기술센터	9	1	7	8	7	5	5	1
6476	경북 칠곡군	4-H신문 보급지원	660,000	농업기술센터	9	1	7	8	7	5	5	4
6477	경북 칠곡군	청년농업인 자립기반구축지원	80,000	농업기술센터	9	1	7	8	7	5	5	1
6478	경북 칠곡군	농촌교육농장 육성지원	35,000	농업기술센터	9	1	7	8	7	5	5	1

순번	시군구	지출명 (사업명)	2020년예산 (단위:천원/1년간)	담당자 (공무원) 담당부서	민간이전 분류 (지방자치단체 세출예산 집행기준에 의거) 1. 민간경상사업보조(1) 2. 민간단체 법정운영비보조(2) 3. 민간행사사업보조(3) 4. 민간위탁금(4) 5. 사회복지시설 법정운영비보조(5) 6. 민간인위탁교육비(6) 7. 공기관등에대한경상적대행사업비(7) 8. 민간자본사업보조,자체재원(8) 9. 민간자본사업보조,이전재원(9) 10. 민간위탁사업비(10) 11. 공기관등에 대한 자본적 대행사업비(11)	민간이전지출 근거 (지방보조금 관리기준 참고) 1. 법률에 규정 2. 국고보조 재원(국가지정) 3. 용도 지정 기부금 4. 조례에 직접규정 5. 지자체가 권장하는 사업을 하는 공공기관 6. 시,도 정책 및 재정사정 7. 기타 8. 해당없음	입찰방식 계약체결방법 (경쟁형태) 1. 일반경쟁 2. 제한경쟁 3. 지명경쟁 4. 수의계약 5. 법정위탁 6. 기타 ( ) 7. 해당없음	입찰방식 계약기간 1. 1년 2. 2년 3. 3년 4. 4년 5. 5년 6. 기타 ( )년 7. 단기계약 (1년미만) 8. 해당없음	입찰방식 낙찰자선정방법 1. 적격심사 2. 협상에의한계약 3. 최저가낙찰제 4. 규격가격분리 5. 2단계 경쟁입찰 6. 기타 ( ) 7. 해당없음	운영예산 산정 운영예산 산정 1. 내부산정 (지자체 자체적으로 산정) 2. 외부산정 (외부전문기관 위탁 산정) 3. 내·외부 모두 산정 4. 산정 無 5. 해당없음	운영예산 산정 정산방법 1. 내부정산 (지자체 내부적으로 정산) 2. 외부정산 (외부전문기관 위탁 정산) 3. 내·외부 모두 산정 4. 정산 無 5. 해당없음	성과평가 실시여부 1. 실시 2. 미실시 3. 향후 추진 4. 해당없음
6479	경북 칠곡군	농촌여성 생산성향상 장비지원	14,700	농업기술센터	9	1	7	8	7	1	1	1
6480	경북 칠곡군	농업·농촌자원 소득화 마케팅 지원	14,000	농업기술센터	9	1	7	8	7	5	5	1
6481	경북 칠곡군	가공업체 맞춤형 고품질 특수미 생산 시범	80,000	농업기술센터	9	1	7	8	7	5	5	1
6482	경북 칠곡군	시설원예 에너지 절감 및 환경개선 시범	34,000	농업기술센터	9	1	7	8	7	5	5	4
6483	경북 칠곡군	외부환경 데이터 기반 스마트 양액 공급기술	40,000	농업기술센터	9	1	7	8	7	5	5	4
6484	경북 칠곡군	이상고온 대응 시설채소 온도저감기술 시범	100,000	농업기술센터	9	1	7	8	7	5	5	4
6485	경북 칠곡군	시설원예 스마트팜 활용기술 보급	270,000	농업기술센터	9	1	7	8	7	5	5	4
6486	경북 칠곡군	도시근교 농업 채소 품질향상 패키지 기술보급 시범	128,000	농업기술센터	9	1	7	8	7	5	5	4
6487	경북 칠곡군	고품질 포도생산 스마트팜 조성시범	42,000	농업기술센터	9	1	7	8	7	5	5	4
6488	경북 칠곡군	시설원예 과습해소 생산성 향상시범	12,800	농업기술센터	9	1	7	8	7	5	5	4
6489	경북 칠곡군	수경재배 배지 함수율 관리기술 적용시범	16,000	농업기술센터	9	1	7	8	7	5	5	4
6490	경북 칠곡군	플라즈마기술 이용 농산물 신선 저장시범	7,000	농업기술센터	9	1	7	8	7	5	5	4
6491	경북 칠곡군	흑서기 육계사 냉음용수 급수시스템 활용기술 시범	100,000	농업기술센터	9	2	7	8	7	5	5	3
6492	경북 칠곡군	스마트 생체정보 관리시스템 보급시범	60,000	농업기술센터	9	2	7	8	7	5	5	3
6493	경북 칠곡군	작목별 맞춤형 안전관리 실천시범	50,000	농업기술센터	9	2	7	8	7	5	5	3
6494	경북 칠곡군	장원별 확대 보급시범	25,200	농업기술센터	9	2	7	8	7	5	5	3
6495	경북 칠곡군	버섯파리 친환경 방제기술 시범	4,900	농업기술센터	9	2	7	8	7	5	5	3
6496	경북 예천군	장애인직업재활시설 기능보강	321,680	주민복지실	9	1	7	8	7	5	1	2
6497	경북 예천군	경로당 기능보강	100,000	주민복지실	9	4	7	8	7	5	1	2
6498	경북 예천군	다함께돌봄센터 리모델링비 지원	250,000	주민복지실	9	5	7	8	7	5	5	4
6499	경북 예천군	다함께돌봄센터 기자재비 지원	95,985	주민복지실	9	5	7	8	7	5	5	4
6500	경북 예천군	국공립 어린이집 리모델링비	220,000	주민복지실	9	2	7	8	7	5	1	2
6501	경북 예천군	국공립 어린이집 기자재비	20,000	주민복지실	9	2	7	8	7	5	1	2
6502	경북 예천군	국공립 어린이집 장기임차 근저당 설정비	100,000	주민복지실	9	2	7	8	7	5	1	2
6503	경북 예천군	어린이집 전자출결시스템 장비비 지원	18,450	주민복지실	9	2	7	8	7	5	1	2
6504	경북 예천군	학교급식지원센터 수송차량 지원	36,400	행정지원실	9	6	7	8	7	5	1	2
6505	경북 예천군	정보화마을 정보센터 환경정비 지원	15,000	행정지원실	9	4	7	8	7	1	1	1
6506	경북 예천군	마을기업육성사업	30,000	새마을경제과	9	2	7	8	7	5	5	4
6507	경북 예천군	으뜸음식점육성	9,000	종합민원과	9	1	7	8	7	5	5	4
6508	경북 예천군	장안사 방재시스템 구축사업	137,000	문화관광과	9	2	7	8	7	5	5	1
6509	경북 예천군	한천사 방재시스템 구축사업	137,000	문화관광과	9	2	7	8	7	5	5	1
6510	경북 예천군	농촌체험 휴양마을 운영활성화 기반구축	90,000	농정과	9	6	7	8	7	1	1	4
6511	경북 예천군	농업계고 졸업생 창업비용지원	30,000	농정과	9	6	7	8	7	1	1	4
6512	경북 예천군	결혼이민자 농가소득증진지원	32,000	농정과	9	6	7	8	7	1	1	4
6513	경북 예천군	농촌마을 공동급식지원	16,000	농정과	9	6	7	8	7	1	1	4
6514	경북 예천군	여성농업인 농작업 편의장비지원	15,000	농정과	9	6	7	8	7	1	1	4
6515	경북 예천군	귀농정착 지원	160,000	농정과	9	6	7	8	7	1	1	4
6516	경북 예천군	가업승계 우수농업인 정착지원	70,000	농정과	9	6	7	8	7	1	1	4
6517	경북 예천군	예천 참깨들깨 지역전략 6차산업화	760,000	농정과	9	6	7	8	7	1	1	4
6518	경북 예천군	전통부각 스낵6차산업화	560,000	농정과	9	6	7	8	7	1	1	4
6519	경북 예천군	쌀을이용한 발효식품 6차산업화	420,000	농정과	9	6	7	8	7	1	1	4
6520	경북 예천군	토종곡물 재배단지 지원	11,900	농정과	9	6	7	8	7	1	1	4
6521	경북 예천군	토종곡물 재배단지 장비 지원	21,000	농정과	9	6	7	8	7	1	1	4
6522	경북 예천군	명품쌀 재배단지 지원	59,000	농정과	9	6	7	8	7	1	1	4
6523	경북 예천군	밭작물 폭염 피해예방 지원	86,710	농정과	9	6	7	8	7	1	1	4

순번	시군구	지출명 (사업명)	2020년예산 (단위:천원/1년간)	담당자 (공무원) 담당부서	민간이전 분류 (지방자치단체 세출예산 집행기준에 의거) 1. 민간경상사업보조(1) 2. 민간단체 법정운영비보조(2) 3. 민간행사사업보조(3) 4. 민간위탁금(4) 5. 사회복지시설 법정운영비보조(5) 6. 민간인위탁교육비(6) 7. 공기관등에대한경상적대행사업비(7) 8. 민간자본사업보조,자체재원(8) 9. 민간자본사업보조,이전재원(9) 10. 민간위탁사업비(10) 11. 공기관등에 대한 자본적 대행사업비(11)	민간이전지출 근거 (지방보조금 관리기준 참고) 1. 법률에 규정 2. 국고보조 재원(국가지정) 3. 용도 지정 기부금 4. 조례에 직접규정 5. 지자체가 권장하는 사업을 하는 공공기관 6. 시,도 정책 및 재정사정 7. 기타 8. 해당없음	입찰방식 계약체결방법 (경쟁형태) 1. 일반경쟁 2. 제한경쟁 3. 지명경쟁 4. 수의계약 5. 법정위탁 6. 기타 ( ) 7. 해당없음	입찰방식 계약기간 1. 1년 2. 2년 3. 3년 4. 4년 5. 5년 6. 기타 ( )년 7. 단기계약 (1년미만) 8. 해당없음	입찰방식 낙찰자선정방법 1. 적격심사 2. 협상에의한계약 3. 최저가낙찰제 4. 규격가격분리 5. 2단계 경쟁입찰 6. 기타 ( ) 7. 해당없음	운영예산 산정 운영예산 산정 1. 내부산정 (지자체 자체적으로 산정) 2. 외부산정 (외부전문기관 위탁 산정) 3. 내·외부 모두 산정 4. 산정 無 5. 해당없음	운영예산 산정 정산방법 1. 내부정산 (지자체 내부적으로 정산) 2. 외부정산 (외부전문기관 위탁 정산) 3. 내·외부 모두 산정 4. 정산 無 5. 해당없음	성과평가 실시여부 1. 실시 2. 미실시 3. 향후 추진 4. 해당없음
6524	경북 예천군	멧돼지 포획틀 지원사업	5,280	농정과	9	2	7	8	7	1	1	4
6525	경북 예천군	벼 육묘공장 설치지원	307,500	농정과	9	6	7	8	7	1	1	4
6526	경북 예천군	토양개량제 공급	818,019	농정과	9	2	7	8	7	1	1	4
6527	경북 예천군	유기질비료 지원	1,440,000	농정과	9	2	7	8	7	1	1	4
6528	경북 예천군	벼 육묘상자 처리약제 지원	300,000	농정과	9	6	7	8	7	1	1	4
6529	경북 예천군	대규모벼재배농가 대형농기계 지원	360,000	농정과	9	6	7	8	7	1	1	4
6530	경북 예천군	특수미 생산가공유통 기반구축	35,000	농정과	9	6	7	8	7	1	1	4
6531	경북 예천군	공공비축미 톤백저울지원	26,500	농정과	9	6	7	8	7	1	1	4
6532	경북 예천군	공공비축미보관창고 개보수지원	15,000	농정과	9	6	7	8	7	1	1	4
6533	경북 예천군	RPC시설 장비 지원사업	280,000	농정과	9	6	7	8	7	1	1	4
6534	경북 예천군	벼생력화지원	212,500	농정과	9	6	7	8	7	1	1	4
6535	경북 예천군	친환경농법지원	183,333	농정과	9	6	7	8	7	1	1	4
6536	경북 예천군	유기농업자재 지원	38,980	농정과	9	6	7	8	7	1	1	4
6537	경북 예천군	밭식량작물 다목적농업기계지원	10,000	농정과	9	6	7	8	7	1	1	4
6538	경북 예천군	농작물피해방지포획기 지원	3,857,000	농정과	9	6	7	8	7	1	1	4
6539	경북 예천군	중소형 농기계지원	520,000	농정과	9	6	7	8	7	1	1	4
6540	경북 예천군	신선농산물 수출경쟁력 제고	144,000	농정과	9	6	7	8	7	1	1	4
6541	경북 예천군	다목적 농가형 저온저장고	100,000	농정과	9	6	7	8	7	1	1	4
6542	경북 예천군	과수 고품질 생산시설 현대화시설	1,220,250	농정과	9	2	7	8	7	1	1	4
6543	경북 예천군	과수 승용예초기 등	78,500	농정과	9	6	7	8	7	1	1	4
6544	경북 예천군	친환경 사과적화제 지원 등	50,650	농정과	9	6	7	8	7	1	1	4
6545	경북 예천군	FTA대응대체 과수명품화사업	90,000	농정과	9	6	7	8	7	1	1	4
6546	경북 예천군	화훼 생산시설 경쟁력 제고	85,000	농정과	9	6	7	8	7	1	1	4
6547	경북 예천군	에너지절감시설 설치	91,250	농정과	9	2	7	8	7	1	1	4
6548	경북 예천군	소득작목육성지원	1,390,000	농정과	9	6	7	8	7	1	1	4
6549	경북 예천군	민속채소 생산기반확충	40,000	농정과	9	6	7	8	7	1	1	4
6550	경북 예천군	고추비가림 재배시설	61,600	농정과	9	6	7	8	7	1	1	4
6551	경북 예천군	저온유통체계구축사업	480,000	농정과	9	6	7	8	7	1	1	4
6552	경북 예천군	시설원예 ICT융복합 확산지원	17,682	농정과	9	2	7	8	7	1	1	4
6553	경북 예천군	양잠산업 육성지원	126,500	농정과	9	6	7	8	7	1	1	4
6554	경북 예천군	인삼 육성지원	98,500	농정과	9	6	7	8	7	1	1	4
6555	경북 예천군	애누에 공동사육비 지원	49,500	농정과	9	6	7	8	7	1	1	4
6556	경북 예천군	밭작물 공동경영체 육성지원	135,000	농정과	9	2	7	8	7	1	1	4
6557	경북 예천군	특용작물 생산시설 현대화지원	55,400	농정과	9	2	7	8	7	1	1	4
6558	경북 예천군	버스음주측정기구입 지원	1,400,000	건설교통과	9	1	7	8	7	5	5	4
6559	경북 예천군	택시음주측정기구입 지원	2,450,000	건설교통과	9	1	7	8	7	5	5	4
6560	경북 예천군	농촌여성생산성향상 장비지원	26,000	농업기술센터	9	1	7	8	7	1	1	1
6561	경북 예천군	병해충무인방제 등 노력절감장비지원	20,000	농업기술센터	9	1	7	8	7	1	1	1
6562	경북 예천군	작목별 맞춤형 안전관리 실천시범	50,000	농업기술센터	9	1	7	8	7	1	1	1
6563	경북 예천군	청년농업인자립기반구축지원	100,000	농업기술센터	9	1	7	8	7	1	1	1
6564	경북 예천군	청년농업인 경쟁력 제고사업	50,000	농업기술센터	9	1	7	8	7	1	1	1
6565	경북 예천군	식량작물채종포단지기반조성	200,000	농업기술센터	9	1	7	8	7	1	1	1
6566	경북 예천군	가공업체맞춤형두류논재배생산시범	80,000	농업기술센터	9	1	7	8	7	1	1	1
6567	경북 예천군	국내육성 과수 중소과 전문생산체계 구축 시범사업	40,000	농업기술센터	9	1	7	8	7	1	1	1
6568	경북 예천군	노지 과수 스마트팜 시범	80,000	농업기술센터	9	1	7	8	7	1	1	1

순번	시군구	지출명 (사업명)	2020년예산 (단위:천원/1년간)	담당자 (공무원) 담당부서	민간이전 분류 (지방자치단체 세출예산 집행기준에 의거) 1. 민간경상사업보조(1) 2. 민간단체 법정운영비보조(2) 3. 민간행사사업보조(3) 4. 민간위탁금(4) 5. 사회복지시설 법정운영비보조(5) 6. 민간인위탁교육비(6) 7. 공기관등에대한경상적대행사업비(7) 8. 민간자본사업보조,자체재원(8) 9. 민간자본사업보조,이전재원(9) 10. 민간위탁사업비(10) 11. 공기관등에 대한 자본적 대행사업비(11)	민간이전지출 근거 (지방보조금 관리기준 참고) 1. 법률에 규정 2. 국고보조 재원(국가지정) 3. 용도 지정 기부금 4. 조례에 직접규정 5. 지자체가 권장하는 사업을 하는 공공기관 6. 시,도 정책 및 재정사정 7. 기타 8. 해당없음	입찰방식 계약체결방법 (경쟁형태) 1. 일반경쟁 2. 제한경쟁 3. 지명경쟁 4. 수의계약 5. 법정위탁 6. 기타 ( ) 7. 해당없음	입찰방식 계약기간 1. 1년 2. 2년 3. 3년 4. 4년 5. 5년 6. 기타 ( )년 7. 단기계약 (1년미만) 8. 해당없음	입찰방식 낙찰자선정방법 1. 적격심사 2. 협상에의한계약 3. 최저가낙찰제 4. 규격가격분리 5. 2단계 경쟁입찰 6. 기타 ( ) 7. 해당없음	운영예산 산정 운영예산 산정 1. 내부산정 (지자체 자체 적으로 산정) 2. 외부산정 (외부전문기관 위탁 산정) 3. 내·외부 모두 산정 4. 산정 無 5. 해당없음	운영예산 산정 정산방법 1. 내부정산 (지자체 내부적으로 정산) 2. 외부정산 (외부전문기관 위탁 정산) 3. 내·외부 모두 산정 4. 정산 無 5. 해당없음	성과평가 실시여부 1. 실시 2. 미실시 3. 향후 추진 4. 해당없음
6569	경북 예천군	고설딸기 고효율 육묘기술 시범	24,000	농업기술센터	9	1	7	8	7	1	1	1
6570	경북 예천군	토종벌 낭충봉아부패병 저항성계통 증식보급 시범	35,000	농업기술센터	9	1	7	8	7	1	1	1
6571	경북 예천군	지역특화시범	136,000	농업기술센터	9	4	7	8	7	1	1	1
6572	경북 예천군	장원별 확대보급 시범	12,600	농업기술센터	9	4	7	8	7	1	1	1
6573	경북 예천군	고품질 기능성 홍잠 생산기술 시범	160,000	농업기술센터	9	4	7	8	7	1	1	1
6574	경북 예천군	식품소재가공센터 조성 지원	160,000	곤충연구소	9	2	7	8	7	5	5	4
6575	경북 예천군	공동 곤충 사육장 조성 지원	100,000	곤충연구소	9	2	7	8	7	5	5	4
6576	경북 예천군	내일키움마켓 구축 지원	100,000	곤충연구소	9	2	7	8	7	5	5	4
6577	경북 예천군	청년 창업 푸드트럭 지원	50,000	곤충연구소	9	2	7	8	7	5	5	4
6578	경북 예천군	도시가스 미공급지역 지원사업	132,000	새마을경제과	9	6	7	8	7	2	1	4
6579	경북 예천군	신재생에너지 주택지원사업	86,000	새마을경제과	9	7	4	8	1	5	1	4
6580	경북 예천군	신재생에너지 건물지원사업	363,000	새마을경제과	9	7	4	8	1	5	1	4
6581	경북 예천군	복지시설 에너지절약사업	13,000	새마을경제과	9	7	4	8	1	5	1	4
6582	경북 예천군	신재생에너지 모니터링시스템 설치	28,000	새마을경제과	9	7	4	8	1	5	1	4
6583	경북 예천군	LPG 소형저장탱크 보급사업	442,344	새마을경제과	9	2	7	8	7	2	2	4
6584	경북 예천군	LPG 소형저장탱크 보급사업	508,941	새마을경제과	9	5	7	8	7	2	2	4
6585	경북 울릉군	어린이집환경개선	2,000,000	주민복지과	9	2	7	8	7	5	5	4
6586	경북 울릉군	소규모사업장방지시설지원	49,600	환경위생과	9	2	7	8	7	5	5	4
6587	경북 울릉군	농어촌민박안전장치설치지원	7,000	환경위생과	9	6	7	8	7	5	5	4
6588	경북 울릉군	농수임산물내항화물수송운임	500,000	일자리경제교통과	9	1	7	8	7	1	1	2
6589	경북 울릉군	신재생에너지주택지원사업	68,000	일자리경제교통과	9	2	6	6	6	3	3	2
6590	경북 울릉군	전기자동차보급 및 충전인프라구축	1,980,000	일자리경제교통과	9	2	6	1	6	3	3	2
6591	경북 울릉군	택시음주측정기구입지원	700,000	일자리경제교통과	9	6	4	8	7	3	1	3
6592	경북 울릉군	전세버스음주측정기구구입지원	7,000	일자리경제교통과	9	6	4	8	7	3	1	3
6593	경북 울릉군	현포어촌계공동축양시설	240,000	해양수산과	9	4	7	8	7	1	1	4
6594	경북 울릉군	어업자원자율관리공동체지원	90,000	해양수산과	9	2	7	8	7	1	1	4
6595	경북 울릉군	수산물처리저장시설	13,334	해양수산과	9	4	7	8	7	1	1	4
6596	경북 울릉군	마을어장관리사업(해적생물구제)	10,000	해양수산과	9	4	7	8	7	5	1	4
6597	경북 울릉군	노후기관장비설비교체지원	80,640	해양수산과	9	4	7	8	7	5	1	4
6598	경북 울릉군	어선장비지원사업(어선장비지원사업)	106,320	해양수산과	9	4	7	8	7	5	1	4
6599	경북 울릉군	어선장비지원사업(어선부력판설치)	25,334	해양수산과	9	4	7	8	7	5	1	4
6600	경북 울릉군	어선사고예방시스템구축	13,500	해양수산과	9	4	7	8	7	5	1	4
6601	경북 울릉군	귀농인 정착지원사업	4,000,000	농업산림과	9	1	7	8	7	5	5	4
6602	경북 울릉군	밭작물폭염(가뭄)피해예방사업	8,010	농업산림과	9	1	7	8	7	5	5	4
6603	경북 울릉군	가업승계우수농업인정착지원	35,000	농업산림과	9	1	7	8	7	5	5	4
6604	경북 울릉군	임산물유통기반조성	25,000	농업산림과	9	1, 2	7	8	7	5	5	4
6605	경북 울릉군	채밀기지원	30,000	농업산림과	9	6	7	8	7	5	5	4
6606	경북 울릉군	축산관리용CCTV지원사업	3,000,000	농업산림과	9	6	7	8	7	5	5	4
6607	경북 울릉군	축산농가환경개선장비	15,000	농업산림과	9	6	7	8	7	5	5	4
6608	경북 울릉군	한우사료자동급이기지원	10,000	농업산림과	9	6	7	8	7	5	5	4
6609	경북 울릉군	민속채소양채류 육성지원사업	162,600	기술보급과	9	2	7	8	7	5	5	4
6610	경북 울릉군	중소형농기계공급사업	20,000	기술보급과	9	2	7	8	7	5	5	4
6611	경북 울릉군	원예소득작목 육성지원사업	180,000	기술보급과	9	2	7	8	7	5	5	4
6612	경북 울릉군	지역활력화작목기반조성	260,000	기술보급과	9	2	7	8	7	5	5	4
6613	경북 울릉군	유기질비료지원사업	240,000	기술보급과	9	6	7	8	7	5	5	4

순번	시군구	지출명 (사업명)	2020년예산 (단위:천원/1년간)	담당자 (공무원) 담당부서	민간이전 분류 (지방자치단체 세출예산 집행기준에 의거) 1. 민간경상사업보조(1) 2. 민간단체 법정운영비보조(2) 3. 민간행사사업보조(3) 4. 민간위탁금(4) 5. 사회복지시설 법정운영비보조(5) 6. 민간인위탁교육비(6) 7. 공기관등에대한경상적대행사업비(7) 8. 민간자본사업보조,자체재원(8) 9. 민간자본사업보조,이전재원(9) 10. 민간위탁사업비(10) 11. 공기관등에 대한 자본적 대행사업비(11)	민간이전지출 근거 (지방보조금 관리기준 참고) 1. 법률에 규정 2. 국고보조 재원(국가지정) 3. 용도 지정 기부금 4. 조례에 직접규정 5. 지자체가 권장하는 사업을 하는 공공기관 6. 시,도 정책 및 재정사정 7. 기타 8. 해당없음	입찰방식 계약체결방법 (경쟁형태) 1. 일반경쟁 2. 제한경쟁 3. 지명경쟁 4. 수의계약 5. 법정위탁 6. 기타 ( ) 7. 해당없음	계약기간 1. 1년 2. 2년 3. 3년 4. 4년 5. 5년 6. 기타 ( )년 7. 단기계약 (1년미만) 8. 해당없음	낙찰자선정방법 1. 적격심사 2. 협상에의한계약 3. 최저가낙찰제 4. 규격가격분리 5. 2단계 경쟁입찰 6. 기타 ( ) 7. 해당없음	운영예산 산정 운영예산 산정 1. 내부산정 (지자체 자체적으로 산정) 2. 외부산정 (외부전문기관위탁 산정) 3. 내·외부 모두 산정 4. 산정 無 5. 해당없음	정산방법 1. 내부정산 (지자체 내부적으로 정산) 2. 외부정산 (외부전문기관위탁 정산) 3. 내·외부 모두 산정 4. 정산 無 5. 해당없음	성과평가 실시여부 1. 실시 2. 미실시 3. 향후 추진 4. 해당없음
6614	경북 울릉군	농식품가공산업육성	177,706	기술보급과	9	6	7	8	7	5	5	4
6615	경북 울릉군	학생4-H회원과제활동지원	5,000	기술보급과	9	6	7	8	7	5	5	4
6616	경북 울릉군	병해충방제등노동력절감장비지원	3,500,000	기술보급과	9	6	7	8	7	5	5	4
6617	경북 울릉군	여성농업인 농작업 편의장비 지원사업	7,500,000	기술보급과	9	6	7	8	7	5	5	4
6618	경북 울릉군	농촌여성생산성향상장비지원	4,200,000	기술보급과	9	6	7	8	7	5	5	4
6619	경남 통영시	대기오염물질 방지시설 설치 지원	311,526	환경과	9	2	7	8	7	5	5	4
6620	경남 통영시	가정용 저녹스보일러 설치지원	10,000	환경과	9	2	7	8	7	5	5	4
6621	경남 통영시	운행경유차 배출가스 저감사업	413,217	환경과	9	2	7	8	7	1	1	1
6622	경남 통영시	어린이 통학차량의 LPG차 전환 지원	65,000	환경과	9	2	7	8	7	1	1	2
6623	경남 통영시	전기자동차 보급 및 충전인프라 구축	540,000	환경과	9	2	7	8	7	1	1	1
6624	경남 통영시	수소연료전지차보급	66,200	환경과	9	2	7	8	7	1	1	2
6625	경남 통영시	야생동물피해예방사업	추경확보예정	환경과	9	2	7	8	7	1	1	3
6626	경남 통영시	지역아동센터 환경개선 지원	44,160	여성아동청소년과	9	2	7	8	7	1	1	1
6627	경남 통영시	어린이집 환경개선	2,000,000	여성아동청소년과	9	1	7	8	7	1	1	1
6628	경남 통영시	어린이집 확충	20,000	여성아동청소년과	9	1	7	8	7	1	1	1
6629	경남 통영시	전자출결시스템 지원	45,812	여성아동청소년과	9	1	7	8	7	1	1	1
6630	경남 통영시	벼 병해충 공동방제비 지원	10,000	농업기술과	9	4	7	8	7	1	1	1
6631	경남 통영시	고품질 쌀 생산단지 조성	6,000	농업기술과	9	4	7	8	7	1	1	1
6632	경남 통영시	농작물 병해충 방제비 지원	22,000	농업기술과	9	2	7	8	7	1	1	1
6633	경남 통영시	딸기하우스 시설현대화 지원	25,000	농업기술과	9	4	7	8	7	1	1	1
6634	경남 통영시	신소득 과실생산시설 현대화 지원	13,000	농업기술과	9	4	7	8	7	1	1	1
6635	경남 통영시	고추비가림 재배시설 지원	22,500	농업기술과	9	1	7	8	7	1	1	1
6636	경남 통영시	초등돌봄교실 과일간식 지원	47,200	농업기술과	9	1	2	7	1	1	1	1
6637	경남 통영시	딸기 우량모주(원묘) 지원	900,000	농업기술과	9	4	7	8	7	1	1	1
6638	경남 통영시	약용작물 안정생산 지원	4,000,000	농업기술과	9	4	7	8	7	1	1	1
6639	경남 통영시	과원관리 생력기계화 지원	5,000	농업기술과	9	4	7	8	7	1	1	1
6640	경남 통영시	통영 감귤 조기재배 시범	35,000	농업기술과	9	4	7	8	7	1	1	1
6641	경남 통영시	농작업 현장 친환경 화장실 설치	5,000	농업기술과	9	4	7	8	7	1	1	1
6642	경남 통영시	농촌어르신 복지생활 실천시범	100,000	농업기술과	9	4	7	8	7	1	1	1
6643	경남 통영시	다목적 발효 배양기구 보급	2,000,000	농업기술과	9	4	7	8	7	1	1	1
6644	경남 통영시	농작업 재해예방 안전기술 능력배양	5,000	농업기술과	9	4	7	8	7	1	1	1
6645	경남 통영시	치유농업 육성 기술지원 시범	100,000	농업기술과	9	4	7	8	7	1	1	1
6646	경남 통영시	도시민See-Touch체험장조성	76,500	수산과	9	6	7	8	7	1	1	1
6647	경남 통영시	수출주력품종 위생안전관리 지원	18,000	수산과	9	4	4	1	7	3	1	1
6648	경남 통영시	경남추천상품 수산물활성화 지원	10,200	수산과	9	4	4	1	7	3	1	1
6649	경남 통영시	수산물 브랜드 및 수출상품화 지원	72,000	수산과	9	4	4	1	7	3	1	1
6650	경남 통영시	어선사고예방시스템 구축사업	207,600	수산과	9	2	6	7	7	3	2	1
6651	경남 통영시	연안어선 감척	1,234,000	수산과	9	2	1	1	7	3	3	1
6652	경남 통영시	생분해성어구보급	521,429	수산과	9	2	6	7	7	3	2	1
6653	경남 통영시	친환경에너지 절감장비 보급	420,000	수산과	9	2	6	7	7	3	2	1
6654	경남 통영시	연안어선 기관개방검사비 지원사업	122,400	수산과	9	6	6	7	7	3	3	1
6655	경남 통영시	연안어선 안전설비 지원사업	8,000	수산과	9	6	6	7	7	3	3	1
6656	경남 통영시	연근해어선 무선통신망시설 시범지원	19,200	수산과	9	6	6	7	7	3	3	1
6657	경남 통영시	마을앞바다 소득원조성사업	120,000	어업진흥과	9	1	1	7	1	1	1	3
6658	경남 통영시	자율관리어업 육성사업	774,000	어업진흥과	9	1	1	1	1	2	1	3

순번	시군구	지출명 (사업명)	2020년예산 (단위:천원/1년간)	담당자 (공무원) 담당부서	민간이전 분류 (지방자치단체 세출예산 집행기준에 의거) 1. 민간경상사업보조(1) 2. 민간단체 법정운영비보조(2) 3. 민간행사사업보조(3) 4. 민간위탁금(4) 5. 사회복지시설 법정운영비보조(5) 6. 민간인위탁교육비(6) 7. 공기관등에대한경상적대행사업비(7) 8. 민간자본사업보조,자체재원(8) 9. 민간자본사업보조,이전재원(9) 10. 민간위탁사업비(10) 11. 공기관등에 대한 자본적 대행사업비(11)	민간이전지출 근거 (지방보조금 관리기준 참고) 1. 법률에 규정 2. 국고보조 재원(국가지정) 3. 용도 지정 기부금 4. 조례에 직접규정 5. 지자체가 권장하는 사업을 하는 공공기관 6. 시,도 정책 및 재정사정 7. 기타 8. 해당없음	입찰방식 계약체결방법 (경쟁형태) 1. 일반경쟁 2. 제한경쟁 3. 지명경쟁 4. 수의계약 5. 법정위탁 6. 기타 ( ) 7. 해당없음	입찰방식 계약기간 1. 1년 2. 2년 3. 3년 4. 4년 5. 5년 6. 기타 ( )년 7. 단기계약 (1년미만) 8. 해당없음	입찰방식 낙찰자선정방법 1. 적격심사 2. 협상에의한계약 3. 최저가낙찰제 4. 규격가격분리 5. 2단계 경쟁입찰 6. 기타 ( ) 7. 해당없음	운영예산 산정 운영예산 산정 1. 내부산정 (지자체 자체적으로 산정) 2. 외부산정 (외부전문기관위탁 산정) 3. 내·외부 모두 산정 4. 산정 無 5. 해당없음	운영예산 산정 정산방법 1. 내부정산 (지자체 내부적으로 정산) 2. 외부정산 (외부전문기관위탁 정산) 3. 내·외부 모두 산정 4. 정산 無 5. 해당없음	성과평가 실시여부 1. 실시 2. 미실시 3. 향후 추진 4. 해당없음
6659	경남 통영시	수산동물 예방 백신공급 사업	300,000	어업진흥과	9	2	1	7(6월)	1	2	1	4
6660	경남 통영시	면역증강제 공급사업	298,620	어업진흥과	9	2	1	7(6월)	1	2	1	4
6661	경남 통영시	가두리시설 현대화	2,203,571	어업진흥과	9	6	1	7(3월)	1	2	1	1
6662	경남 통영시	패각 친환경처리 지원	2,100,000	어업진흥과	9	2	7	8	7	2	1	1
6663	경남 통영시	친환경에너지 보급(해수열 히트펌프)	1,210,000	어업진흥과	9	2	6(농어촌공사위탁)	1	6(농어촌공사위탁)	2	1	4
6664	경남 통영시	친환경부표 공급	3,111,942	어업진흥과	9	2	6(수협단가계약)	1	6(수협단가계약)	2	1	4
6665	경남 통영시	양식장비 임대	920,000	어업진흥과	9	2	1	7(6월)	1	2	1	4
6666	경남 통영시	양식어업 공동생산시설 위생개선사업	2,880,000	어업진흥과	9	2	1	7(3월)	1	2	1	4
6667	경남 통영시	양식어장 자동화시설장비 지원	1,000,000	어업진흥과	9	6	1	7(3월)	1	2	1	4
6668	경남 통영시	양식어장 고도화시설 지원	250,000	어업진흥과	9	6	1	7(3월)	1	2	1	4
6669	경남 통영시	멍게양식 산업화시설 지원	235,000	어업진흥과	9	6	1	7(3월)	1	2	1	4
6670	경남 통영시	양식 유기폐기물 스마트 리사이클링 시스템	200,000	어업진흥과	9	6	1	7(3월)	1	2	1	4
6671	경남 통영시	패류 지역특화품종 육성	820,000	어업진흥과	9	6	1	1	1	2	1	4
6672	경남 통영시	경남 주력어종 스마트 공동 선별.이동 시스템 보급	250,000	어업진흥과	9	6	1	7(6월)	1	2	1	4
6673	경남 통영시	도서지역 양식장 사료 공동저장시설 지원	300,000	어업진흥과	9	6	1	1	1	2	1	4
6674	경남 통영시	다목적 적조방제 시스템지원	300,000	어업진흥과	9	6	1	7(6월)	1	2	1	4
6675	경남 통영시	고수온 대응장비 지원	250,000	어업진흥과	9	2	1	7(6월)	1	2	1	4
6676	경남 통영시	대구수정란(자어) 방류사업	12,500	어업진흥과	9	1	7	8	7	5	1	4
6677	경남 통영시	수산종자관리(해삼씨뿌림)	341,280	어업진흥과	9	1	7	8	7	5	1	4
6678	경남 통영시	불가사리·성게 구제사업	64,000	어업진흥과	9	1	7	8	7	5	1	4
6679	경남 통영시	자활사업 생산적 일자리 플랫폼 구축 지원	15,000	주민생활복지과	9	4	7	8	7	1	1	1
6680	경남 통영시	신재생에너지 융복합사업	1,262,857	지역경제과	9	1	7	8	7	5	5	4
6681	경남 통영시	도시가스 공급사업비 지원	500,000	지역경제과	9	4	7	8	7	1	1	1
6682	경남 통영시	승강기 회생제동장치 지원사업	18,000	지역경제과	9	6	7	8	7	1	1	4
6683	경남 김해시	자활사업 생산적 일자리 플랫폼 구축지원	15,000	생활안정과	9	6	7	8	7	1	1	1
6684	경남 김해시	세아 기능보강사업	70,000	노인장애인과	9	1	7	8	7	5	1	4
6685	경남 김해시	청년농업인 경쟁력제고사업	45,000	농업기술과	9	2	7	8	7	5	5	4
6686	경남 김해시	드론활용 노동력 절감 벼 재배단지 육성 시범	100,000	농업기술과	9	2	7	8	7	5	5	4
6687	경남 김해시	토마토 수경재배 작은뿌리파리 종합관리 기술시범	30,000	농업기술과	9	2	7	8	7	5	5	4
6688	경남 김해시	기능성 다겹보온 커튼 설치 시범	40,000	농업기술과	9	2	7	8	7	5	5	4
6689	경남 김해시	시설원예 에너지 절감 및 환경개선 시범	34,000	농업기술과	9	2	7	8	7	5	5	4
6690	경남 김해시	이상고온대응 시설채소 온도저감기술시범	100,000	농업기술과	9	2	7	8	7	5	5	4
6691	경남 김해시	시설채소 고온예방 환경관리시범	35,000	농업기술과	9	4	7	8	7	5	5	4
6692	경남 김해시	청정미나리 재배단지 조성	120,000	농업기술과	9	4	7	8	7	1	1	1
6693	경남 김해시	거베라 우리 품종 및 상품화 자동 시스템 보급	150,000	농업기술과	9	4	7	8	7	5	5	4
6694	경남 김해시	기후온난화 대응 새로운 소득과수 도입	100,000	농업기술과	9	2	7	8	7	5	5	4
6695	경남 김해시	기후변화 대응 아열대 소득작목 도입 시범	35,000	농업기술과	9	6	7	8	7	5	5	4
6696	경남 김해시	돌발해충 친환경 방제 시범	8,000	농업기술과	9	6	7	8	7	5	5	4
6697	경남 김해시	베리류가공상품화시범	60,000	농업기술과	9	2	7	8	7	5	5	4
6698	경남 김해시	작목별맞춤형안전관리실천시범	50,000	농업기술과	9	2	7	8	7	1	1	1
6699	경남 김해시	농촌어르신복지생활실천시범	100,000	농업기술과	9	4	7	8	7	1	1	1
6700	경남 김해시	농작업현장친환경화장실설치	10,000	농업기술과	9	4	7	8	7	1	1	1
6701	경남 김해시	농작업재해예방안전기술능력배양	5,000	농업기술과	9	4	7	8	7	1	1	1
6702	경남 김해시	다목적발효배양기구보급	5,000	농업기술과	9	4	7	8	7	1	1	1
6703	경남 김해시	치유농업육성기술지원시범	100,000	농업기술과	9	4	7	8	7	1	1	1

순번	시군구	지출명 (사업명)	2020년예산 (단위:천원/1년간)	담당자 (공무원) 담당부서	민간이전 분류 (지방자치단체 세출예산 집행기준에 의거) 1. 민간경상사업보조(1) 2. 민간단체 법정운영비보조(2) 3. 민간행사사업보조(3) 4. 민간위탁금(4) 5. 사회복지시설 법정운영비보조(5) 6. 민간인위탁교육비(6) 7. 공기관등에대한경상적대행사업비(7) 8. 민간자본사업보조,자체재원(8) 9. 민간자본사업보조,이전재원(9) 10. 민간위탁사업비(10) 11. 공기관등에 대한 자본적 대행사업비(11)	민간이전지출 근거 (지방보조금 관리기준 참고) 1. 법률에 규정 2. 국고보조 재원(국가지정) 3. 용도 지정 기부금 4. 조례에 직접규정 5. 지자체가 권장하는 사업을 하는 공공기관 6. 시,도 정책 및 재정사정 7. 기타 8. 해당없음	입찰방식 계약체결방법 (경쟁형태) 1. 일반경쟁 2. 제한경쟁 3. 지명경쟁 4. 수의계약 5. 법정위탁 6. 기타 ( ) 7. 해당없음	입찰방식 계약기간 1. 1년 2. 2년 3. 3년 4. 4년 5. 5년 6. 기타 ( )년 7. 단기계약 (1년미만) 8. 해당없음	입찰방식 낙찰자선정방법 1. 적격심사 2. 협상에의한계약 3. 최저가낙찰제 4. 규격가격분리 5. 2단계 경쟁입찰 6. 기타 ( ) 7. 해당없음	운영예산 산정 운영예산 산정 1. 내부산정 (지자체 자체 적으로 산정) 2. 외부산정 (외부전문기관 위탁 산정) 3. 내·외부 모두 산정 4. 산정 無 5. 해당없음	운영예산 산정 정산방법 1. 내부정산 (지자체 내부적으로 정산) 2. 외부정산 (외부전문기관 위탁 정산) 3. 내·외부 모두 산정 4. 정산 無 5. 해당없음	성과평가 실시여부 1. 실시 2. 미실시 3. 향후 추진 4. 해당없음
6704	경남 김해시	농촌교육농장육성시범	24,000	농업기술과	9	4	7	8	7	1	1	1
6705	경남 김해시	농촌체험공간환경개선시범	10,000	농업기술과	9	4	7	8	7	5	5	4
6706	경남 김해시	농업인가공사업장	50,000	농업기술과	9	2	7	8	7	1	1	1
6707	경남 김해시	소규모 농산물 유통시설 지원	99,480	농산업지원과	9	6	7	8	7	5	1	1
6708	경남 김해시	농산물 가공산업 지원사업	224,468	농산업지원과	9	6	7	8	7	1	1	4
6709	경남 김해시	농촌자원복합화 지원사업	632,000	농산업지원과	9	6	7	8	7	1	1	4
6710	경남 김해시	GAP위생시설 보완 지원사업	15,000	농산업지원과	9	2	7	8	7	5	1	4
6711	경남 김해시	수출농업단지 현대화·규모화 지원사업	151,250	농산업지원과	9	6	7	8	7	5	1	4
6712	경남 김해시	연질강화필름 지원사업	50,060	농산업지원과	9	6	7	8	7	5	1	4
6713	경남 김해시	비농단 수출농가 시설지원사업	80,000	농산업지원과	9	6	7	8	7	5	1	4
6714	경남 김해시	수출탑 수상농가 인센티브 지원	10,000	농산업지원과	9	6	7	8	7	5	1	4
6715	경남 김해시	농식품가공 수출전문업체 육성	280,000	농산업지원과	9	6	7	8	7	5	1	4
6716	경남 김해시	농업분야 에너지절감시설 지원사업	499,258	농산업지원과	9	2	7	8	7	1	1	1
6717	경남 김해시	시설원예현대화 지원사업	371,127	농산업지원과	9	2	7	8	7	1	1	1
6718	경남 김해시	시설원예 ICT 융복합 확산사업	19,000	농산업지원과	9	2	7	8	7	1	1	1
6719	경남 김해시	채소생산시설 현대화 지원사업	50,000	농산업지원과	9	6	7	8	7	1	1	1
6720	경남 김해시	딸기하우스 시설현대화 지원사업	42,500	농산업지원과	9	6	7	8	7	1	1	1
6721	경남 김해시	전기난방기 설치 지원사업	27,760	농산업지원과	9	6	7	8	7	1	1	1
6722	경남 김해시	고품질 양파 생산 기계화 지원사업	12,800	농산업지원과	9	6	7	8	7	1	1	1
6723	경남 김해시	화훼류 신수출전략품목 육성사업	30,000	농산업지원과	9	2	7	8	7	1	1	1
6724	경남 김해시	화훼생산시설 현대화사업	210,000	농산업지원과	9	6	7	8	7	1	1	1
6725	경남 김해시	화훼유통시설 및 장비확충 사업	42,500	농산업지원과	9	6	7	8	7	1	1	1
6726	경남 김해시	과수생산시설현대화사업	150,000	농산업지원과	9	2	7	8	7	1	1	4
6727	경남 김해시	휴대용 자동전동가위 지원사업	15,000	농산업지원과	9	6	7	8	7	1	1	4
6728	경남 김해시	신소득 과실생산시설 현대화사업	75,000	농산업지원과	9	6	7	8	7	1	1	4
6729	경남 김해시	과원관리 생력기계화 지원	20,000	농산업지원과	9	6	7	8	7	1	1	4
6730	경남 김해시	특용작물시설현대화 지원	125,000	농산업지원과	9	2	7	8	7	1	1	4
6731	경남 김해시	로컬푸드 직매장 지원	96,000	농산업지원과	9	2	7	8	7	5	1	1
6732	경남 김해시	맞춤형 중소형 농기계 지원사업	460,000	농산업지원과	9	6	6	8	7	1	1	1
6733	경남 김해시	지방투자촉진보조금	809,666	미래산업과	9	1	7	8	7	5	3	1
6734	경남 김해시	우리집 햇빛발전소 만들기 지원사업	280,000	기후대기과	9	6	7	8	7	5	5	4
6735	경남 김해시	전기자동차 보급사업	4,746,000	기후대기과	9	2	7	8	7	5	5	4
6736	경남 김해시	전기이륜차 보급사업	46,000	기후대기과	9	2	7	8	7	5	5	4
6737	경남 김해시	전기화물차 보급사업	120,000	기후대기과	9	2	7	8	7	5	5	4
6738	경남 김해시	전기버스 보급사업	6,000	기후대기과	9	2	7	8	7	5	5	4
6739	경남 김해시	수소연료전지차 보급사업	3,310,000	기후대기과	9	2	7	8	7	5	5	4
6740	경남 김해시	천연가스차량 연료비 보조	120,000	기후대기과	9	2	7	8	7	5	5	4
6741	경남 김해시	어린이 통학차량 LPG차 전환사업	515,000	기후대기과	9	2	7	8	7	5	5	4
6742	경남 김해시	굴뚝자동측정기기 설치운영관리비 지원	373,800	기후대기과	9	2	7	8	7	5	5	4
6743	경남 김해시	소규모 사업장 방지시설 설치 지원	9,003	기후대기과	9	2	7	8	7	5	5	4
6744	경남 김해시	주유소 유증기 회수설비 설치 지원	130,900	기후대기과	9	2	7	8	7	5	5	4
6745	경남 김해시	가정용 저녹스 보일러 보급사업	36,000	기후대기과	9	2	7	8	7	1	1	2
6746	경남 김해시	운행차 배출가스 저감 사업	3,298,549	기후대기과	9	2	7	8	7	5	5	4
6747	경남 김해시	저녹스버너 설치 지원 사업	72,000	기후대기과	9	2	7	8	7	1	1	2
6748	경남 김해시	유기농업 선도농가 가공·유통 지원사업	200,000	농축산과	9	6	1	1	1	1	1	1

순번	시군구	지출명 (사업명)	2020년예산 (단위:천원/1년간)	담당자 (공무원) 담당부서	민간이전 분류 (지방자치단체 세출예산 집행기준에 의거) 1. 민간경상사업보조(1) 2. 민간단체 법정운영비보조(2) 3. 민간행사사업보조(3) 4. 민간위탁금(4) 5. 사회복지시설 법정운영비보조(5) 6. 민간인위탁교육비(6) 7. 공기관등에대한경상적대행사업비(7) 8. 민간자본사업보조,자체재원(8) 9. 민간자본사업보조,이전재원(9) 10. 민간위탁사업비(10) 11. 공기관등에 대한 자본적 대행사업비(11)	민간이전지출 근거 (지방보조금 관리기준 참고) 1. 법률에 규정 2. 국고보조 재원(국가지정) 3. 용도 지정 기부금 4. 조례에 직접규정 5. 지자체가 권장하는 사업을 하는 공공기관 6. 시,도 정책 및 재정사정 7. 기타 8. 해당없음	입찰방식 계약체결방법 (경쟁형태) 1. 일반경쟁 2. 제한경쟁 3. 지명경쟁 4. 수의계약 5. 법정위탁 6. 기타 ( ) 7. 해당없음	입찰방식 계약기간 1. 1년 2. 2년 3. 3년 4. 4년 5. 5년 6. 기타 ( )년 7. 단기계약 (1년미만) 8. 해당없음	입찰방식 낙찰자선정방법 1. 적격심사 2. 협상에의한계약 3. 최저가낙찰제 4. 규격가격분리 5. 2단계 경쟁입찰 6. 기타 ( ) 7. 해당없음	운영예산 산정 운영예산 산정 1. 내부산정 (지자체 자체 적으로 산정) 2. 외부산정 (외부전문기관 위탁 산정) 3. 내·외부 모두 산정 4. 산정 無 5. 해당없음	운영예산 산정 정산방법 1. 내부정산 (지자체 내부적으로 정산) 2. 외부정산 (외부전문기관 위탁 정산) 3. 내·외부 모두 산정 4. 정산 無 5. 해당없음	성과평가 실시여부 1. 실시 2. 미실시 3. 향후 추진 4. 해당없음
6749	경남 김해시	유해야생동물포획시설지원사업	1,320,000	농축산과	9	2	7	8	7	5	1	3
6750	경남 김해시	미곡종합처리장 집진시설 개보수 지원사업	120,000	농축산과	9	2	7	8	7	5	1	3
6751	경남 김해시	깨끗한 축산농장조성사업	36,000	농축산과	9	2	7	8	7	1	1	4
6752	경남 김해시	액비저정조 지원	31,500	농축산과	9	2	7	8	7	1	1	4
6753	경남 김해시	가축분뇨 축분발효기 지원사업	112,500	농축산과	9	6	7	8	7	1	1	4
6754	경남 김해시	가축분뇨 악취저감 시설장비 지원사업	210,000	농축산과	9	6	7	8	7	1	1	4
6755	경남 김해시	축산농가 고온 스트레스 예방장비 지원	12,000	농축산과	9	6	7	8	7	1	1	4
6756	경남 김해시	양봉산업 구조개선사업	31,060	농축산과	9	6	7	8	7	1	1	4
6757	경남 김해시	축사시설 환경개선 사업	22,260	농축산과	9	6	7	8	7	1	1	4
6758	경남 김해시	한우 냉동정액보관고 지원	12,000	농축산과	9	6	7	8	7	1	1	2
6759	경남 김해시	HACCP 축산농가 및 영업장 지원	12,000	농축산과	9	4	7	8	7	1	1	4
6760	경남 김해시	축산물판매업소 위생시설개선 지원	12,000	농축산과	9	4	7	8	7	1	1	4
6761	경남 김해시	경남추천상품 수산물활성화 지원	30,000	농축산과	9	1	7	8	7	1	1	4
6762	경남 김해시	내수면 노후어선(기관) 교체 지원	54,000	농축산과	9	1	1	7	1	1	1	4
6763	경남 김해시	CCTV 등 방역인프라 설치지원	30,000	농축산과	9	2	7	8	7	1	1	2
6764	경남 김해시	전통사찰 보수정비사업	370,000	가야사복원과	9	2	7	8	7	5	5	4
6765	경남 김해시	전통사찰 보존정비사업	318,000	가야사복원과	9	2	7	8	7	5	5	4
6766	경남 김해시	정부지원어린이집 개보수	60,000	여성아동과	9	2	1	7	1	1	1	2
6767	경남 김해시	지역아동센터 환경개선비 지원	130,000	여성아동과	9	2	7	8	7	5	5	4
6768	경남 김해시	아동복지시설 기능보강 사업	311,734	여성아동과	9	2	7	8	7	5	5	4
6769	경남 김해시	시설 기능보강 지원	25,000	여성아동과	9	1	1	1	1	5	1	4
6770	경남 김해시	공동주택 리모델링 지원	1,320,000	여성아동과	9	2	1	7	1	1	1	1
6771	경남 김해시	민간어린이집 장기임차 리모델링 지원	660,000	여성아동과	9	2	1	7	1	1	1	1
6772	경남 김해시	기자재 구입비 지원	180,000	여성아동과	9	2	7	8	7	1	1	1
6773	경남 김해시	농촌빈집정비	5,500	건축과	9	1	7	8	7	5	1	4
6774	경남 김해시	노후불량 주택 지붕개량사업	12,720	건축과	9	1	7	8	7	5	1	4
6775	경남 김해시	저상버스도입보조	2,759,040	대중교통과	9	2	7	8	7	1	1	1
6776	경남 밀양시	자활사업 생산적 일자리 플랫폼 구축지원	15,000	주민생활지원과	9	1, 4	7	8	7	5	5	3
6777	경남 밀양시	독거노인 공동생활가정 구축	15,000	사회복지과	9	1, 4	7	8	7	5	5	3
6778	경남 밀양시	지역아동센터 환경개선 지원	58,130	사회복지과	9	1, 4	7	8	7	5	5	3
6779	경남 밀양시	아동복지시설 기능보강	20,500	사회복지과	9	1, 4	7	8	7	5	5	3
6780	경남 밀양시	어린이집 장비비	8,000	사회복지과	9	1, 4	7	8	7	5	5	3
6781	경남 밀양시	어린이집 개보수	60,000	사회복지과	9	1, 4	7	8	7	5	5	3
6782	경남 밀양시	전자출결시스템 구축	25,352	사회복지과	9	1, 4	7	8	7	5	5	3
6783	경남 밀양시	민간어린이집 장기임차 리모델링 지원	220,000	사회복지과	9	1, 4	7	8	7	5	5	3
6784	경남 밀양시	기자재 구입비 지원	20,000	사회복지과	9	1, 4	7	8	7	5	5	3
6785	경남 밀양시	무봉사 석조여래좌상 주변정비	280,000	문화예술과	9	1, 4	7	8	7	5	5	3
6786	경남 밀양시	표충사 삼층석탑 주변정비	90,000	문화예술과	9	1, 4	7	8	7	5	5	3
6787	경남 밀양시	표충사 대원암 조왕탱 보호각 단청공사	340,000	문화예술과	9	1, 4	7	8	7	5	5	3
6788	경남 밀양시	운주암 칠성탱 보존처리	50,000	문화예술과	9	1, 4	7	8	7	5	5	3
6789	경남 밀양시	용궁사 대송당 묘원진영 주변정비	30,000	문화예술과	9	1, 4	7	8	7	5	5	3
6790	경남 밀양시	용궁사 대송당 묘원진영 보존처리	50,000	문화예술과	9	1, 4	7	8	7	5	5	3
6791	경남 밀양시	신재생에너지 주택지원사업(태양광,태양열,지열)	95,000	일자리경제과	9	1, 4	7	8	7	5	5	3
6792	경남 밀양시	미니태양광 보급	35,100	일자리경제과	9	1, 4	7	8	7	5	5	3
6793	경남 밀양시	신재생에너지 융복합지원사업	1,575,028	일자리경제과	9	1, 4	7	8	7	5	5	3

순번	시군구	지출명 (사업명)	2020년예산 (단위:천원/1년간)	담당자 (공무원) 담당부서	민간이전 분류 (지방자치단체 세출예산 집행기준에 의거) 1. 민간경상사업보조(1) 2. 민간단체 법정운영비보조(2) 3. 민간행사사업보조(3) 4. 민간위탁금(4) 5. 사회복지시설 법정운영비보조(5) 6. 민간인위탁교육비(6) 7. 공기관등에대한경상적대행사업비(7) 8. 민간자본사업보조,자체재원(8) 9. 민간자본사업보조,이전재원(9) 10. 민간위탁사업비(10) 11. 공기관등에 대한 자본적 대행사업비(11)	민간이전지출 근거 (지방보조금 관리기준 참고) 1. 법률에 규정 2. 국고보조 재원(국가지정) 3. 용도 지정 기부금 4. 조례에 직접규정 5. 지자체가 권장하는 사업을 하는 공공기관 6. 시,도 정책 및 재정사정 7. 기타 8. 해당없음	입찰방식 계약체결방법 (경쟁형태) 1. 일반경쟁 2. 제한경쟁 3. 지명경쟁 4. 수의계약 5. 법정위탁 6. 기타 ( ) 7. 해당없음	입찰방식 계약기간 1. 1년 2. 2년 3. 3년 4. 4년 5. 5년 6. 기타 ( )년 7. 단기계약 (1년미만) 8. 해당없음	입찰방식 낙찰자선정방법 1. 적격심사 2. 협상에의한계약 3. 최저가낙찰제 4. 규격가격분리 5. 2단계 경쟁입찰 6. 기타 ( ) 7. 해당없음	운영예산 산정 운영예산 산정 1. 내부산정 (지자체 자체적으로 산정) 2. 외부산정 (외부전문기관위탁 산정) 3. 내·외부 모두 산정 4. 산정 無 5. 해당없음	운영예산 산정 정산방법 1. 내부정산 (지자체 내부적으로 정산) 2. 외부정산 (외부전문기관위탁 정산) 3. 내·외부 모두 산정 4. 정산 無 5. 해당없음	성과평가 실시여부 1. 실시 2. 미실시 3. 향후 추진 4. 해당없음
6794	경남 밀양시	사회적기업육성(시설장비비)	16,000	일자리경제과	9	1, 4	7	8	7	5	5	3
6795	경남 밀양시	지방투자촉진보조금	2,549,374	투자유치과	9	1, 4	7	8	7	5	5	3
6796	경남 밀양시	야생동물 피해예방시설 설치	90,000	환경관리과	9	1, 4	7	8	7	5	5	3
6797	경남 밀양시	전기자동차 민간보급	672,000	환경관리과	9	1, 4	7	8	7	5	5	3
6798	경남 밀양시	전기화물차 민간보급	360,000	환경관리과	9	1, 4	7	8	7	5	5	3
6799	경남 밀양시	노후경유차 조기폐차	461,496	환경관리과	9	1, 4	7	8	7	5	5	3
6800	경남 밀양시	건설기계 DPF 부착	33,000	환경관리과	9	1, 4	7	8	7	5	5	3
6801	경남 밀양시	PMNOx 동시저감장치 지원	134,928	환경관리과	9	1, 4	7	8	7	5	5	3
6802	경남 밀양시	LPG화물차 신차구입 지원	140,000	환경관리과	9	1, 4	7	8	7	5	5	3
6803	경남 밀양시	어린이 통학차량 LPG차 전환	50,000	환경관리과	9	1, 4	7	8	7	5	5	3
6804	경남 밀양시	가정용 저녹스보일러 보급사업	15,000	환경관리과	9	1, 4	7	8	7	5	5	3
6805	경남 밀양시	경유차 저감장치(DPF)부착 지원	55,312	환경관리과	9	1, 4	7	8	7	5	5	3
6806	경남 밀양시	건설기계 엔진교체지원	66,000	환경관리과	9	1, 4	7	8	7	5	5	3
6807	경남 밀양시	소규모사업장 방지시설 설치지원	1,453,788	환경관리과	9	1, 4	7	8	7	5	5	3
6808	경남 밀양시	상수원관리지역 주민지원	204,725	환경관리과	9	1, 4	7	8	7	5	5	3
6809	경남 밀양시	산림바이오매스	12,400	산림녹지과	9	1, 4	7	8	7	5	5	3
6810	경남 밀양시	임산물저장건조시설	506,620	산림녹지과	9	1, 4	7	8	7	5	5	3
6811	경남 밀양시	임산물 가공	78,826	산림녹지과	9	1, 4	7	8	7	5	5	3
6812	경남 밀양시	유통기반지원	9,977	산림녹지과	9	1, 4	7	8	7	5	5	3
6813	경남 밀양시	임산물 상품화	8,229	산림녹지과	9	1, 4	7	8	7	5	5	3
6814	경남 밀양시	임산물생산기반조성	543,722	산림녹지과	9	1, 4	7	8	7	5	5	3
6815	경남 밀양시	산림작물생산단지	356,012	산림녹지과	9	1, 4	7	8	7	5	5	3
6816	경남 밀양시	산림복합경영단지조성	62,280	산림녹지과	9	1, 4	7	8	7	5	5	3
6817	경남 밀양시	산림복합경영단지조성	55,053	산림녹지과	9	1, 4	7	8	7	5	5	3
6818	경남 밀양시	유기질비료	1,292,000	산림녹지과	9	1, 4	7	8	7	5	5	3
6819	경남 밀양시	마을가꾸기 사업	16,000	건설과	9	1, 4	7	8	7	5	5	3
6820	경남 밀양시	집수리정비	201,000	도시과	9	1, 4	7	8	7	5	5	3
6821	경남 밀양시	슬레이트지붕	12,000	건축과	9	1, 4	7	8	7	5	5	3
6822	경남 밀양시	일반지붕	7,000	건축과	9	1, 4	7	8	7	5	5	3
6823	경남 밀양시	노후불량 및 슬레이트 지붕개량	31,800	건축과	9	1, 4	7	8	7	5	5	3
6824	경남 밀양시	밭작물공동경영체 육성 지원	616,500	농정과	9	1, 4	7	8	7	5	5	3
6825	경남 밀양시	RPC 가공시설 개보수	140,000	농정과	9	1, 4	7	8	7	5	5	3
6826	경남 밀양시	내수면 노후어선(기관)교체	72,240	농정과	9	1, 4	7	8	7	5	5	3
6827	경남 밀양시	열교환 히트펌프 지원	264,000	농정과	9	1, 4	7	8	7	5	5	3
6828	경남 밀양시	농산물 유통시설	144,000	6차산업과	9	1, 4	7	8	7	5	5	3
6829	경남 밀양시	저온수송차량	68,000	6차산업과	9	1, 4	7	8	7	5	5	3
6830	경남 밀양시	가공산업 육성	32,500	6차산업과	9	1, 4	7	8	7	5	5	3
6831	경남 밀양시	채소생산시설 현대화	217,500	6차산업과	9	1, 4	7	8	7	5	5	3
6832	경남 밀양시	딸기무병 우량모주	5,220	6차산업과	9	1, 4	7	8	7	5	5	3
6833	경남 밀양시	전기난방기 지원	117,600	6차산업과	9	1, 4	7	8	7	5	5	3
6834	경남 밀양시	딸기하우스 시설 현대화	162,500	6차산업과	9	1, 4	7	8	7	5	5	3
6835	경남 밀양시	마늘, 양파 재배 농기계	6,200	6차산업과	9	1, 4	7	8	7	5	5	3
6836	경남 밀양시	시설채소 수정벌	11,500	6차산업과	9	1, 4	7	8	7	5	5	3
6837	경남 밀양시	딸기하우스 시설 현대화	300,000	6차산업과	9	1, 4	7	8	7	5	5	3
6838	경남 밀양시	에너지 절감시설	778,823	6차산업과	9	1, 4	7	8	7	5	5	3

순번	시군구	지출명 (사업명)	2020년예산 (단위:천원/1년간)	담당자 (공무원) 담당부서	민간이전 분류 (지방자치단체 세출예산 집행기준에 의거) 1. 민간경상사업보조(1) 2. 민간단체 법정운영비보조(2) 3. 민간행사사업보조(3) 4. 민간위탁금(4) 5. 사회복지시설 법정운영비보조(5) 6. 민간인위탁교육비(6) 7. 공기관등에대한경상적대행사업비(7) 8. 민간자본사업보조,자체재원(8) 9. 민간자본사업보조,이전재원(9) 10. 민간위탁사업비(10) 11. 공기관등에 대한 자본적 대행사업비(11)	민간이전지출 근거 (지방보조금 관리기준 참고) 1. 법률에 규정 2. 국고보조 재원(국가지정) 3. 용도 지정 기부금 4. 조례에 직접규정 5. 지자체가 권장하는 사업을 하는 공공기관 6. 시,도 정책 및 재정사정 7. 기타 8. 해당없음	입찰방식 계약체결방법 (경쟁형태) 1. 일반경쟁 2. 제한경쟁 3. 지명경쟁 4. 수의계약 5. 법정위탁 6. 기타 ( ) 7. 해당없음	입찰방식 계약기간 1. 1년 2. 2년 3. 3년 4. 4년 5. 5년 6. 기타 ( )년 7. 단기계약 (1년미만) 8. 해당없음	입찰방식 낙찰자선정방법 1. 적격심사 2. 협상에의한계약 3. 최저가낙찰제 4. 규격가격분리 5. 2단계 경쟁입찰 6. 기타 ( ) 7. 해당없음	운영예산 산정 운영예산 산정 1. 내부산정 (지자체 자체적으로 산정) 2. 외부산정 (외부전문기관위탁 산정) 3. 내·외부 모두 산정 4. 산정 無 5. 해당없음	운영예산 산정 정산방법 1. 내부정산 (지자체 내부적으로 정산) 2. 외부정산 (외부전문기관위탁 정산) 3. 내·외부 모두 산정 4. 정산 無 5. 해당없음	성과평가 실시여부 1. 실시 2. 미실시 3. 향후 추진 4. 해당없음
6839	경남 밀양시	수출농가 연질강화필름	24,600	6차산업과	9	1, 4	7	8	7	5	5	3
6840	경남 밀양시	비농단 수출농가 시설	8,800	6차산업과	9	1, 4	7	8	7	5	5	3
6841	경남 밀양시	수출탑수상농가 인센티브	8,000	6차산업과	9	1, 4	7	8	7	5	5	3
6842	경남 밀양시	내재해형 비닐하우스 신축	32,500	6차산업과	9	1, 4	7	8	7	5	5	3
6843	경남 밀양시	ICT융복합 시설장비 및 정보시스템 설치	38,502	6차산업과	9	1, 4	7	8	7	5	5	3
6844	경남 밀양시	시설원예 현대화	149,757	6차산업과	9	1, 4	7	8	7	5	5	3
6845	경남 밀양시	미니수박 종자구입비	35,800	6차산업과	9	1, 4	7	8	7	5	5	3
6846	경남 밀양시	미니수박 육묘비	64,200	6차산업과	9	1, 4	7	8	7	5	5	3
6847	경남 밀양시	FTA기금 과수 고품질생산시설 현대화	100,000	6차산업과	9	1, 4	7	8	7	5	5	3
6848	경남 밀양시	사과 장기저장제	12,500	6차산업과	9	1, 4	7	8	7	5	5	3
6849	경남 밀양시	사과 장기저장제	168,500	6차산업과	9	1, 4	7	8	7	5	5	3
6850	경남 밀양시	신소득 과실생산시설현대화	15,000	6차산업과	9	1, 4	7	8	7	5	5	3
6851	경남 밀양시	화훼 생산시설 현대화	142,500	6차산업과	9	1, 4	7	8	7	5	5	3
6852	경남 밀양시	화훼 유통시설 및 장비확충	22,000	6차산업과	9	1, 4	7	8	7	5	5	3
6853	경남 밀양시	잠종(누에씨)대	2,580,000	6차산업과	9	1, 4	7	8	7	5	5	3
6854	경남 밀양시	과원관리 생력기계화 지원	50,000	6차산업과	9	1, 4	7	8	7	5	5	3
6855	경남 밀양시	과수 자연재해 경감지원	42,500	6차산업과	9	1, 4	7	8	7	5	5	3
6856	경남 밀양시	잠종(누에씨)대	2,000,000	6차산업과	9	1, 4	7	8	7	5	5	3
6857	경남 밀양시	청년농업인 경쟁력 제고	30,000	농업지원과	9	1, 4	7	8	7	5	5	3
6858	경남 밀양시	작목별 안전관리 장비 보급	40,000	농업지원과	9	1, 4	7	8	7	5	5	3
6859	경남 밀양시	농촌 치유자원 상품화 시범	80,000	농업지원과	9	1, 4	7	8	7	5	5	3
6860	경남 밀양시	농촌노인 경제활동 및 교육활동	38,000	농업지원과	9	1, 4	7	8	7	5	5	3
6861	경남 밀양시	농작업현장 친환경화장실 설치	10,000	농업지원과	9	1, 4	7	8	7	5	5	3
6862	경남 밀양시	농작업재해예방 안전기술능력배양	5,000	농업지원과	9	1, 4	7	8	7	5	5	3
6863	경남 밀양시	농촌교육농장 육성 시범	16,960	농업지원과	9	1, 4	7	8	7	5	5	3
6864	경남 밀양시	시설원예 에너지절감 및 환경개선 시범	34,000	농업지원과	9	1, 4	7	8	7	5	5	3
6865	경남 밀양시	시설재배지 염류장해 해결을 위한 킬레이트제 시범	35,000	농업지원과	9	1, 4	7	8	7	5	5	3
6866	경남 밀양시	외부환경데이터기반 스마트 양액공급 시범	40,000	농업지원과	9	1, 4	7	8	7	5	5	3
6867	경남 밀양시	경남육성 신품종 보급 시범	9,560	농업지원과	9	1, 4	7	8	7	5	5	3
6868	경남 밀양시	총채벌레 친환경 방제 시범	14,000	농업지원과	9	1, 4	7	8	7	5	5	3
6869	경남 밀양시	이상기상 대응 과수 재해예방시스템 구축 시범	49,000	농업지원과	9	1, 4	7	8	7	5	5	3
6870	경남 밀양시	하우스 기능성 보온 차광커튼 시범	35,000	농업지원과	9	1, 4	7	8	7	5	5	3
6871	경남 밀양시	농업기계 등화장치부착	20,000	농업지원과	9	1, 4	7	8	7	5	5	3
6872	경남 밀양시	맞춤형 농업기계 지원	400,000	농업지원과	9	1, 4	7	8	7	5	5	3
6873	경남 밀양시	외래품종 대체 최고품질벼 생산 공급 거점단지 육성	200,000	축산기술과	9	1, 4	7	8	7	5	5	3
6874	경남 밀양시	외래품종 대체 신품종 종자 조기확대 보급	10,500	축산기술과	9	1, 4	7	8	7	5	5	3
6875	경남 밀양시	벼 신품종 증식단지 시범	30,000	축산기술과	9	1, 4	7	8	7	5	5	3
6876	경남 밀양시	돌발해충 친환경방제시범	8,000	축산기술과	9	1, 4	7	8	7	5	5	3
6877	경남 밀양시	계란유통센터 지원사업	5,820	축산기술과	9	1, 4	7	8	7	5	5	3
6878	경남 밀양시	축산 스마트팜 통합제어시스템 활용기술 시범	120,000	축산기술과	9	1, 4	7	8	7	5	5	3
6879	경남 밀양시	식용곤충 조리외식 창업 아카데미시범	50,000	축산기술과	9	1, 4	7	8	7	5	5	3
6880	경남 밀양시	식용곤충 이용 가공품 상품화 기술 시범	24,000	축산기술과	9	1, 4	7	8	7	5	5	3
6881	경남 밀양시	한우 배합사료 화식 기술 시범	40,000	축산기술과	9	1, 4	7	8	7	5	5	3
6882	경남 밀양시	온습도지수 활용 폭염대응 기술 시범	16,000	축산기술과	9	1, 4	7	8	7	5	5	3
6883	경남 밀양시	식약사료용 곤충 생산농가 육성 시범	8,000	축산기술과	9	1, 4	7	8	7	5	5	3

순번	시군구	지출명 (사업명)	2020년예산 (단위:천원/1년간)	담당자 (공무원) 담당부서	민간이전 분류 (지방자치단체 세출예산 집행기준에 의거) 1. 민간경상사업보조(1) 2. 민간단체 법정운영비보조(2) 3. 민간행사사업보조(3) 4. 민간위탁금(4) 5. 사회복지시설 법정운영비보조(5) 6. 민간인위탁교육비(6) 7. 공기관등에대한경상적대행사업비(7) 8. 민간자본사업보조,자체재원(8) 9. 민간자본사업보조,이전재원(9) 10. 민간위탁사업비(10) 11. 공기관등에 대한 자본적 대행사업비(11)	민간이전지출 근거 (지방보조금 관리기준 참고) 1. 법률에 규정 2. 국고보조 재원(국가지정) 3. 용도 지정 기부금 4. 조례에 직접규정 5. 지자체가 권장하는 사업을 하는 공공기관 6. 시,도 정책 및 재정사정 7. 기타 8. 해당없음	입찰방식: 계약체결방법 (경쟁형태) 1. 일반경쟁 2. 제한경쟁 3. 지명경쟁 4. 수의계약 5. 법정위탁 6. 기타 ( ) 7. 해당없음	입찰방식: 계약기간 1. 1년 2. 2년 3. 3년 4. 4년 5. 5년 6. 기타 ( )년 7. 단기계약 (1년미만) 8. 해당없음	입찰방식: 낙찰자선정방법 1. 적격심사 2. 협상에의한계약 3. 최저가낙찰제 4. 규격가격분리 5. 2단계 경쟁입찰 6. 기타 ( ) 7. 해당없음	운영예산 산정: 운영예산 산정 1. 내부산정 (지자체 자체 적으로 산정) 2. 외부산정 (외부전문기관 위탁 산정) 3. 내·외부 모두 산정 4. 산정 無 5. 해당없음	운영예산 산정: 정산방법 1. 내부정산 (지자체 내부적으로 정산) 2. 외부정산 (외부전문기관 위탁 정산) 3. 내·외부 모두 산정 4. 정산 無 5. 해당없음	성과평가 실시여부 1. 실시 2. 미실시 3. 향후 추진 4. 해당없음
6884	경남 밀양시	가축분뇨처리시설	12,000	축산기술과	9	1, 4	7	8	7	5	5	3
6885	경남 밀양시	액비저장조	46,900	축산기술과	9	1, 4	7	8	7	5	5	3
6886	경남 밀양시	조사료 생산장비	160,480	축산기술과	9	1, 4	7	8	7	5	5	3
6887	경남 밀양시	축사시설 환경개선(에어쿨,환풍기)	10,500	축산기술과	9	1, 4	7	8	7	5	5	3
6888	경남 밀양시	사료저장소 온도조절장치	3,710,000	축산기술과	9	1, 4	7	8	7	5	5	3
6889	경남 밀양시	가축 폐사축 처리시설	18,000	축산기술과	9	1, 4	7	8	7	5	5	3
6890	경남 밀양시	유용곤충 사육시설	5,000	축산기술과	9	1, 4	7	8	7	5	5	3
6891	경남 밀양시	마을형 퇴비자원화 지원	140,000	축산기술과	9	1, 4	7	8	7	5	5	3
6892	경남 밀양시	이상란(혈란)검출기 지원	25,000	축산기술과	9	1, 4	7	8	7	5	5	3
6893	경남 밀양시	CCTV 방역인프라 설치 지원	15,000	축산기술과	9	1, 4	7	8	7	5	5	3
6894	경남 밀양시	농장출입구 소독시설 설치	6,000	축산기술과	9	1, 4	7	8	7	5	5	3
6895	경남 밀양시	축산물판매업소 위생시설 개선지원	12,000	축산기술과	9	1, 4	7	8	7	5	5	3
6896	경남 거제시	(예비)사회적기업 시설장비비 지원	20,000	일자리정책과	9	6	7	8	7	5	5	4
6897	경남 거제시	마을기업 육성사업	100,000	일자리정책과	9	2	7	8	7	5	5	4
6898	경남 거제시	착한가격업소 인센티브 지원	4,800	조선경제과	9	4	7	8	7	5	5	4
6899	경남 거제시	소상공인 소규모 경영환경개선 지원사업	40,000	조선경제과	9	2	7	8	7	5	5	4
6900	경남 거제시	단독주택 도시가스 공급배관 설치	600,000	조선경제과	9	1, 4	6(단독공급자)	1	6(단독공급자)	1	1	4
6901	경남 거제시	신재생에너지 주택지원사업	120,000	조선경제과	9	2, 6	6(계약자선택)	7	7	1	1	4
6902	경남 거제시	경로당 태양광 보급사업	108,000	조선경제과	9	2, 6	6(계약자선택)	7	7	1	1	4
6903	경남 거제시	미니태양광 보급사업	80,000	조선경제과	9	2, 6	2	7	1	1	1	4
6904	경남 거제시	초단파대 무선전화기, 선박자동입출항 단말기 보급	92,366	어업진흥과	9	2	7	8	7	1	1	4
6905	경남 거제시	구명조끼 보급	6,998	어업진흥과	9	1	7	8	7	5	1	4
6906	경남 거제시	친환경 에너지절감장비 보급	381,600	어업진흥과	9	2	7	8	7	1	1	4
6907	경남 거제시	자율관리어업 육성	293,400	어업진흥과	9	2	7	8	7	1	1	4
6908	경남 거제시	대구 인공수정란(자어) 방류	40,000	어업진흥과	9	1	7	8	7	5	3	4
6909	경남 거제시	마을 앞바다 소득원 조성	40,000	어업진흥과	9	7	1, 4	7	3	1	1	4
6910	경남 거제시	해삼씨뿌림사업	450,000	어업진흥과	9	1	2	7	6	5	1	3
6911	경남 거제시	패각 친환경처리 지원	632,000	어업진흥과	9	1	1, 2, 3, 4, 6	1	3, 6	1	1, 2	4
6912	경남 거제시	친환경부표 보급	700,000	어업진흥과	9	2	7	8	7	1	1	4
6913	경남 거제시	친환경 에너지 보급	1,040,000	어업진흥과	9	2	1	1	3	1	1	4
6914	경남 거제시	양식어장 자동화시설 장비지원	320,000	어업진흥과	9	6	1, 4	1	3	1	1	4
6915	경남 거제시	멍게양식 산업화 시설지원	60,000	어업진흥과	9	2	1, 4	1	3	1	1	4
6916	경남 거제시	경남추천상품(QC) 수산물 활성화 지원	6,000	어업진흥과	9	4	1, 2, 3, 4, 6	1	1, 2, 3, 4, 5	1, 2, 3	1, 2, 3	4
6917	경남 거제시	수출주력품종 육성지원	30,000	어업진흥과	9	4	1, 2, 3, 4, 6	1	1, 2, 3, 4, 5	1, 2, 3	1, 2, 3	4
6918	경남 거제시	수출주력품종 위생안전관리	2,000,000	어업진흥과	9	4	1, 2, 3, 4, 6	1	1, 2, 3, 4, 5	1, 2, 3	1, 2, 3	4
6919	경남 거제시	수산물 가공공장 스마트화 지원	60,000	어업진흥과	9	4	1, 2, 3, 4, 6	1	1, 2, 3, 4, 5	1, 2, 3	1, 2, 3	4
6920	경남 거제시	굴 박신장 소규모 패류 위생 정화시설 지원	75,000	어업진흥과	9	4	1, 2, 3, 4, 6	1	1, 2, 3, 4, 5	1, 2, 3	1, 2, 3	4
6921	경남 거제시	수산물 공동브랜드(청경해) 활성화 지원	12,000	어업진흥과	9	4	1, 2, 3, 4, 6	1	1, 2, 3, 4, 5	1, 2, 3	1, 2, 3	4
6922	경남 거제시	자활사업 생산적 일자리 플랫폼 구축 지원사업	15,000	주민생활과	9	6	7	8	7	5	1	4
6923	경남 거제시	작은예수회 고현공동체	502,920	사회복지과	9	2	7	8	7	1	1	1
6924	경남 거제시	사랑울타리(개·보수)	43,280	사회복지과	9	2	7	8	7	1	1	1
6925	경남 거제시	반야원	17,070	사회복지과	9	2	7	8	7	1	1	1
6926	경남 거제시	장애인의료재활시설 기능보강사업	205,560	사회복지과	9	2	7	8	7	1	1	1
6927	경남 거제시	아동복지시설 기능보강	322,928	사회복지과	9	1	1	8	7	1	1	1
6928	경남 거제시	지역아동센터 환경개선 지원	70,000	사회복지과	9	1	7	8	7	5	1	1

순번	시군구	지출명 (사업명)	2020년예산 (단위:천원/1년간)	담당자 (공무원) 담당부서	민간이전 분류 (지방자치단체 세출예산 집행기준에 의거) 1. 민간경상사업보조(1) 2. 민간단체 법정운영비보조(2) 3. 민간행사사업보조(3) 4. 민간위탁금(4) 5. 사회복지시설 법정운영비보조(5) 6. 민간인위탁교육비(6) 7. 공기관등에대한경상적대행사업비(7) 8. 민간자본사업보조,자체재원(8) 9. 민간자본사업보조,이전재원(9) 10. 민간위탁사업비(10) 11. 공기관등에 대한 자본적 대행사업비(11)	민간이전지출 근거 (지방보조금 관리기준 참고) 1. 법률에 규정 2. 국고보조 재원(국가지정) 3. 용도 지정 기부금 4. 조례에 직접규정 5. 지자체가 권장하는 사업을 하는 공공기관 6. 시,도 정책 및 재정사정 7. 기타 8. 해당없음	입찰방식 계약체결방법 (경쟁형태) 1. 일반경쟁 2. 제한경쟁 3. 지명경쟁 4. 수의계약 5. 법정위탁 6. 기타 ( ) 7. 해당없음	입찰방식 계약기간 1. 1년 2. 2년 3. 3년 4. 4년 5. 5년 6. 기타 ( )년 7. 단기계약 (1년미만) 8. 해당없음	입찰방식 낙찰자선정방법 1. 적격심사 2. 협상에의한계약 3. 최저가낙찰제 4. 규격가격분리 5. 2단계 경쟁입찰 6. 기타 ( ) 7. 해당없음	운영예산 산정 운영예산 산정 1. 내부산정 (지자체 자체적으로 산정) 2. 외부산정 (외부전문기관위탁 산정) 3. 내·외부 모두 산정 4. 산정 無 5. 해당없음	운영예산 산정 정산방법 1. 내부정산 (지자체 내부적으로 정산) 2. 외부정산 (외부전문기관위탁 정산) 3. 내·외부 모두 산정 4. 정산 無 5. 해당없음	성과평가 실시여부 1. 실시 2. 미실시 3. 향후 추진 4. 해당없음
6929	경남 거제시	유해야생동물 피해예방시설 설치지원	51,400	환경과	9	2	7	8	7	1	1	1
6930	경남 거제시	농기계 구입 지원	70,000	환경과	9	2	7	8	7	1	1	1
6931	경남 거제시	전기자동차(승용) 민간보급	900,000	환경과	9	2	7	8	7	4	1	1
6932	경남 거제시	전기자동차(화물) 민간보급	290,000	환경과	9	2	7	8	7	5	5	4
6933	경남 거제시	전기이륜차 민간보급	25,000	환경과	9	2	7	8	7	4	1	1
6934	경남 거제시	어린이 통학차량 LPG차 전환 지원	110,000	환경과	9	1	7	8	7	5	5	4
6935	경남 거제시	저녹스버너 설치지원	27,534	환경과	9	1	7	8	7	5	5	4
6936	경남 거제시	사회취약계층 환경성질환 예방사업	2,500,000	환경과	9	1	7	8	7	5	5	4
6937	경남 거제시	소규모 영세사업장 방지시설 지원	484,596	환경과	9	1	7	8	7	5	5	4
6938	경남 거제시	수소전기자동차 민간보급	1,290,900	환경과	9	2	7	8	7	5	5	4
6939	경남 거제시	펠릿보일러보급사업	16,800	산림녹지과	9	2	7	8	7	5	5	4
6940	경남 거제시	관정시설	36,085	산림녹지과	9	6	7	8	7	5	5	4
6941	경남 거제시	임산물 상품화지원	7,985	산림녹지과	9	2	7	8	7	5	5	4
6942	경남 거제시	임산물 가공지원	12,971	산림녹지과	9	2	7	8	7	5	5	4
6943	경남 거제시	산림작물생산단지	44,439	산림녹지과	9	2	7	8	7	5	5	4
6944	경남 거제시	주민제안 및 공모사업 지원	150,000	도시계획과	9	2	7	8	7	5	5	4
6945	경남 거제시	농어촌 빈집정비	3,000,000	건축과	9	6	7	8	7	1	1	1
6946	경남 거제시	노후·불량주택 슬레이트 지붕개량	10,600	건축과	9	6	7	8	7	1	1	4
6947	경남 거제시	건축물 옥상녹화사업	25,000	건축과	9	6	7	8	7	1	1	4
6948	경남 거제시	더불어 나눔주택사업	15,000	건축과	9	6	7	8	7	1	1	4
6949	경남 거제시	경상남도 소규모 공동주택 관리 지원사업	138,000	건축과	9	1, 4	7	8	7	1	1	1
6950	경남 거제시	축사시설 환경개선사업	6,300	농업정책과	9	6	7	8	7	1	1	1
6951	경남 거제시	저온저장고, 자동탈봉기, 사료용해기 지원	7,475	농업정책과	9	6	7	8	7	1	1	1
6952	경남 거제시	소독시설 설치 지원	2,000,000	농업정책과	9	1	7	8	7	1	1	1
6953	경남 거제시	계란마킹기 지원	3,500,000	농업정책과	9	1	7	8	7	1	1	1
6954	경남 거제시	CCTV 방역인프라 지원사업	9,000	농업정책과	9	1	7	8	7	1	1	1
6955	경남 거제시	축산물 판매업소 위생시설 개선지원	6,000	농업정책과	9	1	7	8	7	1	1	1
6956	경남 거제시	계란 냉장차량 지원	15,000	농업정책과	9	1	7	8	7	1	1	1
6957	경남 거제시	청년4-H 과제 교육 지원	5,000	농업지원과	9	6	7	8	7	5	5	4
6958	경남 거제시	차세대 농업인 성공모델 육성	40,000	농업지원과	9	6	7	8	7	5	5	4
6959	경남 거제시	벼 키다리병 방제기술 시범	4,000,000	농업지원과	9	8	7	8	7	5	5	4
6960	경남 거제시	생산비 절감 벼 소식재배 시범	32,000	농업지원과	9	8	7	8	7	5	5	4
6961	경남 거제시	고품질 유통활성화 사업	1,500,000	농업지원과	9	1	1	2	5	1	1	1
6962	경남 거제시	농식품가공 수출전문업체 육성 지원	47,300	농업지원과	9	6	7	8	7	5	5	4
6963	경남 거제시	유자맹종죽순을 활용한 6차 산업화 사업	455,000	농업지원과	9	6	7	8	7	5	5	4
6964	경남 거제시	로컬푸드 직매장 개설	33,600	농업지원과	9	4	7	8	7	5	5	4
6965	경남 거제시	고추비가림 재배시설 지원	7,500	농업지원과	9	8	7	8	7	5	5	4
6966	경남 거제시	에너지 절감 시설 지원	15,000	농업지원과	9	8	7	8	7	5	5	4
6967	경남 거제시	특용작물 시설현대화 지원	5,000	농업지원과	9	2	7	8	7	5	5	4
6968	경남 거제시	귀농인 안정정착 지원	10,800	농업지원과	9	6	7	8	7	5	5	4
6969	경남 거제시	기후변화대응 아열대 소득작목 도입 시범	35,000	농업지원과	9	6	7	8	7	5	5	4
6970	경남 거제시	원예작물 무인방제 생력화 시범	35,000	농업지원과	9	8	7	8	7	5	5	4
6971	경남 거제시	신소득과실 생산시설 현대화	130,000	농업지원과	9	6	7	8	7	5	5	4
6972	경남 거제시	과원관리 생력기계화 지원	25,000	농업지원과	9	6	7	8	7	5	5	4
6973	경남 거제시	신개념 파인애플 재배 기반조성	30,000	농업지원과	9	8	7	8	7	5	5	4

순번	시군구	지출명 (사업명)	2020년예산 (단위:천원/1년간)	담당자 (공무원) 담당부서	민간이전 분류 (지방자치단체 세출예산 집행기준에 의거) 1. 민간경상사업보조(1) 2. 민간단체 법정운영비보조(2) 3. 민간행사사업보조(3) 4. 민간위탁금(4) 5. 사회복지시설 법정운영비보조(5) 6. 민간인위탁교육비(6) 7. 공기관등에대한경상적대행사업비(7) 8. 민간자본사업보조,자체재원(8) 9. 민간자본사업보조,이전재원(9) 10. 민간위탁사업비(10) 11. 공기관등에 대한 자본적 대행사업비(11)	민간이전지출 근거 (지방보조금 관리기준 참고) 1. 법률에 규정 2. 국고보조 재원(국가지정) 3. 용도 지정 기부금 4. 조례에 직접규정 5. 지자체가 권장하는 사업을 하는 공공기관 6. 시,도 정책 및 재정사정 7. 기타 8. 해당없음	입찰방식 계약체결방법 (경쟁형태) 1. 일반경쟁 2. 제한경쟁 3. 지명경쟁 4. 수의계약 5. 법정위탁 6. 기타 ( ) 7. 해당없음	입찰방식 계약기간 1. 1년 2. 2년 3. 3년 4. 4년 5. 5년 6. 기타 ( )년 7. 단기계약 (1년미만) 8. 해당없음	입찰방식 낙찰자선정방법 1. 적격심사 2. 협상에의한계약 3. 최저가낙찰제 4. 규격가격분리 5. 2단계 경쟁입찰 6. 기타 ( ) 7. 해당없음	운영예산 산정 운영예산 산정 1. 내부산정 (지자체 자체적으로 산정) 2. 외부산정 (외부전문기관위탁 산정) 3. 내·외부 모두 산정 4. 산정 無 5. 해당없음	운영예산 산정 정산방법 1. 내부정산 (지자체 내부적으로 정산) 2. 외부정산 (외부전문기관위탁 정산) 3. 내·외부 모두 산정 4. 정산 無 5. 해당없음	성과평가 실시여부 1. 실시 2. 미실시 3. 향후 추진 4. 해당없음
6974	경남 거제시	시설원예 환경제어 시스템 보급	14,000	농업지원과	9	8	7	8	7	5	5	4
6975	경남 거제시	시설원예 병해충 종합관리 기술	14,000	농업지원과	9	8	7	8	7	5	5	4
6976	경남 거제시	시설채소 고온예방 환경관리 시범	35,000	농업지원과	9	8	7	8	7	5	5	4
6977	경남 거제시	시설원예 에너지절감 패키지 시범	35,000	농업지원과	9	8	7	8	7	5	5	4
6978	경남 거제시	벤처농업 융복합산업 성공모델 구축시범	80,000	농업지원과	9	8	7	8	7	5	5	4
6979	경남 거제시	화훼 생산시설 현대화	27,500	농업지원과	9	6	7	8	7	5	5	4
6980	경남 거제시	작목별 맞춤형 안전관리 실천시범	50,000	농업지원과	9	6	7	8	7	5	5	4
6981	경남 거제시	농촌어르신 복지생활 실천시범	100,000	농업지원과	9	6	7	8	7	5	5	4
6982	경남 거제시	농촌교육농장 육성시범	48,000	농업지원과	9	6	7	8	7	5	5	4
6983	경남 거제시	농촌체험공간 환경개선 시범	14,000	농업지원과	9	6	7	8	7	5	5	4
6984	경남 거제시	치유농업육성 기술지원 시범	100,000	농업지원과	9	6	7	8	7	5	5	4
6985	경남 거제시	농작업 재해예방 시범마을 육성	8,000	농업지원과	9	6	7	8	7	5	5	4
6986	경남 거제시	수확용 안전장비 보급	4,000,000	농업지원과	9	6	7	8	7	5	5	4
6987	경남 거제시	농작업현장 친환경 화장실 설치	4,000,000	농업지원과	9	6	7	8	7	5	5	4
6988	경남 거제시	다목적 발효 배양기구 보급	8,000	농업지원과	9	6	7	8	7	5	5	4
6989	경남 거제시	맞춤형 중소형 농기계 구입 지원	483,300	농업육성과	9	6	7	8	7	3	1	1
6990	경남 의령군	창조적 마을가꾸기	30,000	공모사어담당	9	7	7	8	7	5	5	4
6991	경남 의령군	생산비 절감 벼 소식재배 시범	40,000	농업정책과	9	6	7	8	7	5	5	4
6992	경남 의령군	유기벼 재배단지 조성 시범	50,000	농업정책과	9	6	7	8	7	5	5	4
6993	경남 의령군	먹노린재 친환경 방제기술 실범	6,000	농업정책과	9	6	7	8	7	5	5	4
6994	경남 의령군	중증장애인주거환경개선	5,000	주민생활지원과	9	6	7	8	7	5	1	1
6995	경남 의령군	어린이집 기능보강	32,000	주민생활지원과	9	2	7	8	7	1	1	4
6996	경남 의령군	지역아동센터 환경개선지원	11,210	주민생활지원과	9	2	7	8	7	1	1	4
6997	경남 의령군	아동시설 기능보강	13,408	주민생활지원과	9	2	7	8	7	1	1	4
6998	경남 함안군	사회적기업 사업개발비지원사업	200,000	혁신성장담당관	9	1	7	8	7	5	5	4
6999	경남 함안군	사회적기업 시설장비비 지원사업	50,000	혁신성장담당관	9	1	7	8	7	5	5	4
7000	경남 함안군	마을기업 육성사업	10,000	혁신성장담당관	9	1	7	8	7	5	5	4
7001	경남 함안군	정부지원 어린이집 환경개선	32,000	주민복지과	9	2	1	7	3	5	1	4
7002	경남 함안군	국공립 어린이집 확충	240,000	주민복지과	9	2	1	7	3	5	1	4
7003	경남 함안군	전자출결시스템 장비비 지원	21,484	주민복지과	9	2	7	8	7	5	1	4
7004	경남 함안군	유해야생동물 피해예방시설 설치	88,170	환경과	9	2	7	8	7	5	5	4
7005	경남 함안군	소규모 사업장 방지시설 설치 지원	3,184,488	환경과	9	2	7	8	7	5	5	4
7006	경남 함안군	굴뚝자동측정기기 운영관리비 지원	25,000	환경과	9	2	7	8	7	5	5	4
7007	경남 함안군	저녹스버너 설치 지원	59,637	환경과	9	2	7	8	7	5	5	4
7008	경남 함안군	노후경유차 조기폐차 보조사업	437,376	환경과	9	2	7	8	7	5	5	4
7009	경남 함안군	저감장치 부착 지원사업	44,941	환경과	9	2	7	8	7	5	5	4
7010	경남 함안군	건설기계 DPF 부착지원사업	55,000	환경과	9	2	7	8	7	5	5	4
7011	경남 함안군	건설기계 엔진교체 지원사업	66,000	환경과	9	2	7	8	7	5	5	4
7012	경남 함안군	어린이 통학차량 LPG차 전환 지원사업	35,000	환경과	9	2	7	8	7	5	5	4
7013	경남 함안군	LPG 화물차 신차구입 지원사업	112,000	환경과	9	2	7	8	7	5	5	4
7014	경남 함안군	가정용 저녹스 보일러 설치 지원사업	7,500	환경과	9	2	7	8	7	5	5	4
7015	경남 함안군	양정시설지원	200,000	농축산과	9	6	7	8	7	5	5	4
7016	경남 함안군	톤백수매 확대사업	8,000	농축산과	9	6	7	8	7	5	5	4
7017	경남 함안군	우리밀 생산지원	17,640	농축산과	9	6	7	8	7	5	5	4
7018	경남 함안군	고품질쌀생산단지	68,250	농축산과	9	6	7	8	7	5	5	4

순번	시군구	지출명 (사업명)	2020년예산 (단위:천원/1년간)	담당자 (공무원) 담당부서	민간이전 분류 (지방자치단체 세출예산 집행기준에 의거) 1. 민간경상사업보조(1) 2. 민간단체 법정운영비보조(2) 3. 민간행사사업보조(3) 4. 민간위탁금(4) 5. 사회복지시설 법정운영비보조(5) 6. 민간인위탁교육비(6) 7. 공기관등에대한경상적대행사업비(7) 8. 민간자본사업보조,자체재원(8) 9. 민간자본사업보조,이전재원(9) 10. 민간위탁사업비(10) 11. 공기관등에 대한 자본적 대행사업비(11)	민간이전지출 근거 (지방보조금 관리기준 참고) 1. 법률에 규정 2. 국고보조 재원(국가지정) 3. 용도 지정 기부금 4. 조례에 직접규정 5. 지자체가 권장하는 사업을 하는 공공기관 6. 시,도 정책 및 재정사정 7. 기타 8. 해당없음	입찰방식 계약체결방법 (경쟁형태) 1. 일반경쟁 2. 제한경쟁 3. 지명경쟁 4. 수의계약 5. 법정위탁 6. 기타 ( ) 7. 해당없음	입찰방식 계약기간 1. 1년 2. 2년 3. 3년 4. 4년 5. 5년 6. 기타 ( )년 7. 단기계약 (1년미만) 8. 해당없음	입찰방식 낙찰자선정방법 1. 적격심사 2. 협상에의한계약 3. 최저가낙찰제 4. 규격가격분리 5. 2단계 경쟁입찰 6. 기타 ( ) 7. 해당없음	운영예산 산정 운영예산 산정 1. 내부산정 (지자체 자체 적으로 산정) 2. 외부산정 (외부전문기관 위탁 산정) 3. 내·외부 모두 산정 4. 산정 無 5. 해당없음	운영예산 산정 정산방법 1. 내부정산 (지자체 내부적으로 정산) 2. 외부정산 (외부전문기관 위탁 정산) 3. 내·외부 모두 산정 4. 정산 無 5. 해당없음	성과평가 실시여부 1. 실시 2. 미실시 3. 향후 추진 4. 해당없음
7019	경남 함안군	기능성쌀재배단지	26,250	농축산과	9	6	7	8	7	5	5	4
7020	경남 함안군	시비효율개선 농자재 시범	8,000	농축산과	9	6	7	8	7	5	5	4
7021	경남 함안군	먹노린재 친환경 방제기술 시범	4,800	농축산과	9	6	7	8	7	5	5	4
7022	경남 함안군	RPC집진시설개보수	360,000	농축산과	9	2	7	8	7	5	5	4
7023	경남 함안군	기능성 특수미 생산단지 조성	200,000	농축산과	9	2	7	8	7	5	5	4
7024	경남 함안군	우수종돈농가 보급지원 사업	35,000	농축산과	9	6	7	8	7	5	5	4
7025	경남 함안군	양봉산업 구조개선사업	29,500	농축산과	9	4	7	8	7	5	5	4
7026	경남 함안군	가축 고온스트레스 예방장비지원	80,000	농축산과	9	6	7	8	7	5	5	4
7027	경남 함안군	축사 공기정화 질병예방 기술보급 시범	80,000	농축산과	9	6	7	8	7	5	5	4
7028	경남 함안군	혹서기 육계사 냉음용수 급수시스템 활용기술 시범	100,000	농축산과	9	6	7	8	7	5	5	4
7029	경남 함안군	논재배 옥수수 사일리지의 장기저장기술 보급사업	20,000	농축산과	9	6	7	8	7	5	5	4
7030	경남 함안군	조사료 생산용 기계장비구입 지원	120,000	농축산과	9	2	7	8	7	5	5	4
7031	경남 함안군	조사료 생산용 기계장비구입 지원	18,000	농축산과	9	6	7	8	7	5	5	4
7032	경남 함안군	축사시설 환경개선사업	10,080	농축산과	9	6	7	8	7	5	5	4
7033	경남 함안군	가축분뇨 퇴액비 시설지원	12,000	농축산과	9	2	7	8	7	5	5	4
7034	경남 함안군	축산농가 소독시설 설치지원	30,000	농축산과	9	1	7	8	7	5	5	4
7035	경남 함안군	맞춤형중소형 농기계지원사업	500,000	농축산과	9	1	4	1	3	1	1	1
7036	경남 함안군	농자재살포기 지원사업	10,000	농축산과	9	1	4	1	3	1	1	1
7037	경남 함안군	친환경농업 유통활성화 지원	16,300	농축산과	9	2	7	8	7	5	5	4
7038	경남 함안군	유기농업 선도농가 가공류통 지원	26,000	농축산과	9	2	7	8	7	5	5	4
7039	경남 함안군	친환경생태농업 우수단체 지원사업	62,500	농축산과	9	2	7	8	7	5	5	4
7040	경남 함안군	유기농업자재 지원	5,580	농축산과	9	2	7	8	7	5	5	4
7041	경남 창녕군	전기자동차 민간보급사업	802,500	환경위생과	9	2	7	8	7	5	5	4
7042	경남 창녕군	운행경유차 배출가스 저감사업	532,207	환경위생과	9	2	7	8	7	5	5	4
7043	경남 창녕군	어린이통학차 LPG전환지원	15,000	환경위생과	9	2	7	8	7	5	5	4
7044	경남 창녕군	가정용저녹스보일러 보급사업	4,500	환경위생과	9	2	7	8	7	5	5	4
7045	경남 창녕군	전기이륜차보급사업	23,000	환경위생과	9	2	7	8	7	5	5	4
7046	경남 창녕군	소규모사업장 방지시설 설치지원	1,142,262	환경위생과	9	2	7	8	7	5	5	4
7047	경남 창녕군	신재생에너지보급(주택 등 지원)사업	214,000	일자리경제과	9	2	7	8	7	5	5	4
7048	경남 창녕군	신재생에너지보급(융복합지원)사업	1,185,950	일자리경제과	9	2	7	8	7	5	5	4
7049	경남 창녕군	빈집정비	41,500	도시건축과	9	6	7	1	7	5	1	1
7050	경남 창녕군	노후불량 및 슬레이트 건축물 지붕개량	31,800	도시건축과	9	6	7	1	7	5	1	1
7051	경남 남해군	자활사업 생산적 일자리 플랫폼 구축지원	15,000	주민복지과	9	6	7	8	7	5	5	4
7052	경남 남해군	홀로어르신 주거환경개선사업	15,000	주민복지과	9	2	7	8	7	5	5	4
7053	경남 남해군	119희망의 집 건축보급	40,000	주민복지과	9	6	7	8	7	5	5	4
7054	경남 남해군	쉼터 조성(남해사랑의집)	20,000	주민복지과	9	1	7	8	7	5	5	4
7055	경남 남해군	국공립 어린이집 확충	10,000	주민복지과	9	2	7	8	7	5	5	4
7056	경남 남해군	어린이집 기능보강	36,652	주민복지과	9	2	7	8	7	5	5	4
7057	경남 남해군	규모기업환경개선사업	40,000	지역활성과	9	1	1	1	1	1	1	4
7058	경남 남해군	어업유산 발굴	73,680	해양수산과	9	1	7	8	7	5	5	4
7059	경남 남해군	소형어선 인양기 설치	833,122	해양수산과	9	1	7	8	7	5	5	4
7060	경남 남해군	생분해성 어구보급	50,000	해양수산과	9	1	7	8	7	5	5	4
7061	경남 남해군	가두리시설 현대화	271,950	해양수산과	9	6	7	8	7	5	5	4
7062	경남 남해군	어선사고 예방시스템 구축	46,980	해양수산과	9	1	7	8	7	5	5	4
7063	경남 남해군	연안어선 기관개방검사비 지원	48,740	해양수산과	9	1	7	8	7	5	5	4

순번	시군구	지출명 (사업명)	2020년예산 (단위:천원/1년간)	담당자 (공무원) 담당부서	민간이전 분류 (지방자치단체 세출예산 집행기준에 의거) 1. 민간경상사업보조(1) 2. 민간단체 법정운영비보조(2) 3. 민간행사사업보조(3) 4. 민간위탁금(4) 5. 사회복지시설 법정운영비보조(5) 6. 민간인위탁교육비(6) 7. 공기관등에대한경상적대행사업비(7) 8. 민간자본사업보조,자체재원(8) 9. 민간자본사업보조,이전재원(9) 10. 민간위탁사업비(10) 11. 공기관등에 대한 자본적 대행사업비(11)	민간이전지출 근거 (지방보조금 관리기준 참고) 1. 법률에 규정 2. 국고보조 재원(국가지정) 3. 용도 지정 기부금 4. 조례에 직접규정 5. 지자체가 권장하는 사업을 하는 공공기관 6. 시,도 정책 및 재정사정 7. 기타 8. 해당없음	입찰방식 계약체결방법 (경쟁형태) 1. 일반경쟁 2. 제한경쟁 3. 지명경쟁 4. 수의계약 5. 법정위탁 6. 기타 ( ) 7. 해당없음	입찰방식 계약기간 1. 1년 2. 2년 3. 3년 4. 4년 5. 5년 6. 기타 ( )년 7. 단기계약 (1년미만) 8. 해당없음	입찰방식 낙찰자선정방법 1. 적격심사 2. 협상에의한계약 3. 최저가낙찰제 4. 규격가격분리 5. 2단계 경쟁입찰 6. 기타 ( ) 7. 해당없음	운영예산 산정 운영예산 산정 1. 내부산정 (지자체 자체 적으로 산정) 2. 외부산정 (외부전문기관 위탁 산정) 3. 내·외부 모두 산정 4. 산정 無 5. 해당없음	운영예산 산정 정산방법 1. 내부정산 (지자체 내부적으로 정산) 2. 외부정산 (외부전문기관 위탁 정산) 3. 내·외부 모두 산정 4. 정산 無 5. 해당없음	성과평가 실시여부 1. 실시 2. 미실시 3. 향후 추진 4. 해당없음
7064	경남 남해군	정치성어업 자동화 장비 지원	60,000	해양수산과	9	1	7	8	7	5	5	4
7065	경남 남해군	연안어선 안전설비 지원사업	8,000	해양수산과	9	1	7	8	7	5	5	4
7066	경남 남해군	연근해어선 무선통신망 시설 시범지원	8,000	해양수산과	9	1	7	8	7	5	5	4
7067	경남 남해군	친환경 에너지절감장비 보급사업	331,340	해양수산과	9	1	7	8	7	5	5	4
7068	경남 남해군	양식어장 자동화시설장비 지원	480,000	해양수산과	9	6	7	8	7	5	5	4
7069	경남 남해군	양식어장 고도화시설 지원 사업	600,000	해양수산과	9	6	7	8	7	5	5	4
7070	경남 남해군	다목적 해상공동 작업대 설치 지원	120,000	해양수산과	9	6	7	8	7	5	5	4
7071	경남 남해군	고수온 대응 지원사업	16,000	해양수산과	9	2	7	8	7	5	5	4
7072	경남 남해군	양식 유기폐기물 스마트 리사이클링 시스템 지원	184,000	해양수산과	9	6	7	8	7	5	5	4
7073	경남 남해군	패류 지역특화품종 육성	472,000	해양수산과	9	6	7	8	7	5	5	4
7074	경남 남해군	경남 주력어종 스마트 공동 선별·이동 시스템 보급	200,000	해양수산과	9	6	7	8	7	5	5	4
7075	경남 남해군	수산물 산지가공시설 건립	940,000	해양수산과	9	6	7	8	7	5	5	4
7076	경남 남해군	친환경양식어업육성	2,205,600	해양수산과	9	2	7	8	7	5	5	4
7077	경남 남해군	패류 박신 가공시설 현대화	40,000	해양수산과	9	2	7	8	7	5	5	4
7078	경남 남해군	수산물 저온유통체계 구축	228,000	해양수산과	9	2	7	8	7	5	5	4
7079	경남 남해군	굴박신장 소규모 패류 위생 정화시설 지원	12,000	해양수산과	9	6	7	8	7	5	5	4
7080	경남 남해군	패각 친환경 처리지원	54,400	해양수산과	9	2	7	8	7	5	5	4
7081	경남 남해군	자율관리어업 우수공동체 지원	450,000	해양수산과	9	1	7	8	7	5	5	4
7082	경남 남해군	마을앞바다 소득원 조성	240,000	해양수산과	9	1	7	8	7	5	5	4
7083	경남 남해군	수산종자관리	521,217	해양수산과	9	1	7	8	7	5	5	4
7084	경남 남해군	마을어장 체험장 및 작업장 조성 지원사업	30,000	해양수산과	9	4	7	8	7	5	5	4
7085	경남 남해군	소규모공동주택관리지원	100,000	도시건축과	9	4	7	8	7	5	5	4
7086	경남 남해군	빈집정비	90,000	도시건축과	9	1	7	8	7	5	5	4
7087	경남 남해군	노후불량주택 지붕개량	80,560	도시건축과	9	6	7	8	7	5	5	4
7088	경남 남해군	야생동물 피해예방시설 설치 지원	54,000	환경녹지과	9	2	7	8	7	5	1	4
7089	경남 남해군	전기자동차 구입 지원	480,000	환경녹지과	9	2	7	8	7	5	1	4
7090	경남 남해군	전기이륜차 보급사업	23,000	환경녹지과	9	2	7	8	7	5	1	4
7091	경남 남해군	경유차 저감장치(DPF)부착 지원	27,656	환경녹지과	9	2	7	8	7	5	5	4
7092	경남 남해군	건설기계 엔진교체 지원	16,500	환경녹지과	9	2	7	8	7	5	5	4
7093	경남 남해군	LPG화물차 신차구입 지원	64,000	환경녹지과	9	2	7	8	7	5	5	4
7094	경남 남해군	어린이 통학차량 LPG차 전환 지원	10,000	환경녹지과	9	2	7	8	7	5	5	4
7095	경남 남해군	소규모사업장 방지시설 설치지원	138,456	환경녹지과	9	2	7	8	7	5	5	4
7096	경남 남해군	산림작물생산단지 조성사업	103,887	환경녹지과	9	2	1	7	1	1	1	2
7097	경남 남해군	펠릿보일러 보급	8,400	환경녹지과	9	2	5	7	7	2	1	2
7098	경남 남해군	소규모 농산물 유통시설 지원	90,000	유통지원과	9	4	7	8	7	5	5	4
7099	경남 남해군	저온유통체계구축사업	96,000	유통지원과	9	4	7	8	7	5	5	4
7100	경남 남해군	공공급식 농산물수급 전문조직 생산,보관시설지원	56,000	유통지원과	9	6	7	8	7	5	5	4
7101	경남 남해군	다목적 발효 배양기구 보급	2,000,000	유통지원과	9	6	7	8	7	5	5	4
7102	경남 남해군	치유농업 육성 기술지원 시범	70,000	유통지원과	9	6	7	8	7	5	5	4
7103	경남 남해군	농업인 소규모 창업 기반시설 등 지원	30,000	유통지원과	9	2	7	8	7	5	5	4
7104	경남 남해군	작목별 맞춤형 안전관리 실천시범	42,500	유통지원과	9	2	7	8	7	5	5	4
7105	경남 남해군	농촌어르신 복지실천 시범	80,000	유통지원과	9	6	7	8	7	5	5	4
7106	경남 남해군	농작업현장 친환경 화장실 설치	5,000	유통지원과	9	6	7	8	7	5	5	4
7107	경남 남해군	맞춤형 중소형농기계 공급	330,000	농업기술과	9	6	7	8	7	5	5	4
7108	경남 남해군	고구마 전과정 기계화 기술시범	103,500	농업기술과	9	2	7	8	7	5	5	4

순번	시군구	지출명 (사업명)	2020년예산 (단위:천원/1년간)	담당자 (공무원) 담당부서	민간이전 분류 (지방자치단체 세출예산 집행기준에 의거) 1. 민간경상사업보조(1) 2. 민간단체 법정운영비보조(2) 3. 민간행사사업보조(3) 4. 민간위탁금(4) 5. 사회복지시설 법정운영비보조(5) 6. 민간인위탁교육비(6) 7. 공기관등에대한경상적대행사업비(7) 8. 민간자본사업보조,자체재원(8) 9. 민간자본사업보조,이전재원(9) 10. 민간위탁사업비(10) 11. 공기관등에 대한 자본적 대행사업비(11)	민간이전지출 근거 (지방보조금 관리기준 참고) 1. 법률에 규정 2. 국고보조 재원(국가지정) 3. 용도 지정 기부금 4. 조례에 직접규정 5. 지자체가 권장하는 사업을 하는 공공기관 6. 시,도 정책 및 재정사정 7. 기타 8. 해당없음	입찰방식 계약체결방법 (경쟁형태) 1. 일반경쟁 2. 제한경쟁 3. 지명경쟁 4. 수의계약 5. 법정위탁 6. 기타 ( ) 7. 해당없음	입찰방식 계약기간 1. 1년 2. 2년 3. 3년 4. 4년 5. 5년 6. 기타 ( )년 7. 단기계약 (1년미만) 8. 해당없음	입찰방식 낙찰자선정방법 1. 적격심사 2. 협상에의한계약 3. 최저가낙찰제 4. 규격가격분리 5. 2단계 경쟁입찰 6. 기타 ( ) 7. 해당없음	운영예산 산정 운영예산 산정 1. 내부산정 (지자체 자체 적으로 산정) 2. 외부산정 (외부전문기관 위탁 산정) 3. 내·외부 모두 산정 4. 산정 無 5. 해당없음	운영예산 산정 정산방법 1. 내부정산 (지자체 내부적 으로 정산) 2. 외부정산 (외부전문기관 위탁 정산) 3. 내·외부 모두 산정 4. 정산 無 5. 해당없음	성과평가 실시여부 1. 실시 2. 미실시 3. 향후 추진 4. 해당없음
7109	경남 남해군	채소생산시설 현대화	10,000	농업기술과	9	6	7	8	7	5	5	4
7110	경남 남해군	신소득 과실생산시설 현대화	15,000	농업기술과	9	6	7	8	7	5	5	4
7111	경남 남해군	농업에너지이용효율화	18,788	농업기술과	9	2	7	8	7	5	5	4
7112	경남 남해군	과원관리 생력기계화 지원	10,000	농업기술과	9	6	7	8	7	5	5	4
7113	경남 남해군	고추비가림 재배시설 지원	41,000	농업기술과	9	2	7	8	7	5	5	4
7114	경남 남해군	화훼생산시설현대화	8,000	농업기술과	9	6	7	8	7	5	5	4
7115	경남 남해군	시설원예 에너지절감 패키지 시범	35,000	농업기술과	9	6	7	8	7	5	5	4
7116	경남 남해군	채소분야 농기계 지원	10,000	농업기술과	9	6	7	8	7	5	5	4
7117	경남 남해군	마늘 국내육성품종 보급시범	70,000	농업기술과	9	2	7	8	7	5	5	4
7118	경남 하동군	양보·진교면 융복합지원사업	2,242,548	경제전략과	9	2	7	8	7	5	5	4
7119	경남 하동군	신재생에너지 주택지원	100,000	경제전략과	9	2	7	8	7	5	5	4
7120	경남 하동군	소상공인 소규모 경영환경 개선사업	34,000	경제전략과	9	1, 4	7	8	7	5	5	4
7121	경남 하동군	홀로사는 어르신 공동생활가정 설치	30,000	주민행복과	9	7	7	8	7	1	1	3
7122	경남 하동군	세계중요농업유산보전관리	140,000	특화산업과	9	2	7	8	7	5	5	4
7123	경남 하동군	농산물 가공산업지원산업	256,000	특화산업과	9	6	7	8	7	5	5	4
7124	경남 하동군	농촌자원복합산업화 지원(대봉감,매실)	280,000	특화산업과	9	6	7	8	7	5	5	4
7125	경남 하동군	농촌자원복합산업화 지원(실버푸드 생산)	700,000	특화산업과	9	6	7	8	7	5	5	4
7126	경남 하동군	농촌자원복합산업화 지원(하동맛밤 생산)	630,000	특화산업과	9	6	7	8	7	5	5	4
7127	경남 하동군	농촌자원복합산업화 지원(향토먹거리 가정편이식)	700,000	특화산업과	9	6	7	8	7	5	5	4
7128	경남 하동군	농폰융복합산업 활성화 맞춤형 지원	8,000	특화산업과	9	6	7	8	7	5	5	4
7129	경남 하동군	야생동물 피해예방사업	500,000	환경보호과	9	1	7	8	7	5	1	1
7130	경남 하동군	전기자동차 구매 지원	450,000	환경보호과	9	2	7	8	7	5	5	4
7131	경남 하동군	전기이륜차 보급사업	23,000	환경보호과	9	2	7	8	7	5	5	4
7132	경남 하동군	가정용 저녹스보일러 설치지원 보조	4,000,000	환경보호과	9	2	7	8	7	1	1	1
7133	경남 하동군	운행차 배출가스 저감사업	506,824	환경보호과	9	2	7	8	7	5	5	4
7134	경남 하동군	수변구역 주민일반지원사업	80,679	환경보호과	9	1	7	8	7	5	5	4
7135	경남 하동군	마을앞바다 소득원 조성	40,000	해양수산과	9	1	7	8	7	5	5	4
7136	경남 하동군	수산물 가공산업 육성(산지가공시설)	120,000	해양수산과	9	1	7	8	7	5	5	4
7137	경남 하동군	친환경에너지 절감장비 보급	180,000	해양수산과	9	1	7	8	7	5	5	4
7138	경남 하동군	수출주력품종 육성지원	72,000	해양수산과	9	1	7	8	7	5	5	4
7139	경남 하동군	조업중 인양쓰레기 수매사업	60,000	해양수산과	9	1	7	8	7	5	5	4
7140	경남 하동군	수산물 공동브랜드(청경해) 박스등 제작 지원	12,000	해양수산과	9	1	7	8	7	5	5	4
7141	경남 하동군	경남추천상품(QC) 수산물활성화 지원	5,040	해양수산과	9	1	7	8	7	5	5	4
7142	경남 하동군	수산종묘관리(해삼씨뿌림)	45,000	해양수산과	9	1	7	8	7	5	5	4
7143	경남 하동군	어선사고 예방시스템 구축사업	26,400	해양수산과	9	1	7	8	7	5	5	4
7144	경남 하동군	패각 친환경처리 지원	86,400	해양수산과	9	1	7	8	7	5	5	4
7145	경남 하동군	가두리시설 현대화 사업	73,500	해양수산과	9	1	7	8	7	5	5	4
7146	경남 하동군	친환경부표 공급사업	14,000	해양수산과	9	1	7	8	7	5	5	4
7147	경남 하동군	양식어장 자동화시설 장비지원	48,000	해양수산과	9	1	7	8	7	5	5	4
7148	경남 하동군	면역증강제 공급사업	35,832	해양수산과	9	1	7	8	7	5	5	4
7149	경남 하동군	내수면 노후어선 선체·기관 교체지원사업	43,500	해양수산과	9	1	7	8	7	5	5	4
7150	경남 하동군	국가중요어업유산 지정관리	51,450	해양수산과	9	1	7	8	7	5	5	4
7151	경남 하동군	고수온 대응 지원사업	190,000	해양수산과	9	1	7	8	7	5	5	4
7152	경남 하동군	양식 유기폐기물 스마트 리사이클링 시스템 지원	216,000	해양수산과	9	1	7	8	7	5	5	4
7153	경남 하동군	연안어선 기관개방 검사비 지원	6,800	해양수산과	9	1	7	8	7	5	5	4

순번	시군구	지출명 (사업명)	2020년예산 (단위:천원/1년간)	담당자 (공무원) 담당부서	민간이전 분류 (지방자치단체 세출예산 집행기준에 의거) 1. 민간경상사업보조(1) 2. 민간단체 법정운영비보조(2) 3. 민간행사사업보조(3) 4. 민간위탁금(4) 5. 사회복지시설 법정운영비보조(5) 6. 민간인위탁교육비(6) 7. 공기관등에대한경상적대행사업비(7) 8. 민간자본사업보조,자체재원(8) 9. 민간자본사업보조,이전재원(9) 10. 민간위탁사업비(10) 11. 공기관등에 대한 자본적 대행사업비(11)	민간이전지출 근거 (지방보조금 관리기준 참고) 1. 법률에 규정 2. 국고보조 재원(국가지정) 3. 용도 지정 기부금 4. 조례에 직접규정 5. 지자체가 권장하는 사업을 하는 공공기관 6. 시,도 정책 및 재정사정 7. 기타 8. 해당없음	입찰방식 계약체결방법 (경쟁형태) 1. 일반경쟁 2. 제한경쟁 3. 지명경쟁 4. 수의계약 5. 법정위탁 6. 기타 ( ) 7. 해당없음	입찰방식 계약기간 1. 1년 2. 2년 3. 3년 4. 4년 5. 5년 6. 기타 ( )년 7. 단기계약 (1년미만) 8. 해당없음	입찰방식 낙찰자선정방법 1. 적격심사 2. 협상에의한계약 3. 최저가낙찰제 4. 규격가격분리 5. 2단계 경쟁입찰 6. 기타 ( ) 7. 해당없음	운영예산 산정 운영예산 산정 1. 내부산정 (지자체 자체적으로 산정) 2. 외부산정 (외부전문기관위탁 산정) 3. 내·외부 모두 산정 4. 산정 無 5. 해당없음	운영예산 산정 정산방법 1. 내부정산 (지자체 내부적으로 정산) 2. 외부정산 (외부전문기관위탁 정산) 3. 내·외부 모두 산정 4. 정산 無 5. 해당없음	성과평가 실시여부 1. 실시 2. 미실시 3. 향후 추진 4. 해당없음
7154	경남 하동군	수산물 가공공장 스마트화 지원	120,000	해양수산과	9	1	7	8	7	5	5	4
7155	경남 하동군	굴 박신장 소규모 패류위생정화시설 지원	24,000	해양수산과	9	1	7	8	7	5	5	4
7156	경남 하동군	첨단친환경양식시스템 지원사업	1,050,000	해양수산과	9	1	7	8	7	5	5	4
7157	경남 하동군	스마트 공동 선별, 이동 시스템 보급지원사업	200,000	해양수산과	9	1	7	8	7	5	5	4
7158	경남 하동군	다목적 해상공동작업대 설치 지원사업	40,000	해양수산과	9	1	7	8	7	5	5	4
7159	경남 하동군	임산물 유통기반조성	88,799	산림녹지과	9	2	6	1	1	1	1	4
7160	경남 하동군	산양삼 생산과정 확인제도	200,000	산림녹지과	9	2	6	1	1	1	1	4
7161	경남 하동군	백두대간 소득지원사업	153,533	산림녹지과	9	2	6	1	1	1	1	4
7162	경남 하동군	임산물 생산기반 조성	16,256	산림녹지과	9	2	6	1	1	1	1	4
7163	경남 하동군	산림작물 생산단지 조성	236,484	산림녹지과	9	2	6	1	1	1	1	4
7164	경남 하동군	친환경 임산물 재배관리	41,455	산림녹지과	9	2	6	1	1	1	1	4
7165	경남 하동군	묘목생산	2,367,000	산림녹지과	9	2	6	1	1	1	1	4
7166	경남 하동군	임산물 상품화 지원	24,939	산림녹지과	9	2	6	1	1	1	1	4
7167	경남 하동군	펠릿보일러 보급(주택용)	14,000	산림녹지과	9	2	6	1	1	1	1	4
7168	경남 하동군	펠릿보일러 보급(사회복지용)	4,000,000	산림녹지과	9	2	6	1	1	1	1	4
7169	경남 하동군	한센병환자관리지원	22,000	보건소	9	2	7	8	7	5	5	4
7170	경남 하동군	하동쌀우수브랜드포장재 지원	12,000	농축산과	9	6	7	8	7	1	1	1
7171	경남 하동군	포장재 및 디자인 개발 지원사업	10,000	농축산과	9	6	7	8	7	1	1	1
7172	경남 하동군	고품질 한우산업 육성	47,680	농축산과	9	6	7	8	7	1	1	1
7173	경남 하동군	한우 친환경 축산물 인증 지원	8,000	농축산과	9	6	7	8	7	1	1	1
7174	경남 하동군	경남 한우 공동 브랜드 육성	37,900	농축산과	9	6	7	8	7	1	1	1
7175	경남 하동군	송아지 생산성 향상 지원	7,518	농축산과	9	6	7	8	7	1	1	1
7176	경남 하동군	양봉산업 구조개선 사업	38,975	농축산과	9	6	7	8	7	1	1	1
7177	경남 하동군	친환경 꿀벌사양 지원	20,000	농축산과	9	6	7	8	7	1	1	1
7178	경남 하동군	신품종 벌 보급용 벌통지원	4,650	농축산과	9	2	7	8	7	1	1	1
7179	경남 하동군	축산농가 사료첨가제 지원	14,118	농축산과	9	6	7	8	7	1	1	1
7180	경남 하동군	분만자돈 위생 향상	3,300,000	농축산과	9	6	7	8	7	1	1	1
7181	경남 하동군	가축분뇨 처리시설 지원	17,200	농축산과	9	2	7	8	7	1	1	1
7182	경남 하동군	가축분뇨 수분조절제 지원	56,000	농축산과	9	6	7	8	7	1	1	1
7183	경남 하동군	가축분뇨 자원화 사업	282,745	농축산과	9	4	7	8	7	1	1	1
7184	경남 하동군	축산농가 악취방지 개선	155,040	농축산과	9	6	7	8	7	1	1	1
7185	경남 하동군	가축분뇨 액비살포비 지원	200,000	농축산과	9	2	7	8	7	1	1	1
7186	경남 하동군	가축분뇨 퇴비살포비 지원	20,000	농축산과	9	2	7	8	7	1	1	1
7187	경남 하동군	젖소 능력 개량사업	12,551	농축산과	9	2	7	8	7	1	1	1
7188	경남 하동군	축사시설 환경개선	6,000	농축산과	9	6	7	8	7	1	1	1
7189	경남 하동군	조사료생산용 기계장비구입 지원	241,424	농축산과	9	2	7	8	7	1	1	1
7190	경남 하동군	조사료생산용 사일리지제조 지원	486,000	농축산과	9	2	7	8	7	1	1	1
7191	경남 하동군	조사료생산용 종자구입 지원	168,000	농축산과	9	2	7	8	7	1	1	1
7192	경남 하동군	축산농가 악취방지 개선	155,040	농축산과	9	6	7	8	7	1	1	1
7193	경남 하동군	무인로봇 활용 섬유질자가배합사료급여시스템 시범	100,000	농축산과	9	2	7	8	7	5	5	4
7194	경남 하동군	가금 왕겨자동살포 및 퇴비생력화시스템 보급 시범	70,000	농축산과	9	2	7	8	7	5	5	4
7195	경남 하동군	소독시설 설치	20,000	농축산과	9	6	7	8	7	5	5	4
7196	경남 하동군	CCTV등 방역인프라지원사업	51,000	농축산과	9	2	7	8	7	5	5	4
7197	경남 하동군	농업기계 등화장치 부착지원	15,000	농축산과	9	2	7	8	7	1	1	1
7198	경남 하동군	맞춤형중소형 농기계지원	330,000	농축산과	9	6	7	8	7	1	1	1

순번	시군구	지출명 (사업명)	2020년예산 (단위:천원/1년간)	담당자 (공무원) 담당부서	민간이전 분류 (지방자치단체 세출예산 집행기준에 의거) 1. 민간경상사업보조(1) 2. 민간단체 법정운영비보조(2) 3. 민간행사사업보조(3) 4. 민간위탁금(4) 5. 사회복지시설 법정운영비보조(5) 6. 민간인위탁교육비(6) 7. 공기관등에대한경상적대행사업비(7) 8. 민간자본사업보조,자체재원(8) 9. 민간자본사업보조,이전재원(9) 10. 민간위탁사업비(10) 11. 공기관등에 대한 자본적 대행사업비(11)	민간이전지출 근거 (지방보조금 관리기준 참고) 1. 법률에 규정 2. 국고보조 재원(국가지정) 3. 용도 지정 기부금 4. 조례에 직접규정 5. 지자체가 권장하는 사업을 하는 공공기관 6. 시,도 정책 및 재정사정 7. 기타 8. 해당없음	입찰방식 계약체결방법 (경쟁형태) 1. 일반경쟁 2. 제한경쟁 3. 지명경쟁 4. 수의계약 5. 법정위탁 6. 기타 ( ) 7. 해당없음	입찰방식 계약기간 1. 1년 2. 2년 3. 3년 4. 4년 5. 5년 6. 기타 ( )년 7. 단기계약 (1년미만) 8. 해당없음	입찰방식 낙찰자선정방법 1. 적격심사 2. 협상에의한계약 3. 최저가낙찰제 4. 규격가격분리 5. 2단계 경쟁입찰 6. 기타 ( ) 7. 해당없음	운영예산 산정 운영예산 산정 1. 내부산정 (지자체 자체적으로 산정) 2. 외부산정 (외부전문기관위탁 산정) 3. 내·외부 모두 산정 4. 산정 無 5. 해당없음	운영예산 산정 정산방법 1. 내부정산 (지자체 내부적으로 정산) 2. 외부정산 (외부전문기관위탁 정산) 3. 내·외부 모두 산정 4. 정산 無 5. 해당없음	성과평가 실시여부 1. 실시 2. 미실시 3. 향후 추진 4. 해당없음
7199	경남 하동군	소규모 농산물 유통시설 설치사업	260,000	농산물유통과	9	4	1	7	1	1	1	3
7200	경남 하동군	수출기반조성	2,000,000	농산물유통과	9	6	7	8	7	5	1	3
7201	경남 하동군	수출농업단지 현대화·규모화 지원	86,000	농산물유통과	9	6	4	7	7	1	1	3
7202	경남 하동군	비 농단 수출농가 시설지원	81,800	농산물유통과	9	6	4	7	7	1	1	3
7203	경남 하동군	시설원예 수출농가 연질강화필름 지원	6,000	농산물유통과	9	6	4	7	7	1	1	3
7204	경남 하동군	농식품가공 수출전문업체 육성	200,000	농산물유통과	9	6	4	7	2	5	1	3
7205	경남 하동군	GAP 위생시설 보완 지원사업	125,000	농산물유통과	9	1	1	7	1	1	1	3
7206	경남 하동군	시군 대표 농산물 포장박스 제작 지원	13,960	농산물유통과	9	1	7	8	7	1	1	3
7207	경남 하동군	귀농인의 집 조성	60,000	농촌진흥과	9	2	7	8	7	5	5	4
7208	경남 하동군	청년 창업농 활성화 지원	300,000	농촌진흥과	9	2	7	8	7	5	5	4
7209	경남 하동군	고품질 잡곡 재배단지 조성	54,600	농업소득과	9	6	6	1	6	1	1	1
7210	경남 하동군	기능성 쌀 재배단지 조성사업	13,125	농업소득과	9	6	6	1	6	1	1	1
7211	경남 하동군	특용작물시설현대화 지원사업	400,000	농업소득과	9	2	1	1	5	1	1	1
7212	경남 하동군	신기술보급-기능성 특수미 생산단지 조성	200,000	농업소득과	9	2	6	1	6	1	1	1
7213	경남 하동군	돌발해충 친환경 방제 시범	800,000	농업소득과	9	6	6	1	6	1	1	1
7214	경남 하동군	쌀 생산조정 기반조성 지원	1,400,000	농업소득과	9	6	6	1	6	1	1	1
7215	경남 하동군	과수생산시설현대화 지원(FTA기금사업)	85,000	농업소득과	9	2	6	1	6	1	1	1
7216	경남 하동군	농업에너지이용효율화사업	742,512	농업소득과	9	2	6	1	6	1	1	1
7217	경남 하동군	딸기시설하우스 현대화사업	195,000	농업소득과	9	5	6	1	6	1	1	1
7218	경남 하동군	우수품종 딸기 원묘 보급 사업	8,500	농업소득과	9	6	6	1	6	1	1	1
7219	경남 하동군	시설원예 현대화지원사업	211,905	농업소득과	9	2	6	1	6	1	1	1
7220	경남 하동군	전기온풍기 지원사업	24,000	농업소득과	9	6	6	1	6	1	1	1
7221	경남 하동군	채소류 농기계 지원사업	50,000	농업소득과	9	6	6	1	6	1	1	1
7222	경남 하동군	채소생산시설 현대화 지원사업	25,000	농업소득과	9	6	6	1	6	1	1	1
7223	경남 하동군	고추비가림재배시설 지원사업	41,500	농업소득과	9	2	6	1	6	1	1	1
7224	경남 하동군	수정용 꽃가루 지원	8,750	농업소득과	9	6	6	1	6	1	1	1
7225	경남 하동군	신소득 과실생산시설 현대화사업	17,000	농업소득과	9	6	6	1	6	1	1	1
7226	경남 하동군	시설채소(수박)수정벌 지원사업	6,500	농업소득과	9	6	6	1	6	1	1	1
7227	경남 하동군	시설원예 ICT 융복합 확산사업	670,000	농업소득과	9	2	6	1	6	1	1	1
7228	경남 하동군	과원관리생력기계화지원	2,150,000	농업소득과	9	6	6	1	6	1	1	1
7229	경남 하동군	영농활용 우수과제 지역맞춤형 신기술 보급	70,000	농업소득과	9	6	6	1	6	1	1	1
7230	경남 하동군	염류장해 해결을위한 킬레이트제 활용 기술보급	35,000	농업소득과	9	2	6	1	6	1	1	1
7231	경남 하동군	스노우베리단지 조성사업	20,000	농업소득과	9	6	6	1	6	1	1	1
7232	경남 하동군	애플수박단지 기반조성	200,000	농업소득과	9	6	6	1	6	1	1	1
7233	경남 하동군	시설채소 고온예방 환경관리 시범	35,000	농업소득과	9	6	6	1	6	1	1	1
7234	경남 하동군	신재생에너지시설지원	43,694	농업소득과	9	2	6	1	6	1	1	1
7235	경남 하동군	과수 자연재해 경감 지원	10,000	농업소득과	9	6	6	1	6	1	1	1
7236	경남 하동군	이상기상 대응 과원 피해예방 기술확산 시범	100,000	농업소득과	9	2	6	1	6	1	1	1
7237	경남 하동군	유해가스에 안전한 황토유황 자동제조기 보급사업	1,120,000	농업소득과	9	6	6	1	6	1	1	1
7238	경남 하동군	유기질비료 지원	1,712,635	농업소득과	9	2	6	1	6	1	1	1
7239	경남 하동군	유기농업자재 지원	131,390	농업소득과	9	2	6	1	6	1	1	1
7240	경남 하동군	토양개량제 지원	633,163	농업소득과	9	2	6	1	6	1	1	1
7241	경남 하동군	신기술보급-FTA대응 벼 생력재배기술 보급시범	200,000	농업소득과	9	2	6	1	6	1	1	1
7242	경남 하동군	먹노린재 친환경 방제기술 시범	4,800	농업소득과	9	6	6	1	6	1	1	1
7243	경남 하동군	시비효율 개선 친환경 농자재 시범	8,000	농업소득과	9	6	6	1	6	1	1	1

순번	시군구	지출명 (사업명)	2020년예산 (단위:천원/1년간)	담당자 (공무원) 담당부서	민간이전 분류 (지방자치단체 세출예산 집행기준에 의거) 1. 민간경상사업보조(1) 2. 민간단체 법정운영비보조(2) 3. 민간행사사업보조(3) 4. 민간위탁금(4) 5. 사회복지시설 법정운영비보조(5) 6. 민간인위탁교육비(6) 7. 공기관등에대한경상적대행사업비(7) 8. 민간자본사업보조,자체재원(8) 9. 민간자본사업보조,이전재원(9) 10. 민간위탁사업비(10) 11. 공기관등에 대한 자본적 대행사업비(11)	민간이전지출 근거 (지방보조금 관리기준 참고) 1. 법률에 규정 2. 국고보조 재원(국가지정) 3. 용도 지정 기부금 4. 조례에 직접규정 5. 지자체가 권장하는 사업을 하는 공공기관 6. 시,도 정책 및 재정사정 7. 기타 8. 해당없음	입찰방식 계약체결방법 (경쟁형태) 1. 일반경쟁 2. 제한경쟁 3. 지명경쟁 4. 수의계약 5. 법정위탁 6. 기타 ( ) 7. 해당없음	입찰방식 계약기간 1. 1년 2. 2년 3. 3년 4. 4년 5. 5년 6. 기타 ( )년 7. 단기계약 (1년미만) 8. 해당없음	입찰방식 낙찰자선정방법 1. 적격심사 2. 협상에의한계약 3. 최저가낙찰제 4. 규격가격분리 5. 2단계 경쟁입찰 6. 기타 ( ) 7. 해당없음	운영예산 산정 운영예산 산정 1. 내부산정 (지자체 자체적으로 산정) 2. 외부산정 (외부전문기관 위탁 산정) 3. 내·외부 모두 산정 4. 산정 無 5. 해당없음	운영예산 산정 정산방법 1. 내부정산 (지자체 내부적으로 정산) 2. 외부정산 (외부전문기관 위탁 정산) 3. 내·외부 모두 산정 4. 정산 無 5. 해당없음	성과평가 실시여부 1. 실시 2. 미실시 3. 향후 추진 4. 해당없음
7244	경남 하동군	산림복합경영단지	74,848	산림녹지과	9	2	6	1	1	1	1	4
7245	경남 산청군	도시재생 뉴딜사업	50,000	도시교통과	9	2	7	8	7	5	5	4
7246	경남 산청군	아름마을만들기사업	100,000	도시교통과	9	1	7	8	7	5	5	4
7247	경남 산청군	소규모 공동주택 관리지원사업	18,300	도시교통과	9	4	7	8	7	5	5	4
7248	경남 산청군	전기자동차 구매지원	730,000	환경위생과	9	1	7	8	7	5	5	4
7249	경남 산청군	노후경유차 조기폐차 지원	181,704	환경위생과	9	2	7	8	7	5	1	4
7250	경남 산청군	운행차 배출가스 저감사업	153,742	환경위생과	9	2	7	8	7	5	1	4
7251	경남 산청군	슬레이트주택 지붕개량 지원사업	128,100	환경위생과	9	2	7	8	7	5	1	4
7252	경남 산청군	야생동물피해예방사업	500,000	환경위생과	9	2	7	8	7	5	1	4
7253	경남 산청군	토양개량제 공급	359,599	농축산과	9	2	7	8	7	5	5	4
7254	경남 산청군	유기질비료지원사업	2,084,902	농축산과	9	2	7	8	7	5	5	4
7255	경남 산청군	우리밀생산지원사업	28,800	농축산과	9	7	7	8	7	5	5	4
7256	경남 산청군	유기농업자재 지원사업	62,220	농축산과	9	2	7	8	7	5	5	4
7257	경남 산청군	친환경농업 유통활성화 지원	44,240	농축산과	9	6	7	8	7	5	5	4
7258	경남 산청군	농약안전사용장비지원	30,000	농축산과	9	6	7	8	7	5	5	4
7259	경남 산청군	고품질쌀생산단지조성	48,000	농축산과	9	6	7	8	7	5	5	4
7260	경남 산청군	기능성쌀재배단지조성	36,000	농축산과	9	6	7	8	7	5	5	4
7261	경남 산청군	가축분뇨퇴액비화지원	12,000	농축산과	9	2	7	8	7	5	5	4
7262	경남 산청군	축산농가 환경개선	230,250	농축산과	9	1	7	8	7	5	5	4
7263	경남 산청군	소독시설설치지원	10,000	농축산과	9	1	7	8	7	5	5	4
7264	경남 산청군	CCTV 등 방역인프라설치지원	121,560	농축산과	9	2	7	8	7	5	5	4
7265	경남 산청군	귀농인의 집 조성사업	30,000	농축산과	9	2	7	8	7	5	5	4
7266	경남 산청군	시설원예 환경제어 시스템 보급	14,000	농업진흥과	9	6	7	8	7	5	5	4
7267	경남 산청군	과채류 맞춤형 에너지절감 패키지기술 시범	80,000	농업진흥과	9	2	7	8	7	5	5	4
7268	경남 산청군	들깨 잎 양액재배 수출단지 육성 시범	300,000	농업진흥과	9	2	7	8	7	5	5	4
7269	경남 산청군	특용작물시설현대화 지원	12,500	농업진흥과	9	2	7	8	7	5	5	4
7270	경남 산청군	잠종대 지원	8,385	농업진흥과	9	6	7	8	7	5	5	4
7271	경남 산청군	과수 수정용 꽃가루 지원	3,750,000	농업진흥과	9	6	7	8	7	5	5	4
7272	경남 산청군	과실 장기저장제 지원	5,000	농업진흥과	9	6	7	8	7	5	5	4
7273	경남 산청군	과원관리 생력기계화지원	27,500	농업진흥과	9	6	7	8	7	5	5	4
7274	경남 산청군	신소득 과실생산시설 현대화	56,500	농업진흥과	9	6	7	8	7	5	5	4
7275	경남 산청군	과수 자연재해 경감지원	5,000	농업진흥과	9	6	7	8	7	5	5	4
7276	경남 산청군	오디 균핵병 방제약제 안전살포 기준설정 실증시범	40,000	농업진흥과	9	2	7	8	7	5	5	4
7277	경남 산청군	고품질 홍잠 생산기술 시범	200,000	농업진흥과	9	2	7	8	7	5	5	4
7278	경남 산청군	유해가스에 안전한 황토유황 자동제조기 보급	22,400	농업진흥과	9	6	7	8	7	5	5	4
7279	경남 산청군	이상기상 대응 과수 재해예방시스템 구축시범	49,000	농업진흥과	9	6	7	8	7	5	5	4
7280	경남 산청군	돌발해충 친환경 방제 시범	8,000	농업진흥과	9	6	7	8	7	5	5	4
7281	경남 산청군	농작물재해보험료 지원	500,000	농업진흥과	9	2	7	8	7	5	5	4
7282	경남 산청군	딸기하우스 시설 현대화 지원	97,500	농업진흥과	9	6	7	8	7	5	5	4
7283	경남 산청군	채소생산 시설 현대화 지원	25,000	농업진흥과	9	6	7	8	7	5	5	4
7284	경남 산청군	딸기 우량모주(원묘) 지원	17,250	농업진흥과	9	6	7	8	7	5	5	4
7285	경남 산청군	전기난방기 설치 지원	61,200	농업진흥과	9	6	7	8	7	5	5	4
7286	경남 산청군	농업분야 에너지절감시설 지원	784,798	농업진흥과	9	2	7	8	7	5	5	4
7287	경남 산청군	원예분야 ICT 융복합 확산	91,500	농업진흥과	9	2	7	8	7	5	5	4
7288	경남 산청군	고추비가림 재배시설 지원	58,500	농업진흥과	9	2	7	8	7	5	5	4

순번	시군구	지출명 (사업명)	2020년예산 (단위:천원/1년간)	담당자 (공무원) 담당부서	민간이전 분류 (지방자치단체 세출예산 집행기준에 의거) 1. 민간경상사업보조(1) 2. 민간단체 법정운영비보조(2) 3. 민간행사사업보조(3) 4. 민간위탁금(4) 5. 사회복지시설 법정운영비보조(5) 6. 민간인위탁교육비(6) 7. 공기관등에대한경상적대행사업비(7) 8. 민간자본사업보조,자체재원(8) 9. 민간자본사업보조,이전재원(9) 10. 민간위탁사업비(10) 11. 공기관등에 대한 자본적 대행사업비(11)	민간이전지출 근거 (지방보조금 관리기준 참고) 1. 법률에 규정 2. 국고보조 재원(국가지정) 3. 용도 지정 기부금 4. 조례에 직접규정 5. 지자체가 권장하는 사업을 하는 공공기관 6. 시,도 정책 및 재정사정 7. 기타 8. 해당없음	입찰방식 계약체결방법 (경쟁형태) 1. 일반경쟁 2. 제한경쟁 3. 지명경쟁 4. 수의계약 5. 법정위탁 6. 기타 ( ) 7. 해당없음	입찰방식 계약기간 1. 1년 2. 2년 3. 3년 4. 4년 5. 5년 6. 기타 ( )년 7. 단기계약 (1년미만) 8. 해당없음	입찰방식 낙찰자선정방법 1. 적격심사 2. 협상에의한계약 3. 최저가낙찰제 4. 규격가격분리 5. 2단계 경쟁입찰 6. 기타 ( ) 7. 해당없음	운영예산 산정 운영예산 산정 1. 내부산정 (지자체 자체적으로 산정) 2. 외부산정 (외부전문기관위탁 산정) 3. 내·외부 모두 산정 4. 산정 無 5. 해당없음	운영예산 산정 정산방법 1. 내부정산 (지자체 내부적으로 정산) 2. 외부정산 (외부전문기관위탁 정산) 3. 내·외부 모두 산정 4. 정산 無 5. 해당없음	성과평가 실시여부 1. 실시 2. 미실시 3. 향후 추진 4. 해당없음
7289	경남 산청군	시설원예현대화 지원	533,839	농업진흥과	9	2	7	8	7	5	5	4
7290	경남 산청군	벼 병해충 공동방제비 지원	30,000	농업진흥과	9	6	7	8	7	5	5	4
7291	경남 산청군	먹노린재 친환경 방제기술 시범	4,800	농업진흥과	9	6	7	8	7	5	5	4
7292	경남 산청군	무병묘 활용 고구마 품질향상 시범	8,000	농업진흥과	9	6	7	8	7	5	5	4
7293	경남 산청군	종균 활용 장류 품질향상 기술시범	70,000	유통소득과	9	1	7	8	7	2	1	4
7294	경남 산청군	작목별 맞춤형 안전관리 실천 시범사업	50,000	유통소득과	9	1	7	8	7	2	1	4
7295	경남 산청군	농촌어르신 복지 실천 시범사업	50,000	유통소득과	9	6	7	8	7	2	1	4
7296	경남 산청군	농업인 가공사업장 시설장비 개선사업	50,000	유통소득과	9	6	7	8	7	2	1	4
7297	경남 산청군	약효발효차 현대화설비 체험장 구축	1,600,000	유통소득과	9	2	7	8	7	2	2	4
7298	경남 함양군	개평마을 슬레이트 지붕개량 사업	100,000	문화관광과	9	7	7	8	7	1	1	1
7299	경남 함양군	슬레이트 처리지원	1,224,750	환경위생과	9	2	7	8	7	5	5	4
7300	경남 함양군	용평리 도시재생뉴딜 집수리 지원사업	60,000	도시건축과	9	2	7	8	7	5	5	4
7301	경남 함양군	인당마을 도시재생뉴딜 집수리 지원사업	100,000	도시건축과	9	2	7	8	7	5	5	4
7302	경남 함양군	소규모재생사업 산삼청국장 제조 및 가공,재료 구입	40,000	도시건축과	9	2	7	8	7	5	5	4
7303	경남 함양군	농어촌빈집정비	15,000	도시건축과	9	2	7	8	7	5	5	4
7304	경남 함양군	슬레이트 건축물 지붕개량	46,640	도시건축과	9	2	7	8	7	5	5	4
7305	경남 함양군	농촌빈집수선사업	45,000	도시건축과	9	2	7	8	7	5	5	4
7306	경남 함양군	슬레이트지붕빈집정비	20,000	도시건축과	9	2	7	8	7	5	5	4
7307	경남 함양군	유기농업자재지원	198,126	친환경농업과	9	2	7	8	7	1	1	4
7308	경남 함양군	함양곶감 생산유통활성화	301,000	친환경농업과	9	2	7	8	7	1	1	4
7309	경남 함양군	임산물 유통기반조성	379,137	친환경농업과	9	2	7	8	7	1	1	4
7310	경남 함양군	임산물 상품화지원	192,093	친환경농업과	9	2	7	8	7	1	1	4
7311	경남 함양군	수정용 꽃가루지원사업	18,750	친환경농업과	9	6	7	8	7	1	1	4
7312	경남 함양군	신소득과실 생산시설 현대화사업	121,180	친환경농업과	9	6	7	8	7	1	1	4
7313	경남 함양군	과실 장기저장제 지원사업	17,000	친환경농업과	9	6	7	8	7	1	1	4
7314	경남 함양군	과원관리 생력기계화 지원사업	35,000	친환경농업과	9	6	7	8	7	1	1	4
7315	경남 함양군	과수자연재해 피해경감제 지원사업	50,000	친환경농업과	9	6	7	8	7	1	1	4
7316	경남 함양군	외부환경 데이터 기반 스마트 양액공급기술시범	40,000	친환경농업과	9	2	7	8	7	1	1	1
7317	경남 함양군	영농활용 우수과제 지역 맞춤형 신기술 보급	35,000	친환경농업과	9	6	7	8	7	1	1	1
7318	경남 함양군	시설원예현대화사업	32,953	친환경농업과	9	2	7	8	7	1	1	1
7319	경남 함양군	고추 비가림 재배시설	54,000	친환경농업과	9	2	7	8	7	1	1	1
7320	경남 함양군	스마트팜 ICT 융복합 확산사업	5,318	친환경농업과	9	2	7	8	7	1	1	1
7321	경남 함양군	딸기 무병우량모주 보급	18,750	친환경농업과	9	6	7	8	7	1	1	1
7322	경남 함양군	딸기하우스 시설현대화 지원	82,500	친환경농업과	9	6	7	8	7	1	1	1
7323	경남 함양군	채소생산시설 현대화 지원	5,000	친환경농업과	9	6	7	8	7	1	1	1
7324	경남 함양군	고품질양파 생산 기계화	57,500	친환경농업과	9	6	7	8	7	1	1	1
7325	경남 함양군	화훼생산시설 현대화 지원	9,000	친환경농업과	9	6	7	8	7	1	1	1
7326	경남 함양군	청년농업인경쟁력제고	45,000	농산물유통과	9	2	7	8	7	5	5	4
7327	경남 함양군	농식품가공수출전문업체 육성	145,000	농산물유통과	9	6	7	8	7	5	5	4
7328	경남 함양군	시설원예 연질강화필름 지원	12,000	농산물유통과	9	6	7	8	7	5	5	4
7329	경남 함양군	수출탑 수상농가 인센티브	18,000	농산물유통과	9	6	7	8	7	5	5	4
7330	경남 함양군	비농단 수출농가 시설지원	17,000	농산물유통과	9	6	7	8	7	5	5	4
7331	경남 함양군	수출농업단지 현대화 및 규모화	12,875	농산물유통과	9	6	7	8	7	5	5	4
7332	경남 함양군	소규모 농산물유통시설 지원	189,000	농산물유통과	9	6	7	8	7	5	5	4
7333	경남 함양군	시군 대표 농산물 포장박스 제작지원	51,750	농산물유통과	9	6	7	8	7	5	5	4

순번	시군구	지출명(사업명)	2020년예산(단위:천원/1년간)	담당자(공무원) 담당부서	민간이전 분류(지방자치단체 세출예산 집행기준에 의거) 1. 민간경상사업보조(1) 2. 민간단체 법정운영비보조(2) 3. 민간행사사업보조(3) 4. 민간위탁금(4) 5. 사회복지시설 법정운영비보조(5) 6. 민간인위탁교육비(6) 7. 공기관등에대한경상적대행사업비(7) 8. 민간자본사업보조,자체재원(8) 9. 민간자본사업보조,이전재원(9) 10. 민간위탁사업비(10) 11. 공기관등에 대한 자본적 대행사업비(11)	민간이전지출 근거(지방보조금 관리기준 참고) 1. 법률에 규정 2. 국고보조 재원(국가지정) 3. 용도 지정 기부금 4. 조례에 직접규정 5. 지자체가 권장하는 사업을 하는 공공기관 6. 시,도 정책 및 재정사정 7. 기타 8. 해당없음	입찰방식: 계약체결방법(경쟁형태) 1. 일반경쟁 2. 제한경쟁 3. 지명경쟁 4. 수의계약 5. 법정위탁 6. 기타 ( ) 7. 해당없음	입찰방식: 계약기간 1. 1년 2. 2년 3. 3년 4. 4년 5. 5년 6. 기타 ( )년 7. 단기계약(1년미만) 8. 해당없음	입찰방식: 낙찰자선정방법 1. 적격심사 2. 협상에의한계약 3. 최저가낙찰제 4. 규격가격분리 5. 2단계 경쟁입찰 6. 기타 ( ) 7. 해당없음	운영예산 산정: 운영예산 산정 1. 내부산정(지자체 자체 적으로 산정) 2. 외부산정(외부전문기관 위탁 산정) 3. 내·외부 모두 산정 4. 산정 無 5. 해당없음	운영예산 산정: 정산방법 1. 내부정산(지자체 내부적으로 정산) 2. 외부정산(외부전문기관 위탁 정산) 3. 내·외부 모두 산정 4. 정산 無 5. 해당없음	성과평가 실시여부 1. 실시 2. 미실시 3. 향후 추진 4. 해당없음
7334	경남 함양군	농산물 산지통합마케팅 지원	78,000	농산물유통과	9	2	7	8	7	5	5	4
7335	경남 함양군	농산물공동선별비 지원	70,000	농산물유통과	9	2	7	8	7	5	5	4
7336	경남 함양군	양정시설지원	60,000	농산물유통과	9	6	7	8	7	5	5	4
7337	경남 함양군	톤백수매 확대	16,000	농산물유통과	9	6	7	8	7	5	5	4
7338	경남 함양군	통합쌀브랜드 포장재 지원	14,000	농산물유통과	9	6	7	8	7	5	5	4
7339	경남 함양군	농촌어르신 복지실천 육성	40,000	농산물유통과	9	6	7	8	7	5	5	4
7340	경남 함양군	농작업현장 친환경화장실 설치	5,000	농산물유통과	9	6	7	8	7	5	5	4
7341	경남 함양군	다목적 발표 배양기구 보급	5,000	농산물유통과	9	6	7	8	7	5	5	4
7342	경남 함양군	농가맛집 육성	30,000	농산물유통과	9	6	7	8	7	5	5	4
7343	경남 함양군	가공산업 활성화 지원	300,000	농산물유통과	9	6	7	8	7	5	5	4
7344	경남 함양군	농업인 가공사업장 시설장비 개선	50,000	농산물유통과	9	2	7	8	7	5	5	4
7345	경남 함양군	베리류 가공 상품화 지원	60,000	농산물유통과	9	2	7	8	7	5	5	4
7346	경남 함양군	혼밥족 겨냥 시래기 간편 건나물 제품화 시범	60,000	농산물유통과	9	2	7	8	7	5	5	4
7347	경남 함양군	효소처리 농식품가공 소재화 시범	60,000	농산물유통과	9	2	7	8	7	5	5	4
7348	경남 함양군	농촌체험공간 환경개선 시범	10,000	농산물유통과	9	6	7	8	7	5	5	4
7349	경남 함양군	농촌교육농장 육성시범	24,000	농산물유통과	9	6	7	8	7	5	5	4
7350	경남 함양군	농기계지원	435,000	농산물유통과	9	6	7	8	7	5	5	4
7351	경남 함양군	경사지 수확운반구 보급	3,000,000	농산물유통과	9	6	7	8	7	5	5	4
7352	경남 함양군	농기계 등화장치 부착지원	10,000	농산물유통과	9	2	7	8	7	5	5	4
7353	경남 합천군	대장경판 보존을 위한 친환경 관리 시스템 구축	350,000	문화예술과	9	2	7	8	7	5	5	4
7354	경남 합천군	세계유산 VR컨텐츠 및 어트랙션 업데이트	55,000	문화예술과	9	2	7	8	7	5	5	4
7355	경남 합천군	연호사 보수정비 사업	340,000	문화예술과	9	2	7	8	7	5	5	4
7356	경남 합천군	해인사 관음암 방재시스템 구축	105,000	문화예술과	9	2	7	8	7	5	5	4
7357	경남 합천군	해인사 백련암 방재시스템 구축	199,000	문화예술과	9	2	7	8	7	5	5	4
7358	경남 합천군	해인사 용탑선원 방재시스템 구축	199,000	문화예술과	9	2	7	8	7	5	5	4
7359	경남 합천군	합천 세계기록유산 문화홍보실 및 체험실 건립	1,000,000	문화예술과	9	7	7	8	7	5	5	4
7360	경남 합천군	합천 세계기록유산 문화홍보실 및 체험실 건립	1,000,000	문화예술과	9	7	7	8	7	5	5	4
7361	경남 합천군	합천 청량사 석등 보수정비	250,000	문화예술과	9	2	7	8	7	5	5	4
7362	경남 합천군	합천 해인사 주변정비	600,000	문화예술과	9	2	7	8	7	5	5	4
7363	경남 합천군	가야산 해인사 일원 정비	300,000	문화예술과	9	2	7	8	7	5	5	4
7364	경남 합천군	해인사 소장 고려대장경 사이버투어 홈페이지 제작	316,000	문화예술과	9	2	7	8	7	5	5	4
7365	경남 합천군	자활사업 생산적 일자리 플랫폼 구축지원	15,000	주민복지과	9	2	7	8	7	5	1	4
7366	경남 합천군	장애인 거주시설 기능보강사업	52,562	주민복지과	9	1	7	8	1	1	1	3
7367	경남 합천군	장애인직업재활시설 기능보강	106,574	주민복지과	9	1	7	8	7	5	5	4
7368	경남 합천군	중증장애인 주거환경 개선사업	5,000	주민복지과	9	1	7	8	1	1	1	4
7369	경남 합천군	지역아동센터 환경개선비 지원	53,130	노인아동여성과	9	7	7	8	7	1	1	2
7370	경남 합천군	어린이집 환경개선	60,000	노인아동여성과	9	2	7	7	7	1	1	2
7371	경남 합천군	착한가격업소 이용활성화 사업	4,800	경제교통과	9	6	6	1	6	1	1	1
7372	경남 합천군	소상공인 소규모 경영환경개선사업	50,000	경제교통과	9	6	6	1	6	1	1	1
7373	경남 합천군	그린홈 100만호 주택지원사업	300,000	경제교통과	9	2	7	8	7	5	1	1
7374	경남 합천군	축사 등 건물 신재생에너지 보급사업	38,000	경제교통과	9	2	7	8	7	5	1	1
7375	경남 합천군	화재피해주민 "119희망의집" 건축보급	35,000	안전총괄과	9	6	7	8	7	5	5	4
7376	경남 합천군	빈집정비	40,000	도시건축과	9	4	7	8	7	1	1	2
7377	경남 합천군	빈집정비	20,000	도시건축과	9	4	7	8	7	1	1	2
7378	경남 합천군	농촌 노후주택 지붕개량사업	63,600	도시건축과	9	6	7	8	7	1	1	2

순번	시군구	지출명 (사업명)	2020년예산 (단위:천원/1년간)	담당자 (공무원) 담당부서	민간이전 분류 (지방자치단체 세출예산 집행기준에 의거) 1. 민간경상사업보조(1) 2. 민간단체 법정운영비보조(2) 3. 민간행사사업보조(3) 4. 민간위탁금(4) 5. 사회복지시설 법정운영비보조(5) 6. 민간인위탁교육비(6) 7. 공기관등에대한경상적대행사업비(7) 8. 민간자본사업보조,자체재원(8) 9. 민간자본사업보조,이전재원(9) 10. 민간위탁사업비(10) 11. 공기관등에 대한 자본적 대행사업비(11)	민간이전지출 근거 (지방보조금 관리기준 참고) 1. 법률에 규정 2. 국고보조 재원(국가지정) 3. 용도 지정 기부금 4. 조례에 직접규정 5. 지자체가 권장하는 사업을 하는 공공기관 6. 시,도 정책 및 재정사정 7. 기타 8. 해당없음	입찰방식 계약체결방법 (경쟁형태) 1. 일반경쟁 2. 제한경쟁 3. 지명경쟁 4. 수의계약 5. 법정위탁 6. 기타 ( ) 7. 해당없음	입찰방식 계약기간 1. 1년 2. 2년 3. 3년 4. 4년 5. 5년 6. 기타 ( )년 7. 단기계약 (1년미만) 8. 해당없음	입찰방식 낙찰자선정방법 1. 적격심사 2. 협상에의한계약 3. 최저가낙찰제 4. 규격가격분리 5. 2단계 경쟁입찰 6. 기타 ( ) 7. 해당없음	운영예산 산정 운영예산 산정 1. 내부산정 (지자체 자체적으로 산정) 2. 외부산정 (외부전문기관위탁 산정) 3. 내·외부 모두 산정 4. 산정 無 5. 해당없음	운영예산 산정 정산방법 1. 내부정산 (지자체 내부적으로 정산) 2. 외부정산 (외부전문기관위탁 정산) 3. 내·외부 모두 산정 4. 정산 無 5. 해당없음	성과평가 실시여부 1. 실시 2. 미실시 3. 향후 추진 4. 해당없음
7379	경남 합천군	소규모 공동주택 지원사업	50,000	도시건축과	9	6	7	8	7	1	1	2
7380	경남 합천군	빈집 활용 반값 임대	45,000	도시건축과	9	6	7	8	7	1	1	2
7381	경남 합천군	전기자동차 구매지원(승용)	480,000	환경위생과	9	2	7	8	7	5	5	4
7382	경남 합천군	전기자동차 구매지원(화물)	130,000	환경위생과	9	2	7	8	7	5	5	4
7383	경남 합천군	전기이륜차 보급사업	11,500	환경위생과	9	2	7	8	7	5	5	4
7384	경남 합천군	노후 경유자동차 조기폐차 지원사업	197,784	환경위생과	9	2	7	8	7	5	5	4
7385	경남 합천군	저감장치(DPF) 부착 지원사업	24,199	환경위생과	9	2	7	8	7	5	5	4
7386	경남 합천군	건설기계 DPF부착 지원사업	11,000	환경위생과	9	2	7	8	7	5	5	4
7387	경남 합천군	건설기계 엔진교체 지원사업	33,000	환경위생과	9	2	7	8	7	5	5	4
7388	경남 합천군	LPG화물차 신차구입 지원사업	64,000	환경위생과	9	2	7	8	7	5	5	4
7389	경남 합천군	어린이통학차량의 LPG차 전환지원 사업	5,000	환경위생과	9	2	7	8	7	5	5	4
7390	경남 합천군	소규모사업장 방지시설 설치지원 사업	380,754	환경위생과	9	2	7	8	7	5	5	4
7391	경남 합천군	야생동물로 인한 농작물 피해방지시설 설치	152,200	환경위생과	9	2	7	8	7	1	1	1
7392	경남 합천군	귀농인 소득상품 개발지원	16,000	농업기술센터 농정과	9	4	7	8	7	1	1	4
7393	경남 합천군	지역선도 벤처농업 모델단지 육성시범	8,000	농업기술센터 농정과	9	6	7	8	7	5	1	1
7394	경남 합천군	차세대 농업인 성공모델 육성	40,000	농업기술센터 농정과	9	2	7	8	7	5	1	1
7395	경남 합천군	고품질 쌀 유통활성화 지원사업	248,000	농업기술센터 농정과	9	2	7	8	7	3	1	1
7396	경남 합천군	목재산업시설 현대화	120,000	농업기술센터 산림과	9	1	7	8	7	5	5	4
7397	경남 합천군	밤나무 노령목 관리	70,543	농업기술센터 산림과	9	1	7	8	7	5	5	4
7398	경남 합천군	밤 등 생산장비지원	6,277	농업기술센터 산림과	9	1	7	8	7	5	5	4
7399	경남 합천군	밤 작업로 시설지원	43,750	농업기술센터 산림과	9	1	7	8	7	5	5	4
7400	경남 합천군	임산물 저장 및 건조시설	126,313	농업기술센터 산림과	9	1	7	8	7	5	5	4
7401	경남 합천군	임산물유통기반지원	12,472	농업기술센터 산림과	9	1	7	8	7	5	5	4
7402	경남 합천군	밤나무 토양개량제 지원	67,022	농업기술센터 산림과	9	1	7	8	7	5	5	4
7403	경남 합천군	유기질비료지원	6,111	농업기술센터 산림과	9	1	7	8	7	5	5	4
7404	경남 합천군	산람작물생산단지	124,293	농업기술센터 산림과	9	1	7	8	7	5	5	4
7405	경남 합천군	산림복합경영	84,866	농업기술센터 산림과	9	1	7	8	7	5	5	4
7406	경남 합천군	펠릿보일러 보급사업	8,400	농업기술센터 산림과	9	1	7	8	7	5	5	4
7407	경남 합천군	양봉산업 구조개선사업	63,100	농업기술센터 축산과	9	1	7	8	7	5	1	4
7408	경남 합천군	가축 고온 스트레스 예방장비 지원	20,000	농업기술센터 축산과	9	1	7	8	7	5	1	4
7409	경남 합천군	흑돼지농가 육성사업	3,750,000	농업기술센터 축산과	9	1	7	8	7	5	1	4
7410	경남 합천군	CCTV 등 방역인프라 설치 지원	6,000	농업기술센터 축산과	9	1	7	8	7	5	1	4
7411	경남 합천군	소독시설 설치지원	12,000	농업기술센터 축산과	9	6	7	8	7	5	1	4
7412	경남 합천군	폐사축 처리기 지원	18,000	농업기술센터 축산과	9	6	7	8	7	5	1	4
7413	경남 합천군	계란 마킹기 지원	3,500,000	농업기술센터 축산과	9	6	7	8	7	5	1	4
7414	경남 합천군	축산물판매업소 위생시설개선	24,000	농업기술센터 축산과	9	6	7	8	7	5	1	4
7415	경남 합천군	안전관리인증 축산농가 및 영업장 지원	6,000	농업기술센터 축산과	9	6	7	8	7	5	1	4
7416	경남 합천군	브랜드축산물 디자인 포장재 지원	12,000	농업기술센터 축산과	9	6	7	8	7	1	1	1
7417	경남 합천군	조사료생산용 기계장비구입 지원	19,920	농업기술센터 축산과	9	2	7	8	7	1	1	1
7418	경남 합천군	한우 냉동정액 보관고 지원사업	7,500	농업기술센터 축산과	9	6	7	8	7	1	1	1
7419	경남 합천군	축사시설 환경개선	10,500	농업기술센터 축산과	9	6	7	8	7	5	1	1
7420	경남 합천군	개별 처리 시설	48,000	농업기술센터 축산과	9	2	7	8	7	5	1	1
7421	경남 합천군	공동자원화 시설 개보수 지원	490,000	농업기술센터 축산과	9	2	7	8	7	5	1	1
7422	경남 합천군	액비저장조 지원	202,300	농업기술센터 축산과	9	2	7	8	7	5	1	1
7423	경남 합천군	고품질 꿀벌 화분 생산기술 시범	40,000	농업기술센터 축산과	9	1	7	8	7	5	1	1

순번	시군구	지출명 (사업명)	2020년예산 (단위:천원/1년간)	담당자 (공무원) 담당부서	민간이전 분류 (지방자치단체 세출예산 집행기준에 의거) 1. 민간경상사업보조(1) 2. 민간단체 법정운영비보조(2) 3. 민간행사사업보조(3) 4. 민간위탁금(4) 5. 사회복지시설 법정운영비보조(5) 6. 민간인위탁교육비(6) 7. 공기관등에대한경상적대행사업비(7) 8. 민간자본사업보조,자체재원(8) 9. 민간자본사업보조,이전재원(9) 10. 민간위탁사업비(10) 11. 공기관등에 대한 자본적 대행사업비(11)	민간이전지출 근거 (지방보조금 관리기준 참고) 1. 법률에 규정 2. 국고보조 재원(국가지정) 3. 용도 지정 기부금 4. 조례에 직접규정 5. 지자체가 권장하는 사업을 하는 공공기관 6. 시,도 정책 및 재정사정 7. 기타 8. 해당없음	입찰방식 계약체결방법 (경쟁형태) 1. 일반경쟁 2. 제한경쟁 3. 지명경쟁 4. 수의계약 5. 법정위탁 6. 기타 ( ) 7. 해당없음	입찰방식 계약기간 1. 1년 2. 2년 3. 3년 4. 4년 5. 5년 6. 기타 ( )년 7. 단기계약 (1년미만) 8. 해당없음	입찰방식 낙찰자선정방법 1. 적격심사 2. 협상에의한계약 3. 최저가낙찰제 4. 규격가격분리 5. 2단계 경쟁입찰 6. 기타 ( ) 7. 해당없음	운영예산 산정 운영예산 산정 1. 내부산정 (지자체 자체적으로 산정) 2. 외부산정 (외부전문기관위탁 산정) 3. 내·외부 모두 산정 4. 산정 無 5. 해당없음	운영예산 산정 정산방법 1. 내부정산 (지자체 내부적으로 정산) 2. 외부정산 (외부전문기관위탁 정산) 3. 내·외부 모두 산정 4. 정산 無 5. 해당없음	성과평가 실시여부 1. 실시 2. 미실시 3. 향후 추진 4. 해당없음
7424	경남 합천군	한우 배합사료 화식 기술 시범	40,000	농업기술센터 축산과	9	6	7	8	7	1	1	1
7425	경남 합천군	폭염대비 육계 냉음용수 급수시스템 보급 시범	40,000	농업기술센터 축산과	9	8	7	8	7	5	1	4
7426	경남 합천군	내수면 친환경 스마트 양식장 설치 지원	180,000	농업기술센터 축산과	9	5	7	8	7	5	1	4
7427	경남 합천군	내수면 노후어선 선체·기관 교체지원	26,100	농업기술센터 축산과	9	5	7	8	7	5	1	4
7428	경남 합천군	농산물 공동선별비	120,000	농업기술센터 농업유통과	9	2	7	8	7	5	1	4
7429	경남 합천군	농산물 마케팅지원비	88,000	농업기술센터 농업유통과	9	2	7	8	7	5	5	4
7430	경남 합천군	농산물 가공산업 활성화 지원	75,000	농업기술센터 농업유통과	9	4	7	8	7	1	1	4
7431	경남 합천군	농업인 소규모 창업기술 지원	50,000	농업기술센터 농업유통과	9	4	7	8	7	1	1	4
7432	경남 합천군	수출농가 연질강화 필름지원	20,000	농업기술센터 농업유통과	9	4	7	8	7	5	1	4
7433	경남 합천군	수출탑 시상농가 인센티브	4,000,000	농업기술센터 농업유통과	9	4	7	8	7	5	1	4
7434	경남 합천군	비농단 수출농가 시설 지원	250,350	농업기술센터 농업유통과	9	4	7	8	7	5	1	4
7435	경남 합천군	경사지 수확운반구 보급	3,000,000	농업기술센터 농업유통과	9	6	7	8	7	5	1	1
7436	경남 합천군	다목적 발효 배양기구 보급	5,000	농업기술센터 농업유통과	9	6	7	8	7	5	1	1
7437	경남 합천군	농작업 현장 친환경 화장실 설치	5,000	농업기술센터 농업유통과	9	6	7	8	7	5	1	1
7438	경남 합천군	농촌교육농장 육성 시범	24,000	농업기술센터 농업유통과	9	6	7	8	7	5	1	1
7439	경남 합천군	농촌어르신 복지생활실천시범	25,000	농업기술센터 농업유통과	9	2	7	8	7	5	1	1
7440	경남 합천군	농촌어르신 복지생활실천시범	25,000	농업기술센터 농업유통과	9	2	7	8	7	5	1	1
7441	경남 합천군	치유농업육성 시범	70,000	농업기술센터 농업유통과	9	4	7	8	7	5	1	1
7442	경남 합천군	맞춤형 중소형 농기계 지원	531,000	농업기술센터 농업유통과	9	1	7	8	7	1	1	4
7443	경남 합천군	고품질 쌀 생산단지 조성	72,000	농업기술센터 농업지도과	9	6	4	8	7	1	1	1
7444	경남 합천군	기능성 쌀 재배단지 조성	30,000	농업기술센터 농업지도과	9	6	4	8	7	1	1	1
7445	경남 합천군	쌀 생산조정 기반조성	48,000	농업기술센터 농업지도과	9	6	4	8	7	1	1	1
7446	경남 합천군	농자재 살포기 구입 지원	260,000	농업기술센터 농업지도과	9	6	4	8	7	1	1	1
7447	경남 합천군	유해 야생동물 포획시설 지원	7,920	농업기술센터 농업지도과	9	2	4	8	7	1	1	1
7448	경남 합천군	식량작물공동(들녘)경영체육성(시설,장비지원)	450,000	농업기술센터 농업지도과	9	2	4	1	7	1	1	1
7449	경남 합천군	낙동강변 찰옥수수 명품화 단지 조성	120,000	농업기술센터 농업지도과	9	6	4	1	7	1	1	1
7450	경남 합천군	낙동강변 찰옥수수 명품화 단지 조성	120,000	농업기술센터 농업지도과	9	6	4	1	7	1	1	1
7451	경남 합천군	생산비절감 벼 소식재배 시범	32,000	농업기술센터 농업지도과	9	6	4	8	7	1	1	1
7452	경남 합천군	감자 재배유형별 특성화 시범	100,000	농업기술센터 농업지도과	9	2	4	8	7	1	1	1
7453	경남 합천군	벼 안정육묘 자동이송 단지조성 시범	150,000	농업기술센터 농업지도과	9	2	4	1	7	1	1	1
7454	경남 합천군	식량작물 종자 생산기반 단지조성 시범	200,000	농업기술센터 농업지도과	9	2	4	1	7	1	1	1
7455	경남 합천군	시설원예 현대화	183,920	농업기술센터 농업지도과	9	2	4	1	7	1	1	1
7456	경남 합천군	고추비가림 재배시설 지원	60,500	농업기술센터 농업지도과	9	2	4	1	7	1	1	1
7457	경남 합천군	농업에너지 이용 효율화 사업	396,855	농업기술센터 농업지도과	9	2	4	1	7	1	1	1
7458	경남 합천군	특용작물 생산시설 현대화 지원	59,000	농업기술센터 농업지도과	9	2	4	1	7	1	1	1
7459	경남 합천군	스마트 팜 노후 ICT기기 점검·교체	15,000	농업기술센터 농업지도과	9	2	4	1	7	1	1	1
7460	경남 합천군	재배시설 전문가 현장컨설팅 사업	4,500	농업기술센터 농업지도과	9	2	4	1	7	1	1	1
7461	경남 합천군	빅데이터 수집 연계	2,500,000	농업기술센터 농업지도과	9	2	4	1	7	1	1	1
7462	경남 합천군	국내육성 양파품종 보급	40,000	농업기술센터 농업지도과	9	2	1	1	3	1	1	1
7463	경남 합천군	딸기하우스 시설현대화	27,500	농업기술센터 농업지도과	9	6	4	1	7	1	1	1
7464	경남 합천군	딸기우량모주(원묘) 지원	2,500,000	농업기술센터 농업지도과	9	6	4	1	7	1	1	1
7465	경남 합천군	채소생산시설 현대화 지원	47,500	농업기술센터 농업지도과	9	6	4	1	7	1	1	1
7466	경남 합천군	전기난방기 지원	8,000	농업기술센터 농업지도과	9	6	4	1	7	1	1	1
7467	경남 합천군	약용작물 안정생산 지원	31,750	농업기술센터 농업지도과	9	6	4	1	7	1	1	1
7468	경남 합천군	고품질 양파,마늘 생산기계화 지원	87,500	농업기술센터 농업지도과	9	6	4	1	7	1	1	1

순번	시군구	지출명 (사업명)	2020년예산 (단위:천원/1년간)	담당자 (공무원) 담당부서	민간이전 분류 (지방자치단체 세출예산 집행기준에 의거) 1. 민간경상사업보조(1) 2. 민간단체 법정운영비보조(2) 3. 민간행사사업보조(3) 4. 민간위탁금(4) 5. 사회복지시설 법정운영비보조(5) 6. 민간인위탁교육비(6) 7. 공기관등에대한경상적대행사업비(7) 8. 민간자본사업보조,자체재원(8) 9. 민간자본사업보조,이전재원(9) 10. 민간위탁사업비(10) 11. 공기관등에 대한 자본적 대행사업비(11)	민간이전지출 근거 (지방보조금 관리기준 참고) 1. 법률에 규정 2. 국고보조 재원(국가지정) 3. 용도 지정 기부금 4. 조례에 직접규정 5. 지자체가 권장하는 사업을 하는 공공기관 6. 시,도 정책 및 재정사정 7. 기타 8. 해당없음	입찰방식 계약체결방법 (경쟁형태) 1. 일반경쟁 2. 제한경쟁 3. 지명경쟁 4. 수의계약 5. 법정위탁 6. 기타 ( ) 7. 해당없음	입찰방식 계약기간 1. 1년 2. 2년 3. 3년 4. 4년 5. 5년 6. 기타 ( )년 7. 단기계약 (1년미만) 8. 해당없음	입찰방식 낙찰자선정방법 1. 적격심사 2. 협상에의한계약 3. 최저가낙찰제 4. 규격가격분리 5. 2단계 경쟁입찰 6. 기타 ( ) 7. 해당없음	운영예산 산정 운영예산 산정 1. 내부산정 (지자체 자체적으로 산정) 2. 외부산정 (외부전문기관 위탁 산정) 3. 내·외부 모두 산정 4. 산정 無 5. 해당없음	운영예산 산정 정산방법 1. 내부정산 (지자체 내부적으로 정산) 2. 외부정산 (외부전문기관 위탁 정산) 3. 내·외부 모두 산정 4. 정산 無 5. 해당없음	성과평가 실시여부 1. 실시 2. 미실시 3. 향후 추진 4. 해당없음
7469	경남 합천군	잠종대 지원	86,000	농업기술센터 농업지도과	9	6	4	1	7	1	1	1
7470	경남 합천군	시설원예 에너지절감 패키지 시범	35,000	농업기술센터 농업지도과	9	6	1	1	3	1	1	1
7471	경남 합천군	과수 자동적화기 보급 시범	5,600	농업기술센터 농업지도과	9	6	4	1	7	1	1	1
7472	경남 합천군	국내육성 라온 파프리카 협업단지 조성	100,000	농업기술센터 농업지도과	9	2	4	1	7	1	1	1
7473	경남 합천군	국내육성 라온 파프리카 협업단지 조성	100,000	농업기술센터 농업지도과	9	2	4	1	7	1	1	1
7474	경남 합천군	공정육묘장 종자산업 기반구축	126,000	농업기술센터 농업지도과	9	2	1	1	3	1	1	1
7475	경남 합천군	과수 수분용 꽃가루 지원	1,000,000	농업기술센터 농업지도과	9	6	4	1	7	1	1	1
7476	경남 합천군	과원관리 생력기계화 지원	25,000	농업기술센터 농업지도과	9	6	4	1	7	1	1	1
7477	경남 합천군	유기농업자재 지원	20,905	농업기술센터 농업지도과	9	2	7	8	7	1	1	1
7478	경남 합천군	유기농업선도농가 가공유통 지원	175,000	농업기술센터 농업지도과	9	6	4	8	7	1	1	1
7479	경남 합천군	GAP 소규모 시설장비 지원	9,000	농업기술센터 농업지도과	9	6	7	8	7	1	1	1
7480	제주 제주시	복지회관 및 마을회관 등 시설장비 유지보수 지원	497,000	자치행정과	9	4	7	8	7	5	5	4
7481	제주 제주시	시민건의 숙원사업 해소	400,000	자치행정과	9	4	7	8	7	5	5	4
7482	제주 제주시	옹포리 마을회관 재건축	1,000,000	자치행정과	9	4	7	8	7	5	5	4
7483	제주 제주시	납읍리 마을회관 재건축	1,300,000	자치행정과	9	4	7	8	7	5	5	4
7484	제주 제주시	대림리 마을회관 증축 및 대수선	40,000	자치행정과	9	4	7	8	7	5	5	4
7485	제주 제주시	단체 및 주민공동시설 기능보강사업 지원	100,000	자치행정과	9	4	7	8	7	5	5	4
7486	제주 제주시	한부모가족복지시설 기능보강사업	141,890	기초생활보장과	9	2	7	7	7	5	1	4
7487	제주 제주시	가정폭력 피해자 보호시설 기능보강	13,000	여성가족과	9	2	7	8	7	5	5	4
7488	제주 제주시	폭력피해 이주여성 보호시설 기능보강	8,100	여성가족과	9	2	7	8	7	5	5	4
7489	제주 제주시	성매매 피해자 지원시설 기능보강	43,517	여성가족과	9	2	7	8	7	5	5	4
7490	제주 제주시	어린이집 기능보강 사업	933,800	여성가족과	9	1	7	8	7	5	5	4
7491	제주 제주시	어린이집 기능보강 사업	568,700	여성가족과	9	2	7	8	7	5	5	4
7492	제주 제주시	야생동물 피해예방시설 지원	500,000	환경관리과	9	2	7	8	7	1	1	1
7493	제주 제주시	임산물유통기반조성	75,905	공원녹지과	9	1	7	8	7	5	5	4
7494	제주 제주시	임산물생산기반지원	28,908	공원녹지과	9	1	7	8	7	5	5	4
7495	제주 제주시	주택용펠릿보일러 보급 등	25,200	공원녹지과	9	1	7	8	7	5	5	4
7496	제주 제주시	사회복지용 펠릿보일러 보급 등	4,000,000	공원녹지과	9	1	7	8	7	5	5	4
7497	제주 서귀포시	마을기업 육성사업	75,000	마을활력과	9	2	7	8	7	5	5	4
7498	제주 서귀포시	농촌신활력플러스사업	10,000	마을활력과	9	2	7	8	7	5	5	4
7499	제주 서귀포시	FTA기금 지원사업	19,703	감귤농정과	9	2	7	8	7	1	1	1
7500	제주 서귀포시	과수분야 스마트팜 지원사업	187,200	감귤농정과	9	6	7	8	7	1	1	1
7501	제주 서귀포시	지열냉난방(개보수)시설 지원사업	400,000	감귤농정과	9	2	7	8	7	1	1	1
7502	제주 서귀포시	농업에너지이용효율화사업	92,120	감귤농정과	9	2	7	8	7	1	1	1
7503	제주 서귀포시	토양개량제 공급 지원	1,418,000	감귤농정과	9	2	7	8	7	1	1	1
7504	제주 서귀포시	토양개량제 공동살포 지원	380,000	감귤농정과	9	2	7	8	7	1	1	1
7505	제주 서귀포시	조사료생산 초지조성 및 보완	30,000	축산과	9	2	7	8	7	5	5	4
7506	제주 서귀포시	조사료생산 기계장비 지원	75,000	축산과	9	2	7	8	7	5	5	4
7507	제주 서귀포시	CCTV 등 방역인프라 구축 지원	90,000	축산과	9	2	7	8	7	5	5	4
7508	제주 서귀포시	가축분뇨처리시설지원	237,750	축산과	9	2	7	8	7	5	5	4
7509	제주 서귀포시	가축분뇨 공동자원화시설 지원	2,240,000	축산과	9	2	7	8	7	5	5	4
7510	제주 서귀포시	퇴액비유통전문조직 지원	480,000	축산과	9	2	7	8	7	5	5	4
7511	제주 서귀포시	악취측정 ICT 기계장비 지원	89,600	축산과	9	2	7	8	7	5	5	4
7512	제주 서귀포시	광역축산악취개선사업	296,000	축산과	9	2	7	8	7	5	5	4
7513	제주 서귀포시	축산분야 ICT 융복합 확산 지원	500,000	축산과	9	2	7	8	7	5	5	4

순번	시군구	지출명 (사업명)	2020년예산 (단위:천원/1년간)	담당자 (공무원)	민간이전 분류 (지방자치단체 세출예산 집행기준에 의거)	민간이전지출 근거 (지방보조금 관리기준 참고)	입찰방식			운영예산 산정		성과평가 실시여부
				담당부서	1. 민간경상사업보조(1) 2. 민간단체 법정운영비보조(2) 3. 민간행사사업보조(3) 4. 민간위탁금(4) 5. 사회복지시설 법정운영비보조(5) 6. 민간인위탁교육비(6) 7. 공기관등에대한경상적대행사업비(7) 8. 민간자본사업보조,자체재원(8) 9. 민간자본사업보조,이전재원(9) 10. 민간위탁사업비(10) 11. 공기관등에 대한 자본적 대행사업비(11)	1. 법률에 규정 2. 국고보조 재원(국가지정) 3. 용도 지정 기부금 4. 조례에 직접규정 5. 지자체가 권장하는 사업을 하는 공공기관 6. 시,도 정책 및 재정사정 7. 기타 8. 해당없음	계약체결방법 (경쟁형태) 1. 일반경쟁 2. 제한경쟁 3. 지명경쟁 4. 수의계약 5. 법정위탁 6. 기타 ( ) 7. 해당없음	계약기간 1. 1년 2. 2년 3. 3년 4. 4년 5. 5년 6. 기타 ( )년 7. 단기계약 (1년미만) 8. 해당없음	낙찰자선정방법 1. 적격심사 2. 협상에의한계약 3. 최저가낙찰제 4. 규격가격분리 5. 2단계 경쟁입찰 6. 기타 ( ) 7. 해당없음	운영예산 산정 1. 내부산정 (지자체 자체적으로 산정) 2. 외부산정 (외부전문기관위탁 산정) 3. 내·외부 모두 산정 4. 산정 無 5. 해당없음	정산방법 1. 내부정산 (지자체 내부적으로 정산) 2. 외부정산 (외부전문기관위탁 정산) 3. 내·외부 모두 산정 4. 정산 無 5. 해당없음	1. 실시 2. 미실시 3. 향후 추진 4. 해당없음
7514	제주 서귀포시	농어촌형승마시설 설치	120,000	축산과	9	2	7	8	7	5	5	4
7515	제주 서귀포시	소규모 방지시설 지원	1,020,600	녹색환경과	9	2	7	8	7	5	5	4
7516	제주 서귀포시	중소기업 저녹스 보일러 보급	281,990	녹색환경과	9	2	7	8	7	5	5	4
7517	제주 서귀포시	가저용 저녹스 보일러 보급	56,600	녹색환경과	9	2	7	8	7	5	5	4
7518	제주 서귀포시	임산물 상품화 지원	8,204	공원녹지과	9	2	7	8	7	5	5	4
7519	제주 서귀포시	임산물 유통기반조성	21,408	공원녹지과	9	2	7	8	7	5	5	4
7520	제주 서귀포시	친환경 임산물 재배관리	2,459,000	공원녹지과	9	2	7	8	7	5	5	4
7521	제주 서귀포시	산림작물 생산단지 조성사업	118,495	공원녹지과	9	2	7	8	7	5	5	4
7522	제주 서귀포시	주택용 목재펠릿보일러 지원사업	22,400	공원녹지과	9	2	7	8	7	5	5	4

chapter

3

민간위탁사업비 (402-03)

2020년 전국 지방자치단체 민간위탁사업비(402-03) 운영 현황

순번	시군구	지출명 (사업명)	2020년예산 (단위:천원/1년간)	담당자 (공무원) 담당부서	민간이전 분류 (지방자치단체 세출예산 집행기준에 의거) 1. 민간경상사업보조(1) 2. 민간단체 법정운영비보조(2) 3. 민간행사사업보조(3) 4. 민간위탁금(4) 5. 사회복지시설 법정운영비보조(5) 6. 민간인위탁교육비(6) 7. 공기관등에대한경상적대행사업비(7) 8. 민간자본사업보조,자체재원(8) 9. 민간자본사업보조,이전재원(9) 10. 민간위탁사업비(10) 11. 공기관등에 대한 자본적 대행사업비(11)	민간이전지출 근거 (지방보조금 관리기준 참고) 1. 법률에 규정 2. 국고보조 재원(국가지정) 3. 용도 지정 기부금 4. 조례에 직접규정 5. 지자체가 권장하는 사업을 하는 공공기관 6. 시,도 정책 및 재정사정 7. 기타 8. 해당없음	입찰방식 계약체결방법 (경쟁형태) 1. 일반경쟁 2. 제한경쟁 3. 지명경쟁 4. 수의계약 5. 법정위탁 6. 기타 ( ) 7. 해당없음	입찰방식 계약기간 1. 1년 2. 2년 3. 3년 4. 4년 5. 5년 6. 기타 ( )년 7. 단기계약 (1년미만) 8. 해당없음	입찰방식 낙찰자선정방법 1. 적격심사 2. 협상에의한계약 3. 최저가낙찰제 4. 규격가격분리 5. 2단계 경쟁입찰 6. 기타 ( ) 7. 해당없음	운영예산 산정 운영예산 산정 1. 내부산정 (지자체 자체적으로 산정) 2. 외부산정 (외부전문기관 위탁 산정) 3. 내·외부 모두 산정 4. 산정 無 5. 해당없음	운영예산 산정 정산방법 1. 내부정산 (지자체 내부적으로 정산) 2. 외부정산 (외부전문기관 위탁 정산) 3. 내·외부 모두 산정 4. 정산 無 5. 해당없음	성과평가 실시여부 1. 실시 2. 미실시 3. 향후 추진 4. 해당없음
1	서울 광진구	광진발달장애인평생교육센터 지원	50,000	사회복지장애인과	10	7	1	8	7	1	1	4
2	서울 도봉구	종합사회복지관 기능보강사업	39,128	복지정책과	10	6	7	8	7	5	5	4
3	서울 도봉구	푸드뱅크마켓 운영 지원 및 관리	1,200,000	복지정책과	10	1	4	8	7	1	1	1
4	서울 강서구	강서청소년회관 운영	150,000	교육청소년과	10	5	1	5	1	1	1	2
5	서울 강서구	강서청소년회관 운영	250,000	교육청소년과	10	4	1	5	1	1	1	2
6	서울 강서구	위기청소년 일시보호 사업	10,000	교육청소년과	10	7	1	5	1	1	1	2
7	서울 강서구	강서 구립도서관 운영	375,000	교육청소년과	10	5	1	5	1	1	1	1
8	서울 강서구	강서 구립도서관 운영	50,000	교육청소년과	10	5	1	5	1	1	1	1
9	서울 강서구	강서 구립도서관 운영	24,000	교육청소년과	10	5	1	5	1	1	1	1
10	서울 강서구	강서 구립도서관 운영	25,000	교육청소년과	10	5	1	5	1	1	1	1
11	서울 강서구	강서 구립도서관 운영	121,250	교육청소년과	10	5	1	5	1	1	1	1
12	서울 강서구	종합사회복지관 기능보강사업	294,458	복지정책과	10	1	1	5	1	3	1	4
13	서울 강서구	종합사회복지관 기능보강사업비	15,000	복지정책과	10	1	1	5	1	3	1	4
14	서울 강서구	국공립어린이집 확충사업	136,000	가족정책과	10	1, 6	1	5	6	1	1	2
15	서울 강서구	육아종합지원센터 운영	30,000	가족정책과	10	1, 6	5	8	7	1	1	2
16	서울 강서구	불법 주·정차 관리	300,000	주차관리과	10	4	5	6	7	4	1	4
17	서울 금천구	어린이집 환경개선	4,800	여성가족과	10	6	7	8	7	5	5	4
18	서울 금천구	주차장시설 개선	30,000	주차관리과	10	1	7	8	7	5	5	4
19	서울 영등포구	꿈더하기학교 기능보강 공사	8,800	미래교육과	10	1	6	1	6(공모 후 심의)	1	1	4
20	서울 영등포구	신길종합사회복지관 부설주차장 개방사업	33,000	복지정책과	10	1	7	8	7	5	5	4
21	서울 영등포구	푸드뱅크마켓 공기청정기 구입	3,000,000	복지정책과	10	1	5	3	7	1	1	4
22	서울 영등포구	국공립어린이집 신규설치	78,000	보육지원과	10	1	7	8	7	5	5	4
23	서울 영등포구	어린이집 환경개선	256,584	보육지원과	10	1	7	8	7	5	5	4
24	서울 영등포구	전자출결시스템 및 장비 설치	129,625	보육지원과	10	1	7	8	7	5	5	4
25	서울 영등포구	맘든든센터 기자재 지원	25,000	보육지원과	10	6	7	8	7	5	5	4
26	서울 영등포구	노인종합복지관 운영	78,861	어르신복지과	10	1, 4, 5	1	5	1	1	1	1
27	서울 영등포구	대림3재정비구역 데이케어센터 물품구입	100,000	어르신복지과	10	1, 4, 5	7	8	7	5	5	4
28	서울 영등포구	구립당산데이케어센터 운영	35,000	어르신복지과	10	1, 4, 5	1	5	1	1	1	1
29	서울 동작구	장애인복지시설 기능보강	12,221	어르신장애인과	10	1	1	5	1	1	1	1
30	서울 성북구	어린이집 기능보강(전자출결시스템) 지원	127,095	여성가족과	10	8	7	8	7	5	1	4
31	서울 성북구	견인대행비용	30,000	교통지도과	10	1	7	8	7	1	1	4
32	서울 성북구	성북청소년문화의집 운영	21,916	교육지원과	10	4	1	3	1	1	3	1
33	서울 성북구	성북구자살예방센터	349,724	의약과	10	4	1	3	1	1	1	1
34	서울 동대문구	초롱어린이집 기자재비	100,000	가정복지과	10	2	7	8	7	1	1	4
35	서울 동대문구	우아세 임시보육시설 기자재비	25,000	가정복지과	10	2	7	8	7	1	1	4
36	서울 성동구	복지관 기능보강	22,800	복지정책과	10	1, 4	7	8	7	3	3	1
37	서울 성동구	기초푸드뱅크마켓 운영	4,100	복지정책과	10	1, 4	5	5	7	1	1	2
38	서울 성동구	경로당 활성화 지원	13,250	어르신장애인복지과	10	6	5	8	7	1	1	4
39	서울 성동구	구립어린이집 환경개선	30,000	여성가족과	10	2	7	8	7	5	5	4
40	서울 성동구	구립 성동청소년문화의집 운영	32,500	아동청년과	10	1	4	3	1	1	1	1
41	서울 종로구	치매안심센터 운영	620,000	건강증진과	10	2	7	8	1	3	5	4
42	서울 종로구	치매안심센터 운영	260,000	건강증진과	10	2	7	8	1	3	5	4
43	서울 종로구	정신건강복지센터 운영	615,844	건강증진과	10	6	7	8	1	3	5	4
44	서울 종로구	정신건강복지센터 운영	75,160	건강증진과	10	6	7	8	1	3	5	4

순번	시군구	지출명 (사업명)	2020년예산 (단위:천원/1년간)	담당자 (공무원) 담당부서	민간이전 분류 (지방자치단체 세출예산 집행기준에 의거) 1. 민간경상사업보조(1) 2. 민간단체 법정운영비보조(2) 3. 민간행사사업보조(3) 4. 민간위탁금(4) 5. 사회복지시설 법정운영비보조(5) 6. 민간인위탁교육비(6) 7. 공기관등에대한경상적대행사업비(7) 8. 민간자본사업보조,자체재원(8) 9. 민간자본사업보조,이전재원(9) 10. 민간위탁사업비(10) 11. 공기관등에 대한 자본적 대행사업비(11)	민간이전지출 근거 (지방보조금 관리기준 참고) 1. 법률에 규정 2. 국고보조 재원(국가지정) 3. 용도 지정 기부금 4. 조례에 직접규정 5. 지자체가 권장하는 사업을 하는 공공기관 6. 시,도 정책 및 재정사정 7. 기타 8. 해당없음	입찰방식 계약체결방법 (경쟁형태) 1. 일반경쟁 2. 제한경쟁 3. 지명경쟁 4. 수의계약 5. 법정위탁 6. 기타 ( ) 7. 해당없음	계약기간 1. 1년 2. 2년 3. 3년 4. 4년 5. 5년 6. 기타 ( )년 7. 단기계약 (1년미만) 8. 해당없음	낙찰자선정방법 1. 적격심사 2. 협상에의한계약 3. 최저가낙찰제 4. 규격가격분리 5. 2단계 경쟁입찰 6. 기타 ( ) 7. 해당없음	운영예산 산정 운영예산 산정 1. 내부산정 (지자체 자체적으로 산정) 2. 외부산정 (외부전문기관위탁 산정) 3. 내·외부 모두 산정 4. 산정 無 5. 해당없음	정산방법 1. 내부정산 (지자체 내부적으로 정산) 2. 외부정산 (외부전문기관위탁 정산) 3. 내·외부 모두 산정 4. 정산 無 5. 해당없음	성과평가 실시여부 1. 실시 2. 미실시 3. 향후 추진 4. 해당없음
45	서울 종로구	정신건강복지센터 운영	44,000	건강증진과	10	6	7	8	1	3	5	4
46	서울 종로구	정신건강복지센터 운영	60,000	건강증진과	10	6	7	8	1	3	5	4
47	서울 종로구	중증치매노인 공공후견	2,700,000	건강증진과	10	2	7	8	1	3	5	4
48	서울 종로구	정신질환자 치료비 지원	4,012	건강증진과	10	2	7	8	1	3	5	4
49	서울 종로구	정신질환자 치료비 지원	1,880,000	건강증진과	10	2	7	8	1	3	5	4
50	서울 종로구	정신질환자 치료비 지원	2,664,000	건강증진과	10	2	7	8	1	3	5	4
51	서울 종로구	정신질환자 치료비 지원	4,012	건강증진과	10	2	7	8	1	3	5	4
52	서울 종로구	통합건강증진사업	2,000,000	건강증진과	10	2	7	8	1	3	5	4
53	서울 종로구	지역사회건강조사 조사분석 위탁운영	69,268	보건위생과	10	2	7	8	5	1	2	2
54	서울 종로구	어린이집 운영 지원	505,380	여성가족과	10	4	7	8	7	5	5	1
55	서울 종로구	어린이집 운영 지원	321,720	여성가족과	10	4	7	8	7	5	5	1
56	서울 종로구	어린이집 운영 지원	117,000	여성가족과	10	4	7	8	7	5	5	1
57	서울 종로구	어린이집 운영 지원	5,040	여성가족과	10	4	7	8	7	5	5	1
58	서울 종로구	어린이집 운영 지원	28,560	여성가족과	10	4	7	8	7	5	5	1
59	서울 종로구	어린이집 운영 지원	30,720	여성가족과	10	4	7	8	7	5	5	1
60	서울 종로구	어린이집 운영 지원	2,340,000	여성가족과	10	4	7	8	7	5	5	1
61	서울 종로구	어린이집 운영 지원	89,000	여성가족과	10	4	7	8	7	5	5	1
62	서울 종로구	어린이집 운영 지원	12,670	여성가족과	10	4	7	8	7	5	5	1
63	서울 종로구	어린이집 운영 지원	4,560	여성가족과	10	4	7	8	7	5	5	1
64	서울 종로구	어린이집 운영 지원	6,930	여성가족과	10	4	7	8	7	5	5	1
65	서울 종로구	어린이집 운영 지원	338,532	여성가족과	10	4	7	8	7	5	5	1
66	서울 종로구	어린이집 운영 지원	51,750	여성가족과	10	4	7	8	7	5	5	1
67	서울 종로구	어린이집 운영 지원	1,800,000	여성가족과	10	4	7	8	7	5	5	1
68	서울 종로구	어린이집 운영 지원	23,400	여성가족과	10	4	7	8	7	5	5	1
69	서울 종로구	어린이집 운영 지원	24,300	여성가족과	10	4	7	8	7	5	5	1
70	서울 종로구	어린이집 운영 지원	2,250,000	여성가족과	10	4	7	8	7	5	5	1
71	서울 종로구	어린이집 운영 지원	33,300	여성가족과	10	4	7	8	7	5	5	1
72	서울 종로구	어린이집 운영 지원	36,000	여성가족과	10	4	7	8	7	5	5	1
73	서울 종로구	구립어린이집 긴급 유지 보수	24,000	여성가족과	10	6	7	8	4	5	4	4
74	서울 종로구	어린이집 환경 개선	108,000	여성가족과	10	6	7	8	4	5	4	4
75	서울 종로구	어린이집 환경 개선	42,205	여성가족과	10	2	7	8	7	5	5	4
76	서울 종로구	장애아 어린이집 환경 개선	6,000	여성가족과	10	6	7	8	4	5	4	4
77	서울 종로구	보육사업	6,000	여성가족과	10	6	7	8	4	5	4	4
78	서울 종로구	육아종합지원센터 운영 지원	156,242	여성가족과	10	2	7	8	7	3	5	1
79	서울 종로구	육아종합지원센터 운영 지원	98,140	여성가족과	10	2	7	8	7	3	5	1
80	서울 종로구	육아종합지원센터 운영 지원	24,500	여성가족과	10	2	7	8	7	3	5	1
81	서울 종로구	육아종합지원센터 운영 지원	35,960	여성가족과	10	2	7	8	7	3	5	1
82	서울 종로구	육아종합지원센터 운영 지원	43,627	여성가족과	10	2	7	8	7	3	5	1
83	서울 종로구	육아종합지원센터 운영 지원	163,600	여성가족과	10	2	7	8	7	3	5	1
84	서울 종로구	육아종합지원센터 운영 지원	5,400	여성가족과	10	2	7	8	7	3	5	1
85	서울 종로구	종로구청 직장어린이집 운영	36,246	여성가족과	10	4	7	8	5	5	5	3
86	서울 종로구	종로구청 직장어린이집 운영	152,790	여성가족과	10	4	7	8	5	5	5	3
87	서울 종로구	종로구청 직장어린이집 운영	22,923	여성가족과	10	4	7	8	5	5	5	3
88	서울 종로구	종로구청 직장어린이집 운영	13,685	여성가족과	10	4	7	8	5	5	5	3
89	서울 종로구	종로구청 직장어린이집 운영	22,071	여성가족과	10	4	7	8	5	5	5	3

순번	시군구	지출명 (사업명)	2020년예산 (단위:천원/1년간)	담당자 (공무원)	민간이전 분류 (지방자치단체 세출예산 집행기준에 의거)	민간이전지출 근거 (지방보조금 관리기준 참고)	입찰방식			운영예산 산정		성과평가 실시여부
				담당부서	1. 민간경상사업보조(1) 2. 민간단체 법정운영비보조(2) 3. 민간행사사업보조(3) 4. 민간위탁금(4) 5. 사회복지시설 법정운영비보조(5) 6. 민간인위탁교육비(6) 7. 공기관등에대한경상적대행사업비(7) 8. 민간자본사업보조,자체재원(8) 9. 민간자본사업보조,이전재원(9) 10. 민간위탁사업비(10) 11. 공기관등에 대한 자본적 대행사업비(11)	1. 법률에 규정 2. 국고보조 재원(국가지정) 3. 용도 지정 기부금 4. 조례에 직접규정 5. 지자체가 권장하는 사업을 하는 공공기관 6. 시,도 정책 및 재정사정 7. 기타 8. 해당없음	계약체결방법 (경쟁형태) 1. 일반경쟁 2. 제한경쟁 3. 지명경쟁 4. 수의계약 5. 법정위탁 6. 기타 ( ) 7. 해당없음	계약기간 1. 1년 2. 2년 3. 3년 4. 4년 5. 5년 6. 기타 ( )년 7. 단기계약 (1년미만) 8. 해당없음	낙찰자선정방법 1. 적격심사 2. 협상에의한계약 3. 최저가낙찰제 4. 규격가격분리 5. 2단계 경쟁입찰 6. 기타 ( ) 7. 해당없음	운영예산 산정 1. 내부산정 (지자체 자체적으로 산정) 2. 외부산정 (외부전문기관위탁 산정) 3. 내·외부 모두 산정 4. 산정 無 5. 해당없음	정산방법 1. 내부정산 (지자체 내부적으로 정산) 2. 외부정산 (외부전문기관위탁 정산) 3. 내·외부 모두 산정 4. 정산 無 5. 해당없음	1. 실시 2. 미실시 3. 향후 추진 4. 해당없음
90	서울 종로구	종로구청 직장어린이집 운영	11,989	여성가족과	10	4	7	8	5	5	5	3
91	서울 종로구	종로구청 직장어린이집 운영	8,606	여성가족과	10	4	7	8	5	5	5	3
92	서울 종로구	종로구청 직장어린이집 운영	732,000	여성가족과	10	4	7	8	5	5	5	3
93	서울 종로구	종로구청 직장어린이집 운영	2,398,000	여성가족과	10	4	7	8	5	5	5	3
94	서울 종로구	종로구청 직장어린이집 운영	1,998,000	여성가족과	10	4	7	8	5	5	5	3
95	서울 종로구	종로구청 직장어린이집 운영	2,340,000	여성가족과	10	4	7	8	5	5	5	3
96	서울 종로구	종로구청 직장어린이집 운영	360,000	여성가족과	10	4	7	8	5	5	5	3
97	서울 종로구	종로구청 직장어린이집 운영	3,360,000	여성가족과	10	4	7	8	5	5	5	3
98	서울 종로구	종로구청 직장어린이집 운영	1,200,000	여성가족과	10	4	7	8	5	5	5	3
99	서울 종로구	종로구청 직장어린이집 운영	12,600	여성가족과	10	4	7	8	5	5	5	3
100	서울 종로구	종로구청 직장어린이집 운영	3,600	여성가족과	10	4	7	8	5	5	5	3
101	서울 종로구	종로구청 직장어린이집 운영	6,073	여성가족과	10	4	7	8	5	5	5	3
102	서울 종로구	종로구청 직장어린이집 운영	7,468	여성가족과	10	4	7	8	5	5	5	3
103	서울 종로구	종로구청 직장어린이집 운영	16,632	여성가족과	10	4	7	8	5	5	5	3
104	서울 종로구	종로구청 직장어린이집 운영	3,162,000	여성가족과	10	4	7	8	5	5	5	3
105	서울 종로구	여성이 안전한 도시환경 조성	73,372	여성가족과	10	6	7	8	7	5	4	4
106	서울 종로구	아이돌봄 지원사업	1,022,000	여성가족과	10	2	7	8	7	5	5	1
107	서울 종로구	아이돌봄 지원사업	30,480	여성가족과	10	2	7	8	7	5	5	1
108	서울 종로구	아이돌봄 지원사업	150,000	여성가족과	10	2	7	8	7	5	5	1
109	서울 종로구	아이돌봄 지원사업	9,000	여성가족과	10	2	7	8	7	5	5	1
110	서울 종로구	출산장려 홍보 및 활동 지원	10,000	여성가족과	10	4	7	8	7	5	5	1
111	서울 종로구	건강가정지원센터 운영 지원	209,000	여성가족과	10	2	7	8	7	5	5	1
112	서울 종로구	건강가정지원센터 운영 지원	36,016	여성가족과	10	2	7	8	7	5	5	1
113	서울 종로구	건강가정지원센터 운영 지원	1,000,000	여성가족과	10	2	7	8	7	5	5	1
114	서울 종로구	건강가정지원센터 운영 지원	44,286	여성가족과	10	2	7	8	7	5	5	1
115	서울 종로구	건강가정지원센터 운영 지원	42,100	여성가족과	10	2	7	8	7	5	5	1
116	서울 종로구	공동육아나눔터 운영	43,420	여성가족과	10	2	7	8	7	5	5	1
117	서울 종로구	다문화가족 지원사업	151,300	여성가족과	10	2	7	8	7	5	5	1
118	서울 종로구	다문화가족 지원사업	40,864	여성가족과	10	2	7	8	7	5	5	1
119	서울 종로구	다문화가족 지원사업	176,483	여성가족과	10	2	7	8	7	5	5	1
120	서울 종로구	다문화가족 지원사업	2,990,000	여성가족과	10	4	7	8	7	5	5	1
121	서울 종로구	다문화가족 지원사업	8,000	여성가족과	10	4	7	8	7	5	5	1
122	서울 종로구	다문화가족 지원사업	3,000,000	여성가족과	10	4	7	8	7	5	5	1
123	서울 종로구	다문화가족 지원사업	13,000	여성가족과	10	4	7	8	7	5	5	1
124	서울 종로구	다문화가족 지원사업	5,000	여성가족과	10	4	7	8	7	5	5	1
125	서울 종로구	다문화가족 지원사업	5,000	여성가족과	10	4	7	8	7	5	5	1
126	서울 종로구	다문화가족 지원사업	25,000	여성가족과	10	4	7	8	7	5	5	1
127	서울 종로구	1인가구 사회적관계망 구축사업	64,000	여성가족과	10	2	7	8	7	5	5	1
128	서울 종로구	열린육아방 운영	112,788	여성가족과	10	1	7	8	4	5	5	4
129	서울 종로구	열린육아방 운영	30,000	여성가족과	10	1	7	8	4	5	5	4
130	서울 종로구	지역사회 청소년통합지원체계 구축	292,500	여성가족과	10	1	7	8	1	3	1	4
131	서울 종로구	청소년독서실 및 야간공부방 운영	71,360	여성가족과	10	4	7	8	1	3	1	4
132	서울 종로구	학교 밖 청소년 지원사업	82,060	여성가족과	10	4	7	8	1	3	1	4
133	서울 종로구	학교 밖 청소년 지원사업	20,000	여성가족과	10	4	7	8	1	3	1	4
134	서울 종로구	종로종합사회복지관 운영	95,000	복지지원과	10	6	7	8	5	5	5	1

순번	시군구	지출명 (사업명)	2020년예산 (단위:천원/1년간)	담당자 (공무원) 담당부서	민간이전 분류 (지방자치단체 세출예산 집행기준에 의거) 1. 민간경상사업보조(1) 2. 민간단체 법정운영비보조(2) 3. 민간행사사업보조(3) 4. 민간위탁금(4) 5. 사회복지시설 법정운영비보조(5) 6. 민간인위탁교육비(6) 7. 공기관등에대한경상적대행사업비(7) 8. 민간자본사업보조,자체재원(8) 9. 민간자본사업보조,이전재원(9) 10. 민간위탁사업비(10) 11. 공기관등에 대한 자본적 대행사업비(11)	민간이전지출 근거 (지방보조금 관리기준 참고) 1. 법률에 규정 2. 국고보조 재원(국가지정) 3. 용도 지정 기부금 4. 조례에 직접규정 5. 지자체가 권장하는 사업을 하는 공공기관 6. 시,도 정책 및 재정사정 7. 기타 8. 해당없음	입찰방식 계약체결방법 (경쟁형태) 1. 일반경쟁 2. 제한경쟁 3. 지명경쟁 4. 수의계약 5. 법정위탁 6. 기타 ( ) 7. 해당없음	입찰방식 계약기간 1. 1년 2. 2년 3. 3년 4. 4년 5. 5년 6. 기타 ( )년 7. 단기계약 (1년미만) 8. 해당없음	입찰방식 낙찰자선정방법 1. 적격심사 2. 협상에의한계약 3. 최저가낙찰제 4. 규격가격분리 5. 2단계 경쟁입찰 6. 기타 ( ) 7. 해당없음	운영예산 산정 운영예산 산정 1. 내부산정 (지자체 자체적으로 산정) 2. 외부산정 (외부전문기관위탁 산정) 3. 내·외부 모두 산정 4. 산정 無 5. 해당없음	운영예산 산정 정산방법 1. 내부정산 (지자체 내부적으로 정산) 2. 외부정산 (외부전문기관위탁 정산) 3. 내·외부 모두 산정 4. 정산 無 5. 해당없음	성과평가 실시여부 1. 실시 2. 미실시 3. 향후 추진 4. 해당없음
135	서울 종로구	종로종합사회복지관 운영	841,130	복지지원과	10	6	7	8	5	5	5	1
136	서울 종로구	종로종합사회복지관 운영	40,000	복지지원과	10	6	7	8	5	5	5	1
137	서울 종로구	종로종합사회복지관 운영	1,080,000	복지지원과	10	6	7	8	5	5	5	1
138	서울 종로구	종로종합사회복지관 운영	4,460	복지지원과	10	6	7	8	5	5	5	1
139	서울 종로구	종로종합사회복지관 운영	19,000	복지지원과	10	1	7	8	7	5	4	4
140	서울 종로구	지역사회 서비스 투자사업	15,120	복지지원과	10	2	7	8	7	5	5	2
141	서울 종로구	지역사회 서비스 투자사업	146,880	복지지원과	10	2	7	8	7	5	5	2
142	서울 종로구	지역사회 서비스 투자사업	22,454	복지지원과	10	2	7	8	7	5	5	2
143	서울 종로구	지역사회 서비스 투자사업	11,664	복지지원과	10	2	7	8	7	5	5	2
144	서울 종로구	지역사회 서비스 투자사업	25,920	복지지원과	10	2	7	8	7	5	5	2
145	서울 종로구	종로노인종합복지관 운영	2,405,000	복지지원과	10	1	7	8	4	5	5	1
146	서울 종로구	종로노인종합복지관 무악센터 운영	388,444	복지지원과	10	1	7	8	4	5	5	1
147	서울 종로구	종로시니어클럽 운영 보조	342,000	복지지원과	10	1	7	8	7	5	5	1
148	서울 종로구	자활근로	1,664,000	사회복지과	10	1	7	8	6(협약)	1	2	1
149	서울 종로구	지역자활센터 운영	329,584	사회복지과	10	1	7	8	6(협약)	1	2	1
150	서울 종로구	자활센터 운영	39,360	사회복지과	10	1	7	8	6(협약)	1	2	1
151	서울 종로구	자활센터 운영	10,000	사회복지과	10	1	7	8	6(협약)	1	2	1
152	서울 종로구	장애인무료셔틀버스 운영	132,122	사회복지과	10	1	7	8	6	3	5	1
153	서울 종로구	장애인무료셔틀버스 운영	61,864	사회복지과	10	1	7	8	6	3	5	1
154	서울 종로구	장애인무료셔틀버스 운영	48,000	사회복지과	10	1	7	8	6	3	5	1
155	서울 종로구	장애인무료셔틀버스 운영	11,200	사회복지과	10	1	7	8	6	3	5	1
156	서울 종로구	장애인무료셔틀버스 운영	32,000	사회복지과	10	1	7	8	6	3	5	1
157	서울 종로구	장애인무료셔틀버스 운영	50,000	사회복지과	10	1	7	8	6	3	5	1
158	서울 종로구	지체장애인편의시설지원센터 운영	118,008	사회복지과	10	1	7	8	5	1	5	1
159	서울 종로구	지역자율형사회서비스 투자사업	6,768	사회복지과	10	2	7	8	5	5	5	4
160	서울 종로구	지역자율형사회서비스 투자사업	27,648	사회복지과	10	2	7	8	5	5	5	4
161	서울 종로구	장애아동 발달재활서비스 지원	192,000	사회복지과	10	2	7	8	5	5	5	4
162	서울 종로구	종로장애인복지관 지원	1,786,000	사회복지과	10	1	7	8	6	5	5	1
163	서울 종로구	발달장애인 평생교육센터 운영	500,000	사회복지과	10	4	7	8	4	5	5	4
164	서울 종로구	발달장애인 주간활동서비스	112,158	사회복지과	10	7	7	8	5	5	5	4
165	서울 종로구	종로 장애인가족지원센터 설치·운영	58,000	사회복지과	10	7	7	8	1	3	1	4
166	서울 종로구	장애인 일자리사업	590,000	사회복지과	10	7	7	8	4	1	5	1
167	서울 구로구	국공립어린이집 노후시설개선	600,000	여성정책과	10	2	7	8	7	5	1	2
168	서울 구로구	어린이집 환경개선	120,000	여성정책과	10	2	7	8	7	5	1	2
169	서울 구로구	장애아 통합시설 설치	4,800	여성정책과	10	2	7	8	7	5	1	2
170	서울 구로구	어린이집 확충	10,000	여성정책과	10	2	7	8	7	5	1	2
171	서울 구로구	어린이집 확충	12,000	여성정책과	10	2	7	8	7	5	1	2
172	서울 구로구	어린이집 기능보강	157,190	여성정책과	10	2	7	8	7	5	1	2
173	서울 구로구	구립 온수어르신복지관 기능보강	19,100	어르신청소년과	10	1	7	8	7	5	1	4
174	서울 양천구	서울창업카페 양천신정점 운영	285,715	일자리경제과	10	4	1	3	1	1	1	1
175	서울 양천구	어린이집 환경개선	101,000	출산보육과	10	6	6	8	6	1	1	4
176	서울 양천구	구립보육시설 기능보강	20,000	출산보육과	10	5	7	8	7	5	5	4
177	서울 양천구	어린이집 확충	560,000	출산보육과	10	6	4	7	6	1	1	4
178	서울 서대문구	신관 승강기 안전장치 설치	12,100	복지정책과	10	4	5	5	6(공모)	3	1	1
179	서울 서대문구	복지관 방열기 보수 및 교체	8,030	복지정책과	10	4	5	5	6(공모)	3	1	1

순번	시군구	지출명 (사업명)	2020년예산 (단위:천원/1년간)	담당자 (공무원) 담당부서	민간이전 분류 (지방자치단체 세출예산 집행기준에 의거) 1. 민간경상사업보조(1) 2. 민간단체 법정운영비보조(2) 3. 민간행사사업보조(3) 4. 민간위탁금(4) 5. 사회복지시설 법정운영비보조(5) 6. 민간인위탁교육비(6) 7. 공기관등에대한경상적대행사업비(7) 8. 민간자본사업보조,자체재원(8) 9. 민간자본사업보조,이전재원(9) 10. 민간위탁사업비(10) 11. 공기관등에 대한 자본적 대행사업비(11)	민간이전지출 근거 (지방보조금 관리기준 참고) 1. 법률에 규정 2. 국고보조 재원(국가지정) 3. 용도 지정 기부금 4. 조례에 직접규정 5. 지자체가 권장하는 사업을 하는 공공기관 6. 시,도 정책 및 재정사정 7. 기타 8. 해당없음	입찰방식 계약체결방법 (경쟁형태) 1. 일반경쟁 2. 제한경쟁 3. 지명경쟁 4. 수의계약 5. 법정위탁 6. 기타 ( ) 7. 해당없음	입찰방식 계약기간 1. 1년 2. 2년 3. 3년 4. 4년 5. 5년 6. 기타 ( )년 7. 단기계약 (1년미만) 8. 해당없음	입찰방식 낙찰자선정방법 1. 적격심사 2. 협상에의한계약 3. 최저가낙찰제 4. 규격가격분리 5. 2단계 경쟁입찰 6. 기타 ( ) 7. 해당없음	운영예산 산정 운영예산 산정 1. 내부산정 (지자체 자체적으로 산정) 2. 외부산정 (외부전문기관위탁 산정) 3. 내·외부 모두 산정 4. 산정 無 5. 해당없음	운영예산 산정 정산방법 1. 내부정산 (지자체 내부적으로 정산) 2. 외부정산 (외부전문기관위탁 정산) 3. 내·외부 모두 산정 4. 정산 無 5. 해당없음	성과평가 실시여부 1. 실시 2. 미실시 3. 향후 추진 4. 해당없음
180	서울 서대문구	경로식당 의자교체	4,422	복지정책과	10	4	5	5	6(공모)	3	1	1
181	서울 서대문구	계단 미끄럼방지 논스립 취부공사	2,987,000	복지정책과	10	4	5	5	6(공모)	3	1	1
182	서울 서대문구	5층 강당 개보수 공사	21,032	복지정책과	10	4	5	5	6(공모)	3	1	1
183	서울 서대문구	옥상 및 5층 테라스 방수공사	5,929	복지정책과	10	4	5	5	6(공모)	3	1	1
184	서울 서대문구	복지관 전체 외벽청소	209,000	복지정책과	10	4	5	5	6(공모)	3	1	1
185	서울 서대문구	스프링클러 설치	65,943	복지정책과	10	4	5	5	6(공모)	3	1	1
186	서울 서대문구	복지관 마당 탄성매트 교체공사	11,056	복지정책과	10	4	5	5	6(공모)	3	1	1
187	서울 서대문구	외부계단 보수공사	12,559	복지정책과	10	4	5	5	6(공모)	3	1	1
188	서울 서대문구	방음시설 설치공사	11,570	복지정책과	10	4	5	5	6(공모)	3	1	1
189	서울 서대문구	복지관 외벽도장 보수공사	11,662	복지정책과	10	4	5	5	6(공모)	3	1	1
190	서울 서대문구	종합사회복지관 공기청정기 지원	33,240	복지정책과	10	4	5	5	6(공모)	3	1	1
191	서울 서대문구	긴급기능보강비	15,000	복지정책과	10	4	5	5	6(공모)	3	1	1
192	서울 서대문구	푸드마켓 시설 유지보수	3,000,000	복지정책과	10	1	1	5	1	1	1	1
193	서울 서대문구	장애인복지관 기능보강	19,613	사회복지과	10	1	7	8	7	5	5	4
194	서울 서대문구	시각장애인 음성지원 시스템 운영지원	45,000	사회복지과	10	1	7	8	7	5	1	4
195	서울 서대문구	공기청정기 설치	8,550	사회복지과	10	1	7	8	7	5	5	4
196	서울 서대문구	시장형 일자리 사업장 설치 등	30,000	어르신복지과	10	1	1	5	1	1	1	1
197	서울 서대문구	장기요양기관 종사자 한마당 행사	11,000	어르신복지과	10	5	7	8	7	5	5	4
198	서울 서대문구	노인복지(의료,재가)시설 환경개선	25,000	어르신복지과	10	4	7	8	7	5	5	4
199	서울 서대문구	비품(노트북) 구입	2,000,000	여성가족과	10	1	7	8	7	1	1	1
200	서울 서대문구	구립어린이집(방과후교실 포함) 소규모 보수비 지원	92,000	여성가족과	10	1	6(민간위탁)	5	6(보조금교부)	1	1	4
201	서울 서대문구	장애아어린이집 장애아편의시설 설치 및 개보수지원	6,000	여성가족과	10	1	6(민간위탁)	5	6(보조금교부)	1	1	4
202	서울 서대문구	정부지원어린이집 시설 개보수	96,472	여성가족과	10	1	6(민간위탁)	5	6(보조금교부)	1	1	4
203	서울 서대문구	정부지원어린이집 장비비 지원	6,000	여성가족과	10	1	6(민간위탁)	5	6(보조금교부)	1	1	4
204	서울 서대문구	민간·가정어린이집 국공립 전환	26,000	여성가족과	10	1	6(민간위탁)	5	6(보조금교부)	1	1	4
205	서울 서대문구	공동주택의무어린이집 국공립 신규 설치 및 전환	5,000	여성가족과	10	1	6(민간위탁)	5	6(보조금교부)	1	1	4
206	서울 서대문구	DMC파크뷰자이4단지어린이집 기자재 등 구입	50,000	여성가족과	10	1	6(민간위탁)	5	6(보조금교부)	1	1	4
207	서울 서대문구	기자재, 운영물품 등 구입	40,000	여성가족과	10	1	6(민간위탁)	5	6(보조금교부)	1	1	4
208	서울 서대문구	은가어린이집 신축비 지원	591,000	여성가족과	10	1	6(민간위탁)	5	6(보조금교부)	1	1	4
209	서울 서대문구	신축 은가어린이집 기자재 등 구입 지원	150,000	여성가족과	10	1	6(민간위탁)	5	6(보조금교부)	1	1	4
210	서울 서대문구	기자재 구입	5,400	여성가족과	10	1	7	8	7	1	1	1
211	서울 서대문구	센터 위험시설물 보수비 지원	2,600,000	여성가족과	10	1	7	8	7	1	1	1
212	서울 서대문구	홍은청소년문화의집 운영지원	10,000	아동청소년과	10	1	2	3	1	1	1	1
213	서울 서대문구	학교 밖 청소년 꿈지원 사업	8,100	아동청소년과	10	1	7	8	7	1	1	4
214	서울 노원구	민간어린이집 기능보강비 지원	240,955	여성가족과	10	2	7	8	7	5	5	4
215	서울 노원구	국공립어린이집 기능보강 사업	142,800	여성가족과	10	1	7	8	7	1	1	1
216	서울 노원구	국공립어린이집 확충	58,000	여성가족과	10	1	7	8	7	1	1	1
217	서울 노원구	국공립어린이집 소규모 개보수 지원사업	30,000	여성가족과	10	1	7	8	7	1	1	1
218	서울 강북구	종합사회복지관 기능보강	25,700	복지정책과	10	1	5	5	1	3	1	1
219	서울 강북구	종합사회복지관 기능보강	98,085	복지정책과	10	1	5	5	1	3	1	1
220	서울 강북구	종합사회복지관 기능보강	38,579	복지정책과	10	1	7	8	7	3	1	1
221	서울 강북구	종합사회복지관 기능보강	45,000	복지정책과	10	1	7	8	7	5	5	4
222	서울 강북구	행복나눔 강북푸드뱅크마켓 운영	6,800	복지정책과	10	1	5	5	1	1	1	1
223	서울 강북구	장애인복지시설지원	2,254,000	생활보장과	10	1	7	1	7	1	1	4
224	서울 강북구	장애인셔틀버스 운영	24,000	생활보장과	10	6	4	6(7년)	7	1	1	2

순번	시군구	지출명 (사업명)	2020년예산 (단위:천원/1년간)	담당자 (공무원) 담당부서	민간이전 분류 (지방자치단체 세출예산 집행기준에 의거) 1. 민간경상사업보조(1) 2. 민간단체 법정운영비보조(2) 3. 민간행사사업보조(3) 4. 민간위탁금(4) 5. 사회복지시설 법정운영비보조(5) 6. 민간인위탁교육비(6) 7. 공기관등에대한경상적대행사업비(7) 8. 민간자본사업보조,자체재원(8) 9. 민간자본사업보조,이전재원(9) 10. 민간위탁사업비(10) 11. 공기관등에 대한 자본적 대행사업비(11)	민간이전지출 근거 (지방보조금 관리기준 참고) 1. 법률에 규정 2. 국고보조 재원(국가지정) 3. 용도 지정 기부금 4. 조례에 직접규정 5. 지자체가 권장하는 사업을 하는 공공기관 6. 시,도 정책 및 재정사정 7. 기타 8. 해당없음	입찰방식 계약체결방법 (경쟁형태) 1. 일반경쟁 2. 제한경쟁 3. 지명경쟁 4. 수의계약 5. 법정위탁 6. 기타 ( ) 7. 해당없음	입찰방식 계약기간 1. 1년 2. 2년 3. 3년 4. 4년 5. 5년 6. 기타 ( )년 7. 단기계약 (1년미만) 8. 해당없음	입찰방식 낙찰자선정방법 1. 적격심사 2. 협상에의한계약 3. 최저가낙찰제 4. 규격가격분리 5. 2단계 경쟁입찰 6. 기타 ( ) 7. 해당없음	운영예산 산정 운영예산 산정 1. 내부산정 (지자체 자체적으로 산정) 2. 외부산정 (외부전문기관위탁 산정) 3. 내·외부 모두 산정 4. 산정 無 5. 해당없음	운영예산 산정 정산방법 1. 내부정산 (지자체 내부적으로 정산) 2. 외부정산 (외부전문기관위탁 정산) 3. 내·외부 모두 산정 4. 정산 無 5. 해당없음	성과평가 실시여부 1. 실시 2. 미실시 3. 향후 추진 4. 해당없음
225	서울 강북구	삼양동 종합복지센터 시설보수비	9,757	청소년과	10	1	4	5	1	1	1	3
226	서울 송파구	여성쉼터 운영	3,500,000	여성보육과	10	8	5	5	1	1	1	1
227	서울 송파구	장애아통합보육시설 설치비 지원	4,800	여성보육과	10	2	7	8	7	1	1	4
228	서울 송파구	지방육아종합지원센터 운영	100,000	여성보육과	10	1	2	3	6	1	1	4
229	서울 송파구	송파어린이문화회관 운영지원	70,000	여성보육과	10	4	2	3	6	1	3	4
230	서울 송파구	열린육아방 운영	20,000	여성보육과	10	6	7	8	7	1	1	4
231	서울 송파구	어린이집 환경개선	431,651	여성보육과	10	2	7	8	7	1	1	4
232	서울 송파구	구립 더나은어린이집 개원	7,000	여성보육과	10	1	7	8	7	5	5	4
233	서울 송파구	구립 파인13어린이집 개원	30,000	여성보육과	10	1	7	8	7	5	5	4
234	서울 송파구	구립 삼성아트어린이집 개원	36,000	여성보육과	10	1	7	8	7	5	5	4
235	서울 송파구	구립 잠실올림픽아이파크어린이집 개원	30,000	여성보육과	10	1	7	8	7	5	5	4
236	서울 송파구	구립 송파파크센트럴어린이집 개원	30,000	여성보육과	10	1	7	8	7	5	5	4
237	서울 송파구	위례 A1-13블록 구립어린이집 확충	30,000	여성보육과	10	1	7	8	7	5	5	4
238	서울 송파구	구립 가락아이들어린이집 개원	50,000	여성보육과	10	2	7	8	7	5	5	4
239	서울 송파구	구립 거여어린이집 내진보강	555,000	여성보육과	10	6	7	8	7	5	1	4
240	서울 송파구	종합사회복지관 기능보강	935,078	복지정책과	10	1	1	5	6(수탁자선정심의위원회)	2	1	1
241	서울 송파구	송파노인종합복지관 기능보강	110,448	어르신복지과	10	1	7	8	7	5	5	4
242	서울 송파구	송파실벗뜨락 기능보강	30,000	어르신복지과	10	1	7	8	7	5	5	4
243	서울 송파구	구립 장애인복지시설 기능보강	16,000	장애인복지과	10	2	7	8	6	1	1	4
244	서울 송파구	장애인지역사회재활시설 기능보강	24,790	장애인복지과	10	6	7	8	7	5	5	4
245	서울 송파구	국가건강검진사업 의료급여 일반검진	70,000	의약과	10	1	5	8	7	5	3	4
246	서울 송파구	국가건강검진사업 영유아 검진	4,400	의약과	10	1	5	8	7	5	3	4
247	서울 서초구	장애아통합시설 운영지원	6,000	여성보육과	10	1	7	8	7	1	1	3
248	서울 서초구	국공립법인 어린이집 환경개선 기능	51,000	여성보육과	10	1	7	8	7	5	5	4
249	서울 서초구	2020년 견인차량보관소 위탁운영 용역	264,000	주차관리과	10	1	2	1	1	1	1	2
250	부산 서구	근로능력있는수급자의탈수급지원	106,007	생활지원과	10	2	7	8	7	5	5	4
251	부산 서구	근로능력있는수급자의탈수급지원	179,447	생활지원과	10	2	7	8	7	5	5	4
252	부산 서구	근로능력있는수급자의탈수급지원	19,067	생활지원과	10	2	7	8	7	5	5	4
253	부산 서구	근로능력있는수급자의탈수급지원	90,577	생활지원과	10	2	7	8	7	5	5	4
254	부산 서구	근로능력있는수급자의탈수급지원	51,856	생활지원과	10	2	7	8	7	5	5	4
255	부산 동구	어린이집 개보수	9,000	행복가정과	10	1	7	8	7	5	1	2
256	부산 영도구	자활근로사업	200,000	생활보장과	10	1	7	1	7	3	2	1
257	부산 동래구	무연고 기초수급자 및 차상위계층 장제비	15,750	생활보장과	10	4	7	8	7	5	5	4
258	부산 동래구	어린이집 확충	55,000	주민복지과	10	2	7	8	7	3	3	2
259	부산 사하구	다함께 돌봄 사업	138,394	복지정책과	10	1	4	5	1	1	1	4
260	부산 사하구	어린이집 확충	86,439	여성가족과	10	7	7	8	7	5	5	4
261	부산 강서구	하우스 난방기 무선경비 시스템 지원	10,500	농산과	10	4	4	8	2	1	1	3
262	부산 강서구	수출농가 시설 개·보수 지원	60,000	농산과	10	4	4	8	2	1	1	3
263	부산 강서구	원예시설 전기 온풍기·난방기 지원	70,000	농산과	10	4	4	8	2	1	1	3
264	부산 연제구	보육교직원 인건비 지원	3,579	가정복지과	10	2	7	8	7	1	1	1
265	부산 연제구	국공립어린이집 확충	600,000	가정복지과	10	2	7	8	7	1	1	1
266	부산 연제구	국공립어린이집 개원	3,000,000	가정복지과	10	6	7	8	7	1	1	1
267	부산 연제구	노후 국공립 어린이집 지원	30,000	가정복지과	10	6	7	8	7	1	1	1
268	부산 연제구	노후 국공립 어린이집 지원	12,000	가정복지과	10	6	7	8	7	1	1	1
269	부산 연제구	보육교직원 힐링프로그램	10,000	가정복지과	10	6	7	8	7	1	1	1

순번	시군구	지출명 (사업명)	2020년예산 (단위:천원/1년간)	담당자 (공무원) 담당부서	민간이전 분류 (지방자치단체 세출예산 집행기준에 의거) 1. 민간경상사업보조(1) 2. 민간단체 법정운영비보조(2) 3. 민간행사사업보조(3) 4. 민간위탁금(4) 5. 사회복지시설 법정운영비보조(5) 6. 민간인위탁교육비(6) 7. 공기관등에대한경상적대행사업비(7) 8. 민간자본사업보조,자체재원(8) 9. 민간자본사업보조,이전재원(9) 10. 민간위탁사업비(10) 11. 공기관등에 대한 자본적 대행사업비(11)	민간이전지출 근거 (지방보조금 관리기준 참고) 1. 법률에 규정 2. 국고보조 재원(국가지정) 3. 용도 지정 기부금 4. 조례에 직접규정 5. 지자체가 권장하는 사업을 하는 공공기관 6. 시,도 정책 및 재정사정 7. 기타 8. 해당없음	입찰방식 계약체결방법 (경쟁형태) 1. 일반경쟁 2. 제한경쟁 3. 지명경쟁 4. 수의계약 5. 법정위탁 6. 기타 ( ) 7. 해당없음	입찰방식 계약기간 1. 1년 2. 2년 3. 3년 4. 4년 5. 5년 6. 기타 ( )년 7. 단기계약 (1년미만) 8. 해당없음	입찰방식 낙찰자선정방법 1. 적격심사 2. 협상에의한계약 3. 최저가낙찰제 4. 규격가격분리 5. 2단계 경쟁입찰 6. 기타 ( ) 7. 해당없음	운영예산 산정 운영예산 산정 1. 내부산정 (지자체 자체적으로 산정) 2. 외부산정 (외부전문기관 위탁 산정) 3. 내·외부 모두 산정 4. 산정 無 5. 해당없음	운영예산 산정 정산방법 1. 내부정산 (지자체 내부적으로 정산) 2. 외부정산 (외부전문기관 위탁 정산) 3. 내·외부 모두 산정 4. 정산 無 5. 해당없음	성과평가 실시여부 1. 실시 2. 미실시 3. 향후 추진 4. 해당없음
270	부산 연제구	청소년상담복지센터 운영	140,000	가정복지과	10	1	7	8	7	1	1	1
271	부산 수영구	자활사업단 환경개선비	55,000	기초생활보장과	10	1	7	8	7	5	5	4
272	부산 수영구	자활센터 환경개선비	50,000	기초생활보장과	10	1	7	8	7	5	5	4
273	부산 수영구	자활참여자 교육장 임차	12,000	기초생활보장과	10	1	7	8	7	5	5	4
274	부산 사상구	다함께 돌봄 센터 설치비	69,197	복지서비스과	10	2	5	5	1	1	1	2
275	대구 중구	대형폐기물운반처리민간대행	918,719	환경자원과	10	1	1	2	1	2	1	1
276	대구 중구	재활용품수집운반처리민간대행	3,100,000	환경자원과	10	1	1	2	1	2	1	1
277	대구 중구	음식물류폐기물처리용역	540,000	환경자원과	10	1	7	8	7	2	1	2
278	대구 남구	공동주택 시설 환경개선비	12,000	복지지원과	10	6	6(위임)	6(위임)	6(위임)	5	1	4
279	대구 남구	슬레이트 처리지원	60,970	녹색환경과	10	2	2	2	1	1	1	2
280	대구 북구	차세대주민등록시스템재구축	9,610	총무과	10	1	5	7	6	2	2	2
281	대구 북구	어린이집 확충 시비특별비 지원	77,000	가족복지과	10	6	7	8	7	1	1	2
282	대구 북구	노후 슬레이트 처리 지원	98,810	환경관리과	10	2	1	2	2	1	1	2
283	대구 수성구	국공립어린이집 확충	77,000	청년여성가족과	10	1	7	8	7	5	5	4
284	대구 수성구	국공립어린이집 확충	4,000	청년여성가족과	10	1	7	8	7	5	5	4
285	대구 수성구	종합사회복지관 기능보강사업	36,600	복지정책과	10	1	2	5	1	1	1	1
286	대구 수성구	슬레이트 처리 및 지붕개량 지원사업	54,090	녹색환경과	10	1	4	2	6	1	1	1
287	대구 달성군	노후 슬레이트 처리지원 사업	391,908	환경과	10	1	1	2	1	1	1	4
288	대구 달성군	장난감도서관 설치사업	105,600	복지정책과	10	4	7	8	7	1	1	1
289	대구 달성군	장난감도서관 운영비	105,600	복지정책과	10	1	7	8	7	2	1	1
290	인천광역시	미추홀도서관민간투자시설사업	2,770,000	미추홀도서관	10	6	6(BTL)	6(20년)	6(BTL)	4	4	1
291	인천광역시	북부,남부,남동 근로자복지관 시설보수	103,000	노동인권과	10	4	6	3	7	1	1	4
292	인천 중구	사회복지관운영	762,181	복지과	10	1	7	8	7	2	3	1
293	인천 중구	구립해송노인요양원 장비기능보강	21,000	어르신장애인과	10	4	7	8	7	1	1	4
294	인천 동구	광견병예방접종 시술비	3,800	일자리경제과	10	6	7	8	7	1	1	4
295	인천 동구	광견병예방접종 시술비	3,800	일자리경제과	10	6	7	8	7	1	1	4
296	인천 동구	광견병예방접종 시술비	3,800	일자리경제과	10	6	7	8	7	1	1	4
297	인천 동구	유기동물 관리	25,200	일자리경제과	10	4	4	1	7	5	5	4
298	인천 동구	길고양이 중성화수술비 지원	5,700	일자리경제과	10	4	4	1	7	5	5	4
299	인천 동구	동물등록 시술비	1,500,000	일자리경제과	10	4	4	1	7	5	5	4
300	인천 동구	유실유기동물 입양비 지원	1,000,000	일자리경제과	10	4	7	8	7	5	5	4
301	인천 동구	유실유기동물 구조보호비 지원	4,550	일자리경제과	10	4	4	1	7	5	5	4
302	인천 연수구	차세대 지방세외수입 정보시스템 구축 사업비	77,232	세무2과	10	1	5	1	7	1	2	4
303	인천 연수구	국공립어린이집 기자재비	10,000	출산보육과	10	7	7	8	7	5	1	3
304	인천 연수구	국공립어린이집 리모델링 및 기자재비	340,000	출산보육과	10	7	7	8	7	5	1	3
305	인천 연수구	도로명안내시설물 유지관리 위탁	30,872	토지정보과	10	7	7	8	7	5	1	3
306	인천 남동구	시장형사업(남동싹싹클린)기능보강	11,000	노인장애인과	10	5	7	8	7	5	5	4
307	인천 부평구	강당무대 장애인 경사로 설치	2,000	자치행정과	10	4	7	8	7	1	1	1
308	인천 부평구	부평아트센터 정부지급금	3,159,756	문화관광과	10	7	6	8	6	5	5	4
309	인천 부평구	청년활동공간 유유기지 부평 민간위탁사업비	300,000	일자리창출과	10	1, 4	6(협약)	6(23개월)	1	1	5	4
310	인천 서구	경로당 활성화사업	110,000	노인복지과	10	8	7	1	7	1	3	4
311	인천 서구	노점상 및 노상적치물 단속용역비	500,000	도시기반과	10	8	4	1	7	1	1	3
312	인천 서구	노점상 및 노상적치물 단속용역비	500,000	도시기반과	10	8	6	1	6	1	1	3
313	인천 서구	아이사랑꿈터시설부대비	2,250,000	가정보육과	10	6	7	8	7	3	1	1
314	인천 서구	불법주정차 차량 견인대행료	105,840	주차관리과	10	4	1	2	1	1	1	4

순번	시군구	지출명 (사업명)	2020년예산 (단위:천원/1년간)	담당자 (공무원) 담당부서	민간이전 분류 (지방자치단체 세출예산 집행기준에 의거) 1. 민간경상사업보조(1) 2. 민간단체 법정운영비보조(2) 3. 민간행사사업보조(3) 4. 민간위탁금(4) 5. 사회복지시설 법정운영비보조(5) 6. 민간인위탁교육비(6) 7. 공기관등에대한경상적대행사업비(7) 8. 민간자본사업보조,자체재원(8) 9. 민간자본사업보조,이전재원(9) 10. 민간위탁사업비(10) 11. 공기관등에 대한 자본적 대행사업비(11)	민간이전지출 근거 (지방보조금 관리기준 참고) 1. 법률에 규정 2. 국고보조 재원(국가지정) 3. 용도 지정 기부금 4. 조례에 직접규정 5. 지자체가 권장하는 사업을 하는 공공기관 6. 시,도 정책 및 재정사정 7. 기타 8. 해당없음	입찰방식 계약체결방법 (경쟁형태) 1. 일반경쟁 2. 제한경쟁 3. 지명경쟁 4. 수의계약 5. 법정위탁 6. 기타 ( ) 7. 해당없음	계약기간 1. 1년 2. 2년 3. 3년 4. 4년 5. 5년 6. 기타 ( )년 7. 단기계약 (1년미만) 8. 해당없음	낙찰자선정방법 1. 적격심사 2. 협상에의한계약 3. 최저가낙찰제 4. 규격가격분리 5. 2단계 경쟁입찰 6. 기타 ( ) 7. 해당없음	운영예산 산정 운영예산 산정 1. 내부산정 (지자체 자체적으로 산정) 2. 외부산정 (외부전문기관위탁 산정) 3. 내·외부 모두 산정 4. 산정 無 5. 해당없음	정산방법 1. 내부정산 (지자체 내부적으로 정산) 2. 외부정산 (외부전문기관위탁 정산) 3. 내·외부 모두 산정 4. 정산 無 5. 해당없음	성과평가 실시여부 1. 실시 2. 미실시 3. 향후 추진 4. 해당없음
315	인천 강화군	내가면,하점면,양사면 신재생에너지 융복합사업	489,737	경제교통과	10	2	6	1	6	3	2	4
316	인천 강화군	LPG 집단공급사업	918,000	경제교통과	10	1	5	1	7	1	1	1
317	인천 옹진군	청백e 통합상시시스템 운영	7,296	법무감사과	10	1	4	1	7	2	2	1
318	인천 옹진군	군단위 LPG배관망 지원사업	4,732	경제교통과	10	2	7	8	7	3	3	4
319	인천 옹진군	LPG 집단공급사업	918,000	경제교통과	10	6	7	8	7	3	3	4
320	인천 옹진군	해적생물 구제	60,000	수산과	10	1	5	7	2	3	3	3
321	광주광역시	공립요양병원치매기능보강	1,500,000	건강정책과	10	2	2	5	1	1	1	3
322	광주 동구	신재생에너지보급 융복합지원사업	1,747,000	일자리경제과	10	2	1	8	6	3	3	4
323	대전광역시	월평양궁장,궁도장 민간위탁사업비	66,250	체육진흥과	10	4	7	8	6	1	1	1
324	대전광역시	대전시립정신병원 기능보강	554,400	보건의료과	10	1	7	8	7	5	5	3
325	대전광역시	공립요양병원 치매기능보강사업	1,500,000	보건의료과	10	1	7	8	7	5	5	3
326	대전광역시	장애인친화산부인과운영	73,000	보건의료과	10	4	7	8	7	5	5	3
327	대전광역시	임대주택 태양광 설치 지원사업	100,000	기반산업과	10	6	6	1	6	1	1	1
328	대전광역시	대전형아이돌봄 온돌 정보제공 온라인플랫폼 구축	166,000	가족돌봄과	10	6	7	8	7	5	5	4
329	대전광역시	대전형 시간제 어린이집 설치	400,000	가족돌봄과	10	6	7	8	7	1	1	1
330	대전광역시	영유아 놀이체험실 설치	134,040	가족돌봄과	10	6	7	8	7	1	1	1
331	대전 동구	다함께돌봄센터 설치비 지원	100,000	여성가족과	10	2	7	8	7	1	1	4
332	대전 동구	다함께돌봄센터 설치비 지원	38,394	여성가족과	10	2	7	8	7	1	1	4
333	대전 동구	국공립어린이집 장기임차 리모델링비	550,000	여성가족과	10	2	1	7	3	5	1	4
334	대전 동구	국공립어린이집 장기임차 기자재비	50,000	여성가족과	10	2	1	7	3	5	1	4
335	대전 중구	국공립어린이집 전환 리모델링비	550,000	여성가족과	10	2	1	7	3	1	1	1
336	대전 중구	국공립어린이집 전환 기자재비	50,000	여성가족과	10	2	7	8	7	1	1	1
337	대전 대덕구	노인복지관기능보강	135,000	사회복지과	10	1	7	8	7	1	1	4
338	대전 대덕구	장애인지역사회재활시설기능보강	50,000	사회복지과	10	6	7	8	7	1	1	4
339	대전 대덕구	대덕종합사회복지관기능보강	490,000	사회복지과	10	1	7	8	7	3	3	4
340	대전 대덕구	국공립어린이집 확충	240,000	여성가족과	10	1	7	8	7	5	5	4
341	울산 중구	자활근로사업비	1,714,000	노인장애인과	10	1	5	1	7	5	1	1
342	울산 중구	가사간병 방문관리사 사업	267,142	노인장애인과	10	1	5	8	7	5	1	2
343	울산 중구	길고양이 중성화 시술지원사업	18,000	경제산업과	10	1	7	8	7	5	1	4
344	울산 중구	슬레이트 처리지원	59,310	환경위생과	10	2	7	8	7	5	5	4
345	울산 남구	2020년 슬레이트 처리지원사업	67,020	환경관리과	10	5	1	7	1	3	1	3
346	울산 동구	슬레이트 처리지원사업	67,020	환경위생과	10	1	6	1	7	5	5	4
347	울산 북구	노인복지관 기능보강사업	19,000	사회복지과	10	1	7	7	7	1	1	4
348	울산 북구	자활근로사업비	1,532,000	사회복지과	10	1	7	8	7	5	1	1
349	울산 북구	이웃돕기 양곡배달 택배비	5,000	사회복지과	10	7	6	1	7	1	1	4
350	울산 북구	가사간병 방문도우미 사업	320,572	사회복지과	10	1	7	1	7	5	2	4
351	울산 북구	희망키움통장I	39,980	사회복지과	10	1	7	1	7	5	1	4
352	울산 북구	희망키움통장II	151,931	사회복지과	10	1	7	1	7	5	1	4
353	울산 북구	내일키움통장	14,215	사회복지과	10	1	7	1	7	5	1	4
354	울산 북구	청년희망키움통장	49,832	사회복지과	10	1	7	1	7	5	1	4
355	울산 북구	청년저축계좌	35,139	사회복지과	10	1	7	8	7	5	5	4
356	울산 북구	신규 어린이집 기자재구입	30,000	가족정책과	10	2	7	8	7	5	1	4
357	울산 북구	육아종합지원센터 기자재 구입	330,000	가족정책과	10	1	1	3	1	1	1	3
358	울산 북구	야생동물 피해예방시설 설치지원	10,000	환경위생과	10	1, 2	7	8	7	1	1	3
359	울산 북구	분뇨처리비 징수교부금	1,000,000	건설과	10	4	4	3	7	3	4	2

순번	시군구	지출명 (사업명)	2020년예산 (단위:천원/1년간)	담당자 (공무원) 담당부서	민간이전 분류 (지방자치단체 세출예산 집행기준에 의거) 1. 민간경상사업보조(1) 2. 민간단체 법정운영비보조(2) 3. 민간행사사업보조(3) 4. 민간위탁금(4) 5. 사회복지시설 법정운영비보조(5) 6. 민간인위탁교육비(6) 7. 공기관등에대한경상적대행사업비(7) 8. 민간자본사업보조,자체재원(8) 9. 민간자본사업보조,이전재원(9) 10. 민간위탁사업비(10) 11. 공기관등에 대한 자본적 대행사업비(11)	민간이전지출 근거 (지방보조금 관리기준 참고) 1. 법률에 규정 2. 국고보조 재원(국가지정) 3. 용도 지정 기부금 4. 조례에 직접규정 5. 지자체가 권장하는 사업을 하는 공공기관 6. 시,도 정책 및 재정사정 7. 기타 8. 해당없음	입찰방식 계약체결방법 (경쟁형태) 1. 일반경쟁 2. 제한경쟁 3. 지명경쟁 4. 수의계약 5. 법정위탁 6. 기타 ( ) 7. 해당없음	입찰방식 계약기간 1. 1년 2. 2년 3. 3년 4. 4년 5. 5년 6. 기타 ( )년 7. 단기계약 (1년미만) 8. 해당없음	입찰방식 낙찰자선정방법 1. 적격심사 2. 협상에의한계약 3. 최저가낙찰제 4. 규격가격분리 5. 2단계 경쟁입찰 6. 기타 ( ) 7. 해당없음	운영예산 산정 운영예산 산정 1. 내부산정 (지자체 자체적으로 산정) 2. 외부산정 (외부전문기관 위탁 산정) 3. 내·외부 모두 산정 4. 산정 無 5. 해당없음	운영예산 산정 정산방법 1. 내부정산 (지자체 내부적으로 정산) 2. 외부정산 (외부전문기관 위탁 정산) 3. 내·외부 모두 산정 4. 정산 無 5. 해당없음	성과평가 실시여부 1. 실시 2. 미실시 3. 향후 추진 4. 해당없음
360	울산 북구	양정 자동차테마거리 조성	749,000	도시과	10	1	6	6	7	1	1	3
361	울산 북구	소규모 공동주택 안전점검	40,000	건축주택과	10	1	4	1	7	1	1	2
362	울주 울주군	자활사업	1,506,000	노인장애인과	10	1	5	1	2	1	1	1
363	울주 울주군	LPG 소형저장탱크 보급사업	540,000	에너지정책과	10	1	5	1	7	2	3	4
364	울주 울주군	LPG 소형저장탱크 보급사업	1,080,000	에너지정책과	10	1	5	1	7	2	3	4
365	울주 울주군	수리계운영비	53,500	농업정책과	10	4	7	8	7	1	1	1
366	울주 울주군	슬레이트 처리지원	292,400	생태환경과	10	2	1	2	1	5	3	4
367	울주 울주군	슬레이트 처리지원	51,600	생태환경과	10	2	1	2	1	5	3	4
368	울주 울주군	슬레이트 처리지원	500,000	생태환경과	10	2	1	2	1	5	3	4
369	울주 울주군	슬레이트 처리지원	1,266,000	생태환경과	10	2	1	2	1	5	3	4
370	세종특별자치시	다함께 돌봄센터 시설 리모델링	202,023	아동청소년과	10	4	5	3	1	5	1	3
371	세종특별자치시	조경수재배 상토지원	70,000	산림공원과	10	7	7	8	7	1	1	1
372	세종특별자치시	조경수재배 포트지원	80,000	산림공원과	10	7	7	8	7	1	1	1
373	세종특별자치시	가축재해보험	50,000	농업축산과	10	2	7	8	7	1	1	2
374	세종특별자치시	신재생에너지 융복합지원사업	2,445,000	경제정책과	10	2	7	8	7	2	2	4
375	세종특별자치시	지역단위 6차산업 활성화 지원	310,000	로컬푸드과	10	1	7	8	7	5	5	1
376	세종특별자치시	6차산업 경쟁력 강화	119,000	로컬푸드과	10	1	7	8	7	5	5	1
377	세종특별자치시	농촌융복합산업 발굴·육성	120,000	로컬푸드과	10	1	7	8	7	5	5	1
378	경기 의정부시	장애인복지회관 운영 지원	22,000	노인장애인과	10	4	5	3	1	1	1	4
379	경기 의정부시	야생동물 구조치료	3,383,000	환경관리과	10	6	7	8	7	5	5	4
380	경기 의정부시	조기폐차 업무대행비	43,200	환경관리과	10	2	7	8	7	5	5	4
381	경기 안산시	지방재정 정보화 사업	964,000	기획예산과	10	1	7	1	7	5	5	4
382	경기 안산시	국공립어린이집 기자재 구입비	10,000	보육정책과	10	7	7	8	7	1	1	4
383	경기 안산시	국공립어린이집 기자재 구입비	50,000	보육정책과	10	7	7	8	7	1	1	4
384	경기 안산시	국공립어린이집 기자재 구입비	90,000	보육정책과	10	7	7	8	7	1	1	4
385	경기 안산시	국공립어린이집 기자재 구입비	35,000	보육정책과	10	7	7	8	7	1	1	4
386	경기 안산시	국공립어린이집 기자재 구입비	40,000	보육정책과	10	7	7	8	7	1	1	4
387	경기 안산시	조기폐차 업무대행비	20,000	환경정책과	10	1	5	8	7	5	3	3
388	경기 안산시	노후 보일러시설 무료개선사업	6,750	에너지정책과	10	8	7	7	7	1	1	1
389	경기 안산시	노후가스, 전기시설 무료개선사업	15,000	에너지정책과	10	8	7	7	7	1	1	1
390	경기 안산시	가스안전장치(타이머콕) 보급사업	5,000	에너지정책과	10	8	7	7	7	1	1	1
391	경기 남양주시	고혈압당뇨병등록관리사업	580,000	남양주보건소건강증진과	10	2	2	2	2	3	2	1
392	경기 남양주시	지역사회건강조사	69,042	남양주보건소건강증진과	10	2	7	1	7	2	2	4
393	경기 남양주시	사회복지정보센터 운영	35,000	복지정책과	10	1	7	8	7	5	5	4
394	경기 용인시	장애인복지관 운영	6,863	장애인복지과	10	1	5	5	7	1	1	1
395	경기 용인시	장애인주간보호시설 운영	1,282,000	장애인복지과	10	1	5	5	7	1	1	1
396	경기 용인시	장애인 재활치료 교육센터 운영	80,000	장애인복지과	10	1	5	5	7	1	1	1
397	경기 용인시	육아종합지원센터 사업비	33,000	아동보육과	10	5	1	3	1	1	1	4
398	경기 용인시	육아종합지원센터 사업비	5,500	아동보육과	10	5	1	3	1	1	1	4
399	경기 용인시	육아종합지원센터 사업비	3,000,000	아동보육과	10	5	1	3	1	1	1	4
400	경기 용인시	육아종합지원센터 사업비	40,000	아동보육과	10	5	1	3	1	1	1	4
401	경기 파주시	공공도서관 특성화서비스 지원	260,000	교육지원과	10	6	7	8	7	5	5	4
402	경기 파주시	공공도서관 협력 지역서접활성화지원	83,000	교육지원과	10	6	7	8	7	5	5	4
403	경기 파주시	도서관 내 다문화서가 만들기	21,000	교육지원과	10	6	7	8	7	5	5	4
404	경기 시흥시	조기폐차 업무대행비	24,000	환경정책과	10	2	7	8	7	1	1	4

순번	시군구	지출명 (사업명)	2020년예산 (단위:천원/1년간)	담당자 (공무원) 담당부서	민간이전 분류 (지방자치단체 세출예산 집행기준에 의거) 1. 민간경상사업보조(1) 2. 민간단체 법정운영비보조(2) 3. 민간행사사업보조(3) 4. 민간위탁금(4) 5. 사회복지시설 법정운영비보조(5) 6. 민간인위탁교육비(6) 7. 공기관등에대한경상적대행사업비(7) 8. 민간자본사업보조,자체재원(8) 9. 민간자본사업보조,이전재원(9) 10. 민간위탁사업비(10) 11. 공기관등에 대한 자본적 대행사업비(11)	민간이전지출 근거 (지방보조금 관리기준 참고) 1. 법률에 규정 2. 국고보조 재원(국가지정) 3. 용도 지정 기부금 4. 조례에 직접규정 5. 지자체가 권장하는 사업을 하는 공공기관 6. 시,도 정책 및 재정사정 7. 기타 8. 해당없음	입찰방식 계약체결방법 (경쟁형태) 1. 일반경쟁 2. 제한경쟁 3. 지명경쟁 4. 수의계약 5. 법정위탁 6. 기타 ( ) 7. 해당없음	입찰방식 계약기간 1. 1년 2. 2년 3. 3년 4. 4년 5. 5년 6. 기타 ( )년 7. 단기계약 (1년미만) 8. 해당없음	입찰방식 낙찰자선정방법 1. 적격심사 2. 협상에의한계약 3. 최저가낙찰제 4. 규격가격분리 5. 2단계 경쟁입찰 6. 기타 ( ) 7. 해당없음	운영예산 산정 운영예산 산정 1. 내부산정 (지자체 자체적으로 산정) 2. 외부산정 (외부전문기관위탁 산정) 3. 내·외부 모두 산정 4. 산정 無 5. 해당없음	운영예산 산정 정산방법 1. 내부정산 (지자체 내부적으로 정산) 2. 외부정산 (외부전문기관위탁 정산) 3. 내·외부 모두 산정 4. 정산 無 5. 해당없음	성과평가 실시여부 1. 실시 2. 미실시 3. 향후 추진 4. 해당없음
405	경기 시흥시	보증기간 경과장치 성능유지관리	85,324	환경정책과	10	2	7	8	7	1	1	4
406	경기 시흥시	하절기 집중방역 위탁관리비	190,000	보건정책과	10	1	7	8	7	5	5	4
407	경기 안성시	마을만들기 업무추진	305,000	정책기획담당관	10	4	7	1	7	1	1	1
408	경기 안성시	민간 및 사회단체 지원	19,963	행정과	10	4	7	8	7	5	5	1
409	경기 안성시	장애인단체 지원	7,000	사회복지과	10	1	7	8	7	1	1	1
410	경기 안성시	기업마케팅 지원	10,000	창조경제과	10	6	7	8	7	1	1	1
411	경기 안성시	우수공예품 지원	10,000	창조경제과	10	6	7	8	7	1	1	1
412	경기 안성시	신재생 에너지 보급 확대	27,000	창조경제과	10	1	7	8	7	5	1	1
413	경기 안성시	도시가스배관망 지원 자체사업	4,000	창조경제과	10	1	5	4	7	3	1	3
414	경기 안성시	사회적기업 육성	20,000	창조경제과	10	6	7	8	7	5	1	1
415	경기 안성시	문화예술 단체 지원	30,000	문화관광과	10	1	7	8	7	5	1	1
416	경기 안성시	문화재 관리	200,000	문화관광과	10	1	7	8	7	5	5	4
417	경기 안성시	향교 예절교육관 건립	72,000	문화관광과	10	1	7	8	7	5	1	1
418	경기 안성시	쌀생산 지원사업	800,000	농업정책과	10	1	7	8	7	1	1	1
419	경기 안성시	쌀생산 지원사업	200,000	농업정책과	10	1	7	8	7	1	1	1
420	경기 안성시	원예시설 자재지원 사업	100,000	농업정책과	10	1	7	8	7	1	1	1
421	경기 안성시	원예시설 자재지원 사업	70,000	농업정책과	10	1	7	8	7	1	1	1
422	경기 안성시	원예시설 자재지원 사업	35,000	농업정책과	10	1	7	8	7	1	1	1
423	경기 안성시	원예시설 자재지원 사업	200,000	농업정책과	10	1	7	8	7	1	1	1
424	경기 안성시	원예시설 자재지원 사업	100,000	농업정책과	10	1	7	8	7	1	1	1
425	경기 안성시	원예시설 자재지원 사업	65,000	농업정책과	10	1	7	8	7	1	1	1
426	경기 안성시	원예시설 자재지원 사업	100,000	농업정책과	10	1	7	8	7	1	1	1
427	경기 안성시	도시농업육성지원사업	50,000	농업정책과	10	4	7	8	7	1	1	1
428	경기 안성시	농촌융복합산업 육성 지원	100,000	농업정책과	10	6	7	8	7	1	1	4
429	경기 안성시	체험마을 유지보수 사업	14,000	농업정책과	10	1	7	8	7	1	1	1
430	경기 안성시	안성맞춤 로컬푸드 육성지원 사업	130,000	농업정책과	10	6	7	8	7	1	1	4
431	경기 안성시	안성맞춤 로컬푸드 육성지원 사업	50,000	농업정책과	10	6	7	8	7	1	1	4
432	경기 안성시	안성맞춤 로컬푸드 육성지원 사업	20,000	농업정책과	10	6	7	8	7	1	1	4
433	경기 안성시	안성맞춤 로컬푸드 육성지원 사업	20,000	농업정책과	10	6	7	8	7	1	1	4
434	경기 안성시	안성맞춤 로컬푸드 육성지원 사업	25,000	농업정책과	10	6	7	8	7	1	1	4
435	경기 안성시	안성맞춤 로컬푸드 육성지원 사업	20,000	농업정책과	10	6	7	8	7	1	1	4
436	경기 안성시	안성맞춤 로컬푸드 육성지원 사업	25,000	농업정책과	10	6	7	8	7	1	1	4
437	경기 안성시	안성농특산물 유통 및 판매지원	72,000	농업정책과	10	4	7	8	7	1	1	4
438	경기 안성시	안성농특산물 유통 및 판매지원	10,000	농업정책과	10	4	7	8	7	1	1	4
439	경기 안성시	안성농특산물 유통 및 판매지원	35,000	농업정책과	10	6	7	8	7	1	1	4
440	경기 안성시	안성농특산물 유통 및 판매지원	200,000	농업정책과	10	6	7	8	7	1	1	4
441	경기 안성시	안성농특산물 유통 및 판매지원	30,000	농업정책과	10	6	7	8	7	1	1	4
442	경기 안성시	안성농특산물 유통 및 판매지원	30,000	농업정책과	10	6	7	8	7	1	1	4
443	경기 안성시	안성농특산물 유통 및 판매지원	15,000	농업정책과	10	6	7	8	7	1	1	4
444	경기 안성시	농산물산지유통센터 운영 활성화	40,000	농업정책과	10	6	7	8	7	1	1	4
445	경기 안성시	농공산품 수출 활성화 지원	70,000	농업정책과	10	6	7	8	7	1	1	4
446	경기 안성시	농공산품 수출 활성화 지원	110,000	농업정책과	10	6	7	8	7	1	1	4
447	경기 안성시	수출기업 홍보 및 품질관리 지원	30,000	농업정책과	10	6	7	8	7	1	1	4
448	경기 안성시	수출기업 홍보 및 품질관리 지원	5,000	농업정책과	10	6	7	8	7	1	1	4
449	경기 안성시	냄새저감사업	400,000	축산정책과	10	6	7	8	7	1	1	1

순번	시군구	지출명 (사업명)	2020년예산 (단위:천원/1년간)	담당자 (공무원) 담당부서	민간이전 분류 (지방자치단체 세출예산 집행기준에 의거) 1. 민간경상사업보조(1) 2. 민간단체 법정운영비보조(2) 3. 민간행사사업보조(3) 4. 민간위탁금(4) 5. 사회복지시설 법정운영비보조(5) 6. 민간인위탁교육비(6) 7. 공기관등에대한경상적대행사업비(7) 8. 민간자본사업보조,자체재원(8) 9. 민간자본사업보조,이전재원(9) 10. 민간위탁사업비(10) 11. 공기관등에 대한 자본적 대행사업비(11)	민간이전지출 근거 (지방보조금 관리기준 참고) 1. 법률에 규정 2. 국고보조 재원(국가지정) 3. 용도 지정 기부금 4. 조례에 직접규정 5. 지자체가 권장하는 사업을 하는 공공기관 6. 시,도 정책 및 재정사정 7. 기타 8. 해당없음	입찰방식: 계약체결방법 (경쟁형태) 1. 일반경쟁 2. 제한경쟁 3. 지명경쟁 4. 수의계약 5. 법정위탁 6. 기타 ( ) 7. 해당없음	입찰방식: 계약기간 1. 1년 2. 2년 3. 3년 4. 4년 5. 5년 6. 기타 ( )년 7. 단기계약 (1년미만) 8. 해당없음	입찰방식: 낙찰자선정방법 1. 적격심사 2. 협상에의한계약 3. 최저가낙찰제 4. 규격가격분리 5. 2단계 경쟁입찰 6. 기타 ( ) 7. 해당없음	운영예산 산정: 운영예산 산정 1. 내부산정 (지자체 자체적으로 산정) 2. 외부산정 (외부전문기관 위탁 산정) 3. 내·외부 모두 산정 4. 산정 無 5. 해당없음	운영예산 산정: 정산방법 1. 내부정산 (지자체 내부적으로 정산) 2. 외부정산 (외부전문기관 위탁 정산) 3. 내·외부 모두 산정 4. 정산 無 5. 해당없음	성과평가 실시여부 1. 실시 2. 미실시 3. 향후 추진 4. 해당없음
450	경기 안성시	안성마춤한우 육성 활성화 대책	8,000	축산정책과	10	6	7	8	7	1	1	1
451	경기 안성시	안성벌꿀 포장재 지원사업	16,000	축산정책과	10	6	7	8	7	1	1	1
452	경기 안성시	안성 육우 고급화 사업	40,000	축산정책과	10	6	7	8	7	1	1	1
453	경기 안성시	안성한돈포크 활성화사업	30,000	축산정책과	10	6	7	8	7	1	1	1
454	경기 안성시	축산지원사업	10,000	축산정책과	10	6	7	8	7	1	1	1
455	경기 안성시	축산지원사업	99,000	축산정책과	10	6	7	8	7	1	1	4
456	경기 안성시	축산지원사업	5,250	축산정책과	10	6	7	8	7	1	1	4
457	경기 안성시	낙농지원사업	50,000	축산정책과	10	2	7	8	7	1	1	1
458	경기 안성시	가축 폭염피해 예방사업	20,000	축산정책과	10	6	7	8	7	1	1	1
459	경기 안성시	원형 볏짚 절단기 지원사업	48,500	축산정책과	10	6	7	8	7	1	1	1
460	경기 안성시	야생동물 피해예방 사업	20,000	환경과	10	1	7	8	7	1	1	1
461	경기 안성시	재활용률 극대화	16,000	자원순환과	10	6	7	8	7	5	5	4
462	경기 안성시	공동주택 지원	459,661	건축과	10	4	1	7	3	1	1	1
463	경기 안성시	식량작물 기술보급	4,480	기술보급과	10	6	7	8	7	5	5	4
464	경기 안성시	식량작물 기술보급	4,000	기술보급과	10	6	7	8	7	5	5	4
465	경기 안성시	식량작물 기술보급	3,200,000	기술보급과	10	6	7	8	7	5	5	4
466	경기 안성시	식량작물 기술보급	3,200,000	기술보급과	10	6	7	8	7	5	5	4
467	경기 안성시	벼 병해충 적기방제	1,050,000	기술보급과	10	6	7	8	7	5	5	4
468	경기 안성시	벼 병해충 적기방제	80,000	기술보급과	10	6	7	8	7	5	5	4
469	경기 안성시	과수농가 경쟁력 강화	40,000	기술보급과	10	6	7	8	7	5	5	4
470	경기 안성시	과수농가 경쟁력 강화	60,000	기술보급과	10	6	7	8	7	5	5	4
471	경기 안성시	환경농업 연구개발	14,400	기술보급과	10	6	7	8	7	5	5	4
472	경기 안성시	환경농업 연구개발	8,000	기술보급과	10	6	7	8	7	5	5	4
473	경기 안성시	축산물생산 기술보급	17,000	기술보급과	10	6	7	8	7	5	5	4
474	경기 안성시	채소생산 기술보급	12,000	소득기술과	10	6	7	8	7	1	1	1
475	경기 안성시	채소생산 기술보급	28,800	소득기술과	10	6	7	8	7	1	1	1
476	경기 안성시	채소생산 기술보급	16,800	소득기술과	10	6	7	8	7	1	1	1
477	경기 안성시	채소생산 기술보급	6,300	소득기술과	10	6	7	8	7	1	1	1
478	경기 안성시	채소생산 기술보급	20,000	소득기술과	10	6	7	8	7	1	1	1
479	경기 안성시	채소생산 기술보급	10,000	소득기술과	10	6	7	8	7	1	1	1
480	경기 안성시	특용작물 기술보급	300,000	소득기술과	10	6	7	8	7	1	1	1
481	경기 양주시	직장어린이집 운영	438,768	자치행정과	10	4	6(공개경쟁)	3	7	1	1	1
482	경기 양주시	무한돌봄센터 운영	565,320	사회복지과	10	6	5	3	1	2	1	1
483	경기 양주시	공립어린이집 통학차량 구입비 지원	62,810	여성보육과	10	1	7	8	7	1	1	1
484	경기 양주시	가축분뇨 공공처리시설 관리	1,800,000	축산과	10	4	2	3	2	2	2	1
485	경기 연천군	가축분뇨 수거운반비 지원	103,680	축산과	10	7	7	1	7	5	1	4
486	경기 양평군	장애인가족지원센터 운영비	100,000	주민복지과	10	6	7	8	7	5	5	4
487	경기 양평군	군립어린이집 환경개선	30,000	주민복지과	10	1	7	8	7	5	5	4
488	경기 양평군	숲해설 위탁운영	51,000	산림과	10	2	7	8	7	5	5	4
489	경기 양평군	LPG 소형저장탱크 보급사업	108,000	도시과	10	2	7	8	7	5	5	4
490	경기 양평군	택시쉼터 시설관리 대행비	4,000	교통과	10	6	7	8	7	5	5	4
491	경기 양평군	유아숲체험원 위탁운영	76,500	공동체구축과	10	6	7	8	7	5	5	4
492	경기 양평군	산림치유 사무 위탁운영	92,000	공동체구축과	10	5	7	8	7	5	5	4
493	경기 양평군	산림치유 사무 위탁운영	30,000	공동체구축과	10	1	7	8	7	5	5	4
494	경기 양평군	일반검진비	16,896	보건정책과	10	2	7	8	7	5	5	4

순번	시군구	지출명 (사업명)	2020년예산 (단위:천원/1년간)	담당자(공무원) 담당부서	민간이전 분류 (지방자치단체 세출예산 집행기준에 의거) 1. 민간경상사업보조(1) 2. 민간단체 법정운영비보조(2) 3. 민간행사사업보조(3) 4. 민간위탁금(4) 5. 사회복지시설 법정운영비보조(5) 6. 민간인위탁교육비(6) 7. 공기관등에대한경상적대행사업비(7) 8. 민간자본사업보조,자체재원(8) 9. 민간자본사업보조,이전재원(9) 10. 민간위탁사업비(10) 11. 공기관등에 대한 자본적 대행사업비(11)	민간이전지출 근거 (지방보조금 관리기준 참고) 1. 법률에 규정 2. 국고보조 재원(국가지정) 3. 용도 지정 기부금 4. 조례에 직접규정 5. 지자체가 권장하는 사업을 하는 공공기관 6. 시,도 정책 및 재정사정 7. 기타 8. 해당없음	입찰방식 계약체결방법 (경쟁형태) 1. 일반경쟁 2. 제한경쟁 3. 지명경쟁 4. 수의계약 5. 법정위탁 6. 기타 ( ) 7. 해당없음	계약기간 1. 1년 2. 2년 3. 3년 4. 4년 5. 5년 6. 기타 ( )년 7. 단기계약 (1년미만) 8. 해당없음	낙찰자선정방법 1. 적격심사 2. 협상에의한계약 3. 최저가낙찰제 4. 규격가격분리 5. 2단계 경쟁입찰 6. 기타 ( ) 7. 해당없음	운영예산 산정 운영예산 산정 1. 내부산정 (지자체 자체적으로 산정) 2. 외부산정 (외부전문기관위탁 산정) 3. 내·외부 모두 산정 4. 산정 無 5. 해당없음	정산방법 1. 내부정산 (지자체 내부적으로 정산) 2. 외부정산 (외부전문기관위탁 정산) 3. 내·외부 모두 산정 4. 정산 無 5. 해당없음	성과평가 실시여부 1. 실시 2. 미실시 3. 향후 추진 4. 해당없음
495	경기 양평군	영유아 건강검진 위탁비	1,770,000	보건정책과	10	2	7	8	7	5	5	4
496	경기 양평군	표준모자보건수첩 지원	640,000	보건정책과	10	2	7	8	7	5	5	4
497	경기 양평군	산모 신생아도우미지원 사업비	371,257	보건정책과	10	2	7	8	7	5	5	4
498	경기 양평군	청소년산모 의료비 지원	2,000,000	보건정책과	10	2	7	8	7	5	5	4
499	경기 양평군	저소득층 기저귀 조제분유 지원	94,000	보건정책과	10	2	7	8	7	5	5	4
500	경기 양평군	산모신생아도우미지원 사업비	136,000	보건정책과	10	6	7	8	7	5	5	4
501	경기 양평군	희귀난치성질환자 의료비지원사업	104,000	보건정책과	10	2	7	8	7	5	5	4
502	경기 양평군	5대암 무료검진사업비	162,488	건강증진과	10	1	7	8	7	5	5	4
503	경기 양평군	치매치료관리사업	218,800	건강증진과	10	2	7	8	7	5	5	4
504	강원 춘천시	시립노인복지관 기능보강	153,300	경로복지과	10	1	5	5	7	1	1	1
505	강원 춘천시	도시가스 공급관설치 지원	250,000	기후에너지과	10	1, 4	5	1	7	1	1	1
506	강원 춘천시	도시가스공급시설 설치비 지원	99,600	기후에너지과	10	1, 4	5	1	7	5	4	4
507	강원 춘천시	시설유지보수비	20,000	문화예술과	10	1	7	8	7	1	1	1
508	강원 춘천시	춘천예술마당 시설유지보수비 지원	16,200	문화예술과	10	1	7	7	5	5	4	4
509	강원 춘천시	농작물 재해보험료 지원	117,117	미래농업과	10	1	5	1	2	1	1	1
510	강원 춘천시	통합 산림사업위탁	344,000	산림과	10	1, 2	4	1	1	1	2	3
511	강원 춘천시	유기농업자재지원사업	11,050	안심농식품과	10	2	7	8	7	1	1	1
512	강원 춘천시	축산물 이력제(귀표부착비) 지원	38,731	축산과	10	2	5	8	7	1	1	3
513	강원 춘천시	소규모 축산농가 소독지원 인건비	101,420	축산과	10	2	7	8	7	1	1	3
514	강원 춘천시	소독지원 운영비	88,548	축산과	10	2	7	8	7	1	1	3
515	강원 춘천시	벼 보급종 공급가격 차액 지원	10,640	기술지원과	10	6	7	8	7	1	1	3
516	강원 춘천시	유기질비료 지원사업	156,200	기술지원과	10	2	7	8	7	1	1	3
517	강원 춘천시	토양개량제 공급지원	240,293	기술지원과	10	2	7	8	7	1	1	3
518	강원 강릉시	고랭지밭 흙탕물저감 호밀식재사업	165,536	환경과	10	5	7	7	7	1	1	2
519	강원 강릉시	강릉시도시가스 보급확대사업 공급시설 설치비 지원	847,750	에너지과	10	1	7	8	7	5	5	4
520	강원 강릉시	여성어업인 복지바우처 지원	19,400	해양수산과	10	1	7	8	7	5	5	4
521	강원 강릉시	불가사리 수매	50,000	해양수산과	10	1	7	8	7	5	5	4
522	강원 강릉시	대문어 매입방류	46,750	해양수산과	10	1	7	8	7	5	5	4
523	강원 강릉시	항포구쓰레기처리	60,000	해양수산과	10	1	7	8	7	5	5	4
524	강원 강릉시	연안쓰레기처리	60,000	해양수산과	10	1	7	8	7	5	5	4
525	강원 강릉시	여성농업인 복지바우처지원	360,000	농정과	10	6	5	1	7	1	1	4
526	강원 강릉시	여성농업인 개인농작업 환경개선 지원	32,000	농정과	10	6	7	8	7	5	5	4
527	강원 강릉시	채소병해충방제(무사마귀병)지원	206,400	농정과	10	4	7	7	7	1	1	4
528	강원 강릉시	채소병해충방제(무사마귀병)지원	130,800	농정과	10	4	7	7	7	1	1	4
529	강원 강릉시	벼 재배용 상토등 영농자재 지원	175,420	농정과	10	4	7	8	7	1	1	1
530	강원 강릉시	벼 재배용 상토등 영농자재 지원	150,000	농정과	10	4	7	8	7	1	1	1
531	강원 강릉시	밭작물 멀칭용 PE필름 지원	304,000	농정과	10	4	7	8	7	1	1	1
532	강원 강릉시	벼 병해충 적기방제 농약지원	402,000	농정과	10	4	7	8	7	1	1	1
533	강원 강릉시	감자광역브랜드 계열화 지원	102,510	농정과	10	4	7	8	7	1	1	1
534	강원 강릉시	강원감자 자조금 조성 지원	27,200	농정과	10	4	7	8	7	1	1	2
535	강원 강릉시	유기질 비료지원	140,800	농정과	10	2	7	8	7	1	1	2
536	강원 강릉시	유기질 비료지원	800,000	농정과	10	4	7	8	7	1	1	2
537	강원 강릉시	벼 병해충 항공방제 지원	127,008	농정과	10	4	7	8	7	1	1	1
538	강원 강릉시	강원감자주산지명품생산지원	25,000	농정과	10	4	7	8	7	1	1	1
539	강원 강릉시	한우혈통등록 지원	10,000	축산과	10	1	7	1	7	1	1	4

순번	시군구	지출명 (사업명)	2020년예산 (단위:천원/1년간)	담당자 (공무원) 담당부서	민간이전 분류 (지방자치단체 세출예산 집행기준에 의거) 1. 민간경상사업보조(1) 2. 민간단체 법정운영비보조(2) 3. 민간행사사업보조(3) 4. 민간위탁금(4) 5. 사회복지시설 법정운영비보조(5) 6. 민간인위탁교육비(6) 7. 공기관등에대한경상적대행사업비(7) 8. 민간자본사업보조,자체재원(8) 9. 민간자본사업보조,이전재원(9) 10. 민간위탁사업비(10) 11. 공기관등에 대한 자본적 대행사업비(11)	민간이전지출 근거 (지방보조금 관리기준 참고) 1. 법률에 규정 2. 국고보조 재원(국가지정) 3. 용도 지정 기부금 4. 조례에 직접규정 5. 지자체가 권장하는 사업을 하는 공공기관 6. 시,도 정책 및 재정사정 7. 기타 8. 해당없음	입찰방식 계약체결방법 (경쟁형태) 1. 일반경쟁 2. 제한경쟁 3. 지명경쟁 4. 수의계약 5. 법정위탁 6. 기타 ( ) 7. 해당없음	입찰방식 계약기간 1. 1년 2. 2년 3. 3년 4. 4년 5. 5년 6. 기타 ( )년 7. 단기계약 (1년미만) 8. 해당없음	입찰방식 낙찰자선정방법 1. 적격심사 2. 협상에의한계약 3. 최저가낙찰제 4. 규격가격분리 5. 2단계 경쟁입찰 6. 기타 ( ) 7. 해당없음	운영예산 산정 운영예산 산정 1. 내부산정 (지자체 자체 적으로 산정) 2. 외부산정 (외부전문기관 위탁 산정) 3. 내·외부 모두 산정 4. 산정 無 5. 해당없음	운영예산 산정 정산방법 1. 내부정산 (지자체 내부적 으로 정산) 2. 외부정산 (외부전문기관 위탁 정산) 3. 내·외부 모두 산정 4. 정산 無 5. 해당없음	성과평가 실시여부 1. 실시 2. 미실시 3. 향후 추진 4. 해당없음
540	강원 강릉시	한우암소 비육생산 지원	7,500	축산과	10	1	7	1	7	1	1	4
541	강원 강릉시	한우수정란 이식지원	13,000	축산과	10	1	7	1	7	1	1	4
542	강원 강릉시	가축인공수정료 지원	60,000	축산과	10	1	7	1	7	1	1	4
543	강원 강릉시	인공수정료 지원	20,000	축산과	10	6	7	1	7	1	1	4
544	강원 강릉시	종축등록 지원	6,400	축산과	10	6	7	1	7	1	1	4
545	강원 강릉시	암소검정	13,000	축산과	10	6	7	1	7	1	1	4
546	강원 강릉시	강원보증종모우 정액 지원	4,500	축산과	10	6	7	1	7	1	1	4
547	강원 강릉시	한우수정란 이식지원	20,000	축산과	10	6	7	1	7	1	1	4
548	강원 강릉시	송아지 생산안정제 가입지원	1,300,000	축산과	10	1	5	1	7	1	1	4
549	강원 강릉시	구제역 예방백신 지원	174,960	축산과	10	1	7	8	7	5	1	4
550	강원 강릉시	공동방제단운영	148,408	축산과	10	1	5	1	6(농림부 지침 준용)	1	1	4
551	강원 강릉시	전업농가 구제역 백신지원	11,449	축산과	10	1	5	1	6(농림부 지침 준용)	1	1	4
552	강원 강릉시	전업농가 구제역 백신지원	147,960	축산과	10	1	5	1	6(농림부 지침 준용)	1	1	4
553	강원 강릉시	TMR 배합사료 구입비 일부 지원	180,000	축산과	10	6	7	8	7	1	1	4
554	강원 강릉시	양봉농가 저온저장고 지원	30,000	축산과	10	6	7	8	7	1	1	4
555	강원 강릉시	소 귀표부착비(이력관리) 지원	19,562	축산과	10	6	5	1	7	1	1	4
556	강원 강릉시	토양개량제 지원	350,723	기술보급과	10	2	7	8	7	5	5	4
557	강원 강릉시	유기농자재 지원	11,750	기술보급과	10	2	7	8	7	5	5	4
558	강원 동해시	한센간이양로주택운영지원및재가한센인생계비지원	13,000	보건소	10	6	4	5	7	1	1	2
559	강원 동해시	장애인복지시설 장비보급사업	15,000	복지과	10	4	7	8	7	1	1	3
560	강원 속초시	슬레이트 처리지원	635,800	환경위생과	10	1	5	3	7	1	1	3
561	강원 홍천군	강원감자 자조금 조성지원	12,900	농정과	10	6	7	8	7	5	5	4
562	강원 홍천군	유기질비료 지원	3,261,000	농정과	10	2	6	8	6	1	1	1
563	강원 홍천군	토양개량제 지원	462,071	농정과	10	2	6	8	6	1	1	1
564	강원 홍천군	유기농자재 지원	83,150	농정과	10	2	7	8	7	5	5	4
565	강원 홍천군	선도산림경영단지 조성사업	1,459,000	산림과	10	2	7	8	7	1	2	1
566	강원 횡성군	경제림 조림	111,200	환경산림과	10	2	5	1	1	1	1	1
567	강원 횡성군	숲가꾸기	3,203,130	환경산림과	10	2	5	1	1	1	1	1
568	강원 횡성군	미세먼지저감 등 공익숲가꾸기	203,400	환경산림과	10	2	5	1	1	1	1	1
569	강원 횡성군	큰나무 조림	366,704	환경산림과	10	2	5	1	1	1	1	1
570	강원 횡성군	경제림 조성사업	230,310	환경산림과	10	2	5	1	1	1	1	1
571	강원 영월군	농작물재해보험 지원	29,830	소득지원과	10	6	6	1	6	1	1	4
572	강원 영월군	농기계종합보험 지원	14,000	소득지원과	10	6	6	1	6	1	1	4
573	강원 영월군	토양개량제 지원	114,776	소득지원과	10	6	6	1	6	1	1	4
574	강원 영월군	유기질비료 지원	836,229	소득지원과	10	6	6	1	6	1	1	4
575	강원 영월군	벼 맞춤형비료 지원	71,400	소득지원과	10	4	7	8	7	1	1	1
576	강원 영월군	벼 보급종 공급가격 차액지원	5,012	소득지원과	10	6	7	8	7	5	1	4
577	강원 영월군	채소 병해충 방제	174,400	소득지원과	10	6	7	8	7	1	1	4
578	강원 영월군	노지고추 품질향상 지원	90,000	소득지원과	10	4	7	8	7	1	1	4
579	강원 영월군	사과저장성 향상 약제 지원	38,500	소득지원과	10	7	7	8	7	5	5	4
580	강원 영월군	과수품질향상 지원 사업	175,000	소득지원과	10	7	7	8	7	5	5	4
581	강원 영월군	고품질 인삼생산시설 지원	38,327	소득지원과	10	6	7	8	7	5	5	4
582	강원 영월군	엽연초 계약재배 농가 지원	20,000	소득지원과	10	7	7	8	7	5	5	4
583	강원 영월군	초등돌봄교실과일간식	20,700	소득지원과	10	2	6	1	6	1	1	1
584	강원 영월군	통합브랜드 포장재 지원	115,000	소득지원과	10	4	7	8	7	1	1	1

순번	시군구	지출명 (사업명)	2020년예산 (단위:천원/1년간)	담당자 (공무원) 담당부서	민간이전 분류 (지방자치단체 세출예산 집행기준에 의거) 1. 민간경상사업보조(1) 2. 민간단체 법정운영비보조(2) 3. 민간행사사업보조(3) 4. 민간위탁금(4) 5. 사회복지시설 법정운영비보조(5) 6. 민간인위탁교육비(6) 7. 공기관등에대한경상적대행사업비(7) 8. 민간자본사업보조,자체재원(8) 9. 민간자본사업보조,이전재원(9) 10. 민간위탁사업비(10) 11. 공기관등에 대한 자본적 대행사업비(11)	민간이전지출 근거 (지방보조금 관리기준 참고) 1. 법률에 규정 2. 국고보조 재원(국가지정) 3. 용도 지정 기부금 4. 조례에 직접규정 5. 지자체가 권장하는 사업을 하는 공공기관 6. 시,도 정책 및 재정사정 7. 기타 8. 해당없음	입찰방식 계약체결방법 (경쟁형태) 1. 일반경쟁 2. 제한경쟁 3. 지명경쟁 4. 수의계약 5. 법정위탁 6. 기타 ( ) 7. 해당없음	입찰방식 계약기간 1. 1년 2. 2년 3. 3년 4. 4년 5. 5년 6. 기타 ( )년 7. 단기계약 (1년미만) 8. 해당없음	입찰방식 낙찰자선정방법 1. 적격심사 2. 협상에의한계약 3. 최저가낙찰제 4. 규격가격분리 5. 2단계 경쟁입찰 6. 기타 ( ) 7. 해당없음	운영예산 산정 운영예산 산정 1. 내부산정 (지자체 자체 적으로 산정) 2. 외부산정 (외부전문기관 위탁 산정) 3. 내·외부 모두 산정 4. 산정 無 5. 해당없음	운영예산 산정 정산방법 1. 내부정산 (지자체 내부적으로 정산) 2. 외부정산 (외부전문기관 위탁 정산) 3. 내·외부 모두 산정 4. 정산 無 5. 해당없음	성과평가 실시여부 1. 실시 2. 미실시 3. 향후 추진 4. 해당없음
585	강원 영월군	농특산물 공동선별비 지원	13,100	소득지원과	10	4	7	8	7	1	1	1
586	강원 영월군	농산물안전성검사	15,300	소득지원과	10	4	7	8	7	1	1	1
587	강원 평창군	전통시장 시설현대화사업	500,000	일자리경제과	10	1	7	8	7	5	5	4
588	강원 평창군	비점오염원 저감사업	80,605	환경위생과	10	6	7	8	7	5	5	4
589	강원 평창군	농촌마을 공동급식 지원	36,000	농업기술센터	10	6	7	8	7	5	5	4
590	강원 평창군	시군역량강화	37,000	농업기술센터	10	2	7	8	7	5	5	4
591	강원 평창군	마을단위환경	850,000	농업기술센터	10	5	5	3	2	1	1	1
592	강원 평창군	마을단위환경	30,000	농업기술센터	10	5	5	3	2	1	1	1
593	강원 평창군	평창한우브랜드육성	170,000	농업기술센터	10	6	7	8	7	5	5	4
594	강원 평창군	폭염대책 지원사업	45,000	농업기술센터	10	6	7	8	7	5	5	4
595	강원 평창군	다목적 가축분뇨처리장비 지원	60,000	농업기술센터	10	6	7	8	7	5	5	4
596	강원 평창군	내수면 소득기반 구축	266,000	농업기술센터	10	1	7	8	7	5	5	4
597	강원 평창군	농업경영컨설팅	45,000	농업기술센터	10	2	7	8	7	5	5	4
598	강원 평창군	약초육성 전략사업	78,750	농업기술센터	10	7	7	8	7	5	5	4
599	강원 평창군	지역특산품목육성	50,000	농업기술센터	10	7	7	8	7	5	5	4
600	강원 평창군	전략작목 육성	109,600	농업기술센터	10	7	7	8	7	5	5	4
601	강원 평창군	특용작물(인삼) 생산시설현대화 지원	28,515	농업기술센터	10	2	7	8	7	5	5	4
602	강원 평창군	친환경 농산물 유통활성화	14,000	농업기술센터	10	6	7	8	7	5	5	4
603	강원 평창군	고품질쌀 생산	27,566	농업기술센터	10	6	7	8	7	5	5	4
604	강원 평창군	친환경농업기반확대	65,000	농업기술센터	10	7	7	8	7	5	5	4
605	강원 양구군	양구사랑상품권 운영	218,000	전략산업과	10	4	7	8	7	5	5	4
606	강원 양구군	군단위 LPG배관망사업 지원	155,000	전략산업과	10	4	5	1	7	2	2	4
607	강원 양구군	야생동물 피해예방시설설치지원	45,500	생태산림과	10	1, 4	7	8	7	5	1	4
608	강원 양구군	임업협의체 구성운영 및 임업인 교육추진	20,000	생태산림과	10	6, 7	7	8	7	5	5	4
609	강원 양구군	토양개량제 지원	38,604	유통축산과	10	2	7	8	7	1	1	4
610	강원 양구군	공동방제단 운영	91,616	유통축산과	10	7	7	8	7	5	5	4
611	강원 양구군	농특산물 유통체계구축지원	600,000	농업지원과	10	2	7	8	7	4	1	4
612	강원 양구군	유기질비료 지원	669,013	유통축산과	10	6	7	8	7	1	1	4
613	강원 양구군	농산물안전성검사지원	11,475	유통축산과	10	6	7	8	7	1	1	4
614	강원 양구군	축협·지자체 협력사업	782,950	유통축산과	10	2	7	8	7	1	1	4
615	강원 양구군	조사료생산기반확충	66,000	유통축산과	10	2	7	8	7	1	1	4
616	강원 양구군	축산물이력관리 지원	17,791	유통축산과	10	7	7	8	7	5	5	4
617	강원 양구군	조사료 자급률 향상 지원	110,000	유통축산과	10	6	7	8	7	1	1	4
618	강원 양구군	강원한우 통합브랜드 가치제고	157,105	유통축산과	10	6	7	8	7	1	1	4
619	강원 양구군	여성농업인 복지바우처 지원	140,000	농업정책과	10	1	7	8	7	5	5	4
620	강원 양구군	한우 도축 운송비 지원	48,600	유통축산과	10	7	7	8	7	5	5	4
621	강원 인제군	벼 재배용 상토 등 영농자재 지원사업	56,385	농업기술센터	10	1	7	8	7	1	1	1
622	강원 인제군	토양개량제(수용성규산) 지원	49,000	농업기술센터	10	1	7	8	7	1	1	1
623	강원 인제군	벼 보급종 차액지원	9,800	농업기술센터	10	1	7	8	7	1	1	1
624	강원 인제군	유기질비료 공급 지원사업	189,100	농업기술센터	10	1	7	8	7	1	1	1
625	강원 인제군	토양개량제 지원사업	129,533	농업기술센터	10	1	7	8	7	1	1	1
626	강원 인제군	녹비작물종자대 지원	2,718,000	농업기술센터	10	1	7	8	7	1	1	1
627	강원 인제군	여성농업인 복지바우처 지원	180,600	농업기술센터	10	6	7	8	7	1	1	1
628	강원 인제군	고추바이러스병 예방약제 지원	91,000	농업기술센터	10	1	7	8	7	1	1	1
629	강원 인제군	병해충 예방을 위한 녹비호맥 종자 구입 지원	25,000	농업기술센터	10	1	7	8	7	1	1	1

순번	시군구	지출명 (사업명)	2020년예산 (단위:천원/1년간)	담당자 (공무원) 담당부서	민간이전 분류 (지방자치단체 세출예산 집행기준에 의거) 1. 민간경상사업보조(1) 2. 민간단체 법정운영비보조(2) 3. 민간행사사업보조(3) 4. 민간위탁금(4) 5. 사회복지시설 법정운영비보조(5) 6. 민간인위탁교육비(6) 7. 공기관등에대한경상적대행사업비(7) 8. 민간자본사업보조,자체재원(8) 9. 민간자본사업보조,이전재원(9) 10. 민간위탁사업비(10) 11. 공기관등에 대한 자본적 대행사업비(11)	민간이전지출 근거 (지방보조금 관리기준 참고) 1. 법률에 규정 2. 국고보조 재원(국가지정) 3. 용도 지정 기부금 4. 조례에 직접규정 5. 지자체가 권장하는 사업을 하는 공공기관 6. 시,도 정책 및 재정사정 7. 기타 8. 해당없음	입찰방식 계약체결방법 (경쟁형태) 1. 일반경쟁 2. 제한경쟁 3. 지명경쟁 4. 수의계약 5. 법정위탁 6. 기타 ( ) 7. 해당없음	입찰방식 계약기간 1. 1년 2. 2년 3. 3년 4. 4년 5. 5년 6. 기타 ( )년 7. 단기계약 (1년미만) 8. 해당없음	입찰방식 낙찰자선정방법 1. 적격심사 2. 협상에의한계약 3. 최저가낙찰제 4. 규격가격분리 5. 2단계 경쟁입찰 6. 기타 ( ) 7. 해당없음	운영예산 산정 운영예산 산정 1. 내부산정 (지자체 자체적으로 산정) 2. 외부산정 (외부전문기관위탁 산정) 3. 내·외부 모두 산정 4. 산정 無 5. 해당없음	운영예산 산정 정산방법 1. 내부정산 (지자체 내부적으로 정산) 2. 외부정산 (외부전문기관위탁 정산) 3. 내·외부 모두 산정 4. 정산 無 5. 해당없음	성과평가 실시여부 1. 실시 2. 미실시 3. 향후 추진 4. 해당없음
630	강원 인제군	영농현장 애로기술	200,000	농업기술센터	10	4, 5	7	8	7	1	1	1
631	강원 인제군	영농현장 애로기술	860,000	농업기술센터	10	4, 5	7	8	7	1	1	1
632	강원 인제군	군납 농산물 안전성검사 지원	9,000	농업기술센터	10	1	7	8	7	1	1	1
633	강원 인제군	군납 활성화 포장재 지원	12,500	농업기술센터	10	1	7	8	7	1	1	1
634	강원 인제군	농산물 출하 운송료 지원	300,000	농업기술센터	10	1	7	8	7	1	1	1
635	강원 인제군	농산물 안전성 검사	11,475	농업기술센터	10	1	7	8	7	1	1	1
636	강원 인제군	오행통곡식 명품화사업	25,000	농업기술센터	10	1	7	8	7	1	1	1
637	강원 양양군	전통시장 화장실 운영 지원	10,080	경제에너지과	10	1, 4	7	8	7	1	1	4
638	강원 양양군	슬레이트 처리 및 개량 사업	610,300	환경과	10	2	2	2	3	3	3	1
639	강원 양양군	여성어업인 복지 바우처 지원	26,400	해양수산과	10	6	7	8	7	5	5	4
640	강원 양양군	정치망 가두리 시설비 지원	28,000	해양수산과	10	6	7	8	7	5	5	4
641	강원 양양군	벼 재배용 상토 등 영농자재 지원	125,300	농업기술센터	10	6	5	7	7	3	3	1
642	강원 양양군	벼 병해충 공동방제 농약지원	218,750	농업기술센터	10	4	5	7	7	3	3	1
643	강원 양양군	벼농사 제초제 지원	270,000	농업기술센터	10	4	5	7	7	3	3	1
644	강원 양양군	친환경 재제 지원	180,000	농업기술센터	10	4	5	7	7	3	3	1
645	강원 양양군	벼 재배용 못자리상토 지원	180,000	농업기술센터	10	4	5	7	7	3	3	1
646	강원 양양군	여성농업인 복지바우처 지원	119,400	농업기술센터	10	6	7	8	7	1	1	1
647	강원 양양군	벼 보급종 공급가격 차액지원	9,352	농업기술센터	10	6	5	7	7	3	3	1
648	강원 양양군	유기농자재 지원	122,500	농업기술센터	10	2	7	7	3	3	1	1
649	강원 양양군	유기질비료 공급	243,960	농업기술센터	10	2	7	7	3	3	1	1
650	강원 양양군	토양개량제 지원	200,777	농업기술센터	10	2	5	7	7	3	3	1
651	충북 충주시	나들가게 육성 선도지역사후관리 사업	75,000	경제기업과	10	5	7	7	7	1	1	1
652	충북 충주시	농어촌 장애인주택개조 지원	22,800	건축과	10	2	7	8	7	5	5	4
653	충북 충주시	앙성온천광장	27,240	관광과	10	4	4	3	7	1	1	2
654	충북 충주시	전기자동차 배터리 회수관리 지원사업	260,000	기후에너지과	10	2	7	8	7	5	5	4
655	충북 충주시	지역특화사업지원	20,000	농정과	10	6	7	8	7	1	1	1
656	충북 충주시	지역특화사업지원	20,000	농정과	10	6	7	8	7	1	1	1
657	충북 충주시	지역특화사업지원	30,000	농정과	10	6	7	8	7	1	1	1
658	충북 충주시	소규모 저온저장고 지원	200,000	농정과	10	4	7	8	7	1	1	1
659	충북 충주시	지자체 수출전략상품 육성지원	28,000	농정과	10	2	7	8	7	1	1	1
660	충북 충주시	우수농산물 박스 제작지원	200,000	농정과	10	4	7	8	7	1	1	1
661	충북 충주시	우수농산물 박스 제작지원	50,000	농정과	10	4	7	8	7	1	1	1
662	충북 충주시	사과농가 지원	300,000	농정과	10	4	7	8	7	1	1	1
663	충북 충주시	통합마케팅 활성화	100,000	농정과	10	4	7	8	7	1	1	1
664	충북 충주시	경제림조성	1,236,000	산림녹지과	10	1	7	8	7	5	5	4
665	충북 충주시	정책숲가꾸기	3,068,000	산림녹지과	10	1	7	8	7	5	5	4
666	충북 충주시	미세먼지저감숲가꾸기	162,720	산림녹지과	10	1	7	8	7	5	5	4
667	충북 제천시	제천향교 차광막 구입	1,600,000	문화예술과	10	4	7	8	7	2	2	3
668	충북 보은군	장애인복지관 운영	870,081	주민복지과	10	4	7	8	7	5	5	4
669	충북 보은군	장애인직업능력향상교육	38,214	주민복지과	10	4	7	8	7	5	5	4
670	충북 보은군	도로명주소 기본도 유지관리	5,246	민원과	10	1	7	8	7	2	2	4
671	충북 보은군	축산재해예방	50,000	축산과	10	4	7	8	7	1	1	3
672	충북 보은군	양봉농가 저장시설 설치	20,000	축산과	10	4	7	8	7	1	1	3
673	충북 보은군	꿀벌 생산량 향상	60,000	축산과	10	4	7	8	7	1	1	3
674	충북 보은군	보은한우 시설장비	60,000	축산과	10	4	7	8	7	1	1	3

순번	시군구	지출명 (사업명)	2020년예산 (단위:천원/1년간)	담당자 (공무원) 담당부서	민간이전 분류 (지방자치단체 세출예산 집행기준에 의거) 1. 민간경상사업보조(1) 2. 민간단체 법정운영비보조(2) 3. 민간행사사업보조(3) 4. 민간위탁금(4) 5. 사회복지시설 법정운영비보조(5) 6. 민간인위탁교육비(6) 7. 공기관등에대한경상적대행사업비(7) 8. 민간자본사업보조,자체재원(8) 9. 민간자본사업보조,이전재원(9) 10. 민간위탁사업비(10) 11. 공기관등에 대한 자본적 대행사업비(11)	민간이전지출 근거 (지방보조금 관리기준 참고) 1. 법률에 규정 2. 국고보조 재원(국가지정) 3. 용도 지정 기부금 4. 조례에 직접규정 5. 지자체가 권장하는 사업을 하는 공공기관 6. 시,도 정책 및 재정사정 7. 기타 8. 해당없음	입찰방식 계약체결방법 (경쟁형태) 1. 일반경쟁 2. 제한경쟁 3. 지명경쟁 4. 수의계약 5. 법정위탁 6. 기타 ( ) 7. 해당없음	입찰방식 계약기간 1. 1년 2. 2년 3. 3년 4. 4년 5. 5년 6. 기타 ( )년 7. 단기계약 (1년미만) 8. 해당없음	입찰방식 낙찰자선정방법 1. 적격심사 2. 협상에의한계약 3. 최저가낙찰제 4. 규격가격분리 5. 2단계 경쟁입찰 6. 기타 ( ) 7. 해당없음	운영예산 산정 운영예산 산정 1. 내부산정 (지자체 자체적으로 산정) 2. 외부산정 (외부전문기관위탁 산정) 3. 내·외부 모두 산정 4. 산정 無 5. 해당없음	운영예산 산정 정산방법 1. 내부정산 (지자체 내부적으로 정산) 2. 외부정산 (외부전문기관위탁 정산) 3. 내·외부 모두 산정 4. 정산 無 5. 해당없음	성과평가 실시여부 1. 실시 2. 미실시 3. 향후 추진 4. 해당없음
675	충북 보은군	가축분뇨처리 퇴비사 지원	100,000	축산과	10	4	7	8	7	1	1	3
676	충북 보은군	CCTV 등 방역인프라 지원	127,200	축산과	10	4	1	1	1	2	1	3
677	충북 보은군	조림사업	728,140	산림녹지과	10	1	7	8	7	5	1	4
678	충북 보은군	정책숲가꾸기	173,000	산림녹지과	10	1	7	8	7	5	1	4
679	충북 보은군	미세먼지저감 숲가꾸기	67,800	산림녹지과	10	1	7	8	7	5	1	4
680	충북 보은군	농어촌장애인주택개조사업	15,200	주택팀	10	2	5	1	7	1	1	1
681	충북 옥천군	하수관거BTL사업 운영관리 위탁	574,000	상하수도사업소	10	2	2	6	6	1	2	1
682	충북 옥천군	공동주택단지내 공공이용시설 유지보수사업	435,000	도시교통과	10	1	6(사업비에 따라 다름	1	6(사업비에 따라 다름)	1	1	1
683	충북 옥천군	농촌 빈집정비 지원사업	10,000	도시교통과	10	1	6	1	6(보조사업자 선정)	1	1	1
684	충북 옥천군	특별교통수단 운행차량 구입	84,000	도시교통과	10	4	6(조달구입)	8	7	1	1	1
685	충북 옥천군	살처분 대상가축 랜더링 처리	20,000	친환경농축산과	10	2	7	8	7	1	1	4
686	충북 옥천군	지역아동센터	35,000	주민복지과	10	4	7	8	7	5	1	4
687	충북 옥천군	국공립어린이집 확충 기자재 구입	20,000	주민복지과	10	2	7	8	7	5	5	4
688	충북 옥천군	농어촌장애인 주택개조사업	34,200	주민복지과	10	2	[illegible]	7	2	5	1	1
689	충북 영동군	설계리농요전수관 운영	18,000	국악문화체육과	10	4	4	1	6	1	1	4
690	충북 증평군	농어촌 장애인주택 개조사업	19,000	생활지원과	10	2	6(협약)	7	7	4	1	2
691	충북 증평군	도시가스 공급시설 설치비 지원	50,000	경제과	10	4	7	8	7	1	1	2
692	충북 증평군	슬레이트 처리 및 개량사업	17,615	환경위생과	10	2	7	8	7	5	5	4
693	충북 단양군	신재생에너지(융복합) 지원사업	3,330,000	지역경제과	10	2	6	1	6	2	1	1
694	충남 천안시	아우내농협 시설 개보수	50,000	농업정책과	10	4	7	8	7	5	5	4
695	충남 천안시	천안밀천안팥 생산 농자재지원	86,000	농업정책과	10	4	7	8	7	5	5	4
696	충남 천안시	인터넷중독전담상담사배치	34,768	교육청소년과	10	2	7	8	7	2	3	1
697	충남 천안시	야생동물 피해예방시설 설치	129,000	환경정책과	10	1	7	8	7	5	5	4
698	충남 천안시	노인복지관 기능보강	200,000	노인장애인과	10	1	5	5	1	3	1	1
699	충남 천안시	주정차 위반차량 견인	6,000	교통정책과	10	4	7	8	7	5	5	4
700	충남 천안시	가공배전선로 지중화사업	1,200,000	건설도로과	10	1	7	8	7	5	5	4
701	충남 천안시	제2일반산업단지 관리사무소 이전 설치	50,000	기업지원과	10	4	6(협약)	5	6(협약)	5	1	2
702	충남 천안시	제2일반산업단지 지원건물 옥상 방수 공사	45,000	기업지원과	10	4	6(협약)	5	6(협약)	5	1	2
703	충남 천안시	직산부송농공단지 지하수 양수시설 유지보수	10,000	기업지원과	10	4	6(협약)	5	6(협약)	5	1	2
704	충남 천안시	제3일반산업단지 비점오염저감시설 유지관리	26,000	기업지원과	10	4	6(협약)	5	6(협약)	5	1	2
705	충남 천안시	풍세일반산업단지 비점오염저감시설 유지관리	4,700	기업지원과	10	4	6(협약)	5	6(협약)	5	1	2
706	충남 천안시	봉장 환경개선으로 생산성 향상 시범	10,000	농촌지원과	10	4	7	8	7	5	5	4
707	충남 천안시	생력화 기계로 벼 재배 환경개선 시범	5,000	농촌지원과	10	4	7	8	7	5	5	4
708	충남 천안시	다육식물 시설하우스 개보수 시범	20,000	농촌지원과	10	4	7	8	7	5	5	4
709	충남 공주시	서민층가스시설개선사업	103,200	지역경제과	10	2	7	7	7	5	5	4
710	충남 공주시	신재생에너지 융복합지원	4,020	지역경제과	10	2	7	7	7	3	3	3
711	충남 공주시	조림	2,191,000	산림경영과	10	2	7	8	7	5	5	4
712	충남 공주시	숲가꾸기 사업	2,188,000	산림경영과	10	2	7	8	7	5	5	4
713	충남 공주시	미세먼지 저감 공익숲가꾸기	406,800	산림경영과	10	2	7	8	7	5	5	4
714	충남 공주시	서민층가스시설개선사업	103,200	지역경제과	10	2	7	7	7	5	5	4
715	충남 공주시	신재생에너지 융복합지원	4,020	지역경제과	10	2	7	7	7	3	3	3
716	충남 아산시	장영실과학관 BTL 시설임대료 및 운영비	1,720,000	공공시설과	10	1, 2	1	6(20년)	1	5	5	1
717	충남 아산시	아산시 물환경센터 단순관리 대행용역	7,502	하수도과	10	1	2	3	1	2	1	1
718	충남 아산시	아산신도시 물환경센터	8,640	하수도과	10	1	6(BTO)	6(20)	6(BTO)	2	1	3
719	충남 아산시	아산시 물환경센터 단순관리 대행용역	7,502	하수도과	10	1	2	3	1	2	1	1

순번	시군구	지출명 (사업명)	2020년예산 (단위:천원/1년간)	담당자 (공무원) 담당부서	민간이전 분류 (지방자치단체 세출예산 집행기준에 의거) 1. 민간경상사업보조(1) 2. 민간단체 법정운영비보조(2) 3. 민간행사사업보조(3) 4. 민간위탁금(4) 5. 사회복지시설 법정운영비보조(5) 6. 민간인위탁교육비(6) 7. 공기관등에대한경상적대행사업비(7) 8. 민간자본사업보조,자체재원(8) 9. 민간자본사업보조,이전재원(9) 10. 민간위탁사업비(10) 11. 공기관등에 대한 자본적 대행사업비(11)	민간이전지출 근거 (지방보조금 관리기준 참고) 1. 법률에 규정 2. 국고보조 재원(국가지정) 3. 용도 지정 기부금 4. 조례에 직접규정 5. 지자체가 권장하는 사업을 하는 공공기관 6. 시,도 정책 및 재정사정 7. 기타 8. 해당없음	입찰방식 계약체결방법 (경쟁형태) 1. 일반경쟁 2. 제한경쟁 3. 지명경쟁 4. 수의계약 5. 법정위탁 6. 기타 ( ) 7. 해당없음	입찰방식 계약기간 1. 1년 2. 2년 3. 3년 4. 4년 5. 5년 6. 기타 ( )년 7. 단기계약 (1년미만) 8. 해당없음	입찰방식 낙찰자선정방법 1. 적격심사 2. 협상에의한계약 3. 최저가낙찰제 4. 규격가격분리 5. 2단계 경쟁입찰 6. 기타 ( ) 7. 해당없음	운영예산 산정 운영예산 산정 1. 내부산정 (지자체 자체 적으로 산정) 2. 외부산정 (외부전문기관 위탁 산정) 3. 내·외부 모두 산정 4. 산정 無 5. 해당없음	운영예산 산정 정산방법 1. 내부정산 (지자체 내부적으로 정산) 2. 외부정산 (외부전문기관 위탁 정산) 3. 내·외부 모두 산정 4. 정산 無 5. 해당없음	성과평가 실시여부 1. 실시 2. 미실시 3. 향후 추진 4. 해당없음
720	충남 아산시	아산신도시 물환경센터	8,640	하수도과	10	1	6(BTO)	6(20)	6(BTO)	2	1	3
721	충남 아산시	경로당 전기안전 점검 검사 수수료 지원	8,250	경로장애인과	10	4	7	8	7	5	1	1
722	충남 아산시	찾아가는경로당실버극장,영화심리치료프로그램장비	3,000,000	경로장애인과	10	4	7	8	7	5	1	4
723	충남 서산시	LPG 소형저장탱크 보급	270,000	일자리경제과	10	1	7	8	7	5	5	1
724	충남 서산시	자원순환형 바이오가스화시설 관리운영	1,900,000	환경생태과	10	4	7	8	7	5	5	4
725	충남 서산시	수소충전소 운영을 위한 위탁사업비	150,000	환경생태과	10	5	7	8	7	5	5	4
726	충남 서산시	사유림 산림경영계획작성	6,139	산림공원과	10	2	7	8	7	5	5	4
727	충남 서산시	경로당(마을회관) 건립(보수)사업	2,538,000	경로장애인과	10	1	1	7	1	1	1	1
728	충남 서산시	서산뜨레한돈모돈갱신 지원사업	90,000	축산과	10	4	7	8	7	1	1	1
729	충남 서산시	서산뜨레한돈 전용 홍보용품 등 지원사업	15,000	축산과	10	4	7	8	7	1	1	1
730	충남 서산시	서산뜨레한돈 우수정액 지원사업	30,000	축산과	10	4	7	8	7	1	1	1
731	충남 계룡시	유기질비료지원	57,748	농림과	10	1	7	7	7	4	1	4
732	충남 계룡시	토양개량제지원	84,805	농림과	10	1	7	7	7	4	1	4
733	충남 계룡시	공동주택 지원사업	294,000	도시건축과	10	1	7	8	7	1	1	3
734	충남 계룡시	민간투자사업 임대료	176,400	공공시설사업소	10	2	1	6	1	1	5	4
735	충남 금산군	하수관거정비사업(BTL) 임대료	3,035,000	환경자원과	10	1	5	6	2	3	3	1
736	충남 금산군	농어촌마을하수도정비사업	1,279,000	환경자원과	10	1	5	8	7	5	3	2
737	충남 금산군	농어촌마을하수도정비사업	104,100	환경자원과	10	1	5	8	7	5	3	2
738	충남 금산군	농어촌마을하수도정비사업	224,000	환경자원과	10	1	5	8	7	5	3	2
739	충남 금산군	농어촌마을하수도정비사업	314,000	환경자원과	10	1	5	8	7	5	3	2
740	충남 금산군	농어촌마을하수도정비사업	314,000	환경자원과	10	1	5	8	7	5	3	2
741	충남 금산군	농어촌마을하수도정비사업	314,000	환경자원과	10	1	5	8	7	5	3	2
742	충남 금산군	하수관로 정비사업	160,000	환경자원과	10	1	5	8	7	5	3	2
743	충남 금산군	하수관로 정비사업	154,000	환경자원과	10	1	5	8	7	5	3	2
744	충남 금산군	하수관로 정비사업	86,000	환경자원과	10	1	5	8	7	5	3	2
745	충남 금산군	하수관거정비사업(BTL) 운영비	750,000	환경자원과	10	1	5	6	2	3	3	1
746	충남 금산군	면단위하수처리장 설치사업	714,000	환경자원과	10	1	5	8	7	5	3	2
747	충남 금산군	조림사업 대행비	936,000	산림녹지과	10	2	7	1	7	1	3	3
748	충남 금산군	정책숲가꾸기사업 대행비	2,382,000	산림녹지과	10	2	5	1	7	1	3	3
749	충남 금산군	미세먼지 저감 공익 숲가꾸기 대행비	542,400	산림녹지과	10	2	5	1	7	1	3	3
750	충남 금산군	조림(큰나무조림) 대행비	385,600	산림녹지과	10	2	7	1	7	1	3	3
751	충남 금산군	조림(지역특화) 대행비	312,255	산림녹지과	10	2	7	1	7	1	3	3
752	충남 금산군	숲해설 위탁운영비	51,000	산림녹지과	10	1	7	8	7	5	5	4
753	충남 금산군	유아숲교육 위탁운영비	25,500	산림녹지과	10	1	7	8	7	5	5	4
754	충남 금산군	신재생에너지 융복합사업	2,770,000	지역경제과	10	2	7	8	7	5	5	4
755	충남 금산군	슬레이트 처리 지원사업	1,596,000	도시재생과	10	2	6	1	6	5	1	4
756	충남 부여군	한우개량 극대화 지원	151,000	농업기술센터	10	6	7	8	7	5	5	4
757	충남 부여군	한우 핵군우 농가육성	102,200	농업기술센터	10	6	7	8	7	5	5	4
758	충남 부여군	한우 광역브랜드 육성	296,684	농업기술센터	10	6	7	8	7	5	5	4
759	충남 부여군	한우 육성률 향상지원	214,045	농업기술센터	10	6	7	8	7	5	5	4
760	충남 부여군	굿뜨래 한우브랜드 참여농가 육성지원	1,000,000	농업기술센터	10	6	7	8	7	5	5	4
761	충남 청양군	삼상전기설치지원	70,000	사회적경제과	10	7	7	8	7	5	5	4
762	충남 청양군	귀농인 농업생산 기반시설	110,000	농업기술센터	10	6	7	8	7	5	5	4
763	충남 청양군	귀농인 빈집수리비	50,000	농업기술센터	10	6	7	8	7	5	5	4
764	충남 청양군	귀농인 아이디어 공모	100,000	농업기술센터	10	6	7	8	7	5	5	4

순번	시군구	지출명 (사업명)	2020년예산 (단위:천원/1년간)	담당자 (공무원) 담당부서	민간이전 분류 (지방자치단체 세출예산 집행기준에 의거) 1. 민간경상사업보조(1) 2. 민간단체 법정운영비보조(2) 3. 민간행사사업보조(3) 4. 민간위탁금(4) 5. 사회복지시설 법정운영비보조(5) 6. 민간인위탁교육비(6) 7. 공기관등에대한경상적대행사업비(7) 8. 민간자본사업보조,자체재원(8) 9. 민간자본사업보조,이전재원(9) 10. 민간위탁사업비(10) 11. 공기관등에 대한 자본적 대행사업비(11)	민간이전지출 근거 (지방보조금 관리기준 참고) 1. 법률에 규정 2. 국고보조 재원(국가지정) 3. 용도 지정 기부금 4. 조례에 직접규정 5. 지자체가 권장하는 사업을 하는 공공기관 6. 시,도 정책 및 재정사정 7. 기타 8. 해당없음	입찰방식 계약체결방법 (경쟁형태) 1. 일반경쟁 2. 제한경쟁 3. 지명경쟁 4. 수의계약 5. 법정위탁 6. 기타 ( ) 7. 해당없음	입찰방식 계약기간 1. 1년 2. 2년 3. 3년 4. 4년 5. 5년 6. 기타 ( )년 7. 단기계약 (1년미만) 8. 해당없음	입찰방식 낙찰자선정방법 1. 적격심사 2. 협상에의한계약 3. 최저가낙찰제 4. 규격가격분리 5. 2단계 경쟁입찰 6. 기타 ( ) 7. 해당없음	운영예산 산정 운영예산 산정 1. 내부산정 (지자체 자체적으로 산정) 2. 외부산정 (외부전문기관위탁 산정) 3. 내·외부 모두 산정 4. 산정 無 5. 해당없음	운영예산 산정 정산방법 1. 내부정산 (지자체 내부적으로 정산) 2. 외부정산 (외부전문기관위탁 정산) 3. 내·외부 모두 산정 4. 정산 無 5. 해당없음	성과평가 실시여부 1. 실시 2. 미실시 3. 향후 추진 4. 해당없음
765	충남 청양군	치매치료관리비지원	183,322	보건사업과	10	2	7	8	7	5	5	4
766	충남 청양군	희귀질환자의료비지원	64,000	보건사업과	10	1	7	8	7	5	5	4
767	충남 청양군	국가암조기검진	77,417	보건사업과	10	1	7	8	7	5	5	4
768	충남 청양군	성인병질환 검진	24,000	보건사업과	10	6	4	8	7	5	1	4
769	충남 청양군	전립선 암검진	6,960	보건사업과	10	6	4	8	7	5	1	4
770	충남 청양군	의료급여수급권자 일반건강검진	5,643	보건사업과	10	1	7	8	7	5	5	4
771	충남 청양군	결핵관리사업	2,992,000	감염병예방팀	10	6	5	1	7	2	5	4
772	충남 청양군	한센병위탁관리사업	14,700	감염병예방팀	10	6	5	1	7	2	5	4
773	충남 예산군	젖소우수정액지원	40,000	산림축산과	10	6	7	8	7	1	1	4
774	충남 예산군	구제역예방백신지원	787,150	산림축산과	10	1	7	8	7	1	1	2
775	충남 예산군	공동방제단운영	304,946	산림축산과	10	1	7	8	7	1	1	2
776	충남 예산군	예산군 도시재생지원센터	368,773	도시재생과	10	1, 4	4	6(6년)	1	1	1	4
777	충남 예산군	주교1리 도시재생현장지원센터	200,000	도시재생과	10	1, 4	4	2	1	1	1	4
778	충남 예산군	예산3리 도시재생현장지원센터	200,000	도시재생과	10	1, 4	4	4	1	1	1	4
779	전북 익산시	도시가스 보급사업	350,000	일자리정책과	10	4	7	8	7	5	5	4
780	전북 익산시	취약계층 에너지홈닥터사업	13,300	일자리정책과	10	4	7	8	7	5	5	4
781	전북 익산시	도시가스 설치비 지원사업	2,000,000	일자리정책과	10	4	7	8	7	5	5	4
782	전북 익산시	어린이집 확충	386,394	아동복지과	10	2	7	7	7	4	4	4
783	전북 익산시	농업인 월급제 시행	20,000	미래농업과	10	4	7	8	7	1	1	1
784	전북 익산시	한우암소 유전형질개량사업	45,000	축산과	10	8	7	8	7	5	5	4
785	전북 익산시	고능력암소축군조성	47,800	축산과	10	8	7	8	7	5	5	4
786	전북 익산시	학교우유급식 지원	930,444	축산과	10	8	7	8	7	5	5	4
787	전북 익산시	축산물이력제	74,922	축산과	10	8	7	8	7	5	5	4
788	전북 익산시	전북4대한우광역브랜드명품화육성사업	11,000	축산과	10	8	7	8	7	5	5	4
789	전북 익산시	조사료 종자구입 지원	144,000	축산과	10	8	7	8	7	5	5	4
790	전북 익산시	조사료 전문단지 종자구입 지원	82,512	축산과	10	8	7	8	7	5	5	4
791	전북 익산시	구제역 및 AI 예방약품 구입 지원	474,000	축산과	10	8	7	8	7	5	5	4
792	전북 익산시	구제역및AI예방약품지원	74,251	축산과	10	8	7	8	7	5	5	4
793	전북 익산시	차량무선인식장치 상시전원 공급체계 구축	47,400	축산과	10	8	7	8	7	5	5	4
794	전북 익산시	공동방제단 운영	210,524	축산과	10	8	7	8	7	5	5	4
795	전북 익산시	모현동 옥창지구 새뜰마을 사업	40,000	도시재생과	10	8	7	8	7	5	5	4
796	전북 익산시	취약지역 개조	400,000	도시재생과	10	5	7	8	7	5	1	4
797	전북 익산시	저소득층 희망의집 고쳐주기	336,000	주택과	10	6	7	8	7	1	1	1
798	전북 익산시	농어촌장애인 주택개조 사업	19,000	주택과	10	6	7	8	7	1	1	1
799	전북 남원시	마을단위 LPG소형저장탱크 보급사업	800,000	일자리경제과	10	1	7	8	7	5	5	4
800	전북 남원시	취약계층 에너지홈닥터	11,305	일자리경제과	10	1	7	8	7	5	5	4
801	전북 남원시	농업인 월급제(이차보전금)지원사업	150,000	농정과	10	4	7	8	7	5	5	4
802	전북 남원시	GAP 토양/용수 안전성 분석지원	20,000	원예산업과	10	1	7	8	7	5	5	4
803	전북 남원시	한우 인공수정 정액지원사업	100,000	축산과	10	1	7	8	7	5	5	4
804	전북 남원시	수정란이식 지원사업	30,000	축산과	10	1	7	8	7	5	5	4
805	전북 남원시	암소 유전형질 개량지원사업	51,000	축산과	10	1	7	8	7	5	5	4
806	전북 남원시	고능력 암소축군 조성지원사업	50,200	축산과	10	1	7	8	7	5	5	4
807	전북 남원시	쇠고기 이력제 지원사업	81,114	축산과	10	1	7	8	7	5	5	4
808	전북 남원시	송아지생산안정지원사업	22,900	축산과	10	1	7	8	7	5	5	4
809	전북 남원시	쇠죽한우 출하장려금 지원사업	108,000	축산과	10	1	7	8	7	5	5	4

순번	시군구	지출명 (사업명)	2020년예산 (단위:천원/1년간)	담당자 (공무원) 담당부서	민간이전 분류 (지방자치단체 세출예산 집행기준에 의거) 1. 민간경상사업보조(1) 2. 민간단체 법정운영비보조(2) 3. 민간행사사업보조(3) 4. 민간위탁금(4) 5. 사회복지시설 법정운영비보조(5) 6. 민간인위탁교육비(6) 7. 공기관등에대한경상적대행사업비(7) 8. 민간자본사업보조,자체재원(8) 9. 민간자본사업보조,이전재원(9) 10. 민간위탁사업비(10) 11. 공기관등에 대한 자본적 대행사업비(11)	민간이전지출 근거 (지방보조금 관리기준 참고) 1. 법률에 규정 2. 국고보조 재원(국가지정) 3. 용도 지정 기부금 4. 조례에 직접규정 5. 지자체가 권장하는 사업을 하는 공공기관 6. 시,도 정책 및 재정사정 7. 기타 8. 해당없음	입찰방식 계약체결방법 (경쟁형태) 1. 일반경쟁 2. 제한경쟁 3. 지명경쟁 4. 수의계약 5. 법정위탁 6. 기타 ( ) 7. 해당없음	입찰방식 계약기간 1. 1년 2. 2년 3. 3년 4. 4년 5. 5년 6. 기타 ( )년 7. 단기계약 (1년미만) 8. 해당없음	입찰방식 낙찰자선정방법 1. 적격심사 2. 협상에의한계약 3. 최저가낙찰제 4. 규격가격분리 5. 2단계 경쟁입찰 6. 기타 ( ) 7. 해당없음	운영예산 산정 운영예산 산정 1. 내부산정 (지자체 자체적으로 산정) 2. 외부산정 (외부전문기관위탁 산정) 3. 내·외부 모두 산정 4. 산정 無 5. 해당없음	운영예산 산정 정산방법 1. 내부정산 (지자체 내부적으로 정산) 2. 외부정산 (외부전문기관위탁 정산) 3. 내·외부 모두 산정 4. 정산 無 5. 해당없음	성과평가 실시여부 1. 실시 2. 미실시 3. 향후 추진 4. 해당없음
810	전북 남원시	젖소 육성우 위탁사업	207,000	축산과	10	1	7	8	7	5	5	4
811	전북 남원시	젖소검정사업	18,000	축산과	10	1	7	8	7	5	5	4
812	전북 남원시	낙농 헬퍼 지원사업	30,000	축산과	10	1	7	8	7	5	5	4
813	전북 남원시	구제역 예방약(전업농) 지원사업	407,000	축산과	10	7(가축방역실시요령)	7	8	7	5	5	4
814	전북 남원시	공동방제단 인건비	103,068	축산과	10	7(가축방역실시요령)	7	8	7	5	5	4
815	전북 남원시	공동방제단 운영비	105,432	축산과	10	7(가축방역실시요령)	7	8	7	5	5	4
816	전북 남원시	거점소독시설 운영지원	240,000	축산과	10	7(가축방역실시요령)	7	8	7	5	5	4
817	전북 남원시	벼 병해충 항공방제 지원	1,473,000	농업기술센터	10	4	7	8	7	5	5	4
818	전북 김제시	취약계층 에너지홈닥터 사업	9,975	경제진흥과	10	3	6	1	6	2	3	4
819	전북 김제시	슬레이트 처리지원사업	1,425,000	환경과	10	2	7	8	7	5	5	4
820	전북 김제시	분뇨처리 대행교부금	2,408,000	환경과	10	4	7	8	7	1	5	4
821	전북 김제시	나눔과 희망의 집 고쳐주기 사업	220,000	건축과	10	7	7	5	7	5	5	4
822	전북 김제시	신설공사비	540,000	상하수도과	10	4	4	7	7	1	1	1
823	전북 김제시	급수전 신설 공사비	400,000	상하수도과	10	4	4	7	7	1	1	1
824	전북 김제시	신설용관급자재구입	114,000	상하수도과	10	4	4	7	7	1	1	1
825	전북 김제시	신설용관급자재구입	26,000	상하수도과	10	4	4	7	7	1	1	1
826	전북 김제시	개조공사비	10,000	상하수도과	10	4	4	7	7	1	1	1
827	전북 김제시	급수전개조공사비	10,000	상하수도과	10	4	4	7	7	1	1	1
828	전북 김제시	06BTL 시설임대료	2,671,000	상하수도과	10	7	6(실시협약)	6(20년)	6(실시협약)	1	1	1
829	전북 김제시	06BTL 시설임대료	65,000	상하수도과	10	7	6(실시협약)	6(20년)	6(실시협약)	1	1	1
830	전북 김제시	09BTL 시설임대료	5,022	상하수도과	10	7	6(실시협약)	6(20년)	6(실시협약)	1	1	1
831	전북 김제시	09BTL 시설임대료	132,000	상하수도과	10	7	6(실시협약)	6(20년)	6(실시협약)	1	1	1
832	전북 김제시	GAP 토양/용수 안전성 분석사업	261,142	농업정책과	10	2	4	1	3	3	1	4
833	전북 김제시	품목생산자조직 육성 위탁교육	10,000	농촌지원과	10	6	7	8	7	5	5	4
834	전북 김제시	예비 창업농업인 위탁교육	25,000	농촌지원과	10	6	7	8	7	1	1	1
835	전북 김제시	신규농업인 기초영농기술 교육	21,000	농촌지원과	10	2	1	7	1	1	1	2
836	전북 김제시	귀농귀촌 현장실습 교육	38,000	농촌지원과	10	2	1	7	1	1	1	1
837	전북 김제시	귀농체험(현장실습)학교	8,200	농촌지원과	10	2	1	7	1	1	1	2
838	전북 김제시	창업심화 코칭 교육	15,000	농촌지원과	10	2	1	7	1	1	1	2
839	전북 김제시	강소농 경영개선 교육 위탁 및 컨설팅	24,000	농촌지원과	10	6	7	8	7	1	1	1
840	전북 완주군	취약계층 에너지 홈닥터 사업	13,300	일자리경제과	10	2	7	8	7	5	5	4
841	전북 완주군	도시가스 공급망 지원사업	795,479	일자리경제과	10	4	7	8	7	5	5	4
842	전북 완주군	친환경인증 안정화 지원사업	30,000	기술보급과	10	4	7	8	7	5	5	4
843	전북 완주군	경로당 기능혁신	40,000	사회복지과	10	1	7	1	7	1	3	1
844	전북 완주군	경로당 보수비 지원	100,000	사회복지과	10	1	4	1	7	1	3	1
845	전북 완주군	경로당 도시가스 설치공사	15,000	사회복지과	10	1	4	1	7	1	3	1
846	전북 완주군	경로당 에너지 고효율제품 보급지원	40,000	사회복지과	10	1	4	1	7	1	3	1
847	전북 완주군	경로당 심야전기보일러 교체	80,000	사회복지과	10	1	4	1	7	1	3	1
848	전북 완주군	전라북도환경기초시설건설및운영민간투자사업	500,000	상하수도사업소	10	8	6	6	6	2	5	1
849	전북 완주군	완주군 소규모공공하수처리시설 관리대행 민간위탁	1,249,000	상하수도사업소	10	4	4	3	2	1	1	1
850	전북 완주군	여성농업인 생생카드 지원사업	254,150	농업축산과	10	1	7	1	7	1	1	2
851	전북 완주군	농어인안전보험 지원사업	590,271	농업축산과	10	1	7	1	7	1	1	2
852	전북 완주군	영농도우미 지원사업	15,750	농업축산과	10	1	7	1	7	1	1	2
853	전북 완주군	주산지 GAP 안전성 분석지원사업	73,192	농업축산과	10	1	1	1	3	3	1	1
854	전북 완주군	고능력암소축군조성사업	57,600	농업축산과	10	1	7	8	7	5	5	4

순번	시군구	지출명 (사업명)	2020년예산 (단위:천원/1년간)	담당자 (공무원) 담당부서	민간이전 분류 (지방자치단체 세출예산 집행기준에 의거) 1. 민간경상사업보조(1) 2. 민간단체 법정운영비보조(2) 3. 민간행사사업보조(3) 4. 민간위탁금(4) 5. 사회복지시설 법정운영비보조(5) 6. 민간인위탁교육비(6) 7. 공기관등에대한경상적대행사업비(7) 8. 민간자본사업보조,자체재원(8) 9. 민간자본사업보조,이전재원(9) 10. 민간위탁사업비(10) 11. 공기관등에 대한 자본적 대행사업비(11)	민간이전지출 근거 (지방보조금 관리기준 참고) 1. 법률에 규정 2. 국고보조 재원(국가지정) 3. 용도 지정 기부금 4. 조례에 직접규정 5. 지자체가 권장하는 사업을 하는 공공기관 6. 시,도 정책 및 재정사정 7. 기타 8. 해당없음	입찰방식 계약체결방법 (경쟁형태) 1. 일반경쟁 2. 제한경쟁 3. 지명경쟁 4. 수의계약 5. 법정위탁 6. 기타 ( ) 7. 해당없음	입찰방식 계약기간 1. 1년 2. 2년 3. 3년 4. 4년 5. 5년 6. 기타 ( )년 7. 단기계약 (1년미만) 8. 해당없음	입찰방식 낙찰자선정방법 1. 적격심사 2. 협상에의한계약 3. 최저가낙찰제 4. 규격가격분리 5. 2단계 경쟁입찰 6. 기타 ( ) 7. 해당없음	운영예산 산정 운영예산 산정 1. 내부산정 (지자체 자체적으로 산정) 2. 외부산정 (외부전문기관위탁 산정) 3. 내·외부 모두 산정 4. 산정 無 5. 해당없음	운영예산 산정 정산방법 1. 내부정산 (지자체 내부적으로 정산) 2. 외부정산 (외부전문기관위탁 정산) 3. 내·외부 모두 산정 4. 정산 無 5. 해당없음	성과평가 실시여부 1. 실시 2. 미실시 3. 향후 추진 4. 해당없음
855	전북 완주군	송아지 경매시장 활성화지원	12,000	농업축산과	10	1	7	8	7	5	5	4
856	전북 완주군	송아지생산안정사업	18,300	농업축산과	10	1	7	8	7	5	5	4
857	전북 완주군	전북한우 광역브랜드 지원	5,000	농업축산과	10	1	7	8	7	5	5	4
858	전북 완주군	조사료 종자 지원	79,500	농업축산과	10	1	7	8	7	5	5	4
859	전북 완주군	학교우유급식사업	273,767	농업축산과	10	1	7	8	7	5	5	4
860	전북 완주군	학생승마체험지원	84,660	농업축산과	10	1	7	8	7	5	5	4
861	전북 완주군	한우암소유전형질개량사업	76,000	농업축산과	10	1	7	8	7	5	5	4
862	전북 완주군	한우우량정액 공급사업	150,000	농업축산과	10	1	7	8	7	5	5	4
863	전북 완주군	쇠고기이력 추적제	60,628	농업축산과	10	2	6	8	7	5	1	4
864	전북 임실군	나눔과 희망의 집 고쳐주기사업	96,000	주택토지과	10	6	4	1	7	1	1	1
865	전북 임실군	농어촌 장애인주택 개조사업	304,000	주택토지과	10	2	4	1	7	1	1	1
866	전북 순창군	취약계층에너지홈닥터사업	9,975	경제교통과	10	6	6(협약)	1	7	1	1	2
867	전북 순창군	청년창업 지원	40,000	경제교통과	10	7	7	8	7	5	5	4
868	전북 순창군	농촌 장애인 주택개조사업	38,000	농촌개발과	10	1	7	8	7	3	3	1
869	전북 순창군	저소득계층 희망의 집 고쳐주기사업	164,000	농촌개발과	10	2	7	8	7	3	3	1
870	전북 순창군	쓰레기위생매립장 주변마을 주민숙원사업	120,000	환경수도과	10	4	7	8	7	5	5	4
871	전북 순창군	슬레이트 처리개량사업	106,000	환경수도과	10	1	7	8	7	5	5	4
872	전북 순창군	친환경벼재배단지논두렁사업물막이사업	10,000	생명농업과	10	4	7	8	7	4	4	4
873	전북 순창군	악취저감 및 퇴비품질향상원료 구입지원	100,000	생명농업과	10	4	2	1	7	1	1	4
874	전북 순창군	지역맞춤형 품종선발 실증연구사업	45,000	생명농업과	10	6	1	1	1	1	1	4
875	전북 순창군	펠릿(입상)퇴비 구입비 지원	100,000	생명농업과	10	4	7	8	7	1	1	1
876	전북 순창군	농축산순환자원센터 지역 유기질비료 추가지원	100,000	생명농업과	10	4	7	8	7	1	1	1
877	전북 순창군	유용미생물(EM) 활성액 지원사업	192,000	생명농업과	10	4	7	8	7	1	1	1
878	전북 순창군	GCM 자가 고온배양기 지원	44,000	생명농업과	10	4	7	8	7	1	1	1
879	전북 순창군	일반답 새끼우렁이 지원사업	67,200	생명농업과	10	4	7	8	7	1	1	1
880	전북 순창군	유기농 벼 포트이앙 시범단지 조성	27,720	생명농업과	10	4	7	8	7	1	1	1
881	전북 순창군	유기농 벼 재배 포트파종기 지원	4,150	생명농업과	10	4	7	8	7	1	1	1
882	전북 순창군	유기농 벼 포트이앙기 지원	26,200	생명농업과	10	4	7	8	7	1	1	1
883	전북 순창군	곡물건조기(집진기 포함) 지원사업	109,500	생명농업과	10	4	7	8	7	1	1	1
884	전북 순창군	곡물건조기 집진기 지원사업	19,500	생명농업과	10	4	7	8	7	1	1	1
885	전북 순창군	논두렁조성기 지원사업	62,500	생명농업과	10	4	7	8	7	1	1	1
886	전북 순창군	볍씨 파종기 지원사업	37,500	생명농업과	10	4	7	8	7	1	1	1
887	전북 고창군	산란계농가 종이난좌 지원	24,000	축산과	10	4	7	7	7	1	1	3
888	전북 고창군	육계농가 차량계근대 지원	28,000	축산과	10	4	7	7	7	1	1	3
889	전북 고창군	조사료 종자 구입	240,120	축산과	10	2	7	7	7	1	1	3
890	전북 고창군	학교우유급식	173,277	축산과	10	2	7	7	7	1	1	3
891	전북 고창군	낙농헬퍼 지원사업	44,000	축산과	10	6	7	7	7	1	1	3
892	전북 고창군	고능력 암소축군 조성사업	74,600	축산과	10	6	7	7	7	1	1	3
893	전북 고창군	암소유전형질개량사업	92,300	축산과	10	6	7	7	7	1	1	3
894	전북 고창군	송아지생산안정제	19,100	축산과	10	6	7	7	7	1	1	3
895	전북 고창군	전북4대 한우광역브랜드 명품화 육성	8,000	축산과	10	6	7	7	7	1	1	3
896	전북 고창군	축산물이력제	78,232	축산과	10	2	7	7	7	1	1	3
897	전북 고창군	젖소산유능력검정 지원	15,000	축산과	10	4	7	7	7	1	1	3
898	전북 고창군	우량정액지원	140,000	축산과	10	4	7	7	7	1	1	3
899	전북 고창군	등록비지원	18,000	축산과	10	4	7	7	7	1	1	3

순번	시군구	지출명 (사업명)	2020년예산 (단위:천원/1년간)	담당자 (공무원) 담당부서	민간이전 분류 (지방자치단체 세출예산 집행기준에 의거) 1. 민간경상사업보조(1) 2. 민간단체 법정운영비보조(2) 3. 민간행사사업보조(3) 4. 민간위탁금(4) 5. 사회복지시설 법정운영비보조(5) 6. 민간인위탁교육비(6) 7. 공기관등에대한경상적대행사업비(7) 8. 민간자본사업보조,자체재원(8) 9. 민간자본사업보조,이전재원(9) 10. 민간위탁사업비(10) 11. 공기관등에 대한 자본적 대행사업비(11)	민간이전지출 근거 (지방보조금 관리기준 참고) 1. 법률에 규정 2. 국고보조 재원(국가지정) 3. 용도 지정 기부금 4. 조례에 직접규정 5. 지자체가 권장하는 사업을 하는 공공기관 6. 시,도 정책 및 재정사정 7. 기타 8. 해당없음	입찰방식 계약체결방법 (경쟁형태) 1. 일반경쟁 2. 제한경쟁 3. 지명경쟁 4. 수의계약 5. 법정위탁 6. 기타 ( ) 7. 해당없음	입찰방식 계약기간 1. 1년 2. 2년 3. 3년 4. 4년 5. 5년 6. 기타 ( )년 7. 단기계약 (1년미만) 8. 해당없음	입찰방식 낙찰자선정방법 1. 적격심사 2. 협상에의한계약 3. 최저가낙찰제 4. 규격가격분리 5. 2단계 경쟁입찰 6. 기타 ( ) 7. 해당없음	운영예산 산정 운영예산 산정 1. 내부산정 (지자체 자체 적으로 산정) 2. 외부산정 (외부전문기관 위탁 산정) 3. 내·외부 모두 산정 4. 산정 無 5. 해당없음	운영예산 산정 정산방법 1. 내부정산 (지자체 내부적 으로 정산) 2. 외부정산 (외부전문기관 위탁 정산) 3. 내·외부 모두 산정 4. 정산 無 5. 해당없음	성과평가 실시여부 1. 실시 2. 미실시 3. 향후 추진 4. 해당없음
900	전북 고창군	선형심사지원	20,000	축산과	10	4	7	7	7	1	1	3
901	전북 고창군	친자감별지원	30,000	축산과	10	4	7	7	7	1	1	3
902	전북 고창군	한우헬퍼 지원	15,000	축산과	10	4	7	7	7	1	1	3
903	전북 고창군	구제역 예방약품	468,000	축산과	10	2	7	7	7	1	1	3
904	전북 고창군	차량무선인식장치통신료	27,918	축산과	10	2	7	7	7	1	1	3
905	전북 고창군	차량무선인식장치 상시전원 공급체계 구축	11,400	축산과	10	2	7	7	7	1	1	3
906	전북 고창군	일제소독 공동방제단 운영비	151,778	축산과	10	2	7	7	7	1	1	3
907	전북 고창군	취약계층 에너지 홈닥터사업	9,975	상생경제과	10	5	4	7	2	3	3	4
908	전북 고창군	도시가스 미공급지역 설치비 지원사업	28,912	상생경제과	10	5	5	8	2	3	3	4
909	전북 고창군	나눔과 희망의 집 고쳐주기사업	248,000	종합민원과	10	6	5	1	7	5	5	1
910	전북 고창군	노후경유차 매연저감장치(DPF) 설치사업	34,570	생태환경과	10	2	7	8	7	1	1	2
911	전북 고창군	PM,Nox 동시저감장치 설치사업	30,000	생태환경과	10	2	7	8	7	1	1	2
912	전북 고창군	건설기계 매연저감장치(DPF) 설치사업	110,000	생태환경과	10	2	7	8	7	1	1	2
913	전북 고창군	건설기계 엔진교체사업	165,000	생태환경과	10	2	7	8	7	1	1	2
914	전북 부안군	신재생에너지융복합지원사업	1,459,000	미래전략담당관	10	1	6	1	6	1	2	4
915	전북 부안군	도시가스 보급사업	470,883	미래전략담당관	10	4	7	8	7	2	1	4
916	전북 부안군	취약계층 에너지 홈닥터사업	9,975	미래전략담당관	10	7	7	8	7	1	1	4
917	전북 부안군	노인건강진단	2,833,000	사회복지과	10	4	6	1	2	1	1	1
918	전북 부안군	안정적인 사료공급	9,000	축산유통과	10	4	7	8	7	5	5	4
919	전북 부안군	축산물이력관리 지원	61,196	축산유통과	10	2	7	8	7	5	5	4
920	전북 부안군	학교우유급식사업	110,179	축산유통과	10	2	7	8	7	5	5	4
921	전북 부안군	구제역 및 AI 예방약품 구입 지원	143,000	축산유통과	10	2	7	8	7	5	5	4
922	전북 부안군	공동방제단 운영	154,812	축산유통과	10	2	7	8	7	5	5	4
923	전북 부안군	구제역 및 AI 예방약품 구입 지원	24,354	축산유통과	10	2	7	8	7	5	5	4
924	전북 부안군	조사료생산용 사일리지제조 지원	180,000	축산유통과	10	2	7	8	7	5	5	4
925	전북 부안군	조사료생산용 종자구입 지원	97,200	축산유통과	10	2	7	8	7	5	5	4
926	전북 부안군	전문단지조성용 종자구입 지원	96,000	축산유통과	10	2	7	8	7	5	5	4
927	전북 부안군	농촌자원복합산업화지원	10,800	축산유통과	10	1	7	8	7	5	5	4
928	전북 부안군	한우광역브랜드 명품화 육성사업	6,500	축산유통과	10	6	7	8	7	5	5	4
929	전북 부안군	차량무선인식장치 상시전원 공급체계 구축	10,200	축산유통과	10	2	7	8	7	5	5	4
930	전북 부안군	차량무선인식장치 상시전원 공급체계 구축	5,400	축산유통과	10	2	7	8	7	5	5	4
931	전북 부안군	말벌퇴치장비 지원사업	37,891	축산유통과	10	2	7	8	7	5	5	4
932	전북 부안군	양봉농가 경쟁력 강화	69,936	축산유통과	10	1	7	8	7	5	5	4
933	전북 부안군	축산기자재 지원	57,750	축산유통과	10	1	7	8	7	5	5	4
934	전북 부안군	한육우 생산성 향상	87,000	축산유통과	10	4	7	8	7	5	5	4
935	전북 부안군	송아지 생산안정제 지원	15,600	축산유통과	10	1	7	8	7	5	5	4
936	전북 부안군	한우헬퍼 지원사업	20,000	축산유통과	10	4	7	8	7	5	5	4
937	전북 부안군	젖소농가 경쟁력 강화	18,000	축산유통과	10	4	7	8	7	5	5	4
938	전북 부안군	사슴 인공수정 지원사업	20,626	축산유통과	10	1	7	8	7	5	5	4
939	전북 부안군	축산분뇨 수분조절제 지원	160,000	축산유통과	10	4	7	8	7	5	5	4
940	전북 부안군	축사 유해해충 구제 지원	9,477	축산유통과	10	6	7	8	7	5	5	4
941	전북 부안군	축산사육기반조성	209,940	축산유통과	10	1	7	8	7	5	5	4
942	전북 부안군	노후슬레이트 철거 지원	717,350	환경과	10	2	7	8	7	5	1	4
943	전북 부안군	노후경유차 DPF, 서울시 진입제한 차량	69,140	환경과	10	2	7	8	7	5	1	4
944	전북 부안군	PM, Nox 동시저감 장치	30,000	환경과	10	2	7	8	7	5	1	4

순번	시군구	지출명 (사업명)	2020년예산 (단위:천원/1년간)	담당자 (공무원) 담당부서	민간이전 분류 (지방자치단체 세출예산 집행기준에 의거) 1. 민간경상사업보조(1) 2. 민간단체 법정운영비보조(2) 3. 민간행사사업보조(3) 4. 민간위탁금(4) 5. 사회복지시설 법정운영비보조(5) 6. 민간인위탁교육비(6) 7. 공기관등에대한경상적대행사업비(7) 8. 민간자본사업보조,자체재원(8) 9. 민간자본사업보조,이전재원(9) 10. 민간위탁사업비(10) 11. 공기관등에 대한 자본적 대행사업비(11)	민간이전지출 근거 (지방보조금 관리기준 참고) 1. 법률에 규정 2. 국고보조 재원(국가지정) 3. 용도 지정 기부금 4. 조례에 직접규정 5. 지자체가 권장하는 사업을 하는 공공기관 6. 시,도 정책 및 재정사정 7. 기타 8. 해당없음	입찰방식 계약체결방법 (경쟁형태) 1. 일반경쟁 2. 제한경쟁 3. 지명경쟁 4. 수의계약 5. 법정위탁 6. 기타 ( ) 7. 해당없음	입찰방식 계약기간 1. 1년 2. 2년 3. 3년 4. 4년 5. 5년 6. 기타 ( )년 7. 단기계약 (1년미만) 8. 해당없음	입찰방식 낙찰자선정방법 1. 적격심사 2. 협상에의한계약 3. 최저가낙찰제 4. 규격가격분리 5. 2단계 경쟁입찰 6. 기타 ( ) 7. 해당없음	운영예산 산정 운영예산 산정 1. 내부산정 (지자체 자체적으로 산정) 2. 외부산정 (외부전문기관위탁 산정) 3. 내·외부 모두 산정 4. 산정 無 5. 해당없음	운영예산 산정 정산방법 1. 내부정산 (지자체 내부적으로 정산) 2. 외부정산 (외부전문기관위탁 정산) 3. 내·외부 모두 산정 4. 정산 無 5. 해당없음	성과평가 실시여부 1. 실시 2. 미실시 3. 향후 추진 4. 해당없음
945	전북 부안군	건설기계 DPF	110,000	환경과	10	2	7	8	7	5	1	4
946	전북 부안군	건설기계 엔진교체	165,000	환경과	10	2	7	8	7	5	1	4
947	전북 부안군	LPG화물차 신차구입	40,000	환경과	10	2	7	8	7	5	1	4
948	전북 부안군	분뇨, 축산분뇨 처리장 민간위탁	696,000	환경과	10	4	7	8	7	5	1	4
949	전북 부안군	지역사회건강조사 조사분석 위탁운영	67,720	보건소	10	2	5	1	7	1	3	1
950	전남 완도군	완도군 보안등 개선사업 민간투자 상황금지급	746,561	안전건설과	10	1	4	8	7	1	1	4
951	전남 완도군	분뇨부숙탱크청소민간위탁수수료	19,000	상하수도사업소	10	8	7	8	7	5	5	4
952	전남 완도군	분뇨처리장오니슬러지처리수수료	32,500	상하수도사업소	10	8	4	1	2	1	1	4
953	전남 완도군	분뇨처리장협잡물위탁처리비	18,000	상하수도사업소	10	8	7	8	7	5	5	4
954	전남 완도군	분뇨처리장청소위탁처리비	21,000	상하수도사업소	10	8	7	8	7	5	5	4
955	전남 완도군	마을단위 공공하수처리시설 위탁관리	750,000	상하수도사업소	10	5	1	3	2	2	2	3
956	전남 완도군	상하수도 수질원격감시체계 유지 위탁관리 대행	54,000	상하수도사업소	10	5	4	1	7	1	1	4
957	전남 목포시	한센복지협회 대행사업비	7,900	건강증진과	10	5	5	8	7	1	1	4
958	전남 나주시	도시가스 보급사업	189,000	에너지신산업과	10	1, 4	6(협약)	1	6(협약)	3	3	3
959	전남 광양시	꽃잔디 위탁재배	87,500	공원녹지과	10	1	3	1	1	1	1	2
960	전남 구례군	지자체협력 농기계 지원	200,000	친환경농정과	10	7	7	8	7	5	5	4
961	전남 구례군	친환경제제 제조 지원사업	20,000	친환경농정과	10	7	7	8	7	5	5	4
962	전남 구례군	공공비축미곡 톤백수매 기반구축 자체사업	22,500	친환경농정과	10	4	7	8	7	5	5	4
963	전남 구례군	신재생에너지시설 지원사업	92,920	친환경농정과	10	6	7	8	7	5	5	4
964	전남 구례군	한우 특성화 계획교배사업	40,000	친환경농정과	10	7	7	8	7	5	5	4
965	전남 구례군	한우 혈통 등록우 지원사업	26,240	친환경농정과	10	6	7	8	7	5	5	4
966	전남 구례군	송아지생산 안정제 지원사업	1,100,000	친환경농정과	10	6	7	8	7	5	5	4
967	전남 구례군	조사료 생산용 종자구입 지원	47,520	친환경농정과	10	2	7	8	7	5	5	4
968	전남 구례군	송아지 생산안정제 지원사업	1,100,000	친환경농정과	10	7	7	8	7	5	5	4
969	전남 구례군	귀표부착비 지원	23,549	친환경농정과	10	2	7	8	7	5	5	4
970	전남 구례군	가축방역 공동방제단 인건비 지원	75,144	친환경농정과	10	2	7	8	7	5	1	4
971	전남 구례군	공동방제단 재료비 지원	66,628	친환경농정과	10	2	7	8	7	5	1	4
972	전남 구례군	포충등 정비	1,500,000	산림소득과	10	4	7	8	7	5	5	4
973	전남 구례군	고로쇠 약수통 지원	45,000	산림소득과	10	4	7	8	7	5	5	4
974	전남 고흥군	행복둥지사업	33,250	종합민원과	10	4	5	1	7	1	1	4
975	전남 고흥군	여성농업인 행복바우처 지원	900,000	농업축산과	10	1	7	8	7	5	5	4
976	전남 고흥군	친환경 농업단지 병해충 공동방제	126,000	농업축산과	10	4	7	8	7	5	5	4
977	전남 고흥군	유기질비료 공급	3,313,000	농업축산과	10	2	7	8	7	5	5	4
978	전남 고흥군	벼 육묘용 상토 지원	1,200,000	농업축산과	10	4	7	8	7	5	5	4
979	전남 고흥군	벼 보급종 차액 지원	123,200	농업축산과	10	8	7	8	7	5	5	4
980	전남 고흥군	사료작물 종자구입비 지원	220,770	농업축산과	10	2	7	8	7	5	5	4
981	전남 고흥군	조사료 전문단지 제조운송비	1,188,000	농업축산과	10	2	7	8	7	5	5	4
982	전남 고흥군	조사료 전문단지 종자대	74,800	농업축산과	10	2	7	8	7	5	5	4
983	전남 고흥군	조사료 전문단지 퇴액비	440,000	농업축산과	10	2	7	8	7	5	5	4
984	전남 고흥군	조사료 전문단지 입모중 파종	55,440	농업축산과	10	2	7	8	7	5	5	4
985	전남 고흥군	고흥한우 형질개량 인공수정 지원	600,000	농업축산과	10	8	7	8	7	5	5	4
986	전남 고흥군	한우암소개량 및 능력검정	42,875	농업축산과	10	8	7	8	7	5	5	4
987	전남 고흥군	송아지 생산 안정제 지원	15,000	농업축산과	10	8	7	8	7	5	5	4
988	전남 고흥군	한우 송아지 브랜드 육성 지원	300,000	농업축산과	10	2	7	8	7	5	5	4
989	전남 고흥군	슬레이트 철거 및 처리비용	573,820	환경산림과	10	2	7	8	7	5	5	4

순번	시군구	지출명 (사업명)	2020년예산 (단위:천원/1년간)	담당자 (공무원) 담당부서	민간이전 분류 (지방자치단체 세출예산 집행기준에 의거) 1. 민간경상사업보조(1) 2. 민간단체 법정운영비보조(2) 3. 민간행사사업보조(3) 4. 민간위탁금(4) 5. 사회복지시설 법정운영비보조(5) 6. 민간인위탁교육비(6) 7. 공기관등에대한경상적대행사업비(7) 8. 민간자본사업보조,자체재원(8) 9. 민간자본사업보조,이전재원(9) 10. 민간위탁사업비(10) 11. 공기관등에 대한 자본적 대행사업비(11)	민간이전지출 근거 (지방보조금 관리기준 참고) 1. 법률에 규정 2. 국고보조 재원(국가지정) 3. 용도 지정 기부금 4. 조례에 직접규정 5. 지자체가 권장하는 사업을 하는 공공기관 6. 시,도 정책 및 재정사정 7. 기타 8. 해당없음	입찰방식 계약체결방법 (경쟁형태) 1. 일반경쟁 2. 제한경쟁 3. 지명경쟁 4. 수의계약 5. 법정위탁 6. 기타 ( ) 7. 해당없음	입찰방식 계약기간 1. 1년 2. 2년 3. 3년 4. 4년 5. 5년 6. 기타 ( )년 7. 단기계약 (1년미만) 8. 해당없음	입찰방식 낙찰자선정방법 1. 적격심사 2. 협상에의한계약 3. 최저가낙찰제 4. 규격가격분리 5. 2단계 경쟁입찰 6. 기타 ( ) 7. 해당없음	운영예산 산정 운영예산 산정 1. 내부산정 (지자체 자체적으로 산정) 2. 외부산정 (외부전문기관위탁 산정) 3. 내·외부 모두 산정 4. 산정 無 5. 해당없음	운영예산 산정 정산방법 1. 내부정산 (지자체 내부적으로 정산) 2. 외부정산 (외부전문기관위탁 정산) 3. 내·외부 모두 산정 4. 정산 無 5. 해당없음	성과평가 실시여부 1. 실시 2. 미실시 3. 향후 추진 4. 해당없음
990	전남 고흥군	조업중 인양된 해양폐기물 수매	400,000	해양수산과	10	8	7	8	7	5	5	4
991	전남 고흥군	수산가공분야 히트펌프 시설 지원	360,000	해양수산과	10	2	7	8	7	5	5	4
992	전남 고흥군	불가사리 구제	100,000	해양수산과	10	8	7	8	7	5	5	4
993	전남 고흥군	한센인관리 대행사업	6,800	보건소	10	4	7	1	5	5	2	4
994	전남 화순군	한우송아지브랜드육성	400,000	농업정책과	10	2	6(미지정)	6(미지정)	6(미지정)	5	1	4
995	전남 화순군	화순군립요양병원 시설임대료	1,288,000	보건소	10	1	7	6(20년)	7	5	5	1
996	전남 화순군	화순군립요양병원 시설물관리 운영비	480,000	보건소	10	1	7	6(20년)	7	5	5	1
997	전남 화순군	한약재유통지원시설 시설임대료	852,000	보건소	10	1	7	6(20년)	7	5	5	1
998	전남 화순군	한약재유통지원시설 시설물 관리운영비	275,000	보건소	10	1	7	6(20년)	7	5	5	1
999	전남 강진군	새마을회 봉사활동 지원	15,000	총무과	10	7	7	8	7	1	1	4
1000	전남 강진군	공동방제단 운영지원사업	150,038	환경축산과	10	2	7	8	7	5	1	4
1001	전남 강진군	공동방제단 인건비 지원사업	112,945	환경축산과	10	2	7	8	7	5	5	4
1002	전남 강진군	우량송아지 생산기반 구축사업	50,000	환경축산과	10	4	7	8	7	5	5	4
1003	전남 강진군	전동사료급이기(수레형) 공급사업	17,500	환경축산과	10	8	7	8	7	5	5	4
1004	전남 강진군	조사료 원형사일리지 절단기 지원사업	90,000	환경축산과	10	4	7	8	7	5	5	4
1005	전남 강진군	송아지 보온시설(램프 등) 설치사업	2,500,000	환경축산과	10	6	7	8	7	5	5	4
1006	전남 강진군	맞춤형 정액보관용 질소통구입 지원사업	6,000	환경축산과	10	4	7	8	7	5	5	4
1007	전남 강진군	송아지 방한복 지원사업	10,000	환경축산과	10	4	7	8	7	5	5	4
1008	전남 강진군	강진착한한우 브랜드 유통포장재 지원사업	20,000	환경축산과	10	4	7	8	7	5	5	4
1009	전남 해남군	산림서비스도우미(숲해설 위탁)	25,000	산림녹지과	10	2	7	8	7	5	5	4
1010	전남 해남군	산림서비스도우미(유아숲교육 위탁)	25,000	산림녹지과	10	2	7	8	7	5	5	4
1011	전남 영암군	정부 미지원 어린이집 기능보강사업	20,000	여성가족과	10	2	7	8	7	5	1	4
1012	전남 무안군	슬레이트 처리지원	940,000	환경과	10	2	7	8	7	5	5	4
1013	전남 무안군	근로능력있는수급자의탈수급지원	238,049	사회복지과	10	2	5	8	7	1	1	4
1014	전남 함평군	농어촌 장애인주택 개조사업	53,200	원스톱허가과	10	1	5	7	7	3	3	4
1015	전남 함평군	행복둥지사업	15,000	원스톱허가과	10	1	5	7	7	1	1	4
1016	전남 함평군	택시운영정보관리시스템 운영비	1,062,000	일자리경제과	10	6	4	1	7	1	1	3
1017	전남 함평군	가축분뇨 퇴비사설치 지원	60,000	축수산과	10	4	7	8	7	1	1	3
1018	전남 함평군	가축분뇨 퇴비살포기 지원	21,875	축수산과	10	4	7	8	7	1	1	3
1019	전남 영광군	슬레이트 처리 지원사업	761,360	도시환경과	10	7	7	8	7	5	5	4
1020	전남 장성군	조림사업	282,006	산림편백과	10	2	7	8	7	5	5	4
1021	전남 장성군	숲가꾸기 사업	485,400	산림편백과	10	2	7	8	7	5	5	4
1022	전남 장성군	유기질비료 지원	2,066,000	농업축산과	10	2	7	8	7	5	5	4
1023	전남 장성군	토양개량제 지원	1,046,000	농업축산과	10	2	7	8	7	5	5	4
1024	전남 장성군	식량작물 농자재 지원사업	980,000	농업축산과	10	4	7	8	7	5	5	4
1025	전남 장성군	병해충 방제비 지원	600,000	농업축산과	10	4	7	8	7	5	5	4
1026	전남 장성군	새끼우렁이 지원사업	429,928	농업축산과	10	6	7	8	7	5	5	4
1027	전남 장성군	농업인 월급제 지원사업	70,000	농업축산과	10	6	7	8	7	5	5	4
1028	전남 장성군	농업인 월급제 지원사업	30,872	농업축산과	10	6	7	8	7	5	5	4
1029	전남 장성군	개량물꼬 지원사업	48,780	농업축산과	10	6	7	8	7	5	5	4
1030	전남 장성군	유기질비료 지원	15,000	농업축산과	10	2	7	8	7	5	5	4
1031	전남 장성군	임산부 친환경농산물 꾸러미 지원	132,096	농업축산과	10	2	7	8	7	5	5	4
1032	전남 장성군	과수 병해충 방제비 지원	60,000	원예소득과	10	4	7	8	7	1	1	3
1033	전남 장성군	농작물 병해충 예찰 방제사업	40,000	원예소득과	10	4	7	8	7	1	1	3
1034	전남 장성군	전라남도 취약계층 지원	30,000	민원봉사과	10	6	6	1	7	5	1	4

순번	시군구	지출명 (사업명)	2020년예산 (단위:천원/1년간)	담당자 (공무원) 담당부서	민간이전 분류 (지방자치단체 세출예산 집행기준에 의거) 1. 민간경상사업보조(1) 2. 민간단체 법정운영비보조(2) 3. 민간행사사업보조(3) 4. 민간위탁금(4) 5. 사회복지시설 법정운영비보조(5) 6. 민간인위탁교육비(6) 7. 공기관등에대한경상적대행사업비(7) 8. 민간자본사업보조,자체재원(8) 9. 민간자본사업보조,이전재원(9) 10. 민간위탁사업비(10) 11. 공기관등에 대한 자본적 대행사업비(11)	민간이전지출 근거 (지방보조금 관리기준 참고) 1. 법률에 규정 2. 국고보조 재원(국가지정) 3. 용도 지정 기부금 4. 조례에 직접규정 5. 지자체가 권장하는 사업을 하는 공공기관 6. 시,도 정책 및 재정사정 7. 기타 8. 해당없음	입찰방식 계약체결방법 (경쟁형태) 1. 일반경쟁 2. 제한경쟁 3. 지명경쟁 4. 수의계약 5. 법정위탁 6. 기타 ( ) 7. 해당없음	입찰방식 계약기간 1. 1년 2. 2년 3. 3년 4. 4년 5. 5년 6. 기타 ( )년 7. 단기계약 (1년미만) 8. 해당없음	입찰방식 낙찰자선정방법 1. 적격심사 2. 협상에의한계약 3. 최저가낙찰제 4. 규격가격분리 5. 2단계 경쟁입찰 6. 기타 ( ) 7. 해당없음	운영예산 산정 운영예산 산정 1. 내부산정 (지자체 자체적으로 산정) 2. 외부산정 (외부전문기관위탁 산정) 3. 내·외부 모두 산정 4. 산정 無 5. 해당없음	운영예산 산정 정산방법 1. 내부정산 (지자체 내부적으로 정산) 2. 외부정산 (외부전문기관위탁 정산) 3. 내·외부 모두 산정 4. 정산 無 5. 해당없음	성과평가 실시여부 1. 실시 2. 미실시 3. 향후 추진 4. 해당없음
1035	전남 진도군	행복둥지사업 군비부담금	35,000	지역개발과	10	6	6(전남도 주관)	7	6(전남도 주관)	1	3	3
1036	전남 진도군	한우등록 지원사업	6,300	진도개축산과	10	1	7	8	7	5	1	3
1037	경북 포항시	산딸기 포장재 지원	120,000	농식품유통과	10	4	7	8	7	5	5	1
1038	경북 포항시	소규모 직거래장터 시범사업	3,080,000	농식품유통과	10	4	7	8	7	5	5	3
1039	경북 포항시	수출농식품업체 포장재지원	54,000	농식품유통과	10	4	7	8	7	5	5	4
1040	경북 포항시	농특산물 공동상표사용자지원	100,000	농식품유통과	10	4	7	8	7	5	5	4
1041	경북 포항시	전통주 포장재지원	12,000	농식품유통과	10	4	7	8	7	5	5	4
1042	경북 포항시	대한노인회 포항시지회 신축공사 시설부대비	2,340,000	노인장애인복지과	10	1	6	8	7	5	5	4
1043	경북 경주시	문화엑스포공원 및 건축물유지관리	1,400,000	문화예술과	10	7	7	8	7	5	1	4
1044	경북 김천시	전국소독의날운영(운영비)	109,487	축산과	10	4	7	7	7	1	1	3
1045	경북 김천시	전국소독의날운영(인건비)	103,067	축산과	10	4	7	7	7	1	1	3
1046	경북 김천시	가축전염병 폐사축 랜더링 처리비	50,000	축산과	10	1	4	1	7	1	1	3
1047	경북 김천시	방역초소 근무자 용역비	120,000	축산과	10	1	4	1	7	1	1	3
1048	경북 김천시	유기동물보호센터 위탁 운영	57,600	축산과	10	1	4	2	7	1	1	3
1049	경북 김천시	송아지 생산안정사업	10,000	축산과	10	4	4	1	7	1	1	3
1050	경북 김천시	오수중계펌프장 위탁관리	85,200	투자유치과	10	4	4	5	7	1	1	1
1051	경북 김천시	슬레이트 처리비 지원	1,130,000	환경위생과	10	4	1	2	1	2	2	1
1052	경북 김천시	포도자두 김천앤 포장재 지원	800,000	농식품유통과	10	4	7	8	7	5	5	1
1053	경북 김천시	차량 광고 및 지하철 광고	215,000	농식품유통과	10	4	7	8	7	5	5	1
1054	경북 김천시	김천시 환경기초시설 사용료 및 위탁관리비	10,238	상하수도과	10	7	6(BTO)	6(20)	6(BTO)	5	5	1
1055	경북 구미시	화학물질 취급사업장 시설개선지원	40,000	환경보전과	10	8	7	8	7	5	5	4
1056	경북 구미시	슬레이트처리지원사업	860,000	환경보전과	10	8	7	8	7	5	5	4
1057	경북 구미시	취약계층 지붕개량 지원사업	256,200	환경보전과	10	8	7	8	7	5	5	4
1058	경북 구미시	비주택 슬레이트처리 지원사업	123,840	환경보전과	10	8	7	8	7	5	5	4
1059	경북 구미시	오수처리시설 관리대행용역	4,800	산림과	10	8	7	8	7	5	5	4
1060	경북 구미시	오수처리시설 관리대행용역	4,800	산림과	10	8	7	8	7	5	5	4
1061	경북 상주시	산림경영계획작성	4,092	산림녹지과	10	2	7	8	7	5	5	4
1062	경북 상주시	숲가꾸기	139,146	산림녹지과	10	2	7	8	7	5	5	4
1063	경북 상주시	통합마케팅 포장상자 지원	300,000	유통마케팅과	10	6	7	8	7	1	1	4
1064	경북 상주시	브랜드통합 포장상자 지원	110,000	유통마케팅과	10	6	7	8	7	1	1	4
1065	경북 상주시	선물용 우수포장상자 지원	20,000	유통마케팅과	10	6	7	8	7	1	1	4
1066	경북 상주시	유통효율화 기계장비 지원	100,000	유통마케팅과	10	6	7	8	7	1	1	4
1067	경북 상주시	농산물산지유통시설 지원사업	200,000	유통마케팅과	10	6	7	8	7	1	1	4
1068	경북 상주시	농산물산지유통시설 보완사업	75,000	유통마케팅과	10	6	7	8	7	1	1	4
1069	경북 상주시	생활폐기물 소각시설 개선사업(변동비)	2,500,000	환경관리과	10	4	2	2	2	2	1	2
1070	경북 상주시	가축분뇨처리 사용료 징수교부금	8,000	환경관리과	10	4	6	1	7	1	1	4
1071	경북 경산시	마을회관 보수	300,000	새마을민원과	10	4	7	8	7	1	1	1
1072	경북 경산시	도시가스 공급 보조금 지원	50,000	일자리경제과	10	4	7	8	7	1	1	4
1073	경북 경산시	창업보육센터 지원	94,500	중소기업벤처과	10	1	7	8	7	1	1	4
1074	경북 경산시	화학물질 취급 사업장 안전진단 및 시설개선 지원	80,000	환경과	10	6	7	1	7	1	1	1
1075	경북 경산시	슬레이트 처리지원	850,550	환경과	10	1	6(민간위탁)	2	6(공모)	1	1	4
1076	경북 경산시	폐수배출사업장 시설개선 지원	150,000	환경과	10	1	7	8	7	4	1	4
1077	경북 경산시	오수분뇨수거 민간대행 수수료	4,800	환경과	10	4	7	2	7	5	5	4
1078	경북 경산시	가축분뇨수거 민간대행 수수료	6,000	환경과	10	4	7	2	7	5	5	4
1079	경북 경산시	뇌병변 장애인주간보호센터 임차보증금	200,000	사회복지과	10	1	7	8	7	5	5	4

순번	시군구	지출명 (사업명)	2020년예산 (단위:천원/1년간)	담당자 (공무원) 담당부서	민간이전 분류 (지방자치단체 세출예산 집행기준에 의거) 1. 민간경상사업보조(1) 2. 민간단체 법정운영비보조(2) 3. 민간행사사업보조(3) 4. 민간위탁금(4) 5. 사회복지시설 법정운영비보조(5) 6. 민간인위탁교육비(6) 7. 공기관등에대한경상적대행사업비(7) 8. 민간자본사업보조,자체재원(8) 9. 민간자본사업보조,이전재원(9) 10. 민간위탁사업비(10) 11. 공기관등에 대한 자본적 대행사업비(11)	민간이전지출 근거 (지방보조금 관리기준 참고) 1. 법률에 규정 2. 국고보조 재원(국가지정) 3. 용도 지정 기부금 4. 조례에 직접규정 5. 지자체가 권장하는 사업을 하는 공공기관 6. 시,도 정책 및 재정사정 7. 기타 8. 해당없음	입찰방식 계약체결방법 (경쟁형태) 1. 일반경쟁 2. 제한경쟁 3. 지명경쟁 4. 수의계약 5. 법정위탁 6. 기타 ( ) 7. 해당없음	입찰방식 계약기간 1. 1년 2. 2년 3. 3년 4. 4년 5. 5년 6. 기타 ( )년 7. 단기계약 (1년미만) 8. 해당없음	입찰방식 낙찰자선정방법 1. 적격심사 2. 협상에의한계약 3. 최저가낙찰제 4. 규격가격분리 5. 2단계 경쟁입찰 6. 기타 ( ) 7. 해당없음	운영예산 산정 운영예산 산정 1. 내부산정 (지자체 자체적으로 산정) 2. 외부산정 (외부전문기관위탁 산정) 3. 내·외부 모두 산정 4. 산정 無 5. 해당없음	운영예산 산정 정산방법 1. 내부정산 (지자체 내부적으로 정산) 2. 외부정산 (외부전문기관위탁 정산) 3. 내·외부 모두 산정 4. 정산 無 5. 해당없음	성과평가 실시여부 1. 실시 2. 미실시 3. 향후 추진 4. 해당없음
1080	경북 경산시	뇌병변 장애인주간보호센터 리모델링, 비품구입비	130,000	사회복지과	10	1	7	8	7	5	5	4
1081	경북 경산시	화장실 등 타일 보수공사	20,000	사회복지과	10	4	7	8	7	5	5	4
1082	경북 경산시	남천 송수펌프장 위탁관리비	198,000	건설과	10	1	4	3	1	2	5	1
1083	경북 군위군	농촌빈집정비사업	25,000	민원봉사과	10	1	7	8	7	1	1	4
1084	경북 군위군	도시가스 미공급지역 지원사업	84,000	경제과	10	4	7	1	7	5	5	4
1085	경북 군위군	송아지 생산 안정사업	17,800	산림축산과	10	6	7	8	7	5	5	4
1086	경북 군위군	한우 친자확인사업	3,200,000	산림축산과	10	6	7	8	7	5	5	4
1087	경북 군위군	한우 종축등록비 지원	19,200	산림축산과	10	6	7	8	7	5	5	4
1088	경북 군위군	한우 선형심사제고	2,500,000	산림축산과	10	6	7	8	7	5	5	4
1089	경북 군위군	한우 지도관리비	7,680	산림축산과	10	6	7	8	7	5	5	4
1090	경북 군위군	소독지원 운영비	57,695	산림축산과	10	2	5	8	7	5	5	4
1091	경북 군위군	소독지원 인건비	51,533	산림축산과	10	2	5	8	7	5	5	4
1092	경북 군위군	축산물이력제	31,680	산림축산과	10	6	5	8	7	5	5	4
1093	경북 군위군	농업인 월급제 지원 시범사업	10,000	농정과	10	4	7	8	7	5	5	1
1094	경북 군위군	하천수문 관리비 보조	4,000	안전관리과	10	4	7	8	7	5	5	4
1095	경북 군위군	치매정밀검사 검진비	12,000	보건소	10	5	4	8	7	1	1	4
1096	경북 군위군	하수처리시설운영 민간위탁비	1,000,000	맑은물사업소	10	1	2	3	5	2	1	1
1097	경북 군위군	가축분뇨 및 분뇨공공처리시설운영 민간위탁비	1,400,000	맑은물사업소	10	1	2	5	5	2	5	1
1098	경북 군위군	동산계곡 주차 및 차량 통제	9,000	부계면	10	8	4	7	7	4	4	2
1099	경북 의성군	슬레이트처리지원	1,624,000	환경과	10	2	1	3	1	1	3	3
1100	경북 의성군	선도산림경영단지조성	768,777	산림과	10	2	5	6	6	5	2	1
1101	경북 청송군	2021청송아이스클라이밍월드컵경기장조성	80,000	문화체육과	10	2	7	8	7	5	5	4
1102	경북 청송군	슬레이트처리지원	446,600	환경축산과	10	2	2	3	6	1	1	4
1103	경북 청송군	소규모영세사업장방지시설설치지원사업	144,000	환경축산과	10	2	6	1	6	3	3	1
1104	경북 청송군	조사료생산재배단지임대사업	90,000	환경축산과	10	4	7	8	7	5	5	4
1105	경북 청송군	고급육생산출하장려금및기초등록정액대	63,000	환경축산과	10	4	7	8	7	5	5	4
1106	경북 청송군	미네랄블럭및면역증강제지원사업	18,000	환경축산과	10	4	7	8	7	5	5	4
1107	경북 청송군	농축산물및농기계운반차량지원사업	45,000	환경축산과	10	4	7	8	7	5	5	4
1108	경북 청송군	한우구매융자금이자지원	40,000	환경축산과	10	4	7	8	7	5	5	4
1109	경북 청송군	공동방제단운영지원	91,202	환경축산과	10	2	7	8	7	5	5	4
1110	경북 청송군	구제역(소,전업농)	6,960	환경축산과	10	2	7	8	7	5	5	4
1111	경북 청송군	구제역(돼지,전업농)	12,618	환경축산과	10	2	7	8	7	5	5	4
1112	경북 청송군	축산물이력제업무인턴지원	24,672	환경축산과	10	6	7	8	7	5	5	4
1113	경북 청송군	우수축산인해외축산비교연수	2,100	환경축산과	10	6	7	8	7	5	5	4
1114	경북 청송군	가축재해보험료지원	19,000	환경축산과	10	6	7	8	7	5	5	4
1115	경북 청송군	친자확인사업	3,600	환경축산과	10	6	7	8	7	5	5	4
1116	경북 청송군	등록비지원	10,200	환경축산과	10	6	7	8	7	5	5	4
1117	경북 청송군	한우지도관리비	5,100	환경축산과	10	6	7	8	7	5	5	4
1118	경북 청송군	한우우군선형심사비	2,400	환경축산과	10	6	7	8	7	5	5	4
1119	경북 청송군	송아지생산안정사업	5,000	환경축산과	10	6	7	8	7	5	5	4
1120	경북 청송군	면역강화용사료첨가제지원	18,000	환경축산과	10	6	7	8	7	5	5	4
1121	경북 청송군	LPG소형저장탱크보급사업	909,638	새마을도시과	10	2	7	8	7	5	5	4
1122	경북 영양군	소규모 마을하수도 처리시설 유지관리비	40,000	환경보전과	10	1	4	1	6	2	1	1
1123	경북 영양군	슬레이트처리지원	507,100	환경보전과	10	2	7	8	7	5	5	4
1124	경북 청도군	풍각농공단지오폐수처리시설운영비	24,240	환경과	10	1	7	8	7	5	1	4

순번	시군구	지출명 (사업명)	2020년예산 (단위:천원/1년간)	담당자 (공무원) 담당부서	민간이전 분류 (지방자치단체 세출예산 집행기준에 의거) 1. 민간경상사업보조(1) 2. 민간단체 법정운영비보조(2) 3. 민간행사사업보조(3) 4. 민간위탁금(4) 5. 사회복지시설 법정운영비보조(5) 6. 민간인위탁교육비(6) 7. 공기관등에대한경상적대행사업비(7) 8. 민간자본사업보조,자체재원(8) 9. 민간자본사업보조,이전재원(9) 10. 민간위탁사업비(10) 11. 공기관등에 대한 자본적 대행사업비(11)	민간이전지출 근거 (지방보조금 관리기준 참고) 1. 법률에 규정 2. 국고보조 재원(국가지정) 3. 용도 지정 기부금 4. 조례에 직접규정 5. 지자체가 권장하는 사업을 하는 공공기관 6. 시,도 정책 및 재정사정 7. 기타 8. 해당없음	입찰방식 계약체결방법 (경쟁형태) 1. 일반경쟁 2. 제한경쟁 3. 지명경쟁 4. 수의계약 5. 법정위탁 6. 기타 ( ) 7. 해당없음	계약기간 1. 1년 2. 2년 3. 3년 4. 4년 5. 5년 6. 기타 ( )년 7. 단기계약 (1년미만) 8. 해당없음	낙찰자선정방법 1. 적격심사 2. 협상에의한계약 3. 최저가낙찰제 4. 규격가격분리 5. 2단계 경쟁입찰 6. 기타 ( ) 7. 해당없음	운영예산 산정 운영예산 산정 1. 내부산정 (지자체 자체적으로 산정) 2. 외부산정 (외부전문기관위탁 산정) 3. 내·외부 모두 산정 4. 산정 無 5. 해당없음	정산방법 1. 내부정산 (지자체 내부적으로 정산) 2. 외부정산 (외부전문기관위탁 정산) 3. 내·외부 모두 산정 4. 정산 無 5. 해당없음	성과평가 실시여부 1. 실시 2. 미실시 3. 향후 추진 4. 해당없음
1125	경북 청도군	나노광물질기능성과실생산시범	14,000	농업기술센터	10	4	7	7	7	1	1	3
1126	경북 청도군	복숭아병해충방제지원	24,000	농업기술센터	10	4	7	7	7	1	1	3
1127	경북 청도군	과수친환경재배시범	15,000	농업기술센터	10	4	7	7	7	1	1	3
1128	경북 청도군	과수반사필름이용품질향상시범	30,000	농업기술센터	10	4	7	7	7	1	1	3
1129	경북 청도군	고품질복숭아생산시범	15,000	농업기술센터	10	4	7	7	7	1	1	3
1130	경북 청도군	과수농가농자재지원	30,000	농업기술센터	10	4	7	7	7	1	1	3
1131	경북 청도군	과수노동력절감장비지원	15,000	농업기술센터	10	4	7	7	7	1	1	3
1132	경북 청도군	경로당신축	50,000	사회보장과	10	7	7	8	7	5	5	4
1133	경북 청도군	경로당보수	260,000	사회보장과	10	7	7	8	7	5	5	4
1134	경북 청도군	경로당물품및건강기구지원사업	50,000	사회보장과	10	7	7	8	7	5	5	4
1135	경북 성주군	슬레이트 처리지원	610,300	환경과	10	7	2	2	6	1	1	2
1136	경북 칠곡군	칠곡사랑상품권 포인트 사용액 보전비	184,000	일자리경제과	10	4	4	1	7	1	1	4
1137	경북 예천군	소상공인 경영안정 지원사업	350,000	새마을경제과	10	4	7	8	7	1	1	2
1138	경북 울릉군	서민층가스안전차단기(타이머콕)보급사업	2,500	일자리경제교통과	10	5	6	5	6	3	3	1
1139	경북 울릉군	군단위LPG배관망사업	14,223	일자리경제교통과	10	1	5	3	6	3	3	2
1140	경북 울릉군	감염병발생예방및지원	3,900	보건사업과	10	1	4	1	2	2	1	4
1141	경남 통영시	하수관거 BTL사업 임대료	6,929	상하수도과	10	1	6	6	7	5	5	2
1142	경남 통영시	슬레이트 처리 및 개량사업	756,200	환경과	10	2	7	8	7	5	5	4
1143	경남 통영시	유기질비료 지원	898,845	농업기술과	10	2	7	8	7	1	1	1
1144	경남 통영시	토양개량제 지원	79,695	농업기술과	10	2	7	8	7	1	1	1
1145	경남 통영시	유기질비료 지원	40,000	농업기술과	10	4	7	8	7	1	1	1
1146	경남 김해시	농어촌 장애인주택 개조사업	15,200	공동주택과	10	2	7	8	7	5	1	4
1147	경남 김해시	슬레이트 철거처리 및 개량 지원	743,150	기후대기과	10	2	1	3	1	1	1	4
1148	경남 밀양시	홀로어르신 주거환경개선	9,000	사회복지과	10	1, 4	7	8	7	5	5	3
1149	경남 밀양시	슬레이트 처리	860,000	환경관리과	10	1, 4	7	8	7	5	5	3
1150	경남 밀양시	슬레이트 지붕개량 지원	128,100	환경관리과	10	1, 4	7	8	7	5	5	3
1151	경남 밀양시	비주택슬레이트 처리	51,600	환경관리과	10	1, 4	7	8	7	5	5	3
1152	경남 밀양시	밤나무 항공방제	15,000	산림녹지과	10	1, 4	7	8	7	5	5	3
1153	경남 밀양시	농어촌장애인 주택개조	22,800	건축과	10	1, 4	7	8	7	5	5	3
1154	경남 거제시	신재생에너지 융복합지원사업	2,113	조선경제과	10	2, 6	7	8	7	5	5	4
1155	경남 거제시	인공어초 및 연안환경 사후관리	10,000	어업진흥과	10	7	2	7	6	1	1	4
1156	경남 거제시	불법어구(시설) 철거사업	10,000	어업진흥과	10	7	2	7	6	3	3	4
1157	경남 거제시	지정해역 분뇨수거선 운영	36,500	어업진흥과	10	6	6	1	6	1	1	4
1158	경남 거제시	지정해역 오염감시선 운영	66,000	어업진흥과	10	6	6	1	6	1	1	4
1159	경남 거제시	지정해역 경계표지 유지보수	27,500	어업진흥과	10	6	6	1	6	1	1	4
1160	경남 거제시	U-IT 양식장 통합정보관리시스템 유지관리	30,000	어업진흥과	10	6	1	1	3	1	1	4
1161	경남 거제시	홀로어르신 주거환경개선사업	9,000	사회복지과	10	1	7	8	7	5	1	1
1162	경남 거제시	장애인 보장구 수리	14,500	사회복지과	10	6	7	1	7	1	1	4
1163	경남 거제시	어린이집 기능보강(1개소)	30,000	여성가족과	10	1	7	8	7	5	5	4
1164	경남 거제시	기자재 구입비(2개소)	60,000	여성가족과	10	1	7	8	7	5	5	4
1165	경남 거제시	스포츠강좌이용권 사업	96,960	교육체육과	10	1	7	8	7	1	1	1
1166	경남 거제시	농어촌 장애인 주택개조사업	19,000	건축과	10	7	5	1	7	5	1	1
1167	경남 거제시	한우등록	4,800	농업정책과	10	1	7	8	7	1	1	1
1168	경남 거제시	한우거세	1,260,000	농업정책과	10	1	7	8	7	1	1	1
1169	경남 거제시	한우 초음파 진단료 지원	1,400,000	농업정책과	10	1	7	8	7	1	1	1

순번	시군구	지출명 (사업명)	2020년예산 (단위:천원/1년간)	담당자 (공무원) 담당부서	민간이전 분류 (지방자치단체 세출예산 집행기준에 의거) 1. 민간경상사업보조(1) 2. 민간단체 법정운영비보조(2) 3. 민간행사사업보조(3) 4. 민간위탁금(4) 5. 사회복지시설 법정운영비보조(5) 6. 민간인위탁교육비(6) 7. 공기관등에대한경상적대행사업비(7) 8. 민간자본사업보조,자체재원(8) 9. 민간자본사업보조,이전재원(9) 10. 민간위탁사업비(10) 11. 공기관등에 대한 자본적 대행사업비(11)	민간이전지출 근거 (지방보조금 관리기준 참고) 1. 법률에 규정 2. 국고보조 재원(국가지정) 3. 용도 지정 기부금 4. 조례에 직접규정 5. 지자체가 권장하는 사업을 하는 공공기관 6. 시,도 정책 및 재정사정 7. 기타 8. 해당없음	입찰방식 계약체결방법 (경쟁형태) 1. 일반경쟁 2. 제한경쟁 3. 지명경쟁 4. 수의계약 5. 법정위탁 6. 기타 ( ) 7. 해당없음	입찰방식 계약기간 1. 1년 2. 2년 3. 3년 4. 4년 5. 5년 6. 기타 ( )년 7. 단기계약 (1년미만) 8. 해당없음	입찰방식 낙찰자선정방법 1. 적격심사 2. 협상에의한계약 3. 최저가낙찰제 4. 규격가격분리 5. 2단계 경쟁입찰 6. 기타 ( ) 7. 해당없음	운영예산 산정 운영예산 산정 1. 내부산정 (지자체 자체적으로 산정) 2. 외부산정 (외부전문기관위탁 산정) 3. 내·외부 모두 산정 4. 산정 無 5. 해당없음	운영예산 산정 정산방법 1. 내부정산 (지자체 내부적으로 정산) 2. 외부정산 (외부전문기관위탁 정산) 3. 내·외부 모두 산정 4. 정산 無 5. 해당없음	성과평가 실시여부 1. 실시 2. 미실시 3. 향후 추진 4. 해당없음
1170	경남 거제시	고급육 출하농가 장려금 지원	5,200	농업정책과	10	1	7	8	7	1	1	1
1171	경남 거제시	유기동물 사체처리 및 소독	12,000	농업정책과	10	1	4	1	7	1	1	1
1172	경남 거제시	송아지 생산성 안정제	5,000	농업정책과	10	1	7	8	7	1	1	1
1173	경남 거제시	축산물이력관리 지원	5,760	농업정책과	10	1	7	8	7	1	1	1
1174	경남 거제시	폐기물처리 지원	4,850	농업정책과	10	1	7	8	7	1	1	1
1175	경남 거제시	토양개량제 공급	142,073	농업지원과	10	5	5	1	7	5	3	1
1176	경남 거제시	유기질비료 공급	1,341,000	농업지원과	10	5	5	1	7	5	3	1
1177	경남 거제시	유기질비료 공급	100,000	농업지원과	10	5	5	1	7	5	3	1
1178	경남 거제시	학교 과일간식 지원사업	115,500	농업지원과	10	2	4	7	7	1	1	1
1179	경남 함안군	함안일반산업단지 공공시설 위탁관리	366,000	경제기업과	10	7	5	5	6	1	1	4
1180	경남 함안군	함안일반산업단지 공업용수도시설 위탁관리	700,415	경제기업과	10	4	5	5	6	1	1	4
1181	경남 함안군	칠서일반산업단지 시설물 위탁관리	191,000	경제기업과	10	7	5	5	6	1	1	4
1182	경남 창녕군	농어촌 장애인주택 개조사업	22,800	주민복지과	10	2	7	8	7	5	5	4
1183	경남 창녕군	슬레이트 처리지원	850,800	환경위생과	10	2	7	8	7	5	5	4
1184	경남 창녕군	생활(음식물)폐기물 수집운반처리 민간 대행 용역	2,290	환경위생과	10	1	2	2	6	2	1	1
1185	경남 창녕군	지방투자촉진 보조금 지급	90,000	일자리경제과	10	2	7	8	7	1	1	1
1186	경남 창녕군	대합폐수종말처리시설 운영지원	120,000	일자리경제과	10	1	2	3	1	1	1	2
1187	경남 남해군	자활 및 생활안정자금 지원	36,400	주민복지과	10	1	7	8	7	5	5	4
1188	경남 남해군	남해군지식재산권지원	50,000	지역활성과	10	5	7	8	7	1	1	4
1189	경남 남해군	농어촌 장애인 주택조사업	19,000	도시건축과	10	1	7	8	7	5	5	4
1190	경남 하동군	하동사랑 상품권 할인보전금	61,000	경제전략과	10	4	7	8	7	5	5	4
1191	경남 산청군	산청군 공공 무선인터넷망 구축사업	200,000	행정교육과	10	1	6	5	7	1	2	3
1192	경남 산청군	자동차등록번호판 제작·교부 대행사업비 지원	12,000	민원과	10	7	7	8	7	5	5	4
1193	경남 산청군	슬레이트 처리지원	97,300	환경위생과	10	2	1	3	7	5	3	4
1194	경남 산청군	공중화장실 유지관리	173,160	환경위생과	10	8	7	8	7	5	1	4
1195	경남 산청군	어린이급식관리지원센터 운영	118,600	환경위생과	10	2	7	8	7	5	5	4
1196	경남 함양군	경로당 운영물품 지원	52,500	복지정책과	10	4	7	8	7	5	1	4
1197	경남 함양군	가축분뇨공공처리시설설 운영	700,000	환경위생과	10	4	1	2	5	2	1	1
1198	경남 함양군	함양폐기물종합처리장 안전관리업무대행 계약 체결	3,828	환경위생과	10	1	4	1	2	1	1	4
1199	경남 함양군	함양폐기물종합처리장 보건관리업무대행 계약 체결	3,600	환경위생과	10	1	4	1	2	1	1	4
1200	경남 함양군	함양 폐기물 소각관리동 승강기 유지관리계약 체결	1,584,000	환경위생과	10	1	4	1	2	1	1	4
1201	경남 함양군	함양 폐기물 종합처리시설 전기설비 유지보수계약	4,708	환경위생과	10	1	4	1	2	1	1	4
1202	경남 함양군	소각 비산재 폐기물 처리 위탁	진행중	환경위생과	10	1	7	8	7	5	5	4
1203	경남 함양군	침출수 및 지하수 수질검사	16,689	환경위생과	10	1	4	1	2	1	1	4
1204	경남 함양군	사후관리종료매립시설 종합조사	19,073	환경위생과	10	1	7	8	7	5	5	4
1205	경남 함양군	대기배출 자가측정 위탁	40,348	환경위생과	10	1	4	1	2	1	1	4
1206	경남 함양군	벼 건조기 지원사업	60,000	친환경농업과	10	4	7	8	7	1	1	4
1207	경남 함양군	벼 온탕소독기 지원	30,000	친환경농업과	10	4	7	8	7	1	1	4
1208	경남 함양군	쌀 적정생산 지원	150,000	친환경농업과	10	4	7	8	7	1	1	4
1209	경남 함양군	모판 지원	256,000	친환경농업과	10	4	7	8	7	1	1	4
1210	경남 함양군	벼 소식재배 지원사업	25,000	친환경농업과	10	4	7	8	7	1	1	4
1211	경남 함양군	유기질비료지원	400,000	친환경농업과	10	4	7	8	7	1	1	4
1212	경남 함양군	함양공공하수처리시설 관리대행 용역	2,700	상하수도사업소	10	1	1	2	5	2	1	1
1213	경남 합천군	농어촌 장애인주택 개조사업	19,000	도시건축과	10	2	7	8	7	1	1	3
1214	경남 합천군	산림경영계획작성	18,412	농업기술센터 산림과	10	1	7	8	7	5	5	4

순번	시군구	지출명 (사업명)	2020년예산 (단위:천원/1년간)	담당자 (공무원) 담당부서	민간이전 분류 (지방자치단체 세출예산 집행기준에 의거) 1. 민간경상사업보조(1) 2. 민간단체 법정운영비보조(2) 3. 민간행사사업보조(3) 4. 민간위탁금(4) 5. 사회복지시설 법정운영비보조(5) 6. 민간인위탁교육비(6) 7. 공기관등에대한경상적대행사업비(7) 8. 민간자본사업보조,자체재원(8) 9. 민간자본사업보조,이전재원(9) 10. 민간위탁사업비(10) 11. 공기관등에 대한 자본적 대행사업비(11)	민간이전지출 근거 (지방보조금 관리기준 참고) 1. 법률에 규정 2. 국고보조 재원(국가지정) 3. 용도 지정 기부금 4. 조례에 직접규정 5. 지자체가 권장하는 사업을 하는 공공기관 6. 시,도 정책 및 재정사정 7. 기타 8. 해당없음	입찰방식 계약체결방법 (경쟁형태) 1. 일반경쟁 2. 제한경쟁 3. 지명경쟁 4. 수의계약 5. 법정위탁 6. 기타 ( ) 7. 해당없음	입찰방식 계약기간 1. 1년 2. 2년 3. 3년 4. 4년 5. 5년 6. 기타 ( )년 7. 단기계약 (1년미만) 8. 해당없음	입찰방식 낙찰자선정방법 1. 적격심사 2. 협상에의한계약 3. 최저가낙찰제 4. 규격가격분리 5. 2단계 경쟁입찰 6. 기타 ( ) 7. 해당없음	운영예산 산정 운영예산 산정 1. 내부산정 (지자체 자체적으로 산정) 2. 외부산정 (외부전문기관위탁 산정) 3. 내·외부 모두 산정 4. 산정 無 5. 해당없음	운영예산 산정 정산방법 1. 내부정산 (지자체 내부적으로 정산) 2. 외부정산 (외부전문기관위탁 정산) 3. 내·외부 모두 산정 4. 정산 無 5. 해당없음	성과평가 실시여부 1. 실시 2. 미실시 3. 향후 추진 4. 해당없음
1215	경남 합천군	선도 산림경영단지 사업	777,779	농업기술센터 산림과	10	1	7	8	7	5	5	4
1216	경남 합천군	밤나무종실해충방제 위탁사업비	140,000	농업기술센터 산림과	10	1	4	1	7	1	1	4
1217	경남 합천군	생활권 민간 컨설팅	2,500	농업기술센터 산림과	10	2	4	1	7	1	1	4
1218	경남 합천군	한우 인공수정료 지원	300,000	농업기술센터 축산과	10	1	7	8	7	5	1	4
1219	경남 합천군	혈통등록	30,000	농업기술센터 축산과	10	1	7	8	7	5	1	4
1220	경남 합천군	고등등록	16,000	농업기술센터 축산과	10	1	7	8	7	5	1	4
1221	경남 합천군	우량한우 등록비 지원	93,000	농업기술센터 축산과	10	1	7	8	7	5	1	4
1222	제주 제주시	이사무소 노후 행정장비(컴퓨터 등)교체지원	70,000	자치행정과	10	4	7	8	7	5	5	4
1223	제주 제주시	자원봉사센터 장비 및 비품 구입	3,600	자치행정과	10	4	7	8	7	5	5	4
1224	제주 제주시	비정규학교 교육환경개선사업	20,000	자치행정과	10	4	7	8	7	1	1	1
1225	제주 제주시	노후경로당 개보수 및 노후장비 교체	1,135,000	노인장애인과	10	1	1	1	3	3	3	4
1226	제주 제주시	홀로 사는 노인 에너지드림 지원사업	160,000	노인장애인과	10	5	5	1	7	1	1	4
1227	제주 제주시	홀로 사는 노인 지원센터 운영	365,430	노인장애인과	10	4	1	3	1	1	1	4
1228	제주 제주시	한솔주간활동센터 장비보강(차량)사업	30,000	노인장애인과	10	6	7	8	7	5	5	4
1229	제주 제주시	천사나래주간보호센터 장비보강(차량)사업	30,000	노인장애인과	10	6	7	8	7	5	5	4
1230	제주 제주시	제주시희망원 장비보강(차량)사업	30,000	노인장애인과	10	6	7	8	7	5	5	4
1231	제주 제주시	희망원 환경개선사업	30,000	노인장애인과	10	6	7	8	7	5	5	4
1232	제주 제주시	무지개마을 장비보강(에어컨등)사업	50,000	노인장애인과	10	6	7	8	7	5	5	4
1233	제주 제주시	무지개마을 환경개선사업	20,000	노인장애인과	10	6	7	8	7	5	5	4
1234	제주 제주시	아가의집 장비보강(붙박이장등)사업	25,000	노인장애인과	10	6	7	8	7	5	5	4
1235	제주 제주시	아가의집 개보수(생활실, 화장실)사업	49,000	노인장애인과	10	6	7	8	7	5	5	4
1236	제주 제주시	벧엘 개보수(방수공사)사업	150,000	노인장애인과	10	6	7	8	7	5	5	4
1237	제주 제주시	벧엘 장비보강(가구및가전제품)사업	30,000	노인장애인과	10	6	7	8	7	5	5	4
1238	제주 제주시	벧엘 장비보강(공기청정기등)사업	19,000	노인장애인과	10	6	7	8	7	5	5	4
1239	제주 제주시	사랑의집 장비보강(공기청정기) 사업	20,000	노인장애인과	10	6	7	8	7	5	5	4
1240	제주 제주시	유진단기거주시설 장비보강(가구구입등)사업	20,000	노인장애인과	10	6	7	8	7	5	5	4
1241	제주 제주시	장애인단기거주시설 신축사업 부대공사비	100,000	노인장애인과	10	6	7	8	7	5	5	4
1242	제주 제주시	제주케어하우스 개보수(편의시설 설치)사업	34,000	노인장애인과	10	6	7	8	7	5	5	4
1243	제주 제주시	제주장애인요양원 개보수(편의시설 설치)	32,000	노인장애인과	10	6	7	8	7	5	5	4
1244	제주 제주시	아가곱드래 개보수(방수공사)사업	20,000	노인장애인과	10	6	7	8	7	5	5	4
1245	제주 제주시	춘강장애인근로센터 개보수(휴게실등)사업	55,000	노인장애인과	10	6	7	8	7	5	5	4
1246	제주 제주시	한라원장애인직업재활시설 장비보강(차량)사업	45,000	노인장애인과	10	6	7	8	7	5	5	4
1247	제주 제주시	공동주택리모델링 어린이집 기자재구입	10,000	여성가족과	10	2	7	8	7	5	5	4
1248	제주 제주시	노형꿈틀작은도서관 물품구입	18,000	문화예술과	10	4	7	8	7	1	1	3
1249	제주 제주시	성짓골 작은도서관 물품구입	25,000	문화예술과	10	4	7	8	7	1	1	3
1250	제주 제주시	도서지역 LPG 용기 교체지원	15,230	경제일자리과	10	4	7	8	7	1	1	1
1251	제주 제주시	에너지 고효율 인증 건물 태양광 발전시설 지원 시	100,000	경제일자리과	10	4	6(공모)	8	7	1	1	1
1252	제주 제주시	에너지자립마을 육성 지원	150,000	경제일자리과	10	4	6(공모)	8	7	1	1	1
1253	제주 제주시	사회적경제기업 시설기능강화	70,000	경제일자리과	10	4	2	7	7	1	1	2
1254	제주 서귀포시	동부종합사회복지관 물품구입비 지원	19,300	주민복지과	10	1	7	8	7	5	5	4
1255	제주 서귀포시	농산물가공장비지원사업	100,000	감귤농정과	10	4	7	8	7	5	5	4
1256	제주 서귀포시	FTA대응6차산업육성지원사업	100,000	감귤농정과	10	1, 4	7	8	7	5	5	4
1257	제주 서귀포시	시설원예분야 환경제어 및 개선 지원	350,000	감귤농정과	10	6	7	8	7	1	1	1
1258	제주 서귀포시	드론이용 농약방제 대행비 지원	100,000	감귤농정과	10	6	7	8	7	1	1	1
1259	제주 서귀포시	감자 종서 구입지 지원	500,000	감귤농정과	10	6	7	8	7	1	1	1

chapter

4

공기관등에 대한 자본적 위탁사업비 (403-02)

2020년 전국 지방자치단체 공기관등에 대한 자본적 위탁사업비(403-02) 운영 현황

순번	시군구	지출명 (사업명)	2020년예산 (단위:천원/1년간)	담당자 (공무원) 담당부서	민간이전 분류 (지방자치단체 세출예산 집행기준에 의거) 1. 민간경상사업보조(1) 2. 민간단체 법정운영비보조(2) 3. 민간행사사업보조(3) 4. 민간위탁금(4) 5. 사회복지시설 법정운영비보조(5) 6. 민간인위탁교육비(6) 7. 공기관등에대한경상적대행사업비(7) 8. 민간자본사업보조,자체재원(8) 9. 민간자본사업보조,이전재원(9) 10. 민간위탁사업비(10) 11. 공기관등에 대한 자본적 대행사업비(11)	민간이전지출 근거 (지방보조금 관리기준 참고) 1. 법률에 규정 2. 국고보조 재원(국가지정) 3. 용도 지정 기부금 4. 조례에 직접규정 5. 지자체가 권장하는 사업을 하는 공공기관 6. 시,도 정책 및 재정사정 7. 기타 8. 해당없음	입찰방식 계약체결방법 (경쟁형태) 1. 일반경쟁 2. 제한경쟁 3. 지명경쟁 4. 수의계약 5. 법정위탁 6. 기타 ( ) 7. 해당없음	입찰방식 계약기간 1. 1년 2. 2년 3. 3년 4. 4년 5. 5년 6. 기타 ( )년 7. 단기계약 (1년미만) 8. 해당없음	입찰방식 낙찰자선정방법 1. 적격심사 2. 협상에의한계약 3. 최저가낙찰제 4. 규격가격분리 5. 2단계 경쟁입찰 6. 기타 ( ) 7. 해당없음	운영예산 산정 운영예산 산정 1. 내부산정 (지자체 자체 적으로 산정) 2. 외부산정 (외부전문기관 위탁 산정) 3. 내·외부 모두 산정 4. 산정 無 5. 해당없음	운영예산 산정 정산방법 1. 내부정산 (지자체 내부적 으로 정산) 2. 외부정산 (외부전문기관 위탁 정산) 3. 내·외부 모두 산정 4. 정산 無 5. 해당없음	성과평가 실시여부 1. 실시 2. 미실시 3. 향후 추진 4. 해당없음
1	서울 강서구	주민등록 인감제도 운영	10,070	자치행정과	11	2	7	8	7	5	5	4
2	서울 강서구	정보시스템 운영관리	964	정보통신과	11	7	7	8	7	5	5	4
3	서울 강서구	온-나라 문서 시스템 구축	472,131	정보통신과	11	7	7	8	7	5	5	4
4	서울 강서구	도시활력증진지역 개발	1,000,000	도시재생과	11	1	1	2	1	3	3	4
5	서울 강서구	고압전선 및 통신선 지중화사업	744,286	건설관리과	11	1	7	8	7	5	5	4
6	서울 강서구	등서초 지하공영주차장 건설	2,358,600	주차관리과	11	6	7	8	7	5	5	4
7	서울 금천구	동 주민센터 기능 보강	8,690	마을자치과	11	6	5	7	7	2	2	4
8	서울 금천구	공기관등에대한경상적위탁사업비	771	홍보디지털과	11	8	5	1	7	2	2	4
9	서울 금천구	치매치료관리비 지원사업	93,500	보건의료과	11	1, 4	7	8	7	5	1	4
10	서울 영등포구	국가주소정보시스템 유지보수 및 운영	20,757	부동산정보과	11	1	5	1	7	1	1	4
11	서울 영등포구	국가주소정보시스템 유지보수 및 운영	20,757	부동산정보과	11	1	5	1	7	1	1	4
12	서울 동작구	국민기초생활보장 수급자 수선유지비 지원	164,724	사회복지과	11	2	7	8	7	5	5	2
13	서울 관악구	2020년 지방재정정보화시스템HW/SW신규도입	867	기획예산과	11	1	7	1	7	2	2	4
14	서울 관악구	주민등록시스템재구축사업비	12,970	자치행정과	11	1	5	8	7	2	2	2
15	서울 관악구	사회복지관 기능보강사업	380,611	복지정책과	11	5	7	8	7	5	5	4
16	서울 관악구	주거급여수급자	120,000	생활복지과	11	1	7	8	7	1	1	2
17	서울 관악구	도로명주소기본도유지관리	2,331	지적과	11	1	6	1	6	5	5	4
18	서울 관악구	국가주소정보시스템유지관리	16,711	지적과	11	1	6	1	6	5	5	4
19	서울 성북구	주거급여	175,860	생활보장과	11	1	5	1	7	1	3	4
20	서울 성북구	사이언스 스테이션 운영 지원	45,000	일자리경제과	11	2	7	1	7	1	1	2
21	서울 동대문구	청백-e(통합 상시모니터링)시스템 유지보수	11,291	감사담당관	11	1	5	1	7	2	2	4
22	서울 동대문구	차세대 주민등록시스템 구축	9,150	자치행정과	11	2	5	5	4	5	5	4
23	서울 동대문구	지방재정관리시스템HW/SW신규도입	771	기획예산과	11	1	5	1	7	2	2	2
24	서울 동대문구	경동시장 청년몰 확장 사업	80,000	경제진흥과	11	7	7	8	7	5	5	4
25	서울 동대문구	수도권매립지 반입료	336,269	청소행정과	11	1	7	8	7	1	5	4
26	서울 동대문구	노원자원회수시설 반입료	3,713,598	청소행정과	11	1	7	8	7	1	5	4
27	서울 동대문구	노원자원회수시설 성상감시활동비	28,800	청소행정과	11	1	7	8	7	1	5	4
28	서울 동대문구	국가주소 정보시스템 운영	20,307	부동산정보과	11	5	5	1	7	2	2	1
29	서울 동대문구	화물용 엘리베이터 등 시설정비 및 개량	600,000	도로과	11	1	5	2	6	2	3	4
30	서울 동대문구	신이문역주변환경개선	111,907	교통행정과	11	7	7	8	7	5	5	4
31	서울 성동구	자율적 내부통제 운영	10,492	감사담당관	11	5	5	1	7	2	2	4
32	서울 성동구	기본경비(동주민센터)	9,150	자치행정과	11	6	6(행안부)	6(행안부)	6(행안부)	5	5	4
33	서울 성동구	예산편성 및 운용	26,702	기획예산과	11	2	5	1	7	2	2	4
34	서울 성동구	문화관광형시장 육성사업 지원	250,000	지역경제과	11	2	7	8	7	3	3	3
35	서울 성동구	특성화 첫걸음시장 육성사업	140,000	지역경제과	11	2	7	8	7	5	5	4
36	서울 성동구	전통시장 청년몰 활성화 및 확장 지원 사업	400,000	지역경제과	11	2	7	8	7	5	5	4
37	서울 성동구	주거급여	70,000	기초복지과	11	1	7	8	7	5	5	4
38	서울 성동구	도로명주소 위치정확도 개선	18,858	토지관리과	11	5	5	1	2	3	3	1
39	서울 성동구	청소년산모 임신출산 의료비 지원	1,200	건강관리과	11	8	7	8	7	5	5	4
40	서울 성동구	표준모자보건수첩 제작	2,577	건강관리과	11	8	7	8	7	5	5	4
41	서울 성동구	산모신생아건강관리지원	527,130	건강관리과	11	8	7	8	7	5	5	4
42	서울 성동구	의료급여수급권자 영유아검진비 지원	4,400	건강관리과	11	8	7	8	7	5	5	4
43	서울 성동구	기저귀 및 조제분유 지원	227,830	건강관리과	11	8	7	8	7	5	5	4
44	서울 성동구	희귀질환자 의료비지원사업	180,000	보건의료과	11	2	7	8	7	5	5	1

순번	시군구	지출명 (사업명)	2020년예산 (단위:천원/1년간)	담당자 (공무원) 담당부서	민간이전 분류 (지방자치단체 세출예산 집행기준에 의거) 1. 민간경상사업보조(1) 2. 민간단체 법정운영비보조(2) 3. 민간행사사업보조(3) 4. 민간위탁금(4) 5. 사회복지시설 법정운영비보조(5) 6. 민간인위탁교육비(6) 7. 공기관등에대한경상적대행사업비(7) 8. 민간자본사업보조,자체재원(8) 9. 민간자본사업보조,이전재원(9) 10. 민간위탁사업비(10) 11. 공기관등에 대한 자본적 대행사업비(11)	민간이전지출 근거 (지방보조금 관리기준 참고) 1. 법률에 규정 2. 국고보조 재원(국가지정) 3. 용도 지정 기부금 4. 조례에 직접규정 5. 지자체가 권장하는 사업을 하는 공공기관 6. 시,도 정책 및 재정사정 7. 기타 8. 해당없음	입찰방식 계약체결방법 (경쟁형태) 1. 일반경쟁 2. 제한경쟁 3. 지명경쟁 4. 수의계약 5. 법정위탁 6. 기타 ( ) 7. 해당없음	입찰방식 계약기간 1. 1년 2. 2년 3. 3년 4. 4년 5. 5년 6. 기타 ( )년 7. 단기계약 (1년미만) 8. 해당없음	입찰방식 낙찰자선정방법 1. 적격심사 2. 협상에의한계약 3. 최저가낙찰제 4. 규격가격분리 5. 2단계 경쟁입찰 6. 기타 ( ) 7. 해당없음	운영예산 산정 운영예산 산정 1. 내부산정 (지자체 자체적으로 산정) 2. 외부산정 (외부전문기관위탁 산정) 3. 내·외부 모두 산정 4. 산정 無 5. 해당없음	운영예산 산정 정산방법 1. 내부정산 (지자체 내부적으로 정산) 2. 외부정산 (외부전문기관위탁 정산) 3. 내·외부 모두 산정 4. 정산 無 5. 해당없음	성과평가 실시여부 1. 실시 2. 미실시 3. 향후 추진 4. 해당없음
45	서울 성동구	치매치료 및 관리비 지원	106,340	질병예방과	11	1	4	3	1	1	1	1
46	서울 성동구	지역사회 통합건강증진사업	12,000	질병예방과	11	1	4	3	1	1	1	1
47	서울 성동구	중증치매노인 공공후견인 지원	2,700	질병예방과	11	1	4	3	1	1	1	1
48	서울 종로구	영유아 건강검진 지원	1,400	건강증진과	11	1	7	8	7	5	4	3
49	서울 종로구	표준모자보건수첩 제작	880	건강증진과	11	1	7	8	7	5	4	3
50	서울 종로구	청소년산모 임신출산 의료비 지원	1,200	건강증진과	11	1	7	8	7	5	4	3
51	서울 종로구	지역자율형 사회서비스 투자사업	541,495	건강증진과	11	1	7	8	7	5	4	3
52	서울 종로구	기저귀 및 조제분유 지원	146,130	건강증진과	11	1	7	8	7	5	4	3
53	서울 종로구	희귀질환자 의료비 지원	172,000	건강증진과	11	2	7	8	5	5	5	3
54	서울 종로구	치매치료관리비 지원	47,000	건강증진과	11	1	7	8	7	5	4	3
55	서울 종로구	국가암관리 지원	115,617	건강증진과	11	2	7	8	7	5	4	3
56	서울 종로구	보건소 결핵 관리사업	5,144	보건위생과	11	2	7	8	7	5	5	1
57	서울 종로구	주민등록 및 인감업무 관리	8,240	자치행정과	11	8	7	8	4	5	5	4
58	서울 종로구	주거급여	70,000	사회복지과	11	1	7	8	5	1	5	1
59	서울 종로구	장애인 활동지원급여 지원	5,619,357	사회복지과	11	2	7	8	5	5	5	4
60	서울 종로구	장애인 활동지원 가산급여 지원	9,273	사회복지과	11	2	7	8	5	5	5	4
61	서울 종로구	장애인 활동지원사업	500,000	사회복지과	11	6	7	8	5	5	5	4
62	서울 종로구	장애인 활동지원사업	3,750	사회복지과	11	7	7	8	5	5	5	4
63	서울 종로구	광역알뜰교통카드 연계 마일리지 지원	42,020	교통행정과	11	2	7	8	7	5	4	4
64	서울 양천구	차세대 주민등록시스템 구축 및 운영	9,610	주민협치과	11	7	5	6(완료시)	7	2	2	1
65	서울 양천구	자치단체등자본이전	19,468	부동산정보과	11	1	5	1	7	1	1	4
66	서울 강북구	차세대 주민등록정보시스템 구축	9,150	자치행정과	11	5	7	8	7	5	5	4
67	서울 송파구	청렴시책 추진	12,090	감사담당관	11	6	2	1	1	2	2	4
68	서울 송파구	조직 인력관리 등 인사시책 추진	7,653	총무과	11	1	1	1	2	2	2	4
69	서울 송파구	통합민원 운영지원	10,070	자치행정과	11	6	7	8	7	5	5	4
70	서울 송파구	주거급여	40,000	사회복지과	11	1	5	8	7	1	1	1
71	부산광역시	효율적인 예산편성	1,156	예산담당관	11	8	7	8	7	5	5	4
72	부산광역시	세정정보화	1,195,164	세정담당관	11	8	7	8	7	5	5	4
73	부산광역시	세정정보화	89,758	세정담당관	11	8	7	8	7	5	5	4
74	부산광역시	1/1,000수치지형도 수정·제작	150,000	토지정보과	11	8	7	8	7	5	5	4
75	부산광역시	지하도상가 관리	3,000,000	건설행정과	11	8	7	8	7	5	5	4
76	부산광역시	경제기반형 도시재생	3,000,000	도시재생정책과	11	8	7	8	7	5	5	4
77	부산광역시	서민주거환경개선	225,000	도시정비과	11	8	7	8	7	5	5	4
78	부산광역시	노후 공공임대주택 시설개선	5,020,000	주택정책과	11	8	7	8	7	5	5	4
79	부산광역시	국가지정문화재 보수정비	160,000	문화유산과	11	8	7	8	7	5	5	4
80	부산광역시	국가지정문화재 보수정비	120,000	문화유산과	11	8	7	8	7	5	5	4
81	부산광역시	공설 장사시설 설치	1,300,000	노인복지과	11	8	7	8	7	5	5	4
82	부산광역시	영락공원 유지보수 및 관리	100,000	노인복지과	11	8	7	8	7	5	5	4
83	부산광역시	부산추모공원 봉안당 봉안단 설치	400,000	노인복지과	11	8	7	8	7	5	5	4
84	부산광역시	부산추모공원조성	3,000,000	노인복지과	11	8	7	8	7	5	5	4
85	부산광역시	지방의료원 기능보강사업	5,033,000	건강정책과	11	8	7	8	7	5	5	4
86	부산광역시	보훈사업 지원	250,000	총무과	11	8	7	8	7	5	5	4
87	부산광역시	무가선 저상트램 실증사업	6,600,000	도시철도과	11	8	7	8	7	5	5	4
88	부산광역시	서민금융지원	25,000	소상공인지원담당관	11	8	7	8	7	5	5	4
89	부산광역시	공유경제 육성 및 지원	100,000	사회적경제담당관	11	8	7	8	7	5	5	4

순번	시군구	지출명 (사업명)	2020년예산 (단위:천원/1년간)	담당자 (공무원) 담당부서	민간이전 분류 (지방자치단체 세출예산 집행기준에 의거) 1. 민간경상사업보조(1) 2. 민간단체 법정운영비보조(2) 3. 민간행사사업보조(3) 4. 민간위탁금(4) 5. 사회복지시설 법정운영비보조(5) 6. 민간인위탁교육비(6) 7. 공기관등에대한경상적대행사업비(7) 8. 민간자본사업보조,자체재원(8) 9. 민간자본사업보조,이전재원(9) 10. 민간위탁사업비(10) 11. 공기관등에 대한 자본적 대행사업비(11)	민간이전지출 근거 (지방보조금 관리기준 참고) 1. 법률에 규정 2. 국고보조 재원(국가지정) 3. 용도 지정 기부금 4. 조례에 직접규정 5. 지자체가 권장하는 사업을 하는 공공기관 6. 시,도 정책 및 재정사정 7. 기타 8. 해당없음	입찰방식 계약체결방법 (경쟁형태) 1. 일반경쟁 2. 제한경쟁 3. 지명경쟁 4. 수의계약 5. 법정위탁 6. 기타 ( ) 7. 해당없음	입찰방식 계약기간 1. 1년 2. 2년 3. 3년 4. 4년 5. 5년 6. 기타 ( )년 7. 단기계약 (1년미만) 8. 해당없음	입찰방식 낙찰자선정방법 1. 적격심사 2. 협상에의한계약 3. 최저가낙찰제 4. 규격가격분리 5. 2단계 경쟁입찰 6. 기타 ( ) 7. 해당없음	운영예산 산정 운영예산 산정 1. 내부산정 (지자체 자체적으로 산정) 2. 외부산정 (외부전문기관 위탁 산정) 3. 내·외부 모두 산정 4. 산정 無 5. 해당없음	운영예산 산정 정산방법 1. 내부정산 (지자체 내부적으로 정산) 2. 외부정산 (외부전문기관 위탁 정산) 3. 내·외부 모두 산정 4. 정산 無 5. 해당없음	성과평가 실시여부 1. 실시 2. 미실시 3. 향후 추진 4. 해당없음
90	부산광역시	부산 청년 우리집 조성사업	70,000	사회적경제담당관	11	8	7	8	7	5	5	4
91	부산광역시	창업지원주택 건립	1,000,000	일자리창업과	11	8	7	8	7	5	5	4
32	부산광역시	Ace Stella 육성 지원	500,000	일자리창업과	11	8	7	8	7	5	5	4
93	부산광역시	창업촉진지구 지원사업	500,000	일자리창업과	11	8	7	8	7	5	5	4
94	부산광역시	Enjoy Shoes Busan 추진사업	800,000	첨단소재산업과	11	8	7	8	7	5	5	4
95	부산광역시	SW융합클러스터 2.0 조성	2,600,000	스마트시티추진과	11	8	7	8	7	5	5	4
96	부산광역시	ICT융합 지역협력사업지원	1,330,000	스마트시티추진과	11	8	7	8	7	5	5	4
97	부산광역시	안과질환 진단서비스 플랫폼 개발	500,000	첨단의료산업과	11	8	7	8	7	5	5	4
98	부산광역시	AI 기반 당뇨병 예방·관리 플랫폼 개발	500,000	첨단의료산업과	11	8	7	8	7	5	5	4
99	부산광역시	차세대 재활복지의료기기산업 육성사업	1,741,000	첨단의료산업과	11	8	7	8	7	5	5	4
100	부산광역시	퇴행성 뇌질환 인공지능기반 영상분석기술개발	100,000	첨단의료산업과	11	8	7	8	7	5	5	4
101	부산광역시	배수개선	2,190,000	농축산유통과	11	8	7	8	7	5	5	4
102	부산광역시	공원·유원지 관리	70,000	관광진흥과	11	8	7	8	7	5	5	4
103	부산광역시	공원·유원지 관리	200,000	관광진흥과	11	8	7	8	7	5	5	4
104	부산광역시	공원·유원지 관리	400,000	관광진흥과	11	8	7	8	7	5	5	4
105	부산광역시	정책숲가꾸기	76,588	산림생태과	11	8	7	8	7	5	5	4
106	부산광역시	산림유역관리	1,131,000	산림생태과	11	8	7	8	7	5	5	4
107	부산광역시	해양신산업육성사업	1,200,000	해양수도정책과	11	8	7	8	7	5	5	4
108	부산광역시	인공어초사업	1,100,000	수산정책과	11	8	7	8	7	5	5	4
109	부산광역시	전문교육 운영	114,000	인재개발원	11	8	7	8	7	5	5	4
110	부산 중구	표준모자보건수첩 제작	220	보건과	11	2	7	8	7	5	1	2
111	부산 중구	주민등록시스템 재구축 사업 부담금	7,340	총무과	11	6	7	8	7	5	5	4
112	부산 중구	지방재정관리시스템 HW/SW 신규도입	482	기획감사실	11	1	5	1	7	2	2	2
113	부산 동구	청백-e 시스템 유지보수	1,659	기획감사실	11	1	7	1	7	2	2	1
114	부산 동구	청백-e 시스템 운영지원	5,637	기획감사실	11	1	7	1	7	2	2	1
115	부산 동구	지방재정관리시스템(e-호조) 유지보수 분담금	21,180	기획감사실	11	2	7	1	7	2	2	1
116	부산 동구	차세대 지방세정보시스템 구축	43,115	세무1과	11	1	7	8	7	5	5	4
117	부산 동구	차세대 지방세외수입정보시스템 구축비	58,444	세무2과	11	1	5	1	7	2	2	1
118	부산 동구	서민층 가스시설개선	77,142	일자리경제과	11	1	6	8	7	1	1	1
119	부산 동구	아동복지시설 안전관리비 지원	5,000	복지사업과	11	2	7	8	7	5	1	4
120	부산 동구	노후슬레이트 처리지원	436,800	환경위생과	11	6	7	8	7	3	3	1
121	부산 동구	경제적 취약계층 슬레이트 지붕 개량사업	211,400	환경위생과	11	6	7	8	7	3	3	1
122	부산 영도구	차세대 지방세정보시스템 구축	44,300	세무과	11	1	6(협약)	1	6(협약)	2	2	4
123	부산 영도구	차세대 지방세외수입정보시스템 구축사업	52,182	세무과	11	1	6(협약)	1	6(협약)	2	2	4
124	부산 영도구	재방재정관리시스템 HW/SW 도입	578	평생교육과	11	1	5	1	6	2	2	1
125	부산 영도구	차세대 주민등록시스템 구축	8,240	행정지원과	11	1	5	1	7	2	2	3
126	부산 부산진구	지방재정관리시스템(e-호조) HW/SW 신규 도입	771	기획조정실	11	1	5	8	7	5	5	4
127	부산 부산진구	주민등록시스템 재구축 자치단체 부담금	11,690	행정자치과	11	2	7	8	7	5	5	4
128	부산 부산진구	공립어린이집 확충	30,000	여성가족과	11	1	7	8	7	1	1	2
129	부산 동래구	차세대지방세정보시스템구축	53,123	세무1과	11	5	5	1	7	2	2	4
130	부산 동래구	차세대 표준지방세외수입정보시스템 분담금	70,970	세무2과	11	5	5	1	7	2	2	1
131	부산 동래구	주거급여	138,008	생활보장과	11	2	5	1	7	5	5	4
132	부산 동래구	서민층 가스시설 개선	29,412	일자리경제과	11	2	7	8	7	5	1	4
133	부산 동래구	내집마당 주차장 갖기 사업	80,000	교통과	11	6	7	8	6	5	1	2
134	부산 남구	차세대주민등록시스템 구축비	8,690	총무과	11	7	7	7	7	2	2	4

순번	시군구	지출명 (사업명)	2020년예산 (단위:천원/1년간)	담당자 (공무원) 담당부서	민간이전 분류 (지방자치단체 세출예산 집행기준에 의거) 1. 민간경상사업보조(1) 2. 민간단체 법정운영비보조(2) 3. 민간행사사업보조(3) 4. 민간위탁금(4) 5. 사회복지시설 법정운영비보조(5) 6. 민간인위탁교육비(6) 7. 공기관등에대한경상적대행사업비(7) 8. 민간자본사업보조,자체재원(8) 9. 민간자본사업보조,이전재원(9) 10. 민간위탁사업비(10) 11. 공기관등에 대한 자본적 대행사업비(11)	민간이전지출 근거 (지방보조금 관리기준 참고) 1. 법률에 규정 2. 국고보조 재원(국가지정) 3. 용도 지정 기부금 4. 조례에 직접규정 5. 지자체가 권장하는 사업을 하는 공공기관 6. 시,도 정책 및 재정사정 7. 기타 8. 해당없음	입찰방식 계약체결방법 (경쟁형태) 1. 일반경쟁 2. 제한경쟁 3. 지명경쟁 4. 수의계약 5. 법정위탁 6. 기타 ( ) 7. 해당없음	입찰방식 계약기간 1. 1년 2. 2년 3. 3년 4. 4년 5. 5년 6. 기타 ( )년 7. 단기계약 (1년미만) 8. 해당없음	입찰방식 낙찰자선정방법 1. 적격심사 2. 협상에의한계약 3. 최저가낙찰제 4. 규격가격분리 5. 2단계 경쟁입찰 6. 기타 ( ) 7. 해당없음	운영예산 산정 운영예산 산정 1. 내부산정 (지자체 자체적으로 산정) 2. 외부산정 (외부전문기관위탁 산정) 3. 내·외부 모두 산정 4. 산정 無 5. 해당없음	운영예산 산정 정산방법 1. 내부정산 (지자체 내부적으로 정산) 2. 외부정산 (외부전문기관위탁 정산) 3. 내·외부 모두 산정 4. 정산 無 5. 해당없음	성과평가 실시여부 1. 실시 2. 미실시 3. 향후 추진 4. 해당없음
135	부산 남구	차세대 지방세정보시스템 구축	55,600	세무1과	11	1	5	1	7	2	2	4
136	부산 남구	차세대세외수입정보시스템 구축비	70,970	세무2과	11	6	4	3	7	5	5	4
137	부산 남구	서민층 가스시설 개선	66,306	일자리경제과	11	2	7	8	7	5	5	4
138	부산 북구	차세대 지방세외수입정보시스템 구축지원	70,970	세무2과	11	1	1	1	2	2	2	4
139	부산 북구	주거급여	1,127,040	생활보장과	11	2	5	1	7	2	2	1
140	부산 북구	지역지식재산창출·활용지원사업	30,000	일자리경제과	11	4	7	8	7	2	2	4
141	부산 북구	차세대 주민등록정보시스템(2차) 구축	8,690	행정지원과	11	7	5	7	1	3	3	4
142	부산 사하구	주민등록 관리	9,150	총무과	11	6	6	7	7	2	5	4
143	부산 사하구	차세대 지방세정보시스템유지보수	57,857	세무1과	11	1	5	1	7	2	2	1
144	부산 사하구	차세대 지방세외수입정보시스템 구축	70,970	세무2과	11	1	5	1	7	2	2	1
145	부산 사하구	주거급여	1,662,328	복지사업과	11	1	5	1	7	4	3	2
146	부산 사하구	서민층 가스시설 개선사업	19,350	경제진흥과	11	2	7	8	7	5	1	1
147	부산 사하구	친환경 에너지절감장비 보급	194,000	경제진흥과	11	2	7	8	7	5	5	4
148	부산 사하구	폐기물 반입수수료 등	640,000	자원순환과	11	8	7	8	7	1	1	4
149	부산 사하구	수영하수처리장,생곡자원화시설음식물류폐기물처리	270,000	자원순환과	11	6	7	8	6	1	1	2
150	부산 금정구	지방재정관리시스템 HW/SW 도입	675	기획감사실	11	1	5	1	7	2	2	4
151	부산 금정구	차세대 주민등록정보시스템 구축비	8,690	총무과	11	7	7	8	7	5	5	4
152	부산 금정구	차세대 지방세입 정보화사업 구축	130,030	세무1과	11	1	5	1	7	2	2	1
153	부산 금정구	수선유지급여	503,456	생활보장과	11	1	5	1	7	5	3	1
154	부산 금정구	농업기반정비	83,000	일자리경제과	11	5	7	8	7	1	1	2
155	부산 금정구	서민층 가스시설 개선	12,900	일자리경제과	11	2	7	8	7	5	5	4
156	부산 금정구	경제적 취약계층 지붕개량비	15,100	환경위생과	11	1	4	4	6	4	1	2
157	부산 금정구	노후슬레이트 처리지원	117,600	환경위생과	11	1	4	4	6	4	1	2
158	부산 금정구	청춘과 정든마을, 부산 금사	600,000	도시재생과	11	2	7	8	7	5	5	4
159	부산 강서구	구 체육회 지원	2,500	문화체육과	11	1	7	8	7	5	5	4
160	부산 강서구	지역아동센터 환경개선비 지원	30,000	주민복지과	11	1	7	8	7	5	5	1
161	부산 강서구	어린이집 전자출결시스템 지원	67,056	주민복지과	11	2	7	8	7	2	2	2
162	부산 강서구	장애인직업재활시설 기능보강	17,430	주민복지과	11	1	7	8	7	5	1	4
163	부산 강서구	주거급여	186,000	생활지원과	11	2	5	8	7	5	5	4
164	부산 강서구	내재해형 농업시설 설치사업	400,000	농산과	11	1	4	8	2	1	1	3
165	부산 강서구	채소류 저온저장고 설치 사업	30,000	농산과	11	1	4	8	2	1	1	3
166	부산 강서구	농업분야 에너지절감시설 지원	564,166	농산과	11	2	4	8	2	1	1	3
167	부산 강서구	IT활용 원예시설 환경제어시스템 구축	70,000	농산과	11	1	4	8	2	1	1	3
168	부산 강서구	농식품산업 육성	19,920	농산과	11	1	4	8	2	1	1	3
169	부산 강서구	고품질 원예작물 생산지원	53,750	농산과	11	1	4	8	2	1	1	3
170	부산 강서구	고품질 원예작물 생산지원	100,000	농산과	11	4	4	8	2	1	1	3
171	부산 강서구	시설원예 장기재배 외부필름 교체	40,000	농산과	11	1	4	8	2	1	1	3
172	부산 강서구	원예시설현대화	346,847	농산과	11	2	4	8	2	1	1	3
173	부산 강서구	ICT 융복합 확산-스마트팜 시설 보급	67,585	농산과	11	2	4	8	2	1	1	3
174	부산 연제구	주거급여	316,768	건축과	11	1	7	7	7	1	1	4
175	부산 연제구	전통시장 경영현대화사업	108,000	경제진흥과	11	2	7	8	7	5	5	4
176	부산 연제구	서민층 가스시설 개선	15,480	경제진흥과	11	2	7	8	7	5	5	4
177	부산 연제구	예산운영	578	기획감사실	11	1	5	1	7	5	5	2
178	부산 연제구	지방세 납세 편의	49,217	세무1과	11	1	5	1	7	1	1	4
179	부산 연제구	세외수입 징수관리	64,707	세무1과	11	1	5	1	7	1	1	4

순번	시군구	지출명 (사업명)	2020년예산 (단위:천원/1년간)	담당자 (공무원) 담당부서	민간이전 분류 (지방자치단체 세출예산 집행기준에 의거) 1. 민간경상사업보조(1) 2. 민간단체 법정운영비보조(2) 3. 민간행사사업보조(3) 4. 민간위탁금(4) 5. 사회복지시설 법정운영비보조(5) 6. 민간인위탁교육비(6) 7. 공기관등에대한경상적대행사업비(7) 8. 민간자본사업보조,자체재원(8) 9. 민간자본사업보조,이전재원(9) 10. 민간위탁사업비(10) 11. 공기관등에 대한 자본적 대행사업비(11)	민간이전지출 근거 (지방보조금 관리기준 참고) 1. 법률에 규정 2. 국고보조 재원(국가지정) 3. 용도 지정 기부금 4. 조례에 직접규정 5. 지자체가 권장하는 사업을 하는 공공기관 6. 시,도 정책 및 재정사정 7. 기타 8. 해당없음	입찰방식 계약체결방법 (경쟁형태) 1. 일반경쟁 2. 제한경쟁 3. 지명경쟁 4. 수의계약 5. 법정위탁 6. 기타 ( ) 7. 해당없음	입찰방식 계약기간 1. 1년 2. 2년 3. 3년 4. 4년 5. 5년 6. 기타 ( )년 7. 단기계약 (1년미만) 8. 해당없음	입찰방식 낙찰자선정방법 1. 적격심사 2. 협상에의한계약 3. 최저가낙찰제 4. 규격가격분리 5. 2단계 경쟁입찰 6. 기타 ( ) 7. 해당없음	운영예산 산정 운영예산 산정 1. 내부산정 (지자체 자체적으로 산정) 2. 외부산정 (외부전문기관위탁 산정) 3. 내·외부 모두 산정 4. 산정 無 5. 해당없음	운영예산 산정 정산방법 1. 내부정산 (지자체 내부적으로 정산) 2. 외부정산 (외부전문기관위탁 정산) 3. 내·외부 모두 산정 4. 정산 無 5. 해당없음	성과평가 실시여부 1. 실시 2. 미실시 3. 향후 추진 4. 해당없음
180	부산 연제구	주민등록 관리	8,690	총무과	11	1	7	8	7	5	5	4
181	부산 수영구	차세대 주민등록정보시스템 2차 구축비	8,240	총무과	11	2	5	8	7	5	5	4
182	부산 사상구	지방재정관리시스템 HW/SW 도입	675	기획감사실	11	8	6	1	7	5	5	4
183	부산 사상구	차세대 지방세외수입 정보시스템 구축 분담금	64,707	세무1과	11	8	6	1	7	5	5	4
184	부산 사상구	차세대 지방세정보시스템 구축 분담금	51,899	세무1과	11	8	6	1	7	5	5	4
185	부산 사상구	친환경 에너지절감장비 보급	14,000	일자리경제과	11	1	7	8	7	5	5	4
186	부산 사상구	지식재산 창출지원사업	50,000	일자리경제과	11	2	7	8	7	5	5	4
187	부산 사상구	가스시설 개선	30,444	일자리경제과	11	2	5	8	7	1	1	1
188	부산 사상구	노후 주택 슬레이트 철거·처리	134,400	환경위생과	11	7	6	5	7	5	5	4
189	부산 사상구	경제적 취약계층 주택 슬레이트 지붕 개량	15,100	환경위생과	11	7	6	5	7	5	5	4
190	부산 사상구	수선유지급여 사업	492,864	건축과	11	2	5	1	7	5	3	4
191	부산 사상구	온골 지하차도 확장	808,000	건설과	11	1	7	8	7	5	5	4
192	부산 기장군	예산편성 및 관리	771	기획청렴실	11	5	5	1	7	5	5	1
193	부산 기장군	중입자가속기 구축지원사업	2,000,000	2030기획단	11	2	7	8	7	5	5	4
194	부산 기장군	주민등록업무 운영	10,430	행정지원과	11	6	7	8	7	5	5	4
195	부산 기장군	지방세 및 세외수입 전산화	163,753	자주재정과	11	7	6(행안부와 업무위수탁 협약)	3	7	2	2	4
196	부산 기장군	아동(청소년) 안심알리미서비스 지원	475,455	행복나눔과	11	7	7	1	7	1	1	1
197	부산 기장군	서민층 가스시설 개선	35,346	일자리경제과	11	1	5	8	7	1	2	1
198	부산 기장군	생활폐기물 처리	480,000	청소자원과	11	1	7	8	7	1	4	4
199	부산 기장군	기장군 수리시설 개보수	667,500	친환경농업과	11	1	5	1	7	1	3	4
200	부산 기장군	노후저수지 정비	500,000	친환경농업과	11	1	5	1	7	1	3	4
201	부산 기장군	친환경 에너지 보급 사업	26,667	해양수산과	11	1	7	8	7	1	1	4
202	부산 기장군	기장군민 건강증진지원사업	1,000,000	원전안전과	11	4	7	1	7	1	1	4
203	부산 기장군	개발제한구역내 불법행위 단속	392,000	휴먼도시과	11	7	7	8	7	5	5	4
204	부산 기장군	좌광천 상류 생태하천 정비사업	1,700,000	도시기반조성과	11	7	7	7	7	1	1	3
205	부산 기장군	도로명 및 건물번호 부여사업	16,210	토지정보과	11	1	7	8	7	5	5	4
206	부산 기장군	도로명주소기본도 유지보수사업	7,196	토지정보과	11	1	7	8	7	5	5	4
207	부산 기장군	수산자원 산란서식장 조성	300,000	해조류육종융합연구센터	11	1	7	8	7	5	1	1
208	대구 중구	차세대주민등록정보시스템구축부담금	7,790	행정지원과	11	8	7	8	7	5	5	4
209	대구 중구	성매매피해자지원시설기능보강	27,880	복지정책과	11	2	7	6	1	5	1	3
210	대구 중구	수선유지급여	140,000	건축주택과	11	1, 2	5	1	7	1	1	2
211	대구 서구	세외수입 및 세입자료 관리	64,707	세무과	11	1	5	1	7	2	2	4
212	대구 서구	원활한 세정운영을 위한 지원체계 강화	50,930	세무과	11	1	5	1	7	2	2	4
213	대구 서구	어린이집 환경개선	15,000	사회복지과	11	1	1	1	6	1	1	2
214	대구 서구	어린이집 환경개선	47,000	사회복지과	11	1	1	7	6	1	1	2
215	대구 서구	국공립어린이집 확충사업	9,000	사회복지과	11	1	1	1	6	1	1	2
216	대구 서구	구립 비산4동어린이집 이전신축	37,500	사회복지과	11	1, 4	1	1	6	1	1	2
217	대구 남구	표준지방인사정보시스템 유지관리사업	29,734	행정지원과	11	1	1	1	2	2	2	4
218	대구 남구	두사충이야기길 조성	200,000	문화관광과	11	5	7	8	7	5	5	1
219	대구 남구	지방재정관리시스템 HW/SW 신규도입	578	민원정보과	11	2	5	1	7	2	2	1
220	대구 남구	차세대지방세정보시스템구축	47,513	세무과	11	5	7	8	7	2	2	4
221	대구 남구	차세대지방세외수입정보시스템구축사업	58,444	세무과	11	5	7	8	7	2	2	4
222	대구 남구	수선유지급여	550,000	생활보장과	11	1	5	8	7	1	2	2
223	대구 북구	차세대지방세외수입정보시스템구축분담금	77,232	징수과	11	1	5	1	7	2	2	1
224	대구 북구	서민층 가스시설 개선사업	7,740	일자리정책과	11	1	2	1	1	2	3	3

순번	시군구	지출명 (사업명)	2020년예산 (단위:천원/1년간)	담당자 (공무원) 담당부서	민간이전 분류 (지방자치단체 세출예산 집행기준에 의거) 1. 민간경상사업보조(1) 2. 민간단체 법정운영비보조(2) 3. 민간행사사업보조(3) 4. 민간위탁금(4) 5. 사회복지시설 법정운영비보조(5) 6. 민간인위탁교육비(6) 7. 공기관등에대한경상적대행사업비(7) 8. 민간자본사업보조,자체재원(8) 9. 민간자본사업보조,이전재원(9) 10. 민간위탁사업비(10) 11. 공기관등에 대한 자본적 대행사업비(11)	민간이전지출 근거 (지방보조금 관리기준 참고) 1. 법률에 규정 2. 국고보조 재원(국가지정) 3. 용도 지정 기부금 4. 조례에 직접규정 5. 지자체가 권장하는 사업을 하는 공공기관 6. 시,도 정책 및 재정사정 7. 기타 8. 해당없음	입찰방식 계약체결방법 (경쟁형태) 1. 일반경쟁 2. 제한경쟁 3. 지명경쟁 4. 수의계약 5. 법정위탁 6. 기타 ( ) 7. 해당없음	계약기간 1. 1년 2. 2년 3. 3년 4. 4년 5. 5년 6. 기타 ( )년 7. 단기계약 (1년미만) 8. 해당없음	낙찰자선정방법 1. 적격심사 2. 협상에의한계약 3. 최저가낙찰제 4. 규격가격분리 5. 2단계 경쟁입찰 6. 기타 ( ) 7. 해당없음	운영예산 산정 운영예산 산정 1. 내부산정 (지자체 자체적으로 산정) 2. 외부산정 (외부전문기관위탁 산정) 3. 내·외부 모두 산정 4. 산정 無 5. 해당없음	정산방법 1. 내부정산 (지자체 내부적으로 정산) 2. 외부정산 (외부전문기관위탁 정산) 3. 내·외부 모두 산정 4. 정산 無 5. 해당없음	성과평가 실시여부 1. 실시 2. 미실시 3. 향후 추진 4. 해당없음
225	대구 북구	칠성종합시장 상권활성화사업	1,121,500	민생경제과	11	2	7	8	7	5	5	4
226	대구 북구	수선유지급여	800,000	생활보장과	11	1	7	8	7	1	5	1
227	대구 북구	행복북구문화재단 사업 지원	698,066	문화예술과	11	4	5	6(협약해지)	6	1	3	1
228	대구 수성구	차세대 주민등록 시스템 구축비	12,860	행정지원과	11	2	7	8	7	5	5	4
229	대구 수성구	효율적인 예산편성 및 재정운용	771	기획예산과	11	1	7	8	7	5	5	4
230	대구 수성구	세정운영 및 홍보	66,423	세무1과	11	1	5	1	7	2	2	4
231	대구 수성구	자금 및 세입관리	77,232	세무2과	11	1	5	1	7	2	2	4
232	대구 수성구	수성아트피아사업지원	135,100	문화예술과	11	4	5	8	7	1	1	1
233	대구 수성구	도서관사업지원	1,477,186	문화예술과	11	4	5	8	7	1	1	1
234	대구 수성구	수성아트피아 리모델링	770,000	문화예술과	11	4	5	8	7	1	1	1
235	대구 수성구	수선유지급여	340,000	생활보장과	11	1	7	1	7	3	3	1
236	대구 달성군	지방재정관리시스템 유지보수비	32,636	기획예산실	11	5	5	1	7	2	2	4
237	대구 달성군	차세대 지방세정보시스템 구축 분담금	102,866	세무과	11	1	6(협약)	1	2	2	2	4
238	대구 달성군	차세대 지방세외수입 정보시스템 구축	77,232	징수과	11	1	5	1	7	2	2	1
239	대구 달성군	차세대 주민등록 정보시스템 구축사업	8,690,000	종합민원과	11	2	7	8	7	5	5	4
240	대구 달성군	현풍백년도깨비시장 청년몰 활성화 지원사업	150,000	일자리경제과	11	1	7	8	7	5	5	1
241	대구 달성군	화원시장 특성화 첫걸음 시장(기반조성) 사업	156,000	일자리경제과	11	1	7	8	7	5	5	1
242	대구 달성군	수선유지급여 집수리사업	360,000	생활보장과	11	1	5	1	7	5	1	1
243	대구 달성군	도로명주소 시설물 유지관리	24,002	토지정보과	11	8	5	1	7	5	5	4
244	인천광역시	도서발전지원센터 설치·운영	150,000	도서지원과	11	5	7	8	7	5	5	4
245	인천광역시	우리집(영구임대주택)지원	17,083,399	주거재생과	11	5	1	1	3	1	1	1
246	인천광역시	송도 하수처리재이용시설 운영	11,390	환경녹지과	11	4	5	5	7	1	1	1
247	인천광역시	IFEZ스마트시티 플랫폼 고도화	400,000	스마트시티과	11	6	7	8	7	5	5	4
248	인천광역시	여성가족재단 태양광발전설비 설치	145,250	에너지정책과	11	2	7	8	7	5	5	4
249	인천광역시	사회서비스원설치 및 운영	1,460,000	복지정책과	11	4	7	8	7	5	5	4
250	인천광역시	근로자문화센터 운영 대행사업비	1,471,959		11	4	7	8	7	5	5	4
251	인천 미추홀구	시설관리공단 위탁사업비	581,290	기획예산실	11	8	5	8	7	1	3	1
252	인천 중구	차세대 주민등록시스템 구축비	8,240	민원지적과	11	6	5	8	7	3	2	4
253	인천 중구	주거급여 지원 사업	504,000	복지과	11	2	5	1	6	3	2	1
254	인천 중구	저소득 장애인주택 편의시설 설치 지원 사업	30,000	복지과	11	6	5	1	6	3	2	3
255	인천 동구	특성화첫걸음시장 육성사업 지원	72,500	일자리경제과	11	2	7	1	7	1	1	1
256	인천 동구	수선유지급여사업	344,565	건축과	11	1	5	1	2	1	1	1
257	인천 동구	어선사고 예방시스템 구축	1,800	관광진흥과	11	1	7	8	7	5	5	4
258	인천 동구	친환경 에너지절감장비 보급	30,000	관광진흥과	11	1	7	8	7	5	5	4
259	인천 동구	차세대 지방세정보시스템 구축비	44,939	세무과	11	1	7	1	7	2	2	4
260	인천 동구	차세대 지방세외수입시스템 구축	52,182	세무과	11	1	7	1	7	2	2	4
261	인천 연수구	시설안전관리공단 대행사업비	676,619	기획예산실	11	5	5	8	7	1	1	2
262	인천 연수구	송도국제도시 공원녹지 유지관리	7,500	송도관리단	11	4	5	8	7	1	1	2
263	인천 연수구	차세대 주민등록정보 시스템(2차) 구축비	9,150	민원여권과	11	7	6	7	6	2	2	4
264	인천 연수구	시설안전관리공단 위탁대행 사업비	2,630	평생교육과	11	5	5	8	7	1	1	2
265	인천 연수구	시설관리공단 대행사업비	581	문화체육과	11	4	7	8	7	1	1	1
266	인천 연수구	송도체육센터 운영	12,700	문화체육과	11	7	6	8	6	1	1	3
267	인천 연수구	공단대행사업비	4,571	도서관정책과	11	5	5	8	7	1	1	2
268	인천 연수구	종량제봉투 관리사업 공단 대행사업비	730	자원순환과	11	5	5	8	7	1	1	2
269	인천 연수구	시설안전관리공단 대행사업비	20,125	도시계획과	11	5	5	8	7	1	1	2

순번	시군구	지출명 (사업명)	2020년예산 (단위:천원/1년간)	담당자 (공무원) 담당부서	민간이전 분류 (지방자치단체 세출예산 집행기준에 의거) 1. 민간경상사업보조(1) 2. 민간단체 법정운영비보조(2) 3. 민간행사사업보조(3) 4. 민간위탁금(4) 5. 사회복지시설 법정운영비보조(5) 6. 민간인위탁교육비(6) 7. 공기관등에대한경상적대행사업비(7) 8. 민간자본사업보조,자체재원(8) 9. 민간자본사업보조,이전재원(9) 10. 민간위탁사업비(10) 11. 공기관등에 대한 자본적 대행사업비(11)	민간이전지출 근거 (지방보조금 관리기준 참고) 1. 법률에 규정 2. 국고보조 재원(국가지정) 3. 용도 지정 기부금 4. 조례에 직접규정 5. 지자체가 권장하는 사업을 하는 공공기관 6. 시,도 정책 및 재정사정 7. 기타 8. 해당없음	입찰방식 계약체결방법 (경쟁형태) 1. 일반경쟁 2. 제한경쟁 3. 지명경쟁 4. 수의계약 5. 법정위탁 6. 기타 ( ) 7. 해당없음	입찰방식 계약기간 1. 1년 2. 2년 3. 3년 4. 4년 5. 5년 6. 기타 ( )년 7. 단기계약 (1년미만) 8. 해당없음	입찰방식 낙찰자선정방법 1. 적격심사 2. 협상에의한계약 3. 최저가낙찰제 4. 규격가격분리 5. 2단계 경쟁입찰 6. 기타 ( ) 7. 해당없음	운영예산 산정 운영예산 산정 1. 내부산정 (지자체 자체적으로 산정) 2. 외부산정 (외부전문기관위탁 산정) 3. 내·외부 모두 산정 4. 산정 無 5. 해당없음	운영예산 산정 정산방법 1. 내부정산 (지자체 내부적으로 정산) 2. 외부정산 (외부전문기관위탁 정산) 3. 내·외부 모두 산정 4. 정산 無 5. 해당없음	성과평가 실시여부 1. 실시 2. 미실시 3. 향후 추진 4. 해당없음
270	인천 연수구	공기관에 대한 자본적 위탁사업비	23,220	교통행정과	11	5	5	8	7	1	1	2
271	인천 연수구	시설관리공단 대행사업비	290	보건행정과	11	4	5	1	7	1	1	2
272	인천 연수구	시설안전관리공단 대행사업비	1,745	송도건강생활지원센터	11	5	5	8	7	1	1	2
273	인천 남동구	도시관리공단운영자본적대행사업비	451,420	기획예산과	11	4	6	8	7	1	1	4
274	인천 남동구	차세대주민등록시스템구축비	13,000	총무과	11	1	1	1	5	2	2	4
275	인천 남동구	남동소래아트홀자본적사업비	52,300	문화관광과	11	1	5	2	7	1	1	2
276	인천 남동구	도시관리공단 체육시설위탁	33,260	체육진흥과	11	1	5	2	7	1	1	4
277	인천 남동구	구청사등대행사업비	4,400	재무과	11	1, 4	7	8	7	1	1	1
278	인천 남동구	차세대지방세정보시스템구축	77,713	세무과	11	1	6	1	6	1	1	1
279	인천 남동구	불법주정차 견인사업	11,104	교통행정과	11	4	5	6	7	1	1	4
280	인천 남동구	공영주차장위탁운영	708,550	교통행정과	11	4	5	8	7	1	1	4
281	인천 남동구	보건소 결핵관리사업	10,600	보건행정과	11	2	7	8	7	5	5	4
282	인천 부평구	시설관리공단 대행사업 자본적 지출	171,109	기획조정실	11	1	6(상호위탁)	6	7	1	1	1
283	인천 부평구	시설관리공단 대행사업 자본적 지출	30,849	기획조정실	11	1	6(상호위탁)	6	7	1	1	1
284	인천 부평구	시설관리공단 대행사업 자본적 지출	124,912	기획조정실	11	1	6(상호위탁)	6	7	1	1	1
285	인천 부평구	시설관리공단 대행사업(부설주차장) 자본적지출	10,325	총무과	11	5	7	8	7	1	1	1
286	인천 부평구	시설관리공단 대행사업	10,548	재무과	11	1	6(상호위탁)	6	7	1	1	1
287	인천 부평구	시설관리공단 대행사업	3,160	재무과	11	1	6(상호위탁)	6	7	1	1	1
288	인천 부평구	시설관리공단 대행사업	83,314	재무과	11	1	6(상호위탁)	6	7	1	1	1
289	인천 부평구	차세대 지방세외수입 정보시스템 구축사업비	83,495	세무1과	11	1	5	1	7	5	5	4
290	인천 부평구	차세대 지방세정보시스템 구축 사업비	78,798	세무2과	11	1	5	1	7	4	2	1
291	인천 부평구	차세대 주민등록시스템 2차 구축 지방 분담금	10,070	하나로민원과	11	2	7	8	7	5	5	4
292	인천 부평구	시설관리공단 대행사업 자본적 지출	134,663	체육진흥과	11	5	5	2	7	1	1	1
293	인천 부평구	시설관리공단 대행사업 자본적 지출	25,345	체육진흥과	11	5	5	2	7	1	1	1
294	인천 부평구	시설관리공단 대행사업 자본적지출	4,963	체육진흥과	11	5	5	8	7	1	1	1
295	인천 부평구	시설관리공단 대행사업 자본적지출	7,154	체육진흥과	11	5	5	2	7	1	1	1
296	인천 부평구	노인여가시설(경로당) 자본적지출	5,583	노인장애인과	11	1	7	8	7	5	5	4
297	인천 부평구	복합건축물(노인복지관) 자본적지출	14,309	노인장애인과	11	1	7	8	7	5	5	4
298	인천 부평구	산곡노인문화센터 자본적지출	11,452	노인장애인과	11	1	7	8	7	5	5	4
299	인천 부평구	문화관광형 전통시장(상점가) 지원	327,000	경제지원과	11	2	7	8	7	3	2	1
300	인천 부평구	지역거점형 콘텐츠기업 육성센터 구축·운영	300,000	경제지원과	11	5	7	8	7	1	1	1
301	인천 부평구	시설관리공단 자산취득비	1,350	자원순환과	11	4	7	8	7	1	1	4
302	인천 부평구	시설관리공단-퇴직연금적립금	14,357	자원순환과	11	4	7	8	7	5	5	4
303	인천 부평구	슬레이트 처리지원	18,920	환경보전과	11	2	7	8	7	5	1	2
304	인천 부평구	신재생에너지 융복합지원사업	109,481	기후변화대응과	11	4	7	7	5	5	4	4
305	인천 부평구	시설관리공단 자본적 지출	14,309	안전총괄과	11	5	7	8	7	1	1	1
306	인천 부평구	시설관리공단 보안등 보수 위탁사업비	7,770	도로과	11	4	6	6	7	1	1	1
307	인천 부평구	시설관리공단 자본적 지출	389,883	주차지도과	11	4	5	6(계약종료시까지)	6(조례)	1	1	1
308	인천 부평구	시설관리공단 자본적 지출	61,826	주차지도과	11	4	5	6(계약종료시까지)	6(조례)	1	1	1
309	인천 부평구	시설관리공단 자본적지출	24,258	주차지도과	11	4	5	6(별도 해약시까지)	6(조례)	1	1	1
310	인천 부평구	시설관리공단 자본적 지출	20,412	도시경관과	11	4	5	5	6	1	1	1
311	인천 부평구	부평동 일원 하수도 재정비사업	228,000	도시재생과	11	1	4	6	6	1	1	4
312	인천 부평구	수선유지급여	1,258,587	건축과	11	1	7	8	7	5	5	4
313	인천 부평구	시설관리공단 자본적 지출	230,637	공원녹지과	11	4	5	6(별도해지시까지)	6(조례)	1	1	1
314	인천 부평구	시설관리공단 대행사업(청사관리) 자본적지출	18,496	보건행정과	11	4	5	8	7	1	1	1

순번	시군구	지출명 (사업명)	2020년예산 (단위:천원/1년간)	담당자 (공무원) 담당부서	민간이전 분류 (지방자치단체 세출예산 집행기준에 의거) 1. 민간경상사업보조(1) 2. 민간단체 법정운영비보조(2) 3. 민간행사사업보조(3) 4. 민간위탁금(4) 5. 사회복지시설 법정운영비보조(5) 6. 민간인위탁교육비(6) 7. 공기관등에대한경상적대행사업비(7) 8. 민간자본사업보조,자체재원(8) 9. 민간자본사업보조,이전재원(9) 10. 민간위탁사업비(10) 11. 공기관등에 대한 자본적 대행사업비(11)	민간이전지출 근거 (지방보조금 관리기준 참고) 1. 법률에 규정 2. 국고보조 재원(국가지정) 3. 용도 지정 기부금 4. 조례에 직접규정 5. 지자체가 권장하는 사업을 하는 공공기관 6. 시,도 정책 및 재정사정 7. 기타 8. 해당없음	입찰방식 계약체결방법 (경쟁형태) 1. 일반경쟁 2. 제한경쟁 3. 지명경쟁 4. 수의계약 5. 법정위탁 6. 기타 ( ) 7. 해당없음	입찰방식 계약기간 1. 1년 2. 2년 3. 3년 4. 4년 5. 5년 6. 기타 ( )년 7. 단기계약 (1년미만) 8. 해당없음	입찰방식 낙찰자선정방법 1. 적격심사 2. 협상에의한계약 3. 최저가낙찰제 4. 규격가격분리 5. 2단계 경쟁입찰 6. 기타 ( ) 7. 해당없음	운영예산 산정 운영예산 산정 1. 내부산정 (지자체 자체적으로 산정) 2. 외부산정 (외부전문기관위탁 산정) 3. 내·외부 모두 산정 4. 산정 無 5. 해당없음	운영예산 산정 정산방법 1. 내부정산 (지자체 내부적으로 정산) 2. 외부정산 (외부전문기관위탁 정산) 3. 내·외부 모두 산정 4. 정산 無 5. 해당없음	성과평가 실시여부 1. 실시 2. 미실시 3. 향후 추진 4. 해당없음
315	인천 계양구	예산편성 및 운영	771	기획예산실	11	1	5	1	4	5	2	4
316	인천 계양구	차세대 주민등록정보시스템(2차) 구축	9,150	민원여권과	11	7	5	7	7	5	5	4
317	인천 계양구	차세대지방세정보시스템 구축 사업비	62,565	세무1과	11	1	5	1	7	2	2	2
318	인천 계양구	차세대 지방세외수입 정보시스템 구축사업비	77,232	세무2과	11	1	5	1	7	2	2	2
319	인천 서구	어촌뉴딜300사업	2,484,000	경제에너지과	11	1	7	8	7	5	5	4
320	인천 서구	공원위탁관리	6,100	공원녹지과	11	4	7	8	7	1	1	4
321	인천 서구	석곶체육관 위탁관리	500	공원녹지과	11	4	7	8	7	1	1	4
322	인천 서구	공공문화시설 위탁관리	16,801	문화관광체육과	11	5	5	8	7	1	1	4
323	인천 서구	차세대 주민등록정보시스템 구축비	10,070	총무과	11	7	7	5	7	2	2	2
324	인천 서구	시설관리공단 위탁대행사업비	129,534	주차관리과	11	4	7	8	7	1	1	2
325	인천 서구	시설관리공단 위탁대행사업비	5,726	주차관리과	11	4	7	8	7	1	1	2
326	인천 서구	주거급여 수선유지급여 지원사업	592,308	주택과	11	2	5	1	6(위수탁계약)	1	1	3
327	인천 서구	저소득 장애인주택 편의시설 설치 지원 사업	100,000	주택과	11	6	4	1	6	1	1	3
328	인천 강화군	e호조 유지보수 통합 운영	675,000	기획예산과	11	7	7	8	7	5	5	4
329	인천 강화군	공기관등에대한경상적위탁사업비	71,345	재무과	11	1	5	1	6	2	3	1
330	인천 강화군	주거급여	500,000	복지정책과	11	1	5	8	7	3	2	4
331	인천 강화군	차세대 주민등록시스템 구축비	7,790,000	민원지적과	11	7	7	8	7	5	5	4
332	인천 강화군	중소기업 지원	70,000	경제교통과	11	1	5	1	7	1	1	1
333	인천 옹진군	소이작 바다휴양체험마을 조성	625,000	미래협력과	11	5	6(협약)	4	7	1	1	3
334	인천 옹진군	덕적 농산물의진리 단호박마을	250,000	미래협력과	11	5	6(협약)	3	7	1	1	3
335	인천 옹진군	내리어촌계 어장진입로 포장공사	100,000	미래협력과	11	5	5	7	7	1	1	3
336	인천 옹진군	영암어촌계 어장진입로 보수	100,000	미래협력과	11	5	5	7	7	1	1	3
337	인천 옹진군	바다숲 조성해역 사후관리 용역	100,000	수산과	11	2	5	1	7	5	5	3
338	인천 옹진군	덕적.자월권역 연안바다목장 조성	500,000	수산과	11	1	5	7	2	3	3	3
339	인천 옹진군	양식환경 조성	1,500,000	수산과	11	5	5	7	2	1	1	3
340	인천 옹진군	해삼 중간 육성장 시범 조성	300,000	수산과	11	5	5	7	2	1	1	3
341	인천 옹진군	해삼서식지 환경조사 용역	150,000	수산과	11	5	5	7	2	1	1	3
342	인천 옹진군	시모도 갯벌생태계복원사업	250,000	건설과	11	7	6	3	6	5	5	4
343	인천 옹진군	주거급여	21,923	도서주거개선과	11	1	4	1	2	1	1	4
344	인천 옹진군	차세대 지방세 정보시스템 구축	63,390	재무과	11	1	5	7	6(법령)	2	2	4
345	인천 옹진군	차세대 지방세외수입 정보시스템 구축	52,182	재무과	11	1	5	7	6(법령)	2	2	4
346	인천 옹진군	차세대 주민등록시스템 구축	7,340,000	종합민원과	11	2	7	2	7	3	2	4
347	인천 옹진군	가족접촉자 검진 예탁금	300,000	보건행정과	11	1	5	8	7	2	2	4
348	인천 옹진군	장봉2 소규모 공공하수도 건설사업	203,000	옹진군시설경영사업소	11	1	7	8	7	5	1	1
349	인천 옹진군	선재 소규모 공공하수도 건설사업	5,750,000	옹진군시설경영사업소	11	1	7	8	7	5	1	1
350	인천 옹진군	서내 소규모 공공하수도 건설사업	71,000	옹진군시설경영사업소	11	1	7	8	7	5	1	1
351	인천 옹진군	장봉1리 소규모 공공하수도 건설사업	96,000	옹진군시설경영사업소	11	1	7	8	7	5	1	1
352	인천 옹진군	승봉 소규모 공공하수도 건설사업	95,000	옹진군시설경영사업소	11	1	7	8	7	5	1	1
353	인천 옹진군	시도 소규모 공공하수도 건설사업	95,000	옹진군시설경영사업소	11	1	7	8	7	5	1	1
354	광주 동구	재정시스템 운영	578	기획예산실	11	1	5	1	7	2	2	4
355	광주 동구	주거급여 수선유지급여	450,000	노인장애인복지과	11	1	7	8	7	5	1	3
356	광주 동구	서민층 가스시설 개선사업	11,352	일자리경제과	11	2	7	8	7	5	5	4
357	광주 동구	동 민원행정 지원	7,790	자치행정과	11	1	7	8	7	5	5	3
358	광주 동구	치매치료관리비 지원	54,500	건강정책과	11	1	7	8	7	1	1	3
359	광주 북구	재정관리시스템운영	867	기획조정실	11	5	5	1	7	2	2	4

순번	시군구	지출명 (사업명)	2020년예산 (단위:천원/1년간)	담당자 (공무원) 담당부서	민간이전 분류 (지방자치단체 세출예산 집행기준에 의거) 1. 민간경상사업보조(1) 2. 민간단체 법정운영비보조(2) 3. 민간행사사업보조(3) 4. 민간위탁금(4) 5. 사회복지시설 법정운영비보조(5) 6. 민간인위탁교육비(6) 7. 공기관등에대한경상적대행사업비(7) 8. 민간자본사업보조,자체재원(8) 9. 민간자본사업보조,이전재원(9) 10. 민간위탁사업비(10) 11. 공기관등에 대한 자본적 대행사업비(11)	민간이전지출 근거 (지방보조금 관리기준 참고) 1. 법률에 규정 2. 국고보조 재원(국가지정) 3. 용도 지정 기부금 4. 조례에 직접규정 5. 지자체가 권장하는 사업을 하는 공공기관 6. 시,도 정책 및 재정사정 7. 기타 8. 해당없음	입찰방식: 계약체결방법 (경쟁형태) 1. 일반경쟁 2. 제한경쟁 3. 지명경쟁 4. 수의계약 5. 법정위탁 6. 기타 ( ) 7. 해당없음	입찰방식: 계약기간 1. 1년 2. 2년 3. 3년 4. 4년 5. 5년 6. 기타 ( )년 7. 단기계약 (1년미만) 8. 해당없음	입찰방식: 낙찰자선정방법 1. 적격심사 2. 협상에의한계약 3. 최저가낙찰제 4. 규격가격분리 5. 2단계 경쟁입찰 6. 기타 ( ) 7. 해당없음	운영예산 산정: 운영예산 산정 1. 내부산정 (지자체 자체 적으로 산정) 2. 외부산정 (외부전문기관 위탁 산정) 3. 내·외부 모두 산정 4. 산정 無 5. 해당없음	운영예산 산정: 정산방법 1. 내부정산 (지자체 내부적 으로 정산) 2. 외부정산 (외부전문기관 위탁 정산) 3. 내·외부 모두 산정 4. 정산 無 5. 해당없음	성과평가 실시여부 1. 실시 2. 미실시 3. 향후 추진 4. 해당없음
360	대전광역시	차세대 지방세정보시스템 구축	574,566	세정과	11	1	5	3	6	2	1	4
361	대전광역시	차세대지방세외수입정보시스템구축	83,495	세정과	11	1	5	3	6	2	1	4
362	대전광역시	해외투자유치활동	50,000	투자유치과	11	4	4	7	7	1	1	1
363	대전광역시	외국인투자유치 홈페이지 유지·관리	11,000	투자유치과	11	4	4	1	7	1	1	1
364	대전광역시	원도심(저소득층밀집지구) 지식산업센터 운영	340,000	투자유치과	11	1	7	8	7	1	1	1
365	대전광역시	수소산업 전주기 제품안전성 지원센터 구축	3,800,000	기반산업과	11	6	6(협약)	1	7	1	2	1
366	대전광역시	수소버스충전소 구축	6,000,000	기반산업과	11	2	6(협약)	1	7	1	2	1
367	대전광역시	무형문화재 전수회관 물품구입	7,900	문화유산과	11	5	6	8	7	1	1	4
368	대전광역시	전통나래관 물품구입	6,650	문화유산과	11	5	6	8	7	1	1	4
369	대전광역시	대청호 오백리길 보행안전기반 조성	300,000	관광마케팅과	11	4	5	3	7	1	1	4
370	대전광역시	대청호오백리길 편의시설 및 관광인프라 조성	40,000	관광마케팅과	11	4	5	3	7	1	1	4
371	대전광역시	대청호 물속마을 정원조성	150,000	관광마케팅과	11	4	5	3	7	1	1	4
372	대전광역시	장묘시설 기능보강	463,838	노인복지과	11	1	5	8	7	1	1	4
373	대전광역시	장사시설 설치	2,910,000	노인복지과	11	2	5	8	7	1	1	1
374	대전광역시	노후공공임대주택 시설개선 사업	1,320,000	주택정책과	11	1	7	8	7	1	1	3
375	대전광역시	소규모임대주택 리모델링	1,165,000	주택정책과	11	1	7	8	7	5	5	4
376	대전광역시	평촌지구 도시개발사업	3,343,935	주택정책과	11	5	5	5	6	2	1	4
377	대전 동구	자세대 주민등록정보시스템 구축사업	8,690	총무과	11	7	7	8	7	2	2	2
378	대전 동구	기초생활보장 주거급여	749,000	사회복지과	11	2	5	8	7	1	1	2
379	대전 동구	청소년증 신규 및 재발급	3,400	여성가족과	11	1	7	8	7	1	1	4
380	대전 중구	차세대 지방세 정보시스템 구축	52,169	세무과	11	1	5	1	7	2	2	1
381	대전 중구	차세대 세외수입정보시스템 구축	64,707	세무과	11	1	5	1	7	2	2	1
382	대전 중구	수선유지급여사업	980,000	사회복지과	11	2	5	1	7	1	3	1
383	대전 중구	서민층 가스시설 개선사업	12,900	경제기업과	11	2	7	8	7	5	5	4
384	대전 대덕구	차세대주민등록정보시스템구축	10,430	교육공동체과	11	6	7	8	7	1	1	4
385	대전 대덕구	신탄진 도시재생 어울림 플랫폼	2,009,000	도시재생사업단	11	1	7	8	7	5	5	4
386	대전 대덕구	신탄진 도시재생 뉴딜사업(H/W)	1,805,000	도시재생사업단	11	1	7	8	7	5	5	4
387	대전 대덕구	장애인거주시시설 기능보강	17,600	사회복지과	11	2	1	1	3	2	1	4
388	대전 대덕구	지역아동센터환경개선	82,350	여성가족과	11	6	7	8	7	3	1	1
389	울산 중구	차세대 주민등록시스템 구축비	8,690	행정자치과	11	7	7	1	7	5	5	4
390	울산 중구	차세대 지방세정보시스템 구축사업비	51,885	세무1과	11	1	5	1	6	2	2	2
391	울산 중구	차세대 지방세외수입정보시스템 구축비	70,970	세무2과	11	1	5	1	6	2	2	2
392	울산 중구	도로명주소 정보화업무	2,400	민원지적과	11	5	4	1	7	1	1	4
393	울산 중구	도로명주소 정보화업무	14,060	민원지적과	11	5	4	1	7	1	1	4
394	울산 중구	도로명주소기본도 현행화 사업	4,326	민원지적과	11	5	4	1	7	1	1	4
395	울산 중구	공기관등에대한자본적위탁사업비	300,000	노인장애인과	11	2	6	6	6	2	2	4
396	울산 중구	수선유지급여사업 협약사업비	207,000	노인장애인과	11	2	5	8	7	5	1	2
397	울산 중구	젊음의거리 문화관광형시장 육성사업 대행사업비	115,000	경제산업과	11	2	7	8	7	5	4	4
398	울산 남구	차세대 주민등록 시스템	9,150	주민소통과	11	1	5	5	7	2	2	1
399	울산 남구	차세대 지방세정보시스템 구출	63,945	세무1과	11	1	5	3	7	2	2	1
400	울산 남구	차세대지방세외수입정보시스템 구축 분담금	77,232	세무2과	11	7	5	3	7	2	2	1
401	울산 남구	빈집실태조사 및 빈집정비계획 수립	132,000	도시창조과	11	1	6(협약)	1	2	2	1	3
402	울산 남구	삼호동 도시재생 뉴딜사업 위탁	200,000	도시창조과	11	2	6(협약)	3	7	1	1	4
403	울산 동구	차세대주민등록시스템 구축	8,240	민원지적과	11	2	7	8	7	5	5	4
404	울산 동구	구군간 행정구역 경계 및 지적도면 오류정비사업	75,305	민원지적과	11	7	7	8	7	5	5	4

순번	시군구	지출명 (사업명)	2020년예산 (단위:천원/1년간)	담당자 (공무원) 담당부서	민간이전 분류 (지방자치단체 세출예산 집행기준에 의거) 1. 민간경상사업보조(1) 2. 민간단체 법정운영비보조(2) 3. 민간행사사업보조(3) 4. 민간위탁금(4) 5. 사회복지시설 법정운영비보조(5) 6. 민간인위탁교육비(6) 7. 공기관등에대한경상적대행사업비(7) 8. 민간자본사업보조,자체재원(8) 9. 민간자본사업보조,이전재원(9) 10. 민간위탁사업비(10) 11. 공기관등에 대한 자본적 대행사업비(11)	민간이전지출 근거 (지방보조금 관리기준 참고) 1. 법률에 규정 2. 국고보조 재원(국가지정) 3. 용도 지정 기부금 4. 조례에 직접규정 5. 지자체가 권장하는 사업을 하는 공공기관 6. 시,도 정책 및 재정사정 7. 기타 8. 해당없음	입찰방식 계약체결방법 (경쟁형태) 1. 일반경쟁 2. 제한경쟁 3. 지명경쟁 4. 수의계약 5. 법정위탁 6. 기타 ( ) 7. 해당없음	입찰방식 계약기간 1. 1년 2. 2년 3. 3년 4. 4년 5. 5년 6. 기타 ( )년 7. 단기계약 (1년미만) 8. 해당없음	입찰방식 낙찰자선정방법 1. 적격심사 2. 협상에의한계약 3. 최저가낙찰제 4. 규격가격분리 5. 2단계 경쟁입찰 6. 기타 ( ) 7. 해당없음	운영예산 산정 운영예산 산정 1. 내부산정 (지자체 자체적으로 산정) 2. 외부산정 (외부전문기관위탁 산정) 3. 내·외부 모두 산정 4. 산정 無 5. 해당없음	운영예산 산정 정산방법 1. 내부정산 (지자체 내부적으로 정산) 2. 외부정산 (외부전문기관위탁 정산) 3. 내·외부 모두 산정 4. 정산 無 5. 해당없음	성과평가 실시여부 1. 실시 2. 미실시 3. 향후 추진 4. 해당없음
405	울산 동구	국가공간정보 소프트웨어 도입	80,000	민원지적과	11	7	7	8	7	5	5	4
406	울산 동구	국가주소 정보시스템 유지 보수	16,210	민원지적과	11	8	7	1	7	2	5	4
407	울산 동구	도로명주소 기본도 현행화 사업	1,974	민원지적과	11	8	7	1	7	2	5	4
408	울산 북구	차세대 주민등록정보시스템 구축	8,690	주민소통실	11	1	5	7	7	3	3	1
409	울산 북구	기록관리시스템 스토리지 추가 증설	30,000	총무과	11	8	7	1	7	2	2	1
410	울산 북구	지방세 정보시스템 구축 등	52,032	징수과	11	1	7	8	7	5	5	4
411	울산 북구	차세대 지방세외수입정보시스템 구축	70,970	징수과	11	1	7	8	7	5	5	4
412	울산 북구	공기관 위임위탁 사업비	18,480	민원지적과	11	1	4	1	7	3	3	2
413	울산 북구	수선유지급여	352,955	사회복지과	11	1	7	1	7	5	2	4
414	울산 북구	당사항 및 어물항 어촌뉴딜 300사업	300,000	농수산과	11	2	5	3	6	1	3	2
415	울주 울주군	예산편성	867,000	기획예산실	11	1	5	1	7	2	2	2
416	울주 울주군	주민생활 지원	8,690,000	총무과	11	6	7	7	5	5	4	4
417	울주 울주군	EBS와 함께하는 문화관광 인프라 확충	340,000	문화관광과	11	5	7	8	7	1	1	4
418	울주 울주군	지방세 부과	119,120	세무1과	11	2	7	1	7	2	2	1
419	울주 울주군	세외수입 관리	77,232	세무2과	11	2	7	1	7	2	2	1
420	울주 울주군	정확한 지적측량 성과 관리	20,790	민원지적과	11	1	5	7	7	1	1	4
421	울주 울주군	정확한 지적측량 성과 관리	25,410	민원지적과	11	1	5	7	7	1	1	4
422	울주 울주군	공간정보시스템 구축 및 운영	400,000	민원지적과	11	1	4	1	2	1	1	1
423	울주 울주군	공간정보시스템 구축 및 운영	180,000	민원지적과	11	1	4	1	2	1	1	1
424	울주 울주군	공간정보시스템 구축 및 운영	21,670	민원지적과	11	1	4	1	2	1	1	1
425	울주 울주군	공간정보시스템 구축 및 운영	80,000	민원지적과	11	1	4	1	2	1	1	1
426	울주 울주군	지적재조사사업 추진	7,469,000	민원지적과	11	1	4	1	2	1	1	1
427	울주 울주군	지적재조사사업 추진	84,084	민원지적과	11	1	4	1	2	1	1	1
428	울주 울주군	도로명및건물번호활용	2,400,000	민원지적과	11	1	5	1	7	1	1	4
429	울주 울주군	도로명및건물번호활용	14,060,000	민원지적과	11	1	5	1	7	1	1	4
430	울주 울주군	도로명및건물번호활용	13,267,000	민원지적과	11	1	5	1	7	1	1	4
431	울주 울주군	주거급여	257,245	노인장애인과	11	1	5	1	7	1	1	1
432	울주 울주군	청소년 방과후아카데미 운영지원	25,250	여성가족과	11	7	7	8	7	1	1	2
433	울주 울주군	작은도서관 활성화	20,000	도서관과	11	1	7	8	7	1	1	1
434	울주 울주군	방사능방재지원	100,000	에너지정책과	11	1	4	1	2	1	1	3
435	울주 울주군	농특산물 홍보행사 지원	200,000	농업정책과	11	7	7	8	7	5	1	4
436	울주 울주군	6차산업 단지 조성	870,000	농업정책과	11	1	7	7	5	5	4	4
437	울주 울주군	6차산업 단지 조성	30,000	농업정책과	11	1	7	7	5	5	4	4
438	울주 울주군	농업기반시설 확충	110,000	농업정책과	11	6	5	1	7	2	2	2
439	울주 울주군	농업기반시설 확충	65,000	농업정책과	11	6	5	1	7	2	2	2
440	울주 울주군	농업기반시설 확충	48,000	농업정책과	11	6	5	1	7	2	2	2
441	울주 울주군	농업기반시설 확충	87,000	농업정책과	11	6	5	1	7	2	2	2
442	울주 울주군	농업기반시설 확충	39,000	농업정책과	11	6	5	1	7	2	2	2
443	울주 울주군	농업기반시설 확충	156,000	농업정책과	11	6	5	1	7	2	2	2
444	울주 울주군	농업기반시설 확충	188,000	농업정책과	11	6	5	1	7	2	2	2
445	울주 울주군	농업기반시설 확충	91,000	농업정책과	11	6	5	1	7	2	2	2
446	울주 울주군	농업기반시설 확충	87,000	농업정책과	11	6	5	1	7	2	2	2
447	울주 울주군	농업기반시설 확충	125,000	농업정책과	11	6	5	1	7	2	2	2
448	울주 울주군	농업기반시설 확충	32,000	농업정책과	11	6	5	1	7	2	2	2
449	울주 울주군	농업기반시설 확충	97,000	농업정책과	11	6	5	1	7	2	2	2

순번	시군구	지출명 (사업명)	2020년예산 (단위:천원/1년간)	담당자 (공무원) 담당부서	민간이전 분류 (지방자치단체 세출예산 집행기준에 의거) 1. 민간경상사업보조(1) 2. 민간단체 법정운영비보조(2) 3. 민간행사사업보조(3) 4. 민간위탁금(4) 5. 사회복지시설 법정운영비보조(5) 6. 민간인위탁교육비(6) 7. 공기관등에대한경상적대행사업비(7) 8. 민간자본사업보조,자체재원(8) 9. 민간자본사업보조,이전재원(9) 10. 민간위탁사업비(10) 11. 공기관등에 대한 자본적 대행사업비(11)	민간이전지출 근거 (지방보조금 관리기준 참고) 1. 법률에 규정 2. 국고보조 재원(국가지정) 3. 용도 지정 기부금 4. 조례에 직접규정 5. 지자체가 권장하는 사업을 하는 공공기관 6. 시,도 정책 및 재정사정 7. 기타 8. 해당없음	입찰방식 계약체결방법 (경쟁형태) 1. 일반경쟁 2. 제한경쟁 3. 지명경쟁 4. 수의계약 5. 법정위탁 6. 기타 ( ) 7. 해당없음	입찰방식 계약기간 1. 1년 2. 2년 3. 3년 4. 4년 5. 5년 6. 기타 ( )년 7. 단기계약 (1년미만) 8. 해당없음	입찰방식 낙찰자선정방법 1. 적격심사 2. 협상에의한계약 3. 최저가낙찰제 4. 규격가격분리 5. 2단계 경쟁입찰 6. 기타 ( ) 7. 해당없음	운영예산 산정 운영예산 산정 1. 내부산정 (지자체 자체적으로 산정) 2. 외부산정 (외부전문기관위탁 산정) 3. 내·외부 모두 산정 4. 산정 無 5. 해당없음	운영예산 산정 정산방법 1. 내부정산 (지자체 내부적으로 정산) 2. 외부정산 (외부전문기관위탁 정산) 3. 내·외부 모두 산정 4. 정산 無 5. 해당없음	성과평가 실시여부 1. 실시 2. 미실시 3. 향후 추진 4. 해당없음
450	울주 울주군	농업기반시설 확충	83,000	농업정책과	11	6	5	1	7	2	2	2
451	울주 울주군	농업기반시설 확충	29,000	농업정책과	11	6	5	1	7	2	2	2
452	울주 울주군	농업기반시설 확충	98,000	농업정책과	11	6	5	1	7	2	2	2
453	울주 울주군	농업기반시설 확충	84,000	농업정책과	11	6	5	1	7	2	2	2
454	울주 울주군	농업기반시설 확충	28,000	농업정책과	11	6	5	1	7	2	2	2
455	울주 울주군	농업기반시설 확충	53,000	농업정책과	11	6	5	1	7	2	2	2
456	울주 울주군	조림	58,250	산림공원과	11	1	7	7	5	5	4	4
457	울주 울주군	조림	82,350	산림공원과	11	1	7	7	5	5	4	4
458	울주 울주군	조림	24,800	산림공원과	11	1	7	7	5	5	4	4
459	울주 울주군	조림지 비료주기 사업	15,000	산림공원과	11	1	7	7	5	5	4	4
460	울주 울주군	정책숲가꾸기사업	562,062	산림공원과	11	1	7	7	5	5	4	4
461	울주 울주군	정책숲가꾸기사업	373,660	산림공원과	11	1	7	7	5	5	4	4
462	울주 울주군	선도 산림경영단지 조성사업	1,452,000	산림공원과	11	1	7	7	5	5	4	4
463	울주 울주군	미세먼지 저감 공익 숲가꾸기	3,592,000	산림공원과	11	1	7	7	5	5	4	4
464	울주 울주군	빈집 실태 조사	144,000	시설지원과	11	7	7	7	5	5	4	4
465	울주 울주군	취약지역 개조	511,000	시설지원과	11	1	5	3	7	5	1	2
466	울주 울주군	언양읍성 주변도로 보행환경 개선사업	800,000	시설지원과	11	1	5	1	7	1	1	4
467	세종특별자치시	연서면 공공하수처리시설 관리업무 대행	1,267,623	상하수도시설과	11	1	6(신투자설치사업)	5	6	2	1	1
468	세종특별자치시	조치원역 환승통로 운영관리	10,000	도로과	11	7	7	8	7	5	5	4
469	세종특별자치시	철도시설공단위탁	1,300,000	도로과	11	1	2	3	1	1	1	1
470	세종특별자치시	친환경 유기질 유박비료 지원사업	59,043	산림공원과	11	2	7	8	7	3	3	1
471	세종특별자치시	임산물 유통기반조성	62,778	산림공원과	11	2	7	8	7	3	3	1
472	세종특별자치시	임산물생산기반조성사업	153,469	산림공원과	11	2	7	8	7	3	3	1
473	세종특별자치시	가정용 목재펠릿 보일러	14,000	산림공원과	11	2	7	8	7	3	3	1
474	세종특별자치시	국가정보시스템 유지관리	16,460	토지정보과	11	1	7	1	7	5	5	4
475	세종특별자치시	도로명주소기본도 유지관리	13,391	토지정보과	11	1	4	1	7	5	5	4
476	세종특별자치시	차세대 세외수입정보시스템 구축	83,495	세원관리과	11	8	7	8	7	5	5	4
477	세종특별자치시	조치원산단 공공폐수처리시설 설치	1,429,000	산업입지과	11	2	7	8	7	1	1	4
478	세종특별자치시	주거급여	317,539	주택과	11	2	5	1	7	1	1	1
479	세종특별자치시	합강양수장(연동면) 유지관리	30,000	농업축산과	11	1	7	8	7	1	1	2
480	세종특별자치시	경지정리 지구내 수리시설 정비	530,000	농업축산과	11	1	7	8	7	1	1	2
481	세종특별자치시	스마트워터시티(SWC) 구축 시범사업	4,914,000	상하수도과	11	1	5	4	7	3	3	3
482	세종특별자치시	소정면 농어촌생활용수개발	500,000	상하수도과	11	1	5	3	2	3	3	3
483	세종특별자치시	장군면 공공하수처리시설 설치	497,000	상하수도과	11	1	5	8	2	3	3	3
484	세종특별자치시	장군면 공공하수처리시설 설치	6,984,000	상하수도과	11	1	5	8	2	3	3	3
485	세종특별자치시	금암리 소규모하수도 정비	5,704,408	상하수도과	11	1	5	8	2	3	3	3
486	세종특별자치시	지하수 관측망 설치	177,500	상하수도과	11	1	5	7	2	1	1	1
487	세종특별자치시	지하수관측망 유지관리	32,000	상하수도과	11	1	5	7	2	1	1	1
488	세종특별자치시	방치폐공 원상복구	14,000	상하수도과	11	6	5	7	2	1	1	1
489	세종특별자치시	서민층 가스시설 개선	76,110	경제정책과	11	5	5	1	7	3	3	3
490	세종특별자치시	서민층 가스시설 타이머콕 설치	12,000	경제정책과	11	5	5	1	7	3	3	3
491	세종특별자치시	세종산업기술단지 조성	2,073,000	경제정책과	11	1	7	5	7	2	5	4
492	세종특별자치시	차세대 지방세정보시스템 구축	327,236	세정과	11	1	7	8	7	5	5	4
493	세종특별자치시	첨단BRT 전용차량 도입	12,000,000	교통과	11	5	7	8	7	5	5	4
494	경기 의정부시	지역자율형 사회서비스투자사업	127,956	복지정책과	11	1	7	8	7	1	1	2

순번	시군구	지출명 (사업명)	2020년예산 (단위:천원/1년간)	담당자 (공무원) 담당부서	민간이전 분류 (지방자치단체 세출예산 집행기준에 의거) 1. 민간경상사업보조(1) 2. 민간단체 법정운영비보조(2) 3. 민간행사사업보조(3) 4. 민간위탁금(4) 5. 사회복지시설 법정운영비보조(5) 6. 민간인위탁교육비(6) 7. 공기관등에대한경상적대행사업비(7) 8. 민간자본사업보조,자체재원(8) 9. 민간자본사업보조,이전재원(9) 10. 민간위탁사업비(10) 11. 공기관등에 대한 자본적 대행사업비(11)	민간이전지출 근거 (지방보조금 관리기준 참고) 1. 법률에 규정 2. 국고보조 재원(국가지정) 3. 용도 지정 기부금 4. 조례에 직접규정 5. 지자체가 권장하는 사업을 하는 공공기관 6. 시,도 정책 및 재정사정 7. 기타 8. 해당없음	입찰방식 계약체결방법 (경쟁형태) 1. 일반경쟁 2. 제한경쟁 3. 지명경쟁 4. 수의계약 5. 법정위탁 6. 기타 ( ) 7. 해당없음	계약기간 1. 1년 2. 2년 3. 3년 4. 4년 5. 5년 6. 기타 ( )년 7. 단기계약 (1년미만) 8. 해당없음	낙찰자선정방법 1. 적격심사 2. 협상에의한계약 3. 최저가낙찰제 4. 규격가격분리 5. 2단계 경쟁입찰 6. 기타 ( ) 7. 해당없음	운영예산 산정 운영예산 산정 1. 내부산정 (지자체 자체적으로 산정) 2. 외부산정 (외부전문기관위탁 산정) 3. 내·외부 모두 산정 4. 산정 無 5. 해당없음	정산방법 1. 내부정산 (지자체 내부적으로 정산) 2. 외부정산 (외부전문기관위탁 정산) 3. 내·외부 모두 산정 4. 정산 無 5. 해당없음	성과평가 실시여부 1. 실시 2. 미실시 3. 향후 추진 4. 해당없음
495	경기 의정부시	장애인 활동지원급여 지원	22,085,527	노인장애인과	11	1	5	8	7	5	2	1
496	경기 의정부시	중증장애인 활동보조 가산급여	52,953	노인장애인과	11	1	5	8	7	5	2	1
497	경기 의정부시	중증장애인 활동지원	2,446,330	노인장애인과	11	1	5	8	7	5	2	1
498	경기 의정부시	중증장애인 활동지원	2,809,000	노인장애인과	11	1	5	8	7	5	2	1
499	경기 의정부시	장애인 활동지원급여 24시간 지원	461,894	노인장애인과	11	1	5	8	7	5	2	1
500	경기 의정부시	발달재활서비스 바우처 지원	1,078,298	노인장애인과	11	1	5	8	7	5	2	4
501	경기 의정부시	언어발달지원 바우처 지원	4,000	노인장애인과	11	1	7	8	7	5	2	4
502	경기 의정부시	발달장애인 부모상담지원	5,760	노인장애인과	11	1	5	8	7	5	2	4
503	경기 의정부시	청소년 발달장애학생 방과후활동서비스 지원	281,870	노인장애인과	11	1	5	8	7	5	2	4
504	경기 의정부시	발달장애인 주간활동서비스 지원	162,000	노인장애인과	11	1	5	8	7	5	2	4
505	경기 의정부시	지역사회서비스투자사업	1,651,000	노인장애인과	11	1	5	8	7	5	2	4
506	경기 의정부시	수도권매립지 대보수 자치단체분담금	187,964	자원순환과	11	1	7	8	7	5	5	4
507	경기 동두천시	슬레이트 처리 지원 사업	108,240	환경보호과	11	2	7	8	7	1	1	4
508	경기 동두천시	소규모 영세사업장 방지시설 지원	1,800,000	환경보호과	11	2	7	1	7	1	1	1
509	경기 동두천시	지방재정관리시스템(e호조) H/W S/W 도입 부담금	675	기획감사담당관	11	8	5	1	7	1	1	1
510	경기 동두천시	차세대 지방세 정보시스템 구축	105,002	세무과	11	8	5	1	7	1	1	4
511	경기 동두천시	차세대 지방세외수입 정보시스템 구축	58,444	세무과	11	8	5	1	7	1	1	4
512	경기 동두천시	차세대 주민등록시스템 구축 부담금(2차)	9,810	민원봉사과	11	8	5	1	7	1	1	4
513	경기 동두천시	타이머콕 보급	3,000	일자리경제과	11	1	5	5	7	1	1	3
514	경기 안산시	주민등록시스템 재구축(2차) 구축비	10,070	시민소통관	11	1	5	7	7	3	3	1
515	경기 안산시	안산도시공사 지원	58,000,000	기획예산과	11	5	7	8	7	1	1	1
516	경기 안산시	안산선부동 행복주택 건설	5,115,000	일자리정책과	11	4	1	2	3	1	1	1
517	경기 안산시	주거급여	350,000	복지정책과	11	1	5	1	7	1	1	4
518	경기 안산시	장애인직업재활시설 기능보강 사업	40,422	장애인복지과	11	1	7	8	7	1	1	1
519	경기 안산시	장애인거주시설 기능보강 사업	167,640	장애인복지과	11	1	7	8	7	1	1	1
520	경기 안산시	안산갈대습지 위탁관리	568,492	환경정책과	11	4	5	3	6	1	1	3
521	경기 안산시	슬레이트 처리지원	54,920	환경정책과	11	5	5	2	7	5	1	2
522	경기 안산시	공동구 유지관리	829,152	건설도로과	11	7	7	8	7	5	5	4
523	경기 안산시	장애인공무원 근무지원 사업	20,000	총무과	11	4	7	8	7	5	5	4
524	경기 안산시	중요기록물DB구축	100,000	총무과	11	1	5	1	7	1	1	4
525	경기 고양시	지방재정관리시스템 HW/SW 신규도입	1,060	예산담당관	11	1	5	1	7	2	2	4
526	경기 고양시	주거급여	285,574	주택과	11	1	5	1	2	3	3	2
527	경기 고양시	철도건널목 청원시설 유지관리	4,630	일산동구 안전건설과	11	1	7	8	7	5	5	4
528	경기 고양시	철도건널목 청원시설 점검 보수비	27,000	덕양구 안전건설과	11	7	7	1	6	2	2	4
529	경기 고양시	북한산성 행궁지 발굴조사지 정비 6차	300,000	문화유산관광과	11	2	7	8	7	5	5	4
530	경기 남양주시	소상공인 지원	250,000	기업지원과	11	5	7	8	7	5	5	4
531	경기 남양주시	지방재정정보화시스템 구축	964	기획예산과	11	8	7	7	7	5	5	4
532	경기 군포시	차세대 지방세외수입정보시스템 구축	83,495	세원관리과	11	7	6(공문서에의한동의)	1	7	2	2	4
533	경기 군포시	군포도시공사 운영	7,490	교통과	11	4	7	8	7	5	1	4
534	경기 군포시	군포도시공사 운영	1,400	교통과	11	4	7	8	7	3	3	4
535	경기 군포시	군포도시공사 운영	159,500	문화체육과	11	5	7	8	7	3	3	1
536	경기 군포시	군포도시공사 운영	103,680	문화체육과	11	5	7	8	7	3	3	1
537	경기 군포시	군포도시공사 운영	124,269	문화체육과	11	5	7	8	7	3	3	1
538	경기 파주시	평화누리길 기반시설 보강	180,000	관광과	11	6	7	8	7	5	5	4
539	경기 파주시	주민등록정보시스템 재구축	9,610	민원봉사과	11	6	7	8	7	5	5	4

순번	시군구	지출명 (사업명)	2020년예산 (단위:천원/1년간)	담당자 (공무원) 담당부서	민간이전 분류 (지방자치단체 세출예산 집행기준에 의거) 1. 민간경상사업보조(1) 2. 민간단체 법정운영비보조(2) 3. 민간행사사업보조(3) 4. 민간위탁금(4) 5. 사회복지시설 법정운영비보조(5) 6. 민간인위탁교육비(6) 7. 공기관등에대한경상적대행사업비(7) 8. 민간자본사업보조,자체재원(8) 9. 민간자본사업보조,이전재원(9) 10. 민간위탁사업비(10) 11. 공기관등에 대한 자본적 대행사업비(11)	민간이전지출 근거 (지방보조금 관리기준 참고) 1. 법률에 규정 2. 국고보조 재원(국가지정) 3. 용도 지정 기부금 4. 조례에 직접규정 5. 지자체가 권장하는 사업을 하는 공공기관 6. 시,도 정책 및 재정사정 7. 기타 8. 해당없음	입찰방식 계약체결방법 (경쟁형태) 1. 일반경쟁 2. 제한경쟁 3. 지명경쟁 4. 수의계약 5. 법정위탁 6. 기타 ( ) 7. 해당없음	입찰방식 계약기간 1. 1년 2. 2년 3. 3년 4. 4년 5. 5년 6. 기타 ( )년 7. 단기계약 (1년미만) 8. 해당없음	입찰방식 낙찰자선정방법 1. 적격심사 2. 협상에의한계약 3. 최저가낙찰제 4. 규격가격분리 5. 2단계 경쟁입찰 6. 기타 ( ) 7. 해당없음	운영예산 산정 운영예산 산정 1. 내부산정 (지자체 자체적으로 산정) 2. 외부산정 (외부전문기관위탁 산정) 3. 내·외부 모두 산정 4. 산정 無 5. 해당없음	운영예산 산정 정산방법 1. 내부정산 (지자체 내부적으로 정산) 2. 외부정산 (외부전문기관위탁 정산) 3. 내·외부 모두 산정 4. 정산 無 5. 해당없음	성과평가 실시여부 1. 실시 2. 미실시 3. 향후 추진 4. 해당없음
540	경기 안성시	마을공동체 주민제안 공모사업	20,000	정책기획담당관	11	4	7	1	7	1	1	1
541	경기 안성시	사회복지시설종사자 보수교육	24,192	복지정책과	11	1	7	8	7	5	5	4
542	경기 안성시	사회복지시설종사자 상해보험	4,410	복지정책과	11	1	7	8	7	5	5	4
543	경기 안성시	농어촌 장애인 주택개조사업	7,600	사회복지과	11	1	7	8	7	5	1	4
544	경기 안성시	장애인 편의시설 기술지원센터 운영	65,000	사회복지과	11	1	7	8	7	5	1	4
545	경기 안성시	장애인 편의시설 현장조사요원 운영	14,762	사회복지과	11	1	7	8	7	5	1	4
546	경기 안성시	어린이집 환경개선	98,000	가족여성과	11	2	7	8	7	5	1	4
547	경기 안성시	어린이집 기능보강	93,710	가족여성과	11	2	7	8	7	5	1	4
548	경기 안성시	지역아동센터 환경개선 지원	50,000	가족여성과	11	1	7	8	7	1	1	1
549	경기 안성시	소규모 기업환경 개선사업	34,300	창조경제과	11	6	7	8	7	5	1	1
550	경기 안성시	소규모 기업환경 개선사업	11,640	창조경제과	11	6	7	8	7	5	1	1
551	경기 안성시	소규모 기업환경 개선사업	27,594	창조경제과	11	6	7	8	7	5	1	1
552	경기 안성시	소규모 기업환경 개선사업	20,274	창조경제과	11	6	7	8	7	5	1	1
553	경기 안성시	소규모 기업환경 개선사업	10,004	창조경제과	11	6	7	8	7	5	1	1
554	경기 안성시	소규모 기업환경 개선사업	27,651	창조경제과	11	6	7	8	7	5	1	1
555	경기 안성시	소규모 기업환경 개선사업	7,500	창조경제과	11	6	7	8	7	5	1	1
556	경기 안성시	소규모 기업환경 개선사업	34,466	창조경제과	11	6	7	8	7	5	1	1
557	경기 안성시	소규모 기업환경 개선사업	11,396	창조경제과	11	6	7	8	7	5	1	1
558	경기 안성시	소규모 기업환경 개선사업	17,120	창조경제과	11	6	7	8	7	5	1	1
559	경기 안성시	소규모 기업환경 개선사업	27,600	창조경제과	11	6	7	8	7	5	1	1
560	경기 안성시	소규모 기업환경 개선사업	26,514	창조경제과	11	6	7	8	7	5	1	1
561	경기 안성시	소규모 기업환경 개선사업	14,294	창조경제과	11	6	7	8	7	5	1	1
562	경기 안성시	소규모 기업환경 개선사업	12,804	창조경제과	11	6	7	8	7	5	1	1
563	경기 안성시	소규모 기업환경 개선사업	7,620	창조경제과	11	6	7	8	7	5	1	1
564	경기 안성시	소규모 기업환경 개선사업	26,172	창조경제과	11	6	7	8	7	5	1	1
565	경기 안성시	소규모 기업환경 개선사업	14,484	창조경제과	11	6	7	8	7	5	1	1
566	경기 안성시	소규모 기업환경 개선사업	30,000	창조경제과	11	6	7	8	7	5	1	1
567	경기 안성시	소규모 기업환경 개선사업	17,059	창조경제과	11	6	7	8	7	5	1	1
568	경기 안성시	소규모 기업환경 개선사업	12,000	창조경제과	11	6	7	8	7	5	1	1
569	경기 안성시	소규모 기업환경 개선사업	10,782	창조경제과	11	6	7	8	7	5	1	1
570	경기 안성시	에너지자립마을 조성	109,800	창조경제과	11	1	6	8	6	3	3	1
571	경기 안성시	문화재 보수정비사업	464,148	문화관광과	11	1	7	8	7	5	1	1
572	경기 안성시	전통사찰 보존정비	300,000	문화관광과	11	1	7	8	7	5	1	1
573	경기 안성시	청룡사 대웅전 해체보수	1,281,000	문화관광과	11	1	7	8	7	5	1	1
574	경기 안성시	전통사찰 보존정비	240,000	문화관광과	11	1	7	8	7	5	1	1
575	경기 안성시	석남사 영산전 주변정비공사	120,000	문화관광과	11	1	7	8	7	5	1	1
576	경기 안성시	선택형 맞춤농정사업	291,790	농업정책과	11	1	7	8	7	1	1	4
577	경기 안성시	FTA기금 과수생산시설 현대화사업	126,585	농업정책과	11	1	7	8	7	1	1	4
578	경기 안성시	농가도우미 지원사업	37,152	농업정책과	11	1	7	8	7	1	1	4
579	경기 안성시	보행관리기 지원	167,107	농업정책과	11	1	7	8	7	1	1	4
580	경기 안성시	친환경 비료 지원사업	1,712,454	농업정책과	11	1	7	8	7	1	1	4
581	경기 안성시	클린농업벨트 기반구축	717,290	농업정책과	11	1	7	8	7	1	1	4
582	경기 안성시	시설원예 에너지이용 효율화 사업	88,920	농업정책과	11	1	7	8	7	1	1	4
583	경기 안성시	고품질쌀유통활성화 사업	40,000	농업정책과	11	1	7	8	7	1	1	4
584	경기 안성시	시설원예 품질 개선	30,000	농업정책과	11	1	7	8	7	1	1	4

순번	시군구	지출명 (사업명)	2020년예산 (단위:천원/1년간)	담당자 (공무원) 담당부서	민간이전 분류 (지방자치단체 세출예산 집행기준에 의거) 1. 민간경상사업보조(1) 2. 민간단체 법정운영비보조(2) 3. 민간행사사업보조(3) 4. 민간위탁금(4) 5. 사회복지시설 법정운영비보조(5) 6. 민간인위탁교육비(6) 7. 공기관등에대한경상적대행사업비(7) 8. 민간자본사업보조,자체재원(8) 9. 민간자본사업보조,이전재원(9) 10. 민간위탁사업비(10) 11. 공기관등에 대한 자본적 대행사업비(11)	민간이전지출 근거 (지방보조금 관리기준 참고) 1. 법률에 규정 2. 국고보조 재원(국가지정) 3. 용도 지정 기부금 4. 조례에 직접규정 5. 지자체가 권장하는 사업을 하는 공공기관 6. 시,도 정책 및 재정사정 7. 기타 8. 해당없음	입찰방식 계약체결방법 (경쟁형태) 1. 일반경쟁 2. 제한경쟁 3. 지명경쟁 4. 수의계약 5. 법정위탁 6. 기타 ( ) 7. 해당없음	입찰방식 계약기간 1. 1년 2. 2년 3. 3년 4. 4년 5. 5년 6. 기타 ( )년 7. 단기계약 (1년미만) 8. 해당없음	입찰방식 낙찰자선정방법 1. 적격심사 2. 협상에의한계약 3. 최저가낙찰제 4. 규격가격분리 5. 2단계 경쟁입찰 6. 기타 ( ) 7. 해당없음	운영예산 산정 운영예산 산정 1. 내부산정 (지자체 자체적으로 산정) 2. 외부산정 (외부전문기관위탁 산정) 3. 내·외부 모두 산정 4. 산정 無 5. 해당없음	운영예산 산정 정산방법 1. 내부정산 (지자체 내부적으로 정산) 2. 외부정산 (외부전문기관위탁 정산) 3. 내·외부 모두 산정 4. 정산 無 5. 해당없음	성과평가 실시여부 1. 실시 2. 미실시 3. 향후 추진 4. 해당없음
585	경기 안성시	인삼생산시설현대화사업	40,000	농업정책과	11	1	7	8	7	1	1	4
586	경기 안성시	로컬푸드 연중생산체계 구축사업	78,000	농업정책과	11	4	7	8	7	1	1	4
587	경기 안성시	농작업 안전관리 강화사업	36,450	농업정책과	11	1	7	8	7	1	1	4
588	경기 안성시	유기농업자재지원 사업	62,890	농업정책과	11	1	7	8	7	1	1	4
589	경기 안성시	에너지절감형 농업난방시설 지원	24,655	농업정책과	11	1	7	8	7	1	1	4
590	경기 안성시	로컬푸드 납품농가 포장재 지원 사업	12,000	농업정책과	11	4	7	8	7	1	1	4
591	경기 안성시	로컬푸드 소비자 교류 행사	30,000	농업정책과	11	4	7	8	7	1	1	4
592	경기 안성시	로컬푸드 소비자 교류 행사	7,200	농업정책과	11	4	7	8	7	1	1	4
593	경기 안성시	과수 계약재배 확대사업	250,000	농업정책과	11	1	7	8	7	1	1	4
594	경기 안성시	환경친화형 농자재 지원	186,667	농업정책과	11	1	7	8	7	1	1	4
595	경기 안성시	고품질 경기미 생산유통 지원사업	783,000	농업정책과	11	1	7	8	7	1	1	4
596	경기 안성시	농업용 무인공동방제기 지원	16,000	농업정책과	11	1	7	8	7	1	1	4
597	경기 안성시	벼 육묘생력화 기계지원	7,276	농업정책과	11	1	7	8	7	1	1	4
598	경기 안성시	특용작물 (버섯) 시설 현대화 사업	20,000	농업정책과	11	1	7	8	7	1	1	4
599	경기 안성시	시설원예 현대화 지원	6,133	농업정책과	11	1	7	8	7	1	1	4
600	경기 안성시	스마트팜 ICT 융복합 확산 시설보급	53,970	농업정책과	11	1	7	8	7	1	1	4
601	경기 안성시	농기계용 유류보관탱크 지원사업	25,500	농업정책과	11	1	7	8	7	1	1	4
602	경기 안성시	농산물브랜드(G마크) 육성지원사업	80,650	농업정책과	11	6	7	8	7	1	1	4
603	경기 안성시	수출포장재 지원사업	200,000	농업정책과	11	4	7	8	7	1	1	4
604	경기 안성시	고품질 수출농산물 생산지원	222,000	농업정책과	11	4	7	8	7	1	1	4
605	경기 안성시	신선농산물 수출단지 육성지원	106,100	농업정책과	11	4	7	8	7	1	1	4
606	경기 안성시	농산물 공동출하 확대지원	312,000	농업정책과	11	6	7	8	7	1	1	4
607	경기 안성시	농산물 마케팅 지원사업	24,000	농업정책과	11	6	7	8	7	1	1	4
608	경기 안성시	GAP 위생시설 보완 지원	5,350	농업정책과	11	4	7	8	7	1	1	4
609	경기 안성시	농식품 가공산업 육성지원	12,500	농업정책과	11	6	7	8	7	1	1	4
610	경기 안성시	농촌융복합산업 판로확대	16,000	농업정책과	11	6	7	8	7	1	1	4
611	경기 안성시	지역특화품목 도매시장 출하용 포장재 지원	31,500	농업정책과	11	6	7	8	7	1	1	4
612	경기 안성시	친환경·G마크 안전 먹거리 생산기반 지원사업	65,680	농업정책과	11	6	7	8	7	1	1	4
613	경기 안성시	축산분뇨 냄새개선 시설지원	750,000	축산정책과	11	6	7	8	7	1	1	4
614	경기 안성시	축사냄새 저감시설 지원	125,000	축산정책과	11	1	7	8	7	1	1	4
615	경기 안성시	승마장 육성 지원사업	9,100	축산정책과	11	6	7	8	7	1	1	4
616	경기 안성시	승마장 육성 지원사업	14,400	축산정책과	11	6	7	8	7	1	1	4
617	경기 안성시	경기한우 명품화사업	37,500	축산정책과	11	6	7	8	7	1	1	4
618	경기 안성시	경기한우 명품화사업	350,000	축산정책과	11	6	7	8	7	1	1	4
619	경기 안성시	소 이력추적 시스템 구축사업	113,280	축산정책과	11	2	7	8	7	1	1	4
620	경기 안성시	낙농산업 경쟁력 강화사업	800	축산정책과	11	2	7	8	7	1	1	4
621	경기 안성시	낙농산업 경쟁력 강화사업	17,960	축산정책과	11	2	7	8	7	1	1	4
622	경기 안성시	낙농산업 경쟁력 강화사업	1,500	축산정책과	11	2	7	8	7	1	1	4
623	경기 안성시	낙농산업 경쟁력 강화사업	3,000	축산정책과	11	2	7	8	7	1	1	4
624	경기 안성시	낙농산업 경쟁력 강화사업	10,500	축산정책과	11	2	7	8	7	1	1	4
625	경기 안성시	낙농산업 경쟁력 강화사업	8,625	축산정책과	11	2	7	8	7	1	1	4
626	경기 안성시	낙농산업 경쟁력 강화사업	350,000	축산정책과	11	2	7	8	7	1	1	4
627	경기 안성시	양봉산업 육성사업	28,030	축산정책과	11	6	7	8	7	1	1	4
628	경기 안성시	토종벌 육성사업	4,500	축산정책과	11	6	7	8	7	1	1	4
629	경기 안성시	양돈 경쟁력 강화사업	109,000	축산정책과	11	6	7	8	7	1	1	4

순번	시군구	지출명 (사업명)	2020년예산 (단위:천원/1년간)	담당자 (공무원) 담당부서	민간이전 분류 (지방자치단체 세출예산 집행기준에 의거) 1. 민간경상사업보조(1) 2. 민간단체 법정운영비보조(2) 3. 민간행사사업보조(3) 4. 민간위탁금(4) 5. 사회복지시설 법정운영비보조(5) 6. 민간인위탁교육비(6) 7. 공기관등에대한경상적대행사업비(7) 8. 민간자본사업보조,자체재원(8) 9. 민간자본사업보조,이전재원(9) 10. 민간위탁사업비(10) 11. 공기관등에 대한 자본적 대행사업비(11)	민간이전지출 근거 (지방보조금 관리기준 참고) 1. 법률에 규정 2. 국고보조 재원(국가지정) 3. 용도 지정 기부금 4. 조례에 직접규정 5. 지자체가 권장하는 사업을 하는 공공기관 6. 시,도 정책 및 재정사정 7. 기타 8. 해당없음	입찰방식 계약체결방법 (경쟁형태) 1. 일반경쟁 2. 제한경쟁 3. 지명경쟁 4. 수의계약 5. 법정위탁 6. 기타 ( ) 7. 해당없음	입찰방식 계약기간 1. 1년 2. 2년 3. 3년 4. 4년 5. 5년 6. 기타 ( )년 7. 단기계약 (1년미만) 8. 해당없음	입찰방식 낙찰자선정방법 1. 적격심사 2. 협상에의한계약 3. 최저가낙찰제 4. 규격가격분리 5. 2단계 경쟁입찰 6. 기타 ( ) 7. 해당없음	운영예산 산정 운영예산 산정 1. 내부산정 (지자체 자체적으로 산정) 2. 외부산정 (외부전문기관위탁 산정) 3. 내·외부 모두 산정 4. 산정 無 5. 해당없음	운영예산 산정 정산방법 1. 내부정산 (지자체 내부적으로 정산) 2. 외부정산 (외부전문기관위탁 정산) 3. 내·외부 모두 산정 4. 정산 無 5. 해당없음	성과평가 실시여부 1. 실시 2. 미실시 3. 향후 추진 4. 해당없음
630	경기 안성시	조사료 생산용 볏짚비닐 지원	125,000	축산정책과	11	6	7	8	7	1	1	4
631	경기 안성시	조사료 경영체 사일리지 제조운송비 지원	432,000	축산정책과	11	2	7	8	7	1	1	4
632	경기 안성시	조사료 경영체 기계장비 지원	60,000	축산정책과	11	6	7	8	7	1	1	4
633	경기 안성시	사료작물 종자지원	86,400	축산정책과	11	6	7	8	7	1	1	4
634	경기 안성시	축사 낙뢰피해 방지시스템 구축	5,000	축산정책과	11	2	7	8	7	1	1	4
635	경기 안성시	양계 경쟁력 강화사업	316,500	축산정책과	11	2	7	8	7	1	1	4
636	경기 안성시	구제역 및 AI 방역약품 구입지원	753,600	축산정책과	11	2	7	8	7	1	1	4
637	경기 안성시	구제역 및 AI 방역약품 구입지원	525,600	축산정책과	11	2	7	8	7	1	1	4
638	경기 안성시	닭 진드기 공동방제 지원사업	43,200	축산정책과	11	2	7	8	7	1	1	4
639	경기 안성시	전염병예방 차단방역용 소독시설 설치사업	50,000	축산정책과	11	2	7	8	7	1	1	4
640	경기 안성시	축산종합지도 지원사업	30,000	축산정책과	11	2	7	8	7	1	1	4
641	경기 안성시	가금농가 질병관리지원	54,000	축산정책과	11	2	7	8	7	1	1	4
642	경기 안성시	폐사가축 처리장비 지원	60,000	축산정책과	11	1	7	8	7	1	1	4
643	경기 안성시	CCTV 등 방역인프라 설치지원	150,000	축산정책과	11	2	7	8	7	1	1	4
644	경기 안성시	가축분뇨 처리사업	156,000	축산정책과	11	2	7	8	7	1	1	4
645	경기 안성시	가축분뇨 자원화사업	400,000	축산정책과	11	6	7	8	7	1	1	4
646	경기 안성시	가축분뇨 자원화사업	14,400	축산정책과	11	6	7	8	7	1	1	4
647	경기 안성시	가축분뇨 자원화사업	140,000	축산정책과	11	6	7	8	7	1	1	4
648	경기 안성시	가축분뇨 자원화사업	400,000	축산정책과	11	6	7	8	7	1	1	4
649	경기 안성시	다용도 축산분뇨처리장비 지원	240,000	축산정책과	11	6	7	8	7	1	1	4
650	경기 안성시	다용도 축산분뇨처리장비 지원	50,000	축산정책과	11	6	7	8	7	1	1	4
651	경기 안성시	액비저장조 지원사업	294,000	축산정책과	11	2	7	8	7	1	1	4
652	경기 안성시	학교우유급식 지원사업	170,095	축산정책과	11	1	7	8	7	1	1	4
653	경기 안성시	우수축산물 학교급식 지원사업	380,000	축산정책과	11	1	7	8	7	1	1	4
654	경기 안성시	수산생물 질병예방약품 지원	16,000	축산정책과	11	6	7	8	7	1	1	4
655	경기 안성시	내수면 수산자원 조성	22,000	축산정책과	11	6	7	8	7	1	1	4
656	경기 안성시	내수면 양식장 경쟁력 지원	17,500	축산정책과	11	6	7	8	7	1	1	4
657	경기 안성시	도랑 복원 시범사업	98,385	환경과	11	6	7	8	7	5	5	4
658	경기 안성시	저녹스버너 설치 지원사업	102,894	환경과	11	1	7	8	7	5	5	4
659	경기 안성시	운행차 저공해화 사업	7,518,740	환경과	11	2	7	8	7	5	5	4
660	경기 안성시	천연가스 자동차 보급사업	19,000	환경과	11	2	7	8	7	5	5	4
661	경기 안성시	가정용 저녹스보일러 설치 지원사업	100,000	환경과	11	1	7	8	7	5	5	4
662	경기 안성시	전기자동차 구매 지원	1,268,000	환경과	11	2	7	8	7	5	5	4
663	경기 안성시	보증기간 경과장치 성능유지관리	2,600	환경과	11	2	7	8	7	5	5	4
664	경기 안성시	전기이륜차 구매 지원	46,000	환경과	11	2	7	8	7	5	5	4
665	경기 안성시	어린이 통학차량 LPG차 전환사업	79,166	환경과	11	1	7	8	7	5	5	4
666	경기 안성시	수소연료전지차 구매 지원	975,000	환경과	11	2	7	8	7	5	5	4
667	경기 안성시	영세사업장 청정연료 전환사업	70,000	환경과	11	1	7	8	7	5	5	4
668	경기 안성시	주유소 유증기 회수설비 설치 지원 사업	127,500	환경과	11	6	7	8	7	5	5	4
669	경기 안성시	농촌폐비닐 공동집하장 확충	20,000	자원순환과	11	6	7	8	7	5	5	4
670	경기 안성시	임산물생산기반조성	58,618	산림녹지과	11	2	7	8	7	5	1	3
671	경기 안성시	목재산업시설 현대화사업	120,000	산림녹지과	11	2	7	8	7	5	1	3
672	경기 안성시	산림작물 생산단지	186,874	산림녹지과	11	2	7	8	7	5	1	3
673	경기 안성시	임산물 유통기반조성	10,182	산림녹지과	11	2	7	8	7	5	1	3
674	경기 안성시	4-H회 육성	32,000	농업지원과	11	4	7	8	7	5	5	4

순번	시군구	지출명 (사업명)	2020년예산 (단위:천원/1년간)	담당자 (공무원)	민간이전 분류 (지방자치단체 세출예산 집행기준에 의거)	민간이전지출 근거 (지방보조금 관리기준 참고)	입찰방식			운영예산 산정		성과평가 실시여부
				담당부서	1. 민간경상사업보조(1) 2. 민간단체 법정운영비보조(2) 3. 민간행사사업보조(3) 4. 민간위탁금(4) 5. 사회복지시설 법정운영비보조(5) 6. 민간인위탁교육비(6) 7. 공기관등에대한경상적대행사업비(7) 8. 민간자본사업보조,자체재원(8) 9. 민간자본사업보조,이전재원(9) 10. 민간위탁사업비(10) 11. 공기관등에 대한 자본적 대행사업비(11)	1. 법률에 규정 2. 국고보조 재원(국가지정) 3. 용도 지정 기부금 4. 조례에 직접규정 5. 지자체가 권장하는 사업을 하는 공공기관 6. 시,도 정책 및 재정사정 7. 기타 8. 해당없음	계약체결방법 (경쟁형태) 1. 일반경쟁 2. 제한경쟁 3. 지명경쟁 4. 수의계약 5. 법정위탁 6. 기타 ( ) 7. 해당없음	계약기간 1. 1년 2. 2년 3. 3년 4. 4년 5. 5년 6. 기타 ( )년 7. 단기계약 (1년미만) 8. 해당없음	낙찰자선정방법 1. 적격심사 2. 협상에의한계약 3. 최저가낙찰제 4. 규격가격분리 5. 2단계 경쟁입찰 6. 기타 ( ) 7. 해당없음	운영예산 산정 1. 내부산정 (지자체 자체 적으로 산정) 2. 외부산정 (외부전문기관 위탁 산정) 3. 내·외부 모두 산정 4. 산정 無 5. 해당없음	정산방법 1. 내부정산 (지자체 내부적으로 정산) 2. 외부정산 (외부전문기관 위탁 정산) 3. 내·외부 모두 산정 4. 정산 無 5. 해당없음	1. 실시 2. 미실시 3. 향후 추진 4. 해당없음
675	경기 안성시	귀농귀촌 지원	30,000	농업지원과	11	4	7	8	7	5	5	4
676	경기 안성시	4-H육성 지원	40,000	농업지원과	11	4	7	8	7	5	5	4
677	경기 안성시	4-H육성 지원	24,000	농업지원과	11	4	7	8	7	5	5	4
678	경기 안성시	농촌지도자 육성지원	8,000	농업지원과	11	4	7	8	7	5	5	4
679	경기 안성시	작목별 맞춤형 안전관리 실천시범	50,000	농업지원과	11	2	7	8	7	5	5	4
680	경기 안성시	농촌융복합산업화 기술보급 지원	120,000	농업지원과	11	6	7	8	7	5	5	4
681	경기 안성시	농업인 소규모 창업기술지원	50,000	농업지원과	11	2	7	8	7	5	5	4
682	경기 안성시	경기명품쌀 생산 새기술보급	4,000	기술보급과	11	6	7	8	7	5	5	4
683	경기 안성시	경기명품쌀 생산 새기술보급	160,000	기술보급과	11	6	7	8	7	5	5	4
684	경기 안성시	경기명품쌀 생산 새기술보급	80,000	기술보급과	11	6	7	8	7	5	5	4
685	경기 안성시	경기명품쌀 생산 새기술보급	49,200	기술보급과	11	6	7	8	7	5	5	4
686	경기 안성시	전작물 새기술 보급	40,000	기술보급과	11	6	7	8	7	5	5	4
687	경기 안성시	전작물 새기술 보급	8,000	기술보급과	11	6	7	8	7	5	5	4
688	경기 안성시	전작물 새기술 보급	120,000	기술보급과	11	6	7	8	7	5	5	4
689	경기 안성시	전작물 새기술 보급	40,000	기술보급과	11	6	7	8	7	5	5	4
690	경기 안성시	우수품종 공급지원사업	90,199	기술보급과	11	6	7	8	7	5	5	4
691	경기 안성시	농업 신기술 시범	100,000	기술보급과	11	2	7	8	7	5	5	4
692	경기 안성시	농업 신기술 시범	80,000	기술보급과	11	2	7	8	7	5	5	4
693	경기 안성시	농업 신기술 시범	100,000	기술보급과	11	2	7	8	7	5	5	4
694	경기 안성시	농업 신기술 시범	100,000	기술보급과	11	2	7	8	7	5	5	4
695	경기 안성시	과수 새기술보급	80,000	기술보급과	11	6	7	8	7	5	5	4
696	경기 안성시	과수 새기술보급	64,000	기술보급과	11	6	7	8	7	5	5	4
697	경기 안성시	친환경농업 새기술보급	16,000	기술보급과	11	6	7	8	7	5	5	4
698	경기 안성시	축산 새기술 보급	40,000	기술보급과	11	6	7	8	7	5	5	4
699	경기 안성시	축산 새기술 보급	24,000	기술보급과	11	6	7	8	7	5	5	4
700	경기 안성시	축산 새기술 보급	48,000	기술보급과	11	6	7	8	7	5	5	4
701	경기 안성시	농업 신기술 시범	45,000	소득기술과	11	2	7	8	7	5	5	4
702	경기 안성시	농업 신기술 시범	40,000	소득기술과	11	2	7	8	7	5	5	4
703	경기 안성시	농업 신기술 시범	40,000	소득기술과	11	2	7	8	7	5	5	4
704	경기 안성시	농업 신기술 시범	100,000	소득기술과	11	2	7	8	7	5	5	4
705	경기 안성시	농업 신기술 시범	70,000	소득기술과	11	2	7	8	7	5	5	4
706	경기 안성시	지역활력화 작목 기반조성	200,000	소득기술과	11	6	7	8	7	5	5	4
707	경기 안성시	지역활력화 작목 기반조성	200,000	소득기술과	11	6	7	8	7	5	5	4
708	경기 안성시	원예 새기술 보급	32,000	소득기술과	11	6	7	8	7	5	5	4
709	경기 안성시	원예 새기술 보급	40,000	소득기술과	11	6	7	8	7	5	5	4
710	경기 안성시	원예 새기술 보급	24,000	소득기술과	11	6	7	8	7	5	5	4
711	경기 안성시	원예 새기술 보급	8,000	소득기술과	11	6	7	8	7	5	5	4
712	경기 안성시	국내육성 우수 신품종 보급	100,000	소득기술과	11	6	7	8	7	5	5	4
713	경기 안성시	ICT융합 원예스마트팜 기술보급	48,000	소득기술과	11	6	7	8	7	5	5	4
714	경기 안성시	ICT융합 원예스마트팜 기술보급	32,000	소득기술과	11	6	7	8	7	5	5	4
715	경기 안성시	ICT융합 원예스마트팜 기술보급	24,000	소득기술과	11	6	7	8	7	5	5	4
716	경기 광주시	공기관등에대한대행사업비	120,000	경안동	11	5	5	2	7	2	2	1
717	경기 광주시	재난취약계층 가스시설 개선사업	7,000	기업지원과	11	4	7	8	7	1	1	4
718	경기 광주시	LP가스안전지킴이사업	81,400	기업지원과	11	2	7	8	7	5	5	4
719	경기 광주시	소규모 영세사업장 방지시설 지원사업	8,820,000	녹색환경과	11	2	7	8	7	5	1	4

순번	시군구	지출명 (사업명)	2020년예산 (단위:천원/1년간)	담당자 (공무원) 담당부서	민간이전 분류 (지방자치단체 세출예산 집행기준에 의거) 1. 민간경상사업보조(1) 2. 민간단체 법정운영비보조(2) 3. 민간행사사업보조(3) 4. 민간위탁금(4) 5. 사회복지시설 법정운영비보조(5) 6. 민간인위탁교육비(6) 7. 공기관등에대한경상적대행사업비(7) 8. 민간자본사업보조,자체재원(8) 9. 민간자본사업보조,이전재원(9) 10. 민간위탁사업비(10) 11. 공기관등에 대한 자본적 대행사업비(11)	민간이전지출 근거 (지방보조금 관리기준 참고) 1. 법률에 규정 2. 국고보조 재원(국가지정) 3. 용도 지정 기부금 4. 조례에 직접규정 5. 지자체가 권장하는 사업을 하는 공공기관 6. 시,도 정책 및 재정사정 7. 기타 8. 해당없음	입찰방식 계약체결방법 (경쟁형태) 1. 일반경쟁 2. 제한경쟁 3. 지명경쟁 4. 수의계약 5. 법정위탁 6. 기타 ( ) 7. 해당없음	입찰방식 계약기간 1. 1년 2. 2년 3. 3년 4. 4년 5. 5년 6. 기타 ( )년 7. 단기계약 (1년미만) 8. 해당없음	입찰방식 낙찰자선정방법 1. 적격심사 2. 협상에의한계약 3. 최저가낙찰제 4. 규격가격분리 5. 2단계 경쟁입찰 6. 기타 ( ) 7. 해당없음	운영예산 산정 운영예산 산정 1. 내부산정 (지자체 자체 적으로 산정) 2. 외부산정 (외부전문기관 위탁 산정) 3. 내·외부 모두 산정 4. 산정 無 5. 해당없음	운영예산 산정 정산방법 1. 내부정산 (지자체 내부적 으로 정산) 2. 외부정산 (외부전문기관 위탁 정산) 3. 내·외부 모두 산정 4. 정산 無 5. 해당없음	성과평가 실시여부 1. 실시 2. 미실시 3. 향후 추진 4. 해당없음
720	경기 광주시	농촌중심지 활성화 사업	501,500	농업정책과	11	8	7	8	7	1	1	4
721	경기 광주시	마을만들기	165,900	농업정책과	11	8	7	8	7	1	1	4
722	경기 광주시	마을만들기	387,100	농업정책과	11	8	7	8	7	1	1	4
723	경기 광주시	곤지암농촌중심지활성화센터 운영관리	1,229,375	농업정책과	11	8	6	5	7	3	3	3
724	경기 광주시	국가지정문화재 및 등록문화재 보수정비 지원	900,000	문화관광과	11	1	5	3	7	3	3	3
725	경기 광주시	차세대주민등록시스템 구축	11,690	민원봉사과	11	6	7	8	7	5	5	4
726	경기 광주시	청사 유지관리	61,711	보건행정과	11	5	6	2	6	1	1	4
727	경기 광주시	지방세 정보시스템 유지보수관리	164,389	세정과	11	5	7	8	7	5	5	4
728	경기 광주시	공간정보체계 구축사업	210,000	정보통신과	11	2	7	8	7	5	5	4
729	경기 광주시	문화스포츠센터 운영관리	8,142,427	체육과	11	4	6(위탁계약)	6(1.5)	6(위탁계약)	1	1	4
730	경기 광주시	공공체육시설 운영관리	1,296,061	체육과	11	4	6(위탁계약)	3	6(위탁계약)	1	1	4
731	경기 양주시	지방인사행정정보시스템 유지보수	33,128	자치행정과	11	7	4	1	7	1	1	4
732	경기 양주시	차세대 지방세외수입 정보시스템 구축	77,232	징수과	11	1	5	1	2	2	2	2
733	경기 양주시	차질없는 주민등록서비스 제공	8,690	민원봉사과	11	6	7	8	7	5	5	4
734	경기 양주시	푸드뱅크 운영비 지원	44,889	사회복지과	11	1, 4	7	8	7	1	1	1
735	경기 양주시	관광자원 간접광고 홍보 지원	70,000	문화관광과	11	4	7	1	7	1	1	2
736	경기 양주시	GIS S/W유지보수 및 국가주소정보시스템(KAIS)운영	16,460	토지관리과	11	1	7	8	7	5	5	4
737	경기 양주시	도로명주소기본도 유지보수	10,004	토지관리과	11	1	7	8	7	5	5	4
738	경기 양주시	자연순환활성화지원사업	15,000	축산과	11	6	7	8	7	5	1	4
739	경기 양주시	자연순환활성화지원사업	36,000	축산과	11	6	7	8	7	5	1	4
740	경기 포천시	인프라 구입	21,150	자치행정과	11	5	7	1	7	2	2	1
741	경기 포천시	e-호조시스템 HW/SW 신규 도입	771	기획예산과	11	1	5	1	7	2	2	1
742	경기 포천시	차세대 지방세정보시스템 구축(2차)비 분담금	127,893	세정과	11	5	7	1	7	2	2	1
743	경기 포천시	차세대 지방세외수입 정보시스템 구축	77,232	세원관리과	11	1	5	1	7	2	2	2
744	경기 포천시	차세대주민등록시스템 재구축사업	10,430	민원토지과	11	2	7	8	7	5	5	4
745	경기 포천시	누리과정 차액보육료 지원	1,327,428	여성가족과	11	4	7	8	7	5	1	4
746	경기 포천시	지역아동센터 환경개선	40,000	여성가족과	11	2	7	8	7	1	1	2
747	경기 포천시	소규모사업장 청정연료 전환사업	175,000	친환경정책과	11	7	4	1	6(수의계약)	5	1	2
748	경기 포천시	슬레이트 처리 및 개량 지원	463,920	환경지도과	11	5	5	1	2	5	3	3
749	경기 포천시	경기북부 중소기업 환경개선 지원사업	120,000	환경지도과	11	5	5	1	2	5	3	3
750	경기 포천시	소규모사업장 방지시설 설치 지원사업	10,170,000	환경지도과	11	5	5	1	2	5	3	3
751	경기 포천시	서민층 가스시설개선사업	17,802	일자리경제과	11	2	7	8	7	5	5	4
752	경기 포천시	가구디자인 창작공간 조성	50,000	기업지원과	11	4	6(협약)	4	7	5	1	1
753	경기 포천시	영농대비 한해 특별대책 지원사업	138,000	친환경농업과	11	1	5	1	7	3	3	4
754	경기 포천시	수선유지급여 사업	663,490	건축과	11	2	7	8	7	1	1	1
755	경기 연천군	감사업무 활동 운영	8,095,000	기획감사담당관	11	5	5	1	7	2	2	4
756	경기 연천군	DMZ 문화예술 삼매경	1,200,000	관광과	11	2	7	8	7	5	5	4
757	경기 연천군	평화누리길 기반시설 보강사업	170,000	관광과	11	6	7	1	7	1	1	1
758	경기 연천군	지역주도형 청년일자리(LP가스안전지킴이) 사업	130,700	일자리경제과	11	2	7	8	7	5	5	4
759	경기 연천군	주거급여	442,017	복지정책과	11	1	7	1	7	4	1	4
760	경기 연천군	지방세 프로그램 운영	75,350	세무과	11	1	5	7	7	2	2	4
761	경기 연천군	세외수입 프로그램 운영	58,444	세무과	11	1	5	7	7	2	2	4
762	경기 연천군	주민등록, 인감사무 관리	1,850,000	종합민원과	11	6	7	8	7	5	5	4
763	경기 연천군	도로명및건물번호부여사업운영	21,385	종합민원과	11	6	7	8	7	5	5	4
764	경기 연천군	중소기업 기술 및 마케팅 지원	80,000	투자진흥과	11	6	7	8	7	3	2	1

순번	시군구	지출명 (사업명)	2020년예산 (단위:천원/1년간)	담당자 (공무원) 담당부서	민간이전 분류 (지방자치단체 세출예산 집행기준에 의거) 1. 민간경상사업보조(1) 2. 민간단체 법정운영비보조(2) 3. 민간행사사업보조(3) 4. 민간위탁금(4) 5. 사회복지시설 법정운영비보조(5) 6. 민간인위탁교육비(6) 7. 공기관등에대한경상적대행사업비(7) 8. 민간자본사업보조,자체재원(8) 9. 민간자본사업보조,이전재원(9) 10. 민간위탁사업비(10) 11. 공기관등에 대한 자본적 대행사업비(11)	민간이전지출 근거 (지방보조금 관리기준 참고) 1. 법률에 규정 2. 국고보조 재원(국가지정) 3. 용도 지정 기부금 4. 조례에 직접규정 5. 지자체가 권장하는 사업을 하는 공공기관 6. 시,도 정책 및 재정사정 7. 기타 8. 해당없음	입찰방식 계약체결방법 (경쟁형태) 1. 일반경쟁 2. 제한경쟁 3. 지명경쟁 4. 수의계약 5. 법정위탁 6. 기타 ( ) 7. 해당없음	입찰방식 계약기간 1. 1년 2. 2년 3. 3년 4. 4년 5. 5년 6. 기타 ( )년 7. 단기계약 (1년미만) 8. 해당없음	입찰방식 낙찰자선정방법 1. 적격심사 2. 협상에의한계약 3. 최저가낙찰제 4. 규격가격분리 5. 2단계 경쟁입찰 6. 기타 ( ) 7. 해당없음	운영예산 산정 운영예산 산정 1. 내부산정 (지자체 자체적으로 산정) 2. 외부산정 (외부전문기관위탁 산정) 3. 내·외부 모두 산정 4. 산정 無 5. 해당없음	운영예산 산정 정산방법 1. 내부정산 (지자체 내부적으로 정산) 2. 외부정산 (외부전문기관위탁 정산) 3. 내·외부 모두 산정 4. 정산 無 5. 해당없음	성과평가 실시여부 1. 실시 2. 미실시 3. 향후 추진 4. 해당없음
765	경기 연천군	지식재산 창출지원사업	70,000	투자진흥과	11	6	7	8	7	3	2	1
766	경기 연천군	공공폐수처리시설 설치지원	2,629,000	투자진흥과	11	2	5	4	7	1	1	1
767	경기 연천군	영세사업장 미세먼지 저감 개선사업	900,000	환경보호과	11	8	7	8	7	5	5	4
768	경기 연천군	악취방지시설 설치 및 개선	80,000	환경보호과	11	8	7	8	7	5	5	4
769	경기 연천군	경기북부 영세사업장 청정연료 전환사업	35,000	환경보호과	11	8	7	8	7	5	5	4
770	경기 연천군	슬레이트 처리 지원사업	420,920	환경보호과	11	8	7	8	7	5	5	4
771	경기 연천군	경기북부 중소기업 환경개선 지원사업	60,000	환경보호과	11	8	7	8	7	5	5	4
772	경기 양평군	지방재정관리시스템 운영	29,012	기획예산담당관	11	1	7	8	7	5	5	4
773	경기 양평군	차세대 주민등록시스템(2차) 구축	8,240,000	민원바로센터	11	5	7	8	7	5	5	4
774	경기 양평군	양평군 해외시장개척단	50,000	일자리경제과	11	4	7	8	7	5	5	4
775	경기 양평군	차세대 지방세정보시스템 구축 사업 분담금	87,487	세무과	11	5	7	8	7	5	5	4
776	경기 양평군	차세대 세외수입시스템 구축 사업 분담금	70,970	세무과	11	5	7	8	7	5	5	4
777	경기 양평군	소규모 대기배출사업장 방지시설 설치 지원사업	450,000	환경과	11	2	7	8	7	5	5	4
778	경기 양평군	농어촌 취약지역 생활여건 개조사업	1,352,000	지역개발과	11	1	7	8	7	5	5	4
779	경기 양평군	양동 제1일반산업단지 조성사업	200,000	지역개발과	11	7	7	8	7	5	5	4
780	경기 양평군	서종면 농촌중심지 활성화 사업	1,890,000	친환경농업과	11	1	7	8	7	5	5	4
781	경기 양평군	옥천면 농촌중심지 활성화사업	2,383,000	친환경농업과	11	1	7	8	7	5	5	4
782	경기 양평군	옥천면 맑은물 푸른농촌가꾸기 사업	1,533,000	친환경농업과	11	1	7	8	7	5	5	4
783	경기 양평군	지평면 기초생활거점사업	1,284,000	친환경농업과	11	1	7	8	7	5	5	4
784	경기 양평군	창조적 마을만들기 사업	142,000	친환경농업과	11	1	7	8	7	5	5	4
785	경기 양평군	창조적 마을만들기 사업	150,000	친환경농업과	11	1	7	8	7	5	5	4
786	경기 양평군	창조적 마을만들기 사업	300,000	친환경농업과	11	1	7	8	7	5	5	4
787	경기 양평군	창조적 마을만들기 사업	150,000	친환경농업과	11	1	7	8	7	5	5	4
788	경기 양평군	창조적 마을만들기 사업	173,000	친환경농업과	11	1	7	8	7	5	5	4
789	경기 양평군	개군면 기초생활거점사업	226,000	친환경농업과	11	1	7	8	7	5	5	4
790	경기 양평군	공공관정 관리기반 구축	52,000	친환경농업과	11	1	7	8	7	5	5	4
791	강원 춘천시	지방재정관리시스템(e-호조) HW/SW 도입	964	기획예산과	11	2	5	1	7	2	2	4
792	강원 춘천시	공공체육시설 유지보수	1,613,000	체육과	11	4	6(지방공기업 위탁)	6(위탁 종료시)	7	1	1	4
793	강원 춘천시	수치지형도 제작사업 분담금	250,000	토지정보과	11	8	7	8	7	5	5	2
794	강원 춘천시	봉안묘	380,000	경로복지과	11	4	7	8	7	3	1	3
795	강원 춘천시	안식의 집 보수	170,000	경로복지과	11	4	7	8	7	3	1	3
796	강원 춘천시	안식공원 정비	120,000	경로복지과	11	4	7	8	7	3	1	3
797	강원 춘천시	춘천안식원 화장시설 개보수	300,000	경로복지과	11	4	7	8	7	3	1	3
798	강원 춘천시	차세대 지방세정보시스템 구축 분담금	136,809	세정과	11	8	7	1	7	2	2	3
799	강원 춘천시	택시운행정보 관리시스템 운영	21,701	대중교통과	11	1	7	8	7	2	2	4
800	강원 춘천시	공중화장실 개보수비	20,000	환경정책과	11	4	5	1	7	1	1	4
801	강원 춘천시	전기자동차 배터리 회수관리 지원	1,950	기후에너지과	11	1, 2	7	7	5	5	4	4
802	강원 춘천시	수소충전소 구축 분담금	500,000	기후에너지과	11	1, 2	7	7	5	5	4	4
803	강원 춘천시	저소득층 전력효율 향상사업	78,000	기후에너지과	11	1, 6	5	1	7	5	4	4
804	강원 춘천시	전기시설 개선 지원	11,340	기후에너지과	11	1, 6	5	1	7	5	4	4
805	강원 춘천시	서민층 LP가스시설 개선사업	25,284	기후에너지과	11	1, 2	5	1	7	5	4	4
806	강원 춘천시	저소득층 고령자가구 타이머콕 지원사업	6,000	기후에너지과	11	1, 6	5	1	7	5	4	4
807	강원 춘천시	가스안전차단기 보급	18,000	기후에너지과	11	1, 6	5	1	7	5	4	4
808	강원 춘천시	우리집 전기저금통 지원	41,250	기후에너지과	11	1, 4	5	1	7	5	4	4
809	강원 춘천시	2020년 농어촌 전기 공급	249,400	기후에너지과	11	1, 2	5	1	7	5	4	4

순번	시군구	지출명 (사업명)	2020년예산 (단위:천원/1년간)	담당자 (공무원) 담당부서	민간이전 분류 (지방자치단체 세출예산 집행기준에 의거) 1. 민간경상사업보조(1) 2. 민간단체 법정운영비보조(2) 3. 민간행사사업보조(3) 4. 민간위탁금(4) 5. 사회복지시설 법정운영비보조(5) 6. 민간인위탁교육비(6) 7. 공기관등에대한경상적대행사업비(7) 8. 민간자본사업보조,자체재원(8) 9. 민간자본사업보조,이전재원(9) 10. 민간위탁사업비(10) 11. 공기관등에 대한 자본적 대행사업비(11)	민간이전지출 근거 (지방보조금 관리기준 참고) 1. 법률에 규정 2. 국고보조 재원(국가지정) 3. 용도 지정 기부금 4. 조례에 직접규정 5. 지자체가 권장하는 사업을 하는 공공기관 6. 시,도 정책 및 재정사정 7. 기타 8. 해당없음	입찰방식 계약체결방법 (경쟁형태) 1. 일반경쟁 2. 제한경쟁 3. 지명경쟁 4. 수의계약 5. 법정위탁 6. 기타 ( ) 7. 해당없음	계약기간 1. 1년 2. 2년 3. 3년 4. 4년 5. 5년 6. 기타 ( )년 7. 단기계약 (1년미만) 8. 해당없음	낙찰자선정방법 1. 적격심사 2. 협상에의한계약 3. 최저가낙찰제 4. 규격가격분리 5. 2단계 경쟁입찰 6. 기타 ( ) 7. 해당없음	운영예산 산정 운영예산 산정 1. 내부산정 (지자체 자체 적으로 산정) 2. 외부산정 (외부전문기관 위탁 산정) 3. 내·외부 모두 산정 4. 산정 無 5. 해당없음	정산방법 1. 내부정산 (지자체 내부적으로 정산) 2. 외부정산 (외부전문기관 위탁 정산) 3. 내·외부 모두 산정 4. 정산 無 5. 해당없음	성과평가 실시여부 1. 실시 2. 미실시 3. 향후 추진 4. 해당없음
810	강원 춘천시	주거수선유지사업	633,672	건축과	11	1	5	8	7	2	3	1
811	강원 춘천시	농어촌공사 관리구역 시설정비 지원	400,000	건설과	11	1	7	8	7	1	1	4
812	강원 춘천시	조연지구 대구획경지정리 내 용배수로 정비 지원	400,000	건설과	11	1	7	8	7	1	1	4
813	강원 춘천시	누룩연구소 설치 지원	700,000	안심농식품과	11	1, 5	7	8	7	1	1	1
814	강원 춘천시	양식장 태양광 발전설비 지원	100,000	축산과	11	1	7	8	7	1	1	3
815	강원 춘천시	춘천시 지역지하수관리계획 용역	300,000	상하수도사업본부 경영지원과	11	1	4	2	2	1	1	1
816	강원 강릉시	관내대학(교) 후생복지지원사업	300,000	기획예산과	11	4	7	8	7	5	5	4
817	강원 강릉시	재정정보화 HW/SW 도입	867	기획예산과	11	1	4	1	1	2	2	2
818	강원 강릉시	차세대 지방세정보시스템 구축	123,345	세무과	11	1	5	1	7	5	5	4
819	강원 강릉시	차세대 지방세외수입 정보시스템 구축	77,232	징수과	11	1	5	1	7	5	5	2
820	강원 강릉시	차세대 주민등록시스템 구축	11,050	시민봉사과	11	7	5	1	7	5	5	4
821	강원 강릉시	주문진 식료품 집적지구 활성화 사업	53,000	일자리경제과	11	2	7	8	7	1	1	1
822	강원 강릉시	사천한과 식료품 집적지구 활성화사업	30,000	일자리경제과	11	2	7	8	7	1	1	1
823	강원 강릉시	헬스케어 힐링 융합 비즈니스 생태계 구축사업	4,680,000	기업지원과	11	2	7	8	7	1	1	4
824	강원 강릉시	폐기물매립시설 증설사업	11,958,000	자원순환과	11	5	7	8	7	5	5	4
825	강원 강릉시	서민층 가스시설 개선사업	38,700	에너지과	11	5	7	8	7	5	5	4
826	강원 강릉시	저소득층 고령자가구 가스안전차단기 보급사업	10,800	에너지과	11	5	7	8	7	5	5	4
827	강원 강릉시	저소득층 고령자가구 가스안전차단기 보급사업	40,200	에너지과	11	5	7	8	7	5	5	4
828	강원 강릉시	아파트 승강기 전력생산장치 보급사업	31,248	에너지과	11	5	7	8	7	5	5	4
829	강원 강릉시	저소득층 LED교체	160,000	에너지과	11	2	5	1	7	1	1	1
830	강원 강릉시	수산생물 산란 서식장 조성	500,000	해양수산과	11	1	7	8	7	5	5	4
831	강원 강릉시	광역 버스정보시스템 운영	140,227	교통과	11	5	1	1	1	1	1	2
832	강원 강릉시	일반농산어촌개발사업 마을만들기	146,800	농정과	11	4	5	3	7	2	1	2
833	강원 강릉시	일반농산어촌개발사업 마을만들기	84,000	농정과	11	4	5	3	7	2	1	2
834	강원 강릉시	일반농산어촌개발사업 마을만들기	232,000	농정과	11	4	5	3	7	2	1	2
835	강원 강릉시	일반농산어촌개발사업 마을만들사업	732,000	농정과	11	4	5	3	7	2	1	2
836	강원 강릉시	수리시설개보수 및 민원해소	200,000	농정과	11	4	1	1	1	1	1	1
837	강원 강릉시	교육문화관 및 명주도서관 도서구입비	48,000	시립도서관	11	1	7	1	7	1	1	4
838	강원 동해시	청백-e 시스템 유지관리	8,095	기획감사담당관	11	5	7	8	7	5	5	4
839	강원 동해시	예산프로그램(e호조) 유지관리비	21,758	기획감사담당관	11	5	7	8	7	5	5	4
840	강원 동해시	어촌뉴딜 300사업	4,379,000	해양수산과	11	7	7	8	7	5	5	4
841	강원 동해시	망상 청원건널목 지장물검지장치 설치	37,997	관광과	11	5	2	7	1	1	1	1
842	강원 동해시	의료급여수급권자일반검진비지원	15,070	보건소	11	2	7	7	7	5	1	4
843	강원 동해시	의료급여수급권자영유아검진비지원	1,493	보건소	11	2	7	7	7	5	1	4
844	강원 동해시	국가암관리지자체지원	195,925	보건소	11	2	7	7	7	5	1	4
845	강원 홍천군	두촌면 농촌중심지활성화사업	1,821,000	도시교통과	11	2	5	6(6년)	7	1	1	1
846	강원 홍천군	화촌면 농촌중심지활성화사업	1,317,000	도시교통과	11	2	5	5	7	1	1	1
847	강원 홍천군	서석면 농촌중심지활성화사업	1,123,000	도시교통과	11	2	5	5	7	1	1	1
848	강원 홍천군	남면 기초생활거점육성사업	1,429,000	도시교통과	11	2	5	3	7	1	1	1
849	강원 홍천군	북방면 기초생활거점육성사업	400,000	도시교통과	11	2	7	8	7	5	5	4
850	강원 홍천군	동면 기초생활거점육성사업	359,000	도시교통과	11	2	7	8	7	5	5	4
851	강원 홍천군	산림휴양치유마을 조성	500,000	산림과	11	1	4	2	7	4	1	4
852	강원 홍천군	지방상수도 현대화사업	11,940,000	상하수도사업소	11	1	5	5	7	5	1	3
853	강원 홍천군	고령자복지주택사업	2,488,000	토지주택과	11	5	7	8	7	3	4	4
854	강원 홍천군	마을정비형 공공주택사업	1,546,000	토지주택과	11	5	7	8	7	3	4	4

순번	시군구	지출명 (사업명)	2020년예산 (단위:천원/1년간)	담당자 (공무원) 담당부서	민간이전 분류 (지방자치단체 세출예산 집행기준에 의거) 1. 민간경상사업보조(1) 2. 민간단체 법정운영비보조(2) 3. 민간행사사업보조(3) 4. 민간위탁금(4) 5. 사회복지시설 법정운영비보조(5) 6. 민간인위탁교육비(6) 7. 공기관등에대한경상적대행사업비(7) 8. 민간자본사업보조,자체재원(8) 9. 민간자본사업보조,이전재원(9) 10. 민간위탁사업비(10) 11. 공기관등에 대한 자본적 대행사업비(11)	민간이전지출 근거 (지방보조금 관리기준 참고) 1. 법률에 규정 2. 국고보조 재원(국가지정) 3. 용도 지정 기부금 4. 조례에 직접규정 5. 지자체가 권장하는 사업을 하는 공공기관 6. 시,도 정책 및 재정사정 7. 기타 8. 해당없음	입찰방식 계약체결방법 (경쟁형태) 1. 일반경쟁 2. 제한경쟁 3. 지명경쟁 4. 수의계약 5. 법정위탁 6. 기타 ( ) 7. 해당없음	입찰방식 계약기간 1. 1년 2. 2년 3. 3년 4. 4년 5. 5년 6. 기타 ( )년 7. 단기계약 (1년미만) 8. 해당없음	입찰방식 낙찰자선정방법 1. 적격심사 2. 협상에의한계약 3. 최저가낙찰제 4. 규격가격분리 5. 2단계 경쟁입찰 6. 기타 ( ) 7. 해당없음	운영예산 산정 운영예산 산정 1. 내부산정 (지자체 자체적으로 산정) 2. 외부산정 (외부전문기관위탁 산정) 3. 내·외부 모두 산정 4. 산정 無 5. 해당없음	운영예산 산정 정산방법 1. 내부정산 (지자체 내부적으로 정산) 2. 외부정산 (외부전문기관위탁 정산) 3. 내·외부 모두 산정 4. 정산 無 5. 해당없음	성과평가 실시여부 1. 실시 2. 미실시 3. 향후 추진 4. 해당없음
855	강원 영월군	수선유지급여	371,818	도시교통과	11	1	7	8	7	1	1	4
856	강원 영월군	소각시설 설치사업	1,113,000	환경시설관리사업소	11	2	7	8	7	5	5	4
857	강원 평창군	민원행정 전산운영	9,190,000	민원과	11	6	7	8	7	5	5	4
858	강원 평창군	지방세 부과관리	69,161	재무과	11	1	7	8	7	5	5	4
859	강원 평창군	지방세세외수입관리	58,444	재무과	11	1	7	8	7	5	5	4
860	강원 평창군	특성화시장 육성사업	220,000	일자리경제과	11	1	7	8	7	5	5	4
861	강원 평창군	전통시장 시설현대화사업	1,300,000	일자리경제과	11	1	7	8	7	5	5	4
862	강원 평창군	서민층 가스시설 개선	25,284	일자리경제과	11	2	7	8	7	5	5	4
863	강원 평창군	저소득층 타이머콕 설치지원	4,200,000	일자리경제과	11	1	7	8	7	5	5	4
864	강원 평창군	저소득층 전기시설 개선사업	5,880,000	일자리경제과	11	7	7	8	7	5	5	4
865	강원 평창군	취약계층 에너지 복지사업	30,000	일자리경제과	11	2	7	8	7	5	5	4
866	강원 평창군	산림소득사업 육성 지원	45,000	산림과	11	4	7	8	7	5	5	4
867	강원 평창군	산림소득사업 육성 지원	15,000	산림과	11	4	7	8	7	5	5	4
868	강원 평창군	산림작물 생산단지 조성사업	30,000	산림과	11	2	7	8	7	5	5	4
869	강원 평창군	농촌중심지활성화	2,582,000	도시과	11	1	4	4	7	1	1	1
870	강원 평창군	농촌중심지활성화	857,000	도시과	11	1	4	4	7	1	1	1
871	강원 평창군	주거급여 사업	438,408	도시과	11	2	7	8	7	5	5	4
872	강원 평창군	택시운행정보 관리시스템 구축	1,525,000	도시과	11	1	7	8	7	5	5	4
873	강원 평창군	농촌관광주체 육성지원	293,800	농업기술센터	11	2	7	8	7	5	5	4
874	강원 평창군	농어촌민박 시설환경 개선지원	240,000	농업기술센터	11	6	7	8	7	5	5	4
875	강원 평창군	농촌관광 활력화 추진	31,400	농업기술센터	11	1	7	8	7	5	5	4
876	강원 평창군	기업형 새농촌 사업	20,000	농업기술센터	11	6	7	8	7	5	5	4
877	강원 평창군	새농어촌건설운동 활성화	50,000	농업기술센터	11	7	7	8	7	5	5	4
878	강원 평창군	친환경축산 기반조성	160,000	농업기술센터	11	6	7	8	7	5	5	4
879	강원 평창군	여성농업인 역할증대	19,000	농업기술센터	11	4	7	8	7	5	5	4
880	강원 양구군	청백-e시스템 유지관리	5,700,000	종합민원소통실	11	1	5	1	7	5	1	1
881	강원 양구군	차세대 주민등록시스템 구축	9,190,000	종합민원소통실	11	2	7	8	5	5	5	4
882	강원 양구군	장애인단체 기능보강	65,000	사회복지과	11	1	7	8	7	1	1	1
883	강원 양구군	서민층 가스시설 개선	25,284	전략산업과	11	5	5	8	7	2	2	4
884	강원 양구군	저소득층 고령가구 가스시설(타이머콕) 보급 추진	6,600,000	전략산업과	11	5	5	8	7	2	2	4
885	강원 양구군	저소득층 노후전기시설 개선사업	8,400,000	전략산업과	11	5	5	8	7	2	2	4
886	강원 양구군	마을단위 LPG배관망시설 설치비지원	400,000	전략산업과	11	4	5	6(준공시까지)	7	2	2	4
887	강원 양구군	농어촌 LPG 소형저장탱크 시설설치비 지원	1,200,000	전략산업과	11	4	5	6(준공시까지)	7	2	2	4
888	강원 양구군	임산물 상품화지원	35,000	생태산림과	11	4, 6	7	8	7	5	1	4
889	강원 양구군	산림작물생산단지	100,000	생태산림과	11	1, 2	7	8	7	5	5	4
890	강원 양구군	친환경임산물 재배관리	86,910	생태산림과	11	1, 2	7	8	7	5	1	4
891	강원 양구군	산양삼생산과정확인	1,000,000	생태산림과	11	1, 2	7	8	7	5	1	4
892	강원 양구군	임산물생산단지 자립기반조성	6,670,000	생태산림과	11	1, 2	7	8	7	5	1	4
893	강원 양구군	임산물 생산유통기반	9,505,000	생태산림과	11	1, 2	7	8	7	5	5	4
894	강원 양구군	도로명주소 정보사업 유지관리 및 운영지원	15,960	지적건축과	11	7	5	1	7	5	5	4
895	강원 양구군	도로명주소 기본도 현행화 사업	2,788,000	지적건축과	11	7	5	1	7	5	5	4
896	강원 양구군	마을정비형 공공주택사업	1,177,000	지적건축과	11	1	7	8	7	5	4	4
897	강원 양구군	주거급여 지원	194,158	지적건축과	11	1	5	1	7	5	3	4
898	강원 양구군	여성농업인 개인작업 환경개선 사업	8,400,000	농업지원과	11	6	7	8	7	1	1	4
899	강원 양구군	친환경농업자율 실천단지 조성	42,000	농업지원과	11	1	7	8	7	4	1	4

순번	시군구	지출명 (사업명)	2020년예산 (단위:천원/1년간)	담당자 (공무원) 담당부서	민간이전 분류 (지방자치단체 세출예산 집행기준에 의거) 1. 민간경상사업보조(1) 2. 민간단체 법정운영비보조(2) 3. 민간행사사업보조(3) 4. 민간위탁금(4) 5. 사회복지시설 법정운영비보조(5) 6. 민간인위탁교육비(6) 7. 공기관등에대한경상적대행사업비(7) 8. 민간자본사업보조,자체재원(8) 9. 민간자본사업보조,이전재원(9) 10. 민간위탁사업비(10) 11. 공기관등에 대한 자본적 대행사업비(11)	민간이전지출 근거 (지방보조금 관리기준 참고) 1. 법률에 규정 2. 국고보조 재원(국가지정) 3. 용도 지정 기부금 4. 조례에 직접규정 5. 지자체가 권장하는 사업을 하는 공공기관 6. 시,도 정책 및 재정사정 7. 기타 8. 해당없음	입찰방식 계약체결방법 (경쟁형태) 1. 일반경쟁 2. 제한경쟁 3. 지명경쟁 4. 수의계약 5. 법정위탁 6. 기타 ( ) 7. 해당없음	입찰방식 계약기간 1. 1년 2. 2년 3. 3년 4. 4년 5. 5년 6. 기타 ( )년 7. 단기계약 (1년미만) 8. 해당없음	입찰방식 낙찰자선정방법 1. 적격심사 2. 협상에의한계약 3. 최저가낙찰제 4. 규격가격분리 5. 2단계 경쟁입찰 6. 기타 ( ) 7. 해당없음	운영예산 산정 운영예산 산정 1. 내부산정 (지자체 자체적으로 산정) 2. 외부산정 (외부전문기관위탁 산정) 3. 내·외부 모두 산정 4. 산정 無 5. 해당없음	운영예산 산정 정산방법 1. 내부정산 (지자체 내부적으로 정산) 2. 외부정산 (외부전문기관위탁 정산) 3. 내·외부 모두 산정 4. 정산 無 5. 해당없음	성과평가 실시여부 1. 실시 2. 미실시 3. 향후 추진 4. 해당없음
900	강원 양구군	친환경 농기자재 공급	35,000	농업지원과	11	1	7	8	7	4	1	4
901	강원 양구군	유기농업자재 지원	138,635	농업지원과	11	2	7	8	7	4	1	4
902	강원 양구군	노후상수도 정비	6,360,000	상하수도사업소	11	2	5	8	7	1	1	3
903	강원 인제군	차세대 지방세정보시스템 구축	63,295	세무회계과	11	1	5	1	7	5	5	4
904	강원 인제군	차세대 지방세외수입정보시스템 구축	52,182	세무회계과	11	1	5	1	7	5	5	4
905	강원 인제군	전선지중화	800,000	도시개발과	11	1, 5	7	8	7	5	5	4
906	강원 인제군	주거급여 지원	359,693	도시개발과	11	1	5	1	7	1	1	4
907	강원 인제군	평화지역 경관개선	1,010,000	도시개발과	11	1, 5	7	8	7	5	5	4
908	강원 인제군	농업기술센터 청사이전 공기관 대행사업	7,235,000	농업기술센터	11	1	7	8	7	1	1	1
909	강원 양양군	차세대 주민등록정보시스템 구축 위탁사업	9,190,000	허가민원실	11	8	7	8	7	5	5	4
910	강원 양양군	수선유지 급여사업	271,387	허가민원실	11	1	7	1	7	1	3	4
911	강원 양양군	서민층 가스시설개선 지원사업	25,800	경제에너지과	11	2	4	1	7	4	2	1
912	강원 양양군	가스안전차단기(티이머 콕)보급사업	9,000,000	경제에너지과	11	2	4	1	7	4	2	1
913	강원 양양군	전기시설 개선지원	17,620	경제에너지과	11	2	4	1	7	4	2	1
914	강원 양양군	취약계층 에너지 복지사업	29,600	경제에너지과	11	2	4	1	7	4	2	1
915	강원 양양군	차세대 지방세정보시스템 구축	63,364	세무회계과	11	1	5	1	2	2	2	1
916	강원 양양군	여성임업인 복지바우처 지원	1,400,000	산림녹지과	11	6	7	7	7	1	1	1
917	강원 양양군	버스정보안내기(BIT) 추가 설치	40,000	건설교통과	11	6	7	8	7	2	1	4
918	강원 양양군	갯녹음 암반 해조서식 환경복원 적지조사 용역	10,000,000	해양수산과	11	1	7	8	7	5	5	4
919	강원 양양군	문어서식 산란장 조성 적지조사 용역	10,000,000	해양수산과	11	1	7	8	7	5	5	4
920	강원 양양군	바다숲 조성 적지조사 용역	10,000,000	해양수산과	11	1	7	8	7	5	5	4
921	강원 양양군	연어 자연산란장 조성사업	1,000,000	해양수산과	11	2	7	8	7	5	5	4
922	강원 양양군	해삼 특화양식단지 조성 적지조사 용역	10,000,000	해양수산과	11	1	7	8	7	5	5	4
923	강원 양양군	마을만들기사업	400,000	농업기술센터	11	1	5	7	7	5	3	1
924	강원 양양군	마을만들기사업	318,000	농업기술센터	11	1	5	7	7	5	3	1
925	강원 양양군	마을만들기사업	390,000	농업기술센터	11	1	5	7	7	5	3	1
926	충북 충주시	차세대 지방세정보시스템 구축	126,056	세무1과	11	5	5	1	7	5	5	4
927	충북 충주시	나들가게 육성 선도지역 지원사업	75,000	경제기업과	11	2	7	8	7	1	1	1
928	충북 충주시	희망사업프로젝트	264,000	경제기업과	11	2	7	8	7	5	1	1
929	충북 충주시	쉼터리버타운 부도임대주택 수리비 지원	260,000	건축과	11	1	7	8	7	5	5	4
930	충북 충주시	기초생활수급자 집수리 사업	1,000,000	건축과	11	2	7	8	7	5	5	4
931	충북 충주시	신니면 농촌중심지 활성화사업	50,000	도시재생과	11	1	7	8	7	5	1	4
932	충북 충주시	산척면 농촌중심지 활성화사업	10,000	도시재생과	11	1	7	8	7	5	1	4
933	충북 충주시	수안보면 농촌중심지 활성화사업	130,000	도시재생과	11	1	7	8	7	5	1	4
934	충북 충주시	소태면 기초생활거점 육성사업	1,091,428	도시재생과	11	1	7	8	7	5	1	4
935	충북 충주시	노은면 기초생활거점 육성사업	180,000	도시재생과	11	1	7	8	7	5	1	4
936	충북 충주시	탄방마을 창조적마을 만들기사업	667	도시재생과	11	1	7	8	7	5	1	4
937	충북 충주시	개천안마을 만들기사업	34,286	도시재생과	11	1	7	8	7	5	1	4
938	충북 충주시	발달장애인 주간활동서비스 지원	353,243	노인장애인과	11	2	1	3	5	3	3	1
939	충북 충주시	청소년 발달장애학생 방과후활동서비스 지원	218,586	노인장애인과	11	2	1	3	5	3	3	1
940	충북 충주시	슬레이트 처리 및 개량사업	1,063,780	기후에너지과	11	1	7	8	7	5	5	4
941	충북 충주시	이동식 충전소 성능평가 및 안전관리 기술개발 사업	400,000	기후에너지과	11	2	7	8	7	5	5	4
942	충북 충주시	바이오가스를 이용한 수소융복합충전소 시범사업	50,000	자원순환과	11	7	7	8	7	5	5	4
943	충북 충주시	농산물 산지유통시설 설치지원	92,500	농정과	11	6	7	8	7	1	1	1
944	충북 충주시	농수산물수출단지육성	37,800	농정과	11	6	7	8	7	1	1	1

순번	시군구	지출명 (사업명)	2020년예산 (단위:천원/1년간)	담당자 (공무원) 담당부서	민간이전 분류 (지방자치단체 세출예산 집행기준에 의거) 1. 민간경상사업보조(1) 2. 민간단체 법정운영비보조(2) 3. 민간행사사업보조(3) 4. 민간위탁금(4) 5. 사회복지시설 법정운영비보조(5) 6. 민간인위탁교육비(6) 7. 공기관등에대한경상적대행사업비(7) 8. 민간자본사업보조,자체재원(8) 9. 민간자본사업보조,이전재원(9) 10. 민간위탁사업비(10) 11. 공기관등에 대한 자본적 대행사업비(11)	민간이전지출 근거 (지방보조금 관리기준 참고) 1. 법률에 규정 2. 국고보조 재원(국가지정) 3. 용도 지정 기부금 4. 조례에 직접규정 5. 지자체가 권장하는 사업을 하는 공공기관 6. 시,도 정책 및 재정사정 7. 기타 8. 해당없음	입찰방식 계약체결방법 (경쟁형태) 1. 일반경쟁 2. 제한경쟁 3. 지명경쟁 4. 수의계약 5. 법정위탁 6. 기타 ( ) 7. 해당없음	입찰방식 계약기간 1. 1년 2. 2년 3. 3년 4. 4년 5. 5년 6. 기타 ( )년 7. 단기계약 (1년미만) 8. 해당없음	입찰방식 낙찰자선정방법 1. 적격심사 2. 협상에의한계약 3. 최저가낙찰제 4. 규격가격분리 5. 2단계 경쟁입찰 6. 기타 ( ) 7. 해당없음	운영예산 산정 운영예산 산정 1. 내부산정 (지자체 자체 적으로 산정) 2. 외부산정 (외부전문기관 위탁 산정) 3. 내·외부 모두 산정 4. 산정 無 5. 해당없음	운영예산 산정 정산방법 1. 내부정산 (지자체 내부적 으로 정산) 2. 외부정산 (외부전문기관 위탁 정산) 3. 내·외부 모두 산정 4. 정산 無 5. 해당없음	성과평가 실시여부 1. 실시 2. 미실시 3. 향후 추진 4. 해당없음
945	충북 충주시	유기가공업체 선물용 포장재 지원	24,270	농정과	11	6	7	8	7	1	1	1
946	충북 충주시	농산물 부패방지용 신선도 유지기 지원사업	16,800	농정과	11	6	7	8	7	1	1	1
947	충북 제천시	의림지 관광시설 유지 대행관리비	100,000	관광미식과	11	1	5	3	7	1	1	4
948	충북 제천시	신륵사(전통사찰) 금강문 및 국사당 등 보수정비	120,000	문화예술과	11	4	7	8	7	5	5	4
949	충북 제천시	전통사찰 방재시스템 구축	294,000	문화예술과	11	4	7	8	7	5	5	4
950	충북 제천시	차세대 주민등록정보시스템 구축비	8,240	민원지적과	11	5	6(위수탁협약)	1	6	2	2	1
951	충북 제천시	국가주소정보시스템 유지관리	16,460	민원지적과	11	1	6(위수탁협약)	1	6	2	2	1
952	충북 제천시	도로명주소 기본도 위치 정확도 개선사업	9,440	민원지적과	11	1	6(위수탁협약)	1	6	2	2	1
953	충북 제천시	차세대지방정보시스템구축분담금	111,339	세정과	11	1	5	1	7	2	2	2
954	충북 제천시	차세대세외수입정보시스템 구축사업 분담금	70,970	세정과	11	1	5	1	7	2	2	2
955	충북 보은군	차세대지방세정보시스템 구축비	65,262	재무과	11	6	7	3	7	2	2	4
956	충북 보은군	차세대 지방세외수입정보시스템 구축비	45,919	재무과	11	8	7	3	7	2	2	4
957	충북 보은군	차세대주민등록시스템 구축비	7,340,000	민원과	11	2	7	1	7	5	5	4
958	충북 보은군	차세대주민등록시스템 운영비	1,850,000	민원과	11	2	7	1	7	5	5	4
959	충북 보은군	친환경축산시설장비보급	180,000	축산과	11	6	7	8	7	1	1	3
960	충북 보은군	조사료 경영체 장비	60,000	축산과	11	2	7	8	7	1	1	3
961	충북 보은군	양봉 생산물 처리장비	15,000	축산과	11	6	7	8	7	1	1	3
962	충북 보은군	곤충농가 시설장비	20,000	축산과	11	6	7	8	7	1	1	3
963	충북 보은군	조사료 수확장비	127,200	축산과	11	6	7	8	7	1	1	3
964	충북 보은군	돼지고기 품질 향상	14,400,000	축산과	11	6	7	8	7	1	1	3
965	충북 보은군	가축분뇨처리 장비 보급	30,000	축산과	11	2	7	8	7	1	1	3
966	충북 보은군	가축 기후변화 대응시설	40,000	축산과	11	6	7	8	7	1	1	3
967	충북 보은군	가축분뇨 퇴액비화	7,080,000	축산과	11	2	7	8	7	1	1	3
968	충북 보은군	말별퇴치장비 지원	2,550,000	축산과	11	2	7	8	7	1	1	3
969	충북 보은군	액비생산시설 지원	45,500	축산과	11	2	7	8	7	1	1	3
970	충북 보은군	농장출입구 자동소독기 설치	16,000	축산과	11	4	1	1	1	2	1	3
971	충북 보은군	축사내부 방역전실,연무소독시설 설치	14,400,000	축산과	11	4	1	1	1	2	1	3
972	충북 보은군	농장 출입구 자동소독기 지원	30,000	축산과	11	4	1	1	1	2	1	3
973	충북 보은군	축사 내부 연무 소독시설 지원	18,000	축산과	11	4	1	1	1	2	1	3
974	충북 보은군	AI 예방 방역시설 개선	4,500,000	축산과	11	4	1	1	1	2	1	3
975	충북 보은군	유휴저수지 자원화사업	1,710,000	축산과	11	2	1	1	1	4	1	3
976	충북 보은군	내수면 어도 개보수	250,000	축산과	11	2	1	1	1	4	1	3
977	충북 보은군	동다리-장신교간 전선 지중화사업	650,000	지역개발과	11	5	1	1	3	5	1	4
978	충북 보은군	내북면 농촌중심지활성화	683,000	지역개발과	11	1	5	5	7	5	5	4
979	충북 보은군	속리산면 농촌중심지활성화	1,055,000	지역개발과	11	1	5	5	7	5	5	4
980	충북 보은군	보은읍 농촌중심지활성화	3,136,000	지역개발과	11	1	5	5	7	5	5	4
981	충북 보은군	삼승면 기초생활거점육성	1,547,000	지역개발과	11	1	5	4	7	5	5	4
982	충북 보은군	삼승면 기초생활거점육성	450,000	지역개발과	11	1	5	4	7	5	5	4
983	충북 보은군	구병리 창조적마을만들기	90,143	지역개발과	11	1	5	4	7	5	5	4
984	충북 보은군	도원리 마을만들기	610,000	지역개발과	11	1	5	4	7	5	5	4
985	충북 보은군	농어촌취약지역생활여건개조사업	654,000	지역개발과	11	1	5	3	7	5	5	4
986	충북 보은군	당우리 마을만들기	381,000	지역개발과	11	1	5	3	7	5	5	4
987	충북 보은군	노성리 마을만들기	396,000	지역개발과	11	1	5	3	7	5	5	4
988	충북 보은군	만수리 마을만들기	339,000	지역개발과	11	1	5	3	7	5	5	4
989	충북 보은군	구인리 마을만들기	384,000	지역개발과	11	1	5	3	7	5	5	4

순번	시군구	지출명 (사업명)	2020년예산 (단위:천원/1년간)	담당자 (공무원) 담당부서	민간이전 분류 (지방자치단체 세출예산 집행기준에 의거) 1. 민간경상사업보조(1) 2. 민간단체 법정운영비보조(2) 3. 민간행사사업보조(3) 4. 민간위탁금(4) 5. 사회복지시설 법정운영비보조(5) 6. 민간인위탁교육비(6) 7. 공기관등에대한경상적대행사업비(7) 8. 민간자본사업보조,자체재원(8) 9. 민간자본사업보조,이전재원(9) 10. 민간위탁사업비(10) 11. 공기관등에 대한 자본적 대행사업비(11)	민간이전지출 근거 (지방보조금 관리기준 참고) 1. 법률에 규정 2. 국고보조 재원(국가지정) 3. 용도 지정 기부금 4. 조례에 직접규정 5. 지자체가 권장하는 사업을 하는 공공기관 6. 시,도 정책 및 재정사정 7. 기타 8. 해당없음	입찰방식 계약체결방법 (경쟁형태) 1. 일반경쟁 2. 제한경쟁 3. 지명경쟁 4. 수의계약 5. 법정위탁 6. 기타 ( ) 7. 해당없음	입찰방식 계약기간 1. 1년 2. 2년 3. 3년 4. 4년 5. 5년 6. 기타 ( )년 7. 단기계약 (1년미만) 8. 해당없음	입찰방식 낙찰자선정방법 1. 적격심사 2. 협상에의한계약 3. 최저가낙찰제 4. 규격가격분리 5. 2단계 경쟁입찰 6. 기타 ( ) 7. 해당없음	운영예산 산정 운영예산 산정 1. 내부산정 (지자체 자체 적으로 산정) 2. 외부산정 (외부전문기관 위탁 산정) 3. 내·외부 모두 산정 4. 산정 無 5. 해당없음	운영예산 산정 정산방법 1. 내부정산 (지자체 내부적 으로 정산) 2. 외부정산 (외부전문기관 위탁 정산) 3. 내·외부 모두 산정 4. 정산 無 5. 해당없음	성과평가 실시여부 1. 실시 2. 미실시 3. 향후 추진 4. 해당없음
990	충북 보은군	눌곡리 마을만들기	389,000	지역개발과	11	1	5	3	7	5	5	4
991	충북 보은군	동정리 창조적마을만들기	24,714	지역개발과	11	1	5	3	7	5	5	4
992	충북 보은군	삼가2리 창조적마을만들기	25,142	지역개발과	11	1	5	3	7	5	5	4
993	충북 보은군	수한지구 군도이설 공사	300,000	지역개발과	11	7	7	7	7	1	1	4
994	충북 보은군	불목이옛길 유지관리	25,000	지역개발과	11	7	7	7	7	1	1	4
995	충북 보은군	신문지구 밭기반정비	103,700	지역개발과	11	7	7	7	7	1	1	4
996	충북 보은군	동산지구 대구획경지정리	774,000	지역개발과	11	7	7	7	7	1	1	4
997	충북 보은군	농업기반시설 유지보수	1,000,000	지역개발과	11	7	7	7	7	1	1	4
998	충북 보은군	농업용 관정, 저수지 유지관리	300,000	지역개발과	11	7	7	7	7	1	1	4
999	충북 보은군	탄부면 배수로 정비공사	200,000	지역개발과	11	7	7	7	7	1	1	4
1000	충북 보은군	수선유지주거급여사업	780,000	주택팀	11	5	5	1	7	3	3	1
1001	충북 옥천군	행복주택(청년주택) 건립사업	600,000	도시교통과	11	5	7	8	7	5	5	4
1002	충북 옥천군	마을정비형 공공주택 건립사업	1,317,000	도시교통과	11	5	7	8	7	5	5	4
1003	충북 옥천군	마을정비형 마을정비 계획수립	289,345	도시교통과	11	5	7	8	7	5	5	4
1004	충북 옥천군	청성면 농촌중심지 활성화사업	1,390,000	농촌활력과	11	7	5	5	7	1	1	3
1005	충북 옥천군	안남면 기초생활거점육성사업	1,089,000	농촌활력과	11	7	5	4	7	1	1	3
1006	충북 옥천군	이원 대동리 창조적마을만들기사업	172,857	농촌활력과	11	7	5	3	7	1	1	3
1007	충북 옥천군	안내 서대리 창조적마을만들기사업	29,143	농촌활력과	11	7	5	3	7	1	1	3
1008	충북 옥천군	옥천 상삼리 창조적마을만들기사업	376,000	농촌활력과	11	7	5	3	7	1	1	3
1009	충북 옥천군	동이 석화리 창조적마을만들기사업	311,000	농촌활력과	11	7	5	3	7	1	1	3
1010	충북 옥천군	청성 마장리 창조적마을만들기사업	335,000	농촌활력과	11	7	5	3	7	1	1	3
1011	충북 옥천군	청산 대사리 창조적마을만들기사업	308,000	농촌활력과	11	7	5	3	7	1	1	3
1012	충북 옥천군	이원 개심리 창조적마을만들기사업	357,000	농촌활력과	11	7	5	3	7	1	1	3
1013	충북 옥천군	이원 윤정리 창조적마을만들기사업	291,000	농촌활력과	11	7	5	3	7	1	1	3
1014	충북 옥천군	동이 금암1리 마을만들기사업	331,715	농촌활력과	11	7	5	3	7	1	1	3
1015	충북 옥천군	장연지구 지표수보강사업	800,	농촌활력과	11	7	5	3	7	1	1	3
1016	충북 옥천군	장찬지구 지표수보강사업	300,000	농촌활력과	11	7	5	3	7	1	1	3
1017	충북 옥천군	주거급여지원사업	705,000	주민복지과	11	2	5	1	2	5	1	1
1018	충북 영동군	지역사회서비스투자사업	325,383	주민복지과	11	2	7	8	7	5	5	4
1019	충북 영동군	다문화가정 모국 국제특송요금	5,000,000	가족행복과	11	5	7	8	7	5	1	2
1020	충북 영동군	서민층 가스시설 개선지원사업	61,920	경제과	11	2	7	8	7	3	3	3
1021	충북 영동군	가스타이머콕설치사업	40,342	경제과	11	6	7	8	7	3	3	3
1022	충북 영동군	주민지원사업	496,532	환경과	11	2	7	8	7	1	1	1
1023	충북 영동군	택시운행정보관리시스템 시설장비 유지비	1,712,000	건설교통과	11	6	6	8	7	2	2	4
1024	충북 영동군	버스정보시스템(BIS)구축사업 통신비	7,821,000	건설교통과	11	6	6	8	7	2	2	4
1025	충북 영동군	소규모용수개발사업	400,000	건설교통과	11	2	5	3	2	1	1	4
1026	충북 영동군	지표수보강개발사업	400,000	건설교통과	11	2	5	2	2	1	1	4
1027	충북 영동군	한발대비용수개발사업	120,000	건설교통과	11	2	5	2	2	1	1	4
1028	충북 영동군	수리시설정비사업	90,000	건설교통과	11	5	4	1	2	1	1	4
1029	충북 영동군	수리시설정비사업	350,000	건설교통과	11	5	4	1	2	1	1	4
1030	충북 영동군	수리시설정비사업	160,000	건설교통과	11	5	4	1	2	1	1	4
1031	충북 영동군	취락지역개조사업	505,000	도시건축과	11	6	7	3	7	5	1	3
1032	충북 영동군	레인보우 힐링타운 조성사업	240,000	힐링사업소	11	1	7	3	2	5	5	4
1033	충북 증평군	주거급여	225,000	생활지원과	11	1	5	1	7	5	1	2
1034	충북 증평군	경로당 활성화	200,000	사회복지과	11	4	7	8	7	5	5	4

순번	시군구	지출명 (사업명)	2020년예산 (단위:천원/1년간)	담당자 (공무원) 담당부서	민간이전 분류 (지방자치단체 세출예산 집행기준에 의거) 1. 민간경상사업보조(1) 2. 민간단체 법정운영비보조(2) 3. 민간행사사업보조(3) 4. 민간위탁금(4) 5. 사회복지시설 법정운영비보조(5) 6. 민간인위탁교육비(6) 7. 공기관등에대한경상적대행사업비(7) 8. 민간자본사업보조,자체재원(8) 9. 민간자본사업보조,이전재원(9) 10. 민간위탁사업비(10) 11. 공기관등에 대한 자본적 대행사업비(11)	민간이전지출 근거 (지방보조금 관리기준 참고) 1. 법률에 규정 2. 국고보조 재원(국가지정) 3. 용도 지정 기부금 4. 조례에 직접규정 5. 지자체가 권장하는 사업을 하는 공공기관 6. 시,도 정책 및 재정사정 7. 기타 8. 해당없음	입찰방식 계약체결방법 (경쟁형태) 1. 일반경쟁 2. 제한경쟁 3. 지명경쟁 4. 수의계약 5. 법정위탁 6. 기타 ( ) 7. 해당없음	입찰방식 계약기간 1. 1년 2. 2년 3. 3년 4. 4년 5. 5년 6. 기타 ( )년 7. 단기계약 (1년미만) 8. 해당없음	입찰방식 낙찰자선정방법 1. 적격심사 2. 협상에의한계약 3. 최저가낙찰제 4. 규격가격분리 5. 2단계 경쟁입찰 6. 기타 ( ) 7. 해당없음	운영예산 산정 운영예산 산정 1. 내부산정 (지자체 자체적으로 산정) 2. 외부산정 (외부전문기관위탁 산정) 3. 내·외부 모두 산정 4. 산정 無 5. 해당없음	운영예산 산정 정산방법 1. 내부정산 (지자체 내부적으로 정산) 2. 외부정산 (외부전문기관위탁 정산) 3. 내·외부 모두 산정 4. 정산 無 5. 해당없음	성과평가 실시여부 1. 실시 2. 미실시 3. 향후 추진 4. 해당없음
1035	충북 증평군	지방세정업무추진	64,445	재무과	11	1	7	8	7	2	2	1
1036	충북 증평군	세외수입 관리 운영	45,919	재무과	11	1	7	8	7	2	2	1
1037	충북 증평군	주민 서비스 제공	7,340,000	민원과	11	1	6	1	7	5	5	4
1038	충북 증평군	도로명주소 정보화사업	18,870	민원과	11	1	6	1	7	5	5	4
1039	충북 증평군	4D융합소재 산업화지원센터 구축	550,000	경제과	11	8	7	8	7	5	5	4
1040	충북 증평군	스마트공장 구축지원사업	49,920	경제과	11	6	7	8	7	5	5	3
1041	충북 증평군	서민층 가스시설 개선	7,740,000	경제과	11	2	7	8	7	5	2	1
1042	충북 증평군	가스타이머 콕 보급사업	16,744	경제과	11	6	7	8	7	5	2	1
1043	충북 증평군	수리시설개보수	300,000	건설과	11	4	4	1	6	1	1	1
1044	충북 증평군	택시 운행정보관리시스템 구축	1,500,000	도시교통과	11	1	6	1	7	3	3	1
1045	충북 증평군	농촌중심지활성화	561,428	도시교통과	11	5	5	5	7	1	1	3
1046	충북 증평군	농촌지도사업 활력화 지원	4,500,000	농업기술센터	11	6	7	8	7	5	5	4
1047	충북 증평군	지방상수도현대화사업	1,479,000	상하수도사업소	11	2	7	8	7	5	5	4
1048	충북 단양군	문화관광형시장 1차년도 사업	276,000	지역경제과	11	1	6	1	7	2	2	1
1049	충북 단양군	서민층 가스시설 개선사업	25,800	지역경제과	11	2	5	5	2	1	1	1
1050	충북 단양군	가스 타이머 콕 설치지원 사업	25,800	지역경제과	11	2	5	5	2	1	1	1
1051	충남 천안시	충남쌀 생산비 절감지원	30,000	농업정책과	11	4	7	8	7	5	5	4
1052	충남 천안시	친환경청년농부시설지원	64,000	농업정책과	11	6	7	8	7	5	5	4
1053	충남 천안시	논타작물생산장비지원	7,500	농업정책과	11	6	7	8	7	5	5	4
1054	충남 천안시	농약사용안전장비지원	28,800	농업정책과	11	6	7	8	7	5	5	4
1055	충남 천안시	관리기 등 농기계 지원사업	250,000	농업정책과	11	6	7	8	7	5	5	4
1056	충남 천안시	농기계등화장치부착지원사업	5,000	농업정책과	11	2	7	8	7	5	5	4
1057	충남 천안시	고품질쌀브랜드(가공시설현대화)육성지원	682,200	농업정책과	11	2	7	8	7	5	5	4
1058	충남 천안시	미곡종합처리장 시설장비지원	200,000	농업정책과	11	6	7	8	7	5	5	4
1059	충남 천안시	벼 건조저장시설 지원	180,000	농업정책과	11	2	7	8	7	5	5	4
1060	충남 천안시	마을만들기 사업	745,700	일자리경제과	11	1	4	3	2	2	1	1
1061	충남 천안시	수소충전소 구축	5,460,000	환경정책과	11	2	7	8	7	5	5	4
1062	충남 천안시	대한독립만세길	2,400,000	문화관광과	11	2	7	8	7	5	5	4
1063	충남 천안시	수선유지급여사업	800,000	건축디자인과	11	2	5	1	7	1	2	1
1064	충남 천안시	천안공고지하공영주차장 조성	250,000	교통정책과	11	6	7	8	7	5	5	4
1065	충남 천안시	천안역사 시설개량	700,000	교통정책과	11	7	7	8	7	5	5	4
1066	충남 천안시	두정역 북부출입구 설치	2,000,000	교통정책과	11	7	7	8	7	5	5	4
1067	충남 천안시	두정1교 개량사업	310,000	교통정책과	11	7	7	8	7	5	5	4
1068	충남 아산시	차세대 주민등록시스템 구축비	9,150	민원봉사과	11	2	7	8	7	5	5	4
1069	충남 아산시	경로당 한궁 보급	72,000	경로장애인과	11	1	7	8	7	5	5	4
1070	충남 서산시	지방재정관리시스템(e-호조) HW/SW 매칭사업	867	기획예산담당관실	11	1	5	1	7	5	1	4
1071	충남 서산시	스마트 지방상수도 사업	4,379,000	맑은물관리과	11	2	7	8	7	5	5	4
1072	충남 서산시	서산시 지방상수도 현대화사업	2,880,000	맑은물관리과	11	2	7	8	7	5	5	4
1073	충남 서산시	민간 가정 어린이집 개보수 지원	30,000	여성가족과	11	2	7	8	7	1	1	4
1074	충남 서산시	연안바다목장 사후관리	50,000	해양수산과	11	6	5	1	7	1	1	1
1075	충남 서산시	해양보호구역관리	190,000	해양수산과	11	1	5	1	7	2	2	4
1076	충남 서산시	고파도 갯벌생태계복원사업	1,183	해양수산과	11	1	5	5	7	2	2	4
1077	충남 서산시	한센병환자관리지원 자본보조	400,000	보건위생과	11	6	7	8	7	5	5	4
1078	충남 계룡시	서민층 가스시설 개선	10,320	일자리경제과	11	2	7	8	7	1	1	1
1079	충남 계룡시	주거급여 업무 지원	50,000	도시건축과	11	2	7	8	7	1	1	4

순번	시군구	지출명 (사업명)	2020년예산 (단위:천원/1년간)	담당자 (공무원) 담당부서	민간이전 분류 (지방자치단체 세출예산 집행기준에 의거) 1. 민간경상사업보조(1) 2. 민간단체 법정운영비보조(2) 3. 민간행사사업보조(3) 4. 민간위탁금(4) 5. 사회복지시설 법정운영비보조(5) 6. 민간인위탁교육비(6) 7. 공기관등에대한경상적대행사업비(7) 8. 민간자본사업보조,자체재원(8) 9. 민간자본사업보조,이전재원(9) 10. 민간위탁사업비(10) 11. 공기관등에 대한 자본적 대행사업비(11)	민간이전지출 근거 (지방보조금 관리기준 참고) 1. 법률에 규정 2. 국고보조 재원(국가지정) 3. 용도 지정 기부금 4. 조례에 직접규정 5. 지자체가 권장하는 사업을 하는 공공기관 6. 시,도 정책 및 재정사정 7. 기타 8. 해당없음	입찰방식 계약체결방법 (경쟁형태) 1. 일반경쟁 2. 제한경쟁 3. 지명경쟁 4. 수의계약 5. 법정위탁 6. 기타 ( ) 7. 해당없음	입찰방식 계약기간 1. 1년 2. 2년 3. 3년 4. 4년 5. 5년 6. 기타 ( )년 7. 단기계약 (1년미만) 8. 해당없음	입찰방식 낙찰자선정방법 1. 적격심사 2. 협상에의한계약 3. 최저가낙찰제 4. 규격가격분리 5. 2단계 경쟁입찰 6. 기타 ( ) 7. 해당없음	운영예산 산정 운영예산 산정 1. 내부산정 (지자체 자체적으로 산정) 2. 외부산정 (외부전문기관위탁 산정) 3. 내·외부 모두 산정 4. 산정 無 5. 해당없음	운영예산 산정 정산방법 1. 내부정산 (지자체 내부적으로 정산) 2. 외부정산 (외부전문기관위탁 정산) 3. 내·외부 모두 산정 4. 정산 無 5. 해당없음	성과평가 실시여부 1. 실시 2. 미실시 3. 향후 추진 4. 해당없음
1080	충남 계룡시	슬레이트 처리지원	24,910	도시건축과	11	2	7	8	7	1	1	3
1081	충남 금산군	차세대 주민등록정보시스템 구축	9,810,000	자치행정과	11	1	5	8	7	1	1	4
1082	충남 금산군	차세대 지방세정보시스템(2단계) 구축 분담금	70,694	재무과	11	1	7	1	7	2	2	1
1083	충남 금산군	차세대 지방세외수입정보시스템 구축	52,182	재무과	11	1	7	1	7	2	2	1
1084	충남 금산군	농어촌마을하수도(하신지구) 증설	72,000	환경자원과	11	5	7	8	7	5	5	4
1085	충남 금산군	기사천 생태하천 조성사업	1,004,000	환경자원과	11	5	7	8	7	5	5	4
1086	충남 금산군	기사천 인공습지 비점오염저감시설 설치	518,000	환경자원과	11	5	7	8	7	5	5	4
1087	충남 금산군	하류리 축산습지 비점오염저감시설 설치	106,000	환경자원과	11	5	7	8	7	5	5	4
1088	충남 금산군	스마트 지방상수도 지원사업	2,305,000	환경자원과	11	8	7	8	7	5	5	4
1089	충남 금산군	서민층 가스시설 개선사업	25,800	지역경제과	11	5	7	8	7	5	5	4
1090	충남 금산군	LPG 소형저장탱크 보급사업	540,000	지역경제과	11	5	7	8	7	5	5	4
1091	충남 금산군	농촌중심지활성화 일반지구	1,924,000	건설교통과	11	1	5	4	7	1	1	1
1092	충남 금산군	농촌중심지활성화 일반지구	2,194,000	건설교통과	11	1	5	4	7	1	1	1
1093	충남 금산군	마을종합개발	1,000,000	건설교통과	11	1	5	3	7	1	1	1
1094	충남 금산군	마을공동문화복지조성	30,000	건설교통과	11	1	5	3	7	1	1	1
1095	충남 금산군	마을경관 생태조성	97,100	건설교통과	11	1	5	3	7	1	1	1
1096	충남 금산군	마을자율개발	375,700	건설교통과	11	1	5	3	7	1	1	1
1097	충남 금산군	마을자율개발	375,700	건설교통과	11	1	5	3	7	1	1	1
1098	충남 금산군	마을자율개발	375,700	건설교통과	11	1	5	3	7	1	1	1
1099	충남 금산군	기초생활거점육성	1,505,000	건설교통과	11	1	5	4	7	1	1	1
1100	충남 금산군	기초생활거점육성	400,000	건설교통과	11	1	5	4	7	1	1	1
1101	충남 금산군	취약지역 생활여건개조사업	667,000	도시재생과	11	5	5	8	7	1	1	4
1102	충남 금산군	집수리사업	467,000	도시재생과	11	2	5	8	7	1	1	4
1103	충남 부여군	주거(수선유지)급여	1,000,000	도시건축과	11	1	5	1	2	1	1	1
1104	충남 청양군	효제2리 양수시설 설치	80,000	건설도시과	11	7	7	1	7	1	1	4
1105	충남 청양군	금정지구 수리시설개보수사업	80,000	건설도시과	11	7	7	1	7	1	1	4
1106	충남 청양군	관산지구 수리시설개보수사업	30,000	건설도시과	11	7	7	1	7	1	1	4
1107	충남 청양군	신정지구 수리시설개보수사업	35,000	건설도시과	11	7	7	1	7	1	1	4
1108	충남 청양군	광암지구 수리시설개보수사업	20,000	건설도시과	11	7	7	1	7	1	1	4
1109	충남 청양군	해남지구 수리시설개보수사업	85,000	건설도시과	11	7	7	1	7	1	1	4
1110	충남 청양군	왕진지구 수리시설개보수사업	70,000	건설도시과	11	7	7	1	7	1	1	4
1111	충남 청양군	인양지구 수리시설개보수사업	80,000	건설도시과	11	7	7	1	7	1	1	4
1112	충남 청양군	천내지구 수리시설개보수사업	70,000	건설도시과	11	7	7	1	7	1	1	4
1113	충남 청양군	미당지구 수리시설개보수사업	30,000	건설도시과	11	7	7	1	7	1	1	4
1114	충남 청양군	대구획경지정리 지원	813,000	건설도시과	11	7	7	1	7	1	1	4
1115	충남 청양군	편안한물길조성사업	500,000	건설도시과	11	7	7	1	7	1	1	4
1116	충남 청양군	금강수원 농업용수 정화공급사업	1,740,000	건설도시과	11	7	7	8	7	5	5	4
1117	충남 청양군	주거급여(현물집수리)사업	300,000	건설도시과	11	1	5	1	7	1	1	4
1118	충남 청양군	로컬푸드 생산자 직판장 구축	521,000	농촌공동체과	11	6	5	2	7	3	3	3
1119	충남 청양군	남양면 농촌중심지활성화사업	1,557,000	농촌공동체과	11	2	5	4	7	3	3	3
1120	충남 청양군	청양읍 농촌중심지활성화사업	1,874,000	농촌공동체과	11	2	5	5	7	3	3	3
1121	충남 청양군	장평면 농촌중심지활성화사업	2,000,000	농촌공동체과	11	2	5	4	7	3	3	3
1122	충남 청양군	청남면 기초생활거점육성사업	1,009,000	농촌공동체과	11	2	5	4	7	3	3	3
1123	충남 청양군	목면 기초생활거점육성사업	400,000	농촌공동체과	11	2	5	4	7	3	3	3
1124	충남 청양군	마을단위자율개발(청수1)	390,000	농촌공동체과	11	2	5	4	7	3	3	3

순번	시군구	지출명 (사업명)	2020년예산 (단위:천원/1년간)	담당자 (공무원) 담당부서	민간이전 분류 (지방자치단체 세출예산 집행기준에 의거) 1. 민간경상사업보조(1) 2. 민간단체 법정운영비보조(2) 3. 민간행사사업보조(3) 4. 민간위탁금(4) 5. 사회복지시설 법정운영비보조(5) 6. 민간인위탁교육비(6) 7. 공기관등에대한경상적대행사업비(7) 8. 민간자본사업보조,자체재원(8) 9. 민간자본사업보조,이전재원(9) 10. 민간위탁사업비(10) 11. 공기관등에 대한 자본적 대행사업비(11)	민간이전지출 근거 (지방보조금 관리기준 참고) 1. 법률에 규정 2. 국고보조 재원(국가지정) 3. 용도 지정 기부금 4. 조례에 직접규정 5. 지자체가 권장하는 사업을 하는 공공기관 6. 시,도 정책 및 재정사정 7. 기타 8. 해당없음	입찰방식 계약체결방법 (경쟁형태) 1. 일반경쟁 2. 제한경쟁 3. 지명경쟁 4. 수의계약 5. 법정위탁 6. 기타 ( ) 7. 해당없음	입찰방식 계약기간 1. 1년 2. 2년 3. 3년 4. 4년 5. 5년 6. 기타 ( )년 7. 단기계약 (1년미만) 8. 해당없음	입찰방식 낙찰자선정방법 1. 적격심사 2. 협상에의한계약 3. 최저가낙찰제 4. 규격가격분리 5. 2단계 경쟁입찰 6. 기타 ( ) 7. 해당없음	운영예산 산정 운영예산 산정 1. 내부산정 (지자체 자체 적으로 산정) 2. 외부산정 (외부전문기관 위탁 산정) 3. 내·외부 모두 산정 4. 산정 無 5. 해당없음	운영예산 산정 정산방법 1. 내부정산 (지자체 내부적으로 정산) 2. 외부정산 (외부전문기관 위탁 정산) 3. 내·외부 모두 산정 4. 정산 無 5. 해당없음	성과평가 실시여부 1. 실시 2. 미실시 3. 향후 추진 4. 해당없음
1125	충남 청양군	마을단위자율개발(죽림)	390,000	농촌공동체과	11	2	5	4	7	3	3	3
1126	충남 청양군	마을단위자율개발(화강)	390,000	농촌공동체과	11	2	5	4	7	3	3	3
1127	충남 청양군	농촌신활력플러스사업	1,885,000	농촌공동체과	11	2	5	4	7	3	3	3
1128	충남 청양군	사회적 공동체 특화단지 조성사업	300,000	농촌공동체과	11	6	5	5	7	3	3	3
1129	충남 청양군	선도농가 현장실습	3,000,000	농업기술센터	11	2	7	8	7	5	5	4
1130	충남 청양군	창업농 농장 맞춤형 기반시설 지원	20,000	농업기술센터	11	2	7	8	7	5	5	4
1131	충남 청양군	초보농부 실천농장 운영	30,000	농업기술센터	11	2	7	8	7	5	5	4
1132	충남 청양군	귀농인 에듀팜 농장조성	40,000	농업기술센터	11	2	7	8	7	5	5	4
1133	충남 청양군	다문화가족지원일반	26,000	복지정책과	11	5	7	8	7	1	1	1
1134	충남 청양군	문예회관 문화예술커뮤니티 공간 조성사업	298,000	문화체육관광과	11	7	6	3	6	3	5	3
1135	충남 청양군	영화드라마 로케이션 인센티브 지원사업	50,000	문화체육관광과	11	6	7	8	7	1	1	1
1136	충남 청양군	백제문화체험관 진입로 확포장	1,000,000	문화체육관광과	11	1	5	4	7	2	1	4
1137	충남 청양군	알프스로 가는 하늘길 조성사업	740,000	문화체육관광과	11	1	5	4	7	2	1	4
1138	충남 청양군	천장알프스 관광인프라 확충사업	1,600,000	문화체육관광과	11	1	5	4	7	2	1	4
1139	충남 예산군	지역사회서비스투자사업	570,000	주민복지과	11	1	5	8	7	5	1	1
1140	충남 예산군	발달재활서비스바우처지원	123,048	주민복지과	11	2	7	8	7	5	5	2
1141	충남 예산군	장애인활동지원	3,713,000	주민복지과	11	2	7	8	7	5	5	2
1142	충남 예산군	활동보조가산급여	1,321,000	주민복지과	11	2	7	8	7	5	5	2
1143	충남 예산군	발달장애인주간활동서비스지원	130,944	주민복지과	11	2	7	8	7	5	5	2
1144	충남 예산군	발달장애인방과후돌봄서비스지원	119,830	주민복지과	11	2	7	8	7	5	5	2
1145	충남 예산군	가사간병방문지원	32,797	주민복지과	11	1	7	8	7	5	1	1
1146	충남 예산군	희망키움통장1	15,002,000	주민복지과	11	1	5	1	7	5	1	2
1147	충남 예산군	내일키움통장	9,496,000	주민복지과	11	1	5	1	7	5	1	2
1148	충남 예산군	희망키움통장2	65,250	주민복지과	11	1	5	1	7	5	1	2
1149	충남 예산군	청년희망키움통장	15,338	주민복지과	11	1	5	1	7	5	1	2
1150	충남 예산군	청년저축계좌	15,780	주민복지과	11	1	5	1	7	5	1	2
1151	충남 예산군	여성폭력관련시설종사자보수교육	1,440,000	주민복지과	11	6	7	8	7	3	3	2
1152	충남 예산군	서민층가스시설개선	125,646	경제과	11	5	7	8	7	3	1	4
1153	충남 예산군	숲가꾸기사업	31,666	산림축산과	11	2	7	8	7	1	1	4
1154	충남 예산군	아름다운축산환경조성	60,000	산림축산과	11	6	7	8	7	1	1	4
1155	충남 예산군	조사료생산경영체장비지원	150,000	산림축산과	11	2	7	8	7	1	1	4
1156	충남 예산군	TMR사료배합기지원	50,000	산림축산과	11	6	7	8	7	1	1	4
1157	충남 예산군	축산물판매업소위생개선장비지원	10,000,000	산림축산과	11	6	7	8	7	1	1	4
1158	충남 예산군	낙농시설현대화	200,000	산림축산과	11	6	7	8	7	1	1	4
1159	충남 예산군	조사료생산부속장비지원	210,000	산림축산과	11	6	7	8	7	1	1	4
1160	충남 예산군	신규HACCP등농가시설장비지원사업	20,000	산림축산과	11	6	7	8	7	1	1	4
1161	충남 예산군	내수면양식어장기반시설	22,000	산림축산과	11	6	7	8	7	1	1	4
1162	충남 예산군	수산종자매입방류	62,500	산림축산과	11	2	7	8	7	1	1	4
1163	충남 예산군	내수면 우량치어방류지원	20,000	산림축산과	11	6	1	1	3	1	1	4
1164	충남 예산군	소규모수도시설지하수영향조사용역	350,000	수도과	11	1	5	8	7	1	1	4
1165	충남 예산군	노후상수도정비	5,874,800	수도과	11	1	5	5	7	1	1	4
1166	충남 예산군	장신지구농어촌소규모하수처리시설공사	666,000	수도과	11	1	5	8	7	5	5	4
1167	충남 예산군	평촌노화지구농어촌소규모하수처리시설공사	211,000	수도과	11	1	5	8	7	5	5	4
1168	충남 예산군	구만종경지구농어촌소규모하수처리시설공사	458,000	수도과	11	1	5	8	7	5	5	4
1169	충남 예산군	덕산하수처리시설증설사업	4,858,000	수도과	11	1	5	8	7	5	5	4

순번	시군구	지출명 (사업명)	2020년예산 (단위:천원/1년간)	담당자 (공무원) 담당부서	민간이전 분류 (지방자치단체 세출예산 집행기준에 의거) 1. 민간경상사업보조(1) 2. 민간단체 법정운영비보조(2) 3. 민간행사사업보조(3) 4. 민간위탁금(4) 5. 사회복지시설 법정운영비보조(5) 6. 민간인위탁교육비(6) 7. 공기관등에대한경상적대행사업비(7) 8. 민간자본사업보조,자체재원(8) 9. 민간자본사업보조,이전재원(9) 10. 민간위탁사업비(10) 11. 공기관등에 대한 자본적 대행사업비(11)	민간이전지출 근거 (지방보조금 관리기준 참고) 1. 법률에 규정 2. 국고보조 재원(국가지정) 3. 용도 지정 기부금 4. 조례에 직접규정 5. 지자체가 권장하는 사업을 하는 공공기관 6. 시,도 정책 및 재정사정 7. 기타 8. 해당없음	입찰방식 계약체결방법 (경쟁형태) 1. 일반경쟁 2. 제한경쟁 3. 지명경쟁 4. 수의계약 5. 법정위탁 6. 기타 ( ) 7. 해당없음	입찰방식 계약기간 1. 1년 2. 2년 3. 3년 4. 4년 5. 5년 6. 기타 ( )년 7. 단기계약 (1년미만) 8. 해당없음	입찰방식 낙찰자선정방법 1. 적격심사 2. 협상에의한계약 3. 최저가낙찰제 4. 규격가격분리 5. 2단계 경쟁입찰 6. 기타 ( ) 7. 해당없음	운영예산 산정 운영예산 산정 1. 내부산정 (지자체 자체적으로 산정) 2. 외부산정 (외부전문기관위탁 산정) 3. 내·외부 모두 산정 4. 산정 無 5. 해당없음	운영예산 산정 정산방법 1. 내부정산 (지자체 내부적으로 정산) 2. 외부정산 (외부전문기관위탁 정산) 3. 내·외부 모두 산정 4. 정산 無 5. 해당없음	성과평가 실시여부 1. 실시 2. 미실시 3. 향후 추진 4. 해당없음
1170	충남 예산군	예산읍1단계하수관거정비사업	35,930,000	수도과	11	1	5	8	7	5	5	4
1171	충남 예산군	황계신대지구농어촌소규모하수처리시설공사	927,000	수도과	11	1	5	8	7	5	5	4
1172	충남 예산군	예산하수처리수재이용사업	939,000	수도과	11	1	5	8	7	5	5	4
1173	충남 예산군	예산읍2단계하수관거정비사업	806,000	수도과	11	1	5	8	7	5	5	4
1174	충남 예산군	내포신도시주변지역하수관로정비사업	146,000	수도과	11	1	5	8	7	5	5	4
1175	충남 예산군	예산읍3단계하수관로정비사업	714,000	수도과	11	1	5	8	7	5	5	4
1176	충남 예산군	입침원평지구하수처리시설설치사업	264,000	수도과	11	1	5	8	7	5	5	4
1177	충남 예산군	하포용동지구하수처리시설설치사업	286,000	수도과	11	1	5	8	7	5	5	4
1178	전북 익산시	지방세 정보화 구현	134,346	세무과	11	1	7	8	7	5	5	4
1179	전북 익산시	세외수입 업무 지원	83,495	징수과	11	8	7	8	7	5	5	4
1180	전북 익산시	수소충전소 보급사업	3,000,000	일자리정책과	11	2	7	8	7	5	5	4
1181	전북 익산시	주민등록시스템 구축	8,690	종합민원과	11	1	5	7	7	3	3	1
1182	전북 익산시	도로명주소정보시스템(KAIS)유지보수	16,711	종합민원과	11	2	4	2	2	2	2	2
1183	전북 익산시	도로명주소기본도 유지관리	8,711	종합민원과	11	2	4	2	2	2	2	2
1184	전북 익산시	경지정리지구 보수 및 보강	234,741	미래농업과	11	2	6(협약)	7	7	5	1	2
1185	전북 익산시	기초생활인프라	1,740,000	미래농업과	11	2	6(협약)	7	7	5	1	2
1186	전북 익산시	농업기반정비	767,400	미래농업과	11	2	6(협약)	7	7	5	1	2
1187	전북 익산시	농업기반정비	800,000	미래농업과	11	2	6(협약)	7	7	5	1	2
1188	전북 익산시	용안면 농촌 중심지 활성화사업	122,900	농촌개발	11	1	5	5	7	1	1	1
1189	전북 익산시	오산면 농촌 중심지 활성화사업	506,000	농촌개발	11	1	5	5	7	1	1	1
1190	전북 익산시	왕궁면 기초생활거점육성사업	643,000	농촌개발	11	1	5	5	7	1	1	1
1191	전북 익산시	웅포면 기초생활거점육성사업	294,000	농촌개발	11	1	5	5	7	1	1	1
1192	전북 익산시	두동편백 마을종합개발사업	748,000	농촌개발	11	1	5	5	7	1	1	1
1193	전북 익산시	광역BIS지원사업	200,000	교통행정과	11	5	1	7	3	5	1	4
1194	전북 익산시	도시재생사업	1,311,000	도시재생과	11	5	7	8	7	5	1	4
1195	전북 익산시	도시디자인	128,000	도시재생과	11	2	7	8	7	5	5	4
1196	전북 익산시	2단계 도시주거환경개선사업	2,400,000	주택과	11	1	6	6	7	5	1	2
1197	전북 익산시	주거급여(국토교통부)	1,600,000	주택과	11	1	7	8	7	1	1	1
1198	전북 김제시	새만금 성장앨범(포토존) 조성사업	20,000	문화홍보축제실	11	8	7	8	7	5	5	4
1199	전북 김제시	서민층 가스시설 개선사업	139,320	경제진흥과	11	2	6	5	6	2	3	1
1200	전북 김제시	취약계층 가스시설 안전장치 보급사업	18,000	경제진흥과	11	3	6	5	6	2	3	1
1201	전북 김제시	차세대 지방세정보시스템 구축	102,286	세정과	11	1	5	3	7	2	2	4
1202	전북 김제시	차세대 세외수입 정보시스템 구축	64,707	세정과	11	1	5	3	7	2	2	4
1203	전북 김제시	차세대 주민등록시스템 구축비	7,790	정보통신과	11	5	6	8	7	2	2	4
1204	전북 김제시	용지면 신정리 인공습지 조성사업	99,300	환경과	11	2	5	6	2	3	3	2
1205	전북 김제시	용지면 반교리 인공습지 조성사업	480,087	환경과	11	2	5	6	2	3	3	2
1206	전북 김제시	오정동 인공습지 조성사업	60,000	환경과	11	2	5	6	2	3	3	2
1207	전북 김제시	금구면 농촌중심지 활성화사업	160,000	도시재생과	11	1	5	5	7	1	1	3
1208	전북 김제시	백구면 기초생활거점육성사업	1,615,000	도시재생과	11	1	5	5	7	1	1	3
1209	전북 김제시	용지면 기초생활거점육성사업	1,127,000	도시재생과	11	1	5	5	7	1	1	3
1210	전북 김제시	공덕면 기초생활거점육성사업	200,000	도시재생과	11	1	5	5	7	1	1	3
1211	전북 김제시	황산면 기초생활거점 육성사업	200,000	도시재생과	11	1	5	5	7	1	1	3
1212	전북 김제시	죽산면 기초생활거점육성사업	280,000	도시재생과	11	1	5	5	7	1	1	3
1213	전북 김제시	자가가구 수선유지	1,581,670	건축과	11	7	7	5	7	5	5	4
1214	전북 김제시	2020년 대구획 경지정리	404,594	건설과	11	1	7	8	7	5	5	4

순번	시군구	지출명 (사업명)	2020년예산 (단위:천원/1년간)	담당자 (공무원) 담당부서	민간이전 분류 (지방자치단체 세출예산 집행기준에 의거) 1. 민간경상사업보조(1) 2. 민간단체 법정운영비보조(2) 3. 민간행사사업보조(3) 4. 민간위탁금(4) 5. 사회복지시설 법정운영비보조(5) 6. 민간인위탁교육비(6) 7. 공기관등에대한경상적대행사업비(7) 8. 민간자본사업보조,자체재원(8) 9. 민간자본사업보조,이전재원(9) 10. 민간위탁사업비(10) 11. 공기관등에 대한 자본적 대행사업비(11)	민간이전지출 근거 (지방보조금 관리기준 참고) 1. 법률에 규정 2. 국고보조 재원(국가지정) 3. 용도 지정 기부금 4. 조례에 직접규정 5. 지자체가 권장하는 사업을 하는 공공기관 6. 시,도 정책 및 재정사정 7. 기타 8. 해당없음	입찰방식 계약체결방법 (경쟁형태) 1. 일반경쟁 2. 제한경쟁 3. 지명경쟁 4. 수의계약 5. 법정위탁 6. 기타 ( ) 7. 해당없음	입찰방식 계약기간 1. 1년 2. 2년 3. 3년 4. 4년 5. 5년 6. 기타 ( )년 7. 단기계약 (1년미만) 8. 해당없음	입찰방식 낙찰자선정방법 1. 적격심사 2. 협상에의한계약 3. 최저가낙찰제 4. 규격가격분리 5. 2단계 경쟁입찰 6. 기타 ( ) 7. 해당없음	운영예산 산정 운영예산 산정 1. 내부산정 (지자체 자체적으로 산정) 2. 외부산정 (외부전문기관위탁 산정) 3. 내·외부 모두 산정 4. 산정 無 5. 해당없음	운영예산 산정 정산방법 1. 내부정산 (지자체 내부적으로 정산) 2. 외부정산 (외부전문기관위탁 정산) 3. 내·외부 모두 산정 4. 정산 無 5. 해당없음	성과평가 실시여부 1. 실시 2. 미실시 3. 향후 추진 4. 해당없음
1215	전북 김제시	용배수로 유지관리사업	1,000,000	건설과	11	1	7	8	7	5	5	4
1216	전북 김제시	만경읍 문화마을 압송관 설치	50,000	건설과	11	1	7	8	7	5	5	4
1217	전북 김제시	광활면 옥포리 소형양수장 설치	45,000	건설과	11	1	7	8	7	5	5	4
1218	전북 김제시	스마트팜 혁신밸리 청년보육실습농장	4,350,000	농업정책과	11	2	7	8	7	5	5	4
1219	전북 김제시	스마트팜 혁신밸리 실증온실	4,400,000	농업정책과	11	2	7	8	7	5	5	4
1220	전북 김제시	스마트팜 혁신밸리 지원센터	3,333,000	농업정책과	11	2	7	8	7	5	5	4
1221	전북 김제시	스마트팜 혁신밸리 임대형팜	5,857,000	농업정책과	11	2	7	8	7	5	5	4
1222	전북 김제시	스마트팜 실증단지 시설장비 구축	9,000,000	농업정책과	11	2	7	8	7	5	5	4
1223	전북 김제시	스마트팜 혁신밸리 자원효율화	2,430,000	농업정책과	11	2	7	8	7	5	5	4
1224	전북 김제시	스마트팜 빅데이터 센터 구축	2,784,000	농업정책과	11	2	7	8	7	5	5	4
1225	전북 완주군	서민층 가스시설 개선사업	43,344	일자리경제과	11	2	7	8	7	5	5	4
1226	전북 완주군	가스시설 안전장치 보급 지원사업	18,000	일자리경제과	11	2	7	8	7	5	5	4
1227	전북 완주군	봉동생강골시장 희망사업프로젝트 문화관광형사업	220,000	일자리경제과	11	2	7	8	7	5	5	4
1228	전북 완주군	농업신기술시범	50,000	기술보급과	11	2	7	8	7	5	5	4
1229	전북 완주군	고구마 재배 일관 기계화 기술시범	56,000	기술보급과	11	6	7	8	7	5	5	4
1230	전북 완주군	쌀 경쟁력 제고	229,000	기술보급과	11	6	7	8	7	5	5	4
1231	전북 완주군	장애인직업재활시설 기능보강사업	35,000	사회복지과	11	1	7	8	7	5	1	4
1232	전북 완주군	장애인직업재활시설 기능보강사업	161,238	사회복지과	11	1	7	8	7	5	1	4
1233	전북 완주군	장애인거주시설 기능보강사업	103,354	사회복지과	11	1	7	8	7	5	3	4
1234	전북 완주군	재해위험지역 정비	2,450,000	재난안전과	11	7	7	8	7	5	5	4
1235	전북 완주군	차세대 지방세정보시스템 구축	80,079	재정관리과	11	5	4	1	7	2	2	1
1236	전북 완주군	차세대 표준지방세외수입정보시스템 구축	70,970	재정관리과	11	1	4	1	7	2	2	1
1237	전북 완주군	저온유통체계구축	420,000	농업축산과	11	1	1	1	3	3	1	1
1238	전북 완주군	표준인사정보시스템(인사랑) 구축 및 유지관리	31,540	행정지원과	11	5	7	8	7	2	1	1
1239	전북 임실군	야생동물 피해예방사업	503,000	환경보호과	11	1	7	7	7	1	1	4
1240	전북 임실군	수선유지사업	386,200	주택토지과	11	1	5	1	7	1	3	1
1241	전북 임실군	국가주소정보시스템 유지관리 사업	16,210	주택토지과	11	1	5	1	7	2	1	4
1242	전북 임실군	도로명주소기본도 유지보수 사업	3,546,000	주택토지과	11	1	5	1	7	2	1	4
1243	전북 임실군	공동주택관리지원 보조사업	90,000	주택토지과	11	4	7	8	7	1	5	4
1244	전북 순창군	지방재정관리시스템 운영 HW/SW 신규도입	675,000	기획예산실	11	8	4	1	2	2	2	4
1245	전북 순창군	전자출결시스템	5,496,000	주민복지과	11	2	7	8	7	1	1	1
1246	전북 순창군	차세대 지방세정보시스템 구축	62,640	재무과	11	6	7	8	7	2	2	4
1247	전북 순창군	차세대 지방세정보시스템 구축	52,182	재무과	11	6	7	8	7	2	2	4
1248	전북 순창군	서민층가스시설개선사업	10,320,000	경제교통과	11	2	6(협약)	1	7	1	1	2
1249	전북 순창군	취약계층 가스안전장치보급사업	15,000	경제교통과	11	6	6(협약)	1	7	1	1	2
1250	전북 순창군	순창읍시가지지중화사업	2,240,000	경제교통과	11	1	5	1	7	1	1	2
1251	전북 순창군	중소기업 환경개선사업	30,170	경제교통과	11	4	7	8	7	1	1	1
1252	전북 순창군	마을기업 고도화사업	50,000	경제교통과	11	6	7	8	7	5	5	4
1253	전북 순창군	농업기반시설 정비사업	500,000	건설과	11	1	5	1	7	1	1	3
1254	전북 순창군	군관리 저수지 안전점검 용역	184,000	건설과	11	1	5	1	7	1	1	3
1255	전북 순창군	농업용 공공관정 관리기반 구축사업	46,000	건설과	11	1	5	1	7	1	1	3
1256	전북 순창군	장군목생태관광지 활성화를 위한 진입도로 개설사업	5,335,000	건설과	11	1	5	4	7	1	1	3
1257	전북 순창군	슬로공동체권역 종합정비사업	1,045,000	농촌개발과	11	1	5	4	7	5	1	4
1258	전북 순창군	서마권역 종합정비사업	1,290,000	농촌개발과	11	1	5	4	7	5	1	4
1259	전북 순창군	방화마을 종합개발사업	384,000	농촌개발과	11	1	5	4	7	5	1	4

순번	시군구	지출명 (사업명)	2020년예산 (단위:천원/1년간)	담당자 (공무원) 담당부서	민간이전 분류 (지방자치단체 세출예산 집행기준에 의거) 1. 민간경상사업보조(1) 2. 민간단체 법정운영비보조(2) 3. 민간행사사업보조(3) 4. 민간위탁금(4) 5. 사회복지시설 법정운영비보조(5) 6. 민간인위탁교육비(6) 7. 공기관등에대한경상적대행사업비(7) 8. 민간자본사업보조,자체재원(8) 9. 민간자본사업보조,이전재원(9) 10. 민간위탁사업비(10) 11. 공기관등에 대한 자본적 대행사업비(11)	민간이전지출 근거 (지방보조금 관리기준 참고) 1. 법률에 규정 2. 국고보조 재원(국가지정) 3. 용도 지정 기부금 4. 조례에 직접규정 5. 지자체가 권장하는 사업을 하는 공공기관 6. 시,도 정책 및 재정사정 7. 기타 8. 해당없음	입찰방식 계약체결방법 (경쟁형태) 1. 일반경쟁 2. 제한경쟁 3. 지명경쟁 4. 수의계약 5. 법정위탁 6. 기타 ( ) 7. 해당없음	입찰방식 계약기간 1. 1년 2. 2년 3. 3년 4. 4년 5. 5년 6. 기타 ( )년 7. 단기계약 (1년미만) 8. 해당없음	입찰방식 낙찰자선정방법 1. 적격심사 2. 협상에의한계약 3. 최저가낙찰제 4. 규격가격분리 5. 2단계 경쟁입찰 6. 기타 ( ) 7. 해당없음	운영예산 산정 운영예산 산정 1. 내부산정 (지자체 자체 적으로 산정) 2. 외부산정 (외부전문기관 위탁 산정) 3. 내·외부 모두 산정 4. 산정 無 5. 해당없음	운영예산 산정 정산방법 1. 내부정산 (지자체 내부적으로 정산) 2. 외부정산 (외부전문기관 위탁 정산) 3. 내·외부 모두 산정 4. 정산 無 5. 해당없음	성과평가 실시여부 1. 실시 2. 미실시 3. 향후 추진 4. 해당없음
1260	전북 순창군	가인지구 농촌다움복원사업	517,000	농촌개발과	11	1	5	4	7	5	1	4
1261	전북 순창군	풍산지구 농촌다움복원사업	363,000	농촌개발과	11	1	7	8	7	5	5	4
1262	전북 순창군	괴정마을 공동문화·복지 조성사업	220,000	농촌개발과	11	1	5	3	7	5	1	4
1263	전북 순창군	무수마을(읍) 경관·생태 조성사업	220,000	농촌개발과	11	1	5	3	7	5	1	4
1264	전북 순창군	남정마을 경관·생태 조성사업	220,000	농촌개발과	11	1	5	3	7	5	1	4
1265	전북 순창군	복실마을 자율개발사업	232,000	농촌개발과	11	1	5	3	7	5	1	4
1266	전북 순창군	세룡마을 자율개발사업	217,000	농촌개발과	11	1	5	3	7	5	1	4
1267	전북 순창군	가작마을 자율개발사업	216,000	농촌개발과	11	1	5	3	7	5	1	4
1268	전북 순창군	지북마을 자율개발사업	218,000	농촌개발과	11	1	5	3	7	5	1	4
1269	전북 순창군	오교마을 자율개발사업	211,000	농촌개발과	11	1	5	3	7	5	1	4
1270	전북 순창군	유정마을 자율개발사업	223,000	농촌개발과	11	1	5	3	7	5	1	4
1271	전북 순창군	고례마을 자율개발사업	150,000	농촌개발과	11	1	5	3	7	5	1	4
1272	전북 순창군	중안마을 자율개발사업	150,000	농촌개발과	11	1	5	3	7	5	1	4
1273	전북 순창군	쌍암마을 자율개발사업	78,000	농촌개발과	11	1	7	8	7	1	1	4
1274	전북 순창군	이동마을 자율개발사업	120,000	농촌개발과	11	1	7	8	7	1	1	4
1275	전북 순창군	학촌마을 자율개발사업	141,000	농촌개발과	11	1	7	8	7	1	1	4
1276	전북 순창군	도치마을 자율개발사업	119,000	농촌개발과	11	1	7	8	7	1	1	4
1277	전북 순창군	신도마을 자율개발사업	150,000	농촌개발과	11	1	7	8	7	1	1	4
1278	전북 순창군	운항마을 자율개발사업	46,000	농촌개발과	11	1	7	8	7	1	1	4
1279	전북 순창군	취약지역 생활여건 개조사업 추진	621,000	농촌개발과	11	2	7	8	7	3	3	1
1280	전북 순창군	농촌취약지역 생활여건 개조사업	595,000	농촌개발과	11	2	7	8	7	3	3	1
1281	전북 순창군	주거 현물급여	550,000	농촌개발과	11	1	7	8	7	3	3	1
1282	전북 순창군	팔덕면 농촌중심지 활성화사업	1,962,000	농촌개발과	11	1	5	4	7	1	1	2
1283	전북 순창군	인계면 농촌중심지활성화사업	1,940,000	농촌개발과	11	1	5	4	7	1	1	2
1284	전북 순창군	풍산면 기초생활거점육성사업	1,233,000	농촌개발과	11	1	5	4	7	1	1	2
1285	전북 순창군	적성면 기초생활거점육성사업	571,000	농촌개발과	11	1	5	4	7	1	1	2
1286	전북 순창군	유등면 기초생활거점육성사업	571,000	농촌개발과	11	1	5	4	7	1	1	2
1287	전북 순창군	야생동물 피해 예방사업	105,830	환경수도과	11	2	7	8	7	1	1	1
1288	전북 순창군	농업환경보전프로그램사업	50,000	생명농업과	11	2	7	8	7	1	1	4
1289	전북 순창군	토양개량제 지원	804,000	생명농업과	11	2	7	8	7	1	1	1
1290	전북 순창군	유기질비료 지원	1,311,000	생명농업과	11	2	7	8	7	1	1	1
1291	전북 순창군	소규모 육묘장 지원	174,000	생명농업과	11	6	7	8	7	1	1	1
1292	전북 순창군	곡물건조기 지원	63,000	생명농업과	11	6	7	8	7	1	1	1
1293	전북 순창군	우량종자 채종포 지원	12,000,000	생명농업과	11	6	7	8	7	1	1	1
1294	전북 순창군	농업용 방제 드론 지원	90,000	생명농업과	11	6	7	8	7	1	1	1
1295	전북 순창군	유기농업자재 지원사업	15,500	생명농업과	11	2	7	8	7	1	1	1
1296	전북 순창군	밭작물(식량작물) 경쟁력 제고사업	216,000	생명농업과	11	6	7	8	7	5	1	1
1297	전북 순창군	한우암소 초음파 진단 지원	6,250,000	농축산과	11	5	7	8	7	1	1	1
1298	전북 순창군	한우고급육 출하 지원	50,000	농축산과	11	5	7	8	7	1	1	1
1299	전북 순창군	한우 정액 지원	30,000	농축산과	11	5	7	8	7	1	1	1
1300	전북 순창군	한우 등록비 지원	20,000	농축산과	11	5	7	8	7	1	1	1
1301	전북 순창군	한국전통발효문화 체험광장 조성	400,000	미생물산업사업소	11	2	7	8	7	1	1	4
1302	전북 고창군	연안바다목장 조성사업	500,000	해양수산과	11	2	7	8	7	5	5	4
1303	전북 고창군	용기마을 특화개발사업	344,000	해양수산과	11	1	5	4	2	5	3	3
1304	전북 고창군	만돌권역 거점개발사업	4,787,000	해양수산과	11	1	5	4	2	5	3	3

순번	시군구	지출명 (사업명)	2020년예산 (단위:천원/1년간)	담당자 (공무원) 담당부서	민간이전 분류 (지방자치단체 세출예산 집행기준에 의거) 1. 민간경상사업보조(1) 2. 민간단체 법정운영비보조(2) 3. 민간행사사업보조(3) 4. 민간위탁금(4) 5. 사회복지시설 법정운영비보조(5) 6. 민간인위탁교육비(6) 7. 공기관등에대한경상적대행사업비(7) 8. 민간자본사업보조,자체재원(8) 9. 민간자본사업보조,이전재원(9) 10. 민간위탁사업비(10) 11. 공기관등에 대한 자본적 대행사업비(11)	민간이전지출 근거 (지방보조금 관리기준 참고) 1. 법률에 규정 2. 국고보조 재원(국가지정) 3. 용도 지정 기부금 4. 조례에 직접규정 5. 지자체가 권장하는 사업을 하는 공공기관 6. 시,도 정책 및 재정사정 7. 기타 8. 해당없음	입찰방식 계약체결방법 (경쟁형태) 1. 일반경쟁 2. 제한경쟁 3. 지명경쟁 4. 수의계약 5. 법정위탁 6. 기타 ( ) 7. 해당없음	입찰방식 계약기간 1. 1년 2. 2년 3. 3년 4. 4년 5. 5년 6. 기타 ( )년 7. 단기계약 (1년미만) 8. 해당없음	입찰방식 낙찰자선정방법 1. 적격심사 2. 협상에의한계약 3. 최저가낙찰제 4. 규격가격분리 5. 2단계 경쟁입찰 6. 기타 ( ) 7. 해당없음	운영예산 산정 운영예산 산정 1. 내부산정 (지자체 자체적으로 산정) 2. 외부산정 (외부전문기관위탁 산정) 3. 내·외부 모두 산정 4. 산정 無 5. 해당없음	운영예산 산정 정산방법 1. 내부정산 (지자체 내부적으로 정산) 2. 외부정산 (외부전문기관위탁 정산) 3. 내·외부 모두 산정 4. 정산 無 5. 해당없음	성과평가 실시여부 1. 실시 2. 미실시 3. 향후 추진 4. 해당없음
1305	전북 고창군	궁산 어촌종합개발 사업	586,000	해양수산과	11	1	5	4	2	5	3	3
1306	전북 고창군	고창 갯벌생태계 복원사업	464,286	해양수산과	11	1	5	4	2	5	3	3
1307	전북 고창군	산란계농장 난좌 지원	15,750	축산과	11	6	7	7	7	1	1	3
1308	전북 고창군	유용곤충 사육 시범사업	25,000	축산과	11	6	7	7	7	1	1	3
1309	전북 고창군	서민층 가스시설 개선사업	68,112	상생경제과	11	2	5	5	2	3	3	3
1310	전북 고창군	취약계층 가스시설 안전장치 보급사업	15,000	상생경제과	11	2	5	5	2	3	3	3
1311	전북 고창군	장애인의료지원	199,517	사회복지과	11	2	7	8	7	5	2	3
1312	전북 고창군	저소득층 수선유지주거급여	542,040	종합민원과	11	1	5	1	7	5	5	4
1313	전북 부안군	서민층가스시설개선사업	38,700	미래전략담당관	11	7	7	8	7	1	1	4
1314	전북 부안군	취약계층 가스시설 안전장치	15,000	미래전략담당관	11	7	7	8	7	1	1	4
1315	전북 부안군	차세대지방세정보시스템 구축	67,541	재무과	11	5	7	8	7	1	1	4
1316	전북 부안군	차세대시스템구축사업	52,182	재무과	11	5	7	8	7	1	1	4
1317	전북 부안군	공유재산실태조사용역	150,000	재무과	11	5	7	8	7	1	1	4
1318	전북 부안군	대리 전막마을 특화개발사업	1,070,000	해양수산과	11	1	5	3	7	5	5	4
1319	전북 부안군	해중림 조성사업	531,250	해양수산과	11	1	7	8	7	5	5	4
1320	전북 부안군	어촌뉴딜 300사업	10,926,000	해양수산과	11	1	5	3	2	2	2	4
1321	전남 완도군	노후 영세가구 전기 안전점검 및 정비	6,000,000	안전건설과	11	4	4	8	7	1	1	4
1322	전남 완도군	노화 구석지구 배수개선사업	2,606,000	안전건설과	11	1	4	4	7	3	1	1
1323	전남 완도군	완도군 오폐수처리장 기술진단 수수료	62,016	상하수도사업소	11	5	5	1	7	1	1	4
1324	전남 완도군	친환경에너지보급사업(해수열히트펌프)	9,500,000	수산경영과	11	2	7	8	7	5	5	4
1325	전남 완도군	친환경에너지보급사업(복합열히트펌프)	2,717,000	수산경영과	11	2	7	8	7	5	5	4
1326	전남 완도군	친환경에너지보급사업(인버터)	700,000	수산경영과	11	2	7	8	7	5	5	4
1327	전남 완도군	감태 시험양식	30,000	수산경영과	11	7	7	8	7	5	5	4
1328	전남 목포시	지방재정관리시스템(e호조) HW/SW 신규도입	867	기획예산과	11	1	7	1	7	5	5	4
1329	전남 목포시	농산물 소형 저온저장고 설치 지원	24,000	농업정책과	11	6	7	7	7	1	1	2
1330	전남 목포시	2020 도지사 품질인증제품 디자인 제작 지원	5,000	농업정책과	11	6	7	7	7	1	1	2
1331	전남 목포시	원예특작용 비닐하우스 설치 지원	26,500	농업정책과	11	6	7	8	7	1	1	4
1332	전남 목포시	다목적 소형농기계 구입 지원사업	25,000	농업정책과	11	6	7	8	7	1	1	4
1333	전남 나주시	차세대 주민등록시스템(2차) 구축비	8,240	시민봉사과	11	8	7	8	7	2	2	4
1334	전남 나주시	도로명주소 기본도 유지보수 사업	6,344	시민봉사과	11	5	4	1	7	2	2	2
1335	전남 나주시	국가주소정보시스템 유지보수비	16,460	시민봉사과	11	5	4	1	7	2	2	2
1336	전남 나주시	정신건강복지센터 운영	182,440	건강증진과	11	1	7	8	7	5	1	1
1337	전남 나주시	정신건강복지센터 인력확충	35,980	건강증진과	11	1	7	8	7	5	1	1
1338	전남 나주시	아동,청소년 정신보건사업	51,970	건강증진과	11	1	7	8	7	5	1	1
1339	전남 나주시	지역자살 예방사업	64,340	건강증진과	11	1	7	8	7	5	1	1
1340	전남 나주시	자살예방 로고젝터 설치 지원	6,000	건강증진과	11	1	7	8	7	5	1	1
1341	전남 나주시	서민층 가스시설 개선사업	170,280	에너지신산업과	11	1	6(협약)	8	6(협약)	2	2	1
1342	전남 나주시	2020년 슬레이트처리 지원사업	1,035,000	청소자원과	11	1	7	8	7	5	5	4
1343	전남 나주시	공공도서관 지원	86,000	혁신도시교육과	11	4	7	1	7	1	1	2
1344	전남 나주시	나주쌀 고정고객 확보 택배비 지원사업	100,005	농업정책과	11	6	7	8	7	5	5	4
1345	전남 나주시	공산 농촌중심지 활성화사업	1,309	농업정책과	11	1	7	8	7	5	5	4
1346	전남 나주시	다시 농촌중심지 활성화사업	2,573,000	농업정책과	11	1	7	8	7	5	5	4
1347	전남 나주시	노안 농촌중심지 활성화사업	2,933,000	농업정책과	11	1	7	8	7	5	5	4
1348	전남 나주시	지역역량강화사업	20,000	농업정책과	11	1	7	8	7	5	5	4
1349	전남 나주시	마을만들기 자율개발사업(세지 산계)	418,000	농업정책과	11	1	7	8	7	5	5	4

순번	시군구	지출명 (사업명)	2020년예산 (단위:천원/1년간)	담당자 (공무원) 담당부서	민간이전 분류 (지방자치단체 세출예산 집행기준에 의거) 1. 민간경상사업보조(1) 2. 민간단체 법정운영비보조(2) 3. 민간행사사업보조(3) 4. 민간위탁금(4) 5. 사회복지시설 법정운영비보조(5) 6. 민간인위탁교육비(6) 7. 공기관등에대한경상적대행사업비(7) 8. 민간자본사업보조,자체재원(8) 9. 민간자본사업보조,이전재원(9) 10. 민간위탁사업비(10) 11. 공기관등에 대한 자본적 대행사업비(11)	민간이전지출 근거 (지방보조금 관리기준 참고) 1. 법률에 규정 2. 국고보조 재원(국가지정) 3. 용도 지정 기부금 4. 조례에 직접규정 5. 지자체가 권장하는 사업을 하는 공공기관 6. 시,도 정책 및 재정사정 7. 기타 8. 해당없음	입찰방식 계약체결방법 (경쟁형태) 1. 일반경쟁 2. 제한경쟁 3. 지명경쟁 4. 수의계약 5. 법정위탁 6. 기타 ( ) 7. 해당없음	입찰방식 계약기간 1. 1년 2. 2년 3. 3년 4. 4년 5. 5년 6. 기타 ( )년 7. 단기계약 (1년미만) 8. 해당없음	입찰방식 낙찰자선정방법 1. 적격심사 2. 협상에의한계약 3. 최저가낙찰제 4. 규격가격분리 5. 2단계 경쟁입찰 6. 기타 ( ) 7. 해당없음	운영예산 산정 운영예산 산정 1. 내부산정 (지자체 자체적으로 산정) 2. 외부산정 (외부전문기관위탁 산정) 3. 내·외부 모두 산정 4. 산정 無 5. 해당없음	운영예산 산정 정산방법 1. 내부정산 (지자체 내부적으로 정산) 2. 외부정산 (외부전문기관위탁 정산) 3. 내·외부 모두 산정 4. 정산 無 5. 해당없음	성과평가 실시여부 1. 실시 2. 미실시 3. 향후 추진 4. 해당없음
1350	전남 나주시	마을만들기 자율개발사업(세지 벽류정)	255,000	농업정책과	11	1	7	8	7	5	5	4
1351	전남 나주시	마을만들기 자율개발사업(왕곡 봉학)	153,000	농업정책과	11	1	7	8	7	5	5	4
1352	전남 나주시	마을만들기 자율개발사업(동강 내동)	371,000	농업정책과	11	1	7	8	7	5	5	4
1353	전남 나주시	마을만들기 자율개발사업(문평 신옥)	450,000	농업정책과	11	1	7	8	7	5	5	4
1354	전남 나주시	마을만들기 자율개발사업(노안 신동산)	357,000	농업정책과	11	1	7	8	7	5	5	4
1355	전남 나주시	마을만들기 자율개발사업(봉황 대실)	190,000	농업정책과	11	1	7	8	7	5	5	4
1356	전남 광양시	광양항 물동량 증대 인센티브 지원	1,000,000	철강항만과	11	4	7	8	7	1	1	1
1357	전남 광양시	야생동물 피해예방사업	88,530	환경과	11	1	7	8	7	5	5	4
1358	전남 구례군	차세대 표준지방세외수입정보시스템 구축	45,919	재무과	11	5	5	1	7	5	5	4
1359	전남 구례군	차세대 지방세정보시스템 구축	62,041	재무과	11	5	5	1	7	5	5	4
1360	전남 구례군	화엄사 광학장 지붕보수 설계	33,000	문화관광과	11	2	4	1	7	1	1	1
1361	전남 구례군	화엄사 명부전 주변 석축 안전진단 및 모니터링	50,000	문화관광과	11	2	4	1	7	1	1	1
1362	전남 구례군	화엄사 천왕문,금강문 정밀안전진단	100,000	문화관광과	11	2	4	1	7	1	1	1
1363	전남 구례군	화엄사 보제루 정밀안전진단	60,000	문화관광과	11	2	4	1	7	1	1	1
1364	전남 구례군	구례 석주관성 성곽 퇴적물 및 주변 지반정비	100,000	문화관광과	11	2	4	1	7	1	1	1
1365	전남 구례군	석주관 칠의사묘 관리사 변면 석축 및 배수시설 정비	75,000	문화관광과	11	2	4	1	7	1	1	1
1366	전남 구례군	화엄사 사사자삼층석탑 해체보수	650,000	문화관광과	11	2	4	1	7	1	1	1
1367	전남 구례군	화엄사 계곡부 안전시설 설치	350,000	문화관광과	11	2	4	1	7	1	1	1
1368	전남 구례군	연곡사 소요대사탑 석축,계단,배수로 정비	300,000	문화관광과	11	2	4	1	7	1	1	1
1369	전남 구례군	연곡사 동승탑비 종각 단청	120,000	문화관광과	11	2	4	1	7	1	1	1
1370	전남 구례군	연곡사 삼층석탑 주변 배수체계 정비	100,000	문화관광과	11	2	4	1	7	1	1	1
1371	전남 구례군	천은사 내부 개보수	290,000	문화관광과	11	2	4	1	7	1	1	1
1372	전남 구례군	목조관세음보살좌상 및 대세지보살좌상 보존처리	380,000	문화관광과	11	2	4	1	7	1	1	1
1373	전남 구례군	극락전아미타후불탱화 모사도 제작	200,000	문화관광과	11	2	4	1	7	1	1	1
1374	전남 구례군	윤문효공신도비 석축, 배수로 정비	200,000	문화관광과	11	2	4	1	7	1	1	1
1375	전남 구례군	오산 사성암 건물 단청	300,000	문화관광과	11	2	4	1	7	1	1	1
1376	전남 구례군	화엄사 구층암 공양간 개축	706,000	문화관광과	11	2	4	1	7	1	1	1
1377	전남 구례군	구례 운조루 안채 지붕보수 및 기단정비	580,000	문화관광과	11	2	4	1	7	1	1	1
1378	전남 구례군	구례 운조루 유물목록 DB화 및 보존처리	80,000	문화관광과	11	2	4	1	7	1	1	1
1379	전남 구례군	서민층 가스시설 개선	32,340	투자경제과	11	2	7	8	7	5	5	4
1380	전남 구례군	서민층 가스안전장치 보급	15,000	투자경제과	11	6	7	8	7	5	5	4
1381	전남 구례군	문척면 농촌 중심지 활성화	1,790,000	투자경제과	11	2	7	8	7	5	5	4
1382	전남 구례군	광의면 농촌중심지 활성화	1,345,000	투자경제과	11	2	7	8	7	5	5	4
1383	전남 구례군	지역역량강화	80,000	투자경제과	11	2	7	8	7	5	5	4
1384	전남 구례군	3지구 구례읍 시가지 전선 지중화 사업	900,000	안전도시과	11	5	7	8	7	5	5	4
1385	전남 구례군	농촌공동체회사 우수사업	37,500	친환경농정과	11	2	7	8	7	5	5	4
1386	전남 구례군	다목적 소형농기계 지원	200,000	친환경농정과	11	6	7	8	7	5	5	4
1387	전남 구례군	농업기계 등화장치 부착지원	19,000	친환경농정과	11	2	7	8	7	5	5	4
1388	전남 구례군	이동식 다용도 작업대 지원	21,200	친환경농정과	11	6	7	8	7	5	5	4
1389	전남 구례군	농산물 생산비 절감 지원	200,000	친환경농정과	11	6	7	8	7	5	5	4
1390	전남 구례군	산림작물생산단지 조성지원	27,560	산림소득과	11	1	7	8	7	5	5	4
1391	전남 구례군	펠릿보일러보급	11,200,000	산림소득과	11	1	7	8	7	5	5	4
1392	전남 구례군	임산물저장및건조시설	58,500	산림소득과	11	1	7	8	7	5	5	4
1393	전남 구례군	밤작업로시설지원	2,500,000	산림소득과	11	1	7	8	7	5	5	4
1394	전남 구례군	토양개량제지원	130,163	산림소득과	11	1	7	8	7	5	5	4

순번	시군구	지출명 (사업명)	2020년예산 (단위:천원/1년간)	담당자 (공무원) 담당부서	민간이전 분류 (지방자치단체 세출예산 집행기준에 의거) 1. 민간경상사업보조(1) 2. 민간단체 법정운영비보조(2) 3. 민간행사사업보조(3) 4. 민간위탁금(4) 5. 사회복지시설 법정운영비보조(5) 6. 민간인위탁교육비(6) 7. 공기관등에대한경상적대행사업비(7) 8. 민간자본사업보조,자체재원(8) 9. 민간자본사업보조,이전재원(9) 10. 민간위탁사업비(10) 11. 공기관등에 대한 자본적 대행사업비(11)	민간이전지출 근거 (지방보조금 관리기준 참고) 1. 법률에 규정 2. 국고보조 재원(국가지정) 3. 용도 지정 기부금 4. 조례에 직접규정 5. 지자체가 권장하는 사업을 하는 공공기관 6. 시,도 정책 및 재정사정 7. 기타 8. 해당없음	입찰방식 계약체결방법 (경쟁형태) 1. 일반경쟁 2. 제한경쟁 3. 지명경쟁 4. 수의계약 5. 법정위탁 6. 기타 ( ) 7. 해당없음	입찰방식 계약기간 1. 1년 2. 2년 3. 3년 4. 4년 5. 5년 6. 기타 ( )년 7. 단기계약 (1년미만) 8. 해당없음	입찰방식 낙찰자선정방법 1. 적격심사 2. 협상에의한계약 3. 최저가낙찰제 4. 규격가격분리 5. 2단계 경쟁입찰 6. 기타 ( ) 7. 해당없음	운영예산 산정 운영예산 산정 1. 내부산정 (지자체 자체적으로 산정) 2. 외부산정 (외부전문기관위탁 산정) 3. 내·외부 모두 산정 4. 산정 無 5. 해당없음	운영예산 산정 정산방법 1. 내부정산 (지자체 내부적으로 정산) 2. 외부정산 (외부전문기관위탁 정산) 3. 내·외부 모두 산정 4. 정산 無 5. 해당없음	성과평가 실시여부 1. 실시 2. 미실시 3. 향후 추진 4. 해당없음
1395	전남 구례군	밤나무노령목관리	1,032,000	산림소득과	11	1	7	8	7	5	5	4
1396	전남 구례군	수실류 등 생산장비지원	950,000	산림소득과	11	1	7	8	7	5	5	4
1397	전남 구례군	백두대간주민소득지원사업	197,611	산림소득과	11	1	7	8	7	5	5	4
1398	전남 구례군	임산물가공지원	37,500	산림소득과	11	1	7	8	7	5	5	4
1399	전남 구례군	친환경방제장비지원	12,500,000	산림소득과	11	1	7	8	7	5	5	4
1400	전남 고흥군	지방재정 정보화사업 HW/SW 신규 도입	771,000	기획실	11	1	5	1	7	5	5	4
1401	전남 고흥군	차세대 지방세정보시스템 구축 분담	67,604	재무과	11	1	5	1	7	2	2	1
1402	전남 고흥군	차세대 지방세외수입 정보시스템 구축 분담비	58,444	재무과	11	1	5	7	7	2	2	4
1403	전남 고흥군	집수리사업	2,000,000	종합민원과	11	2	5	1	7	1	1	4
1404	전남 고흥군	스마트팜 혁신밸리 지표수 보강개발	1,845,000	농업축산과	11	2	7	8	7	5	5	4
1405	전남 고흥군	스마트팜 혁신밸리 기반조성	3,750,000	농업축산과	11	2	7	8	7	5	5	4
1406	전남 고흥군	스마트팜 청년창업 보육센터	5,213,000	농업축산과	11	2	7	8	7	5	5	4
1407	전남 고흥군	임대형 스마트팜	6,788,500	농업축산과	11	2	7	8	7	5	5	4
1408	전남 고흥군	스마트팜 실증온실 조성	5,280,000	농업축산과	11	2	7	8	7	5	5	4
1409	전남 고흥군	스마트팜 지원센터 조성	4,000,000	농업축산과	11	2	7	8	7	5	5	4
1410	전남 고흥군	혁신밸리 자원효율화사업	2,430,000	농업축산과	11	2	7	8	7	5	5	4
1411	전남 고흥군	서민층 가스시설 개선	123,840	미래산업과	11	2	6	1	6	2	2	4
1412	전남 고흥군	서민층 가스안전장치 설치	15,000	미래산업과	11	8	6	1	6	2	2	4
1413	전남 고흥군	서민층 가스안전장치 지원	100,000	미래산업과	11	5	6	1	6	2	2	4
1414	전남 고흥군	지역웰빙불로초기능성소재개발 및 사업화 지원사업	100,000	경제유통과	11	4	7	8	7	5	5	4
1415	전남 고흥군	풍양 율치권역 종합개발	1,100,000	재난안전과	11	2	5	4	7	1	1	4
1416	전남 고흥군	포두면 농촌중심지 활성화	1,560,000	재난안전과	11	2	5	4	7	1	1	4
1417	전남 고흥군	봉래 권역단위 거점개발	500,000	재난안전과	11	2	5	4	7	1	1	4
1418	전남 고흥군	고흥군 창의사업	286,800	재난안전과	11	2	5	4	7	1	1	4
1419	전남 고흥군	청년 농촌보금자리 조성	3,210,000	재난안전과	11	2	5	4	7	1	1	4
1420	전남 고흥군	고흥군 기계화 경작로 확포장	70,000	건설과	11	5	5	4	7	1	1	4
1421	전남 고흥군	대서 화산 용수지선 보수	30,000	건설과	11	5	5	4	7	1	1	4
1422	전남 고흥군	과역 연봉8호 농로포장	55,000	건설과	11	5	5	4	7	1	1	4
1423	전남 고흥군	포두 하백 용배수지선 보강사업	55,000	건설과	11	5	5	4	7	1	1	4
1424	전남 고흥군	포두 봉림 용수지선 보수	30,000	건설과	11	5	5	4	7	1	1	4
1425	전남 고흥군	동강 노동 배수지선 보수	53,000	건설과	11	5	5	4	7	1	1	4
1426	전남 고흥군	도덕 내봉 배수지선 보수	52,000	건설과	11	5	5	4	7	1	1	4
1427	전남 고흥군	남양 월악 용수지선 보수	30,000	건설과	11	5	5	4	7	1	1	4
1428	전남 고흥군	도덕 봉성 배수지선 보수	52,000	건설과	11	5	5	4	7	1	1	4
1429	전남 고흥군	점암 강산 배수지선 보수	52,000	건설과	11	5	5	4	7	1	1	4
1430	전남 고흥군	점암 신안10호 농로포장	55,000	건설과	11	5	5	4	7	1	1	4
1431	전남 고흥군	북부권역 안전시설물 설치	68,000	건설과	11	5	5	4	7	1	1	4
1432	전남 고흥군	도덕 장승1호 농로포장	55,000	건설과	11	5	5	4	7	1	1	4
1433	전남 고흥군	고흥 호성 용배수지선 보수	50,000	건설과	11	5	5	4	7	1	1	4
1434	전남 고흥군	대서 동백 용수간선 보수	30,000	건설과	11	5	5	4	7	1	1	4
1435	전남 고흥군	동강 오월 배수지선 보수	53,000	건설과	11	5	5	4	7	1	1	4
1436	전남 고흥군	포두 미후 용수지선 보수	30,000	건설과	11	5	5	4	7	1	1	4
1437	전남 고흥군	도덕 내봉1 배수간선 농로포장	55,000	건설과	11	5	5	4	7	1	1	4
1438	전남 고흥군	점암 강산2호 배수지선 보수	52,000	건설과	11	5	5	4	7	1	1	4
1439	전남 고흥군	과역 월악1호 농로포장	55,000	건설과	11	5	5	4	7	1	1	4

순번	시군구	지출명 (사업명)	2020년예산 (단위:천원/1년간)	담당자 (공무원) 담당부서	민간이전 분류 (지방자치단체 세출예산 집행기준에 의거) 1. 민간경상사업보조(1) 2. 민간단체 법정운영비보조(2) 3. 민간행사사업보조(3) 4. 민간위탁금(4) 5. 사회복지시설 법정운영비보조(5) 6. 민간인위탁교육비(6) 7. 공기관등에대한경상적대행사업비(7) 8. 민간자본사업보조,자체재원(8) 9. 민간자본사업보조,이전재원(9) 10. 민간위탁사업비(10) 11. 공기관등에 대한 자본적 대행사업비(11)	민간이전지출 근거 (지방보조금 관리기준 참고) 1. 법률에 규정 2. 국고보조 재원(국가지정) 3. 용도 지정 기부금 4. 조례에 직접규정 5. 지자체가 권장하는 사업을 하는 공공기관 6. 시,도 정책 및 재정사정 7. 기타 8. 해당없음	입찰방식 계약체결방법 (경쟁형태) 1. 일반경쟁 2. 제한경쟁 3. 지명경쟁 4. 수의계약 5. 법정위탁 6. 기타 ( ) 7. 해당없음	입찰방식 계약기간 1. 1년 2. 2년 3. 3년 4. 4년 5. 5년 6. 기타 ( )년 7. 단기계약 (1년미만) 8. 해당없음	입찰방식 낙찰자선정방법 1. 적격심사 2. 협상에의한계약 3. 최저가낙찰제 4. 규격가격분리 5. 2단계 경쟁입찰 6. 기타 ( ) 7. 해당없음	운영예산 산정 운영예산 산정 1. 내부산정 (지자체 자체적으로 산정) 2. 외부산정 (외부전문기관 위탁 산정) 3. 내·외부 모두 산정 4. 산정 無 5. 해당없음	운영예산 산정 정산방법 1. 내부정산 (지자체 내부적으로 정산) 2. 외부정산 (외부전문기관 위탁 정산) 3. 내·외부 모두 산정 4. 정산 無 5. 해당없음	성과평가 실시여부 1. 실시 2. 미실시 3. 향후 추진 4. 해당없음
1440	전남 고흥군	동강 마륜 배수지선 보수	53,000	건설과	11	5	5	4	7	1	1	4
1441	전남 고흥군	도덕 풍도1호 농로포장	55,000	건설과	11	5	5	4	7	1	1	4
1442	전남 고흥군	남부권역 안전시설물 설치	68,000	건설과	11	5	5	4	7	1	1	4
1443	전남 고흥군	남양 화담1호 농로포장	55,000	건설과	11	5	5	4	7	1	1	4
1444	전남 고흥군	도화 대통 배수지선 보수	52,000	건설과	11	5	5	4	7	1	1	4
1445	전남 고흥군	도덕 풍도2호 농로포장	55,000	건설과	11	5	5	4	7	1	1	4
1446	전남 고흥군	과역 연봉6호 농로포장	55,000	건설과	11	5	5	4	7	1	1	4
1447	전남 고흥군	풍양 내봉3호 농로포장	55,000	건설과	11	5	5	4	7	1	1	4
1448	전남 고흥군	도덕 풍도3호 농로포장	55,000	건설과	11	5	5	4	7	1	1	4
1449	전남 고흥군	동강 오월 용수지선 보수	30,000	건설과	11	5	5	4	7	1	1	4
1450	전남 고흥군	점암 연봉 중앙 농로포장	55,000	건설과	11	5	5	4	7	1	1	4
1451	전남 고흥군	어촌뉴딜 300사업	2,340,000	해양수산과	11	2	7	8	7	5	5	4
1452	전남 고흥군	친환경에너지(히트펌프) 보급	1,440,000	해양수산과	11	2	7	8	7	5	5	4
1453	전남 고흥군	해삼 서식기반 조성	125,000	해양수산과	11	8	7	8	7	5	5	4
1454	전남 고흥군	고흥군 지방상수도 현대화사업	8,148,000	상하수도사업소	11	2	2	1	1	1	1	3
1455	전남 화순군	청백-e 시스템유지관리 위탁사업비	8,894,000	기획감사실	11	1	5	1	6	2	2	4
1456	전남 화순군	2020년 지방재정 정보화	29,012	기획감사실	11	7	5	1	7	2	2	4
1457	전남 화순군	차세대 지방세외수입정보시스템	58,444	재무과	11	1	5	1	7	2	2	1
1458	전남 화순군	표준지방세 정보시스템	18,369	재무과	11	1	5	1	7	2	2	1
1459	전남 화순군	통합지방세 정보시스템	21,439	재무과	11	1	5	1	7	2	2	1
1460	전남 화순군	지방세 과세자료 통합관리시스템	757,000	재무과	11	1	5	1	7	2	2	1
1461	전남 화순군	차세대 지방세 정보시스템	73,191	재무과	11	1	5	1	7	2	2	1
1462	전남 화순군	자동차운행제한시스템구축	37,394	환경과	11	1	7	8	7	5	5	4
1463	전남 강진군	친환경에너지 보급사업	1,056,000	해양산림과	11	2	7	8	7	5	5	4
1464	전남 강진군	첨단친환경양식시스템지원	240,000	해양산림과	11	2	7	8	7	5	5	4
1465	전남 강진군	한우 육질개선장비 지원사업	14,400,000	환경축산과	11	6	7	8	7	5	5	4
1466	전남 강진군	친환경해충구제(모기퇴치램프) 지원사업	32,000	환경축산과	11	6	7	8	7	5	5	4
1467	전남 강진군	한우 자동목걸림장치 설치 지원사업	126,000	환경축산과	11	8	7	8	7	5	5	4
1468	전남 강진군	조사료 생산기반확충 기계장비 지원	280,000	환경축산과	11	2	7	8	7	5	5	4
1469	전남 강진군	전문단지 조사료생산 기계장비 지원	750,000	환경축산과	11	2	7	8	7	5	5	4
1470	전남 강진군	전문단지 입모중파종 지원	138,600	환경축산과	11	2	7	8	7	5	5	4
1471	전남 해남군	어린이집 기능보강	62,000	인구정책과	11	1	7	8	7	1	1	4
1472	전남 해남군	어린이집 전자출결시스템 장비비	12,650,000	인구정책과	11	2	7	8	7	1	1	4
1473	전남 해남군	친환경에너지보급지원	450,000	해양수산과	11	2	5	1	1, 2	3	1	1
1474	전남 영암군	어린이집 기능보강	184,404	여성가족과	11	2	1	1	3	5	1	4
1475	전남 영암군	어린이집 기능보강	30,000	여성가족과	11	2	1	1	3	5	1	4
1476	전남 영암군	장애아시설 장비비 지원	200,000	여성가족과	11	2	7	8	7	5	1	4
1477	전남 영암군	어린이집 기능보강	19,425	여성가족과	11	2	7	8	7	5	1	4
1478	전남 영암군	영암군 저소득층 LED교체사업	30,000	투자경제과	11	2	7	8	7	3	3	2
1479	전남 영암군	서민층 가스안전장치 보급사업	25,000	투자경제과	11	2	7	8	7	3	3	2
1480	전남 영암군	서민층 가스시설 개선사업	103,200	투자경제과	11	2	7	8	7	3	3	2
1481	전남 무안군	지하수 공공관정 영향조사 및 사후관리 등	120,000	환경과	11	1	7	8	7	5	5	4
1482	전남 함평군	해보면 농촌중심지활성화사업	223,000	투자개발과	11	1	2	5	1	1	1	1
1483	전남 함평군	손불면 농촌중심지활성화사업	541,400	투자개발과	11	1	2	4	1	1	1	1
1484	전남 함평군	신광면 농촌중심지활성화사업	3,124,000	투자개발과	11	1	2	4	1	1	1	1

순번	시군구	지출명 (사업명)	2020년예산 (단위:천원/1년간)	담당자 (공무원) 담당부서	민간이전 분류 (지방자치단체 세출예산 집행기준에 의거) 1. 민간경상사업보조(1) 2. 민간단체 법정운영비보조(2) 3. 민간행사사업보조(3) 4. 민간위탁금(4) 5. 사회복지시설 법정운영비보조(5) 6. 민간인위탁교육비(6) 7. 공기관등에대한경상적대행사업비(7) 8. 민간자본사업보조,자체재원(8) 9. 민간자본사업보조,이전재원(9) 10. 민간위탁사업비(10) 11. 공기관등에 대한 자본적 대행사업비(11)	민간이전지출 근거 (지방보조금 관리기준 참고) 1. 법률에 규정 2. 국고보조 재원(국가지정) 3. 용도 지정 기부금 4. 조례에 직접규정 5. 지자체가 권장하는 사업을 하는 공공기관 6. 시,도 정책 및 재정사정 7. 기타 8. 해당없음	입찰방식 계약체결방법 (경쟁형태) 1. 일반경쟁 2. 제한경쟁 3. 지명경쟁 4. 수의계약 5. 법정위탁 6. 기타 ( ) 7. 해당없음	계약기간 1. 1년 2. 2년 3. 3년 4. 4년 5. 5년 6. 기타 ( )년 7. 단기계약 (1년미만) 8. 해당없음	낙찰자선정방법 1. 적격심사 2. 협상에의한계약 3. 최저가낙찰제 4. 규격가격분리 5. 2단계 경쟁입찰 6. 기타 ( ) 7. 해당없음	운영예산 산정 운영예산 산정 1. 내부산정 (지자체 자체적으로 산정) 2. 외부산정 (외부전문기관위탁 산정) 3. 내·외부 모두 산정 4. 산정 無 5. 해당없음	정산방법 1. 내부정산 (지자체 내부적으로 정산) 2. 외부정산 (외부전문기관위탁 정산) 3. 내·외부 모두 산정 4. 정산 無 5. 해당없음	성과평가 실시여부 1. 실시 2. 미실시 3. 향후 추진 4. 해당없음
1485	전남 함평군	기초주거급여	802,000	원스톱허가과	11	1	5	7	7	3	3	1
1486	전남 함평군	귀농어귀촌 체류형지원센터 조성사업 일괄 위(수)탁	3,000,000	일자리경제과	11	2	6(사업대상자 자체선정)	2	6(사업대상자 자체선정)	1	1	4
1487	전남 함평군	퇴비유통전문조직 지원사업	480,000	축수산과	11	2	7	8	7	1	1	4
1488	전남 함평군	함평·영광 지역개발 연계사업	240,000	안전건설과	11	5	7	3	7	1	1	4
1489	전남 함평군	기계화경작로 확포장사업	215,000	안전건설과	11	8	7	8	7	1	1	4
1490	전남 함평군	학교 금석지구 대구획 경지정리 사업	215,000	안전건설과	11	8	7	8	7	1	1	4
1491	전남 함평군	농업생산기반시설(양수장)정비사업	215,000	안전건설과	11	8	7	8	7	1	1	4
1492	전남 영광군	지방재정관리시스템 H/W, S/W 도입	675	기획예산실	11	1	7	1	7	2	2	1
1493	전남 영광군	서민층 가스시설 개선	77,400	투자경제과	11	2	7	8	7	5	5	4
1494	전남 영광군	서민층 가스안전장치 보급	15,000	투자경제과	11	6	7	8	7	5	5	4
1495	전남 영광군	삼군 클러스터를 통한 상생 소통 통합의 장 만들기	334,000	도시환경과	11	5	5	3	6	1	1	3
1496	전남 장성군	백양사 백학봉 경관저해물 정비	500,000	문화관광과	11	2	6(사업자선정위원회)	8	6(사업자선정위원회)	1	1	3
1497	전남 장성군	백양사 소요대사탑 보호시설 개보수	800,000	문화관광과	11	2	6(사업자선정위원회)	8	6(사업자선정위원회)	1	1	3
1498	전남 장성군	서민층 가스안전장치(타이머콕) 보급사업	15,000	교통정책과	11	2	7	8	7	5	1	1
1499	전남 장성군	서민층 가스시설 개선사업	77,400	교통정책과	11	2	7	8	7	5	1	1
1500	전남 장성군	표준기록관리시스템 장비교체	128,942	총무과	11	1	5	1	7	2	2	4
1501	전남 장성군	차세대 주민등록정보시스템 구축	7,340,000	민원봉사과	11	5	7	8	7	5	5	4
1502	경북 포항시	과실전문생산단지 기반조성사업	2,615,000	기술보급과	11	7	7	8	7	5	1	3
1503	경북 경주시	중앙시장특성화시장육성사업	230,000	경제정책과	11	2	7	8	7	1	1	1
1504	경북 경주시	서민층 가스시설 개선사업	634,680	경제정책과	11	2	5	1	7	3	3	4
1505	경북 경주시	차량용 첨단소재 성형가공 기술고도화 기반구축	4,640,000	투자유치과	11	2	7	8	7	5	5	4
1506	경북 경주시	2020경북국제레저산업전지원	100,000	해양수산과	11	5	7	8	7	5	5	4
1507	경북 경주시	동해안해삼양식육성	200,000	해양수산과	11	1	5	1	7	1	1	1
1508	경북 경주시	경제성종자방류	152,000	해양수산과	11	1	5	1	7	1	1	1
1509	경북 경주시	어촌뉴딜300사업	5,025,000	해양수산과	11	2	5	3	7	1	1	3
1510	경북 김천시	감문국이야기나라조성사업	2,000,000	문화홍보실	11	5	5	4	7	1	1	4
1511	경북 김천시	서민층 가스시설 개선지원 사업	263,160	일자리경제과	11	7	7	8	7	1	1	4
1512	경북 김천시	기초생활수급세대 가스 안전차단기 보급사업	51,000	일자리경제과	11	7	7	8	7	1	1	4
1513	경북 김천시	신재생에너지융복합지원사업	916,381	일자리경제과	11	7	7	8	7	1	1	4
1514	경북 김천시	차세대 지방세외수입정보시스템 구축	77,232	세정과	11	1	5	1	2	1	2	4
1515	경북 김천시	지방재정관리시스템 HW/SW 도입	900	기획예산실	11	7	7	8	7	5	5	4
1516	경북 구미시	지방재정관리시스템(e-hojo)HW/SW 신규도입	964	기획예산과	11	8	7	8	7	5	5	4
1517	경북 구미시	탄소성형부품 상용화인증센터 구축	1,554,000	신산업정책과	11	8	7	8	7	5	5	4
1518	경북 구미시	스마트이모빌리티 부품 국산화 실증	100,000	신산업정책과	11	8	7	8	7	5	5	4
1519	경북 구미시	탄소산업클러스터 시험생산동 신축	512,000	신산업정책과	11	8	7	8	7	5	5	4
1520	경북 구미시	서민층 가스시설 개선 지원사업	10,320	신산업정책과	11	8	7	8	7	5	5	4
1521	경북 구미시	서민층 가스안전차단기(타이머콕) 보급사업	2,000	신산업정책과	11	8	7	8	7	5	5	4
1522	경북 구미시	노인세대 가스안전차단기 보급사업	14,000	신산업정책과	11	8	7	8	7	5	5	4
1523	경북 구미시	차세대 주민등록시스템 재구축	9,610	총무과	11	8	7	8	7	5	5	4
1524	경북 구미시	차세대 지방세정보시스템 구축사업 분담금	184,329	세정과	11	8	7	8	7	5	5	4
1525	경북 구미시	차세대 지방세외수입 정보시스템 구축분담금	89,758	징수과	11	8	7	8	7	5	5	4
1526	경북 구미시	수선유지급여	466,596	공동주택과	11	8	7	8	7	5	5	4
1527	경북 구미시	학서지생태공원조성	5,255,000	환경보전과	11	8	7	8	7	5	5	4
1528	경북 구미시	인덕지 수변생태공원 조성공사	1,200,000	공원녹지과	11	8	7	8	7	5	5	4
1529	경북 구미시	도로명주소 기본도 현행화 사업	9,329	토지정보과	11	8	7	8	7	5	5	4

순번	시군구	지출명 (사업명)	2020년예산 (단위:천원/1년간)	담당자 (공무원) 담당부서	민간이전 분류 (지방자치단체 세출예산 집행기준에 의거) 1. 민간경상사업보조(1) 2. 민간단체 법정운영비보조(2) 3. 민간행사사업보조(3) 4. 민간위탁금(4) 5. 사회복지시설 법정운영비보조(5) 6. 민간인위탁교육비(6) 7. 공기관등에대한경상적대행사업비(7) 8. 민간자본사업보조,자체재원(8) 9. 민간자본사업보조,이전재원(9) 10. 민간위탁사업비(10) 11. 공기관등에 대한 자본적 대행사업비(11)	민간이전지출 근거 (지방보조금 관리기준 참고) 1. 법률에 규정 2. 국고보조 재원(국가지정) 3. 용도 지정 기부금 4. 조례에 직접규정 5. 지자체가 권장하는 사업을 하는 공공기관 6. 시,도 정책 및 재정사정 7. 기타 8. 해당없음	입찰방식 계약체결방법 (경쟁형태) 1. 일반경쟁 2. 제한경쟁 3. 지명경쟁 4. 수의계약 5. 법정위탁 6. 기타 ( ) 7. 해당없음	입찰방식 계약기간 1. 1년 2. 2년 3. 3년 4. 4년 5. 5년 6. 기타 ( )년 7. 단기계약 (1년미만) 8. 해당없음	입찰방식 낙찰자선정방법 1. 적격심사 2. 협상에의한계약 3. 최저가낙찰제 4. 규격가격분리 5. 2단계 경쟁입찰 6. 기타 ( ) 7. 해당없음	운영예산 산정 운영예산 산정 1. 내부산정 (지자체 자체적으로 산정) 2. 외부산정 (외부전문기관위탁 산정) 3. 내·외부 모두 산정 4. 산정 無 5. 해당없음	운영예산 산정 정산방법 1. 내부정산 (지자체 내부적으로 정산) 2. 외부정산 (외부전문기관위탁 정산) 3. 내·외부 모두 산정 4. 정산 無 5. 해당없음	성과평가 실시여부 1. 실시 2. 미실시 3. 향후 추진 4. 해당없음
1530	경북 구미시	양수장가동 전기료 및 관리비 지원	100,000	농정과	11	8	7	8	7	5	5	4
1531	경북 구미시	농업생산기반시설 개보수 지원	300,000	농정과	11	8	7	8	7	5	5	4
1532	경북 구미시	선산 앞뜰 배수개선사업	150,000	농정과	11	8	7	8	7	5	5	4
1533	경북 구미시	도개면 농촌중심지활성화사업	2,543,000	농정과	11	8	7	8	7	5	5	4
1534	경북 구미시	옥성면 기초생활거점육성사업	300,000	농정과	11	8	7	8	7	5	5	4
1535	경북 구미시	선산 원동지구 지표수보강개발사업	1,615,286	농정과	11	8	7	8	7	5	5	4
1536	경북 구미시	노후상수관로 정밀조사	233,000	상하수도사업소	11	8	7	8	7	5	5	4
1537	경북 상주시	사벌 삼덕리 마을만들기사업	150,000	개발지원과	11	5	7	8	7	5	5	4
1538	경북 상주시	공성 장동2리 마을만들기사업	176,000	개발지원과	11	5	5	2	6	2	2	3
1539	경북 상주시	내서 서만1리 마을만들기사업	453,000	개발지원과	11	5	5	3	6	2	2	3
1540	경북 상주시	모동 정양리 마을만들기사업	250,000	개발지원과	11	5	7	8	7	5	5	4
1541	경북 상주시	외서 대전3리 마을만들기사업	377,000	개발지원과	11	5	5	3	6	2	2	3
1542	경북 상주시	외서 관동리 마을만들기사업	150,000	개발지원과	11	5	7	8	7	5	5	4
1543	경북 상주시	공검 오태1리 마을만들기사업	150,000	개발지원과	11	5	7	8	7	5	5	4
1544	경북 상주시	이안 아천1리 마을만들기사업	160,000	개발지원과	11	5	5	3	6	2	2	3
1545	경북 상주시	시군 역량강화	200,000	개발지원과	11	5	5	1	6	2	2	3
1546	경북 상주시	상주 사벌권역 관광벨트 연계도로 개설사업	400,000	개발지원과	11	5	7	8	7	5	5	4
1547	경북 상주시	중동면 기초생활거점 육성사업	288,571	개발지원과	11	5	5	4	6	2	2	3
1548	경북 상주시	청리면 기초생활거점 육성사업	400,000	개발지원과	11	5	5	4	6	2	2	3
1549	경북 상주시	화동면 기초생활거점 육성사업	1,953,000	개발지원과	11	5	5	3	6	2	2	3
1550	경북 상주시	화북면 기초생활거점 육성사업	400,000	개발지원과	11	5	5	3	6	2	2	3
1551	경북 상주시	은척면 기초생활거점 육성사업	341,429	개발지원과	11	5	5	3	6	2	2	3
1552	경북 상주시	가공배전선로 삼상화 사업	40,000	교통에너지과	11	7	5	1	7	1	1	1
1553	경북 상주시	서민층 가스배관 교체사업	350,880	교통에너지과	11	7	5	1	7	1	1	1
1554	경북 상주시	가스안전 자동차단기(타이머콕)보급사업	68,000	교통에너지과	11	7	5	1	7	1	1	1
1555	경북 상주시	신재생에너지 융복합 지원사업	1,001	교통에너지과	11	7	7	8	7	5	5	4
1556	경북 상주시	농촌신활력플러스사업	2,100,000	유통마케팅과	11	2	5	4	7	1	1	3
1557	경북 상주시	학교급식지원센터 수송차량 지원	18,200	유통마케팅과	11	1	7	8	7	1	1	4
1558	경북 상주시	신선농산물수출경쟁력제고사업	1,314,000	유통마케팅과	11	4	7	8	7	5	5	4
1559	경북 상주시	신선농산물예비수출단지 육성사업	375,000	유통마케팅과	11	4	7	8	7	5	5	4
1560	경북 상주시	차세대 주민등록정보시스템 구축 위탁사업	9,810	총무과	11	7	5	7	7	2	2	1
1561	경북 문경시	과실전문생산단지기반조성	1,360,000	농정과	11	2	7	8	7	1	1	4
1562	경북 경산시	도심형 자율주행트램 부품/모듈 기반조성사업	3,315,000	전략사업추진단	11	5	7	8	7	5	5	4
1563	경북 경산시	탄소성형부품 설계해석 및 상용화 기반구축사업	4,394,000	전략사업추진단	11	2	7	5	7	2	3	3
1564	경북 경산시	경북 클라우드 데이터 서비스 산업 육성사업	1,000,000	전략사업추진단	11	5	7	8	7	1	3	1
1565	경북 경산시	차세대 지방세정보시스템 구축	135,404	세무과	11	1	6	1	6	2	3	1
1566	경북 경산시	차세대 세외수입정보시스템 구축	83,495	징수과	11	1	5	5	7	2	2	4
1567	경북 경산시	차세대 주민등록시스템 구축관련 지자체 부담금	8,690	총무과	11	7	7	8	7	5	5	4
1568	경북 경산시	행복한 보금자리 만들기 사업	30,000	새마을민원과	11	1	7	8	7	1	1	1
1569	경북 경산시	신재생에너지주택지원사업	93,000	일자리경제과	11	2	7	8	7	5	5	4
1570	경북 경산시	서민층 가스안전차단기(타이머콕) 보급	15,000	일자리경제과	11	4	5	8	7	2	1	1
1571	경북 경산시	신재생에너지 융복합지원사업	1,109,798	일자리경제과	11	2	7	8	7	5	5	4
1572	경북 경산시	서민층 가스시설 개선 지원	77,400	일자리경제과	11	4	5	8	7	2	1	1
1573	경북 경산시	일자리창출 우수기업지원	268,817	일자리경제과	11	1	7	8	7	5	5	4
1574	경북 경산시	경북청년근로자사랑채움사업	92,400	일자리경제과	11	1	7	8	7	5	5	4

순번	시군구	지출명 (사업명)	2020년예산 (단위:천원/1년간)	담당자 (공무원) 담당부서	민간이전 분류 (지방자치단체 세출예산 집행기준에 의거) 1. 민간경상사업보조(1) 2. 민간단체 법정운영비보조(2) 3. 민간행사사업보조(3) 4. 민간위탁금(4) 5. 사회복지시설 법정운영비보조(5) 6. 민간인위탁교육비(6) 7. 공기관등에대한경상적대행사업비(7) 8. 민간자본사업보조,자체재원(8) 9. 민간자본사업보조,이전재원(9) 10. 민간위탁사업비(10) 11. 공기관등에 대한 자본적 대행사업비(11)	민간이전지출 근거 (지방보조금 관리기준 참고) 1. 법률에 규정 2. 국고보조 재원(국가지정) 3. 용도 지정 기부금 4. 조례에 직접규정 5. 지자체가 권장하는 사업을 하는 공공기관 6. 시,도 정책 및 재정사정 7. 기타 8. 해당없음	입찰방식 계약체결방법 (경쟁형태) 1. 일반경쟁 2. 제한경쟁 3. 지명경쟁 4. 수의계약 5. 법정위탁 6. 기타 ( ) 7. 해당없음	입찰방식 계약기간 1. 1년 2. 2년 3. 3년 4. 4년 5. 5년 6. 기타 ( )년 7. 단기계약 (1년미만) 8. 해당없음	입찰방식 낙찰자선정방법 1. 적격심사 2. 협상에의한계약 3. 최저가낙찰제 4. 규격가격분리 5. 2단계 경쟁입찰 6. 기타 ( ) 7. 해당없음	운영예산 산정 운영예산 산정 1. 내부산정 (지자체 자체적으로 산정) 2. 외부산정 (외부전문기관위탁 산정) 3. 내·외부 모두 산정 4. 산정 無 5. 해당없음	운영예산 산정 정산방법 1. 내부정산 (지자체 내부적으로 정산) 2. 외부정산 (외부전문기관위탁 정산) 3. 내·외부 모두 산정 4. 정산 無 5. 해당없음	성과평가 실시여부 1. 실시 2. 미실시 3. 향후 추진 4. 해당없음
1575	경북 경산시	도시청년 시골파견제	187,500	일자리경제과	11	1	7	8	7	5	5	4
1576	경북 경산시	청년마을일자리뉴딜사업	118,500	일자리경제과	11	1	7	8	7	5	5	4
1577	경북 경산시	사회맞춤형 산학협력선도대학 육성사업	120,000	중소기업벤처과	11	2	7	8	7	1	1	4
1578	경북 경산시	첨단스마트센서거점센터 구축	400,000	중소기업벤처과	11	2	7	8	7	5	1	4
1579	경북 경산시	국가인적자원개발 컨소시엄 사업	200,000	중소기업벤처과	11	6	7	8	7	1	1	4
1580	경북 경산시	메디컬섬유융합소재 활성화사업	150,000	중소기업벤처과	11	2	7	8	7	1	1	4
1581	경북 경산시	차세대공진형 무선전력전송산업 기반 구축	900,000	중소기업벤처과	11	2	7	8	7	1	1	4
1582	경북 경산시	실크로드 통상 하이웨이	200,000	중소기업벤처과	11	5	4	1	7	5	5	4
1583	경북 경산시	중소기업 수출보험료 지원	30,000	중소기업벤처과	11	5	4	1	7	1	1	2
1584	경북 경산시	해외 지사화 사업 지원	60,000	중소기업벤처과	11	5	4	1	7	1	1	4
1585	경북 경산시	해외 전시회 참가 지원	200,000	중소기업벤처과	11	5	4	1	7	1	1	4
1586	경북 경산시	실크로드 통상 수출상담회 개최	150,000	중소기업벤처과	11	5	4	1	7	1	1	4
1587	경북 경산시	자원회수시설 증설 사업	1,452,000	자원순환과	11	5	7	8	7	5	5	4
1588	경북 경산시	경북권역 재활병원 시설 지원	200,000	사회복지과	11	5	7	8	7	5	5	4
1589	경북 경산시	압량면 농촌중심지활성화	2,509,000	건설과	11	1	5	4	7	5	5	3
1590	경북 경산시	다문리 기초생활거점육성	1,696,000	건설과	11	1	5	4	7	5	5	3
1591	경북 경산시	신월리 기초생활거점육성	214,000	건설과	11	1	5	4	7	5	5	3
1592	경북 경산시	자인 남신리 배수로 정비	400,000	건설과	11	1	7	8	7	5	5	4
1593	경북 경산시	가나곡 소하천 정비	300,000	건설과	11	1	6(협약)	8	7	5	5	4
1594	경북 경산시	안심 소하천 정비	500,000	건설과	11	1	6(협약)	8	7	5	5	4
1595	경북 경산시	경산화장품특화단지 조성	5,700,000	도시과	11	5	7	8	7	5	1	4
1596	경북 경산시	경산지식산업지구 진입도로 개설	350,000	도시과	11	5	7	8	7	5	1	4
1597	경북 경산시	경산지식산업지구 간선도로 개설	1,400,000	도시과	11	5	7	8	7	5	1	4
1598	경북 경산시	경산지식산업지구 완충저류시설 설치	81,000	도시과	11	5	7	8	7	5	1	4
1599	경북 경산시	도리-서사간 도로확포장	1,000,000	도로철도과	11	5	6(위수탁협약)	8	6(위수탁협약)	1	1	3
1600	경북 경산시	중산지하차도 개설	4,000,000	도로철도과	11	5	6(위수탁협약)	8	6(위수탁협약)	1	1	3
1601	경북 경산시	국민기초생활보장수급자 수선유지 급여	700,000	건축과	11	1	7	8	7	1	2	4
1602	경북 군위군	농어촌장애인주택개조사업	15,200	민원봉사과	11	1	7	8	7	1	1	4
1603	경북 군위군	차세대 지방세정보시스템 구축	63,248	재무과	11	1	5	8	7	1	1	4
1604	경북 군위군	청년마을일자리뉴딜사업	32,700	경제과	11	2	7	8	7	5	5	4
1605	경북 군위군	서민층 가스시설개선지원사업	91,590	경제과	11	1	7	1	7	5	5	4
1606	경북 군위군	서민층가스안전차단기(타이머)보급사업	17,750	경제과	11	4	7	1	7	5	5	4
1607	경북 군위군	신재생에너지 융복합사업	3,476,000	경제과	11	2	7	8	7	5	5	4
1608	경북 군위군	소보면 농촌중심지 활성화사업	500,000	건설과	11	8	2	5	1	1	1	3
1609	경북 군위군	효령면 농촌중심지 활성화사업	2,364,000	건설과	11	8	2	5	1	1	1	3
1610	경북 군위군	부계면 농촌중심지 활성화사업	1,400,000	건설과	11	8	2	5	1	1	1	3
1611	경북 군위군	금매2리 마을 만들기 사업	447,000	건설과	11	8	2	3	1	1	1	3
1612	경북 군위군	화계3리 마을 만들기 사업	390,000	건설과	11	8	2	3	1	1	1	3
1613	경북 군위군	거매리 마을 만들기 사업	460,000	건설과	11	8	2	3	1	1	1	3
1614	경북 군위군	하곡리 마을 만들기 사업	396,000	건설과	11	8	2	3	1	1	1	3
1615	경북 군위군	수북1리 마을 만들기 사업	457,000	건설과	11	8	2	3	1	1	1	3
1616	경북 군위군	금매1리 마을 만들기 사업	444,000	건설과	11	8	2	3	1	1	1	3
1617	경북 군위군	학암2리 마을 만들기 사업	221,000	건설과	11	8	2	3	1	1	1	3
1618	경북 군위군	농업용 저수지 수질관리조사	10,000,000	건설과	11	8	2	7	1	1	1	3
1619	경북 군위군	신덕지구 지표수보강개발사업	2,000,000	건설과	11	8	2	3	1	1	1	3

순번	시군구	지출명 (사업명)	2020년예산 (단위:천원/1년간)	담당자 (공무원) 담당부서	민간이전 분류 (지방자치단체 세출예산 집행기준에 의거) 1. 민간경상사업보조(1) 2. 민간단체 법정운영비보조(2) 3. 민간행사사업보조(3) 4. 민간위탁금(4) 5. 사회복지시설 법정운영비보조(5) 6. 민간인위탁교육비(6) 7. 공기관등에대한경상적대행사업비(7) 8. 민간자본사업보조,자체재원(8) 9. 민간자본사업보조,이전재원(9) 10. 민간위탁사업비(10) 11. 공기관등에 대한 자본적 대행사업비(11)	민간이전지출 근거 (지방보조금 관리기준 참고) 1. 법률에 규정 2. 국고보조 재원(국가지정) 3. 용도 지정 기부금 4. 조례에 직접규정 5. 지자체가 권장하는 사업을 하는 공공기관 6. 시,도 정책 및 재정사정 7. 기타 8. 해당없음	입찰방식 계약체결방법 (경쟁형태) 1. 일반경쟁 2. 제한경쟁 3. 지명경쟁 4. 수의계약 5. 법정위탁 6. 기타 ( ) 7. 해당없음	입찰방식 계약기간 1. 1년 2. 2년 3. 3년 4. 4년 5. 5년 6. 기타 ( )년 7. 단기계약 (1년미만) 8. 해당없음	입찰방식 낙찰자선정방법 1. 적격심사 2. 협상에의한계약 3. 최저가낙찰제 4. 규격가격분리 5. 2단계 경쟁입찰 6. 기타 ( ) 7. 해당없음	운영예산 산정 운영예산 산정 1. 내부산정 (지자체 자체적으로 산정) 2. 외부산정 (외부전문기관위탁 산정) 3. 내·외부 모두 산정 4. 산정 無 5. 해당없음	운영예산 산정 정산방법 1. 내부정산 (지자체 내부적으로 정산) 2. 외부정산 (외부전문기관위탁 정산) 3. 내·외부 모두 산정 4. 정산 無 5. 해당없음	성과평가 실시여부 1. 실시 2. 미실시 3. 향후 추진 4. 해당없음
1620	경북 군위군	군위군 노후상수관망 정비	2,945,000	맑은물사업소	11	5	7	5	7	5	1	4
1621	경북 의성군	차세대주민등록시스템구축	7,790,000	민원과	11	2	7	8	7	5	5	4
1622	경북 의성군	수선유지급여사업	1,491,000	민원과	11	1	5	1	6	2	2	3
1623	경북 의성군	지적재조사기준점관측및설치	5,280,000	민원과	11	1	4	8	7	1	1	4
1624	경북 의성군	세계측지계좌표변환공통점설치	20,025	민원과	11	1	4	8	7	1	1	4
1625	경북 의성군	버스정보시스템구축	257,000	일자리창출과	11	1	7	8	7	5	5	4
1626	경북 의성군	특성화첫걸음시장기반조성사업	162,000	경제투자과	11	2	7	8	7	5	2	1
1627	경북 의성군	세포배양글로벌산업화기반구축사업	2,300,000	경제투자과	11	4	5	4	7	2	2	3
1628	경북 의성군	서민층가스시설개선지원사업	129,000	경제투자과	11	1	7	7	7	1	1	4
1629	경북 의성군	서민층가스안전차단기	22,300	경제투자과	11	1	7	7	7	1	1	4
1630	경북 의성군	과실전문생산단지기반조성사업	904,000	원예산업과	11	2	5	2	2	1	1	2
1631	경북 의성군	안계공공하수처리시설증설사업	8,008,000	상하수도사업소	11	1	7	8	7	5	5	2
1632	경북 의성군	금성하수관로2단계정비	964,000	상하수도사업소	11	1	7	8	7	5	5	2
1633	경북 청송군	수선유지급여사업	650,000	사회복지과	11	1	7	8	7	5	5	4
1634	경북 청송군	차세대지방세정보시스템구축(2단계)분담금	62,671	재무과	11	1	5	1	7	5	2	1
1635	경북 청송군	차세대지방세외수입정보시스템구축사업	39,655	재무과	11	1	7	8	7	5	5	4
1636	경북 청송군	주왕산국립공원지질탐방안내소신축	1,258,000	관광정책과	11	5	5	1	3	5	1	1
1637	경북 청송군	차세대주민등록정보시스템구축비	7,340,000	종합민원과	11	7	6	6	6	2	2	1
1638	경북 청송군	청송군노후상수관망정비사업	3,754,000	환경축산과	11	2	5	5	6(위수탁)	1	1	1
1639	경북 청송군	2020년농업용저수지수질관리조사용역	13,500,000	안전재난건설과	11	8	7	8	7	3	3	4
1640	경북 청송군	청운보하천접속부보수공사	30,000	안전재난건설과	11	8	7	8	7	3	3	4
1641	경북 청송군	진안리이안3호간선보수공사	28,000	안전재난건설과	11	8	7	8	7	3	3	4
1642	경북 청송군	월매방수문설치공사	20,000	안전재난건설과	11	8	7	8	7	3	3	4
1643	경북 청송군	구천배수로보수공사	18,000	안전재난건설과	11	8	7	8	7	3	3	4
1644	경북 청송군	청송군농업용저수지안전(정기)점검위탁용역	67,000	안전재난건설과	11	8	7	8	7	3	3	4
1645	경북 청송군	2020지하수영향조사용역	35,000	안전재난건설과	11	8	7	8	7	3	3	4
1646	경북 청송군	월매저수지준설공사	50,000	안전재난건설과	11	8	7	8	7	3	3	4
1647	경북 청송군	거두지구소규모농촌용수개발사업	700,000	안전재난건설과	11	8	7	8	7	3	3	4
1648	경북 청송군	이전지구소규모농촌용수개발사업	259,000	안전재난건설과	11	8	7	8	7	3	3	4
1649	경북 청송군	덕리창조적마을단위환경(경관생태)사업	350,000	안전재난건설과	11	1	5	3	7	3	3	1
1650	경북 청송군	중기2리마을단위환경(경관생태)사업	332,000	안전재난건설과	11	1	5	3	7	3	3	1
1651	경북 청송군	주왕산면농촌중심지활성화사업	3,695,000	안전재난건설과	11	1	5	1	7	3	3	1
1652	경북 청송군	파천면농촌중심지활성화사업	2,774,000	안전재난건설과	11	1	5	1	7	3	3	1
1653	경북 청송군	청송읍LPG배관망안전관리위탁	150,000	새마을도시과	11	1	7	8	7	2	3	4
1654	경북 청송군	서민층가스시설개선지원사업	110,940	새마을도시과	11	2	7	8	7	2	3	4
1655	경북 청송군	서민층가스안전차단기보급사업	21,500	새마을도시과	11	5	7	8	7	2	3	4
1656	경북 영양군	지방상수도 현대화사업	3,534,000	환경보전과	11	2	7	8	7	5	5	4
1657	경북 청도군	지역활력화작목기반조성	360,000	농업기술센터	11	2	7	7	7	1	1	3
1658	경북 고령군	행복한보금자리만들기사업	16,000	총무과	11	4	7	8	7	5	1	1
1659	경북 고령군	차세대 주민등록시스템 구축비 분담금	7,340	민원과	11	2	5	1	7	2	2	1
1660	경북 성주군	6차산업경영체경쟁력강화지원	105,000	농정과	11	6	7	8	7	5	5	4
1661	경북 성주군	결혼이민자농가소득증진지원	32,000	농정과	11	6	7	8	7	5	5	4
1662	경북 성주군	지역농업CEO발전기반구축	126,000	농정과	11	6	7	8	7	5	5	4
1663	경북 성주군	가업승계우수농업인정착지원	105,000	농정과	11	6	7	8	7	5	5	4
1664	경북 성주군	어린이통하가량(LPG)보급	10,000,000	환경과	11	7	7	8	7	5	5	4

순번	시군구	지출명 (사업명)	2020년예산 (단위:천원/1년간)	담당자 (공무원) 담당부서	민간이전 분류 (지방자치단체 세출예산 집행기준에 의거) 1. 민간경상사업보조(1) 2. 민간단체 법정운영비보조(2) 3. 민간행사사업보조(3) 4. 민간위탁금(4) 5. 사회복지시설 법정운영비보조(5) 6. 민간인위탁교육비(6) 7. 공기관등에대한경상적대행사업비(7) 8. 민간자본사업보조,자체재원(8) 9. 민간자본사업보조,이전재원(9) 10. 민간위탁사업비(10) 11. 공기관등에 대한 자본적 대행사업비(11)	민간이전지출 근거 (지방보조금 관리기준 참고) 1. 법률에 규정 2. 국고보조 재원(국가지정) 3. 용도 지정 기부금 4. 조례에 직접규정 5. 지자체가 권장하는 사업을 하는 공공기관 6. 시,도 정책 및 재정사정 7. 기타 8. 해당없음	입찰방식 계약체결방법 (경쟁형태) 1. 일반경쟁 2. 제한경쟁 3. 지명경쟁 4. 수의계약 5. 법정위탁 6. 기타 ( ) 7. 해당없음	입찰방식 계약기간 1. 1년 2. 2년 3. 3년 4. 4년 5. 5년 6. 기타 ( )년 7. 단기계약 (1년미만) 8. 해당없음	입찰방식 낙찰자선정방법 1. 적격심사 2. 협상에의한계약 3. 최저가낙찰제 4. 규격가격분리 5. 2단계 경쟁입찰 6. 기타 ( ) 7. 해당없음	운영예산 산정 운영예산 산정 1. 내부산정 (지자체 자체적으로 산정) 2. 외부산정 (외부전문기관위탁 산정) 3. 내·외부 모두 산정 4. 산정 無 5. 해당없음	운영예산 산정 정산방법 1. 내부정산 (지자체 내부적으로 정산) 2. 외부정산 (외부전문기관위탁 정산) 3. 내·외부 모두 산정 4. 정산 無 5. 해당없음	성과평가 실시여부 1. 실시 2. 미실시 3. 향후 추진 4. 해당없음
1665	경북 칠곡군	차세대 주민등록시스템 구축사업 구축비	8,240,000	민원봉사과	11	1	7	1	7	2	2	1
1666	경북 칠곡군	택시운행정보관리시스템 운영	2,800,000	교통행정과	11	1	5	1	7	4	4	4
1667	경북 칠곡군	서민층가스시설개선사업	51,600	일자리경제과	11	1	5	1	7	1	1	1
1668	경북 칠곡군	서민층 가스안전차단기(타이머콕) 보급사업	10,000,000	일자리경제과	11	1	5	1	7	1	1	1
1669	경북 예천군	차세대지방세정보시스템구축	66,753	재무과	11	1	5	1	7	2	2	1
1670	경북 예천군	차세대지방세외수입정보시스템구축	58,444	재무과	11	1	5	1	7	2	2	1
1671	경북 예천군	차세대 주민등록정보시스템 구축	7,790,000	종합민원과	11	2	7	8	7	5	5	4
1672	경북 예천군	노후1톤 화물차량 LPG차 전환지원	40,000	환경관리과	11	2	7	8	7	5	5	4
1673	경북 예천군	과수기반 조성 유지보수	70,000	농정과	11	6	7	8	7	1	1	4
1674	경북 예천군	택시운행정보관리시스템 운영	1,737,000	건설교통과	11	1	7	8	7	5	5	4
1675	경북 예천군	서민층 가스시설 개선사업	79,980	새마을경제과	11	2	7	8	7	2	2	4
1676	경북 예천군	서민층 가스안전차단기(타이머콕) 보급	15,500	새마을경제과	11	5	7	8	7	2	2	4
1677	경북 울릉군	차세대주민등록정보시스템 구축	9,190,000	총무과	11	7	7	8	7	5	5	3
1678	경북 울릉군	차세대표준지방인사정보시스템구축	20,185	총무과	11	8	7	8	7	5	5	3
1679	경북 울릉군	차세대 지방세 정보화시스템 구축	59,292	재무과	11	1	1, 2	3	2	2	2	4
1680	경북 울릉군	차세대 지방세외수입시스템 구축	39,655	재무과	11	1	1, 2	3	2	2	2	4
1681	경북 울릉군	광역버스정보시스템(BIS)구축사업	389,400	일자리경제교통과	11	6	5	1	6	3	1	3
1682	경북 울릉군	마을어장관리사업(갯녹음대비해조류생장촉진)	100,000	해양수산과	11	4	7	8	7	5	1	4
1683	경북 울릉군	마을어장관리사업(경제성종자매입방류)	131,667	해양수산과	11	4	7	8	7	5	1	4
1684	경북 울릉군	수산종자매입방류	180,000	해양수산과	11	4	7	8	7	5	1	4
1685	경북 울릉군	동해안해삼양식산업육성	200,000	해양수산과	11	4	7	8	7	5	1	4
1686	경북 울릉군	연안바다목장조성사업 사후관리	50,000	해양수산과	11	4	7	8	7	5	1	4
1687	경북 울릉군	표준모자보건수첩지원	50,000	보건사업과	11	2	7	8	7	4	4	4
1688	경북 울릉군	미세먼지저감숲가꾸기	135,600	농업산림과	11	1, 2	7	8	7	5	5	4
1689	경남 통영시	차세대 주민등록시스템 구축	8,240	행정과	11	7	6	1	7	2	2	4
1690	경남 통영시	노후상수관로 정밀조사	163,000	상하수도과	11	2	7	8	7	5	5	4
1691	경남 통영시	지하수이용 실태조사 및 방치공 원상복구사업	3,800	상하수도과	11	1	4	7	7	2	2	4
1692	경남 통영시	희귀질환자의료비지원사업	230,000	건강증진과	11	8	7	8	7	1	1	4
1693	경남 통영시	암검진비	269,066	건강증진과	11	8	7	8	7	1	1	4
1694	경남 통영시	의료급여수급권자 영유아 검진비 지원	2,692	건강증진과	11	8	7	8	7	1	1	4
1695	경남 통영시	의료급여수급권자 일반검진비 지원	28,556	건강증진과	11	8	7	8	7	1	1	4
1696	경남 통영시	청소년 산모 의료비지원	1,800	건강증진과	11	2	7	8	7	5	5	4
1697	경남 통영시	표준모자보건수첩 제작	1,240	건강증진과	11	2	7	8	7	5	5	4
1698	경남 통영시	저소득층기저귀조제분유지원	142,508	건강증진과	11	2	7	8	7	5	5	4
1699	경남 통영시	산모신생아 건강관리사지원	296,290	건강증진과	11	2	7	8	7	5	5	4
1700	경남 통영시	예산편성 및 운용	771	기획예산담당관	11	7	6	1	7	2	2	4
1701	경남 통영시	통영고성 광역자원회수시설 설치사업	9,588,000	자원순환과	11	1	5	8	7	5	5	4
1702	경남 통영시	통영시 음식물 자원화시설 설치사업	1,000,000	자원순환과	11	1	5	8	7	5	5	4
1703	경남 통영시	거북선 등 군선 유지보수 및 관리	60,000	문화예술과	11	4	7	8	7	1	1	4
1704	경남 통영시	통영 안정사 공양간 개축	400,000	문화예술과	11	7	7	8	7	5	5	4
1705	경남 통영시	차세대 지방세정보시스템 구축(2단계) 분담금	110,566	세무과	11	1	5	1	7	2	2	4
1706	경남 통영시	차세대 지방세외수입정보시스템 구축	70,970	세무과	11	1	5	1	7	2	2	4
1707	경남 통영시	통영바다목장 사후관리	120,000	어업진흥과	11	1	5	1	7	5	1	1
1708	경남 통영시	인공어초사업(해삼서식기반 조성)	210,000	어업진흥과	11	1	5	1	7	5	1	4
1709	경남 통영시	자원조성 기반시설 유지보강	188,000	어업진흥과	11	1	5	1	7	5	1	1

순번	시군구	지출명 (사업명)	2020년예산 (단위:천원/1년간)	담당자 (공무원) 담당부서	민간이전 분류 (지방자치단체 세출예산 집행기준에 의거) 1. 민간경상사업보조(1) 2. 민간단체 법정운영비보조(2) 3. 민간행사사업보조(3) 4. 민간위탁금(4) 5. 사회복지시설 법정운영비보조(5) 6. 민간인위탁교육비(6) 7. 공기관등에대한경상적대행사업비(7) 8. 민간자본사업보조,자체재원(8) 9. 민간자본사업보조,이전재원(9) 10. 민간위탁사업비(10) 11. 공기관등에 대한 자본적 대행사업비(11)	민간이전지출 근거 (지방보조금 관리기준 참고) 1. 법률에 규정 2. 국고보조 재원(국가지정) 3. 용도 지정 기부금 4. 조례에 직접규정 5. 지자체가 권장하는 사업을 하는 공공기관 6. 시,도 정책 및 재정사정 7. 기타 8. 해당없음	입찰방식 계약체결방법 (경쟁형태) 1. 일반경쟁 2. 제한경쟁 3. 지명경쟁 4. 수의계약 5. 법정위탁 6. 기타 ( ) 7. 해당없음	입찰방식 계약기간 1. 1년 2. 2년 3. 3년 4. 4년 5. 5년 6. 기타 ( )년 7. 단기계약 (1년미만) 8. 해당없음	입찰방식 낙찰자선정방법 1. 적격심사 2. 협상에의한계약 3. 최저가낙찰제 4. 규격가격분리 5. 2단계 경쟁입찰 6. 기타 ( ) 7. 해당없음	운영예산 산정 운영예산 산정 1. 내부산정 (지자체 자체적으로 산정) 2. 외부산정 (외부전문기관위탁 산정) 3. 내·외부 모두 산정 4. 산정 無 5. 해당없음	운영예산 산정 정산방법 1. 내부정산 (지자체 내부적으로 정산) 2. 외부정산 (외부전문기관위탁 정산) 3. 내·외부 모두 산정 4. 정산 無 5. 해당없음	성과평가 실시여부 1. 실시 2. 미실시 3. 향후 추진 4. 해당없음
1710	경남 통영시	꼼치 산란.서직장 조성사업	900,000	어업진흥과	11	1	5	1	7	5	1	1
1711	경남 김해시	수선유지급여사업	1,090,000	공동주택과	11	1	5	7	7	5	2	4
1712	경남 김해시	서민층 가스시설 개선사업	283,800	지역경제과	11	2	7	8	7	5	5	1
1713	경남 김해시	서민층 전기시설 개선사업	25,000	지역경제과	11	6	7	8	7	5	5	1
1714	경남 김해시	서민층 가스타임밸브 보급사업	28,000	지역경제과	11	6	7	8	7	5	5	1
1715	경남 김해시	저소득층 공동주택 태양광 설치공사	180,000	지역경제과	11	6	7	8	7	5	5	1
1716	경남 김해시	농촌테마공원 조성	1,000,000	농산업지원과	11	2	7	8	7	1	1	4
1717	경남 김해시	물순환 선도도시 조성사업	5,314,285	수질환경과	11	7	7	8	7	5	5	4
1718	경남 김해시	방역소독기 설치 지원 사업	30,000	농축산과	11	2	7	8	7	5	1	4
1719	경남 김해시	전자출결시스템 장비비	183,327	여성아동과	11	2	7	8	7	1	1	2
1720	경남 김해시	신월역 신설 후시행분 위탁 사업비	9,500,000	대중교통과	11	7	6	6	6	3	3	4
1721	경남 밀양시	지방재정관리시스템(e-호조) 유지관리	771	기획감사담당관	11	1, 4	7	8	7	5	5	3
1722	경남 밀양시	차세대 주민등록시스템 구축	8,240	행정과	11	1, 4	7	8	7	5	5	3
1723	경남 밀양시	차세대 지방세외수입정보시스템 구축 분담금	70,970	세무과	11	1, 4	7	8	7	5	5	3
1724	경남 밀양시	차세대 지방세정보시스템 구축	111,237	세무과	11	1, 4	7	8	7	5	5	3
1725	경남 밀양시	가스타임밸브 보급	66,000	일자리경제과	11	1, 4	7	8	7	5	5	3
1726	경남 밀양시	서민층 가스시설 개선	941,700	일자리경제과	11	1, 4	7	8	7	5	5	3
1727	경남 밀양시	기타기반시설 설치	1,400,000	나노융합과	11	1, 4	7	8	7	5	5	3
1728	경남 밀양시	나노금형상용화지원센터 구축	635,000	나노융합과	11	1, 4	7	8	7	5	5	3
1729	경남 밀양시	공공폐수처리시설 설치	1,879,000	나노융합과	11	1, 4	7	8	7	5	5	3
1730	경남 밀양시	산업단지 완충저류시설 설치	3,529,000	나노융합과	11	1, 4	7	8	7	5	5	3
1731	경남 밀양시	UC-KIMS 공동연구센터 연구개발지원사업	300,000	나노융합과	11	1, 4	7	8	7	5	5	3
1732	경남 밀양시	소각시설보수사업	4,000,000	환경관리과	11	1, 4	7	8	7	5	5	3
1733	경남 밀양시	지표수 보강개발	2,788,525	건설과	11	1, 4	7	8	7	5	5	3
1734	경남 밀양시	농업기반시설 유지관리비	600,000	건설과	11	1, 4	7	8	7	5	5	3
1735	경남 밀양시	노후저수지 정밀조사 및 보수	600,000	건설과	11	1, 4	7	8	7	5	5	3
1736	경남 밀양시	하남들 겨울철 용수공급운영비	70,000	건설과	11	1, 4	7	8	7	5	5	3
1737	경남 밀양시	밀양들 겨울철 용수공급운영비	40,000	건설과	11	1, 4	7	8	7	5	5	3
1738	경남 밀양시	동산들 겨울철 용수공급운영비	40,000	건설과	11	1, 4	7	8	7	5	5	3
1739	경남 밀양시	임천부림들 겨울철 용수공급운영비	30,000	건설과	11	1, 4	7	8	7	5	5	3
1740	경남 밀양시	위양저수지주변정비	20,000	건설과	11	1, 4	7	8	7	5	5	3
1741	경남 밀양시	하남지구 수리시설 개보수	1,000,000	건설과	11	1, 4	7	8	7	5	5	3
1742	경남 밀양시	삼랑진읍 농촌중심지 활성화	2,475,000	건설과	11	1, 4	7	8	7	5	5	3
1743	경남 밀양시	농촌중심지활성화	1,607,000	건설과	11	1, 4	7	8	7	5	5	3
1744	경남 밀양시	매력있는 미리벌 만들기	174,000	건설과	11	1, 4	7	8	7	5	5	3
1745	경남 밀양시	지하수 보조관측망 설치 및 관리	201,000	건설과	11	1, 4	7	8	7	5	5	3
1746	경남 밀양시	안심통학로 유니버설디자인 시범사업	500,000	건축과	11	1, 4	7	8	7	5	5	3
1747	경남 밀양시	주거급여수급자 수선유지급여	1,078,713	건축과	11	1, 4	7	8	7	5	5	3
1748	경남 밀양시	밀양시 노후상수관망정비	3,291,000	상하수도과	11	1, 4	7	8	7	5	5	3
1749	경남 밀양시	환경기초시설 관리대행비	135,433	상하수도과	11	1, 4	7	8	7	5	5	3
1750	경남 밀양시	하수도정비중점관리지역 침수예방(내이지구)	1,800,000	상하수도과	11	1, 4	7	8	7	5	5	3
1751	경남 밀양시	하수도정비중점관리지역 침수예방(가곡지구)	1,200,000	상하수도과	11	1, 4	7	8	7	5	5	3
1752	경남 밀양시	가축분뇨공공처리시설 설치	1,740,000	상하수도과	11	1, 4	7	8	7	5	5	3
1753	경남 밀양시	친환경에너지타운 조성사업	1,000,000	상하수도과	11	1, 4	7	8	7	5	5	3
1754	경남 밀양시	밀양도서관 자료구입비	30,000	평생학습관	11	1, 4	7	8	7	5	5	3

순번	시군구	지출명 (사업명)	2020년예산 (단위:천원/1년간)	담당자 (공무원) 담당부서	민간이전 분류 (지방자치단체 세출예산 집행기준에 의거) 1. 민간경상사업보조(1) 2. 민간단체 법정운영비보조(2) 3. 민간행사사업보조(3) 4. 민간위탁금(4) 5. 사회복지시설 법정운영비보조(5) 6. 민간인위탁교육비(6) 7. 공기관등에대한경상적대행사업비(7) 8. 민간자본사업보조,자체재원(8) 9. 민간자본사업보조,이전재원(9) 10. 민간위탁사업비(10) 11. 공기관등에 대한 자본적 대행사업비(11)	민간이전지출 근거 (지방보조금 관리기준 참고) 1. 법률에 규정 2. 국고보조 재원(국가지정) 3. 용도 지정 기부금 4. 조례에 직접규정 5. 지자체가 권장하는 사업을 하는 공공기관 6. 시,도 정책 및 재정사정 7. 기타 8. 해당없음	입찰방식 계약체결방법 (경쟁형태) 1. 일반경쟁 2. 제한경쟁 3. 지명경쟁 4. 수의계약 5. 법정위탁 6. 기타 ( ) 7. 해당없음	입찰방식 계약기간 1. 1년 2. 2년 3. 3년 4. 4년 5. 5년 6. 기타 ( )년 7. 단기계약 (1년미만) 8. 해당없음	입찰방식 낙찰자선정방법 1. 적격심사 2. 협상에의한계약 3. 최저가낙찰제 4. 규격가격분리 5. 2단계 경쟁입찰 6. 기타 ( ) 7. 해당없음	운영예산 산정 운영예산 산정 1. 내부산정 (지자체 자체적으로 산정) 2. 외부산정 (외부전문기관위탁 산정) 3. 내·외부 모두 산정 4. 산정 無 5. 해당없음	운영예산 산정 정산방법 1. 내부정산 (지자체 내부적으로 정산) 2. 외부정산 (외부전문기관위탁 정산) 3. 내·외부 모두 산정 4. 정산 無 5. 해당없음	성과평가 실시여부 1. 실시 2. 미실시 3. 향후 추진 4. 해당없음
1755	경남 밀양시	하남도서관 자료구입비	30,000	평생학습관	11	1, 4	7	8	7	5	5	3
1756	경남 거제시	서민층 가스시설 개선사업	135,450	조선경제과	11	1, 2, 5	5	1	6(협약)	1	1	4
1757	경남 거제시	옥포 도시가스 공급배관 설치	700,000	조선경제과	11	1, 2, 5	5	1	6(협약)	1	1	4
1758	경남 거제시	저소득층 전기시설 개선사업	33,000	조선경제과	11	5, 6	4	7	2	1	1	4
1759	경남 거제시	서민층 가스타임밸브 보급사업	21,525	조선경제과	11	1, 5	5	1	6(협약)	1	1	4
1760	경남 거제시	씨릉섬 출렁다리 조성	1,400,000	해양항만과	11	2	7	8	7	5	5	4
1761	경남 거제시	옥계마을 특화개발사업	970,000	해양항만과	11	2	7	8	7	5	5	4
1762	경남 거제시	율포마을 특화개발사업	671,000	해양항만과	11	2	7	8	7	5	5	4
1763	경남 거제시	옥계마을 특화개발사업	1,500,000	해양항만과	11	2	7	8	7	5	5	4
1764	경남 거제시	어촌뉴딜 300사업(이수도항)	4,966,400	해양항만과	11	2	7	8	7	5	5	4
1765	경남 거제시	어촌뉴딜 300사업(학동항)	3,771,600	해양항만과	11	2	7	8	7	5	5	4
1766	경남 거제시	2020 어촌뉴딜 300사업	2,100,000	해양항만과	11	2	7	8	7	5	5	4
1767	경남 거제시	소규모 바다목장 조성사업	400,000	어업진흥과	11	1	5	5	7	3	3	4
1768	경남 거제시	자원조성 기반시설 유지보강	150,000	어업진흥과	11	1	5	1	7	3	3	4
1769	경남 거제시	수산자원 산란 서식장 조성사업	300,000	어업진흥과	11	1	5	5	7	3	3	4
1770	경남 거제시	차세대 지방세정보시스템 구축 분담금	140,000	세무과	11	1	5	1	7	2	2	1
1771	경남 거제시	차세대 세외수입정보시스템 구축 분담금	77,232	세무과	11	1	5	1	7	2	2	1
1772	경남 거제시	기초생활수급자 수선유지급여	426,000	건축과	11	1	5	1	7	5	1	1
1773	경남 거제시	동부면 권역단위 거점개발사업	106,000	농업정책과	11	1	5	4	7	1	1	1
1774	경남 거제시	연초면 권역단위 거점개발사업	375,000	농업정책과	11	1	5	4	7	1	1	1
1775	경남 거제시	거제면 권역단위 거점개발사업	2,584,700	농업정책과	11	1	5	4	7	1	1	1
1776	경남 거제시	망치 권역단위 거점개발사업	600,000	농업정책과	11	1	7	8	7	1	1	1
1777	경남 거제시	소랑 마을단위 특화개발사업	1,091,000	농업정책과	11	1	5	3	7	1	1	1
1778	경남 거제시	지표수보강개발사업	300,000	농업정책과	11	1	5	1	7	1	1	1
1779	경남 의령군	공공도서관 도서구입	40,000	문화관광과	11	1	7	8	7	1	1	1
1780	경남 의령군	북스타트사업	2,000	문화관광과	11	1	7	8	7	1	1	1
1781	경남 의령군	천곡지구 지표수보강 개발사업	1,796,000	건설과	11	5	5	6(사업 착수부터 준공시까지)	7	5	5	1
1782	경남 의령군	오천지구 지표수보강 개발사업	2,142,000	건설과	11	5	5	6(사업 착수부터 준공시까지)	7	5	5	1
1783	경남 의령군	화정 상이 배수로 정비사업	1,100,000	건설과	11	5	5	6(사업 착수부터 준공시까지)	7	5	5	1
1784	경남 의령군	정곡 적곡2단양수자 정비사업	200,000	건설과	11	5	5	6(사업 착수부터 준공시까지)	7	5	5	1
1785	경남 의령군	궁류 운계 용수로 정비사업	120,000	건설과	11	5	5	6(사업 착수부터 준공시까지)	7	5	5	1
1786	경남 의령군	대의 마쌍 용수로 정비사업	80,000	건설과	11	5	5	6(사업 착수부터 준공시까지)	7	5	5	1
1787	경남 의령군	화정 상정 용수로 정비사업	100,000	건설과	11	5	5	6(사업 착수부터 준공시까지)	7	5	5	1
1788	경남 의령군	유곡 송산용수로 정비사업	170,000	건설과	11	5	5	6(사업 착수부터 준공시까지)	7	5	5	1
1789	경남 의령군	유곡 당동 용수로 정비사업	110,000	건설과	11	5	5	6(사업 착수부터 준공시까지)	7	5	5	1
1790	경남 의령군	지정 유곡 배수로 정비사업	120,000	건설과	11	5	5	6(사업 착수부터 준공시까지)	7	5	5	1
1791	경남 의령군	봉곡 배수로 정비사업	200,000	건설과	11	5	5	6(사업 착수부터 준공시까지)	7	5	5	1
1792	경남 의령군	감암 배수장 정비사업	635,000	건설과	11	5	5	6(사업 착수부터 준공시까지)	7	5	5	1
1793	경남 의령군	상일 배수장 정비사업	90,000	건설과	11	5	5	6(사업 착수부터 준공시까지)	7	5	5	1
1794	경남 의령군	배수장 유지관리	200,000	건설과	11	5	5	6(사업 착수부터 준공시까지)	7	5	5	1
1795	경남 의령군	의령읍 농촌중심지활성화사업(기초생활기반확충)	440,000	건설과	11	5	5	6(사업 착수부터 준공시까지)	7	5	5	1
1796	경남 의령군	의령읍 농촌중심지활성화사업(지역경관개선)	1,835,000	건설과	11	5	5	6(사업 착수부터 준공시까지)	7	5	5	1
1797	경남 의령군	화정면 농촌중심지활성화사업	638,000	건설과	11	5	5	6(사업 착수부터 준공시까지)	7	5	5	1
1798	경남 의령군	용덕면 농촌중심지활성화사업	1,350,000	건설과	11	5	5	6(사업 착수부터 준공시까지)	7	5	5	1
1799	경남 의령군	정곡면 농촌중심지활성화사업	732,320	건설과	11	5	5	6(사업 착수부터 준공시까지)	7	5	5	1

순번	시군구	지출명 (사업명)	2020년예산 (단위:천원/1년간)	담당자 (공무원) 담당부서	민간이전 분류 (지방자치단체 세출예산 집행기준에 의거) 1. 민간경상사업보조(1) 2. 민간단체 법정운영비보조(2) 3. 민간행사사업보조(3) 4. 민간위탁금(4) 5. 사회복지시설 법정운영비보조(5) 6. 민간인위탁교육비(6) 7. 공기관등에대한경상적대행사업비(7) 8. 민간자본사업보조,자체재원(8) 9. 민간자본사업보조,이전재원(9) 10. 민간위탁사업비(10) 11. 공기관등에 대한 자본적 대행사업비(11)	민간이전지출 근거 (지방보조금 관리기준 참고) 1. 법률에 규정 2. 국고보조 재원(국가지정) 3. 용도 지정 기부금 4. 조례에 직접규정 5. 지자체가 권장하는 사업을 하는 공공기관 6. 시,도 정책 및 재정사정 7. 기타 8. 해당없음	입찰방식 계약체결방법 (경쟁형태) 1. 일반경쟁 2. 제한경쟁 3. 지명경쟁 4. 수의계약 5. 법정위탁 6. 기타 ( ) 7. 해당없음	계약기간 1. 1년 2. 2년 3. 3년 4. 4년 5. 5년 6. 기타 ( )년 7. 단기계약 (1년미만) 8. 해당없음	낙찰자선정방법 1. 적격심사 2. 협상에의한계약 3. 최저가낙찰제 4. 규격가격분리 5. 2단계 경쟁입찰 6. 기타 ( ) 7. 해당없음	운영예산 산정 운영예산 산정 1. 내부산정 (지자체 자체 적으로 산정) 2. 외부산정 (외부전문기관 위탁 산정) 3. 내·외부 모두 산정 4. 산정 無 5. 해당없음	정산방법 1. 내부정산 (지자체 내부적으로 정산) 2. 외부정산 (외부전문기관 위탁 정산) 3. 내·외부 모두 산정 4. 정산 無 5. 해당없음	성과평가 실시여부 1. 실시 2. 미실시 3. 향후 추진 4. 해당없음
1800	경남 의령군	궁류면 농촌중심지활성화사업(기초생활기반확충)	600,000	건설과	11	5	5	6(사업 착수부터 준공시까지)	7	5	5	1
1801	경남 의령군	궁류면 농촌중심지활성화사업(지역역량강화)	280,000	건설과	11	5	5	6(사업 착수부터 준공시까지)	7	5	5	1
1802	경남 의령군	관동 권역단위종합개발	758,000	건설과	11	5	5	6(사업 착수부터 준공시까지)	7	5	5	1
1803	경남 의령군	지정면 기초생활거점(지역역량강화)	387,000	건설과	11	5	5	6(사업 착수부터 준공시까지)	7	5	5	1
1804	경남 의령군	지정면 기초생활거점(기초생활기반확충)	1,545,000	건설과	11	5	5	6(사업 착수부터 준공시까지)	7	5	5	1
1805	경남 의령군	남강들길 농촌다움 복원사업(지역역량강화)	130,000	건설과	11	5	5	6(사업 착수부터 준공시까지)	7	5	5	1
1806	경남 의령군	남강들길 농촌다움 복원사업(기초생활기반확충)	770,000	건설과	11	5	5	6(사업 착수부터 준공시까지)	7	5	5	1
1807	경남 의령군	수암마을 마을만들기(지역역량강화)	93,000	건설과	11	5	5	6(사업 착수부터 준공시까지)	7	5	5	1
1808	경남 의령군	수암마을 마을만들기(기초생활기반확충)	307,000	건설과	11	5	5	6(사업 착수부터 준공시까지)	7	5	5	1
1809	경남 의령군	가례마을 마을만들기(지역역량강화)	90,000	건설과	11	5	5	6(사업 착수부터 준공시까지)	7	5	5	1
1810	경남 의령군	가례마을 마을만들기(기초생활기반확충)	300,000	건설과	11	5	5	6(사업 착수부터 준공시까지)	7	5	5	1
1811	경남 의령군	석천마을 마을만들기(지역역량강화)	89,000	건설과	11	5	5	6(사업 착수부터 준공시까지)	7	5	5	1
1812	경남 의령군	석천마을 마을만들기(지역경관개선)	298,000	건설과	11	5	5	6(사업 착수부터 준공시까지)	7	5	5	1
1813	경남 의령군	상죽마을 마을만들기(지역역량강화)	93,000	건설과	11	5	5	6(사업 착수부터 준공시까지)	7	5	5	1
1814	경남 의령군	상죽마을 마을만들기(기초생활기반확충)	307,000	건설과	11	5	5	6(사업 착수부터 준공시까지)	7	5	5	1
1815	경남 의령군	이목마을 마을만들기(지역역량강화)	93,000	건설과	11	5	5	6(사업 착수부터 준공시까지)	7	5	5	1
1816	경남 의령군	이목마을 마을만들기(지역경관개선)	307,000	건설과	11	5	5	6(사업 착수부터 준공시까지)	7	5	5	1
1817	경남 의령군	성당마을 마을만들기(지역역량강화)	90,000	건설과	11	5	5	6(사업 착수부터 준공시까지)	7	5	5	1
1818	경남 의령군	성당마을 마을만들기(기초생활기반확충)	299,000	건설과	11	5	5	6(사업 착수부터 준공시까지)	7	5	5	1
1819	경남 의령군	소화마을 마을만들기(지역역량강화)	74,000	건설과	11	5	5	6(사업 착수부터 준공시까지)	7	5	5	1
1820	경남 의령군	소화마을 마을만들기(기초생활기반확충)	246,000	건설과	11	5	5	6(사업 착수부터 준공시까지)	7	5	5	1
1821	경남 의령군	산남마을 마을만들기	100,000	건설과	11	5	5	6(사업 착수부터 준공시까지)	7	5	5	1
1822	경남 의령군	가례면 기초생활거점	178,570	건설과	11	5	5	6(사업 착수부터 준공시까지)	7	5	5	1
1823	경남 의령군	봉수면 기초생활거점	264,290	건설과	11	5	5	6(사업 착수부터 준공시까지)	7	5	5	1
1824	경남 의령군	유곡면 기초생활거점	1,027,140	건설과	11	5	5	6(사업 착수부터 준공시까지)	7	5	5	1
1825	경남 의령군	무곡지구 취약지역 개조사업	489,000	건설과	11	5	5	6(사업 착수부터 준공시까지)	7	5	5	1
1826	경남 함안군	함안군 지역역량강화	265,714	혁신성장담당관	11	2	7	8	7	5	5	4
1827	경남 함안군	장암 권역단위종합개발	807,000	혁신성장담당관	11	5	1	3	1	1	1	1
1828	경남 함안군	백이산 권역단위종합개발	1,024,000	혁신성장담당관	11	5	7	8	7	5	5	4
1829	경남 함안군	파수 권역단위종합개발	628,000	혁신성장담당관	11	5	1	2	1	1	1	1
1830	경남 함안군	가야읍 농촌중심지활성화	154,100	혁신성장담당관	11	5	1	1	1	1	1	1
1831	경남 함안군	법수면 농촌중심지활성화	1,183,000	혁신성장담당관	11	5	7	8	7	5	5	4
1832	경남 함안군	칠북면 기초생활거점육성	400,000	혁신성장담당관	11	5	7	8	7	5	5	4
1833	경남 함안군	산인면 기초생활거점육성	450,000	혁신성장담당관	11	5	7	8	7	5	5	4
1834	경남 함안군	여항면 기초생활거점육성	256,000	혁신성장담당관	11	5	7	8	7	5	5	4
1835	경남 함안군	오곡 마을단위	358,000	혁신성장담당관	11	5	7	8	7	5	5	4
1836	경남 함안군	강외 마을단위	352,000	혁신성장담당관	11	5	7	8	7	5	5	4
1837	경남 함안군	유상 마을단위	358,000	혁신성장담당관	11	5	7	8	7	5	5	4
1838	경남 함안군	도음 마을단위	357,000	혁신성장담당관	11	5	7	8	7	5	5	4
1839	경남 함안군	신암 마을단위	200,000	혁신성장담당관	11	5	7	8	7	5	5	4
1840	경남 함안군	운동 마을단위	200,000	혁신성장담당관	11	5	7	8	7	5	5	4
1841	경남 함안군	중앙 마을단위	200,000	혁신성장담당관	11	5	7	8	7	5	5	4
1842	경남 함안군	어연 마을단위	200,000	혁신성장담당관	11	5	7	8	7	5	5	4
1843	경남 함안군	입곡 새뜰마을 취약지역거조	646,000	혁신성장담당관	11	5	7	8	7	5	5	4
1844	경남 함안군	외봉촌 농촌다움복원	500,000	혁신성장담당관	11	5	7	8	7	5	5	4

순번	시군구	지출명 (사업명)	2020년예산 (단위:천원/1년간)	담당자 (공무원)	민간이전 분류 (지방자치단체 세출예산 집행기준에 의거)	민간이전지출 근거 (지방보조금 관리기준 참고)	입찰방식			운영예산 산정		성과평가 실시여부
				담당부서	1. 민간경상사업보조(1) 2. 민간단체 법정운영비보조(2) 3. 민간행사사업보조(3) 4. 민간위탁금(4) 5. 사회복지시설 법정운영비보조(5) 6. 민간인위탁교육비(6) 7. 공기관등에대한경상적대행사업비(7) 8. 민간자본사업보조,자체재원(8) 9. 민간자본사업보조,이전재원(9) 10. 민간위탁사업비(10) 11. 공기관등에 대한 자본적 대행사업비(11)	1. 법률에 규정 2. 국고보조 재원(국가지정) 3. 용도 지정 기부금 4. 조례에 직접규정 5. 지자체가 권장하는 사업을 하는 공공기관 6. 시,도 정책 및 재정사정 7. 기타 8. 해당없음	계약체결방법 (경쟁형태) 1. 일반경쟁 2. 제한경쟁 3. 지명경쟁 4. 수의계약 5. 법정위탁 6. 기타 ( ) 7. 해당없음	계약기간 1. 1년 2. 2년 3. 3년 4. 4년 5. 5년 6. 기타 ( )년 7. 단기계약 (1년미만) 8. 해당없음	낙찰자선정방법 1. 적격심사 2. 협상에의한계약 3. 최저가낙찰제 4. 규격가격분리 5. 2단계 경쟁입찰 6. 기타 ( ) 7. 해당없음	운영예산 산정 1. 내부산정 (지자체 자체적으로 산정) 2. 외부산정 (외부전문기관위탁 산정) 3. 내·외부 모두 산정 4. 산정 無 5. 해당없음	정산방법 1. 내부정산 (지자체 내부적으로 정산) 2. 외부정산 (외부전문기관위탁 정산) 3. 내·외부 모두 산정 4. 정산 無 5. 해당없음	1. 실시 2. 미실시 3. 향후 추진 4. 해당없음
1845	경남 함안군	마산 마을단위	300,000	혁신성장담당관	11	5	7	8	7	5	5	4
1846	경남 함안군	낙동강변 상생협력 3Co구축사업	1,000,000	혁신성장담당관	11	5	1	3	1	1	1	1
1847	경남 함안군	국가기준점 정비사업	95,000	종합민원과	11	1	5	7(10개월)	7	1	1	1
1848	경남 함안군	장애인의료비 지원	243,108	주민복지과	11	2	7	8	7	5	5	2
1849	경남 함안군	소각시설	2,600,000	환경과	11	7	6(지방공기업협약)	3	7	2	1	4
1850	경남 함안군	도시형배수장 위수탁 관리협약	475,000	안전총괄과	11	8	7	1	7	1	1	3
1851	경남 함안군	가로등위탁관리비	1,432,000	안전총괄과	11	1	4	1	7	3	1	4
1852	경남 함안군	석교천 생태하천 복원사업	500,000	안전총괄과	11	1	4	6(시설물 인수인계 완료시)	7	2	1	3
1853	경남 함안군	상시배수장위탁관리	580,000	안전총괄과	11	7	4	1	7	1	1	3
1854	경남 함안군	공동방제단 재료비	75,144	농축산과	11	2	5	1	7	1	1	1
1855	경남 함안군	공동방제단 인건비	80,634	농축산과	11	2	5	1	7	1	1	1
1856	경남 함안군	함안체육관,국민체육센터 및 함안볼링장 위탁금	2,569,000	문화시설사업소	11	4	5	3	7	2	1	4
1857	경남 창녕군	도로명주소기본도 현행화 사업	6,800,000	민원봉사과	11	2	6(위탁)	1	6(위탁)	5	5	4
1858	경남 창녕군	자활사업 생산적 일자리 플랫폼 구축 지원	15,000	주민복지과	11	6	5	8	7	5	1	1
1859	경남 창녕군	스포츠파크 등 공공체육시설 위탁운영비	2,750,000	문화체육과	11	4	7	8	7	5	5	4
1860	경남 창녕군	생활쓰레기 소각시설관리대행사업비	1,987,000	환경위생과	11	4	5	3	7	2	1	1
1861	경남 창녕군	사용종료 매립시설 관리	99,500	환경위생과	11	7	7	6	2	1	1	2
1862	경남 창녕군	어려운세대 가스, 전기시설 교체사업	78,500	일자리경제과	11	6	7	7	7	1	1	1
1863	경남 창녕군	서민층 가스시설 개선	353,460	일자리경제과	11	2	7	1	7	1	1	1
1864	경남 창녕군	스마트공장 보급사업 지원	216,000	일자리경제과	11	2	7	8	7	2	2	2
1865	경남 남해군	도로명주소기본도 유지관리	4,415,000	민원봉사과	11	2	4	1	2	2	2	1
1866	경남 남해군	국가주소정보시스템 유지관리	16,210	민원봉사과	11	2	4	1	2	2	2	1
1867	경남 남해군	차세대 주민등록정보시스템 구축	7,340,000	민원봉사과	11	2	4	1	2	2	2	1
1868	경남 남해군	주거급여	745,000	도시건축과	11	2	7	8	7	5	5	4
1869	경남 남해군	저소득층 임대보증금	13,000,000	도시건축과	11	4	7	8	7	5	5	4
1870	경남 남해군	지표수 보강개발	434,000	건설교통과	11	1, 2	1	6(9년)	1	5	5	4
1871	경남 남해군	교통행정 운영 지원	258,375	건설교통과	11	2	7	8	7	2	2	4
1872	경남 남해군	농업기반시설 정비	200,000	건설교통과	11	1, 7	2, 4	7	1, 7	5	5	4
1873	경남 남해군	논의발작물재배	384,000	건설교통과	11	1, 2	1	5	1	5	5	4
1874	경남 남해군	노후상수관망 정비사업	8,270,000	상하수도과	11	5	5	1	2	2	3	3
1875	경남 남해군	수도시설 개선사업	170,000	상하수도과	11	5	5	1	2	2	3	3
1876	경남 남해군	노후상수관로 정밀조사	123,000	상하수도과	11	5	5	1	2	2	3	3
1877	경남남해군	의료급여수급권자 영유아검진비 지원	734	보건소	11	2	7	8	7	5	1	4
1878	경남남해군	표준모자보건수첩 제작	180	보건소	11	2	7	8	7	5	2	4
1879	경남 남해군	희귀난치성질환자 의료비 지원	169,494	보건소	11	2	7	8	7	5	1	4
1880	경남 남해군	국가암관리 지원	89,066	보건소	11	2	7	8	7	5	1	4
1881	경남 남해군	의료급여수급권자 일반건강검진비 지원	9,826,000	보건소	11	2	7	8	7	5	1	4
1882	경남 남해군	지역사회건강조사 조사분석 위탁운영	67,524	보건소	11	2	7	8	7	5	3	4
1883	경남 남해군	치매치료관리비지원	242,000	보건소	11	2	7	8	7	5	5	4
1884	경남 하동군	하동지역자활센터 환경개선사업	23,275	주민행복과	11	2	7	8	7	1	1	4
1885	경남 하동군	긴급임시거주시설(1동)	30,000	주민행복과	11	6	7	8	7	1	1	4
1886	경남 하동군	차세대 지방세정보시스템구축	68,695	재정관리과	11	6	5	1	7	2	2	4
1887	경남 하동군	차세대 지방세외수입정보시스템구축	52,182	재정관리과	11	6	5	1	7	2	2	4
1888	경남 하동군	세외숭납 정보시스템 통합 유지관리	19,204	재정관리과	11	6	5	1	7	2	2	4
1889	경남 하동군	차세대주민등록시스템위탁사업비	10,000,000	민원과	11	5	7	8	7	2	2	4

순번	시군구	지출명 (사업명)	2020년예산 (단위:천원/1년간)	담당자 (공무원) 담당부서	민간이전 분류 (지방자치단체 세출예산 집행기준에 의거) 1. 민간경상사업보조(1) 2. 민간단체 법정운영비보조(2) 3. 민간행사사업보조(3) 4. 민간위탁금(4) 5. 사회복지시설 법정운영비보조(5) 6. 민간인위탁교육비(6) 7. 공기관등에대한경상적대행사업비(7) 8. 민간자본사업보조,자체재원(8) 9. 민간자본사업보조,이전재원(9) 10. 민간위탁사업비(10) 11. 공기관등에 대한 자본적 대행사업비(11)	민간이전지출 근거 (지방보조금 관리기준 참고) 1. 법률에 규정 2. 국고보조 재원(국가지정) 3. 용도 지정 기부금 4. 조례에 직접규정 5. 지자체가 권장하는 사업을 하는 공공기관 6. 시,도 정책 및 재정사정 7. 기타 8. 해당없음	입찰방식 계약체결방법 (경쟁형태) 1. 일반경쟁 2. 제한경쟁 3. 지명경쟁 4. 수의계약 5. 법정위탁 6. 기타 ( ) 7. 해당없음	입찰방식 계약기간 1. 1년 2. 2년 3. 3년 4. 4년 5. 5년 6. 기타 ( )년 7. 단기계약 (1년미만) 8. 해당없음	입찰방식 낙찰자선정방법 1. 적격심사 2. 협상에의한계약 3. 최저가낙찰제 4. 규격가격분리 5. 2단계 경쟁입찰 6. 기타 ( ) 7. 해당없음	운영예산 산정 운영예산 산정 1. 내부산정 (지자체 자체적으로 산정) 2. 외부산정 (외부전문기관위탁 산정) 3. 내·외부 모두 산정 4. 산정 無 5. 해당없음	운영예산 산정 정산방법 1. 내부정산 (지자체 내부적으로 정산) 2. 외부정산 (외부전문기관위탁 정산) 3. 내·외부 모두 산정 4. 정산 無 5. 해당없음	성과평가 실시여부 1. 실시 2. 미실시 3. 향후 추진 4. 해당없음
1890	경남 하동군	국가주소정보시스템운영지원 및 엔진유지보수비	16,210	민원과	11	2	5	1	7	2	2	4
1891	경남 하동군	도로명주소기본도현행화사업	4,927,000	민원과	11	2	5	1	7	2	2	4
1892	경남 하동군	농어촌 공공도서관 자료 구입	20,000	문화체육과	11	1	7	8	7	5	1	4
1893	경남 하동군	매립시설 설치	4,466,000	환경보호과	11	1	5	8	7	3	3	4
1894	경남 하동군	생활자원회수센터 설치 지원	400,000	환경보호과	11	1	5	8	7	3	3	1
1895	경남 하동군	소각시설 설치	2,960,000	환경보호과	11	1	5	8	7	3	3	1
1896	경남 하동군	지방상수도 현대화사업	9,894,000	수도사업과	11	1	5	5	7	3	3	3
1897	경남 하동군	농어촌(군)지역 광역 BIS 구축	234,045	건설교통과	11	4	7	8	7	5	5	4
1898	경남 하동군	친환경 에너지 보급사업(해수열)	968,000	해양수산과	11	1	7	8	7	5	5	4
1899	경남 하동군	어촌뉴딜300사업(중평항, 술상항)	7,866,000	해양수산과	11	1	7	8	7	5	5	4
1900	경남 하동군	2020년 어촌뉴딜300사업	3,865,000	해양수산과	11	1	7	8	7	5	5	4
1901	경남 산청군	신연지구 소규모배수개선사업	1,800,000	안전건설과	11	1	7	8	7	5	5	4
1902	경남 산청군	묵곡지구 소규모배수개선사업	500,000	안전건설과	11	1	7	8	7	5	5	4
1903	경남 산청군	용흥지구 소규모배수개선사업	500,000	안전건설과	11	1	7	8	7	5	5	4
1904	경남 산청군	농촌중심지활성화	3,145,000	도시교통과	11	1	5	8	7	5	5	4
1905	경남 산청군	농촌중심지활성화	3,967,000	도시교통과	11	1	5	8	7	5	5	4
1906	경남 산청군	기초생활거점육성	339,000	도시교통과	11	1	5	8	7	5	5	4
1907	경남 산청군	기초생활거점육성	307,000	도시교통과	11	1	5	8	7	5	5	4
1908	경남 산청군	마을만들기	246,000	도시교통과	11	1	5	8	7	5	5	4
1909	경남 산청군	마을만들기	307,000	도시교통과	11	1	5	8	7	5	5	4
1910	경남 산청군	마을만들기	392,000	도시교통과	11	1	5	8	7	5	5	4
1911	경남 산청군	마을만들기	265,000	도시교통과	11	1	5	8	7	5	5	4
1912	경남 산청군	산림휴양치유마을	436,000	도시교통과	11	1	5	8	7	5	5	4
1913	경남 산청군	산림휴양치유마을	436,000	도시교통과	11	1	5	8	7	5	5	4
1914	경남 산청군	지리산 둘레길 명품화 사업	1,254,000	관광진흥과	11	2	1	7	1	3	3	1
1915	경남 산청군	홀로어르신 주거환경개선 사업	13,500,000	복지지원과	11	6	7	8	7	5	5	4
1916	경남 산청군	차세대 주민등록시스템 구축사업	7,340,000	민원과	11	1	7	8	7	5	5	4
1917	경남 산청군	도로명주소 기본도 유지관리 사업	5,728,000	민원과	11	1	5	1	7	1	5	4
1918	경남 산청군	송아지 생산성 향상사업	10,752,000	농축산과	11	2	7	8	7	5	5	4
1919	경남 산청군	우량암소 수정란이식 지원사업	57,000	농축산과	11	2	7	8	7	5	5	4
1920	경남 산청군	양봉산업구조개선사업	72,100	농축산과	11	2	7	8	7	5	5	4
1921	경남 산청군	조사료생산용 종자구입비 지원	106,722	농축산과	11	2	7	8	7	5	5	4
1922	경남 함양군	주거급여	500,000	도시건축과	11	1	5	8	7	3	3	1
1923	경남 함양군	행복주택 건립	6,137,000	도시건축과	11	5	1	2	1	1	1	3
1924	경남 함양군	광역 BIS 구축사업	298,690	건설교통과	11	1, 2	7	8	7	5	5	4
1925	경남 함양군	고품질 쌀 생산단지 조성	94,500	친환경농업과	11	4	7	8	7	1	1	4
1926	경남 함양군	기능성 쌀 재배단지 지원	63,000	친환경농업과	11	4	7	8	7	1	1	4
1927	경남 함양군	쌀 생산조정 기반조성	20,000	친환경농업과	11	4	7	8	7	1	1	4
1928	경남 함양군	농자재 살포기 구입 지원	35,000	친환경농업과	11	4	7	8	7	1	1	4
1929	경남 합천군	권역단위종합개발 쌍백권역	361,960	미래전략과	11	1	7	8	7	1	1	4
1930	경남 합천군	권역단위종합개발 쌍백권역	155,126	미래전략과	11	1	7	8	7	1	1	4
1931	경남 합천군	권역단위종합개발 대양권역	517,600	미래전략과	11	1	7	8	7	1	1	4
1932	경남 합천군	권역단위종합개발 대양권역	221,900	미래전략과	11	1	7	8	7	1	1	4
1933	경남 합천군	권역단위종합개발 이책권역	287,000	미래전략과	11	1	7	8	7	1	1	4
1934	경남 합천군	권역단위종합개발 이책권역	123,000	미래전략과	11	1	7	8	7	1	1	4

순번	시군구	지출명 (사업명)	2020년예산 (단위:천원/1년간)	담당자 (공무원)	민간이전 분류 (지방자치단체 세출예산 집행기준에 의거)	민간이전지출 근거 (지방보조금 관리기준 참고)	입찰방식			운영예산 산정		성과평가 실시여부
				담당부서	1. 민간경상사업보조(1) 2. 민간단체 법정운영비보조(2) 3. 민간행사사업보조(3) 4. 민간위탁금(4) 5. 사회복지시설 법정운영비보조(5) 6. 민간인위탁교육비(6) 7. 공기관등에대한경상적대행사업비(7) 8. 민간자본사업보조,자체재원(8) 9. 민간자본사업보조,이전재원(9) 10. 민간위탁사업비(10) 11. 공기관등에 대한 자본적 대행사업비(11)	1. 법률에 규정 2. 국고보조 재원(국가지정) 3. 용도 지정 기부금 4. 조례에 직접규정 5. 지자체가 권장하는 사업을 하는 공공기관 6. 시,도 정책 및 재정사정 7. 기타 8. 해당없음	계약체결방법 (경쟁형태) 1. 일반경쟁 2. 제한경쟁 3. 지명경쟁 4. 수의계약 5. 법정위탁 6. 기타 ( ) 7. 해당없음	계약기간 1. 1년 2. 2년 3. 3년 4. 4년 5. 5년 6. 기타 ( )년 7. 단기계약 (1년미만) 8. 해당없음	낙찰자선정방법 1. 적격심사 2. 협상에의한계약 3. 최저가낙찰제 4. 규격가격분리 5. 2단계 경쟁입찰 6. 기타 ( ) 7. 해당없음	운영예산 산정 1. 내부산정 (지자체 자체적으로 산정) 2. 외부산정 (외부전문기관위탁 산정) 3. 내·외부 모두 산정 4. 산정 無 5. 해당없음	정산방법 1. 내부정산 (지자체 내부적으로 정산) 2. 외부정산 (외부전문기관위탁 정산) 3. 내·외부 모두 산정 4. 정산 無 5. 해당없음	1. 실시 2. 미실시 3. 향후 추진 4. 해당없음
1935	경남 합천군	권역단위종합개발 낙진권역	1,050,000	미래전략과	11	1	7	8	7	1	1	4
1936	경남 합천군	권역단위종합개발 낙진권역	450,000	미래전략과	11	1	7	8	7	1	1	4
1937	경남 합천군	농촌중심지 활성화 대병면 소재지	295,960	미래전략과	11	1	7	8	7	1	1	1
1938	경남 합천군	농촌중심지 활성화 적중면 소재지	1,326,000	미래전략과	11	1	7	8	7	1	1	1
1939	경남 합천군	농촌중심지 활성화 가야면 소재지	232,400	미래전략과	11	1	7	8	7	5	5	4
1940	경남 합천군	쌍책면 농촌다움 복원사업	420,000	미래전략과	11	1	7	8	7	1	1	4
1941	경남 합천군	쌍책면 농촌다움 복원사업	180,000	미래전략과	11	1	7	8	7	1	1	4
1942	경남 합천군	기초생활거점육성사업 율곡면	592,229	미래전략과	11	1	7	8	7	1	1	1
1943	경남 합천군	기초생활거점육성사업 초계면 계남지구	301,000	미래전략과	11	1	7	8	7	5	5	4
1944	경남 합천군	마을만들기자율개발 팔심마을	261,940	미래전략과	11	1	7	8	7	1	1	4
1945	경남 합천군	마을만들기자율개발 팔심마을	112,260	미래전략과	11	1	7	8	7	1	1	4
1946	경남 합천군	마을만들기자율개발 오도마을	95,900	미래전략과	11	1	7	8	7	1	1	4
1947	경남 합천군	마을만들기자율개발 오도마을	41,100	미래전략과	11	1	7	8	7	1	1	4
1948	경남 합천군	마을만들기자율개발 화양마을	161,000	미래전략과	11	1	7	8	7	1	1	4
1949	경남 합천군	마을만들기자율개발 화양마을	69,000	미래전략과	11	1	7	8	7	1	1	4
1950	경남 합천군	마을만들기자율개발 대현마을	121,100	미래전략과	11	1	7	8	7	5	5	4
1951	경남 합천군	마을만들기자율개발 대현마을	51,900	미래전략과	11	1	7	8	7	5	5	4
1952	경남 합천군	대동 농어촌 취약지역 생활여건 개조사업	654,000	미래전략과	11	1	7	8	7	1	1	1
1953	경남 합천군	차세대 주민등록정보시스템 구축 지자체 분담금	9,190,000	행정과	11	1	7	8	7	5	5	4
1954	경남 합천군	차세대 지방세정보시스템 구축 지방비 분담금	68,684	재무과	11	1	5	1	2	2	2	2
1955	경남 합천군	차세대 지방세외수입정보시스템 구축 분담금	58,444	재무과	11	1	5	1	2	2	2	2
1956	경남 합천군	농어촌(군)지역 통합 광역 BIS구축사업	379,820	경제교통과	11	6	7	7	7	3	3	2
1957	경남 합천군	2020년 택시운행정보관리시스템 운영	1,500,000	경제교통과	11	6	7	7	7	3	3	2
1958	경남 합천군	녹슴지구 대구획 경지정리사업	1,600,000	건설과	11	7	5	1	7	1	1	2
1959	경남 합천군	녹슴지구 대구획 경지정리사업	400,000	건설과	11	7	5	1	7	1	1	2
1960	경남 합천군	소규모 배수개선사업	1,290,000	건설과	11	7	5	1	7	1	1	2
1961	경남 합천군	소규모 배수개선사업	322,500	건설과	11	7	5	1	7	1	1	2
1962	경남 합천군	농촌공사 구역내 시설물 유지관리	100,000	건설과	11	7	5	1	7	1	1	2
1963	경남 합천군	해곡지구 배수개선사업	1,875,000	건설과	11	7	5	1	7	1	1	2
1964	경남 합천군	기초주거급여수급자 수선유지급여	828,000	도시건축과	11	1	5	8	7	1	1	3
1965	경남 합천군	지방상수도 현대화사업	2,202,000	상하수도과	11	2	1	3	1	1	1	3
1966	제주 제주시	수산리마을 권역단위 종합개발사업	672,000	마을활력과	11	1	5	8	7	5	5	4
1967	제주 제주시	상가리 마을만들기사업	640,000	마을활력과	11	1	5	8	7	5	5	4
1968	제주 제주시	고산1리 마을만들기사업	87,000	마을활력과	11	1	5	8	7	5	5	4
1969	제주 제주시	용흥리 마을만들기사업	277,000	마을활력과	11	1	5	8	7	5	5	4
1970	제주 제주시	광령1리 마을만들기사업	226,000	마을활력과	11	1	5	8	7	5	5	4
1971	제주 제주시	신흥리 마을만들기사업	207,000	마을활력과	11	1	5	8	7	5	5	4
1972	제주 제주시	고산2리 마을만들기사업	363,000	마을활력과	11	1	5	8	7	5	5	4
1973	제주 제주시	한원리 마을만들기사업	350,000	마을활력과	11	1	5	8	7	5	5	4
1974	제주 제주시	고성1리 마을만들기사업	350,000	마을활력과	11	1	5	8	7	5	5	4
1975	제주 제주시	상명리마을 권역단위 종합개발사업	210,000	마을활력과	11	1	5	8	7	5	5	4
1976	제주 제주시	한림3리 마을단위 특화개발사업	373,000	마을활력과	11	1	5	8	7	5	5	4
1977	제주 제주시	대흘2리 마을만들기사업	100,000	마을활력과	11	1	7	8	7	5	5	4
1978	제주 제주시	와흘리 제주다움 복원사업	174,000	마을활력과	11	1	7	8	7	5	5	4
1979	제주 제주시	청수리 제주다움 복원사업	15,000	마을활력과	11	1	7	8	7	5	5	4

순번	시군구	지출명 (사업명)	2020년예산 (단위:천원/1년간)	담당자 (공무원)	민간이전 분류 (지방자치단체 세출예산 집행기준에 의거)	민간이전지출 근거 (지방보조금 관리기준 참고)	입찰방식			운영예산 산정		성과평가 실시여부
				담당부서	1. 민간경상사업보조(1) 2. 민간단체 법정운영비보조(2) 3. 민간행사사업보조(3) 4. 민간위탁금(4) 5. 사회복지시설 법정운영비보조(5) 6. 민간인위탁교육비(6) 7. 공기관등에대한경상적대행사업비(7) 8. 민간자본사업보조,자체재원(8) 9. 민간자본사업보조,이전재원(9) 10. 민간위탁사업비(10) 11. 공기관등에 대한 자본적 대행사업비(11)	1. 법률에 규정 2. 국고보조 재원(국가지정) 3. 용도 지정 기부금 4. 조례에 직접규정 5. 지자체가 권장하는 사업을 하는 공공기관 6. 시,도 정책 및 재정사정 7. 기타 8. 해당없음	계약체결방법 (경쟁형태) 1. 일반경쟁 2. 제한경쟁 3. 지명경쟁 4. 수의계약 5. 법정위탁 6. 기타 ( ) 7. 해당없음	계약기간 1. 1년 2. 2년 3. 3년 4. 4년 5. 5년 6. 기타 ( )년 7. 단기계약 (1년미만) 8. 해당없음	낙찰자선정방법 1. 적격심사 2. 협상에의한계약 3. 최저가낙찰제 4. 규격가격분리 5. 2단계 경쟁입찰 6. 기타 ( ) 7. 해당없음	운영예산 산정 1. 내부산정 (지자체 자체 적으로 산정) 2. 외부산정 (외부전문기관 위탁 산정) 3. 내·외부 모두 산정 4. 산정 無 5. 해당없음	정산방법 1. 내부정산 (지자체 내부적으로 정산) 2. 외부정산 (외부전문기관 위탁 정산) 3. 내·외부 모두 산정 4. 정산 無 5. 해당없음	1. 실시 2. 미실시 3. 향후 추진 4. 해당없음
1980	제주 제주시	한경면 저지리 기초생활거점육성사업	862,700	마을활력과	11	1	7	8	7	5	5	4
1981	제주 제주시	공통기반 I,II 서버 유지관리	100,815	정보화지원과	11	1	5	1	7	1	5	4
1982	제주 제주시	새올행정시스템 상담센터 운영 분담금	6,460	정보화지원과	11	1	5	1	7	1	5	4
1983	제주 제주시	제주시희망원 개보수(외벽도색, 도배공사 등)사업	106,000	노인장애인과	11	2	7	8	7	5	5	4
1984	제주 제주시	제주시희망원 장비보강(식당테이블교체)사업	14,000	노인장애인과	11	2	7	8	7	5	5	4
1985	제주 제주시	장애인단기거주시설 신축건물 장비보강사업	126,934	노인장애인과	11	2	7	8	7	5	5	4
1986	제주 제주시	하나원 개보수(담장설치) 사업	70,000	노인장애인과	11	2	7	8	7	5	5	4
1987	제주 제주시	하나원 증축(주방)사업	45,000	노인장애인과	11	2	7	8	7	5	5	4
1988	제주 제주시	제주애덕의집 개보수(소방시설교체)사업	25,410	노인장애인과	11	2	7	8	7	5	5	4
1989	제주 제주시	길직업재활센터 장비보강(카페사업관련)사업	123,684	노인장애인과	11	2	7	8	7	5	5	4
1990	제주 제주시	길직업재활센터 개보수(카페사업관련)사업	55,000	노인장애인과	11	2	7	8	7	5	5	4
1991	제주 제주시	엘린 개보수(승강기교체)사업	41,250	노인장애인과	11	2	7	8	7	5	5	4
1992	제주 제주시	일배움터 개보수(작업장)사업	174,856	노인장애인과	11	2	7	8	7	5	5	4
1993	제주 제주시	춘강장애인근로센터 장비보강(차량)사업	138,180	노인장애인과	11	2	7	8	7	5	5	4
1994	제주 제주시	한라원장애인직업재활시설 개보수(작업장)사업	50,000	노인장애인과	11	2	7	8	7	5	5	4
1995	제주 제주시	한라원장애인직업재활시설 장비보강(HACCP)사업	10,000	노인장애인과	11	2	7	8	7	5	5	4
1996	제주 제주시	희망나래일터 장비보강(현수막출력)사업	28,930	노인장애인과	11	2	7	8	7	5	5	4
1997	제주 제주시	제주춘강의원 장비보강(의료장비)사업	170,000	노인장애인과	11	2	7	8	7	5	5	4
1998	제주 제주시	유니버설을 담은 장애 없는 이용환경 조성사업	880,000	노인장애인과	11	2	7	8	7	5	1	1
1999	제주 제주시	사회복지시설 소방시설 개선 지원사업	400,000	노인장애인과	11	2	7	8	7	5	1	1
2000	제주 제주시	구좌 농촌중심지 활성화사업	1,835,312	도시재생과	11	1	5	4	6	5	1	4
2001	제주 서귀포시	인사정보시스템 유지보수비	7,115	총무과	11	1	5	1	7	2	2	4
2002	제주 서귀포시	차세대 표준지방인사정보시스템 구축1차	27,860	총무과	11	1	5	3	7	2	2	4
2003	제주 서귀포시	중앙동 공공청사 복합개발사업	3,590,958	총무과	11	7	7	8	7	5	5	4
2004	제주 서귀포시	농촌신활력플러스사업	1,310,000	마을활력과	11	2	6	8	7	1	1	4
2005	제주 서귀포시	일반농산어촌개발사업(마을만들기)	2,446,000	마을활력과	11	1	5	8	7	5	5	4
2006	제주 서귀포시	일반농산어촌개발사업(마을단위특화개발)	647,000	마을활력과	11	1	5	8	7	5	5	4
2007	제주 서귀포시	일반농산어촌개발사업(제주다움복원)	468,000	마을활력과	11	1	7	8	7	5	5	4
2008	제주 서귀포시	농어촌 취약지역 생활여건 개조사업	574,000	마을활력과	11	1	5	8	7	5	5	4
2009	제주 서귀포시	서민층 가스시설 개선 지원	171,570	경제일자리과	11	2	6(위탁대행협약)	5	2	2	1	2
2010	제주 서귀포시	친환경 웰빙작물 생산 유통단지 조성사업	238,000	감귤농정과	11	2	1	1	1	1	1	1
2011	제주 서귀포시	웰빙기능성가공식품개발지원사업	140,000	감귤농정과	11	2	7	8	7	5	5	4
2012	제주 서귀포시	제주풋귤히든밸류6차산업화지원사업	108,000	감귤농정과	11	2	7	8	7	5	5	4
2013	제주 서귀포시	제주월동무가공및브랜드육성사업	403,000	감귤농정과	11	2	7	8	7	5	5	4
2014	제주 서귀포시	수선유지급여	500,000	건축과	11	1	5	1	1	1	1	4

배 성기 (裵 成基)

| 약 력 |

現 한국민간위탁경영연구소 소장, 브릿지협동조합 이사장, 사회적 가치 연구소 소장, 공공서비스경영연구소 소장
단국대학교 경영학 박사, 가천대학교 회계학 석사
現 단국대학교 경영학과 외래교수
現 파주시청 민간위탁 운영심의위원, 은평구청 민간위탁 적정성운영위원
現 중랑구의회 의정자문위원, 한국의정연구회 지방의회연구소 초빙교수
現 송파구 민간위탁 운영평가위원, 사회적기업 육성 위원
現 성북구 사회적경제 육성위원, 성북민관협치 운영위원
現 국민권익위원회 부패영향평가 자문위원
現 가천대학교 사회적기업과고용관계연구소 비상임 선임연구원
現 에코아이 지속가능경영연구소 비상임 소장
現 (재)현대산업경제연구원 비상임 연구위원
前 서울시 민간위탁 원가분석 자문위원
前 단국대학교 경제학과 외래교수

| 주요 연구수행실적 |

「정부 및 지자체 등으로부터 위탁받은 사업 매뉴얼 구축 용역」
「2017년 재정사업 성과평가 용역(산림자원육성)」
「농림축산식품 정보화사업 서과관리체계 구축 연구」
「자동차전용도로 효율적 관리를 위한 직무분석 용역」
「산림문화휴양촌 관리운영 방안 수립 연구 용역」
「생활폐기물 수집 · 운반 및 처리시설 민간위탁 타당성 및 운영효율화 방안」
「산업단지 폐수처리시설 민간위탁 타당성 및 운영효율화 방안」
「종합사회복지관 민간위탁 타당성 및 운영효율화 방안」
「장애인복지관 민간위탁 타당성 및 운영효율화 방안」
「노인종합복지관 민간위탁 타당성 및 운영효율화 방안」
「아동 · 청소년시설 민간위탁 타당성 및 운영효율화 방안」
「소각장 민간위탁 타당성 및 운영효율화 방안」
「자동집하시설 민간위탁 타당성 및 운영효율화 방안」
「가로등관리 민간위탁 타당성 및 운영효율화 방안」
「공원관리 민간위탁 타당성 및 운영효율화 방안」
「문화예술·체육시설 운영관리 민간위탁 타당성 및 운영효율화 방안」 외 다수

| 주요 저술실적 |

저서 : 지방자치단체 민간위탁 운영관리메뉴얼 Ⅰ, Ⅱ, Ⅲ권, 민간위탁 원가산정, 공공관리와 성과,
민간위탁 조례 및 계약 관리 방안, 하수처리시설 민간위탁 서비스 평가, 공공하수도시설 민간위탁 서비스 경영,
생활폐기물 수집 · 운반 및 처리시설 민간위탁 서비스 경영 등
번역 : OECD 정부기능 및 정부서비스 민간위탁 외 4권
논문 : 민간위탁서비스 핵심운영요인이 운영성과에 미치는 영향에 관한 실증 연구(2014) 등 3개
발표 : 한국생산관리학회, 한국구매조달학회, 한국관광경영학회 등 다수

배 성기 (裵 成基)

KCOMI 발간도서 소개

민간위탁 통계

KCOMI 통계 - Ebook

2019 전국 지방자치단체
민·관 협업사무 운영 현황 I

민간경상사업보조(307-02)
민간단체법정운영비보조(307-03)
민간행사사업보조(307-04)

본 도서는 전국 17개 광역자치단체를 포함한 245개 지방자치단체의 2018년 민관 협업사무 운영 현황으로서 국내에서 유일하게 전국 민관 협업사무 운영 현황을 파악할 수 있는 자료이다. 해당 시리즈는 총 3권으로 제작되었다.

배성기 지음
한국민간위탁경영구소
2019년 7월 출간

KCOMI 통계 - Ebook

2019 전국 지방자치단체
민·관 협업사무 운영 현황 II

민간위탁금(307-05)
사회복지시설법정운영비보조(307-10)
사회복지사업보조(307-11)

본 도서는 전국 17개 광역자치단체를 포함한 245개 지방자치단체의 2018년 민관 협업사무 운영 현황으로서 국내에서 유일하게 전국 민관 협업사무 운영 현황을 파악할 수 있는 자료이다. 해당 시리즈는 총 3권으로 제작되었다.

배성기 지음
한국민간위탁경영구소
2019년 7월 출간

KCOMI 통계 - Ebook

2019 전국 지방자치단체
민·관 협업사무 운영 현황

민간인위탁교육비(307-12),
공기관등에대한경상적대행사업비(308-10)
공사공단경상전출금(309-01)
민간자본사업보조,자체재원(402-01)
민간자본사업보조,이전재원(402-02)
민간위탁사업비(402-03)
공기관등에대한자본적위탁사업비(403-02)
공사공단자본전출금(404-01)

본 도서는 전국 17개 광역자치단체를 포함한 245개 지방자치단체의 2018년 민관 협업사무 운영 현황으로서 국내에서 유일하게 전국 민관 협업사무 운영 현황을 파악할 수 있는 자료이다. 해당 시리즈는 총 3권으로 제작되었다.

배성기 지음
한국민간위탁경영구소
2019년 7월 출간

KCOMI 통계 - Ebook

2019 정보화사업 운영 현황

본 도서는 전국 지방자치단체, 중앙행정기관, 공공기관의 2019년 정보화사업을 대상으로 사업 현황을 분석한 운영 현황 자료이다.

배성기 지음
한국민간위탁경영구소
2019년 7월 출간

SVI 통계 - Ebook

2019 공공기관 사회적 가치
구현사업 운영현황 I 통계자료 I

본 도서는 공공기관 사회적 가차 구현사업의 운영 현황에 대한 통계를 파악할 수 있는 자료이다.

배성기 지음
사회적 가치 연구소
2019년 7월 출간

SVI 통계 - Ebook

2019 사회적 가치 Best Practice
(우수사례) 현황 I 통계자료 I

본 도서는 중앙행정기관 및 전국 자방자치단체, 공공기관의 사회적 가치 Best Practice(우수사례) 현황에 대한 통계를 파악할 수 있는 자료이다.

배성기 지음
사회적 가치 연구소
2019년 7월 출간

KCOMI 통계

2018 전국 지방자치단체 민·관 협업사무 운영 현황 통합본

본 도서는 전국 17개 광역자치단체를 포함한 245개 지방자치단체의 각 분야별 2018년 민관 협업사무 운영 현황으로 하수도시설, 하수슬러지건조화시설, 생활폐기물 수집운반, 생활폐기물 소각시설, 재활용 선별시설, 문화예술, 체육, 관광, 공원, 주차장, 청소년수련시설, 장애인복지시설의 운영 현황을 파악할 수 있는 자료이다.

배성기 지음
한국민간위탁경영구소
2018년 5월 출간

KCOMI 통계

2018 전국 지방자치단체 민·관 협업사무 운영 현황 I

민간경상사업보조(307-02)
민간단체법정운영비보조(307-03)
민간행사사업보조(307-04)

본 도서는 전국 17개 광역자치단체를 포함한 245개 지방자치단체의 2018년 민관 협업사무 운영 현황으로서 국내에서 유일하게 전국 민관 협업사무 운영 현황을 파악할 수 있는 자료이다. 해당 시리즈는 총 3권으로 제작되었다.

배성기 지음
한국민간위탁경영구소
2018년 5월 출간

KCOMI 통계

2018 전국 지방자치단체 민·관 협업사무 운영 현황 II

민간위탁금(307-05)
사회복지시설법정운영비보조(307-10)
사회복지사업보조(307-11)

본 도서는 전국 17개 광역자치단체를 포함한 245개 지방자치단체의 2018년 민관 협업사무 운영 현황으로서 국내에서 유일하게 전국 민관 협업사무 운영 현황을 파악할 수 있는 자료이다. 해당 시리즈는 총 3권으로 제작되었다.

배성기 지음
한국민간위탁경영구소
2018년 5월 출간

KCOMI 통계

2018 전국 지방자치단체 민·관 협업사무 운영 현황 III

민간인위탁교육비(307-12),
공기관등에대한경상적대행사업비(308-10)
공사공단경상전출금(309-01)
민간자본사업보조,자체재원(402-01)
민간자본사업보조,이전재원(402-02)
민간위탁사업비(402-03)
공기관등에대한자본적위탁사업비(403-02)
공사공단자본전출금(404-01)

본 도서는 전국 17개 광역자치단체를 포함한 245개 지방자치단체의 2018년 민관 협업사무 운영 현황으로서 국내에서 유일하게 전국 민관 협업사무 운영 현황을 파악할 수 있는 자료이다. 해당 시리즈는 총 3권으로 제작되었다.

배성기 지음
한국민간위탁경영구소
2018년 5월 출간

KCOMI 통계 - Ebook

2018 전국 지방자치단체 민·관 협업사무 운영 현황 |하수도시설|

본 도서는 전국 17개 광역자치단체를 포함한 245개 지방자치단체의 하수도시설에 대한 2018년 민관 협업사무 운영 현황을 파악할 수 있는 자료이다.

배성기 지음
한국민간위탁경영구소
2018년 5월 출간

KCOMI 통계 - Ebook

2018 전국 지방자치단체 민·관 협업사무 운영 현황 |하수슬러지건조화시설(소각포함)|

본 도서는 전국 17개 광역자치단체를 포함한 245개 지방자치단체의 하수슬러지건조화시설(소각포함)에 대한 2018년 민관 협업사무 운영 현황을 파악할 수 있는 자료이다.

배성기 지음
한국민간위탁경영구소
2018년 5월 출간

KCOMI 통계 - Ebook

2018 전국 지방자치단체 민·관 협업사무 운영 현황 |생활폐기물 수집운반|

본 도서는 전국 17개 광역자치단체를 포함한 245개 지방자치단체의 생활폐기물 수집운반에 대한 2018년 민관 협업사무 운영 현황을 파악할 수 있는 자료이다.

배성기 지음
한국민간위탁경영구소
2018년 5월 출간

KCOMI 통계 - Ebook

2018 전국 지방자치단체 민·관 협업사무 운영 현황 |생활폐기물 소각시설|

본 도서는 전국 17개 광역자치단체를 포함한 245개 지방자치단체의 생활폐기물 소각시설에 대한 2018년 민관 협업사무 운영 현황을 파악할 수 있는 자료이다.

배성기 지음
한국민간위탁경영구소
2018년 5월 출간

KCOMI 통계 - Ebook

2018 전국 지방자치단체 민·관 협업사무 운영 현황

|재활용 선별시설|

본 도서는 전국 17개 광역자치단체를 포함한 245개 지방자치단체의 재활용 선별시설에 대한 2018년 민관 협업사무 운영 현황을 파악할 수 있는 자료이다.

배성기 지음
한국민간위탁경영구소
2018년 5월 출간

KCOMI 통계 - Ebook

2018 전국 지방자치단체 민·관 협업사무 운영 현황

|문화예술부문|

본 도서는 전국 17개 광역자치단체를 포함한 245개 지방자치단체의 문화예술부문에 대한 2018년 민관 협업사무 운영 현황을 파악할 수 있는 자료이다.

배성기 지음
한국민간위탁경영구소
2018년 5월 출간

KCOMI 통계 - Ebook

2018 전국 지방자치단체 민·관 협업사무 운영 현황

|관광부문|

본 도서는 전국 17개 광역자치단체를 포함한 245개 지방자치단체의 관광부문에 대한 2018년 민관 협업사무 운영 현황을 파악할 수 있는 자료이다.

배성기 지음
한국민간위탁경영구소
2018년 5월 출간

KCOMI 통계 - Ebook

2018 전국 지방자치단체 민·관 협업사무 운영 현황

|체육부문|

본 도서는 전국 17개 광역자치단체를 포함한 245개 지방자치단체의 체육부문에 대한 2018년 민관 협업사무 운영 현황을 파악할 수 있는 자료이다.

배성기 지음
한국민간위탁경영구소
2018년 5월 출간

KCOMI 통계 - Ebook

2018 전국 지방자치단체 민·관 협업사무 운영 현황

|공원부문|

본 도서는 전국 17개 광역자치단체를 포함한 245개 지방자치단체의 공원부문에 대한 2018년 민관 협업사무 운영 현황을 파악할 수 있는 자료이다.

배성기 지음
한국민간위탁경영구소
2018년 5월 출간

KCOMI 통계 - Ebook

2018 전국 지방자치단체 민·관 협업사무 운영 현황

|주차장시설|

본 도서는 전국 17개 광역자치단체를 포함한 245개 지방자치단체의 체육부문에 대한 2018년 민관 협업사무 운영 현황을 파악할 수 있는 자료이다.

배성기 지음
한국민간위탁경영구소
2018년 5월 출간

KCOMI 통계 - Ebook

2018 전국 지방자치단체 민·관 협업사무 운영 현황

|청소년수련시설|

본 도서는 전국 17개 광역자치단체를 포함한 245개 지방자치단체의 청소년수련시설에 대한 2018년 민관 협업사무 운영 현황을 파악할 수 있는 자료이다.

배성기 지음
한국민간위탁경영구소
2018년 5월 출간

KCOMI 통계 - Ebook

2018 전국 지방자치단체 민·관 협업사무 운영 현황

|장애인복지시설|

본 도서는 전국 17개 광역자치단체를 포함한 245개 지방자치단체의 장애인복지시설에 대한 2018년 민관 협업사무 운영 현황을 파악할 수 있는 자료이다.

배성기 지음
한국민간위탁경영구소
2018년 5월 출간

KCOMI 통계

2018 정보화사업 운영 현황

본 도서는 전국 지방자치단체, 중앙행정기관, 공공기관의 2018년 정보화사업을 대상으로 사업 현황을 분석한 운영 현황 자료이다.

배성기 지음
한국민간위탁경영구소
2018년 8월 출간

KCOMI 통계

2018 중앙행정기관 및 그 소속기관 행정사무 민간이전 운영현황

본 도서는 전국 342개 중앙행정기관을 대상으로 2018년 민간이전 사업 현황을 분석한 자료로서 국내에서 유일하게 민간위탁 현황을 분석하여, 전국 민간위탁 사무의 관리 현황을 제시하고 있다.

배성기 지음
한국민간위탁경영구소
출간예정

KCOMI 통계

2017 전국 지자체 민관협업사무 운영현황 0. 총괄

전국 지자체 민간위탁 사무의 집대성!
본 도서는 전국 243개 지방자치단체의 2017년 민간위탁 사업 현황을 분석한 통계 자료로서 국내에서 유일하게 민간위탁 현황을 분석하여, 전국 민간위탁 사무의 관리 현황을 제시하고 있다.

배성기 지음
한국민간위탁경영구소 / 16,000원
2017년 출간

KCOMI 통계

2017 중앙행정기관 및 그 소속기관 민간이전 운영현황

본 도서는 전국 342개 중앙행정기관 및 그 소속기관 전부를 대상으로 2017년 민간위탁 사업 현황을 분석한 통계 자료로서 국내에서 유일하게 민간위탁 현황을 분석하여, 전국 민간위탁 사무의 관리 현황을 제시하고 있다.

배성기 지음
한국민간위탁경영구소 / 8,000원
2017년 출간

KCOMI 통계

2017 전국 민간위탁 현황분석

민간경상사업보조사무(307-02)
민간단체법정운영비보조사무(307-03)

전국 지자체 민간위탁 사무의 집대성!
본 도서는 전국 243개 지방자치단체의 2017년 민간위탁 사업 현황을 분석한 통계 자료로서 국내에서 유일하게 민간위탁 현황을 분석하여, 전국 민간위탁 사무의 관리 현황을 제시하고 있다.

배성기 지음
한국민간위탁경영구소 / 28,000원
2017년 4월 출간

KCOMI 통계

2017 전국 민간위탁 현황분석

민간행사사업보조(307-04)
민간위탁금사무(307-05)
사회복지시설법정운영비보조사무(307-10)

전국 지자체 민간위탁 사무의 집대성!
본 도서는 전국 243개 지방자치단체의 2017년 민간위탁 사업 현황을 분석한 통계 자료로서 국내에서 유일하게 민간위탁 현황을 분석하여, 전국 민간위탁 사무의 관리 현황을 제시하고 있다.

배성기 지음
한국민간위탁경영구소 / 28,000원
2017년 4월 출간

KCOMI 통계

2017 전국 민간위탁 현황분석

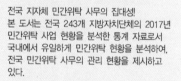

사회복지사업보조사무(307-11)
공공기관등에대한경상적대행사업비(308-10)
민간자본사업보조사무(402-01)
민간대행사업비사무(402-02)

전국 지자체 민간위탁 사무의 집대성!
본 도서는 전국 243개 지방자치단체의 2017년 민간위탁 사업 현황을 분석한 통계 자료로서 국내에서 유일하게 민간위탁 현황을 분석하여, 전국 민간위탁 사무의 관리 현황을 제시하고 있다.

배성기 지음
한국민간위탁경영구소 / 28,000원
2017년 4월 출간

2016 전국 지방자치단체

민·관 협업사무 운영 현황 분석 I

민간경상사업보조사무(307-02)

전국 지방자치단체 민·관 협업사무의 집대성!
본 도서는 전국 17개 광역자치단체를 포함한 243개 지방자치단체의 2016년 민·관 협업사무 현황을 분석한 자료로서 국내에서 유일하게 민·관 협업사무 현황을 분석하여, 전국 민·관 협업사무의 관리 현황을 제시하고 있다.

배성기 지음
한국민간위탁경영구소 / 564페이지 / 30,000원
2016년 11월 출간

2016 전국 지방자치단체

민·관 협업사무 운영 현황 분석 II

민간단체법정운영비보조사무(307-03)
민간행사사업보조(307-04)

전국 지방자치단체 민·관 협업사무의 집대성!
본 도서는 전국 17개 광역자치단체를 포함한 243개 지방자치단체의 2016년 민·관 협업사무 현황을 분석한 자료로서 국내에서 유일하게 민·관 협업사무 현황을 분석하여, 전국 민·관 협업사무의 관리 현황을 제시하고 있다.

배성기 지음
한국민간위탁경영구소 / 302페이지 / 20,000원
2016년 11월 출간

2016 전국 지방자치단체

민·관 협업사무 운영 현황 분석 III

민간위탁금사무(307-05)
사회복지시설법정운영비보조사무(307-10)

전국 지방자치단체 민·관 협업사무의 집대성!
본 도서는 전국 17개 광역자치단체를 포함한 243개 지방자치단체의 2016년 민·관 협업사무 현황을 분석한 자료로서 국내에서 유일하게 민·관 협업사무 현황을 분석하여, 전국 민·관 협업사무의 관리 현황을 제시하고 있다.

배성기 지음
한국민간위탁경영구소 / 402페이지 / 24,000원
2016년 11월 출간

2016 전국 지방자치단체

민·관 협업사무 운영 현황 분석 IV

사회복지사업보조사무(307-11)
민간자본사업보조사무(402-01)
민간대행사업비사무(402-02)

전국 지방자치단체 민·관 협업사무의 집대성!
본 도서는 전국 17개 광역자치단체를 포함한 243개 지방자치단체의 2016년 민·관 협업사무 현황을 분석한 자료로서 국내에서 유일하게 민·관 협업사무 현황을 분석하여, 전국 민·관 협업사무의 관리 현황을 제시하고 있다.

배성기 지음
한국민간위탁경영구소 / 628페이지 / 33,000원
2016년 11월 출간

KCOMI 통계

2016 전국 민간위탁 현황분석

전국 지자체 민간위탁 사무의 집대성!
본 도서는 전국 17개 광역자치단체를 포함한 243개 지방자치단체의 2016년 민간위탁 사업 현황을 분석한 통계 자료로서 국내에서 유일하게 민간위탁 현황을 분석하여, 전국 민간위탁 사무의 관리 현황을 제시하고 있다.

배성기 지음
한국민간위탁경영구소 / 355페이지 / 15,000원
2016년 10월 출간

KCOMI 통계

2015 전국 민간위탁 현황분석

전국 지자체 민간위탁 사무의 집대성!
본 도서는 전국 17개 광역자치단체를 포함한 245개 지방자치단체의 2015년 민간위탁 사업 현황을 분석한 통계 자료로서 국내에서 유일하게 민간위탁 현황을 분석하여, 전국 민간위탁 사무의 관리 현황을 제시하고 있다.

배성기 지음
한국민간위탁경영구소 / 352페이지 / 15,000원
2015년 8월 출간

KCOMI 통계

2014 민간위탁 현황분석 I 전국지방자치단체

전국 지자체 민간위탁 사무의 집대성!
본 도서는 전국 17개 광역자치단체를 포함한 242개 지방자치단체 민간위탁 현황을 분석한 통계 자료로서 국내에서 유일하게 민간위탁 현황을 분석하여, 전국 민간위탁 사무의 관리 현황을 제시하고 있다.

배성기 지음
한국민간위탁경영구소 / 352페이지 / 15,000원
2014년 9월 출간

KCOMI 통계

2013 전국 민간위탁 운영현황 분석

본 도서는 민간위탁 본연의 목적과 기능을 유지하기 위해 발주처에서는 선택의 폭을 넓히고, 위탁기업들은 건전한 경쟁관계를 유도하기 위하여 전국 246개 지자체별 민간위탁 사무현황, 위탁예산현황, 위탁기업의 현황, 위탁기간 현황, 위탁자 선정방법 등을 조사 · 분석하였다.

배성기 지음
한국민간위탁경영연구소 / 513페이지 / 20,000원
2013년 8월 출간

민간위탁 운영 관리 매뉴얼

지방자치단체사무의 민간위탁서비스
운영관리매뉴얼 Ⅰ

민간위탁조례 및 계약관리방안

민간위탁 성패의 키는 계약관리이다.
본 도서는 민간위탁 서비스를 공급함에 있어 사회적 문제와 이슈를 관리 할 수 있는 체계적인 조례 제정 및 계약관리방법론을 제시하고 있다.

배성기 지음
한국민간위탁경영구소 / 450페이지 / 40,000원
2012년 8월 출간

지방자치단체사무의 민간위탁서비스
운영관리매뉴얼 Ⅱ

민간위탁 운영관리비용 산정

효율적인 서비스 제공을 위한 원가산정방법론 제시 민간위탁서비스의 대시민 만족도를 높이기 위한 시작은 적정한 비용산정과 지급에서 시작된다. 이를 위해 본 도서에서는 세부적인 원가산정 방법과 산정예시를 들어 설명하고 있다.

배성기 지음
한국민간위탁경영구소 / 409페이지 / 40,000원
2012년 8월 출간

지방자치단체사무의 민간위탁서비스
운영관리매뉴얼 Ⅲ

민간위탁 서비스 평가

평가 없는 성장 없다.
본 도서에서는 민간위탁 서비스의 지속적인 성장 경영을 위한 경영학적 관리지표개발 및 서비스평가방안을 제시하고 있다.

배성기 지음
한국민간위탁경영구소 / 407페이지 / 40,000원
2012년 8월 출간

지방자치단체 민간투자사업 매뉴얼

지방자치단체 공무원들이 민간투자사업 정책 수립을 위한 전반적인 내용을 포괄적으로 다루어, 실무에 직접 적용할 수 있도록 방향을 제시하고 있다.

배성기 지음
한국민간위탁경영구소 / 247페이지 / 25,000원
2015년 9월 출간

민간위탁 서비스 경영

공공하수도시설 민간위탁 서비스경영

환경부통계를 기준으로 전국 공공하수처리시설 중 민간위탁으로 운영되는 시설은 318개소, 운영비는 5,000억 원, 운영인원은 3,642명이다. 민간위탁서비스의 질을 높이기 위해서는 시설관리만이 아닌 경영학적 기법이 도입된 체계적인 관리가 필요하다. 이를 위해서 본 도서에서는 공공하수도시설 민간위탁 서비스 경영을 위한 다양한 방안을 제시하고 있다.

배성기 · 안영진 · 박철휘 · 박종운 지음
한국민간위탁경영연구소 / 530페이지 / 40,000원
2012년 4월 출간

공공체육시설 민간위탁 서비스경영

전국 공공체육시설수는 15,137개소로 지속적으로 증가하고 있으며, 국민이 영위하고자 하는 공공체육서비스의 수준도 날로 증가 하고 있다. 이에 민간위탁으로 운영중인 공공체육시설의 서비스 수준의 향상을 위하여 본 도서에서는 공공체육시설 민간위탁 서비스 경영을 위한 다양한 방안을 제시하고 있다.

배성기 · 김영철 지음
한국민간위탁경영연구소 / 500페이지 / 40,000원
출간예정

관광시설 민간위탁 서비스경영

관광시설은 관광을 위한 편익을 제공하는 시설로서 숙박, 교통, 휴식시설 등을 통해 지역경제 활성화에 도움을 주고 있다. 이중 민간위탁으로 운영중인 관광시설을 대상으로 본 도서에서는 관광시설 민간위탁 서비스 경영을 위한 다양한 방안을 제시하고 있다.

배성기 · 김상원 · 김혜진 지음
한국민간위탁경영연구소 / 500페이지 / 40,000원
2015년 9월 출간

생활폐기물 수집·민간위탁 서비스경영

우리나라 일일 발생 생활폐기물량은 5만톤 수준으로 지자체에서는 소각, 매립, 재활용 등의 처리를 민간위탁을 통해 수행하고 있다. 본 도서는 민간위탁을 통해 생활폐기물을 처리하고 있는 지자체를 대상으로 효율적·효과적 관리기법을 제시하고 있다.

배성기 지음
한국민간위탁경영연구소 / 500페이지 / 40,000원
2012년 4월 출간

정부원가계산

공기업·준 정부기관·기타 공공기관 정부원가계산의 이론과 실제

공공감사법 적용대상기관인 중앙 41개 기관, 공공 272개 기관의 정부예산 지출시 합리적인 예산지출 및 효과성을 높이기 위해 본 도서는 정부원가계산의 올바른 방법을 이론과 사례를 기준으로 제시하고자 하였다.

배성기 지음

한국민간위탁경영연구소/400페이지/35,000원

2012년 8월 출간

사회적 기업 및 비영리 법인

사회적기업 및 비영리법인의 공공부문 계약 입찰

국가 공공서비스가 좀 더 선진 화 되기 위해서는 많은 사회적기업 및 비영리법인이 공공서비스 분야의 입찰 참가를 해야 한다. 정부와 동격의 파트너십을 통해 국민 모두를 파트너십의 수혜자로 만들기 위해 친절하고 자세하게 계약 참여 안내를 하고 있다.

배성기 옮김

한국민간위탁경영연구소 · scotland.gov.uk /250페이지/30,000원

2012년 8월 출간

기타 민간위탁 분야 도서

공공하수처리시설 민간위탁 서비스평가

평가없는 성장 없다.
본 도서는 현행 공공하수처리시설 민간위탁 평가에 대한 법적 근거 및 제도에 대한 고찰을 통하여 보다 합리적인 민간위탁 서비스 평가 방안을 제시하고 있다.

배성기 · 안영진 · 박철휘 · 박종운 지음

한국민간위탁경영연구소 / 316페이지 / 25,000원

2011년 12월 출간

큰 사회(BIG Society)

영국 캐머론 총리의 큰 사회는 공공서비스 향상을 추구하며, 개념적으로는 국가를 반대하지 않으며 다양한 증거를 바탕으로 영국 사회를 지원하고 사회적 욕구를 충족시키는 현재 국가의 능력에 대해 깊이 있게 고민한다. 이는 우리나라에도 시사하는 바가 크므로 소개하고자 하였다.

배성기 · 이화진 · 김태현 · 남효응 옮김

나남출판사 · UBP / 165페이지 / 15,000원

출간 예정

공공관리 번역 도서

분쟁 후 취약한 상황에서의 정부기능 및 정부서비스 민간위탁

본 역서는 원조의 비효율적, 비효과적 집행을 방지하고, 수원국의 역량개발에 도움을 줄 수 있는 방안을 도모하여 현장실무자들과 정부의 정책입안자들과 협력하기 위한 안내서의 역할을 해 줄 것이다. 또한 선진국의 민간위탁제도 운영방법론은 국내에서 좋은 시사점을 제공하고 있다.

배성기 옮김

한국민간위탁경영연구소 · OECD / 165페이지 / 25,000원

2011년 11월 출간

지방정부 서비스계약 (Local Government Contract)

공공을 위한 최선의 거래를 추구하는데 있어서 책임성과 유연성, 공익성과 경제성 등을 최적으로 조합하는 것은 현대 서비스 계약업무의 핵심이다. 본 역서는 그 조합방식을 유용하게 제안하고 있다.

배성기 옮김

한국민간위탁경영연구소 · ICMA / 200페이지 / 30,000원

출간 예정

정부계약자들을 위한 가격책정 및 원가계산 (Pricing and Cost Accounting)

정부와 계약기간 중 요구사항을 준수하고, 이윤을 유지하기 위한 협상방법을 수록하고 있다. 입찰에 대한 변경 요구 사항은 가격책정, 원가계산, 하도급, 계약변경을 수반하며 이에 대한 정보를 제공하고 있다.

배성기 옮김

한국민간위탁경영연구소 · MC / 220페이지 / 25,000원

출간예정

서비스 수준관리 (Service Level Management)

서비스 수준관리(SLM)는 서비스 업무범위를 정의하여 서비스제공에 따른 업무목표, 해당부서 및 책임부서를 기술하고 고객과 서비스 공급업체의 업무분담을 명확히 하여 서비스 공급업체와 고객 양측 모두의 기대와 목적을 충족시키기 위한 내용을 기술하고 있다.

배성기 옮김

한국민간위탁경영연구소 · TAS / 240페이지 / 25,000원

출간 예정

공공관리와 성과 (Public Management and Performance)

공공서비스 성과가 뜻하는 바가 무엇이고, 이와 관련한 연구의 주요 성과는 무엇인가? 왜 관리가 중요한가? 연구자, 정책결정자, 실무자들에게 주는 함의는 무엇이며, 향후 과제는 무엇인가? 에 대해 저자들은 이야기 하고 있다.

배성기 · 김윤경 · 김영철 옮김

한국민간위탁경영연구소 · 캠브리지대학출판사 / 200페이지 / 35,000원

2012년 8월 출간

사회기반시설 자산관리 (Infrastructure Asset Management)

자산관리의 목표, 서비스 제공능력과 자산상태의 구체적 목표를 검토하고, 자산관리 활동을 최적화 · 체계화하기 위해 현재의 서비스 제공능력과 자산상태(condition)를 비교한다. 또 최적의 의사결정을 위해 필요한 재정적 고려사항에 대해서도 요약하고 있다.

유인균 · 박미연 · 배성기 옮김

한국민간위탁경영연구소 · CIRIA / 200페이지 / 35,000원

2012년 8월 출간

지방지치단체 사회적가치구현을 위한 공공조달프레임워크

영국의 중앙 및 지방정부기관들은 최저가 대신 사회적 가치를 고려해 최고가치(Best Value)를 지닌 쪽을 선택하도록 규정과 지침을 만들어 공공조달에 적용하고 있다.

이에, 영국의 사회적 가치 구현을 위한 조달규정 및 지침관련 사례를 발굴하여 국내에 홍보·전파하고자 출간하게 되었다.

배성기

브릿지협동조합 / 170페이지 / 25,000원

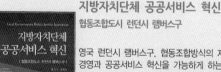

2016년 4월 출간

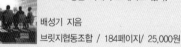

지방자치단체 공공서비스 혁신

협동조합도시 런던시 램버스구

영국 런던시 램버스구, 협동조합방식의 지방자치단체 경영과 공공서비스 혁신을 가능하게 하는 영국의 법·제도적 환경, 지자체조례, 지자체 경영원칙, 사회적 · 경제적 · 환경적 가치구현을 위한 목표달성전략 및 프로세스등을 자세히 소개하고 있다.

배성기 지음

브릿지협동조합 / 184페이지/ 25,000원

2016년 5월 출간

출간 예정 도서

공공서비스 기획 |모범 기획 원칙|

Commissioning Public Services는 공공조달 기획담당자들을 위한 영국의 공공서비스 조달 기획 안내서로 지역고용, 양질의 일자리, 사회권 · 노동권 준수, 사회통합, 차별해소, 재분배효과, 기업의 사회적 책임 이행도 등이 조달원칙의 핵심 고려사항으로 설계되고 입찰, 낙찰, 계약 이행 등 각 단계에서 사회적 가치를 가진 재화 및 서비스가 자연스럽게 경쟁력을 가질 수 있도록 체계가 구축되어 공공구매를 통한 사회적가치가 최대화될 수 있기를 바랍니다.

배성기 옮김

한국민간위탁경영연구소

2018년 5월 출간

공동체 편익 증대를 위한 안내서

장기간 경기침체와 부의 불평등 심화 그리고 인구의 수도권 집중은 취약계층에게 여러 가지 부담을 안겨 주었고, 그 중 인간으로서 가장기본적인 살 공간과 관련된 주거문제에 직면하게 하였습니다. Community Benefit Clause Guidance Manual은 영국의 사회임대주택사업자가 주택의 운영 및 관리 서비스 조달 시 서비스 공급자로 하여금 지역공동체 편익을 구현하도록 계약조항으로 수립하는 방법을 설명한안내서입니다.

배성기 옮김

한국민간위탁경영연구소

2018년 5월 출간

민·관 파트너십 구성 및 운영을 위한 안내서

공공사회파트너십은 공공기관이 사회적경제조직들로부터 재화 및 서비스를 단순히 구매한다는 차원을 넘어 공공기관이 주도하는 공공부문과 사회적경제조직들로 구성된 사회적경제부문이 함께 공공서비스를 설계하고 생산하는 것을 핵심으로 하는 개념입니다. Public Social Partnerships은 공공부문과 사회적경제조직이 공동으로 참여하는 공공서비스에 대한 새로운 접근방법을 묘사하고 있습니다.

배성기 옮김

한국민간위탁경영연구소

2018년 5월 출간

사회적 가치 구현을 위한 안내서

사회적기업 육성 예산은 일자리창출 예산의 의미를 부여받고 있으며, 일자리 창출 엔진이라는 꼬리표가 사회적기업의 지원 예산을 확보하는데는 유용했으나 사회적기업의 정상적인 발전을 가로막는 부작용을 낳고 있는 것 또한 사실입니다. 따라서 사회적기업 육성예산은 이 사회적 부가가치(social added value) 창출의 엔진을 육성한다는 본래의 의미를 부여 받아야 할 필요성이 있습니다.

배성기 옮김

한국민간위탁경영연구소

2018년 5월 출간

사회적기업을 위한 사업기획 안내서

이 안내서는 영국의 사회적경제 전문기관인 FSD(Fourth Sector Development)가 사회적기업 창업을 고려하거나 성장을 도모하는 이들을 위해 개발한 7단계 전략에 기초하여 급변하는 사회경제적 환경에서 사회적경제 활동가들에게 사회적기업을 위한 사업계획을 사례와 함께 단계별로 설명하여 시간과 비용을 절감하고, 합리적 투자를 유도하여 사회적경제부문의 경쟁력 강화를 지원하고자 합니다.

배성기 옮김

한국민간위탁경영연구소

2018년 5월 출간

사회투자성과 개발 안내서

SROI는 2000년대 들어 미국의 비영리재단 REDF가 제안한 개념으로, 사회적기업이나 비영리 조직이 생산한 사회적 가치와 경제적 가치를 통합해 정량적으로 측정하는 방법론이며, 주관적인 판단이 개입하기 쉬운 사회적 가치를 화폐가치로 객관화했습니다. 한편, 사회적기업에 관해 오랜 전통을 갖고 있는 영국에서는 SROI가 제안되기 이전부터 다양한 방식으로 사회적기업의 비재무적 성과를 측정하기 위한 방법론이 모색되었습니다.

배성기 옮김

한국민간위탁경영연구소

2018년 5월 출간

협업기획 - 공공서비스 기획에 대한 새로운 사고

Collaborative Commissioning은 협업을 통한 공공서비스 기획과 관련된 영국사례로 사회적 가치 창출을 주된 목적으로 하는 사회적경제조직과 사회책임경영(CSR)기업 등이 공공시장에서 영리지향적 기업보다 경쟁 우위에 설 수 있도록 유도하고, 약 100조원이 넘는 공공조달시장의 상당 비율을 사회적경제에 친화적인 공공시장으로 전환될 수 있는 토대가 마련되는 계기가 되길 바랍니다.

배성기 옮김

한국민간위탁경영연구소

2018년 5월 출간

영국 중앙정부 및 지방정부 사회적 가치 구현 사례집

본 지침은 Highways England와 하도급업체가 2012년 공공서비스(사회적가치)법에 의한 서비스 공급과 관련된 사회적가치를 확인하고 구현하기 위한 접근방법을 설명한다.

배성기 옮김

한국민간위탁경영연구소

2018년 5월 출간

MEMO.

MEMO.

2020 전국 지방자치단체 민·관 협업사무 운영 현황III

민간자본사업보조,자체재원(402-01)
민간자본사업보조,이전재원(402-02)
민간위탁사업비(402-03)
공기관등에 대한 자본적 위탁사업비(403-02)

초판인쇄 | 2020년 3월 13일
초판발행 | 2020년 3월 13일
발 행 인 | 배 성기
엮 은 곳 | 한국민간위탁경영연구소
편 집 인 | 큰날개 홍 원기 선임연구원
펴 낸 곳 | 큰날개 출판사업부
서울시 성북구 종암로 167, 101-2001
전 화 | 02) 943-1947
팩 스 | 02) 943-1948
홈페이지 | https://bigwing.modoo.at
출판등록 | 제 307-2012-46 호
가 격 | 24,000원

한국민간위탁경영연구소
Korea Contracting-out Management Institute

한국민간위탁경영연구소는 공공서비스 관리 혁신을 통해
더 나은 정부, 더 나은 사회, 더 많은 사업기회를 만들어 갑니다.

T. 02-943-1941 F. 02-943-1948 E. kcomi@kcomi.re.kr H. www.kcomi.re.kr